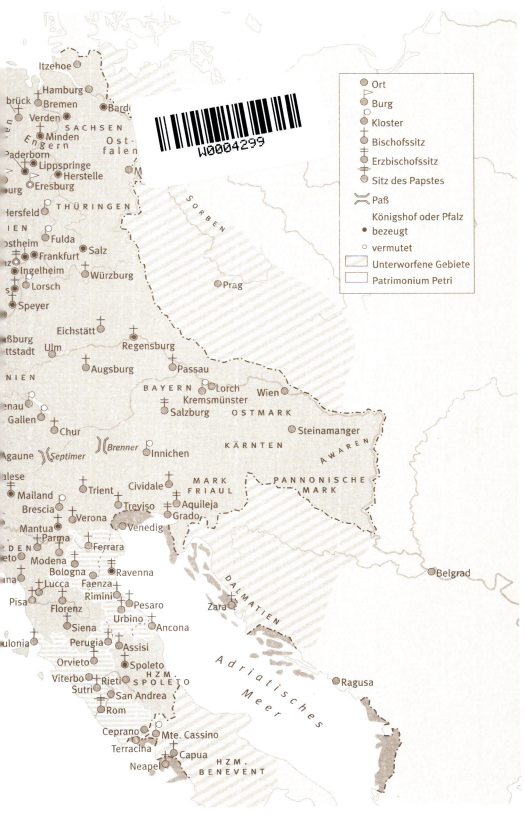

Dieter Hägermann
Karl der Große

Dieter Hägermann

Karl der Große

Herrscher des Abendlandes

Biographie

Propyläen

Für S.

© 2000 by Econ Ullstein List Verlag GmbH & Co. KG, Berlin · München
Propyläen Verlag
Alle Rechte vorbehalten
Karten: Ditta Ahmadi und Peter Palm, Berlin
Satz: Utesch GmbH, Hamburg
Druck und Verarbeitung:
Bercker Graphischer Betrieb GmbH, Kevelaer
Printed in Germany 2000
ISBN 3 549 05826 8

Inhalt

Einleitung
Die Geschichte Karls des Großen ist die Geschichte Europas 9
Der Leitfaden: Die Vita Karls aus der Feder Einharts 19

PROLOG
Vom alten Königsgeschlecht zur neuen Dynastie
Von den Anfängen bis 768
Das Dunkel um die Geburt Karls und seine Herkunft 31
Der Aufstieg der Hausmaier im Schatten der Könige 37
Pippins Alleinherrschaft und der Gewinn der Königswürde 64

TEIL I
Der König
768 bis 800

Schwieriger Beginn
768 bis 781
Bruderzwist und die neue Politik der Königinwitwe Bertrada 79
Karls Alleinherrschaft 771 91 Erste militärische
Auseinandersetzungen mit den Sachsen 97 Erste Reformversuche
im Innern 106 Hilferuf aus Rom 110 Das Bündnis zwischen
König und Papst 116 Die »Konstantinische Schenkung« 124
Von Gottes Gnaden König der Franken und der Langobarden 128
Karl zwischen Rom und Byzanz 131 Neue politische Zielsetzung:
Unterwerfung und Christianisierung der Sachsen 133 Drängen

Hadrians I. auf Restitution kirchlicher Patrimonien 141
Herrschaftssicherung im Langobardenreich 143 Neue
Sachsenaufstände 147 Die Paderborner Reichsversammlung
von 777 151 Erste Krise der Königsherrschaft: Das spanische
Abenteuer 155 Die »endgültige« Niederwerfung der Sachsen 162
Karls Italienpolitik und die Forderungen Hadrians I. 170 Salbung
und Krönung der jüngeren Karlsöhne durch den Papst 178
Verhandlungen über die Restitution kirchlichen Besitzes 186
Kaiserin Irene auf der Suche nach Bündnispartnern und Tassilo auf
der Höhe seiner Macht 190 Beispiele für die Staatskunst Karls des
Großen 194 Auftakt der karolingischen Renaissance 197

Expansion und Konsolidierung
781 bis 794

Spannungen zwischen König Karl und Herzog Tassilo 200
Einmarsch in Sachsen und Verkündung eines Besatzungsrechts 203
Kontakte zu den Dänen 209 Erneutes Aufbäumen der Sachsen 211
Das Strafgericht von Verden 213 Tod der Königin Hildegard und
neue Eheschließung 216 Feldzüge Karls und seines gleichnamigen
Sohnes 219 Einrichtung von Bischofssitzen in Sachsen 228 Die
Taufe Herzog Widukinds 230 Die Verschwörung Hardrads 233
Aufstand in der Bretagne 237 Karls vierter Zug nach Italien und
ein weiterer Besuch in Rom 239 Ausgleich mit Benevent 248
Italische Kapitularien 253 Kampf um die Macht und die
Niederlage Tassilos 256 Künftiger Gegner im Südosten: die
Awaren 279 Die Anfänge Aachens als Residenz Karls 285
Die »Allgemeine Ermahnung« und der Brief »Über die Pflege der
Wissenschaften« 287 Grenzsicherung gegen die Elbslawen 302
Karl der Jüngere als rechte Hand des Vaters 304 Zug ins
Awarenreich 309 Theologische Auseinandersetzungen um den
sogenannten Adoptianismus 316 Die Verschwörung Pippins des
Buckligen 321 Frontwechsel im Herzogtum Benevent 326 Der
Rhein-Main-Donau-Kanal 328 Niederlagen und
Versorgungsprobleme im Königreich Aquitanien 331

Auf dem Weg zum Kaisertum
794 bis 800

Das Frankfurter Konzil von 794 334   Der Tod der Königin
Fastrada 350   Karls Zug in den Bardengau 352   Reiche Beute:
der Ring der Awaren 354   Der Tod Papst Hadrians I. 358
Wahl und Erhebung Papst Leos III. 365   Pippins Raubzug ins
Awarenreich 369   Reichsversammlung in Aachen 797 und
»Sächsisches Kapitular« 378   Winterquartier in Sachsen und
Signale aus Konstantinopel 383   Die Erhebung Salzburgs zum
Erzbistum 388   Das Attentat auf Papst Leo III. 391
Zusammentreffen Leos III. mit Karl in Paderborn im
Sommer 799 399   Nachrichten aus aller Welt und eine
Gesandtschaft aus Jerusalem 404   Beratungen vor der vierten
Reise nach Rom 411   Die Kaiserkrönung am ersten Weihnachts-
tag 800 zu Rom 418

Teil II
Der Kaiser
800 bis 814

Ehre und Last der neuen Würde
800 bis 807

Das Gericht über die Verschwörer gegen Papst Leo III. 435
Kaisertum und Kaisertitel 437   Das Geschenk aus Bagdad: der
Elefant Abul Abbas 445   »Kaiserliche Innenpolitik« und das
programmatische Kapitular von 802 448   Ansätze zum modernen
Rechtsstaat 467   Gefragte Schutzmacht: der weströmische
Kaiser 471   Friedliche Symbiose von Franken und Sachsen 474
Papst Leo III. am Hofe seines kaiserlichen Schutzherrn 478
Untergang des Awarenreiches 480   Sorge um die innere Verfassung
des Reiches und das Heeresaufgebot 484   Regelungen für Venedig,
Dalmatien und Istrien 493   Das politische Testament 495   Das
Kapitular von Nimwegen 508   Kriegszüge an und über die
Elbe 514   Probleme an der Adria und im Süden Italiens 516
Kontakte zwischen Orient und Okzident 518

Innere Reformen und Schutzmaßnahmen nach außen
808 bis 811

Die Reichsversammlung zu Ingelheim 525 Venedig und Rom im Blickfeld der fränkischen Politik 530 Eingreifen in England 532 Reformkapitularien der Spätzeit 533 Unruhe an der Nordgrenze durch den Dänenkönig Göttrik 537 Politik jenseits von Alpen, Pyrenäen und Elbe 540 Das »Konzil« von 809 543 Das »schreckliche Jahr« 810 – Todesfälle, Kriegsgefahr, Krisen 552 Friedenszeichen vom Bosporus 561 Karls »private« Verfügungen: das Testament 565 »Kritische Bestandsaufnahme in Kirche und Welt« 577 Züge über die Grenzen des Reiches 581 Flotteninspektion an der Atlantikküste und an der Schelde 583

Regelung der Nachfolge
Friedensschluß mit Byzanz
811 bis 814

Der Tod der ältesten Söhne Karl und Pippin (der Bucklige) 588 Urkunden für St. Denis und spanische »Aprisionäre« 589 Anerkennung des weströmischen Kaisertums durch Byzanz 592 Nachfolge Bernhards im Königreich seines Vaters Pippin 597 Abwehrkämpfe im Mittelmeer und innenpolitische Aktivitäten 601 Auseinandersetzungen zwischen Abt und Konvent in Fulda 604 Reformkonzilien und letzte programmatische Erlasse 608 Sorge um die Nachfolge in der Herrschaft 614 Die Erhebung Ludwigs zum Mitkaiser 617 Das Ende 622 Begräbnis und Grablege 624

Epilog
Karl der Große und seine Welt

Die Persönlichkeit Karls 633 Der Rahmen der Herrschaft 639 Hof und »Akademie« 652 Residenz, Pfalzen und Königsweg 657 Wirtschaftliche Produktion und Grundlagen des »Staatshaushalts« 661 Wirtschaftsführung des Königs 669 Die Kunst des Regierens im Frühmittelalter 677 Karl – der Große? 682

Genealogische Tafel 686 Zeittafel 688 Literatur 691 Danksagung 729 Personenregister 730

Einleitung

*Die Geschichte Karls des Großen ist
die Geschichte Europas*

Karl der Große ist Bestandteil des kollektiven europäischen Geschichtsbewußtseins wie vielleicht nur Alexander der Große und Hannibal, gewiß Caesar und Napoleon. Er ist eine Mischung aus Mythos und Wahrheit oder – um mit Pierre Bourdieu zu sprechen – eine »biographische Illusion«. Eine neue Biographie Karls des Großen bedarf daher keiner sonderlichen Rechtfertigung. Wenn es nämlich zutrifft, daß jede Generation sich ihr eigenes Geschichtsbild schafft – und damit die historische Überlieferung neu zusammenfügt oder akzentuiert –, dann gilt dies auch für das karolingische Zeitalter, in dessen Zentrum bereits im Verständnis des Hochmittelalters der prominente Namensgeber dieser Epoche, Karl der Große, steht.

Diesem Segment der Geschichte, das sich im Namen und in der Person des Frankenkaisers verdichtet, kommt eine ganz besondere Eigenschaft zu, die vor mehr als drei Jahrzehnten Arno Borst so beschrieben hat: »Karl der Große hat das Fundament jener Geschichte gelegt, um die sich die moderne Historie Europas bis heute bemüht: die Geschichte europäischer Gemeinsamkeiten und nationaler Sonderungen, staatlicher Ordnung und gesellschaftlicher Gliederung, christlicher Sittlichkeit und antiker Bildung, verpflichtender Überlieferung und lockender Freiheit.« Es ist dies eine Geschichte, die nicht abgeschlossen ist, die sich vielmehr in wechselnder Gestalt und vielfältigen Formen noch lebendig entwickelt; dementsprechend wandelt sich nicht nur der Standpunkt des Betrachters nach der jeweils zurückgelegten Strecke, sondern auch die Ansicht des Ausgangspunktes. Die »lebendige Nachwirkung und damit die fortwährende Veränderung« verbinden sich mit den vorwaltenden Tendenzen des eigenen Säkulums im Urteil des nachdenklichen Historikers zu einem nicht auflösbaren Ganzen, dem quellengesättigte Objektivität wie phantasievolle Subjektivität zu eigen ist.

Europa, das sich in diesen Tagen anschickt, eine neue politische Gestalt anzunehmen, geht in seinen Wurzeln unzweifelhaft auf jenes bereits supranationale, vielschichtige, durch die Person des Herrschers – und seine Familie – zusammengefügte Gebilde zurück, das wir mangels treffenderer Termini als »Karolingerreich« oder »Reich Karls des Großen« zu benennen pflegen.

Europa, in homerischer Zeit zunächst Teile der Peloponnes, dann diese insgesamt bezeichnend, in Verbindung mit der Schiffspassage ins westliche Mittelmeer bis zu den Säulen des Herkules sich ausweitend, umfaßte seit den Tagen Caesars und seiner Nachfolger durch die Einbeziehung Galliens, Spaniens und Britanniens ins römische Weltreich auch weite Zonen der nordalpinen Region. Später sollten noch Skandinavien und die Ostseeküste hinzutreten, vor allem die Germania, das Land jenseits des Limes. Was freilich im Nordosten – aus der Mittelmeerperspektive hinter den »wilden Skythen« – lag, etwa das künftige Rußland, blieb im wesentlichen Terra incognita.

In jenem »karolingischen Zeitalter« erhält im Rückblick des Historikers das »Abendland« seine ersten festeren Konturen als Imperium christianum unter fränkischem Zugriff, das sich damals, nicht zuletzt durch die Erneuerung des westlichen Kaisertums am Weihnachtstage des Jahres 800 und die gewachsene Autorität des Patriarchen des Westens, des Bischofs von Rom, von Byzanz löst. Mit der theologisch-ideologischen Auseinandersetzung um die Bilderverehrung im Umfeld des Konzils von Nicaea 787 wird unter kaiserlichem Vorsitz die Trennung von griechischer Ostkirche und lateinischer Christenheit vorbereitet, die mit dem Schisma von 1054 bis heute andauernde Wirklichkeit wurde. Die antike Einheit des Mittelmeerraums war bereits durch die germanischen Reichsgründungen auf römischem Boden durchbrochen worden und zerfiel endgültig mit der Eroberung Afrikas und weiter Teile der Iberischen Halbinsel durch die Araber.

Wenn gegen Ende des 8. Jahrhunderts in einem Kleinepos, das als Paderborner Epos bekannt ist, König Karl als »Gipfel«, »Leuchtturm« und »Vater« Europas geschmeichelt wird, so mag diese Imagination von Europa noch durchaus diffus, ja zwiespältig gewesen sein. Sie beinhaltete jedoch gewiß jene zwei Momente, nämlich fränkische Herrschaft und lateinisch geprägtes Christentum, und schloß zumindest indirekt Byzanz und die griechische Ostkirche aus. Damals setzte jene für den Verlauf der abendländischen und damit auch der Weltgeschichte insgesamt fundamentale Aufspaltung Europas in die lateinische westliche Christenheit und in die griechisch fundierte »orthodoxe« Kirche mit ihrem Schwerpunkt im östlichen Mittelmeer und in Kleinasien ein, die über Teile des Balkans bis nach Rußland ausstrahlte. Dieser Vorgang war insofern von andauernder politischer Brisanz, als die lateinisch missionierten Ostländer der nachkarolingischen Epoche, nämlich Polen, Böhmen und Ungarn, der abendländischen Christenheit sich zugehörig wußten.

Zwar bildeten Elbe und südöstliche Marken bis zum Wienerwald um 800 auch die »staatliche« Grenze der Christenheit, der Ökumene, aber die karolingische Mission nach Norden, verstärkt seit Ludwig dem Frommen, und die ottonische Mission nach Osten überschritten den vorgegebenen Rahmen, ohne doch Skandinavien, Polen, Böhmen oder Ungarn in das Imperium zu integrieren. Erst die sogenannte Ostkolonisation des 12. und 13. Jahrhunderts entlang der Ostseeküste zeigt wieder diese Kombination von Missionierung und Herrschaftsbildung, die in großem Maßstab Karl der Große in Sachsen erfolgreich eingesetzt hatte.

So schuf auch das lateinisch geformte Christentum des Westens allein keine dauerhafte Klammer für das Reich Karls des Großen. Vielmehr gingen Westfranzien und Ostfranken spätestens seit dem 10. Jahrhundert ihre eigenen Wege: Frankreich – wie übrigens auch England nach der normannischen Eroberung – entwickelte sich zum Nationalstaat, die »deutschen Lande« dagegen, wesentlicher Teil des supranationalen »Heiligen Römischen Reiches«, erneuerten unter Otto I. im Jahr 962 das Kaisertum universaler, supragentiler Ausprägung, das zugleich ein fruchtbares Spannungsverhältnis zum römischen Papsttum als höchster geistlicher Instanz einschloß.

Dieses postantike, vormoderne Europa ruft den Schatten jenes unpolitisch gedachten Idealkontinents hervor, dessen Konturen Novalis in seinem berühmten Aufsatz von 1799 »Die Christenheit oder Europa« sehnsüchtig-resignativ mit den einleitenden Sätzen zeichnete: »Es waren schöne glänzende Zeiten, wo Europa ein christliches Land war, wo Eine Christenheit diesen menschlich gestalteten Weltteil bewohnte; Ein großes gemeinschaftliches Interesse verband die entlegensten Provinzen dieses weiten geistlichen Reichs. – Ohne große weltliche Besitztümer lenkte und vereinigte Ein Oberhaupt die großen politischen Kräfte.«

Ähnlich umfassend, dem geschichtlichen Zusammenhang freilich bedeutend näher, ist auch die Einschätzung, die Jacob Burckhardt um 1868 in seinem »Alten Schema zur Vorlesung über das Studium der

Geschichte« niederlegte: »Das Imperium Carls hatte den großen Segen mit sich, die europäischen Völker zu einem Culturganzen zusammenzugewöhnen, welchem seither (trotz England) das Principat der Welt gehört, und welches schon damals gegenüber Byzantinismus [sic!] und Islam sich ideal zusammenfassen und zusammenfühlen mußte.« Die »Cultur« wird hier im bürgerlichen Zeitalter zum Religionsersatz; nicht von ungefähr ist auch der Islam als welthistorisch bedeutsame Komponente in den Zusammenhang eingebunden, wenn auch negativ bestimmt. Dem schließt sich die gewichtige Bemerkung an: »So kurz die Einheit dauerte, so war der Eindruck von idealer Seite sehr groß und von realer Seite durchaus wichtig, daß carolingische Einrichtungen [Burckhardt denkt hier insbesondere an das Lehnswesen] dann auch in den Einzelstaaten als selbstverständlich weiterlebten.« Auch die Kirche erfährt ihre gerechte Würdigung als Ferment der mittelalterlichen Gesellschaft für »das Zusammenbleiben der größeren Ländergruppen«.

Als wesentliches Resultat der sogenannten mittleren Karolingerzeit, die in der Person und Leistung Karls des Großen kulminierte, kann auch gelten, daß die weitgehende Kontinentalisierung des Merowingerreiches mit den Herrschaftszentren zwischen Rhein und Loire durch die Integration insbesondere Aquitaniens, Septimaniens mit einem Teil der Mittelmeerküste und Italiens ein Stück weit überwunden werden konnte. Kontinentalisierung meint in diesem Zusammenhang die Verlagerung von Herrschaftszentren vom Mittelmeer nach Norden, vor allem in die Gebiete jenseits der Alpen. Auch wenn die arabische Expansion die noch spätantike Einheit der Mittelmeerwelt auf Dauer zerstört und mit der Besetzung Siziliens und anderer Inseln später gefährliche Brückenköpfe ausgebildet hat, so bestand doch erneut ein breiter Zugang zum Mittelmeer, was freilich erst in den Zeiten der Kreuzzüge bedeutsam werden sollte.

Zur Kontinentalisierung war zunehmend seit dem 6. und 7. Jahrhundert eine Verländlichung von Wirtschaft und Gesellschaft getreten, die mit dem Niedergang der antiken Stadtkultur und sicherlich auch mit dem rückläufigen orientalischen Fernhandel zusammenhing, ohne indessen jene katastrophalen ökonomischen Folgen zu haben, die vor mehr als sechzig Jahren Henri Pirenne in seinem berühmten Werk *Mahomet et Charlemagne* beschworen hat.

Auch hier bereitet die mittlere Karolingerzeit in ihrer Dynamik – ablesbar an technischen Innovationen, an der vielgestaltigen Landerschließung, der Verbesserung von Agrarstrukturen, der Ausweitung der Geldwirtschaft und des Handels zumal im 9. Jahrhundert – die folgende Expansion des 11. Jahrhunderts nachhaltig vor, die nicht zuletzt die mittelalterliche europäische Städtelandschaft ausbildete. Ein weiteres welthistorisch bedeutsames Moment dieser Zeit liegt im Ausgriff des Frankenreiches nach Osten über den Rhein bis zur »nassen Grenze« der Elbe, die erst zur Schaffung eines militärischen Glacis am Ende von Karls Regierungszeit in Richtung Dänemark überschritten wurde.

Kontinentalisierung und Verländlichung zeigten beachtliche militärisch-außenpolitische Schwächen auch des karolingischen Imperiums: Das Fehlen einer Flotte im Mittelmeer öffnete Küsten und Inseln dem Zugriff der Sarazenen, während die Atlantikküste und die Flußläufe von Loire, Seine, Maas, Rhein, Weser und Elbe mehr oder weniger schutzlos zunehmend den Plünderungszügen der Nordmannen, der Wikinger, in ihren schnellen Booten ausgesetzt waren. Auch Venedig, in diesen Jahrzehnten in der Lagune auf dem Rialto entstanden, wußte diese Schwäche zu nutzen, indem es seine Orientierung auf Byzanz und seine Funktion als Brückenkopf zwischen Ost und West ausbaute. Andererseits profitierte der zunehmende Handel flußabwärts in die Nordsee nach England, Skandinavien und in den Ostseeraum von den Aktivitäten der Friesen, Dänen und Schweden. Gerade entlang diesen Verkehrsadern wurde bereits im ersten Drittel des 9. Jahrhunderts der hohe Norden durch staatlich begleitete Mission der Ökumene angenähert und in langen historischen Wellen dem christlichen Europa eingefügt.

Im Gegensatz zu den Reichsbildungen der Ost- und Westgoten in Italien und Spanien, insbesondere der Vandalen in Afrika, standen im Frankenreich nach der Taufe Chlodwigs, die der Legende zufolge 496 in Reims erfolgte, einer engeren Symbiose zwischen verbliebener römischer Provinzialbevölkerung und fränkischen Eroberern keine religiösen Schranken im Wege. Der eigentlichen politischen »Eroberung« des linksrheinischen Territoriums war im 4. und 5. Jahrhundert ein mähliches »Einsickern« der Franken und anderer germanischer Bevölkerungsteile aus ihren Sitzen am Niederrhein und östlich davon zunächst als Söldner, dann als Siedler in die nordgallischen Zonen der Provinzen Germania secunda und Belgica secunda vorausgegangen. Das führte zu einer Art »Dekulturalisierung« dieses Raums, während insbesondere jenseits von Seine und Loire der romanische Senatorenadel in Kirche und Verwaltung spätantike Bildung und Lebensformen, Administration und Stadtkultur ins fränkische Reich der Merowinger einbrachte und weitergab. Als Musterbeispiel eines Vertreters dieser Schicht gilt der Bischof Gregor von Tours, dessen *Zehn Geschichtsbücher* – abgesehen von ergänzenden archäologischen Zeugnissen – im wesentlichen die Kenntnisse der Zustände des 5. und 6. Jahrhunderts vermitteln »als einer von senatorischem Bewußtsein bestimmten Geschichte des gallischen Raumes« (Hans Hubert Anton).

Über dieses gleichsam verlängerte, wenn auch brüchige Fundament von Resten spätantiker Bildung führt der Weg zu jenem Phänomen in der Zeit Karls des Großen und Ludwigs des Frommen, das, mit dem Begriff »karolingische Renaissance« versehen, den Versuch bezeichnet, bereits um die Wende vom 8. zum 9. Jahrhundert antike Form und Inhalt wiederzugewinnen. Diese Renaissance und die im ottonischen wie staufischen Zeitalter sich anschließenden gleichgerichteten Bestrebungen haben zunächst im Kontext heilsgeschichtlicher Erwartungen das historische Bewußtsein geschärft und kulturelle Standards überliefert, als deren Medium die Kirche seit der Spätantike diente. Einen Großteil des geistigen »Transfers« dürfen sich die Klöster zurechnen lassen. So ist auch die einzige erhaltene Handschrift, die uns die Kaiserviten Suetons, die Einhart für seine Karlsbiographie als Vorbild dienten, unvollständig überliefert, einst in der Klosterbibliothek Corveys aufbewahrt worden.

Dieses spätantik-gallische Erbe in Wirtschaft und Gesellschaft, Kirche und Kultur stieß auf germanisch-fränkische Eigentümlichkeiten in Sozialstruktur, Lebensweise, Siedlungsform und Mentalität. Im Laufe von zwei oder drei Jahrhunderten verschmolzen beide Seiten zu einem neuen Ganzen, so daß schon Leopold von Ranke im Titel seines berühmten Erstlingswerkes von 1824 *Die Geschichten der romanischen und germanischen Völker* diese Symbiose im Aufgang der europäischen Geschichte andeutete. Diese ist freilich nach heutigem Kenntnisstand um das slawische Erbe zu ergänzen, ganz im Sinne jener bemerkenswerten Miniatur aus dem Evangeliar Ottos III. vom Ausgang des 10. Jahrhunderts, die vier mit Kronen geschmückte Frauen als Sclavinia, Germania, Gallia und Roma – Hinweis auf das Kaisertum und seine Wurzeln – dem im Prunkornat thronenden Herrscher ihre Gaben darbringen läßt.

Die Frage stellt sich, ob diese Genese des mittelalterlichen Europa um 800 der biographischen Heraushebung einer einzelnen Person bedarf, ob nicht vielmehr wesentlich anonyme Faktoren »von langer Dauer« den Gang der geschichtlichen Entwicklung maßgeblich bestimmen. Der Gegensatz von Struktur- und Personengeschichte ist ein künstlich konstruierter. Während Vorgänge in der Natur sehr weitgehend immanenten Gesetzen folgen, die unabhängig vom Betrachter sind, handelt Geschichte letztlich vom Menschen und dessen »freien« Entscheidungen, soweit das Handeln in einem vorgegebenen Rahmen von Raum und Zeit überhaupt »frei« sein kann. Auf diesen dem Menschen allein gegebenen Möglichkeiten fußt zu allen Zeiten der politische Diskurs. Geschichte als Handlungsablauf, Ergebnis und zugleich Hinweis auf künftige Möglichkeiten wird nicht vom Menschen »gemacht«. Daß sie aber in bestimmten Momenten ihres Verlaufs »sich auf einmal in einem Menschen [verdichtet], welchem hierauf die Welt gehorcht«, um nochmals Jacob Burckhardt zu zitieren, darf als gesicherte Erkenntnis auch unseres Zeitalters gelten. In der Tat: Ließe sich die römische Geschichte, der Übergang von der Republik in den Prinzipat ohne die Gestalt Caesars, der allen späteren Kaisern seinen Namen gab, schreiben? Ließe sich die nachrevolutionäre Epoche Frankreichs, ja Europas, ohne den großen Korsen verstehen und schließlich die Geschichte des »Dritten Reiches« ohne Hitlers diabolische Erscheinung?

Zwischen entpersonalisierter Struktur- und Gesellschaftsgeschichte und Personenkult findet das biographische Element der Historie seinen wohlverdienten Platz. Dies gilt in dem nicht zu Unrecht nach dem Frankenkaiser benannten Zeitalter für Karl den Großen. Bereits sein Weggefährte Einhart fühlte das Bedürfnis, einer einzigartigen Herrschergestalt und ihren »kaum nachahmbaren Taten« ein Denkmal zu setzen und damit im Gegensatz zum zeitgenössischen hagiographischen Schrifttum die große »historische« Persönlichkeit und die Unwiederholbarkeit einer individuellen Existenz der Mit- und Nachwelt vor Augen zu führen. Nicht zuletzt deshalb benutzte er als Vorlage seiner Biographie die Caesarenviten Suetons aus dem ersten nachchristlichen Jahrhundert, die bei aller Schwäche ihres Schemas der Individualität der Porträtierten doch in erheblich höherem Maße Rechnung trugen als die gängigen, auf Erbauung abzielenden Heiligenleben der spätantik-frühmittelalterlichen Epoche.

Wenn Einharts Karlsvita, die in mehr als achtzig Handschriften auf uns gekommen ist und deren Text seit dem 12. oder 13. Jahrhundert den integralen Bestandteil der *Grandes chroniques de France* bildete, keine Nachahmung im Mittelalter gefunden hat, so mag nicht nur die Veränderung des mental-kulturellen Klimas in der Folgezeit dafür verantwortlich sein, sondern auch die im Verhältnis zum großen Frankenkaiser und seinem Wirkungskreis zu beobachtende Kleindimensionalität und Vielschichtigkeit des Geschehens im nachkarolingischen Europa mit seinen zahlreichen Akteuren, so daß der Eindruck von »Größe«, den die Karlsbiographie vermittelte, sich nicht mehr in dem Maße in einer weiteren Herrscherbiographie verdichten konnte, sieht man von Assers Biographie eines angelsächsischen Königs, Alfreds »des Großen«, ab, der freilich Anleihen bei Einhart nahm.

Zur Größe Karls, die bejaht oder bestritten werden kann, trat ein weiteres Phänomen hinzu, das seit dem Hochmittelalter ein Eigenleben entwickelte: Zwei Nachfolgestaaten, die sich aus dem Imperium Karls des Großen herausbildeten, das kapetingische Frankreich und das salisch-staufische Heilige Römische Reich, konkurrierten im 12. Jahrhundert um Karl den Großen als zentrale Herrschergestalt und Leitfigur ihrer als Sonderung aufgefaßten eigenen Geschichte. So schufen die Mönche von St. Denis, der alten Königsabtei, den Mythos von der »Rückkehr zum Geschlecht Karls« in der Gestalt Ludwigs VI. und seines gleichnamigen Nachfolgers und fundierten die späteren *Großen Chroniken Frankreichs* in nicht geringem Maß mit Einharts Karlsvita. In Aachen erhob im Gegensatz dazu Friedrich I. Barbarossa mit Zustimmung seines Gegenpapstes Paschalis den Frankenherrscher zur Ehre der Altäre, wovon der spätere Karlsschrein noch heute ein hochbedeutsames künstlerisches Zeugnis ablegt. Französische Chansons de geste, entstanden wohl um 1100, und deutsches Rolandslied wetteiferten seit der Mitte des 12. Jahrhunderts miteinander, Charlemagne konkurrierte mit Karl dem Großen. Die letztlich ahistorische Sicht gipfelte noch 1935 in den *Acht Antworten deutscher Geschichtsforscher: Karl der Große oder Charlemagne?*

Mittlerweile haben sich die hochschäumenden Wellen eines engen Nationalismus beruhigt, die anachronistische Frage nach der Nationalität des großen Karl, der sich selbst und zu Recht als Franke sah, ist obsolet geworden. Einen gewissen Reflex auf Vergangenes und Überholtes lassen die 1956 von Hermann Heimpel, Theodor Heuss und Benno Reifenberg in fünf Bänden erneut unter dem Titel *Die Großen Deutschen* zusammengestellten Biographien erkennen, die mit Karl dem Großen aus der Feder Heinz Löwes anheben, der freilich einleitend dem Dilemma jeder ins frühe Mittelalter zurückverlängerten »deutschen« Geschichte seinen Tribut zollen muß, wenn er eingesteht, daß Karl kein »Deutscher« war und daß »es eine Zeit gegeben [hat], in der ein deutsches Volk nicht bestand«, woraus der Autor etwas gewunden folgert: »Und es ist daher sinnvoll, in der Reihe der ›großen Deutschen‹ auch Männer zu nennen, die als Werkzeuge der Geschichte [sic!], des Endziels selbst unbewußt, an der Entstehungsgeschichte dieses Volkes wirkten und seinen Charakter mitbestimmten.«

Zeitgeist und zugleich Problematik, aus dem verengten Nationalbegriff des 19. und 20. Jahrhunderts die frühmittelalterliche Geschichte verständlich zu machen, sind in einem Satz präsent. Das mittelalterliche Imperium der Ottonen und ihrer Nachfolger war stets supranational, die Ländertrias Deutschland, Italien und Burgund unter dem alles überwölbenden Dach des römischen Kaisertums läßt sich in den Kategorien des 19. Jahrhunderts nur unzureichend erfassen, jedenfalls nicht als Machtstaat. Dieses Reich hat erst im Deutschen Reich von 1870/71 in der »kleindeutschen« Variante ohne Österreich und die habsburgische Monarchie eine spezifisch »deutsche« staatliche Konsistenz gewonnen, die dem mittelalterlichen Imperium als heilsgeschichtlicher Rahmen endzeitlicher Geschichte, als Fortsetzung des Imperium Romanum fehlen mußte.

Vor allen nationalen oder gar nationalstaatlichen Bedeutungsfeldern bezeichnet »deutsch« (theodiscus im Mittellatein), seit der zweiten Hälfte des 8. Jahrhunderts belegt, im Gegensatz zum (gelehrten) Latein zunächst eine der germanischen Volkssprachen. Eine Originalurkunde aus dem oberitalienischen Bergamo von 816 bietet in einer Zeugenliste einen Beleg für »teodischis homines« im Sinne von transalpinen Zuwanderern oder in der Bedeutung von »Nichtitaliker aus dem Norden mit rechtlichen, gentilen und sekundär auch sprachlichen Konnotationen« (Jörg Jarnut). Auch die frühesten heute bekannten Belege für das »regnum Teutonicum« stammen von außen, aus Italien, niedergelegt in einer venezianischen Chronik und in einem Codex der unteritalienischen Abtei Cava am Beginn des 11. Jahrhunderts. Erstmals wird vom »Deutschen Reich« diesseits der Alpen bezeichnenderweise in der Urkunde Bischof Rüdigers für die Speyerer Juden im Jahr 1084 gesprochen. Deutschland, vermittelt noch über die »tiutschen lande« der Lutherzeit – Germania und Allemagne im modernen Italienisch beziehungsweise Französisch –, bleibt bis weit ins 19. Jahrhundert, wie übrigens auch Italien, ein geographisch-kultureller Begriff mit vielfältigen Zuordnungen, die aber vor der zweiten Hälfte des 19. Jahrhunderts staatlicher Eindeutigkeit ermangeln. So bedarf es keiner umständlichen Argumentation, um Heinz Löwes vor mehr als vierzig Jahren geäußerter These zu widersprechen, Karl der Große habe als »Werkzeug der Geschichte, des Endziels unbewußt«, bereits Deutschland fundiert.

Als Tatsache ist hingegen zu bewerten, daß der fränkische Ausgriff östlich des Rheins bis zur Elbe mit der Eingliederung der Sachsen in einem langwierigen Unterwerfungs- und Bekehrungswerk zweifellos die Voraussetzungen für die erweiterte Francia orientalis – das »östliche« Frankenreich, die »Germania« im Verständnis Einharts –, für »Deutschland« als Teil des Imperiums zunächst zwischen den »nassen« Grenzen von Rhein und Elbe, geschaffen hat. Nach Einhart bildeten bereits im zweiten Jahrzehnt des 9. Jahrhunderts Franken und Sachsen ein Volk; Königsherrschaft und römisches Kaisertum gingen im 10. Jahrhundert an einen Repräsentanten des unterworfenen Stammesverbandes der Sachsen über.

Die noch 1956 spürbare, wenn auch mit Kautelen vorgetragene Verkürzung der Bedeutung Karls auf die eines »großen Deutschen«, der Stimmen aus dem konkurrierenden Nachbarland durchaus entsprachen, wurde spätestens 1965 durch die Ausstellung »Karl der Große – Werk und Wirkung« unter den »Auspizien des Europarates« im Aachener Rathaus endgültig überwunden. Wenn auch die achthundertste Wiederkehr der »staufischen« Heiligsprechung des Frankenkaisers den Anlaß für das Jubiläum gab, so war die Beteiligung doch international, die exquisite Exponate aus aller Welt zusammenführte. Der wertvolle Katalog wurde nicht zufällig eingeleitet mit einem Aufsatz des unvergessenen François Louis Ganshof aus dem zwischen Romania und Germania vermittelnden (heutigen) »Zwischenland« Belgien, einem der frühen fränkischen Siedlungsräume. Auch das von 1965 bis 1968 von Wolfgang Braunfels und Helmut Beumann herausgegebene fünfbändige Karlswerk reflektiert diese europäische Aufbruchstimmung im Bann der »Römischen Verträge« vom März 1957, in denen sich Frankreich, Italien, die Beneluxstaaten und die Bundesrepublik Deutschland zur Europäischen Wirtschaftsgemeinschaft als Vorläuferin der heutigen Europäischen Union zusammenschlossen. Damals reichte der föderative Bund, der, bedingt durch die Kontingenz alles Geschichtlichen, noch unter Ausschluß Englands und der skandinavischen Länder erfolgte, im

Osten nur bis zur Elbe, bis zu dem Fluß also, der die Grenze des Karlsreiches bildete.

Auch der bereits 1950 von der Stadt Aachen gestiftete Karlspreis für Verdienste um die Einigung Europas atmet diesen historisch im fränkischen Imperium fundierten, auf die gemeinsame Zukunft ausgerichteten Geist, obwohl nicht verschwiegen werden soll, daß das karolingische Imperium als Repräsentant des katholischen Abendlandes nicht zuletzt als Bastion gegen den tatsächlich oder vermeintlich anbrandenden Kommunismus sowjetischer Prägung ideologisch in Anspruch genommen wurde. Zugleich galt er Skeptikern als Relikt eines gewissen rheinischen Separatismus, dessen Wurzeln freilich in die Weimarer Zeit zurückreichen, versetzt mit einem kräftigen Schuß Antipreußentum. Das Karlsreich bekam in dieser anachronistischen Perspektive gar verspätete heilsgeschichtliche Züge, dem imaginierten christlichen Europa des Novalis durchaus ähnlich.

Der heutigen entspannten Sicht mit umfassender Rückbesinnung auf gemeinsame Ursprünge Frankreichs und Deutschlands, die insoweit auch das ältere, personale Konzept sprengen, entsprach eine große Ausstellung, die 1996 und 1997 in Mannheim und Paris das Publikum anzog und deren wissenschaftlicher Ertrag in zwei voluminösen Bänden vorliegt unter dem signifikanten Titel *Die Franken. Wegbereiter Europas*. Das Karlsreich schuf im modernen Verständnis eine neue fränkische Identität (Karl Ferdinand Werner).

Der Leitfaden: Die Vita Karls aus der Feder Einharts

Da sich jede Generation ihr Geschichtsbild eigenständig und häufig neu schafft, ist der kürzlich aufgeflammte Streit zwischen den prominenten Mediävisten Johannes Fried und Gerd Althoff müßig, inwieweit die Quellen einer wissenschaftlichen Darstellung mit Phantasie ausgeschmückt werden dürfen. Letztlich schafft der Historiker die Geschichte nach; ein Zeitalter, eine Biographie entsteht im Kopf des Autors, der mit mehr oder weniger Phantasie und Kombinationsvermögen die Daten, Fakten, Strukturen und zahllosen Unwägbarkeiten zu einem möglichst konsistenten Bild zusammenfügt. Im Unterschied zum Romancier ist er allerdings gebunden an die Quellen, und diese dürfen als Bausteine im Geschichtswerk nur Verwendung finden, wenn ihre Interpretation einer streng wissenschaftlichen Methodik unterliegt. Der Leser muß zwischen gesicherter Erkenntnis und freier Spekulation, die gleichwohl das Richtige treffen kann, unterscheiden können.

Diese Mischung aus gesicherter Erkenntnis und »fragwürdiger« Vermutung wird auch das Karlsbild und das Bild seiner ganzen Epoche bestimmen, zumal die frühesten Zeugnisse, beginnend mit der Vita Einharts, entweder das Statuarische dieser Gestalt herausmeißeln oder, wie zwei Menschenalter später der St. Galler Mönch Notker, das Überlebensgroße.

Wenn die vorliegende Lebensgeschichte Karls dem chronologischen Faden folgt, dann soll damit die Totalität des politischen Geschehens, die Verschränkung von Innen- und Außenpolitik in ihren zahlreichen Facetten sichtbar, sollen die Entwicklungslinien deutlich werden, die vom jungen, wagemutigen König (Teil I) zum alternden, gereiften Kaiser (Teil II) führten. Die denkbare Segmentierung dieser langen Vita nach inhaltlichen Themen – Karl und das Papsttum, Karl und Byzanz, Karls Sorge für die Nachfolge etwa – hätte dem Alternativen, Offenen und Wandelbaren seines politischen Handelns über Jahrzehnte hinweg eine Stringenz verliehen, die ihr tatsächlich nicht zukommt. Häufig genug sollen zur Dokumentation der Analysen zeitgenössische Quellen – in Übersetzung – selbst sprechen und dem Leser eine Grundlage für eigene Überlegungen und Fragen liefern. Letztlich gilt es, dem schlichten, doch unendlich schwierig einzulösenden Diktum Leopold von Rankes zu entsprechen, nämlich zu ermitteln und darzustellen, »wie es [oder hier: wie er] eigentlich gewesen ist«.

Eine wesentliche Orientierung wird dieser Karlsbiographie durch die erste und höchst erfolgreiche Vita aus der Feder eines überlebenden Zeitgenossen zuteil, der dem Herrscher als Begleiter, Ratgeber, ja Freund fast zwei Jahrzehnte, zumal in Aachen, nahegestanden hatte: aus Einharts Lebensgeschichte des großen Franken. Sie wurde wohl um die Mitte oder gegen Ende der zwanziger Jahre des 9. Jahrhunderts verfaßt, aus Verehrung und Dankbarkeit und in der Absicht, dem Kaiser ein Denkmal zu setzen und dessen Licht auf den Scheffel zu stellen. Möglicherweise schwang auch der pädagogische Impetus mit, dem Enkel Karls und ältesten Sohn Ludwigs des Frommen, Lothar, im Bild seines Großvaters einen Spiegel maßstäblichen Königtums vorzuhalten, ein Bild, dem der Vater, eben Ludwig, wenig entsprach, so daß sich der Autor bald gänzlich von ihm zurückziehen sollte.

Einhart, aus mainfränkischem Geschlecht stammend und um 770 geboren, hatte im Kloster Fulda, das bereits wenige Jahrzehnte nach seiner Gründung zu einem Bollwerk der Mission und einer Stätte der Bildung an der Schnittstelle zwischen dem Frankenreich und Sachsen/Thüringen geworden war, seine erste Erziehung genossen. Hier ist er zwischen 788 und 791 als Urkundenschreiber nachzuweisen. Gegen 794 ist er am Hofe Karls in Aachen anzutreffen, das Karl nach dem Brand der Wormser Pfalz 791 zu seiner Residenz ausgestaltete und zur Begegnungsstätte jenes Kreises begabter Talente aus allen Teilen des Reiches und von den Britischen Inseln machte, der etwas übertreibend das Attribut »Akademie« empfangen sollte.

Der Zögling aus Fulda wurde bald zu einer beherrschenden Figur in diesem Kreis. Der subtile Kenner der antiken Überlieferung, vor allem Virgils, formte sich zum universal gebildeten »Hofmann« aus. Kleinwüchsig von Gestalt und geschäftig wie eine Ameise, forderte er den milden Spott seiner Umgebung heraus, genoß dabei aber die volle Sympathie aller und zumal seines Herrn, der ihn auch zu diplomatischen Aufgaben heranzog. Bemerkenswert sind sein künstlerisches Geschick und sein Sachverstand, die den ausgezeichneten Vitruvkenner zum Leiter der Aachener Werkstätten befähigten. Als Zeugnis von Einharts künstlerischen Talenten hat sich – in einer Zeichnung des 17. Jahrhunderts überliefert – ein Triumphbogen en miniature erhalten, der als Unterbau eines verzierten Kreuzes und zugleich als Reliquienbehälter diente. In der antikisierenden Form dieses Bogens und seinem christlichen Bildprogramm, überragt durch das Leidens- und Siegessymbol schlechthin, zeigt sich die »Verwachsung« (Ernst Troeltsch) von Antike und Frühmittelalter zu einer neuen Einheit, die auch der Zukunft als Programm diente. Gleiches evoziert das bewußt gewählte römische Mauerwerk in Einharts Basilika in Steinbach im Odenwald.

Zeugnis von Einharts höfischer Gewandtheit, zu der gewiß ein Schuß Opportunismus gehörte, legt auch die Tatsache ab, daß er nach dem Tod seines »Herrn und Ernährers« 814 nicht nur die »Palastsäuberung« als einer der wenigen aus der alten Garde überstand, sondern sich zum Erstaunen der Zeitgenossen gar der Gunst Ludwigs des Frommen erfreute, der ihm zahlreiche Klöster zur Leitung überantwortete, so unter anderem St. Peter und St. Bavo in Gent, St. Wandrille in der

Normandie, St. Servatius in Maastricht und zuletzt noch die Pariser Abtei St. Cloud.

Spätestens Ende der zwanziger Jahre zog sich Einhart vom Hof zurück, da die Auseinandersetzungen um das potentielle Erbe Ludwigs zwischen den Söhnen aus erster Ehe und dem nachgeborenen Karl aus der Verbindung mit der ehrgeizigen Welfin Judith nichts Gutes erwarten ließen. Er gründete mit seiner Gattin Imma auf ehemaligem Königsbesitz in Steinbach bei Michelstadt im Odenwald eine Kirche und später in Mühlheim im Maingau ein Kloster. Er verstarb 840 und wurde in Seligenstadt (Mühlheim) beigesetzt.

Einharts literarische Produktion war umfangreich: eine in der Maastrichter Abtei St. Servatius für seine Spätzeit zusammengestellte Korrespondenz, eine Translationsgeschichte der römischen Reliquien für seine Basilika in Steinbach sowie eine gelehrte Abhandlung über die Verehrung und Anbetung des Heiligen Kreuzes, vielleicht auch das sogenannte Paderborner Epos.

Das alles wird überragt von der Vita des verehrten Karl. Sie orientiert sich an den Viten der römischen Caesaren von Caesar bis Domitian, die Gaius Suetonius Tranquillus wohl im ersten Viertel des zweiten nachchristlichen Jahrhunderts verfaßt hatte. Einhart dürfte diesen Text in Fulda kennengelernt haben. Zwar gab es im gestreckten Zeitraum von Spätantike und Frühmittelalter bereits Ansätze zu einer Herrscherbiographie, etwa die Passionsgeschichte des Burgunderkönigs Sigismund (die möglicherweise aber erst im 8. oder 9. Jahrhundert entstanden ist), die Historia des Westgotenkönigs Wamba aus der Feder des Julian von Toledo oder die in einem Brief von Sidonius Apollinaris dargebotene Vita des Westgotenkönigs Theoderich II. – auch die Gestalt des heiligen Königs Oswald in Bedas Kirchengeschichte ist zu erwähnen –, aber der bewußte Rückgriff auf antike Form und Gestalt macht die Vita Einharts für lange Zeit singulär. Erst Piercandido Decembrio wiederholte in seiner Lebensgeschichte des Mailänder Tyrannen Filippo Maria Visconti dieses literarische Wagnis – allerdings im Zeitalter der Renaissance, wie bereits Jacob Burckhardt anmerkte.

Eine an den heidnischen Caesaren orientierte Vita eines christlichen Herrschers und zugleich Erneuerers des 476 erloschenen weströmischen Kaisertums war ein unerhörtes intellektuelles Wagnis. Im Gegensatz zur maßstäblichen Biographie der Heiligen und Bekenner der Kirche fehlte ihr der pädagogische Nutzen, erklärte Einhart doch die Taten seines Helden als »kaum nachahmbar«. Ihm ging es mithin im antiken Sinn um Stiftung von Memoria, historisches Gedenken und irdischen Ruhm über den Tod hinaus. Seit der Spätantike hatte sich als hagiographische Gattung die Heiligenbiographie herausgebildet, die, insbesondere zur gemeinsamen Lektüre geeignet, die Nachfolge des Heiligen als bewußte Imitatio Christi dem Leser, mehr noch dem Hörer nahebringen und ihn zur sittlichen, auf das Jenseits gerichteten Lebensführung anhalten will. Ein berühmtes Muster dieser Art von einprägsamer, nachahmenswerter, heilsamer Lebensführung lieferte die Vita des heiligen Martin, des Frankenheiligen schlechtin, aus der Feder des Sulpicius Severus. Auf diese greift Einhart insbesondere in seiner Einleitung distanziert, ja sogar polemisch zurück. Sein Anliegen mußte ja sein, den bemerkenswerten Lebensweg seines Helden, seine Taten als Krieger und Staatsmann, seinen unvergänglichen Ruhm programmatisch gegenüber den nahezu ausschließlich auf das Jenseits ausgerichteten Zielen der Hagiographie hervorzuheben.

Bereits die beabsichtigte Binnengliederung seiner Biographie nach dem Schema Suetons bewahrte Einhart vor der auf das jenseitige Heil ausgerichteten Darstellung. Ein Paradoxon bleibt freilich der Umstand, daß Einhart der Reihe durchaus gleich gewichteter antiker Kaiserbiographien – auch wenn die Vita des Augustus verständlicherweise bevorzugt herangezogen wird – die Lebensgeschichte eines fränkischen Königs gegenüberstellt, wobei der Kaisertitel Karls nur an wenigen, nahezu unumgänglichen Stellen Erwähnung findet. Die Beweggründe und Absichten, die einst Sueton leiteten, sind uns durch Textverlust unbekannt, doch handelt es sich gewiß primär um Geschichtsschreibung, während Einhart expressis verbis seinem Helden ein Denkmal, ein Monument stiftet, das im Verständnis der geistlichen Mitautoren des Zeitalters allenfalls den »Athleten Christi« bereitet werden durfte. Einhart hat sich über diese geistigen Schranken kühn hinweggesetzt. Das ist eine bis ins Hochmittelalter hinein einzigartige Tat, sieht man von Assers Alfredvita ab, denn auch die späteren sogenannten Herschervita sind eher chronologisch ausgerichtete Gesta, Tatenberichte, als unter bestimmten übergeordneten Gesichtspunkten strukturierte Biographien. Dies gilt für die »Taten« Konrads II. oder Friedrichs I.

Einhart ist diese oft bis in die Diktion seiner Vorlage folgende Abhängigkeit von Sueton als Plagiat vorgeworfen worden. Doch an welchem Vorbild hätte er sich bei einer Herscherbiographie orientieren sollen? Es wird freilich deutlich werden, daß Einhart sich keineswegs nur im Bestreben um Klassizität seines Lateins bewußter Wendungen und sprachlicher Charakteristika seiner Vorlage bedient hat, wenn es ihm angezeigt schien, den neuen Augustus als wesenhaft fränkischen König im Gewande des Kaisers zu zeigen. Oft genug hat er den Tatsächlichkeiten seiner Zeit und seines Umfeldes durchaus Rechnung getragen und bestimmte Passagen und Einzelheiten seiner Vorlage verändert, modifiziert und damit wahrheitsgetreu seine eigenen Eindrücke wiedergegeben. Die Schilderung der Erziehung der Söhne und Töchter Karls entspricht der suetonischen Vorlage keineswegs, sondern vermittelt frühmittelalterliche Adelspädagogik.

Einhart, der über die Vorlage weit hinausgeht, gelingt es, zum wirklichen Charakter Karls vorzudringen, zwar nicht mit den Mitteln moderner Psychologie, aber aus einem für die Persönlichkeit des großen Franken konstitutiven Wesenskern. Diesen beschreibt er mit den der antiken Philosophie, insbesondere der Stoa entliehenen Termini wie »constantia animi«, »magnanimitas« und »animositas«, was mit Festigkeit, Hochherzigkeit und geistig-körperlicher Beweglichkeit, ja Dynamik zu interpretieren ist, wesensverschieden von genuin christlichen Tugenden wie Demut, Entsagung und Leidensfähigkeit. Gewiß prägt den Kaiser das christliche Herrscherethos, verkörpert in seiner Schutzfunktion und in seiner Rechts- und Friedenswahrung, aber er ist kein »heiliger« König, auch kein König des Alten Testaments, er ist der Nachfolger der antiken Caesaren, deren zum Titel gewordenen Namen er seit seiner Kaiserkrönung Weihnachten 800 trägt, auch wenn das Kaisertum in Einharts Optik als Institution fast vom fränkischen Königtum aufgesogen wird.

Karl wird ein »fernes Denkmal« errichtet, das sich über die Niederungen der eigenen Epoche weit erhebt und auch nicht durch Anekdotisches den Zeitgenossen angeglichen wird. Dies geschah allerdings bereits zwei Generationen später in dem St. Galler Hausbuch aus der Feder Notkers »des Stammlers« mit den *Taten Karls des Großen*, die diesen als Richter und Kriegsherrn heroisieren, als Hausvater und Schulmeister verklären, ihm aber seine »Mitte« im Verständnis Einharts nehmen. In der Stilisierung nach antikem Muster, wie es Einhart bevorzugt, liegt für den modernen Leser freilich die Gefahr, die durchaus zeitgemäßen frühmittelalterlichen Wesenszüge in Politik und Charakter des großen Franken aus dem Blickfeld zu verlieren, etwa sein zutiefst christliches Herrscherethos, seine Frömmigkeit, vor allem seine Petrusmystik und Romverbundenheit als Essenz seiner politischen Existenz.

Einhart folgt zwar in wesentlichen Elementen seiner Vorlage, indem er, von deren Dreiklang als Schema der Kaiserbiographie ausgehend, das Leben seines Helden fixiert, die Teile aber durchaus unterschiedlich gewichtet. So steht im ersten Hauptteil zwar ebenfalls die »Kriegsberichterstattung« im Vordergrund, aber der weite Bereich der Innenpolitik, der sich bei Sueton unmittelbar den Militaria anschließt, erhält bei Einhart ein selbständiges Stichwort »Über die Verwaltung des Reiches«, während Charakterzüge seines Helden, Ehe- und Familienpolitik als zweiter Hauptteil der Caesarenviten zu »mores« und »vita« des Helden kondensieren, der dritte Teil der Vorlage über das Ende des Helden sich konzeptionell bei ihm als vierter Abschnitt wiederfindet. Freilich ist zu unserem Bedauern der Teil über die inneren Verhältnisse des Karlsreiches vergleichsweise mager und fragmentarisch geraten, während die streng komponierte, wenn auch häufig im Anekdotischen befangene Darstellung Suetons zugunsten ausgebreiteter narrativer Elemente aufgegeben wird.

Die Abänderungen der Vorlage liegen nicht primär im darstellerischen Unvermögen des Autors begründet, sondern geben sich bei näherem Hinsehen als überlegte Vorsätze zu erkennen. Einhart wollte ja nicht der suetonischen Reihe der Caesaren eine weitere Biographie anfügen, sondern dem großen fränkischen König gleichsam in antikem Sprachgewand und imperialem Gestus ein Monument setzen und eine dauerhafte Memorie für die Mit- und Nachwelt stiften. Dies ist ihm in ganz einzigartiger Weise gelungen.

Einharts Werk konnte nur in jener kurzen Phase der kulturellen und geistigen Erneuerung entstehen, die wir seit Erna Patzelt etwas pauschal als karolingische Renaissance zu bezeichnen pflegen, obwohl diese nur partiell der eigentlichen Renaissance des 14. und 15. Jahrhunderts entspricht und von vielerlei Strömungen getragen ist, die vollends frühmittelalterlich sind und keineswegs in die Moderne verweisen. Die beiden Biographien Ludwigs des Frommen aus der Feder des Trierer Chorbischofs Thegan und des sogenannten Astronomen lassen eine deutlich andere Konzeption erkennen, denn sie sind eher dem annalistisch-chronikalischen Modell und dem »Tatenbericht«, den Gesta, verpflichtet. Den Caesarenleben Suetons stehen sie geistig unendlich fern.

Über jener zeitgemäßen Adaption der antiken Vorlage darf zum Vorteil von Einharts Vita nicht übersehen werden, daß er vielfach auf schriftliche Quellen rekurriert, so auf die offiziösen »Reichsannalen«. Seit den neunziger Jahren des 8. Jahrhunderts waren diese in Verbindung mit dem Hof niedergeschrieben worden und hatten im zweiten Jahrzehnt des neuen Jahrhunderts eine Bearbeitung und Glättung erfahren, die sich für die ältere Forschung ganz zu Unrecht mit dem Namen Einharts verband. Ferner benutzte der Biograph die im vorletzten Jahrzehnt des 8. Jahrhunderts entstandene Geschichte der Bischöfe von Metz, die auch und vor allem vom heiligen Arnulf, einem der Stammväter der neuen Königsdynastie, handelte und die von Paulus Diaconus, einem jener hochgebildeten Talente, die Karl aus Italien in seinen Kreis gezogen hatte, als Lob des neuen Herrscherhauses verfaßt worden war. Bedeutsamer als die literarischen Anleihen dürfte für die Gestaltung der Biographie sowohl in dem, was sie aussagt, wie in dem, was sie verschweigt, das eigene Erleben des Autors in der Nähe seines Helden gewesen sein. Mithin kommt ihr eine hohe Authentizität zu, die auch nicht darunter leidet, daß sie sich häufig einer geliehenen Ausdrucksweise bedient, deren Nuancen gleichwohl den Sachverhalt jenseits des Plagiats zutreffend wiedergeben.

Man kann sich der Darstellung Einharts sorgsam abwägend anvertrauen, denn sein »fernes« Denkmal mußte auch für die miterlebenden Zeitgenossen noch erkennbar sein. Als Einhart sein Werk, wohl nach seinem Rückzug vom Hof Ludwigs des Frommen, also zwischen 825 und 830, bekannt machte, lebten noch genügend Zeitzeugen, die der Autor unmöglich über wesentliche historische Entwicklungen oder persönliche Eigenschaften seines Helden täuschen konnte oder wollte.

Daß Einhart vielfach sachliche Fehler, Versehen und Irrtümer unterlaufen sind, ist bereits von Leopold von Ranke kritisch angemerkt worden. Freilich ging es dem Biographen nicht um eine exakte Seminararbeit, ein wissenschaftliches Explorat, sondern um eine geschichtsmächtige Memorie. Und es ist wieder Ranke selbst gewesen, der zu einer gerechten und, wie ich meine, auch abschließenden Würdigung Einharts gefunden hat: »Einhard hatte das unschätzbare Glück, in seinem großen Zeitgenossen den würdigsten Gegenstand historischer Arbeit zu finden; indem er ihm, und zwar aus persönlicher Dankbarkeit für die geistige Pflege, die er in seiner Jugend von ihm genossen, ein Denkmal stiftete, machte er sich selbst für alle Jahrhunderte unvergeßlich!«

Einharts Werk ist als mittelalterlicher »Bestseller« anzusprechen. Bereits um 840 fand es im St. Galler Mönch Walafried Strabo einen Herausgeber, der den Text in Abschnitte gliederte, diese mit Titeln versah und der Biographie eine sachdienliche Einleitung gab. Die handschriftliche Überlieferung, soweit sie auf uns gekommen ist, kann mit rund achtzig Textzeugen als sehr beachtlich bezeichnet werden. Im Kontrast zu dieser handschriftlichen Überlieferung steht der späte erste Druck des Werkes 1521 in Köln. Es war dazu bestimmt, den jüngst gewählten Karl V. mit dem erlauchten Urahn gleichen Namens in eine Herrscherreihe zu stellen.

Prolog

Vom alten Königsgeschlecht zur neuen Dynastie
Von den Anfängen bis 768

Das Dunkel um die Geburt Karls und seine Herkunft

Die Biographie des »großen Kaisers Karl« aus der Feder Einharts wird zumindest einer Erwartung nicht gerecht, die wir wohl stets mit einer Lebensgeschichte verbinden, nämlich der Vermittlung der Lebensdaten. Der Autor teilt uns das Geburtsjahr nur sehr ungefähr mit, indem er anführt, Karl sei im 72. Lebensjahr verstorben, während das (nicht erhaltene) Aachener Epitaph von dem »Siebzigjährigen« spricht – der Geburtstag bleibt im Gegensatz zum Sterbetag unerwähnt. Bis vor wenigen Jahren galt – von 814 zurückgerechnet – das Jahr 742 als Geburtsjahr, dann kurzfristig 747 und jüngst, wohl endgültig, das Jahr 748.

Es gibt eine Reihe von Gründen für diesen aus heutiger Sicht ungewöhnlichen Vorgang. So interpretierte das christliche Mittelalter nicht den Tag der Geburt, sondern den Todestag als den eigentlichen »Geburtstag«, dem alle Aufmerksamkeit zuteil wurde, verließ doch an diesem Tag die Seele ihre sterbliche Hülle und fand sich bis zum Jüngsten Tag mit wenigen Ausnahmen (Blutzeugen und Heilige) in einer nahe dem Himmel oder der Hölle angesiedelten Wartezone aufgenommen, die durch Gebete, Fasten und Almosenspenden der Hinterbliebenen für den Dahingeschiedenen erträglich oder erträglicher gestaltet werden konnte. Insbesondere galten die Anniversarien, die Jahresgedenktage des Verstorbenen, als besonders geeignet für diese vielfältigen Zuwendungen. Mithin spielte der eigentliche Geburtstag eine eher untergeordnete Rolle, so daß für nicht wenige Herrscherpersönlichkeiten des Früh- und Hochmittelalters dieses Datum nur ungefähr erschlossen werden kann; dies gilt zum Beispiel noch für Friedrich I. Barbarossa.

Karl der Große wurde als Sohn eines »Aufsteigers« geboren, nämlich Pippins III., der damals von dem Griff nach der Königskrone noch um einige Jahre entfernt war. Zu Einharts Gunsten muß berücksichtigt werden, daß Karls Geburt – unabhängig davon, ob wir das Jahr 742, 747 oder 748 annehmen – in den Zeitraum des Niedergangs, ja des weitgehenden Verstummens der zeitgenössischen Geschichtsschreibung fiel, während die später vom Hof inspirierte Historie – Metzer Bischofsgeschichte, sogenannte Reichsannalen – erst in den achtziger und neunziger Jahren des 8. Jahrhunderts oder gar noch später entstand. Somit verdient Einhart zumindest in diesem Punkt volle Glaubwürdigkeit, wenn er uns wissen läßt, daß er über Geburt, Kindheit und Jugendzeit seines Helden nichts habe in Erfahrung bringen können, wobei er allerdings wohl übertreibt.

Wie groß die Unsicherheit in der Frage der Geburtsdaten tatsächlich war, zeigen offizielle wie offiziöse Angaben. So läßt Einhart Karl im 72. Lebensjahr sterben; die sicher authentische Grabinschrift vermerkt den Tod des Kaisers als Siebzigjährigen; die sogenannten Reichsannalen gar lassen ihn im Alter von »ungefähr« 71 Jahren das Zeitliche segnen – zweifellos allesamt inspiriert von Psalm 89, der dem Menschen verheißt: »Unser Leben währet siebzig Jahre, und wenn es hoch kommt, so sind's achtzig Jahre, und wenn es köstlich gewesen ist, so ist es Mühe und Arbeit gewesen; denn es fähret schnell dahin, als flögen wir davon.« So dürften letztlich Unkenntnis und alttestamentarische Weisheit zum »Siebziger« Karl geführt haben.

Aus den nicht eben schlüssigen Angaben der genannten Quellen machte die ältere Forschung ein simples Rechenexempel, zog vom Todesjahr 814 einfach 72 Jahre (Einhart) ab und gelangte dergestalt zum Geburtsjahr 742, womit sie sich freilich Ungemach einhandelte: Den Moralvorstellungen namentlich der Forschergenerationen des 19. und ihren nachgeborenen Schülern des 20. Jahrhunderts bereitete der Umstand eklatante Schwierigkeiten – das Geburtsjahr 742 vorausgesetzt –, daß Karls Eltern, der »Fürst« (princeps) Pippin und die hochadlige Bertrada (Berta), nach Auskunft der gutunterrichteten Lorscher Annalen erst im Jahr 744 eine rechtmäßige eheliche Verbindung eingegangen sind, woraus zwingend die voreheliche oder gar außereheliche Geburt des ältesten Sohnes zu folgern war, wenn nicht mit Hilfe des fiktiven Rechtsinstituts der »Friedelehe« als angeblich zweiter legaler germanisch-fränkischer Form der Verbindung dieser Makel bereinigt wurde.

Bereits mit der Erörterung der Umstände seiner Geburt begann somit die peinsame Not der Geschichtsforschung mit dem späteren, offenkundig exzessiven Ehe- und Sexualleben ihres verehrten Herrschers:

Karl verließ zwei Ehefrauen, führte drei rechtmäßige Ehen, zahlreiche Konkubinen sind auch namentlich bezeugt, nicht weniger als achtzehn Kinder sind bekannt. Diese Freude am weiblichen Geschlecht ist insgesamt als Ausdruck von Lebensbejahung und Kraft zu werten, wie dies Einhart herausstellt. Die folgende Generation hat ihr Sexualverhalten den rigideren Vorschriften der Kirche unterworfen, Karls Sohn und Nachfolger Ludwig verabscheute offen den lebensfrohen Aachener Hof seines Vaters und machte bei seinem Herrschaftsantritt 814 dem losen Treiben mit einer Palastsäuberung, politisch wiederholt 816, ein jähes Ende. In einer auf den 3. November 824 datierten Jenseitsvision aus St. Gallen erfährt der verstorbene Kaiser in einer Art Vorhölle seine gerechte Strafe, indem ein Untier seine sündigen Geschlechtsteile zerfleischt.

Die wissenschaftliche Forschung hat angesichts der unzweifelhaft überragenden Herrschergestalt Karls diese Eskapaden eher unter die menschlichen Schwächen eingereiht, die eben auch den Größten anhaften, oder als Fehlstellen eines großen Charakters bewertet, obwohl sie ganz deutlich zu den Wesensmerkmalen Karls gehören, wie auch sein »Genie der Freundschaft« (Josef Fleckenstein), seine Geselligkeit, seine Bade- und Jagdleidenschaft und das Bedürfnis nach familiärer Nähe zu seinen Töchtern, seine Offenherzigkeit und seine Spontaneität.

In bezug auf den vermeintlichen Makel von Karls Geburt ist die Nachwelt seit einigen Jahren dank der Forschungen Karl Ferdinand Werners und Matthias Bechers aus ihrer peinlichen Lage befreit. Beide wiesen auf die Redaktion eines frühmittelalterlichen Annalenwerks hin, das auch sonst Vertrauen verdient, obgleich es handschriftlich erst aus dem 16. Jahrhundert überliefert ist. Dieses enthält zur Jahresangabe 747 den Zusatz: »eo ipso anno fuit natus Karolus rex« (in diesem Jahr wurde König Karl geboren). Dieselbe Quelle meldet zum Jahr 751 fast mit den gleichen Worten die Geburt von Karls jüngerem Bruder Karlmann, ohne daß die Bonität dieses Zeugnisses jemals in Zweifel gezogen worden wäre.

Aber auch die Annahme des Jahres 747 trifft nicht voll ins Schwarze, fiel doch der 2. April – das für Karl anderweitig verbürgte Tagesdatum seiner Geburt – in diesem Jahr auf den Ostersonntag. Wer will glauben, daß für seine Familie, für Karl selbst und für die unmittelbare Nachwelt dieses gleichsam göttliche Zeichen der Erwählung an einem der höchsten Tage der Christenheit, jenem der Auferstehung des Herrn, jemals hätte in Vergessenheit geraten können! Karl selbst wählte dieses Datum bewußt für einen höchst politischen Akt, als er während des Hochamtes zum Osterfest 781 in der Peterskirche zu Rom seine Söhne Pippin und Ludwig von der Hand des Papstes zu Königen von Italien und Aquitanien salben ließ.

Des Rätsels Lösung ist einfach und banal, wenn man davon ausgeht, daß nicht wenige dieser kleinen Annalenwerke des 8. Jahrhunderts, die uns wichtige Fakten überliefern, unter anderen eben auch die Geburtsdaten Karls, die Jahre nach dem jeweiligen Ostertermin datierten. Alternativ findet sich damals häufig in den Quellen der Jahresanfang nach dem Weihnachtsfest und gelegentlich auch schon der 1. Januar als Jahresbeginn. Die Annalen haben ihren Ursprung nicht zuletzt in den sogenannten Ostertafeln, die den Ostertermin und die von diesem abhängigen beweglichen Feiertage der Christenheit berechneten und dabei auch Erlebtes und Gehörtes der fraglichen Epoche auf Freiräumen ihres Pergaments festhielten. Der Computus oder die »Zeitrechnung« war integraler Bestandteil klösterlicher, ja allgemeiner Bildungs- und Erziehungsarbeit.

Ostern und damit der Jahresbeginn 748 fielen auf den 21. April – das Datum des 2. April, Karls Geburt, gehörte mithin noch zum ausgehenden Jahr 747, das mit dem 20. April endete – aber eben nach heutiger Zeitrechnung bereits das Jahr 748 war. Es gibt freilich noch weitere Indizien, die auf das Geburtsjahr 748 hindeuten: Karls Vater Pippin beauftragte Karl am 20. Juni 760 in der Pfalz von Verberie als »vir inluster« mit dem Schutz des Klosters St. Calais. Demnach hatte der Thronerbe zu diesem Zeitpunkt mit zwölf Jahren die Amtsmündigkeit erreicht, um gewissermaßen selbständig, wenn auch im väterlichen Auftrag handeln zu können. Eine weitere Absicherung dieser Annahme enthält die spätere Aufzeichnung über die Überführung der Gebeine des heiligen Germanus in das nach ihm benannte, auf den Wiesen vor Paris gelegene Kloster Saint-Germain-des-Prés. Danach hätten Karls Vater, sein Bruder und er selbst an dieser Translation mitgewirkt.

Karl kommt, was ganz selten geschieht, in diesem Text selbst zu Wort und nennt sich zum Zeitpunkt des Ereignisses einen Siebenjährigen. Die Translation der Reliquien fand am 25. Juli des Jahres statt, das auf den denkwürdigen Besuch Papst Stephans II. im Frankenreich folgte. Die Papstvisite fand 754 statt, die Überführung in Anwesenheit Karls mithin 755, der damals tatsächlich im Alter von sieben Jahren stand. Nichts spricht dagegen, daß ein aufgewecktes Kind, zumal prominent postiert, diese Eindrücke einer mit großem Gepränge und liturgischem Aufwand vollzogenen Reliquienbergung im Gedächtnis bewahrte und sie dann, längst erwachsen, als lebendige Kindheitserinnerung revozierte. Diese seltene Probe von mündlicher Überlieferung durch Karl selbst ist auch als Zeugnis seines offenen und heiteren Charakters nicht zu unterschätzen, erzählt er doch amüsiert, daß er bei dieser Deposition der Gebeine des Heiligen seinen ersten Zahn verlor, als er unbedacht in die neue Grablege des verehrten Pariser Bischofs sprang.

Zu diesen Indizien, die für das Geburtsjahr 748 sprechen, tritt als weiteres Moment die Tatsache, daß sich Pippins Bruder Karlmann – Karls Onkel mithin, der sich mit dem ältesten Sohn Karl Martells in die Herrschaft geteilt hatte – im Sommer 747 als Mönch nach Italien zurückzog und seinem Bruder mit der Gesamtverantwortung für die Politik zugleich die Sorge für die eigenen Söhne als seine Nachfolger anvertraute. Dieses Vorgehen barg für den resignierenden Fürsten insofern wenig Risiken, als sein Bruder und dessen Frau im Sommer 747 noch keine Nachkommen hatten.

In dieser Zeit, als Karls Eltern noch ohne Erben waren und verzweifelte Gebete zum Himmel sandten, fand auch die Versöhnung Pippins mit seinem Halbbruder Grifo aus der Ehe Karl Martells mit der (bayerischen) Agilolfingerin Swanahild statt, dem, nachdem er aus der Gefangenschaft entlassen worden war, der Dukat von Le Mans als Machtzentrum übertragen wurde. Vielleicht sollte Grifo gegen Drogo, den Sohn Karlmanns, der allerdings 754 verstarb, als Gegengewicht aufgebaut werden.

Die Kinderlosigkeit dürfte Pippins Gemahlin Bertrada in eine prekäre Lage gebracht haben, galt doch Kinderlosigkeit aufgrund vermuteter weiblicher Unfruchtbarkeit, insbesondere auf hoher sozialer und politischer Ebene, als Verstoßungs- und Scheidungsgrund. Das wurde etwa von dem Mönch Notker aus St. Gallen im Abstand von mehr als einem Jahrhundert als Ursache für die Verstoßung von Karls zweiter Gemahlin, der Tochter des Langobardenkönigs Desiderius, nach 771 ausdrücklich ins Feld geführt wird.

Läßt sich noch mit einigem Spürsinn das Geburtsjahr des großen Franken ermitteln, so liegt über seinem Geburtsort ein dunkler Schleier. Zwar melden die jüngeren Metzer Annalen in sehr allgemeinen Wendungen für das Jahr 748 einen Gerichtstag Pippins in Düren zwischen Köln und Aachen, dem sich wie 761 und später unter seinem Nachfolger 775 und 779 eine Synode angeschlossen haben soll. Doch ist weder der genaue Zeitpunkt dieser Versammlung bekannt noch der Umstand, ob sich Karls Mutter damals überhaupt im Gefolge ihres Gemahls befunden hat.

Die Obskurität, die sich mit den näheren zeitlichen und örtlichen Umständen der Geburt, auch mit Taufe und Patenschaft Karls verbindet, findet noch einen späten Reflex in der sagenhaften Erzählung von der »Berta mit den großen Füßen«. Aufgezeichnet wurde diese Fabel im Frankreich des 13. Jahrhunderts; sie ist bis ins 15. Jahrhundert in zahlreichen Varianten überliefert. So heißt es in der »Erstfassung« der Chronik von Saintonge aus dem Jahr 1225 nach Bea Lund: »Die Männer fordern, Pépin soll sich verheiraten und zwar mit Berta, der Tochter des Königs von Ungarn. Mit vielen Ehren wird sie ihm nach Paris zugeführt und die Hochzeit gefeiert. Aber: Bertas Amme hat ihm mit Hinterlist ihre eigene Tochter untergeschoben. Berta wurde beschuldigt, dieser Tochter mit einem Messer nach dem Leben getrachtet zu haben. Sie sollte im Wald von Maine getötet werden, überlebt aber und wird aufgenommen von einem Kuhhirten und seiner Frau, bei denen sie vier Jahre als Magd lebt. Die falsche Königin gebiert derweil zwei Söhne und macht sich einen Namen als böseste Frau im Land: ›Co fu la piera femnan qui onques fust.‹ Besorgt über die Gerüchte reist Bertas Mutter nach Paris. Die junge Königin wird für krank erklärt und jeder Zutritt zu ihr verwehrt. Bertas Mutter wird ungeduldig, überschreitet das Verbot und erkennt, daß im Bett nicht die richtige Frau [ihre Tochter] liegt. Die alte Amme wird verbrannt und gesteht in der Stunde ihres Endes, Berta in den Tod geschickt zu haben. Vier Jahre darauf begegnet Pépin auf der Jagd im Walde der richtigen Berta. Er erfährt von der Auffindung der Unbekannten. Darauf bittet er die Pflegeeltern, diese Nacht mit Berta schlafen zu dürfen. Er erhält einen Karren als Bett und Berta, die ihn erkennt. Sie erzählt ihm ihre Geschichte. Der König gibt sich dem Hirten zu erkennen und verspricht, ihn reich zu machen. Mit Berta kehrt er nach Paris zurück, wo alle ihn bejubeln.« Noch die spätmittelalterliche Chronik des Oldenburger Stiftsherrn Heinrich Wolter bringt den Karren mit dem Namen Karl in Verbindung und läßt den Kaiser in einer Mühle gezeugt sein.

Zum Erkennungsmerkmal Bertas werden im Laufe der Ausschmückung der Geschichte übrigens ihre großen Füße – daher der kuriose Beiname. Tatsächlich sollte sich Bertrada, zumal nach dem Tod Pippins

768, als durchaus politische Königin erweisen mit einem Hang zur »großräumigen Diplomatie« (Silvia Konecny) – sehr zum Verdruß ihres Ältesten.

Dieser Exkurs zu Geburtsdatum und -ort Karls des Großen ist gleichsam symptomatisch für die Anfänge der neuen Dynastie, die 754 die Merowinger als Frankenkönige ablöste: Es liegen undurchdringliche Schatten über der weitgefächerten Aufstiegsgeschichte der später nach ihrem prominentesten Sproß benannten Karolinger, nur weniges wird auf den Scheffel gestellt, vieles unterdrückt und verschwiegen, manches in ein schiefes Licht gerückt, manches bewußt nachgebessert. Auch Einhart als Biograph Karls ist diese Vorgehensweise durchaus geläufig.

Der Aufstieg der Hausmaier im Schatten der Könige

Einhart eröffnet den darstellenden Teil seines Werks über Karl den Großen zu unserer großen Überraschung mit pointierten, ja scharf akzentuierten Ausführungen zum Ende des Königsgeschlechts der Merowinger – »gens Meroingorum« – und entspricht damit nur scheinbar seiner Vorlage, da auch die einzelnen Kaiserbiographien Suetons mit dem Hinweis auf die Herkunft des jeweiligen Caesars eingeleitet werden. So beginnt die vorbildliche Augustusvita mit dem präzisen Rückgriff auf die Gens Octavia, eine der bedeutendsten Familien Veletris, um dann auf die Eltern und schließlich die Geburt des späteren Imperators überzuleiten.

Mit seinem genialen Kunstgriff, den Niedergang der Merowinger mit dem Aufstieg der später so genannten Karolinger unmittelbar zu verflechten, entging der Autor der Mißlichkeit, das politische Auf und Ab der Vorfahren Karls mit allen Unwägbarkeiten und Einbrüchen, die den beschwerlichen Aufstieg zum Gipfel der Macht begleiteten, zumindest tendenziell andeuten zu müssen. Dergestalt wird ausschließlich der Niedergang des Königsgeschlechts der Merowinger das eigentlich auslösende Moment des Machtwechsels; nicht der Ehrgeiz von Karls Vater Pippin führt zum Sturz des alten Königsgeschlechts, sondern dessen offenkundige Nutzlosigkeit, verstanden als Herrschaftsunfähigkeit.

Im übrigen dürfen wir fragen, wie Einhart – Suetons Schema folgend – die Gens seines Helden denn hätte bezeichnen sollen? Die uns so selbstverständliche Antwort »Karolinger« stand ihm nicht zu Gebote, denn erst Generationen später kam es in direkter Verbindung mit dem Ansehen, das sich Karl der Große erworben hatte, zur sprachlichen Schöpfung der »stirps Carolina«. Die Forschung spricht bezeichnenderweise unter Hinweis auf die Stammväter dieser Familie von Arnulfingern (Arnulf von Metz) und Pippiniden (Pippin der Ältere), deren Kinder Ansegisel und Begga die Urururgroßeltern Karls waren. Ferner ist zu bedenken, daß der Name Karl um die Mitte des 8. Jahrhunderts keineswegs zu den »Leitnamen« der Familie gehörte, zu denen vorzüglich Pippin, Drogo und auch Grimoald zu zählen sind. Vor Karl dem Großen selbst trug sein Großvater, Karl Martell, erstmals diesen Namen, der in der Variante Karlmann, wohl einer Koseform von Karl, auf Pippins Söhne übertragen wurde. Die späteren karolingischen Leitnamen Ludwig und Lothar sind hingegen Ausdruck einer bewußten Ansippung des neuen Königshauses an das Merowingergeschlecht in seinen prominenten Vertretern Chlodwig (Ludwig) und Chlothar (Lothar). Eine wie auch immer formulierte Bezeichnung der Gens des Aufsteigergeschlechts Pippins und Karls hätte nur das unermeßliche Gefälle zwischen den an Alter und Würde herausragenden Merowingern, deren Spitzenahn Merowech gar aus der Verbindung von König Clodios Gemahlin mit einem Meeresungeheuer hervorgegangen sein soll, und den Emporkömmlingen vorgeführt, die zwar von höchstem Adel und Inhaber des Hausmaieramts und des fränkischen Prinzipats waren, gleichwohl nicht königlichen Rangs.

Mit diesem Rückgriff auf die Gens Meroingorum, der allein im Kontext des Niedergangs dieses Geschlechts den Aufstieg der neuen Dynastie begründete, überantwortete Einhart die Vorgeschichte des Hauses, zugleich die des älteren Frankenreichs, dem historischen Dunkel und führte lediglich Karls Großvater und Vater, Karl Martell und Pippin III., als die wahren Herrscher des Regnum ein. Pippins Übernahme des Königstitels im Jahr 754 verliert so jedes Odium eines Staatsstreiches, ja erscheint fast als notwendige Konsequenz aus der sichtbaren Verteilung von Macht und Ohnmacht.

Die auf wenige Zeilen seines Textes projizierte Endphase der merowingischen Königsherrschaft erwies sich als ungemein geschichtsmächtig. Sie bildete die dunkle Folie, auf der sich der Glanz des neuen Herrschergeschlechts um so deutlicher abhob; mit ihr war das Fundament für die Beurteilung der späteren Merowingerzeit als einer Epoche des

Niedergangs und der Entartung, der Schwäche und des Verfalls gelegt. So entstand insbesondere in der französischen Geschichtsforschung und in deren Folge die allgemeine Vorstellung von den merowingischen Herrschern als »rois fainéants«, den königlichen Nichtstuern – den nutzlosen Trägern des Königstitels in der Diktion Einharts.

Es hat langer, intensiver Untersuchungen bedurft, um den Jahrhunderten der »long-haired kings« (John Wallace-Hadrill) Gerechtigkeit widerfahren zu lassen. Die Merowinger haben den staatlichen Rahmen in Gestalt des fränkischen Königtums geschaffen, in dem eine Symbiose zwischen germanisch-fränkischem Erbe und spätantiker Tradition in Herrschaftspraxis, Gesellschaftsstruktur und Wirtschaftsform unter maßgeblichem Einfluß der Kirche erfolgte, die den zivilisatorischen Elementen in Tiefe und Breite erneut zum Durchbruch verhalf.

Der Niedergang der Merowinger war verbunden mit dem Aufstieg starker, mit den Königen um Besitz, Macht und Einfluß konkurrierender Adelsfamilien, zu denen an herausgehobener Stelle seit der Mitte des 7. Jahrhunderts die »karolingischen« Hausmaier als Inhaber des höchsten Staatsamtes gehörten, das alle Gewalt am Hofe bündelte und bald zum Instrument höchster Adelsherrschaft wurde. Auf der anderen Seite lag dieser Niedergang in Korrosionsprozessen der Königsherrschaft begründet, die aus Reichsteilungen, innerfamiliärer Rivalität und zuletzt vor allem aus der überaus häufigen Minderjährigkeit der oft nur potentiellen Thronfolger resultierte, so daß bereits um die Mitte des 7. Jahrhunderts ein »Staatsstreich« politisch möglich erschien. Der als solcher auch bezeichnete Versuch des Hausmaiers Grimoald, mit Hilfe der Adoption seines Sohnes durch einen Merowinger – oder durch die Adoption eines merowingischen Königssohnes? – die Königsgewalt gleichsam legal auf sein Haus überzuleiten, schlug fehl. Der adoptierte Merowinger starb wohl eines natürlichen Todes, sein Vater Grimoald wurde Opfer einer Privatrache und damit der Rivalität der um Einfluß und Macht konkurrierenden Geschlechter. Damit war die Linie Pippins des Älteren im Mannesstamm erloschen, der Wiederaufstieg konnte nur – diese Möglichkeiten bot die mittlerweile »offene Adelsgesellschaft« – über die Schwester Grimoalds, Begga, die Ansegisel, den Sohn Bischof Arnulfs von Metz, geehelicht hatte, erfolgen und über deren gemeinsamen Sohn Pippin II., den Mittleren, den eigentlichen Stammvater der Karolinger.

Nach einem mühsamen Wiederbeginn entschied die Schlacht von

Tertry (687) gegen Pippins neustrischen Widersacher zugunsten des austrischen Hausmaiers. Immerhin hatten die Auseinandersetzungen um den sogenannten Staatsstreich gezeigt, daß die rivalisierenden hochadligen Familien nicht oder noch nicht bereit waren, einer von ihnen den Vorrang zuzugestehen. Im 8. Jahrhundert versuchte es Karl Martell, der zeitweise sogar ohne Merowingerkönig als »Fürst« regierte und als »subregulus« angesehen wurde, erneut mit der Ansippung an ein Königshaus, um seiner Familie gewissermaßen einen sozialen Vorsprung zu verschaffen, indem er seinen jungen Sohn Pippin, den Vater Karls, 737 ins Langobardenreich zu König Liutprand sandte, der ihn nach dem späteren Bericht des Paulus Diaconus als Sohn angenommen haben soll.

Einharts Schilderung der Vorgeschichte Karls umgeht mithin weiträumig die Klippen und Untiefen des Machtgewinns und -erhalts, indem er das auslaufende Königtum der Merowinger einer Art Karikatur überantwortet, die – freilich ungewollt – Form und zugleich Essenz fränkischer Königsherrschaft zum Ausdruck bringt. Als handele es sich um ein Geschehen aus grauer Vorzeit, formuliert Einhart, daß »das Geschlecht der Merowinger, aus dem die Franken ihre Könige zu ›erschaffen‹ pflegten«, bis in die Zeiten Childerichs gedauert haben soll, der auf Anweisung des Papstes Stephan II. – tatsächlich war es dessen Vorgänger Zacharias, der das gewünschte Rechtsgutachten erstattete – abgesetzt und geschoren in ein Kloster gesteckt worden sei. Dies sei augenscheinlich daher gekommen, daß sie keinerlei Kraft mehr besessen und sich durch nichts Leuchtendes mehr hervorgehoben hätten, »außer durch das unnütze Wort ›König‹«.

Dieser sinnlos gewordenen Existenz stellt Einhart kontrastierend die Fülle der Macht in der Hand der »Präfekten des Palastes« gegenüber, wie er die Hausmaier antikisierend umschreibt. Der König habe, gleichsam zufrieden mit dem Titel, mit wirren herabhängenden Haaren und ungestutzt-ungepflegtem (Voll-)Bart auf dem Thron gesessen und den Herrschenden gespielt, Gesandten, die von überall her kamen, Audienz gegeben und ihnen beim Abgang Antworten erteilt wie aus eigener Macht, obwohl sie ihm von den »Präfekten« »eingetrichtert« oder gar anbefohlen worden waren. Dieser politischen Schwäche habe auch die wirtschaftliche Basis ihres Königtums entsprochen. Erneut weist Einhart auf den unnützen Königsnamen hin und fährt fort: »So besaß er [der Merowinger] außer seinem Lebensunterhalt, der ihm auf seine

Bitte hin offenkundig von den Hofpräfekten zugewiesen wurde, zu eigen lediglich ein Hofgut [villa] von sehr bescheidenem Ertrag: Hier hatte er seine Wohnstätte, hier standen Diener, gering an Zahl, bereit, um mit dem Notwendigen zu dienen und ihm Gehorsam zu erweisen.«

Der Absatz schließt mit einer berühmten Passage, die namentlich in der älteren Literatur zu zahlreichen Mißverständnissen Anlaß geboten hat: »Wohin er auch gehen mußte, ging er mit einem Karren, der von Ochsen unter dem Joch gezogen und der von einem Knecht nach Bauernart geführt wurde. So ging er zur Pfalz, so zur Versammlung seines Volkes, die jährlich zum Nutzen des Königreiches feierlich abgehalten wurde, so pflegte er nach Hause zurückzukehren.« Dieser Herrschaftsausübung, die sich letztlich im Zeremoniell erschöpfte, stellt Einhart mit der Konjunktion »aber« die Exekutivgewalt der Hausmaier gegenüber: »Aber was zur Verwaltung des Königreiches und nach innen und außen zu tun und anzuordnen war, das besorgte der Hofpräfekt.«

Längst hat man in dieser Charakteristik der letzten Merowinger und ihrer Herrschaft, die überdies die ältere Epoche von Machtfülle und Gestaltungskraft ausspart, eine boshafte Karikatur erkannt. Dies gilt vor allem für gewisse Elemente ihres persönlichen Auftretens, ihrer Repräsentation, ihrer Hofhaltung, den mehr als bescheidenen Zuschnitt ihrer wirtschaftlichen Basis, kurzum: die öffentliche Darstellung von Herrschaft, der in einer weitgehend schriftlosen Gesellschaft wesentliche Bedeutung zukam. In der bewußt überfrachteten Darstellung Einharts wollte die Forschung seit Jacob Grimm noch altgermanisch-mystische Elemente des Königtums erkennen, etwa in dem bäuerlichen Ochsenkarren einen von Stieren(!) gezogenen Königswagen, dessen Existenz archäologisch keineswegs bezeugt ist. Der berühmte Stierkopf, als Schmuckelement des Zaumzeugbeschlags im Grab Childerichs II. in Tournai aufgefunden, verweist lediglich auf die Verbreitung dieser Schmuckform auch nördlich der Alpen. Gewiß gab es den von Ochsen gezogenen zwei- oder vierrädrigen Karren als Transportmittel, zumal für Frauen und Geistliche, während für den Krieger und eben auch für den König das Pferd wenn nicht das einzige, so doch das bei weitem bevorzugte Reittier darstellte. Bildquellen, historische Dokumente und nicht zuletzt die zahlreichen fränkischen Pferdegräber bezeugen diesen Sachverhalt hinreichend.

Einhart beabsichtigte denn auch keineswegs, den Königen mit dem Fortbewegungsmittel des Karrens eine besondere Aura zu verschaffen, vielmehr gab er die letzten Merowinger der Lächerlichkeit preis, wozu eben auch die Benutzung eines nach bäurischer Weise gezogenen Ochsenkarrens gehörte, namentlich in Verbindung mit öffentlicher Repräsentation. Dies mußte als Zeichen der Verweib- oder Verweichlichung gedeutet werden. Aus dem Königszeichen des langen Haupthaars – die angelsächsische Forschung spricht daher von »long-haired kings« –, deutlich zu erkennen auf Münzen und Siegelabdrücken, war eine wirre Haarfülle und ein ungepflegter Vollbart geworden. Dieser mißratenen Existenz setzte die Tonsur als Zeichen der Einweisung in ein Kloster ein doppeltes Ende, indem sie auch die Kraft des Königs – so wie einst im Alten Testament Samson seine Stärke mit seinem Haupthaar einbüßte – augenfällig beseitigte.

Als bewußte Karikatur ist ferner die von Einhart behauptete materielle Einschränkung der merowingischen Königsgewalt zu erkennen, die, indem sie die Fähigkeit des Königs zur Munifizenz beschnitt, gleichzeitig seinen politischen Handlungsspielraum eingrenzte. Diese Angabe steht indessen in deutlichem Widerspruch zu unseren sonstigen Quellen, insbesondere den Königsurkunden, nach denen selbst die späten Merowinger noch über genügend Fiskalbesitz und ländliche Pfalzen verfügten, etwa in Paris und Umgebung mit Clichy, ferner mit Ponthion und anderen Stützpunkten; Schenkungen und Vergabungen, nicht zuletzt auf Druck der Hausmaier, gingen weiterhin an Kirchen und Klöster, ganz zu schweigen vom politischen Einfluß der Könige auf die Entscheidungen ihrer Hausmaier.

Die wissentliche Überfrachtung des »Auslaufmodells« Merowinger enthält freilich ungewollt Hinweise auf traditionell konstitutive Elemente von Königsherrschaft, die auch durch Hausmaier oder Fürsten in ihrer angeblichen Omnipotenz nicht beseitigt und ihrer eigenen Machtausübung zugeschlagen werden konnten. So empfing der König noch immer – Zeichen seines Ansehens – auswärtige Gesandtschaften, denen er Gehör und Abschied gewährte, wie stringent auch jeweils die »Vorgaben« seiner »Präfekten« gewesen sein mochten. Noch im Jahr 817, als Ludwig der Fromme mit seiner im Ansatz verfehlten und verfrühten Reichsteilungsordnung die jüngeren Brüder dem älteren Lothar unterzuordnen suchte, sollte eines der Privilegien des alleinigen Kaisers über seine als Teilkönige eingesetzten Brüder in dem Vorrecht bestehen, alle auswärtigen Boten an seinem Hof zu empfangen und damit die »auswärtige Politik« in seiner Hand zu konzentrieren.

Von noch größerer Bedeutung für Herrschaftsstrukturen und -formen des Frankenreichs ist der Hinweis auf die sogenannte Volksversammlung, das heißt auf das jährliche Zusammentreffen der Großen, politisch Mächtigen aus Verwaltung, Kirche und Adel mit dem König. Auf diesen Versammlungen, die später auch den Charakter von Synoden annahmen oder um solche ergänzt wurden, sofern insbesondere kirchliche Themen zu erörtern waren, organisierte sich die praktische Politik in Beratung und Absprache der Entscheidungsträger mit dem König an der Spitze, faßbar nicht zuletzt in Erlassen, sogenannten Kapitularien, deren bedeutendere mit dem Beginn des 7. Jahrhunderts vorliegen. Königsherrschaft des Früh- und Hochmittelalters ist wesentlich an den Konsens der »Großen« gebunden, auch wenn gerade die Epoche Karls des Großen auf die Ausweitung der königlichen Banngewalt zu Lasten des Adels und der Kirche hinweist.

Wenn Einhart die späten Merowinger in der Rolle von Sprechpuppen der Hausmaier vorführt, so blieb ihre Funktion als repräsentative Spitze des Staates davon unberührt, wie dies Königstitel und Vorsitz in der Versammlung unfreiwillig belegen. Die Opposition mächtiger, um Einfluß und Besitz konkurrierender Adelsfraktionen blieb auch nach dem militärischen Erfolg von Tertry 687 heftig, insbesondere in Neustrien, und nicht alle Gerichtstage entschieden zugunsten der neuen »Fürsten«.

Das Hauptproblem des Sturzes der alten Dynastie lag für die Hausmaier in der unzweifelhaften Legitimität der Merowinger und deren Charisma, das auch durch die politische Schwäche der zumeist minderjährigen Könige nicht eigentlich berührt wurde. Im fränkischen Königtum verband sich die Aufgabe des einstigen Herzogs, des Heerführers (dux), mit der Existenz des einstigen Sakralkönigs (rex), also das dynamische Element, das insbesondere adlige Gefolgschaften in Erwartung von Beute an sich fesselte, mit dem gleichsam statischen, das dem Stammesverband Fruchtbarkeit, Erntesegen und Sieg aus der Nähe zu den Göttern garantierte.

Diese Sachlage zwingt auch Einhart zu dem Bekenntnis – eine der wenigen Passagen seiner antikisierenden Vita, in der er die politische Rolle des Papsttums, mithin der Kirche, hervorhebt –, daß erst und wesentlich das Bündnis Pippins III., des Vaters Karls, aber auch von dessen Bruder Karlmann mit dem römischen Pontifex, der werdenden geistlichen Autorität im lateinischen Westen, zur endgültigen Absetzung der alten Königsdynastie 751 beziehungsweise 754 geführt hat.

Diesem Schritt setzten die maßgebenden Adelsfamilien, soweit wir sehen können, keinen Widerstand entgegen. Einhart sucht den bewegenden Anteil Pippins an diesem fundamentalen Vorgang möglichst gering zu halten, läßt er doch Childerich III., den letzten Merowinger, »auf Befehl« des Papstes absetzen und in ein Kloster einweisen; in gleicher Weise wird Pippin »durch die Autorität« des Nachfolgers Petri zum König erhoben.

Mit dieser Sicht der Dinge konnte dem latenten Vorwurf der »ambitio« oder »superbia« – dem Laster Luzifers, der Überhebung – begegnet und der Vorwurf der »Revolution« abgemildert, wenn nicht gar beseitigt werden, war es doch der Papst, der Vicarius Christi, auf dessen Gebot hin diese politische Umwälzung sich vollzog.

Es fällt aber auf, daß der Biograph seine Ausführungen, was die römische Mitwirkung an den entscheidenden Ereignissen der Wende anbelangt, auf diesen Kernpunkt eines quasi-richterlichen Machtwortes beschränkt, denn weder der spektakuläre Papstbesuch des Jahres 754 im Frankenreich, bei dem auch Karl der Große eine wichtige Funktion zu erfüllen hatte, noch die bereits erwähnte Königssalbung der Karlssöhne Ludwig und Pippin zu Ostern 781 in der Peterskirche finden Erwähnung. Die hochbedeutsame Kaiserkrönung am Weihnachtstag 800 gar erfährt lediglich eine mißvergnügte und zudem mißverständliche Randbemerkung. Vermutlich wußte sich Einhart mit dem verstorbenen Karl einig, der offenbar an dem protokollarischen Ablauf der Zeremonie, nämlich an der beanspruchten Hauptrolle des Papstes und der Römer als akklamierendem Staatsvolk, Anstoß genommen hatte. So setzte dieser später, wohl nicht zuletzt, um die päpstlich-römische Prädominanz zu vermeiden, seinem Sohn Ludwig 813 im Aachener Münster die Kaiserkrone selbst aufs Haupt oder veranlaßte ihn zu dieser Selbstkrönung. Noch Napoleon I. ließ sich von diesem Vorgang inspirieren, indem er sich in Gegenwart des Papstes am 2. Dezember 1804 in Notre-Dame zu Paris eigenhändig zum Kaiser krönte und Joséphine Beauharnais ebenfalls mit der Krone schmückte.

Man wird erwägen müssen, ob nicht die offenkundige Zurückhaltung, mit der Einhart den Einfluß des Papstes auf die Geschicke der neuen Dynastie, der in der Kaiserkrönung am ersten Weihnachtstag des Jahres 800 gipfelte, zugleich eine indirekte Zeitkritik enthält, war doch das Regiment Ludwigs des Frommen seit 816 immer mehr in kirchlich-geistliches Fahrwasser geraten, zumal der Papst, Stephan IV., in diesem

Jahr die Kaiserkrönung – angeblich mit der Krone Konstantins des Großen – in Reims wiederholt hatte. Auch ist durchaus bemerkenswert, daß unser Gewährsmann dem Kaisertum Karls keine sonderliche Aufmerksamkeit widmet: Karl ist für ihn vor allem der Frankenkönig, dessen Herrschaft auf volkstümlich-genossenschaftlichen Grundlagen ruht, keineswegs auf einer kirchlicher Zensur unterliegenden Amtsführung, einem »ministerium«, an dem namentlich die hohe Geistlichkeit zu beteiligen war und das ihrer Kritik unterlag.

Immerhin war mit der Einholung des päpstlichen Votums zugunsten der nachmaligen Karolinger ein weiterer Schritt in die Epoche des Früh- und Hochmittelalters getan. Diese Epoche war durch eine bemerkenswerte und einmalige Symbiose von weltlicher und geistlicher Gewalt ausgezeichnet, deren Spannungsverhältnis bis zum Niedergang des Alten Reiches 1806 wesentliche Konturen des geschichtlichen Verlaufs in Europas Mitte bestimmt hat. Dieser Wechselwirkung, die seit dem Bündnis Pippins III. mit dem Papsttum existiert, steht die Tatsache gegenüber, daß das Königtum der Merowinger sich ganz wesentlich der eigenen Kraft verdankte als Mischung aus altem Heerkönigtum, militärisch-politischer Administration spätrömischen Zuschnitts (Heermeister, Patrizius) und kriegerischer Expansion. Diese Mischung gewann eine mit »Königsheil« oder Charisma zutreffend umschriebene Qualität, der eine tiefe Verwurzelung im fränkischen Populus entsprach, so daß es in der Tat einer zusätzlichen Komponente über Adel, Macht, Ansehen, Besitz und Gefolgschaftsverbände hinaus bedurfte, um das Geschlecht der »langhaarigen Könige« vom Thron zu stoßen.

Diese Qualität wiederum – das sogenannte Gottesgnadentum – konnte nach Lage der Dinge nur durch die Kirche vermittelt werden, die bereits in der Taufe Chlodwigs – angeblich 496 zu Reims – die Versöhnung der eingesessenen Romanen mit den fränkischen Eroberern und Siedlern bewirkt hatte und die unter der Cappa des heiligen Martin, dem Mantel des Bischofs von Tours, die fränkische »Landeskirche« über die Teilreiche hinweg miteinander verknüpfte. Hatte im Ausgang des 5. Jahrhunderts der Reimser Ortsbischof das Band zwischen Frankenkönig und katholischer Kirche befestigt, so ist es in der Mitte des 8. Jahrhunderts der Patriarch des Westens. Der Nachfolger Petri und römische Pontifex, auf drängender Suche nach Bündnisgenossen gegen seine langobardischen Widersacher, erklärte unter Rückgriff auf die Ordolehre des Kirchenvaters Augustin verbindlich, daß sich

45

Namen und Sache dem göttlichen Heilsplan, der Ordnung der Dinge gemäß zu entsprechen hätten, mithin auch niemand nur König dem Namen nach sein dürfe, sondern auch der Sache nach sein müsse. Dies gelte spiegelbildlich auch für den tatsächlichen Träger der Regierungsgewalt, diesem habe der entsprechende »Titel« zuzukommen.

Diese als päpstliches Votum eingeholte Expertise schuf die Rechtsgrundlage für den »Staatsstreich« Pippins, bald ergänzt durch weitere, den Macht- und Dynastiewechsel abstützende Maßnahmen. Immerhin verdient anerkannt zu werden, daß der zivilisatorische Prozeß im 8. Jahrhundert bereits so weit fortgeschritten war, daß nicht Totschlag, Blendung oder strenge Kerkerhaft das Ende des letzten Merowingers und seiner Söhne bewirkten, sondern ein formal rechtliches Verfahren, das mit Amtsenthebung und Einweisung in ein Kloster endete. Freilich, dies muß betont werden, schuf das römische Votum nur die allgemeine Rechtsgrundlage für Pippins Königtum, der Wechsel erfolgte tatsächlich – dies gilt auch für seine Söhne Karl und Karlmann im Jahr 768 – durch »Wahl« und »Schilderhebung« seitens der Großen. Dies sind Elemente im Prozedere der Königsnachfolge, die noch die Vorgänge des Hochmittelalters charakterisieren sollten und im Reich de iure die Ausbildung einer Erbmonarchie nach dem Muster Frankreichs oder Englands erfolgreich verhindert haben.

Aber auch die Karolinger – so als Name der Dynastie belegt seit Mitte des 10. Jahrhunderts bei dem Sachsen Widukind von Corvey und dem Westfranken Richer von Reims – begnügten sich nicht allein mit dem Nachweis ihrer Herkunft aus zwei hochangesehenen Familien des Frankenreichs, den Arnulfingern und den Pippiniden. Eine im ersten Jahrzehnt des 9. Jahrhunderts in Metz, der Stadt des heiligen Arnulf und Grablege von Mitgliedern der Familie, konzipierte Genealogie erfand als Stammvater des Hauses einen aus altsenatorischem Geschlecht stammenden Ansbert, der Blithild, die Tochter des Frankenkönigs Chlothar, geheiratet haben soll. Dieser Ehe seien vier Kinder entsprossen, von denen später drei als Heilige Verehrung genossen hätten, während der vierte, ein gewisser Arnoald, der Vater Arnulfs von Metz gewesen sei.

In dieser Klitterung drückt sich nicht nur Lokalpatriotismus aus, sondern zugleich auch das Bestreben, das eigene Haus den Merowingern anzusippen, überdies mit den eingesessenen romanischen Geschlechtern zu verbinden und schließlich das Bündnis mit der Kirche in

Gestalt eigener Heilsträger zu dokumentieren. Der Rückgriff auf die tatsächliche oder vermeintliche Metzer Tradition war von Erfolg gekrönt: Ludwigs Halbbruder, der den Leitnamen Drogo trug, wurde 823 Bischof von Metz, später sogar als Erzkapellan Leiter der Kapelle und Kanzlei des Herrschers und nach seinem Tod ebenfalls in St. Arnulf bei Metz beigesetzt.

Im Gegensatz zu dieser mehr als dubiosen Quelle verzichten die frühen Metzer Annalen, die etwa zur gleichen Zeit entstanden sind (um 805), auf die »Frühgeschichte« des Hauses, reduzieren ihre Nachweise auf Pippin den Älteren und dessen Nachkommen, insbesondere auf seine Tochter Begga als Stammutter der neueren Pippiniden, und sparen damit die nicht ganz unproblematische Rolle des heiligen Arnulf als Vater des Ansegisel aus, des Gatten der Begga, ganz zu schweigen von Grimoald und seinem vergeblichen Griff nach der Krone.

Ein landfremder Autor schließlich, der Langobarde Paulus Diaconus, von spätantiker Bildung geprägt, verfaßte auf Bitten von Karls Erzkapellan Angilram um 785 eine Geschichte der Bischöfe von Metz, die erste einer Vielzahl von derartigen Bistums- oder Klostergeschichten, die voller Respekt auch Bischof Arnulf behandelt. Dieser sei ein Mann »im Licht der Heiligkeit und berühmt im Glanz seines Geschlechtes gewesen, stammte er doch aus edelstem und feinstem Herkommen«. Karl selbst, so Paulus, habe sich als sein Urenkel bezeichnet. Dieser Arnulf nun, so fährt der Historiograph fort, habe in seiner Jugend (!) zwei Söhne gezeugt, Anschisus und Chlodulf, was Paulus Anlaß gibt, auf Anchises zu verweisen, den Vater des Aeneas, der einst von Troia nach Italien gekommen war. »Denn der Stamm der Franken hat, wie die Alten lehrten [gemeint ist hier die Fredegar-Chronik] seinen Ursprung in dem Troianer-Geschlecht.« Damit leitet der Abriß der Metzer Bischöfe zur Familie Karls über, die vom Tod des Ansegisel (Anschisus) bis zum Ableben der Königin Hildegard, Karls dritter Gemahlin, geführt wird, die ebenfalls in St. Arnulf in Metz ihre letzte Ruhe gefunden hat. Paulus vergißt auch nicht die neue Gemahlin Karls, Fastrada, zu erwähnen. Erst dann wendet er sich wieder dem Hauptgegenstand seines Elaborats zu, der Metzer Bischofsgeschichte nach dem Pontifikat Arnulfs.

Was die Leitnamen angeht, so haben wir bereits festgestellt, daß der die Dynastie bezeichnende Name »Karl« (oder in der Koseform Karlmann) erstmals mit Karl Martell auftaucht und neben Pippin zum bevorzugten Namen wird, denen in bewußter Ansippung an die Merowingerkönige die Namen Ludwig und Lothar hinzugefügt werden, während Arnulf lediglich als ein Sohn Ludwigs des Frommen und dann erst im Ausgang des ostfränkischen Zweiges dieses Hauses wieder belegt ist. Drogo, Hugo oder Theoderich sind gelegentlich als Bastardnamen bezeugt. Der Name Grimoald, mit dem sich für spätere Generationen der mißglückte Staatsstreich verband, verschwindet nach 714 – oder 754, wenn Grifo der Kosename von Grimoald ist – gänzlich aus dem Namenrepertoire.

Der Kunstgriff, den Fall der Merowinger mit dem Aufstieg der Familie Karls unmittelbar zu verknüpfen, entband Einhart von der Notwendigkeit, die Vorgeschichte seines Helden in eine allzu weite Vergangenheit verfolgen zu müssen, es genügte ein Rückgriff auf Vater, Großvater und – andeutungsweise – Urgroßvater, also auf Pippin III., Karl Martell und Pippin II. Die staatsmännischen Leistungen dieser drei Vorfahren werden hervorgehoben, insbesondere die Sarazenenabwehr Karl Martells, die für Einhart in der Schlacht von Tours und Poitiers 732 gipfelt. Nach Einharts Worten verwaltete Karls Vater das Hausmaieramt gleichsam »im Erbgang«, obwohl er wenig später betont, daß diese Funktion von dem »Volk« nur solchen Männern übertragen worden sei, »die durch den Glanz ihrer Geschlechter und durch die Fülle ihrer Mittel die anderen überragt hätten«. Damit sucht der Autor die rechtliche Bedeutung des zumindest formal erforderlichen Votums der Könige bei der Benennung der Hausmaier, ihrer höchsten Funktionsträger, zu verschleiern und die quasi-erbliche Weitergabe dieses Amtes in der Familie Karls vorab mit deren besonderen Führungsqualitäten zu begründen.

Diese Kurzversion des Aufstiegs gibt bestenfalls die halbe historische Wahrheit wieder: So gewiß sich der Erfolg der nachmaligen Karolinger mit den Leitfiguren Pippin und Karl verbindet, so gewiß steht dieser Erfolg erst am Ende eines langen Weges, der mehr als nur einmal in den Abgrund zu führen drohte.

Die durch legendenhafte Züge und bewußt politische Akzentuierungen ausgezeichnete Geschichte der Karolinger führt uns zunächst ins 7. Jahrhundert zurück. Der bereits erwähnte spätere Bischof von Metz, Arnulf, der seit Ende des 8. Jahrhunderts als Heiliger verehrt wird, spielte eine Rolle. Der Exponent einer Adelsfamilie, reich begütert im weiten Umkreis von Metz und Verdun, oberer Mosel und oberer Maas, trat als »Hausgenosse« des Merowingerkönigs im Teilreich Austrien

(Rhein-Maas-Mosel, Champagne mit der Hauptstadt Reims) in nähere Verbindung zu einem anderen Großen. Dieser Große war Pippin, der sehr viel später mit dem Beinamen »von Landen« (zwischen Brüssel und Lüttich gelegen) kenntlich gemacht wurde und dessen Familie zwischen »Kohlenwald« (Linie Tournai-Lüttich) und mittlerer Maas über beachtlichen Besitz verfügte.

Beide, Arnulf wie Pippin, gewannen entscheidenden politischen Einfluß auf König Chlothar II., der nach 613 nochmals das Frankenreich in seiner Hand zusammenfaßte, die Verwaltung der einzelnen Teilreiche – Austrien und Neustrien, dem nach 626 noch Burgund administrativ zugeordnet wurde – aber der eingesessenen Nobilität überantworten mußte. So wurde dessen Sohn Dagobert I., der 623 im Gebiet zwischen Vogesen, Ardennen, Kohlenwald und Rhein (zunächst ohne Champagne) zum König bestellt worden war, faktisch der Aufsicht Arnulfs als Erzieher und seit 624/25 Pippins als »Hausmaier« unterstellt, die mithin die leitenden Funktionen am Hof wahrnahmen.

Dieser herausragenden Stellung war indessen noch keine Dauer beschieden; mit Dagoberts Herrschaft im gesamten Teilreich gewinnen konkurrierende austrische Adelsgeschlechter bestimmenden Einfluß. Arnulf resigniert gar als Bischof von Metz und bereitet durch Mitgründung des Vogesenklosters Remiremont gleichsam seine geistliche Karriere als karolingischer »Hausheiliger« vor. Allerdings geht er zuvor ein familiär dauerhaftes, für die Zukunft hochbedeutsames Bündnis mit seinem Parteigänger Pippin ein, indem er seinen Sohn Ansegisel mit Pippins Tochter Begga verheiratet und damit den Familienbesitz, die Ardennen übergreifend, zusammenfügt.

Nicht vorwiegend politische Auseinandersetzungen mit dem Adel des Gesamtreiches oder einzelner Teilreiche führten zur nachhaltigen Schwächung und letztlich zum Niedergang der merowingischen Königsdynastie, sondern zuallererst die fortwährende Minderjährigkeit der Thronfolger nach dem frühen Tod Dagoberts I. (638/39), die vom Kampf der rivalisierenden Adelsgeschlechter um Macht und Besitz begleitet, wenn nicht beherrscht war.

An der Spitze der Regna standen fortan, Amtsgewalt und Fiskalvermögen wesentlich in ihrer Hand zusammenfassend, die Hausmaier. So konnte Pippins Sohn Grimoald, der Bruder Beggas, gegen heftigen Widerspruch seiner Rivalen 642/43 das Amt des Maiordomus in Austrien für sich gewinnen; im geistlichen Bündnis mit dem iro-fränkischen

Mönchtum schuf sich die Familie über Erb- wie Fiskalbesitz und Amtsgewalt hinaus ein für Gegenwart und Zukunft tragfähiges »geistliches« Fundament mit Kirchen- und Klostergründungen. Remiremont wurde bereits genannt; es folgte das Doppelkloster Stablo-Malmedy und insbesondere Nivelles (südlich von Brüssel) als Hausabtei.

Grimoalds Schicksal wurde bereits mehrfach erwähnt. Mit ihm fand der Aufstieg der Pippiniden, die zudem im Mannesstamm erloschen waren, ein vorläufiges Ende. Erbe des Hauses und seiner Ambitionen blieb in der mittlerweile »offenen« Adelsgesellschaft des 7. Jahrhunderts der Sohn Beggas und Ansegisels, der mittlere Pippin, der Vater Karl Martells und Urgroßvater Karls des Großen. Mit diesem Enkel Pippins des Älteren aus der weiblichen Linie leiten die Metzer Annalen den »Prinzipat« ein, das »Fürstentum« des Hauses.

Eine wesentliche Ursache für den Wiederaufstieg der nachmaligen Karolinger dürfte die Heirat Pippins des Mittleren um 670 mit Plektrud, Erbtochter einer hochbedeutsamen Familie, gewesen sein, deren reicher Besitz vom Niederrhein über Köln bis an die mittlere Mosel verstreut lag. Mit diesem erheblichen Besitz- und Prestigezuwachs konnte Pippin sich, zumal die Eltern seiner Frau offenkundig ohne männlichen Erben geblieben waren, an die Spitze einer austrischen Adelspartei setzen, die vor allem die Ambitionen der neustrischen Hausmaier auf die Herrschaft über das benachbarte Teilreich erfolgreich konterkarierte. Erst nach dem – in einigen Fällen gewaltsamen – Tod seiner Widersacher im benachbarten Regnum verband sich eine neustrische Adelsfraktion mit Pippin. Damit hatten sich die Gewichte endgültig zugunsten des austrischen Hausmaiers verschoben: »Er [Pippin] nahm König Theuderich [den letzten verbliebenen Enkel Chlothars II.] mit seinen Schätzen bei sich auf«, bemächtigte sich also des Staates. Er übernahm die »freigewordene« Hausmaierwürde.

Mit diesen Daten und diesem Akt verbindet sich nicht zu Unrecht der Auftakt zur karolingischen Erfolgsgeschichte. Zutreffend ist bemerkt worden, daß die austrisch-neustrischen (auch burgundischen) Auseinandersetzungen ihre Ursache keinesfalls in einem Ost-West-Gegensatz hatten, in einer Art ethnisch-kultureller Rivalität zwischen Romanen und Germanen, zwischen Stadt und Land, sondern in der Rivalität konkurrierender Adelsfraktionen, die nach dem Tod Chlothars II. die minderjährigen Könige als Spielbälle ihrer divergierenden Machtinteressen benutzten.

Wenn Pippin daher bald nach 688 seinen Erstgeborenen Drogo mit der Tochter des verstorbenen neustrischen Hausmaiers Berchar vermählte, dann nicht nur, um durch diese kluge Heiratspolitik seinen Einflußbereich über den austrischen Kernbereich zwischen Rhein, Maas und Mosel auch auf die südwestlichen Territorien zu erweitern, sondern auch und vor allem, um Zugang zum merowingischen Königshof und damit nach Neustrien zu gewinnen. Neustrien war das offizielle Zentrum der Rechtsprechung und Fokus der Außenbeziehungen, Kristallisationspunkt von Herrschaft und Verwaltung und damit der Funktionen traditioneller Königsherrschaft, die selbst noch in Einharts despektierlicher Karikatur der letzten Merowinger durchschimmern. Vor allem das Königsgericht, vor dem die Großen aus Adel und Kirche ihre Streitigkeiten austrugen, behielt oder gewann den Rang einer anerkannten Rechtsinstanz, die auch gegen die Interessen des mächtigen Prinzeps, des Siegers von Tertry, und seines Anhangs entscheiden konnte.

Dieses familiäre Netzwerk, das Regionen und Institutionen überspannte, wurde dem Beispiel der Eltern und Großeltern folgend verdichtet durch das Bündnis mit der Kirche. Andenne, Fosses und Nivelles als Hausklöster der Dynastie boten wesentliche geistliche Stützpunkte in der Ausgangsregion. Die Willibrord-Abtei Echternach an der Sauer näherte sich nach 698 immer mehr dem Status eines Hausklosters an, was ein Prozeß von eminenter Bedeutung war, nicht nur für die entstehende »Sakrallandschaft« im Kerngebiet Austriens, sondern auch für die zunehmend engeren Kontakte Pippins zu dem Klostergründer. Dieser erhielt die Erlaubnis des »Fürsten«, in jenen Teilen Frieslands, die Pippin 690/95 erobert hatte, das Evangelium zu predigen. So entwickelte sich aus diesem militärisch-spirituellen Zusammenwirken um 708 in dem Kastellort Utrecht der erste Bischofssitz »karolingischer Observanz«, der auch rechtsrheinisch bis nach Westfalen ausstrahlen sollte. Damit wurde langfristig die Integration dieses Territoriums ins Frankenreich und in die fränkische Landeskirche vorbereitet. Noch begnügte sich der »Fürst« aber mit dem Status quo, indem er seinen Sohn Grimoald, den Hausmaier, mit einer Tochter des Friesenherzogs Radbod vermählte, der sich bezeichnenderweise dem Taufbegehren Willibrords aus Gründen der Ahnenverehrung verweigert hatte.

So gehört auch die Nachricht der des öfteren als Quelle herangezogenen Metzer Annalen, wonach sich Pippins II. Zugriff bereits auf die benachbarten Regna und Dukate, insbesondere Alemannien, Bayern und sogar Aquitanien, erstreckt habe, ins Reich der Fabel. Noch konnten diese Anrainer unter der Herrschaft von Herzögen zumeist fränkischer Herkunft ihre Unabhängigkeit bewahren und die Ansprüche der Hausmaier auf Unterordnung mit dem Hinweis darauf konterkarieren, daß sie ausschließlich den fränkischen Königen, den Merowingern also, verpflichtet seien. Zwar sind Ausgriffe Pippins nach Alemannien, ins Hessische, Thüringische und Sächsische verbürgt, aber es hat seinen tieferen Grund, wenn das berühmte, leider nur in der poetischen Schilderung des Ermoldus Nigellus aus den zwanziger Jahren des 9. Jahrhunderts bekannte Wandfresko der Ingelheimer Palastaula erst Pippins Sohn Karl Martell als Mehrer des Frankenreiches der Nachwelt vor Augen führt, nicht aber dessen Vater.

Die Zufälligkeit alles Geschichtlichen drohte auch den Prinzipat Pippins zu einem bloßen Moment im Ablauf der fränkischen Historie werden zu lassen. Hierin der Herrschaftssicherung der viel späteren Condottieri, Bankierspolitiker und Vizegrafen in den Stadtstaaten der Renaissance durchaus ähnlich, führten Illegitimität und fehlendes Rechtsfundament vor allem in der Herrschaftsnachfolge zu besonderen Problemen, zumal im Falle Pippins der von ihm beanspruchte Prinzipat als staatsrechtliche Neuschöpfung in deutliche Konkurrenz zum altüberkommenen und damit legitimierten Königtum der Merowinger trat, von dessen Existenz überdies »logischerweise« das Hausmaieramt abhing. Das feingeflochtene Netz aus Titularkönigtum, Prinzipat, Hausmaier- und Herzogswürde der Söhne Grimoald und Drogo erwies sich als rissig. Drogo war bereits 708 verstorben, und Grimoald fand ein gewaltsames Ende durch die Hand eines heidnischen Friesen in Lüttich kurz vor dem Ableben seines Vaters, des »Fürsten«, am 16. Dezember 714. Drogo erhielt sein Grab wiederum nahe Metz in der Nähe des »Spitzenahns« Arnulf, während Pippin in einem Herrschaftszentrum seines Hauses auf dem Chèvremont – Burg und nachmaliges Stift – an der mittleren Maas unweit der später bedeutenden Pfalzen Herstal und Jupille bestattet wurde.

Dies war die Ausgangslage eines neuerlichen Machtkampfs um Herrschaft und Einfluß, der wiederum rivalisierende fränkische Adelsgeschlechter in Austrien und Neustrien gegeneinander zu mobilisieren vermochte. Zunächst überrascht der entschiedene Zugriff von Pippins hochrespektabler Witwe Plektrud auf die Macht. Sie setzte alles daran, ausschließlich ihren eigenen Söhnen und deren Kindern die Herrschaftsfunktionen der Verstorbenen zu erhalten. Von Köln aus, wohin sie sich zurückgezogen hatte, sondierte die machtbewußte Witwe das Terrain. Wieweit und wie lange die maßgeblichen Adelsfamilien diese »Weiberherrschaft« akzeptiert hätten, bleibe dahingestellt; die Rebellion gegen die durchaus einseitige Herrschaftsübertragung allein an ihren Nachwuchs ging indessen von einem weiteren Sohn Pippins aus, dem aus dessen Verbindung mit einer Frau namens Chalpaida hervorgegangenen Karl. Sein entschlossenes Handeln, sein militärisches Können verschafften Karl bereits im 9. Jahrhundert den Beinamen Martell, der Hammer, und das sicher zu Lasten seiner ebenfalls überragenden politischen Fähigkeiten.

Karls Geburt aus nichtdotierter Ehe – rechtlich als Konkubinat zu bezeichnen –, stellte zumindest am Beginn des 8. Jahrhunderts keinesfalls das Haupthindernis bei der Berücksichtigung in der Herrschaftsnachfolge dar. Ausschlaggebend war vielmehr der Wille der Eltern, hier insbesondere der Einfluß Plektruds auf Pippin, ausschließlich ihre gemeinsamen Söhne zum Zuge kommen zu lassen. Die nichteheliche Geburt war jedenfalls bis 817 kein Ausschließungsgrund. Erst damals setzte sich die kirchlich fundierte Auffassung zumindest auf dem Pergament durch, daß als unerläßlich für die Sukzession die legitime Herkunft aus rechter Ehe zu gelten habe, ganz im Gegensatz zum Anspruch des »ius paternum«, des väterlichen Rechts, auf Ermessensspielraum bei der Bestellung der Nachfolger und Erben. Sah das Erbrecht nachprüfbar eine möglichst gleichmäßige Beteiligung der vom Vater als Nachkommen akzeptierten Söhne am Erbe vor – auch Karl Martell hat seinen Erbteil aus dem reichen Hausbesitz erhalten –, so galt für die Nachfolge in der Herrschaft offenkundig ein spezielles »ius paternum«, das erstmals 768 als Terminus belegt ist und das primär politisch akzentuiert war.

Die Arnulfinger und Pippiniden wie auch ihre Nachfahren, die »Karolinger«, praktizierten nach Aussage aller Quellen ausschließlich die Einehe, dotiert und zwischen den betroffenen Familien vertraglich vereinbart; echte Polygamie ist nicht nachweisbar und den fränkischen Verhältnissen im übrigen auch gänzlich fremd. Es gibt nur eine »Hausfrau« entsprechend germanisch-fränkischen Rechtsvorstellungen, auch gemäß kirchlichen Kanones, die im Laufe des 8. Jahrhunderts in Eherecht und -praxis immer größeres Gewicht erlangten. Auch legten die fränkischen Synoden unter Vorsitz des Bonifatius minutiös immer strengere Regeln für Heirat (Inzestverbot), Wiederverheiratung und Trennung fest. Damit begann der Siegeszug kirchlicher Doktrinen, der mit der berühmten Auseinandersetzung um die Ehe oder das Konkubinat von Karls Urenkels Lothar II. in den sechziger Jahren des 9. Jahrhunderts einen ersten Höhepunkt erreichte.

Dies ist freilich ein langer Prozeß; noch Karl der Große trug in seinen Anfängen keine Scheu, sowohl seine erste rechtmäßige Frau Himiltrud als auch die ihr in der Ehe kurzzeitig nachfolgende langobardische Prinzessin der politischen Opportunität entsprechend kurzerhand zu verstoßen. Kirchlichen Moralgrundsätzen zuwider verbrachte er die Jahre seines fortgeschrittenen Alters nach dem Ableben seiner dritten – wohl eher fünften – Gemahlin mit wechselnden Konkubinen in seinem Aachener Palast. Aber, und dieser Aspekt ist entscheidend, allein seine Söhne aus der Ehe mit der Alemannin Hildegard – Karl, Pippin und Ludwig – sollten ihm in der Königsherrschaft folgen, alle anderen Söhne blieben davon ausgeschlossen, machten aber später teilweise bedeutende geistliche Karrieren.

Das Institut der rechten Ehe schloß nach dem Tod eines Ehepartners weder die Wiederverheiratung des anderen noch das Konkubinat aus, das zwar von der Kirche bekämpft wurde, aber in der frühmittelalterlichen Gesellschaft zu den weithin tolerierten Formen außerehelicher Sexualität gehörte. Mit Polygamie als Institution hat diese Promiskuität nichts zu tun. Die Behandlung der aus Konkubinaten hervorgangenen Söhne blieb zunächst dem Willen der Eltern oder dem Willen des Vaters anheimgestellt.

Diese Willensbekundung war im Falle Karl Martells höchstwahrscheinlich auf dringenden Wunsch Plektruds zum Nachteil für den Stiefsohn der »Fürstin« ausgefallen. Mit der Person Karl Martells verbindet sich dank seiner Tatkraft und Umsicht der endgültige Aufstieg des Hauses an die Spitze des gesamtfränkischen Adels. Er wußte sich nach herben Niederlagen gegen seine Stiefmutter durchzusetzen, die ihm endlich in Köln den Merowingerkönig und Teile des Königsschatzes aushändigen mußte.

Zur Absicherung der Herrschaft, die sich nochmals auf die althergebrachte Dynastie stützte, kam eine zusätzliche Verankerung des Hausmaiers in den eingesessenen Adelsfamilien, die zu »einer Umschichtung im überschaubaren Kreis der Herrschaftsträger« (Rudolf Schieffer) führte, so wenn Bischof Liutwin von Trier zu seiner Kirche noch das Bistum Reims dazubekam. Dieses vermachte er seinem Sohn, dem durch seine Lebensführung berüchtigten Milo, quasi per Erbgang, was den erbosten Widerspruch des Bonifatius hervorrief.

Bistumsherrschaften hatten sich in Gallien während des Niedergangs der Merowinger unter der Dominanz jeweils einer Familie ausgebildet, die geistliche Leitungsfunktionen und politische Administration in ihrer Hand vereinigte. Diese »Staaten im Staate« wurden von Karl Martell und seinen Nachfolgern zerschlagen: Trier nach 772, das entfernte Chur als Herrschaftszentrum der Victoriden gar erst mit der Einführung der sogenannten fränkischen Grafschaftsverfassung gegen 806, was heftige Klagen auslöste.

Nicht zu übersehen ist, daß Karl der Große etwa freigewordene Bistümer, so Metz oder Reims, über Jahre, wenn nicht Jahrzehnte gegen die kanonischen Vorschriften in Eigenregie nahm und den entsprechenden ökonomischen Nutzen aus ihnen zog. Diese »staatstragenden« Bischofsdynastien, die häufig genug durch »Kriegerbischöfe« repräsentiert wurden, standen im Kreuzfeuer der kirchlichen Kritik und der Synodalerlasse. Sie waren aber unerläßliche Stützen der aufsteigenden Dynastie. Dieses enggeknüpfte Netz auch und vor allem kirchlicher Herrschaftssicherung bewahrte den Prinzeps vor neuerlicher Rebellion insbesondere neustrischer Adelsfraktionen. Karl ließ auch die Söhne seines Halbbruders Drogo beseitigen, mit Ausnahme eines zwischen 713 und 715 zum Kleriker geweihten Hugo. Diesem überwies er in Folge ein Ensemble wichtiger Bistümer und Abteien: Paris, Rouen, Bayeux, Avranches sowie St. Denis, St. Wandrille und Jumièges am Unterlauf der Seine.

Zu dieser Herrschaftssicherung, die dem Kumulationsverbot für geistliche Ämter völlig widersprach, traten bereits damals die Anfänge der Vasallität, die über die Brücke des 9. und 10. Jahrhunderts in das sogenannte hochmittelalterliche Lehnswesen einmündeten. Diese Vasallität war ihrer sprachlichen Herkunft aus dem keltischen »gwas« (Knecht) entsprechend zunächst auf vergleichsweise niederer sozialer Ebene angesiedelt. Den merowingischen Antrustionen (Schutzmannschaften) und Leudes (»Leute«) nicht unähnlich, die ihrerseits militärische Gefolgschaftsverbände repräsentierten, die bereits Tacitus geläufig waren, schuf sich der Hausmaier wie andere Herrschaftsträger auch in den Jahrzehnten der eigenen Machterweiterung eine schlagkräftige

Truppe, die, mit Benefizien, »Wohltaten«, versorgt, sich insbesondere dem berittenen Kampf widmete. Diese »Wohltaten« waren größere, zumeist verstreut gelegene Wirtschaftskomplexe aus Haus- und Königsgut, nicht zuletzt aber aus Kirchenbesitz, und sicherten als »Landleihe auf Befehl des Königs«, wie sie später hießen (precariae verbo regis), die Existenz dieser Benefiziare.

Insbesondere die ältere Forschung hat die Anfänge des späteren Lehnswesens mit der Epoche Karl Martells verknüpft, die seinerzeit eine »revolutionäre Umrüstung« des fränkischen Heeres von den Fußsoldaten zur Reiterei erlebt habe. Mit dieser Umrüstung, die überdies noch von der Einführung des Steigbügels als kriegsentscheidendem Zubehör begleitet gewesen sei, habe sich offenkundig eine auch sozial bemessene Höherwertigkeit des Herrendienstes verbunden, der sich damit aus der »knechtischen« Sphäre endgültig löste. Diese Thesen sind weithin nicht haltbar, ja geradezu falsch: Weder fand eine allgemeine Umrüstung statt noch die verbreitete Einführung des Steigbügels zur Effizienzsteigerung des Lanzenstoßes im Reiterkampf, noch finden sich in der ersten Hälfte des 8. Jahrhunderts in nennenswertem Umfang Vasallen in einem dem späteren Lehnskontrakt auch nur annähernd vergleichbaren Vertragsverhältnis. Es gab weiterhin Vasallen ohne Benefizien, etwa als Bewachungsmannschaften kirchlicher Einrichtungen; es gab weiterhin Benefiziare, die keinesfalls zu Diensten welcher Art auch immer herangezogen wurden. Gleichwohl wird man feststellen können, daß der Hausmaier und seine königlichen Nachfolger Macht und Anhang durch die Vergabe umfangreichen Landbesitzes, insbesondere aus Kirchengut, wesentlich steigerten und sich damit im Sinne des Wortes eine scharfe Waffe schmiedeten. Entsprechend schlecht war wegen der kräftigen Inanspruchnahme von Kirchengut der Ruf Karl Martells in kirchlichen Kreisen des 9. Jahrhunderts, die ihn als Räuber und »Eindringling« charakterisierten. Die militärischen Siege der Karolinger haben jedenfalls ihre gesellschaftlichen Bedingungen und materiellen Voraussetzungen nicht zuletzt in diesen Prekarien.

Karl Martell bediente sich des Instruments der Prekarien ausgiebig und nicht nur zur Niederringung seiner unmittelbaren Gegner und Konkurrenten. Das Problem der frühen Karolinger, hierin sollten ihnen die späteren Condottieri und Signori gleichen, war und blieb das der Illegitimität. Die eigene Machtstellung und die des »Hauses« mußten ständig behauptet und bestätigt werden, die Anhängerschaft mußte gehalten, wenn möglich gar erweitert werden. Dies aber konnte in einer Zeit, deren Wohlstand auch im eigenen Verständnis wesentlich auf Landbesitz, auf der Verfügungsgewalt über Grund und Boden und der auf diesen befindlichen Menschen beruhte, nur durch Vergabe von Haus- und Fiskalbesitz oder Kirchengut, vor allem aber aus der Verteilung von Beute als Ergebnis militärischer Expansion gewonnen werden.

So verband bereits das 9. Jahrhundert mit dem Namen Karl Martells vor allem die Niederwerfung und Eroberung Frieslands. Seit den frühen dreißiger Jahren des 8. Jahrhunderts befand sich der Küstendukat unter fränkischer Herrschaft und öffnete sich über Utrecht, das Missionszentrum des Angelsachsen Willibrord, dem christlichen Glauben. Winfried-Bonifatius, der seit 722 in diesem Raum gewirkt hatte, seit 732 als Missionserzbischof im Auftrage Roms, vermochte freilich gegen den Widerstand des Mainzer Bischofs keine Kirchenorganisation durchzusetzen und fand daher nach 739 im Zusammenspiel des Bayernherzogs Odilo und des Papstes ein neues Betätigungsfeld südlich der Donau, wo er mit den Bistümern Salzburg, Freising, Regensburg und Passau Ecksteine einer bayerischen Landeskirche errichtete.

Mit der Eroberung Frieslands ging die Integration des Maingebietes ins Kernreich einher – an dieser Landschaft blieb schließlich bis heute der Name Franken hängen. Der Dukat erstreckte sich vom Mittelrhein über den unteren Lauf des Mains bis ins Thüringische mit dem Zentrum um Würzburg, dem Sitz der Hedenen. Das Elsaß hingegen blieb weiterhin wie Alemannien Pufferzone zu Bayern, deren im Lande verwurzelte, wenn auch zumeist von den Merowingern eingesetzte Herzöge ihren herausgehobenen Rang nicht zuletzt durch die Einheirat Herzog Theodos in die langobardische Königsfamilie sichtbar demonstrieren konnten. Die schwierige Nachfolge im Herzogtum 725 und 728 erleichterte oder provozierte gar das Eingreifen Karl Martells in Bayern, der damals eine nahe Verwandte der Agilolfinger als »Gefangene« mit sich führte, diese später auch ehelichte und sich damit diesem führenden Geschlecht verband. Doch sollten sich aus dieser Verbindung noch zahlreiche Komplikationen ergeben, die letztlich 788 zur Absetzung Herzog Tassilos und zum vorläufigen Ende des bayerischen Herzogtums als eigenständiger politischer Instanz führten.

Des weiteren bleibt Karl Martells Einfall in Sachsen bis zum Unterlauf der Weser bemerkenswert, der die fast drei Menschenalter währende Auseinandersetzung zwischen Franken und Sachsen einläutete, ebenso sein Ausgreifen nach Aquitanien, der Region südlich der Loire bis zur Garonne mit den Zentren Toulouse und Bordeaux, deren Herzog Eudo sich nicht nur der Basken zu erwehren hatte, sondern auch der Mauren, die 711 das Westgotenreich überrannt hatten und diesseits der Pyrenäen Narbonne bedrängten. Herzog Eudo wußte die Angreifer 721 bei Toulouse abzuwehren, verlegte sich dann aber auf eine taktierende Bündnispolitik mit einem der lokalen Anführer. Karl beachtete diesen Status quo nicht, überschritt 731 die Loire, griff Eudo an, dessen Partner ein Opfer innermuslimischer Rivalitäten geworden war, während sein Gegenspieler nach Aquitanien einrückte, wo er Bordeaux und Poitiers niederbrannte. Im Oktober 732 gelang es Karl, zwischen Tours – dem fränkischen Heiligtum des heiligen Martin – und Poitiers die arabische Attacke abzuwehren. Einhart spricht gar rühmend von zwei großen Schlachten.

Dieser Sieg, der die Expansion der Mauren nach Norden für immer beendete, galt dem späteren Geschichtsverständnis als die eigentliche Großtat Karl Martells und zudem als »Rettung des Abendlandes« vor dem Islam, nur vergleichbar dem Sieg des Prinzen Eugen vor Wien 1683 über die Türken. Die moderne Forschung betont im Gegensatz dazu die politischen Konsequenzen dieses Abwehrkampfes, der vor allem die fränkische Herrschaft im Südwesten Galliens begründete, die endgültige Eroberung Aquitaniens in den kommenden Jahrzehnten vorbereiten half und die fränkische Expansion jenseits der Garonne bis zur Atlantikküste und über die Pyrenäen hinaus einleitete.

Nicht zuletzt ging mit diesem Ausgreifen in den Südwesten eine Art von Neugestaltung der politischen Verhältnisse im angrenzenden Burgund einher, übrigens unter Hilfestellung des Langobardenkönigs, die vor allem wiederum durch die Vergabe der wichtigsten kirchlichen Positionen an zuverlässige Anhänger erfolgte, so in Orléans, Autun, Mâcon, Lyon, aber auch in Langres und Auxerre. Diese »Einstaatung der Kirche« (Friedrich Prinz), nämlich die Entfernung bisher führender alter Bischofsdynastien zugunsten eigener Parteigänger und die Vergabe von Kirchengut in großem Stil, schufen eine neue Machtbasis des Hausmaiers weit über die Grenzen Austriens hinaus.

Die »eiserne Zeit« Karl Martells legte das Fundament, auf dem seine Nachfolger aufbauen konnten. Sein Ansehen und seine Anerkennung wuchsen international. 739/40 wandte sich Papst Gregor III. an den »Unterkönig« (subregulus) mit der Bitte um Unterstützung gegen die ihn bedrängenden Langobarden und übersandte ihm die Schlüssel zum Petrusgrab und kostbare Reliquien, darunter ein Glied der Kette Petri. Dies waren weitere Hinweise auf eine fortschreitende Loslösung Roms von Byzanz, hatte doch der Papst bereits 732 erstmals ein offizielles Dokument nicht mehr nach (ost-)römischen Kaiserjahren, sondern nach dem gleichsam »neutralen« Inkarnationsjahr, dem Jahr der Geburt Jesu, datiert. Karl Martell beließ es freilich bei freundlichen Bekundungen des Dankes, an militärischen Beistand und damit an einen Konflikt mit dem Langobardenkönig, der ihm Flankenschutz bei der Neuordnung Burgunds gewährte, dachte er nicht. Welche Reaktion der Großen auf ein derartiges Abenteuer zu erwarten war, sollte Karls Sohn Pippin bald erfahren.

Noch 737 hatte der »Fürst« seinen zweitgeborenen Sohn Pippin durch eine Art Adoption in die Familie des Langobardenkönigs aufnehmen lassen. Dies geschah just in dem Jahr, das nach dem Tod Theuderichs IV. keinen merowingischen Nachfolger im Königtum sah. Die Aufnahme eines Sohnes in ein Königshaus und die spätere Heirat seines Enkels Karl mit einer hochrangigen Agilolfingerin sind als Bausteine bei dem Versuch zu deuten, die Vorrangstellung seines Geschlechts familiär abzusichern. Und doch hielt er damit nicht den Schlüssel zur Königsherrschaft für sich und seine Nachfolger in Händen. Zwar bezeugte 739 ein Testament in der Datierungszeile die »Herrschaft des berühmten Karl über die fränkischen Königreiche«, allein die Erinnerung an den »Staatsstreich« Grimoalds hielt den klugen und umsichtigen Regenten von riskanten Schritten ab.

Trotz der später beklagten »Säkularisationen« fand damals eine beachtliche Annäherung Karls an die Kirche und ihre Einrichtungen statt, ja sogar eine wohlwollend zu interpretierende »Klerikalisierung«: In der sogenannten Kanzlei übernehmen statt des weltlichen Personals immer mehr Geistliche die Beurkundungstätigkeit, Kapelläne ersetzen Referendare; 741 rekognosziert Bischof Chrodegang von Metz eine Urkunde des Hausmaiers; Karls Sohn Pippin wird in St. Denis erzogen, der Grablege zahlreicher Merowinger, zuletzt Chlothars II., wo aber auch Karl Martell selbst seine letzte Ruhe finden wird. Die Hinwendung zu Rom und der Wechsel der »Heiligengeographie« wird daran deutlich, daß immer mehr Petruskirchen die Martinspatrozinien ablösen und daß die alten Stätten der Christenheit Pilgerströme vor allem zu den Gräbern der Apostel anziehen. Auch in dieser geistlichen Vernetzung öffnet sich die Enge der fränkischen Landeskirche zur Mutterkirche des Westens.

In den letzten Tagen Karls drohte erneut Verdruß durch die bayerischen Verhältnisse: Der auf einen Teil Bayerns beschränkte Herzog Odilo war, offenbar von internen Widersachern bedrängt, um 740 an den Hof des Hausmaiers geflohen und hatte sich mit Karls Tochter Hiltrud ehelich verbunden. Dieses Vorgehen, das im Jahrhundert danach als Skandal gewertet wurde, war seinerzeit aus der Sicht Swanahilds und wohl auch Karl Martells dazu angetan, die Familien näher zusammenzuführen und den politischen Zündstoff zwischen dem Königreich und dem sich unabhängig gebärdenden Herzogtum zu entschärfen. Dies führte dazu, daß nach 743 Karls Sohn Pippin und Hiltrud für den 741 geborenen Tassilo vormundschaftlich das Regiment führten.

Immerhin sollte auch die zweite Eheschließung Karl Martells die Dynastie in beachtliche Nöte bringen, die freilich mit der »Sukzessionskrise« von 714 in ihrer Schwere nicht verglichen werden können. So teilte Karl 737 »sein« Reich »nach Rat der Großen« zunächst unter seine Söhne aus erster Ehe, mithin dem Beispiel seines Vaters folgend: Karlmann sollte Austrien, Alemannien und Thüringen erhalten, Pippin Neustrien, Burgund und die Provence, die mittlerweile nach Karls Ausgriff auf den Süden dem fränkischen Herrschaftsbereich hinzugefügt worden war. Aquitanien und Bayern gehörten noch nicht zur Verfügungsmasse von Karls Reich.

War es 714 Karls Stiefmutter Plektrud, die letztlich im Einverständnis mit Pippin II. den Sohn einer anderen Frau von der Herrschaftsnachfolge hatte fernhalten wollen, so war es diesmal die zweite Ehefrau, die den Plan des Ehegatten, nur Nachkommen aus der ersten Verbindung in der Sukzession zu sehen, durchkreuzte und bei Karl eine neue Aufteilung des Reiches, jetzt unter maßgeblicher Beteiligung des gemeinsamen Sohnes Grifo, durchsetzte, und zwar dergestalt, daß für diesen im Zentrum der nachmaligen Francia aus Teilen von Austrien, Neustrien und Burgund ein Regnum gebildet werden sollte. Mithin fand konzeptionell eine Zerschlagung der alten Reichsstrukturen statt, die letztlich auf der Integrität der drei Teilregna geruht hatten. Ob dieser Plan, der in die Herrschafts- und Besitzverhältnisse der Großen massiv eingreifen mußte, Beifall gefunden hat, ist mehr als ungewiß. Das Vorhaben wurde nicht realisiert. Grifo, der beim Tod seines Vaters 741 wohl fünfzehn Jahre alt war und damit als rechtsfähig galt, konnte sich gegen die älteren Brüder nicht durchsetzen, die dem »ius paternum« nicht entsprachen, vielmehr Grifo auf dem Chèvremont, dem Machtzentrum des Hauses an der mittleren Maas, gefangensetzten und seine Mutter ins Königskloster Chelles bei Paris einwiesen, dem später einmal Karls des Großen Schwester Gisela als Äbtissin vorstehen sollte.

Gemeinsame Vorstöße der älteren Brüder gegen Aquitanien und Alemannien zeugen von ihrem kriegerischen Potential und ihrem Anhang unter den Großen. Auf dem aquitanischen Feldzug kam es in Vieux-Poitiers 742 zu einer erneuten Aufteilung des Frankenreiches, die – soweit erkennbar – gegenüber dem väterlichen Plan durchaus eigene Konturen aufwies, insofern Pippin jetzt den südlichen Teil Austriens mit Soissons, Reims, Metz und Trier, Teile Neustriens von der Seine bis zur Loire, Burgund, die Provence und das Elsaß erhielt, während das nördliche Austrien mit Lüttich und Köln sowie der Rest des ehemaligen Neustriens bis zur Seine mit Cambrai, Beauvais, Noyon und Laon an Karlmann fielen. Diese Teilung gewichtete offenbar das Haus- und Fiskalgut, das in annähernd gleichem Umfang an die beiden Nachfolger Karls in der Herrschaft fallen sollte. Auch diese Teilung beseitigte die alte Regna-Verfassung im Hinblick auf überregionale Herrschaftsstrukturen und schuf neuartige Macht- und Besitzkombinationen innerhalb der Gefolgschaften beider Karlssöhne. Die Ausbildung eines neuen Herrschaftszentrums im Herzen der nachmaligen Francia wurde jedenfalls verhindert, Neustrien aber, gleichsam im Vorgriff auf seine spätere Formation, auf die Region südlich der Seine bis zur Loire beschränkt.

Offene Opposition gegen diese Machtkonzentration, die gleichzeitig Grifo von der Herrschaftsnachfolge ausschloß, ging vom Bayernherzog Odilo aus, der durch diese Maßnahme Rang und Ansprüche seines Hauses – seine Verwandte Swanahild war immerhin die Witwe des verstorbenen Hausmaiers, seine eigene Frau Hiltrud gar eine Schwester Karlmanns und Pippins – zumindest beeinträchtigt sah. Diese bayerische Opposition sollte noch Jahrzehnte später für die Agilolfinger verheerende Folgen haben. In den Jahren 743 bis 746 gingen die Hausmaier expansiv und mit Erfolg gegen die Grenzregionen ihrer Reiche vor: Odilo mußte sich erneut unterwerfen und wurde auf Bayern südlich der Donau beschränkt, während in Salzburg dem gelehrten Virgil, dem die Stadt an der Salzach eine erste kulturelle Hochblüte verdankt und der ein Parteigänger der fränkischen Hausmaier war, die entscheidende kirchliche Position übertragen wurde. Der Herzog von Aquitanien wurde besiegt und verschwand in einem Kloster außerhalb fränkischer Macht; allerdings konnte sein Sohn Waifar zunächst noch eine herzogsgleiche Stellung unter Oberhoheit der Hausmaier halten.

Im Jahr 746 ging im sogenannten Blutgericht von Cannstatt das alemannische Herzogtum, eng verwandt mit dem bayerischen der Agilolfinger, unter. Fränkische Grafen übernahmen nun dessen Funktion. Freilich änderten diese Erfolge nichts an der weiterhin schwierigen staatsrechtlichen Situation der Hausmaier, insbesondere für die Außendarstellung ihrer Herrschaft. Sie hatten sich gezwungen gesehen, 743 mit Childerich III. nochmals einen Merowingerkönig zu bestellen. Der Fluch der Illegitimität, der über ihnen lag, konnte durch außenpolitisch-militärische Erfolge allein nicht beseitigt werden.

Jene Hinwendung zu kirchlichen Instanzen, die bereits in der Zeit Karl Martells sichtbar wurde und keineswegs nur im Zugriff auf Kirchengut bestand, erfuhr unter seinen Söhnen eine beachtliche Steigerung. Pippin, der in St. Denis aufgewachsen war, und mehr noch Karlmann, der wohl in Echternach, dem Ausgangspunkt der Friesenmission, erzogen worden war, öffneten Ohr und Herz der angelsächsischen Glaubensverkündigung, die vor allem in den jüngst oberflächlich bekehrten Regionen rheinabwärts auf die Ausformung einer Kirchenorganisation drängte und überdies im Gleichklang mit Rom auf eine Reform der fränkischen Landeskirche hinarbeitete. Insbesondere Winfried-Bonifatius erwies sich bei diesen Vorhaben als treibende Kraft und als Mittler zwischen den Kulturen. So konnten damals im späteren Mainfranken, in Hessen und Thüringen drei Bistümer eingerichtet werden, von denen Würzburg Dauer beschieden war, während Erfurt und Büraburg über Anfänge nicht hinauskamen. Im April 743 fand eine erste fränkische Synode nach acht Jahrzehnten Stillstand unter Vorsitz des Bonifatius im Reichsteil Karlmanns statt, deren Ergebnisse dieser in Form eines Kapitulars verkündete. Auch im folgenden Jahr kam es in Les Estinnes im Hennegau und in Soissons zu weiteren, gleichzeitigen Synoden und 745 gar zu einer gesamtfränkischen Versammlung, präsidiert von beiden Hausmaiern.

Neben allgemeinen Reformvorhaben wie der Stärkung der Bischofsgewalt, der Hebung der Sittlichkeit im Klerus und der Bekämpfung heidnischer Bräuche stand für die Bischöfe der Wunsch nach Rückgabe des entfremdeten Kirchenbesitzes im Vordergrund. Diese Forderung ließ sich freilich nicht erfüllen, da die fränkischen Hausmaier nicht die

Loyalität ihres Anhangs riskieren wollten; lediglich ein zusätzlicher Zins für die Kirchen als Ausgleich materieller Einbußen war durchsetzbar. Auch die Bestellung von Metropoliten als Aufsichtsorgane über die Bischöfe – vorgesehen waren Reims und Sens – ließ sich nicht durchsetzen gegen den Widerstand des Adels, der um Macht und Besitz auf seinen kirchlichen Domänen fürchtete. Bonifatius mußte sich mit Mainz als Bischofssitz begnügen, dessen bisheriger Inhaber, des Mordes überführt und aus dem Amt entfernt, in Rom seine Restitution betrieb. Der nachmalige »Apostel der Deutschen« gründete 744 als Vorposten und Missionszentrum in der waldreichen Buconia das Kloster Fulda, von dem für viele Jahrzehnte wesentliche geistliche und kulturelle Impulse auf Hessen, Thüringen und Sachsen ausgehen sollten. Einerseits zermürbt von den Widerständen, die sich ihm in den Weg stellten, andererseits seines alten Vorsatzes der Glaubensverkündigung eingedenk, wandte sich Bonifatius wieder der Friesenmission zu, die ihm 754 das ersehnte Martyrium bescherte.

Wieweit die gemeinsamen Aktivitäten der beiden Hausmaier tatsächlich auf einer Gleichlage der politischen Interessen beruhten, ist angesichts des Quellendunkels, das die Geschichte der frühen Karolinger weithin umgibt, schwer zu entscheiden. Der ältere, Karlmann, verheiratet mit einer Frau, deren Name nicht einmal überliefert ist, besaß bereits einen heranwachsenden Sohn, Drogo, während der jüngere, Pippin, der sich 744 durch die Heirat mit der jüngeren Bertrada einer der führenden Adelsfamilien Austriens verbunden hatte, noch erbenlos war. Bertrada (Berta) war eine Tochter des Grafen Heribert von Laon und Enkelin der gleichnamigen Stifterin des Eifelklosters Prüm, das nach seiner Neugründung 762 zur eigentlichen Hausabtei der Dynastie für mehr als ein Jahrhundert werden sollte. Angesichts der Gütermasse, die aus dem Gebiet der mittleren Mosel und der Eifel von beiden Ehepartnern in die gemeinsame Dotierung des Klosters Prüm eingebracht wurde und deren Kerne nur aus früheren Erbteilungen hervorgegangen sein können, läßt sich mit einiger Sicherheit vermuten, daß dieser Besitz gleichsam aus einer Quelle, nämlich aus dem Erbe der älteren Bertrada und ihrer Schwester Plektrud, Gattin Pippins II., der übernächsten Generation zugeflossen ist, die damit über eine gewaltige materielle Ausstattung verfügte.

Die wenigen gesicherten Erkenntnisse zur Eheschließung Pippins lassen den doppelten Konzentrationsprozeß an Macht und Besitz erkennen, der letztlich den nicht mehr bestrittenen Vorrang der Pippiniden zumindest in Austrien zur Voraussetzung hat. Dieses Potential wurde ökonomisch erweitert und verfestigt durch Kirchen- und Klostergründungen, durch den Zugriff auf Fiskalgut und politisch abgesichert nicht zuletzt durch den Vorsitz im Königsgericht.

Pippins Alleinherrschaft und der Gewinn der Königswürde

Das lediglich vermutete Gleichgewicht zwischen den Hausmaiern fand ein jähes, aber friedliches Ende, als Pippins Bruder Karlmann, der offenbar religiösen Gefühlen und geistlichem Zuspruch besonders zugänglich war – hierin seinem Großneffen Ludwig dem Frommen und Karls Schwester Gisela nicht unähnlich –, im Herbst 747 »aus brennendem Verlangen nach frommer Hingabe« auf sein Hausmaieramt verzichtete und sich nach Rom begab. Vom Papst aufgenommen, gründete er auf dem Monte Soracte ein Kloster, zog sich dann aber, vermutlich wegen des frommen fränkischen Tourismus, der auch ihn nicht verschonte, nach Montecassino, in das Mutterkloster des abendländischen Mönchtums zurück. Hier lebte er, wie Regino von Prüm 150 Jahre später in Form einer Anekdote zu berichten weiß, als bescheidener Bruder, was freilich mit der zeitgenössischen Adelsethik nur schwer in Übereinstimmmung zu bringen war, die auch unter der Kutte die hohe Abkunft nicht vergaß.

Schon wenig später erwies sich Montecassino als Anlaufstelle fränkischer Oppositioneller und anderer Kräfte, die durchaus Weltliches im Sinn hatten. Vor seiner Weltentsagung hatte Karlmann, wie eine Quelle mitteilt, »sein Reich und seinen Sohn Drogo in die Hände seines Bruders gegeben«. Eine Maßnahme, die freilich nur dann eine rechte Beleuchtung erfährt, wenn man die Geburt Karls des Großen auf den 2. April 748 datiert. Vermutlich ging Karlmann von der bleibenden Kinderlosigkeit seiner Schwägerin aus und konnte daher seinen Sohn und Erben als derzeit einzigen potentiellen Nachfolger in beiden Regna dem Bruder zur Obhut übergeben, damit nach den bitteren Erfahrungen der letzten beiden Generationen bereits in einem frühen Stadium auf eine geordnete, von innerfamiliärer Konkurrenz freie Sukzession hinwirken und zugleich, der politischen Last ledig, seiner inneren Berufung folgen.

Wenn im Zusammenhang mit der Resignation Karlmanns ferner berichtet wird, daß Pippin, nunmehr Alleinherrscher, seinen Halbbruder Grifo aus der Haft auf dem Chèvremont befreit hat, so könnte darin ein Zeichen zu sehen sein, daß er beabsichtigte, die Herrschaft innerhalb der Familie auf eine breitere Basis zu stellen, was angesichts der Ausdehnung des fränkischen Einflusses nach Mainfranken, Thüringen und Alemannien ein durchaus sinnvoller Gedanke war.

Grifo schlug die Versöhnung aus, sammelte eine adlige Opposition um sich, schloß sich zunächst den feindlichen Sachsen an und ging 748 nach Bayern, um Herzog Odilo, der im selben Jahr verstorben war, zu beerben. Dabei drängte er seine Halbschwester Hiltrud und deren kleinen Sohn Tassilo rücksichtslos beiseite. Im folgenden Jahr rückte Pippin in Bayern ein, beendete die Herrschaft Grifos, stattete den Prätendenten aber mit zwölf Grafschaften im Dukat Le Mans aus, einer Kernzone, die später auch Karl dem Großen und von diesem seinem gleichnamigen Sohn als Machtzentrum zur Herrschaftseinübung übertragen wurde. Diese Maßnahme Pippins zeigt deutlicher als alles andere, wie stark die oppositionellen Kräfte gegen seine Alleinherrschaft noch waren und wie gewichtig gleichzeitig die Rechtsansprüche Grifos als Sohn Karl Martells auf Beteiligung am väterlichen Erbe, auch an der Herrschaft. Sollte Pippin Grifo gar als (einen) potentiellen Nachfolger ins Auge gefaßt haben? Die Geburt Karls machte der möglichen großen Zukunft Grifos indessen ein Ende. Er begab sich nach Aquitanien – »in gewohnter Weise unzufrieden« – zu dem »treulosen« Herzog Waifar. Er fand schließlich 753 den Tod durch die Hand von Pippins Leuten, als er im Begriff war, sich mit dem Langobardenkönig zu verbünden. Der Name Grifo, einer der Leitnamen der Pippiniden, fiel ähnlich wie die Namen Grimoald und Drogo in Vergessenheit. Nur der Name Drogo wurde noch einmal durch einen Bastard Karls des Großen zum Leben erweckt.

Die Auseinandersetzungen mit Grifo, die Existenz seines Neffen Drogo und anderer Nachkommen seines Bruders, vor allem aber die so sehnlich erwartete Geburt eines Erben ließen in Pippin offenkundig den Wunsch nach einer Art politischer Flurbereinigung und endgültiger Sicherung der Herrschaft in seinem Hause wach werden. »Pippin benötigte daher eine Legitimation, die sich von der rein politischen Macht unterschied und die anderer fränkischer Großer und selbst die der eigenen Sippe übertraf« (Peter Geary). Sein Selbstbewußtsein manifestierte sich bereits vor der berühmten Wende in seiner Titulatur, indem er sich selbst als Hausmaier bezeichnete – im Gegensatz zu Großvater, Vater und Bruder, die ihren Rang jeweils vom Vater ableiteten: »Sohn des einstigen Hausmaiers«.

Mit diesem Umbruch von der bloßen Herrschaftsausübung zur fränkischen Königsgewalt verbindet sich in der Tat eine welthistorische Wende, deren Auswirkungen freilich in den frühen fünfziger Jahren des 8. Jahrhunderts nicht absehbar waren. So erhielt das Königtum bis in unsere Tage hinein christlich-sakrale Züge; die enge persönliche Verbindung zwischen weltlicher Gewalt des fränkischen Königtums und geistlicher Autorität des römischen Papsttums, die zumal in der Wiederherstellung des westlichen Kaisertums am Weihnachtstage des Jahres 800 sichtbaren Ausdruck fand, schuf einen politischen Dualismus, der auch institutionell bis zum Ende des Alten Reiches und der vorrevolutionären Epoche seine Wirksamkeit entfaltete.

Es ist zu Recht bemerkt worden, daß das Königtum der Merowinger seinen Ursprung in der kriegerischen Potenz eines Chlodwig hatte, daß seine Kontinuität über den Gründer hinaus zweifellos auch an die erfolgreiche Fortführung und Weiterentwicklung spätantiker Einrichtungen – Fiskalverwaltung und Militär, nicht zuletzt kirchlicher Organisationsformen – gebunden war. Sein Charisma aber, die von der älteren Forschung als »Königsheil« charakterisierte Potenzierung sakraler und »herzoglicher« Fähigkeiten, beruhte letztlich auf der puren Existenz des Geschlechts und der Folgepflicht der Großen, nicht aber auf autoritativen Rechtsgutachten oder gar kirchlichen Ritualen.

Dieses neuformulierte »Gottesgnadentum« schuf bis in die Tage der Maria Stuart und Karls I. von England einen geistlichen Schutzschild der Unverletzlichkeit über den Häuptern der europäischen Monarchen. Voll ausgeprägt war es bereits in der Urkundenformel »dei gratia« (von Gottes Gnaden) im Titel Karls des Großen (und Karlmanns) seit dem Jahr 769 und bereits vorformuliert in einer allgemein gehaltenen Eröffnung einer Urkunde seines Vaters Pippin von 760, die erklärt, daß »der Herr uns [Pippin] auf den Thron des Reiches gesetzt hat«. Damit ging eine mehr oder minder enge Bindung vor allem des Königs (und Kaisers) an den Stellvertreter Christi auf Erden, den römischen Papst, einher und an die ihm zugeordnete geistliche Hierarchie. Diese Abhängigkeit fand schon in spätantiker Zeit ihre klassische Formulierung in der Dekretale des Papstes Gelasius I. in einem Brief an Kaiser Anastasios I.:

»Es gibt nämlich zwei Gewalten, von denen die Welt regiert wird: nämlich die Gewalt der Könige (potestas regalis) und die geheiligte Autorität der Päpste (sacrata auctoritas pontificum).« Die Gewalt der Päpste sei um so höher einzuschätzen, als sie am Jüngsten Tag auch für das Seelenheil der Könige Rechenschaft ablegen müßten.

In den Tagen Pippins aber war das römische Papsttum, das seit den Zeiten Leos I. und Gregors I., des Großen, zunehmend auch mit der Administration von Stadt und Dukat Rom betraut war, dringend auf Schutz und Unterstützung einer weltlichen Macht angewiesen, zumal zu Ostrom-Byzanz gewichtige theologische Differenzen bestanden. Sowohl die sogenannte Trullanische Synode von 691, die insbesondere die orientalischen Bräuche als maßgeblich für die Gesamtkirche verordnete, als auch der 726 und 739 erneut unternommene Vorstoß Kaiser Leos III. gegen die Bilderverehrung waren in Rom auf heftigen Widerstand gestoßen und potenzierten die Streitfragen, die sich bereits aus der sogenannten Filioque-Formel ergeben hatten, ob nämlich der Heilige Geist nur vom Vater allein oder auch vom Sohn ausgegangen sei.

Die theologisch-politischen Dispute des 8. Jahrhunderts bereiteten die bis heute andauernde Teilung der Christenheit in einen östlichen und einen westlichen Flügel mit dem Schisma des Jahres 1054 vor. Aber nicht allein oder vorwiegend diese kirchenpolitisch-dogmatischen Auseinandersetzungen zwischen Byzanz und Rom führten zu Ablösungsprozessen des westlichen Patriarchen vom oströmischen Kaiser. Italien zerfiel nach 568 in zumindest vier wesentliche Machtbereiche oder Einflußzonen: den byzantinischen Süden, das bis weit in die Mitte der Halbinsel reichende langobardische Königreich, arrondiert von den autonomen Herzogtümern Spoleto und Benevent, und – als Pfahl im Fleisch langobardischer Herrschaft – das Exarchat von Ravenna als Stützpunkt Ostroms an der Adria mit der Pentapolis, der Fünf-Städte-Region in der Romagna, und schließlich eben Rom und sein Territorium, zwar byzantinisches Staatsgebiet, aber doch schutzlos den Angriffen der nach Süden vorrückenden und von Süden andrängenden Langobarden ausgesetzt.

Die drohende Einnahme Roms mußte die Position der Päpste in jeder Weise erschüttern. Da Byzanz nicht in der Lage oder willens war, die notwendige militärische Hilfe zu leisten und der Papst ohnehin angesichts der theologischen Differenzen, die auch seinen Ehrenvorrang und dessen Anspruch berührten, auf Distanz zu Ostrom gegangen war, mußte man verstärkt nach einem geeigneten Verbündeten Ausschau halten. Ins Blickfeld gerieten seit den dreißiger Jahren vor allem die fränkischen Hausmaier, zu denen der Kontakt durch angelsächsische Missionare, an ihrer Spitze die Missionsbischöfe Willibrord und Winfried-Bonifatius, angebahnt worden war. Karl Martell hatte sich am Ende seiner Herrschaft noch dem Hilferuf des Papstes verweigert, und zwar mit Rücksicht auf den Langobardenkönig, vor allem aber auf seine Großen, die einem Italienabenteuer offenbar abgeneigt waren. Der Gleichklang der Interessen an einem Bündnis führte nun im Frühjahr 750 zu neuen Kontakten zwischen fränkischem Hausmaier und römischem Pontifex.

In dieser Zeit begaben sich der Angelsachse und Bischof von Würzburg, Burkhard, und der Abt von St. Denis und enge Vertraute Pippins, Fulrad, auf Geheiß Pippins nach Rom, um ein Rechtsgutachten des Heiligen Stuhls einzuholen, dessen Tenor mit einiger Sicherheit vorhergesagt werden konnte. Sie legten dem Papst Zacharias, dem letzten Griechen auf der Cathedra Petri, nach Auskunft der mehr als vier Jahrzehnte nach diesem Ereignis niedergeschriebenen sogenannten Reichsannalen die staatsrechtlich und politisch gleichermaßen hochbrisante wie suggestive Frage vor »nach den Königen im Frankenreich, die damals keine königliche Gewalt hatten, ob das gut sei oder nicht« und erhielten die befriedigende Auskunft, »daß es besser sei, der heiße König, welcher die Macht habe, als der, welcher ohne königliche Macht sei«.

Mit dieser Antwort begnügte sich der Papst aber nicht, sondern er zog sogleich die politische Konsequenz aus der erörterten Sachlage: »Damit die Ordnung nicht gestört werde, befahl er kraft apostolischer Vollmacht, Pippin zum König zu machen.« Dieses Machtwort bedeutete einen revolutionären Schritt, mit dem der Papst in die inneren Strukturen eines Königreichs eingriff und zugleich dauerhafte Abhängigkeiten begründete. Die theoretische Fundierung dieses Votums gründet insbesondere auf der Ordo-Lehre des Kirchenvaters Augustin, die eine Kongruenz von Namen und Sache, Benennung und Inhalt, Titel und Funktion fordert oder deren Wiederherstellung im Geist gottgewollter Ordnung. Des weiteren dürfte vielleicht auch die seit den etymologischen Bemühungen eines Isidor von Sevilla weitverbreitete, zugleich interpretierende (aber falsche) Ableitung von »rex« und »regere«

aus »recte agere«, also richtig handeln, diesen Wechsel in der fränkischen Königsherrschaft gedanklich vorbereitet haben. Nicht mehr die Existenz allein sichert die Dynastie, in diesem Fall der Merowinger, sondern deren »richtiges Handeln« im Verständnis der Ordnungstheorie Augustins.

Auf dieses päpstliche Votum hin, dessen durchaus zweischneidige Wirkung Pippin und seine Berater in diesen Tagen gewiß nicht zureichend einzuschätzen vermochten, konnte der Hausmaier den eigentlichen »Staatsstreich« wagen, der weit über jenen Erstversuch Grimoalds, durch »Ansippung« die Herrschaft für sein Haus zu gewinnen, hinausging und das angestammte, seit mehr als zwei Jahrhunderten Franken und das Frankenreich regierende und repräsentierende Königsgeschlecht halbmythischen Ursprungs ins Dunkel der Geschichte stieß. Dies geschah, dem zivilisatorischen Fortschritt angemessen, nicht mehr durch den Tod des Rivalen und seiner Nachkommen, sondern durch Klosterhaft. Childerich III. und sein Sohn verschwanden in dem relativ abgelegenen flandrischen Kloster St. Bertin.

Dieser revolutionäre Akt, der sich auf ein päpstliches Rechtsgutachten aus theologischer Vollmacht stützte, war selbstverständlich mit den Großen des Reiches abgestimmt, die wohl im September 751 in Soissons Pippin auf den Schild hoben oder auf den Thron setzten und ihm huldigten. Damit wurde das enge Bündnis zwischen dem neuen König und den führenden Adelsfamilien sichtbar bekräftigt; zugleich wurden Königsherrschaft und Nachfolge im Königtum auf Dauer an die konstitutive Mitwirkung – zumeist in Form der Zustimmung – des Adels gebunden. Das Amt des Hausmaiers, des Maiordomus, erlosch aber für immer. Der König herrscht mit und durch seine Großen – dies gilt für Pippin und seine Nachfolger. Dieses Mitwirkungsrecht der Großen, dessen Gestalt und Intensität von der jeweiligen Machtkonstellation abhängig war, hat im nachmaligen Deutschland mit Erlaß der Goldenen Bulle 1348 bis zum Ende des Alten Reiches konstitutiv im Kollegium der Kurfürsten seine Wirkung entfaltet.

Zum auslösenden »Befehl« des Papstes, wie Einhart den Gesamtvorgang verkürzend darstellt, trat außer »Schilderhebung« und Huldigung der Großen noch ein weiteres Moment, das auch zukünftig konstitutiv für die Königserhebung sein sollte und das zugleich die Sakralisierung der Königsherrschaft und damit den zunehmenden Einfluß der Kirche seit diesen Tagen auf Person und Amt des Königs dokumentiert: die

Salbung des Königs mit geweihtem Öl. Dieser Vorgang, den Merowingern durchaus fremd, war wesentlich inspiriert durch die Salbung der Könige des Alten Testaments, insbesondere Davids und Salomons, die sich nicht zuletzt Karl der Große später als Vorbild gottgefälligen Herrschertums erwählte. Die im Auftrag des Hofes um 805 verfaßten Metzer Annalen bringen diesen ersten Salb- und Weiheakt mit Bischof Winfried-Bonifatius in Verbindung.

Die folgenden Geschehnisse festigten das Band zwischen neuem König und geistlichem Protektor und gipfelten in einem bis dahin nicht gesehenen Ereignis: Der Nachfolger des Zacharias auf dem Stuhle Petri, Papst Stephan II., sah sich gegen Ende 753 heftigen Pressionen des Langobardenkönigs Aistulf ausgesetzt und ersuchte um Hilfe bei der neuen potentiellen Schutzmacht nördlich der Alpen. Pippin lud den Pontifex über verschiedene diplomatische Kanäle zu einer Reise ins Frankenreich ein und schickte Stephan II. voll Ehrerbietung seinen Erstgeborenen, den knapp sechsjährigen Karl, an den Alpenkamm entgegen. Der Papst wurde an Epiphanias 754, dem Fest der Heiligen Drei Könige, mit allen erdenklichen Ehrenbezeigungen vom neuen Frankenkönig in der Pfalz Ponthion (Champagne) empfangen. Die Symbolik dieses Tages und das festliche Zeremoniell dürften auch bei den anwesenden Großen einen spürbaren Eindruck hinterlassen haben. Einhart übergeht in seiner Biographie diese einschneidende Begebenheit im Gegensatz zu seinen Quellen mit Stillschweigen – an einer weiteren literarischen Aufwertung der politischen Rolle des Papstes beim Machtwechsel im Frankenreich war ihm augenscheinlich nicht gelegen.

Das von Stephan II. und seinen Vorgängern gesuchte Bündnis mit dem Frankenkönig, das sich zwangsläufig gegen die Langobarden richten mußte, bedeutete in der Tat ein Renversement des alliances und stieß bei einem Teil der fränkischen Führungsschicht auf Widerstand, zumal diese Neuorientierung von einer Seite konterkariert wurde, die man offenbar nicht ins politische Kalkül einbezogen hatte: von Pippins Bruder, dem mittlerweile als Mönch in Montecassino lebenden Karlmann. Dieser kam, »angeblich auf Weisung seines Abtes«, eher wohl auf Betreiben des Langobardenkönigs, an den Hof Pippins und suchte sich an die Spitze einer Opposition zu stellen. König und Papst reagierten sofort und unmißverständlich: Das geistliche Oberhaupt wies den prominenten Mönch in ein fränkisches Kloster ein, Pippin ließ angesichts der offenen Gefahr, die von seinem Bruder sowie dessen Familie und Anhängerschaft ausging, den ihm vor Jahren anvertrauten Neffen Drogo und andere Söhne Karlmanns ergreifen und als Mönche unschädlich machen.

Einhart übergeht diese für Pippin heikle Episode und läßt dessen Bruder gegen die verbürgten Tatsachen im Stil einer frommen Legende sein Leben in Montecassino beenden. Tatsächlich starb dieser in der Obhut seiner Mutter Bertrada am 17. August 754 im burgundischen Vienne. Das brüderliche Band zerriß aber keineswegs, vielmehr stiftete der König seinem Bruder »guten Gedenkens« Messen und Gebete in Fulda und St. Denis. Seine letzte Ruhestätte fand Karlmann in Montecassino, seiner geistlichen Wahlheimat.

Der Konflikt mit dem Bruder und die möglicherweise vorhandene latente Opposition fränkischer Großer gegen seine Alleinherrschaft ließen Pippin die Hilfe des Papstes erneut in Anspruch nehmen. Es ging dabei um die Sicherung der alleinigen Nachfolge seiner Söhne im Königtum bei Ausschluß aller anderen Familienmitglieder, insbesondere der Nachkommen seines Bruders. Dieser Sukkurs kostete seinen Preis: Pippin mußte zunächst am Osterfest 754 zu Quierzy schriftlich einen Teil des noch zu erobernden Langobardenreiches, insbesondere den Exarchat von Ravenna und die Pentapolis, dem Papst »zurückerstatten«, wobei die Rechtsgrundlage für diese Restitution durchaus nicht eindeutig festzustellen ist. Mit diesem Akt beginnt recht eigentlich die faszinierende Geschichte des nachmaligen Kirchenstaates, des Patrimonium Petri, mit Rom und seinem Dukat als Nukleus, der erst am Ende des 12. Jahrhunderts seine bleibenden Konturen annimmt.

Dem politischen Versprechen der »Restitution« folgte in Quierzy ein Pakt »gegenseitiger Liebe« zwischen König und Papst – im Verständnis der Zeit eine Schwurfreundschaft gleichrangiger Partner. Und als sichtbarer Höhepunkt dieses neuen Bundes zwischen den beiden Gewalten, »der geheiligten Autorität des Papstes« und der »Macht des Königs«, salbte Stephan II. in St. Denis, an der Grablege Karl Martells, Pippin erneut, verlieh ihm den Ehrentitel eines »Patrizius der Römer« und setzte ihm vielleicht sogar eine Krone auf. Auch die Königssöhne – Pippin war 751 mit Karlmann (!) ein weiterer Sohn geboren worden – wurden gesalbt und gefirmt. Aus dieser Firmung ergab sich eine Art von »väterlicher Verwandtschaft«, »compaternitas«, zwischen dem Papst und Pippins Söhnen, in die später deren Schwester Gisela einbezogen wurde. Auch Pippins Gemahlin, Bertrada, wurde in dieser Zeremonie als Königin herausgestellt. Von ganz besonderem Gewicht war für Pippin das Verbot, das Papst Stephan II. den Franken erteilte, sich jemals einen anderen König zu erwählen als aus der Nachkommenschaft Pippins und Bertradas. Das war erneut ein bemerkenswerter Eingriff in den Bereich »staatlicher Autonomie«, freilich aus der Not der revolutionären Situation geboren.

Der Sommer 754 führte zur ersten Etappe der neuen, antilangobardischen und militärisch dominierten Italienpolitik, die freilich erst unter Pippins Sohn Karl bleibende Resultate zeitigen sollte. Immerhin mußte sich der Langobardenkönig Aistulf zu einer Art Tributpflicht verstehen und die 751 eroberten byzantinischen Territorien, mit dem Exarchat von Ravenna im Zentrum, dem Frankenkönig übereignen, die dieser dem Papst überwies, ohne daß wir nähere Details der Regelung wüßten. Mit dem Herrschaftsantritt des Königs Desiderius im Jahr 757 geriet die territoriale Frage in Mittelitalien erneut in Bewegung, konnte aber erst mit der Eroberung des Langobardenreichs 774 durch Karl zu einem vorläufigen Abschluß gebracht werden.

Innenpolitisch sicherte Pippin sein Werk vor allem durch den Ausbau der Kirchenherrschaft, die Vereinnahmung weiterer Klöster und nicht zuletzt durch geschickte Personalpolitik. So konnte Abt Fulrad von St. Denis seinen Einfluß bis Alemannien geltend machen, konnten Virgil von Salzburg in Bayern und sein Halbbruder Remigius als Bischof von Langres und Rouen die Interessen des Königs vertreten. Starke innerkirchliche Impulse gingen von Bischof Chrodegang von Metz aus, der über die Reform seines Kathedralklerus ein allgemeines Regelwerk für das Zusammenleben der Weltgeistlichen schuf in Ergänzung der Mönchsregeln, insbesondere derjenigen Benedikts von Nursia. Auch wird die Kapelle personell, sachlich und räumlich immer mehr zum eigentlichen Herrschafts- und Verwaltungsinstrument. Diese Institution diente nun nicht mehr allein der Verwahrung des Mantels des heiligen Martin als Preziose des Frankenreichs und anderer Reliquien sowie der Gestaltung des Gottesdienstes, sondern widmete sich verstärkt der Ausfertigung von Urkunden und sonstigen Schriftstücken mit Breitenwirkung. An ihre Spitze trat nach Pippins Erhebung zum König Abt Fulrad von St. Denis.

Wichtig für die innerfränkische Austarierung der Machtgewichte erwies sich vermutlich die Übernahme päpstlicher Dekretalen zum Eherecht, die, auf fränkischen Synoden verkündet, rigide Verbote des Inzests aussprachen und damit der Zusammenballung allzu großer Besitzkomplexe in wenigen Familienverbänden vorzubeugen suchten. So wurden Eheschließungen bis zum vierten Verwandtschaftsgrad untersagt, Wiederverheiratungen an strenge Regeln gebunden. Damit verband sich für die Kirche die unbestrittene Herausbildung ihres »Freiteils«, das heißt eines Teils aus dem Nachlaß, der nicht den gesetzlichen Erben übereignet werden mußte. Wie schwierig sich die Situation im Einzelfall bei Seelgerätstiftungen und Kirchendotierungen gestalten konnte, zeigt etwa die große Urkunde für das Kloster Prüm von 762, die einer Neuausstattung gleichkommt, mit der Pippin und Bertrada unter anderem ihre früher gemachten Schenkungen aus Hausgut bestätigten und zum Zeichen des Einverständnisses von ihren Söhnen Karl und Karlmann »gegenzeichnen« ließen, um denkbaren Anfechtungen zuvorzukommen. Die wiederholte Einschärfung des Kirchenzehnten auf diesen Synoden ergänzt die auf materielle Förderung ausgerichtete Politik.

Seit den frühen sechziger Jahren setzte Pippin seine Söhne auf dem Schachbrett der Politik ein. Karl erhielt 769 die Schutz- und Gerichtsfunktion über die Abtei St. Calais übertragen, 761 und 762 sind Karl und Karlmann an neuerlichen Aquitanienfeldzügen ihres Vaters beteiligt und werden 763 in Grafschaften eingewiesen. Damit wurden sie schon zu Lebzeiten des Vaters als dessen legitime Erben sichtbar mit der Herrschaft und mit deren praktischer Ausübung vertraut gemacht. Bereits damals wurde ein Heiratsplan zwischen dem Frankenhof und Byzanz ventiliert: Der Kaisersohn Leon sollte Pippins Tochter Gisela ehelichen. Dieses Projekt zerschlug sich wie ein folgendes, wobei Rücksichtnahme auf den Papst die wesentliche Ursache für das Scheitern gewesen sein dürfte.

Aus der Sicht des Freskenmalers in der Ingelheimer Palastaula oder seines Auftraggebers in den zwanziger Jahren des 9. Jahrhunderts bestand Pippins Hauptleistung nicht etwa in der Erlangung der fränkischen Königskrone und in der Stabilisierung der Königsmacht in seinem Hause, sondern in der Expansion des Frankenreichs nach Südwesten. Mit ihm verbindet sich danach die Integration Aquitaniens in das Regnum nördlich der Loire. Gewiß schuf Pippin mit seinen zahlreichen Aktivitäten die Voraussetzungen für diese dauerhafte Eroberung; gewiß bedeutete auch die Einnahme von Septimanien 759 mit Narbonne als Zentrum den Zugang zum Mittelmeer; gewiß lähmten seine Feldzüge im Jahresrhythmus seit 760 den Widerstand der Bevölkerung; auch wird der Mordanschlag auf Herzog Waifar 768 bereits von den Zeitgenossen mit Pippin als Auftraggeber in Verbindung gebracht. Doch die endgültige Eingliederung, um diesen euphemistischen Terminus für die gewaltsame Eroberung zu übernehmen, blieb den Anfängen Karls (und Karlmanns) vorbehalten.

Das Verhältnis zu Bayern, jener zweiten kritischen Außenregion des Regnum Francorum, hatte sich insofern wieder dramatisch verschlechtert, als sich Tassilo um 763 mit einer Tochter des Langobardenkönigs vermählte und damit eine alpenübergreifende Allianz begründete, die sich gegen fränkisch-päpstliche Interessen richten mußte. Karl ist die Antwort nicht schuldig geblieben und hat in Etappen die notwendige Flurbereinigung betrieben.

Vor seinem Ableben bestimmte König Pippin mit Zustimmung der Großen, zu denen erstmals auch die Bischöfe gehörten, seine Söhne als Erben und Nachfolger in der Herrschaft. Er ging dabei von dem Prinzip der Gleichbehandlung aus und orientierte sich am Vertrag von Vieux-Poitiers (742) zwischen ihm und seinem Bruder Karlmann.

Pippin hat offenbar im Gegensatz zu seinem Vater Karl Martell in strikter Monogamie gelebt. Zwar soll er um 756, aus welchen Gründen auch immer, die Trennung von Bertrada beabsichtigt haben, die heftige Reaktion des Papstes ließ ihn aber von diesem Plan Abstand nehmen; Konkubinen oder außereheliche Kinder sind nicht bezeugt. Auch die angeblich außerehelich gezeugte Tochter Ada, deren Name als Stifterin eines der kostbaren illuminierten Codices der sogenannten Hofschule überliefert ist, verdankt ihre zweifelhafte Existenz als Tochter Pippins wesentlich der Phantasie eines Fälschers des Klosters St. Maximin in Trier, der gegen 1200 zwischen seinem Kloster, Karl dem Großen und der »Magd des Herrn« Ada und ihrer Schenkung eine im Zeitalter der Karlsrenaissance wichtige Verbindung herstellen wollte. Man darf füglich vermuten, daß Pippin, durch die Ereignisse der Jahre 714 und vor allem 742 belehrt, die noch in aller Gedächtnis sein mußten, keinerlei neuerliche Konkurrenzsituation innerhalb der Familie riskieren wollte, die die Stabilität des kaum begründeten Königtums seines Hauses gefährdet hätte. So mochte der Herrschaftsübergang auf seine beiden Söhne, die 754 von der Hand des Papstes bereits zu Königen gesalbt worden waren, ohne Konflikte vor sich gehen. Ein dritter Sohn namens Pippin war 761 zweijährig verstorben.

Reiche Stiftungen an St. Martin in Tours und St. Denis bereiteten sein

Ende vor. Am 23. September 768 starb der erste König der neuen Dynastie und wurde wie sein Vater in St. Denis im Atrium der Klosterkirche bestattet. Auch Karl der Große gedachte dereinst an diese Tradition des Vaters und Großvaters anzuknüpfen, wie eine seiner ersten Urkunden von 769 beweist. Doch kam es, wie wir wissen, anders: Karl ruht seit 814 in Aachen.

Teil I
Der König
768 bis 800

Schwieriger Beginn
768 bis 781

Bruderzwist und die neue Politik
der Königinwitwe Bertrada

Die Teilung des Reiches, orientiert an den Vorgaben von 742, modifizierte die väterliche »divisio« und wies jedem der Brüder deutlich eine eigene Herrschafts- und Interessensphäre zu: Karl erhielt nach dem Zeugnis wichtiger Quellen des 8. Jahrhunderts das »Reich der Austrasier«, während sein jüngerer Bruder Karlmann das Regnum Burgund, die Provence, Septimanien sowie das Elsaß und Alemannien erhielt. Aquitanien wurde unter ihnen aufgeteilt oder – da noch nicht zur Gänze unterworfen – ihrer gemeinsamen Herrschaft überlassen. Bemerkenswert an dieser Aufteilung des Reiches ist die Nichtberücksichtigung klassischer Regna des fränkischen Reiches, nämlich Austriens und Neustriens, als staatliche Einheiten, die mit Burgund die reichstiftende Ländertrias bildeten. Das »Reich der Austrasier« ist lediglich als nördlicher Teil der Francia zu interpretieren und zwar in der Gestalt, die es bereits unter Karlmanns gleichnamigem Onkel 742 angenommen hatte: zusammen mit den rechtsrheinischen Gebieten unter Einschluß von Mainfranken und Thüringen. Die Brücke zu Aquitanien, der gemeinsamen Einflußzone beider Söhne, wurde durch die Zuweisung neustrischen Gebiets zwischen Seine und Loire an Karl hergestellt. Diese Zwischenzone bestand im wesentlichen aus den Grafschaften des Dukats Maine, die bereits Karls Halbonkel Grifo, später Karl selbst innegehabt hatten und die gegen 790 sein eigener Zweitgeborener Karl als politisches »Übungsterrain« erhalten sollte. In diesen Vergabemodalitäten liegt bereits die spätestens 806 fixierte Reduktion des alten merowingischen Regnum Neustrien auf die Region zwischen Seine und Loire beschlossen.

Auf der politisch gewollten Aufgabe der alten Königsregionen fußte eine neue Herrschaftsstruktur, die zugleich Adelsherrschaft und Amtsführung überregional mit dem Königtum der Aufsteiger verband. Die

Auflösung der alten Regna-Struktur war bereits Ziel der Politik Karl Martells gewesen, der zuvor insbesondere in Neustrien eine gefährliche Opposition niederringen mußte. Insofern wies die Vorgehensweise der späten Hausmaier durchaus Züge auf, die, weit über bloße Expansionstendenzen nach Südwest und Nordost hinausgehend, in die innere Verfassung der merowingischen Francia beträchtlich eingriffen.

Nach der Teilung von 768 war Karl politisch und militärisch eindeutig auf den rechtsrheinischen Osten ausgerichtet, während der Halbkreis Karlmanns, geformt aus der südwestlichen Ländermasse, politisch auf Bayern und Italien verwies. Aquitanien und der Schutz der römischen Kirche blieben gemeinsames Interessenfeld. Die weiteren Grenzregionen, etwa (West-)Friesland, das mittlerweile fest in fränkischer Hand war, und das unlängst eroberte Septimanien als Mittelmeeranrainer wurden Karl beziehungsweise Karlmann allein übertragen.

Die offizielle Einweisung in die Herrschaft, die (Schild-)Erhebung zu Königen, fand für beide Brüder am Tage des heiligen Dionysius statt, dessen Kloster St. Denis bei Paris im Zentrum auch der privaten Religiosität Pippins und seiner Söhne gestanden hatte und weiterhin stand. Das Fest dieses Heiligen am 9. Oktober fiel 768 auf einen Sonntag. In einer Zeremonie, die vermutlich die Salbung durch die anwesenden Bischöfe einschloß, wurden Karlmann in seiner Reichshälfte in Soissons und Karl in Noyon zu Königen erhoben oder als Könige eingeführt.

Lassen sich für die Wahl von Soissons das ehrwürdige Alter der merowingischen Residenz als Vorort des Teilreiches Neustrien ins Feld führen sowie das Vorbild der Königswahl Pippins und die Absetzung des letzten Merowingers an diesem Ort, so fehlen zunächst markante Spuren für Noyon. Die Hinwendung zu diesem kleinen Bistum ist nicht durch die Reichs- oder Herrschergeschichte begründet, sondern durch die Verehrung des heiligen Medardus, dessen Abtei und Grablege in Soissons Zentrum der Verehrung war. Der Heilige besaß auch in Noyon ein ihm geweihtes Kloster; mit seinem Namen und seinem Wirken als Ortsbischof ging vor allem die Erinnerung an die Verlegung des Bischofssitzes von St. Quentin nach Noyon einher. Auch der Ruf des heiligen Eligius, jenes heiligmäßigen Goldschmiedes, Künstlers, Münzmeisters, Königberaters und Bischofs der späten Merowingerzeit, dürfte bei der Wahl des Krönungsortes für Karl nicht ohne Einfluß gewesen sein. Wenn reichlich ein Jahrhundert später auch Hugo Capet in Noyon zum König erhoben werden wird, ist hierin eine bewußt legitimierende

»imitatio« zu sehen, die freilich das kleinste Bistum der Diözese Reims nicht aus seiner Obskurität befreite. Erinnert sei immerhin daran, daß der rigorose Reformator Johann Calvin, dessen Vater Advokat des Domkapitels war, hier geboren wurde. Für die Wahl beider Orte mag überdies ihre räumliche Nähe durch die Lage jeweils hart an der Grenze des eigenen Reiches gesprochen haben, die eine rasche Kommunikation zwischen den »Höfen« erlaubte.

Einen ersten gemeinsamen Einsatz forderte bereits wenige Monate nach der Doppelerhebung die Fortsetzung der väterlichen Aquitanienpolitik. So drang Karl nach einem Versuch Hunolds, des Sohnes Herzog Waifars, Aquitanien aus der fränkischen Vorherrschaft zu befreien, nach Süden vor, allerdings ohne Unterstützung seines Bruders. Ein Treffen in der Gegend von Vienne zwischen den Königen blieb ohne politisches Ergebnis. Karlmann hat nach Aussage der parteiischen und erst mehr als ein Jahrzehnt später verfaßten sogenannten Reichsannalen auf schlechten Rat seiner Großen Karl die notwendige militärische Hilfe verweigert. Diesem Vorwurf werden wir im Zusammenhang mit der Absetzung und Klosterhaft des Bayernherzogs Tassilo bald erneut begegnen.

Karl zog jedenfalls, von der Weigerung seines Bruders unbeeindruckt, über die Dordogne und errichtete die Burg Fronsac als Stützpunkt. Im Spiel um die Vorherrschaft zwischen Garonne und Pyrenäen gelang es Karl, den Baskenfürsten Lupus, der ebenfalls um seine politische Selbständigkeit besorgt sein mußte, zur Auslieferung von Hunold und dessen Frau, die sich in den Schutz des Fürsten geflüchtet hatten, zu bewegen. Damit war der Widerstand in Aquitanien seines Kopfes beraubt und das Land tatsächlich in der Hand des Eroberers, der knapp zehn Jahre später die notwendigen administrativen Maßnahmen zur Einbeziehung dieser südlichen Region in das Regnum Francorum schuf, 781 gar als »Mittelgewalt« (Brigitte Kasten) seinen Sohn Ludwig zum König für Aquitanien bestimmte und damit einen »dritten Weg« zwischen Integration und Eigenständigkeit wählte. Mit seinen Gefangenen kehrte Karl noch zum Jahresende an den Niederrhein und nach Lüttich ins Zentrum seines Hausbesitzes zurück, wo er auch das Weihnachtsfest 769 und die Ostertage im April 770 feierte.

Die Spannungen, die offenkundig nach dem ergebnislosen Treffen in Burgund zwischen den Brüdern entstanden oder gewachsen waren, konnten noch einmal überwunden werden, wie ein päpstliches Schreiben anzeigt, das die Söhne Pippins zu ihrer neuerlichen Eintracht beglückwünscht, gleichzeitig aber Aktivitäten gegen die romfeindlichen Langobarden anmahnt.

Die latente Feindschaft zwischen den Brüdern, die sich in einer regelrechten Damnatio memoriae Karlmanns niederschlagen sollte – schließlich verschwand nach einem kurzen Zwischenspiel der Name aus dem familiären Namensrepertoire und findet sich erst wieder unter den Söhnen Ludwigs des Deutschen und Karls des Kahlen – beruhte mutmaßlich keineswegs auf unterschiedlichen politischen Konzepten zur Leitung des stark vergrößerten Frankenreichs, sondern auf einer ausgeprägten persönlichen Rivalität um den Vorrang auf der höchsten Ebene. Gerade diese irrationale Komponente verlieh dem Gegensatz eine Sprengkraft, die möglicherweise zu einem Bruderkrieg mit unabsehbaren Folgen für die kaum konsolidierte Königsherrschaft der Söhne des Hausmaiers hätte führen können. Unser Gewährsmann Einhart versucht denn auch, die Gefahr aus spätem Wissen und sicherer Distanz bewußt herunterzuspielen. Diese Interpretation unterstützt auch das geschwätzig-anbiedernde Lehrschreiben des Iren Cathwulf von 775, wenn dieser unter den Segnungen, deren Karl aus himmlischer Gnade teilhaftig geworden sei, die Bewahrung vor den Nachstellungen seines Bruders und vor allem dessen frühen Heimgang preist, »so daß Gott Dich über dieses ganze Reich erhoben hat ohne Blutvergießen«.

Die angedeutete Rivalität um den ersten Rang kommt auch in der Privatsphäre, sofern es dergleichen für Könige überhaupt gibt, zum Ausdruck. Karl hatte bereits seit der Jahreswende 769/70 von seiner Gemahlin Himiltrud einen Sohn mit Namen Pippin. Himiltrud war wohl Angehörige eines alemannisch-rätischen oder elsässischen Adelsgeschlechts, worauf der Eintrag des Namens in frühen Gebetsverbrüderungsbüchern von St. Gallen, der Reichenau, von Pfäfers und Remiremont hinweist. Zum Jahr 770 meldet dann ein kleines, aber gutinformiertes Annalenwerk die Geburt eines Sohnes König Karlmanns aus seiner Ehe mit Gerberga. Dieser erhielt als Ausweis der Ebenbürtigkeit und Ranggleichheit mit dem erstgeborenen Sohn des älteren Bruders ebenfalls den Leitnamen Pippin. Wenn später aus durchsichtigen Gründen, nämlich um Karl vom Vorwurf der Vielweiberei zu entlasten, Himiltrud als Konkubine bezeichnet wird, so ist weder an der dotierten, rechtmäßigen Ehe noch an der ehelichen Geburt Pippins zu zweifeln, zumal eben der Name selbst die Dignität seines Trägers verbürgt. Nicht umsonst bedurfte es später der Beihilfe des Papstes, um den Erstgeborenen Karls, jenen Pippin mit dem Beinamen der Bucklige, von der Herrschaftsnachfolge auszuschließen. Damit sind wir den Ereignissen weit vorausgeeilt. Paulus Diaconus zufolge, der es als Zeitzeuge wissen mußte, war Himiltrud jedenfalls ein »adliges Mädchen«.

Nach außen bestand das ranggleiche Nebeneinander der Brüder fort: Karl und Karlmann beschickten 769 erstmals eine römische Synode mit zwölf Bischöfen aus beiden Reichsteilen. Jedermann sichtbar wurde damit die enge Verbundenheit der Franken und ihrer Könige mit dem Nachfolger Petri bekräftigt. Auch nahmen die Herrscher – zunächst Karl, was freilich dem Zufall der Überlieferung verdankt werden kann – in das Protokoll ihrer Urkunden die sogenannte Gottesgnadenformel auf, die damit entscheidend die »volkstümliche« Basis ihres Königtums um spezifisch christliche Elemente erweiterte und dem König einen sakralen, überirdischen Rang verlieh.

Noch blieben die Spannungen zwischen den Brüdern lediglich latent. Einhart rühmt die Seelenstärke, mit der sein Held Rivalität und Mißgunst seines Bruders ertragen habe. Das Jahr 770 stand indessen unter dem beherrschenden Einfluß der Königin Bertrada, die gleichsam die politische Führung ihrer jungen Söhne übernahm und damit an die Tradition Plektruds anknüpfte, die noch vor und verstärkt nach dem Tod Pippins II. im Jahr 714 das Heft in die Hand genommen hatte. Bertrada faßte angesichts der »häuslichen« Schwierigkeiten eine durchgreifende konzeptionelle Veränderung fränkischer Innen- und vor allem Außenpolitik ins Auge und wußte sie, was noch erstaunlicher ist, auch durchzusetzen, ein in der Tat höchst bemerkenswerter Vorgang. Er blieb letztlich nur durch den frühen, unerwarteten Tod Karlmanns 771 Episode, zeigt aber doch mögliche Alternativen zur späteren, vergleichsweise eindimensionalen Eroberungspolitik Karls im Bündnis mit dem römischen Papsttum auf. Bertradas Konzept wirkt im Sinne der Ausgestaltung eines alpenübergreifenden familiären Netzes, das das Frankenreich, Bayern und das langobardische Italien friedenstiftend überzieht und zugleich Ansprüche und Rechtsstellung des römischen Pontifex erfüllt und sichert. Angesichts seiner Weitmaschigkeit, seines vorauszusetzenden Wirkungsfeldes und der gegenläufigen vielfältigen Interessen und Charaktere der Beteiligten war dieses Konzept jedoch wohl kaum tragfähig.

Wir kennen weder die Motive Bertradas noch wissen wir, inwieweit

Karl und Karlmann von ihren politischen Schritten unterrichtet waren oder sie gar inspiriert haben. Angesichts der wenigen, zudem nur ungefähr zu datierenden Quellenaussagen dieser Jahre läßt sich der Ablauf der diplomatischen Mission der Königinmutter nur annähernd rekonstruieren. Entscheidend ist der römische Reflex, der entschlossen gegen eine sich anbahnende und stets befürchtete Wiederannäherung der Franken an die Langobarden Front machte.

Bertrada traf sich wohl noch im Frühjahr 769 mit Karlmann im elsässischen Selz »wegen des Friedens«, weihte ihren Sohn vermutlich in ihre Pläne ein und begab sich im Sommer oder Herbst zum Vetter ihrer Söhne, Herzog Tassilo von Bayern, der höchstwahrscheinlich 768 oder 769 Rom aufgesucht hatte. Tassilo war wie auch der Herzog von Benevent ein Schwiegersohn des Langobardenkönigs Desiderius und hatte seiner Gemahlin um 763 als Ausstattung das Herzogsgut in Bozen und Meran übertragen und damit die Verbindung Bayerns mit Norditalien über den Alpenkamm sichtbar gefestigt. Der Bayernherzog, in diesen Tagen von Bischof Arbeo von Freising als »Herr und berühmter Mann von Bedeutung und höchster Fürst« (domnus et vir eminentiae inluster summusque) herausgehoben, hatte mit der Gründung von Kloster Innichen bei Bozen diese Südorientierung bekräftigt und mit der Translation der Gebeine des heiligen Corbinian aus Mais nach Passau seine geistliche Autorität gestärkt. Die Alpenregion verknüpfte, insbesondere durch die Nord-Süd-Verbindung über die churrätischen Paßstraßen, Oberitalien (Verona und Mailand) mit Alemannien und Bayern, eine Tatsache, die sich in der vorbereiteten Reichsteilung von 806 widerspiegelt, in der Bayern und Italien ein gemeinsames Regnum bilden.

Die latent vorhandene Gegnerschaft zwischen den Söhnen Pippins und dem königsgleichen Agilolfinger, der den letzten verbliebenen merowingischen Dukat autonom beherrschte, konnte durch die Heirat eines der beiden Frankenkönige mit einer der Töchter des Desiderius, Tassilos Schwiegervater, entspannt werden. Die dann sogar doppelte personale Verbindung zu den Langobarden konnte zu einem langfristigen Bündnis führen, zu einer Triple-Alliance zwischen Langobarden, Bayern und Franken. Opfer dieses Renversement des alliances mußte der Papst werden, dessen Hauptgegner unmittelbar vor den Toren der Ewigen Stadt gleichsam freie Hand bekam, ganz zu schweigen von der Tatsache, daß dieses fränkisch-langobardische Bündnis die Erfüllung des Versprechens von Quierzy dauerhaft verhinderte und den Papst seines wichtigsten Schutzes beraubte. Zwar verfügten die Agilolfinger seit den Tagen des Bonifatius über einen besonders guten Draht nach Rom, doch war für den Nachfolger Petri die Bilanz dieser sich anbahnenden Verbindung durchaus bedrohlich, erst recht angesichts des von Königin Bertrada konzipierten Friedensbündnisses.

Papst Stephan III. blieb diese für die römischen Interessen schlimme Wendung der fränkischen Politik nicht verborgen. Er wappnete sich mit Gegenargumenten und leistete heftigen Widerstand. Zeugnis davon gibt zunächst ein zorniges Schreiben an die beiden Könige, das fern jeder diplomatischen Rücksichtnahme in seiner erfrischenden Offenheit und geradezu brutalen Eindringlichkeit ein wahrhaft rares Dokument aus der frühmittelalterlichen päpstlichen Kanzlei darstellt. Der Brief ist an Karl und Karlmann gerichtet, da der Papst lediglich von dem Heiratsprojekt ganz allgemein Kenntnis hatte, nicht aber darüber informiert war, welcher der beiden Könige als Schwiegersohn des Desiderius im Gespräch war.

Zunächst erinnert der Papst scheinbar ganz allgemein-trivial an die Machenschaften des »alten Feindes«, um dann kaum verhüllt die Königinmutter anzugreifen: Habe sich der Teufel nicht bereits im Paradies der »schwachen Natur des Weibes« bedient, um die ersten Menschen zur Übertretung des göttlichen Gebots aufzureizen? Stephan III. empört sich bereits bei der Vorstellung, einer der Frankenkönige könne sich mit dem »treulosen und stinkenden Volk der Langobarden« versippen, und erinnert die königlichen Adressaten zugleich daran, daß sie bereits von ihrem Vater Pippin in einer rechten, dotierten Ehe vermählt worden seien. Diesen Umstand konnte der Papst schwerlich als Schutzbehauptung fingieren, und auch der Name des Erstgeborenen beider Verbindungen, nämlich Pippin, bezeugt den Sachverhalt. Überdies, so argumentiert der Papst über kirchenrechtliche Verbote hinaus gleichsam historisch, habe niemals einer der Vorfahren der Adressaten eine nichtfränkische Frau geheiratet. Seine Argumentationsrhetorik steigernd und krönend, verweist der Papst auf den von den Königen mit dem heiligen Petrus und dessen Nachfolgern eingegangenen Freundschaftspakt – »mein Freund ist dein Freund, mein Feind ist dein Feind« –, den er, Stephan, zu halten gewillt sei: »Und wie könnt Ihr jetzt bestrebt sein, gegen Eure Seelen zu handeln und mit unseren Feinden eine Verbindung einzugehen, so sich dieses verfluchte Volk der Langobarden, das stets die Kirche Gottes bekämpft und in diese römische Provinz eindringt, als unser Feind erwiesen hat?«

Mit einer Gesandtschaft wußte Karlmann den erzürnten Pontifex zu beruhigen und bekräftigte zugleich das alte Bündnis. Tatsächlich konnte der fränkische Seitenwechsel nicht im Interesse Karlmanns liegen, da Karls Heiratsprojekt, wie sich nun bald herausstellen sollte, diesem dazu verhelfen konnte, im Bündnis mit Bayern in Italien Fuß zu fassen, und dies, obwohl seine Ländermasse nach Nordosten und Südwesten (Aquitanien) ausgerichtet war und keinen Korridor zur Apenninenhalbinsel besaß.

Stephan III. ergriff weitere diplomatische Maßnahmen gegen diese verhängnisvolle Kehrtwende der fränkischen Politik: Dem diskriminierenden Angriff auf König und Volk der Langobarden folgte ein belobigendes Schreiben an König Karlmann, das das ehrende Angebot enthielt, dessen ältesten Sohn mit einer Taufpatenschaft, einer »compaternitas«, zu würdigen, die, über den Freundschaftspakt hinausgehend, eine geistliche Verwandtschaft zwischen Papst und Täufling herstellen sollte. Damit war ein deutliches Gegengewicht geschaffen zum sich anbahnenden Ehebündnis zwischen Karl und der namentlich nicht einmal bekannten Prinzessin als Konkretisierung des erneuerten fränkisch-langobardischen Bündnisses. Zur Bekräftigung dieses Bündnisses war zudem die Hochzeit zwischen dem Sohn des Desiderius, Adelchis, und Karls einziger Schwester Gisela ins Auge gefaßt, zu der es freilich nicht mehr kommen sollte.

Die Königinmutter, voller Tatkraft und offensichtlich unbeeindruckt vom päpstlichen Protest und möglicherweise auch von den Vorhaltungen ihres jüngeren Sohnes, schmiedete das Eisen, solange es heiß war, brachte Desiderius auf ihre Seite und führte eine seiner Töchter über die Alpen, wußte aber auch den Papst zu besänftigen, indem sie im Hinblick auf das Versprechen von Quierzy Desiderius dazu brachte, »zahlreiche Städte« dem heiligen Petrus zu übereignen.

Der römische Pontifex fügte sich in das Unvermeidliche und schwenkte auf die neue Linie der fränkischen Politik ein, wobei er auch im Süden seines Dukats, im Herzogtum Benevent, mit Hilfe fränkischer Boten ehemalige Patrimonien der römischen Kirche zurückzugewinnen suchte. Jedenfalls belobigt der Papst in einem Schreiben den »missus« und Abt von St. Martin in Tours, Itherius, für seine Aktivitäten und bittet sowohl die Königin als auch Karl, sich diesem treuen Diener der Kirche erkenntlich zu zeigen. Itherius war freilich nicht irgendwer, sondern als Leiter der Hofkapelle seit 760 einer der wichtigsten Berater Pippins und eben auch Karls, zudem war er offensichtlich hinreichend mit den italienischen Verhältnissen vertraut.

Ein weiteres Schreiben des Papstes läßt den rapiden Klimawechsel in Rom erkennen; die profränkische, antilangobardische Partei, vertreten durch zwei päpstliche hohe Verwaltungsbeamte, hatte angeblich mit Wissen eines Gesandten Karlmanns, der sich damals in Rom aufhielt, die Ermordung des Papstes geplant, der sich sogleich dem Schutz des Desiderius (!) anvertraute. Der Langobardenkönig hielt sich damals, wie der Brief treuherzig mitteilt, in St. Peter außerhalb Roms auf, »um zu beten« und »um die Gerechtsame des heiligen Petrus zu bewirken«. Während der Papst feige abseits stand, nahm Desiderius die beiden Anführer seiner stadtrömischen Gegner in Gewahrsam und ließ sie blenden; der eine starb bald nach der Tortur, der andere wurde brutal hingerichtet. Immerhin zeigt dieser geschönte Bericht auch, daß Karlmann offenbar nicht willens gewesen war, die Dinge zu seinem Nachteil und zum Vorteil Karls ausgehen zu lassen, und auf die vormals mächtigen Papstberater gesetzt hatte.

Der Frontenwechsel hatte tatsächlich Desiderius, »unseren herausragendsten Sohn«, wie der Papst formuliert, an die Stelle der vormaligen fränkischen Schutzmacht gestellt. Das dürfte am Hofe Karls schwerlich auf freudige Zustimmung gestoßen sein. Die Interessen des römischen Pontifex, des Langobardenkönigs und der beiden Söhne Pippins bleiben in einer für uns undurchsichtigen Gemengelage.

Der frühe Tod des zwanzigjährigen Karlmann in der Laon benachbarten Pfalz Samoussy am 4. Dezember 771 machte diesen Schwierigkeiten ein Ende. Unmittelbar vor seinem Ableben urkundete der junge König für die »Hausabtei« St. Denis: »Im kommenden Anblick des höchsten Richters« erbittet er dessen Gnade. Im Gegensatz zu seinem Vater wurde er aber in Reims bestattet. Ob die spätere Überlieferung des Reimser Chronisten Flodoard aus einer summarisch mitgeteilten Urkunde, Karlmann habe eben dort begraben werden wollen, mehr als eine spätere Fiktion ist, bleibe dahingestellt. Jedenfalls mochte Karl es selbst als unerträglich empfinden, mit dem verhaßten Bruder dereinst eine Grabesgemeinschaft pflegen zu müssen, gedachte er doch selbst in St. Denis beigesetzt zu werden. Karl widmete der Memorie des Verstorbenen keinerlei Andenken oder fromme Stiftung. Noch der Prozeß gegen Tassilo von Bayern 788 wegen »herisliz« (Fahnenflucht) und Eidbruch dürfte die Erinnerung an den eigenen Bruder unangenehm heraufbeschworen haben, der sich im Aquitanienfeldzug 768 ebenfalls militärisch verweigert hatte.

Unmittelbar nach dem Ableben Karlmanns begab sich Karl zur Pfalz Corbeny im Reichsteil seines Bruders und wurde hier nach dem knappen Wortlaut eines Annalenwerkes »mit Zustimmung aller Franken zum König bestellt«. Das späte Metzer Geschichtswerk weiß gar von einer Krönung zu berichten und von der Übernahme »der Monarchie des gesamten Frankenreiches«. So ungewiß diese Krönung ist, so gewiß ist die Anwesenheit der bedeutendsten geistlichen Würdenträger bei der »Machtübernahme« in Corbeny. An ihrer Spitze standen der Leiter der Hofkapelle und Abt von St. Denis, Fulrad, der bereits Karls Vater Pippin wichtige Dienste geleistet und zu dessen einflußreichsten Beratern gehört hatte, und der Metropolit Wilchar von Sens als Nachfolger Chrodegangs von Metz. Freilich findet sich Fulrad nach Jahren der Abstinenz erst 774 wieder nachweislich an Karls Hof ein. Auch die Namen einiger weltlicher Großer, so der Grafen Adalhard und Warin, werden erwähnt.

Diese rasche Nachfolge im Teilreich seines Bruders läßt bereits politischen Instinkt und Entschlußkraft Karls erkennen: Mit dem Eintritt in die Gesamtherrschaft schloß er definitiv die spätere Nachfolge seiner Neffen, von denen nur der älteste, Pippin, namentlich bekannt ist, im Teilreich ihres Vaters aus. Wie bei seinem Vater siegte auch 771 das Anwachsungsrecht des Bruders über das Eintrittsrecht der Söhne, ein verfassungsrechtliches Problem, das noch die schriftlich fixierten Nachfolgeregelungen Karls und Ludwigs des Frommen von 806 und 817 beschäftigen und die praktische Tagespolitik in Italien nach 812 und in Aquitanien nach 838 bestimmen sollte.

Die Ausschaltung der Neffen als potentielle Konkurrenten erwies sich politisch als durchaus richtig: Hätte die erst in zweiter Generation als Frankenkönige herrschende einstige Hausmaierdynastie angesichts des zarten Alters der Brudersöhne eine langjährige formale Herrschaft Minderjähriger ohne nachteilige Wirkungen auf das komplexe Machtgefüge in Gestalt personaler Bindungen überstanden oder gar das Nebeneinander konkurrierender politischer Konzepte und deren Umsetzung ertragen? Nicht von ungefähr beschwören programmatische Aussagen und gezielte Begründungen in Schenkungsurkunden Karls für kirchliche Einrichtungen mehr als nur gelegentlich die Stabilität des Reiches, »stabilitas regni«, was in schwierigen Zeiten offensichtlich keine bloße Floskel war.

Karlmanns Witwe Gerberga floh mit ihren Kindern nach Italien. Dies sei überflüssig gewesen, merkt ein Annalist an, Karl habe es aber geduldig ertragen. Einhart gar ergänzt diese Nachricht um den Zusatz, die Witwe habe sich ohne hinreichende Gründe unter den Schutz des Langobardenkönigs gestellt und dabei obendrein ihren Schwager übergangen. Wenig später suchte Desiderius dieses kostbare Faustpfand zum Hebel seiner Politik zu machen, indem er den Papst – seit 772 der bedeutende Hadrian I. – bedrängte, die Neffen Karls zu Königen zu salben, um so die »Monarchie«, die »Einherrschaft« Karls, zu konterkarieren.

Noch kurz vor dem Tod seines Bruders Karlmann dürfte es zur Eheschließung Karls mit einer Tochter des Desiderius gekommen sein. Der Name der Prinzessin ist nicht bekannt. Bei Desiderata (die Ersehnte) handelt es sich offenkundig um ein geistreiches Wortspiel und zugleich um die weibliche Variante zum Vaternamen Desiderius in der späteren Lebensgeschichte des Abtes Adalhard von Corbie. Dieses legale Ehebündnis löste Karl erneut und schickte seine Gemahlin zurück zu ihrem Vater, was einem Bündnisbruch mit dem Langobardenkönig und, schwerwiegender noch, einer offenen Kampfansage gleichkam. Dies wurde auch in Pavia und Rom so verstanden.

Die zeitgenössische offiziöse Geschichtsschreibung tat sich mit dieser abermaligen Verstoßung eines Ehepartners schwer, zumal kirchliche Synoden des Frankenreichs just damals bemüht waren, derartige Trennungen einzuschränken, ja eigentlich durchgehend zu verhindern. So übergehen die sogenannten Reichsannalen Heirat und Verstoßung vollkommen; Einhart berichtet über diese »Affäre« nicht im chronologisch-politischen Kontext, sondern im Zusammenhang mit Karls Privatleben und dem Verhältnis zu seiner Mutter Bertrada: Karl habe nämlich »auf deren Ermahnung« hin eine Tochter des Desiderius geheiratet und diese »aus ungewisser Ursache« nach einem Jahr verstoßen, wobei es zu Unstimmigkeiten zwischen ihm und Bertrada gekommen sei. Dies dürfte bereits kalmierend formuliert worden sein angesichts der Tatsache, daß es eben die Königinwitwe war, die diese neue Italienpolitik lanciert hatte. Der St. Galler Mönch Notker der Stammler, der am Ende des 9. Jahrhunderts seine Karlsgeschichten verfaßte und den rigideren Ehegeboten und Scheidungsverboten seiner Zeit folgte, verfiel auf den Ausweg, als hinreichenden Grund dieser Ehetrennung die angebliche Unfruchtbarkeit der verstoßenen Langobardenprinzessin herauszustellen, wobei er nicht bedachte, daß dieser Ehe kaum ein Jahr gegönnt worden war.

Jedenfalls gab es heftige, moralisch-ethisch fundierte Kritik am Vorgehen Karls. Dies gilt nachweislich für seinen Stiefvetter Adalhard, einen rechtlich denkenden Mann, der an der jungen Frau keine Schuld erkennen konnte und der zudem das durch Eide fränkischer Großer, zu denen er selbst gezählt haben dürfte, beschworene Bündnis Karls mit Desiderius einseitig und bewußt aufgekündigt sah. Adalhard brach fürs erste mit dem fränkischen Königshof und zog sich aus der großen Politik ins Kloster Corbie und nach Montecassino zurück, stand Karl dann aber vor allem in der Spätphase seiner Regierung wieder zur Verfügung.

Mit einer vorwiegend moralischen Betrachtung der Angelegenheit war es freilich nicht getan. Karl hatte sich unter dem Einfluß seiner Mutter und sehr wahrscheinlich in Konkurrenz zu seinem Bruder zu einem Bündnis verstanden, das zwar im Ansatz auch das Papsttum mit einbezog, tatsächlich aber durch die räumliche Nähe des Langobardenreichs zum römischen Dukat und durch die offenkundigen Ambitionen des Königs Desiderius auf Land- und Machtzuwachs die fränkisch-päpstliche Allianz bedrohte. Diese hatte letztlich den Hausmaiern ohne Blutvergießen das Königtum beschert und galt zu Recht als Eckpfeiler ihrer Herrschaft. Der Sturz der profränkischen Partei in Rom, das Lager des Langobardenkönigs vor den Toren Roms und bei St. Peter berührte offenkundig die Schutzfunktion des »Patrizius der Römer« und zugleich das sakral fundierte Bündnis mit dem Apostelfürsten und dessen Nachfolgern als Garant des fränkischen Königtums der »neuen Dynastie«. Der Pakt mit den Langobarden, der überdies den königsgleich agierenden Herzog Tassilo von Bayern einschloß, der seine eigenen Interessen im Alpenraum verfocht, mußte fränkische Aktivitäten auf der Apenninenhalbinsel weitgehend einschränken.

Dieses politische Hindernis durchbrach Karl abrupt mit der Verstoßung der langobardischen Prinzessin. Wenig später ging er seine dritte Ehe ein. Dies war eine zwingende Notwendigkeit, war doch die eigene Nachfolge im Königtum durch den einzigen Sohn aus erster Ehe mit Himiltrud nur ganz unzureichend abgesichert, auch wenn zu diesem

Zeitpunkt Zweifel an dessen Idoneität wohl noch nicht aufgekommen waren. Karl heiratete kurz nach der Abschiebung der Langobardin die Alemannin Hildegard aus der im Südwesten eingesessenen Linie der Agilolfinger, die, verwandt mit Herzog Tassilo, geeignet schien, diesen Klan zu sprengen und in Teilen dem fränkischen Königtum zuzuführen, was durchaus gelang. So »erbte« Hildegards Bruder Graf Gerold nach dem Tod seiner Schwester die Führungsposition in Bayern als Präfekt. Das war auch eine Folge der Absetzung Tassilos 788 beziehungsweise 794.

Mit Hildegard verband Karl ein außerordentlich enges Verhältnis. Fast immer gedenkt er ihres zukünftigen Seelenheils in Schenkungsurkunden für geistliche Einrichtungen. Karls besondere Wertschätzung und Liebe für Hildegard erklärt sich auch aus der Zahl der Kinder, die sie ihm schenkte, wodurch das Königtum Karls und seine Nachfolge auf ein breites Fundament gestellt wurden. Nichts hat das Königtum seit alters nachweislich so umgetrieben wie fehlender, an Zahl geringer oder gar ungeeigneter Nachwuchs, der die Weitergabe der Herrschaft im eigenen Haus gefährdete. Hildegard gebar Karl in ihrer knapp zwölfjährigen Ehe nicht weniger als neun Kinder, von denen drei männliche – Karl, Pippin und Ludwig – noch im Jahr 806 zur Nachfolge des Vaters bereitstanden, worin der alternde Herrscher eine besondere göttliche Gnade erblickte.

Karls Alleinherrschaft 771

Einhart setzt im Kontext der Aufstiegsgeschichte der pippinidischen Hausmaier mit dem Beginn von Karls Alleinherrschaft 771 einen gewichtigen Doppelpunkt. Auch dieser ist wiederum der Augustusbiographie seines literarischen Vorbilds Sueton verpflichtet, der die acht Auftaktkapitel seiner Herrschervita mit dem Satz beschließt: »Vierundvierzig Jahre lang hatte er [Augustus] die res publica, den Staat, inne.«

Die unmittelbare Verknüpfung seiner Vorlage mit der Alleinherrschaft Karls seit 771 erlaubte Einhart, die militärischen Aktivitäten seines Helden darzustellen, ohne sich mit dem antiken Zwischenglied von Geburt, Kindheit und Jugend beschäftigen zu müssen, worüber sich, wie uns der Autor etwas blauäugig versichert, mangels gesicherter Kenntnisse ohnehin jede Aussage verbiete.

Freilich konnte die Unterteilung der Waffentaten des Augustus in Bürgerkriege und auswärtige Militäraktionen für die Biographie Karls nicht beibehalten werden, denn eine solche Unterscheidung war im 8. Jahrhundert weitgehend obsolet. Statt einer substantiellen Motivation der Kriege, mit der Sueton das Kriegskapitel einleitet, gibt Einhart eine im wesentlichen chronologisch bestimmte Aneinanderreihung der Kriegszüge seines Helden.

Der aquitanische Feldzug als Erbteil des Vaters eröffnet die Kriegshandlungen, die nochmals Gelegenheit geben, auf das problematische Verhältnis Karls zu seinem Bruder und zugleich auf die Standhaftigkeit und Ausdauer des ältesten Sohnes Pippins gebührend zu verweisen. Im wesentlichen wird in diesem umfangreichsten Kapitel der ganzen Karlsbiographie ein thematisch fixierter Aufriß entlang der Zeitschiene an verschiedenen Schauplätzen geboten, der die nicht wenigen krisenhaften politischen Momente, zumal in den Anfängen und angesichts der Beanspruchung des Königs an mehreren Fronten – hier ganz wörtlich zu nehmen –, nicht ausreichend deutlich macht und dem Vorgehen Karls eine Stringenz verleiht, die ihm in diesem Maße a priori keineswegs eigen war. Die Einhartbiographie als frühestes zusammenfassendes Zeugnis über Karl »den Großen« ist eine von bestimmten erkenntnisleitenden Interessen intellektuell gesteuerte Komposition, ein Konstrukt, keine bloße Nachzeichnung oder gar Reihung von Fakten. So schließt Einhart dem Aquitanienkrieg recht unvermittelt die Eroberung des Langobardenreiches an und verschweigt dabei, daß Karls Vater Pippin nur gegen heftige Widerstände seiner Großen zum Schutz des Papstes und unter Aufkündigung des langobardisch-fränkischen Status quo militärisch-politisch aktiv in Italien eingegriffen hatte. Das neuerliche Renversement des alliances unter der Ägide von Karls Mutter Bertrada wird nicht einmal erwähnt.

Tatsächlich hatte sich Karl den sogenannten Reichsannalen zufolge zunächst ein anderes militärisches Ziel gesetzt, das näher lag als das Langobardenreich und zudem die verwickelten Verhältnisse auf der Apenninenhalbinsel nicht berührte: die Auseinandersetzung mit den Sachsen. In diesen Zusammenhang läßt sich die Übereinkunft – unsere Quelle spricht gar von einem ausgehandelten Freundschaftsvertrag – einordnen, die Karls aus Bayern gebürtiger Vertrauter, der Abt Sturmi von Fulda, selbst mit Herzog Tassilo abschloß, um dergestalt einer noch engeren Kooperation zwischen dem Bayernherzog und dem düpierten

Langobardenkönig vorzubeugen. Tassilo durfte sich in diesem Jahr obendrein außergewöhnlicher päpstlicher Gunst erfreuen. So hatte der neugewählte Hadrian I., vermutlich am Pfingstfest 772, Tassilos Sohn Theodo getauft und gesalbt. Mithin hatte Hadrian mit den Agilolfingern wie zuvor Stephan III. mit den Pippiniden eine geistliche Verwandtschaft begründet, die auch die bayerischen Herzöge mit einer sakralen Aura umgab und das Geschlecht selbst im bayerischen Herzogtum zusätzlich legitimierte.

Dem diplomatischen Erfolg fügte Tassilo einen militärischen Triumph hinzu, der seine Position im Südosten des Regnum stärkte: Er warf einen gefährlichen Aufstand der Karantanen nieder, deren Herzog Cheitmar im Bündnis insbesondere mit dem Salzburger Bischof Virgil die Mission im slawischen Grenzland sehr erfolgreich vorangetrieben hatte, was beim Tod des Herzogs eine heidnische Reaktion gegen diese »Westbindung« (Joachim Jahn) hervorrief. Tassilos kriegerische Tat, die Niederwerfung des Aufstandes, stellten die Salzburger und Regensburger Annalenwerke nicht zu Unrecht den militärischen Erfolgen des Frankenkönigs Karl in Aquitanien an die Seite. Durch die Gevatternschaft mit dem Nachfolger Petri und den »Glaubenskrieg« im Südosten gestärkt, nahm der bayerische Herzog nun eine Stellung ein, die ihn dem fränkischen Verwandten nahezu ranggleich machte. Sichtbar war dies auch in seiner Funktion als Gesetzgeber oder als Vorsitzender bayerischer Kirchenversammlungen, obwohl er etwa auf einer späteren Synode zu Dingolfing dem einheimischen Adel bedeutende Zugeständnisse machen mußte.

In Rom selbst gewann in diesem Jahr 772 die päpstliche Politik ihre alten Konturen zurück, die sich noch im Vorjahr durch das langobardisch-fränkisch-bayerische Bündnis zuungunsten des Papstes zu verwischen drohten und den Nachfolger Petri zu einem gefährlichen Schlingerkurs zwischen Desiderius, Karlmann und Karl gezwungen hatten.

In der Ewigen Stadt war Stephan III. Ende Januar 772 verstorben. Der Statthalter der langobardischen Sache und Agent des Königs Desiderius, Paul Afiarta, hatte zwar seine wesentlichen Widersacher, die Spitzen der fränkischen Partei, noch zu Lebzeiten des alten Papstes ausschalten können, doch eine Neuwahl im Sinne seines Herrn vermochte er nicht durchzusetzen. Statt eines Exponenten der langobardenfreundlichen Politik wurde Hadrian, ein unabhängiger vornehmer Römer aus dem Stadtadel der Via Lata, der aber zuvor eine geistliche

Karriere in St. Peter gemacht hatte und sozusagen »von innen« kam, zum Pontifex maximus gewählt und am 9. Februar 772 geweiht. Eine der ersten Maßnahmen des neuen Papstes war die Befreiung der von Paul Afiarta eingekerkerten Gegner oder deren Heimholung aus der Verbannung. Gesandte des Desiderius, die um Frieden und Freundschaft nachsuchten, beschied er mit der dringenden Aufforderung, endlich das alte Versprechen, die Restitution römischen Kirchenguts betreffend, zu erfüllen. Mit Verhandlungen über diesen heiklen Gegenstand betraute der neue Pontifex nicht ohne abgründigen Humor Paul Afiarta. Überdies ließ der Papst Hintergründe und Vorgänge der Ermordung der beiden Beamten untersuchen, die als Exponenten der fränkischen Partei gegolten hatten.

Wie nicht anders zu erwarten, suchte Desiderius den Druck auf den neugewählten Papst zu verstärken. Er besetzte Faenza, Ferrara und Comacchio, belagerte Ravenna und verlangte von Hadrian I. – die Königinwitwe Gerberga, die Frau Karlmanns, war mittlerweile mit ihren Kindern am Hof von Pavia eingetroffen –, er möge die Neffen Karls zu Königen salben. Gemäß der Lebensgeschichte Hadrians I. im Papstbuch habe er vorgehabt, »den seligsten Papst von der Zuneigung und Liebe des herausragendsten Frankenkönigs Karl und Patrizius der Römer zu trennen, die Stadt Rom und ganz Italien der Macht seines langobardischen Königreiches zu unterjochen. Aber durch Gottes Beistand konnte er dieses keinesfalls erreichen.« Hadrian mit »einem Herzen aus Diamant« und »stark und kraftvoll in seinem Herzen«, lehnte dieses Ansinnen rundweg ab und ging juristisch gegen die Handlanger des Desiderius vor, womit der Bruch offenkundig war.

Hadrian zeigte sich in dieser Vorgehensweise Karl nicht unähnlich, und so dürfte die hohe gegenseitige Wertschätzung auch auf der Übereinstimmung charakterlicher Qualitäten beider beruht haben. Der Papst entledigte sich ferner Paul Afiartas, dessen Schuld am Tod der hohen Würdenträger offenkundig war, indem er den Erzbischof Leo von Ravenna bat, Paul, den er dorthin abgeordnet hatte, festzuhalten und ins Exil nach Byzanz zu schicken. Der Ravennater Oberhirte, der in den Jahren 769/70 von den Langobarden seines Sitzes enthoben worden war, machte indessen kurzen Prozeß und ließ Paul Afiarta hinrichten. Damit kam der Papst freilich in eine weitere unangenehme Situation, was sein Verhältnis zu König Desiderius anging, dessen Truppen die Umgebung Roms verwüsteten und die Heilige Stadt, vor allem St.

Peter, bedrohten. Verhandlungen erwiesen sich als zwecklos, der König forderte eine Begegnung mit dem Papst und dieser zunächst die Rückgabe entrissener Besitzungen.

Wohl im April 773 entschloß sich Hadrian I., »durch die Notwendigkeit gezwungen«, an die alte Schutzmacht zu appellieren, und sandte einen Hilferuf an den fränkischen König. Der Bote mußte den Seeweg über Marseille wählen, um Karl die dringende Bitte des Papstes zu überbringen, da die Alpenpässe ihm versperrt waren.

Möglicherweise eingedenk der Schwierigkeiten, die sich sein Vater im Vorfeld militärischer Aktionen zugunsten St. Peters mit den Großen eingehandelt hatte, vermutlich auch, weil er seines Rufes als Kriegsherr, der Beute zu garantieren vermag, noch nicht gewiß war, hatte Karl sich unterdessen einen angrenzenden Nachbarn östlich des Rheins als Gegner erkoren. Wir dürfen erneut das allgemeine Diktum Jacob Burckhardts als Hauptmotiv für derartige Aktivitäten zitieren, daß nämlich »das Bedürfnis, sich zu vergrößern, sich überhaupt zu rühren, allen Illegitimen eigen ist«. Nur mit Aussicht auf Zugewinn ließen sich die führenden Adelsklans dauerhaft an die Seite des Königs und seiner Nachfolger zwingen: materielle Zuwendungen in Gestalt ausgedehnter Wirtschaftsgüter, weltliche und geistliche Ämter wie Grafschaften, Abteien und Bistümer und nicht zuletzt reiche Kriegsbeute vermochten die Loyalität zu stärken, das personale Band zu verdichten und zu erweitern. Auf diesem komplizierten Geflecht, das durch institutionelle Vorgaben ergänzt, keinesfalls aber ersetzt werden konnte, beruhte frühmittelalterliche Königsherrschaft. Im Zwang zur Expansion liegt die wesentliche Ursache für die Ausdehnung des Frankenreichs unter Karl dem Großen, darauf beruht jedoch zugleich eine krisenhafte Situation des Reiches, die bereits das letzte Jahrzehnt des alternden Herrschers überschatten sollte, als die Expansion der Stagnation wich, die nach außen abgeleiteten politisch-militärischen Kräfte sich zerstörerisch nach innen wandten und damit jene von François Louis Ganshof so einprägsam bezeichnete »décomposition« des Staates bewirkten, dessen Erbe Ludwig der Fromme wurde.

Um die eigenen Anhänger dauerhaft an sich zu binden und neue Bündnispartner im Adel zu gewinnen, bedurfte es der Ausweitung von Herrschaft, der Auffüllung des Königsschatzes, damit die jährlichen Gaben der Großen mit größeren Gegengaben erwidert werden konnten, kurzum des sichtbaren Ausdrucks von Charisma und »Königsheil«

durch kriegerische Taten und verschwenderische Munifizenz. Die traditionellen Aufgaben von Königsherrschaft, nämlich Schutz der Schwachen und der Kirche, Rechtswahrung und Friedenssicherung, waren jenseits des Allgemein-Deklaratorischen durchaus auf Einzelfälle beschränkt, die das Einschreiten des Königs erforderlich machten. Jedenfalls gab es keinen Rechtszug, der generell über Instanzenwege von unten nach oben durchgängig zur Spitze des Reiches führte. Wesentliches Element königlicher Herrschaft war und blieb wie in Merowingerzeiten der Vorsitz auf der allgemeinen Reichsversammlung, dem »conventus generalis«, auf der die Großen des Reiches – als weltliche und geistliche Amtsträger dem hohen Adel zugehörig und zugleich Personen eigenen Rechts, nicht zuletzt auch die sich etablierende Schicht der Königsvasallen – die vielfältigsten Themen berieten und entschieden. Dazu gehörte auch das berühmte März- oder Maifeld, das der Vorbereitung anstehender Kriegszüge diente. Hinter diesen Termini verbirgt sich trotz gelegentlicher Mißverständnisse selbst der Zeitgenossen um die Mitte des 8. Jahrhunderts keineswegs der Zeitpunkt dieser Zusammenkünfte oder Aufmärsche, sondern das antike Marsfeld – Mars als Kriegsgott des Altertums – beziehungsweise der »maius« oder »magis campus«, der große Aufmarschplatz zur Heeresinspektion, wie dies aus einigen Quellenzeugnissen deutlich wird.

Bereits 770 hatte Karl nach Worms am Mittelrhein, wo Kathedrale und Königspfalz noch in räumlicher Nähe und Verbindung waren, eine »Synode« und »allgemeine Versammlung« einberufen, auf der möglicherweise das erste seiner Kapitularien verabschiedet wurde. Kapitularien sind Schriftstücke, die dazu bestimmt waren, normierend in allgemeine Verhältnisse einzugreifen oder spezielle Anweisungen, etwa an Königsboten, zu geben. Häufig genug wird bei der behandelten Rechtsmaterie nicht zwischen geistlichen und weltlichen Angelegenheiten geschieden, wichtige Texte kommen gar Exzerpten aus Dekretalensammlungen oder Konzilsbeschlüssen gleich. An ihrer Beratung und Verabschiedung waren in aller Regel, auch wenn dies nicht aus allen Zeugnissen hervorgeht, die Großen beteiligt, galt doch ihre Mitwirkung als Grundvoraussetzung für den Erfolg bei der Umsetzung der Kapitularien in praktische Politik.

Die Gewichte zwischen König und Großen waren bei diesen Beschlüssen durchaus unterschiedlich verteilt. Je länger Karls Regierung währte, verbunden mit der Stärkung seines Ansehens und seiner Macht,

1. »Karl der Große.« Restaurierte Bronzestatuette aus dem Schatz der Kathedrale zu Metz, 9. Jahrhundert. Paris, Musée du Louvre

2a. Wachssiegel an einer Urkunde Karls des Großen für das Bistum Würzburg vom 7. August 807. Würzburg, Staatsarchiv. – b. Wachssiegel, sogenanntes Gerichtssiegel, an einer Urkunde für Kloster Saint-Denis vom 8. März 812. Paris, Archives Nationales

3a. Pfennig Karls des Großen, des Königs der Franken. Norditalienische Silbermünze, vor 774. Brüssel, Bibliothèque Royale. – b. Solidus der Kaiserin Irene. Goldmünze aus der Prägestätte Konstantinopel, nach 797. Hannover, Kestner-Museum. – c. Dirham des Kalifen Harun al-Raschid. Silbermünze aus der Prägestätte Bagdad, 799/800. Tübingen, Münzsammlung der Universität. – d. Denar Papst Leos III. mit dem Monogramm Karls des Großen. Silbermünze aus der Prägestätte Rom, nach 800. Berlin, Münzkabinett der Staatlichen Museen Preußischer Kulturbesitz

4. »Unsere Namen verein' ich, Würdigster, zugleich mit den Titeln/Hadrian und Karl, ich der König und du der Vater.« Die von Karl dem Großen gestiftete, 795 wohl in Aachen entstandene Grabplatte für Hadrian I. mit Versen Alkuins. Rom, Vorhalle von St. Peter

5. Sachsenherzog Widukind. Stuckrelief niederdeutscher Herkunft mit Resten der Bemalung auf der Platte des umgestalteten barocken Grabmals in der Stiftskirche zu Enger im Kreis Herford, vermutlich letztes Viertel des 12. Jahrhunderts

6. Karl der Große und der gelehrte Alkuin. Miniatur in einer im 3. Viertel des 12. Jahrhunderts im Kloster Hamersleben entstandenen Sammelhandschrift. Hannover, Kestner-Museum

7. Karl der Große und sein Sohn Pippin im Gespräch mit dem Schreiber. Miniatur in einer 991 in Oberitalien hergestellten Abschrift der zwischen 829 und 832 von Lupus von Ferrières für den Grafen Eberhard von Friaul geschaffenen Sammlung der Volksrechte. Modena, Biblioteca Capitolare

8. Kelch des Bayernherzogs Tassilo. Vergoldete Kupferarbeit süddeutscher, vielleicht Salzburger Herkunft, um 780. Kremsmünster, Benediktinerstift

desto deutlicher dominierte er zweifellos diese Versammlungen; seinem Wunsch und Votum auch in der Abfassung der Kapitularien konnte sich niemand entziehen.

Auf der ersten Reichsversammlung zu Worms begnügte sich der Kreis um Karl damit, die Beschlüsse einer Synode seines Onkels Karlmann von 742 zu wiederholen, um damit insbesondere dem Klerus bestimmte Normen einzuschärfen, nämlich das Verbot des Waffentragens, der Teilnahme an Kriegszügen (galt nicht für Bischöfe!) und an der Jagd. Damit wurden für diesen Kreis gängige Verhaltensweisen des Adels negiert, die wesentlich auch die »Alltagskultur« zumindest des hohen Klerus prägten, wozu offenkundig auch die Vielweiberei(!) gehörte. Die Aufgaben der Bischöfe werden erneut beschrieben, aber auch das Kirchengebet für den König wird angeordnet und die Teilnahme an den gebotenen Gerichtstagen für jedermann. Bemerkenswert bleibt vor allem der Eindruck, wie wenig durchgreifend der fränkische Klerus von den Reformbestrebungen, die vor allem mit dem Wirken des Winfried-Bonifatius verbunden sind, tatsächlich bislang erfaßt worden war. Hier lag noch ein weites Betätigungsfeld von Synode und König, wollte man dergestalt den Standard der Geistlichkeit in Bildung, Amtsführung und persönlicher Lebensgestaltung heben.

Erste militärische Auseinandersetzungen mit den Sachsen

Im Jahr 772 trat erneut eine Versammlung in Worms zusammen. Doch statt nun die komplexen Verhältnisse in Italien nach dem politischen Schwenk des Vorjahrs ins Auge zu fassen, entschloß sich der jugendliche König, das fränkische Kräftepotential zur Nord-Ost-Flanke seines Reiches zu lenken, zu den Sachsen. Was zunächst nach einem Grenzscharmützel aussehen mochte, erwies sich im Rückblick – Einhart ist unser Zeuge – als Beginn einer jahrzehntelangen harten Auseinandersetzung: »Kein anderer Krieg ist von den Franken mit ähnlicher Ausdauer, Erbitterung und Mühe geführt worden.«

Die Sachsen waren seit dem 3. Jahrhundert im Verlauf ihrer Wanderung als Eroberervolk von der Küste landeinwärts über Hadeln an die Unterelbe und über den Strom südwärts gelangt, hatten das Land zwischen Elbe, Saale, Unstrut, Harz, oberer Leine, Diemel, Ruhr und Ijssel besiedelt und die ansässige Bevölkerung unterworfen. Deren Existenz hat insbesondere in Ortsnamen wie Syke oder Ganderkesee im Bremer Umland Spuren hinterlassen. Nach dem Zeugnis der wichtigsten Quelle zur Frühmission im 8. Jahrhundert, der Lebensgeschichte des heiligen Lebuin, gliederten sich die Sachsen in Verbände: »Schwärme« (Reinhard Wenskus) der Westfalen, Engern und Ostfalen, denen später noch die Transalbingier, die Bewohner jenseits der Elbe, hinzugerechnet werden müssen. Ihnen fehlte die übergreifende politische Herrschaft in Gestalt des Königtums, die Stämme organisierten ihr Gesamtgeschick auf einer jährlich stattfindenen »Volksversammlung« der Häuptlinge im sagenumwobenen Marklo, das an der Weser vermutet wird. Die ständische Gliederung in Edelinge, Frilinge und Laten – die Unfreien bleiben außer Betracht – unterscheidet noch deutlich zwischen den Eroberern, den Edelingen, und der eingesessenen Bevölkerung, den Frilingen und Laten.

Die Sachsen oder einzelne Schwärme waren seit Ende des 6. Jahrhunderts in ständige Berührung mit den Franken gekommen; sie gerieten zumal in der Phase der Eroberung (West-)Frieslands bis zur Lauwers in den Aktionsradius der pippinidischen Hausmaier, die später von Thüringen und den Mainlanden aus die Grenzzone mit den befestigten Bistumssitzen Büraburg und Erfurt nach 740, vor allem aber mit den Missionszellen Hersfeld und Fulda, 736 und 744 gegründet, als »geistliches Glacis« nach Osten vorschoben.

Zwischen den Jahren 718 und 758 war etwa ein Dutzend Feldzüge gegen die Sachsen (und Friesen) gerichtet; 753 konnte Pippin erneut einen fränkischen Tributanspruch durchsetzen, der jetzt statt in Rindern in dreihundert Pferden erhoben wurde. Aus diesem Faktum sind sehr weitreichende Konsequenzen für die Umrüstung des fränkischen Heeres und seine Kampfkraft zu Pferde in Verbindung mit Lanze und Steigbügel gezogen worden. Sicher ist, daß insbesondere die Reiterei zum wesentlichen Kampfinstrument der Franken geworden war, was nicht zuletzt den überaus erfolgreichen Einsatz der gut ausgerüsteten Reiterschwadronen erklärt. Dies setzte freilich ein entsprechendes Gelände voraus; auf schmalen Paßhöhen dagegen wie in den Pyrenäen oder im sächsischen Guerillakrieg in sumpfigen Flußauen, vermoortem Flachland und dichten Wäldern war mit hohen Verlusten an Mannschaft, Tieren und Fourage zu rechnen.

Im Verbund mit der Friesenmission – ausgehend von Utrecht und

Deventer, wenig später auch von Hessen und Thüringen – lagen die sächsischen Stammesverwandten fast naturräumlich im Gravitationsfeld der angelsächsischen Glaubensverkündigung. Von hier aus wirkten die mit der römischen Kirche engstens verbundenen Glaubensboten Willibrord, der Gründer von Echternach, seit 695 als Missionserzbischof, und Winfried-Bonifatius in gleicher Stellung seit 732 über ihre Schulen und Gründungen in die sächsischen Landschaften hinein. Nachhaltige Erfolge blieben freilich zunächst aus, auch wenn es gelang, einzelne Adlige der neuen Lehre gewogen zu machen. Für diese Art offener »Individualmission« mögen die Namen der beiden Ewalde stehen, Lebuins und des später so bedeutenden Willehad, der nach dem Tod des Bonifatius im friesischen Dokkum missionierte und sich später ostwärts ins Sächsische wandte.

Die Schwierigkeiten, die sich dieser Evangelisation in den Weg stellten, waren unermeßlich: Hier lebten tief in ihren alten, mündlich überlieferten Mythen und Traditionen, Sitten und Gebräuchen verwurzelte Menschen, deren Lebenszusammenhänge nicht zuletzt durch die heidnische Götterwelt und die animistisch belebte Natur hergestellt wurden. Diese im wesentlich bäuerliche, von Viehzucht, Jagd und Fischfang lebende Bevölkerung, die auf irdisches Wohl, Fruchtbarkeit und Kriegsglück ausgerichtet war, sollte sich einer ursprünglich orientalisch-hellenistisch geprägten Buchreligion öffnen und sich einem Erlöser-Gott ergeben, der, obgleich als Dreifaltigkeit verstanden, keine weiteren Götter neben sich duldete und der zudem eine Ethik predigte, die den im Sachsenland gelebten Verhaltensmustern diametral zuwiderlief, vor allem der Vielweiberei oder gar der Blutrache. Die Verkündigung der christlichen Heilslehre lief Gefahr, bereits an der unverständlichen Terminologie des Vaterunsers zu scheitern, das abgesehen von Vater, Himmel und Brot Begriffe wie Sünde, Schuld und Vergebung enthält, denen im Sächsischen keinerlei Vokabular oder Vorstellung auch nur annähernd entsprach. Die fremdartige Weltanschauung zumal in ihrer beanspruchten Ausschließlichkeit wurde als Kritik, ja als Bruch mit der eigenen Vergangenheit empfunden, sie zerstörte das eigene Empfinden von Zeit und Raum, den urtümlichen Rhythmus der Jahreszeiten, das eigene Lebensgefüge in der »offenen« Götterwelt und zerriß die Kette, die die Lebenden mit den Toten über deren Kult verband.

Die Befindlichkeit der »Heiden« demonstrieren zeitgenössische

Zeugnisse. So verweigerte der letzte bedeutende Friesenfürst Radbod die Taufe, als er erfahren mußte, daß seine Ahnen – Könige und Fürsten, wie er sagte – nicht in jenem Teil des Jenseits, der den Gläubigen vorbehalten sei, ihren Frieden gefunden hätten, da sie bei ihrem Ableben Heiden gewesen seien. Folgerichtig lehnte der adels- und ahnenstolze Fürst das Paradies, das seine Genossen nicht barg, als seiner unwürdig ab. Auch der nachweislich hohe Stand der materiellen Kultur im Sachsenland, was Kunstgewerbe, Agrartechnik, Salzsiederei betraf, vermochte die krassen »ideologischen« Gegensätze nicht zu mildern.

Im 9. Jahrhundert schrieb eine sächsische Quelle, nämlich die Übertragungsgeschichte der Reliquien der heiligen Pusinna, den Wechsel des Glaubens vor allem der herausragenden intellektuellen Fähigkeit der Sachsen zu, das Richtige zu erkennen, wies aber zugleich in fast moderner Denkweise und in religionshistorisch richtiger Einordnung auf den Umstand hin, daß es damals als Unrecht empfunden wurde, durch Annahme der Taufe den Kult der Väter gleichsam einem Irrtum gleichzusetzen: »Denn solches geschah ja mit der Übernahme neuer Riten und der Absage an die alten.«

Noch ein weiteres Moment erschwerte die sogenannte Sachsenmission. Die Aufkündigung des altüberlieferten Götterhimmels und die Annahme des einen Gottes konnte nicht eigentlich individuell vorgenommen werden, der Identitätswechsel mußte kollektiv in Gemeinschaft, Stamm oder Schwarm erfolgen, auch wenn die Missionsgeschichte durchaus Einzelübertritte vermeldet. König, Gefolgschaftsherr, die Spitzen des Adelsklans vollzogen ihren Übertritt, dem eine Art Folgepflicht des »Volkes« entsprach. Da die Sachsen weder in einer Stammesgemeinschaft noch unter der Leitung eines Königs lebten, ergaben sich aus diesen vielfältigen Sozialverbänden entsprechend vielfältige Optionen für die Annahme oder Ablehnung der neuen Lehre oder die Gestaltung »außenpolitischer« Absprachen, wie dies Karl mehrfach zu seinem Mißfallen erleben mußte.

So kam alles darauf an, die Oberschicht für die Sache des Evangeliums zu gewinnen. Die Lebensgeschichte Lebuins und später auch Liudgers und Willehads Viten wissen davon zu berichten, daß der Gottesmann erste Erfolge bei den Angehörigen des Adels erzielte, die offenbar über einen gewissen Erfahrungshorizont verfügten. Sie glichen darin den skandinavischen Kaufleuten des 9. Jahrhunderts, die in Wiken wie Dorestad und Birka, aber auch in Mainz und Köln durch Handelskontakte mit der neuen Lehre in Berührung gekommen waren und sich für diese öffneten.

Faßt man die unendliche intellektuelle Distanz zwischen der jüdisch-hellenistisch ausformulierten Buchreligion und der mündlichen heidnischen Gentilreligion ins Auge, die sich vor allem auch in Übersetzungs- und Interpretationproblemen niederschlagen mußte, so war eine sorgsam differenzierende Unterweisung der neuen Lehre in Gestalt der sogenannten Wortmission zwar nicht fehl am Platz, diese allein konnte aber keine nachhaltigen und weitreichenden Erfolge bringen. Zudem mußte die Mentalität der »Heiden« einkalkuliert werden, die nur jene Zeichen verstehen und deuten konnten, die ihnen im Zusammenhang ihrer eigenen Lebenswirklichkeit und ihres Kults vertraut waren. So kam es vor allem darauf an, den Christengott in Konkurrenz zum Pantheon der heidnischen Götter als mächtiger, ja als alleinigen Sieggott vorzustellen und durch Angriffe auf Kultstätten und Kultbilder der »Götzen« seine Omnipotenz und deren Ohnmacht zu demonstrieren. Winfried-Bonifatius hatte mit dem Niederfällen der berühmten Donareiche bereits ein leuchtendes Beispiel gegeben.

Lebuin, der wohl noch in den siebziger Jahren des 8. Jahrhunderts in Friesland und Sachsen wirkte, oder vielmehr seinem Biographen, der nach 840, aber vor 930 dessen Lebensgeschichte aufgezeichnet hat, verdanken wir die ältesten detaillierten Kenntnisse zur ethnischen und politischen Verfassung der Sachsen. Auf der berühmten jährlichen Stammesversammlung von Marklo bereiteten »Satrapen« aus den einzelnen Gauen politische Entscheidungen vor, begleitet von jeweils zwölf benannten Edelingen, Freien und Laten. Auf dieser Versammlung, die Lebuin im Schutz eines Großen und mit dessen Fürsprache besuchte, hielt der Missionar nach Auskunft seines Biographen angeblich eine kühne Rede, die ihm, hätte er sie tatsächlich gehalten, sicherlich den Kopf gekostet hätte, die aber literarisch eindrucksvoll das »Programm« der Mission Karls und seiner geistlichen Berater ex eventu formuliert: Sie, die Sachsen, sollten sich nämlich dem christlichen Gott unterwerfen, der ihnen Gutes tun wird; sollten sie sich aber verweigern, so habe Lebuin ausgeführt, »stünde schon ein irdischer König bereit, in Euer Land einzudringen, zu rauben und zu verwüsten, Eure Besitzungen denen zu übergeben, die er dafür ausersehen wird, Euch ins Exil zu führen, zu enterben und zu töten. Ihm werdet Ihr und Eure Nachkommen unterworfen sein.« Allein die sofortige Annahme des Christenglaubens schütze vor kriegerischer Unterwerfung mit allen Folgen. Lebuin rettete sein Leben, indem er für alle unsichtbar wurde, was wiederum die Macht seines Gottes bewies. Die Ereignisse nahmen ihren Lauf.

Mit diesem aus sicherer Kenntnis des Geschehen nachträglich formulierten »Programm« Karls zur »Eingliederung der Sachsen in das fränkische Reich« stimmt überein, daß der König bei seinem Aufruf zu einem Feldzug gegen die Sachsen auf der zweiten Wormser Reichsversammlung keinesfalls eine kriegerische Eroberung des Landes gar in Verbindung mit christlicher Missionierung als Ziel des begrenzten Unternehmens ins Auge gefaßt hat. Auch Einhart behandelt die Ursachen der Auseinandersetzungen mehr en passant und mehr akzidentiell als grundsätzlich, etwa wenn er die fehlenden Grenzen im Flachland im Gegensatz zu den relativ festen Sperrlinien durch große Wälder und Bergrücken beklagt und die täglichen Übergriffe von beiden (!) Seiten als kampfauslösend anführt.

Ob sich Karl überhaupt der Schwierigkeiten dieses Unternehmens bewußt gewesen ist, kann für das Jahr 772 füglich bezweifelt werden. Die Kopflosigkeit des Schwarmverbandes begünstigte zwar einerseits Separatabsprachen, konnte aber insgesamt zu einer Gemengelage führen, die den Krieg regional auf unabsehbare Zeit verlängerte. So beendete zwar Widukinds Taufe in Attigny 785 die von diesem inspirierte Insurrektion, der Aufstand setzte sich aber verstärkt zwischen Unterweser und Unterelbe fort und konnte erst zu Beginn des neuen Jahrhunderts durch massive Deportationen zu einem Ende gebracht werden.

Der fränkische König wollte 772 den Sachsen offenbar eine abschreckende Lektion erteilen. Einhart führt zwar in seiner Karlsvita vor allem das Kriegsglück an, das den fränkische Sieg möglich und die Integration der Besiegten in das fränkische Reich nach Annahme der Christenreligion gestattet hätte, andere Quellen wissen hingegen zu berichten, daß der König nicht nur auf sein Kriegsglück vertraute, sondern auch zum Mittel der Überredung und vor allem der Wohltaten gegriffen habe, um Anhänger unter den sächsischen Großen zu gewinnen. Dafür stand der Königsschatz zur Verfügung, aber auch im Laufe der Jahre konfiszierter Grundbesitz und lukrative Ämter, die zahlreiche Angehörige des Adels für die fränkische Sache, den fränkischen König und damit auch für die Frohbotschaft einnahmen, ganz zu schweigen von der Zunahme familiärer Verbindungen zwischen Franken und

Sachsen. Der erste Abt des Weserklosters Corvey, Warin, entstammte einer solchen »Mischehe«.

Ein glänzendes Beispiel für den Aufstieg im Königsdienst auf der Basis von breitem Haus- und Amtsbesitz liefert die Familie des Rebellen Widukind, der nach 785 aus unseren Quellen verschwindet, dessen Enkel Waltbert aber bereits mögliche Machteinbußen durch das Grafenamt und eine spektakuläre Kirchenstiftung in Wildeshausen gegen 850 mit Unterstützung Kaiser Lothars I., der ihm zur Reliquie des römischen Märtyrers Alexander verhalf, kompensieren konnte. Weitere Nachfahren sind als Bischöfe von Verden und Hildesheim belegt. Dieses fränkisch-sächsische Zusammenspiel auf hoher und höchster Ebene – gleiches gilt für Bayern wie auch für das Langobardenreich – als personale Klammer dürfte jenen von Einhart wohl zu Recht bereits um 825 konstatierten Verschmelzungsprozeß der ehemaligen Gegner zu einem Volk bewirkt haben, in den die einst schon von den Sachsen unterworfenen Bevölkerungsgruppen der Frilinge und Laten nicht einbezogen worden waren. Der sogenannte Stellingaaufstand (das heißt Stall) von 841 und 845 ist Ausdruck dieser gegen die bereits gemeinsame fränkisch-sächsische Oberschicht gerichteten Opposition.

Insgesamt lassen uns die ereignisnahen Quellen, die wir ausschließlich Federn nichtsächsischer Autoren verdanken, sowohl bei der Fülle der Einzelheiten als auch bei den großen Zusammenhängen weitgehend im Stich; wesentliches läßt sich erst späterer, schon historischer Reflexion entnehmen und einigen wenigen Gesetzestexten, die den Zustand von Eroberung und Missionsarbeit jeweils punktuell spiegeln.

Als herausragendes Resultat dieses Vorgangs, der noch 1970 in einem Sammelband, herausgegeben von Walter Lammers, euphemistisch als »Eingliederung der Sachsen in das fränkische Reich« apostrophiert worden ist, gilt die territoriale Herausbildung der staatlichen Grundlage des sehr viel späteren Deutschlands, auch wenn dieses Deutschland bis 1806, ja bis 1870/71 stets Teil eines größeren Ganzen gewesen ist und als Staat erst mit der sogenannten Reichsgründung Bismarcks von seinen Wurzeln im Heiligen Römischen Reich (deutscher Nation) und im Deutschen Bund abgetrennt wurde. Doch faßt bereits das sogenannte Ostfränkische Reich des Karlsenkels Ludwig (»des Deutschen«) vor allem fränkische und sächsische Regionen zu einer staatlichen Größe zusammen.

Einhart sah die Konflikte mit den Sachsen vordergründig in deren charakterlicher Anlage begründet. Er wirft ihnen wie auch anderen germanischen Völkern, wobei er an die Friesen gedacht haben mag, nach antikem Verständnis Wildheit vor und sagt ihnen Götzendienst nach, der Feindschaft zu »unserer Religion« einschließt. Er konstatiert, gleichsam als »Erbanlage«, daß »sie es nicht für ehrlos hielten, alle göttlichen und menschlichen Gesetze zu verletzen und zu übertreten«. Diese vermeintliche Treulosigkeit – Perfidie, die zunächst nicht vorwiegend religiös bestimmt ist – erklärt sich zwanglos aus dem durchaus verständlichen Verhalten der Sachsen, in der Regel Teilverbände oder Schwärme, die sich Zusagen und Absprachen, die ihnen abgepreßt oder auferlegt worden waren, bei jeder passenden Gelegenheit zu entziehen suchten oder sich ihnen gar widersetzten. Aber jenseits dieser ablehnenden Ethnographie läßt Einhart auch objektive Gründe für diese Gegnerschaft erkennen, etwa die ungewissen, unsicheren Grenzen und die folgenschweren gegenseitigen (!) Überfälle. Diese hätten die Franken und nicht etwa nur den König allein derartig erbittert, »daß sie für richtig hielten, nicht länger Gleiches mit Gleichem zu vergelten, sondern mit den Sachsen in den offenen Kampf einzutreten«. Von Mission und Bekehrung der feindlichen Nachbarn ist in diesem Zusammenhang keine Rede, was letztlich der Anlage des »Kriegskapitels« dieser Biographie zuzuschreiben ist. Der Autor läßt aber keinen Zweifel daran, daß zur dauerhaften Unterwerfung dieser Völker die Aufgabe des Dämonenkults und die Annahme der christlichen Religion unerläßlich gewesen seien und zwei Seiten einer Münze gebildet hätten. So galt auch ihm die Taufe als Aufnahme in das Christentum und als Unterwerfungsritus unter die fränkische Macht zugleich.

Wenn bereits Chronisten des 9. Jahrhunderts Karl als »Prediger mit der eisernen Zunge« charakterisierten und die Einführung der Zehntpflicht im Sachsenland als schwerwiegenden Mißgriff beim Glaubenswerk anprangerten, wie dies auch der friedfertige und gelehrte Angelsachse Alkuin in einem Brief von 796 (!) aus dem fernen Tours an Karl zum Ausdruck bringt, so liegt in dieser versteckten oder offenen Kritik ein gewisses zeitgenössisches Mißverständnis, das bis heute fortwirkt. Tatsächlich kam es in Verbindung mit der Niederwerfung des militärischen Widerstands allein auf die sichtbare äußere Annahme des neuen Glaubens als Zeichen der Unterwerfung an, keineswegs aber auf die innere Aufnahme der christlichen Wahrheiten durch die Neugetauften. Für diese Aufgabe stand weder genügend geistliches Personal zur Verfügung, noch waren die Zeitläufte dem eigentlichen Bekehrungswerk gewogen. Diese geistliche Umkehr mußte mit der Zeit reifen, zumal das Christentum durchaus über genügend Kraft und Spannweite verfügte, Rituale, Bräuche und Feste des alten Kultus sich anzuverwandeln oder gar zu integrieren.

Königtum und Kirche begnügten sich zunächst mit der Einhaltung bestimmter Gebote oder mit der Unterlassung als heidnisch qualifizierter, zumeist öffentlicher Bräuche und Verhaltensweisen. Im Zusammenhang mit dem Erlaß eines »Besatzungsrechts« in den achtziger Jahren wird davon noch ausführlicher die Rede sein.

Teilen der sächsischen Historiographie der folgenden Jahrhunderte galt Karl hingegen gar als »Apostel der Sachsen«, und die Annahme des neuen Glaubens wurde nicht auf äußeren Zwang, sondern, wie bereits erwähnt, auf Lernprozesse der intellektuell überragenden Sachsen zurückgeführt.

Angesichts des in Worms 772 beschlossenen Zuges gegen die Sachsen wird man sich fragen müssen, ob das Aufgebot nicht mehr und anderes verfolgte als eine der üblichen Strafexpeditionen. So eroberte das fränkische Heer von Hessen aus die Eresburg (Obermarsberg) im Diemelgebiet und hinterließ in der befestigten Anlage eine Besatzung. Verbunden mit dieser Grenzsicherung wurde die unweit dieser Burg befindliche Irminsul, eines der identitätstiftenden Heiligtümer der Sachsen, zerstört, ganz gewiß um den »Götzendienst« als solchen bloßzustellen und die Überlegenheit des fränkischen »Sieggottes« den Sachsen exemplarisch vor Augen zu führen. Zugleich konnte damit aber auch den eigenen Truppen das »Königsheil« des jugendlichen Gesamtherrschers eindrucksvoll demonstriert werden.

Was den Kult der Sachsen angeht, haben uns Fuldaer Autoren nach der Mitte des 9. Jahrhunderts eine kurze, aber eindrucksvolle Schilderung hinterlassen: »Quellen und belaubten Bäumen erweisen sie Verehrung. Auch verehrten sie unter freiem Himmel einen Holzblock von ansehnlicher Größe, der senkrecht aufgerichtet war; in ihrer heimischen Sprache nannten sie ihn Irminsäule (was in der Gelehrtensprache Weltsäule heißt), gleich als ob sie das All trüge.« Aus dieser paganen Praxis resultierte das mehrfach in Kapitularien wiederholte Verbot, die Messe unter freiem Himmel zu zelebrieren.

Mit der Zerstörung jenes sakralen Holzblocks wurde auch das zentrale Heiligtum geplündert; Gold und Silber – aus Weihegaben? – wurden dem Königsschatz zugeführt. Nicht zuletzt vermochte göttliches Gebot Wassermangel, der dem fränkischen Heer zu schaffen machte, durch einen Sturzbach zu beseitigen. Die Erinnerung an das Wasserwunder des Mose lag nahe und gab dem König in den Augen der Seinen gewiß ein besonderes Charisma. Man wird sich ohnehin hüten müssen, eine auch nur annähernd reinlich voneinander geschiedene weltliche oder geistliche Sphäre des damaligen Sozialverhaltens erfassen zu wollen. Die im weitesten Sinn religiöse Grundierung des Frühmittelalters bestimmte trotz vieler atavistischer Gesten die Gesamtexistenz in all ihren wesentlichen Äußerungen und ließ die abstrakte Trennung der Vorstellungs- und Aktionsfelder nicht zu – jedenfalls nicht vor dem 11. Jahrhundert.

Die Sachsen, offensichtlich überrascht durch Karls Eindringen, trafen sich mit dem König an der oberen Weser, jenseits des Flusses, der von Einhart vermißten »nassen Grenze«, und stellten zwölf Geiseln als Garanten des Friedensschlußes. Karl kehrte, so unsere Quelle, »in die Francia zurück«. Der Friede war bekanntlich nicht von langer Dauer, außerdem nur mit einem Schwarm vereinbart. Wenige Jahre später mußte der Kampf erneut aufgenommen werden.

Erste Reformversuche im Innern

Die Wormser Reichsversammlungen geben Anlaß, der »Innenpolitik« Karls Beachtung zu schenken, die insbesondere in den Urkunden der ersten Regierungsjahre in Umrissen kenntlich wird. Wir sind freilich stark vom Zufall und damit von der jeweiligen Archivüberlieferung abhängig, was insbesondere geistliche Empfänger begünstigt. So fällt vor allem die Verleihung der Immunität an Kirchen und Klöster ins Auge: für St. Bertin, Corbie, St. Germain-des-Prés, St. Maur-des-Fossés (Paris), St. Calais, St. Etienne (Angers), Lorsch, Murbach, Trier, Echternach und St. Mihiel de Marsoupe (Verdun). Nicht selten bestätigt Karl Diplome seines Vaters, die für Einrichtungen bestimmt sind, die bis 771 zum Machtbereich seines verstorbenen Bruders gezählt hatten. Dies gilt etwa auch für St. Médard in Soissons. An der Spitze der Empfänger stand St. Denis, Grablege Pippins und »Königskloster« schlechthin.

Die Immunität, ein bereits spätantikes Rechtsinstitut, das seinen Inhaber von allen öffentlichen Lasten befreit, diente zumal während des

Frühmittelalters dem unmittelbaren Besitz- und Rechtsschutz der Kirchen vor dem Zugriff der Grafen und anderer königlicher Amtsträger. Spätestens unter dem Nachfolger Karls im Herrscheramt, Ludwig dem Frommen, tritt als »logische« Ergänzung der Immunität der Königsschutz hinzu und eximiert die dergestalt Begünstigten umfassend von »öffentlicher« Verwaltung. Ausgenommen sind hiervon freilich das Grafengericht für die Kriminaldelikte und die Beachtung des Heeresaufgebots, sofern nicht einschlägige Privilegien vom militärischen Aufgebot befreiten.

Die Immunität sicherte den kirchlichen Rechts- und Friedensbezirk. So dürfen weder der Graf noch seine »Jünger« (Amtshelfer) nach dem Wortlaut der Urkunde für Lorsch auf den Besitzungen des Klosters Gerichtsgewalt über seine Grundholden ausüben, Rechtsstreitigkeiten untersuchen, Zeugen heranziehen, Wohnung und Quartier nehmen, Leute zu öffentlichen Arbeiten und Baumaßnahmen heranziehen oder Leistungen, die dem »Staat« geschuldet werden, abrufen. Deren durchaus materielles Äquivalent überläßt der Herrscher dem Privilegierten selbst als besondere Vergünstigung, die für die Hintersassen und Abhängigen mithin als Leistungspflicht durchaus bestehen bleibt.

Mit Verleihung der Immunität und den aus dieser ableitbaren Leistungen band der König wichtige geistliche Institutionen unmittelbar an die Krone. Auf die Treue und Ergebenheit der Äbte und Bischöfe konnte er durchaus zählen; das fortdauernde Gebet der Konvente für sein Seelenheil, das seiner Gemahlin und seiner Nachkommen sowie für die »Stabilität des Frankenreichs« bildete einen unsichtbaren Schutzschild für das Reich und seinen Lenker. Der Immunitätsbezirk trat damit in unmittelbare Konkurrenz zum Amtsbereich des Grafen, der häufig genug nicht oder nicht ausreichend dem öffentlichen Nutzen diente, sondern Machtmißbrauch, Patronage, Korruption potenter Adelsfamilien, denen der Amtsinhaber selbst angehörte, begünstigte. Die »autochthone« Macht des Adels in die Königsgewalt zu integrieren, blieb stets eine wesentliche Aufgabe des mittelalterlichen Herrschers. Aufschlußreich sind ferner sogenannte Gerichtsurkunden, die den König und sein Gefolge – Grafen und Vasallen – als Urteiler für Klöster wie Fulda und Lorsch zeigen, die mithin den Königshof zum höchsten Tribunal werden ließen und damit dem Herrscher Gelegenheit zur demonstrativen Rechtspflege gaben: Schutz der Schwachen und Sorge für Gerechtigkeit sind seine vornehmsten Pflichten.

In Lorsch am Mittelrhein läßt sich an wenigen Urkunden die Genese dieser Abtei zum Königskloster und Zentrum karolingischer Kultur, auch der Geschichtsschreibung, nachvollziehen. So hatte um 762 Graf Cancor mit seiner Mutter auf einem ehemaligen römischen Gutshof eine geistliche Stiftung ins Leben gerufen, die an seinen Verwandten Erzbischof Chrodegang von Metz übergegangen war, der mit der Translation heiliger römischer Märtyrer an den Rhein einen gewaltigen Popularitätsschub auslöste. Wohl im März 772, als Karl das Osterfest im lüttichschen Herstal feierte, kam es zu einer gerichtlichen Auseinandersetzung zwischen dem damaligen Abt von Lorsch und einem Sohn des Gründers, der behauptete, sein Vater habe ihn mit Lorsch »bekleidet«. Dem widersprach Abt Gundeland, Bruder Chrodegangs von Metz, nicht nur mit Hinweis auf die Schenkung an den Verstorbenen, sondern überdies durch Vorlage einer Urkunde, die vor Gericht verlesen wurde. Derart widerlegt, beschwor der verhinderte Erbe, auf alle Belästigungen hinfort zu verzichten, und verlieh dieser Verzichtserklärung durch Übergabe eines Halmes oder Stabes sichtbaren Ausdruck. Diese Vorlage eines Dokuments läßt die rechtssichernde Wirkung von schriftlichen Aufzeichnungen auch in einer noch weitgehend oralen Gesellschaft erkennen.

Im Mai 772 verlieh Karl der Abtei des heiligen Nazarius die Immunität und fügte wenig später noch Königsschutz und freie Abtwahl hinzu. Dieser reichen Privilegierung war freilich die Übergabe des Klosters in die Gewalt Karls durch Abt Gundeland unmittelbar vorausgegangen. Lorsch wurde damit zum königlichen Eigenkloster – für alle Zeit, wie die Urkunde betont. Als Gegenleistung für Königsschutz, Immunität und freie Abtwahl erbat sich der Herrscher vom Abt und den Mönchen das Gebet »für uns und unsere weiteren Nachkommen und das Volk der Franken«. Den vorläufigen Abschluß dieser Reihe von Gunsterweisen bildete am 23. Januar 793 die Übertragung der Villa Heppenheim an der Bergstraße mitsamt der dortigen Peterskirche an »unser Kloster«, wobei es sich um einen gewaltigen Besitz zwischen Rhein und südlichem Odenwald handelte, anzusehen als Mark- und Rodungsgebiet.

Auch das lothringische Kloster Gorze, in der Ottonenzeit berühmt wegen seines überaus tüchtigen Abtes Johannes, der auch als Diplomat Ottos II. Verwendung fand, und später wegen der geistlichen Reformbewegung, die sich mit dem Namen des Klosters verbindet, empfing damals die Bestätigung seiner Stiftungsurkunde durch Erzbischof Chrodegang, der seinerzeit aus seiner römischen Reliquienfracht die Gebeine des heiligen Gorgonius in der Klosterkirche deponiert und damit aus der bischöflichen Stiftung unweit der häufig besuchten Königspfalz Diedenhofen ein bedeutendes religiöses Zentrum gemacht hatte. Karl schützt das Kloster jetzt vor den Zugriffen der Metzer Bischöfe, erwartet auch hier als Gegenleistung vom Abt und »seiner Mönchsschar« das Gebet »für das Heil des Vaterlandes (patria)« und für die »Stabilität des Reiches«.

Nicht weniger bemerkenswert als diese vielfältigen Begünstigungen, die ein enges Band zwischen Herrscher und Kirche flochten, ist sowohl in den Urkunden für Lorsch als auch für Gorze der deutliche Hinweis auf das Erfordernis, ausschließlich die Mönchsregel des heiligen Benedikt von Nursia zu befolgen, die in ihrer Ausgewogenheit und »Vernünftigkeit« des Bete-und-Arbeite sich als den mitteleuropäischen Verhältnissen am meisten adäquat erweisen sollte. Diese stand in Konkurrenz zur Buß- und Abtötungsdoktrin irischer Vorschriften, vor allem Columbans von Luxeuil, und zu zahlreichen sogenannten Mischregeln, die insbesondere aus Südgallien vermittelt worden waren. Es ist die gleichsam »römische« Komponente, die dem Befehl des Königs an die ihm unterstellten geistlichen Einrichtungen die Richtung wies, nämlich sich am Mutterkloster der Benediktiner, Montecassino, zu orientieren, das bereits Karls Onkel Karlmann bald nach 747 zur geistlichen Heimstatt geworden war. Die Linie zur allgemeinen Angleichung der Mönchsregel an das Modell des heiligen Benedikt ist in den Anfängen Ludwigs des Frommen durch einen anderen Benedikt, den Westgoten Witiza, den Leiter von Aniane, »durchgezogen« worden und hat mancherlei Protest ausgelöst. Diese Art von Rombindung in Kultus, Lehre und Regel ist von Beginn an ein bedeutendes Signum, das die Innenpolitik Karls auszeichnet und zugleich dem Bündnis mit dem Papsttum seine innere Kraft auf Dauer verlieh.

Nach dem ersten erfolgreichen Kriegszug gegen die Sachsen, der den jungen König tatendurstig an der Spitze seines Heeres sah, begab sich Karl in eine der Königslandschaften mit dem Zentrum Herstal bei Lüttich, wo er das Weihnachtsfest 772 und das Osterfest 773 feierte. Herstal am Maasufer, im Mündungsgebiet von weiteren Flußläufen gelegen, eine Domäne von beträchtlicher Ausdehnung (rund 3000 Hektar) mit Forst und großem Jagdrevier, diente ihm bis 789 bevorzugt als

Aufenthalt. Der Maas dürfte bereits in dieser Zeit der Charakter einer wichtigen Handelsstraße eigen gewesen sein, auch wenn erst das 10. Jahrhundert den Fluß und seine ökonomische Bedeutung als pulsierende Verkehrsader in ein helleres Licht taucht.

Als Winterquartier wählte der König die Pfalz Diedenhofen am linken Moselufer, zwanzig Kilometer nördlich von Metz gelegen und damit ebenfalls im Zentrum des reichen Hausbesitzes. Diedenhofen diente Karl und seinen Nachfolgern bis 848 als bevorzugte Winterpfalz. Mit diesem Ort verbindet sich ein wichtiges Kapitular und das politische Testament Karls von 806.

Hilferuf aus Rom

In Diedenhofen empfing Karl wohl im März des Jahres 773 den Gesandten Papst Hadrians I., Petrus, der über Marseille den Hof des Königs erreicht hatte, da die Landwege ins Frankenreich gesperrt gewesen waren.

In Rom war es nach der Erhebung Hadrians am 9. Februar des Vorjahres zu einem deutlichen Umschwung gekommen. Der Papst vermochte sich aus den Niederungen der römischen Fraktionskämpfe, die zuletzt Desiderius und dessen politischen Interessen ein deutliches Übergewicht verschafft hatten, zu erheben, die langobardische Partei zu entmachten und aus Rom zu entfernen sowie trotz feindseliger Akte des Langobardenkönigs dessen Begehr nach Krönung von Karls Neffen erfolgreich abzuwehren.

Hadrian I. versuchte offenbar zunächst, als Lotse das Schifflein Petri zwischen Skylla und Charybdis, sprich Langobarden und Franken, hindurchzusteuern, indem er den Paul Afiarta in Ravenna verhaften sowie die Untersuchungsakten nach Byzanz schicken ließ und auch die Helfershelfer des Afiarta an den Bosporus exilierte. Aus diesem Vorgang eine politische Wiederannäherung an Ostrom zu folgern, dürfte einer Überinterpretation dieses Geschehens gleichkommen. Weder fand damals von seiten Roms eine Billigung der 769 nochmals verschärften Doktrinen des Kaisers zur Bilderverehrung, besser deren Ablehnung statt – der sogenannte Ikonoklasmus sollte in nicht allzu ferner Zukunft auch den fränkischen Hof theologisch aufwühlen –, noch verzichtete Hadrian I. auf die »Pippinische Schenkung«, die zu Lasten von Ostrom gehen mußte. Gewiß suchte der Papst die kaiserliche Jurisdiktion bei der Aburteilung der langobardischen Agenten (und Mörder!) in Anspruch zu nehmen. Weder der Nachfolger Petri noch irgendein anderer Amtsträger in Italien verfügte über diese richterlichen Kompetenzen – ein Manko, das noch am Ende des Jahres 800 maßgebend die Annahme des Kaisertitels durch Karl veranlaßt haben dürfte.

Paul Afiarta, der Parteigänger der Langobarden, fand sein Ende in Ravenna, dessen Erzbischof Leo keine Skrupel hatte, ihn hinrichten zu lassen. Damit war die latente Krise zur offenen Auseinandersetzung eskaliert: Desiderius besetzte die Pentapolis und das später so bezeichnete römische Tuszien (südlich von Aquapendente bis Radicofani), erschien vor den Toren Roms und verlangte erneut die Königssalbung der Söhne Karlmanns.

Nach dem Scheitern der Verhandlungen griff der Papst in höchster Bedrängnis nach dem letzten Rettungsanker, der ihm verblieben war, und rief die Hilfe des fränkischen Königs an. Bereits Karl Martell und Karls Vater Pippin waren in ähnlicher Lage um den Beistand ihrer Waffen gebeten worden. Aus dem ehemals vergleichsweise losen Kontakt war ein enges Freundschaftsbündnis geworden, überhöht zur geistlichen Verwandtschaft schon unter Hadrians Vorgänger. Hatte der Nachfolger Petri den Griff des Hausmaiers zur Königskrone legitimiert, so hatte dieser dem Papst mit der berühmten Schenkung von Quierzy einen reichen Land- und Machtgewinn in Aussicht gestellt. Der päpstlichen Autorität als Garant der Königswürde im Hause Pippins entsprach die tatkräftige Hilfe der fränkischen Herrscher für das Papsttum in seinen Bedrängnissen und Erwartungen. Vergessen wir nicht, daß es Karl selbst gewesen war, der dem Langobardenkönig den Fehdehandschuh hingeworfen hatte, indem er dessen Tochter nach Pavia heimschickte.

Wie freilich die Botschaft Hadrians I. in Diedenhofen aufgenommen worden ist, verrät keine Quelle. Einhart erinnert rückblickend an das Mißvergnügen zahlreicher führender Großer über frühere päpstliche Hilfeersuchen. Jedenfalls faßte Karl keineswegs einen spontanen Entschluß, sondern entsandte seinerseits eine kleine Delegation nach Italien, die sich in Rom, möglicherweise auch in Pavia ein eigenes Bild von der aktuellen Lage verschaffen sollte. Zweifellos stand das verwickelte Problem zwischen dem Papst und den Langobarden nicht an der Spitze von Karls Agenda, zumal ein übereilter Aufbruch über die Alpen unabsehbare politisch-militärische Risiken mit sich bringen mußte, überdies der Erfolg des Unternehmens mehr als ungewiß war und auf die Unterstützung des bayerischen Herzogs Tassilo trotz des jüngst abgeschlossenen Freundschaftspakts nicht unbedingt gesetzt werden konnte. Auch die territorialen Ansprüche des Papstes kamen einer Herausforderung gleich.

Die Gesandten des Königs, begleitet von einer römischen Abordnung, mußten jedenfalls zur Kenntnis nehmen, daß Desiderius weder die besetzten Städte noch sonstwie die »Gerechtsame« des heiligen Petrus herausgegeben hatte noch willens war, dieses zu tun. Die Angelegenheit wurde unter den Beteiligten erneut beraten, und wenn man dem Papstbuch, das allein und in enger zeitlicher Nähe zu den Geschehnissen im Detail berichtet, Glauben schenken darf, dann suchte Karl noch immer den Erhalt des Status quo, wozu freilich die ehedem zugesagten Restitutionen für die römische Kirche aus der Hand des Desiderius gehörten. So bot eine zweite Gesandtschaft Karls dem Langobardenkönig angeblich sogar – sofern dieser dem Papst zu seinem Recht verhelfen wollte – zur Friedenswahrung die ungeheure Summe von 14 000 Goldsolidi an. »Aber weder Bitten noch Geschenke vermochten sein [des Desiderius] steinhartes Herz zu erweichen.« Mit anderen Worten: Karl war sich des Risikos einer kriegerischen Auseinandersetzung mit dem, wie es scheinen mußte, mächtigen Gegner jenseits der Alpen bewußt. Von einer umfassenden politischen Konzeption oder einer militärischen Strategie zur Niederwerfung und Eroberung des Langobardenreiches findet sich gleichwohl keine Spur.

Der fränkische König geriet nach der Ablehnung aller Vermittlungsversuche geradezu in Zugzwang: Wohl noch in Diedenhofen wurde die Heerfahrt nach Italien beschlossen, und im Spätsommer sammelte sich das Heeresaufgebot in Genf und zog den Alpenpässen entgegen. Um den Gegner zu täuschen und um denkbare Verluste gering zu halten, marschierte das Heer in zwei Kolonnen. Karl selbst führte eine Abteilung über den Mont Cenis, sein Stiefonkel Bernhard, der Vater Adalhards und Walas, denen eine bedeutende Karriere im Dienste des Königtums und der Kirche bevorstand, führte den anderen Trupp über den Großen St. Bernhard. Vor den sogenannten Klausen bei Susa vereinigte sich das Heer, und Franken und Langobarden lagen sich an dieser Enge kampfbereit gegenüber, wobei die Langobarden überdies die Paßstraße durch Verhaue geschlossen hatten.

Noch einmal sandte Karl angesichts des Kampfrisikos eine Delegation an Desiderius und ersuchte diesen um Stellung von Geiseln als Garantie für die Erfüllung der Versprechen, die er dem Papst gegeben hatte. Bereits hier wird der abwägende Staatsmann sichtbar, der kühl die Chancen auslotet, um eine kriegerische Auseinandersetzung zu vermeiden, die ganz wesentlich den Interessen eines Dritten, des Papstes, dienen würde und im Falle eines Mißlingens seinen eigenen politischen Ruin nach sich ziehen konnte. Auch diese Forderung lehnte Desiderius im Hochgefühl seines Platzvorteils rundum ab. Karl griff zu einer List und ließ eine Schar die unpassierbaren Klausen über die Berge umgehen. Desiderius wandte sich daraufhin mit seinem Heer zur Flucht. Das Papstbuch führt diesen ungeordneten Rückzug auf Terror und Entsetzen zurück, mit denen Gott das Herz des Langobardenkönigs und seines Sohnes erfüllt habe, hatten doch die Franken selbst bereits für den kommenden Tag den Abmarsch geplant. Diese Version trifft wohl kaum zu, vielmehr dürfte die überraschende Umfassung Verwirrung beim Gegner ausgelöst haben, der das Weite suchte, um die offene Schlacht zu vermeiden.

Möglicherweise war es bereits in diesem frühen Stadium der Auseinandersetzung zu einer massiven Abfallbewegung im Lager des Langobardenkönigs gekommen, dessen Stellung angesichts des mehrfachen Dynastiewechsels der letzten Jahrzehnte nach dem Tod König Liutprands 744 alles andere als gefestigt und der zudem ständig von Adelsfronden bedroht war. Hinzu kam die aggressive und sprunghafte Politik, die insbesondere Exarchat, Pentapolis und römischen Dukat in Mitleidenschaft gezogen hatte. Die militärische Überlegenheit Karls kann nicht so drückend gewesen sein, daß sie diese Fluchtbewegung erklären könnte oder gar die spätere Einnahme Pavias und die sich daran anschließende fast kampflose Unterwerfung des Langobardenreichs unter den fränkischen König. Entscheidend für die Niederlage des Langobardenkönigs war offenbar, daß ihn die in den Städten etablierten Gerichts- und Militärhierarchien und die geistliche Führungsschicht im Stich ließen. So trat etwa der seines Amtes enthobene Abt Asinarius von Novalese, der zu den opponierenden Mitgliedern des Friauler Herzogshauses – Rivalen im Königsamt – gehörte, an Karls Seite und sicherte damit entscheidend den fränkischen Einfluß unweit der umstrittenen Straße, die in die Poebene führte. Das Langobardenreich fiel weder in sich zusammen noch wurde es gar militärisch erobert: Die Eliten gingen in weiten Teilen offen zum Feind über.

Den Franken gelang jedenfalls ohne größere Kampfhandlungen der Zug durch Oberitalien bis vor die Tore Pavias, der mauerbewehrten Hauptstadt des Langobardenreiches, die zunächst ohne Erfolg belagert wurde. Eine Erstürmung war angesichts des entweder noch unterentwickelten oder in nicht ausreichendem Maße vorhandenen Belagerungsgeräts ausgeschlossen. Pavia fiel erst nach neun langen Monaten, als Hunger und Erschöpfung die Eingeschlossenen zur Aufgabe zwangen. Immerhin hinterließen die Franken als »eisenstarrende« Macht offenbar einen gewaltigen Eindruck bei ihren Gegnern, wenn wir der Anekdotensammlung aus St. Gallen Glauben schenken wollen, die reichlich hundert Jahre später Notker der Stammler aufgezeichnet hat. In der Tat waren Schwert und Brünne, das heißt schwere Stoffhemden mit aufgenähten Ringen, fränkische »Exportschlager«, die Karl mehrfach einem strengen Embargo unterwarf. Auch sicherten Reiterschwadronen die fränkischen Waffenerfolge und verhinderten das Ausbrechen aus der Belagerung. Desiderius vermied jedenfalls die offene Feldschlacht.

Der König feierte mit seinem Heer – ein Novum in der fränkischen Geschichte – Weihnachten 773 vor Pavia. Erst in diesen langen Wintermonaten dürften konzeptionell die Grundzüge der Italienpolitik Karls entworfen worden sein, die bereits in den kommenden Jahren feste Konturen annahm. Dies betrifft zunächst die noch abwartende Haltung gegenüber dem Papsttum und seinen Gebiets- und Rechtsansprüchen; es betrifft ferner das Schicksal des Langobardenreichs und seines Königs. Unsere Quellen wissen bezeichnenderweise nichts von einem neuerlichen fränkischen Verhandlungsangebot. Karl war demnach entschlossen, der Herrschaft des Desiderius ein Ende zu bereiten.

Karl, zu dessen bemerkenswert angenehmen Wesenszügen sein Bedürfnis nach Geselligkeit und familiärem Umgang zählte, hatte seine Gemahlin Hildegard und seine Söhne – Pippin (den Buckligen) aus erster Ehe und Karl, den ältesten aus der jüngsten Verbindung – über die Alpen zu sich kommen lassen. Hildegard gebar in diesen Monaten eine Tochter. Sie erhielt den Namen Adelheid und starb bereits 774. Hatte Karl mit einem weiteren Sohn gerechnet, als er seine Frau nach Italien in das Heerlager holen ließ?

Zu berichten bleibt, daß sich Adelchis, der Sohn und Mitregent des

Desiderius, mit Karlmanns Witwe Gerberga, deren Kindern sowie abgefallenen Franken, unter denen besonders ein Autgar gewisse Prominenz erlangte, nach Verona, das als besonders sicher galt, begeben hatte, um an diesem Einfallstor zu Oberitalien den Widerstand gegen die Franken zu organisieren. Der König nutzte nun die Zeit der Belagerung von Pavia und zog mit einer ausgewählten Schar vor Verona, um seiner Gegner – vor allen der Witwe seines Bruders und ihrer Kinder – habhaft zu werden. Diese lieferten sich Karl aus, vermutlich auf Drängen der Stadtbewohner, die offensichtlich wenig Neigung zu Kampfhandlungen verspürten. Karl gelang es ferner, zahlreiche Städte »jenseits des Po« – von Pavia und Rom aus gesehen – der fränkischen Herrschaft zu unterwerfen. Das Ende des Desiderius und seiner Macht war nur eine Frage der Zeit.

Über das Schicksal von Karls Schwägerin und Neffen verlautet in den zeitgenössischen Berichten nichts. Sie wurden höchstwahrscheinlich in Klosterhaft genommen. Jene unblutige Form der Beseitigung von unliebsamen tatsächlichen oder potentiellen Konkurrenten und Gegnern ereilte unter anderen auch den Bayernherzog Tassilo und seine Familie nach 788 sowie Karls eigenen Sohn Pippin (den Buckligen), der nach einem Aufstand um 793 ins Hauskloster Prüm eingewiesen wurde. Immerhin erscheint dieses schwere Schicksal in einem milderen Licht als die grauenvolle Tortur, der Ludwig der Fromme 817 seinen Neffen Bernhard von Italien aussetzte.

Bei der offensichtlich bevorstehenden Neuordnung der politischen Verhältnisse in Nord- und Mittelitalien war ein differenziertes Vorgehen geboten. Der Süden blieb unter byzantinischem Einfluß wie auch Sizilien, dessen Patrizius von Gaeta aus regierte. Das langobardische autonome Herzogtum Benevent unter dem Dux Arichis, einem weiteren Schwiegersohn des Desiderius, geriet erst später und nur vorübergehend in eine gewisse Abhängigkeit vom Frankenreich. Was Spoleto anlangte, so hatte Papst Hadrian I. auf eigene Rechnung gehandelt und die Spoletiner zur Unterwerfung unter St. Peter gebracht und einen Herzog von seinen Gnaden erhoben. Andere Städte in den später so genannten Marken wie Fermo, Ancona und Osimo waren diesem Beispiel gefolgt; auch das wichtige Città di Castello an der Grenze zum römischen Tuszien verband sich dem römischen Pontifex. Von einer Reaktion des Königs auf diese Vorgänge ist nichts bekannt. Die sogenannten Reichsannalen vermelden lediglich einsilbig zum Jahresende

773 oder zum Jahresanfang 774: »Hier [in Pavia] verbrachte Herr Karl Weihnachten in seinem Feldlager und feierte Ostern [3. April 774] in Rom.«

Das Bündnis zwischen König und Papst

Karl hatte sich mithin entschlossen, die Zeit der Belagerung und des erzwungenen Stillstands diplomatisch zu nutzen, vor allem aber wollte er mit den Großen seiner Begleitung erstmals die hochverehrten Gräber der Apostelfürsten nahe der Ewigen Stadt aufsuchen und das sakrale Bündnis mit deren Nachfolger, dem Papst, erneuern und spirituell bekräftigen. Nicht zuletzt dürften König und Gefolge um Sieg und glückliche Heimkehr gebetet haben. Die Vita Hadrians I. erklärt das offenbar unerwartete Herannahen des Königs mit dessen brennendem Wunsch, das allerheiligste Osterfest in Rom zu feiern, und hebt aus seiner Begleitung insbesondere Bischöfe, Äbte, Richter, Herzöge und Grafen hervor, Angehörige der einheimischen Eliten. Am Karsamstag wollte sich Karl vor den »Schwellen der Apostel« niederwerfen. Der Papst geriet über diesen nichtangekündigten Anmarsch, wie sein Biograph berichtet, »in Staunen und Aufregung«. Das war verständlich, denn beide, Papst und König, kannten sich noch nicht von Angesicht zu Angesicht, die jüngste fränkische Politik, die gar zu einer Ehe mit einer Langobardenprinzessin geführt hatte, auch wenn dieses Bündnis offenkundig zerbrochen war, ließ sich noch nicht einschätzen, und die territorialen Eigenmächtigkeiten des Nachfolgers Petri in Spoleto und anderswo mochten nicht unbedingt auf die Zustimmung des Franken stoßen. Zudem war das böse Beispiel eines unvorhergesehenen Königsaufenthalts bei St. Peter, das Desiderius unlängst geliefert hatte, noch in jedermanns Gedächtnis. So war zumindest Vorsicht geboten.

Es galt gleichwohl, die erforderliche offizielle Begrüßung vorzubereiten. Dafür fehlte es nicht nur an Zeit, sondern auch an einem brauchbaren Muster. Für die rechte Einholung eines fränkischen Königs, der zugleich als »Patrizius der Römer« der Schutzherr war, gab es kein Vorbild, wohl aber für die Einholung des Vertreters des Kaisers in Italien, des Exarchen von Ravenna, des Dux von Rom oder Neapel, des Patrizius von Sizilien. War der Titel »patricius« zunächst als Rang den kaiserlichen Vertretern in Italien vorbehalten – auch der große Theoderich war mit ihm geschmückt worden – oder als Ehrentitel »ohne Amt« vergeben worden, so nutzten die Päpste seit 754 diese Titulatur, um die fränkischen Hausmaier und Könige sowie deren Söhne über Schwurfreundschaft und geistliche Verwandtschaft hinaus »staatsrechtlich« in eine Beziehung zu Rom und den »Römern« sowie nicht zuletzt zu St. Peter zu setzen. Sie bezeichneten Pippin und seine Nachkommen in offiziellen Schreiben als »patricii Romanorum«, und dies gewiß nicht, um ihnen eine Funktion im Auftrage des oströmischen Kaisers anzutragen, sondern um mit diesem rombezogenen Titel eine noch unbestimmte Schutzfunktion zugunsten des Papsttums zum Ausdruck zu bringen. Die Titulatur kopiert eine byzantinische Dignität. Woran hätte sich der Papst auch sonst orientieren können, wenn nicht am spätantik angereicherten Vorbild von Konstantinopel und seinem Titelfundus, wo allein das römische Kaisertum in ungebrochener Tradition, wenn auch den Zeitläuften unterworfen, überdauert hatte? Sie ist hier jedoch auf die »(stadt-)römischen« Interessen des Papsttums bezogen, ausgedrückt im bisher unbekannten Zusatz »der Römer« (Romanorum).

Karl nahm fast gleichzeitig mit dem Königstitel der Langobarden nach der Eroberung von Pavia auch die Patriziuswürde offiziell in den amtlichen Sprachgebrauch auf. Mit der Kaiserkrönung an Weihnachten 800 in St. Peter verschwand der Titel, der stets interpretationsbedürftig geblieben war, aber das enge Verhältnis zwischen Frankenkönig und römischem Papst staatsrechtlich umschrieben hatte, aus dem Protokoll der Urkunden.

Der überraschte Papst jedenfalls ließ Karl und sein Gefolge vermutlich gegen jeden Brauch, über den aber wenig bekannt war, bereits am dreißigsten Meilenstein von den »Richtern« der Stadt Rom einholen. Diese große Distanz erklärt sich wahrscheinlich eher aus der Besorgnis des Papstes um die tatsächlichen Absichten des Königs als aus besonderer Ehrerbietung vor dem Herannahenden. Gemäß dem Protokoll für den Empfang des Exarchen wurde der fränkische Patrizius am ersten Meilenstein vor der Stadt vom hohen Klerus mit allen Ehren eingeholt. Auf dieses feierliche Gepränge mit Prozessionskreuzen, Palmenzweigen und Gesängen antwortete der König mit einer Demutsgeste, indem er vom Pferd stieg und sich mit seinen Großen zu Fuß der Peterskirche, der heiligsten Stätte der Christenheit außerhalb Jerusalems, näherte. Hier empfing ihn der Papst mit dem gesamten Klerus auf den Stufen, die zur Vorhalle von St. Peter führen. Im Gegensatz zu seinem Vater in Ponthion fiel Karl dem Pontifex maximus jedoch nicht zu Füßen, auch leistete er keinen Fußkuß. Für den 754 im Frankenreich erwiesenen Stratordienst, als der König das Pferd des Papstes ein Stück weit am Zügel führte, bestand aktuell weder Anlaß noch Bedürfnis.

Unser Gewährsmann, der Biograph des Papstes, wird jetzt ganz ausführlich: »Als Karl angekommen war, küßte er die einzelnen Stufen und kam so zu dem Papst, der oben in der Vorhalle neben den Pforten der Kirche stand. Sie umarmten sich, dann ergriff Karl die rechte Hand des Papstes. So traten sie in die Peterskirche ein; und der ganze Klerus und alle Diener Gottes sangen das Lob Gottes und des Königs und riefen mit lauter Stimme: Gelobt sei, der da kommt im Namen des Herrn! Darauf begab sich der Papst mit dem Frankenkönig und allen seinen Begleitern zur Confessio des heiligen Petrus; dort fielen sie nieder, beteten zum allmächtigen Gott und dem Apostelfürsten und priesen die göttliche Macht, weil sie ihnen auf die Fürbitte des Apostelfürsten einen solchen Sieg verliehen hatte. Nachdem dieses Gebet zu Ende war, bat Karl den Papst bei dieser Gelegenheit um die Erlaubnis, nach Rom hineingehen zu dürfen, um dort in den verschiedenen Kirchen seine Gebetsversprechen zu erfüllen. Und beide, der Papst und der König, mit den römischen und fränkischen Großen stiegen hinab zum Sarge des heiligen Petrus und schwuren sich gegenseitig Treue; darauf zog der König mit dem Papst, seinen Großen und dem Volk in Rom ein. Und sie begaben sich zur Salvatorkirche beim Lateran. Hier blieb der König mit den Seinigen, während der Papst dreimal das Sakrament der Taufe spendete. Dann ging der König zur Peterskirche zurück.«

Im Gegensatz zum Langobardenkönig darf Karl – freilich mit päpstlicher Erlaubnis, denn auch als »Patrizius der Römer« hat er hier keine autonomen Rechte – nach Ablegung eines Eidschwurs zum Gebet die Ewige Stadt betreten und am Ostersamstag der Taufhandlung in San Giovanni in Laterano, der Bistumskirche des Papstes, andächtig mit seinem Gefolge beiwohnen. Vielleicht besaß Karl bereits eine Art von »Fremdenführer« für Rom, seine Kultstätten und antiken Denkmäler, wie er uns in einer Handschrift aus Einsiedeln aus den Jahren um 800 überliefert ist.

Sein Quartier schlägt der König allerdings bei St. Peter auf, wohl im Gebäudekomplex der Kirche der heiligen Petronilla, der sagenhaften Tochter Petri, deren Mausoleum bereits von früheren Päpsten den fränkischen Königen übertragen worden war, oder in den Bauten des Hospitals zwischen St. Peter und dem Martinskloster, das bereits 757 von Papst Stephan II. an Abt Fulrad von St. Denis, den Leiter von Pippins Hofkapelle, übertragen worden war. An die spätere Kaiserpfalz bei St. Peter wird man noch nicht denken dürfen. Dem Vertreter des Kaisers, dem Exarchen oder Patrizius hätte eigentlich der Lateranpalast als Aufenthalt zur Verfügung gestellt werden müssen. Dieses Recht rief mehr als zweihundert Jahre später Kaiser Otto III. besonders nachdrücklich in Erinnerung. Am Ostersonntag feierte der Papst die Ostermesse in der Kirche Santa Maria ad presepe und geleitete den König zur Krippe. Das Ostermahl wurde im Lateranpalast ausgerichtet.

Auf dem Weg nach St. Peter und während des Gottesdienstes am Ostermontag erklangen die von den päpstlichen »Schulen« eingeübten Laudes, Akklamationen, die nach der Anrufung Gottes und der Heiligen im Wechselgesang von Priester und Klerus oder Kantorei nach Art einer Litanei den göttlichen Segen und Beistand auch für den Herrscher und seine Familie herbeiriefen. Später sind diese Laudes fester Bestandteil des Krönungszeremoniells, und auch am Weihnachtstag des Jahres 800 sollten sie zu hören sein. Am folgenden Tag las der Papst die Messe vor dem König in der Basilika San Paolo fuori le mura.

Von herausragender historischer Bedeutung war indessen die feierliche Erneuerung der päpstlich-fränkischen Schwurfreundschaft am Grabe Petri als höchstem Zeugen und zugleich Garanten dieser »Freundschaft«. Karl verpflichtete sich in seiner Person gleichsam von Angesicht zu Angesicht dem Apostelfürsten und seinen Nachfolgern. Weder der fränkische König noch der Papst dürften sich der Suggestion und Magie dieses feierlichen Augenblicks entzogen haben: Dieser Moment schuf ein unlösbares Bündnis zwischen fränkischem Königtum und römischer Kirche, an dem weder Hadrian I. noch Karl je irre geworden sind, mochte es auch gelegentlich durchaus Anlaß zu Verstimmungen geben. Aus dieser Bündniserneuerung entfaltete sich zwischen beiden gar eine durchaus persönlich getönte Beziehung, die auf gegenseitiger höchster Wertschätzung beruhte. Davon zeugt die Grabplatte, die Karl nach dem Tode Hadrians 795 in Alt-Sankt-Peter anbringen ließ und die noch heute den Besucher an diese Sternenfreundschaft erinnert.

Den krönenden Abschluß der Osterfeiern hatte sich der Papst für den vierten Tag nach Karls Ankunft, den Mittwoch der nachösterlichen Woche, aufgespart. Hören wir wieder unseren Chronisten: »Am vierten

Tag aber zog der Papst mit seinen weltlichen und geistlichen Großen, aus Klerus und Milizen, in die Peterskirche und verband sich dem König gleichfalls zur Unterredung, bat ihn inständig und ermahnte ihn voll väterlicher Zuneigung inständig, doch das Versprechen in allem zu erfüllen, das sein Vater Pippin und Karl selbst mit seinem Bruder Karlmann und allen fränkischen Großen dem heiligen Petrus und seinem Stellvertreter, dem jüngeren Papst Stephan heiligen Andenkens, gemacht hätten, als dieser ins Frankenreich kam, nämlich verschiedene Städte und Territorien dieser Provinz Italien dem heiligen Petrus und allen seinen Nachfolgern zu übergeben. Nachdem er dieses Versprechen, das in Quierzy gemacht worden war, hatte vorlesen lassen, erklärten er und alle anwesenden Großen sich mit allem einverstanden. Auf eigenen Wunsch und guten und freien Sinnes befahl der genannte und wirklich allerchristlichste König Karl, nach dem Muster der ersten ein anderes Schenkungsversprechen durch Itherius, seinen frommen und höchst klugen Kapellan und Notar, schreiben zu lassen, worin er jene Städte und Territorien dem seligen Petrus gewährte und zu übergeben versprach innerhalb der bezeichneten Grenzen, wie sie in jener Schenkung offensichtlich enthalten sind, nämlich: Luni mit der Insel Korsika, dann nach Soriano, dann zum Monte Bardone, das ist Berceto, dann nach Parma, dann nach Reggio [Emilia]; und weiter nach Mantua und um Monselice, desgleichen auch der gesamte Exarchat von Ravenna, wie er von alters her war, und die Provinzen Venetien und Istrien; und ebenso die Herzogtümer Spoleto und Benevent.«

»Nachdem diese Schenkungsurkunde hergestellt und jener allerchristlichste König sie mit eigener Hand bekräftigt hatte«, fährt der Chronist fort, »ließ er alle Bischöfe, Äbte, Herzöge und auch Grafen in sie hineinschreiben. Zunächst legten sowohl der König der Franken wie seine Großen diese Schenkung auf dem Altar des seligen Petrus und dann in dessen heiliger Confessio nieder und übergaben sie dem seligen Petrus und dessen Vikar, dem allerheiligsten Papst Hadrian, unter einem entsetzlichen Eidschwur und versprachen, daß sie alles, was in jener Schenkung enthalten sei, bewahren wollten. Jener allerchristlichste König ließ Itherius ein zweites Exemplar jener Schenkung schreiben und legte dieses mit eigenen Händen in das Grab hinein auf die Reliquien des heiligen Petrus, unter das Evangelium, das dort geküßt wird, als sicherste Bürgschaft und ewiges Gedächtnis seines Namens und des Reiches der Franken. Ein weiteres, vom Scriniar unserer heiligen römischen Kirche ausgefertigtes Exemplar nahm seine Hoheit mit sich nach Hause.«

Der Vorgang zeigt eine Mixtur verschiedener Elemente eines Rechtsgeschäfts: Schriftlichkeit, die »traditio per cartam«, also die Übergabe einer Sache mittels Symbol oder Urkunde, eigenhändige Unterfertigung des schriftlichen Rechtsaktes durch den König und Ausfertigung einer Zeugenliste, die möglicherweise ebenfalls durch eigenhändige Unterschrift oder Zeichen, etwa in Gestalt eines Kreuzes, bekräftigt wurde, des weiteren Deponierung eines Exemplars am Grabe des Heiligen. Nicht allein Papst Hadrian, sondern auch und vor allen der Heilige selbst empfängt die Gabe und das Versprechen, das in der Urkunde Beschriebene ausgehändigt zu erhalten. Der Eid wird durch einen »entsetzlichen« Schwur, eine Art von Selbstverfluchung, gesichert. Insbesondere die päpstliche Kanzlei wußte alle Schreckensregister in den sogenannten Poenformeln ihrer Urkunden zu ziehen, deren vorbeugende Wirkung auf den Zeitgenossen nicht unterschätzt werden sollte, drohte der Vertreter Gottes auf Erden doch mit Höllenpein und ewiger Verdammnis. Aber auch der zweite Vertragspartner, der König, erhält ein Exemplar des Versprechens für sein »Hausarchiv«.

Nach diesem Text wird man nicht daran zweifeln, daß 754 in Quierzy und knapp zwanzig Jahre später in Rom Dokumente ausgefertigt wurden, die ein Schenkungsversprechen zugunsten der römischen Kirche enthielten. Erstaunlicherweise hat sich aber weder von der einen noch von der anderen Urkunde auch nur eine einzige Abschrift erhalten, von einem Authenticum ganz zu schweigen, so daß der ausführliche Bericht in der Vita Papst Hadrians I. und die Kopialüberlieferung der Bestätigungsurkunde Ludwigs des Frommen von 817 in hochmittelalterlichen kanonistischen Rechtssammlungen allein die Basis unseres Wissens ausmachen. Das gibt Anlaß zu einigem Mißtrauen in die Glaubwürdigkeit dieser Zeugnisse. Denn wie ist es zu erklären, daß einer Institution, die von alters her wichtige Dokumente vergleichsweise sorgfältig zu archivieren wußte, ausgerechnet sämtliche Exemplare der »Gründungsurkunde des mittelalterlichen Kirchenstaates« – die Ausfertigung Karls lag in St. Peter sogar zweimal vor – abhanden gekommen sind? An der Übergabe von Urkunden in den Jahren 754, 774 und 817 ist nicht zu zweifeln. Man wird nicht gänzlich fehlgehen in der Annahme, daß spätere Expansionsziele päpstlicher Territorialpolitik mit den alten Zeugnissen nicht mehr in Einklang zu bringen waren und sich von daher ein Rekurs auf die frühmittelalterlichen Urkunden verbot. So konnte die Forschung feststellen, daß etwa die Herrschaft des Papsttums über Sardinien und insbesondere Sizilien, zugesagt im sogenannten Ludowicianum, der erneuerten Bestätigung von 817, damals nicht einmal mittelfristig einzulösenden politischen Zielvorgaben der Statthalter Christi entsprach.

Die Klärung des Sachverhalts wird obendrein durch die nicht unwesentliche Tatsache erschwert, daß Karl der Große und seine Nachfolger, etwa Otto I., dessen berühmte Urkunde für die römische Kirche auf purpurgetränktem Pergament in Goldschrift sehr wohl im Original erhalten ist und zu den Zimelien des vatikanischen Archivs gehört, nicht daran dachten, den weitgespannten territorialen Erwartungen und Wünschen der Päpste tatsächlich zu entsprechen und statt dessen das Angebot wesentlich reduzierten. So konnte von der Übergabe Venetiens und Istriens oder der langobardischen Dukate Spoleto und Benevent überhaupt keine Rede sein. Dies hätte ohnehin nicht in der Macht der fränkischen Herrscher gestanden. Insoweit enthalten die Zusagen der Urkunde Ludwigs des Frommen von 817 mit Ausnahme des Passus über die genannten Inseln vermutlich jene pragmatische Regelung, auf die sich Karl und Hadrian I. zwischen 774 und 787 verständigt haben mochten. Man wird überdies angesichts fehlender Landkarten und Statistiken wie auch mangelnder Ortskenntnisse auf fränkischer Seite zumindest 754 in Quierzy dergleichen Zusagen leichtfertig gemacht haben, ohne die realen Machtverhältnisse und damit die politischen Durchsetzungsmöglichkeiten derartiger Zusagen in Italien tatsächlich einschätzen zu können.

Karl selbst mag bereits intimere Kenntnis von den grundlegenden machtpolitischen Strukturen der Apenninenhalbinsel besessen haben, aber der Rückgriff auf das feierliche Versprechen seines Vaters und nicht zuletzt die emotional bewegende Stimmung im Rahmen des Osterfestes, die Begegnung von Papst und König vor der Confessio des Apostelfürsten, dürften alle inhaltlichen Bedenken zunichte gemacht haben, sofern sie vorhanden gewesen sein sollten.

Das Versprechen ist niemals in der anzunehmenden Form realisiert worden. Die neuere Forschung spricht zu Recht von einem »Maximalplan« der Kurie, der in Form der sogenannten Luni-Monselice-Linie von Korsika ausgehend den La-Cisa-Paß (Monte Bardone), dann über Parma, Reggio und Mantua mit Monselice venezianisches Gebiet und mit Ravenna die Küste erreicht. Karl der Große habe, so eine Hypothese, angesichts der Belagerung von Pavia und vor der Übernahme der langobardischen Königskrone, die zugleich auch die Integrität des Regnum Langobardorum in seinem wesentlichen territorialen Umfang signalisierte, an eine Art Aufteilung dieses Reiches gedacht, vorzunehmen nach dieser durch die Schenkung von 754 (?) oder erst 774 präzisierten Grenzlinie. Diese ihrerseits könnte auf eine ältere Vorgabe aus der Bereinigung von Einflußzonen zwischen Langobardenkönig und oströmischen Exarchen im 7. Jahrhundert zurückgehen.

Die genannte Hypothese hat nicht allzu viel Wahrscheinlichkeit für sich, gibt sie doch der päpstlichen Politik über Jahrzehnte eine mehr als erstaunliche Konsistenz und Intentionalität, die angesichts der realen Lage des Pontifex maximus vor allem in den fünfziger Jahren des 8. Jahrunderts in Italien, aber auch angesichts des politischen Kräfteverhältnisses im Frankenreich irreal anmuten. Ferner muß in Betracht gezogen werden, daß Karl fast unmittelbar nach seinem Romaufenthalt und der Einnahme von Pavia das langobardische Königreich mit dem fränkischen in Personalunion verband, mithin sein politisches Konzept einer Aufteilung eben dieses Reiches nach wenigen Monaten aufgegeben haben müßte. Eher dürfte aus der Übernahme von Land, Herrschaft und Funktion des Königtums der Langobarden eine indirekte Aufkündigung der mit der Luni-Monselice-Linie angedeuteten Grenzziehung zu erschließen sein. Und wenn Karl bis 781 jedes weitere Zusammentreffen mit dem Papst mied, seine Boten nicht selten an diesem vorbeizogen und -handelten, so weist dieses Verhalten auf Distanz und auf Abwehr römischer Pläne hin, was auch von Hadrian I. entsprechend beklagt wurde. Der fränkische König machte seine eigenen Erfahrungen auf dem glatten politischen Parkett Italiens, die durch fränkische Vertraute und eingesessene Sympathisanten, nicht zuletzt aus dem kirchlichem Milieu, angereichert wurden und ihn schließlich auch in die Lage versetzten, mit dem Papst zu einem Modus vivendi zu kommen, der für beide Seiten Früchte trug.

Wie auch immer die Landkarte Italiens nach dem Versprechen Karls in Zukunft und im Detail aussehen mochte, die Urkunde von 774 legte den Grundstein zum hoch- und spätmittelalterlichen Kirchenstaat, der insbesondere durch die sogenannte Rekuperationspolitik der Nachfolger Petri im Kampf um die staufische Erbschaft Ende des 12. Jahrhunderts und im 13. Jahrhundert deutliche Konturen erhielt; wichtige

Erweiterungen erfolgten unter den Renaissancepäpsten. Dieses staatsrechtlich höchst eigentümliche Gebilde fand in seiner territorialen Ausdehnung erst im italienischen Risorgimento des 19. Jahrhunderts ein Ende, hat aber als geistliche Monarchie der Vatikanstadt, die seit den Lateranverträgen von 1929 im wesentlichen auf römisches Territorium beschränkt ist, allen Zeitläuften getrotzt.

Die »Konstantinische Schenkung«

In den inneren Zusammenhang dieser Erneuerung des Pippinschen Versprechens gehört zweifellos eine der prominentesten Fälschungen des Mittelalters überhaupt, die sogenannte Konstantinische Schenkung. Die Entstehung dieses Machwerks wird von der Forschung ganz überwiegend – zu Recht, wie ich meine – in die siebziger Jahre des 8. Jahrhunderts datiert. Damals bot sich erstmals angesichts der sich ankündigenden Verschiebung der Machtstrukturen zumal in Ober- und Mittelitalien und der offenkundig fortschreitenden Emanzipation des Papsttums von Ostrom ein Ansatzpunkt für eine Neugestaltung oder Neuformulierung der päpstlichen Autorität in Lehrfragen und in ihrer staatsrechtlichen Kompetenz, wenn auch noch unter dem alles überwölbenden Dach des Kaisertums am Bosporus.

Die überlange Urkunde, deren erster Textzeuge in Dekretalensammlungen (Pseudo-Isidor) gegen Mitte des 9. Jahrhunderts nachzuweisen ist, besteht aus zwei Teilen: dem sogenannten Actus Silvestri und dem eigentlichen Constitutum. Die Silvesterakten wissen von der Taufe und Heilung Kaiser Konstantins durch Papst Silvester I. zu berichten: Aus Dankbarkeit und Ehrfurcht habe der Kaiser den römischen Pontifex damals über alle orientalischen Patriarchen erhoben – Antiochia, Jerusalem, Alexandria – und ihm die höchste Autorität in allen Fragen des Kultus und des Glaubens zugesprochen. Mit dem Constitutum übergab er ihm aber zugleich kaiserliche Macht, Würde und Ehren. So überläßt er ihm den Lateranpalast als kaiserliche Residenz, dessen Baptisterium San Giovanni in Laterano als Haupt und Mittelpunkt aller Kirchen der Christenheit verehrt werden soll. Der Kaiser verzichtet nicht nur auf seine hauptstädtische Residenz, nein, er räumt dem Papst eine kaisergleiche Stellung ein, indem er ihm Diadem, Phrygium, Purpur und alle ihm allein zustehenden Gewänder und Herrschaftsinsignien zuweist.

Damit nicht genug: Der römische Klerus wird dem Senat gleichgestellt, der päpstliche Hof erhält die gleiche Ämterhierarchie wie die kaiserliche Aula, die ehemals römische Provinzialverwaltung geht in der kurialen Zentralbehörde auf. Aus Demut – seine wahre Zierde sei die geistliche Tonsur – verzichtet der Papst auf das Tragen des Diadems, was der Kaiser selbst mit einer Unterwerfungsgeste beantwortet, indem er das Pferd des Papstes am Zügel führt und damit den Stratordienst vorbildlich leistet. In einer Welt, die von archetypischer Symbolik und demonstrativen Gesten bestimmt wird, dürfte insbesondere dieses Ritual die Überordnung der geistlichen Autorität über die königliche Gewalt veranschaulicht haben. Die Leistung des Stratordienstes blieb bis ins Hochmittelalter hinein ein bedeutsames Politikum. Als etwa Friedrich I. Barbarossa 1154 bei seinem Zusammentreffen mit Papst Hadrian IV. in Sutri zunächst diese Geste verweigerte, gefährdete er damit ernstlich seine Kaiserkrönung.

Ergänzt und überhöht wurde das Constitutum aber durch die Übergabe Roms, »aller Provinzen und Italiens und des Okzidents« an den Papst. Auch an denkbare Interessenkollisionen dachte der Fälscher beizeiten, indem er Konstantin seine kaiserliche Residenz an den Bosporus in die nach ihm benannte Hauptstadt verlegen ließ, »weil es nicht recht wäre, wenn der weltliche Herrscher dort seine Herrschaftsgewalt ausübte, wo vom Herrscher des Himmelsreiches der priesterliche Prinzipat (!) und das Haupt der christlichen Religion eingesetzt worden war«. Mit gräßlichen Fluchformeln gegen die Verletzer der Donatio – auch hierin findet sich 774 eine Entsprechung! – schließt die Urkunde.

Diese Konstruktion ist durchaus zwiespältig und doppelbödig: Einerseits läßt sie das römische Imperium fortbestehen, wenn auch in gleichsam »abgespeckter« Form auf den Osten beschränkt, andererseits wird der Westen, der Okzident, der päpstlichen Befehlsgewalt unterworfen, die freilich ihren Rechtsgrund in einer kaiserlichen Schenkung hat. Die territorialen Ansprüche waren darin weit genug gefaßt und konnten dem jeweiligen Status quo angeglichen oder gegebenenfalls flexibel erweitert werden. Die Urkunde von 774, mit der Karl die Zusagen seines Vaters in feierlichster Form einem neuen Konstantin gleich wiederholte, mochte vor allem dazu bestimmt sein, die konstantinische Pauschalübertragung des Westens der aktuellen Lage anzupassen und zu konkretisieren.

Auf welchen Rechtstitel hätte der Pontifex sonst zurückgreifen können, wenn nicht auf das Constitutum, das seinen Anpruch auf mehr als nur einzelne Patrimonien sicherte? Gewiß war der Papst seit langem an die Stelle des oströmischen Dux in Rom und seiner Territorialverwaltung getreten, für seine exzessiven Ansprüche auf weite Gebiete der Apenninenhalbinsel gab es aber keinerlei juristische Grundlage. Die Fälschung zielt jedoch nicht nur auf diese Territorialansprüche; in gleicher Weise fordert sie für den römischen Pontifex die höchste Lehrautorität, und dies angesichts des Ikonoklasmus und oströmischer Synoden unter kaiserlichem Vorsitz, die der römischen Auslegung der Bilderverehrung widersprachen und daher im Westen auf heftige Ablehnung gestoßen waren. Die auf Konstantin lautende Fälschung ist auch ein vielsagendes Indiz für die sich anbahnende Aufspaltung in eine Ost- und eine Westkirche.

Die gedankliche Parallelität zwischen den Actus Silvestri und der Schenkung Karls von 774 ist so evident, daß die Fälschung zweifellos in diesen Jahren der Ungewißheit und des Übergangs entstanden sein muß. Zumindest boten die ihr zugrunde liegenden Vorstellungen die Folie für die Erneuerung der fränkischen Schenkung. Ihr wesentlicher Inhalt war jedenfalls Richtschnur päpstlichen Handelns. Auf dem Hintergrund dieses weltgeschichtlich bedeutsamen Falsifikats, das noch im 13. Jahrhundert in den Fresken einer Kapelle der römischen Kirche Quattro Coronati seine zeitgemäße künstlerische Umsetzung erfahren hat, wird vollends verständlich, weshalb Karl der Empfang nach dem Zeremoniell des Exarchen zuteil wurde, weshalb er nur mit päpstlicher Erlaubnis die Ewige Stadt »zum Gebet« betreten durfte und weshalb es ihm versagt blieb, im Lateranpalast zu wohnen. Auch die herausragende Rolle, die der Apostelfürst Petrus bei der Schenkung einnimmt und die sich wie ein roter Faden durch die an Karl gerichteten Papstbriefe der nächsten Jahre zieht, verdankt sich nicht allein einer Stereotype mittelalterlicher Frömmigkeit, die davon ausgeht, daß die Gabe an den Heiligen oder konkret an den Altar geht, der seine Reliquien bedeckt, sondern auch dem Vorbild der Konstantinischen Schenkung, die ebenfalls an »die heiligen Apostel ..., die allerseligsten Petrus und Paulus« gerichtet war. Ostern 774 handelte Karl vor dem Grab des Apostels als neuer Konstantin und gewann damit eine einzigartige sakrale Aura, die weit über das merowingische »Königsheil« hinausging und ihn gleichsam zum Petrusvasallen machte, wie dies später das bedeutsame Mosaik an der Wand des Trikliniums im Lateran veranschaulichen sollte: Papst Leo erhält aus der Hand Petri die Stola, König Karl eine Fahne.

Einhart, der bezeichnenderweise in seinem Resümee des Übergangs der Königsherrschaft von den Merowingern auf Karls Vater Pippin die Schenkung von Quierzy überhaupt nicht erwähnt und den Papstbesuch von 754 im Frankenreich ebenfalls völlig ausspart, bemerkt im Zusammenhang mit der Unterwerfung des Langobardenreichs immerhin lakonisch: »Die von den langobardischen Königen geraubten Güter wurden Hadrian, dem Leiter der römischen Kirche, zurückgegeben.« Kein Wort von weiterreichenden Zusagen, gar vom »Maximalplan« der Luni-Monselice-Grenze!

Wie eng sich das spirituell-politische Verhältnis zwischen Papst und König gestaltete, geht auch aus einer beziehungsreichen »Bücherspende« Hadrians I. hervor, die von weitreichender Bedeutung für die Rom-Orientierung der fränkischen Kirche sein sollte. Der Pontifex überreichte eine Sammlung des geltenden Kirchenrechts, die sowohl die Canones der allgemeinen Konzilien von Nicaea bis Serdica enthielt als auch Beschlüsse römischer Synoden bis ins Jahr 727 und päpstliche Verlautbarungen, sogenannte Dekretalen. Diese Sammlung wird nach ihrem Schöpfer und ihrem Bearbeiter in der Forschung als *Dionysio-Hadriana* bezeichnet. Ihr Einfluß auf die fränkische Kirchenreform kann nicht hoch genug eingeschätzt werden; an ihr orientierte sich die fränkische Kirche in allen Fragen des Kirchenrechts. In mehr als hundert Codices fand die Sammlung nachweislich Verbreitung jenseits der Alpen. Eine Würzburger Abschrift trägt die Notiz: »Dieser Codex ist aus jenem Original abgeschrieben worden, das der apostolische Herr Hadrian dem glorreichen Karl, dem König der Franken und Langobarden und Patricius der Römer, als er in Rom war, gab.«

Die Widmung, die an der Spitze des Karl überlassenen Exemplars der Sammlung stand, verweist auf den Jahresbeginn 774 als Datum des kostbaren Geschenks. In ihr kommt der Wunsch zum Ausdruck, Karl möge den Nacken seines Gegners Desiderius unter seinen Fuß beugen und das Langobardenreich erobern, denn »dann werde er die versprochenen heiligen Gaben dem Schlüsselträger der Petrusaula überreichen«. Dieser Wunsch sollte rasch erfüllt werden, zumindest was die Eroberung des langobardischen Königreiches anging, die letztlich mit der Kapitulation von Pavia einherging, während sich die erhoffte umfängliche Restitution päpstlicher Ansprüche und Gebiete dahinschleppte und dem Nachfolger Petri viel Ungemach bereitete.

Von Gottes Gnaden König der Franken und der Langobarden

Karl kehrte nach dem Osterfest geistlich gestärkt in das Feldlager vor Pavia zurück; im Juni 774 ergab sich die belagerte Stadt, deren Einwohnern Not und Entbehrung zusetzten und die den Abfall von Städten des Königreichs wie Faenza, Osimo und Ancona unter päpstliche Oberhoheit mitansehen mußten. Dies ließ für das Schicksal des Desiderius und seiner Anhänger in der Kapitale seines Reiches wenig Gutes erhoffen. Das langobardische Königtum, durch häufigen Dynastiewechsel, Rivalitäten des Adels und Kollaboration mit dem Gegner geschwächt, hatte offenkundig seine Machtbasis im eigenen Land verloren, und es bedurfte nur eines gewaltsamen Anstoßes, um diese Tatsache jedermann vor Augen zu führen. Eine unbeschädigte Königsherrschaft, in Solidarität mit den Großen und mit der Kirche verbunden, gestützt auf die materiellen Ressourcen des reichen Landes, wäre wohl kaum derartig schnell und ohne Gegenwehr ein Opfer des fränkischen Eroberers geworden. So wurde bereits während der Belagerung einer der Hauptwidersacher des Desiderius, Hildebrand, »päpstlicher« Herzog in Spoleto, und der Abt Anselm von Nonantola, ein Schwager König Aistulfs und wohl verwandt mit dem Herzog von Friaul, agierte aus der Verbannung in Montecassino heraus gegen den Erzfeind seiner Familie. Anselm findet sich bald nach dem Sturz des Desiderius in seiner alten Position als Abt wieder und wird mit reichen königlichen Schenkungen belohnt.

Desiderius akzeptierte immerhin seine Niederlage und unterwarf sich dem Gegner ohne Kampf. Die offiziösen Reichsannalen melden: »Er [Karl] nahm die Stadt und den König Desiderius mit Frau und Kindern und auch mit dem Staatsschatz.« Ebenso weiß die Vita Hadrians von dieser kampflosen Übergabe, der Unterwerfung des gesamten Langobardenreiches unter Karls Herrschaft und von der Deportation des Langobardenkönigs und seiner Gemahlin ins Frankenreich zu berichten. Dem Sohn des Desiderius, Adelchis, gelang die Flucht nach Konstantinopel, wo er politisches Asyl und materielle Unterstützung fand und die Rückeroberung seines Reiches plante.

In Pavia unterwarfen sich, »von allen Städten Italiens kommend, die Langobarden der Herrschaft des ruhmreichen Königs Karl und der Franken«. Der Verlassung des alten entsprach die sichtbare Anerkennung des neuen Herrschers und der Franken. Mäßigung und Klugheit bestimmten die Politik Karls gegenüber den Unterworfenen, »was selten zu geschehen pflegt«, wie Paulus Diaconus weiß. Karl setzte sich ohne öffentliche Proklamation oder geistliches Zeremoniell – auch eine Krönung ist nicht belegt – an die Stelle des Desiderius und nahm der Unterwerfung oder Übernahme jede Spitze, indem er seinem fränkischen Königstitel den langobardischen hinzufügte, was erstmals in einer Urkunde für das Kloster Bobbio vom 5. Juni 774 nachweisbar ist. Zugleich erweiterte er seinen Titel um den Zusatz »Patrizius Romanorum«: Karl von Gottes Gnaden König der Franken und Langobarden und auch Patrizius der Römer. Diesen Titel sollte er bis in das Jahr 801 führen. In ihm kommt einerseits zum Ausdruck, daß Karl nicht nur an der Spitze einer Gefolgschaft steht, die von den Franken gebildet wird, sondern zugleich an der einer weiteren, gebildet durch das Volk der Langobarden. Karl übernimmt einen zusätzlichen Personenverband und schafft sich zugleich eine zweite Säule seiner Herrschaft. Damit war dem Stolz und der Eigenständigkeit eines der mächtigsten und dauerhaftesten germanischen Großreiche auf dem Boden des Imperiums Genüge getan, und der Sieger verhinderte, indem er selbst die Königswürde übernahm, neuerliche konkurrierende Diadochenkämpfe unter dem Adel um die führende Position.

Karl entschloß sich nach wenigen Jahren zu einer praktischen Lösung, die seine Dominanz sicherte, gleichzeitig aber in Gestalt eines Mitglieds seiner Familie einen veritablen König als ständigen Repräsentanten des fränkischen Großkönigs und späteren Kaisers etablierte: 781 ließ er seinen Sohn Karlmann (Pippin) zum König von Italien bestellen. Ähnliches geschah in Aquitanien, einem weiteren »Außenreich«, mit der Erhebung des noch jüngeren Ludwig. Diese Form der Dezentralisierung von Herrschaft und »Teilhabe am Reich« entsprach angesichts der räumlichen Distanz, der Schwerfälligkeit der Entscheidungsprozesse und der höchst mangelhaften Kommunikation den realen Möglichkeiten von Regierung im Frühmittelalter. Es galt, die von den Machtzentren zwischen Seine und Rhein weit entfernten Regionen über Präsenz und Repräsentanz des Königshauses vor Ort in das Gesamtreich zu integrieren, wodurch zugleich der Aufstieg rivalisierender oder gar gegen das Königtum opponierender Adelscliquen weitgehend ausgeschlossen und das Aufkommen übergreifender Machtzusammenballungen verhindert wurde. Da Karl gegen Ende der siebziger Jahre über ausreichend männlichen Nachwuchs verfügte, ließ sich diese Dezentralisation durch die Teilhabe der Söhne am Gesamtreich ohne Machtminderung des Herrschers realisieren.

Ein weiteres Moment ließ die Integration des Langobardenreichs, das bald den Namen Italien annahm, und des aquitanischen Herzogtums vergleichsweise reibungslos und damit erfolgreich vonstatten gehen: Karl verzichtete eingedenk seiner Mittel klug auf tiefgehende Einschnitte in die überkommenen Rechts-, Sozial- und Wirtschaftsstrukturen und begnügte sich mit wenigen markanten administrativen Maßnahmen, so vor allem mit der Einführung der sogenannten Grafschaftsverfassung, die sich in Italien wie in Aquitanien dem südgallischen Vorbild entsprechend an die Städte anlehnte und mit diesen Komitaten Kristallisationspunkte von Herrschaft, Rechtsprechung und – nicht überall – von Finanzverwaltung schuf. Im Zuge dieser »Verwaltungsreform« wurden die älteren Gastalden ersetzt, die sich lange neben den Grafen behaupten konnten. Diese Vorgehensweise des schonenden Eingriffs in tradierte Lebensformen dürfte auch die sogenannte Eingliederung der Sachsen in das Frankenreich wesentlich erleichtert haben, doch wurde dieser Prozeß vordergründig von der Zwangsmissionierung und Niederwerfung von Aufständen konterkariert.

Karls Übernahme der langobardischen Königskrone führte zu einer zwei-, wenn nicht gar dreifachen Teilung der Apenninenhalbinsel in gesonderte »Staatsgebiete«: Die Union in der Gestalt Karls band Oberitalien und weite Gebiete Mittelitaliens an die fränkische Vormacht jenseits der Alpen, die später als »Reichsitalien« seit der Erneuerung des Kaisertums durch Otto I. im Jahr 962 zum wesentlichen Bestand des mittelalterlichen Imperiums gehörten. Beträchtliche Zonen auf der Landkarte, etwa das sogenannte römische Tuszien, Teile der Romagna, die Pentapolis und der Exarchat von Ravenna, bildeten seit 781 oder 787 den Kern des späteren »Kirchenstaates« mit dem Zentrum Rom. Unteritalien hingegen, ein Konglomerat von ehemals oströmischen Provinzen, langobardischen Herzogtümern und römischen Patrimonien, blieb bis zur Eroberung durch die Normannen im 11. Jahrhundert unter byzantinischem und arabischem Einfluß. Nach dem Niedergang der Stauferherrschaft ging es als Apanage der Anjou, Aragonesen und Bourbonen seinen eigenen Weg in die Neuzeit.

Vieles spricht auch für die These, daß die mit dem Jahr 774 begonnene Angliederung des Langobardenreichs an die fränkische Vormacht im Norden und die Herausbildung des späteren Kirchenstaates Italien davor bewahrt haben, à la longue Teil des arabisch-muslimischen Mittelmeerimperiums zu werden.

Daher gibt es nur wenige historische Daten, denen eine derartige Bedeutung für den Verlauf der europäischen Geschichte zukommt wie dem Jahr 774. Die Kaiserkrönung am Weihnachtsfest 800 zog lediglich die Konsequenzen aus den Ereignissen des letzten Vierteljahrhunderts und stellte die Herrschaft des Franken- und Langobardenkönigs, der zugleich Patrizius der Römer war, auf das Fundament des erneuerten westlichen Kaisertums. Dessen spätere Anerkennung durch Byzanz stellte gewissermaßen ein protokollarisches Gleichgewicht her, auch wenn der Kaiser des Ostens, der Basileus, durch den bis dahin ungebräuchlichen Zusatz »der Römer« in seiner Titulatur auf die Suprematie »seines« Kaisertums hinwies, während sich sein westliches Pendant zunächst mit dem Zusatz Imperator zu den Königstiteln begnügte.

Karl zwischen Rom und Byzanz

Im Jahr 774 war das Verhältnis des Frankenherrschers zu Ostrom ungeklärt, aber unproblematisch, da die Kräfte der Vormacht am Bosporus wesentlich durch Abwehrkämpfe gegen Araber und Bulgaren absorbiert wurden und der Restbesitz in Italien mit dem Exarchat Ravenna längst Opfer der Expansionspolitik der Langobarden geworden war. Der sich verschärfende Bilderstreit hatte seit den zwanziger Jahren des 8. Jahrhunderts zu einer fortlaufenden Entfremdung zwischen Ost und West, Rom und Konstantinopel geführt, die gleichzeitig die Annäherung der Päpste an das Frankenreich beförderte. Immerhin war es in den sechziger Jahren, will man einem päpstlichen Schreiben Glauben schenken, zu einem Heiratsprojekt zwischen Kaiser Konstantinos V. und König Pippin gekommen, dessen einzige Tochter Gisela dem Thronfolger Leon vermählt werden sollte. Die Heirat kam ebensowenig zustande wie ein späteres Eheprojekt, das eine Tochter Karls an den kaiserlichen Hof am Bosporus bringen sollte. Dabei war schon ein Griechischlehrer für die junge Prinzessin nach Aachen abgesandt worden, der ihr freilich in erster Linie Umgangsformen und Etikette zu vermitteln hatte.

Im wesentlichen haben nicht machtpolitische Rivalitäten den Ost-West-Gegensatz geschaffen, sondern die theologisch-dogmatischen

Auseinandersetzungen zwischen Rom und Byzanz, die letztlich auch die fränkische Vormacht in die subtilen Diskussionen einbezogen. Bereits im Jahr 767 sind im Beisein König Pippins mit oströmischen Gesandten schwierige Fragen des Glaubens und des Kultus erörtert worden, und Karl ließ später gar mit den sogenannten *Libri Carolini* Gegengutachten zu oströmischen Positionen am fränkischen Hof erarbeiten, die aber in Rom auf wenig Gegenliebe stießen. Bei alledem darf man die Schwierigkeiten der sprachlichen Verständigung und den unzureichenden Grad des erreichten Abstraktionsvermögens nicht unterschätzen, auch wenn die königliche Kanzlei in diesen Jahren bemüht war, sich aus den Niederungen des verwilderten merowingischen Lateins auf ein mittleres Niveau grammatikalischer Korrektheit zu erheben. Überdies schickte sie sich an, das Schriftbild mit Hilfe der sogenannten karolingischen Minuskel, unserer Schreibschrift bis heute, mit Vierzeilenschema und Worttrennung lesbarer zu gestalten. Der Hochmut Ostroms gegen die »Barbaren« kam nicht von ungefähr.

Letztlich entsprachen die Ausbildung des Papsttums zur eigenständigen geistig-moralischen Instanz des Abendlandes und die Neubegründung des Kaisertums als politisch ordnende Vormacht des Westens der Auflösung des einheitlichen Mittelmeerraums, die mit der arabischen Eroberung der afrikanischen Küsten seit dem 7. Jahrhundert einen gewaltigen Schub erhalten hatte und das Reich Justinians endgültig der Vergangenheit überantwortete.

Karl kehrte noch im Sommer 774 über die Alpen zurück, in Begleitung seiner Frau, seiner Söhne und seines Staatsgefangenen Desiderius mit Anhang, die in einem Kloster verschwanden und über deren weiteres Schicksal keine zeitgenössische Quelle berichtet. Der König ließ eine fränkische Besatzung in Pavia zurück und bestellte vermutlich schon damals Franken und mutmaßlich auch einheimische Große zu Grafen; so beließ er etwa Herzog Rotgaud in Friaul in seinem Amt, der freilich bald gegen die fränkische Vormacht rebellieren sollte.

Auch lief das am Grabe Petri vereinbarte Restitutionsprogramm zugunsten der römischen Kirche an, freilich durchaus nicht zur Zufriedenheit des Papstes, wie erboste Schreiben an den König schon bald erkennen lassen. So beschwert sich Hadrian I. bereits Ende 774 heftig über Erzbischof Leo von Ravenna, der gegen den Willen des Papstes Paul Afiarta hatte hinrichten lassen und jetzt im Begriff war, insbesondere in der Pentapolis und im Ravennatischen die Übergabe zahlreicher

Städte an die Boten des Heiligen Stuhls zu verhindern, und zwar mit dem Hinweis, daß ihm, Leo, Stadt und Exarchat vom König konzediert worden seien. Der Papst ersucht dringend um Abhilfe und um Zuweisung der okkupierten Gebiete, indem er Karl an seine und seines Vaters heilige Versprechen eindringlich erinnert. In diesem konkreten Fall spielte vor allem die alte Rivalität zwischen dem Erzstuhl von Ravenna und dem römischen Pontifex eine beträchtliche Rolle. Dies wird vor allem in dem von Papst Hadrian scharf angeprangerten Bestreben Erzbischof Leos deutlich, »wie ein Exarch« herrschen zu wollen.

Die päpstliche Intervention fruchtete wenig, vielmehr wußte der Erzbischof seine Sache bei Hofe höchst wirkungsvoll zu vertreten, während die Gesandten des Papstes kaum Zuspruch erfuhren, ja gar der Urkundenfälschung bezichtigt wurden. Der König brach in der Angelegenheit so wenig wie in anderen Rechts- und Besitzfragen die Dinge übers Knie, sammelte zunächst Informationen und ließ sich von Kennern einschlägig beraten. Offensichtlich war die zu Ostern vereinbarte Luni-Monselice-Linie im ganzen obsolet, von Venetien und Istrien ganz zu schweigen. Eine tatsächliche Interessenbereinigung mußte angesichts der Übernahme der langobardischen Königskrone sorgfältig vorbereitet und politisch abgestimmt werden. So vertröstete der König Papst Hadrian auf ein Wiedersehen im Herbst 775 in Rom. Daraus wurde nichts, weil nicht Karl zum verabredeten Zeitpunkt in St. Peter erschien, sondern eine fränkische Gesandtschaft, die aber ein Zusammentreffen mit dem Pontifex eher mied als suchte.

Neue politische Zielsetzung:
Unterwerfung und Christianisierung der Sachsen

Die Italienpolitik Karls, die bereits 774 die politische Karte Europas markant verändert hatte, erfuhr ein Hemmnis in den erneut aufflammenden Auseinandersetzungen mit den Sachsen, die trotz Vertrag und Geiselstellung die Abwesenheit des Königs und starker Kampftruppen zum Anlaß nahmen, die Schmach von 772, nämlich die Zerstörung und Beraubung ihres Zentralheiligtums, und die militärische Niederlage zu rächen und den alten Gegner in gewohnter Weise zu bedrängen.

Die Sachsen – der Sprachgebrauch verdeckt die Tatsache, daß wir nicht wissen, um welchen Schwarm oder Teilstamm es sich jeweils im

Kontext der Ereignisse handelt – zerstörten die Eresburg, die 772 höchstwahrscheinlich mit einer fränkischen Besatzung versehen worden war, drangen zwischen Eder und Diemel nach Hessen vor und suchten die auf steilabschüssigem Fels am rechten Ederufer erbaute Büraburg zu erstürmen, die bezeichnenderweise noch von Winfried-Bonifatius wegen ihrer geschützten Lage als Bischofssitz in Aussicht genommen worden war. In dieser Wehranlage hatte man auf der Flucht aus Fritzlar die Gebeine des heiligen Wigbert, des ersten Abtes des dortigen Klosters, geborgen. Die Belagerten konnten die Stellung halten und unternahmen gar unter dem Schutz des Heiligen, wie eine Quelle verrät, einen siegreichen Ausfall. Nächstes Ziel der Sachsen war Fritzlar, das der Zerstörung anheimfiel; die Peterskirche wurde zwar geplündert, aber einer Weissagung des Bonifatius entsprechend kein Opfer des Feuers, während der sächsische Feuerleger gelähmt und selbst von den Flammen erfaßt wurde, wie die fromme Legende zu berichten weiß. Die Aktionen spiegeln die Motive der Sachsen: Rache und zugleich Vernichtung der christlichen Kultstätten als direkte Antwort auf die Zerstörung der Irminsul.

Diese Art der Kriegsführung ging auf beiden Seiten über die gewohnten Grenzscharmützel weit hinaus. Nach Einharts Worten nahm der jahrzehntelange Kampf erst jetzt jene Härte an, die er so charakterisiert: »Kein anderer Krieg ist von dem Volk der Franken so ausdauernd, so erbittert-grausam und mühevoll geführt worden wie dieser! Wildheit und Treulosigkeit sind ihre [der Sachsen] besonderen Kennzeichen.« In dieser Mischung liegt die Brisanz der Auseinandersetzungen, jedenfalls für die Zeitgenossen.

Zu diesen angeblichen Charaktereigenschaften der Sachsen, die als Kennzeichen der »Heiden« überhaupt einem ethnographischen Topos antiker Autoren entsprechen, trat erschwerend die gleichsam »kopflose« Leitungsstruktur dieses Schwarmverbandes hinzu, die generelle Vereinbarungen nicht erlaubte und ständig neue Fronten der Abwehr oder des Aufruhrs herausbildete. Da obendrein offene Feldschlachten die große Ausnahme waren und auf seiten der Sachsen eher eine hinhaltende Guerillataktik mit gezielten Vorstößen und Rückzügen das Kampfgeschehen prägte, kam der wehrtechnische Vorteil der fränkischen Truppen, vor allem ihre Reiterei, nicht zur Wirkung. Auf schwierigem Gelände, in Wald, Moor, Sumpf und Flußauen, konnte sie nicht »durchschlagend« und dauerhaft das Geschehen bestimmen. In der Tat bedurfte es, um Einhart zustimmend zu zitieren, der »hochgemuten Zielstrebigkeit und Standfestigkeit« Karls, um den Kampf endlich zu gewinnen.

Karl sandte Anfang September 774 nach dem Eintreffen schlechter Nachrichten von der am Rhein gelegenen Pfalz Ingelheim aus vier »Scharen« den Sachsen entgegen, von denen drei in militärische Auseinandersetzungen mit den Angreifern gerieten, während die vierte kampflos, aber mit großer Beute heimkehrte. Vor diesem Einsatz, der sich wieder im Rahmen des Gewohnten hielt, war Karl noch Zeuge der Einweihung der neuen Kirche seines »Eigenklosters« Lorsch und der Überführung der Gebeine des heiligen Nazarius gewesen, die einst Chrodegang von Metz zusammen mit dem Leib des heiligen Gorgonius aus Rom herbeigeführt hatte. Im Akt der Weihe und Bergung des Heiligen überlagerten sich Kirchenregiment, Religiosität und Rombindung und führten demonstrativ zu einem sinnstiftenden Ganzen gottgewollter Herrschaft des fränkischen Königs.

Von Ingelheim zog Karl rheinabwärts nach Düren, wo er insbesondere Abt Fulrad von St. Denis in seinen in Alemannien und im Elsaß gelegenen, auf Eigengut erbauten geistlichen Stiftungen begünstigte. Dies ist ein interessanter Hinweis auf die Tatsache, daß Fulrad als Abt von St. Denis seit den Tagen Pippins die Interessen des Königtums in diesen »Außendukaten« gefördert und damit Stützpunkte zur fränkischen Herrschaftssicherung ausgebildet hat. Überdies konnte er damit der Pariser Abtei wertvollen Besitz hinzufügen, der der Ökonomie und dem König zugleich diente. Auch Kloster Fulda unter Abt Sturmi erhielt zwei bedeutsame Privilegien mit dem Zugeständnis von Immunität und freier Abtwahl, allerdings immer unter der Voraussetzung, daß die Mönche der »heiligen« Regel Benedikts und dem König (!) treu blieben.

Der Weg führte den Herrscher vom Rhein in die alte merowingische Königslandschaft und ihre »palatia«. In der Pfalz von Samoussy, die der König im Dezember aufsuchte, erhielt St. Denis aus der Hand des Königs neuerliche Vergünstigungen. Der Abtei wurde der Besitz der Villen Faverolles und Noronte im Chartrais verbrieft einschließlich des Waldes von Iveline und des Marktzolls dieser Villen. Dieser Güterkomplex, einst in der Verfügungsgewalt des Vassus Audegarius, wird der Abtei bestätigt. Der reiche Forstbesitz des Waldes von Iveline wird exakt beschrieben, der jagdbare Wildbesatz an Hirschen und Rehen besonders hervorgehoben, zumal aus den Wilddecken auf Befehl des Königs Einbände für die Codices der Klosterbibliothek angefertigt werden sollen. Die Jagd insgesamt wird als Remedium für die Klostergemeinschaft angesehen. Die Sorge für das Buch und seine haltbare, strapazierfähige Umhüllung und jene für das körperliche Wohlbefinden der Mönchsgemeinschaft stehen gleichrangig nebeneinander und sind letztlich Ausfluß jenes Denkens, das man als karolingische Rationalität gekennzeichnet hat. Jedenfalls zeigte sich darin durchaus eine praktische Vernunft, ein Charakteristikum der Herrschaftspraxis Karls des Großen, dem wir noch häufig begegnen werden. Die wohlverwahrten kostbaren Pergamentseiten verbürgen dauerhaft Studium, Lektüre und Andacht; gesunde Mönche allein vermögen das ewige Lob des Schöpfers zu singen, was gleichzeitig Fürbitte für den König, seine Familie und die Wohlfahrt seines Reiches bedeutet.

In Verberie empfing wohl noch im selben Monat St. Denis aus der Hand des Königs ein Mandat, das allen Amtsträgern einschärft, die Abtei bei der Erhebung des Marktzolls innerhalb und außerhalb von Paris während des berühmten Weinmarkts vom Tag des Heiligen an, dem 9. Oktober, nicht zu behindern.

Von Verberie zog Karl weiter zur benachbarten Pfalz Quierzy, dem Ort des königlichen Versprechens an Papst Stephan II., wo er das Weihnachtsfest feierte und bald darauf, zu Beginn des Jahres 775, nach Aussage einer wichtigen Quelle einen folgenschweren Entschluß faßte, der eine grundsätzliche Wende in seiner Politik mit vorerst noch unabsehbaren Konsequenzen bedeutete. Nach dem Wortlaut der überarbeiteten Reichsannalen beschloß der König, »das treulose und vertragsbrüchige Volk der Sachsen mit Krieg zu überziehen und so lange durchzuhalten, bis sie entweder besiegt dem christlichen Glauben unterworfen oder aber gänzlich vernichtet seien«. Damit war die Evangelisation als Befriedungs- und Unterwerfungsinstrument in das Zentrum der Auseinandersetzung mit den Sachsen gerückt. Es genügte nicht mehr, im Zusammenspiel mit kriegerischen Aktionen durch gelegentliche Tatmission das Teufelswerk heidnischer Kultstätten zu vernichten, das Volk selbst mußte zur dauerhaften Annahme des neuen Glaubens bewegt und vom Satan abgebracht werden, um sich dergestalt der christlichen Völkergemeinschaft unter fränkischer Führung einzuordnen. Die politischen Rahmenbedingungen dieser Integration waren durchaus noch offen.

Der Missionierung, die weder den Predigern Zeit zur Unterweisung noch den Angesprochenen Zeit zur inneren Aufnahme des Gehörten ließ, sollte die militärische Niederlage der Sachsen vorausgehen. Diese Abfolge war bereits von Papst Gregor I. vertreten worden, der in der Erweiterung des Imperiums zugleich eine Vorstufe der Verbreitung des Christentums sah, freilich mit dem Mittel der Predigt. Die »eiserne« Variante, die Karl bereits am Ende des 9. Jahrhunderts attestiert wird, sah allein auf sofortiges Abschwören vom heidnischen Kultus und auf die Taufe als sichtbares Zeichen der Unterwerfung unter Christengott und fränkischen König. An ein behutsames Vorgehen war nicht zu denken, die militärische Niederlage allein sollte die Voraussetzung für die Bekehrungsarbeit schaffen, der somit von vornherein Zwangscharakter zukam. Das strategische Ziel, die dergestalt eroberten Territorien zu okkupieren oder gar zu annektieren, ist noch nicht zu erkennen, wohl aber der Wille, den Gegner zu vernichten, sofern er sich der Heilsbotschaft weiterhin hartnäckig versagt.

Die politische Unterwerfung drückt sich im Glaubenswechsel aus. Ob mit der zitierten Passage ein »Völkermord« intendiert war, sofern die Sachsen sich der Missionierung dauerhaft verweigerten, bleibe dahingestellt. Man wird in diesem Vorsatz den Ausdruck äußerster Entschlossenheit zu sehen haben: Taufe oder Vernichtung lautete die Alternative. Wildheit, Unglauben, Treulosigkeit bildeten in den Augen Karls und seiner Berater die charakterliche Trias der Sachsen, der ein Ende bereitet werden mußte. Eine differenzierte Betrachtung unterschiedlicher Kulturstufen und damit verbundener religiöser Inhalte und Ausdrucksformen, die für uns als Erben von Reformation und Aufklärung selbstverständlich ist oder sein müßte, lag jenseits der intellektuellen Möglichkeiten des Zeitalters. Toleranz, gar mit einem gehörigen Schuß Gleichgültigkeit verbundene »Multikultur« gehörten nicht zu den Ingredienzien des Frühmittelalters. Vielmehr bildeten Kriegshandlungen, Zwangstaufe und Unterwerfung eine operationale Einheit, dem vollauf der erbitterte Abwehrkampf der Gegenseite entsprach mit Aufständen, Vertragsaufkündigung und Vernichtung der christlichen Kultstätten.

Die moralische Meßlatte war ausschließlich an den eigenen Interessen und Befindlichkeiten ausgerichtet. Vermeintlichem Wankelmut und angeblicher Perfidie der Sachsen stehen in unseren Quellen hochgemute Tatkraft und Standfestigkeit des fränkischen Königs gegenüber. Der Historiker soll sich des nachträglich richtenden Urteils enthalten, denn auch seine Maßstäbe sind aus der Erfahrung gewonnen und durchaus zeitabhängig, doch wird einzuräumen sein, daß die Sachsen in der Bewahrung ihrer Freiheit, wozu auch die Bewahrung der altüberkommenen religiösen Bindungen gehörte, durchaus das Recht auf ihrer Seite hatten.

Die politischen Ziele Karls waren also nach 775 gleichrangig Unterwerfung und Christianisierung der Sachsen, wobei das eine das andere bedingte. Insofern geht der Vorwurf kruder Missionierungsmethoden an der Sache vorbei: Ausschlaggebend war allein die öffentliche Annahme des Evangeliums als Zeichen der Unterwerfung, die Verinnerlichung der neuen Heilsbotschaft mußte der späteren Evangelisation vorbehalten bleiben. Letztlich obsiegte in den Wintermonaten der Jahre 774 und 775 bei Karl und seinen Beratern die Überzeugung, daß nicht allein oder vorzugsweise Überredungskünste, Geschenke und gelegentliche militärische Aktionen den Widerstandswillen des »wilden Volkes« brechen könnten, sondern allein die generelle gewaltsame Beseitigung der heidnischen Sitten und Bräuche und die Integration der sächsischen Stammesverbände in das fränkische Königreich durch Übernahme seiner religiös-sittlichen Grundüberzeugungen, ausgedrückt im christlichen Glauben, sichtbar zumal im Akt der Taufe.

Wenn Karl sich hingegen zu Beginn des 9. Jahrhunderts mit den transelbischen heidnischen Abodriten zur Grenzsicherung vertraglich vereinbarte und ähnlich auch mit den Slawen im mittleren Elbegebiet verfuhr, so lassen diese »Arrangements« erkennen, daß der Frankenkönig nicht gewillt war, diese »nasse Grenze« zu überschreiten und die ostelbischen Völker zu unterwerfen, denn dies hätte gleichfalls die Missionsarbeit nach sich ziehen müssen oder gar zur Voraussetzung gehabt. Das Karlsreich war somit territorial saturiert. Der Aufbau nach innen bekam Vorrang als Friedensarbeit. Auch das spätere Ausgreifen des Deutschen Ordens und des Schwertbrüderordens nach Preußen und ins Baltikum seit dem 13. Jahrhundert verband Heidenkrieg und Mission unmittelbar miteinander. »Der direkte Missionskrieg ist nicht Vorbereitung eines Missionswerkes, sondern selbst Missionsmittel« (Hans-Dietrich Kahl). Erst die gemeinsame religiöse Überzeugung machte aus Franken und Sachsen nach Jahrzehnten ein Volk, was in den zwanziger Jahren sicher noch ein Wunschtraum Einharts war, ein Jahrhundert später dagegen bereits Realität.

Im Jahr 775 erging eine Fülle von Privilegien an geistliche Empfänger, so als wolle der König die Gunst des Himmels für seine Vorhaben erflehen lassen. Man hat beobachtet, daß nahezu ein Achtel des überlieferten echten Urkundenmaterials, rund sechzig Diplome, die Kanzlei Karls in diesem Jahr verlassen hat. War im Herbst und Winter 774 St. Denis reichlich bedacht worden, so finden wir 775 vor allem das Kloster Hersfeld als Bastion in den Sachsenkriegen unter den Begünstigten. Die gegen 736 von Sturmi, dem späteren Gründer und ersten Abt Fuldas, zunächst als Zelle errichtete Missionsstation am linken Weserufer war 769/775 vom Nachfolger des Bonifatius im Mainzer Bischofsamt, Lul, der selbst mit seinen Ansprüchen auf Fulda gescheitert war, auf Erbgut neu errichtet und dotiert worden. Am 5. Januar 775 wurde Hersfeld von Bischof Lul in die Hände des Königs gegeben, »auf daß es unter unserem Schutz, dem unserer Söhne und unserer Genealogie bleiben soll«. Hersfeld ist damit wie Lorsch und Fulda zum Königskloster geworden, wird wie diese auf die Benediktsregel verpflichtet und dem Zugriff der Bischöfe von »Mainz, Austrien und Thüringen« ausdrücklich entzogen. Damit verfügte Karl in der sächsisch-thüringischen Grenzregion über ein ihm allein zugeordnetes Missionszentrum, das er entsprechend ausstattete: Hersfeld erhielt den zehnten Teil der Villa Salzungen mit den dortigen Salzpfannen, einem Komplex, den zuvor Bischof Lul als Benefizium innegehabt hatte, ferner den Fiskalbesitz östlich der Weser mit dem Ort Mühlhausen, der neuerdings nicht mehr mit der späteren Reichsstadt gleichen Namens, sondern mit jenem Hersfeld näher gelegenen Dorf identifiziert wird. Dazu traten weitere Zehntrechte, etwa in Gotha.

Zwei Beobachtungen schließen sich an: Der König läßt in den von ihm beschenkten Klöstern nicht nur für sein Seelenheil, das seiner Gemahlin und seiner Nachkommen wie auch für die »Stabiliät des Reiches« beten, sondern auch für die Memoria seiner »proceres« (Großen). Ferner enthält eine Immunitätsurkunde für das Bistum Metz eine bemerkenswerte rechtlich-inhaltliche Variante, die ebenfalls beziehungsreich die Zeitläufte widerspiegelt: Zunächst stellt das bekannte Formular den Begünstigten von der Grafengewalt frei, macht ihn »immun«, aber mit drei gewichtigen Einschränkungen insofern, als daß »Freie«, die als Kopfzinser der Abtei an sich auch deren Immunität genießen, dem jeweils angesagten Kriegszug zu folgen und den erforderlichen Wachdienst zu leisten haben sowie zur Mithilfe beim Brückenbau verpflichtet sind. Die militärischen Notwendigkeiten dieser angespannten Jahre machen also auch vor dem Umfeld der Bischofskirchen nicht halt. In dieser Bestimmung könnte sich ein früher Hinweis auf die später häufig zu beobachtende Tatsache verbergen, daß sich weite Teile der Bauernschaft dem Kriegsaufgebot durch statusmindernde Unterstellung unter den Schutz der Mächtigen zu entziehen suchten und als Grundholde in deren Villikationsverbände eintraten.

Von Düren aus, wo im Juli (!) 775 der »magi campus«, das heißt das große Heerlager, nicht etwa das Maifeld, stattgefunden hatte, setzte der König selbst seine Truppen in Richtung Westfalen in Bewegung, eroberte und befestigte die grenznahe »Sigiburg«, die mit der abgegangenen Hohensyburg am Zusammenfluß von Lune und Ruhr zu identifizieren sein dürfte, und faßte nach einem knappen Schwenk nach Südosten wieder Fuß auf der von den Sachsen mittlerweile zerstörten Eresburg, die er mit einer fränkischen Besatzung versah. Auf dem Durchzug durch ostfälisches Gebiet erreichte er unweit Höxter die Weser, die seine Truppen trotz sächsischen Widerstands überquerten. Anschließend töteten sie auf dem Gegenufer zahlreiche Gegner. Mit dem Ausbau der beiden Festen, die bald um Paderborn als Pfalz in herausragender Funktion erweitert werden sollten, hatte sich Karl ein Einfallstor ins Westfälische geschaffen, das den Weitermarsch am Fuß der Mittelgebirge im Verlauf des späteren Hellwegs nach Thüringen vorbereitete.

Karl begnügte sich aber nicht mit der Grenzsicherung, sondern teilte sein Heer wie vor den Alpenpässen und marschierte mit der einen Abteilung über die Leine bis zur Oker am nördlichen Harzrand. Hier unterwarfen sich ihm die Ostfalen unter ihrem Anführer Hessi. Vermutlich waren sie durch den Vormarsch der Franken dermaßen überrascht worden, daß sie unfähig waren, eine Gegenwehr zu organisieren. Sie stellten Geiseln, wie es der König verlangt hatte, und Hessi schwor für die Seinen einen Treueid. Statt weiter in das Innere Ostfalens einzudringen, trat Karl nach diesem Erfolg den Rückzug durch Engern an, wobei die zweite Abteilung seines Heeres, die am linken Weserufer von Süden heraufzog, ihm Flankenschutz bot. Karl rückte in den sogenannten Buckigau zwischen Weser und Deister im Herzen Engerns vor. Die dortigen Schwärme, offensichtlich in gleicher Weise überrascht wie die Ostfalen, unterwarfen sich in Person ihres Anführers Brun und anderer Großer und stellten ebenfalls Geiseln. Die zweite Heeressäule war mittlerweile bis Lübbecke zwischen Minden und Osnabrück im Westfälischen vorgerückt und deckte Karls Übergang auf das linke Weserufer. Die Reichsannalen berichten pauschal von siegreichen Kämpfen der fränkischen Verbände und von zahlreichen Opfern auf seiten der Sachsen. Im Gegensatz zu ihrer späteren Überarbeitung verschweigen sie aber, daß die Sachsen damals zu einer List griffen, indem sie sich unter den Fouragetrupp mischten, so unerkannt ins Lager der Feinde eindrangen und ein Blutbad unter den Franken anrichteten. Letztlich seien sie jedoch zurückgeschlagen worden und nach einer Übereinkunft »der Notlage entsprechend« abgezogen.

Der König, von diesem Mißgeschick in Kenntnis gesetzt, erreichte in Eilmärschen den Kriegsschauplatz, verfolgte die fliehenden Sachsen, vernichtete trotz vertraglicher Abmachungen eine stattliche Anzahl, nahm Geiseln und kehrte zum Überwintern ins Frankenreich zurück. Bezeichnenderweise nennt unser Gewährsmann keinen westfälischen Edeling mit Namen, der sich für seinen Schwarm dem König gegenüber verpflichtet hätte. Von Evangelisation in welcher Form auch immer verlautet nichts, möglicherweise schloß der Treueid zumindest die unbehinderte Missionsarbeit in den befriedeten Regionen mit ein. Auch von einer Annektion sächsischen Territoriums wird nicht berichtet, vielmehr mochte sich die fränkische Seite mit einer Art Oberherrschaft bei voller sächsischer Autonomie nach innen begnügen. So sind auch keinerlei erste Missionserfolge zu erkennen; ein Schreiben des Papstes beglückwünscht den König lediglich zu seiner Rückkehr aus Sachsen.

Selbst in Friesland hat die Glaubensverkündigung Rückschläge hinnehmen müssen, etwa nach dem Tod Lebuins, des prophetischen Zeugen des Tages von Marklo, im November 773. Sachsen verbrannten im grenznahen Deventer die Kirche, die sein Nachfolger vor Ort, Liudger, der uns noch als erster Bischof von Münster und Stifter von Werden an der Ruhr begegnen wird, wieder errichten mußte, bevor er ins Innere Frieslands zog, »um die Tempel der Götter und den Götzendienst unter den Friesen zu zerstören«. Auch hier wird erneut die besondere Form der »Tatmission« erkennbar, die vor allem auf die Vernichtung der heidnischen Kultstätten setzte.

Drängen Hadrians I. auf Restitution kirchlicher Patrimonien

Unterdessen – die Interdependenz von Italienpolitik und Sachsenkriegen ist unübersehbar – hatten sich auf der Apenninenhalbinsel die Verhältnisse erneut zugespitzt; zwar kann von einer allgemeinen Insurrek-

141

tion gegen die fränkische Herrschaft keine Rede sein, allein eine adlige Opposition wußte die Abwesenheit des Königs für ihre Zwecke zu nutzen.

Päpstliche Mahnschreiben voll Entrüstung und Enttäuschung erreichten den König, und Karl schickte zur Besänftigung seines Verbündeten im Spätsommer oder Frühherbst 775 wiederum eine Gesandtschaft nach Rom, während er selbst sich bereit machte, in Sachsen einzudringen. Zwei hohe Geistliche, ein Bischof und ein Abt, überquerten im Auftrag des Königs die Alpen. Sie wurden sehnsüchtig von Hadrian I. erwartet, der in sie seine ganze Hoffnung in Hinblick auf die versprochene Wiedergutmachung setzte, die freilich nicht nur einst entwendete Patrimonien umfaßte.

Der Papst bereitete sich, wie wir aus den Quellen wissen, freudig auf den Empfang der Gesandtschaft vor. Diese ließ, aus Perugia kommend, Rom rechts liegen und begab sich zu Herzog Hildebrand von Spoleto, der von Hadrian I. selbst als Verbündeter in dem angrenzenden Territorium als Dux eingesetzt worden war. Es war freilich bald zu Spannungen zwischen beiden gekommen. Der Papst glaubte nun eine Fehlinterpretation der königlichen Instruktionen seitens der Legaten annehmen zu müssen, als diese nach ihrem Aufenthalt in Spoleto, der eine lose Unterordnung Hildebrands unter die fränkische Herrschaft zur Folge hatte, ihren Weg südwärts nach Benevent nahmen, ohne Kontakt mit dem Nachfolger Petri aufzunehmen. Voller Zorn schrieb der Papst an den König: »Sie [die Gesandten] ließen mich in Schande und Schmach und bestärkten die Spoletiner in ihrer Dreistigkeit!« In den Augen des Pontifex wurde die Dreistigkeit der Königsboten nur noch durch die an ihn gerichtete Aufforderung überboten, sich mit dem Herzog zu versöhnen und für dessen Sicherheit Geiseln zu stellen, sollte Hildebrand nach Rom kommen.

Am 28. Oktober 775 aber zog der Papst – vor Aufregung Essen und Trinken vergessend, wie er betont – eine Trumpfkarte aus dem Ärmel in Gestalt eines ihm zugegangenen Briefes des Patriarchen von Grado, den er jetzt, mit einem Begleitbrief versehen, umgehend über die Alpen schickte, und er versäumte auch nicht, noch eine giftige Bemerkung über seinen Intimfeind, Erzbischof Leo von Ravenna, anzuhängen. Dieser habe nämlich das Siegel des Briefes, bevor er in die Hände des Papstes gelangt sei, ungehörigerweise erbrochen und mutmaßlich den Inhalt an interessierte Kreise weitergegeben. In diesem Schreiben war offensichtlich von einer weitgehenden Verschwörung die Rede: Unter Führung des im kommenden März an der Spitze griechischer Truppen zurückkehrenden Patrizius Adelchis, des nach Konstantinopel geflohenen Sohnes des Desiderius, sollte im Bündnis mit dessen Schwager Arichis von Benevent, Hildebrand von Spoleto und Rainald von Chiusi der Umsturz ins Werk gesetzt, Rom erobert, der Papst in Gewahrsam genommen und das Königtum der Langobarden erneuert werden. Was die angebliche Beteiligung der Genannten an diesem Unternehmen angeht, so sind durchaus Zweifel angebracht, da Arichis sich einer durchaus autonomen Stellung als Herzog und »princeps« erfreute und Hildebrand soeben ins fränkische Lager übergewechselt war oder es gerade tat und deshalb wohl schwerlich diesen Absprung vorbereitete. Allein Rainald von Chiusi hatte sich die Gegnerschaft Hadrians I. zugezogen, weil er auf dem Besitz von Città di Castello gegen päpstliche Ansprüche beharrte und, hierin Leo von Ravanna vergleichbar, auf einer Übergabe durch den König selbst insistierte, wie das Schreiben Hadrians I. nicht wenig anzüglich formuliert.

Tatsächlich dürfte der ganze, zunächst bedrohlich aussehende Umsturzplan nicht viel mehr als ein Gerücht gewesen sein. Zu Aktionen ist es jedenfalls nicht gekommen. Als tatsächlicher Unruheherd erwies sich nicht Mittel- und Unteritalien, sondern die slawisch-bayerische Grenzzone unter bislang byzantinischer Vorherrschaft in Istrien-Venetien, wo Herzog Rotgaud von Friaul, der nach Angabe der überarbeiteten Reichsannalen von Karl selbst in dieses Amt befördert worden war, einen Aufstand anzettelte, wohl mit dem Ziel, die Königswürde, dem früheren Beispiel des Ratchis folgend, von Friaul aus für sich zu gewinnen.

Herrschaftssicherung im Langobardenreich

Wie ernst jenseits der Alpen die Gefahr einer drohenden Separation Oberitaliens unter einem erneuerten »nationalen« Königtum genommen wurde, läßt sich daran erkennen, daß Karl, kaum aus Sachsen zurückgekehrt, sich entschloß, den Aufstand selbst niederzuschlagen und trotz des bevorstehenden Winters mit einer kleinen, aber kampferprobten Schar den Feind zu stellen. Von Diedenhofen ging er zunächst ins elsässische Schlettstadt, wo er das Weihnachtsfest feierte. Zu Beginn des neuen Jahres überschritt er den Kamm der Alpen, stieß bis Friaul vor, besiegte Rotgaud, der im Kampf fiel, und eroberte Treviso, das Rotgauds Schwiegervater beherrschte, noch vor dem Osterfest am 14. April 776. Einige der entkommenen langobardischen Aufrührer flohen zu den Awaren, die damit erstmals in unser Blickfeld treten.

Karl ergriff harte Maßnahmen: Güterkonfiskation und Deportation von Verschwörern ins Frankenreich bei gleichzeitiger Vergabe von deren Besitz an Getreue, so etwa an den Grammatiker Paulinus, der die Güter eines Waldandus erhielt, eines Kampfgefährten Rotgauds gegen die Franken. Es ist jener gelehrte Paulinus, dem Karl später das Patriarchat von Aquileia verlieh und der durch seine Schriften in den theologischen Auseinandersetzungen um den sogenannten Adoptianismus, eine christologische Häresie, eine bedeutende Rolle spielte, der andererseits aber auch als einer der wenigen prominenten Kritiker von Karls Kirchenregiment bekannt ist. Bemerkenswert an dieser Privilegierung ist das frühe Bemühen Karls, ausgewiesene Wissenschaftler, ausgezeichnete Autoren, Kenner der Antike und der Patristik, kurzum bedeutende Individuen an sich und seinen Hof zu binden. Dies war ein Grundzug seiner Politik, der ihn weit über den bloßen Eroberer oder gar Kriegshelden hinaushebt und der letztlich jene christlich-römisch-fränkische Synthese geschaffen hat, die dem europäischen Mittelalter seine ganz eigentümliche Grundlage verlieh.

Der König besaß die Gabe, große Talente an sich zu binden. In diesen Zusammenhang gehört auch die fruchtbare Bekanntschaft Karls mit Paulus Diaconus im Jahr 782, dessen Bruder Arichis als Parteigänger Rotgauds Opfer von Konfiskation und Deportation geworden war. Arichis Frau und Kinder lebten im größten Elend. Den Diakon Paulus, der in Montecassino Lehrer von Desiderius' Tochter Adalperga, Gemahlin des Arichis von Benevent, gewesen war, veranlaßte dieses harte Schicksal, den Frankenkönig selbst aufzusuchen und um Gnade für seine Verwandten zu bitten. Aus dieser Begegnung resultierte nicht nur der erbetene Gnadenerweis für die Familie, sondern ein mehrjähriger »Studienaufenthalt« am Hofe Karls, der eine reiche literarische Produktion freisetzte, nicht zuletzt die Historie der Metzer Bischöfe als Vorgeschichte des arnulfingisch-pippinidischen Hauses bis in die erlebte Gegenwart hinein. Noch im Jahr 808, am Ende seiner Regierungszeit, erteilte Karl als Kaiser einem früher ins Frankenreich deportierten Einwohner von Reggio (Emilia) ein Privileg, das diesem sein einst entzogenes Erbgut zurückerstattete. Die sogenannte Narratio des Rechtsaktes erinnert ungewöhnlich präzise an die vergangenen Ereignisse: »Damals haben wir mit Gottes Beistand und durch die Verdienste der heiligsten Apostelfürsten das Königreich der Langobarden erobert und als Bürgen einige Langobarden aus ihrem Vaterland ins Frankenreich geführt, die wir dann auf Bitte unseres geliebten Sohnes Pippin, des ruhmvollen Königs, in ihr Vaterland zurückgeschickt haben, und deren gesetzliches Erbe, das wir zuvor dem Fiskus zugesprochen hatten, soll auf unseren Befehl einigen von ihnen zurückgegeben werden.«

Auch institutionell griff Karl 776 in die Herrschaftsstrukturen vor Ort ein, indem er in den aufständischen Städten fränkische Grafen einsetzte, in anderen, loyalen hingegen einheimische Amtsträger bestellte, wie ein späteres Kapitular von 782/86 bezeugt. Der Zerschlagung größerer Einheiten, insbesondere des Herzogtums, entsprach die territoriale Aufgliederung in Grafschaften, die sich in Italien wie in weiten Teilen Galliens an die Städte anlehnten. Das Herzogtum Friaul wurde, wohl in den achtziger Jahren, zu einer Markgrafschaft vornehmlich mit Schutzaufgaben gegen die Awaren umgestaltet, deren Inhaber wie anderswo – etwa in Toulouse für Aquitanien – auch das Militärkommando in seiner Hand vereinigte.

Ein damals in Mantua verabschiedetes Kapitular berührt durchaus unterschiedliche Rechtsmaterien: Der Schutz von Kirchen, Witwen und Waisen wird auch als Aufgabe der Bischöfe, Äbte und Grafen festgelegt. Das Grafengericht wird durchgängig zur maßgebenden Instanz erklärt; ein Notar hat über die verhandelten Rechtsfälle Protokoll zu führen, was als deutlicher Hinweis auf das Fortleben der Schriftlichkeit im Mittelmeerraum zu werten ist. Visitationen der Bischöfe sind durch die Grafen zu unterstützen.

Zwei Bestimmungen sind von besonderem Interesse, und zwar zunächst das Verbot, »Sklaven«, christliche wie heidnische, nach außerhalb zu verkaufen. Dasselbe gilt allgemein für Waffen. Wir erinnern in diesem Zusammenhang an ein Kapitular desselben Jahres, das die Selbstverknechtung von Langobarden und deren Familien aus Not für unzulässig erklärt, und an das Schreiben, das Karl an Hadrian I. richtete mit dem Vorwurf, er gestatte den Verkauf von Langobarden an die Sarazenen. Der Papst wies diesen Vorwurf von sich und klärte den König über die von ihm nicht zu verantwortende Tatsache auf, daß Griechen an den Küsten der Adria Langobarden – doch wohl von ihresgleichen – aufkauften und an die Sarazenen weiterreichten. Die Not sei so groß, daß die Langobarden ganze Familien verkauften und selbst zum Überleben auf die Schiffe der Griechen gingen. Er, der Papst, habe immerhin diese Schiffe im Hafen von Civitavecchia verbrennen lassen, um dem Elend gegenzusteuern.

Ferner untersagt der Erlaß von 776 im Interesse des ungestörten Handels die Erhebung neuer Zölle und deren Einzug an weiteren Transitorten, womit das gleich zu erwähnende Einzelprivileg für Comacchio generalisiert wurde. Zum 1. August wurden die alten Münzen der kurrenten Goldwährung in Gestalt von Tremissen widerrufen, die byzantinischen Münzen nachempfunden waren, in Monogramm, Königskopf und Sternzeichen aber Eigenheiten aufwiesen. Diese »gesternten« Goldmünzen sind auch nach der Übernahme der Königsherrschaft durch Karl in Bergamo, Lucca, Mailand, Pisa und anderswo noch hergestellt worden. Erst 794 fand die Goldprägung offiziell ein Ende; der karolingische Silberdenar hält nun auch in Italien Einzug, allerdings nicht in Benevent, das bis in die Mitte des 9. Jahrhunderts eine auch durch seine Goldstücke zwischen Karlsreich und Byzanz vermittelnde Stellung einnimmt.

Der einheitliche, vorwiegend von Rom gesteuerte katholische Glaube hat sein materielles Gegenstück für lange Jahrhunderte im karolingischen Denar, dem »Euro« des Früh- und Hochmittelalters als Zahlungsmittel »Alteuropas«, das erst mit der Renaissance der Goldwährung im 13. Jahrhundert einen gewichtigen Konkurrenten aus vorwiegend städtischer Münzprägung erhält.

Das Kapitular behandelt überdies Fragen der Vasallität; so dürfen in »fränkischen« Haushalten, was offenbar als Vorsichtsmaßnahme gedacht war, Langobarden als Vasallen nur dann Aufnahme finden, wenn deren Herkunft oder Geburt bekannt ist. Ferner offenbart das Kapitular den zunehmenden diplomatischen Verkehr zwischen Nord und Süd und vor allem die Zunahme der Rompilger zu den Apostelgräbern, denn es wird verfügt, daß die »Herbergen« wieder herzustellen seien. Ganz unsystematisch wird in diesem Zusammenhang darauf hingewiesen, daß auch die königlichen Vasallen im Zuge eines geordneten Rechtsverfahrens ihr Recht vor dem Grafengericht suchen müssen. Grafengericht, Münzverrufung und -reform sowie Beseitigung hinderlicher Handelszölle sind die wesentlichen Gegenstände dieser Gesetzgebung.

Der Papst im fernen Rom hoffte weiter vergebens auf ein Zeichen des Frankenherrschers. Nutzen zog er aus dem kriegerischen Intermezzo im östlichen Oberitalien nicht, eher das Gegenteil: Die noch im Juni 776 in Vicenza ausgefertigte Urkunde für das Kloster Farfa, die bedeutendste Abtei im Herzogtum Spoleto, zeigt die engen Kontakte des Königs mit den Kirchenführern dieser Region, zumal sich Farfa auf Dauer jedem römischen Zugriff zu entziehen wußte. Auf eine wesentliche Verbesserung der Lage im umstrittenen Exarchat mochte der Papst erst hoffen, als sein Hauptwidersacher, Erzbischof Leo von Ravenna, das Zeitliche segnete.

Karl nutzte seinen Italienaufenthalt weder zu einem neuerlichen Besuch des Apostelgrabes, noch ließ er sich in irgendeiner übereilten Weise zur Erfüllung seiner Versprechen verleiten. Ganz offensichtlich stand zunächst die Konsolidierung der eigenen Königsherrschaft im langobardischen Kernreich wie auch in Spoleto und Benevent ausweislich der letzten Gesandtschaft ganz im Vordergrund seiner politischen Agenda. Eigene Erfahrungen und Einsichten, Berichte und Expertisen seiner Getreuen mußten das künftige machtpolitische Verhältnis zwischen Frankenkönig und römischem Pontifex auf der Basis des Status quo dieser Jahre vorbereiten helfen. Eile war in den Augen des Königs nicht geboten. Noch auf dem Weg zum Mont Cenis, dem wichtigsten Alpenübergang dieser Jahre in den Südwesten seines Reiches, begünstigte der König seinen alten Parteigänger Abt Anselm von Nonantola.

Mit »Glück und Sieg« kehrte Karl wohl im Spätsommer 776 ins Frankenreich zurück, wo ihn wenig erfreuliche Nachrichten aus dem nordöstlichen Grenzgebiet erwarteten.

Neue Sachsenaufstände

Die Sachsen, durch ein Nachrichtennetz gut informiert, hatten offenkundig die erneute Abwesenheit des fränkischen Königs trotz Eidesleistung und Geiselstellung zu einem Gegenschlag genutzt. Sie griffen wiederum die Eresburg an, erreichten den Abzug von deren Besatzung, wofür in unseren profränkischen Quellen böse Einflüsterung und unheilvolle Beschlüsse verantwortlich gemacht werden, und zerstörten die Zwingfeste. Ihr nächstes Ziel war die Hohensyburg; die dortige Wachmannschaft hielt aber stand, unternahm sogar einen Ausfall, schlug die

Gegner unter starken Verlusten in die Flucht und setzte ihnen bis an die Lippe nach. Ein wesentlich späterer Zusatz zu den überarbeiteten Reichsannalen weiß gar von sächsischer Belagerungstechnik zu berichten. Die »Maschinen« und Steinschleudern hätten freilich mit Gottes Hilfe im eigenen Lager mehr Schaden gestiftet als unter den eingeschlossenen Franken, was auf Probleme der Technikbeherrschung hinweist. Schließlich seien die Angreifer durch ein Sonnenwunder über dem Dach der Burgkapelle bezwungen worden. Danach zeigte sich erneut ein christlicher »Sieggott« den Seinen hilfreich wie bei dem Rettungswunder in Fritzlar.

Karl erhielt diese Nachrichten in seiner Pfalz zu Worms, rief eiligst eine Zusammenkunft ein und zog unverzüglich mit einem gewaltigen Heeresaufgebot durch Westfalen zur Hohensyburg, wobei Straßensperren und Verhaue das fränkische Heer nicht am Durchmarsch hindern konnten. Der Überraschungscoup gelang vollkommen; so wenig wie seine langobardischen Gegner hatten auch die sächsischen Aufständischen mit dieser raschen Zusammenziehung frischer Truppen und dem Anmarsch unter der Führung des Königs unmittelbar vor Herbstbeginn gerechnet. Der schnellen Aushebung gutausgerüsteter Verbände, der Schlagkraft und dem strategisch-taktischen Geschick der Führung wußten die mühsam zu koordinierenden Schwärme nichts Gleichwertiges entgegenzusetzen. Sie verzichteten weithin auf Gegenwehr und zogen dem fränkischen König bis zu den Lippequellen entgegen.

Ein kleineres, aber hochbedeutsames Annalenwerk faßt das Ergebnis dieser Wochen dergestalt zusammen: »Als die Heiden sahen, daß sie den Franken nicht widerstehen konnten, kamen Große, von Furcht getrieben, zu dem Herrn König Karl und baten um Frieden; große Volksmassen wurden getauft, und die Franken errichteten innerhalb der sächsischen Grenzen eine befestigte Anlage (civitas), die Karlsburg (urbs Karoli) genannt wurde.« Die Edelinge ergaben sich und setzten damit ein Zeichen für ihre Gefolgschaften, sich durch die Annahme der Taufe gleichfalls dem fränkischen König zu unterwerfen. Diese Annahme des christlichen Glaubens geschah erneut demonstrativ als Massentaufe ohne vorherige religiöse Unterweisung.

Somit schien Karl bereits im dritten Anlauf sein Ziel erreicht zu haben, nämlich die Sachsen als »Besiegte der christlichen Religion zu unterwerfen«. Die Sachsen mußten ferner in einem rechtsförmlichen Vertrag dem König ihr Vaterland durch ein Symbol, wohl einen Stab, übergeben und eidlich bekräftigen, daß sie Christen bleiben und der Herrschaft »des Herrn Karl und seiner Franken« unterworfen sein wollten. Diese Unterwerfung bedeutete zugleich Verzicht auf Handlungsfreiheit nach innen und außen. Die autochthon-autonome Rechts-, Sozial- und Wirtschaftsordnung wird nicht angetastet, auch die politischen Strukturen erfahren noch keine wesentlichen Eingriffe. Allerdings mußten Mission, Kirchenbau und das damit verbundene Zehntgebot die Lebensverhältnisse bereits auf mittlere Frist wesentlich umgestalten. An eine sofortige Besetzung, Annexion und Eingliederung Sachsens in das fränkische Reich war offenbar nicht gedacht, eher an eine vertraglich abgesicherte Annäherung der Völkerschaften. Diese konnte angesichts der »Kopflosigkeit« der politischen Führung und der »Segmentierung« der sächsischen Gesellschaft ganz unabhängig von einzelnen Aufständen und Kriegshandlungen nur langsam erfolgen.

Überwindung des gefährlichen Gegners und Massentaufe bilden den Hintergrund eines der frühesten Texte karolingischer Dichtung, des sogenannten *Carmen de conversione Saxonum,* das Karls Bekehrung der Sachsen, deren Abwendung von den Dämonen und Hinwendung zur Trinität, »auf der allein unsere Hoffnung des Lebens beruht«, als heilsgeschichtliche Tat feiert, die sich der Schöpfungsgeschichte des Vaters und der Menschwerdung Christi würdig als drittes Teilstück anschließt. Karl habe das lebenspendende Werk des großen Kriegers und Retters Christus durch sein heilskräftiges Schwert vollendet, die Sachsen durch seinen Sieg gerettet und ihnen den Frieden im Namen der Trinität gebracht. Er sei ein Streiter Gottes, ein neuer Gideon, ihm werde Belohnung im Jüngsten Gericht zuteil, er werde die Gaben des »Sternenreiches« empfangen. Nicht der Sieg, die Bekehrung der Sachsen aus ihrem teuflischen Chaos zur »großen Halle als neues Geschlecht Christi« sei sein Ruhmestitel.

Die ältere Forschung verband dieses poetisch an Vergil und dem Angelsachsen Aldhelm von Malmesbury orientierte Poem aus 75 Hexametern nach seiner Textüberlieferung mit Angilbert, dem späteren Abt von St. Riquier und Liebhaber von Karls Tochter Rotrud, spätere Autoren nennen Bischof Lul von Mainz oder Paulinus von Aquileia, während neuerdings die Waagschale sich wieder Angilbert zuneigt, nicht zuletzt wegen dessen ausgeprägter und in den Klosterbauten von St. Riquier sogar in Stein geformter Vorliebe für die Trinität und eine Symbolik, die auch in dem Gedicht zum Vorschein kommt.

Karl führte die Eresburg wieder auf und ließ die nach ihm benannte Karlsburg erbauen, die man nach den erfolgreichen Ausgrabungen der siebziger Jahre als Keimzelle von Pfalz und Bistum Paderborn meint identifizieren zu können, was freilich durchaus zweifelhaft ist, zumal der Ortsname Paderborn älter ist und auf vorgermanisches Sprachgut – Quelle der Pader – zurückgeht. Möglicherweise ist die Karlsburg gut drei Kilometer östlich der karolingischen Klostergründung Liesborn zu suchen, in den Wallresten der sogenannten Hünenburg. Die Namengebung Karlsburg erinnert nicht nur von fern an Konstantinopel: Stadt des Konstantin. Die Gründung Karls hatte indessen keinen Bestand, wenn sie nicht alsbald in Paderborn aufging.

Nach Geiselnahme in gewohnter Weise und Zurücklassung »fränkischer Scharen« in den Grenzfesten zog Karl über den Rhein zurück in sein Kernland nach Herstal bei Lüttich, wo er das Weihnachtsfest feierte. Nach der Winterpause begab er sich zum Osterfest nach Nimwegen. Nicht von ungefähr erhielt in diesen Monaten Fulda, dem bereits in naher Zukunft eine wichtige Rolle bei der Missionierung zugedacht werden sollte, zur materiellen Sicherung den großen Fiskus Hammelburg an der fränkischen Saale übertragen. Der Text liefert zugleich ein frühes Zeugnis für Weinbau in der nördlichsten Region des heutigen Unterfranken. Die tatsächliche Einweisung in den Besitz fand erst am 8. Oktober 776 durch zwei Grafen und zwei königliche Vasallen vor Ort statt. Das Protokoll dieser Übergabe, die sogenannte Hammelburger Markbeschreibung, ist erhalten und gilt als eines der frühesten und bedeutendsten Zeugnisse althochdeutsch-volkssprachlicher Überlieferung.

Den Sieg über die Sachsen und die Massentaufen nahm Karl zum Anlaß, den Kontakt mit Rom wiederaufzunehmen und den Papst günstig zu stimmen. Dieser war in seinen Erwartungen hinsichtlich Spoletos und wohl auch Benevents enttäuscht worden und hatte sich obendrein noch mit den Eigenmächtigkeiten und Übergriffen seines Intimfeindes Erzbischof Leos von Ravenna auseinandersetzen müssen. Der Heilige Vater wurde nicht nur über die erfreulichen Ereignisse am Rande der Ökumene unterrichtet, ihm wurden zugleich Hoffnungen auf die baldige Ankunft des Königs in Italien und in Rom gemacht, was verständlicherweise Freude auslöste. Hadrian I. bot dem König sogar schriftlich an, ihm auf seinem Weg entgegenzukommen. In seine frommen Segenswünsche schloß er am Ende des Schreibens auch die Königin als »unsere herausragende Tochter« sowie Pippin und Karl als »geliebteste Söhne« mit ein und wünschte, daß sich alle barbarischen Nationen vor den Fußspuren des Königs niederwerfen mögen.

Die Paderborner Reichsversammlung von 777

Karls Gedanken kreisten in der Tat weiterhin um die Missionsaufgaben: Am 8. Juni 777 erhielt die Kirche von Utrecht, das alte Evangelisationszentrum der Angelsachsen und Franken, aus seiner Hand Grund- und Forstbesitz sowie eine Kirche nahe der geistlichen Filiale Deventer, bevor noch der König zu einer großen Heerschau, Reichsversammlung und Synode nach Sachsen aufbrach, an der auch die neugetauften Sachsen aus allen Regionen teilnehmen sollten. Als Ort der Zusammenkunft war das wasserreiche Paderborn vorgesehen. Hier war ein »palatium« errichtet worden mit einer Salvatorkirche, die im selben Jahr geweiht werden konnte, wobei es sich sicherlich um einfache Holzbauten handelte, wie sie in der Kürze der zur Verfügung stehenden Zeit errichtet werden konnten.

Im Schutz von Hohensyburg und Eresburg konnte der König im Sommer, vermutlich im August, ein »Maifeld« zur Demonstration von Stärke und Überlegenheit nutzen. Aber nicht nur ein stattliches Heereskontingent befand sich in seiner Begleitung, auch eine erlesene Schar von Bischöfen, Äbten, Priestern und Klerikern bildete, wie die Lebensgeschichte Abt Sturmis von Fulda zu berichten weiß, den Kreis für eine Synode, die, wie damals durchaus üblich, im Rahmen dieser allgemeinen Versammlung zusammentrat. Als prominente Mitglieder kennen wir aus dem Text einer Urkunde den »Primas« der fränkischen Kirche, Erzbischof Wilchar von Sens, als Nachfolger Chrodegangs von Metz bisher einziger Metropolit des Frankenreiches, ferner Bischof Angilram von Metz und nicht zuletzt Abt Fulrad von St. Denis, der wohl auch aus Altersgründen noch vor seinem Zug ins heidnische oder kaum bekehrte Sachsen in einer Art Testament über seinen Besitz, zumal im Elsaß, zugunsten seines Klosters verfügt hatte.

Über den Verlauf und die Beschlüsse dieser Versammlung haben wir keinerlei präzise Nachrichten; wir können nur vermuten, daß damals allgemeine Überlegungen zur Errichtung von Missionssprengeln im

Sächsischen angestellt worden sind und bereits auch bestimmte Missionsbezirke ausgetan wurden, so an Abt Sturmi von Fulda, dem damals angeblich »der größte Teil des Volkes zur Seelsorge anvertraut worden war«. Die Zeit sei dafür reif gewesen, und Sturmi habe die Sachsen belehrt, »die Idole und Götzenbilder zu verlassen, den Glauben Christi anzuerkennen, die Götzentempel zu zerstören, die Haine abzuholzen und heilige Kirchen zu bauen«.

Diese »vierschrötige Praxis« (Hans Patze) ist uns auch in der Nachfolge des frommen Abtes Gregor von Utrechter Missionaren vertraut, die nicht nur die fremden Kultstätten zerstörten, sondern überdies »all das raubten, was ihnen [den Friesen] wertvoll war«. Auch die übereifrigen Schüler des heiligen Willehad, der in Dokkum missionierte, wo Bonifatius den Märtyrertod gefunden hatte, riskierten ihr und sein Leben bei derartiger »Tatmission«.

In Paderborn schien sich die Ausbreitung des christlichen Glaubens gut anzulassen. So kam es erneut zu Massentaufen, die freilich durch einen bezeichnenden Schwur abgesichert werden mußten. Nach Auskunft der Reichsannalen mußten die Neubekehrten »nach ihrer Sitte ihre Freiheit und ihr Erbgut als Pfand in [seine] Hände geben, sofern sie sich wieder änderten nach ihrer üblen Gewohnheit und nicht in allem am Christentum und der Treue zu dem genannten Herrn König, seinen Söhnen und den Franken festhielten«. Die Formulierungen erinnern nicht von ungefähr an die drohenden Worte Lebuins, die dieser wenige Jahre zuvor auf der sächsischen Stammesversammlung von Marklo gesprochen haben soll. Der Abfall vom christlichen Glauben, als Treulosigkeit gegenüber König, Königssöhnen und Franken interpretiert, zog jetzt den Verlust der persönlichen Freiheit und des Eigentums nach sich: Enteignung, Verbannung, Tod. Diese Drohungen dürften ihren Zweck nicht verfehlt haben; auch werden in nicht wenigen Fällen die Zweifel manches Edelings aus der sächsischen Führungsschicht mit reichhaltigen Zuwendungen gemildert worden sein. Als Beispiel solcher »Frankisierung« mag das Schicksal des Grafen Hessi dienen, der bereits einmal Vertragspartner Karls gewesen war. Dieser trat nach dem Tod seines einzigen Sohnes und der Ausstattung seiner Töchter, deren älteste später als Klostergründerin, unter anderem in Wendhausen am Harz, bezeugt ist, in die Abtei Fulda ein und verstarb hier als Mönch im Jahr 804.

Aus der Konfiskation von Grundbesitz in Sachsen dürfte dem König eine gewisse disponible Masse zugeflossen sein, die ihn in den Stand setzte, neue Anhänger zu gewinnen und alte zu belohnen oder aus diesem Vermögen eine erste materielle Grundlage für weltliche und geistliche Amtsbezirke wie Grafschaften, Bistümer oder Pfarreien bereitzustellen. Noch im 11. Jahrhundert erinnert eine Urkunde Heinrichs IV. an den Sachverhalt, daß sein Vorgänger Karl mangels Gütern und Rechten aus Königsbesitz dem Vermögen der Bischofskirchen allein den Zehnten zuweisen konnte. Hier findet auch die von Alkuin später beklagte Zehnteintreibung, die den Sachsen die Annahme des Christentums besonders erschwert habe, eine pragmatische Erklärung. Dem sogenannten Poeta Saxo, dem »sächsischen Dichter« zufolge sollte freilich nahezu ein Jahrhundert vergehen, bis die Sachsen selbst zwischen einem Tribut als Zeichen der Unterwerfung unter eine fremde Macht und einem Kirchenzehnt zum Unterhalt geistlicher Einrichtungen nach biblischem Vorbild unterscheiden konnten.

Die Paderborner Reichsversammlung mit den erwähnten Massentaufen machte auf die fränkischen Annalisten einen gehörigen Eindruck. Für sie verband sich mit diesem Ereignis der Glanz christlicher Missionserfolge, und ein wohl in diesen Monaten gedichteter Lobpreis Karls – möglicherweise aus Fulda – versteigt sich gar zu der Schmeichelei, der König habe »die Scharen aus den Wäldern zu den Himmelreichen emporgezogen und schon aus scharfen Wölfen sanfte Schafe gemacht«. Von diesem paradiesisch-friedlichen Zustand war die sächsische Gesellschaft freilich weit entfernt, noch ruhten Löwe und Schaf nicht friedlich beieinander. Zwar sind bestimmte Erfolge nicht auszuschließen, kenntlich wohl an frühen Dionysiuskirchen im sächsischen Missionsgebiet, insbesondere im Visbeker Sprengel, aber nicht nur die erzwungene Zahlung des unverstandenen Kirchenzehnts, der Edelingen und Freien als Minderung ihres Rechtsstatus erscheinen mußte, auch bestimmte Formen der Mission mußten Widerstand auslösen. Auf die übliche Frage beim Taufgelöbnis etwa: »Versagst Du allem Teufelswerk und -willen?« hatte der sächsische Täufling oder sein Pate statt der sonst üblichen kurzen Replik »Ich versage« zu antworten: »Ich versage allen Teufelswerken und -worten, Donner und Wotan und Saxnote und allen den Unholden, die ihre Genossen sind.« Dies mochte den Eingeborenen um so unverständlicher erscheinen, als auch die Christen neben ihrer ohnehin schwerverständlichen Trinität eine Fülle von Heiligen verehrten, die keiner Kritik oder Verachtung ausgesetzt waren. So machten noch im 9. Jahrhundert halbaufgeklärte Skandinavier dem

Missionar Ansgar den Vorschlag, den Christengott der eigenen Götterwelt zu assoziieren, um so einen weiteren Garanten für Wohlstand, Fruchtbarkeit und Kriegsglück zu gewinnen. Zwischen diesen Kulturen bestanden mentale Abgründe, die erst im Verlauf vieler Jahrzehnte, wenn nicht Jahrhunderte abgebaut oder in einer Art kultureller Legierung verbunden werden konnten.

Mit dem mentalen Gegensatz blieb auch nach der demonstrativen Heerschau von Paderborn der politische Widerstand führender Edelinge gegen die »Überwältigung« (Helmut Beumann) virulent. Dieser sollte sich bald an einer Person festmachen, die 777 nach Dänemark entwichen war, bald aber zu einem der schwierigsten Gegner Karls als Führer der sächsischen Guerilla emporsteigen sollte: Widukind, beheimatet im mittleren Wesergebiet, einer der vornehmsten Westfalen, wie die überarbeiteten Reichsannalen uns wissen lassen, der »im Bewußtsein seiner vielen Verbrechen geflohen sei«. Den Reichsannalen gilt er als Rebell, Einhart erwähnt ihn nicht einmal, und die spätere, im Auftrag des Widukindenkels Waltbert gegen 860 verfaßte Translationsgeschichte des heiligen Alexander von Rom nach Wildeshausen nennt ihn gar unbefangen »Urheber des Abfalls oder Treuebruchs«, rühmt ihn aber gleichzeitig als Gestalt, die »unter den Sachsenführern sowohl an Ruhm des Geschlechts als auch an Fülle der Mittel herausragte«. Für Widukind von Corvey schließlich, seinen Namensvetter im 10. Jahrhundert, sind der große Karl und der Sachsenherzog einander ebenbürtig.

Widukind, dessen angebliches Grab in Enger sich zur Kultstätte entwickelte, ist bereits im Hochmittelalter zur legendären Gestalt geworden und reifte schließlich zum mythischen Antipoden Karls, des »Sachsenschlächters«, und zur Verkörperung niedersächsischen Volkstums, wie das sogenannte Niedersachsenlied aus dem 19. Jahrhundert vollmundig verkündet, vergleichbar nur noch der Gestalt Heinrichs des Löwen, des Gegenspielers Friedrichs I. Barbarossa, in dem der norddeutsch-süddeutsche Gegensatz sich angeblich gleichfalls manifestierte. Aber bereits im 9. Jahrhundert empfing der Rebell das Epitheton ornans »magnus«, und der westfränkische Autor Richer von Reims ließ ihn gar im 10. Jahrhundert zum Spitzenahn der westfränkischen Kapetinger aufsteigen.

Erste Krise der Königsherrschaft: Das spanische Abenteuer

Der Frankenkönig nutzte freilich die Reichsversammlung in Paderborn nicht nur zur Behandlung der sächsischen Frage, sondern er ventilierte auch außenpolitische Aspekte und empfing eine Delegation aus dem fernen Spanien. Bei der Delegation handelte es sich um »Sarazenen«, an ihrer Spitze Ibn al Arabi, besser bekannt als Suliman al Arabi, die den Kontakt zum fränkischen Hof aufnahmen und um militärische Hilfe ersuchten, worüber freilich die offiziösen Quellen schweigen.

Der bemerkenswerte exotische Adventus – man stelle sich Aufzug und Zeremoniell der Muslime im fast heidnischen Westfalen vor! – ist vor dem Hintergrund innerarabischer Auseinandersetzungen zu sehen, die vor allem die Iberische Halbinsel in Mitleidenschaft zogen. Nach dem Sturz der Omaijadendynastie durch die Abbasiden in der Mitte des 8. Jahrhunderts und der damit verbundenen Verlagerung des Herrschaftszentrums nach Bagdad war es einem Mitglied der entmachteten Dynastie gelungen, im spanischen Córdoba, sozusagen am Rande des Moslemreiches, ein Emirat zu gründen und zu behaupten. Freilich war dieses Reich bedroht durch den Kalifen, die Reconquista aus Asturien und vor allem durch aufständische Provinzialstatthalter des Ebrotals und der nördlichen Regionen, die zur Beseitigung der Herrschaft Abdarrahmans I. ad-Dakhil nicht einmal vor dem Bündnis mit den »Ungläubigen« zurückschreckten.

Nach den überarbeiteten Reichsannalen soll Suliman al Arabi sich und seine Städte, die er aus der Hand des »Königs der Sarazenen« empfangen hatte, Barcelona und Gerona, dem fränkischen Herrscher unterstellt haben. Dieses Geschichtswerk dürfte auch das Richtige treffen, wenn es zu 778 meldet: »Damals aus Überredung der genannten Sarazenen gewann er [Karl] die Hoffnung auf den Gewinn einiger Städte in Spanien und versammelte ein Heer und machte sich auf den Weg.« Die späteren Metzer Annalen versuchen den Vorstoß auf unbekanntes Gebiet gar mit dem Hilferuf der Christen zu bemänteln, die angeblich »in Spanien unter härtestem Joch der Sarazenen lebten«. Davon wissen die sonstigen Quellen nichts, zumal die Christen damals durchaus bei leidlichen Bedingungen der arabischen Oberherrschaft unterworfen waren. Auch der Papst ließ sich für diesen Kreuzzug enthusiasmieren, erwartete er doch nach seinen Informationen einen Angriff des »Geschlechtes der Söhne Hagars« auf fränkisches Territorium, nämlich auf Aquitanien oder eher noch auf Septimanien; er sandte Gebete für den Sieg des »süßesten Sohnes und Königs« gen Himmel und erflehte, »daß Gott auf Vermittlung des heiligen Apostels Petrus dieses unsägliche Volk in die Hand des Königs geben wolle, so wie einst das Volk Pharaos im Roten Meer untergegangen sei«.

Gewiß dürfte sich Karl im Hochgefühl der Erfolge seiner bisherigen Herrschaft – Befriedung Aquitaniens, Alleinherrschaft im Reich, Eroberung und Übernahme des Langobardenreichs, Unterwerfung und Massentaufe der Sachsen – zu weiteren Taten angespornt gefühlt haben, zumal der Erwerb von Teilen Nordspaniens bis zum Ebro die Chance bot, nicht nur für das Christentum eine Bresche zu schlagen, sondern auch die Basken jenseits und diesseits der Pyrenäen besser in Schach zu halten. Daneben steckte sicher ein Schuß Abenteuer in dem Vorhaben, zumal die Seriosität des Angebots und der Partner nicht unbedingt richtig einzuschätzen war, ganz zu schweigen von dem kulturell-religiösen Dissens zwischen Christen und Sarazenen. Das ganze Unternehmen endete bekanntlich in einer mittleren Katastrophe mit allerdings damals nicht vorhersehbaren Auswirkungen auf den europäisch fundierten Karlsmythos des Hochmittelalters: Chanson de Roland und Rolandslied verbinden sich mit diesem durchaus mißlungenen militärischen Intermezzo.

Im Spätjahr 777 sammmelte Karl ein Heer und machte sich bereits im Dezember auf den Weg nach Süden, wo er in der Pfalz Doucy im nachmaligen Lothringen Weihnachten feierte. Am Osterfest 778 ist er in der Pfalz Chasseneuil unweit von Poitiers nachzuweisen, wiederum begleitet von seiner Gemahlin Hildegard, die damals erneut hochschwanger war. Noch im Frühjahr 778 überschritt er, vermutlich um der Sommerhitze zu entgehen, die Pyrenäen, ohne auf Widerstand südlich der Garonne zu stoßen. Sein Weg führte wohl von St. Jean-Pied-de Port über den Paß von Ibenuta, an dessen Fuß Roncesvalles liegt, nach Pamplona und schließlich nach Saragossa. Hier traf Karl auf die zweite Heersäule, die aus Burgund, Austrien (nordöstliches Frankenreich), Bayern, der Provence und Septimanien zusammengezogen worden war. Der Aufmarsch in zwei Abteilungen bot sich an, da die zuletzt genannten Kontingente den Weg an der Mittelmeerküste entlang über Gerona und Barcelona zum Ebro nehmen konnten. Die Teilnahme von Bayern signalisiert ein in diesen Jahren offenkundig unbelastetes Verhältnis zwischen dem Frankenkönig und Herzog Tassilo. Ganz gewiß wird man die Aussicht auf reiche Beute und Abenteuer als Anreiz zur Teilnahme an diesem außergewöhnlichen Zug durchaus nicht gering veranschlagen dürfen.

Der sogenannte Astronom, einer der beiden Biographen Ludwigs des Frommen, schildert später den Pyrenäenübergang in den düstersten Farben, vergleicht aber Karl auf diesem Weg mit Hannibal und dem großen Pompeius, die ihm aus der Lektüre der Geschichtswerke des Livius und des Sallust vertraut waren. Nach Aussage der Metzer Annalen, jener hochoffiziellen Dokumentation aus dem ersten Jahrzehnt des 9. Jahrhunderts, zitterte gar ganz Spanien vor den »unzählbaren Legionen« der Franken. Aus der Übergabe oder gar Einnahme Saragossas wurde freilich nichts, das Zweckbündnis der rebellischen Statthalter war mittlerweile zerfallen. Außer einigen Geiseln ließ sich nichts gewinnen: Das ganze Unternehmen gründete auf haltlosen Versprechungen und war damit offenkundig auf Sand gebaut. Kurzentschlossen trat Karl den Rückzug an, »unterwarf aber« nach Auskunft der Reichsannalen »die spanischen Basken und die Bewohner Navarras«. Pamplona, Kern des späteren Königreichs Navarra, damals gleichsam »Ostmark« (Ludwig Vones) des christlichen Königreichs Asturien in westgotischer Nachfolge und Hauptsiedlungsgebiet der Basken mit einem beachtlichen Keil auch jenseits der Pyrenäen, hatte sich dem fränkischen Zugriff widersetzt und wurde deshalb in einer Art Ersatzhandlung statt einer muslimischen Feste bis auf die Grundmauern niedergelegt, das heißt wehrlos gemacht. Eine strategische Bedeutung konnte Pamplona für die Franken weder im Hinblick auf die Sarazenen noch auf die Basken jenseits der Gebirgskette haben.

Das mißlungene Abenteuer endete mit einer Niederlage. Bekanntlich kommt ein Unglück aber selten allein, und so wagt nahezu als einziger Einhart ausführlich von dem Ereignis zu berichten: »Auf dem Rückmarsch über die Pyrenäen mußte er [Karl] allerdings noch die Treulosigkeit der Basken erleben. Diese Gegend ist wegen ihrer dichten Wälder für Überfälle aus dem Hinterhalt sehr geeignet. Als das Heer – die engen Bergpfade ließen es nicht anders zu – in einer langen Reihe daherzog, griffen die Basken, die sich auf einer sehr hohen Bergspitze als Hinterhalt postiert hatten, die hinterste Gepäckabteilung und die sie schützende Nachhut an und drängten sie, von oben heranstürzend, ins Tal hinab. In dem folgenden Gemetzel wurden die Franken bis auf den letzten Mann niedergemacht. Die Basken plünderten das Gepäck und zerstreuten sich schnell im Schutz der hereinbrechenden Nacht in alle Richtungen. Durch ihre leichte Bewaffnung und die günstige Beschaffenheit des Ortes waren sie in diesem Treffen sehr im Vorteil, während die Franken wegen ihrer schweren Bewaffnung und des für sie ungünstigen Terrains in allem benachteiligt waren. In diesem Kampf fielen der Truchseß der königlichen Tafel, Eggihard, Anselm, der Pfalzgraf, Hruodland, der Markgraf der Bretagne, und viele andere. Bis heute konnte das Geschehen nicht gerächt werden, da der Feind nach vollbrachter Tat sich so weit verstreute, daß nicht einmal ein Gerücht blieb, wo in aller Welt er zu finden sei.« Die letzte Bemerkung kaschiert lediglich das Unvermögen der Franken und Karls, diesen Tort an den Basken zu rächen.

Auch die überarbeiteten Reichsannalen, die im Gegensatz zu ihrer Vorlage von einer schweren Niederlage sprechen und vom Tod hochrangiger Anführer, schließen ihren Kurzbericht mit den vielsagenden Worten: »Dieser Verlust überschattete wie eine Wolke im Herzen des Königs einen großen Teil der spanischen Erfolge.«

Dem Verlust der Nachhut bei der Überquerung der Pyrenäen, verbunden mit dem Tod wichtiger Berater und Amtsträger, war ein Kampf bei dem Paßort Roncesvalles vorangegangen, der selbst erstmals im berühmten altfranzösischen Rolandslied genannt wird. Neuere spanische Forschungen verlegen das Geschehen ins Tal des Aragón Subordán in die Umgebung des Klosters Siresa. Die Niederlage in unwegsamem Gelände, schwergerüstet und mit Troß, gegen schnellfüßige, leichtbewaffnete Angreifer, denen es vor allem auf rasche Beute ankam, erinnert von ferne an die Varusschlacht im Teutoburger Wald.

Politisch entscheidend an dem desaströsen Vorgang war aber der verheerende Eindruck, den die Niederlage auf das Heeresaufgebot machen mußte, das nicht nur aus der Francia, sondern etwa auch aus Bayern zusammengeführt worden war und statt Sieg und Beute nun eine herbe Niederlage hinzunehmen hatte. Karls Ruf als Kriegsherr war beschädigt, und so ist es kein Wunder, daß die offiziöse Geschichtsschreibung sich diskret zurückhält und mit Informationen geizt. Erst in der Überarbeitung der Reichsannalen und mehr noch durch Einhart, der aus der Distanz eines halben Jahrhunderts die höchst erfolgreiche Vita seines Helden insgesamt vor Augen hatte, wird der Schritt an die »Öffentlichkeit« gewagt. Die Erinnerung an Roncesvalles, die aufständischen Basken diesseits und jenseits der Gebirgskette, wohl auch das gescheiterte Bündnis mit den Sarazenen blieben ein Stachel im Fleisch, auch wenn Karl in der Folgezeit politisch in den östlichen Pyrenäenraum ausgriff, 785 Gerona ohne Kampf eroberte und 789 in die Provinzen Urgell und Cerdagne vorstieß. Von dieser Politik künden insbesondere die weitreichenden Privilegien Karls (und Ludwigs des Frommen) für die »Hispani«, die christlichen Flüchtlinge aus dem muslimischen Spanien, die als »Aprisionäre« besondere Vergünstigungen bei der Ansiedlung im Süden des Imperiums, zumal auf Rodungsland, erhielten.

Dem Epitaph Eggihards zufolge hat das Desaster am 15. August 778, also am Tag Mariä Himmelfahrt, stattgefunden, ein Datum, das die Gefallenen im Verständnis der Zeit in unmittelbare Nähe zu den altchristlichen Märtyrern rückte. Aus diesem an sich banalen Geschehen eines wenig durchdachten Unternehmens, das dem Prestige des Königs als Heerführer abträglich sein mußte, erwuchs wenige Jahrhunderte später einer der folgenreichsten Mythen um die Gestalt Karls des Großen und seiner »Paladine« Roland und Olivier. Davon zeugen in einigen wenigen Handschriften das um 1100 entstandene altfranzösische Rolandslied, die Chanson de geste schlechthin, der lateinische Pseudo-Turpin um 1140 und das mittelhochdeutsche Rolandslied des Pfaffen Konrad, wohl um 1170 aufgezeichnet. Diese Kompositionen nehmen Ort, Zeit und Personen als Folie der eigenen Zeitgeschichte, auf der sich die Welt der Kreuzzüge, die Wallfahrt nach Santiago de Compostela und die zahlreichen Probleme der Feudalgesellschaft – Treue und Verrat – wiederfinden.

Die legendenhafte Überhöhung des Geschehens, die aus den Paladinen Märtyrer und aus dem Frankenkönig einen Heiligen macht, blieb aber nicht auf Manuskripte beschränkt, sondern fand sichtbaren Ausdruck auch in Fresken und Kirchenfenstern, in Skulptur und Goldschmiedearbeit, die sich der Popularisierung des Geschehens und seiner Träger, insbesondere Karls und seiner Vasallen, mit starker Wirkung annahmen. Als einige herausragende Beispiele dieses gesamteuropäischen Mythos seien das themenfixierte Fenster der Kathedrale von Chartres, das Portal des Doms von Verona und der Aachener Karlsschrein hervorgehoben. Die beispiellose Karlsrenaissance des 12. Jahrhunderts in der Konkurrenz zwischen Staufern und Kapetingern um ihren vermeintlichen Ahnherrn, die den großen Frankenkaiser zum nationalen Heros und Reichsheiligen und in Roland den Typus des hochmittelalterlich-gotischen Ritters stilisierte, fand ihre weiteste Verbreitung in Siegelbildern – erstmals wohl in Aachen 1165 – und in figürlicher Darstellung. So wird der Roland zum Garanten der von Karl verliehenen städtischen Freiheiten gegenüber der geistlichen Obrigkeit: zunächst in Holz, so in Hamburg und Bremen, danach in Stein. Bis heute legt der Roland vor dem Rathaus in Bremen von 1404, zugleich die größte erhaltene freistehende Plastik des Zeitalters jenseits der Alpen, davon Zeugnis ab und tradiert den Karlsmythos noch in eine ferne Zukunft. Jenseits des Rheins stärkte gar die Herausgabe des altfranzösischen Chanson de Roland während der deutschen Besatzung im Zweiten Weltkrieg die Résistance.

Noch auf dem Rückzug ordnete Karl die politisch-administrativen Strukturen in Aquitanien, wie Jahrzehnte später der Astronom zu berichten weiß. Außer auf Mithilfe durch die Bischöfe setzte der König, wie unser Gewährsmann ausführt, auf Grafen, Äbte »und viele andere, die man vassi nennt aus dem Volk der Franken« und die im Verständnis des Chronisten gewiß Lehnsträger waren, durch Eid und Handgang unmittelbar dem König verbunden und diesem dienend gegen Überlassung eines Lehnsobjekts, in der Regel ein stattlicher Landbesitz. Man kann freilich davon ausgehen, daß im Jahr 778 das Netz von persönlicher Bindung und dinglichem Substrat nicht so eng geknüpft war, wie dies im Hochmittelalter die Regel war. In Gestalt dieser Vertrauten schuf sich der König über die eigentlichen Amtsträger Bischöfe, Äbte und Grafen hinaus ein Gewebe von Personalkontakten, das erst eine leidliche Funktionalität des frühmittelalterlichen »Regierens« gestattete und zugleich den König mit seinen Großen dauerhaft verband, wozu auch deren Ausstattung mit Güterkomplexen aus Fiskal- oder Kirchenbesitz notwendigerweise gehörte.

»Ihnen übertrug er«, so unser Gewährsmann, »die Sorge für das Reich, wie er es für nützlich erachtete, die Sicherung der Grenzen und die Aufsicht über die königlichen Landgüter.« Neun Grafen und Mächtige werden genannt, unter anderem in Bourges, Poitiers, im Périgord, in der Auvergne, in Toulouse und in Bordeaux. Zur geistlichen Führungsschicht, die schon immer eine Stütze des »karolingischen« Hauses gebildet hatte, traten hochadlige Grafen als Amtsinhaber mit den Kompetenzen Heeresaufgebot, Rechtsprechung und Grenzsicherung sowie ausgewählte Vasallen, die insbesondere das Fiskalgut als vornehmste wirtschaftliche Basis der Königsherrschaft unter besondere Aufsicht zu nehmen hatten. Tatsächlich dürfte sich Karl nach seiner Niederlage 778 zunächst der einheimischen Führungseliten versichert haben, die er dann nach und nach, sofern erforderlich, durch fränkische Gefolgsleute, auch ehemalige »Westgoten«, ersetzte. So hütete sich der König auch später, massiv in die Herrschaftsstrukturen Aquitaniens einzugreifen, »um die Zuneigung der Großen zu seinem Sohn [Ludwig] nicht zu gefährden«. Auf diesem Fundament, das wir in Umrissen auch in Italien kennen, konnte die Königsherrschaft der Söhne als Teilhabe am Reich des Vaters nach 781 aufbauen.

Wohl auf dem Rückweg von seinem mißlungenen Vorstoß ins muslimisch-baskische Spanien, wenn nicht bereits unmittelbar nach seinem Pyrenäenübergang, erfuhr Karl in Auxerre von einem neuerlichen Aufstand der Sachsen. Diese, angeführt von Widukind, zerstörten die Karlsburg, zogen sengend, plündernd und mordend an den Rhein, erreichten Deutz und verwüsteten am rechten Ufer des Stroms, den sie nicht überqueren konnten, bis auf die Höhe von Koblenz alles, vor allem aber verbrannten sie die Kirchen.

Inmitten dieser unerwarteten Belastungen, die sich zu einer schweren Krise seiner Herrschaft zu verdichten drohten, da den König offensichtlich das Kriegsglück verlassen hatte, erreichte ihn immerhin die frohe Kunde, daß seine Gemahlin Hildegard in der Pfalz Chasseneuil, wo er sie nach dem Osterfest zurückgelassen hatte, mit Zwillingen niedergekommen war und mit diesem Zeichen von Fruchtbarkeit die gottgewollte Zukunft der Dynastie – sie gebar zwei Söhne – offenbart hatte. Noch 806 sollte der alternde Herrscher das Überleben von drei zur Nachfolge geeigneten männlichen Nachkommen als Geschenk des Himmels feiern und zur Grundlage seiner vorgesehenen Reichsteilung machen.

Mit der Geburt der Zwillinge erhöhte sich die Zahl der männlichen Erben und potentiellen Nachfolger auf fünf: Pippin, nach seiner Behinderung bald der Bucklige genannt, aus der ersten Ehe Karls mit Himiltrud, dann Karl und Karlmann aus der Verbindung mit Hildegard sowie die jüngst Geborenen. Als weiblicher Nachwuchs bleiben die Töchter Rotrud, Berta und Gisela zu erwähnen sowie eine Adelheid, die aber bereits kurz nach ihrer Geburt 774 verstorben war. Wohl im Spätsommer 778 empfingen Karls jüngste Sprößlinge die Taufe und erhielten die Namen Ludwig und Lothar. Gewiß war das Reservoir der Leitnamen mit Pippin, Karl und Karlmann nicht erschöpft, noch standen Drogo, Grifo, Grimoald, auch Arnulf zur Verfügung, mochten sich auch mit deren Trägern nicht nur gute Erinnerungen verknüpfen. Der Rückgriff auf die Namen der prominentesten Merowinger war deshalb zweifellos nicht aus Verlegenheit geboren, sondern ein wohlkalkulierter politischer Akt der »Ansippung« an die erste fränkische Königsdynastie. Die Vergegenwärtigung des Begründers fränkischer Königsherrschaft im Zeichen des christlichen Glaubens, Chlodwigs I., und seiner mächtigen Nachfolger, Chlothars I. und Chlothars II., übertrug das merowingische Königsheil auf die neuen Namensträger. Damit wurde das Königtum der »zweiten Rasse«, das sich als »von Gottes Gnaden« verstand, um eine gleichsam atavistisch-historische Komponente von Charisma ergänzt und der »Bruch« in der fränkischen Geschichte geheilt.

Dieser historisch außerordentlich bedeutsame Vorgang der Ansippung sollte sich im 12. Jahrhundert nochmals wiederholen, als die Kapetinger bewußt auf die karolingischen Leitnamen Karl und Ludwig zurückgriffen und damit dem »reditus ad stirpem Karoli«, dem Rückgang zum Geschlecht Karls, sinnfällig Ausdruck verliehen.

Chlothar-Lothar verstarb allerdings schon im folgenden Jahr. Ludwig der Fromme griff den Namen seines Zwillingsbruders wieder auf und bedachte damit seinen Erstgeborenen, der ihm im Kaisertum folgen sollte.

Die »endgültige« Niederwerfung der Sachsen

Nach dem erfreulichen Intermezzo der Taufe seiner neuen Stammhalter mußte der König sofort auf den Einfall der Sachsen, der in Reichweite und Intensität alle bisherigen Grenzscharmützel in den Schatten stellte, reagieren, wollte er nicht seine Autorität und sein Ansehen als Heerführer beschädigen. Das Jahr 778 erweist sich durchaus als krisenhafte Zuspitzung in den Anfängen Karls, die nur mit Anspannung aller Kräfte überwunden werden konnte. Wie heikel die Situation tatsächlich war, zeigt das Verschweigen des spanischen Desasters in den offiziösen Geschichtsquellen vor der Jahrhundertwende.

Karl war in Auxerre offensichtlich im Begriff gewesen, noch vor Einbruch der kalten Jahreszeit sein Heer zu entlassen, und mußte sich nun für seinen Entlastungsangriff mit Kontingenten der »Ostfranken« und Alemannen begnügen. Dies war insofern nicht ungewöhnlich, als in aller Regel Truppen aus den Regionen zusammengezogen wurden, die dem Kampfgeschehen benachbart waren. Den Möglichkeiten mittelalterlicher Logistik entsprechend gehörte eine Levée en masse zu den seltenen Ausnahmen, für die freilich erst 811 bestimmte Regeln festgelegt wurden. Diese Tatsache bleibt zu bedenken, wenn für Karls nach modernen Maßstäben lange Regierungszeit nur wenige Jahre ohne Kriegführung zu registrieren sind. Bei den meisten militärischen Aktionen handelte es sich allerdings um begrenzte Konflikte; die Franken waren keineswegs permanent ein »Volk in Waffen«!

Der König begab sich erneut in eine der Kernregionen seines Reiches, ins Maasgebiet, und dort in die Pfalz Herstal unweit Lüttich, also ganz in die Nähe der von sächsischen Angriffen bedrohten Zonen. Hier konnten ihn seine Späher mit aktuellen Nachrichten versorgen. Nach ihrem Verwüstungszug rheinaufwärts hatten die Sachsen inzwischen angesichts der über den Lahngau heranrückenden fränkisch-alemannischen Heeresverbände den Rückzug angetreten und bedrohten dabei das Missionszentrum Fulda, dessen Abt Sturmi ein Großteil des Verkündungswerkes unter den »Durchgetauften« aufgebürdet worden war. Um der drohenden Gefahr für Leib und Leben zu entgehen und zugleich ihr Heiligstes zu retten, die Reliquien des Bonifatius, machten sich die Konventualen unter ihrem geistlichen Vater auf den Weg ins kürzlich erworbene fränkische Hammelburg. Drei Nächte verbrachten die Mönche auf ihrer mühevollen Wanderung im Freien, gelagert um ein von ihnen errichtetes Zelt, das dem Schutz der mitgeführten Reliquien diente. Noch bevor sie in den rettenden Hafen ihrer Dependance gelangten, erreichte sie die frohe Kunde vom Abzug der Sachsen, die obendrein von den Einheimischen besiegt worden waren. Auch die Reichsannalen melden, daß eine »fränkische Schar« die Feinde an der Eder eingeholt und zum Rückzug gezwungen hatte. So konnten die Mönche wieder heimwärts ziehen und die kostbare Fracht in ihrer alten Confessio bergen. Abt Sturmi sollte aber bald einer neuen Prüfung unterzogen werden.

Die Annalenwerke dieser Epoche stellen als Rädelsführer des sächsischen Widerstands Widukind heraus, wobei nicht recht deutlich wird, ob dieser 778 bereits aus seinem dänischen Exil heimgekehrt war oder aus der Ferne die Hand im Spiel hatte. Zweifellos ist in den Wintermonaten des Jahres 778 auf 779 bei Karl der Entschluß zur tatsächlichen und endgültigen Unterwerfung der Sachsen gereift, die zugleich mit militärischer Okkupation, administrativer Neuordnung und Einrichtung kirchlicher Sprengel verbunden sein mußte. Damit war eine neue »Eskalationsstufe« (Hans-Dietrich Kahl) erreicht, die sich nicht mehr mit Taufe und Vertragsregelungen begnügte, sondern der politischen Selbständigkeit der Schwarmverbände ein Ende bereiten wollte.

Die außerordentliche Härte der Auseinandersetzungen seit dem Ende der siebziger Jahre resultierte weder aus der »Predigt mit der eisernen Zunge« noch gar aus der Auferlegung der Zehntpflicht – beides ist höchstens als Symptom des Unterwerfungsprozesses zu werten –, sondern aus dem unerbittlichen Zusammenprall von zwei Kulturen, der nur durch den Untergang der einen beendet werden konnte.

Die Gliederung des Sachsenvolkes in Schwärme und Siedlungsinseln erleichterte das Vorgehen des fränkischen Gegners keineswegs. Guerillataktik, Vermeidung offener Feldschlachten und regional wechselnde Widerstandsaktionen machten die geplante Unterwerfung und Annexion zu einem kaum kalkulierbaren, kräftezehrenden Unternehmen, das dem Kampf gegen eine Hydra glich. Einhart betont in seiner Karlsvita auffällig die Mühsal dieses Prozesses, der im Gegensatz zur Überwältigung Aquitaniens und Italiens, auch Bayerns, eben nicht allein durch einen Austausch des Führungspersonals, sofern dieses die Kooperation verweigerte, sondern nur durch einen totalen Wandel der Lebensverhältnisse der Unterworfenen erreicht werden konnte, worauf landfremde Bischöfe, Priester und Grafen hinzuwirken hatten.

Die fränkische Seite, einer nachdenklichen Betrachtung dieses revolutionären Umbruchs im Nachbarland unfähig, sah im Bewußtsein der eigenen Überlegenheit in Widerstand und Kampf Vertragsbruch und Teufelswerk. Der Bruch des eidlichen Versprechens von Paderborn im Vorjahr und die Widerrufung des Taufgelöbnisses wurden jetzt als Apostasie, als Abfall vom rechten Glauben und Rückfall in den Dämonenkult, bewertet, was mit allen Mitteln bekämpft werden mußte. Der Krieg galt jetzt nicht mehr allein Heiden, die, bislang vom Wort Gottes ausgeschlossen, in wilder Finsternis gelebt hatten, sondern Abtrünnigen, die sich der Frohen Botschaft bewußt und willentlich versagten. Selbst der milde Alkuin, der später die Auferlegung des Zehnten als wesentlichen Grund für das Mißlingen der Mission bei den Sachsen getadelt hat, konnte nicht umhin, die Aufständischen als »verfluchte

Generation« zu bezeichnen, »die bis heute Gott verächtlich ist«, als Volk in den Krallen Satans.

Diese Schwarzweißmalerei, die nur ganz gelegentlich einmal Zwischentöne erlaubt wie in jener Quelle des 9. Jahrhunderts, die auf die Schwierigkeit verweist, den Glauben der Väter als offensichtlichen Irrtum abzutun, erklärt Härte, Grausamkeit und lange Dauer der Auseinandersetzung, an der auf sächsischer Seite offenkundig alle Schichten beteiligt waren. Hier trat im Lauf der Jahrzehnte jedoch ein erheblicher Wandel ein, machte doch die »Kollaboration« der Führungseliten aus Franken und Sachsen »ein Volk«, wie Einhart Ende der zwanziger Jahre des 9. Jahrhunderts zufrieden konstatieren konnte.

In den Anfängen des Kampfes standen freilich Angehörige der Edelinge an der Spitze des Aufstands. Zu ihnen zählt Widukind, der allerdings nach seiner Taufe in Attigny 785 gleichsam ins geschichtslose Dunkel eintaucht, während seine Erben im fränkischen Königsdienst und in geistlichen Karrieren die Spitzenposition des Geschlechts zu behaupten wußten. Wir müssen in diesen langen Jahrzehnten der Sachsenkriege mit einer wechselnden Gemengelage von adliger Insurrektion und Kampfbereitschaft einerseits, Anpassung und »Mitarbeit« andererseits rechnen, die sowohl zu Strafgerichten, zum Erlaß drakonischer Gesetze und zu Deportationen als auch zur Einweisung der Kollaborateure in konfiszierte Güter und zur Übertragung weltlicher und geistlicher Ämter im Dienst des fränkischen Herrschers führte.

Der Entschluß Karls, mit äußerster Härte gegen die Aufständischen vorzugehen und gleichzeitig die Befriedung des Landes durch administrative Maßnahmen abzusichern, dürfte in der Winterpfalz Herstal gefaßt worden sein, auch wenn ein ebendort erlassenes Kapitular, dessen einzelne Bestimmungen vom König und von den anwesenden Bischöfen, Äbten und Grafen beraten worden sind, den sächsischen Problemen erstaunlicherweise keinerlei Aufmerksamkeit widmet. Vielmehr stehen Amtsgebaren und Lebensführung des Klerus und der Mönchsgemeinschaften im Vordergrund der Ermahnungen; Fragen der Rechtspflege werden erörtert, das Verbot von Einungen und Verbänden wird beschworen wie das Vorgehen gegen Räuberbanden. Bemerkenswert ist insbesondere, daß der Text, der vielfach dem Protokoll einer Synode von 743 folgt, erneut die Zehnt-, Neunt- und Zinspflicht für die Inhaber kirchlicher Benefizien einschärft und sogar erweitert, was einen deutlichen Hinweis gibt auf die fortbestehende, wenn nicht gar gesteigerte Bedeutung der »Prekarien auf Befehl des Königs«, die für die Aufstellung von Truppenkontingenten, vor allem von Reiterschwadronen, unerläßlich waren. Dafür verlangten die in ihrer ökonomischen Substanz stark geschwächten Kirchen ausreichende Entschädigung in Form regelmäßiger Zahlungen.

Des weiteren verdient Aufmerksamkeit das später noch mehrfach wiederholte, ergänzte und verschärfte Verbot, »Brünnen«, das heißt Schutzkleidung in Gestalt dicker Wämse aus Stoff oder Leder mit aufgenähten Eisenringen – wirkliche Kettenhemden sind erst seit dem 11. Jahrhundert bezeugt –, nach auswärts zu verkaufen, weil damit die fränkische Kampfkraft geschwächt wurde. Dies mag insbesondere als Handelsembargo an der Grenze zu den Sachsen von eminenter Bedeutung gewesen sein. Zu den weiteren Bestimmungen zählen das Verbot des Verkaufs von Hörigen ohne rechtsförmliche »Öffentlichkeit«, Verfahrensregeln bei Rechtsverweigerung, schließlich auch das Verbot der Erhebung unrechter Zölle. Insgesamt handelt es sich um einen bunten Strauß von Maßnahmen, der noch für lange Zeit das Unfertige, Archaisch-Primitive dieses werdenden Staatswesens charakterisiert.

Karl, der das Osterfest im April noch in Herstal gefeiert hatte, begab sich nun südwärts nach Compiègne, möglicherweise um im Herzen des alten Neustrien seine militärischen Aktionen mit den dortigen Großen abzustimmen, und empfing in der Reims benachbarten Villa Verzenay Herzog Hildebrand von Spoleto, der ihm viele Geschenke überbrachte und damit seine Ergebenheit bekundete. Hildebrand vollzog damit gewissermaßen in Person einen kleinen Frontenwechsel von Hadrian I., dem er sein Amt verdankte, zu Karl.

In der ersten Jahreshälfte 779 fand erneut eine Reichsversammlung in Düren statt, die die letzten Vorbereitungen für den Sachsenfeldzug traf. Wahrscheinlich in der Jahresmitte überschritt das Heer, wiederum mit Karl an der Spitze, den Rhein bei Lippeham und traf in Bocholt am Flüßchen Au, nördlich von Wesel, auf sächsischen, besser westfälischen Widerstand, den es aber brechen konnte. Die Gegner flohen unter Aufgabe ihrer Befestigungen. Damit war, wie die Reichsannalen melden, der Weg für die Franken offen, der sie durch das besiegte Westfalen nach Engern bis an die Weser führte. Hier stellten an einem Ort, der vermutlich mit dem heutigen Mittelufeln zu identifizieren ist, die Bewohner von jenseits des Flußes, wohl um ein weiteres fränkisches Ausgreifen zu verhindern, Geiseln und leisteten die üblichen Eide. Dann kehrte der König »siegreich« in die Francia zurück, feierte Weihnachten 779 und Ostern 780, das auf den 26. März fiel, in seiner damaligen Lieblingspfalz Worms am Mittelrhein.

Den Rückzug aus dem Sächsischen hatte Karl über die Eresburg gelenkt, die als Festung und Missionsstation, vor allem aber als Zwingburg von herausragender Bedeutung war. Auf ihr hatte der König Abt Sturmi von Fulda als eigentlichen Vormann des sächsischen Bekehrungswerkes, auch zum Schutz der Wehranlage, zurückgelassen, obwohl dieser krank und vom Alter gebeugt war. Als Karl auf seinem Rückzug die Eresburg aufsuchte, befahl er dem Abt, noch einige Tage zur Sicherung dort auszuharren. Nach Ablauf dieser Frist zog sich Sturmi mit den Seinen nach Fulda zurück, begleitet vom Leibarzt des Königs mit Namen Wintar, der die Leiden des Abts durch seine Heilkunst mildern sollte. Die Behandlung mißlang, der Kranke beklagte vielmehr, der Arzt habe ihm ein großes Übel zugefügt, ließ sich zur Kirche tragen, alle Glocken läuten und hieß die Brüder sich versammeln, um mit ihnen seinen bevorstehenden Tod zu erwarten. In seiner letzten Ansprache erbat er Verzeihung für seine Vergehen und vergab seinerseits allen, die ihm Böses zugefügt hatten, ausdrücklich auch Bischof Lul von Mainz, seinem Hauptwidersacher. Dann starb er in Frieden.

Damit hatte die zentrale Missionierung in der Hand des Fuldaer Abtes ihr Ende gefunden. Statt dessen erfolgte in den nächsten Jahren und Jahrzehnten eine Regionalisierung durch die Einrichtung fester Sprengel, die sich dann zu Bischofssitzen mit dem entsprechenden Unterbau an Pfarreien verdichteten und ein Glaubenswerk schufen, an dem zahlreiche Kirchen im Frankenreich in Form von Patenschaften beteiligt wurden, so Lüttich, Köln, Würzburg und Mainz, später Trier, aber auch Klöster wie Amorbach, selbstverständlich Fulda und Hersfeld, das 779 erneut Zuweisungen aus Königsgut und Zehntrechte erhalten hatte.

Zu den Problemen von Sachsenkrieg und Mission trat ein weiteres: Im Jahr 779 wurde das Frankenreich durch eine schwere Hungersnot bedroht als Folge schlechter Witterungsverhältnisse, die auch Seuchen nach sich ziehen konnten. Ein Zeitalter, das weder in nennenswertem Umfang Nahrungsmittelimporte kannte noch über ausreichende Lagerkapazitäten zur Vorratshaltung verfügte, war unmittelbar und schutzlos den Naturgewalten ausgesetzt. Karl griff zu einem Abwehrmittel, das er noch häufig in Situationen, die die frühmittelalterliche Staatskunst überfordern mußten, anwenden sollte: In einem undatierten Kapitular, das wohl in das ausgehende Jahr 779 oder an den Beginn von 780 zu setzen ist, ordnete er mit Zustimmung der Bischöfe an, daß jeder von ihnen drei Messen zu lesen und drei Psalter zu »singen« habe, »einen für den Herrn König, den anderen für das fränkische Heer und den dritten für die gegenwärtige Notzeit«. Priester sollten drei Messen lesen, Mönche, Nonnen und Kanoniker drei Psalter beten. Alle haben samt ihrer »familia«, sofern diese es erträgt, zwei Tage zu fasten und abgestufte Almosen zu geben. Ferner sollen die Bischöfe, Äbte und Äbtissinnen jeweils vier arme Diener bis zur nächsten Ernte ernähren; die »stärkeren« Grafen haben ebenfalls ein Pfund Silber oder den Vergleichswert (!) zu leisten, die »mittleren« ein halbes Pfund. Der königliche Vasall, »vassus dominicus«, soll aber, gestaffelt nach seinem Besitz, für zweihundert (!) Höfe ein halbes Pfund, für hundert Höfe fünf Schillinge und für dreißig Höfe eine Unze spenden. Dies ist ein hochinteressanter Hinweis auf die in Besitz und Macht bereits deutlich ausdifferenzierte Schicht der Königsvasallen, deren ökonomische Basis das entfaltete Villikationssystem oder die Grundherrschaft in ihren zahlreichen Formen darstellt. Die Vasallen und ihre auf den Höfen ansässigen Leute sollen gleichfalls zwei Tage lang sich jeder Nahrung enthalten; wer sich allerdings von dieser ungewohnten Enthaltsamkeit freikaufen will, soll abgestufte Geldzahlungen leisten; für die Unterstützung der »familia« gilt gleiches. Beim Awarenfeldzug, zu dessen Gelingen ebenfalls ein Fastengebot erlassen wird, gibt es später ein Äquivalent.

All dies soll, so es Gott gefällt, für den König, das Heer der Franken und für die gegenwärtige Not bis zum Johannistag, den 24. Juni, erfüllt sein. Beten, Fasten und Almosengeben als Elemente eigener Heilsfürsorge, der Herrschaftssicherung und der wirkungsvollen Sozialhilfe bilden ein unlösbares Ganzes. Im übrigen tritt uns mit diesem Text erstmals eine königliche Verordnung entgegen, die selbst mit dem Terminus technicus »Kapitular« bezeichnet wird. Diesen Kapitularien war für ein reichliches halbes Jahrhundert eine große Zukunft beschieden als schriftliche Emanation königlichen Willens und zugleich Resultat der Beratungen mit den Großen des Reiches.

Nach dem Osterfest 780 zog Karl erneut nach Sachsen, »um Anordnungen zu treffen«, mithin administrative Schritte vorzubereiten. Wiederum suchte der Herrscher die Eresburg auf und begab sich von dort zu den Lippequellen, also nach Lippspringe, wo er eine Art Synode abhielt. Wir kennen deren Beschlüsse im Detail nicht, doch wird mit aller Wahrscheinlichkeit die Missions- und Aufbauarbeit im Mittelpunkt der Verhandlungen gestanden haben. So sagen etwa die Lorscher Annalen: »Und die Sachsen übergaben sich ihm, er empfing von ihnen Geiseln, sowohl von den Freien als auch von den Liten; ... er teilte die Region – patria – zwischen Bischöfen, Priestern und Äbten auf, damit sie in ihr tauften und predigten.« Noch immer geht die (Zwangs-)Taufe der Unterweisung im Glauben voraus, das Land wird den geistlichen Amtsträgern, wie bereits erwähnt, in einer Art Patenschaft anvertraut.

Einen der mit der Mission beauftragten Priester kennen wir aus dem Fundus seiner wertvollen Lebensgeschichte bereits: Es ist Willehad, der auch das Erbe Lebuins angetreten hatte und nach ersten Erfolgen in Friesland, die er wegen der Unbedachtsamkeit seiner Schüler fast hätte mit dem Leben bezahlen müssen, von Karl zur Arbeit im neuangelegten Weinberg des Herrn in Sachsen herangezogen wurde. Sein Tätigkeitsfeld wurde der Gau Wigmodien zwischen Unterweser und Unterelbe. Willehad gehört zu jenen asketisch gesinnten, die Heimatferne als Bußwallfahrt suchenden Angelsachsen, deren Vorbilder Willibrord und Winfried-Bonifatius waren. So soll Willehad in seinem Sprengel bereits innerhalb weniger Jahre Kirchen gebaut und Priester eingesetzt haben, allerdings wurden diese Anfangserfolge durch den neuerlichen Aufstand von 782 weitgehend zunichte gemacht.

Im Münsterland wirkte zur gleichen Zeit ein Abt Benrad, der sich freilich schon bald zusammen mit seinem Bruder Hildegrimm und einem Gerbert, genannt Castus, in das Mutterkloster des Abendlandes, nach Montecassino zurückzog. Erst die Missionstätigkeit Liudgers nach 785, der ebenfalls Friesland auf Karls Wunsch verließ, verschaffte der Glaubensausbreitung in Westfalen ein sicheres Fundament.

Karl begnügte sich indessen nicht mit diesen administrativen Maßnahmen in Teilen Sachsens. Er zog vielmehr bis zur Elbe, was die Überstellung Wigmodiens an Willehad erklärt, und ließ den Quellen zufolge alle Bewohner des Bardengaus und viele »Nordleute«, das heißt Bewohner jenseits der Elbe, an einem Ort namens Ohreham, an der Mündung der Ohre in die Elbe, taufen. Dies ist ein neuerlicher Hinweis darauf, wie wichtig die Wasserstraßen und deren Verbindung für das mittelalterliche Kommunikationsnetz, für Herrschaft, Kirche und vor allem Handel gewesen sind. Die Erwähnung des Bardengaus, dem zeitweiligen Sitz der Langobarden vor oder während ihrer Wanderung nach Süden, verweist zugleich auf das spätestens 805 als Grenzort in Elbnähe bezeugte Bardowick, das, zunächst als Missionsstation gegründet, seinen wohl intendierten Rang als Bischofssitz in der ersten Hälfte des 9. Jahrhunderts an Verden an der Aller verlor. Vor Ort sollen damals Angelegenheiten sowohl der Sachsen als auch der Slawen, das heißt der Wenden jenseits des Flusses, geregelt worden sein. Man könnte an eine Art von Stillhalteabkommen mit diesen Schwärmen denken. Nähere Beziehungen sind jedenfalls nicht geknüpft worden. Karl machte für Jahrzehnte an dieser »nassen Grenze« halt, auch wenn er die Feindschaft zwischen Abodriten und Wilzen durchaus in sein politisches Kalkül mit einbezog.

Die Gefangenen und Geiseln verteilte Karl nach einer Nachricht des 9. Jahrhunderts auf fränkische Klöster, und zwar nicht nur zur sicheren Aufbewahrung, sondern auch, um aus ihnen Priester und Mönche zu machen, die, dem Volk der künftig Bekehrten zugehörig, bei der Missionierung auf leichteres Verständnis zählen konnten. Die Einrichtung sogenannter Missionsschulen erwies sich auch später als probates Mittel der Evangelisation.

Karls Italienpolitik und die Forderungen Hadrians I.

Eine Urkunde für das hochwichtige Kloster Nonantola bei Modena, auf Bitten seines Abtes Anselm während dieses Sachsenzuges ausgestellt, signalisiert Karls starkes Engagement in der Italienpolitik, die schon bald sein ganzes Interesse beanspruchen sollte.

Karl kehrte im Spätsommer 780 ins Frankenreich zurück. Von Kampfhandlungen größeren Ausmaßes ist nicht die Rede. Wiederum nimmt er Aufenthalt in Worms, von wo er selbst, seine Gemahlin Hildegard, seine Söhne Karlmann und Ludwig – Lothar war bereits verstorben – nach Italien aufbrechen »orationis causa«, um zu beten, während seine Erstgeborenen Pippin (der Bucklige) und Karl zurückbleiben. Das Weihnachtsfest feiert der Herrscher mit seiner Begleitung in der Hauptstadt seines zweiten Königreiches, Pavia.

Am 15. März 781 erhielt der Bischof der Hafenstadt Comacchio, der Konkurrentin Venedigs, für seine Bürger ein Handels- und Zollprivileg, hatten sich doch die Bewohner über die in ihren Augen eingeschränkten

Möglichkeiten des Warenverkehrs beschwert, zumal in Mantua, wo sie neuerdings gezwungen waren, im Hafen einen Modius von 45 Pfund statt der gewohnten 30 Pfund als Abgabe zu zahlen. Durch eigens ausgesandte Boten ließ der König den Sachverhalt klären und dann »aus Mitleid« die an sich geschuldeten 45 auf 30 Pfund ermäßigen und gab zugleich für Klagen bestimmte Gerichtsfristen vor. Der fränkische Herrscher wurde zunehmend mit der fortschrittlichen Geldwirtschaft und den weitgespannten Handelsaktivitäten der mediterranen Zonen vertraut. Diese Handelsaktivitäten verschafften dem Königtum Einnahmen weit über die Erträge hinaus, die nördlich der Alpen aus der ganz überwiegend bäuerlichen Produktion und deren Mehrwert zu gewinnen waren. Man wird gut daran tun, diesen vorwiegend ökonomisch-fiskalischen Gesichtspunkt bei der zurückhaltenden Erfüllung der territorialen Zusagen des Königs an die Kirche nicht aus dem Blick zu verlieren.

Das Verhältnis Karls zu Hadrian I. hielt sich gleichsam in der Schwebe. Hatte dieser nach den neuerlichen und mehrfach feierlich verbrieften Versprechen Karls in der Petersgruft zu Ostern 774 nicht nur auf die Restitution der päpstlichen Patrimonien, sondern im freiem Rückgriff auf den zwanzig Jahre zuvor geschlossenen Vertrag von Quierzy auch auf die Umsetzung des »Maximalprogramms« entlang der Luni-Monselice-Linie hoffen dürfen, was zudem Land- und Machtgewinn in Spoleto und Benevent verhieß, so hatten sich diese Hoffnungen keineswegs erfüllt.

Karl hatte gar bei seinem nächsten Aufenthalt in Italien, als es 776 galt, den Aufstand Herzog Rotgauds von Friaul niederzuschlagen, den Weg nach Rom nicht gefunden. Seine Gesandten hatten damals direkt mit Herzog Hildebrand in Spoleto verhandelt und dessen Ergebung in die fränkisch-langobardische Herrschaft als diplomatischen Verhandlungserfolg erreicht, der durch den erwähnten späteren Besuch des Herzogs nördlich der Alpen abgesichert wurde. In Ravenna war es darüber hinaus zu den erwähnten Auseinandersetzungen mit Erzbischof Leo gekommen, der das Territorium samt Pentapolis als Nachfolger des byzantinischen Herrschaftsträgers, des Exarchen, als sein angestammtes Dominium betrachtete und entschlossen die päpstlichen Beamten vertrieben hatte. Statt territorialen Zugewinn und Ausdehnung seiner Herrschaft zu verbuchen, mußte sich der Papst der Machenschaften des Herzogs Arichis von Benevent erwehren, der als »Fürst« den Rest langobardischer Gewalt und Autonomie verkörperte und in der Person seines Schwagers, Adelchis, Sohn des Desiderius, in Byzanz mit dem Patriziustitel geschmückt, über ein beachtliches Drohpotential verfügte. Daher wollte er keinesfalls freiwillig auf den von der römischen Kirche beanspruchten Besitz in seinem Dukat verzichten.

Aber nicht allein Benevent bereitete dem Pontifex Sorgen, auch andere Nachbarn im Süden Roms machten dem Heiligen Vater keine Freude: In Neapel stand der Dux Stephan, der überdies noch zum Bischof gewählt worden war und die Herzogswürde in seinem Hause weitergereicht hatte, im Bündnis mit dem griechischen Statthalter Siziliens, der seinen Sitz bedrohlicherweise in Gaeta genommen hatte und das Patrimonium der Kirche in der südlichen Campagna bedrängte. Hadrian I., wie Karl ein Mann von großer Tatkraft und Energie, führte mit seinen Truppen einen Gegenschlag gegen diese Widersacher, die »völlig gottlosen« Neapolitaner und die »perversen« Griechen, und machte kurzfristigen Landgewinn, was wiederum ältere Verträge mit den Neapolitanern nichtig werden ließ.

In einem Schreiben forderte der Papst Karl zum Kriegszug gegen Benevent und zur Einnahme von Terracina auf, das seinem und dem königlichen Recht unterworfen werden müsse; obendrein seien Gaeta und Neapel zu besetzen, das dortige Patrimonium sei dem Papst zu übergeben und alles übrige ihrer gemeinsamen Oberherrschaft zu unterstellen. Aus diesem Feldzug wurde bekanntlich nichts, und dem Papst blieb keine andere Wahl, als die Maßnahmen des Königs und dessen Ankunft abzuwarten, die sich nicht zuletzt wegen des mißglückten Spanienabenteuers um Jahre verzögerte. Man kann sich die Ungeduld Hadrians I. vorstellen. Und doch blieb der Umgang der beiden hohen Vertragspartner miteinander, soweit wir dies aus der nur einseitig überlieferten Korrespondenz, aus Gunst- und Ehrfurchtsbezeigungen entnehmen können, höchst respektvoll, freundschaftlich, unerschütterlich: von der Papstseite drängend und um Hilfe heischend, das unlösbare Band, das den König mit dem Apostelfürsten und seinen Nachfolgern verband, stets betonend, während Karl sich eher zurückhaltend, politisch abwägend verhielt, aber doch wohlwollend-ehrerbietig den römischen Pontifex als Garanten seines Gottesgnadentums und der Wohlfahrt seiner Reiche aufrichtig schätzte und behandelte, in ihm vor allem den Apostel Petrus verehrend.

Die Schwierigkeiten, die sich aus der angestrebten Verwirklichung des »Maximalprogramms«, aus der zunehmenden Sachkenntnis des Königs, vor allem aber aus der Übernahme des Langobardenreichs ergaben, lassen die zeitgenössischen Quellen bestenfalls durch ihr Schweigen erkennen. Der zeitgenössische Verfasser der Hadriansvita übergeht die Jahre 781 und 788 mit den weiteren Rombesuchen Karls, die wichtige Fragen des territorialen Ausgleichs berührten, und verläßt mit der Deportation des gestürzten Desiderius im Jahr 774 den politischen Schauplatz seiner Biographie ganz. So gibt erst die in ihren wesentlichen Passagen echte Urkunde Ludwigs des Frommen für die römische Kirche von 817 indirekt Aufschluß über die Vereinbarungen der Jahre 781 und 788.

Daß den Papst diese Fragen umtrieben, läßt ein inhaltsreiches Schreiben aus dem Jahr 778 erkennen, das den Herrscher als »geliebtesten Sohn und hochberühmten König« bezeichnet, um ihn in rechter Weise einzustimmen. Es lohnt sich, den Text im Zusammenhang zu lesen: »Und dies erbitten wir von Eurer Exzellenz, ... daß Ihr aus Liebe zu Gott und zu seinem Schlüsselträger des himmlischen Königreiches, der geruht hat, Euch den Königssitz Eures Vaters zu übergeben, daß Ihr gemäß Eures [eidlichen] Versprechens, das Ihr diesem Apostel Gottes für Euer Seelenheil und für die Stabilität Eures Reiches geschworen habt, alles in unseren Tagen zu erfüllen befiehlt, damit die Kirche des allmächtigen Gottes, das heißt des Apostels Petrus, dem die Himmelsschlüssel zum Binden und zum Lösen übertragen worden sind, in allem mehr und mehr erhöht bleibe und alles gemäß Eurem Schwur erfüllt werde, und davon möge Euch und dem himmlischen Gewölbe Lohn zugeschrieben werden und guter Ruf in aller Welt. Und wie zu den Zeiten des seligen römischen Papstes Silvester vom frömmsten Kaiser Konstantin heiligen Angedenkens, dem großen Kaiser, durch seine Spende die heilige katholische und apostolische römische Kirche erhoben und erhöht worden ist und dieser geruht hat, die Gewalt (potestas) in diesen Teilen Hesperiens dieser zu überlassen, so soll auch in Euren und unseren hochglücklichen Zeiten die heilige Kirche Gottes, das heißt der selige Apostel Petrus, sich mehren, erhoben und mehr und mehr erhoben sein, so daß alle Völker, die dieses hören, ausrufen mögen: Herr, rette den König und höre uns an jenem Tag, an dem wir Dich rufen werden (Ps.19,10); denn hier ist uns ein neuer allerchristlichster Imperator Konstantin in diesen Tagen erstanden, durch den Gott geruht hat, alles dem Apostelfürsten und seiner heiligen Kirche zuzuwenden. Aber alles, was verschiedene Kaiser, Patrizii und andere Gottesfürchtige für ihr Seelenheil und zur Vergebung ihrer Vergehen in den [Landes-]Teilen Tusziens, in Spoleto oder Benevent und Korsika zugleich auch im Patrimonium der Sabina dem seligen Apostel Petrus und der heiligen Kirche Gottes und der römischen Kirche bewilligt haben und was durch das gottlose Volk der Langobarden über Jahre hinweg gestohlen und entrissen worden ist, das soll zu Euren Zeiten zurückgestellt werden. Darüber und über weitere Schenkungen haben wir in unserem heiligen Schrein [Archiv] des Laterans Unterlagen geborgen. Dennoch und zur Satisfaktion Eures allerchristlichsten Königreiches schicken wir diese zur Ansicht durch die genannten Männer. Und deshalb bitten wir Eure herausragende Exzellenz, daß Ihr befehlen mögt, jene Patrimonien dem seligen Petrus und uns zur Gänze zu restituieren.«

Zweifellos bietet dieses Schreiben mit dem bewußten Rückgriff auf Papst Silvester und Kaiser Konstantin ein schwerwiegendes Indiz für den Entstehungsprozeß des berühmten Constitutum Constantini in jenen Dezennien am Ende des 8. Jahrhunderts. Nicht nur der Hinweis auf den Lateran und das vorhandene Urkundenmaterial, der historisch-juristisch klug argumentierend auch die spendablen Nachfolger des Konstantin in den Schenkungsvorgang mit einbezieht, auch der territoriale Umfang der päpstlichen Patrimonien gibt einen Fingerzeig in diese Richtung. So nennt die Fälschung auf Konstantin zwar als Ländermasse, die der erste christliche Imperator der römischen Kirche überließ, pauschal »Judea, Griechenland, Asien, Thrakien, Afrika, Italien sowie verschiedene Inseln«, doch werden an anderer Stelle des Textes »ditio« und »potestas«, Herrschaft und Gewalt, auf die Stadt Rom, Provinzen, Ortschaften und Städte Italiens und der westlichen Regionen eingeschränkt. Die an sich umfassend angelegte Übergabe des Westteils des römischen Imperiums wird unter der Feder des umsichtigen Fälschers auf ein Feld verengt, das den politischen Zuständen im letzten Viertel des 8. Jahrhunderts entsprach und das mit einer dem Griechischen entlehnten Wendung folglich von Hadrian I. als Teil Hesperiens bezeichnet wird. In diesem nicht genau umrissenen »Westteil« sind die konkreten Schenkungen einzelner Kaiser, Patrizii und sonstiger »Gottesfürchtiger« zu suchen, die sich im Gegensatz zur reichlich pauschal-unrealistischen Donatio Konstantins durch schriftlich verbürgte, im Hausarchiv St. Peters bewahrte Rechtstitel als Patrimonien nachweisen lassen.

Der Papst versäumt nicht, auf Teile Tusziens, auf Spoleto, Benevent, Korsika und auf die Sabina hinzuweisen, während die Erwähnung des Exarchats mit Venetien und Istrien unterbleibt, da sie, zumindest im Augenblick, nicht opportun war. Der Rückgriff auf die Luni-Monselice-Linie ist unverkennbar, abgestützt durch die Generalklausel, all dies sei der römischen Kirche von den Langobarden unrechtmäßig entzogen worden, die Übergabe der reklamierten Territorien und Besitzungen sei mithin lediglich eine Restitution, keineswegs eine neuerliche Schenkung. Daraus ergibt sich, daß in den Augen Hadrians I. und seiner Berater die durch Eid bekräftigten Zusagen Pippins in Quierzy und Karls in der Apostelgruft wesentlich das Versprechen der geforderten Rückstellung enthielten. Das Restitutionsversprechen Pippins auf dem Hintergrund der Silvester-Konstantin-Legende dürfte erst beim neuerlichen Schwur seines Sohnes 774 konkretisiert worden sein, während die umfangreiche Fälschung auf Konstantin I. zwar den Rahmen der großen Schenkung reproduziert, dem Inhalt nach aber wesentlich Ansprüche auf Italien und »verschiedene« Inseln erhebt.

Diesen rechtlich begründeten und fiktiv ausgemalten päpstlichen Ansprüchen stand in den siebziger Jahren keine auch nur halbwegs geschlossene Konzeption Karls für seine künftige Italienpolitik gegenüber, die auch das Verhältnis zu den mittel- und süditalienischen Herzogtümern und vor allem zu Byzanz hätte regeln können. Der König war auf einen Lernprozeß angewiesen, der von eigenen Erfahrungen, Expertisen seiner Gesandten und Anhänger vor Ort, aber auch durch die päpstliche Diplomatie angereichert wurde. Letztlich mußte der König auf die drängenden und immer wieder schmeichelnd vorgetragenen Bitten seines Bündnisgenossen und geistlichen Vaters Hadrian eingehen und versuchen, eine Balance zwischen der erforderlichen Integrität des Langobardenreiches, den Bedürfnissen und Ansprüchen des römischen Pontifex und »außenpolitischen« Rücksichten, namentlich auf Benevent und Byzanz, zu finden.

Der Grundkonsens zwischen Papst und König als eidlich Verbündeten konnte durch territoriale Probleme dauerhaft nicht gestört werden, beide waren politisch aufeinander angewiesen, ganz abgesehen von der geistlich-sakralen Verwandtschaft, die den jungen Herrscher an den Apostelfürsten und seinen Nachfolger band, und von den machtpolitischen Gegebenheiten, die den Papst wiederum unabweislich an der Seite der Franken hielt. Beide zeigten sich kompromißbereit, etwa wenn der Papst auf gemeinsame Machtinteressen in der südlichen Region verwies und der König durch Ergebenheitsadressen die Liebe des Apostelfürsten beschwor.

Die enge Partnerschaft zwischen »Thron« und »Altar« erwies sich auch im Detail als haltbar, so wenn Hadrian I. Karl in einem Schreiben um die Entsendung eines »Meisters« bittet, der im Spoletinischen Bauholz – Balken und Bohlen – aus einer bestimmten Baumart schlagen lassen soll, die es im römischen Gebiet nicht gibt, um damit St. Peter neu einzudecken, eine Maßnahme, die auch das Papstbuch vermeldet. Der Überbringer dieser Bitte, ein Diakon Ato, ein Verwandter des Herrscherhauses, der 794 Abt von St. Hilaire (Poitiers) wurde, soll als Gegenleistung eine Reliquienübergabe vermitteln; so hatte einst Papst Paul I. einem Priester Aciulf die Gebeine eines römischen Heiligen versprochen, die jetzt bei Erzbischof Wilchar von Sens, dem fränkischen Metropoliten, »lagern«. Er, Papst Hadrian, habe, durch ein Traumgesicht erschreckt, nicht gewagt, weitere Körper von Heiligen aus Rom fortzugeben und dies, obwohl Abt Fulrad, der Bevollmächtigte des Königs, diese Bitte damals unterstützt hatte.

Damit wird eine heikle Frage berührt, die sich, folgt man den Translationsberichten des 9. Jahrhunderts, zu einem gewichtigen Problem zwischen den frühen Stätten der Christenheit – Rom, Italien, aber auch Gallien – und den neubekehrten Regionen jenseits von Rhein und Weser auswuchs. Diese verfügten zur angemessenen Ausstattung ihrer neuerbauten Kirchen und für deren Altäre in aller Regel über keinerlei Reliquien von Märtyrern und Bekennern aus der Frühzeit der Kirche, die zumeist in Rom bestattet waren. So kam es schon bald zu einem regen »Export« und »Import« dieser wundertätigen, nicht nur den Volksglauben ansprechenden Heiltümer, was immer mehr den Verdruß der Eingesessenen in Rom und anderswo erregte und Bischöfe, ja Päpste zur Vorsicht und zum Erlaß einschränkender Konstitutionen veranlaßte. Prohibition und künstlicher Mangel lösen generell, wie wir wissen, Schwarzmarktphänomene aus, selbst auf diesem sakralen Feld. So weiß Einhart etwa in der Überführungsgeschichte seiner römischen Heiligen nach Steinbach von einem großspurigen römischen Reliquienhändler zu berichten, der im Rhein-Main-Gebiet seine Geschäfte betrieb und dessen Sprüchen auch Einhart zunächst getraut hatte. Andere, so der Widukindenkel Waltbert, verschafften sich Empfehlungsschreiben ihrer kaiserlichen Gönner und gelangten auf diese Weise in den Besitz der heiligen Gebeine, beispielsweise der des heiligen Alexander, die, gegen 850 in Wildeshausen deponiert, der reliquienarmen Bremer Domkirche größte Schwierigkeiten bereiteten. Noch die Erneuerung des Kaisertums durch Otto I. im Jahr 962 zeitigte für das kirchliche Entwicklungsland Sachsen spektakulären geistlichen Gewinn, indem etwa der Bremer Erzbischof Adaldag mit einer wahren Fracht von Corpora aus Rom in seine Diözese zurückkehrte und den Dom und die Kirchen seines Sprengels ostentativ mit den heiligen Überresten ausstattete.

Dieses emotional-spirituelle Band zwischen Nord und Süd wurde verstärkt durch das geistliche Bündnis zwischen dem Frankenkönig und dem Nachfolger Petri. Die innere Logik dieser Beziehung entzieht sich dem herkömmlichen Verständnis von Realpolitik, insofern die Realien dieses Verhältnisses von jenem mythisch-mystischen Dunkel umfangen sind, das noch heute das Amt des Pontifex maximus weit über das des Monarchen hinaushebt. Nicht von ungefähr betont jedes Schreiben Hadrians I. ebenso wie die Episteln seiner Vorgänger und Nachfolger diese vertraglich-emotionale Bindung der Frankenkönige an den Apostelfürsten und dessen Vikar, und zwar nicht vorwiegend oder gar allein aus taktischen Erwägungen, wie der moderne Leser vielleicht annehmen möchte, sondern aus tiefer innerer Gewißheit.

Diese Grundüberzeugung von der geistlich-spirituellen Dimension des fränkisch-päpstlichen Bündnisses schloß freilich konkrete Gegensätze und pragmatische Lösungsversuche keineswegs aus. Karls Vorgehensweise zeichnet sich fast immer – das Spanienabenteuer ist eines der wenigen Gegenbeispiele – durch politisch-militärische Rationalität aus, aber auch Hadrian I. war bei allem Eifer für die Republik des heiligen Petrus weder ein Traumtänzer noch gar ein Besessener. Für beide galt es, den Spielraum zwischen ihren nicht immer identischen Interessen im Gefüge des Freundschaftspaktes auszuloten und in praktische Politik umzusetzen.

Leider läßt uns bei der Erhellung der Details die römische Überlieferung weitgehend im Stich, denn das Papstbuch läßt mit dem Jahr 774, der Erneuerung des Versprechens von Quierzy durch Karl, den chronologischen Faden abreißen, obwohl Papst Hadrian I. erst 795 starb, tief betrauert vom fränkischen König. So sind wir auf die wenig mitteilsamen fränkischen Annalen, zufällig erhaltene Urkunden und allerlei Indizien angewiesen, die indessen dem Fortgang der Ereignisse im Rom und Italien einigermaßen sichere Konturen geben.

Salbung und Krönung der jüngeren Karlssöhne durch den Papst

Im Gegensatz zur Romreise des Jahres 774 wissen wir beispielsweise nichts über das Zeremoniell, mit dem Karl und die Mitglieder seiner Familie 781 in der Republik St. Peters empfangen wurden. Wir werden nur darüber unterrichtet, daß Karl das Osterfest am 15. April in Rom feierte. Dabei wurde freilich ein Versprechen eingelöst, das der König bereits 778 dem Papst gegenüber gemacht hatte, nämlich seinen Drittgeborenen, der bereits den Namen Karlmann trug, von Hadrian I. selbst aus der Taufe heben zu lassen, um dergestalt die geistliche Patenschaft, die »compaternitas«, zu erneuern, die bereits zwischen Stephan II. und Karl sowie dessen Bruder Karlmann bestanden hatte. Dieser feierliche Akt, der aller Wahrscheinlichkeit nach am Karsamstag in der Lateranbasilika San Giovanni stattfand, bekam eine staatspolitisch durchaus eigene, ja denkwürdige Note, indem der bereits vierjährige Karlmann bei der Taufe den neuen Namen Pippin erhielt, einen Namen, der doch bereits an Karls Erstgeborenen vor mehr als einem Jahrzehnt vergeben worden war.

Mit diesem Namenswechsel, der sicherlich im Einvernehmen mit Papst Hadrian oder gar auf dessen Rat vorgenommen wurde, verbanden sich offensichtlich zwei durchaus unterschiedliche politische Schritte: Der Name Karlmann wurde gleichsam endgültig aus dem historisch-genealogischen Bewußtsein getilgt und damit die Erinnerung an seine Träger. Mit diesem Namen verknüpften sich, wie erinnerlich, bereits für Karls Vater Pippin nicht nur angenehme Erinnerungen, hatte doch der nach Rom und auf den Montecassino retirierte Bruder im geistlichen Gewand versucht, die Auseinandersetzungen zwischen Langobardenkönig und eigenem Bruder zugunsten des Desiderius zu beeinflussen, während Karl selbst mit seinem eigenen frühverstorbenen Bruder gleichen Namens als König ausschließlich schlechte Erfahrungen gemacht hatte.

Diese antikisierende Damnatio memoriae mag weithin gelungen sein; dem unbestechlichen, scharfen Gedächtnis der Verbrüderungs- und Totengedenkbücher freilich blieben die tatsächlichen genealogischen Zusammenhänge durchaus präsent. Der Name Karlmann findet sich im übrigen erst wieder in der Urenkelgeneration Karls, nämlich bei den Söhnen Lothars I., Ludwigs des Deutschen und Karls des Kahlen.

In Verbindung mit dieser Verbannung von Onkel und Bruder aus dem allgemeinen Gedächtnis fand eine weitere, wesentlich aktuellere politische »Vernichtung« statt. Sie betraf Karls ältesten Sohn Pippin aus der Ehe mit Himiltrud, die in späteren Quellen, etwa in Einharts Karlsvita, aus durchsichtigen Motiven zur Konkubine wird. Die scheinbare Verdoppelung des Namens, die tatsächlich für den Sohn Himiltruds einem Namensentzug oder dem Entzug einer wesentlichen Funktion, die sich mit diesem Namen verband, gleichkam, signalisierte unmißverständlich den Verlust des Erstgeborenenrechts, dem in Anlehnung an das Alte Testament stets hohe Wertschätzung zuteil wurde. Die Ursache für diesen offenkundig beabsichtigten, hochoffiziellen Ausschluß Pippins von der Nachfolge im Königtum, indem der neue Pippin sich nicht nur der Taufe durch den Papst rühmen konnte, sondern von diesem auch wie sein jüngerer Bruder Ludwig zum König gesalbt wurde, lag in einer Neukonzeption fränkisch-langobardischer Herrschaft begründet. Pippin wurde für Italien, wie das alte Langobardenreich immer häufiger genannt wurde, als König bestellt, Ludwig für Aquitanien. Zur »compaternitas« mit dem Pontifex maximus, die auch in der Anrede an die Mitglieder des Königshauses in päpstlichen Schreiben der nächsten Jahre Niederschlag findet, kommt eine bemerkenswerte Auszeichnung für Königin Hildegard hinzu, die auffällig genug der »commaternitas« gewürdigt wird und als »herausragendste Tochter und geistige Mitmutter« ihrem Gemahl an die Seite tritt. Auf diesen, der sehr an ihr hing, besaß Hildegard auch genügend politischen Einfluß, den der Papst höchstwahrscheinlich zu nutzen wußte.

Die politische Ausstattung des ältesten Karlssohnes gleichen Namens ließ noch auf sich warten; so wenig wie sein älterer Bruder, der faktisch depossedierte Pippin, gehörte er dem Gefolge des Vaters an, als dieser 781 den Papst aufsuchte. Karl behielt diesen Sohn in der Nähe und machte ihn in seiner Entourage mit den Herrscheraufgaben vertraut, ließ ihn Kriegszüge führen und übergab ihm Ende der achtziger Jahre den Dukat Maine gleichsam als Übungsterrain, so wie es sein eigener Vater Pippin getan hatte, als er Karl mit der Verwaltung der dortigen Grafschaften betraute.

Auch das Schicksal des entrechteten Pippin erfuhr keine einschneidende persönliche Wende. Er wurde weder in ein Kloster gegeben noch exiliert, sondern blieb wie sein Halbbruder Karl am Hofe des Königs und mochte sogar auf eine angemessene Karriere hoffen, nach der ansprechenden Vermutung Walter Goffarts gar als Nachfolger Bischof Angilrams von Metz, der 791 verstarb. Schließlich erhielt sehr viel später Drogo, ein Bastard Karls, die Leitung dieses »Hausbistums«.

Worin liegt nun der Grund für die Herabminderung, ja Entsetzung des ältesten Karlssohnes aus der Thronfolge? Die ältere Forschung ist der Geschichtsschreibung der mittleren Karolingerzeit aufgesessen, die suggerierte, Pippin sei damals als Bastard seines Ranges entkleidet worden. Dies ist ein Argument ex eventu, schließlich wissen wir, daß die Ehe Karls mit Himiltrud rechtmäßig war. Entscheidender im Kontext der frühen Jahre der Karolingerherrschaft ist jedoch, daß Karl diesen Sohn durch die Namensgebung Pippin als vollgültig und rechtsfähig anerkannt hatte. Auch die denkbare Aversion von Hildegard gegen den Erstgeborenen aus einer früheren Verbindung dürfte das Rechtsempfinden Karls nicht soweit getrübt haben, daß er sich zu verwerflichen Schritten hinreißen ließ, wobei er obendrein die Hilfe des Papstes zumindest indirekt in Anspruch hätte nehmen müssen. Für eine derart dubiose Mithilfe dürfte das »eherne Herz« Hadrians I. wohl kaum zu gewinnen gewesen sein.

Karl selbst mag zwar die ständige Erinnerung an den Bruder gleichen Namens lästig geworden sein, der eigentliche Grund zur Ausschaltung des Knaben lag jedoch in dessen offenbar immer deutlicher zutage tretender Mißgestaltung. So ist Pippin bereits von Einhart als »bucklig« bezeichnet worden. Diese Behinderung war vermutlich nicht von Geburt an vorhanden, sondern bildete sich erst im Laufe der Kindheit heraus, sei es durch Rachitis, verursacht durch Vitamin-B-Mangel, sei es durch Skoliose, einer Verdrehung der Wirbelsäule. Diese Mißbildung tritt bei einsetzendem Längenwachstum etwa mit dem zehnten Lebensjahr als Buckel sichtbar in Erscheinung. Den Gefahren einer absehbaren Diskussion um die Idoneität, die Eignung des Stammhalters zur Nachfolge in der Königsherrschaft, die nach den Regeln des geltenden Erbrechts zu gleichen Teilen unter die Söhne aufzuteilen war und in der *Divisio regnorum*, dem politischen Testament Karls, auch vorgenommen worden ist, war nur durch präventive Ausschaltung des als untauglich erachteten Pippin zuvorzukommen. Der Papst mochte mit Befriedigung bemerken, daß der neue Träger des Namens zum König für Italien bestimmt wurde und damit als zweiter Pippin das Bündnis mit dem Nachfolger Petri noch intensiver gestalten konnte als der mit vielen Führungsaufgaben in seinem Königreich jenseits der Alpen beanspruchte Vater. Zudem nahm der Wechsel in der Bezeichnung des Königreiches auf der Apenninenhalbinsel von Regnum Langobardorum, Königreich der Langobarden, zu Italia der Beziehung zur römischen Republik jeden Stachel.

Königin Hildegard schließlich mochte es als Wink des Himmels deuten, daß nur noch ihre eigenen Söhne zur Nachfolge des Vaters berufen waren; Karl sah sich, abgesehen von den Ansprüchen des behinderten Ältesten, zugleich auch von dem odiosen Leitnamen Karlmann befreit und konnte in dem umbenannten Drittgeborenen einen legitimen und geeigneten Träger des Königsnamens Pippin präsentieren.

Diese »Neutralisierung« des Erstgeborenen verband sich mit der Salbung von zwei Söhnen zu Königen unter der Oberleitung des Vaters, die 781 einem Vorgriff auf die spätere Aufteilung der Herrschaft gleichkam. Die jüngeren Brüder hatten, ihrem zarten Alter entsprechend unter der Aufsicht erfahrener Berater, zu denen für kurze Zeit wohl auch Adalhard von Corbie zählte, in ihrer Person für Herrschaftssicherung und Integration Aquitaniens und Italiens in das Reich des Vaters durch ständige Anwesenheit und Repräsentation eines eigenen Hofes zu sorgen. So kam etwa Karl der Jüngere, dies sein Name in der Literatur, bereits 784 zu seinem ersten Feldzug in Westfalen, hierin seinem Vater durchaus ähnlich, der ebenfalls als Zwölfjähriger Teilnehmer einer militärischen Aktion seines Vaters nach Aquitanien gewesen war. Als wesentliches Ergebnis bleibt festzuhalten, daß Karl das fränkische Großreich, dessen Erweiterung nach Nordosten (Sachsen) nur eine Frage der Zeit war, durch Partizipation der jüngeren Söhne als Könige dezentral zu leiten suchte. Das war angesichts der strukturellen Verschiedenheit der Regna, der offenkundigen Kommunikationsprobleme und der fehlenden Administration der einzige Weg zur integrativen Herrschaftssicherung, der eine gewisse Aussicht auf Erfolg bot. Diese Chance wurde erhöht durch das in den nächsten Jahrzehnten engmaschiger werdende personale Geflecht zwischen Königsfamilie und Adel als Träger der Leitungsfunktionen in »Staat« und »Kirche«, das eine Verdichtung von Herrschaft erlaubte, zu der auch die Ausweitung der Königsvasallität auf der obersten sozialen Stufe erheblich beitrug.

Der 781 indirekt in Rom vollzogene Ausschluß des Ältesten von der Herrschaftsnachfolge, nicht von der Erbschaft – dies geschah erst nach der Rebellion des unglücklichen Pippin 792 –, wurde möglicherweise nicht von allen Beobachtern in seiner staatsrechtlichen Konsequenz erkannt. So etwa findet das Geschehen keinen Niederschlag in Gedenkeinträgen, die offenbar keinen Anlaß sahen, in ihren Aufzeichnungen die Mitglieder des Königshauses nach ihrer politischen Wertigkeit abzustufen. Das Verbrüderungsbuch des Klosters St. Peter von Salzburg, dessen uns interessierende Einträge vor dem Juli 784, also in zeitlicher Nähe zu den römischen Ereignissen niedergelegt worden sind, vermutlich auf Anregung Bischof Arns, der zuvor Abt des belgischen Kloster St. Amand gewesen war, überliefert den tabellarischen Gedenkeintrag für Gebet und Jahresgedenken: Charlus rex – Fastrada – Pippinus – Charlus – Luduih – Pippinus und dokumentiert damit exakt die komplette Reihe der lebenden Königssöhne mit ihrem Vater Karl und dessen vierter Frau Fastrada als Nachfolgerin der 783 verstorbenen Hildegard, und zwar in der korrekten Abfolge ihrer Geburt. An dieser Stelle darf vermerkt werden, daß die original überlieferte Handschrift aus St. Peter diese Einträge bereits in der sogenannten karolingischen Minuskel vorgenommen hat, fast zeitgleich mit dem sogenannten Godescalc-Evangeliar der »Hofschule« Karls, das als Prototyp der neuen Schriftform die verwilderte merowingische Kursive ablöste und dem allein als Textzeuge die in Teilen erhaltene Maurdramnus-Bibel aus Corbie zeitlich knapp vorausgeht.

Man erkennt, wie mittels eines enges Netzes handelnder Personen, insbesondere aus geistlichen Institutionen, bestimmte Neuerungen wie etwa diese lesbare und ästhetisch ansprechende Reformschrift sich mit ungewöhnlicher Schnelligkeit im fränkischen Reich ausbreiten und ältere Gewohnheiten verdrängen konnten.

Auch die den Anrufungen Gottes und zahlreicher Heiliger in Gestalt einer Litanei nachgestalteten Laudes regiae zum Heil des Königs und seiner Familie, die aus den Jahren 789 und 792 aus Soissons, der Krönungsstadt von Karls Vater und Bruder Karlmann, überliefert sind, gedenken aller vier Söhne Karls, auch Pippins des Buckligen als des Erstgeborenen unmittelbar nach dem Vater. Doch sollte sich im ersten Viertel des 9. Jahrhunderts, vermutlich unter dem Einfluß der Hofhistoriographie (Metzer Annalen, überarbeitete Reichsannalen) und zunehmender Diskretion gegenüber der mächtigen Herrscherfamilie, die Optik der Einstufung ändern, nicht zuletzt unter Verschärfung der kirchlichen Ehedoktrin, die vor allem die Nachkommenschaft ins Visier nahm.

Diese neue Sicht der Dinge fand bereits in der mehrfach erwähnten

Geschichte der Bischöfe von Metz aus der Feder des Paulus Diaconus Ausdruck, die gar an den Beginn des »Karolingerhauses« den Trojaner Anchises stellte. Im Kontext dieser Erzählung, die bis in die eigene erlebte Zeit hineinreicht, führt Paulus die Nachkommenschaft Karls vor: »Von seiner Gemahlin Hildegard empfing er vier Söhne und fünf Töchter. Vor seiner gesetzmäßigen Heirat hatte er von Himiltrud, einem adligen Mädchen, einen Sohn namens Pippin. Die Namen der Söhne der Hildegard sind diese: der erste ist Karl genannt, genannt nach Vater und Urgroßvater, der zweite wieder (!) Pippin, nach dem Bruder und Großvater.« Der Hinweis des Autors, Pippin der Bucklige sei einer vorehelichen Verbindung entsprungen, ist als Schutzbehauptung für seine Rangminderung 781 unschwer zu erkennen; so bevorzugt der auch in Montecassino sozialisierte Diakon Paulus als Argument die nach kirchlicher Doktrin zweifelhafte Legitimität des ersten Pippin, nicht aber dessen sichtbare Behinderung, die zugleich auf Karl selbst möglicherweise ein schlechtes Licht geworfen hätte. Im übrigen läßt sich die subtile Botschaft des Geschichtsschreibers ohnedies nur aus dem verschlüsselten Gesamtzusammenhang erschließen. Jedenfalls läßt Paulus erkennen, daß Pippin keinesfalls ranggleich mit seinen Brüdern und damit zur Nachfolge des Vaters berufen ist. So ist auch auszuschließen, daß Karl beabsichtigt haben kann, irgendwann sein Restreich unter den älteren Söhnen, Pippin und Karl, aufzuteilen. Dies ist nach dem Vorgang von 781 und dem wissenden Kommentar des Paulus mit Sicherheit zu folgern.

Das umfangreiche Verbrüderungsbuch der Reichenau, um ein weiteres Beispiel für die Vielfalt unmittelbaren historischen Gedenkens zu geben, das in den uns betreffenden Eintragungen wohl zwischen 807 und 817 angelegt worden sein dürfte, nennt die Mitglieder der Karlsdynastie in einer Art von Generationenabfolge, die in einem »Anhang« auch die Namen der jetzt als »illegitim« qualifizierten Söhne Karls von Konkubinen und den des einzigen Sohns Pippins von Italien, Bernhard, überliefert. Hier fehlt bezeichnenderweise der Name Pippins des Buckligen. Dieser war nach seinem Aufstand 792, der uns noch beschäftigen wird und in dessen Mittelpunkt offenbar wiederum eine Stiefmutter, nämlich Fastrada, steht, als Gefangener in das Familienkloster Prüm gesteckt worden, wo er im Jahre 811 verstarb.

Die Entmachtung Pippins und die Salbung der Königssöhne Karlmann-Pippin und Ludwig zu Ostern des Jahres 781 bekräftigte und erneuerte das spirituell-persönliche Band zwischen dem Frankenkönig, seiner Familie und Hadrian I. Der Papst wurde so, wie einst Stephan II., zum Garanten des fränkischen Königtums, nun auch für Italien und Aquitanien.

Wenn Karl weiterhin bis zu seiner Kaiserkrönung den Titel eines fränkischen und langobardischen Königs führte, so liegt darin kein Widerspruch zum Königtum seines Sohnes. Dieser und sein Bruder Ludwig in Aquitanien stehen als Repräsentanten des Königshauses und als Mittelgewalten zwar über der jeweiligen Administration, sind als Könige und Söhne zugleich aber dem Willen des Gesamtherrschers und Vaters untergeordnet, dessen Wille auf allen Ebenen entscheidend bleibt. Wie in Italien, so etablierte sich auch in Aquitanien kein »Unterkönigtum« als formale Instanz mit vertikaler Fortsetzung »nach unten«, sondern die institutionalisierte Teilhabe der Söhne am Reich. Von einer wie auch immer zu qualifizierenden eigenständigen Politik Pippins und Ludwigs konnte angesichts ihres zarten Alters ohnehin keine Rede sein.

In Aquitanien hatte Karl nach dem spanischen Fehlschlag, wie ein Biograph Ludwigs des Frommen mitteilt, »sich soweit nötig der Mithilfe der Bischöfe versichert und außerdem in ganz Aquitanien Grafen, Äbte und ... Vasallen eingesetzt. Ihnen übertrug er die Sorge für das Reich, so wie er es für nützlich hielt, die Sicherung der Grenzen und die Verwaltung der königlichen Landgüter.« Damit wird ein langfristiger Prozeß umschrieben. Die Infrastruktur fränkischer Herrschaft wurde sichtbar und überhöht durch ein Mitglied der Dynastie, das zugleich als König Eigenständigkeit und Eigengewicht der Region verkörperte. Mittelalterliche Herrschaft, insbesondere Königsherrschaft, bediente sich zwar administrativer Einrichtungen und diplomatischer Kanäle, wichtiger war jedoch demonstrative Präsenz, die sich vor allem im »Umherziehen« des Königs von Pfalz zu Pfalz, von Bistum zu Bistum und von Abtei zu Abtei realisierte. Sie ermöglichte die Erfüllung der Herrscheraufgaben vor aller Augen, nämlich Schutz nach außen, Friedenswahrung, Rechtsprechung und Sorge für die Schwachen. Mobilität des Herrschers ist ein Muß im »Reich ohne Hauptstadt«. So ist es wohl auch kein Zufall, daß der ständige Aufenthalt des alternden Karl in seiner Lieblingspfalz Aachen im ersten Jahrzehnt des 9. Jahrhunderts für den modernen Betrachter häufig ein Gefühl von »Dekomposition«, wenn nicht gar Stagnation auslöst. Tatsächlich war diese Residenzbildung ein Zeichen ungewöhnlicher Stärke! Informelle Begegnungen ersetzten weitgehend institutionelle Regierungstätigkeit.

Diese aufwendige und mühsame Form der Regierungspraxis stieß angesichts der weiten Wege und der mangelhaften Kommunikationsmöglichkeiten an Grenzen, wenn das Herrschaftsterritorium einen gewissen Radius überschritt. Dies war nach der Integration des Langobardenreiches 774 in das fränkische Regnum der Fall. Das Desaster in den Pyrenäen hatte Karl ferner gezeigt, daß auch der kaum befriedete Süden eines herrscherlichen Zugriffs nicht entraten konnte. Als Mittel der Herrschaftssicherung und -erweiterung bot sich die Inthronisation seiner jüngeren Söhne in den Außenregionen des Reiches an. Auf deren Loyalität durfte er auch als Vater zählen, während die Wiedererrichtung etwa des Herzogtums als mittlerer Leitungsebene die zentrifugalen Tendenzen verstärkt hätte. Nicht die zukünftige Aufteilung des Reiches unter den potentiellen Nachfolgern bestimmte die Maßnahmen von 781, sondern konkrete Probleme aktueller Regierungspraxis, die dringend einer Lösung bedurften. Daß freilich die Einrichtung dieser »Mittelgewalten« in Gestalt eigener Königreiche nach Jahrzehnten personaler Kontinuität nicht ohne Einfluß auf die erst 806 niedergeschriebenen Teilungsmodalitäten im Todesfall Karls bleiben konnte, versteht sich von selbst. Herrschaft und Teilhabe sind die Kennzeichen von Karls fränkischem Königtum und weit entfernt von späterer Monarchie und Zentralismus.

Karl begnügte sich aber nicht damit, seine Söhne durch den Papst salben und krönen zu lassen, sondern fügte dieser sakralen Weihe – die Krönung war vermutlich nicht zuletzt durch den Krönungsbrauch der langobardischen Herrscher inspiriert – eine Art Initiationsritus hinzu, indem er befahl, den vierjährigen Ludwig an der Grenze seines Königreiches in Orléans aus dem Kindertragstuhl aufs Pferd zu heben und ihn mit einer dem Alter angemessenen Waffenausrüstung zu versehen. Damit hielt dieser als veritabler Herrscher, bewaffnet und hoch zu Roß, Einzug in sein Regnum. Nicht viel später trug der Heranwachsende nachweislich baskische Kleidung, wurde gleichsam auf Anweisung seines Vaters »eingebürgert« und zum »Landeskind« gemacht.

Über Pippins Anfänge als König in Italien liegen derartige Nachrichten nicht vor. Auch hier hatte Karl seit 774 Erfahrungen mancher Art sammeln können; die drängenden Bitten des Papstes um Einlösung des Versprechens hatten ihn nicht dazu gebracht, Entscheidungen zu treffen, die insbesondere den territorialen Zusammenhalt des Langobardenreiches, in dessen Tradition sich der »Doppelkönig« sah, empfindlich beeinträchtigen mußten. Zudem war jedwede definitive Maßnahme in Hinblick auf die mittel- und unteritalienischen Herzogtümer und nicht zuletzt auf Byzanz von einiger Brisanz. Auch das latent gespannte Verhältnis zu Bayern, das wesentliche Alpenpässe unter Kontrolle hatte und über die Gemahlin des Herzogs der einstigen langobardischen Königsdynastie verbunden blieb, gehört in den Kontext der Italienpolitik des fränkischen Königs.

Verhandlungen über die Restitution kirchlichen Besitzes

Leider versagt uns der Mangel an detaillierten Quellenaussagen den näheren Einblick in die politischen Verhandlungen zwischen Papst und König am Osterfest 781, die offenbar auf einen Kompromiß zwischen dem Maximalplan der Luni-Monselice-Linie von 774 und dessen tatsächlich äußerst zurückhaltender Umsetzung in den zurückliegenden Jahren zusteuerten. Die wesentliche Erkenntnisquelle für das materielle Resultat dieser Ventilationen bleibt die Urkunde Ludwigs des Frommen für die römische Kirche aus dem Jahr 817, die jene Absprachen reflektiert und zum Teil »ergänzt« wiederaufnimmt.

Die erneute Bindung des Papsttums an die fränkische Königsdynastie, der Rückgriff auf die Konstantinische Schenkung und verwandte Vorstellungen, die Petrusfrömmigkeit des Herrschers und nicht zuletzt seine Anwesenheit an den Schwellen der Apostelgräber mußten auch in den territorialen Fragen, die Hadrian I. unablässig zugunsten der römischen Kirche zu beantworten suchte, zu einem Einvernehmen führen.

Auch jetzt handelte Karl nicht im Überschwang des Gefühls, erneut und verstärkt die besondere Gunst des Apostelfürsten und seines verehrten Nachfolgers zu genießen, sondern sagte zunächst – ganz Staatsmann – lediglich bestimmte Restitutionen nach genauer Prüfung des Sachverhalts zu. So hatte der König bereits vor seiner Romfahrt Ende 780 oder Anfang 781 Gesandte in die Sabina geschickt, damit sie dort die päpstlichen Ansprüche auf entzogene Patrimonien der Kirche vor Ort prüften. An der Spitze dieser Kommission stand ein Vertrauter Karls, Itherius, Abt von St. Martin in Tours und zuvor von 760 bis 776

Leiter der königlichen Kanzlei. Offensichtlich war aber die Ermittlung des Kirchenbesitzes mit großen Schwierigkeiten verbunden. Karl durchschlug den gordischen Knoten, indem er dem Papst die Sabina zur Gänze übergeben ließ oder überlassen wollte aus Dank für die Salbung und Krönung seiner beiden jüngeren Söhne zu Königen. Ihre Übertragung erfolgte aus der Sicht Karls als freie Schenkung zum Gebet und Gedenken, nicht eigentlich als Erfüllung von Rechtsforderungen. Aus den Patrimonien, dem von der römischen Kirche zu Recht beanspruchten Besitz, entwickelt sich seit diesen Jahren mit unterschiedlicher Intensität das Patrimonium Sancti Petri mit dem Papst als Landesherrn – ein Sprachgebrauch, der zugleich den übergreifenden Anspruch festhält, der seit den Tagen Papst Zacharias' aktenkundig ist.

Damals wurde auch Rieti an der westlichen Grenze des Herzogtums Spoleto der römischen Sabina zugeschlagen und damit das Gesamtgebiet päpstlichen Einflusses nach Osten wesentlich abgerundet. Freilich blieb Farfa, auf das die Päpste stets ein begehrliches Auge geworfen hatten, ein Stütz- und Kristallisationspunkt fränkischer Herrschaft, hatte doch Karl dem Kloster bereits 775 ein Immunitätsprivileg mit Exemtion von bischöflicher Aufsicht und dem Recht freier Abtwahl erteilt. Das war durchaus vergleichbar den königlichen Gunsterweisen für Novalese 773, für Bobbio 774, für Nonantola 776, für Sesto und San Salvatore in Brescia 781, geistliche Einrichtungen, die mit ihren reichen, aus ehemaligem Adelsbesitz und Königsgut zusammengefügten Latifundien Zentren der »geistlichen« Karolingerherrschaft zumeist in der direkten Nachfolge der Langobardenherrscher bildeten.

Wie eng diese Verbindung zwischen Nord und Süd, zwischen Klöstern diesseits und jenseits der Alpen wurde, zeigen die in den Memorialbüchern der Bodenseeabteien Reichenau und St. Gallen detailliert aufgezeichneten Gebetsverbrüderungen, die ein Menschenalter später bereits umfangreiche Mönchslisten aus Nonantola, Leno, Monteverdi und vor allem aus San Salvatore zu Brescia festhalten. Im Gegenzug finden wir etwa den St. Galler Mönch und späteren Abt Waldo als Bischof von Pavia. Diese enge Verzahnung kirchlicher Institutionen mit dem fränkischen Königshof wurde 787 noch durch Gunsterweise für San Vincenzo am Volturno und vor allem für Montecassino gefestigt, die ganz im Zeichen des immer wieder versuchten fränkischen Zugriffs auf das bis dahin unabhängige Herzogtum Benevent stehen.

Mit der zumindest beabsichtigten Übergabe der gesamten, ja erweiterten Sabina, nicht nur der der römischen Kirche dort entzogenen Patrimonien, gewann Karl freie Hand in Spoleto, das vor 773 zunächst unter die Botmäßigkeit des Papsttums gelangt war. Dessen vom Papst bestellter Herzog Hildebrand hatte ja noch 780 den fränkischen Hof jenseits der Alpen aufgesucht, um mit dem König eine Übereinkunft zu erzielen. Nach dem Tod Hildebrands 788 wurde die Herzogswürde nicht erneuert und Spoleto unmittelbar dem Regnum Italiae eingegliedert.

Hadrian I. konnte auch hinsichtlich der Erweiterung des Dukats von Rom um tuszisches Gebiet beachtliche Erfolge erzielen. So gewann er Landstriche aus zumeist langobardischem Gebiet hinzu, die, späterhin als römisches Tuszien bezeichnet, nach Norden mit Radicofani-Aquapendente den nachmaligen Kirchenstaat von »Reichsitalien« trennten, dem einstmals langobardischen Tuszien. Diesem Komplex aus Sabina und »römischem Tuszien« wurde nach der Verbriefung von 817 noch der Dukat von Perugia hinzugefügt und die umfängliche Diözese Tivoli als wesentlicher Bestandteil der römischen Campagna. Damit hatte die päpstliche Restitutionspolitik im Süden ihre Grenze erreicht. Die Ansprüche auf Benevent ließen sich ohne militärische Operationen ohnehin nicht durchsetzten, und das galt auch für die Patrimonien der Kirche im Dukat von Neapel. Die politische Lage im Süden der Apeninnenhalbinsel blieb diffus, da Herzog Arichis von Benevent als Schwager des nach Byzanz entflohenen Sohnes des Desiderius und der in Gaeta residierende Patrizius von Sizilien nach Ostrom orientiert waren. Möglicherweise machte der »Putschversuch« des Strategen und sizilischen Patrizius Elpidius 780 gegen Kaiserin Irene, die im Gegenzug Sizilien von einer byzantinischen Flotte erobern ließ und den Rebellen nach Afrika vertrieb, die Verbindung zwischen dem oströmischen Kaiserhof und dem fränkischen Herrscher möglich, von der noch zu berichten sein wird.

Sowenig der König dem Papst im Spoletinischen freie Hand lassen konnte – Benevent lag ohnehin außerhalb kirchlicher, auch fränkischer Ambitionen –, sowenig konnte er der Verwirklichung des Maximalplans von 774 nähertreten oder gar an die Zerschlagung der langobardischen Toskana denken. Hadrian I. mußte sich mit der Zuweisung einiger Stadtbezirke begnügen, nämlich Città di Castello, Orvieto, Toscanella, Savona, Populonia und Grosseto, die Teil des römischen Tuszien wurden wie bereits Perugia. Als Kompensation für die Nichterfüllung des Versprechens von Quierzy, wiederholt und präzisiert 774, gewann der Pontifex gewisse Einkünfte aus Tuszien und Spoleto, die sonst üblicherweise an den Königspalast von Pavia zu zahlen waren. Gleichsam im Gegenzug erhielt der König, wie zu vermuten ist, aus der Hand des Papstes eine Verzichtserklärung auf weitere Ansprüche.

Die Übergabe des Exarchats von Ravenna unter Einschluß der Fünf-Städte-Region wurde hingegen bekräftigt, vorbereitet und um die Übergabe von Bologna sowie um Imola, Ancona, Osimo und Umana ergänzt, deren Besitz bereits zwischen den Langobarden und den Päpsten strittig gewesen war. Damit waren aber die tiefgreifenden Schwierigkeiten, die sich den Besitzansprüchen der römischen Päpste im Exarchat entgegenstellten und die aus der Abwehrhaltung der ravennatischen Erzbischöfe resultierten, nicht überwunden. In dieser umstrittenen Zone blieb wie in den siebziger Jahren jedenfalls bis 816 eine politische Balance zwischen fränkischen »missi« und päpstlichen »iudices« gewahrt, wenngleich dem Papst auf dem Pergament vermutlich eine Ausweitung seiner Befugnisse zugebilligt worden war. Der endgültige Verlust Venetiens nach den Vertragsabschlüssen mit Konstantinopel 812 mußte der verbliebenen Küstenregion und ihren Hafenstädten an der mittleren Adria für das westliche Imperium und das Königreich Italien einen besonderen Wert verleihen.

Wenn die Urkunde Ludwigs des Frommen von 817 dem Besitz der Kirche die Inseln Korsika, Sardinien und Sizilien hinzufügt, so mag Korsika als Außenpunkt der Luni-Monselice-Linie in der Tat 774 und 781 bestätigt worden sein. Was Sardinien angeht, so sucht die Forschung im Quellendunkel vergeblich nach einem derartigen Anhaltspunkt, da die Insel bereits gegen 784 unter sarazenische Kontrolle geriet. Das 780 von der Flotte der Kaiserin Irene gewaltsam eroberte Sizilien gar blieb Teil des byzantinischen Imperiums und wurde erst 962 in der original erhaltenen Urkunde Ottos I. für die römische Kirche als möglicher Besitz eingestuft.

Mit diesen Zugeständnissen des Königs und den Abstrichen des Papstes am Maximalprogramm von 774 war eine Ebene des Kompromisses gefunden, die einerseits die Integrität des vormaligen Langobardenreichs weitgehend wahrte und auch im Exarchat der königlichen Politik einen hinreichenden Radius zur Wahrnehmung von Interessen in Venetien und Istrien beließ, andererseits dem Papst in Mittelitalien ein Territorium zuwies, das den römischen Dukat mit der Sabina und Campagna verband und die Nordostflanke durch das später so genannte römische Tuszien absicherte sowie zugleich die territoriale Verbindung Roms zum Exarchat und zur »angereicherten« Pentapolis herstellte. Da Benevent und Neapel eine Art Sperrgürtel zum »Kirchenstaat« bildeten, war auch eine offene Auseinandersetzung mit den »Griechen« und ihren Verbündeten vermieden worden. Die Bedeutung der großen Abteien – erinnert sei an Farfa in der Sabina – als Stützpunkte karolingischer Königsherrschaft tritt überdies klar zutage.

Papst und König mußten das Osterfest 781 als vollen Erfolg werten: Karl sah sich vom Nachfolger Petri in einem Ausmaß angenommen und unterstützt, das einer erneuerten sakralen Garantie für die Königsherrschaft seiner Familie auch in Zukunft gleichkam, während Hadrian I. zwar nicht alle territorialen Blütenträume reifen sah, aber doch eine beachtliche Ernte in die kirchliche Scheuer einfahren konnte. Vor allem hatte er sich seiner Rolle als ständiger Bittsteller bei Hofe entledigt. Die Republica Sancti Petri, der nachmalige Kirchenstaat, nahm Konturen an, das spätere »Reichsitalien« fand seinen Vorläufer im Königreich Italien karolingischer Provenienz, und der Süden – einstweilen noch in verschiedene Machtzonen zerlegt und kirchlich und kulturell vorwiegend nach Osten ausgerichtet – erhielt seine relative Einheit erst im Zuge der normannischen Staatsgründung, die zugleich die Latinisierung und Wiederanbindung an den Patriarchen des Westens mit sich brachte. Diese Dreiteilung – Reichsitalien, Kirchenstaat und der Süden – hat die Geschichte der Apenninenhalbinsel bis weit ins 19. Jahrhundert hinein geprägt und bis heute unauslöschliche Spuren hinterlassen.

Kaiserin Irene auf der Suche nach Bündnispartnern und Tassilo auf der Höhe seiner Macht

In diesen Wochen, als sich Karl in Rom aufhielt, vermutlich wegen der Rebellion des sizilischen Patrizius, trafen Gesandte der Kaiserin Irene in der Ewigen Stadt ein. Irene, die seit dem Tod ihres Gemahls Leon IV. als Mitkaiserin für ihren minderjährigen Sohn Konstantinos VI. die Geschäfte führte, war in der Frage, die seit den zwanziger Jahren Ost und West besonders entzweite oder die diesen Gegensatz erst in aller

Schärfe ausbildete, der Verehrung der Bilder, dem römischen Standpunkt nähergerückt und suchte offenbar ein Bündnis mit dem fränkischen König, vermutlich um gegen den aufständischen Strategen von Sizilien, der sich in Afrika bereits als Gegenkaiser etabliert hatte, einen Mitstreiter zu gewinnen. Deutlich werden die Motive dieser Annäherung freilich nicht; wir sind durchweg auf östliche Quellen angewiesen, die wenig mehr als die bloßen Fakten mitteilen. Immerhin knüpfte dieser Bündnisversuch an ein Projekt an, das bereits 766 oder 767 ventiliert worden war und damals die Verbindung des Kaisersohns Leon mit Pippins Tochter Gisela, Karls einziger Schwester, herstellen sollte. Dieser Plan war bekanntlich im Sande verlaufen.

Die Kaiserin Irene, Witwe des damaligen potentiellen Verlobten der fränkischen Prinzessin, knüpfte indessen hier wieder an und schlug eine Ehe zwischen ihrem Sohn, dem Kaiser, und Karls Tochter Rotrud vor. Dieser intendierten Verbindung wurde eine Art Bildungsprogramm unterlegt: Aus der byzantinischen Gesandtschaft blieb der Eunuch und Notar Elisäus in der Umgebung Karls, um die junge Prinzessin, die höchstens acht Jahre alt sein mochte, in griechischer Sprache und Gesittung zu unterrichten; auch der gelehrte Immigrant Paulus Diaconus mußte sich der Mühe unterziehen, die geistliche Entourage Rotruds in der Sprache des kulturell überlegenen Ostens zu unterweisen. Mit dieser Verlobung war für den fränkischen Herrscher nicht nur eine deutliche Steigerung seines internationalen Ansehens wie auch seines heimischen Prestiges verbunden, sondern mehr noch die Anerkennung seiner Herrschaft in Italien als Nachfolger der Langobardenkönige, deren Regnum bis dahin zumindest von Byzanz staatsrechtlich als Teil des Imperium Romanum betrachtet worden war – trotz anderslautender älterer Verträge. Auch das päpstlich-fränkische Kondominium über den Exarchat, den letzten Vorposten Konstantinopels an der Adria vor dem späteren Ausbau der Hafenstadt Bari, wurde zumindest stillschweigend respektiert. Ein Bündnis seines »Freundes« Karl mit Byzanz hatte überdies für den Nachfolger Petri den nicht geringen Vorteil, der Sorge eines möglichen feindlichen Zusammenspiels zwischen Konstantinopel und Benevent enthoben zu sein und den Status quo an der Südgrenze des Patrimonium Petri absichern zu können. Der Vorteil für Irene lag zum einen in der Gewinnung von Bundesgenossen gegen aufständische Gewalthaber – nicht nur auf Sizilien –, zum anderen in der Respektierung ihrer eigenen Herrschaft, des gelegentlich vor allem in westlichen Quellen als »Weiberherrschaft« diskriminierten Kaisertums in der Nachfolge Justinians und Theodoras.

Die staatsrechtliche Emanzipation des Papstes machte in diesen Jahren Fortschritte. Waren früher schon mehrfach kuriale Dokumente nur noch mit der römischen Zinszahl – der Indiktion, einer Jahresangabe zum (damals freilich längst fiktiven) laufenden fünfzehnjährigen Steuerzyklus – datiert worden, das Synodalprotokoll von 769 gar nur noch nach »der Königsherrschaft Jesu Christi«, so fügte Hadrian I. nach 781/82 dem Inkarnationsjahr, dem Jahr nach der Geburt Christi, noch seine Pontifikatsjahre als Datierungselement hinzu.

Ebenso scheint in Rom das Prägen von Goldmünzen im Namen und mit dem Bildnis des Kaisers nach dem Tod Konstantinos' V. im Jahr 775 zu einem Ende gekommen zu sein; die später geprägten Silberdenare zeigen Papstbild und -namen. Nicht der fränkische König, der Patricius Romanorum, tritt einstweilen an die Stelle des Kaisers, sondern der römische Pontifex als Leiter seiner Respublica Romanorum.

Hatte sich mit der teilweisen Erfüllung des Versprechens von 774 trotz aller fortdauernden Schwierigkeiten der Papst als territoriale Gewalt – als geistliche Vormacht des Westens war er ohnehin unbestritten – zumal in Mittelitalien etablieren können, so war Karl zumindest in der Nachfolge der Langobardenherrscher nicht auf den Widerstand Ostroms gestoßen. Vielmehr suchte die Kaiserin Irene ein Bündnis mit der Großmacht des Westens und war gleichzeitig bereit, sich in dogmatisch-religionspolitischen Fragen dem Standpunkt des Papstes anzunähern und damit seine Autorität zu akzeptieren.

Für den »Doppelkönig« stellte sich von Italien aus gesehen die Nordflanke mit den wichtigen über Bayern und Rätien führenden Paßstraßen als machtpolitisch rissig dar. Der einst merowingische, jetzt de facto autonome »Außendukat« Bayern der mit dem Königshaus verwandten Agilolfinger wurde offenbar immer mehr als bedrohliche Machtzusammenballung empfunden, die die politisch-administrative Zusammenfügung der nördlich gelagerten Zonen des fränkischen Reiches mit der Lombardei als breiter Sperriegel behinderte, und dies, obwohl der aus Bayern stammende Abt Sturmi, wie wir bereits erfahren haben, um 771/72 einen Freundschaftsvertrag zwischen Tassilo und Karl herbeigeführt hatte, vielleicht in schöpferischer Nachahmung des Paktes zwischen Papst und fränkischem König. Im Jahr 778 finden sich gar bayerische Kontingente im spanischen Heeresaufgebot, ganz zu schweigen von dem Bündnis des Bayernherzogs mit Hadrian I. Dieser hatte am Pfingstfest 772 Tassilos Sohn Theodo getauft und gesalbt, was einer Bestätigung des königsgleichen Rangs der Agilolfinger gleichkam und die geistliche Patenschaft dieses Papstes über die fränkischen Prinzen vorwegnahm. Damals suchte der gerade erhobene Hadrian in der Gefahr des Renversement des alliances, die von der Königinmutter Bertrada ausging, nach einem neuen Bündnispartner zur Eindämmung der Langobardengefahr. Damit hatte sich Tassilo III. zwar gegen seinen Schwiegervater Desiderius gestellt, doch mußte diese Konstellation nicht von Dauer sein.

Die auswärtige Position des Bayernherzogs, der ohne Metropoliten die bayerische Kirche und ihre Provinzialsynoden leitete, hatte sich zudem wesentlich dadurch gefestigt. Im Gegensatz zum fränkischen König, dem die Sachsen unabsehbare Schwierigkeiten bereiteten und der nicht zuletzt einen deutlichen Prestigeverlust aus der Niederlage in den Pyrenäen erlitten hatte, war es Tassilo 772 gelungen, die Erhebungen der Karantanen an der Südostflanke seines Dukats niederzuwerfen, die pagane Opposition, die sich gegen die »Westorientierung« ihres Herzogs empörte, entscheidend zu schwächen und der Salzburger Mission zu neuem Schwung zu verhelfen. Dieser Bekehrungskrieg und -sieg dürfte seinen guten Ruf in Rom bestätigt haben, wozu auch die Dotation bayerischer Kirchen beitrug, vor allem die Gründung von Kremsmünster im Traungau, grenznah zu den Slawen und Awaren und ungewöhnlich großzügig ausgestattet als Zentrum von Mission und Kolonisation. Im Rahmen des dortigen Stiftungsfestes am 7. November 777 wurde Tassilos Sohn Theodo gleichsam vor den versammelten geistlichen Würdenträgern und der weltlichen Gefolgschaft als Mitregent seines Vaters eingeführt. Das bayerische Herzogsgeschlecht war auf dem Gipfel seiner Machtentfaltung und seines Ansehens angelangt.

Dies sollte sich rasch ändern: Hadrian I. erneuerte am Osterfest 781 die geistliche Verwandtschaft der Päpste mit der fränkischen Königsdynastie und ließ sich von Karl, der ihm bei seinen territorialen Ansprüchen entgegengekommen war, auf eine Linie einstimmen, die eine neue Politik gegenüber dem bayerischen Verbündeten und Taufverwandten mit sich brachte. Nach Auskunft der Reichsannalen wurde damals eine paritätisch besetzte päpstlich-königliche Gesandtschaft zu Tassilo nach Bayern gesandt, der auch der spätere Erzbischof von Mainz, Richulf, angehörte, »um ihn [Tassilo] zu ermahnen und zu beschwören, daß er seines früher gegebenen Eides eingedenk sein möge und nicht anders handeln solle, als er schon lange zuvor König Pippin und dem großen König Herrn Karl und den Franken geschworen habe«. Damit war erneut die Frage nach der Loyalität des Bayernherzogs dem fränkischen König gegenüber, wenn nicht gar nach seiner Unterordnung gestellt. Tassilo ließ es auf einen Bruch nicht ankommen, sondern willigte ein, nach Geiselstellung durch den König – das gegenseitige Mißtrauen saß offenbar tief – vor diesem zu erscheinen. Karl ging auf diesen Vorschlag ein. Der Tag von Worms, der sich mit diesem Treffen verbinden sollte, bedeutete in der Rückschau den Anfang vom Ende des Agilolfingers und seiner Familie.

Beispiele für die Staatskunst Karls des Großen

Nach der grundlegenden Ordnung der mittelitalienischen Verhältnisse und dem diplomatischen Ausgriff auf Bayern, der ihn nach seiner Heimkehr beschäftigen sollte, zog Karl auf dem Rückweg in die Poebene und urkundete im Juni 781 in seiner Hauptstadt Pavia für das Bistum Reggio, dem er Immunität und freie Bischofswahl verlieh. Das deutet darauf hin, daß diese Stadt im Gegensatz zum Maximalplan von 774 eben nicht der römischen Kirche überlassen worden, sondern Teil des Langobardenreiches geblieben war. Wenige Tage später urkundete der König für das Kloster Sesto und entschied einen komplizierten Rechtsfall noch aus den Zeiten seines Vorgängers Adelchis, den er durch einen Gnadenakt aus der Welt schaffte. An diesem Beispiel wird deutlich, wie subtil der Herrscher die Maßnahmen der langobardischen Könige, in deren Nachfolge er sich ohne Einschränkung sah, beurteilte und je nach Sachlage entschied.

Der Hinweis in der Gerichtsurkunde auf die Getreuen und Großen als Entourage in der Königpfalz von Pavia zeigt Karl als König, als »rex«, der nach der Etymologie des berühmten frühmittelalterlichen Enzyklopädisten Isidor von Sevilla »recht handelt« (recte agere). Karl wies damals zugleich seinen Sohn Pippin in das Königtum ein, doch wissen wir mangels Quellenzeugnissen nicht, in welcher Weise dabei auf Erwartungen und Empfindlichkeiten der Langobarden Rücksicht genommen wurde.

Auch das Königtum Pippins blieb nicht nur wegen dessen Minderjährigkeit unter der gestaltenden Oberleitung des Vaters, der erst nach der Kaiserkrönung auf seine Königstitel verzichtete, was aber keinesfalls einen Wechsel in der tatsächlichen Leitung nach sich zog. Nicht anders als in Aquitanien stützte Karl seine Herrschaft auch in diesem Teilreich langfristig auf Bischöfe, Äbte, Grafen und Königsvasallen, an deren Spitze vermutlich sein Halbvetter Abt Adalhard von Corbie trat, ferner der Dux Rotchild und Abt Angilbert von St. Riquier (Centula) als »leitende Minister«. Die Bereitschaft Adalhards, dem Ruf nach Italien zu folgen, und auch Karls Wunsch nach dessen Mitwirkung sind um so erstaunlicher, als etwa zehn Jahre zuvor ein tiefes Zerwürfnis zwischen beiden eingetreten war, da Adalhard offen gegen die in seinen Augen unrechtmäßige Verstoßung der Langobardenprinzessin opponiert hatte. Sein unbeugsamer Charakter, seine Erfahrung und seine Intelligenz, die sich insbesondere mit den Realitäten des Alltags auseinanderzusetzen wußte – wie noch seine späten Statuten für Corbie, auch die über Hinkmar von Reims überlieferte »Hofordnung« zeigen –, machten ihn offenbar für den Königsdienst und als zeitweiligen faktischen Regenten des kleinen Pippin unentbehrlich.

Am Beispiel Adalhards wird bereits ein Gutteil der Staatskunst des großen Karl anschaulich. Wie der bestimmende Einfluß des Angelsachsen Alkuin, den er übrigens im März 781 in Rom kennenlernte, oder des »Spaniers« Theodulf zeigt, gelang es Karl, aus allen Regionen seines Imperiums und darüber hinaus Mitstreiter auf allen Feldern der Politik zu gewinnen. In Fragen der Kirchenreform, Bildung und Kultur im weitesten Sinn wußte er einen qualifizierten Mitarbeiterkreis internationaler Reputation zu versammeln und in seiner Umgebung ein offenbar stimulierendes Klima zu erzeugen, das diesen Begabungen hinreichend Luft zum Atmen und zur Entfaltung ihrer Talente bot. Nicht von ungefähr hat man Karl ein »Genie der Freundschaft« (Josef Fleckenstein) genannt, dessen Genius aber weit über die an sich private Ebene der Freundschaft hinausführte. Dieses immer dichter werdende Netz herausragender Persönlichkeiten ermöglichte es, einen Teil der zahllosen Schwierigkeiten, die sich aus dem Fehlen moderner staatlicher Institutionen bei der Leitung des Riesenreiches ergaben, aufzufangen und in einem variablen System von Aushilfen dennoch eine Art Verfestigung der Königsherrschaft zu bewirken.

Der Kreislauf von Aktivitäten lief über Boten und Gesandte, erreichte

Bischöfe und Äbte als Herrschaftsträger, die nicht selten zuvor in enger Verbindung mit dem Hof gestanden hatten, vor allem als Mitglieder der königlichen Kapelle oder Kanzlei, auch als weltliche Machthaber, die an der Spitze ihrer Klans dem König dienten, der sie und ihre Familien reich zu belohnen wußte. Dieser Kreislauf pulsierte nach dem Willen des Königs, der sich freilich mit informellen Begegnungen begnügte und nur die wichtigsten Angelegenheiten direkt an sich zog. Zwar institutionalisierte sich die Königsherrschaft während der langen Regierungszeit Karls zunehmend auch in Grafschaften, Markgrafschaften und Präfekturen, auch in der Existenz von »Mittelgewalten« in Italien und Aquitanien, im wesentlichen beruhte sie indessen auf der Teilhabe des Adels, der freilich noch keinen geschlossenen Stand repräsentierte, an der Machtausübung, an Besitz und Zugewinn. Die sich herausbildende »Reichsaristokratie« (Gerd Tellenbach) einflußreicher Familien war das Fundament, auf dem die Königsherrschaft aufbaute: Die Kunst frühmittelalterlichen Regierens bestand in der Wahrung des Gleichgewichts zwischen der notwendigen Unterordnung dieser Kräfte unter die Interessen und Aufgaben des Königtums, das zugleich das Gemeinwesen, das »Volk«, repräsentierte, und der notwendigerweise weitgehenden Autonomie von Entscheidungen auf der mittleren Führungsebene der »Großen« angesichts der allgemeinen Kommunikationsschwierigkeiten und der regionalen Besonderheiten. Wir kennen in der frühen Karolingerzeit dieses personale Netz mangels Quellen nur ungenügend, immerhin lassen sich nicht wenige Adelsfamilien als Mitträger der Herrschaft ermitteln.

Wie bemerkenswert einfühlsam und politisch klug Karl in seinem neuen Königreich Italien vorging, zeigt die Tatsache, daß er seine wohl erst kürzlich geborene jüngste Tochter Gisela – namensgleich mit seiner einzigen Schwester, der Äbtissin von Chelles mit dem berühmten Nonnenskriptorium – vom Mailänder Erzbischof Thomas taufen ließ. Damit wurde mit dem sehr selbstbewußten und auf Autonomie bedachten Nachfolger des heiligen Ambrosius, der Kaiser Theodosius zur öffentlichen Kirchenbuße gezwungen hatte, eine geistliche Gevatternschaft hergestellt und der herausragende Rang des Mailänder Metropoliten für die neue Königsdynastie und das Königreich Italien hervorgehoben. Bekanntlich ist es erst dem Reformpapsttum des 11. Jahrhunderts gelungen, die Mailander Kirche der römischen Suprematie voll zu unterwerfen.

Karl überschritt im Frühsommer 781 die Alpen; im August 781 finden wir ihn erneut in Worms.

Auftakt der karolingischen Renaissance

Als künstlerischer Ertrag jener römischen Monate Karls ist ein kostbarer Codex überliefert, der, unter dem Namen seines Schreibers als Godescalc-Evangelistar bekannt, das Tor zur sogenannten karolingischen Renaissance aufstößt. Godescalc, der sich als »letzter Diener« (des Königs) bezeichnet, gestaltete nach der zweiten Romfahrt seines Herrn, in deren Mittelpunkt die Taufe Karlmann-Pippins gestanden hatte, auf Anweisung Karls und seiner Gemahlin Hildegard dieses mit sechs Miniaturen ausgezeichnete Evangelistar auf purpurgetränktem Pergament mit goldener und silberner Tinte. Er benutzte eine Unzialschrift für den Text, eine Kapitale für die Überschriften, während er für das Widmungsgedicht jene Minuskelschrift verwandte, die in diesen Jahren in der Francia, zumal in Corbie, entwickelt worden war. Erstaunlicherweise lassen sich Spuren dieser Schrift, die als karolingische Minuskel zur Gebrauchsschrift Europas und darüber hinaus wurde, bereits in Bayern im 784 angelegten Verbrüderungsbuch von St. Peter in Salzburg nachweisen. Dieses Ferment des Abendlandes wird man in seiner Bedeutung für die geistige Existenz sowenig unterschätzen dürfen wie den karolingischen Denar, der für lange Jahrhunderte des Wirtschaftverkehrs so etwas wie ein Ecu war.

Ein Evangelistar enthält im Gegensatz zum Evangeliar, den vollständigen Texten der vier Evangelien, eine Zusammenstellung von Auszügen, die im Laufe des Kirchenjahres verlesen werden. Karl wandte sein Augenmerk bereits sehr früh jeder Art von schriftlicher Dokumentation zu, weshalb er als »eifrig in der Buchkunst« charakterisiert wird; erinnern wir ferner an das Diplom von 782 für Fritzlar, das unter den dortigen Kirchenschätzen die Codices ausdrücklich hervorhebt, oder gar an die Urkunde von 775, die Wilddecken für Bucheinbände bestimmt, denn heilstiftender Inhalt verlangt nach einer kostbaren Form und einer zumindest haltbaren Hülle.

Mit dem zunächst in St. Sernin in Toulouse aufbewahrten, später über Napoleon I. in die Pariser Bibliothèque Nationale gelangten Evangelistar, das aus 137 Blättern im Format 31 mal 21 Zentimeter besteht, hebt die Reihe jener nicht eben zahlreichen, meisterhaft illuminierten Pergamentcodices an, die aus der sogenannten Hofschule Karls hervorgegangen sind. »So steht das Evangelistar [Godescalcs] an einer entscheidenden Wende der abendländischen Kultur« (Hermann Fillitz).

Unter den ganzseitigen Miniaturen, die außer dem thronenden Christus die vier Evangelisten zeigen, ragt als sechste sowohl thematisch wie in ihrer besonderen Ausprägung der Lebensbrunnen, fons vitae, heraus, der mit dem Beginn der Weihnachtsperikope auf der gegenüberliegenden Seite verbunden ist und somit die Geburt Christi symbolisiert. Für Motiv und Gestaltung mag der Schreiber oder Illuminator durch ältere Codices in St. Peter oder, was noch plausibler erscheint, durch Mosaiken in den zahlreichen römischen Kirchen wie vielleicht in San Giovanni in fonte, der dem Lateran benachbarten Taufkirche, inspiriert worden sein. Der Lebensbrunnen, dessen Darstellung bereits im 5. Jahrhundert aus Kirchen im Gebiet des ehemaligen Jugoslawien bekannt ist, verwies im Kontext des Godescalc-Evangeliars nicht nur auf die Geburt des Erlösers, sondern auch auf die Taufe von Karls Sohn Karlmann-Pippin, den das Widmungsgedicht »wiedergeboren aus dem Brunnen« nennt. Noch einmal hat die Hofschule auf das Motiv des Lebensbrunnens als Miniatur in einer reichen Handschrift vom Beginn des 9. Jahrhunderts zurückgegriffen: Das berühmte Evangeliar von St. Médard in Soissons enthält neben Kanontafeln, Evangelistenbildern und Initialen zwei ganzseitige Miniaturen, die die Anbetung des Lamms und den Lebensbrunnen in kostbarem Rahmen zeigen.

Eine zweite, nicht weniger erlesene Handschrift aus dem Umkreis Karls verweist auf die enge Verbindung von römischem Pontifex und fränkischem König. Es ist der kleinformatige sogenannte Dagulf-Psalter, der ebenfalls nach seinem Schreiber benannt wurde und der nach dem Wortlaut der Widmung als Geschenk Karls für Hadrian I. bestimmt war. Da er offenbar erst nach dem Tod des Papstes 795 fertiggestellt wurde, gelangte er nicht nach Rom, sondern auf unbekanntem Weg in den Besitz der Salier und befand sich über eine Stiftung Kaiser Heinrichs IV. seit der Mitte des 11. Jahrhunderts im Schatz der Bremer Kathedrale. Von hier aus geht sein Weg im 17. Jahrhundert in die kaiserliche Bibliothek zu Wien. Der Prachtband gehört seither zu den Zimelien der Österreichischen Nationalbibliothek, während die superben Elfenbeintafeln, als früheste erhaltene Meisterwerke karolingischer Schnitzkunst gerühmt, im Louvre aufbewahrt werden. Im Spätmittelter galt der kleinformatige Psalter in Bremen als Besitz Karls des Großen und wurde zu dessen verehrungswürdigen Berührungsreliquien gezählt, schließlich wurde er gar als Gebetbuch der heiligen Hildegard, Karls 783 verstorbener Gemahlin, bezeichnet. Wenn auch das Widmungsgedicht dagegen spricht und erkennen läßt, daß der Codex für Hadrian I. bestimmt war, ist die Zuschreibung nicht aus der Luft gegriffen, denn der Psalter war im Mittelalter als Lektüre und Memorierbuch vor allem in Damenhänden weit verbreitet und bildete die Grundlage jeglicher Schulung und Bildung.

Die Inspiration, die von der Atmosphäre des spätantik-frühmittelalterlichen Rom auf königliche Auftraggeber und ausführende Künstler ausging, wird man nicht gering veranschlagen dürfen. Gerade Karl zeichnete sich durch sein Bildungsbedürfnis, seinen Wissensdurst, seinen Reformeifer und nicht zuletzt sein außerordentliches Kunstverständnis aus, die ihn Gelehrte und Künstler aus aller Herren Länder an seinen Hof ziehen ließen und seiner Regierungszeit ein Signum verleihen, das den König weit von einem bloßen Machtpolitiker und beutegierigen Eroberer abhebt. Indessen wird man im Gegensatz zur kunstgeschichtlichen Forschung angesichts der wenigen überlieferten Zimelien, die sich überhaupt mit Karl in Verbindung bringen lassen, den Terminus Hofschule, auch Hofakademie, nur mit Vorsicht verwenden, zumal personell und räumlich wenig mehr als Spekulationen über Werkstätten, Vereinigungen und dergleichen möglich sind. Ähnliche Vorsicht ist auch auf den Feldern der Baukunst, des Kalenderwesens und der Komputistik (Berechnung der Festtagsdaten, vor allem Ostern), aber auch der Enzyklopädik angebracht, die allesamt auf die Person Karls fokussiert werden, ohne daß es dazu hinreichend Zeugnisse gibt.

Expansion und Konsolidierung
781 bis 794

Spannungen zwischen König Karl und Herzog Tassilo

Will man einer späten und nicht eben zuverlässigen Quelle Glauben schenken, fand sich im Frühherbst 781, als der König gerade im Begriff stand, die Alpen nach Norden zu überqueren, eine Gesandtschaft aus Bayern in der Ewigen Stadt ein. Diese vermochte allerdings beim Papst wenig oder nichts zu erreichen, zumal Karl dem Großteil der Delegation den Zug nach Rom nicht gestattet hatte. Die aus Rom an Herzog Tassilo abgesandte »gemischte« Gesandtschaft, die Hadrian I. und Karl gemeinsam zusammengestellt hatten, erinnerte gar den Bayernherzog daran, »daß er [wie es heißt] seiner früheren Eide gedenken und nicht anders handeln solle, als er dem Herrn König Pippin und dem König Karl mit den Franken eidlich versprochen habe«. Diese angebliche erste Eidesleistung Tassilos, auf deren Beachtung die fränkischen Hofannalen insistieren und die wenig später im Prozeß gegen den Bayernherzog gar als ein Vasalleneid interpretiert wird, den dieser bereits in Compiègne 757 gegenüber König Pippin und seinen Söhnen abgelegt und auf die Reliquien fränkischer Staatsheiliger wiederholt haben soll, charakterisierte für Zeitgenossen und spätere Historiker zu Unrecht und wahrscheinlich auch gegen besseres Wissen das diffizile Verhältnis des bayerischen Herzogs zum fränkischen König in den Dezennien nach Pippins und Karls Erhebung zum Rex Francorum. Zwar wußte auch das in den vierziger oder fünfziger Jahren des 8. Jahrhunderts in seinem wesentlichen Bestand aufgezeichnete »Recht der Bayern« von der Abhängigkeit des »Außendukats« von der fränkischen Königsherrschaft (der Merowinger!), doch hatte die Familie Tassilos seit den Tagen Herzog Theodos einen gleichsam autonomen Status erreicht. Vor allem seit den Zeiten von Tassilos Vater Odilo hatten die Bayernherzöge, überdies verschwägert mit der Hausmaierfamilie, diesen Status erreicht, der ihnen durch Kirchenherrschaft und Vorsitz in Synoden, durch Klostergründungen und Missionserfolge im Südosten sowie durch die Gevatternschaft mit dem Nachfolger Petri, nicht zuletzt auch durch die Heirat Tassilos mit einer Tochter des Langobardenkönigs Desiderius einen königsgleichen Rang verlieh. Das fand auch in der Terminologie als Fürst und Herr Ausdruck. Diese Stellung wurde wesentlich untermauert durch den Sieg über die Karantanen 771, der in bayerischen Quellen der Zerstörung der sächsischen Irminsul durch Karl gleichgestellt wird.

Aus dem Nebeneinander von Herzogtum und Frankenreich wurde spätestens mit der Überwältigung des langobardischen Königreiches 774 ein »säkularer Gegensatz« (Rudolf Schieffer), da der König den Zugang zu seinem neuen Königreich dauerhaft sichern mußte und daher keinesfalls auf lange Frist die eigenständige Position seines Vetters hinnehmen konnte und wollte. Ein bloßer Eroberungsfeldzug mit Verwüstung und verbrannter Erde nach dem Vorbild der aquitanischen Eroberungsexpeditionen früherer Jahrzehnte kam freilich nicht in Frage, vielmehr bedurften die Absetzung und politische Vernichtung des Rivalen des legalen Anscheins und der juristischen Argumentation, auch dann noch, als sich das Gewicht der fränkischen Herrschaft immer deutlicher in der Waagschale bemerkbar machte.

Hier mochte die Erinnerung an Tassilos Anfänge bereits nützliche Dienste leisten, der Hinweis auf Compiègne eine erste Vorlage bieten; zweifellos hatte sich der kaum volljährige Tassilo nach dem Tode seiner Mutter Hiltrud 754 den Wünschen seines Onkels gefügig gezeigt, der ihm sein Erb- und Nachfolgerecht gegen die Ansprüche des Agilolfingers und Halbbruders des Königs, Grifo, bewahrt hatte. So nimmt es nicht wunder, daß Tassilo 755 auf einem Hoftag und 756 auf dem ersten Feldzug Pippins gegen das Langobardenreich zugegen war. Sollten sich damals auch bayerische Große angesichts der zunächst diffusen Situation nach dem Tod Odilos den Franken gegenüber zu einer gewissen Zusammenarbeit verstanden haben, die vor allem der Konsolidierung von Tassilos Stellung diente, so wäre dies durchaus verständlich. Aus all dem aber auf eine Art von Unterordnung des Herzogs und der Bayern gar in Form der damals noch wenig attraktiven Vasallität zu schließen, die bereits die Anfänge Tassilos bestimmt hätte, ist falsch und unschwer als wirklichkeitsfernes, aber bereits auf mittlere Sicht höchst wirksames juristisches Konstrukt der siegreichen Partei des fränkischen Königs zu erkennen. Selbst wenn es nach 756 zu einem Treueid Tassilos unter Einbeziehung der Großen gekommen sein sollte, so war damit zumindest im bayerischen Verständnis keinesfalls eine Statusminderung verbunden, sondern bestenfalls eine Art von Verhaltenskodex, der Loyalität einschloß und antifränkische Aktivitäten, etwa Bündnisse mit Feinden der Könige, ausschloß.

Dieses fast als »außenpolitisch« zu charakterisierende Verhältnis zweier autonomer Gewalten an der Spitze ihrer Regna wird noch deutlicher, wenn Tassilo, vom König nach dessen Rückkehr an den Rhein im Herbst 781 zu einem Treffen in Worms aufgefordert, dieser Begegnung erst nach Stellung von Geiseln zu seiner Sicherheit zustimmt, worin zugleich die spannungsgeladene Atmosphäre zum Ausdruck kommt. Der fränkische König stimmte dieser Vorbedingung eines Treffens zu und ließ wie üblich die Geiseln, wohl zwölf an der Zahl, dem Bayernherzog übergeben. Daraufhin erschien Tassilo auf dem Maifeld zu Worms, also einer Reichsversammlung, und erneuerte nach den in diesem Punkt wenig objektiven Reichsannalen seine früheren Eide, während andere, unabhängige Aufzeichnungen nur von einem »Colloquium« sprechen, das stattgefunden habe, oder von einem Treffen Tassilos mit Karl, wobei der Bayernherzog kostbare Geschenke überreichte und nach dem Gespräch die Erlaubnis zur Rückkehr in seinen Dukat erhielt.

In diesen Gesten von Gabenüberreichung und Bewilligung des Abschieds spiegelt sich die zunehmend unterschiedliche Gewichtung von herzoglicher und königlicher Gewalt, die zugleich das »staatsrechtliche« Verhältnis über kurz oder lang neu bestimmen mußte. Die Übergabe von kostbaren Geschenken entsprach, auch wenn sie erwidert wurde, einem Anerkennungsgestus der Überlegenheit des Beschenkten, nicht zuletzt am Beispiel der sogenannten Heiligen Drei Könige vor dem Christuskind ablesbar, und die Gewährung des Abschieds gar einem herrscherlichen Vorrecht. Beides vollzog sich in einem förmlichen Zeremoniell, das den Rang der Beteiligten und ihr gegenseitiges Verhältnis öffentlich sichtbar machte. Nur in dieser Form wird Tassilo aus seiner fast königlichen Stellung auf einen nachgeordneten Rang verwiesen; von Unterwerfung, gar Handgang oder Vasallität kann noch keine Rede sein, auch die Stellung von Geiseln für sein eigenes Wohlverhalten, die Bischof Sintbert von Regensburg nach der Heimkehr des Herzogs in der Pfalz Quierzy dem König zuführte, während die fränkischen Geiseln nach der Unterredung wieder freigelassen wurden, entspricht noch dem außenpolitischen Seiltanz zwischen den beiden Vettern. Doch deutet sich bereits damals ein Wandel an, der in kaum sechs oder sieben Jahren radikal vollzogen wurde.

Einmarsch in Sachsen und Verkündung eines Besatzungsrechts

Der König feierte Weihnachten 781 und das Osterfest 782 in Quierzy und überschritt dann den Rhein bei Köln in Richtung Sachsen. Zuvor hatte er noch das Kloster Fulda mit reichen Schenkungen ausgestattet und erneut für St. Denis geurkundet; auch der heilige Martin von Tours wurde nach Prüfung der vorgelegten älteren Diplome mit neuen Urkunden bedacht, was unterstreicht, daß Schrift und Schriftlichkeit auch im Alltag der Regierung eine immer größere Rolle spielten. Zuletzt bestätigte Karl der Peterskirche zu Fritzlar, die ihm Erzbischof Lul von Mainz übertragen hatte, ihre Rechte und Besitzungen mit allem Zubehör an Kirchen, goldenem und silbernem Schmuck sowie Büchern. Damit wurde dieser Außenposten, der immer mehr die geistlichen Aufgaben des über erste Anfänge nicht hinausgekommenen Bistums Büraburg übernommen hatte, für Missionsaufgaben gestärkt.

Rechtsrheinisch begab sich der König sofort ins Westfälische, wo er in Lippspringe eine Reichsversammlung einberief, eine Synode, wie die Reichsannalen sagen. Diese Versammlung arbeitete zum Auftakt der euphemistisch so bezeichneten Eingliederung der Sachsen ins fränkische Reich eine Art Besatzungsrecht aus, traf auch kirchenpolitische Entscheidungen hinsichtlich Mission, Kirchenbau und Einrichtung der Pfarrsprengel und sorgte dergestalt für die rasche, von Alkuin später als zu früh beklagte Erhebung des Kirchenzehnten. Diese Synode verband sich mit einem großen Heeresaufgebot, lautet doch eine 782 zu Lippspringe ergangene Urkunde in ihrer Datierung »geschehen in der öffentlichen Herberge«, nicht in einer Villa, Pfalz oder Burg.

Kurzum, Karl machte mit der Unterwerfung der Sachsen und deren Integration in das Frankenreich Ernst, zum Teil sogar blutigen Ernst. Ein Mittel dazu war die zumindest partielle Einführung der sogenannten Grafschaftsverfassung zur Regelung des Gerichtswesens und des Heeresaufgebots, sagen doch die Quellen, der König habe Grafen aus edelstem sächsischem Geschlecht oder Grafen aus fränkischem und sächsischem Adel für diese Aufgabe gewonnen, die Aufsicht über die ihnen zugeordneten Amtsbezirke freilich Priestern übertragen, von deren Loyalität Karl offenbar überzeugt war. Dieser dezentralen Verwaltung entsprach das Verbot, künftig noch Landesversammlungen nach Art des Tages von Marklo abzuhalten und damit die alten politischen Strukturen unter fränkischer Oberherrschaft zu tradieren. Die Schaffung von Verwaltungssprengeln und Pfarrbezirken bildete den ersten wichtigen Schritt zur Integration Sachsens in den fränkischen Staat.

Daß sich die Unterwerfung der »wilden und treulosen Sachsen«, wie sie in den fränkischen Quellen lange Zeit tituliert werden, nicht ohne aktiven und passiven Widerstand der Betroffenen durchsetzen lassen würde, war dem König und seinen Beratern nach den bisherigen Erfahrungen durchaus bewußt. Der undatierte Erlaß des für Sachsen geltenden Besatzungsrechts, die sogenannte *Capitulatio de partibus Saxoniae,* wird daher zu Recht mit der Versammlung und gleichzeitigen Heeresschau in Lippspringe 782 in Verbindung gebracht, wie auch die erste Verfestigung von Missionsbezirken, so etwa im Gau Wigmodien zwischen Unterelbe und Unterweser, wo der Angelsachse Willehad, ein Nachfahr Willibrords und Winfrieds, seit etwa zwei Jahren mit einigem Erfolg tätig war, Priester bestellte, Kirchen baute und Gläubige gewann. Von Bekehrungserfolgen auf breiter Front war man wohl noch weit entfernt. Sieht man von den »flexiblen« Großen ab, die um den Vorteil der Königsgunst wußten, ließ der heftige Widerstand der Bevölkerung in allen Landesteilen, die weder ihre »Freiheit« noch den damit verbundenen alten Glauben aufgeben wollte, harte Gesetzesmaßnahmen der Eroberer angezeigt erscheinen, wohl nicht zu Unrecht, wie sich bald herausstellte. Es läßt sich jedoch nicht mehr entscheiden, ob nicht erst durch diese neue Eskalation mit ihren drakonischen Sanktionen der politisch-gentile Widerstand Widukinds allgemeinen Zuspruch unter den Bedrängten fand.

Der Unterwerfung unter den politischen Willen und die administrativen Einrichtungen der Franken entsprach die beabsichtigte Ausrottung des »Heidentums« und die Durchsetzung des christlichen Kultus unter Strafandrohung bei Verstößen, die, soweit sie als individuelles Fehlverhalten eingestuft wurden, zumeist mit dem Tode zu ahnden waren. Dies entsprach nicht zuletzt den Grundsätzen des alten sächsischen Volksrechts, das mit der Todesstrafe wenig sparsam umging, weshalb noch im 11. Jahrhundert das Recht der Sachsen als besonders »grausam« galt. Auch dieses Recht war ursprünglich ein Eroberrecht, das einer religiösen Fundierung nach Art des Christentums ohnedies entbehrte.

Die *Capitulatio* spiegelt in ihren nicht wenigen Bestimmungen und Anordnungen Auflagen der Besatzer und zugleich Obstruktion und Gegenmaßnahmen der Unterworfenen. Der Text selbst, der uns vorliegt, ist vergleichsweise systematisch und geordnet, insofern er zwischen wichtigen und minder wichtigen Rechtsfällen deutlich unterscheidet. Danach sind vierzehn Vergehen mit der Todesstrafe bewehrt, neunzehn Delikte sind unter die kleineren Vergehen gezählt. Zunächst sollen – hier ist der Wunsch der Vater des Gedankens – die Kirchen höher geachtet werden als die alten Orte des Götzendienstes. Diese Höherstellung wird durch die Gewährung des Kirchenasyls sinnfällig und verheißungsvoll gemacht. Die Todesstrafe steht auf folgende Individualdelikte, die gleichfalls nur im Zusammenhang einer vorhandenen antifränkischen Stoßrichtung zu verstehen sind: Kirchendiebstahl und Niederbrennen von Gotteshäusern, was auf Holzbauten schließen läßt, und mutwilliges Brechen des vierzigtägigen Fastens vor dem Osterfest, was als Zeichen der Verachtung des neuen Glaubens gewertet wird. Dieses Fasten bedeutete tatsächlich den Verzicht auf Fleisch, wovon der Priester aber bei Krankheit und Schwäche dispensieren konnte.

Todeswürdige Verbrechen ohne Möglichkeit der Bußkompensation waren die Tötung von geistlichen Würdenträgern, die Praktizierung von Teufelsdienst und Hexerei, Leichenverbrennung statt Körperbestattung, Verharren im Heidentum bei hartnäckiger Verweigerung der Taufe, Menschenopfer, aber auch Widerstand gegen König und Christenheit sowie Untreue gegen den König, Totschlag von Herr und Herrin, Raub von deren Töchtern. Eine Generalklausel bot allerdings die Möglichkeit, dem Tod zu entgehen: durch Flucht zu einem Priester, Beichte und Buße. Damit erhalten Kirchenasyl und Priesteramt die wichtige Funktion von Katalysatoren bei Unterwerfung und Christianisierung. Taufe, Fasten und Körperbestattung sind Zeichen des Christentums, Ablehnung der Taufe, Fleischverzehr und Brandbestattung im Gräberfeld dagegen Teufelswerk und Götzendienst.

Im Zusammenhang mit den minderen Strafen verlangt das Besatzungsrecht die Errichtung von Kirchen und deren Ausstattung mit einem Hof und zwei Mansen Land, das heißt mit der doppelten Ackerfläche eines einzelnen Hofes. Diese Bestimmung entspricht fast zeitgleichen Forderungen in fränkischen Kapitularien zugunsten der sogenannten Eigenkirchen, das sind Kirchen im Besitz oder in der Verfügungsgewalt von Grundherren. Weiter wird angeordnet, daß jeweils hundertzwanzig Einwohner einer Siedlungskammer – Adlige, Freie und Liten – einen Knecht und eine Magd zu stellen haben. Auf diese Weise wird für Größe und personale Ausstattung der Kirchen gesorgt und zugleich die sächsische Dreiständegesellschaft herangezogen und im neuen Dienst am Christengott nivelliert. Knechte und Mägde, Unfreie, kommen zwar als Besatz der Höfe, nicht aber als eigenständige Leistungsträger in Frage. Sie sind auch in der sächsischen Gentilverfassung nur Objekt, nicht Subjekt der Rechtsprechung.

Es folgt im Text die verbindliche Anordnung zur Leistung des Kirchenzehnten, die gleichfalls für alle gilt, auch für die Edelinge, ein wahrhaft revolutionäres Vorhaben, nicht im Verständnis des Christentums, wohl aber der heidnischen Sachsen, zumal der Großen, die damit nicht von ungefähr an einen Tribut erinnert wurden, den die Unterworfenen an ihre Bezwinger zu entrichten hatten. Alkuin, bald einer der wichtigsten Berater Karls und als Angelsachse mit der Mentalität der unterworfenen Stammesbrüder auf dem Festland nur zu gut vertraut, hat diese frühe Eintreibung des Zehnten als schweren taktischen Fehler gerügt, der in der Praxis der Glaubensverkündigung zusätzliche Schwierigkeiten geschaffen habe. Das Zehntgebot erstreckte sich nicht nur auf die Früchte des Ackers und den Tierbestand, sondern auch auf fiskalische Einnahmen aus Friedens- und Bußgeldern sowie aus sonstigen Vermögen und Erträgen, »denn was Gott einem jeden Christen schenkt, muß zum Teil Gott wiedergegeben werden«. Die Zuweisung dieses von allen Christen geschuldeten Betrags mußte die beschränkten Möglichkeiten des Königs zur Ausstattung der Kirchen in Sachsen weithin ergänzen, wenn nicht gar ersetzen, verfügte doch der fränkische Herrscher vor Ort weder über Eigengut noch über ausreichenden Fiskalbesitz.

Weitere Gebote gelten der Sonntagsheiligung, deren Beachtung auch öffentliche Verhandlungen ausschließt, sowie der Taufe von Säuglingen innerhalb eines Jahres; bei Eheschließungen ist die nahe Verwandtschaft bis zum vierten Glied zu beachten, Paten dürfen Patenkinder nicht heiraten; die Teilnahme am Götzendienst an Quellen, bei Bäumen oder unter Hainen ist untersagt. Erneut verweist das Gesetz anschließend auf die Totenbestattung, die auf den Friedhöfen vorzunehmen ist unter Vermeidung der heidnischen Grabhügel. Diese Forderung ließ sich angesichts der Bedeutung, die dem Totenkult insbesondere in archaischen Kulturen zukommt, am schwersten durchsetzen, zerschnitt doch dieses Gebot das Band der Lebenden zu den Verstorbenen. So läßt sich archäologisch nachweisen, daß im friesisch-sächsischen Küstenraum bis ins 9. oder gar 10. Jahrhundert hinein Leichen verbrannt und weiterhin auf heidnischen Gräberfeldern bestattet worden sind, auch wenn die Grabbeigaben christlich angepaßt wurden, indem die Schlüssel der Hausfrau etwa an ihrem Griff kreuzförmige Motive erhielten. Im Kreis Friesland beispielsweise erfolgten Brandbestattung und Beisetzung außerhalb der Siedlung, bis sich im 12. Jahrhundert im Zuge der »Zweiten Christianisierung« (Heinrich Schmidt) der Ortskern um die Kirche ausbildete, an die der Kirchhof als Begräbnisstätte unmittelbar angrenzte. Um die heidnischen Bräuche einzudämmen und zu beseitigen, fordert die *Capitulatio* ferner auf, Wahrsager und Zauberer den Priestern auszuliefern.

Wie schwierig sich die politisch-administrative Neuordnung des eroberten Landes gestaltete, mit welchen Widerständen gegen fränkische Verwaltung und Herrschaft zu rechnen war, belegt anschaulich der Passus, der von Räubern und Missetätern handelt, die sich von einer Grafschaft in die andere geflüchtet, dort Schutz und Herberge gefunden haben und dem ordentlichen Gericht entgangen sind. Deren Helfershelfer sollen den Königsbann zahlen, der Graf desgleichen, der obendrein sein Amt verliert.

Eine Reihe von Paragraphen befaßt sich mit eben diesen Grafen: Sie sollen untereinander Frieden halten und ihre Streitfälle vor dem König austragen. Auf Tötung eines Grafen, des Vertreters des Königs, oder auf die bloße Absicht dazu steht die Auslieferung des Missetäters an den Hof und der Verlust seines Erbes. Der Grafenbann wird für schwere Fälle mit sechzig Solidi (drei Mark Silber), was dem Königsbann entspricht, und für leichtere mit fünfzehn Solidi festgesetzt, und zwar als obere und untere Grenze, nicht als Beschränkung der Amtsbefugnisse.

Die Eidesleistung als wesentliches Mittel gerichtlicher Erkenntnis soll wie anderswo üblich im Kirchenraum vorgenommen werden; der Meineid wird nach sächsischem Gesetz bestraft (Verlust der Schwurhand als spiegelnde Strafe?). Und schließlich enthält das Besatzungsrecht wesentliche politische Entscheidungen wie das Verbot von Stammesversammlungen, es sei denn, es finden Zusammenkünfte unter dem Aufgebot der Königsboten statt. Grafen sollen in ihrem »ministerium«

Gerichtstage abhalten und Recht sprechen. Darüber haben als oberste Instanz Priester zu wachen, die den zu Grafen berufenen sächsischen Edelingen als observierende Instanz übergeordnet werden und damit die tatsächlichen Machtverhältnisse andeuten.

Die Annahme des Christentums, die verbunden war mit Kirchenbau und -ausstattung, Zehntgebot, Taufe, Sonntags- und Festtagsheiligung, Fasten, Körperbestattung auf Kirchhöfen, Eheschließung und Verzicht auf heidnische Kultausübung, mußte Lebensrhythmus und Weltsicht der Unterworfenen wesentlich verändern. Flankierend traten die neue politische Ordnung hinzu, die Untreue gegen den König und seine Boten streng ahndet, die Grafschaftsverfassung als administratives Fundament der »öffentlichen« Ordnung und die allgemeine Überwachung von »Staat« und Gesellschaft in den Händen von Priestern. Solch ein Wandel ließ sich schwerlich ohne weitreichende Konflikte durchsetzen und mußte die Sachsen ständeübergreifend gegen König und Evangelium mobilisieren. Bezeichnenderweise milderte erst das sogenannte *Capitulare Saxonicum* von 797 dieses strenge Besatzungsregime und stellte die Sachsen im Gesetz den anderen Völkerschaften des Riesenreiches weitgehend gleich.

Aus der Zeit der Verkündung des Erobererrechts ist im Zusammenhang mit dem bereits erwähnten altsächsischen Taufgelöbnis ein »Anzeiger« (Indiculus) überliefert, der wie in einem Brennspiegel die von fränkischer Seite als heidnische Bräuche und als Götzendienst angesehenen Kulthandlungen der Sachsen zusammenfaßt. Insbesondere ist hier auf heilige Wälder und Brunnen, Formen der Wahrsagerei, Totenkult und Totenschmaus sowie Flurbegehungen verwiesen und damit die bunte Vielfalt der sächsischen Volkskultur beschrieben, an welche die Missionare, wenn sie überhaupt Erfolge erzielen wollten, anknüpfen mußten, wobei sie jedoch das spezifisch Christliche nicht verfehlen durften.

Erst nach der Kaiserkrönung Karls ging der Hof energischer gegen die Mächte der Magie vor, gegen die Wettermacher, Heilzauberer und Medizinmänner, wobei in der strengen Bestrafung bereits die spätere Ketzer- und Hexeninquisition aufscheint. Schon im 9. Jahrhundert wird von dem tragischen Ende einer Nonne namens Gerberga in Gallien (!) berichtet, die wegen des Delikts der Wahrsagerei in einem Faß in die Rhône geworfen wurde, wo sie ertrank. Allerdings sollte in diesem Fall das Mitglied einer hochadligen Familie beseitigt werden, genauer gesagt die Schwester des flüchtigen Bernhard von Septimanien.

Während der Wochen in Lippspringe beschäftigte sich der König nicht ausschließlich mit sächsischen Angelegenheiten, sondern erklärte unter anderem nach dem unter Eid gehaltenen Vortrag des Klostervogts von Prüm und nach dem Zeugnis von zwölf Männern die St. Goarszelle zum Eigentum des Königs und gab sie dann als Seelgerätstiftung für seine Eltern an das Familienkloster Prüm weiter. In dieser Zelle, die sich somit der besonderen Nähe zum König erfreute, sollte 788 der abgesetzte Bayernherzog Tassilo seine Klosterhaft erdulden. Bereits zuvor suchte und erlangte Karls vierte Ehefrau Fastrada im Gebet vor den Reliquien des heiligen Goar Befreiung von heftigen Zahnschmerzen, wofür sich der König 790 mit einer Schenkung erkenntlich zeigte. Etwa gleichzeitig, versehen mit der berühmten Ortsangabe »geschehen in der öffentlichen Herberge, wo die Lippe entspringt«, erhielt am 25. Juli die Domkirche von Speyer eine bereits von Karls Vater Pippin gewährte Befreiung von Fiskalabgaben, darunter auch vom Heerbann. Dies geschah für Kirchen selten genug und zeigt sehr genau, welche Bedeutung deren militärisches Aufgebot für die Eroberungspolitik Karls, zumal in Sachsen, besaß. Angesichts dieser Urkundenempfänger darf man füglich vermuten, daß auch dieser Zug ins Westfälische durch eine hohe geistliche Begleitung ausgezeichnet war und daß sehr wahrscheinlich auch Aufgaben der kirchenpolitischen Ordnung der eroberten Landesteile das Treffen bestimmten.

Kontakte zu den Dänen

Auch außenpolitische Fragen wurden in Lippspringe ventiliert. So fand sich eine Gesandtschaft des Dänenkönigs Sigfrid, Widukinds Verbündeten, ein. Möglicherweise versuchte diese, Informationen über Karls künftige nordelbisch-skandinavische Ambitionen zu gewinnen. Eine Übereinkunft mit den Dänen kam zunächst nicht zustande, denn offensichtlich plante der fränkische König nicht, sein Operationsfeld über den Raum Wigmodien hinaus und damit über die Elbe auszudehnen. Angesichts der Schwierigkeiten bei der Evangelisation und Integration der Sachsen schien ein Ausgreifen in den skandinavischen Norden auch wenig attraktiv. Erst in den zwanziger Jahren des 9. Jahrhunderts finden sich erste Ansätze in dieser Richtung. Die diplomatische Begegnung wurde wohl eher als Mißerfolg eingestuft; geringschätzige Bemerkungen aus Dichtermund in diesen Tagen am Hofe Karls verschonen nicht einmal das (barbarische) Idiom des Dänenkönigs. Erst im Jahr 798 kam es erneut zu Kontakten mit dem nördlichen Nachbarn.

Des weiteren stellten sich 782 erstmals Gesandte der Awaren ein, jenes Volkes östlich des Wienerwalds, das Nachbar, Gegner, aber auch potentieller Verbündeter von Karls Intimfeind und Konkurrenten Tassilo von Bayern war. Die überarbeitete Fassung der Reichsannalen teilt lediglich mit, diese Boten seien »wegen des Friedens« gekommen. Karl habe sie angehört und entlassen. Ob der König damals ein Bündnis gegen den bayerischen Dynasten zu schmieden suchte, der ihm zu mächtig und zu selbständig war? Schließlich hatte er sich vor wenigen Jahren auch mit den Muslimen Spaniens zusammengetan, war allerdings dabei gescheitert.

Insoweit vermittelte die Reichsversammlung im Westfälischen bereits eine gewisse Normalität fränkischer Regierungspraxis. Karl mochte sich in dem Glauben wiegen, die Sachsen endgültig unterworfen und damit auch zur Aufnahme des Christentums gezwungen zu haben, wozu mit der politisch-administrativen Einrichtung von Grafschaften und dem Ausbau der Kirchenorganisation auf Pfarreiebene wesentliche Fundamente gelegt worden waren.

Jedenfalls zog Karl in einem Bogen über Hersfeld, dessen Bedeutung als Vorposten der Mission erneut zum Ausdruck kommt, an den Rhein. Am 28. Juli wurde Hersfeld mit Besitzzuwachs ausgezeichnet und erhielt die Kirche im Fiskus Schorn, die bislang Lioba, Äbtissin von Tauberbischofsheim und Vertraute des Winfried-Bonifatius, innegehabt hatte und die ihr auch zu Lebzeiten noch verblieb. Am selben Tag stattete der König das schon mehrfach reich bedachte Fulda mit der im Wormsgau gelegenen Villa Dienheim und Besitz in der Wetterau als Seelgerät für ihn selbst, seine Frau und seine Nachkommenschaft aus. Die Fuldaer Mönchsgemeinschaft war unter Einbeziehung ihrer Dependancen bereits im Jahr 781 auf nicht weniger als vierhundert Mitglieder angewachsen, eine gewaltige Zahl angesichts der Lage der Bonifatiusabtei in der »wüsten Buconia«. Dies bedeutete aber auch, daß die Mönche unter Abt Baugulf mehr denn je auf die Steigerung wirtschaftlicher Erträge durch Schenkungen aus der Hand des Königs und, mehr noch, aus den Händen neubekehrter sächsischer Großer und anderer angewiesen waren. Das hochberühmte, bereits altehrwürdige Kloster Corbie an der Somme, eine der Wiegen der karolingischen Minuskel, zählte ein Menschenalter später auch nicht mehr als höchstens vierhundert Mönche, und die Zahlen für die Königsabteien St. Denis oder St. Germain-des-Prés sind erheblich niedriger.

Auch die Verhältnisse in Italien beschäftigten den König nach der Rückkehr in sein Stammland. So übertrug Karl in Herstal dem persönlich anwesenden Abt von Farfa die von Herzog Hildebrand von Spoleto gegen die Ansprüche des Bischofs von Rieti für den Fiskus erstrittene und für das Seelenheil des Königs gestiftete Kirche des heiligen Michael zu Rieti. Wir erinnern daran, daß die Sabina in die Gewalt des Papstes übergehen sollte, was freilich nur höchst unvollkommen gelang, zumal sich eben Farfa als Stützpunkt herzoglich-königlicher Macht als Pfahl im Fleisch der Kirche erwies. Dies galt um so mehr, als Rieti, an das Patrimonium Petri gelangt, den östlichen Vorposten zum Herzogtum Spoleto bildete und die Vergabe einer stadtnahen Kirche an das weitgehend autonome Farfa die Interessen päpstlicher Territorialpolitik entschieden konterkarierte.

Der König wußte jedenfalls durch den Auf- und Ausbau eigener oder ihm ergebener, insbesondere kirchlicher Machtzentren in allen Teilen des Reiches seinen dominierenden Einfluß zu wahren und den hohen Klerus auch als Gegenpol zum mit Eigenständigkeit bedachten Adel in seinen Dienst zu ziehen. Am 26. September verlieh Karl, vermutlich im lothringischen Gondreville, dem Bischof von Modena die Immunität und schuf sich damit in einem Bistum des päpstlich beanspruchten Exarchats einen weiteren treuen Parteigänger.

Erneutes Aufbäumen der Sachsen

Die Ruhe jenseits des Rheins erwies sich indessen als trügerisch. »Sofort« nach dem Abgang des Königs und seines Heeres, wie die Reichsannalen melden, »haben die Sachsen wiederum in gewohnter Weise rebelliert, aufgehetzt von Widukind«, der bezeichnenderweise der Versammlung von Lippspringe ferngeblieben war. Damit nicht genug, galt es auch die Sorben abzuwehren, ein slawisches Volk zwischen Elbe und Saale, die nach Thüringen und Sachsen plündernd und sengend einfielen. Karl bot mit dem Kämmerer, dem Marschall und dem Pfalzgrafen drei wichtige Funktionsträger seines Hofes auf, die zur Abwehr und Züchtigung der »wenigen Slawen« ein Heer aus Ostfranken und Sachsen (!) zusammenstellten und bis zur mittleren Elbe vordrangen.

Mittlerweile hatte der Funke des sächsischen Aufstands überall im Lande gezündet und vor allem die Missionszentren und die evangelisierenden Priester in Mitleidenschaft gezogen. So haben wir Kunde, daß Willehad nach ersten Erfolgen zwischen Unterweser und Unterelbe Hals über Kopf sein Bekehrungsfeld Wigmodien verlassen mußte und über Friesland ein Schiff erreichte, das ihn zunächst auf sicheren fränkischen Boden brachte. Etwa zur gleichen Zeit erschlugen aufständische Sachsen im Lerigau zwischen Hunte und Ems einen Priester und einen Grafen; in Bremen, das erstmals in der Geschichte namentlich genannt wird, fanden ein »Gerwal und seine Genossen« den Tod. Auch in Dithmarschen jenseits der Elbe war ein Geistlicher als Opfer zu beklagen. Damit war das jahrelange Bekehrungswerk weitgehend vernichtet.

Auf dem Marsch zur Elbe erreichte die abgesandten Hofbeamten die Kunde von dem neuerlichen Sachsenaufstand, worauf sie sofort das Ziel ihres Unternehmens wechselten und sich mit ihrer Schar zu dem Ort aufmachten, an dem sich die Aufrührer versammelt hatten. Mittlerweile hatte ein Graf Theoderich auf die Nachricht von dem Aufruhr in Ripuarien, also beidseits des Niederrheins, ein Truppenkontingent zusammengestellt. Dieser Verwandte des Königs, dem oder dessen Gefolge die überarbeiteten und in diesem Kapitel stark erweiterten Reichsannalen höchstwahrscheinlich ihr Wissen verdanken, traf bei seinem Eilmarsch in sächsisches Gebiet auf die Einheit, die unter Führung der Höflinge ebenfalls das Zentrum des Aufstands zu erreichen suchte. Ohne auf den Befehl des Königs zu warten, vereinigten sich beide Kontingente. Theoderichs Rat folgend, sollte die Stellung der Sachsen erkundet und, soweit das angesichts der örtlichen Verhältnisse möglich war, ein gemeinsamer Angriff auf den Gegner vorbereitet werden. Doch kaum hatten die Vorauskundschafter ermittelt, daß die Aufständischen am nördlichen Weserufer entlang dem Süntel, der sich rechts der Weser etwa von Hameln bis Minden erstreckt, ihr Heerlager errichtet hatten, ließ es die ostfränkische Schar unter den königlichen Missi ungeordnet zum Kampf kommen, ohne sich an die Absprache mit Theoderich zu halten. Aus Besorgnis, der Graf könnte sich allein mit dem Sieg schmücken, stürzte sich jeder Krieger, wie es ihm der Augenblick eingab, auf den Gegner. Die Sachsen hingegen erwarteten die Feinde in geordneter Reihe vor ihrem

Lager. Fast alle Franken kamen um, darunter der Kämmerer und der Marschall, vier Grafen und weitere zwanzig hochadlige Kämpfer. Der Rest des Haufens floh ins Lager des Theoderich, der jenseits der Berge sein Zelt aufgeschlagen und wahrscheinlich den Plan gefaßt hatte, die Sachsen in einer Art Umfassungsschlacht zu vernichten. Die Überlebenden waren, wie es heißt, von Schande und Zweifeln erfüllt.

Das Strafgericht von Verden

Die Antwort des Königs folgte auf dem Fuß und wurde in den Reichsannalen folgendermaßen wiedergegeben: »Als Herr König Karl dies hörte, eilte er mit den Franken, die er in aller Eile zusammenraffen konnte, dorthin und gelangte an einen Ort, wo die Aller in die Weser fließt. Dann unterwarfen sich die wiederum versammelten Sachsen unter die Gewalt des genannten Herrn Königs und lieferten die Übeltäter aus, die jenen Aufstand vor allem ausgelöst hatten, 4500, um sie hinrichten zu lassen. So ist es geschehen, eine Ausnahme machte Widukind, der zu den Nordmannen geflohen ist.« Auch die überarbeitete Fassung dieses Annalenwerks spricht davon, daß Karl alle sächsischen Großen um sich versammelt und die Verursacher des Zerstörungswerks ermittelt habe. Alle Schuld wurde auf Widukind geschoben, doch wurden die übrigen Aufrührer, die, seinen Überredungskünsten folgend, diese Verbrechen ausgeführt hatten, bis zur Zahl von 4500 ausgeliefert und in Verden an einem Tag geköpft.

Diese Angaben, die geeignet sind, den »Leuchtturm Europas« als blutrünstigen Massenmörder zu enttarnen, müssen sorgfältig auf ihre Zuverlässigkeit und Wahrscheinlichkeit hin überprüft werden, zumal erfahrungsgemäß bei »großen Zahlen« in mittelalterlichen Quellen große Vorsicht geboten ist und diese nicht ohne weiteres als bare Münze zu behandeln sind. So sind durchaus Zweifel angebracht, ob die Paraphrase des »Blutbads von Verden« in der neueren Literatur auch nur einigermaßen der historischen Wahrheit nahekommt, wenn auch nicht bestritten werden kann, daß Karls Gegenschlag von größter Härte gewesen sein muß angesichts der schweren Verluste am Süntel und der damit verbundenen Einbuße an militärischem Prestige.

»In Verden an der Aller«, schreibt Johannes Fried, die Quellen gewaltsam interpretierend, »wurden in einer einzigen Aktion 4500 Sachsen geköpft, gehängt, erschlagen – eine Orgie von Gewalt, ein Blutrausch. Er vernichtete nicht nur die Kleinen; gerade die Mächtigen verfolgte er, soweit sie nicht rechtzeitig auf fränkische Seite übergewechselt waren.« Tatsächlich aber, und dies lassen unsere Quellen mit aller Deutlichkeit erkennen, ließ Karl eben nicht die sogenannten Kleinen – wer sind diese im 8. Jahrhundert und in diesem Zusammenhang? –, sondern die Anstifter des Aufruhrs zur Strafe und Abschreckung hinrichten. Damit wurde ein Exempel statuiert, das in dieser Form eines öffentlichen Strafgerichts vom König über die sächsischen Opponenten noch nicht verhängt worden war und das in dieser Exzessivität auch nicht zum üblichen Mittel seiner Politik wurde. Hier mögen Zorn, Enttäuschung, Verbitterung, ja Rachsucht, auch Trauer über die eigenen Verluste bestimmend gewesen sein. Um die Vorstufe zu einem Genozid handelt es sich gleichwohl nicht.

Man wird auch gut daran tun, das Verhalten Karls bei ähnlichen Anlässen zu studieren, etwa bei der 786 aufgedeckten Empörung des Grafen Hardrad und seiner Anhänger, die im Gegensatz zu den Sachsenaufständen auf Leib und Leben des Königs selbst abzielte; man wird die Strafmaßnahmen, die Karl gegen diesen Verschwörerkreis ergriff, mit dem Strafgericht an der Aller vergleichen müssen, um so die rechten Maßstäbe zur Beurteilung der Vorgänge von 782 zu gewinnen.

Die philologisch unzweifelhaft beglaubigte Zahl von 4500 ist zunächst zu begutachten. Wir haben zwar keinerlei statistisch gesicherte Angaben über die Gesamtbevölkerung Sachsens im Frühmittelalter, an 4500 Verschwörer oder Rädelsführer zu denken verbietet indes der gesunde Menschenverstand. Die Gruppe dürfte sich auf wenige Dutzend belaufen haben, die zudem von den Sachsen selbst ausgeliefert worden sind. Eine Zahl von 4500 Hingerichteten würde riesige Truppenkonzentrationen auf beiden Seiten voraussetzen, zumal sich dann die Frage stellt, weshalb die Sachsen ihre Anführer diesem bitteren Schicksal kampflos preisgegeben haben. Des weiteren muß die Frage erlaubt sein, wie stark das fränkische Truppenkontingent hätte sein müssen, um die 4500 dem Tode Geweihten vor ihrer Hinrichtung zu bewachen, und die Antwort wird lauten, daß es mindestens einer ebenso großen Zahl von Bewachern bedurft hätte. Nun wissen wir aber, daß Karl bei seinem Zug in aller Eile einige Scharen zusammengerafft hatte, um dem Aufruhr zu begegnen, zumal dieser Expedition keine Reichsversammlung mit entsprechendem Aufgebot vorausgegangen war.

Nach den Recherchen Karl Ferdinand Werners verfügten die Heere des Karolingerreichs aber – bezogen auf angesagte Kriegszüge – bestenfalls über 5000 bis vielleicht 10 000 Soldaten. Die letzte Zahl stellt ein absolutes Maximum dar. Die frühmittelalterliche Logistik, die Versorgung von Mensch und Tier zumal in der zweiten Jahreshälfte, ließ eine Steigerung dieser Zahlen keinesfalls zu.

Was die Sachsen angeht, deren Siedlungsgebiet von der Geschichtsschreibung anachronistisch, aber in der Sache zutreffend als loses Geflecht von »Siedlungskammern« umschrieben wird, so dürften diese keinesfalls mit einer Population gesegnet gewesen sein, die einen Aderlaß in dieser Höhe zugelassen oder gar verkraftet hätte. Und letztlich wird man an den Kapazitäten und Fertigkeiten zur Hinrichtung einer so großen Zahl Zweifel anmelden dürfen. Vor dem Einsatz der Guillotine dürfte es höchst schwierig, ja unmöglich gewesen sein, an einem Tag nicht weniger als 4500 Mann mit dem Schwert den Kopf vom Rumpf zu trennen, ganz abgesehen von dem verheerenden Eindruck einer solchen Massenhinrichtung auf die Bevölkerung und auf das fränkische Heer selbst.

Die gewöhnlich gut unterrichteten Annales Petaviani haben die Ereignisse wohl durchaus zutreffend übermittelt, indem sie berichten: »Es erschlugen die Franken eine Menge Sachsen, und viele besiegte Sachsen führten sie in die Francia.« Ein sehr kleiner Teil der Aufständischen, die Aufrührer und Anführer, wurde somit hingerichtet, ein sehr viel größerer Teil wurde deportiert und in fränkischen Landesteilen angesetzt. So behandelte Karl mißliebige Langobarden, so erging es ein reichliches Menschenalter später den aufsässigen Transalbingiern. Auch beim erwähnten thüringischen Hardradaufstand von 786 wurden einige Rädelsführer hingerichtet, andere geblendet, ihre Güter konfisziert, insgesamt aber wurde in einer Art Friedensschluß mit den »Mitläufern« die gefährliche Rebellion beigelegt – von einer Racheorgie keine Spur, obwohl die Verschwörung sich gegen den König und sein Regiment selbst gerichtet hatte.

Auch alle anderen Quellen, insbesondere die Briefe aus Karls Umkreis, die wie Alkuins Schreiben gerade die Sachsenmission Karls durchaus kritisch kommentiert haben und diese Blutorgie nicht einfach hingenommen hätten, schweigen. Die spätere sächsische Geschichtsschreibung übergeht diesen Vorfall ebenfalls vollkommen, und dies sollte denen zu denken geben, die von einem »Blutrausch« orakeln.

Karls Charakterbild mag in seiner Zeit und in späteren Epochen geschwankt haben, es gibt gleichwohl keinen Anlaß, ihn als blutbefleckten Massenmörder zu zeichnen. Dieses exemplarische Strafgericht, das sich seither mit dem Ort Verden verbindet, blieb eine Ausnahme und diente ausschließlich zur Abschreckung. Der Erfolg ließ auch insofern nicht auf sich warten, als Widukind, der sächsische Kontrahent schlechthin, sich 785 dem König unterwarf.

Tod der Königin Hildegard und neue Eheschließung

Von der Weser kehrte Karl in die Francia zurück und feierte das Weihnachtsfest und Ostern 783 in Diedenhofen an der Mosel, wo er für Kloster Lorsch urkundete. Auch hier ließen ihn die sächsischen Angelegenheiten nicht zur Ruhe kommen, denn es stand wieder eine Rebellion ins Haus. Inmitten der Zurüstungen für einen neuerlichen Zug ins Sächsische traf Karl ein harter Schlag: Seine dritte Ehefrau Hildegard, die Mutter von sechs gemeinsamen noch lebenden Nachkommen, nämlich drei Söhnen und drei Töchtern, durch Gevatterschaft mit Papst Hadrian I. ausgezeichnet, verstarb am 30. April in der Metz benachbarten Pfalz. Der Tod ereilte die Königin wie so viele Frauen im Kindbett. Sie starb im 26. Lebensjahr. Mit etwa dreizehn Jahren war sie 781 dem König vermählt worden, dem sie in der Zeit ihrer Ehe nicht weniger als neun Kinder schenkte. Das Lebensalter der Kinder lag bei ihrem Tod zwischen zwölf und vier Jahren, was auch den noch jugendlichen Witwer vor nicht geringe Probleme stellte.

Hildegard fand ihre Ruhestätte in St. Arnulf bei Metz, an der Seite von zwei Töchtern König Pippins und ihrer eigenen gleichnamigen Tochter. Nicht nur der Papst hatte sie in seinen Schreiben durch besondere Ehrentitel und Erweise der Hochachtung ausgezeichnet, auch die heilige Lioba, eine der wenigen Vertrauten des »Apostels der Deutschen«, Winfried-Bonifatius, hatte ihre Nähe gesucht. Noch 781 dürften sich die beiden Frauen unweit von Worms gesehen oder gar in Hersfeld getroffen haben, als der König eine Landleihe Liobas an die Kirche von Hersfeld überwies.

Hildegard gewann unter den Frauen Karls einzigartigen Ruhm, denn sie allein war die Mutter von Königen. Der Sohn Himiltruds, Pippin

»der Bucklige«, wurde 781 durch Namensentzug oder Namensverdoppelung bereits um das Recht der Erstgeburt und der potentiellen Nachfolge im Königtum seines Vaters gebracht, 792 auch als Erbe endgültig ausgestoßen und dem »Klostertod« überantwortet. Hildegards Nachfolgerinnen als Ehefrauen Karls, Fastrada und Liutgard, hatten keinen oder zumindest keinen männlichen Nachwuchs, und die von Konkubinen später geborenen Bastarde Drogo, Hugo und Theoderich schieden angesichts ehelicher Nachfolger und Erben als Teilhaber an der Herrschaft ohnehin aus. Somit blieben Karl die Probleme von Söhnen aus verschiedenen Ehen und Verhältnissen erspart, die noch seinem Großvater gleichen Namens und der sich konsolidierenden Hausmaierdynastie zu schaffen gemacht hatten.

Aber nicht allein erb- und nachfolgefähigen männlichen Nachwuchs in Gestalt von drei Söhnen, die Karl noch 806 als Gottesgabe bezeichnen sollte, verdankte der König dieser Frau, sondern auch eine durchaus respektable, ja begehrte verwandtschaftliche Verbindung zu den schwäbischen Agilolfingern als Gegengewicht zur bayerischen Linie dieses wahrhaft hochadligen Geschlechts. Nicht von ungefähr sollte Hildegards Bruder Gerold nach dem Sturz Tassilos eine herzogsgleiche Stellung als »Präfekt« in Bayern im Auftrag Karls übernehmen. Einhart rühmt in seiner Karlsvita Hildegards hohe Abkunft, und der Trierer Chorbischof Thegan, einer der Biographen Ludwigs des Frommen, preist sie zu Recht als Mutter von Königen.

Wir wissen aus dem Widmungsgedicht, daß die Anfertigung des berühmten Godescalc-Evangelistars auch auf Initiative Hildegards erfolgte, die den König auf seiner Romfahrt 781 begleitet hatte. Nach einer späten Überlieferung soll Hildegard dem Kloster St. Denis, der Grablege von Karls Eltern Pippin und Bertrada, einen kostbar gefertigten Psalter, das »Lesebuch« der Laien und der Frauen im Mittelalter, vermacht haben; eine gleiche Legende verband sich mit dem bereits erwähnten Dagulf-Psalter, der ursprünglich für Papst Hadrian I. bestimmt war und später in den Besitz der Bremer Domkirche gelangte. Einer Anekdote Notkers von St. Gallen zufolge nahm die Königin auch auf das politische Geschäft Einfluß oder versuchte dies zumindest, indem sie bei anstehenden Bischofserhebungen ihr Votum vortrug.

Das Epitaph in St. Arnulf verfaßte für sie wie für andere verstorbene Mitglieder des hohen Hauses der hochangesehene Paulus Diaconus. Er rühmt Hildegards Schönheit, die von den »Lichtern des Herzens überglänzt« worden sei, und ihre Herzenseinfalt und schildert sie als Lilie unter Rosen. Das Preisgedicht gipfelt in den Worten: »Kein Lob kann größer sein, als daß Du so einem Mann gefallen hast!«

Karl war ihr offenkundig sehr zugetan; mehrmals ließ er sie in sein Feldlager nachkommen oder nahm sie auf seine Kriegszüge mit. Bei nicht wenigen Seelgerätstiftungen hat er ausdrücklich Gebet und Gedenken für seine Frau gefordert. Nach einer Urkunde, die in der ersten Hälfte des 9. Jahrhunderts nachgezeichnet und gleichzeitig um Rechtsansprüche erweitert worden ist, sich aber den Anschein eines Originals gibt, übereignete der König bereits am 1. Mai, also einen Tag nach dem Tod Hildegards, St. Arnulf zum Seelenheil »unserer geliebtesten Gattin, der Königin Hildegard« einen Besitzkomplex, »damit an ihrem Grab Tag und Nacht Lichter brennen mögen«. Auch wenn die Datierungszeile dieser Urkunde den Gepflogenheiten des letzten Viertels des 8. Jahrhunderts keineswegs entspricht, so ist doch das Epitheton »allersüßest« für Hildegard in der Tagesbezeichnung, die auf das am Vorabend erfolgte Ableben der Königin verweist, zumindest nicht fehl am Platz.

Noch im Sommer desselben Jahres, unmittelbar nach der Rückkehr von einem neuerlichen Sachsenzug, vermählte sich der königliche Witwer mit Fastrada, dem Zeugnis der überarbeiteten Reichsannalen zufolge Tochter eines fränkischen Grafen namens Radolf, den Einhart als »Germanen«, das heißt Ostfranken, gebürtig östlich des Rheins, bezeichnet. Der Name Fastrada läßt sich nicht eindeutig mit einer bestimmten Landschaft in Verbindung bringen, er findet sich in den Fuldaer Totenannalen, hier mit dem Zusatz »Königin«, in den Verbrüderungsbüchern der Reichenau, Remiremonts und St. Gallens, aber auch in Urkunden aus Lorsch von 781 und 782. Neueste Recherchen machen eine Verbindung Fastradas zu Erzbischof Richulf von Mainz, in dessen Stiftung St. Alban die Königin beigesetzt worden ist, wahrscheinlich. Dieser Richulf war der Bruder eines Rutekar, der seinerseits Besitz in Frankfurt-Rödelheim an Fulda und Lorsch tradierte. Mithin könnte jene Fastrada, die nach einer verkürzt überlieferten Schenkungsnotiz am 12. November 787 ebenfalls Lorsch bedachte, mit der gleichnamigen Königin identisch sein oder zu deren nächster Verwandtschaft gehören.

Wir wissen nichts über die näheren Umstände dieser Eheschließung Karls. Sie dürfte nicht zuletzt der politischen Konzeption entsprungen sein, nach einer vermutlich alemannischen, dann einer langobardischen und einer schwäbisch-agilolfingischen Ehe die Verbindung mit einer großen Familie des Rhein-Main-Gebiets mit Ausstrahlung weit in das Ostfränkische hinein zu suchen. Ob allein die Bedürfnisse einer geordneten Hofhaltung diese Eile einer vierten Vermählung Karls angezeigt sein ließen, bleibe dahingestellt. Im Gegensatz zu Hildegard genießt ihre Nachfolgerin an der Seite des Königs bei den Bearbeitern und Autoren des 9. Jahrhunderts keinerlei Sympathie. Ihr werden Grausamkeit und schlechter Einfluß auf Karl attestiert, der gar Aufstände provoziert haben soll.

Feldzüge Karls und seines gleichnamigen Sohnes

Noch vor dieser neuerlichen Verehelichung in der zweiten Jahreshälfte 783 hatte Karl ein weiterer persönlicher Verlust getroffen: Am 13. Juli war seine betagte Mutter Bertrada in Choisy nahe der Pfalz Compiègne verstorben und auch dort beigesetzt worden. Karl befahl aber nach seiner Rückkehr aus Sachsen ihre Überführung in die Königsabtei St. Denis, wo sie ihrem Rang als Mutter des mächtigen Frankenherrschers und erste Königin der neuen Dynastie gemäß an der Seite ihres Gemahls Pippin die letzte Ruhestätte fand. Einhart weiß zu berichten, mit welch außerordentlicher Ehrerbietung Karl seiner Mutter begegnet ist und daß es nur einmal zu einer Verstimmung oder Entfremdung zwischen beiden gekommen sei, als Karl sich von der Langobardenprinzessin trennte und damit die neue Politik Bertradas, das Bündnis zwischen Bayern, Langobarden und Franken, verwarf. Der König ließ hinfort keine Frau mehr wesentlichen Einfluß auf Konzeption und Gestaltung seiner Politik gewinnen; die Zeiten einer Plektrud, Swanahild und Bertrada wiederholten sich nicht. Auch hier ist später Karls Erbe und Nachfolger Ludwig dem guten Beispiel seines Vaters zum eigenen Schaden nicht gefolgt, als er seinen Gemahlinnen Ermengard und Judith offenbar einen zu großen Einfluß auf die Geschicke des Reiches und auf die Maximen seines politischen Handelns einräumte.

Während dieses weitgehend privaten und doch ganz und gar öffentlichen Geschehens, dem Tod von Königin und Königinmutter sowie der Wiederverheiratung Karls, tobte erneut die nicht enden wollende

Auseinandersetzung der Franken mit den Sachsen. Bereits vor Hildegards Beisetzung hatte der König Kunde von neuerlichen Aufständen erhalten und ein Heer zusammengezogen, mit dem er nun »wie vorgesehen« über den Rhein setzte und in das Zentrum von Engern an den Rand des Osninggebirges vorstieß »an einen Ort namens Detmold«. Dort schlug die fränkische Truppe in offener Feldschlacht die Feinde, wobei viele Sachsen getötet wurden und nur einzelnen die Flucht gelang. Wenig später traf Karl in Paderborn mit den restlichen Heeresabteilungen zusammen. Möglicherweise war der König erneut mit mehreren Heeressäulen aufgebrochen oder hatte unterwegs Verstärkungen angefordert.

Auch die Sachsen hatten sich wieder gesammelt und standen an der Grenze Westfalens, so daß die Franken den Feind gleichsam im Rücken hatten. An der Hase, unweit von Osnabrück, kam es zu einer zweiten offenen Feldschlacht innerhalb weniger Wochen. Diesmal war der Sieg offenbar ein vollständiger, »viele tausend« Sachsen seien erschlagen worden, viele gerieten in Gefangenschaft. Auch fränkische Große mußten ihr Leben lassen. Einhart hebt diese beiden Feldschlachten unter Karl ausdrücklich als kriegsentscheidend hervor; danach hätten es die Feinde nie wieder gewagt, den König selbst herauszufordern und sich diesem in einem offenen Treffen zu widersetzen, es sei denn im Schutz einer Befestigung. Mithin dürfte die bessere Ausrüstung der Franken, vor allem die Attacke der eingeübten Reiterschwadronen die sächsischen Scharen, die vermutlich weitgehend aus Fußkämpfern bestanden, aus dem Feld geschlagen haben. Diese gegensätzliche Art der Kriegführung schildert noch der Teppich von Bayeux, der die normannische Reiterei Wilhelms den Sieg über die angelsächsischen Fußtruppen Harolds bei Hastings 1066 davontragen läßt, sobald Hindernisse und Sperren überwunden waren und die Verteidiger die befestigten Anhöhen verlassen hatten.

Gleichwohl zogen sich vereinzelte regionale oder gar lokale Aufstände wie ein roter Faden durch die Geschichte der fränkisch-sächsischen Beziehungen der nächsten zwanzig Jahre; die militärische Kraft und die Fähigkeit zum Großbündnis der einzelnen Schwärme war allerdings endgültig gebrochen. Gezielte militärische Aktionen kleineren Stils, vor allem aber umfangreiche Deportationen von Bewohnern beider Elbufer machten dann im ersten Jahrzehnt des 9. Jahrhunderts der sächsischen Aufstandsbewegung ein Ende. Freilich waren mittlerweile die kirchlichen Einrichtungen, etwa das Bistum Bremen, hinter ihre Anfänge aus den achtziger Jahren zurückgeworfen worden und konnten erst nach 804 wieder mit der Aufbauarbeit beginnen. Erst jetzt entfaltete der bereits 789 als Nachfolger Willehads im Bischofsamt an der Unterweser bestellte Willerich seine Wirksamkeit. Entsprechend geht auch die Einrichtung weiterer Bistümer in Sachsen, wo nach Paderborn 799 Osnabrück, Minden und Münster um 800 und nach 804 gegründet wurden, auf die Jahre nach der Jahrhundertwende zurück, als die anfänglichen Missionszellen sich verfestigten und die Bestellung von Oberhirten die kirchliche Kontinuität sicherte. Somit liegt zwischen der militärischen Niederringung des Gegners und seiner tatsächlichen Integration in das Frankenreich eine Distanz von rund zwanzig Jahren, die mit Evangelisation und Administration überwunden werden mußte, wenn nicht gar mit der Deportation von Eingesessenen und der Neuansiedlung durch die Franken zu einem äußersten Mittel gegriffen wurde.

Karl begnügte sich nach seinen beispiellosen militärischen Erfolgen in zwei Schlachten nicht mit dem erreichten Status quo, sondern zog demonstrativ über die Weser bis zur Elbe, »alles verwüstend«, wie die Reichsannalen mitteilen. Möglicherweise suchte er bereits 783 ein Treffen mit seinem Hauptgegner und der Seele des Aufruhrs, Widukind, der sich damals vermutlich erneut auf transelbisches Gebiet zurückgezogen hatte.

Als Sieger kehrte Karl nach Worms zurück, »nachdem er alles wohl geordnet und ausgerichtet hatte«. Im Herbst fand seine Eheschließung mit Fastrada statt, und wiederum erhielt Lorsch eine Urkunde, die verlustig gegangene Besitztitel und Rechtsansprüche bestätigte. Am 9. Oktober dann verlieh der König der Kirche von Arezzo in der Toskana ein Privileg, womit er sichtbar wieder seine Fäden nach Italien knüpfte.

Das Weihnachtsfest und die Auferstehung des Herrn am 11. April 784 feierte Karl in der Winterpfalz Herstal bei Lüttich. Es ist dies der elfte Aufenthalt Karls seit 770 im Zentrum des ausgedehnten Fiskalbesitzes an der Maas, der mit seinem Forst zum standesgemäßen Vergnügen der winterlichen Jagd einlud. Die Wintermonate mit Regen, Schnee und Eis, verschlammten Pfaden und Wegen und zugefrorenen Flüssen ließen die öffentlichen Geschäfte zum Erliegen kommen. Von seltenen Ausnahmen abgesehen, überfiel dann ein allgemeiner politischer Winterschlaf das Land.

Neben den Jagdfreuden widmete sich der König Beratungen im engsten Kreis seiner Getreuen, wobei das »Maifeld« des kommenden Frühjahrs, also die große Reichsversammlung, konzeptionell vorbereitet wurde. Die zeitgenössische Annalistik weiß freilich über dergleichen so gut wie nichts zu berichten.

Die beiden gewonnenen Feldschlachten des Jahres 783, von den Quellen zu Recht als große Erfolge gefeiert, brachten noch keine endgültige Ruhe ins Sachsenland. »Nach gewohnter Weise und im Übereinklang mit der besseren Jahreszeit standen die Geschlagenen erneut auf und mit ihnen ein Teil der Friesen östlich und nördlich der Flie, die offen zum Götzendienst zurückkehrten.« Wie Willehad im Jahr 782, so mußte jetzt Liudger, Schüler Gregors von Utrecht und Friesenmissionar, später erster Bischof von Münster und Gründer von Kloster Werden, das Land verlassen. Er fand mit seinem Bruder Hildegrim, dem späteren Erzbischof von Köln, zunächst in Rom, dann in Montecassino Zuflucht und machte sich dort am Quell des Mönchtums mit der Regel Sankt Benedikts vertraut, die er später in seiner Stiftung an der Ruhr verbindlich durchsetzen sollte. Letztlich fußt noch das Reformwerk Benedikts von Aniane auf den Erfahrungen und Einsichten dieser geistlichen Führungsschicht, gewonnen in den Zeiten von Karls Vater Pippin – man denke an Karls Bruder Karlmann als Mönch in Montecassino – und Karls, der selbst ein eifriger Förderer dieser ausgewogenen Vorschriften klösterlicher Existenz gewesen ist. Als Vermittler zwischen den Franken und den Mönchen auf dem Montecassino diente stets Rom als Sitz des Papstes. Auch diese Funktion kann beispielhaft am Lebenslauf des Hausmaiers Karlmann studiert werden. Romnähe und Klosterreform im Sinne des Mönchvaters sind in langen Jahrzehnten gewachsen und haben die mentalen Strukturen der fränkischen Oberschicht, nicht zuletzt des Königtums, entscheidend und auf lange Frist geprägt.

Sobald es die Witterung gestattete, überschritt Karl als Antwort auf den neuerlichen Aufruhr den Rhein bei Lippeham und beschloß offenkundig, das im Vorjahr so eindrucksvoll Begonnene fortzusetzen und den Aufruhr zu ersticken. Alles verwüstend, zogen seine Truppen bis zum heutigen Petershagen unterhalb Mindens an der Weser. Die Frühjahrsflut aber und die Überschwemmung der Uferzonen gewährten keine Furt über den Fluß, so daß der König, der in die nördlichen Landesteile, möglicherweise bis Friesland, hatte ziehen wollen, seinen Plan änderte. Er wandte sich nun nach Ostfalen und drang in Etappen bis Steinfurt an der Oker und bis Schöningen vor, wobei er wiederum das Land verwüstete und die Wohnplätze der Sachsen den Flammen übergab. Dort schloß er eine Übereinkunft mit den Ostfalen, deren Inhalt zwar nicht bekannt ist, die sich aber nur auf deren Unterwerfung unter die fränkische Gewalt und auf die Annahme des Christentums als wesentliche Vertragsgegenstände bezogen haben kann, wohl auch auf die Straflosigkeit der Empörer und die Gewinnung der königlichen Huld. Danach kehrte Karl in die Francia zurück.

Waren die Ostfalen mithin befriedet, so rebellierten die Westfalen erneut und suchten sich an der Lippe zu versammeln. Diesen Versuch vereitelte Karls gleichnamiger ältester Sohn aus der Ehe mit Hildegard, von den Quellen nur »Sohn Karls« oder »Herr« genannt. Sein Ältester lieferte den Gegnern mit der ihm zugeordneten Schar, die dem Vater den Rücken freihalten sollte, im Dreingau an der mittleren Lippe ein Treffen, das er glänzend bestand. Er siegte bezeichnenderweise in einem Reitergefecht, das die Westfalen zahlreiche Opfer kostete. Diese sächsische Feuertaufe präsentierte Karl als potentiellen Nachfolger seines Vaters in der zentralen Königsherrschaft und als dessen rechte Hand. In diesem Sinne war Karl selbst als Ältester an den Aquitanienzügen seines Vaters Pippin beteiligt worden. Nicht der seines Namens und seines Erstgeburtsrechts beraubte Sohn der Himiltrud darf kriegerisches Talent, vielleicht auch schon politische Verantwortung zeigen, sondern der dem Vater gleichnamige Sohn der Hildegard. Sichtbar steht er in der Gunst des Königs, der ihn in die Kunst des Kriegshandwerks und der Diplomatie einweist. Allein den Königstitel enthält er ihm noch vor. Es kann kein Doppelkönigtum geben. Karl bleibt der alleinige Rex Francorum. Erst die Übernahme des Kaisertitels am Weihnachtstag des Jahres 800 läßt eine Aufwertung des jüngeren Karl als König zu, doch bleibt er auch dann dem Vater und jetzigen Kaiser bei Hofe, im Zentrum der Herrschaft, untergeordnet. Das Schicksal indessen hat es letztlich anders beschlossen: Karl folgte 811 nach Jahresfrist und noch vor dem Ableben des Vaters seinem Bruder Pippin im Tode; Ludwig, später »der Fromme« genannt, trat somit fast allein das politische Erbe des großen Karl an.

Trotz der Konvention mit den Ostfalen und des Sieges über die Westfalen, trotz Verwüstung und Brandstiftung war der Widerstand des »wilden Volkes« der Sachsen noch nicht gebrochen. Man kann nur ahnen, welche Energien die erzwungene Unterwerfung unter König und Christengott freigesetzt haben mag. Der König, in der Tat ein Beispiel politischer Entschlossenheit und unnachsichtigen Beharrungsvermögens, beschloß gegen alles Herkommen und trotz der Schwierigkeiten einer Truppenrequirierung einen Winterfeldzug, vermutlich um die fast routinemäßig im Frühjahr zu erwartende Aufstandswelle östlich des Rheins vorab zu brechen. Die Sache der Sachsen beschäftigte den Herrscher dergestalt, daß aus jenen Monaten zwischen Heimkehr und erneutem Ausrücken keine Urkunde, kein Gerichtsurteil, kein normales Regierungsgeschäft überliefert wird.

Der gewohnten, durchaus erfolgreichen Taktik folgend, ging das Heer auf »zwei Wegen ins Sachsenland«. Die Annalen berichten, daß der König Weihnachten nahe einer alten sächsischen Wehranlage, der Skidrioburg (Schieder), in der Villa Lüdge bei Pyrmont feierte und dann den Zusammenfluß von Weser und Werne in Rehme erreichte. Auch diesmal verwüstete er das Land und wandte damit eine seit undenklichen Zeiten bekannte Methode an, dem Gegner spürbar und langfristig zu schaden. Weiter kam das fränkische Heer wiederum nicht, weil sowohl die rauhe Witterung als auch Überschwemmungen den Vormarsch behinderten. Der König zog sich auf die gesicherte Eresburg zurück, wohin er seine neuvermählte Gattin Fastrada, Söhne und Töchter kommen ließ. Karl liebte den familiären Umgang offenbar über alles, was noch Jahrzehnte später Einhart lebhaft bestätigt.

Bezeichnenderweise wählte der König als Winterquartier nicht die sicher komfortablere Pfalz Paderborn, sondern die befestigte Eresburg, die bereits den Angriffen des Feindes standgehalten hatte. Nach zeitgenössischen Quellenzeugnissen soll die Burganlage damals ausgebaut und mit einer Kirche (Kapelle) versehen worden sein. Der Sakralbau dürfte angesichts der hohen Feiertage, die der König auf der Feste verbringen sollte, nämlich Weihnachten 784 und das Osterfest 785, sogar unerläßlich gewesen sein.

Zu den Toten des Jahres 784, die Karl zu beklagen hatte, zählte Abt Fulrad, der bereits seinem Vater wertvolle Dienste geleistet und das epochale Bündnis zwischen dem Papst Zacharias und dem fränkischen Hausmaier diplomatisch vorbereitet hatte. Als Leiter der Hofkapelle und Abt von St. Denis verfügte Fulrad über eine der einflußreichsten Positionen im Frankenreich. Sein Testament weist die Fülle seiner Besitzungen nach, die er im Maas-Mosel-Gebiet, im Elsaß und in südöstlichen Regionen, die sich bis nach Bayern erstreckten, besaß und die er als geistliche Stützpunkte von St. Denis und gleichzeitig des fränkischen Königtums einzusetzen wußte. Nicht von ungefähr wird sein Name im Verbrüderungsbuch des Salzburger Klosters St. Peter aufgeführt. Sein von Alkuin verfaßtes Epitaph rühmt ihn als »Zierde der Kirche«, und eine vom Iren Dungal aufgesetzte Grabinschrift besagt, daß »er bereit zu allem Guten« war. Papst Hadrian I. nannte den Verstorbenen gar einmal »Erzpriester des Frankenreiches«.

Der König machte freilich nach Fulrads Tod, der eine Übergangsepoche fränkischer Herrschaft markiert, dieser Ämterverbindung ein Ende. Nachfolger Fulrads in St. Denis wurde Maginarius, der bereits unter Karls Bruder Karlmann Mitglied der Hofkapelle und später einer der Italienexperten Karls war, während zum Leiter der Hofkapelle als Erzkapellan Bischof Angilram von Metz bestellt wurde, den der Papst 794 auf Bitten Karls von der Residenzpflicht in seiner Diözese entband. Die Berufung des Maginarius zum Abt von St. Denis zeigt erneut, daß der König vor allem Männer mit ausgeprägter Erfahrung, gewonnen vor allem in seinem Dienst, auf deren Treue und Ergebenheit er unbedingt zählen konnte, in wichtige kirchliche Funktionen berief, zumal als Vorsteher der großen Reichsabteien. Nicht nur der geistliche Sukkurs und die politische Zuverlässigkeit der Amtsinhaber waren wichtig, mindestens ebenso zählte die materielle Unterstützung durch die von ihnen geleiteten geistlichen Institutionen, auf die das Königtum zumal bei nahezu alljährlichen Kriegszügen setzen mußte und an denen die sich entfaltende Vasallität der Kirchen und Abteien beträchtlichen Anteil hatte.

Die in ottonisch-salischen Zeiten ausgeprägte Königsherrschaft über die Kirche und deren ökonomisches Fundament bildete sich bereits unter Karl und seinen Nachfolgern aus. So wird der von Karl hochgeschätzte Alkuin, die gelehrte Zierde seines Hofes, zum Abt von St. Martin in Tours berufen, der Grammatiker Paulinus wird zum Patriarchen von Aquileia erhoben, der Karlsbiograph Einhart wird, obwohl Laie, unter Ludwig dem Frommen Vorsteher von nicht weniger als sieben Klöstern und geistlichen Einrichtungen, darunter St. Peter und St. Bavo in Gent, St. Servaas in Maastricht und St. Wandrille in der Normandie.

Den Winter 784/85 verbrachte Karl also in Sachsen. Um seine Truppen in Bewegung und damit einsatzbereit zu halten und nicht zuletzt zur Einschüchterung der Sachsen unternahm der König Streifzüge in die nähere und weitere Umgebung: »Er ließ die aufständischen Sachsen ausplündern, eroberte ihre Burgen, drang in ihre Befestigungen ein und säuberte die Straßen, bis der passende Zeitpunkt [zur Reichsversammlung] gekommen war.« Dieses Jahrestreffen, zu dem der König die aus der Francia zusammenströmenden Großen versammelte, fand nach Winterausgang in Paderborn, seiner Pfalz im Westfälischen, statt, die über ein wesentlich repräsentativeres Ambiente als die vergleichsweise enge Eresburg verfügte. Von Paderborn erreichte den Papst im fernen Rom auch eine Grußbotschaft des Königs, mit der Karl sich für die Gebete des Heiligen Vaters für ihn selbst, seine Familie und die Franken bedankt und in der er um Nachsicht für die schlichte Qualität der übersandten Geschenke bittet, »wie sie eben in Sachsen gefertigt werden konnten«.

In Paderborn war aus dem fernen Aquitanien auch sein heranwachsender Sohn König Ludwig mit entsprechender Entourage erschienen, denn der Vater fürchtete nach dem Urteil des Ludwigbiographen Astronomus, »daß sich das Volk der Aquitanier wegen seiner [Karls] langen Abwesenheit erheben oder daß sein Sohn in seiner zarten Jugend einiges von den fremden Sitten annehmen möchte, was dieser, einmal daran gewöhnt, später nur schwer wieder ablegen könnte«. In dieser Formulierung ist das Problem des fränkischen Großreiches fokussiert: Königsherrschaft bedeutet Königspräsenz. Die Dezentralisierung dieser Herrschaft und die Abwesenheit von Mitgliedern der Familie, zumal so junger wie Ludwig von Aquitanien oder Pippin von Italien, bargen große Gefahren in sich, nicht zuletzt wegen deren möglicher Entfremdung vom Staatsvolk der Franken, von dessen Sitten und Mentalität, was alle möglichen Konsequenzen für die Gesamtherrschaft der Dynastie und den künftigen Zusammenhalt der Regna haben konnte. Präsenz und Integration standen Verlust der Mitte und Entfremdung gegenüber.

Karl ließ Ludwig, der bereits gut zu Pferde sitzen konnte, mit dem »bewaffneten Volk« zu sich kommen und sorgte nur für den notwendigen Grenzschutz im Süden. »Der Sohn Ludwig«, so weiß unser Gewährsmann zu berichten, »gehorchte nach bestem Wissen und Können und gelangte nach Paderborn.« Ludwig trug baskische Kleidung wie seine Altersgenossen, »weil es der väterliche Wille aus Freude angeordnet hatte«. Zu diesem zunächst ästhetischen Moment gesellt sich ein eminent politisches: Die Kleidung bekundete die Zugehörigkeit und

Verbundenheit des jungen Königs mit den Bewohnern seines Außenregnums Aquitanien, als deren politischer Repräsentant er erscheinen durfte, und zugleich regte sich in Karl Unbehagen, daß der potentielle Thronfolger in allzugroße Nähe zu einem fremden Volk und dessen Gewohnheiten geraten könnte. So mochte separatistischen Tendenzen am wirkungsvollsten durch die Teilnahme Ludwigs und des aquitanischen Adels an einer großartigen Reichsversammlung auf jüngst endgültig erobertem Territorium entgegengewirkt werden. Das dergestalt vollzogene informelle Zusammenspiel auch der Mitglieder der Königsfamilie vor aller Öffentlichkeit mußte den fehlenden institutionellen Rahmen von abgestufter Herrschaftsausübung nach Maßgabe einer geschriebenen oder ungeschriebenen Verfassung ersetzen. Wir beobachten ein System ständiger Aushilfen, ja der Improvisation, das ein Höchstmaß an politischer Klugheit und diplomatischem Geschick verlangte im Umgang mit dem Papst, im Umgang mit den Großen der »Welt« und der Kirche, nicht zuletzt im Umgang mit den Mitgliedern der eigenen Familie. In diesem Geschick lagen wesentlich politischer Erfolg oder Mißerfolg beschlossen. Das Königtum Karls und seines Sohnes Ludwig liefert dafür schlagende Beispiele.

Ludwig von Aquitanien blieb bis zum Herbst 785 in der Nähe des Vaters; erst dann erhielt er die väterlich-königliche Erlaubnis, nach Aquitanien zurückzukehren. Der Abschied als Formalakt weist wie schon bei Tassilos Abschied 781 öffentlich auf den Rang- und Machtunterschied zwischen demjenigen hin, der den Abschied erteilt, und demjenigen, der ihn empfängt. Auch der Königssohn, der selbst König ist, bleibt als solcher dem Herrscher und Vater in Liebe und Gehorsam untergeordnet. In seinem politischen Testament von 806, der sogenannten *Divisio regnorum* (Teilung der Königreiche), wird Karl den Pflichtenkanon seiner Söhne und Nachfolger dem Vater und Gesamtherrscher gegenüber präzisieren. Auch für die anwesenden aquitanischen Großen kamen in der jeweiligen Zeremonie des »adventus«, der Ankunft, und des »reditus«, des Abschieds, die Rangordnung zwischen Vater und Sohn und deren politische Implikationen sichtbar zum Ausdruck. Nicht von ungefähr sollte unter den staatsrechtlich relevanten Vorwürfen, die seitens des Königshofes 788 gegen den angeblich treulosen Bayernherzog Tassilo in Verbindung mit der Fahnenflucht (herisliz) erhoben wurden, der unerlaubte Abzug aus dem Heerlager in Nevers 763 einen schwerwiegenden Anklagepunkt bilden.

Einrichtung von Bischofssitzen in Sachsen

Die Reichsannalen weisen die Zusammenkunft in Sachsen nicht ohne Grund als »Synode« aus, da in Paderborn erneut Fragen der Kirchenorganisation behandelt wurden. So war der angelsächsische Missionar Willehad aus seinem Exil in Rom und Echternach ins Sachsenland zurückgekehrt und empfing in diesen Wochen erneut den Auftrag zur Evangelisation in Wigmodien zwischen Unterweser und Unterelbe: »Hier verkündete er den Heiden den Glauben des Herrn öffentlich und nachdrücklich. Zerstörte Kirchen erneuerte er, und geeignete Männer, die dem Volk heilsame Ermahnungen erteilen sollten, stellte er an die Spitze bestimmter Orte. So empfing in jenem Jahr das Volk der Sachsen den christlichen Glauben, den es verloren hatte, erneut.«

Willehad wurde am 17. Juli 787 zum Bischof geweiht und wählte wenig später, 789, Bremen endgültig als Sitz seines Bistums, dessen kleine Holzkirche auf der Höhe der ufernahen Düne am 1. November 789 als Kathedrale eingesegnet wurde. Allerdings verstarb der eifrige Gottesdiener bereits eine Woche später auf einer Inspektionsreise in Blexen (Nordenham) und wurde, zurückgeführt über die Weser als »Sakralarm« der Region, in seiner Kirche beigesetzt. Wir erwähnten bereits, daß sein noch 789 bestellter Nachfolger Willerich erst nach den letzten Aufständen – tatsächlich um 804 – den Hirtenstab wirksam ergreifen konnte. Wie überaus schwach die ökonomischen Ressourcen in den neu evangelisierten Landstrichen waren, beleuchten die »Patenschaften«, die Bistümer und Abteien in der Francia für die Kirchenneugründungen übernahmen, oder die geistlichen Stützpunkte, die diesen vom König verliehen wurden, etwa die Cella Mont-Justin im Burgundischen oder später Tornhout in Flandern für das Bremer Stift.

Um 795 ist im Mindener Gebiet ein Erkanbert als Missionsbischof nachzuweisen mit Rückzugsquartier in einer Dependance von Fulda. Nach 800 wirkte er als Diözesanbischof von Minden. In Münster amtierte seit 805 der Friesen- und Sachsenmissionar Liudger, der aus der Utrechter Missionsschule hervorgangen war und wie Willehad oder Erkanbert vor seiner Bischofsweihe als Glaubensbote in seinem zukünftigen Sprengel die Christianisierung einleitete. Wie das Beispiel Verden zeigt, konnte dieser Prozeß sich über Jahrzehnte hinziehen. Dieses Bistum ging höchstwahrscheinlich aus einer Missionszelle in Bardowick hervor, die, anfänglich von (Würzburger) Äbten aus Amorbach und Neustadt am Main geleitet, angesichts der Unsicherheit in den Elbgegenden spätestens in den dreißiger Jahren des 9. Jahrhunderts zurückgenommen wurde. Erst in der Zeit Ludwigs des Deutschen, des Enkels Karls, etablierte sie sich zwischen 845 und 848 in Verden, möglicherweise unter dem Einfluß der Widukinderben, die auch als Bischöfe von Verden nachweisbar sind. Anders läßt sich die merkwürdig südliche Lage dieses Bistums im Schnittpunkt von Bremer und Mindener Interessen schlechterdings nicht erklären. Das neue Bistum verfügte über wenig materielle Substanz und hing später ökonomisch weitgehend vom Stift Bardowick ab, das wesentliche Anteile an den Lüneburger Salzpfannen besaß.

Auch Osnabrück ist seit 805 als Bistum belegt und dürfte ebenfalls durch einen Missionar, der bereits 804 starb, auf seine Funktion als geistliches Zentrum vorbereitet worden sein. Die Anfänge dieser Kirchenmittelpunkte lassen sich zumeist angesichts fehlender, divergierender oder – häufiger noch – verfälschter Quellen, die bestrebt sind, ihrem Bistum einen uralten Rang zu sichern, nur schwer ermitteln und bleiben letztlich im Dunkel ferner Vergangenheit verborgen.

Für Paderborn hingegen läßt sich mit Gewißheit konstatieren, daß der Pfalzort anläßlich des berühmten Hoftages von 799, der die Schritte zur Kaiserkrönung einleitete, zum Mittelpunkt eines Bistums bestimmt worden ist, wie dies aus dem Translationsbericht des Abtes von St. Médard in Soissons anläßlich der Überführung der Gebeine des heiligen Liborius aus Le Mans nach Paderborn hervorgeht. Sehr wahrscheinlich hatte St. Médard 777 die Aufgabe übernommen, die Mission im südlichen Engerngebiet zu unterstützen, eine Verpflichtung, die dann das Bistum Würzburg übernahm, aus dessen Mitte auch der Sachse Hathumar als erster Bischof kam. Mit dieser Bistumseinrichtung zu Beginn des 9. Jahrhunderts konnte unter die Missionierung der Sachsen, soweit sie die Kirchenorganisation betraf, vorläufig ein Schlußstrich gezogen werden. Hildesheim, Halberstadt und Hamburg, das freilich bereits 845 aufgegeben werden mußte, folgten erst unter Karls Sohn Ludwig.

Was das Niederkirchenwesen angeht, das angestrebte Netz der Pfarrkirchen, so liegt über den Anfängen einzelner Parochien zumeist ein undurchdringliches Dunkel, das nur gelegentlich durch Patrozinienkunde und Spatenforschung ein wenig erhellt werden konnte. Am besten dokumentiert sind im Osnabrückischen die früher so genannten »Urpfarreien« von Meppen und Visbek, die spätestens zu Beginn des

9. Jahrhunderts nachzuweisen sind und auf Le Mans und später auf Corvey als »Paten« verweisen. Hingegen kann Hameln unbestritten seinen Rang als erstes Kloster in Sachsen behaupten, da es in der Amtszeit von Abt Baugulf von Fulda (779–802) eingerichtet worden ist. Der tatsächliche organisatorische Schub auf dem flachen Land erfolgte erst in der zweiten oder gar dritten Generation der Willehadnachfolger, zumeist ausgehend von Corbie an der Somme und von dessen 822 an der Weser gegründetem Tochterkloster Corvey, der Corbeia nova. Über zahlreiche Reliquienüberführungen, insbesondere aus Rom, kam es zu einer nachhaltigen Christianisierung des Sachsenlandes, zumal sich der »Hochadel« demonstrativ in Kirchenbauten und Klosterstiftungen engagierte, etwa die Widukinderben in Herford und Wildeshausen oder die Liudolfinger, die künftigen Herzöge und Könige, in Brunshausen, Gandersheim und vielleicht in Bassum.

Von Paderborn zog Karl, »dem alle Wege offen standen, dem sich niemand widersetzte«, an den Oberlauf von Hase und Hunte, erstickte erneut jeglichen Widerstand durch Brand und Verheerung, zerstörte wiederum die sächsischen Befestigungen und gelangte schließlich in den linkselbischen Bardengau. Dessen Zentrum Bardowick gilt in der sogenannten Raffelstädter Zollordnung Karls von 805 als eines der wichtigsten elbnahen Wirtschaftszentren und zugleich als bedeutende Transferstation der Francia über die Artlenburg in den Nordosten und dürfte bereits um 785 als »Wik«, als Handelsniederlassung nach Art von Dorestad an der Atlantikküste oder Haithabu gegenüber Schleswig, eine nicht unbedeutende Rolle gespielt haben, was am ehesten zu seiner Wahl als Missionsstützpunkt paßt. So sollten Bistümer nach Aussage einer sächsischen Geschichtsquelle aus dem 9. Jahrhundert, die hierin älteren kirchlichen Vorschriften folgt, nur an Orten gegründet werden, die durch ihre Verkehrslage und Bevölkerungsdichte ausgezeichnet sind.

Die Taufe Herzog Widukinds

Jetzt, im Jahr 785, unterwarfen sich die Sachsen des Bardengaus und nahmen das Christentum an. Schließlich gelang es Karl sogar, über Einheimische in Kontakt mit Widukind und dessen Verbündetem Abbio zu treten, wobei der König ihnen bei der fälligen Unterwerfung

Straffreiheit zusicherte. Er forderte sie auf, falls sie ihrem sicheren Verderben entgehen wollten, sich bei ihm in der Francia einzustellen, was offenbar als demonstrativer Akt herrscherlichen Triumphes über seinen Hauptgegner gedacht war, und bot ihnen die Stellung von Geiseln zu ihrer Sicherheit an. Diese ehrenvolle Behandlung, die Widukinds Selbstverständnis entsprach, wies dem Aufrührer in den diplomatischen Formen den gleichen Rang wie dem Bayernherzog zu, der sich auch erst nach Stellung von Geiseln 781 in Worms vor dem König zu dem angesagten Colloquium eingestellt hatte. Widukind und sein Kreis nahmen den mit psychologischem Geschick gesponnenen Faden zum Frankenherrscher auf und beendeten ihren Widerstand gegen König und Christengott.

Nach der Rückkehr Karls in die Francia erschienen Widukind, Abbio und andere sächsische Edelinge in der Pfalz Attigny mit höfischem Gepränge und empfingen »vor aller Augen« die Taufe. Karl selbst fungierte als Taufpate des von den Franken ebenso gefürchteten wie geachteten Aufrührers, übernahm damit die Sorge für seine geistliche Unterweisung und ehrte die Getauften mit »wunderbaren Geschenken«. Mit diesem Akt begründete Karl nach dem Beispiel der Päpste eine geistliche Verwandtschaft zwischen sich und Widukind als Zeichen der Aussöhnung und des Bündnisses und bestätigte zugleich den herausragenden Rang des Sachsenführers. Unter Ludwig dem Frommen sollte erneut die Schaffung einer geistlichen Verwandtschaft als Mittel der Außenpolitik und Mission eingesetzt werden, als dieser 826 zu Ingelheim den Dänenkönig Harald aus der Taufe hob und für ihn die Patenschaft übernahm.

Mit diesem Akt der Ergebung und gleichzeitigen Erhöhung schied Widukind freilich aus der Geschichte aus. Es gibt kein sicheres späteres Lebenszeichen von ihm. Sein Begräbnis in Enger und die kostbare Burse, die sich mit dieser Grablege verbindet, sind Fiktion und Zuschreibung des Hoch- und Spätmittelalters. Dieses Verschwinden aus der Historie teilt Widukind mit einem weiteren Gegner Karls, der ihm an Rang sogar noch weit überlegen war: mit Desiderius, dem König der Langobarden, Schwiegervater des Arichis von Benevent, Tassilos von Bayern und kurzfristig von Karl selbst. Ein zunächst als sensationell gewerteter Fund in dem Verbrüderungsbuch der Reichenau, das, im zweiten Jahrzehnt des 9. Jahrhunderts angelegt, auch den Namen eines Mönchs Widukind enthält, der mit dem Aufrührer dieses Namens gleichgesetzt wurde, ruft mittlerweile allgemein Skepsis hervor. Wie dem auch sei: Widukind ist nach 785 weder in der Entourage des Königs zu finden noch von diesem mit bestimmten politisch-administrativen Aufgaben betraut worden. Hingegen lassen sich seine Nachkommen, Sohn und Enkel, als Grafen im Sächsischen nachweisen, die vor allem bei Kaiser Lothar I. in hoher Gunst standen. Sie organisierten den berühmten Reliquienzug des heiligen Alexander von Rom nach Wildeshausen im Jahr 851, und auf ihre Initiative geht auch das »älteste niedersächsische Geschichtsdenkmal«, der Translationsbericht, zurück. Ihre Nachkommen wiederum sind als Bischöfe von Verden und Hildesheim tätig und gehören damit zur Reichsspitze. Noch Otto III. läßt sich vor dem Ende des ersten Jahrtausends in Wildeshausen und nicht im benachbarten Erzstift Bremen als Gast nachweisen.

Widukind wird in der Geschichtsschreibung der folgenden Jahrhunderte immer mehr zum »Großen Herzog«, zum tapferen und ebenbürtigen Gegenspieler Karls des Großen; Widukind von Corvey gar preist den Aufrührer als Vorfahr der Königin Mathilde, der Gattin Heinrichs I. Letztlich »bewältigt« (Helmut Beumann) die Taufe von Attigny auch Aufstand und Treulosigkeit der Sachsen und läßt diese den wahren Glauben erkennen und annehmen. Aus Franken und Sachsen wird, wie bereits bei Einhart pointiert formuliert, »ein Volk«.

Auch der Papst in Rom feierte den königlichen Erfolg und setzte drei kirchliche Festtage des kommenden Jahres an, um diese Ausweitung der Christenheit gebührend begehen zu lassen. Diese Jubelfeiern sollten am 23., 26. und 28. Juni stattfinden, also als Begleitung zum Fest Johannes des Täufers am 24. des Monats. Sie waren so spät angesetzt worden, damit sich auch die Christen außerhalb des Frankenreichs in der gesamten Ökumene in diesem Jubel versammeln konnten. In dem Schreiben des Papstes an Karl, das diese zusätzlichen Kirchenfeiern ankündigt, unterläßt es der Pontifex freilich nicht, erneut auf die noch ausstehende Einlösung der Versprechen hinzuweisen, wodurch dem König noch größere Siege und die Unterwerfung noch mächtigerer Völker – der Awaren oder der Muslime in Spanien? – dank Petri Hilfe beschieden sein würden.

Ein zusätzlicher Erfolg, dessen eigentliche Ursachen uns nicht bekannt sind, stellte sich in diesem Jahr im Süden des Reichs ein: Die Bewohner von Gerona, nordöstlich von Barcelona, unterwarfen sich König Karl, der damit einen wichtigen Stützpunkt jenseits der Pyrenäen gewann, bald erweitert um die Städte Urgel und Ausona als Pfeiler der später so genannten Spanischen Mark, die als Aprisionäre christliche Flüchtlinge aus dem Emirat von Córdoba aufnahm.

Karl verbrachte Weihnachten 785 und Ostern 786 in der Pfalz Attigny. Das anbrechende Jahr blieb als eines der wenigen in Karls Regierungszeit ohne Kriegszug, aber er sollte eine unliebsame Überraschung erleben. Diese wird zwar in den offiziösen Quellen verschwiegen, aber kleinere Geschichtswerke und auch Einharts Biographie weisen auf Verschwörungen »oppositioneller Gruppen« im Frankenreich hin, die sich mit den Jahren 786 und 792 verbinden und der Königsherrschaft hart zusetzten.

Die Verschwörung Hardrads

Die Ursachen wie auch der Anlaß der Verschwörung des Jahres 786 sind der Überlieferung nicht deutlich zu entnehmen. Einhart weiß lediglich zu berichten, daß die Spuren des Aufruhrs zur Königin Fastrada führten, »da der König ihrer Grausamkeit zugestimmt« habe und von seiner »gewohnten Güte und Milde abgewichen« sei, wobei nicht klar wird, ob diese Härte Anlaß zum Aufstand oder Folge bei dessen Niederschlagung war. Einhart sieht in Karls vierter Ehefrau offenbar eine frühmittelalterliche Lady Macbeth. Den Wahrheitsgehalt dieser Einschätzung können wir nicht ermitteln.

Faktisch handelte es sich im Jahr 786 um eine Adelsfronde, an deren Spitze Grafen standen und die wesentlich von Ostfranken, Germania genannt, insbesondere von Thüringen ausging. Ihren Namen erhielt die Verschwörung nach einem Grafen Hardrad, sicherlich einem Thüringer, dessen Verhalten zu offenen Auseinandersetzungen mit dem König führte und das eine allgemeine regionale Rebellion nach sich zog. Die eigentliche Ursache dieses verzweigten Aufstands, der gar auf das Leben des Königs abzielte, zumindest aber dauernden Ungehorsam provozieren sollte, dürfte wohl kaum in der aktuellen Politik Karls zu suchen sein, etwa in einer Überbeanspruchung der Ostfranken und Thüringer durch die Kriegszüge ins Sächsische, die diese Region kaum berührt hatten. Ein im Kontext einer Quelle von 786 interpretiertes Kapitular von 789, das einen allgemeinen Treueid auf den König vorsieht, gibt vielleicht einen indirekten Hinweis auf die schwelende Unzufriedenheit, die sich dann zu offener Opposition steigerte. So solle, sagt ein Paragraph der Verordnung von 789, jedermann sein Recht behalten, und es geschehe gegen den Willen des Königs, wenn dagegen verstoßen wird. Man solle die Amtsträger ermitteln, die gegen dieses Gebot verstoßen hätten, und man müsse jedermanns Recht amtlich feststellen.

Wir befinden uns in einer Zeit, in der mit Ausnahme der Kleriker jedermann nach dem überlieferten Recht seines Stammes, seiner »gens«, lebte, also auch vor Gericht stritt oder Buße zu leisten hatte. Diesem juristischen Personalprinzip entsprechend, ließ Karl nach 802 die wesentlichen Gesetze, zumeist Bußkataloge, der Völkerschaften seines Großreichs aufzeichnen und zum Teil um Königsrecht ergänzen. Diese Aufzeichnungen erhielten damit als geltendes Recht offizielle Verbindlichkeit als »geschriebenes Recht«.

So dürfte auch die Verschwörung von 786 sehr wahrscheinlich ihre Ursache in der Verletzung thüringischen Stammesrechts gehabt haben. Nicht von ungefähr wird in den Murbacher Annalen – die für dieses und die folgenden Jahre ganz dicht am Geschehen sind, so daß wir fast von »oral history«, von erlebter und gehörter Geschichte, sprechen können – im Kontext dieser Adelsfronde von einem Thüringer berichtet, sicherlich Graf Hardrad, der sich geweigert habe, seine einem Franken anverlobte Tochter, die nach fränkischem Recht versprochen worden war, diesem zur Ehe zu geben. Karl befahl durch einen Boten die Übergabe, der Thüringer kam diesem Befehl nicht nach, sondern versammelte »alle Thüringer und seine Nächsten« um sich zum Widerstand gegen den König. Karls Zorn traf die Empörer mit aller Härte, seine Anhänger verwüsteten die Besitzungen der Aufständischen. Die Thüringer flohen ins Kloster Fulda, dessen Abt Baugulf, bei Hofe wohlgelitten, sich als Vermittler einschaltete. Der König ließ die Rebellen unter Friedensgeleit zu sich kommen und fragte sie, ob es denn stimme, daß sie ihn töten oder seinen Befehlen trotzen wollten. Dies mußten sie bejahen. Einer der Beteiligten soll gar gesagt haben: »Wenn meine Genossen nur zustimmten, würdest Du niemals wieder lebendig den Rhein überqueren!«

Der weitere Verlauf dieser Verhandlung im Königsgericht, die zugleich Strafgericht und »Normenkontrollverfahren« war, ergibt sich leider nicht aus der zitierten Quelle, sondern nur im Rückschluß aus der Aussage und Schlußfolgerung des bereits zitierten Kapitulars von 789, das die Abnahme eines allgemeinen Treueids auf den König vorsieht. Untreue Menschen hätten, so heißt es da nämlich, ein großes

Durcheinander im Reich des Königs anrichten wollen, es gar auf dessen Leben abgesehen und, befragt, wie sie dazu kämen, geantwortet: »Weil sie ihm keinen Treueid geschworen hatten.« Dies erklärt, warum der König bereits 786, um diesem Rechtsmangel abzuhelfen, den er als solchen offenbar erkannte, die Verschwörer unter Bewachung nach Italien, zumal nach Rom, nach Neustrien und Aquitanien schickte, damit sie bei den Gräbern der Apostelfürsten (Rom) und auf die Reliquien der am meisten in allen Landesteilen verehrten Heiligen öffentlich einen Treueid auf ihn und seine Söhne ablegten.

Damit war der Rechtsmangel behoben, und die Verschwörer waren, wenn auch post festum, der Untreue überführt. Der Eid, den der König 789 und erneut als Kaiser 802 auf sich forderte, nahm den Charakter eines allgemeinen Untertaneneides an, dessen Inhalt freilich wesentlich durch Unterlassungen, nicht durch ehrenvolle Verpflichtungen bestimmt wurde. Vor allem wurde untersagt, gegen die Interessen des Königs zu verstoßen und sich etwa mit seinen Feinden gegen ihn zu verbünden. Die althergebrachte Vorstellung vom König als Spitze der Gefolgschaft, der alle Freien angehören, wird überwölbt und ergänzt durch die Rechtsfigur einer persönlichen Verpflichtung in Gestalt eines bindenden Treueids, dessen Bruch scharfe Sanktionen nach sich zieht und auf dessen Leistung der König gemäß Amt Anspruch hat. Dieser allgemeine Eid mutiert in seinen einzelnen Bestimmungen in den sogenannten Lehnseid als personelles Substrat des Lehnverhältnisses, das in aller Regel die spätere Aristokratie untereinander und mit dem Königtum verbindet und letztlich auch die kirchlichen Ämter mit einbezieht, während der allgemeine Untertaneneid im Zuge der Feudalisierung, die zugleich die »Freien« vom Zugang zur Spitze abschneidet, seinen Sinn verliert und unter Karls Nachfolgern deshalb nicht mehr erneuert wird.

Die Verschwörung von 786, die Reaktion des Königs und die schmerzhafte Lösung des Konflikts zeigen, wie unvollkommen und fragil der staatliche Zuschnitt von Karls Reich im Vergleich zum Gewaltmonopol und zur Machtkonzentration des modernen Staates war. Der König steht zwar an der Spitze eines Personenverbandes, den seine »fideles« bilden, er führt Kriege, steht dem Königsgericht vor, schützt und stützt die Schwachen der Gesellschaft, aber die Großen ordnen sich, soweit sie nicht durch weltliche und geistliche Ämter in die Regierung eingebunden sind, dem Herrscher nur von Fall zu Fall zu, auch wenn sie dem allgemeinen Heerbann und der Gerichtspflicht unterliegen. Sie verzichten keineswegs auf eigenes, autochthones Adelsrecht, das sich nicht vom Königsrecht ableitet und das in Verbindung mit dem allgemeinen Herkommen der jeweiligen Region durchaus in Konkurrenz zum Königsrecht treten, ja Widerstand und offenen Aufruhr begründen kann.

Der Untertan, das Subjekt, ist eine Rechtsfigur des frühmodernen Staates; dagegen steht der adlige, ja der freie Mann der Führung durchaus ständisch gleichberechtigt gegenüber, wenngleich das Charisma der Königsfamilie und vor allem die Privilegierung abgestufte Sozial- und dann Rechtsstrukturen schaffen. Die Einschränkung der Fehde, die Ausweitung der öffentlichen Rechtspflege und die mähliche Durchsetzung kirchlicher Gebote im Alltag begründen letztlich den Prozeß der Zivilisierung einer halbarchaischen Kriegergesellschaft, der sich im Laufe von Karls Regierung immer mehr beschleunigte und das Frankenreich befähigte, antik-kirchliches mit germanisch-fränkischem Erbe zu verbinden und damit die Grundlage einer spezifisch mittelalterlichen Kultur zu schaffen, zu der auch der Gesamtbereich dessen gehört, was wir mit dem Terminus Staat bezeichnen.

So wird im letzten Viertel des 8. Jahrhunderts auch der Treueid zu einem außerordentlich wichtigen Ferment zwischen König und Großen. Aus seiner Bedeutung für die Qualität der Königsherrschaft bemißt sich auch die Schwere der Anklage, die wenig später Herzog Tassilo treffen sollte: Ihm wird nichts weniger als Infidelität, Verletzung des Treueids, als todeswürdiges Verbrechen vorgeworfen, und zwar als »Kettenhandlung« seit dem Jahr 757. Auch der Teppich von Bayeux, gefertigt im letzten Viertel des 11. Jahrhunderts, sieht in der Verletzung des öffentlich auf Reliquien geleisteten Treueids Harolds die Hauptschuld des Thronprätendenten und zugleich den Grund für seinen Untergang und für die Übernahme der englischen Königskrone durch Wilhelm den Eroberer.

Welches waren nun die unmittelbaren Folgen der Eidesleistung für die Beteiligten an der sogenannten Hardradverschwörung? Nachdem der öffentliche Treueschwur auf den geheiligten Reliquien den offensichtlichen Mangel behoben hatte, konnte Karl – nach unserem Rechtsverständnis freilich unzulässigerweise erst post festum – die Aufständischen als Meineidige einer Strafaktion unterziehen. Nach Einhart sind aber lediglich drei Missetäter mit dem Tode bestraft worden, weil sie sich der Festnahme hatten entziehen wollen und sich dabei ihrerseits des Totschlags schuldig gemacht hatten. Die übrigen Verschwörer wurden auf dem Heimweg abgefangen und des Augenlichts beraubt, eine Strafmaßnahme, die Ludwig der Fromme zu seinem Schaden auch bei seinem Neffen Bernhard von Italien 817 anwenden sollte. Andere Mitverschwörer wurden in Worms festgenommen, ebenfalls geblendet und exiliert, wieder andere wurden als »Verführte« begnadigt. Möglicherweise trat in diesen Strafaktionen eine sonst unübliche Grausamkeit des Königs zutage, die Einhart mit dem Einfluß der Königin Fastrada motiviert und indirekt rügt. Hinzu kam wohl generell die Konfiskation von Gütern und Besitzungen, die an den König fielen und von diesem an seine Satelliten ausgetan wurden.

Insgesamt erweist sich auch und vor allem im Verständnis der Zeit das Verhalten des Königs individuellen Gegnern gegenüber, die ihm sogar nach dem Leben getrachtet haben, als vergleichsweise gemäßigt, wenn auch keinesfalls tadelsfrei. Wieviel mehr berechtigte Entrüstung, und sei es nur als ferner Nachklang zum Geschehen, hätte eine tatsächliche Massenhinrichtung in Verden an weitgehend anonymen sächsischen Teilnehmern eines allgemeinen Aufstandes provoziert! Aber auch hier erging das Strafgericht nur über die Rädelsführer, die Verführten erfuhren die abgestufte Gnade des Herrschers.

Aufstand in der Bretagne

Nicht nur die innerfränkische Opposition der Hardradverschwörung legte die strukturellen Mängel der Königsherrschaft offen. Auch im Westen der Francia kam es in jener Zeit zu einer Auseinandersetzung mit den Bewohnern einer Region, die sich nur schwer mit der Oberherrschaft der Franken abfinden wollten. Die Bretonen im äußersten Nordwesten Galliens probten den Aufstand. Der eigentliche Anlaß ist nicht bekannt, die allgemeine Ursache läßt sich ermitteln. Die Masse der Bewohner der gallischen Armorica wurde durch die Nachfahren keltischer Iren gebildet, die, dem sächsischen Verdrängungsprozeß auf der Insel seit Ende des 5. Jahrhunderts ausweichend, die gegenüberliegende Küste angesteuert und dort Sprache, Kultur und Sozialstruktur ihrer alten Heimat weitgehend bewahrt hatten. Nicht von ungefähr galt den frühen Autoren die Bretagne als Britannica minor im Gegensatz zur Britannica maior, »Großbritannien«. Die Ankömmlinge siedelten in den Territorien der Coriosolites, der Ossismi und der Veneti mit den

Zentren Nantes, Rennes und Vannes. Ihre Führer waren einheimische Häuptlinge, ihre Kirche war dem irischen Vorbild folgend nach Abteien organisiert, unter denen das Kloster Redon herausragt, das zahlreiche frühe Dokumente zur Geschichte der Bretagne bewahrt hat.

Seit der späten Merowingerzeit erzwangen die Franken von den Bretonen Tributzahlungen; Karls Vater Pippin hatte 755 Vannes und das Vannetais besetzt. Von hier aus und in Verbindung mit den fränkischen Grafschaften Nantes und Rennes wurde die sogenannte Bretonische Mark als vorgelagertes Glacis zur Francia aufgebaut. Erster Markgraf war der wohl eher Präfekt zu nennende, später als Heiliger und Paladin Karls hochgerühmte Ruodland, der 778 in den Pyrenäen gefallene Held des Rolandliedes. Die zunehmende Verdichtung von fränkischer Herrschaft bedrohte offenkundig Macht und Eigenständigkeit der eingesessenen Klans, die einen Aufstand entfesselten, um sich von der Dominanz der Franken, die sie den Sachsen gleich als Fremdherrschaft ansahen, zu befreien. In dem Kriegskapitel seiner Karlsbiographie berichtet Einhart lakonisch und übertreibend zugleich: »Karl besiegte auch die Bretonen..., er sandte ein Heer gegen sie und zwang sie, Geiseln zu stellen und Gehorsam gegen seine Befehle zu geloben.« Dieses Verfahren entspricht den Regeln des Umgangs mit Nachbarn und Gegnern, praktiziert anfangs gegenüber den Aquitaniern, Langobarden, Sachsen, wenig später gegenüber Tassilo von Bayern und Arichis von Benevent. Wesentliche Garanten des Wohlverhaltens waren Geiselstellung und Ablegung eines allgemeinen Treueids.

Karl schickte jedenfalls nach dem Osterfest 786 seinen Seneschall Audulf in die aufständischen Regionen. Dort hatten die Bretonen Sperren und Befestigungen zwischen Sümpfen und Wäldern angelegt, um den berittenen Gegner am Vormarsch zu hindern. Audulf errang dennoch einen Etappensieg, »brach mit ungeheurer Schnelligkeit die Gehorsamsverweigerung des treulosen Volkes« und führte, offenkundig nach einem Waffenstillstand, Geiseln und zahlreiche Große, »Kapitäne«, Fürsten, auch »Tyrannen« (ohne negativen Beiklang!) vor den König, der möglicherweise auf Zahlung des Tributs drang. In den Jahren 791 und 800 sind erneut Aufstände in der Bretagne bezeugt, und 811 wird die Zahlung des Tributs wohl endgültig eingestellt. Über eine lose Verbindung mit der Francia hinaus konnte die Integration der Bretagne in das sogenannte Karolingerreich nicht erreicht werden, unter Karl dem Kahlen ging gar die Bretonische Mark verloren.

Noch auf der Reichsversammlung von Worms, die sich mit den Aufständen in Thüringen und in der Bretagne sowie deren Beendigung beschäftigte, wurden Hersfeld und St. Germain-des-Prés erneut mit königlichen Gunsterweisen bedacht. Hersfeld erhielt am 31. August die Villa Dornbach und St. Germain die bei Paris gelegene Villa Marolles, der im 9. Jahrhundert Zoll-, Markt- und Fährrechte attestiert wurden, worin sich ein beachtlicher Aufschwung von Handel und Verkehr im Seinebecken dokumentiert.

Karls vierter Zug nach Italien und ein weiterer Besuch in Rom

Anläßlich der Reichsversammlung nahm Karl längeren Aufenthalt in Worms, das an einer der Hauptwasserstraßen der Francia und unweit wichtiger Hausgüter lag und das zugleich in der Verbindung von Pfalz und Kathedrale beste Voraussetzungen für königliche Repräsentation und Herrschaftsausübung an einem Ort bot. Hier ventilierte der König mit seinen Beratern erneut die politischen Erfordernisse jenseits der Alpen. Die Reichsannalen äußern sich jedenfalls dergestalt: »Angesichts des Friedens allenthalben faßte er den Entschluß, zum Gebet an die Schwellen der Apostel zu gehen, die italienischen Verhältnisse zu regeln und mit den Gesandten des Kaisers ein offizielles Gespräch über ihre Vereinbarungen zu führen. So geschah es.« Statt dieses allgemein gehaltenen Drei-Punkte-Programms stellt das überarbeitete Annalenwerk die Auseinandersetzung mit dem Herzog von Benevent zielgenau in den Vordergrund des vierten Italienzugs, den Karl demnach unternahm, »um auch den Rest des Reiches sich zu unterwerfen, dessen Haupt er in dem gefangenen Desiderius und dessen Hauptteil er in der Lombardei bereits in seiner Gewalt hatte«.

Karl ließ also fränkische Truppen ausheben, um mit ihnen trotz des strengen Winters den Alpenkamm zu überqueren, während die ältere Version allein Gebet, Politik und Diplomatie als dreifache Triebfeder seiner Reise benennt. Von Papst Hadrian I. und seinem immer wieder und drängend vorgetragenen Wunsch »auf Erfüllung der dem heiligen Petrus gemachten Versprechungen« ist freilich wieder keine Rede in den offiziösen Quellen. Angesichts der fortgeschrittenen Jahreszeit und der auch dadurch eingeschränkten Möglichkeit der Truppenaushebung dürften die diplomatischen Ziele des Unternehmens im Vordergrund gestanden haben und nicht zuletzt der ganz private Wunsch, an den Gräbern der hochverehrten Apostel zu beten und vertrauten Umgang mit dem Heiligen Vater zu pflegen, somit den geistlichen Schutzmächten des fränkischen Königtums und dem Gevatter der Könige und Thronfolger ehrerbietig Reverenz zu erweisen.

Ob freilich allein aus der zeitliche Abfolge der Auseinandersetzungen mit den Herzögen Arichis von Benevent und Tassilo von Bayern, den Schwiegersöhnen des abgesetzten Langobardenkönigs Desiderius, auf ein striktes politisches Konzept der »Ausschaltung der noch verbliebenen letzten Machthaber eigenen Rechtes« (Rudolf Schieffer) zwingend geschlossen werden kann, darf füglich bezweifelt werden, zumal auf den König im Süden Roms ein Machtpotential wartete, das seinen geringen militärischen Mitteln mit Erfolg Widerpart bieten konnte. So wußte sich das Herzogtum Benevent bis zum Aussterben der Dynastie Pandulfs im zweiten Viertel des 11. Jahrhunderts zwischen den Ansprüchen der Kirche und oströmischen Rekuperationsbemühungen zu behaupten. Eine militärische Eroberung lag jedenfalls jenseits der Möglichkeiten fränkischer Politik. Anders verhielt es sich mit Bayern, wo räumliche Nachbarschaft, Kollaboration einheimischer Großer und kirchliche Vernetzung den Zugriff auf das Herzogtum wesentlich erleichterten.

Was die Vorgehensweise Karls gegenüber Benevent anlangte, so hing es von der Wirksamkeit der Drohgebärden und vom diplomatischen Geschick des Königs ab, ob es gelang, die Vormacht der südlichen Apenninenhalbinsel den fränkischen Plänen gefügig zu machen und politisch unterzuordnen. Am Beginn des heiklen Unternehmens mußte freilich erst einmal eine Erkundung der Terra incognita stehen, damit aus diesen Erkenntnissen zutreffende politische Schlüsse gezogen werden konnten. Übereilung war nach dem Desaster in den Pyrenäen 778 in aller Regel Karls Sache nicht mehr, dagegen dürfte Expertenrat seiner eigenen Gesandten und aus dem Umkreis des römischen Pontifex höchst willkommen gewesen sein.

Die Lage in Italien war verwickelt genug. So hatte sich Papst Hadrian I. nach 781 nicht in den gewünschten und zugesagten Besitz der Sabina setzen können. Auch eine neuerliche Mission des Notars Maginarius, den wir bereits auf mehreren Gesandtschaften kennengelernt haben und der Fulrad als Abt von St. Denis folgte, hatte an diesem betrüblichen Faktum nichts geändert, so wenig wie in Ravenna auf die Befehle des Papstes geachtet wurde, was Hadrian I. zur Forderung an den König veranlaßte, die dortigen widerspenstigen Amtsträger zur Aburteilung nach Rom zu bringen. Insoweit ist die Angabe unserer führenden Annalen, der König habe die italienischen Dinge regeln wollen, durchaus zutreffend.

Mittlerweile war eine bemerkenswerte Aussöhnung zwischen Byzanz und dem Papsttum eingeleitet worden, die einem Frontenwechsel gleichkam: Die Kaiserin Irene und ihr Sohn Konstantin Porphyrogennetos, der Purpurgeborene, das heißt Rechtmäßige, hatten den Papst zu einem allgemeinen Konzil nach Konstantinopel eingeladen, um die theologisch-religionspolitischen Probleme des sogenannten Bilderstreits, die ein Haupthindernis bei der Wiederannäherung von Ost und West bildeten, einvernehmlich zu lösen. Zugleich erkannte das Einladungsschreiben den geistlichen Vorrang Roms vor den anderen Patriarchaten an, ein Zugeständnis, das das Entgegenkommen des Papstes beflügeln mußte. Am 27. Oktober 785 hatte Hadrian I. höflich und bestimmt geantwortet, in althergebrachter diplomatischer Form die Kaiser als seine Herren anerkannt, die Bilderverehrung theologisch untermauert, die Kaiser wegen ihrer Rückkehr zum »rechten Glauben« (Orthodoxie) belobigt, die Teilnahme päpstlicher Legaten an dem angekündigten Konzil angekündigt, den papstgleichen Titel des Patriarchen von Konstantinopel zurückgewiesen und die Restitution der Patrimonien in Süditalien und Sizilien sowie die Weihegewalt in den illyrischen Provinzen für den Stuhl Petri gefordert. Der Papst versäumte nicht, in seinem Schreiben auf das Beispiel rechten Verhaltens gegenüber dem Nachfolger der Apostelfürsten seitens des Königs der Franken und Langobarden und Patrizius der Römer nachdrücklich zu verweisen. Dieser sei dem Nachfolger Petri gehorsam und habe »alle Nationen Hesperiens und des Okzidents« sich unterworfen und mit seinem Reich vereinigt, der römischen Kirche die von den Langobarden geraubten Provinzen, Städte, Burgen und Patrimonien zurückerstattet und Schenkungen hinzugefügt.

Der Papst hatte sich offenbar bald nach dem sich anbahnenden Bündnis von 781 zwischen der Francia und Byzanz, das mit einer Heirat zwischen Konstantin und Karls Tochter Rotrud demnächst besiegelt werden sollte, ebenfalls zu einem vorsichtigen Schwenk in Richtung Bosporus entschlossen. Damit sollte der seit mehr als zwei Menschenaltern eingetretenen Entfremdung zwischen Ost und West Einhalt geboten, ferner die kirchenpolitische Stellung der römischen Kirche garantiert und ihre Besitz- und Rechtsansprüche durchgesetzt werden, namentlich im Süden der Halbinsel, der unter dem Machtgebot der »Herzöge« und zugleich Bischöfe von Neapel, der langobardischen Herzöge von Benevent und nicht zuletzt der sizilisch-byzantinischen Patricii in Gaeta den Interessen der Papstkirche widerstand. Freilich war Hadrian I. politisch klug genug, die fränkische Schutzmacht als Garant seiner Stellung gebührend hervorzuheben und diese als nacheifernswertes Muster im Umgang mit dem Nachfolger Petri den Kaisern zu empfehlen.

Das Konzil konnte im August 786 wegen einer stark bilderfeindlichen innerkirchlichen Opposition in Konstantinopel nicht eröffnet werden, weshalb die Kaiserin Irene es in die Provinz verlegte, und zwar nach Nicaea. Dort hatte bereits das erste allgemeine Konzil 325 getagt, und dort war vor allem das bis heute gültige Glaubensbekenntnis, das Symbolum Nicaeanum, formuliert und verbindlich gemacht worden. Hier tagte also das Konzil im September und Oktober 787.

Die Annäherung des Papstes an den byzantinischen Hof war seit dem Herbst 785 unübersehbar, auch wenn Hadrian I. seine tatsächliche Schutzmacht, das fränkisch-langobardische Doppelkönigtum Karls, mit Bedacht schonte, um seine territorialen Interessen in Italien nicht zu gefährden.

Auch Karl war in den Monaten vor seinem vierten Italien- und dritten Romzug durch seinen Gesandten Wiebold in Konstantinopel vertreten, der vermutlich das 781 verabredete Heiratsprojekt erneut ventilieren sollte. Diese eher fiktive Eintracht zwischen Ostrom, dem Nachfolger Petri und Karl sollte allerdings bald zerbrechen und insbesondere für den Pontifex neue Gefahren heraufbeschwören.

Gegen Ende 786 überschritt der fränkische König die Alpen; sein genaues Itinerar kennen wir nicht. Weihnachten feierte er in Florenz, und von dort begab er sich nach Rom, wo »er vom apostolischen Herrn Hadrian ehrenvoll« empfangen wurde, ohne daß wir Näheres über das Protokoll wüßten. Hauptgegenstand der Gespräche war höchstwahrscheinlich das Herzogtum Benevent, auf das Hadrian I. wiederum deutlich Besitzansprüche erhob. Herzog Arichis, der sich wie Tassilo von Bayern als »princeps«, Fürst, titulieren ließ, war, sofern unser Gewährsmann seiner Phantasie nicht die Zügel schießen läßt, von Bischöfen wie ein König gesalbt worden, hatte sich gar eine Krone aufgesetzt und ließ seine Urkunden »aus dem allerheiligsten Palast« datieren. Auf das Gerücht von Karls Kommen reagierte der Herzog spontan und zielgerichtet. Er schloß rasch Frieden mit den Neapolitanern, mit denen er Amalfis wegen in Auseinandersetzungen geraten war, und suchte gleichzeitig durch Verhandlungen mit dem Frankenkönig einem militärischen Angriff auf Benevent, den der Papst seit langer Zeit forderte, zuvorzukommen. Arichis sandte seinen ältesten Sohn mit »großen Geschenken« zum König in die Ewige Stadt mit der Bitte, das Herzogtum nicht zu betreten und sich auf gütliche Vereinbarungen einzulassen.

Hadrian I. war voller Mißtrauen und überredete den König, dessen Große dem Papst angesichts der zu erwartenden Beute ohnehin nur zu gern ihr Ohr liehen, mit seinem Heer nach Capua zu ziehen und gleichsam vor aller Augen die Unterwerfung des Herzogs zu erzwingen, sofern dieser den Kampf vermeiden wollte. Über Montecassino, Mutterabtei der Benediktiner und Hort der Regel, nahm Karl seinen Weg nach Capua, dem südlichsten Zielpunkt seiner gesamten Regierungszeit, und schlug dort sein Lager auf. Arichis aber verlegte sich, vermutlich zum Ärger des Heiligen Vaters und der fränkischen Großen, erneut aufs Verhandeln. Des Ausgangs dieser Verhandlungen ungewiß, hatte der Fürst sich aus Benevent in das küstennahe und befestigte Salerno begeben, von wo er dem König als Gegenleistung zum Verzicht auf den kriegerischen Einfall seine beiden Söhne Romuald und Grimoald und zahlreiche weitere Geiseln als Garanten seines Wohlverhaltens offerierte.

Karl ging in realistischer Einschätzung seines militärischen Potentials, der offenen und latenten Besitzansprüche des Papstes auf Benevent und der kaum überbrückbaren Entfernung zwischen seinen Stammlanden jenseits der Alpen und dem potentiellen Unruheherd an der äußersten Peripherie auf diesen Vorschlag ein. Er bedachte dabei ferner, daß Benevent im Schnittpunkt byzantinischer, päpstlicher und fränkischer Interessen lag und daß ein Angriff die Zerstörung von Kirchengut zur Folge haben mußte und damit eine indirekte Beschädigung seines bei verschiedenen Kirchenoberen Benevents gut aufgehobenen politischen Vorteils. So erhielt die Bischofskirche von Benevent am 22. März eine Besitzbestätigung und die Verleihung der Immunität, zwei Tage später erging ein ähnliches Privileg für die wichtigste Abtei des Herzogtums, das Kloster San Vincenzo am Volturno, das noch um die Verleihung der freien Abtwahl ergänzt wurde.

Karl empfing alsbald den jüngeren Sohn des Arichis, Grimoald, und zwölf weitere Große – die Zahl zwölf ist in diesem Kontext stets signifikant – als Geiseln und Garanten des Unterwerfungsvertrags und ließ dem Herzog, seinem Sohn und allen Beneventanern durch seine Boten einen Treueid abnehmen. Möglicherweise wurde auch die Zahlung eines jährlichen Tributs in Höhe von 7000 Solidi vereinbart, der jedenfalls noch 811 gezahlt worden ist. Damit hatte sich Arichis dem Frankenkönig untergeordnet; er und sein Volk standen unter dem Treuegebot, das insbesondere Aktionen gegen fränkisch-königliche Interessen ausschloß.

In Verbindung mit den Verhandlungen mit Herzog Arichis, die auf beiden Seiten ein hohes Maß an Vernunft und Flexibilität offenbarten, wußte Karl auch die territorialen Ansprüche des Papstes in den Regionen südlich Roms wenigstens zum Teil zu befriedigen. So erhielt der Papst Capua, dessen Einwohner er auf sich und bezeichnenderweise auch auf den König verpflichtete, und eine Anzahl von Städten im grenznahen Lirital, die von Herzog Gisulf von Benevent 702 erobert worden waren. So fand in diesen Wochen eine Art Grenzbereinigung zum Herzogtum Benevent wie bereits 781 zur Sabina und zu Spoleto zugunsten der römischen Kirche statt. Mehr konnte der König angesichts der realen Machtverhältnisse nicht bewegen. Tatsächlich blieben Capua und die anderen Städte, wie sich bald zeigen sollte, integrale Bestandteile des beneventanischen Fürstentums. Wenn die Urkunde Ludwigs des Frommen für die römische Kirche von 817 von der Restitution zahlreicher Patrimonien in der Region von Neapel oder gar in Kalabrien spricht, die ihr angeblich als Ersatz für den »Verlust« Benevents zugesprochen worden seien, so lag 787 vielleicht eine diesbezügliche Absichtserklärung seines Vaters vor, aus der eine spätere Interpolation eine tatsächlich erfolgte Übergabe machte.

An eine praktische Umsetzung dieses Territorialgewinns zur Erhöhung und Ausweitung päpstlicher Herrschaft war freilich nicht zu denken. Weder befahl Arichis die Auslieferung der zugesagten Objekte, Städte und Patrimonien, noch konnte eine Gesandtschaft Karls in dieser Sache Fortschritte melden, die, wie üblich, durch Befragung der Ortsältesten, der »boni homines«, die päpstlichen Ansprüche festmachen wollte.

Der Grund für diese hinhaltende Taktik des Herzogs Arichis lag möglicherweise in einem neuerlichen Renversement des alliances zwischen

Ostrom und dem Frankenreich. Noch bei Capua empfing Karl nämlich eine griechische Gesandtschaft, die offenbar nach den Verhandlungen mit Wiebold in Konstantinopel jetzt die Übergabe der Verlobten Kaiser Konstantins, der Königstochter Rotrud, forderte. Karl lehnte dieses Begehren ab. Unser Annalist berichtet zum Jahr 788, die Griechen hätten, erzürnt über diese Verweigerung, unter anderen den Patrizius von Sizilien zur Verwüstung Benevents aufgefordert, und Konstantin habe sich wenig später anderweitig vermählt. Ein byzantinischer Chronist will freilich glauben machen, die Kaiserin Irene selbst habe das Verlöbnis zum Mißvergnügen ihres Sohnes gelöst und sogleich den Sacellarius Adelchis, einen nach Byzanz exilierten Sohn des Desiderius, nach Süditalien geschickt, um Karl zu provozieren und ihm Schaden zuzufügen. So liegt die Ursache des Konflikts tatsächlich in der Verweigerung der Heirat Rotruds mit dem jungen Kaiser.

Weshalb es zu diesen Affront kam, wissen wir nicht. Möglicherweise überwog bei Karl doch die Skepsis angesichts potentieller Gefahren, die für seine italienische Herrschaft von dem präsumtiven Schwiegersohn Konstantin Porphyrogennetos ausgehen mochten, das Gefühl des Ehren- und Rangzuwachses als Mitglied der »Familie des Kaisers«, woraus sich gar eine Unterordnung des Westens unter den Osten ergeben konnte, zumal auch der Papst aus religionspolitischen Gründen einer Annäherung an Byzanz offenkundig zuneigte. Einhart begründet Karls Abneigung gegen Schwiegersöhne als potentielle Rivalen allzu einfach mit der generellen gefühlsmäßigen Abneigung Karls, sich von seinen Töchtern, den »gekrönten Täubchen« des späteren Aachener Palastes, zu trennen. Immerhin sollten noch fast zweihundert Jahre vergehen, bis durch die Ehe Ottos II. mit der byzantinischen Prinzessin Theophanu dieses West-Ost-Bündnis für wenige Jahre Realität wurde.

Von Capua zurückgekehrt finden wir Karl am 28. März mit seiner Entourage wieder in Rom, wo er dem Kloster Montecassino Besitz im Beneventanischen und zugleich Immunität und freie Abtwahl bestätigt. Bereits zum dritten Mal feierte Karl das hochheilige Osterfest mit dem Papst in den Hauptkirchen der Christenheit.

In diesen Tagen traf auch eine Gesandtschaft Herzog Tassilos in Rom ein, die vom neuen Salzburger Bischof Arn und von Abt Hunfried von Kloster Mondsee angeführt wurde und mit Unterstützung des Papstes einen Friedensschluß zwischen König und Herzog aushandeln sollte. Ein erstaunlicher Vorgang, der an sich wenig zu den Absprachen von

781 zwischen Karl und Tassilo paßt, die bereits einem Interessenausgleich gedient hatten. Die Wahl Arns zum Mittelsmann in dem sich anbahnenden Duell der Cousins war ein kluger Schachzug Tassilos. Arn, von Geburt Bayer, seit 782 Abt des flandrischen Klosters St. Amand und durch seine alten Verbindungen zum Hof königsnah, war 785 Tassilos Vertrautem, Bischof Virgil von Salzburg, im Amt gefolgt und mithin zum Vermittler zwischen fränkischen und bayerischen Interessen geradezu prädestiniert.

Die Lage hatte sich inzwischen insofern verschärft, als es nach dem Bericht bayerischer Annalen im Raum von Bozen zu kriegerischen Auseinandersetzungen zwischen Bayern und einem fränkischen Grafen gekommen war. Der König gab zunächst den Friedensbemühungen des Papstes und Arns nach und erklärte: »Das habe er gewollt und lange Zeit hindurch zu erreichen gesucht, und er konnte es keineswegs erreichen. Und er schlug vor, das sofort zu machen.« Unsere Quelle ergänzt: »Und es wollte der genannte König in Gegenwart des Papstes mit diesen Boten den Frieden abmachen, aber die genannten Boten lehnten ab, weil sie von sich aus nicht wagten, eine Zusicherung zu geben.« Das Verhandlungsmandat der Boten Tassilos reichte für weitreichende Abmachungen, die offenbar zu Lasten des Herzogs gingen, nicht aus.

Nun tritt nach dem Wortlaut der zitierten Reichsannalen, in deren Zentrum zunehmend das aus fränkischer Sicht strafwürdige Verhalten Tassilos gerät, Hadrian I. selbst aus der Kulisse und macht sich zum Sprachrohr politischer Interessen des Königs: »Der Papst aber verhängte sofort, nachdem er ihre Unzuverlässigkeit und Unwahrhaftigkeit erkannt hatte, den Bannfluch über den Herzog und seine Anhänger, falls er jene Eide, die er dem König Pippin und dem Herrn König Karl geschworen hatte, nicht erfülle. Und er bedrängte die genannten Boten, daß sie dem Tassilo zu bedenken geben sollten, daß er, der Papst, nicht anders handeln würde, wenn dieser, der Herzog, nicht allen, dem König Karl und seinen Söhnen und dem Frankenvolk, gehorsam sein wolle, damit daraus nicht etwa ein Blutvergießen oder eine Schädigung seines Landes erfolge. Und wenn der genannte Herzog in seinem verhärteten Herzen den Worten des genannten Papstes nicht gehorchen wolle, dann seien König Karl und sein Heer von jeder Gefahr der Sünde befreit, und was in seinem Lande geschehe an Brand, Mord und sonstigem Übel, das solle über Tassilo und seine Anhänger kommen, und König Karl und die Franken blieben von aller Schuld hieraus unberührt. Nach dieser Rede wurden die Boten Tassilos entlassen.«

Man wird eine parteiische Haltung Hadrians I. zugunsten Karls in diesem sich verschärfenden Konflikt zu Recht annehmen können. Es dürfte auch zu deutlichen Ermahnungen an die Adresse des Herzogs gekommen sein, ein derartiger Freibrief zum Nachteil Tassilos und seines Landes wird aber weder den politischen Zielen des Pontifex noch dem religiösen Selbst- und Amtsverständnis des Nachfolgers Petri entsprochen haben. Dagegen stehen auch die engen und guten Beziehungen der römischen Kirche zu Bayern seit den Tagen des Bonifatius, die noch 772 mit der Patenschaft des Papstes für Tassilos Sohn Theodo gekrönt worden waren.

Der Bericht der Annalen dient ausschließlich dem Zweck, die unmittelbar auf Karls Rückkehr nach Worms folgenden Auseinandersetzungen mit Tassilo vorzubereiten und den Papst als höchste moralische Autorität ohne Wenn und Aber an die Seite des Königs gegen den Bayernherzog zu stellen und damit dessen Position auch kirchlich-spirituell zu untergraben.

Unmittelbar nach dieser Unterredung mit den Boten des bayerischen Herzogs verließ Karl die Ewige Stadt. Einer späteren Quelle zufolge befanden sich in seiner Begleitung »römische Sänger, erfahrene Grammatiker und Mathematiker«, was durchaus zu Karls kulturellem Sammeleifer passen würde. Diese Gefolgsleute sollten jenseits der Alpen römische Standards etablieren als Mitwirkende an der sogenannten karolingischen Renaissance.

Karl nahm seinen Weg im Laufe der ersten Jahreshälfte 787 vermutlich über Ravenna. Aus der Begegnung mit den spätantiken Bauwerken und Kunstschätzen dieses letzten byzantinischen Brückenkopfes an der italienischen Adria resultiert wohl die Bitte des Königs, aus dem Exarchenpalast von Ravenna Mosaiken und Marmorinkrustationen von Fußböden und Wänden abheben und abnehmen zu dürfen, um sie ins Frankenreich zu transportieren. Wir wissen, daß später Marmorsäulen aus Ravenna, aber auch aus Trier in der Aachener Pfalzkirche verbaut worden sind. Dazu bedurfte es des päpstlichen Einverständnisses; gleichsam im Gegenzug erbat der Pontifex edle Pferde für sich. Allerdings ist nur ein Pferd in Rom angelangt, und dieses erwies sich lediglich als »brauchbar«, ein anderes war bereits auf dem Weg dorthin verendet. Aus dieser Bitte läßt sich jedoch unschwer erkennen, in welch hohem Ansehen die fränkische Pferdezucht selbst in Rom stand. Von der Güte dieser Zucht legen auch das sogenannte Krongüterverzeichnis, *Capitulare de villis*, mit einschlägigen Paragraphen und nicht zuletzt die zumeist siegreichen Reiterattacken der Franken beredtes Zeugnis ab. Im übrigen darf daran erinnert werden, daß der Papst seinerseits Karl um Baumaterialien – Holz und Zinn – für Arbeiten an St. Peter ersucht hatte und somit auch auf dieser materiellen Ebene ein Geben und Nehmen den freundschaftlichen Kontakt zwischen König und Papst bestimmte.

Karl begab sich diesseits der Alpen wiederum nach Worms an den Mittelrhein, begleitet von seiner Gemahlin Fastrada sowie den Söhnen und Töchtern – ein wahrer Patriarch im Kreise seiner Familie.

Ausgleich mit Benevent

Das Herzogtum Benevent, wesentliches Ziel von Karls viertem Italienzug, kam nicht zur Ruhe. Der Papst, ein hartnäckiger Feind des Herzogs Arichis, ließ es sich nicht nehmen, dem König von einer beneventanisch-griechischen Verschwörung zu berichten. So habe Arichis der Kaiserin Irene seine Unterwerfung angeboten, sofern ihm der Patriziustitel verliehen und sein Herzogtum mit dem Dukat von Neapel vereinigt würde. Des weiteren habe der untreue Herzog um den Zuzug des nach Byzanz exilierten Sohnes des Desiderius, Adelchis, mit einem Heer gebeten, um gegen Papst und Frankenkönig vorgehen zu können. Die Kaiserin sei auf diesen Vorschlag eingegangen, allerdings sollte Romuald, der älteste Sohn des Arichis, als Geisel dienen und dem Adelchis in Treviso oder Ravenna übergeben werden. Diese Version eines Komplotts hat wenig Wahrscheinlichkeit für sich; allerdings dürfte die Aufkündigung des fränkisch-byzantinischen Bündnisses den beneventanischen Herzog veranlaßt haben, in der leidigen Frage der Restitution von Städten und Patrimonien an den Papst noch restriktiver zu verfahren oder diese angesichts der günstigen neuen politischen Konstellation gar zu hintertreiben, zumal Adelchis, der Bruder seiner Gemahlin, tatsächlich in Italien gelandet war.

Wie dem auch sei: Der Tod des Herzogs Arichis am 26. August 787 machte allen Spekulationen um seine Haltung ein Ende. Dem Herrscher, der auch als Gesetzgeber durchaus bedeutend war und das Langobardenrecht durch ein umfangreiches Novellen-Supplement ergänzt hatte, war im Juli sein ältester Sohn Romuald in die Ewigkeit vorausgegangen, so daß als Erbe und Thronfolger nur der jüngere Abkömmling, Grimoald, blieb, der sich als Geisel in der Hand des fränkischen Königs befand. Zunächst führte die Herzogswitwe und Tochter des Desiderius, Adalperga, unterstützt von den Großen des Landes, die Regierungsgeschäfte. Herzogin Adalperga überragte die meisten ihrer Standesgenossinnen nicht nur an politischer Einsicht und Tatkraft, sondern vor allem an Bildung. Diese verdankte sie wesentlich der Erziehung durch Paulus Diaconus, den Geschichtsschreiber König Karls in diesen Jahren.

Bald gelangte aus Benevent der allgemeine Wunsch an Karls Ohr, den zweiten Sohn des verstorbenen Arichis, Grimoald, mit der Nachfolge seines Vaters im Herzogtum zu betrauen und ihn daher aus der Geiselhaft zu entlassen. Verständlicherweise zögerte Karl, dieses kostbare Unterpfand seiner Süditalienpolitik aus der Hand zu geben, zumal der Papst weiterhin ein militärisches Eingreifen forderte und gar den 1. Mai 788 als Angriffstermin der vereinten Gegner auf Benevent vorgab.

Karl handelte, wie schon häufig in italienischen Angelegenheiten zu beobachten war, vorsichtig und überlegt. Im Herbst 787 entsandte er eine diesmal fünfköpfige Delegation nach Rom, an deren Spitze der Experte und Abt von St. Denis stand, der uns wohlvertraute Maginarius. Diese Boten suchten nach Unterredungen mit dem Papst die Angelegenheit vor Ort zu regeln, doch geriet das Geschehen zur Posse und dürfte weder dem Ansehen des Königs noch dem des Papstes im Beneventanischen gedient haben. So erwies sich Maginarius als rechter Hasenfuß und wagte sich, geängstigt durch die römische Schwarzmalerei, nicht einmal bis Salerno, um dort mit der Herzoginwitwe Gespräche zu führen. Sein Verhalten wirkte sich beinahe zwangsläufig auch auf die anderen Boten ungünstig aus, die ebenfalls effektiven Verhandlungen aus dem Weg gingen. Daraus zogen hohe kaiserliche Amtsträger, Spathare, einen Vorteil, die von Neapel aus in Salerno mit der tatkräftigen Tochter des Desiderius Gespräche anknüpften. Adalperga war indessen zu einem offenen Frontenwechsel nicht zu bewegen, auch wenn der Papst dem König Karl ihr angebliches Doppelspiel enthüllte. Auch die Landung ihres Bruders Adelchis in Kalabrien konnte Ende des Jahres das Blatt nicht zugunsten Ostroms wenden. Die Regentschaft riet den byzantinischen Gesandten in Neapel zur Geduld, verstärkte gleichzeitig aber die Bitte an den fränkischen Hof, Grimoald als Herzog einzusetzen, und bestätigte erneut die Rückgabe der dem heiligen Petrus entzogenen Güter und Rechte.

Der Papst riet erwartungsgemäß wieder ab: »Seid gewiß, wenn Ihr den Grimoald nach Benevent schickt, so seid Ihr im Besitz von Italien nicht sicher!« Wieder dringt er auf die Übergabe der zugesagten Städte, dann könne er, Hadrian, am Grabe der Apostel für den König, die Königin und deren Kinder beten. Auch sei beispielsweise Capua durchaus bereit, sich dem heiligen Petrus und dem König zu unterwerfen. Dies galt freilich allenfalls für eine romfreundliche Fraktion in der Stadt. Aus der Übergabe wurde sowenig etwas wie aus der Rückgabe der sonstigen Lokalitäten, deren Bewohner sich, offenbar mit Zustimmung des Königs, geweigert hatten, sich dem Papst zu unterwerfen, und lediglich bereit waren, bestimmte Objekte auszuliefern, was in Rom entsprechenden Zorn auslöste.

Karl entschloß sich im Herbst 788 – und damit greifen wir den Ereignissen ein wenig vor –, den gordischen Knoten zu durchschlagen: Er entließ Grimoald nach Benevent und bestellte ihn zum Herzog mit der Auflage, die fränkische Suprematie anzuerkennen. Dies sollte dergestalt öffentlich gemacht werden, daß zusätzlich zu dem eigenen Namen derjenige Karls und sein Regierungsjahr auf Münzen zu setzen und in der Datierungszeile von Urkunden zu nennen war. Ferner sollten, und das war kurios genug, die Beneventaner auf die griechische Mode der Kinnbärte verzichten. Der König gab dem jungen Herzog zwei seiner fränkischen Getreuen als Ratgeber und Aufpasser mit, die sich in Benevent mit einheimischen Damen vermählen sollten.

Was die Münzen angeht, so sind aus dem Zeitraum von 788 bis 792 sowohl Goldsolidi und -tremissen als auch Silberdenare bekannt, die entweder auf dem Revers den Namen Karl tragen oder auf dem Avers das königliche Monogramm in Kreuzform. Dann verschwindet als Zeichen neuerlangter Autonomie diese Art von Doppelprägung. Der karolingische Denar hatte im Welthandel des von Arabern und Byzantinern beherrschten Mittelmeers und seiner Anrainer wenig Chancen als Zahlungsmittel: Kurrentmünzen blieben der Tremissis, eine Goldmünze im Gewicht von 1,3 Gramm, und der Dinar (Dirham), die islamische Goldmünze.

Nach 880 ist die Verwendung von Silberdenaren unterblieben, zu dieser Zeit etwa war auch der karolingische Einfluß im Süden der Halbinsel nach Kaiser Ludwig II. geschwunden. Hingegen fand in Norditalien (Pavia und Poebene) bereits nach dem Erlaß des Mantuaner Kapitulars von 781 der Wechsel von der Goldmünze zum Silberdenar statt, in der Toskana und im nördlichen Latium aber erst im letzten Jahrzehnt des 8. Jahrhunderts, nämlich nach der Münzreform von 794, die das Gewicht des Denars von etwa 1,3 auf 1,7 Gramm erhöhte und seinen Durchmesser von 1,7 auf rund 2 Zentimeter. In Lucca erfolgte die letzte Erwähnung der Goldwährung in Urkunden des Jahres 798. Das Königreich Italien in den Grenzen von 787 gehörte damit endgültig zum karolingischen Wirtschaftsraum. Was die verlangte zusätzliche Datierung anlangt, so ist eine Herzogsurkunde für die Abtei Santa Sofia in Benevent auf uns gekommen, ausgestellt im Juni 789, die außer nach dem Epochenjahr des Fürsten auch nach der Regierungszeit des »frömmsten Karl, großen Königs der Franken und Langobarden sowie Patrizius der Römer« datiert. Bliebe noch das Problem der griechischen Bärte, wozu es keine verwertbaren Zeugnisse für den kurzen Zeitraum von 788 bis 792 gibt.

Karl hatte sich in Grimoald und dessen Mutter nicht getäuscht, auch wenn die spätere Politik des Herzogs eindeutig auf Wiedergewinnung der eigenständigen Herrschaft abzielte. Karl war zu Recht den Warnungen des Papstes nicht gefolgt, konnte so die drohenden militärischen Auseinandersetzungen mit Ostrom vermeiden, wich obendrein den ständigen Pressionen des Pontifex maximus auf sofortige Übergabe der umstrittenen Städte und Patrimonien aus und setzte gleichzeitig die Konsolidierung der Herrschaft seines Sohnes im Langobardenreich des Desiderius durch Kräftezersplitterung nach Süden hin nicht aufs Spiel. Die oströmische Gesandtschaft, die von Adalperga hinhaltend beschieden worden war, richtete nach Grimoalds Regierungsantritt ihre militärischen Kräfte unter der Leitung des Patrizius von Sizilien, auch des Adelchis, massiv gegen Benevent. Ihnen traten Grimoald und der Karl ergebene Herzog Hildebrand von Spoleto entgegen, denen sich auch eine kleine fränkische Truppe assoziiert hatte, die von dem Königsboten Winigis angeführt wurde. Nicht weniger als viertausend Griechen sollen damals gefallen, tausend in Gefangenschaft geraten sein. Diese hohen und runden Zahlen erwecken Zweifel an ihrem Realitätsgehalt, tatsächlich veranschaulichen sie den Terminus zahlreich. Auch Awaren, die sich mit aufständischen Langobarden in Friaul zu einer Attacke vereinigt hatten und die angeblich von Herzog Tassilo zum Krieg angestiftet worden waren, sind geschlagen worden, und zwar sowohl in Friaul als auch in Bayern.

Herzog Grimoald hielt sich fernerhin an seine Zusagen; das beneventanische Fürstentum wurde und blieb ein wirksamer Riegel im Süden der Apenninenhalbinsel gegen byzantinische Ansprüche, auch wenn sich Karl mit einer Art loser Oberherrschaft begnügen mußte. Der junge Herzog lehnte sich freilich nach 791 an Byzanz an, heiratete gar eine Schwägerin des Kaisers und baute das Herzogtum auf den Grundlagen, die insbesondere sein Vater gelegt hatte, weiter zu einem selbständigen Machtfaktor aus, der auch durch militärische Aktionen König Pippins in den Jahren 791, 792, 793 sowie 800 und 801 nicht erneut unter fränkische Botmäßigkeit gezwungen werden konnte. Benevent erwies sich zunehmend als Schmelztiegel langobardischer, byzantinischer und römischer Kultur und als Brücke zwischen den Mittelmeermächten.

Dieses Modell der Befriedung und Integration eines Außenregnums hätte sich mutatis mutandis auch für die staatliche Unterwerfung Bayerns angeboten: Entsetzung Herzog Tassilos zugunsten seines Sohnes Theodo unter Erzwingung fränkischer Suprematie. Karl hat bewußt einen anderen Weg eingeschlagen. Im Fall Benevents hat sich jedenfalls seine abwägende Vorsicht in der schwierigen Materie eines beträchtlichen Rests langobardischer Herrschaft in einer Region bewährt, die zwischen Eigeninteressen, dem Zugriff Ostroms und römisch-päpstlichen Begehrlichkeiten dem Frankenreich, wenn auch in losen Formen, zugeordnet blieb. So mußte sich der Papst bei der Übergabe der von ihm beanspruchten »civitates« im Beneventanischen mit der formellen Aushändigung von Stadtschlüsseln begnügen. Die Bewohner blieben vor seinem Zugriff verschont, selbst der Schwur von Capuanern in der Petersgruft half da wenig. Der Süden blieb für das Papsttum bis zum Aussterben des beneventanischen Herzogsgeschlechts 1077 unerreichbar.

Das Patrimonium Petri ging über Ceprano und Terracina im Süden nicht hinaus, und selbst die wohl 781 von Karl abgetretenen Städte Populonia und Rosellae in der südlichen Toskana machten nach der Übergabe an den Papst fortwährend Schwierigkeiten. Letzlich mußte sich der Papst vorläufig mit Restitutionen und vor allem mit Grenzkorrekturen begnügen. Das hat das Bündnis des Nachfolgers Petri mit dem fränkischen König nicht erschüttert, selbst der Streit um die erzbischöfliche Nachfolge in Ravenna konnte letztlich das Zweck- und Herzensbündnis nicht trüben, auch wenn das Schweigen der Biographie Hadrians I. zu politischen Fragen von 781 bis zum Tod des Papstes im Jahr 795 die römischen Empfindlichkeiten indirekt bezeugt.

Das Konzil, das zwischen dem 24. September und dem 13. Oktober 787 in Nicaea getagt hatte und am 23. Oktober auf einer festlichen Sitzung unter Leitung der Kaiserin Irene in Konstantinopel zu Ende gegangen war, hatte zu einer weiteren kirchenpolitischen Annäherung zwischen Rom und Byzanz geführt. Doch auch das bot keinen Anlaß zu einer anhaltenden Verstimmung der beiden Partner Hadrian und Karl, eher zu einem theologischen Aufschwung jenseits der Alpen und zur Abfassung der sogenannten *Libri Carolini*, des »Karlswerkes«, als Entgegnung auf die Konzilsdekrete vom Bosporus in den Jahren 791 bis 794.

Italische Kapitularien

Noch auf dem Heimweg über die Alpen verbannte der König 787 unzuverlässige langobardische Große zu seiner und seines Sohnes Herrschaftssicherung in den Norden, regelte in zwei Kapitularien Zuständigkeiten von Kirche und Staat und umschrieb deren jeweilige Kompetenzen. Diese Rechtstexte sollten im Oktober in Mantua unter dem Vorsitz des Königs öffentlich verabschiedet werden, wozu es allerdings aus Zeitmangel nicht kam. Ein drittes Kapitular erließ Karls Sohn Pippin zu diesem Zeitpunkt in Pavia im Anschluß an die Beschlüsse seines Vaters. Diese drei Texte stehen unter einem Motto: »Es hat dem ruhmreichen König Karl gefallen, daß die Übel, die sich in unseren Tagen in der heiligen Kirche Gottes ausgebreitet haben, mit der Wurzel ausgerissen und beseitigt werden.« So sind die Klöster gehalten, nach der Regel Benedikts zu leben, Äbtissinnen und Äbte sind bei Mißachtung dieses Gebots zu entfernen und durch geeignete Personen zu ersetzen; die kirchlichen Armenhäuser – Xenodochien – sind wiederherzustellen und sollen ihren sozialen Verpflichtungen nachkommen; die Taufkirchen sind Priestern zu übergeben, Eingriffe des Bischofs, insbesondere die Erpressung von Abgaben bei der Visitation der Parochien, sind zu unterlassen; erinnert wird an die Verordnung, daß der geistliche Stand, Äbte und Mönche, sich des Waidwerks, der Lieblingsbeschäftigung des Adels, zu enthalten und von Possenreißern fernzuhalten hat. Auch wird untersagt, den Klerikern ihr Stipendium, ihren Lebensunterhalt, zu entziehen; in allen Dingen ist die kirchliche Ordnung zu beachten. Der König selbst verzichtet bei der Wahl von kirchlichen Amtsinhabern auf Geschenke, die über das übliche Maß hinausgehen. Damit wird der Simonie, dem Kauf und Verkauf geistlicher Ämter nach dem Vorgang des Magiers Simon, der Petrus seine geistlichen Gaben abkaufen wollte, in einer Art von königlicher Selbstverpflichtung begegnet. Die Kirchenreform des 11. Jahrhunderts sollte diesem Übel dann mit besonderem Elan zu Leibe rücken.

Das zweite Kapitular ist umfangreicher und verweist insbesondere auf das nicht unproblematische Verhältnis zwischen Kirche und weltlicher Gewalt, vertreten durch die »Großen« und deren administrativen Unterbau: Kleriker haben aufgrund ihrer Immunität und der Zuständigkeit des römischen Rechts für den geistlichen Stand ihren Gerichtsstand grundsätzlich vor dem Bischof oder dessen Vogt; vagierende Kleriker und Mönche dürfen nicht in der Fremde aufgenommen werden; Gerichtstage sollen nicht in Kirchen stattfinden; vor allem dürfen Hintersassen der Kirche keinesfalls von den Grafen zu Leistungen herangezogen werden. Diese Art der Unterdrückung, betont der einschlägige Passus, habe bereits zur Verödung ganzer Landstriche geführt. Auch für den Brückenbau und ähnliche Fronden sind gemäß altem Herkommen zunächst allein die Kirchenoberen anzugehen. Der für den Bau Verantwortliche darf den Bauleiter bei Terminüberschreitungen zitieren, was insbesondere auf die zahllosen Schwierigkeiten frühmittelalterlicher Logistik angesichts des Wege-, Straßen- und Brückenzustands ein Licht wirft, die allemal, soweit möglich, zu einer Bevorzugung von Wasserläufen für die Beförderung von Menschen und Waren führten. Ein großes Kapitel gilt den Problemen der Zehnteintreibung: Die Zahlung von Kirchenstrafen, Bußgeldern und Konfiskationen soll erzwungen werden nach dem Urteil von vier oder acht vertrauenswürdigen Männern aus der Pfarrei, den »boni homines« unserer Quellen.

In Pavia schärfte König Pippin, in Abwesenheit des Vaters und Königs, diese Erlasse Karls einer Versammlung ausdrücklich ein, wobei er sie zum Teil um neue Bestimmungen erweiterte: So wird energisch dem weitverbreiteten Gebaren von Pfalzbesuchern begegnet, die bei Dritten gegen deren erklärten Willen Quartier nehmen und von diesen Leistungen abfordern. Dies gilt für Bischöfe, Äbte, Grafen und »vassi dominici«, also Königsvasallen. Den Vassi, ursprünglich Knechten, hier aber eine herausgehobene Schicht, wird untersagt, ohne Zustimmung ihrer Senioren und ohne Angabe von zureichenden Gründen den Herrn zu wechseln. Der Tausch soll vor dem König verhandelt werden, wobei der potentielle neue Senior mit seinem potentiellen Vassus innerhalb von vierzig Tagen, der berühmten Frist Quadragesima, vor dem König zu erscheinen hat. Auch soll es jedermann erlaubt sein, sich als »Freier« zu kommendieren, also in die Dienste eines anderen zu begeben, freilich vorbehaltlich der öffentlichen Ansprüche der Grafen an den Vasallen.

Dahinter steht ein tiefgreifender Strukturwandel der fränkischen Gesellschaft, die den Freien, den »Franken«, als Träger der ideellen Königsgefolgschaft vom Herrscher abzieht. Entsprechend wirkt der noch zu erörternde Vergrundholdungsprozeß, der vor allem den freien und selbständigen Bauern in ein Lebens- und Betriebssystem bindet, das ihn gleichzeitig vor den Anforderungen der öffentlichen Hand, insbesondere vor der kostspieligen und gefahrvollen Heerfahrt schützt. Auf diese Weise wurde in zwei Generationen dem Königtum der volkstümliche Unterbau entzogen und eine doppelte Feudalisierung der Gesellschaft eingeleitet. Die Abwehrmaßnahmen des Königtums gegen diese Tendenzen der Entfremdung großer Teile der Bevölkerung ließen nicht auf sich warten. Mit dem Kapitular von Pavia wurde 787 ein Anfang gemacht, in der Folgezeit wiederholten sich die Ge- und Verbote dutzendfach und waren letztlich doch erfolglos: Am Ende dieser Entwicklung war die Königsherrschaft vom Volk abgeschnürt.

Der Text versucht ferner der Rechtsverletzung zu steuern: Niemandem darf ohne Gerichtsurteil etwas weggenommen oder beschlagnahmt werden. Für die entwickelte Verkehrswirtschaft Ober- und Mittelitaliens und deren Leistungskraft zugunsten der königlichen Kasse war die Bestimmung wichtig, die der Ausbesserung von Straßen, Fähren und Brücken galt, die seit alters üblich waren. Neue Fährstellen waren hingegen verboten, woraus der typisch mittelalterliche Antagonismus zwischen »altem Recht« und neuen Bedürfnissen entsteht.

Schließlich widmet sich König Pippin in seinem Kapitular einem Problem von besonderer sozialer Brisanz, indem er sich dem Schicksal der Frauen zuwendet, deren Männer als potentielle Aufrührer exiliert worden waren, und befiehlt, diesen ihr Recht zukommen zu lassen. Dabei sollen die Königsboten behilflich sein und gegebenenfalls dieses Recht »mit dem Grafen in seinem Amt« durchsetzen. Königsboten – ein Kaplan und ein Mönch – sollen auch die Klöster visitieren.

Man ahnt, welche Eingriffe die Kirche von außen und innen zu erdulden hatte: widerrechtliche Beanspruchung ihrer Hörigen, Rechtsunsicherheit bei öffentlichen Fronden, kaum verschleierte simonistische Praxis durch den Herrscher selbst, Erpressung von Abgaben, dabei laxe Leistung des Zehnten und Entzug von Stipendien. Dies alles betraf insbesondere die Taufkirchen als religiöse Netzwerke der mittelalterlichen Gesellschaft, die nun obendrein durch Ausbildung von Vasallität und Grundherrschaft einem strukturellen Wandel unterlag.

Kampf um die Macht und die Niederlage Tassilos

Als Karl noch vor Jahresmitte 787 die Alpen nordwärts überschritt, muß in ihm die Überzeugung gereift sein, die »bayerische Frage« nunmehr zu lösen. Modell hätte dafür Benevent sein können. In einem Zeitalter, das sich auf halbarchaischer Basis fortlaufend kultivierte und zivilisierte, wofür die karolingische Renaissance stand, das sein Handeln an bestimmte Rechtsnormen zu binden suchte, konnte diese Machtfrage anders als bei der missionierenden Niederwerfung der aufständischen Sachsen nicht mit den Mitteln bloßer Gewalt gelöst werden, zumal auch die endgültige Eroberung Aquitaniens rechtsförmig mit dem Hinweis auf den treubrüchigen Herzog Hunold erfolgt war. Der Bayernherzog, als Vetter ein naher Verwandter des Königs, stammte aus ältestem Adel, dem nach dem Volksrecht der Bayern allein die Herzogsgewalt zukam; er war der Schwiegersohn eines, wenn auch gestürzten Königs und durch geistliche Gevatternschaft mit dem Nachfolger Petri verbunden; er stand an der Spitze eines Regnums, das sich in den letzten Jahrzehnten durch Kirchen- und Klosterstiftung, auch seitens des Adels, und durch beachtliche Missionserfolge im Südosten – mit der Karantanen-Evangelisation – zu einer Landschaft ausgebildet hatte, die in kulturell-religiöser Ausstrahlung wohl nur vom Kern der Francia, dem Seinebecken und Südgallien übertroffen wurde. Die bayerische Kirche, organisiert in den vier Bistümern Salzburg, Freising, Passau und Regensburg, schloß sich nach innen und außen, noch ohne Metropolitansitz, in Synoden unter dem Vorsitz des »Fürsten« und »Herrn« zu Gebetsverbrüderungen zusammen; das Land selbst hatte seinen herzoglichen Vorort in Regensburg, das auf urbanem Fundament der Römerzeit ruhte und zugleich über eine Bischofskirche als geistliches Repräsentationszentrum verfügte.

Unbestritten war die historisch bezeugte Tatsache, daß Bayern, dessen Herzöge ihre Würde der Einsetzung durch die Merowinger verdankten, als assoziierter Außendukat dem fränkischen Großreich verbunden blieb, doch ließ sich den Genealogien der bayerischen Adelsgeschlechter in der wohl gegen 750 aufgezeichneten Lex des Stammes entnehmen, daß die Agilolfinger das Herzogtum kraft Erbrechts besaßen. Diese Differenz zwischen Einsetzung und Erbrecht spitzte sich zu einer Machtfrage zu. Auch wenn die historische Verbindung zwischen Außenregnum und fränkischem Königreich im Bewußtsein lebendig geblieben sein mag, so ließ doch der Übergang der Königsherrschaft von den Merowingern auf die Dynastie der Hausmaier, Pippiniden und Arnulfinger, die später so genannten Karolinger, bei den Agilolfingern das Bewußtsein ihrer Ebenbürtigkeit, vermutlich sogar der Höherwertigkeit gegenüber diesen Emporkömmlingen wachsen. Diese Sicht konnte nicht ohne Auswirkung auf den politisch-rechtlichen Status des Herzogtums bleiben, zumal sich in den frühen vierziger Jahren des 8. Jahrhunderts eine Verbindung zwischen Hiltrud, der Schwester des nachmaligen ersten Königs der neuen Dynastie, Pippin und dem späteren Herzog Odilo unter nicht in allen Einzelheiten nachvollziehbaren Umständen ergeben hatte, aus der Tassilo als Erbe hervorgegangen war.

Pippin wahrte, vor allem nach dem Tod seiner Schwester Hiltrud 754, die Interessen seines verwaisten Neffen gegenüber den Ansprüchen Grifos, seines Halbbruders aus einer ebenfalls fränkisch-agilolfingischen Verbindung seines Vaters Karl Martell mit Swanahild. Ob freilich der Hausmaier die Vormundschaft für den 741 geborenen Sohn der Hiltrud übernommen hat, ist nicht geklärt. Tassilo folgte jedenfalls als Erbe im Herzogtum seinem Vater und erwies sich durch den Besuch der fränkischen Heeresversammlung 755 und durch die Teilnahme am ersten Feldzug Pippins gegen die Langobarden im folgenden Jahr als durchaus loyaler Anhänger des neuen Königs, der zugleich sein Onkel war.

Auch die Folgezeit läßt zunächst keine sonderlichen Spannungen zwischen agilolfingischem Herzog und fränkischem König erkennen. Die nicht definierte Autonomie Bayerns bleibt auch nach dem Übergang der Königsherrschaft von Pippin auf seine Söhne Karl und Karlmann gewahrt, denn Bayern wird, anders als Alemannien, das Elsaß und Aquitanien, im Zusammenhang der Reichsteilung von 768 nicht als Objekt aufgeführt. Der auch in den Außenbeziehungen, zumal jenseits des Alpenkamms, herausragende Rang des Herzogs wurde in diesen Jahren durch die Heirat Tassilos mit einer Tochter des Langobardenkönigs Desiderius nachdrücklich bestätigt. Zugleich wies diese Verbindung den Frankenkönig und den Papst auf das beim Zusammengehen beider Nachbarn latente Konfliktpotential für das fränkisch-römische Bündnis hin. So kam es nicht von ungefähr, daß Pippins Witwe Bertrada diesen Gefahrenherd zu beseitigen suchte, indem sie um 769/70 zwischen Franken, Bayern und Langobarden als gleichwertigen Partnern ein Bündnis zu schließen wußte, das insbesondere ihrem Ältesten zugute kommen sollte. Karl wurde veranlaßt, um dieser Allianz willen seine Gemahlin Himiltrud, die Mutter des später als buckliger Pippin in die Geschichte eingegangenen Sohnes, zu verstoßen und ebenfalls eine Tochter des Desiderius zu heiraten. Der Nachfolger Petri fand sich mithin von Schwiegersöhnen des mit ihm verfeindeten Königs Desiderius flankiert, zu denen neben Tassilo auch der Herzog Arichis von Benevent zählte, und nun reihte sich auch noch einer der Frankenkönige in diese tendenziell antirömische Koalition ein und kündigte damit indirekt den Freundschaftspakt zwischen den Päpsten und der neuen Dynastie auf. Die empört-entsetzte Reaktion Stephans III. auf diesen Politikwechsel, der ausschließlich zu seinen Lasten gehen mußte, haben wir bereits geschildert.

Nach dem frühen Tod von Karls Bruder Karlmann 771 zerriß dieser kaum geknüpfte Faden; Karl kündigte im Konflikt mit seiner Mutter das Dreierbündnis auf. Tassilo verhielt sich offensichtlich neutral, wußte sich aber des päpstlichen Beistands zu versichern. Am Pfingstfest 772 ließ er seinen ältesten Sohn Theodo in Rom durch päpstliche Taufsalbung in ein Patenschaftsverhältnis zu Hadrian I. treten. War der Name Theodo bereits Programm, indem er an den überaus erfolgreichen und machtbewußten Herzog aus dem ersten Viertel des 8. Jahrhunderts erinnerte, stellte die Patenschaft des Papstes die Ebenbürtigkeit des Sohnes mit den Nachkommen der ehemaligen fränkischen Hausmaier heraus, den jetzigen Königen, die bereits zuvor der geistlichen Verwandtschaft mit dem Pontifex maximus gewürdigt worden waren. Bayernherzog und Frankenkönig sind durch Herkommen, Verwandtschaft und Lebensalter, ferner durch missionspolitische Erfolge und außenpolitische Beziehungen zu Papst und Langobardenkönig gleichen Ranges, auch wenn der Titel sie unterscheidet.

Die bayerischen Synoden, zumal die Zusammenkunft von Dingolfing, sahen den Fürsten samt seinem Sohn als Mitregenten auf der Höhe seines Einflusses auf die Kirche. Die spektakuläre Gründung von Kremsmünster im grenznahen bayerisch-slawischen Traungau beschloß die lange Reihe herzoglicher Klosterstiftungen in Bayern, denen auch der Adel, etwa mit Benediktbeuern oder Tegernsee, geflissentlich nacheiferte.

Das Verhältnis der beiden Vettern Karl und Tassilo scheint auch nach dem Sturz des Desiderius durch Karl und dessen Einweisung in ein Kloster 774 keine sonderliche Trübung erfahren zu haben, nahmen doch bayerische Kontingente an dem wenig erfolgreichen und möglicherweise gar rufschädigenden Spanienabenteuer des Königs 778 teil. Karls Politik, so will es uns scheinen, bewegte sich zumeist Schritt für Schritt, das Terrain gewissenhaft sondierend und die Chancen kalkulierend, in Richtung auf ein bestimmtes Ziel und orientierte sich dabei durchaus rational an den gegebenen Kräfteverhältnissen, die der König, soweit möglich, durch klugen Personal- und Mitteleinsatz im Vorfeld militärischer Aktionen zu seinen Gunsten zu verändern suchte. Ein Beispiel für dieses subtile Vorgehen ist die Eroberung des Langobardenreiches, die vor allem über die geistliche Schiene schnell und relativ unblutig verlaufen ist, begleitet von der Privilegierung tatsächlicher oder potentieller Anhänger und der Bestrafung hartnäckiger oder möglicher Gegner durch Güterkonfiskation und Exilierung.

Bayern lag für Karl bis zum Jahr 781 gewissermaßen im Windschatten seiner Politik und wurde erst im Laufe des vorletzten Jahrzehnts des 8. Jahrhunderts zu einer Herausforderung, die der »Eingliederung« Sachsens an Gewicht nicht nachstand.

Mit der Erneuerung der Gevatternschaft zwischen Frankenkönig und Nachfolger Petri durch die Taufe Karlmann-Pippins und Ludwigs und der feierlichen Erhebung beider Söhne zu Königen von Italien beziehungsweise Aquitanien 781 als »Mittelgewalten« (Brigitte Kasten) unter Wahrung der väterlichen Oberleitung hatte sich Karl zu einer Form der dezentralen Herrschaft entschlossen, die den Regierungs- und Kommunikationsmöglichkeiten des Zeitalters und den Dimensionen des fränkisch-langobardischen Riesenreiches noch am ehesten entsprach. In diesem konzeptionellen Neubeginn mußte die zwar unausgesprochene, de facto aber beanspruchte Autonomie des Herzogtums Bayern verstärkt ins politische Blickfeld des Großkönigs geraten. Dieses Land legte sich wie ein Sperriegel vor die nördlichen und südlichen Alpenpässe, insbesondere die Brennerstraße. Damit beherrschte der Herzog das Etschtal bis Bozen, und er konnte jederzeit mit oppositionellen Langobarden gemeinsame Sache machen und die Konsolidierung der Herrschaft Karls bedrohen.

Während seines zweiten Romaufenthalts im Jahr 781 war es dem Franken gelungen, Hadrian I. in Hinsicht auf Bayern endgültig auf seine Seite zu ziehen, was sich nicht zuletzt in einer gemischten fränkisch-päpstlichen Delegation niederschlug, die Tassilo aufsuchte und zu einer Zusammenkunft mit dem König aufforderte. Diese kam in Worms noch im selben Jahr zustande, nachdem Geiseln für die Sicherheit des Herzogs als Verhandlungspartner des Königs gestellt worden waren. Wir kennen weder die Gegenstände dieser Unterredung noch deren eigentliches Ergebnis. Immerhin berichtet eine Quelle von »großen Geschenken«, die Tassilo überbrachte, und vom »Abschied«, den er beim König einholte, um in seine Heimat zurückkehren zu können. Vermutlich bekräftigte Tassilo seine Loyalität gegenüber dem König und übergab als Garantie Geiseln für sein Wohlverhalten, die der Regensburger Bischof nach Quierzy vor den Herrscher brachte.

Diesen machtpolitischen Status quo suchte der Frankenkönig unmittelbar nach seiner Rückkehr aus Italien im Frühsommer 787 zu seinen Gunsten nachhaltig zu verändern. Zu diesem politischen Kalkül dürften ihn auch die erfolgreichen Verhandlungen mit dem Herzog von Benevent veranlaßt haben, der sich mit der Stellung von Geiseln, darunter sein zweitältester Sohn, der Leistung eines allgemeinen Treueids und eines jährlichen Tributs sowie mit einer Zusage zur Teilerfüllung päpstlicher Ansprüche zu einem Modus vivendi bereitgefunden hatte, der den Außendukat an der Grenze seines italischen Königreiches unter die Suprematie des fränkischen Königs stellte und zugleich gegenüber Byzanz neutralisierte.

Im Gefüge dieser Machtkonzentration in der Hand Karls, der sich kurz zuvor in der Person Widukinds seinen Hauptgegner in Sachsen unterworfen, mit Hilfe des Taufakts dessen Opposition bewältigt und damit das Land bis zur Elbe dem fränkischen administrativ-kirchenpolitischen Zugriff geöffnet hatte, blieb allein die Einordnung Bayerns ein dringendes Gebot. Diese konnte nicht oder nicht vorwiegend, wie bereits betont, mit militärischen Mitteln vollzogen werden. Familiäre Bande, das Fehlen offener Feindschaft, die kirchliche Nachbarschaft, die auch den Papst mit einschloß, verboten dieses Mittel. Vielmehr bedurfte es einer juristischen Konstruktion oder einer juristisch-historisch umfassenden Argumentation, um der nahezu königlichen, durchaus autonomen Stellung des Agilolfingers beikommen zu können, dessen Dukat sich als letzte Enklave im Gravitationsfeld fränkischer Politik zu behaupten gewußt hatte, auch wenn das Fundament der Eigenständigkeit unter dem Ansturm königlicher und gar päpstlicher Appelle zur Friedenswahrung bereits unterminiert worden war, wie das Colloquium von 781 zeigte.

Auch kam es darauf an, und das scheint in dieser Intensität durchaus ein Novum zu sein, die Öffentlichkeit, in diesem Falle weltliche und geistliche Große, insbesondere den bayerischen Adel und auch die gemeinsamen Verwandten, mit Hilfe einer stringenten Argumentation, die auch Hinweise auf die jüngere Historie mit einbezog, für die Maßnahmen gegen den Herzog zu gewinnen. Ein Reflex dieses fast propagandistischen Vorgehens ist in der mehrere Jahrzehnte übergreifenden Darstellung der bayerisch-fränkischen Beziehungen in den sogenannten Reichsannalen zu erkennen. Einzelne Daten werden mit »Duftmarken« versehen, die allesamt einen schlechten Geruch verbreiten – zum Schaden Tassilos bis heute.

Karl faßte jedenfalls 787 in Rom den Entschluß, sich zunächst Tassilo und Bayern unterzuordnen; ob schon zu dieser Zeit eine Entfernung der Agilolfinger aus dem angestammten Herzogtum ins Auge gefaßt wurde, bleibe dahingestellt. Bereits gegen 784 war es im Raum von Bozen zu militärischen Auseinandersetzungen zwischen Bayern und einem fränkischen Machthaber gekommen. Ein Vorspiel kommender Ereignisse? Wir wissen es nicht.

In den Reichsannalen beziehungsweise in den Jahresberichten, die unser Thema berühren, konzipiert und niedergeschrieben zwischen 788 und spätestens 795, wird dem Verhältnis zwischen Frankenkönig und Bayernherzog breiter Raum gewidmet. Die Forschung ist sich seit langem zumindest in dem Punkt einig, daß der Annalist aus dem Umkreis des Hofes für seine Berichte aus einer Art Weißbuch oder einem Prozeßprotokoll schöpfte, in dem die tatsächlichen oder vermeintlichen Verfehlungen des Agilolfingers aufgelistet waren, deren Interpretation aber ausschließlich den Vorstellungen und Einschätzungen des Siegers, nämlich König Karls, entsprach. Es ist bemerkenswert und bislang zu wenig in seiner Tragweite erkannt worden, daß das fränkische Königtum bei der Lösung des Problems Bayern vorsichtig, in genau kalkulierten Schritten, juristisch korrekt und öffentlichkeitswirksam vorgegangen ist und gar noch in der Hofannalistik mit überzeugenden Argumenten für den Sturz Tassilos aufzuwarten suchte. Im Gegensatz dazu hatten weder den Hausmaier Karlmann bei der Niederringung der Alemannen in den vierziger Jahren noch König Pippin oder seinen Sohn Karl bei der Eingliederung der Aquitanier derartige Skrupel befallen. Deren Anführer waren freilich auch nicht mit ihnen verwandt oder verschwägert. Die Machtfrage kleidete sich jetzt in eine Rechtsfrage, die prozessual, nicht militärisch entschieden wurde.

Über den politischen Beistand Papst Hadrians I. für König Karl in dieser Angelegenheit wurde bereits berichtet, auch wenn die Nachricht über die angeblich vorweggenommene päpstliche Absolution aller fränkischen Schandtaten mit dem Hinweis auf die Schuld Tassilos den Tatbestand übler Nachrede erfüllt und die Rechtlichkeit des Papstes beleidigt.

Indessen wird man erkennen müssen, auch wenn sich der Vorgang in seinen Einzelheiten mangels Quellen nicht nachweisen läßt, daß sich das Netz um den Herzog erst zusammenzog, als es dem König gelungen war, in Bayern selbst genügend Anhänger im Klerus und im Adel zu gewinnen, um mit Aussicht auf Erfolg gegen Tassilo vorgehen zu können. Zu diesen Parteigängern, die allerdings auch ein passables Verhältnis zu Tassilo angestrebt und zunächst bewahrt haben, darf der als Nachfolger Bischof Virgils in Salzburg amtierende Arn gezählt werden. Auf ihn geht das früheste Verbrüderungsbuch von St. Peter zurück, dessen erste Eintragungen im Juli 784 erfolgt sind und das außer der bayerischen Herzogsfamilie, Bischöfen und Äbten an erster Stelle das fränkische Königshaus namentlich dokumentiert. Aber auch Abt Fulrad von St. Denis gehört zu jenen, die des Gedächtnisses im Gebet für würdig erachtet wurden. Nimmt man hinzu, daß diese Aufzeichnungen früheste Beispiele für die karolingische Minuskel im bayerischen Raum darstellen, während die anderen bayerischen Skriptorien in Klöstern und Bischofssitzen noch der älteren Kursive verhaftet sind, so wird schlagartig klar, in welchem Maß über die Person Arns hinaus bereits eine kulturelle Form der Frankisierung die bayerische Kirche ergriffen hatte, der eine politische Annäherung, wenn nicht gar ein Zusammenspiel folgte, auch wenn die Forschung bis heute frühe Sympathisanten Karls nicht namhaft machen kann.

An der Tatsache dieser Kollaboration ist aber nicht zu zweifeln. Zwar übertreiben die Reichsannalen tüchtig, wenn sie behaupten, daß der Großteil der bayerischen Großen bereits 787 und vermehrt 788 zu Karl gewechselt sei und eine entsprechende Belohnung erhalten habe, doch muß eine breite Umorientierung stattgefunden haben. Anderenfalls hätte sich der fränkisch-bayerische Integrationsprozeß nicht derart rasch und konfliktfrei vollziehen können. Ähnliche Beobachtungen hatten sich bereits bei der Angliederung des Langobardenreichs machen lassen. Auch hier dürften Kirchen- und vor allem Klosterobere eine Art Vorreiterrolle beim Herrschaftswechsel übernommen haben.

Das Drama nahm nach der Ankunft des Königs im Frühsommer 787 in Worms seinen Lauf. Am 13. Juli ließ Karl dort auf einem Hoftag Willehad, den Missionar von Wigmodien, zum Bischof weihen, denn Sachsen blieb ständig in seinem Blickfeld. Die Versammlung erfuhr detailliert von den Ereignissen in Rom und Capua und hörte zugleich von Karls Überlegungen im Hinblick auf Tassilo. Die Murbacher Annalen, eine für diese Jahre höchst wertvolle, wohl authentische Quelle, der wir bereits bei der Schilderung des Hadradaufstandes gefolgt sind, wissen folgendes zu berichten: »Dieser [der König] kam in die Francia und hielt Hoftag in Worms. Nachdem er das Heer der Franken aufgeboten hatte, gelangte er zu den Grenzen der Alemannen und Bayern an den Fluß, der Lech heißt. Hierher kam Tassilo, der Herzog der Bayern, und gab ihm mit einem Stab, an dessen Ende eine menschenähnliche Gestalt war, jenes Vaterland zurück, und er ist sein Vasall geworden und gab seinen Sohn Theodo als Geisel.«

Die sogenannten kleinen Lorscher Annalen variieren diesen Bericht dergestalt, daß sich Tassilo Anfang Oktober bei dem König eingefunden und sich selbst und das Regnum der Bayern in dessen Hände übergeben habe. Der somit mehrfach beglaubigte Vorgang wird von den Reichsannalen angereichert und akzentuiert: So habe sich Tassilo geweigert, den Befehlen des Papstes nachzukommen und seine eidlichen Versprechen, die er dem König, dessen Söhnen und den Franken geleistet hatte, zu erfüllen. Auch habe er sich gesträubt, vor dem König zu erscheinen. Jetzt lief der Plan Tassilo an: Karl selbst zog mit einem Heer an den Lech oberhalb Augsburgs, an die bayerisch-alemannische Grenze; ein anderes Kontingent aus Ostfranken, Thüringern und Sachsen (!) eilte an die Donau zwischen Ingolstadt und Regensburg bis zur Ostgrenze des Herzogtums; ein drittes zog unter König Pippin von Trient bis Bozen an die Südgrenze. Diesem exakt ausgearbeiteten konzentrischen Angriff hatte der Herzog nichts entgegenzusetzen: Er mußte sich dem König in Form der Vasallität unterwerfen, die hier erstmals, allerdings unter Zwang, diesen höchsten sozialen Rang der frühmittelalterlichen Gesellschaft erreicht. Der Herzog wurde »vassus dominicus« (Königsvasall), dessen Pflichten (und Rechte) freilich nicht exakt definiert waren. Damit gewann der König Spielraum für die Behandlung des Herzogs und zum Eingreifen in Bayern.

Die Vasallität, ob mit oder ohne eigens ausformulierten Treueschwur, sichtbar in der Form des Handgangs, der »Kommendation«, die noch auf den alten Verknechtungsritus verwies, begründete jedenfalls ein vertragsähnliches Verhältnis zwischen zwei Partnern, dem überlegenen Senior und dem unterlegenen Homo, dem Herrn und dem Mann. Sie verpflichtete beide, vor allem aber den Mann zu Wohlverhalten, Hilfe und Genossenschaft und schloß jedenfalls Treulosigkeit, Bündnisse mit Gegnern und eigene feindliche Aktionen aus. Der bislang königlich empfindende und agierende, in seiner Politik autonome Herzog fand sich nach diesem Handgang als Vasall des Königs wieder und sollte damit an einen Pflichtenkanon gebunden werden, dessen Einhaltung oder Verletzung jederzeit durch das Königsgericht überprüft und beurteilt werden konnte. Die Vasallität wurde im Laufe des nächsten Jahrhunderts immer mehr zum bedeutsamen Ferment der Adelsgesellschaft, aber auch zum Bindemittel zwischen König und Großen und in abgewandelter Form zwischen Reichsspitze und Kirchenoberen.

Schon in den Anfängen König Karls bildete sich diese Herrenvasallität aus, die an die Seite des Grafenamts tritt: In einer Urkunde für das Kloster Lorsch werden bereits 772 als Urteilsfinder neben vier Grafen fünf »vassi nostri« aufgeführt, bei denen es sich sicher um Angehörige großer Familien handelt. Auch die Einweisung des Klosters Fulda in die Hammelburger Gemarkung nahmen am 8. Oktober 777 nach einer Protokollnotiz zwei Grafen und zwei »vassi dominici« vor. Gewiß war das Vasallitätsverhältnis noch nicht zu einem gesellschaftsverbindenden System, gar zum Lehnrecht geworden, gewiß waren die einzelnen formalen Akte der vertraglichen Bindung noch nicht kanonisiert, gewiß mußte der Vasalleneid noch nicht sein dingliches Substrat, das Lehnsobjekt (feudum), in Gestalt eines Besitzkomplexes nach sich ziehen; aber Treue, Hilfeleistung und Gehorsam als Gegenleistung einer materiellen Ausstattung gehörten zu den Grundlagen dieses Kontrakts.

In Verbindung mit dem erzwungenen Eintritt in die Vasallität erhielt Tassilo Bayern (regnum, patria), das er dem König nach dem Wortlaut der Quelle zurückgegeben hatte, erneut aus dessen Hand. Die Rückgabe ist in dieser schriftarmen Zeit, die die Gültigkeit von Rechtsakten an deren sichtbarem, öffentlichem Vollzug maß, durch die Übergabe eines Symbols vollzogen worden, in diesem Fall eines Stabes, der in eine menschenähnliche Gestalt auslief. Diese symbolische Handlung entsprach dem vertrauten Usus bei Rechtsgeschäften. So geschah die Freilassung durch den sogenannten Schatzwurf, dem Werfen einer Münze, vor dem König; bei Kauf oder Verkauf eines Ackers etwa wurde ein Stück Grasnarbe übergeben; ja selbst Urkunden wurden in einer vorwiegend schriftlosen Gesellschaft als Rechtssymbol angesehen, deren wiederum öffentliche Übergabe erst die Wirksamkeit des Vertrags garantierte.

An dem Faktum, daß der bayerische Herzog einen Stab als Herrschaftszeichen führte, ist kein berechtigter Zweifel möglich. Die Stabführung ist ein zeit- und raumübergreifendes Phänomen früher Kulturen. So führte Moses den Stab; bei den Westgoten autorisierte der Stab mit Siegelringabdruck den Gerichtsboten zur Ladung der Parteien. Der sogenannte Marschallstab gehörte oder gehört bis in unsere Tage zur Ausstattung hoher Militärs; afrikanische Staatsmänner halten selbst bei demokratischen Wahlgängen ein vergleichbares Symbol in Händen. Der Teppich von Bayeux, jene ganz einzigartige Bildfolge über die Einnahme Englands durch Wilhelm den Eroberer, zeigt den Herzog mehrfach zu Pferde, ausgerüstet mit einem Stab, mit dessen Hilfe er seinen Schwadronen Befehle erteilt. Im Jahr 787 diente dieser Stab als Symbol der Übergabe, nicht aber als bereits zwingend gebotenes, inhaltlich fixiertes Zeichen, wie dies später für Fahne und Stab im hochmittelalterlichen Reich bei der Einweisung in höchste geistliche und weltliche Ämter galt. Ob Tassilo damals auch die nordbayerischen Besitzungen Ingolstadt und Lauterhofen als Benefizien erhielt, bleibt ungewiß. Die *Divisio regnorum* von 806 spielt auf diesen Sachverhalt lediglich unbestimmt in Zeit und Ort an.

Rechtlich gesehen, war Tassilo mit dem Handgang ein Mann des Königs geworden, ein »vassus dominicus«, ein Königsvasall; das Herzogtum (regnum!) Bayern wurde durch die Akte der Auftragung und Rückgabe einem Benefizium anverwandelt, einer hier nicht näher zu definierenden Landleihe. Aus Macht (potestas) wird Nutzungsrecht (ususfructus). Zur Ausgestaltung dieser Verbindung gehörte auch die demonstrative Ablegung eines Treueids, was wiederum den bereits geschilderten Vorgängen in Benevent und Capua entspricht und auch der Eidesleistung der Mitbeteiligten an der Hadradverschwörung. Dazu zählt nicht von ungefähr die Stellung von Geiseln, wie dies auch von Arichis von Benevent als Garantie künftigen Wohlverhaltens verlangt worden war.

Damit aber war der Zwangseintritt Tassilos in eine vasallitische Verbindung deutlich um eine politische Dimension erweitert worden, die dem vasallischen Rechtsverhältnis an sich nicht eignet. Im Gegensatz zu den Modalitäten der Geiselstellung in Benevent verlangte Karl die Auslieferung von Tassilos ältestem Sohn Theodo, der bereits Mitregent in Bayern war. Das Schicksal der Agilolfinger lag seit 787 buchstäblich in der Hand des fränkischen Königs. Dieses formale vasallitische Vertragsverhältnis schuf für den König die unentbehrliche Grundlage für die künftige juristische Argumentation und für das sich anschließende politisch-militärische Vorgehen gegen seinen älteren Vetter und Rivalen.

Der Status quo währte nicht lange. Tassilo, aber auch seine Gemahlin Liutperga, Tochter des Langobardenkönigs Desiderius, konnten sich mit dieser Erniedrigung, wie sie den Vorgang auf dem Lechfeld nicht zu Unrecht interpretieren mußten, in ihrem hochadligen Selbstverständnis nicht abfinden und sannen auf Mittel, sich und das Regnum dem Frankenkönig wieder zu entziehen.

Folgt man den Reichsannalen und anderen Quellen, so hielt Karl im Juni 788 eine Reichsversammlung in Ingelheim ab und lud dazu, wie üblich, alle Großen ein. Die Pfalz Ingelheim, Jahrzehnte später von Einhart als besondere Bauleistung Karls neben der Marienkirche zu Aachen, der Pfalz Nimwegen und der (hölzernen) Mainzer Rheinbrücke gerühmt, lag etwa fünfzehn Kilometer westlich von Mainz auf einem hochwasserfreien Hang oberhalb der Einmüdung der Selz in den Rhein, und zwar in Sichtweite der alten Römerstraße zwischen Mainz und Bingen am Fuß des Hangs. Die Pfalz war damit über das Flußsystem von Rhein und Main wie auch zu Lande günstig zu erreichen.

Karl, der bereits 774 in der Villa Ingelheim nachzuweisen ist, hatte nach seiner Rückkehr vom Treffen mit Tassilo hier überwintert. Der nicht allzu weit entfernte Forst Dreieich bot ihm reichlich Gelegenheit zur Jagd, und er hatte nicht nur Weihnachten, sondern auch das Osterfest 788 in der alten Remigiuskirche, die wohl als Pfalzkapelle diente, gefeiert. In der Südwestecke des aus einem Rechteck und einem sich anschließenden Halbkreis (Exedra) geformten Baukomplexes befand sich die »aula regia«, die Königshalle (etwa 14,50 Meter breit und rund 33 Meter lang), die im Süden mit einer für den Sitz des Herrschers bestimmten Konche schloß. Ingelheim sollte später zu einem der bevorzugten Aufenthaltsorte Ludwigs des Frommen werden, der hier 826 den Dänenkönig Harald taufen ließ und nahebei 840 verstarb. Der zeitweilig exilierte Hofpoet und Panegyriker Ermoldus Nigellus beschreibt in berühmten Versen die Ausstattung von Kapelle und Palas mit Fresken, die Szenen aus dem Alten und Neuen Testament sowie aus der Kaiser- und Königsgeschichte von Augustus bis zu Karl dem Großen typologisch geordnet zum Gegenstand haben. Davon hat sich leider nichts erhalten, nicht einmal die Lage der späteren Pfalzkapelle ist eindeutig geklärt.

An diesem zentralen Ort fand die Reichsversammlung statt, die offenbar von der Führungsschicht des Gesamtreiches, Franken, Sachsen, Langobarden, auch Bayern, besucht wurde und deren wesentlicher Verhandlungsgegenstand nicht wie üblich die Vorbereitung zu einem Kriegszug oder die Erörterung von dessen Zielen war, sondern die Angelegenheit Tassilo. Lassen wir wieder die bestunterrichteten Murbacher Annalen sprechen: »Tassilo aber, der Herzog von Bayern, kam ins Frankenreich zum König der Franken Karl, zur villa, die Ingelheim genannt wird. Danach schickte der genannte König seine Gesandten nach Bayern zu der Gattin und den Kindern des genannten Herzogs; diese führten eifrig und mit Erfolg den Befehl des Königs aus, führten sie alle mit den Schätzen und dem gewiß zahlreichen Hofgesinde (familia) zum genannten König. Während dies geschah, wurde der genannte Herzog von den Franken ergriffen und, nachdem er seiner Waffen entkleidet worden war, vor den König geführt. Als sie sich so unterredeten, fragte er [der König] ihn wegen der Nachstellungen und der hinterhältigen Anschläge, die er sich schon vordem mit vielen Völkern gegen ihn vorzubereiten unterstanden hätte. Als es diesem offensichtlich nicht gelang, dieses zu leugnen, ist ihm gegen seinen Willen befohlen worden, sein Haupthaar abzutun. Jener ersuchte vom König flehentlich, nicht im Palast die Tonsur zu erhalten, wegen der Verwirrung und Schande vor den Franken. Der König gab seinen Bitten nach und schickte ihn zum heiligen Goar, dessen Gebeine am Rhein ruhen, und hier ist er zum

Kleriker gemacht worden, und von hier wurde er nach Jumièges exiliert. Seine beiden Söhne, mit Namen Theodo und Theudebert, sind beide geschoren und aus ihrer Heimat verbannt worden. Und auch die Ehefrau des genannten Herzogs, Liutperga, ist ins Exil geschickt worden. Dies«, so resümiert unser kenntnisreicher Autor, »geschah alles zu Ehre und Ruhm des Königs, zur Verwirrung und zum Schaden seiner Feinde, so daß der Schöpfer aller Dinge ihn immer zum Sieger machte.«

Andere Annalen wissen zusätzlich zu berichten, daß Tassilo am 6. Juli 778 die Tonsur empfing, auch daß sein Sohn nach St. Maximin in Trier verbracht wurde, die beiden Töchter aber in die Königsabteien von Chelles, wo Karls einzige Schwester Gisela als Äbtissin waltete, und von Laon in Klosterhaft kamen. So waren nicht nur Tassilo und sein Ältester sowie die mehrfach als Anstifterin zu allen Übeln bezeichnete Tochter des Desiderius, Liutperga, sondern auch die übrigen Kinder beiderlei Geschlechts dem Klostertod geweiht; zugleich hatte damit das Ende des ruhmreichen Herzogsgeschlechts der Agilolfinger begonnen, ohne daß es eines weiteren Eingriffs bedurft hätte. Diese Form der Sippenhaft geht offenkundig weit über die rechtlich zulässige Verurteilung und Bestrafung eines verschiedener Vergehen überführten Vasallen, hier des Herzogs, hinaus. Die Ausweitung der Strafe und des Strafmaßes auf Unbeteiligte – dies gilt zumindest für den Tassilosohn Theudebert und seine Schwestern, von denen eine eigens vom Vater mit einem Schreiben nach Ingelheim zitiert werden mußte – korrespondiert mit Ort, Zeitpunkt und Ausmaß der Inszenierung von Tassilos Prozeß und Untergang, der seine Familie ins Verderben riß und die Autonomie des bayerischen Herzogtums für immer beseitigte, das seither Teil des »Reiches« in seinen wechselnden Formen geblieben ist.

Auch die Reichsannalen türmen ein gewaltiges Gebirge an verstreuten Nachrichten auf, um Karls Vorgehen in den Augen der Mit- und Nachwelt den Anschein der Rechtmäßigkeit zu verleihen. Um Tassilo seines Regnums, des Herzogtums, zu entsetzen, hätte es nach Lage der Dinge lediglich der Anklage des Landesverrats, der Treulosigkeit oder konspirativer Umtriebe bedurft, um aber ihn selbst und seine gesamte Familie in das Dunkel der Klosterhaft zu stürzen, bedurfte es einer juristisch-historisch fundierten Begründung, die dem Verfahren und seinem Ergebnis den Stempel der Legitimität aufzudrücken vermochte. Dieser erste politische Prozeß in der fränkisch-»karolingischen« Epoche, dem wir in vielen Einzelheiten nachgehen können, bedurfte zu seiner Rechtfertigung der historischen Tiefendimension und der über die bloße Verletzung der Vasallität hinausweisenden juristischen Argumentation, die auch den Zugriff auf die Familie des Schuldigen erlaubte. Auch ein zeitgenössischer Verseschmied, Hibernicus Exul, wie sein Pseudonym lautet, verwies 787 auf Tassilos Verpflichtung, dem Bündnisvertrag als Treuer (fidelis) nachzukommen. Der Schwere der Buße mußte die Schwere der Schuld entsprechen, um Plausibilität und Billigung des Urteils zu erlangen. Diesem Nachweis diente mutmaßlich das bereits in Ingelheim 788 angelegte Weißbuch, dessen sich wenig später der Verfasser der sogenannten Reichsannalen in Königsnähe zu propagandistischen Zwecken bediente.

Dieses Geschichtswerk begnügt sich nicht mit den Fakten der Amtsenthebung, der Klosterhaft einer Familie und dem Einzug des bayerischen Außendukats, sondern setzt förmlich eine Tragödie in mehreren Akten in Szene unter maßgeblicher Beteiligung der Großen aus allen Regionen des fränkischen Reiches. Als aktuelle Verstöße und Verfehlungen werden aufgelistet: das versuchte Bündnis mit den Awaren, dem letzten potentiellen Partner im Südosten gegen den übermächtigen Frankenkönig, Verschwörung gegen das Leben bayerischer Königsvasallen, Anstiftung der eigenen Leute zum Meineid gegenüber dem König. Auch wurde kolportiert, Tassilo habe geäußert, selbst wenn er zehn Söhne hätte, wolle er sie lieber verlieren als zu seinem Schwur stehen. So wolle er auch lieber sterben als so weiterleben. Dies dürfte der Herzog im vertrauten Kreis mehr als einmal gesagt haben.

Die zur Reichsversammlung einberufenen Franken, Bayern, Sachsen und Langobarden als Vertreter der wesentlichen Provinzen des Reiches nahmen dies zur Kenntnis und »erinnerten an die von Tassilo früher begangenen Verfehlungen und wie er den Herrn Pippin auf dem Feldzug verlassen und damit Fahnenflucht, in der Volkssprache ›herisliz‹ genannt, begangen hätte und verurteilten ihn augenscheinlich zum Tode«. Nun tritt gleichsam in Vorwegnahme einer Barockoper König Karl als gütiger Deus ex machina aus den Kulissen, »bewegt aus Barmherzigkeit und aus Liebe zu Gott und weil es sein Blutsverwandter war, und erreichte es, bei diesen ihm und Gott treu Ergebenen eine Begnadigung Tassilos zu erwirken, so daß er nicht sterben mußte«, obwohl alle die Todesstrafe gefordert hatten. Zusätzlich erfahren wir aus diesem Annalenwerk, daß einige wenige Bayern, die »in Feindschaft zum König verharrten«, also herzogstreu blieben, ebenfalls exiliert wurden, während das Gros bereits als Ankläger gegen den eigenen Herzog vor der Reichsversammlung aufgetreten war. Die spätere Überarbeitung der Reichsannalen reduziert hingegen das Verfahren vor dem Königsgericht, Urteilsfindung und Urteilsspruch auf die Anklage allein der Bayern, Tassilo habe sich des Majestätsverbrechens, eines aus dem römischen Kaiserrecht entlehnten Straftatbestands schuldig gemacht, der insbesondere die Fahnenflucht betraf und mit dem Tod zu ahnden war. Diese Begründung der Anklage verweist auf die Zeit nach Karls Kaiserkrönung von 800 und auf ein gewandeltes Herrscherverständnis. Ferner findet jetzt die Verurteilung im Rahmen eines Vasallentreffens statt; so habe der König auch Tassilo »unter anderen Vasallen« zu sich gerufen; die Reichsversammlung sieht sich hier zu einem »Pairsgericht« als ständisches Gremium gegenüber dem Königsgericht herabgestuft, und auch diese Einstufung nimmt spätere Zustände vorweg. Ein weiteres Moment, das allen im Umkreis des Hofes entstandenen Quellen gemein ist, weist auf die verantwortliche Mitschuld der Herzogin Liutperga an den Verbrechen Tassilos.

Einhart behandelt in seiner Karlsbiographie die Causa Tassilo und die bayerisch-fränkischen Gegensätze im Kernkapitel über die Kriege seines Helden und zieht letztlich eine moralische Kategorie zur Beurteilung von Tassilos Missetaten heran. Einhart sieht nämlich in der Torheit, die im Gegensatz steht zur Weisheit, die dem Herrscher als eine Kardinaltugend ziemt, vor allem aber in der Überhebung des Herzogs, dem Haupt- und eigentlichen Teufelslaster des Mittelalters, die Ursachen von dessen Untergang. Und er vergißt auch den Einfluß von Tassilos Gemahlin Liutperga nicht, »weil sie eine Tocher des Königs Desiderius war und die Verbannung ihres Vaters durch ihren Gatten rächen wollte«. So habe sich Tassilo zur Befehlsverweigerung, zum Abfall und zu Kriegsvorbereitungen hinreißen lassen. Diesem Aufstand habe der König am Lech ein Ende bereitet; Tassilo habe einen Treueid geschworen.

Der Biograph schließt diesen Passus mit der Bemerkung, Tassilo sei dennoch später zum König gerufen worden, habe aber nicht zurückkehren dürfen, denn »seine Provinz [nicht Dukat!] wurde nicht erneut einem Herzog, sondern Grafen zur Leitung übertragen«. Das Schicksal der Familie Tassilos bleibt in diesen Quellen ebenso im dunkeln wie der Ablauf der einzelnen Geschehnisse. Infidelität und Majestätsverbrechen genügten als Basis für das gefällte Urteil, das die Absetzung Tassilos und den bindenden Einzug des Herzogtums zur Folge hatte.

Im Jahr 788 und wenig später, zur Zeit der Abfassung des ersten Teils der sogenannten Reichsannalen, waren interessierte Kreise des Hofes freilich bemüht, der Causa Tassilo historische Fundierung und juristische Plastizität zu verleihen. Der Vorgang insgesamt mußte auf die Zeitgenossen wie eine Revolution von oben wirken, die dem König eine ungeahnte Machtfülle attestierte, seiner Herrschaft im Reich zugleich eine neue Struktur verlieh, die zentrifugalen Kräfte des Adels in ihrer Autonomie deutlich beschnitt und an die Direktiven des Palastes band.

Zwar gaben auch einzelne Bestimmungen der erst wenige Jahrzehnte alten Kodifizierung des bayerischen Volksrechts eine hinreichende Basis zum Vorgehen gegen Tassilo, allein, es findet sich kein Hinweis, daß auf die im Gesetz niedergelegte Treuepflicht des Agilolfingerherzogs gegenüber dem fränkischen König, wozu vor allem die Heeresfolge gehörte, zurückgegriffen worden wäre. Möglicherweise stand der Berufung auf diesen Gesetzestext das Königtum der Merowinger im Wege, auf das sich dieser Passus bezog, vielleicht sind die entsprechenden Bestimmungen gar erst nach 788 als Zusätze in das Gesetz integriert worden.

Die Reichsannalen, auf dem vermuteten Weißbuch fußend, gehen indessen einen anderen Weg und sehen in der Entwaffnung, Aburteilung und Verbringung des Herzogs und seiner Söhne in ein Kloster, während Ehefrau und Töchter den Schleier zu nehmen hatten, lediglich den Endpunkt einer langen und zunehmend von Tassilos Verfehlungen gekennzeichneten Entwicklung. Durchaus professionell verteilt der Autor – und er allein – seine Fußangeln über einen Zeitraum von rund vierzig Jahren: So habe Tassilo bereits 748 das Herzogtum Bayern »per beneficium«, was als Wohltat, aber auch als Leiheobjekt zu interpretieren ist, aus der Hand Pippins erhalten, der zugleich Grifos Ansprüche mit Gewalt abgewehrt habe. Zum Jahr 757 weiß unser Chronist zu berichten, daß Tassilo »sich selbst mit seinen Händen in die Hand des Königs in die Vasallität kommendiert«, auf die Reliquien der bedeutendsten fränkischen Reichsheiligen geschworen und einen Treueid gegenüber Pippin, Karl und Karlmann abgelegt habe, wie dies ein Vasall seinem Herrn schuldet.

Diese Darstellung ist zweifellos eine nachträgliche Fiktion, denn die Vasallität hatte in diesem Jahrzehnt ihren zunächst wesentlich pejorativen Charakter noch nicht in dem Maße eingebüßt, daß ein Herzog, obendrein der Neffe des Königs, den die agilolfingische Familie überdies als Emporkömmling einschätzen mußte, ein derartiges Verhältnis freiwillig eingegangen wäre. Im übrigen hätte der Autor wissen müssen, daß die Vasallität grundsätzlich ein zweiseitiges Verhältnis beschreibt, in dem sich Herr und Mann gegenüberstehen, und keinesfalls einen multilateralen Vertrag, der die Söhne des Königs von vornherein mit einbezieht. Der Hinweis auf den Schwur über den Gebeinen der Heiligen mit der Absicht, die Schwere der Verstöße zu dokumentieren, dürfte durch die Reliquienreise der Mitverschwörer Hardrads im Jahr 786 angeregt worden sein.

Im Jahr 763 endlich läßt der dem Hof nahestehende Verfasser der Reichsannalen in Verbindung mit einem Heerzug König Pippins nach Aquitanien Tassilo die berühmt-berüchtigte »herisliz«, die Fahnenflucht, begehen, die in der Tat zu Beginn des 9. Jahrhunderts als todeswürdiges Verbrechen inkriminiert wurde und sicherlich auch zuvor immer als strafwürdiges Vergehen angesehen worden ist. Damals, 763, verließ der Herzog das Heerlager des Königs in Nevers »ohne Erlaubnis« und unter dem Vorwand einer Erkrankung. An diese Begebenheit erinnerten sich angeblich noch 25 Jahre später auch Sachsen und Langobarden, die jedoch mit Sicherheit nicht zu den Teilnehmern der Kampagne von 763 gehört haben. Sollte hier die Feder unseres Autors von der Erinnerung an Karlmanns Verhalten im Jahre 771 geführt worden sein, der sich geweigert hatte, seinen Bruder in Aquitanien weiterhin zu unterstützen?

Es kam 788 und später allein darauf an, den Treuebruch des Herzogs gegenüber dem König, die Verletzung der Eide, vielleicht auch die Undankbarkeit des verwaisten Neffen gegenüber dem Onkel, dem er schon wegen der Verwandtschaft zu Gehorsam verpflichtet war, an einem Delikt zu exekutieren, das sich der Kriegergesellschaft des Frühmittelalters am schärfsten einprägen mußte: der Fahnenflucht. Sie nahm Tassilo alle Ehre und mußte einen Rachefeldzug nach sich ziehen, der freilich aus Witterungsgründen unterbleiben mußte und im übrigen bis 787 unterblieben ist. Möglicherweise hatte in den sechziger Jahren eine diplomatische Intervention Papst Pauls I. bereits ein militärisches Vorgehen Pippins gegen den bayerischen Neffen verhindert.

Zu dieser exemplarischen Anschuldigung paßt wenig, daß sowohl die Königinwitwe Bertrada als auch ihr Sohn Karl selbst um 770 ein Bündnis mit dem angeblich Meineidigen suchten, daß Tassilo gar 778 eine bayerische Abteilung an dem Spanienabenteuer des Königs jenseits der Pyrenäen teilnehmen ließ und daß überdies in den siebziger Jahren trotz der neuen Politik Karls, die Tassilos Schwiegervater Desiderius das Königreich kostete, nirgendwo von Spannungen zwischen den Vettern berichtet wird.

781 kam es dann zu einer Art Verständigung Karls mit Tassilo, der, sicherlich unter dem Druck auch päpstlicher Diplomatie, in eine Form von Wohlverhalten einwilligte, um das vorhandene fränkische Aggressionspotential nicht auf sich zu lenken. Die gegenseitige Geiselstellung zeigt indessen, daß sich Tassilo keineswegs als »Mann« des Königs fühlte, sondern als weitgehend autonomer Partner. Auch in diesem Abschnitt ihres Berichts legen die Reichsannalen größten Wert auf den Umstand, daß die gemischte päpstliche Gesandtschaft den Herzog an seine Eidschwüre, die er an die Partei Pippins, Karls und der Franken gerichtet habe, erinnert und deren Beachtung anmahnt. Tassilo erneuerte damals angeblich diese Schwüre und stellte Geiseln für sein Wohlverhalten.

Auf diese Eidesleistung und Verpflichtungserklärung kam es dem Annalisten an, die, 757 erstmals abgelegt, später erneuert, dennoch immer wieder von Tassilo – spektakulär 763 – gebrochen worden sei. Rudolf Schieffer formuliert ganz zu Recht: »Unschwer erkennt man als gemeinsamen Nenner der isolierten Nachrichten eine juristische Argumentation, die auf der Abfolge der geleisteten Eide und auf den damit verknüpften Verpflichtungen der Agilolfinger insistiert.«

Das Vasallitätsverhältnis, das Tassilo 787 mit dem Frankenkönig eingehen mußte, schuf nur die Basis und Voraussetzung für Ladung, Anklage, Urteilsfindung, Urteilsspruch, Teilbegnadigung und Vollzug; dem allgemeinen Rechtsempfinden zumindest ebenbürtig in der Bewertung dieser spezifischen Pflichtverletzung war der mutwillige Bruch des Treueids in Permanenz, zumal darin obendrein krasser Undank des Neffen gegenüber dem hilfreichen Onkel und dessen Erben zum Ausdruck kam. Das war auch die Sicht Karls; die Reichsannalen spiegeln lediglich in konsequenter literarischer Umsetzung diese Version einer Auseinandersetzung.

Das Verfahren wies dennoch deutliche Mängel auf: Bruch des vasallitischen Vertrages, Infidelität, eigenständige Außen- und Bündnispolitik, Anstiftung zu Verrat und Meineid, all dies konnte ausschließlich Tassilo ad personam zur Last gelegt werden, auch wenn sein ältester Sohn Theodo gleichsam als Mitregent in die Geiselhaft einbezogen war. Die herzogliche Familie, die Ehefrau, der zweite Sohn, ganz zu schweigen von den beiden Töchtern, hatte keinerlei direkte Schuld auf sich geladen. Sie hatte weder einen Treueid auf den fränkischen König abgelegt, noch war sie in irgendein rechtliches Verhältnis zu Karl getreten. Ehefrauen, selbst wenn sie als Anstifterinnen galten, wurden als schutzbedürftig angesehen und konnten ohnehin keine Verträge abschließen oder für sich ein eigenes Rechtsverhältnis zum König begründen. Mochte auch Tassilo die Strafe verdientermaßen treffen, woran gelinde Zweifel erlaubt sind, mochte sein ältester Sohn auch als Geisel die Folgen väterlicher Verfehlungen in aller Konsequenz zu tragen haben: Die Familie insgesamt konnte nach den gültigen Rechtsvorstellungen nicht dergestalt bestraft werden, daß sie, in Sippenhaft genommen, dem Klostertod entgegensah. Die Gewalt siegte hier eindeutig über das Recht.

In dieser Art von Abrechnung mit dem verhaßten Herzogsgeschlecht, das sich in der Person Odilos mit Pippins Schwester Hiltrud verschwägert und königgleich seinen Rang behauptet hatte, kam die machtpolitische Komponente des Rechtsverfahrens unverhüllt zum Ausdruck: Sturz Tassilos, Exilierung der gesamten Familie, Unterwerfung und Einzug des bayerischen Außendukats unter direkte fränkische Gewalt sind ein Ganzes.

Es überrascht, wie gering offenkundig der innerbayerische Widerstand gegen diese fundamentale Neugestaltung der politischen Verhältnisse mit Beseitigung des angestammten Herzogshauses und der Autonomie des Regnums gewesen ist. Darin gleicht der Vorgang dem bei der Übernahme des Langobardenreichs vierzehn Jahre zuvor. Zweifellos war in beiden Fällen im Land gute Vorarbeit geleistet worden; insbesondere Kirchenobere und Angehörige des Adels, die aus Herzogsgut und Konfiskationen reich belohnt wurden, dürften den Frontwechsel rasch vollzogen haben. Namen sind uns freilich (und verständlicherweise!) nicht überliefert.

An der Tatsache selbst ist begründeter Zweifel nicht möglich. So zögerte man etwa in Salzburg oder in Niederaltaich nicht, sich noch vor dem Ende des Jahrhunderts vom fränkischen König die Stiftungen der Agilolfinger samt deren Konsensschenkungen bestätigen zu lassen. Der lange Aufenthalt Karls in Regensburg 792/93 dürfte die zunehmend enge Verbindung des Königs mit den Großen gestärkt haben, zumal er deren Energien auf den letzten verbliebenen Feind im Südosten, die Awaren, zu lenken wußte, die mit den Langobarden und jüngst auch mit Tassilo, wenn man den Vorwürfen glauben will, gemeinsame Sache gemacht hatten.

Die Absetzung des Herzogs und des ganzen Herzogshauses mit Verhängung der Klosterhaft dürfte allerstärksten Eindruck auf alle Beteiligten gemacht haben. Zweifel an der Rechtmäßigkeit des Verfahrens, falls solche überhaupt aufkamen, wurden nicht artikuliert oder sind nicht überliefert: Der fränkische König befand sich auf dem steilen Weg zum Zenit seiner Macht.

Karls eigene Bewertung der Vorgänge auf der Ingelheimer Versammlung, die Tassilos Sturz und Verbannung zur Folge hatten, kommt in einer in diesem Zusammenhang wenig beachteten Urkunde vom 25. Oktober 788 zum Ausdruck, die bereits in Regensburg, genannt »unsere Stadt«!, ausgestellt worden ist und die der Kirche von Metz das Kloster Herrenchiemsee überträgt. Dieses Kloster hatte unter dem irischen Abt Dobdagrec die besondere Wertschätzung Herzog Tassilos erfahren, der gegen den heftigen Widerstand Bischof Arbeos von Freising die Mönche mit reichen Dotationen ausstattete. Man geht sicher nicht fehl, wenn man in Arbeo einen der bayerischen Ankläger auf der Ingelheimer Synode sieht. Mit diesem Privileg für Herrenchiemsee, das über eine innerbayerische Institution zugunsten der »Stadt der Arnulfinger« (Otto Gerhard Oexle) verfügt, präzisiert der fränkische König unmißverständlich seinen Rechtsanspruch auf das Herzogtum Bayern: »Weil daher das Herzogtum aus unserem Königreich der Franken eine Zeitlang in untreuer Weise von den Übeltätern Odilo und Tassilo, unseren nächsten Verwandten!, uns entzogen und uns entfremdet worden ist, welches wir jetzt mit dem Lenker aller Gerechtigkeit, Gott, der uns beistand, uns selbst unterworfen haben, möge Eure Größe [der Bischof von Metz] wissen...« Die scheinbare Autonomie Bayerns beruhte mithin auf einem widerrechtlichen Entfremdungsprozeß der letzten Herzöge, der jetzt mit Gottes Hilfe wieder umgekehrt werden konnte, so daß dem König, und darauf kam es in diesem Kontext an, auch die volle Verfügungsgewalt über die bayerische Kirche zufällt.

Der staatsrechtliche Prozeß der Rückführung Bayerns in das Frankenreich war für Karl mit dem Tag von Ingelheim 788 abgeschlossen und unumkehrbar. Um so mehr hat die Forschung seit jeher erstaunt, daß der fränkische König nach sechs Jahren, die weitgehend der Integration des Herzogtums in das Großreich gedient hatten, die berühmte Frankfurter Synode von 794 nutzte, um den abgesetzten Bayernherzog gleichsam aus der klösterlichen Versenkung nochmals auf die öffentliche Bühne zurückzuholen. Dieses Konzil, von dem noch zu reden sein wird, reich beschickt aus allen Landesteilen, galt vornehmlich der Beratung und Entscheidung subtiler theologischer Probleme, die sich namentlich aus den Beschlüssen des Konzils von Nicaea ergeben hatten und auf die eine eigenständige, sozusagen fränkische Antwort gegeben werden mußte.

Man hat den zumindest für den späteren Betrachter unerwarteten Auftritt des gestürzten Agilolfingers, der zudem in den Geschichtsquellen der Zeit kaum Aufmerksamkeit findet, häufig mit einem Schauprozeß verglichen, wobei die beabsichtigte Konnotation mit den Prozessen dieser Art, die der Vernichtung politischer Gegner mit pseudolegalen Mitteln ohne jede Rechtsgrundlage durch die Diktatoren des 20. Jahrhunderts dienten, völlig falsche Vorstellungen von der Präsentation Tassilos vor den Konzilsvätern auslöst. Zudem liegt in der plakativen Benennung dieses Auftritts allein noch nicht die Beantwortung der Frage: Wozu? Da der Rechtsstandpunkt Karls bereits im Oktober 788 offen dargelegt worden war, die Reichsannalen und andere dem Hof nahestehende Geschichtswerke zudem keinen Anlaß sahen, dieses synodale Intermezzo zu verzeichnen, dürfte sich mit Tassilos kurzfristiger Rückkehr aus der Klosterhaft schwerlich ein staatspolitisch signifikantes Schauspiel verbunden haben, vielmehr die Klärung subtilerer Fragen, die im religiös-ethischen und juristischen Bereich zu suchen sind. Nicht von ungefähr wurde deren Lösung ein ganzer Paragraph im Kapitular von Frankfurt eingeräumt, unmittelbar im Anschluß an bindende Aussagen über Adoptianismus und Bilderstreit. Das ist zwar bemerkt, in seiner Tragweite aber nicht genügend berücksichtigt worden. Damit wird die Charakterisierung des Vorgangs als »Schauprozeß« gänzlich anachronistisch, ja falsch. Über den Vorgang selbst berichten die Lorscher Annalen des Abtes Richbod, der damals zugleich Bischof von Trier war und selbst an der Frankfurter Versammlung teilgenommen hat, sowie die nicht zeitgleichen Jahrbücher aus dem südgallischen Kloster Moissac, denen zumindest das Frankfurter Kapitular bei der Abfassung vorlag.

Hören wir zunächst Abt Richbod: »Und auf jene Synode kam Tassilo und schloß hier mit dem König Frieden, verzichtete auf alle Gewalt, die er in Bayern innegehabt hat und übertrug sie dem Herrn König.« Friedensschluß, Verzicht auf und Übertragung von »potestas« sind die wesentlichen Gegenstände dieser öffentlichen Begegnung.

Der angesprochene dritte Abschnitt des Frankfurter Textes, dem hohe Rechtsqualität eignet, führt aus: »Sobald das geschehen war [die Verhandlung der theologischen Fragen], wurde ein Kapitel über Tassilo, den einstigen Herzog von Bayern, einen Vetter des Herrn König Karl, rechtsgültig verabschiedet. Er stand in der Mitte des allerheiligsten Konzils, bat um Verzeihung für seine begangenen Verfehlungen, die er sowohl zur Zeit des Königs Pippin gegen diesen und das Reich der Franken begangen hatte als auch später unter dem allerfrömmsten König Karl, unserem Herrn, bei denen er sich als treubrüchig erwiesen hatte. Verzeihung von diesem zu erlangen, bat er mit demütigem Flehen und gab reinen Herzens Zorn und allen Aufruhr von seiner Seite auf, was immer auch darin angerichtet worden und was er wußte. Auch alle Rechtsansprüche (iustitia) und Eigenbesitz (res proprietatis), soweit er ihm oder seinen Söhnen oder Töchtern im Herzogtum Bayern rechtmäßig zugestanden hatte, gab er dahin und verzichtete darauf. Und um später jeden Streit zu vermeiden, [verzichtete er] auf jede Rückforderung und empfahl seine Söhne und Töchter seiner [Karls] Barmherzigkeit. Und unser Herr, darüber von Mitleid gerührt, verzieh dem genannten Tassilo großzügig auch die begangene Schuld und gewährte ihm vollständig seine Gnade und nahm ihn offenkundig mildtätig in seine warmherzige Liebe auf, damit er künftig in Gottes Barmherzigkeit sicher leben könne. Von diesem Kapitel befahl er drei gleichlautende Schriftstücke (breves) anzufertigen: eines zur Aufbewahrung in der Pfalz, ein anderes sei dem genannten Tassilo zu geben, damit er es im Kloster bei sich habe, und ein drittes, um es in der Kapelle des heiligen Palastes zu hinterlegen.«

Tassilo, abgesetzter Herzog von Bayern, aber auch Vetter des Königs, bekundet, in die Mitte der Versammlung geführt, öffentlich Reue und Bereitschaft zur Buße, Verzicht auf Rache und böse Hintergedanken, wobei die Kette seiner Verfehlungen wiederum, in Übereinstimmung mit den Ansichten Karls, bis in die Zeit König Pippins zurückverfolgt wird. Diesem Bekenntnis entspricht die Vergebung von seiten des Königs, seine Bereitschaft zur Versöhnung und liebevollen Aufnahme des Herzogs in die königliche Gnade. Beide vollziehen in einem gewiß feierlichen Akt die Aussöhnung, wie es Christen und Anverwandten geziemt. Diese Form der Konfliktbeendigung sollte zugleich ein Zeichen setzen und ein nachahmenswertes Beispiel der Buße, Gnade und Versöhnung geben.

Um aber die königliche Verzeihung zu erlangen und wieder in die gnädige Huld aufgenommen zu werden, bedurfte es einer zweiten öffentlichen Bekundung. Sieht man von dem Friedensschluß ab, der der bisherigen Aueinandersetzung Schärfe und Bitternis nehmen sollte, so war diese zweite Erklärung Tassilos der eigentliche Anlaß für seinen letztmaligen öffentlichen Auftritt. Der Agilolfingerherzog verzichtete nicht etwa erneut auf sein Herzogtum; dieses war ihm rechtmäßig mit dem Urteil von 788 aberkannt worden. Eine Wiederholung dieser Aberkennung in Form eines Selbstverzichts hätte bestenfalls eine andauernde Rechtsunsicherheit während der letzten sechs Jahre signalisiert und die Maßnahmen des Königs in Bayern in eine juristische Grauzone getaucht. Worum ging es in Frankfurt dann tatsächlich?

Sieht man genauer hin, so geben Wortwahl und Tenor des ausgesprochenen Verzichts den rechten Fingerzeig zum Verständnis. So verzichtet der gewesene Herzog auf »potestas« und »iustitia« sowie auf »res proprietatis«, die ihm und seinen Kindern, Söhnen wie Töchtern, von Rechts wegen im Herzogtum Bayern geschuldet werden. Das kann nach Lage der Dinge keinesfalls das Herzogtum sein; wie sollten insbesondere seine Töchter auf dieses von Rechts wegen Ansprüche geltend machen können? Es handelt sich vielmehr um Rechtsansprüche und vor allem um das Eigengut der Herzogsfamilie im Dukat; das mochten Gerechtsame verschiedener Art sein, etwa Rechte als Eigenkirchenherr, Liegenschaften oder Waffen, Schmuck, Edelmetall, Hausrat der Agilolfinger, die, von Herzogtum und Herzogsgut geschieden, als Erbmasse den Kindern beiderlei Geschlechts zustanden. Über dieses Privatvermögen, so schwierig es auch gewesen sein mochte, dasselbe vom Herzogsgut zu scheiden, war 788 keine Verfügung getroffen worden, sondern allein über die Zukunft des Dukats und über das Schicksal der Herzogsfamilie.

Karls Maßnahmen im Privatbereich mochte in den Augen der Zeitgenossen, insbesondere der bayrischen Großen, eine gewisse juristische Unklarheit anhaften, die es zu beheben galt. Dieses Manko wurde durch den öffentlichen Verzicht auf alle Gerechtsame und Liegenschaften samt Fahrhabe des ehemaligen Herzogs für sich und seine Kinder beiderlei Geschlechts behoben. Auf das Zeugnis der zahlreich versammelten Angehörigen der Führungsschicht und auf die dreifache Ausfertigung des Gesamtakts konnte jederzeit bei Bedarf rekurriert werden. Bezeichnenderweise blieb Tassilos Witwe Liutperga ausgeschlossen; sie hatte offenbar keine Erbansprüche über das Wittum hinaus geltend zu machen, das hier aber entfiel, da auch sie als »Anstifterin zu allem Bösen« exiliert worden war.

Damit hatte der »säkulare Gegensatz« (Rudolf Schieffer) zwischen Agilolfingern und späteren Karolingern sein Ende gefunden. Gewiß siegte die Gewalt, aber in Formen des geltenden Rechts, das außer dem Urteil, dem Entzug des Herzogtums und der Verbannung der Familie auch einen privaten Verzicht des Herzogs im Namen seiner unschuldigen Kinder auf ihr Erbteil notwendig machte, der allein von diesem selbst ausgesprochen werden konnte, welche Pressionen auch immer diesem Schritt vor der Frankfurter Synode vorausgegangen sein mögen.

Wie behutsam Karl im übrigen mit der Veränderung der Machtstrukturen in Bayern verfuhr und wie stark er sowohl auf die Eigenständigkeit des Dukats als auch auf die Rechte und das Ansehen der angestammten Herzogsfamilie Rücksicht nahm, geht aus der Tatsache hervor, daß zwar die Herzogswürde als Instanz zwischen dem fränkischen Königtum und den Grafen als seinen Repräsentanten beseitigt wurde, daß aber Gerold, wohl schwäbischer Agilolfinger und Bruder der verstorbenen Hildegard und damit Schwager Karls, als Präfekt an die Spitze dieses Regnums trat. Überdies wurde Bayern nach Karls Tod sowohl 814 als auch 817 anläßlich der *Ordinatio imperii* Ludwigs des Frommen als eigener Herrschaftsbereich für einen der Königssöhne konstituiert.

Tassilo und seine Familie schieden mit dem Jahr 794 endgültig aus der Geschichte. Sein Andenken hält vor allem der nach ihm benannte berühmte Tassilokelch in seiner letzten großen geistlichen Stiftung, dem Kloster Kremsmünster, wach. Er bewahrt die Erinnerung, so die Aufschriften, an »Tassilo, den starken Herzog« und an seine Gemahlin »Liutpirc, das königliche Reis«.

Künftiger Gegner im Südosten: die Awaren

Während Tassilos Sturz sich anbahnte, entwickelten sich an den Grenzen des fränkischen Reichs, wenn man Bayern bereits als Teil des künftigen Imperiums ansehen will, kriegerische Auseinandersetzungen. In Süditalien unternahm der Patrizius von Sizilien einen Einfall in das

Herzogtum Benevent, während dessen kurz zuvor von Karl bestellter Herzog Grimoald zusammen mit dem alten Verbündeten des fränkischen Königs, Herzog Hildebrand von Spoleto, den Griechen entgegenzog und ihnen in Kalabrien ein Treffen lieferte, bei dem er angeblich eine große Zahl der Feinde tötete und mit Gefangenen sowie reicher Beute in sein Lager zurückkehrte. Damit war die Rekuperationspolitik Ostroms auf dem italischen Festland mit militärischen Mitteln vorerst gescheitert. Dies alles geschah unter den Augen des Königsboten Winigis, der mit einer kleinen Schar über die Alpen gesandt worden war zur Oberaufsicht und zur Kontrolle über den noch nicht erprobten Beneventer Herzog. Dieser Winigis, ein weiterer Italienexperte, folgte bezeichnenderweise dem noch 788 verstorbenen Hildebrand als Dux im Herzogtum Spoleto nach, das somit nach einer Übergangsphase voll in das fränkische Imperium integriert wurde; von einer Berücksichtigung päpstlicher Ansprüche verlautet nichts.

Wenn von einer Beteiligung König Pippins an den Ereignissen in Benevent keine Rede ist, so liegt das zum einen zweifellos in dem Konzept seines Vaters begründet, vorrangig das italische Königreich in seinen 781 und 787 abgesteckten Grenzen zu konsolidieren und Probleme der »Außenpolitik«, insbesondere im Hinblick auf Byzanz, als Reservat des Gesamtherrschers durch geeignete Maßnahmen und Personen zu lösen, zum anderen auch an der Bündelung der italisch-langobardischen Kräfte an den nordöstlichen Grenzen dieses Regnums. So waren nämlich die Awaren, die in historischer Reminiszenz auch Hunnen genannt werden, als Bundesgenossen Tassilos sowohl in Friaul eingefallen als auch in Bayern. Die Awaren, noch unlängst als »das unbekannte Volk« apostrophiert, siedelten sich, aus der innerasiatischen Steppe vordringend, seit der zweiten Hälfte des 6. Jahrhunderts im Karpatenbekken in nordwestlicher Nachbarschaft des Byzantinischen Reiches an und erreichten im Westen die Enns, wenngleich die Region zwischen diesem Grenzfluß und dem Wienerwald als Ödland nur ein vorgeschobenes awarisches Glacis ohne eigentliche Siedlung bildete, die ausweislich der zahlreichen Grabfunde erst östlich davon einsetzte.

Der Untergang des Gepidenreichs 566 und der Abzug der Langobarden aus Pannonien hatten das awarische Khaganat zur Vormacht auf dem Balkan erhoben und Byzanz tributpflichtig gemacht, woraus der sagenumwobene Schatz des »Rings« angehäuft wurde, der zum großen Teil in die Hände der Franken fallen sollte. Unsere Kenntnisse der inneren politischen Verhältnisse in diesem Machtzentrum zwischen Ost und West resultieren ausschließlich aus griechischen Quellen und aus Aussagen langobardisch-fränkischer Autoren. Aufschluß über das wirtschaftliche, soziale, religiöse und gesamtkulturelle Umfeld geben die archäologischen Funde, die vor allem Relikte eines nomadisierenden Reitervolkes präsentieren, das freilich in der Endphase seiner Existenz zu einer bäuerlichen Lebensweise übergegangen war. Gemäß ihrer älteren kriegerischen Tradition vermittelten sie dem Westen als militärische Zurüstung vor allem den Lamellenpanzer, wohl auch den Steigbügel und verschiedene Formen der Pferdetrensen, aufgegriffen und weitergegeben insbesondere durch die Langobarden.

Seßhaftigkeit, »Slawisierung« und machtpolitischer Zerfall des Khaganats führten zu einer deutlichen Schwächung des Kampfpotentials und der kriegerischen Energien. Dieses Riesenreich, seinem Renommee zum Trotz ein Koloß auf tönernen Füßen, ergab sich dem Angriff der Franken fast ohne Gegenwehr, jedenfalls ohne offene Feldschlacht; fast noch zu Lebzeiten Karls verschwinden die Awaren aus der Geschichte. Als Grund für dieses Debakel wird die versäumte Transformation der alten Sozial- und Herrschaftsstrukturen in eine neue, »mittelalterliche« Gesellschaft unter Einbeziehung der Kirche als Motor der Zivilisation verantwortlich gemacht. Im Gegensatz zu ihnen öffneten sich die Madjaren noch im 10. Jahrhundert der christlichen Mission und gewannen damit Anschluß an die westliche Zivilisation ihrer Nachbarn, auch der Polen und Böhmen, und wurden im Bündnis mit Rom dem sich ausformenden Abendland zugeführt.

Ein nicht unwesentlicher Grund für die politische Regression des Großreichs der Awaren, die sich im Zerfall des Khaganats offenbarte, mag auch in der Gestaltung des Handelsverkehrs gelegen haben, der insbesondere Flußläufe und Küstenzonen bevorzugte. Man muß sich in diesem Zusammenhang fragen, ob nicht der offensichtlich verfrühte Versuch Karls, die Flußsysteme von Rhein, Main und Donau durch einen Kanal zu verbinden, über den Truppentransport zu Schiff hinaus auch die Verknüpfung des Handels mit Byzanz über eine Wasserstraße durch Südosteuropa beabsichtigt haben könnte. Wir wissen es nicht, das Projekt scheiterte bekanntlich, und damit waren auch seine denkbaren Implikationen hinfällig.

Ähnlich wie beim Zerfall der Machtstrukturen in Ober- und Mittelitalien profitierte der Frankenkönig auch vom Niedergang des Khaganats, und er wußte nach ersten kriegerischen Auseinandersetzungen insbesondere durch Absprachen mit einzelnen Potentaten das verbliebene Machtpotential zu zerlegen. Kontakte des fränkischen Hofs zu den östlichen Nachbarn hatten sich bereits 782 ergeben, als auf der Reichsversammlung von Lippspringe Gesandte des Khagan und eines weiteren Anführers erschienen, um »den Frieden zu erörtern«, möglicherweise um ein Einverständnis über den Status des Grenzödlands zwischen Enns und Wienerwald zu erzielen. Der Kontakt verlief ergebnislos.

Jetzt, im Spätsommer und Herbst 788, suchen die Awaren als letzte Verbündete Tassilos und im Eigeninteresse durch einen doppelten Einfall in Friaul und jenseits der Enns auf bayerisches Gebiet die vermeintliche Gunst der Stunde zu nutzen. Alkuin, aufgrund seiner umfangreichen Korrespondenz einer der wichtigsten Zeitzeugen, weiß von awarischen Brandschatzungen zu berichten. In Friaul werden die östlichen Angreifer durch Franken und Langobarden besiegt und vertrieben. Die zweite Angriffssäule wird wiederum von Franken und Bayern, offensichtlich innenpolitische Gegner Tassilos und Verbündete Karls, auf dem Ybbsfeld an der Donau, unweit der Enns, geschlagen. Insbesondere Große aus dem Traungau und Verbündete Bischof Arns von Salzburg werden auf der Seite fränkischer Missi genannt.

Dem Treffen auf dem Ybbsfeld folgte ein weiteres Gefecht, das die Bayern und Franken gleichfalls für sich entscheiden konnten. Die Awaren wurden auf der Flucht niedergemacht, viele ertranken in der Donau. Unser Annalist läßt nicht nach, uns erneut an Herzog Tassilo und an dessen »übelwollende« Gemahlin Liutperga zu erinnern, die jene Überfälle angezettelt hätten. Der Sieg der Gegner Tassilos ist zugleich der Sieg der Christen über die Heiden und somit von heilsgeschichtlicher Qualität. Der Frontwechsel vom umstrittenen Herzog zum siegreichen fränkischen König war gut vorbereitet worden und gehört in den Zusammenhang jener mittelalterlichen Rechtsfigur, der sogenannten Verlassung, hier Tassilos, die später auch Sohn, Enkel und Urenkel Karls treffen sollte. Immer spiegelt sie den Verlust von herrscherlichem Charisma, Siegeszuversicht und Führungsqualitäten, der den Adel veranlaßte, die Seite zu wechseln und sich politisch neu zu orientieren.

Mit diesen Abwehrsiegen in Friaul und an der Ostgrenze Bayerns wurde zugleich ein neues Kapitel fränkischer »Außen- und Missionspolitik« aufgeschlagen. Dies geschah freilich nicht spontan und impulsiv, sondern, wie es zu Karls Gewohnheit geworden war, nach sorgfältiger Überlegung und Setzung von Prioritäten und offenbar immer eingedenk des Desasters in Spanien zehn Jahre zuvor. Jedenfalls wissen wir, wiederum aus einem Schreiben Alkuins, daß sich Karl Mitte 790 konzentriert mit dem Awarenproblem beschäftigte. Der Sieg Grimoalds und Hildebrands hatte an der süditalischen Front eine wesentliche Entlastung gebracht, die ein Operationsfeld an der bayerischen Südostgrenze eröffnete. Von Regensburg aus, der befestigten Residenz der bayerischen Herzöge, Sitz eines Bischofs und Handelszentrum, das aus dem Rhein-Main-Gebiet dank seiner Lage relativ leicht zu erreichen und zugleich von den künftigen Ereignissen donauabwärts nicht allzu weit entfernt war, suchte Karl bereits im Herbst des Jahres, das Tassilos Sturz gebracht hatte, die bayerischen Angelegenheiten zu regeln, das heißt sich mit den Großen, dem weltlichem Adel und den Kirchenführern zu verständigen. Als Maßnahmen standen ihm dabei die stets praktizierte Geiselstellung als Garant des Wohlverhaltens, die Exilierung widerspenstiger Anhänger Tassilos und die Konfiskation von deren Gütern zur Verfügung, die es an Anhänger und solche, die es werden sollten, zu verteilen galt. Auch die Einsetzung von Grafen gehörte zu den vorrangigen Amtsgeschäften. Urkunden aus Bayern datieren schon bald nach Karls Machtergreifung als Faktum; Bischof Arn von Salzburg verzeichnet vorsichtshalber in einem Inventar den Besitz seiner Kirche aus Herzogsgut und herzoglicher Konsensschenkung zur Vorlage beim König, der diese Ansprüche als Rechtsnachfolger der Agilolfinger offenkundig bestätigt hat.

Bereits am 25. Oktober 788 verfügte Karl aus Regensburg zugunsten der Kirche von Metz und damit für seinen Erzkapellan Angilram über Kloster Chiemsee. Diese Schenkung wurde 891 von seinem Ururenkel Arnulf von Kärnten zugunsten seines eigenen obersten Hofgeistlichen und damaligen Erzbischofs von Salzburg zurückgenommen, allerdings erst nach Übergabe der Metz wesentlich näher gelegenen Columban-Abtei Luxeuil in den Vogesen an die Kirche des heiligen Arnulf. Bemerkenswert im Kontext dieser Schenkung von 788 und anderer Rechtsakte, aber auch in historiographischen Zeugnissen ist der Umstand, daß nach der Absetzung der angestammten Herzogsfamilie der Terminus Dukat – Herzogtum – aus den Quellen verschwindet zugunsten unverfänglicher Formulierungen wie Vaterland (patria) »als Gesamtheit dessen, worüber ein Fürst kraft seiner Herrschaftsgewalt herrscht« (Thomas Eichenberger), Provinz, Land der Bayern, Regnum Bayern oder Region.

Zu den Angelegenheiten, die 788 in Worms verhandelt wurden, zählte auch ein politisch-diplomatischer Fehlgriff im aquitanischen Umfeld, der freilich kaum dem erst zehnjährigen König Ludwig angelastet werden kann, den vielmehr seine Berater zu verantworten haben. Nach dem Bericht des einen der beiden Biographen Ludwigs (des Frommen), wegen seiner Anonymität und seiner ausgeprägten Kenntnisse und Interessen hilfsweise Astronom genannt, war der auch als Herzog titulierte Graf Chorso von Toulouse, aus dem Zentrum von Ludwigs Herrschaft also, in die Gewalt des Baskenfürsten Adelrich geraten, dem er gar einen Sicherheitseid leisten mußte. Die Regentschaft hatte daraufhin eine allgemeine Versammlung nach Mourgoudou (mors Gothorum = Tod der Goten!) einberufen und den Basken vorgeladen. Dieser war erst nach Stellung von Geiseln erschienen, und zudem hatten Geschenke nachgeholfen, die Freilassung Graf Chorsos zu erreichen. Diese Appeasementpolitik fand nun keineswegs die Billigung des Frankenherrschers: Adelrich wurde nach Worms vorgeladen, und es wurde ihm in Gegenwart Ludwigs als Exempel harten Durchgreifens der Prozeß gemacht. Der Baske wurde geächtet und verbannt. Auch der Herzog von Toulouse verlor sein Amt, das an einen entfernten Vetter Karls überging, den nachmals berühmten Wilhelm von Gellone. Dieser Willehalm Wolframs von Eschenbach, Kriegsheld, Klosterstifter und früher Adelsheiliger, wußte sich leidlich gegen die Basken zu behaupten.

Wenn Karl auch mit dieser Maßnahme die Reputation seines noch minderjährigen Sohnes, des Königs, nicht beschädigte, so machte er doch deutlich, daß er nicht geneigt war, die Zügel der Macht im Süden Galliens aus der Hand zu geben und davon abzusehen, regulierend einzugreifen. Dies erstreckte sich sogar auf die Hofhaltung des jungen Königs, dem in seiner ökonomischen Misere die notwendigen Mittel zum Unterhalt fehlten, da das alte Herzogsgut weithin Beute der Großen geworden war. So ließ Karl nach 791 von seinen Boten vier Winterpfalzen festlegen, die, nahe der Francia gelegen, von Ludwig jeweils im bestimmten Turnus aufgesucht werden sollten. Auch eigens erlassene Kapitularien für Aquitanien, die etwa 789 bezeichnenderweise Verschwörungen untersagten, zeigten unmißverständlich, daß die Mittelgewalt in Gestalt der Söhne als Könige deren Regna und ihre Funktionsträger keineswegs von der eigentlichen Machtzentrale abschnitt, sondern daß diese dem Zugriff des Gesamtherrschers stets unterworfen blieb und im Gegensatz zum merowingischen Herzogtum keine Eigendynamik entfaltete oder gar dynastische Sonderinteressen ausbildete.

Die Anfänge Aachens als Residenz Karls

Ende des Jahres 788 kehrte Karl aus seiner bayerischen Residenz in die Francia zurück und nahm in Aachen einen langen Winteraufhalt; hier feierte der Hof Weihnachten und das Osterfest am 19. April 789. Damit rückt jene Pfalz, die durch das von Einhart expressis verbis als grandiose Bauleistung gerühmte Münster herausragt, erneut in unser Blickfeld. Aachen wurde wohl dank seiner wirtschaftlichen Infrastruktur am östlichen Rand der Königslandschaft von Maas und Lüttich, wegen seiner schon den Römern bekannten warmen Quellen, die der alternde Frankenherrscher immer mehr zu schätzen lernte, und nicht zuletzt wegen der vorzüglichen Jagdmöglichkeiten im sogenannten Aachener Wald zu einer Art Hauptort für Karl und seinen Nachfolger, auch wenn Kommunikation und Effizienz der Herrschaft durch die ungünstige Verkehrslage der Pfalz abseits der großen Flüsse nicht gerade befördert wurden.

Nach einer Art historischem Dornröschenschlaf, der immer wieder seit 936 durch das Zeremoniell der Königserhebung auf den angeblichen Stuhl Karls im Münster unterbrochen wurde, erwachte Aachen spätestens mit der Heiligsprechung des großen Franken 1165 zu neuem Leben und wurde nachhaltig bis heute zum alles überstrahlenden Zentrum des europäischen Karlskultes, der durch die Staufer, aber auch durch den Namensvetter Karl IV. und die französischen Könige des Spätmittelalters kräftig befördert wurde.

Bereits Karls Vater Pippin hatte 765/66 die wichtigsten Tage der Christenheit in der Villa Aachen begangen; Karl selbst und Karlmann feierten hier das Weihnachtsfest 768; im folgenden Jahr gehen zwei Königsurkunden aus dem »öffentlichen Palast« zu Aachen an ihre Empfänger. Wenn auch aus diesem Wechsel von Villa zu Palatium keine allzu weitreichenden Schlüsse gezogen werden dürfen, so zeigt sich doch, daß der Ort über Baulichkeiten verfügt haben muß, die einen repräsentativen Aufenthalt der fränkischen Könige gestatteten. So lassen etwa archäologische Funde erkennen, daß das Münster über einer römischen Thermenanlage errichtet worden ist, die über einen späteren Annex in Form einer Apsis verfügte, die als Kapelle diente. Somit konnte in Aachen der unbedingt erforderliche Gottesdienst gefeiert werden.

Der eigentliche Ausbau Aachens zur führenden Pfalz mit angegliedertem Stift setzte erst in den neunziger Jahren des Jahrhunderts ein. Möglicherweise gab bereits der Winteraufenthalt von 788/89 den endgültigen Anstoß zu den Baumaßnahmen, die mit dem Oktogon des Zentralbaus und seiner Überwölbung ihren bewunderungswürdigen Höhepunkt fanden. Auch der Brand der von Karl lange Zeit bevorzugten Pfalz in Worms im Jahr 790/91 dürfte den Ausbau der Pfalzanlage beschleunigt haben. Jedenfalls hielt sich der König seit 794/95 mit wenigen Ausnahmen, die etwa auf die Sachsenkriege oder die Kaiserkrönung in Rom zurückzuführen waren, bis zu seinem Ende in den Wintermonaten in Aachen auf, was Einhart glaubwürdig mit Karls Vorliebe für die heißen Quellen begründet. Voll Verständnis für das Vergnügen an warmen Bädern äußerte der alternde Goethe am 21. November 1814 aus Weimar in einem Brief an Karl Friedrich Zelter in Berlin: »Im Alter täte man wohl, wie Karl der Große seine Residenz in einem solchen Dunstkreise zu fixieren.« Mit diesem Schritt verlor die Rhein-Main-Schiene mit ihren zentral gelegenen und von allen Seiten günstig erreichbaren Versammlungs- und Aufenthaltsorten wie Worms oder Frankfurt, zu schweigen von den (merowingischen) Pfalzen zwischen Somme und Seine, ihre Bedeutung. Die individuelle Vorliebe Karls für die Thermen und die offenkundig günstige Versorgungslage des Hofes im gleichnamigen Fiskus entschieden letztlich den Wechsel.

Von der Aachener Pfalzanlage zeugen noch das Palatium, das völlig umgestaltet wurde zum heutigen gotischen Rathaus und einst über einen zweistöckigen Gang, unterbrochen durch einen quadratischen Bau, mit dem Münster und dessen Annexen verbunden war, ferner der sogenannte Granusturm und der kirchliche Zentralbau mit Teilen des Atriums, jenes Meisterwerk karolingischer Baukunst, das, in seiner Form wohl an San Vitale in Ravenna orientiert, die Bewunderung von Karls Zeitgenossen fand und jüngst wegen seiner einmaligen Gewölbetechnik gar als Bauwerk der Spätromanik interpretiert wurde. Noch heute birgt es in einem kostbaren Schrein die Gebeine des großen Kaisers.

Die »Allgemeine Ermahnung« und der Brief »Über die Pflege der Wissenschaften«

Der Aachener Aufenthalt Karls gewann im Jahr 789 einigen Glanz, als Erlasse in Form von Mahnschreiben und Kapitularien ein Staats- und Bildungsprogramm initiierten, dem sich einige Jahre später eine Art von Schulagenda anschloß. Auch diese Texte zeigen, wie wenig der König und seine Zeitgenossen zwischen weltlicher Regierungsmaterie und religiös-moralischen Inhalten unterschieden, wie sehr das intendierte christliche Regnum als Einheit alle gesellschaftlichen Bereiche umfaßte und dem von Gott bestellten Herrscher die uneingeschränkte Leitungsgewalt zustand, von der lediglich spezifisch sakrale Aufgaben und Amtspflichten der Bischöfe und Priester wie die Feier der Eucharistie, die Sakramentenspendung und Weihehandlungen ausgenommen waren. So ist Karl auch nie im strikten Sinn König und Priester zugleich gewesen nach dem alttestamentarischen Vorbild des Melchisedek, das freilich von der Kirche, zumal den Päpsten, als Modell zugunsten der gelasianischen Zweigewaltenlehre, der Leitung der Welt durch Könige und Priester, stets abgelehnt worden war.

Karl wendet sich in der nach seinem Verständnis allumfassenden Zuständigkeit für Reich und Kirche, wobei letztere als Institution verstanden wird, als König und »Rektor des Königreichs der Franken an alle geistlichen Stände und weltlichen Würdenträger«, als »ergebener Verteidiger der heiligen Kirche und demütiger Helfer«. In einer Art Predigt führt das Kapitular, die berühmte »Allgemeine Ermahnung«, die »Charta« des Karlsreichs, einleitend aus: »Wir bitten Euch, Ihr Hirten der Kirchen Christi, Ihr Leiter seiner Herde und Leuchten der Welt, daß Ihr mit wachsamer Sorge und unverdrossener Ermahnung das Volk Gottes zu den Weiden des Ewigen Lebens führen möget ..., eine Aufgabe, bei der Euch, wie Ihr wissen sollt, unsere Sorgfalt unterstützen wird ... Ihr sollt aber diese aus dem Geist der Frömmigkeit entsprungene Anweisung, mit der wir Falsches korrigieren, Unnützes ausscheiden, Richtiges bekräftigen wollen, keineswegs für anmaßend halten, sondern vielmehr mit Liebe und Wohlwollen aufnehmen. Denn wir lesen in den Büchern der Könige, mit welcher Mühe der heilige Josias das ihm von Gott verliehene Reich durch Umherreisen, Bessern und Ermahnung zur Verehrung des wahren Gottes zurückzuführen versucht hat. Zwar will ich mich nicht mit dieser heiligen Gestalt gleichstellen, doch ist es unsere Aufgabe, dem Beispiel der Heiligen zu folgen und insbesondere so viele Menschen, wie wir vermögen, in dem Streben nach einem guten Leben zum Lob und Ruhm unseres Herrn Jesu Christi zusammenzuführen.«

Dieser für das Herrschaftsverständnis Karls durchaus zentrale Text lenkt auf die Könige des Alten Testaments zurück, insbesondere auf den heiligen Josias, mit dessen Tun sich die wesentlichen Intentionen von Karls Reformprogramm einer wahrhaft christlichen Gesellschaft verbinden, nämlich »durch Umherreisen, Bessern und Ermahnen« eine gottgefällige Ordnung herzustellen, die zugleich die Wege ins Jenseits für den einzelnen bereitet. Der Kern der sogenannten karolingischen Renaissance ist somit die umfassende »correctio«, die Korrektur aller Übelstände, nicht zuletzt verursacht durch verderbte Überlieferung der Texte, sorglose Abschriften, sprachliche Schnitzer und falsches Verständnis.

In seiner Sorge für den rechten Text war die Reform Karls in wesentlichen Teilen an die Wiederbelebung des spätantiken Bildungsniveaus gebunden und damit an die Erneuerung des nur noch in Rudimenten tradierten Schulbetriebs, der insbesondere dem Eingangstrivium der sogenannten Artes liberales, der Freien Künste, Grammatik, Rhetorik und Dialektik, gewidmet war und den sicheren Umgang mit dem klassischen Latein vermittelte, dem Ausdrucksmittel auch der Kirchenväter. Mit dieser Rückwendung auf Antike und Spätantike gewann das Lateinische die Länder, später Kontinente und Jahrhunderte überspannende Kraft einer Lingua franca der Kirche, der Philosophie, letztlich aller höheren Bildung. Latein wurde das wesentliche geistige Bindemittel des Abendlandes und bewahrte die Sprache Ciceros und des Hieronymus vor einem Aufgehen in den romanischen Dialekten und ihren Eigenheiten.

Der Geltungsbereich des Lateinischen, der dritten der drei »heiligen Sprachen« neben dem Hebräischen und dem Griechischen, war oder wurde identisch mit dem Wirkungskreis der römischen Papstkirche als Vorort der abendländischen Christenheit. Das politische Bündnis, das bereits Karls Vater Pippin mit dem Nachfolger des Apostelfürsten geschlossen hatte und das von diesem erneuert, bekräftigt und ausgebaut worden war, basierte auf dem petrinischen Fundament von Lehre, Rechtsprechung und Kultus. Die Übereinstimmung mit der römischen Tradition der Kirche wird zum »Fixstern karolingischer Politik« (Nikolaus Staubach).

I. »Solidus« Karls des Großen. Goldmünze aus der Prägestätte Arles, zwischen 812 und 814, ein Fund von 1996 im Gelände der Kaiserpfalz Ingelheim. Mainz, Landesamt für Archäologische Denkmalpflege

 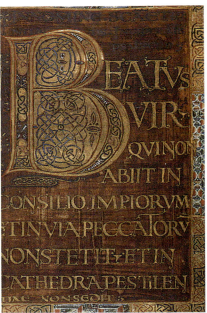

II a. Miniatur mit einer Darstellung des Lebensbrunnens in dem im Auftrag Karls des Großen und seiner Gemahlin Hildegard von dem Schreiber Godescalc zwischen 781 und 783 geschaffenen Evangelistar. Paris, Bibliothèque Nationale. – b. Initialseite in dem auf Veranlassung Karls des Großen für Papst Hadrian I. zwischen 783 und 795 hergestellten und nach dessen Schreiber benannten »Dagulf-Psalter«. Wien, Österreichische Nationalbibliothek

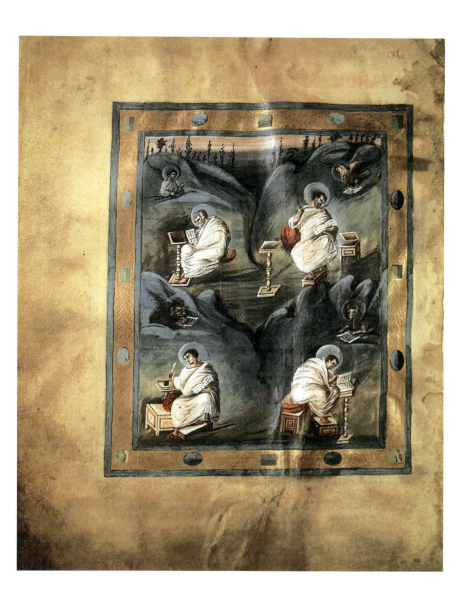

III. Die vier Evangelisten. Miniatur in dem wohl um 810 für Karl den Großen geschaffenen »Schatzkammer-Evangeliar«. Aachen, Domschatz

IV. Kannenreliquiar. Arbeit aus Goldblech mit byzantinischen Emaileinlagen, frühes 9. Jahrhundert. Kanton Wallis, Schweiz, Abtei Saint-Maurice-d'Agaune

V. Die Monate des Jahres im Rhythmus des Landlebens und der Landarbeit. Miniatur in einer um 820 in Salzburg entstandenen komputistischen Handschrift. München, Bayerische Staatsbibliothek

VIa. Die Bundeslade unter dem Schutz der Cherubim und der segnenden Rechten Gottes. Mosaik in der Apsis von Germigny-des-Prés, der Kapelle des Theodulf von Orléans, um 806. – b. Der Kirchenlehrer Gregor der Große im Disput für die Regeln der Benediktiner und mit den drei Tauben, dem Symbol der Trinität und ihrer göttlichen Inspiration. Malerei auf der Nordwand der Kirche St.-Benedikt zu Mals im Vintschgau, Anfang des 9. Jahrhunderts

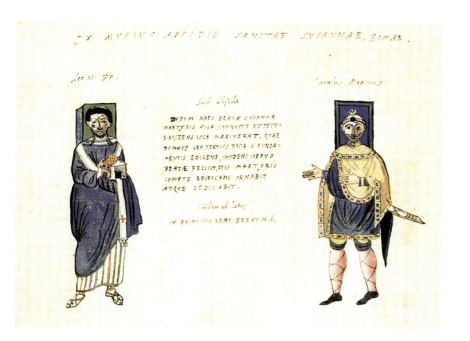

VII. Leo III. als Stifter mit dem Kirchenmodell und Karl der Große in fränkischer Tracht. Barocke aquarellierte Zeichnung des wohl vor 800 entstandenen, zerstörten Apsismosaiks in der Kirche S. Susanna zu Rom. Rom, Biblioteca Apostolica Vaticana

VIII. Die Teilung des Großreiches Karls des Großen im Jahr 806 nach altfränkischer Tradition: der Kaiser im Habitus des Gebieters gegenüber seinen Söhnen Karl, Pippin und Ludwig als den vorgesehenen Nachfolgern im Reichsgebiet. Miniatur in den »Chroniques des Rois de France«, 15. Jahrhundert. Chantilly, Musée Conde

Dies wird besonders deutlich in dem Bestreben, die eigenen Reformbemühungen an die römische, das heißt für authentisch gehaltene Überlieferung der heiligen und ehrwürdigen Texte (Bibel, Sakramentar, Canonessammlungen) oder die Form des Gesangs (Gregorianik) zu binden, was auch die ausschließliche Beachtung der Regel des heiligen Benedikt als Leitfaden für das Mönchsleben umfaßte. Mit dieser zugleich geistlichen Sorge für die Wohlfahrt der christlichen Gesellschaft, die weder dem Modell byzantinischen Kaisertums noch der germanisch-fränkischen Herrschaft über die Landeskirche eignete, überwand das Königtum Karls mit Rückgriff auf das zeitlose Muster alttestamentarischer Königsherrschaft zugleich den gelasianischen Dualismus, der zwischen der »geheiligten Autorität der Priester« und der »königlichen Gewalt« eine schroffe Grenze gesetzt hatte, zugunsten einer flexiblen Kooperation beider Instanzen. Das führte zwar nicht zum Eindringen des Königs in den Bezirk der Res sacrae, eröffnete aber dem römischen Papst Spielräume, die freilich erst seit dem Hochmittelalter besetzt werden konnten. Dieses Modell einer »Doppelspitze« für das sich formierende Abendland wurde noch ergänzt durch den offenen oder versteckten Hinweis auf das Vorbild Konstantins, des ersten christlichen Kaisers. Auf dieses Herrscheridol, vor allem aber auf seine Rechtgläubigkeit kam der fränkische König stets zurück, wie der römische Pontifex auf seine Schenkung rekurrierte. Das politisch-religiöse Bündnis mit dem Nachfolger Petri, sichtbar in der geistlichen Gevatternschaft und in Krönungsakten, bildete aber, allen gelegentlichen Eintrübungen und Spannungen zum Trotz, das zweite wesentliche Fundament karolingischer Königsherrschaft neben Wahl und Zustimmung seitens der Großen als volkstümlichem Element.

Die vielschichtige Programmatik des erneuerten fränkischen Königtums erhielt ihre Grundlinien aus den Vorstellungen Karls selbst, die Ausarbeitung verdankte sich den Bemühungen des gelehrten Umkreises seines Hofs, der mit Beratern aus aller Herren Länder besetzt war und das Wissen seiner Zeit vereinigte. Diese Zuarbeit geht nicht zuletzt auf den Angelsachsen Alkuin zurück, der nicht nur das Zirkular von 789, sondern auch das berühmte Lehrschreiben *De litteris colendis* – frei übersetzt: »Über die Pflege der Wissenschaften« – zumindest mitverfaßt haben dürfte.

Alkuin, um 740 im Königreich Northumbrien geboren und einer Familie mittlerer Landbesitzer zugehörig, war in sehr jungen Jahren der

Kathedralgemeinschaft von York, Königssitz und Metropolitankirche zugleich, zur Erziehung anvertraut worden, wo er als kirchliches Oberhaupt Erzbischof Egbert vorfand, der noch mit Beda und später mit Bonifatius korrespondiert hatte. Hier erhielt Alkuin das Fundament seiner überragenden Buchgelehrsamkeit und eine intellektuelle Schulung, die ihn zum gesuchten Gesprächspartner des fränkischen Königs machte, wobei die überreiche Bibliothek von York die geistige Rüstkammer Alkuins bildete. In Geschäften seiner Kirche in Italien unterwegs, lernte er Karl bereits 781 in Parma kennen, und 786 suchte er ihn erstmals in Worms auf. Neuere Forschungen lassen den häufig als sicher angenommenen langandauernden Aufenthalt am fränkischen Hof als Mitglied, wenn nicht gar Haupt der sogenannten Palastschule als Vorläuferin der Aachener Institution höchst zweifelhaft erscheinen, doch läßt sich zumindest seine inspirierende Mitwirkung an der zitierten »Allgemeinen Ermahnung« *(Admonitio generalis)* von 789 und der in diesem Umfeld auch zeitlich anzusiedelnden Epistel *De litteris colendis* nachweisen. Alkuin kehrte bereits 790 nach England zurück; erst Anfang 794 läßt er sich wieder in der Nähe des Königs nachweisen. Wenn er auch als Lohn für seine gelehrten Dienste unter anderem in den neunziger Jahren die Abtei Tours erhielt, so gehörte er doch keineswegs zum inneren Zirkel der Macht, wie die Korrespondenz häufig zeigt. Karl mochte mit scharfem Blick die Gefahren von Alkuins höchst umtriebiger, dabei auch unvermeidlich indiskreter Ungebundenheit durch Mitteilsamkeit durchaus erkannt und sich danach verhalten haben. Alkuin starb 804 in Tours, von den Mönchen wenig betrauert, die über den ständigen, kostspieligen Zulauf von Angelsachsen heftig Klage geführt hatten. Gleichwohl wurde mit dem Kanzleivorstand Fridugisus wiederum ein Angelsachse Vorsteher der berühmten Abtei.

Von Alkuin als Autor sind mehr als zweihundert Schriften überliefert, die gleichsam die geistige Physiognomie des Zeitalters repräsentieren: Orientierung an den Texten Papst Gregors des Großen als Gradmesser für das Latein, Wiederbelebung der Sieben Freien Künste auch als Kunst des Fragens, Diffenzierens und Abstrahierens. Alkuins Interesse galt der Musik, mehr noch der Himmelskunde, die Astronomie und Astrologie ungeschieden in sich vereinte. Besonders in diesem Fach war er ein gesuchter Ratgeber Karls, der häufig um Expertisen nachsuchte. Freilich brachten es beide über ein gewisses Dilettieren im Elementaren nicht hinaus.

Eine weitere Aufgabe fesselte Alkuin bis an sein Lebensende: die Reinigung und Berichtigung der Bibel, die freilich Torso blieb. Die enge Bindung der angelsächsischen Kirche an Rom seit den Tagen Gregors des Großen führte auch Alkuin immer wieder an die Schwellen der Apostelgräber und ließ ihn ein Sakramentar nach der korrekturbedürftigen Vorlage dieses Papstes für die fränkische Kirche zusammenstellen. Wie bereits angedeutet, war Alkuin alles andere als eine unkomplizierte Persönlichkeit, die sich mit Kollegen und Rivalen bei Hofe eifersüchtig um die Gunst des Herrschers stritt und die Einsetzung als Klostervorsteher im vergleichsweise fernen Tours einer Verabschiedung gleich mit einigem Unbehagen hinnahm.

Man wird sich freilich hüten müssen, die Gelehrsamkeit Alkuins, die Spiritualität, die anderen Mitgliedern jenes oszillierenden Hofkreises zu eigen ist, als verbindlichen Standard zeitgenössischer Bildung anzusehen. Theodulf von Orléans und die Langobarden vom Range eines Paulus Diaconus oder Paulinus waren ebenso Ausnahmen wie später, in der zweiten Generation, Franken wie Einhart oder Hraban. Zahlreiche Mitglieder der Hofschule oder gar Akademie sind nur sporadisch oder zu durchaus unterschiedlichen Zeiten mit ihr verbunden gewesen. Gewiß gab es neben der Kapelle, die zur Aufbewahrung der Reliquien und zur Ausgestaltung der herrscherlichen Gottesdienste bestimmt war, und der ihr verbundenen Kanzlei, die Urkundenauslauf und Korrespondenz besorgte, eine Ausbildungstätte für die Schreiber und Notare; gewiß wurden auch Karls Kinder am Hof erzogen, doch wird man den institutionellen Rahmen dieser Palastschule und ihre Wirksamkeit nicht überzeichnen dürfen. Diese hat ohnedies erst in Aachen dauerhaftere Konturen gewonnen.

Die Akademiker, Gelehrten und Berater Karls sind als leuchtende Fixsterne an einem noch wolkenverhangenen Himmel anzusehen. Aber ihr Glanz bewirkte da und dort schon eine Aufhellung. So weisen die Diplome Karls in der zweiten Hälfte seiner Herrscherjahre einen Sprachstil auf, der nicht mehr die Kritik und den Spott von Abschreibern der folgenden Jahrhunderte herausforderte. Die Latinität der emendierten Gesetzestexte und der überarbeiteten Annalistik gewinnt immer mehr an korrekter Ausdruckskraft, zahlreiche Gedichte und Epitaphien aus der Feder der Hofpoeten zeugen vom Kuß der Muse; Einharts Karlsbiographie, geschult an der Klassizität Ciceros und Suetons, ist auch in Aufbau, Stil und Duktus ein Meisterwerk. Führt die sogenannte Palastschule dem Umfang der tradierten Handschriften nach eher ein weitgehend spekulatives Schattendasein, so sind die Skriptorien und Schulen bedeutender Klöster wie Tours, Corbie, St. Gallen, aber auch Chelles, St. Médard (Soissons) oder von Bischofssitzen wie Reims, Köln oder Salzburg mit einer höchst beachtlichen Produktion von Codices präsent, die aus der Fülle von nicht weniger als rund 8000 überlieferten Pergamentbänden der gesamten karolingischen Ära herausragen.

Zweifellos begünstigte aber der Hof, vor allen Karl selbst ein geistiges Klima, das jene Renaissance mittels der Besserung des Lateins und der Schriftreform erst ermöglichte und in einem breiten Strom antike und spätantike Bildungselemente, zumeist in einem zugleich kirchlichen Rahmen, dem Zeitalter zuführte. Es ist Karl selbst gewesen, der seit seiner ersten Begegnung mit Italien Grammatiker wie Petrus, den Prinzessinnenerzieher Paulus Diaconus oder Paulinus, den späteren Patriarchen von Aquileia, einen führenden Theologen, begünstigte, an seinen Hof zog und seinem Bildungsprogramm verpflichtete. Dieses geistige Interesse, das jenseits von Machtstreben und Ländererwerb liegt, teilt Karl mit dem viel späteren Napoleon. Erst diese Affinität zur Kultur, die insbesondere Rechtskodifikationen einschloß, und ihren führenden Repräsentanten verlieh dem Zeitalter Karls wie dem Napoleons das besondere Signet und zugleich Dauer im historischen Bewußtsein.

Die Reformen, Renaissancen und Korrekturen waren keinesfalls einem gleichsam wertfreien Bildungsstreben zur Formung der Persönlichkeit verpflichtet, vielmehr der Reinigung und Weitergabe heiliger Texte, Regeln und Gesänge, der Emendation von Bibel- und Psalterausgaben, Sakramentaren und Homilien, kurzum der christlichen Gebrauchsliteratur, aber auch der Vermittlung von Canones-Sammlungen und »weltlichem« Recht. Richtschnur war und wurde die römische Überlieferung, die das spätantike Erbe mit der päpstlichen Tradition, kulminierend im Werk Gregors des Großen, verband und auf die das Frankenreich seit den Tagen der angelsächsischen Glaubensboten Willibrord und Bonifatius hingewiesen worden war. Ihr kam im politischen Bündnis der Pippiniden/Arnulfinger mit den Nachfolgern Petri tragende Bedeutung zu. Dieses geistig-politische Bündnis, das bereits Karls Vater Pippin begründet hatte, schuf ein Klima im fränkischen Großreich, das regionale Eigenheiten und Sonderentwicklungen nach Art der älteren Landeskirchen nicht mehr zuließ, sondern die Ausrichtung auf

Rom und seine Traditionen zur bindenden Richtschnur werden ließ, das Papsttum zur geistig-moralischen Instanz des werdenden Abendlandes erhob und den Regionen jenseits des Rheins das im wesentlichen durch die Kirche vermittelte kulturelle Erbe der Spätantike vermachte.

Karl verklammerte mit diesem Bildungsprogramm, das zugleich der rechten Pflege des Kultus diente, eindeutig die Teile seines Reiches, die weiterhin in Formen ihres rechtlichen, sozialen und kulturellen Lebens eine gewisse Eigenständigkeit bewahrten, aber im Herrscher und seiner Dynastie ihre verbindende Mitte fanden. Freilich blieb dieses Programm vielfach in der gelehrten Rhetorik seiner Propagandisten stecken oder stieß, bedingt etwa durch den offenkundigen Priestermangel und das Fehlen von Schulen, an die Grenzen der Machbarkeit. Letztlich blieb die intendierte christliche Gesellschaft auf einer organisatorischen Vorstufe stehen, wie dies bereits vor Jahrzehnten Heinrich Fichtenau genau beobachtet hat. Am Ende siegten die gesellschaftlichen Antagonismen, die insbesondere nach der eigentlichen Expansionsphase des Frankenreichs die Fundamente der volkstümlichen Königsherrschaft untergruben und den weitgehend appellativen Charakter des auf alttestamentarische Vorbilder gestützten Regiments enthüllten, dem zur Durchsetzung seiner Befehle weithin der Apparat moderner Staatlichkeit, Verwaltung, Polizei und Militär, fehlte. Das System von Aushilfen, angewiesen auf die Loyalität des Adels und der Kirche, die alle wesentlichen Leitungspositionen innehatten, war einer Folge von krisenhaften Situationen in Staat und Gesellschaft nicht gewachsen, wie dies die Spätzeit Karls bereits deutlich sichtbar macht. Der Rückgriff auf das Alte Testament und seine Könige bewahrte zwar noch den neuen David, wie Karls Künstlername im Umkreis seiner Akademie lautete, vor der Bußpredigt eines neuen Propheten Nathanael, aber bereits sein Nachfolger, Ludwig der Fromme, sollte sich dem Führungsanspruch der Kirche unterwerfen und sein hohes Amt dem Willen derer unterwerfen, die nicht zuletzt ihren Aufstieg seinem Vater verdankten, auch wenn das Königtum diese »Ministerialisierung« aller Leitungsaufgaben selbst initiiert hat.

Wenden wir uns nach diesem Ausblick der »Allgemeinen Ermahnung« *(Admonitio generalis)* zu, die ebenfalls und zugleich herausragend zu jenen normativen Texten appellativen Charakters zählt, die im gelehrten Umkreis Karls und unter Assistenz seiner Vertrauten zusammengestellt und publiziert worden sind. Der erste Teil des umfangreichen Zirkulars, der nicht weniger als 59 Kapitel umfaßt, widmet sich Gegenständen der kirchlichen Ordnung unter zumeist wörtlichem Rückgriff auf jene unter dem Namen *Dionysio-Hadriana* bekannte Sammlung des Kirchenrechts, die Karl bereits 774 vom Papst selbst in Rom übergeben worden war und die vor allem Canones der ersten Konzilien und Dekretalen der Vorgänger Hadrians I. im Amt enthält. Mit der schon angedeuteten Intention, die rechte Ordnung in der Kirche wiederherzustellen oder zu begründen, Mißstände abzuschaffen und notwendige Korrekturen nachhaltig einzuleiten, verbindet sich die Absicht, die römische Vorlage als allein verbindliche Rechtskodifikation bekannt zu machen und deren Anerkennung allerorten durchzusetzen. Davon zeugt nicht zuletzt die Überlieferung dieses Rundschreibens, das in nicht weniger als 22 Abschriften auf uns gekommen ist und damit offenkundig eine weite Verbreitung erfahren hat. Sein Text liegt vielfach auch späteren Verlautbarungen zugrunde.

Die Neuauflage dieser alten Rechtsnormen hält der Geistlichkeit einen Spiegel vor, der sowohl ihr unsittliches Verhalten anprangert, etwa Kneipenbesuch, sexuelle Ausschweifung, Mißachtung des Zinsverbots und weltliche Geschäftigkeit, als auch Fragen des Kultus und der kirchlichen Ordnung berührt, etwa der Heiligenverehrung, die offenbar überzuborden droht, und des rechten Alters zum Eintritt in ein Kloster. Bischöfen wird untersagt, gegen Geldzahlungen Kleriker zu ordinieren und ihre Gemeinden über Gebühr finanziell zu belasten. Aber auch das Verhalten von Laien wird mit der Absicht der gesellschaftlichen Disziplinierung kritisiert: So wird auf den Mißstand hingewiesen, daß neue Ehen zu Lebzeiten des alten Partners eingegangen werden; Unzucht, insbesondere Homosexualität, wird angeprangert. Vor der Aufnahme flüchtiger Kleriker wird gewarnt.

Dieser umfangreiche erste Teil wird durch zwanzig weitere Kapitel ergänzt, die sich mit dem Zustand der Gesamtgesellschaft beschäftigen und Korrektive mitliefern, ihrerseits dem Gesamttenor des Textes entsprechend autoritativ abgesichert mit Zitaten aus dem Alten und Neuen Testament. Aus der Fülle der Details soll nur weniges als besonders signifikant herausgestellt werden. Der Abschnitt beginnt mit dem bezeichnenden Aufruf: »Daß Frieden sei und Eintracht und Einverständnis unter allem christlichen Volk zwischen Bischöfen, Äbten, Grafen, Richtern und allen – wo auch immer – großen und kleinen Personen«, unter Hinweis auf die einschlägigen Bibelstellen »Liebe Deinen Nächsten wie Dich selbst« und »Selig sind die Friedfertigen, denn sie werden Söhne Gottes heißen«. Der Text konkretisiert im folgenden diesen Friedensweg: Rechtsprechung nach dem von Weisen dem Volk gewiesenen Recht, also nicht aus eigenem Ermessen der Mächtigen, und Vermeidung von Meineid. Dazu gehört auch die Forderung nach gleichen und richtigen Maßen und Gewichten, die sowohl in den Städten, hier vornehmlich neben den *civitates* als befestigte Handelsplätze zu interpretieren, als auch in den Klöstern vorhanden sein sollen, offenbar zur Erhebung der kirchlichen Abgaben und der auf den Hörigen lastenden Naturalzinsen.

Erneut rekurriert dieses Kapitular auf offenkundig noch immer häufig praktizierte heidnische Bräuche, so auf die Befragung von Bäumen, Steinen oder Brunnen oder auf die Nichteinhaltung der Sonntagsheiligung durch Tätigkeiten, die unmißverständlich zur arbeitsteiligen Agrargesellschaft des Frühmittelalters gehören. Den Männern wird verboten, am Sonntag bäuerliche Arbeiten zu verrichten, den Weinberg zu bestellen oder auf den Äckern zu pflügen, zu ernten oder Gras zu mähen, Zäune aufzustellen, in Wäldern zu roden oder Bäume zu fällen, Steine zu brechen, Häuser zu bauen oder im Garten zu arbeiten. Auch sollen sie weder an Gerichtsverhandlungen teilnehmen noch zur Jagd gehen. Drei Karren, das sind Fuhrdienste, sind am Tag des Herrn erlaubt: der Kriegskarren, der Karren für den Lebensmitteltransport (Fourage) und der Karren zur Bestattung eines Toten. Desgleichen sollen die Bäuerinnen keine Textilarbeiten verrichten, weder Kleider zuschneiden noch Säume machen, weder Wolle rupfen oder Leinen schlagen noch öffentlich Wäsche waschen oder Schafe scheren, »so daß die Würde und Ruhe des Tages des Herrn gewahrt bleibt. Aber sie sollen zur Meßfeier von überall her in die Kirche gehen und Gott in allen guten Dingen loben, die er uns an diesem Tag bereitet.«

Die Textvorlage dieser Bestimmung, das sogenannte Konzil von Verberie (755) unter Karls Vater Pippin, hatte das Verbot wesentlich abstrakter formuliert, so daß die inhaltliche Erläuterung offenkundig einem weitverbreiteten Bedürfnis entsprach. Welche Mühe wird es den christlichen Predigern bereitet haben, den des Lesens unkundigen Bauern die saisonal bedingte, insbesondere von den jeweiligen Witterungsverhältnissen abhängige Arbeit auf einen Tag bezogen als etwas Verwerfliches darzustellen oder gar den Bäuerinnen ihr Tagwerk in Haus und Hof als etwas Ungebührliches vor Augen zu führen! So bedarf es noch in einer Mirakelgeschichte aus der zweiten Hälfte des 9. Jahrhunderts eines Wunders, um Landleute im Wesergebiet von der auch sonntags üblichen Heumahd abzubringen. Im übrigen läßt der Text mit dem Hinweis auf das Pflügen erkennen, daß der Getreideanbau bereits alltäglich geworden ist. In gleicher Weise gilt dies für die (Brand-)Rodung zum Gewinn neuer Anbauflächen als Indikator für demographisches Wachstum und Landesausbau, flankierend zu den Vorschriften über rechte Maße und Gewichte.

Wie wenig die angestrebte christliche Gesellschaft des ausgehenden 8. Jahrhunderts indessen in ihren Grundsätzen und in ihrem religiösen Verständnis gefestigt war, enthüllen die abschließenden Kapitel, die sich mit den Modalitäten der Predigt beschäftigen, einem der wesentlichen Elemente der Verkündigung: »... daß richtig und würdig gepredigt werde. Und laßt Euch nicht herbei, Neues und Unkanonisches nach seinem Sinn und nicht den Heiligen Schriften gemäß zu erfinden und dem Volk zu predigen.« Zu predigen sei vielmehr, und dies ist im Sinne einer Minimalforderung zu verstehen, der Extrakt des Glaubensbekenntnisses von Nicaea, so die Dreieinigkeit, die Inkarnation Christi aus Heiligem Geist und Jungfrau Maria zur Erlösung des Menschengeschlechts, die Auferstehung Jesu und das Jüngste Gericht, »wie die Gottlosen wegen ihrer Verbrechen mit dem Teufel in das ewige Feuer geworfen werden und die Gerechten mit Christus und seinen heiligen Engeln das Ewige Leben erlangen«. Besondere Aufmerksamkeit habe die Predigt auch auf die Auferstehung der Toten zu richten, damit man daran glaube, daß »sie in jenen Körpern die Früchte ihrer Verdienste erhalten werden«. Eine letzte pastorale Handreichung gibt den Predigern eine Art Lasterkatalog, eine Abfolge jener »Verbrechen, die, begangen mit dem Teufel, zur ewigen Strafpein führen«, das sind unter anderem Unzucht, Verschwendungssucht, Götzendienst (!), Giftmischerei, Neid, Streit, Zorn, Trunkenheit und Völlerei.

Mit diesen durchaus handfesten Hinweisen auf den Predigtinhalt wurde erneut auf ein grundlegendes Hindernis in der Evangelisation hingewiesen, das bereits im ersten Teil der »Allgemeinen Ermahnung« deutlich angesprochen worden war: das Problem der völlig unzureichenden Bildung der Priester, der fehlenden Schulen und des Mangels an Büchern. Diese Schwierigkeiten wurden noch durch die Existenz sogenannter Eigenkirchen verschärft, das waren Kirchen vermögender Landbesitzer, die von diesen auf Eigengut errichtet worden waren und ihrer Verfügungsgewalt unterstanden, auch wenn sie ein Sondervermögen bildeten. In aller Regel betraute der Eigenkirchenherr, zumeist ein Großgrundbesitzer, einen seiner Knechte mit dem Pfarrdienst, wobei er offenkundig nicht immer den tauglichsten wählte. Diesen mußte er zwar dem zuständigen Bischof präsentieren und zugleich freilassen, faktisch jedoch leistete der so Bestellte vor allem die Dienste eines Verwalters innerhalb der Grundherrschaft seines Herrn. Für Bildung und geistliche Ausrichtung blieb hier wenig Raum. Dementsprechend gering war das Ansehen dieser Art von Geistlichen, die sich kaum von ihrer unwissenden Gemeinde unterschieden.

Um diesem gravierenden Problem abzuhelfen, regt die »Ermahnung« an, jene, für die der Text bestimmt ist, möchten nicht nur Kinder knechtischer Herkunft zum Priestertum heranziehen, sondern »sie sollen Söhne von Freien um sich versammeln und sich mit ihnen verbinden. Und sie sollen Schulen errichten, an denen die Kinder lesen lernen können. Psalmen, Schriftzeichen, Kirchengesang, Rechnen, Grammatik [Latein] sollen sie in den einzelnen Klöstern und Bischofssitzen [lernen]«, und, so fordert der Text, »Reinigt die Bücher rechten Glaubens, denn manche, die recht zu Gott zu beten wünschen, beten wegen der nichtbereinigten Bücher schlecht.« Hier spricht ein geradezu magischer Glaube an das rechte Wort, ja an den rechten Buchstaben, der Intention und Gesinnung des Betenden fast ausblendet und, einer Beschwörungsformel gleich, allein auf den genauesten Wortlaut als Mittel zum Erfolg achtet, so wie dies auch vor Gericht gilt. Dementsprechend sollen Evangelien, Psalter und Missale nicht von Schülern, sondern von reifen, erfahrenen Männern abgeschrieben werden.

An dieser Stelle ist Alkuins Einfluß besonders zu spüren, hatte er doch als Abt von St. Martin in Tours nach 796 über die Tür zur Schreibstube seines Klosters folgenden Satz schreiben lassen: »Hier sollen alle sitzen, die den Wortlaut der Heiligen Schrift abschreiben. Sie sollen sich vor jedem leichtfertigen Wort hüten, damit nicht wegen solcher Leichtfertigkeiten ihre Hand irrt. Sie sollen sich um die Herstellung fehlerfreier Bücher bemühen und ihre eilende Feder auf den rechten Weg führen.«

Die Sorge um den rechten Text, die nicht mit philologischer Akribie verwechselt werden darf, und seine Vermittlung in Schulen werden zu staatlichen Aufgaben als Voraussetzung rechter Glaubensvermittlung, die ihrerseits erst das sittliche Fundament der Gesellschaft schafft. Diesen Auftrag haben Klöster und Domschulen vom Range Corbies, Tours', St. Gallens und Fuldas sowie Kölns, Salzburgs oder Reims' in reichem Maße erfüllt. Sie haben eine Wirkung entfaltet, die nicht auf die Vermittlung der Haupttexte des christlichen Glaubens beschränkt blieb, sondern in Ausrichtung auf eine reinere Latinität patristische und antike Literatur tradierte, die ihrerseits wieder Teil des Unterrichts, gleichsam zum Klassiker wurde und so eine nicht unbeträchtliche Verbreitung erfuhr, von der die adlige Laienwelt keineswegs ausgespart blieb. Zeugen dafür sind Einhart selbst, der im Kloster Fulda, ohne die geistliche Karriere anzustreben, eine Ausbildung genossen hatte, die ihn befähigte, seit 796 die führende Position Alkuins am Hofe Karls einzunehmen, und in der folgenden Generation Markgraf Eberhard, der 867 einen beträchtlichen Bücherbestand vermachen konnte, nicht zu vergessen die adlige Dame Dhuoda, die zwischen 841 und 843 ein Vademecum der Lebensführung für ihren Sohn verfaßte. Die Fundamente dieser Bildungsreform, wozu auch die Orthographie, das rechte Schreiben, zählte, wurden wesentlich in den achtziger Jahren des 8. Jahrhunderts gelegt, einer unruhigen und kampferfüllten Zeit.

In den Umkreis der »Allgemeinen Ermahnung« gehört auch ein weiteres Schreiben im Auftrag des Königs und Patrizius, nämlich der berühmte Rundbrief an Abt Baugulf von Fulda, der, als Epistel *De litteris colendis* zitiert, wohl zugleich als Zirkular an die der Bonifatiusabtei verbundenen geistlichen Niederlassungen gehen sollte. Diesen Brief eröffnet bezeichnenderweise das Motto: »Zwar ist es besser, Gutes zu tun als zu wissen, dennoch geht das Wissen dem Tun voraus.« So ist Karl insbesondere über das fehlerhafte Latein entsetzt, das die Eingaben, die ihn aus den Klöstern erreichen, entstellt. »Wir wissen nur zu gut, wie gefährlich die Schreibfehler sind, um so gefährlicher sind die Sinnfehler. Deshalb ermahnen wir Euch, das Schriftstudium nicht allein nicht zu vernachlässigen, sondern [zu intensivieren], damit Ihr leichter und genauer die Geheimnisse der heiligen Schriften durchdringen möchtet.« Auch müßten die Schemata, Topen, Redefiguren dieser Texte erkannt werden, damit der rechte Sinn erfaßt werde. »Dazu wählt Männer aus, die mit Willen und Wunsch zum Lernen ausgestattet sind und andere belehren wollen.« Nur daraus könne für alle eine Weisheit erwachsen, die Gott Dank sagen läßt und ein fröhliches Herz macht. Form und Inhalt seien unlösbar aufeinander bezogen. Sprachlich und orthographisch verderbte Texte könnten unmöglich ihren gottgefälligen Sinn enthüllen. Dessen bedurfte es aber als Instrument der Wiederbelebung des »in Verfall geratenen Studiums der freien Künste«, wie der König in einem weiteren, zwischen 783 und 786 zu datierenden Rundschreiben ausführt, vor allem um die Bücher des Alten und Neuen Testaments zu korrigieren.

Zugleich mit dieser programmatischen Äußerung verschickte der König, orientiert an seinem Vater Pippin, der bereits den römischen Gesang in den Kirchen seines Reichs eingeführt hatte, als Muster für die Lesungen des Kirchenjahrs ein zweibändiges Lektionar aus Bibelstellen und Predigten der Kirchenväter, kritisch zusammengestellt und um Texte für das nächtliche Offizium ergänzt von seinem Vertrauten und Experten Paulus Diaconus, da ihn, den König, die zahlreichen Fehler und Solezismen (!) der alten Sammlungen beleidigt hätten.

Die Aufgabe, die Bibel textlich zu bereinigen, hatte Alkuin übernommen, der bei den uns vertrauten Problemen der Rechtschreibung, Zeichensetzung, Grammatik und dergleichen Abhilfe schaffen sollte. An eine kritische Ausgabe nach Textvergleich mit den Vulgata-Handschriften war damals selbstverständlich nicht zu denken, von einem Rekurs auf die griechischen oder gar hebräischen Textzeugen ganz zu schweigen. So erhielt Karl zwischen 797 und 803 eine sorgfältig geschriebene und angeblich fehlerfreie Vollbibel. Diese Ausgabe wurde offensichtlich von einem Exemplar der ältesten erhaltenen vollständigen Vorlage aus dem Kloster Montamiata in der südlichen Toskana beeinflußt. Von dieser Alkuinbibel sind nicht weniger als 45 in Tours entstandene Abschriften nachweisbar. Über die sogenannte Pariser Bibel des 13. Jahrhunderts wurde sie gar Vorlage für die zweiundvierzigzeilige Bibel Gutenbergs. Im weiteren Umkreis des Hofs entstand noch eine andere Version, nämlich in der Zusammenstellung Bischof Theodulfs von Orléans. Aber noch am Ende seines Lebens saß der Kaiser selbst an der Revision des Bibeltextes.

Der Aachener Aufenthalt des Königs galt nicht nur der geistlichen und intellektuellen Erneuerung mit Rückgriff auf römisches Kirchenrecht, verbesserte Textausgaben der Heiligen Schrift, bereinigte und erweiterte Sammlungen, sondern auch und nicht zuletzt der Einschärfung der Benediktsregel als maßgeblicher Richtschnur mönchischer Gemeinschaft. Der ausführliche Hinweis auf die Regel findet sich in einem auf den 23. März 789 datierten Erlaß aus Aachen an die königlichen Boten in Verbindung mit des Königs Sorge um die Rechtsprechung im

Grafengericht. Die Kombination von Zitaten aus der Benediktsregel und königlicher Weisung verdankt sich möglicherweise allein der Form der Überlieferung, nicht aber der ursprünglichen Zusammenfügung der beiden Textpartien in einem Dokument. Es zeigt sich in diesem Schriftstück erneut die zwanglose Verbindung von kirchlicher Satzung und königlicher Weisung als Herrschaftsinstrumenten zur Leitung der christlichen Gesellschaft.

Wir konnten bereits Karls Verpflichtung nicht weniger Klöster auf die Benediktregel beobachten, welche als Richtschnur der von ihm angestrebten Klosterreform diente. Nicht erst die Aktivitäten Benedikts von Aniane in den ersten Jahren Ludwigs des Frommen haben diesem maßvollen Leitfaden mönchischen Daseins das Übergewicht über verschiedene Mischformen verschafft, sondern Karl selbst ist es gewesen, der diesen römischen Weg als Korrektiv gewiesen hat, vielleicht schon unter tatkräftiger Mitwirkung des »Goten«, das heißt Benedikts von Aniane.

Die königliche Satzung verlangt von den Grafen, daß sie »die Rechtsfälle der Waisen als erste anhören« und am Gerichtstag nicht etwa zur Jagd gehen, und von den Frauenklöstern, daß sie einer Regel unterworfen sein sollen und der Aufsicht des Bischofs. Äbtissinnen soll es verboten sein, sich außerhalb ihres Klosters aufzuhalten oder dies ihren Untergebenen zu gestatten. Erneut wird diesem Personenkreis verboten, Hundemeuten für die Jagd zu unterhalten und Spaßmacher um sich zu dulden. Von solchen Gewohnheiten der adligen Welt, der dieser geistliche Führungskreis entstammte, vermochten sich die Klosterinsassen offenbar nicht zu lösen. Indessen ist auch hier, wenn man so will, ein gewisser zivilisatorischer Fortschritt unverkennbar, da kein Fall eines hohen Kirchenmannes mehr bekannt ist, der selbst zur Blutrache geschritten wäre, was zu Zeiten der Vorgänger Karls durchaus geschehen war.

In dem Bündel von Maßnahmen, die der Gesellschaft gleichsam einen Spiegel vorhalten, sind zwei Kapitel besonders bemerkenswert: Zum einen das Kapitel über die Trunksucht, die als eines der Hauptlaster erneut angeprangert wird. Damit in Verbindung steht zum anderen das Kapitel über das Verbot von »Eidbünden«, Gilden und Männereinungen, deren kultischer Ursprung als heidnische Trinkgemeinschaften unverkennbar ist und die zudem als Deckmantel für Verschwörungen oppositioneller Kreise genutzt werden konnten.

Nicht zuletzt der Verhinderung derartiger Konspirationen sollte auch die Abnahme eines allgemeinen Treueids dienen, dem ersten in der fränkischen Geschichte. Zwar waren auch in der Merowingerzeit derartige vom römischen Fahneneid abgeleitete und in der Taufformel gegenwärtige Gelöbnisse gelegentlich geleistet oder abgefordert worden, so bei umstrittenen Königserhebungen oder Kämpfen von Prätendenten um die Krone als Zeichen der Anerkennung oder Ergebung, doch wurde niemals die gesamte (freie) Bevölkerung auf den König (und seine Söhne) verpflichtet. Der Wortlaut dieses Treueschwurs lautet kurz und knapp: »So verspreche ich N.[amen] für die Seite meines Herrn, des Königs Karl, und seiner Söhne, daß ich treu bin und sein werde, so lange ich lebe ohne Betrug und Hinterlist.« Die idealiter gedachte Königsgefolgschaft bedurfte offensichtlich einer juristisch-ethischen Untermauerung.

Der sogenannte Hardradaufstand von 786 und die Argumentation einiger Verschwörer, sie seien dem König nicht durch Eid zu Treue und Wohlverhalten verpflichtet, ließ den König zum Mittel des allgemeinen, von jedem einzelnen abzulegenden Treueids greifen. Nicht zuletzt der Fall Tassilo, in dem es nach Ansicht Karls und seiner Umgebung infolge einer Reihe von Schwurbrüchen zur Entsetzung des Herzogs von Amt und Besitz gekommen war, hatte den König zu diesem Schritt bewogen. Abgesichert durch eine Arglistklausel, sollte der Eid den Schwörenden zwar nicht zu guten Taten verpflichten, aber doch von Schritten gegen den König und seine Söhne abhalten. Diese allgemein umschriebene, gleichsam negativ bestimmte Enthaltsamkeit wurde nach 802 zu einem neuerlichen Treueid auf den Kaiser erweitert und inhaltlich definiert. Wir haben diese Art von Ausweitung und Erläuterung bereits bei den verschiedenen Fassungen des Gebots der Sonntagsheiligung kennengelernt, die ebenfalls vom allgemein gefaßten, abstrakten Verbot zu einer inhaltlichen Definition des Verbotenen geschritten war.

Dieser Treueid war auch durch Boten des Königs in Aquitanien abzunehmen, vielleicht auch in Italien, und erweiterte die Verpflichtung auf Karls Söhne und Nachfolger. Karl ist nach dieser Formel nicht mehr allein »König«, sondern ausdrücklich »mein Herr«, »dominus«, ein schwer auszulotender Terminus, der aber eine Unterordnung beschreibt, die auch das spätere lehnsrechtliche Vertragsverhältnis zwischen Lehns»herrn« und Lehns»mann« bestimmt und gleichzeitig eine antikisierende Reminiszenz darstellt. Unausgesprochen, aber mitgedacht und intendiert geht diese eidlich abgesicherte Bindung der freien männlichen Bevölkerung »an die Seite des Königs« jedweder sonstigen Verpflichtung oder Absprache voran. Karl erwartete mithin zuverlässige Loyalität von jedermann, die durch den Eid und seine öffentliche Ablegung bindend hergestellt wurde und die zur Banngewalt des Königs, der Folge zu leisten war, als Eigenverhalten ergänzend und absichernd hinzutrat.

Grenzsicherung gegen die Elbslawen

Den König beschäftigten indessen um die Jahreswende von 788 auf 789 nicht nur diese innenpolitischen Probleme, sondern auch Fragen der Grenzsicherung, wozu das aggressive Verhalten der Ostsee- und Elbslawen Anlaß bot. Bereits 786 war es zu slawischen Übergriffen auf Thüringen gekommen, denen Karl durch die Entsendung eines Heeres nach Ratschluß der Franken und Sachsen, wie verlautet, unter der Führung von drei Hofbeamten zu wehren gesucht hatte.

Der Zug gegen die Wilzen, wie sie von den Franken genannt wurden – die überarbeitete Fassung der Reichsannalen spricht hier von der fränkischen Sprache im Gegensatz zur Sprache der Slawen –, im südlichen Ostseebereich galt weitgehend einer geographischen Terra incognita. Wenn Einhart noch in den zwanziger Jahren des 9. Jahrhunderts zwar Dänen und Schweden, die Nordmannen, an der nördlichen Küste der Ostsee beheimatet sein läßt, an der südlichen dagegen Slawen, Esten und andere Stämme, von denen die Wilzen die bedeutendsten seien, dann dürften diese Angaben wohl kaum auf tatsächlich durchgeführte Landeserkundung zurückgehen, zumal das Mare Balticum sich nach seiner Ansicht nur in einer Breite von 100 000 Fuß, also gut dreißig Kilometern, erstreckte.

Der eigentliche Anlaß zu dem fränkischen Angriff auf die Wilzen nach dem Osterfest 789 wird durch zeitgenössische Quellen nicht erhellt. Einhart hingegen begründet den Zug an und über die Elbe mit den fortdauernden Attacken der Wilzen auf ihre westlichen Nachbarn, die Abodriten, die jenseits der Elbe eine Art nördlicher Pufferzone zwischen Dänen und noch nicht pazifizierten Sachsen bildeten und in einem losen Bündnis mit dem fränkischen König standen. Deren Anführer, Witzan, war jedenfalls an der Spitze eines Kontingents an den Auseinandersetzungen der Franken mit ihren Intimfeinden beteiligt, desgleichen Sachsen, Sorben und nicht zuletzt Friesen, die sich dem Landheer mittels Schiffen auf der Havel anschlossen.

Nach der Rheinüberquerung bei Köln und dem Durchzug durch Sachsen errichtete Karl, der den Zug persönlich anführte, an der Elbe zwei Holzbrücken, deren eine, durch einen Brückenkopf befestigt, mit einer Besatzung versehen wurde. Dieses strategisch kluge Vorgehen der Truppen zu Lande und zu Wasser sollte sich in Kürze bei dem großen Awarenzug wiederholen und nicht zuletzt die militärischen Erfolge verbürgen, die mit zunehmender Entfernung vom eigenen Ausgangspunkt von der geeigneten Logistik abhingen, vor allem was Transport und Nachschub betraf.

Die Wilzen lieferten ihrem Gegner keine eigentliche Schlacht, denn diese hätte angesichts ihrer unterlegenen Ausrüstung ohnedies in einem Desaster enden müssen, sondern zogen sich zurück. Karls Armee verheerte in gewohnter Weise das Land bis zur Peene, worauf sich der Wilzenfürst, der greise Dragoweil, der eine Vielzahl von Kleinkönigen und Großen an Macht und Ansehen überragte, dem fränkischen König unterwarf, Karl und den Franken einen Treueid leistete und wie in diesen Fällen üblich Geiseln stellte. Die übrigen Großen folgten dem Beispiel, beugten sich dem Sieger und nahmen, wie unsere Quelle ausführt, »Vaterland« oder das »Land« aus seiner Hand. Daraus folgte aber weder ein Bündnis noch gar eine erobernde Unterwerfung unter den Willen des fränkischen Königs, die eine Umgestaltung der inneren Ordnung zur Folge gehabt hätte, ja nicht einmal der Ansatz zur Mission, auch wenn Alkuin in einem Schreiben von der Möglichkeit der Wilzen- und Wendenbekehrung spricht. Vielleicht haben wir den unbekannten Empfänger dieses Schreibens im Raum von Bardowick zu suchen, zumal sich unser Gewährsmann auch über die Evangelisation der Dänen verbreitet. Dies war allerdings ferne Zukunftsmusik, denn vorläufig wäre die Zahl der Priester und Prediger für diese Vorhaben bei weitem nicht ausreichend gewesen, ganz zu schweigen von der politisch-militärischen Absicherung, die in weiten Teilen Sachsens noch nicht in dem Maße gegeben war, wie die sich stets erneuernden Resurrektionen zeigen sollten. Das Bündnis mit Teilen der Elbslawen, eher als Stillhaltepakt zu bezeichnen, sollte freilich fortan zu den Konstanten fränkisch-deutscher Ostpolitik gehören, sogar noch in den Zeiten des heiligen Kaisers Heinrichs II., was fromme Zeitgenossen damals nicht wenig aufbrachte.

Als Ergebnis dieses Zugs an die Elbe blieb die vorläufige Befriedung der »nassen Grenze«, auch wenn die latente Spannung zwischen Abodriten und Wilzen in den neunziger Jahren sich erneut entladen sollte. Karl kehrte nach der Elbüberquerung und nach »Ordnung der sächsischen Angelegenheiten«, wie unsere Quelle vielsagend-kryptisch verrät, an den Mittelrhein zurück und feierte das Weihnachtsfest 789 in Worms.

Karl der Jüngere als rechte Hand des Vaters

Wohl zu Beginn des kommenden Jahres, also im Frühjahr 790, entschloß sich Karl zu einem Vorgehen, das seinen gleichnamigen zweitältesten Sohn betraf. Er überließ ihm, der an seinem Hof und in seiner Umgebung anders als seine Brüder über Jahre hin intensiv Aufgaben und Pflichten des Herrschers kennengelernt hatte, den Dukat Maine mit seinen Grafschaften, mithin jenes in unseren Quellen wenig später als Neustrien bezeichnete Gebiet zwischen Seine und Loire, das das Pendant zu dem gleichfalls in seiner räumlichen Ausdehnung reduzierten Austrien wurde, womit vorwiegend der Reichsteil östlich des Rheins bezeichnet wurde. Noch wurde Karl nicht formell zum König erhoben, dies geschah erst am Weihnachtstage 800 in St. Peter durch die Hand des Papstes, der bereits 781 Karls Brüder Ludwig und Pippin zu Königen gesalbt und damit die Fortdauer von Karls Herrschertum in Gestalt seiner Söhne als Gottes Wille sichtbar gemacht hatte. Es gibt allerdings Quellen, die Karl bereits um 790 als »König« bezeichnen und ihm damit eine eigene herausragende Funktion als Teilhaber an der Macht zusprechen. An Karls Seite gab es jedoch bis zum Weihnachtstag 800, der ihn zum Kaiser machte, keinen Platz für einen weiteren »König der Franken«.

Die Einweisung eines Mitglieds der Herrscherfamilie in den Dukat oder das Regnum Maine hatte bereits eine gewisse Tradition. Karl selbst war in den Jahren zwischen 763 und 768 mit der Verwaltung dieser Grafschaften betraut worden und vor ihm Grifo, der Halbbruder König Pippins, dem dieses Gebiet gleichsam als Ersatz und Erbteil angeboten worden war, ohne daß er in dieser Region freilich Fuß fassen konnte.

Nach seiner Lehrzeit bei Hofe, die auch die kriegerische Einübung umfaßte, sollte der junge Karl im Schatten des Vaters eine eigenverantwortliche Phase von Herrschaftsausübung gestalten, und zwar in unmittelbarer Nähe zum Königreich seines Bruders Ludwig, so daß der Bischof Theodulf von Orléans Karl nicht von ungefähr in einem Gedicht als Nachbarn bezeichnete. Möglicherweise verfolgte der Vater mit der Bestellung des offenbar tüchtigen Karl den Zweck, von Maine aus nicht nur die störrischen Bretonen in ihre Schranken zu weisen, sondern auch eine Wiederholung jener blamablen Vorgänge um Toulouse, die noch in aller Gedächtnis waren, zu verhindern. Ob er mit der Wahl von Maine als Übungsfeld für seinen Erstgeborenen aus der Ehe mit Hildegard bereits eine Aufteilung des Großreichs unter seinen Söhnen angebahnt hat, kann dahingestellt bleiben. Jedenfalls ließ der König erkennen, daß er den Zugriff auf die Regionen jenseits von Rhein und Donau ausschließlich sich selbst vorbehielt.

Dieser Einweisungsakt, der dem jüngeren Karl eine gewisse selbständige Funktion verbürgte und ihn seinen Brüdern Ludwig und Pippin zumindest annäherte, war zugleich für Karls Ältesten aus der Verbindung mit Himiltrud, für den buckligen Pippin, ein schlechtes Zeichen, denn er sollte offensichtlich leer ausgehen, nachdem ihm durch den römischen Taufakt von 781 bereits der Leitname de facto entzogen worden war, der auf seinen Halbbruder Karlmann als König Pippin überging. Der Aufstand des Buckligen von 792 war die Antwort auf diese väterliche Maßnahme.

Karl der Jüngere taucht in diesen Jahren erneut in unseren Quellen auf. So berichten die *Taten der Äbte von St. Wandrille*, kurz nach 833 aufgezeichnet, von einem weiteren Heiratsprojekt König Karls für eines seiner Kinder. Gervold, zu dieser Zeit als Abt des nordwestlich von Rouen in der heutigen Normandie gelegenen Klosters, verfügte als langjähriger königlicher Zolleinnehmer in verschiedenen Häfen und küstennahen Wikorten, namentlich in Quentowic, über die notwendigen Kontakte und Informationen und vor allem über gute, als freundschaftlich zu bezeichnende Beziehungen zu König Offa von Mercien. Damals sei es zu der Absprache zwischen dem fränkischen Herrscher und König Offa gekommen, daß Karl der Jüngere die Tochter Offas ehelichen solle, was angesichts der Sorge für den Fortbestand der Familie Karls und seiner Königsherrschaft ein durchaus sinnvolles Unternehmen war. Offa stimmte diesem Plan aber nur unter der Voraussetzung zu, daß sein ältester Sohn im Gegenzug Karls Tochter Berta heiratete. Darüber ungehalten oder beunruhigt, habe Karl die Verhandlungen abgebrochen und gar die Häfen für englische Kaufleute gesperrt. Offa antwortete mit einer entsprechenden Gegenmaßnahme.

In einem Brief reflektiert der Angelsachse Alkuin das Geschehen, dessen Hintergründe er freilich nicht kennt, und wünscht von seinem Gewährsmann, Abt Adalhard von Corbie, entsprechende Informationen, um eine wirksame Vermittlerrolle spielen zu können. Der angeblich allgegenwärtige Einfluß Alkuins auf die Politik des Königs läßt sich jedenfalls in diesem konkreten Fall, der obendrein noch die Geschicke seiner Heimat berührte, nicht nachweisen. Die Motive für Karls Rückzug aus dem Heiratsprojekt sind nicht erkennbar. Nach Einharts Darlegungen wollte er generell nicht auf die liebgewordene Nähe zu seinen Töchtern verzichten. Überdies mochte ihm im vorliegenden Fall der Status des englischen Thronerben zu gering erscheinen, sollte der Sohn eines Kleinkönigs in moderner Diktion der Schwiegersohn des fränkischen Großkönigs werden, dessen Reich nahezu die gesamte kontinentale Christenheit umschloß und der vor nicht allzu langer Zeit ein gleichlautendes Angebot aus Ostrom für seine Tochter Rotrud ausgeschlagen hatte?

Die Verstimmung zwischen den Königen hielt indessen nicht lange an, vielmehr konnte angesichts der dauerhaften Handelsbeziehungen zwischen England und dem Kontinent und sonstiger intensiver Kontakte rasch eine Übereinkunft erzielt werden. So spricht alles dafür, daß König Offa gegen 792, jedenfalls aber vor 794 eine Münzreform veranlaßte, die die englischen »sceattas« in Gewicht und Format den seit etwa 770 gültigen Denaren fränkischer Prägung – 1,3 Gramm Silber bei 1,7 Zentimeter Durchmesser – anglich und damit im Handel mit der westlichen Leitwährung konvertierbar machte, jedenfalls bis zur spätestens 794 anstehenden Münzreform Karls, die Gewicht und Durchmesser der Pfennige auf 1,7 Gramm beziehungsweise 2 Zentimeter erhöhte.

Karl der Jüngere blieb bis zu seinem Tod unvermählt. Weder von Liebschaften, Konkubinen noch gar von Kindern aus derartigen Verbindungen ist die Rede. Wenn man einem Gedicht aus dem Umkreis des Hofs trauen darf, könnte Karl eine gewisse homosexuelle Veranlagung gehabt haben, eine Veranlagung, die von mittelalterlichen Moralisten als Laster dem Zentralbegriff der Sodomie zugeordnet wurde. Sollte nicht gerade die Ehe- und Kinderlosigkeit des Mittdreißigers seinen Vater 806 zu einem detaillierten Teilungsplan des Reiches veranlaßt haben? Bestand nicht am ehesten die Wahrscheinlichkeit, daß das sogenannte Kernreich Karls des Jüngeren aufgeteilt werden mußte, während die Regna Ludwigs und Pippins, basierend auf Aquitanien und Italien, angesichts der vorhandenen männlichen Erben eher Dauer verhießen?

Die nicht zur Heirat freigegebene Berta verband sich mit dem Hofmann, Diplomaten, Dichter – Deckname »Homer« – und Laienabt von St. Riquier (Centula), Angilbert. Aus diesem Verhältnis sind zwei Söhne hervorgegangen, Nithard und Hardnit, deren erster als glänzender Historiograph den Bruderzwist zwischen den Söhnen Ludwigs des Frommen beschrieben hat, in dessen Verlauf er selbst 844 den Tod fand.

Die Reichsannalen melden zu 790 lakonisch: »Im laufenden Jahr aber machte er keinen [Kriegs-]Zug, sondern feierte hier in der genannten Stadt [Worms] wiederum das Weihnachtsfest [zugleich Jahresbeginn], Ostern [27. März 791] gleichfalls.«

Die erweiterte und überarbeitete Fassung der Reichsannalen faßt den Rahmen des politischen Geschehens über militärische Aktionen hinaus wesentlich weiter, wenn sie zum Jahr 790 die Ankunft einer Gesandtschaft der Hunnen, also der Awaren, melden. Der König habe diese Delegation durch eine eigene Gesandtschaft erwidert: »Es handelte sich zwischen ihnen um die Grenzen ihrer Herrschaftsbereiche, wo diese sein sollten. Dieser Streit und diese Uneinigkeit waren der Keim und Ursprung für diesen Krieg, der später mit den Hunnen geführt wurde.« Es ging dabei, wie erwähnt, offenbar um das Grenzödland zwischen Enns und Wienerwald, möglicherweise war zudem die Südgrenze zum Herzogtum Friaul damals umstritten, auch wenn die awarische Siedlung das alte Pannonien, das heutige Ungarn, nicht wesentlich überschritt.

Der Empfang dieser östlichen Gesandtschaft am Mittelrhein erfolgte in Verbindung mit einem großen Hoftag. Daß sich Bedeutendes vorbereitete, läßt sich aus der Nachricht schließen, daß zu diesem Wormser Treffen auch die Könige Pippin und Ludwig mit Truppenkontingenten erschienen. Man wird vermuten dürfen, daß sich damals im Gefolge Ludwigs der rebellische Baskenführer Adelrich und sein düpierter Gegenspieler, der Dux Chorso von Toulouse, befunden haben, über die der König in Gegenwart seines Sohnes exemplarische Strafen verhängte: Exil für den einen, Amtsenthebung für den anderen. Aus der Begleitung Ludwigs ragt ferner der Abt oder ein Beauftragter des mit der Kathedrale von Marseille in Personalunion verbundenen Klosters St. Victor hervor, das damals ein Immunitätsprivileg erhielt, während aus dem Gefolge König Pippins der Erzbischof Petrus für das von ihm gestiftete Ambrosiuskloster in Mailand eine Besitzbestätigung und das Recht der freien Abtwahl erwirkte. Diese Urkunde bringt erneut den Wunsch des Königs nach dem Gebet um Gottes Barmherzigkeit für »uns und unsere Gattin, unsere Kinder und für die Stabilität des Reiches« zum Ausdruck.

Die Söhne und die angereisten Großen wurden ohne weitere Instruktionen entlassen, offenbar mußte die Rückkehr der Boten aus dem inneren Herrschaftszirkel der Awaren abgewartet werden. Da Politik, besser gesagt Königsherrschaft im Verständnis der Zeit wesentlich mit Kriegführung identisch ist, wozu noch die aktive Wahrung des Rechts und des Rechtsfriedens tritt, erschien der König als untätig, während er auf den Boten der Awaren wartete. Um dem zu steuern und um dem Vorwurf zu entgehen, »im Nichtstun zu erschlaffen und die Zeit zu vertrödeln«, wie eine Anleihe bei Livius lautete, unternahm Karl von Worms aus einen Abstecher mainaufwärts zur Pfalz Salz bei Neustadt an der fränkischen Saale im Rhön-Grabfeldgau. Unterwegs erhielt das Hauskloster Prüm am 9. Juni aus Mainz Besitzungen in nicht weniger als elf Orten zugesprochen, die ein Arpad eingezogen hatte, die aber vom Prümer Abt und einem Königsboten vor Gericht als Königsgut erwiesen worden waren. Auch die Bußzahlung Arpads fiel an die Eifelabtei.

Die Reise zur Pfalz Salz, aus deren Fiskalbesitz bereits Karls Vater Pippin 742 das Bistum Würzburg dotiert hatte, vermittelte den Reiz eines frühsommerlichen Ausflugs aus den Verpflichtungen der Wormser Residenz. Die Lage von Salz bot freilich auch die Möglichkeit, mit Abt Baugulf in dem nicht allzu weit entfernten Kloster Fulda Kontakt aufzunehmen.

Auf der Rückreise mainabwärts Ende August erhielten die großen Königsabteien in der Francia, St. Denis und St. Martin in Tours, ebenfalls Diplome, die aus Kostheim, südlich von Mainz, datiert sind. Rechtsmaterie und Vorgeschichte dieser Verbriefungen sind von hohem historischem Interesse. So war der im Breisgau gelegene restituierte Besitz, der mit den Urkunden an beide Klöster fällt, zu Zeiten von Karls Vater und seines Onkels Karlmann im Dukat Alemannien konfisziert worden und anschließend auf unterschiedliche Weise in die Hände Dritter geraten, die ihn als Eigenbesitz behandelten. Ein Graf Rothard und ein »gewisser Alemanne« namens Fulrid – verwandt oder gar identisch mit dem berühmten Fulrad (?) – haben aus dieser Masse Besitz sowohl an St. Martin als auch an St. Denis verkauft oder diesen Abteien überlassen. Diesen in seiner Rechtsqualität zweifelhaften Erwerb hätten die Äbte Maginarius und Itherius dem König zurückerstattet. Nach Klärung der Rechtslage und Wiedererlangung des Fiskalbesitzes versteht sich der König zu einer Vergabe dieser Güter an seine alten Besitzer mit der üblichen Bitte um Gebet für sein Seelenheil und für die Stabilität des Reiches. Der König besteht generell auf Rückerstattung entfremdeten Fiskalguts, das keinesfalls immer in die Hände seiner unrechtmäßigen Besitzer zurückfiel, wie das Beispiel Arpads lehrt, der zugunsten von Prüm verzichten und überdies ein Bußgeld zu zahlen hatte.

Nach Karls Rückkehr in sein Herbst- und Winterquartier in Worms brannte die dortige Pfalz ab, zumindest in Teilen. Da der Bischofssitz für die Unterbringung des Königs und seines Gefolges entsprechende Ausweichquartiere bot, konnte der Aufenthalt am Mittelrhein fortgesetzt werden, möglicherweise auch auf Wunsch der Königin Fastrada, die wohl aus dem Rhein-Main-Gebiet stammte. Zunehmend trat jedoch Aachen an die Stelle von Worms als Residenz. Hielt sich der König zunächst noch vorwiegend in Regensburg auf, nicht zuletzt wegen des Awarenfeldzugs und der Regelung der bayerischen Angelegenheiten, so finden wir ihn nach 796 immer häufiger mit dem Ausbau seiner Aachener Pfalz beschäftigt.

Zug ins Awarenreich

Das Jahr 791 stand wie das folgende ganz im Zeichen der Außenpolitik und der Auseinandersetzung mit dem Awarenreich. Unser Gewährsmann Einhart resümiert aus der Rückschau nach mehr als einem Menschenalter mit einem gewissen inneren Schauder: »Der größte aller Kriege, die von ihm geführt worden sind, war mit Ausnahme jenes, den er gegen die Sachsen unternahm, der gegen die Awaren oder Hunnen. So war er mehr als bei anderen vom Kampfgeist beseelt, und seine militärische Zurüstung war bei weitem besser. Einen Feldzug in Pannonien, denn diese Provinz bewohnte dieses Volk, leitete er selbst, die weiteren übertrug er seinem Sohn Pippin und den Provinzstatthaltern, den Grafen und den Königsboten zur Durchführung.« Auch hier ist die Reminiszenz an Suetons Augustusbiographie unverkennbar, in der es heißt: »Der Kaiser selbst führte nur zwei Kriege persönlich, die übrigen ließ er durch Legaten führen, wenn er auch selbst bei gewissen Feldzügen in Pannonien [!] ... dabei war oder sich nicht weit entfernt davon aufhielt.« So knüpft der Frankenherrscher aus der Sicht seines Biographen mehrfach an den großen Augustus an. Das betrifft den reduzierten persönlichen Einsatz, die Delegation der Kriegführung und nicht zuletzt den Ort des Geschehens: Pannonien. Einhart gibt folgende Zwischenbilanz: »Obwohl der Kampf von diesen mit aller Kraft geführt wurde, nahm er erst nach acht Jahren ein Ende«, nach den Reichsannalen sogar erst nach zwölf Jahren.

Es ist durchaus bemerkenswert, daß Einhart keinerlei Grund oder Anlaß für diesen Awarenkrieg anführt. Weder nennt er Grenzstreitigkeiten, die nach den überarbeiteten Reichsannalen »Keim und Ursprung« der Auseinandersetzungen gewesen sein sollen, noch folgt er der Erstfassung dieses Geschichtswerks, das, am Puls der Zeit und der Ereignisse entstanden, reichlich plakativ den Awarenfeldzug als eine Art von Kreuzzug zur Heidenbekämpfung herausstellt. Der König habe zu Beginn des Frühjahrs 791 Worms in Richtung Regensburg verlassen und an der Donau sein Heer um sich versammelt: »Hier beschlossen sie nach dem Ratschluß von Franken, Sachsen, Friesen wegen der allzu großen und unerträglichen Missetat, welche die Awaren gegen die heilige Kirche und das christliche Volk begangen hatten, und weil man durch Gesandte keine Genugtuung erreichen konnte, den Feldzug anzutreten. Mit Gottes Hilfe zogen sie gegen die Awaren.« Dem Zufall wurde nichts überlassen. So erhielten zur politischen Absicherung des Unternehmens bereits im Dezember 790 und im Januar 791 aus Worms die Kirche von Salzburg und das von Tassilo auf dem Höhepunkt seines Ansehens gegründete Kloster Kremsmünster allgemeine Besitzbestätigungen und eine Konfirmation der Stiftungsurkunde von 777, die zugleich interessante Details über Gründung, Einweisung in Besitz und Rechte, Rodung sowie die Slawensiedlung im östlichen Grenzraum enthält. Es ist zu vermuten, daß diese Privilegierung zugleich der Vorbereitung des Awarenfeldzugs galt.

Auch die um 805 abgefaßten offiziösen Metzer Annalen begründen den Entschluß der Franken, gegen den östlichen Grenznachbarn zu ziehen, mit dem Unrecht, das dieser den Franken angetan und für das er keine Wiedergutmachung geleistet habe. Dies dürfte auch die Sicht sein, die der Hof mit Karl im Zentrum als Lesart ausgab. Die streng zeitgenössischen Lorscher Annalen begnügen sich zur Motivation der Kriegshandlungen mit einem Rückgriff auf die Vulgata und sehen in ihnen eine Strafaktion gegen das »höchst hochmütige Volk der Awaren«. In einem Preisgedicht auf den Königssohn Pippin, der 796 den letzten und entscheidenden Sieg über diese Widersacher errang, überwiegt auch das religiöse Motiv bei der Begründung des militärischen Vorgehens: »Seit alten Zeiten beginnen sie viele Übel; Gotteshäuser und Klöster zerstörten sie; goldene und silberne geweihte Gefäße ... raubten sie vom allerheiligsten Altar ... Priesterliches Leinen und der Nonnen Kleidung übergaben sie unter Einflüsterung des Teufels [ihren] Weibern.« Der Krieg gegen die Heiden, die, angestachelt vom Dämon selbst, sich den Christen widersetzen und sie angreifen, ist ein »gerechter« Krieg. Ihn zu führen gehört zu den Aufgaben des Königs, wie dies jenes berühmte Schreiben von 796 an Papst Leo III. unmißverständlich ausführt, das freilich die Grenzen zwischen der »geheiligten Autorität der Priester« und der »königlichen Gewalt« keineswegs beseitigt, wie häufig zu Unrecht angenommen worden ist.

Der fränkische König, der offenkundig den Awarenkrieg vor Augen hat, läßt den römischen Pontifex wissen: »Unsere Aufgabe ist es, gemäß der Hilfe göttlicher Gnade überall die heilige Kirche Gottes vom Einfall der Heiden und vor der Verwüstung durch die Ungläubigen mit Waffen nach außen zu schützen und im Inneren die Kenntnis des christlichen Glaubens zu befestigen.« Der Papst aber solle als neuer Moses mit zum Gebet erhobenen Händen diesen Kampf unterstützen. Denn, so ist der Rückgriff auf das Alte Testament zu ergänzen, wenn Moses die Arme sinken läßt, wankt auch das Heer Israels.

Nach Karls Tod freilich, das wird erkennbar an der Bearbeitung und Glättung der Reichsannalen nicht nur hinsichtlich ihres Stils und in der Vita Karls aus der Feder Einharts, wird diese Sicht des Awarenfeldzugs als gerechter Krieg zur Heidenbekämpfung nicht verlängert. Sie dürfte ohnedies auf einige theologisch versierte Hofleute und möglicherweise auf Karl selbst beschränkt gewesen sein. Die reale Aussicht auf große Beute, auf den sagenhaften »Ring« der Awaren, dürfte für die Mehrheit der beteiligten Krieger einen genügend großen Ansporn zum Feldzug dargestellt haben. Nicht zuletzt die Teilnahme der Sachsen und Friesen spiegelt vor allem diese materiellen Erwartungen. Die Bayern überdies mußten sich nach den Geschehnissen der letzten Jahre bedrängt fühlen, und für den König bot sich die Gelegenheit, sein Charisma an der Spitze einer Armee zu erproben, die nicht zuletzt aus Kontingenten seines neuen Regnums zusammengesetzt war.

»Der Awarenkrieg, den Karl 791 eröffnete, war in jeder Hinsicht eine große Inszenierung. Franken und Sachsen, Friesen, Thüringer, Bayern, ja sogar Slawen kamen im Sommer in Regensburg zusammen« (Walter Pohl). Der Aufwand war gewaltig, wie bereits Einhart meldet, und selbst wenn bei der Angabe von »Tausenden« von Pferden, die auf dem Zug einer Seuche erlegen sein sollen, die Phantasie nachgeholfen haben sollte, dann bleibt doch die Tatsache von Schwadronen außerordentlicher Stärke. Der Aufmarsch war minutiös geplant worden: Entsprechend seiner alten Strategie hatte Karl das Heer geteilt, zusätzlich von einer Donauflotte unterstützt, die von Bayern bemannt wurde. Unter Leitung des Grafen Theoderich, eines der Kommandanten, der sich bereits in den Sachsenkriegen zum Ärger und zum Schaden im Kriegshandwerk dilettierender Hofbeamter hervorgetan hatte, und des Kämmerers Meginfred zog eine Abteilung am nördlichen Donauufer entlang und erreichte im Laufe des September die der Enns benachbarte Grenzstation Lorch, wo das südlich der Donau anmarschierende Haupttheer unter der Leitung des Königs bereits Anfang des Monats eingetroffen war. Die Flotte dürfte vor allem zum Transport von Waffen und Fourage bestimmt gewesen sein, auch der Aufmarschtermin war offensichtlich mit der Erntezeit abgestimmt worden.

Was die Ereignisse in diesem Lager anlangt, so haben wir von ihnen ganz unmittelbare Kunde aus der Hand des Königs, der in einem Feldpostbrief seine in Regensburg verbliebene Gemahlin Fastrada von dem Geschehen unterrichtet. Dies ist obendrein eines der wenigen Zeugnisse, in denen Karl selbst zu uns spricht und sich der Nachwelt öffnet. Zugleich legt das Schreiben ein durchaus sympathisches Zeugnis ab für Karls herzliches Einvernehmen mit seiner Familie, der er ungekünstelt seine Gefühle zeigt und deren Anwesenheit, insbesondere die der »süßesten Töchter«, er offenbar sehr vermißt. In seinem Gefolge befand sich freilich sein inzwischen volljähriger Sohn Ludwig, der »König von Aquitanien«, der noch zuvor in Regensburg die Schwertleite empfangen hatte und den der Vater zur weiteren Einübung militärischer Fertigkeiten an seiner Seite hielt.

Der Brief wirft auch einen Blick auf die Zustände jenseits der Alpen. Die Grenzen seien derzeit sicher, König Pippin und Papst Hadrian erfreuten sich guter Gesundheit. Der italische König war offenbar, als das Haupheer in Regensburg donauabwärts aufbrach, aufgefordert worden, mit einer Schar die Südwestgrenze des Awarenreichs zu überschreiten und damit Kräfte des Gegners zu binden. Dies war geschehen, und am 23. August hatten sich die Truppen Pippins mit den Awaren ein Treffen geliefert: »Und es gab ihnen der allmächtige Gott in seiner Barmherzigkeit den Sieg, und eine Menge Awaren fielen; niemals sei, so sagt man, eine solche Niederlage erlebt worden.« Die Angreifer drangen in Feindesland vor und eroberten den »Wall«, ein befestigtes Lager, raubten ihn aus und nahmen hundertfünfzig Awaren – die Bewachung? – gefangen, über deren weiteres Schicksal Karl selbst entscheiden sollte. Karl spart nicht mit Lob für die Sieger, unter denen sich ein Bischof, ein Herzog, Grafen, »auch unsere Vasallen« und nicht zuletzt der Dux von Istrien als mutige Krieger befanden.

Dieser günstige Ausgang gleichsam als Probe aufs Exempel wurde offenbar in Lorch als gutes Omen aufgenommen, so daß man noch Zeit und Muße fand, in Anwesenheit Karls am 20. September vor Ort in einer Gerichtsverhandlung unter Vorsitz Bischof Arns von Salzburg, Gerolds, des kommenden Präfekten und Schwagers des Königs, und des Kämmerers Meginfred einen Erbstreit der Huosi, eines der führenden Adelsgeschlechter Bayerns, zur Stärkung der fränkischen Kampfkraft abschließend zu bereinigen.

Zuvor hatte sich Karl demonstrativ des himmlischen Beistands für sein Vorhaben versichert und für den 5., 6. und 7. September einen dreitägigen Bittgang angeordnet: »Wir flehen die göttliche Barmherzigkeit an, daß sie uns Frieden und Gesundheit, Sieg und einen glückhaften Feldzug zuteilen möge.« Dieses Ziel zu erreichen, verfügte die anwesende Geistlichkeit ein allgemeines Fasten, jedenfalls den Verzicht auf Fleisch und Wein. Allerdings war die Möglichkeit vorgesehen, worüber Karl sich in seinem Schreiben lang und breit ausläßt, sich durch Geldzahlungen von dieser erzwungenen Abstinenz zu befreien. Der König selbst, der die Trunkenheit verabscheute, war jedenfalls im Fasten nicht gerade ein leuchtendes Vorbild, wie Einhart zu berichten weiß. Zur Erlangung des Seelenheils, hier auch des irdischen Sieges, gehörte neben verordnetem Fasten das Austeilen von Almosen, wofür auch die Ablöse verwandt wurde, sowie die Lesung spezieller Messen, eine Aufgabe, die den anwesenden Priestern zufiel, während die sonstigen Kleriker den Gesang von jeweils fünfzig Psalmen, »sofern sie diese auswendig konnten«, zu leisten hatten. Dergleichen sollte sich noch im Juli 1099 wiederholen, bevor das Kreuzfahrerheer zum Sturm auf Jerusalem ansetzte.

Karl versäumt nicht, seine in Regensburg verbliebene Familie um ein solches Bittfasten zu ersuchen, stellt allerdings seiner Gemahlin Fastrada angesichts ihres Gesundheitszustands die Teilnahme an diesen Übungen frei. Hier fällt ein erster Schatten auf Fastradas baldiges Lebensende.

Der Schlußsatz dieses informativen Schreibens bezeugt wiederum den heiter-offenen, der Freundschaft und Liebe zugeneigten Charakter des Königs: »Und es ist für uns verwunderlich, daß bisher kein Bote oder Brief, seit wir Regensburg verlassen haben, bei uns eingetroffen ist. Daher wollen wir, daß Ihr uns häufiger von Eurem Gesundheitszustand und anderem, was Euch gefällt, Kunde geben sollt. Wiederum grüßen wir Euch im Herrn.«

Nach dieser Reinigung von Körper und Geist und in voller Zuversicht auf Gottes Rat und Hilfe zog das Heer über die Enns in das Grenzödland, das sich bis zum Wienerwald erstreckte. Als Vorsichtsmaßnahme behielt man den getrennten Aufmarsch bei. Hören wir die Reichsannalen: »Es zogen aber der genannte Fürst [Karl] auf der Südseite der Donau, die Sachsen aber mit einigen Franken und dem weitaus größten Teil der Friesen auf der Nordseite in gleicher Weise ihren Weg, bis sie in eine Gegend kamen, wo die genannten Awaren Befestigungen angelegt hatten: auf der Südseite der Donau am Cumersberg [Wienerwald, oberhalb von Klosterneuburg], auf dem anderen Ufer an einen Ort, Camp [Kamp, unterhalb von Krems], so genannt nach einem dort in die Donau einmündenden Fluß.« Von Kamp aus schickte Karl seinen Sohn Ludwig nach Regensburg zur Königin Fastrada zurück. Wollte er dessen Leben in Feindesland nicht aufs Spiel setzen?

Hören wir unsere Quelle weiter: »Als nun die Awaren das Heer auf beiden Flußufern und die Schiffe mitten auf dem Fluß kommen sahen, da kam vom Herrn der Schrecken über sie: sie verließen die oben genannten befestigten Plätze, ihre Wehranlagen und Kampfzurüstungen. Mit Christus als Führer seines Volkes drangen beide Heere ohne Verlust ein. Das obengenannte Heer [also jetzt vereinigt] gelangte so auf seinem Weitermarsch bis zu einem Fluß namens Raab und von da kehrten beide Heere [also wieder getrennt] auf beiden Seiten in ihr Land zurück, indem sie Gott verherrlichten wegen eines solchen Sieges.« Des weiteren erfahren wir, daß gegen Ende des Feldzugs »Tausende« von Pferden von einer Seuche dahingerafft wurden; auch einige prominente Teilnehmer des Unternehmens zahlten für die Strapazen mit dem Leben, so Karls Erzkapellan Angilram von Metz und Bischof Sintpert von Regensburg, der 788 die Geiseln Tassilos für sein Wohlverhalten dem König in Quierzy zugeführt hatte.

Karl machte bei seinem Rückzug einen Umweg über das alte Savaria (Szombathely), während die andere Abteilung »über Böhmen«, das heißt am nördlichen Donauufer entlang, heimkehrte. Nach insgesamt nur 52 Tagen hatte der erste Awarenfeldzug sein glückliches Ende gefunden und Karls Charisma als König und Heerführer glänzend bestätigt.

Allerdings waren die hochgespannten Erwartungen vieler Teilnehmer auf Beute keineswegs erfüllt worden. Statt in den Besitz der sagenhaften Awarenschätze oder eines Anteils an ihnen zu gelangen, mußten sich die andringenden Truppen, die kaum auf Widerstand stießen und mangels Feindberührung wenig Verluste zu beklagen hatten, mit einer großen Anzahl von Gefangenen, Männern, Frauen und Kindern, begnügen, die dem Sklavenmarkt oder dem Menschenhandel zugeführt werden konnten. Auch das sonstige Vorgehen im Feindesland entsprach voll und ganz dem zeitgenössischen Brauch, den Karl selbst bereits ausgiebig in Sachsen und jenseits der Elbe praktiziert hatte: »Er durchzog dieses Land ... sengend und verwüstend.«

Der Kriegszug hatte immerhin zu erkennen gegeben, daß die Awaren erst am Wienerwald, nicht aber bereits an der Enns durch Befestigungen eine Art Grenzsicherung installiert hatten, die freilich rasch zusammengebrochen war, und selbst in ihrem pannonischen Siedlungsgebiet war es zu keiner geordneten Abwehr gekommen. Von ihrer politischen oder militärischen Führung verlautet nichts, lediglich über den Rückzug in die Weiten des Karpatenbeckens wird berichtet. Stärke und Kampfbereitschaft der Gegner erwiesen sich als Phantom. Die gefürchteten Hunnen, die seit 558 bis in die zwanziger Jahre des 7. Jahrhunderts Ostrom zu hohen Tributleistungen gezwungen hatten, welche sich zuletzt auf jährlich 200 000 (Gold)Solidi beliefen, hatten ihren kriegerischen Impetus weitgehend eingebüßt. Die einst gefürchteten Reiterscharen hatten sich der bäuerlichen Lebensweise anbequemt, die Slawisierung hatte diesen Prozeß der Seßhaftwerdung beschleunigt, und die politische Leitung hatte sich als deformiert und handlungsunfähig erwiesen. Das ohnehin in seinem Führungsanspruch bedrohte Khaganat zerfiel unter dem fränkischen Vordringen zusehends in rivalisierende Teile, was den Niedergang weiter beschleunigte.

Wenn zwei fränkische Heere »ohne jeden Kampf« das Awarenreich verwüsten konnten, so muß der Eindruck auf die Zeitgenossen, die nicht über unser mühsam zu gewinnendes Hintergrundwissen verfügten, sicher ein gewaltiger gewesen sein, der das ohnehin schon beachtliche Renommee des Frankenkönigs ins Unermeßliche steigerte. Karl hatte jene Macht besiegt, die das römische Kaiserreich in Konstantinopel einst in die Schranken gewiesen hatte, und obendrein den Heiden mit Gottes Hilfe eine ganz empfindliche Niederlage beigebracht.

Karl indessen, das zeigten seine Zurüstungen von Regensburg aus, wohin er zurückkehrte, begnügte sich nicht mit diesem spektakulären Erfolg, der freilich am Wienerwald die Lage militärisch-politisch offenließ. Was die Wirkung der Ereignisse auf den Nachfolger Petri im fernen Rom angeht, so fehlt es zwar an entsprechenden Zeugnissen, aber auch hier dürfte der Eindruck von Karls Siegen spektakulär gewesen sein und seine ohnedies singuläre Stellung in der Christenheit weiterhin befestigt haben.

In Regensburg feierte der König auch Weihnachten 791 und das Osterfest 792. Sein Aufenthalt in der ehemals agilolfingischen Residenz diente indessen weniger der weiteren Ordnung bayerischer Angelegenheiten, denn dies hatte sich angesichts des Zuspruchs aus dem Episkopat und den Adelsfamilien, die sich um seine Fahne geschart hatten, erübrigt, als vielmehr dazu, die möglichen Reaktionen des Awarenkhaganats auf seinen Einfall abzuwarten und wenn nötig eine neuerliche Expedition vorzubereiten.

Theologische Auseinandersetzungen um den sogenannten Adoptianismus

Im laufenden Jahr, 792, wurde der fränkische Herrscher wesentlich durch theologische Probleme beschäftigt, die seine Fachleute zu seiner Zufriedenheit zu lösen wußten. Dies war auch ein Nachhall des von den Franken nicht besuchten Konzils von Nicaea 787, zu dem sie nicht einmal eingeladen worden waren. Zudem wurde er von einem neuerlichen Sachsenaufstand provoziert und vor allem durch eine nicht unerhebliche familiäre Krise in Atem gehalten. Hinzu trat ein neuerlicher unerwarteter politischer Richtungswechsel im Herzogtum Benevent.

Zur Behandlung der diffizilen theologischen Probleme in der Auseinandersetzung um die wahre Natur Christi, den sogenannten Adoptianismusstreit, zeigen sich die zeitgenössischen Annalen vermutlich auch wegen mangelnder theologischer Kompetenz sehr zurückhaltend. Sie verweisen lediglich auf die Häresie des Felix, Bischof des spanischen Urgel, während die mehr als zwei Jahrzehnte spätere Überarbeitung des Geschichtswerks bereits um eine gewisse Breite bei der Darstellung des christologischen Problems bemüht ist und damit zugleich den mittlerweile erreichten intellektuellen Standard demonstriert.

Wenn theologische Fragen die Regensburger Session des Königs beherrschten, so liegt dies sicherlich nicht in einem besonderen Interesse Karls an definitorischen Problemen der Natur Christi begründet, sondern in seinem Selbstverständnis als orthodoxer, das heißt rechtgläubiger Herrscher, das er wie sein Gegenpart in Byzanz für sich in Anspruch nahm und das bereits der große Konstantin repräsentiert hatte. Noch die Inschrift auf Karls Grabmonument formulierte die Verpflichtung, Lehre und Kultus von Fehldeutungen und Verwerfungen freizuhalten. Zudem hatten sich in Karls nahem und weiterem Umkreis tüchtige Theologen wie Alkuin, Theodulf oder Paulinus versammelt, allesamt keine Franken, die sich auf die Ergebnisse des Konzils von Nicaea verwiesen sahen, das sich in den Augen der Griechen und wohl auch des Papstes, dessen Legat an den Sitzungen teilgenommen hatte, als allgemeines, ökumenisches verstand. Unter Federführung Theodulfs arbeiteten die Hoftheologen eine Art Gegengutachten zum Hauptproblem des Bilderstreits aus, die sogenannten *Libri Carolini*, das »opus Caroli«, das freilich alsbald und nach dem Widerspruch des Papstes wohl 793 endgültig in der Versenkung verschwand.

Als Probelauf und als Gesellenstück für diese Art von theologischer Diskussion ließ der Hof mitsamt dem König die günstige Gelegenheit nicht aus, die »Weltgeltung« fränkischer Gottesgelehrsamkeit an einer »Irrlehre« zu erproben, die zum einen das Reich Karls berührte und zum anderen in Rom die gleiche Zurückweisung erfahren mußte. Hatte nicht schon die 789 ergangene »Allgemeine Ermahnung« mit deutlich apokalyptischem Unterton vor »falschen Lehren in der Endzeit« gewarnt und als Mittel dagegen »die Erneuerung in der Wahrheit« verlangt, »um denen widersprechen zu können, die sich ihr widersetzen«? Karl selbst erinnerte gar in einem Lehrschreiben an Elipand von Toledo, der als Erzbischof die Schar der Häretiker um Felix von Urgel anführte, an den mißglückten Pyrenäenzug von 778, der sich demnach nicht etwa mangelnder Planung, einer Fehleinschätzung des islamischen Bündnispartners und dem Selbstbehauptungswillen der Basken diesseits und jenseits des Gebirges verdankte, sondern dem Teufelswerk jener Irrlehre, die eine Befreiung der spanischen Christen verhindert habe.

In der Auseinandersetzung um christologische Probleme stießen zugleich zwei Kirchen aufeinander, die fränkisch-römische und die westgotisch-spanische, wobei die Brisanz in der Tatsache lag, daß die Kirche von Urgel, der Felix als Bischof vorstand, erst nach dem Anschluß von Gerona 785 dem Frankenreich eingefügt worden war und sozusagen den nördlichen Zipfel der wenig später eingerichteten Spanischen Mark bildete.

Der sogenannte Adoptianismus war im wesentlichen ein spanisches Gewächs, entstanden auf dem Boden des Islam und im Humus des untergründig fortdauernden Arianismus. Anders als nach der katholischen Lehre galt dessen Anhängern die Gottessohnschaft Christi als anstößig, weshalb im Gegensatz zur Wesensgleichheit von Vater und Sohn lediglich die Wesensähnlichkeit gelehrt wurde. Von ferne wirkten noch Nestorianismus und Pelagianismus auf diese Lehrvariante des 8. Jahrhunderts ein. Der genannte Erzbischof von Toledo, Elipand, dessen untadeliger Charakter ebenso in den Quellen betont wird wie der seines wichtigsten Apologeten, Felix von Urgel, hatte verkündet, daß Christus hinsichtlich seiner göttlichen Natur zwar eingeborener Sohn, hinsichtlich seiner menschlichen Natur aber nur Adoptivsohn sei. Daher der zunächst unverständliche Begriff Adoptianismus. Mit dieser Differenzierung zwischen Sohn und Adoptivsohn stellte sich zugleich die Frage nach dem Erlösungswerk Christi und seiner Bedeutung für die Menschheit.

Diese Thesen erregten zunächst die Kirche von Asturien, als kompetent ausgewiesen durch den berühmten Apokalypsenkommentar des Beatus de Liébana, die gegen Elipands Ansichten und mehr noch gegen seine Primatansprüche heftig vorging. Auch Papst Hadrian I. hatte sich bereits gegen die Lehre Elipands ausgesprochen und mit bitterer Worten an den »Häresiarchen« Nestorius und seine »Blasphemie« erinnert. Die heikle Frage wurde indessen zum Politikum, als Felix von Urgel diese »spanischen« Meinungen in Wort und Schrift verbreitete und im ungefestigten Süden des fränkischen Großreichs für nachhaltige geistliche Unruhe sorgte.

Erschwert wurde die zureichende Behandlung der schwierigen Frage noch durch den Umstand, daß ein vom Erzbischof von Sens für Spanien geweihter Missionsbischof sich einem weiteren einheimischen »Abweichler« namens Migetius zugewandt hatte, der noch krassere christologische Thesen vertrat und darüber mit Erzbischof Elipand ins Gehege kam, welcher sich nun seinerseits an Karl und die fränkischen Mitbrüder wandte und dabei seine kritisch behandelte Adoptionslehre erneut formulierte.

Ausgerechnet diese komplexe Gemengelage aus Romferne, fränkisch unterstützter Mission und christologischer Problematik, die maßgeblich ein Bischof aus der »Übergangszone« vertrat, nutzten die dem fränkischen Hof assoziierten Gelehrten, um auf diesem verhältnismäßig übersichtlichen, wenn auch schwierigen Terrain eine Probe ihres theologischen Könnens abzuliefern und ihre Nähe zu Rom als Sitz der Rechtgläubigkeit im Einverständnis mit dem König zu demonstrieren. Ein gewisser Zugewinn an intellektuellem Ansehen konnte dem bislang vorwiegend als überlegene Militärmacht respektierten fränkischen Königtum auch nicht schaden.

Zu diesem Zweck wurde Felix nach Regensburg befohlen und dort vor eine Bischofsversammlung gestellt, der der König nach Art Konstantins und seiner Nachfolger präsidierte, wie Alkuin zu berichten weiß. Wie nicht anders zu erwarten, wurde der Bischof von Urgel des Irrtums überführt und seine Lehre als Häresie verdammt. Codices mit Schriften des Felix und des Elipand, die sich mit dem umstrittenen Gegenstand beschäftigten, wurden demonstrativ verbrannt. Felix wurde gezwungen, ein Schriftstück aufzusetzen, das jedermann mit dem Kirchenbann bedrohte, der es wagen würde zu behaupten, daß »unser Herr Jesus Christus dem Fleische nach ein Adoptivsohn Gottes sei«. Hauptwidersacher des bußfertigen Spaniers war der gelehrte Paulinus, den Karl vor Jahren in Italien kennen und schätzen gelernt, an seinen Hof verpflichtet und in Anerkennung seiner Verdienste zum Patriarchen von Aquileia bestellt hatte, jener wichtigen Außenposition im Schnittpunkt byzantinischer, istrisch-venezianischer und jetzt auch fränkisch-italischer Interessen. Zusammen mit dem Westgoten Theodulf und dem Angelsachsen Alkuin bildete er in jenen Jahren das theologische Dreigestirn, das erst in der nächsten Generation durch einheimische Kräfte abgelöst werden konnte.

Die Versammlung in Regensburg begnügte sich indessen nicht mit dem Widerruf des überführten Felix, vielmehr sandte der König ihn in Begleitung oder unter Bewachung seines Vertrauten Angilbert, des (Laien-)Abts von St. Riquier (Centula) und Vaters von Karls Enkeln aus der Verbindung mit Berta, der erwähnten Nithard und Hardnit, zu den Schwellen der Apostelgräber, um so lebendiges Zeugnis abzulegen für seine Romnähe und die seiner Berater, die in ihrem Widerspruch gegen das Konzil von Nicaea auch den Papst herausgefordert hatten. Der Inhalt dieses mitgegebenen Dokuments läßt sich aus der subtil-umfangreichen Antwort Hadrians I. erschließen, der den fränkischen Hof vor blindem Eifer und dem Abgleiten in Häresie warnte. In diesen christologischen Zusammenhang gehört der Hinweis auf den sogenannten Dagulf-Psalter, der seinen Adressaten, Papst Hadrian I., freilich nicht mehr zu Lebzeiten erreichte, sondern nördlich der Alpen verblieb. Er enthält die Psalmen, das Tedeum und andere einschlägige Texte, gleichsam umrahmt von nicht weniger als sieben Versionen des Glaubensbekenntnisses, die allesamt, vom Symbolum von Nicaea bis zum sogenannten Credo des heiligen Athanasius, die Wesensgleichheit, Homoousie, von Vater, Sohn und Heiligem Geist betonen. Damit zeigte der fränkische König dem römischen Pontifex seine Rechtgläubigkeit, unterfüttert von Konzilsbeschlüssen und Väterstimmen, hier vor allem durch die Erläuterungen des heiligen Hieronymus, unmißverständlich an.

Als eine spätere Synode in Rom Ende Oktober 798 das Thema des Adoptianismus nochmals aufgriff, wurde im Protokoll rekapituliert, daß Felix 792 seiner Irrlehre abgeschworen, eine rechtgläubige Schrift verfaßt und diese in Gegenwart des Papstes feierlich unter Eid auf dem Grab St. Peters deponiert habe, was unmittelbar an die Niederlegung des Schenkungsversprechens Karls an ebendieser Stelle 774 erinnerte – ein magischer Bezug wohnt beiden Akten inne.

Damit hatte die Angelegenheit für Felix sein Bewenden, der zunächst in sein Bistum zurückkehrte, dann aber ins islamische Spanien floh. Der Adoptianismusstreit wurde nach der römischen Synode gar ein drittes Mal auf einer Aachener Versammlung im Jahr 799 erörtert. Alkuin und vor allem Paulinus verfaßten in deren Umfeld gewichtige und umfangreiche Traktate, wobei der Angelsachse die römische Autorität über den spanischen Separatismus stellte.

Anläßlich des Regensburger Konzils erhielt Paulinus von Aquileia, dessen gelehrte Bestrebungen erneut gewürdigt wurden, ein Wahlprivileg für seine Kirche und zugleich eine Verzichtserklärung des Königs auf öffentliche Leistungen der Kirche von Aquileia, die freilich insofern eine bedeutsame, mit dem Awarenkrieg zusammenhängende Einschränkung erfährt, als weiterhin die Hintersassen Quartier und Verpflegung zu stellen haben, sofern der König selbst, Pippin oder ein »königliches Präsidium« sich im Raum von Friaul oder Treviso wegen feindlicher Attacken aufhalten sollten. Für den Aufenthalt in Verona und Vicenza dagegen entfallen diese Leistungen. Am 27. Juli hatte bereits das von Witiza-Benedikt gestiftete Kloster Aniane ein Immunitätsprivileg mit freier Abtwahl erhalten. Auch Benedikt sollte sich als orthodoxer Autor im langwierigen Adoptianismusstreit Verdienste erwerben.

Die Verschwörung Pippins des Buckligen

Mitten in den Vorbereitungen zu einem neuen Zug gegen die Awaren erreichte den Herrscher die Nachricht, daß die Sachsen sich erneut gegen die fränkische Vormacht erhoben.

Eine politische Entscheidung war auch nach den Erfolgen gegen die Awaren von 791 offengeblieben, und diese Situation bestimmte in ihrer Zielrichtung auf den Südosten des fränkischen Reichs für mehr als hundert Jahre die kriegerischen Aktivitäten von Karls Enkeln und Urenkeln. Die Lorscher Annalen stellen einen unmittelbaren Zusammenhang zwischen dem Awarenkrieg und den Aufständen der Sachsen her, wenn sie berichten: »In jenem Jahr residierte der König in Bayern und feierte Ostern in Regensburg. Als sich der Sommer näherte, zeigten die Sachsen, was sie schon lange in ihrem Herzen verborgen hatten, nun in aller Öffentlichkeit, weil sie meinten, daß sich das Volk der Awaren an den Christen rächen müßte. Wie der Hund, der zu seinem Ausgewürgten zurückkehrt, so sind sie zu dem Heidentum, das sie vordem ausgespuckt hatten, zurückgekehrt und verließen erneut das Christentum, täuschten sowohl Gott als auch den König, der ihnen zahlreiche Wohltaten (beneficia) erwiesen hatte, und vereinigten sich mit den heidnischen Völkern in ihrem Umkreis. Aber auch Gesandte schickten sie zu den Awaren und trachteten diese zunächst gegen Gott, dann gegen den König und die Christen aufzuwiegeln; alle Kirchen, die innerhalb ihrer Grenzen lagen, verwüsteten sie durch Zerstörung und Feuer; verjagten Bischöfe und Priester, die über sie gesetzt waren, und einige ergriffen diese und andere, töteten sie und kehrten gänzlich zu ihrem Götzendienst zurück.« Andere Quellen wissen expressis verbis zu berichten, daß sich diesem Aufstand Slawen (Wenden) und Friesen angeschlossen haben.

Eine fränkische Schar, die sich zu Schiff an der Elbmündung aufhielt und mit dem Küstenschutz beauftragt worden war, wurde überfallen und niedergemacht. Die Ostfriesen, so vermeldet die Biographie Liudgers, angeführt von Unno und Eilwart, fielen vom Glauben ab und verbrannten die Kirchen. Damit war zwischen Lauwer und Ems sowie zwischen Unterweser und Unterelbe das Glaubenswerk weitgehend vernichtet. Das Zusammenspiel von Friesen und Sachsen im Raum Wigmodien und elbübergreifend mit den Slawen konnte erst durch umfangreiche Deportationen der unbotmäßigen Bevölkerung, deren Spuren sich an Orts- und Flurnamen auch westlich des Rheins nachweisen lassen, eingedämmt werden. Das Christentum ging jedenfalls auch 792 nicht völlig unter und konnte sich dank missionarischer Anstrengungen in jenen schwierigen Zeiten durchaus behaupten, wobei nicht selten eine List der Evangelisation zu Hilfe kam. So weiß der Biograph Liudgers zu berichten, daß dieser gar einen Sänger, der »die Taten der vergangenen Könige gut zu besingen wußte« und den der Gottesmann von einer drei Jahre währenden Blindheit geheilt hatte, in seinen Dienst stellte, welcher zusammen mit seinen archaischen Heldengesängen auch die Frohbotschaft zu verkünden wußte.

An einen Kriegszug gegen die aufständische Küstenregion und ihr Hinterland Wigmodien war angesichts der fortgeschrittenen Jahreszeit nicht zu denken, zumal der Aufenthaltsort des Königs vom Geschehen zu weit entfernt lag.

Zu den externen Verwerfungen trat ein gefährlicher Zwist im Herrscherhaus selbst, der bezeichnenderweise in den offiziösen Quellen, also den Reichsannalen und den Metzer Annalen, keine Spur hinterlassen hat. Hingegen wissen die zeitgleichen Lorscher Aufzeichnungen, denen eine derartige Rücksichtnahme fremd ist, im Anschluß an die sächsische Insurrektion wiederum ausführlich folgendes zu berichten:

»Und in diesem Jahr ist ein höchst übler Plan, den Pippin, als Sohn des Königs von einer Konkubine namens Himiltrud geboren, gegen das Leben des Königs und seine Söhne, die von einer legitimen Ehefrau geboren sind, [gefaßt hat, entdeckt worden] ..., weil sie den König und jene töten wollten, und er selbst wie Abimelech in den Tagen der Richter Israel regieren wollte, der seine Brüder ... tötete und für seinen Vater ... regierte, mit Bosheit, nicht lange. [Abimelech war ebenfalls Sohn eines Kebsweibes!] Aber König Karl, als er den Plan Pippins und derer, die mit ihm waren, durchschaut hatte, berief eine Zusammenkunft der Franken und anderer Getreuer nach Regensburg, und hier urteilte das gesamte christliche Volk, das hier bei dem König war, sowohl über jenen Pippin als auch über jene, die in jenen hassenswerten Plan mit einstimmten, daß sie sogleich ihres Erbes und Lebens verlustig gehen sollten. Und so ist es an einigen vollzogen worden, aber über den Sohn Pippin, weil der König nicht wollte, daß er getötet würde, urteilten die Franken, daß er sich dem Dienst Gottes unterziehen müßte; was auch geschehen ist, und er schickte ihn als Kleriker in ein Kloster. Und dort lebt er weiter.«

Andere Quellenzeugnisse nennen als Teilnehmer an dieser Verschwörung Angehörige der fränkischen Führungsschicht, auch Grafen, so den Grafen Theobald (von Beauvais oder Paris?), den Bischof Petrus von Verdun, der sich auf der Frankfurter Synode von 794, da ihm keiner seiner Standesgenossen als Eideshelfer beispringen wollte, durch einen Zweikampf im Gottesgericht von dem Vorwurf reinigen mußte, gegen das Leben des Königs konspiriert zu haben.

Die auch von Einhart kolportierte Aussage, Himiltrud sei lediglich eine Konkubine des jungen Karl gewesen, geht auf die *Taten der Bischöfe von Metz* zurück, die Paulus Diaconus im Auftrag des Königs verfaßt hatte und die Pippin als Sohn Karls aus der Verbindung mit einem adligen Mädchen namens Himiltrud vor seinem »legalen Eheschluß« bezeichnet. Abt Richbot von Lorsch, der mutmaßliche Verfasser der zitierten Annalen, macht aus dieser delikaten Umschreibung eines vorehelichen Verhältnisses als Zeitzeuge der Verschwörung grobschlächtig ein Konkubinat, um den Königssohn juristisch zu disqualifizieren. Wir wissen hingegen aus einem authentischen Papstschreiben, daß die Verbindung Himiltruds mit Karl als rechte, dotierte Ehe zustandegekommen war, und angesichts des Vaternamens Pippin für den Erstgeborenen verbietet sich ohnehin jeder Zweifel an seiner ehelichen Geburt.

Indessen verschob sich in jenen Jahren und Jahrzehnten das Problem der persönlichen Annahme als Sohn von einem rechtserheblichen Akt des Vaters hin zur abstrakten Rechtsebene der Legitimität, die objektiven Kriterien wie der rechten Ehe und nicht dem subjektivem Votum des Vaters unterliegt und damit auch der kirchlichen Zensur. Im Jahr 786 hatte eine kirchliche Synode in York erstmals ausdrücklich festgestellt, daß nur jener König werden könne, der legitimer Geburt sei. Dieser durchaus neuartige Standpunkt fand seinen reichsrechtlichen Durchbruch in der Nachfolgeregelung durch die sogenannten *Ordinatio imperii* Ludwigs des Frommen von 817, wo alle Bastarde generell von der Thronfolge ausgeschlossen wurden. Karl selbst ging in dieser heiklen Frage durchaus pragmatisch vor. Neben der mangelnden Idoneität Pippins, die ausschlaggebend für den Entzug des Namens und dessen Weitergabe an einen geeigneten Sohn 781 gewesen sein dürfte, könnte die von seiner Umgebung suggerierte minderrechtliche Geburt Pippins Karl in seinem Vorhaben, den Ältesten nicht als Teilhaber an der Königsherrschaft zu präsentieren, bestärkt haben. Karl erkannte auf Dauer innerhalb seiner zahlreichen Nachkommenschaft nur die Söhne der Hildegard als Nachfolger und Erben an, während die später mit Konkubinen gezeugten Söhne Drogo, Hugo und Theoderich von dieser Sukzession ausgeschlossen blieben, was bereits an ihren Namen ablesbar war. Dennoch sah Karls Nachfolger im Amt, Ludwig der Fromme, in ihnen eine Gefahr für seine Alleinherrschaft und wies sie bald in die Klerikerlaufbahn ein.

Bedenkt man freilich, wie wenig auch dem germanisch-fränkischen Adels- und Königsideal ein mißgestalteter Anwärter auf die Herrschaft, der zugleich Karls Charisma in Mitleidenschaft zu ziehen drohte, entsprach, dann erwiesen sich die versteckten oder offenen Hinweise der Quellen auf voreheliche Bindungen des Königs als das dezentere und sein Ansehen schonendere Mittel zur Entmachtung des Erstgeborenen.

Die Verschwörung Pippins von 792 begründet Einhart nach Jahrzehnten mit der Grausamkeit der Königin Fastrada, die angeblich auch schon den Hardradaufstand von 786 ausgelöst hatte: »Und in beiden Fällen ist deshalb gegen den König konspiriert worden, weil er offensichtlich der Grausamkeit seiner Gemahlin nachgegeben hat und von seiner gütigen Natur und gewohnten Milde in ungewohnter Weise abgewichen ist.« Worin diese Grausamkeit bestanden haben soll, läßt sich nicht erkennen. Was Fastrada angeht, so dürfte Einhart bestenfalls alten

Klatsch weitergetragen haben, wobei ihm das für Karls Sohn und Nachfolger Ludwig bedenkliche Verhalten von dessen zweiter Gemahlin Judith vielleicht vor Augen stand, der Mutter Karls des Kahlen. Fastrada hatte keinerlei für uns nachvollziehbare Gründe, gegen den etwa zweiundzwanzigjährigen Stiefsohn aus Karls erster Ehe vorzugehen, denn seine Zurücksetzung war ja bereits elf Jahre zuvor erfolgt. Sie selbst hatte dem König bislang nur zwei Töchter geboren, so daß ein wie auch immer geartetes Konkurrenzverhalten zu den älteren Söhnen eher ausgeschlossen erscheint. Möglicherweise war diese Verschwörung, die erneut Mitglieder von Familien des Rhein-Main-Gebietes, die sich vielleicht durch Fastrada und ihren Umkreis in der Gunst des Herrschers zurückgesetzt sahen, zur Rebellion trieb und jetzt den Erstgeborenen Karls an die Spitze stellte, ein Nachklang des Hardradaufstandes.

Pippin, der sein Los im Schatten der Brüder längst erkannt haben mußte, hatte sich im Winter 791/92 an den Mittelrhein begeben und angeblich wegen Erkrankung den Hof in Regensburg nicht aufgesucht. Bisher war über seine Verwendung als Mitglied der Königsfamilie sowenig eine Entscheidung gefallen wie über sein potentielles Erbe an Hausgut. Seine jüngeren Brüder Ludwig und Pippin waren seit 781 Könige, und Karl, der sich bereits in Feldzügen gegen die Sachsen hatte einüben dürfen, war kurz zuvor der Dukat Maine, das spätere Neustrien, als eine Art Apanage übertragen worden. Der Sohn Himiltruds war dagegen leer ausgegangen. Möglicherweise hatte er sich Hoffnung auf das Herzogtum Bayern als Regnum gemacht. Wenn er jetzt gegen das Leben seines Vaters konspirierte und eine Anzahl Mißvergnügter aus der fränkischen Führungsschicht um sich versammelte, dann war darin ein letztes Aufbäumen gegen seine offenkundige Zurücksetzung zu sehen.

Der Anschlag mißlang, Pippin und die Rädelsführer wurden ergriffen. Ihnen wurde ein öffentlicher Prozeß gemacht. Wie bei Tassilo vier Jahre zuvor urteilen wieder die Großen, der König bestätigt lediglich das Urteil oder wandelt es in seiner bekannten Milde ab. Trotz des dem römischen Staatsrecht entlehnten Delikts des Majestätsverbrechens und auch um dem Vorwurf unchristlicher Grausamkeit zu entgehen, scheut der König aus übergeordneten Gesichtspunkten die Hinrichtung seines Sohnes und begnadigt den doppelt Mißratenen zur Klosterhaft. Pippin wurde nach Prüm, dem Hauskloster der Familie, verbracht und tonsuriert. Hier ist er 811 verstorben.

Mit diesem Prozeß und seinem Ausgang war zugleich über Pippins Erbe entschieden: Als Mönch war er besitzlos, hierin Tassilo gleich. Pippins Mitverschwörer wurden je nach Schwere und Bußwürdigkeit ihrer Tat enthauptet, gehängt oder nach Geißelung und Blendung ins Exil verwiesen; ihre Güter wurden konfisziert. Gelegentlich hören wir von der Wiederaufnahme von Verurteilten in die Gnade des Königs. So wurde 797 einem Grafen, der sich zu reinigen gewußt und obendrein durch besonderen Eifer seine Königstreue bewiesen hatte, mit der königlichen Huld auch sein Besitz zurückerstattet. Andere, wie der erwähnte Kirchenmann Bischof Petrus von Verdun, erhielten bereits 794 die Gelegenheit, in einem Verfahren ihre Unschuld darzutun. Der Fall des Petrus, eines Langobarden, ist um so bemerkenswerter, als er das Bistum Verdun als Dank für seine Kollaboration beim Fall Pavias 774 erhalten hatte.

Die Verschwörung war, und das ist zu erwähnen, nicht etwa von einem königstreuen Franken aufgedeckt worden, sondern von einem anderen Langobarden namens Fardulf, der zum Kreis derer gehörte, die, wie auch der Bruder des Paulus Diaconus, ins fränkische Exil gewandert waren und wohl wegen ihrer besonderen Anpassungsfähigkeit und Bildung bald das Vertrauen und Wohlwollen Karls genossen. Fardulf erhielt gar als Belohnung seiner Anzeige im folgenden Jahr die Königsabtei St. Denis als Abt übertragen, was ein Licht auf die Brisanz der Verschwörung wirft wie auch auf die Tatsache, daß andere Große, Bischöfe, Äbte, Grafen und sonstige Parteigänger Karls, auf der erneut 793 zu Regensburg einberufenen Reichsversammlung mit kostbaren Geschenken, Gold, Silber und Seide, belohnt und ausgezeichnet wurden. Fardulf, ein nicht unbegabter Reimschmied, erbaute gar nach dem Wortlaut einer selbstverfertigten Inschrift über dem Portal in St. Denis für seinen König eine »Aula«.

Frontwechsel im Herzogtum Benevent

Im Süden der Apenninenhalbinsel hatte sich in Benevent ein politischer Wandel ereignet, als der im Herbst 778 von Karl eingesetzte Herzog Grimoald einen Frontwechsel zur byzantinischen Seite vollzog und sich mit einer griechischen Prinzessin vermählte. Insbesondere die ausgeprägten Handelsinteressen, die kulturellen Verflechtungen, nicht zuletzt die Nachbarschaft zu Neapel und Gaeta verwiesen Benevent längerfristig auf das Bündnis mit Ostrom.

Karl befahl Ende des Jahres 792, nachdem Pippin bereits Teile Benevents verwüstet hatte, einen Feldzug gegen den Abgefallenen. Pippins Bruder Ludwig sammelte zur gleichen Zeit in Aquitanien ein Heer, zog dann über den Mont Cenis in die Poebene und feierte das Weihnachtsfest in Ravenna. »Mit diesen vereinten Kräften«, so unterrichtet uns später der sogenannte Astronom, »fielen sie in die Provinz Benevent ein, verwüsteten alles, was an ihrem Weg lag, und eroberten eine Festung.«

Dieser nicht eben glanzvolle Feldzug, der politisch ohnehin ins Leere stieß, litt auch und vor allem unter der großen Hungersnot der Jahre 792 und 793, die, ausgelöst durch eine Mißernte im Herbst 792, die Not im folgenden Jahr noch verschärfte. Der Nahrungsmangel war so drückend, daß man in der Fastenzeit vor Ostern 793 das Verbot des Fleischessens aufhob. Die Hungersnot in Italien, der Provence, in Burgund und weiten Teilen der Francia trieb viele gar zum Verzehr von Menschenfleisch. Das Sommerkorn gedieh nicht, und noch die Frankfurter Synode von 794 reflektiert in einem Absatz diesen Einbruch von Not und Verelendung, der freilich eher die Stimme des Volkes als die rationaler Theologen hören läßt: »Die Erfahrung im Jahr, als die gewaltige Hungersnot hereinbrach, zeigte uns nämlich, daß leere Ernten hochschossen, die von den Dämonen verschlungen wurden, und Stimmen, die zu hören waren, stießen Verwünschungen aus.«

Wenn auch kein unmittelbarer Zusammenhang zwischen der Verschwörung Pippins des Buckligen und den Hungersnöten zu erkennen ist, so ergibt sich aus der mehr als schlechten Versorgungslage eine zusätzliche Brisanz für das Ansehen des Königs und seiner Familie, die auch unter dem zusätzlichen Dach des Gottesgnadentums Wachstum und Fruchtbarkeit in der Agrargesellschaft zu garantieren hatten. Vielleicht erklärt dieser Umstand der Not und Unzufriedenheit, daß die Verschwörung verhältnismäßig weite Kreise gezogen hat.

Aus Benevent abziehend und die Alpen überquerend, begaben sich Pippin und Ludwig zur Pfalz Salz im Grabfeldgau, trafen hier ihren Vater und erfuhren von den Plänen des Stiefbruders. Pippin nahm bald Abschied und zog nach Italien, während Ludwig noch bis zum Herbst 793 beim Vater blieb.

Karl selbst hatte sich, da 792 kein Kriegszug unternommen wurde –

man wartete ja gespannt auf die Reaktion der besiegten, besser gesagt geflohenen Awaren – offensichtlich intensiv mit der Konstruktion mobiler Flußbrücken beschäftigt: »Auf Schiffen wurde eine Brücke errichtet, die mit Ankern und Seilen so verbunden war, daß man sie zusammensetzen und wieder auseinandertrennen konnte.« Waren es zuvor festgefügte Brücken über den Strom gewesen, die Karl etwa bei seinem letzten Elbübergang errichten ließ, so entsprachen diese Pontons den strategischen Bedürfnissen weit eher, indem sie rasch zusammengefügt und ebenso rasch wieder abgebaut werden konnten und so dem Feind das bequeme Nachsetzen verwehrten. Insbesondere der Zug über die Donau in das Awarenreich hatte Karls Phantasie und Ingenium angeregt und ihm den sowohl militärischen als auch verkehrstechnischen Nutzen befahrbarer und sicherer Wasserstraßen im Gegensatz zum desolaten Wegeverbund abseits der alten Römerstraßen vor Augen geführt. Diese intensive Beschäftigung mit der Wasserbaukunst sollte für ein Großprojekt, das erst in unseren Tagen und mit veränderter Streckenführung vollendet werden konnte, bedeutsame Folgen haben. Es hebt den fränkischen König aus dem Kreis seiner Vorgänger und Nachfolger wegen seines technischen Impetus heraus.

Der Rhein-Main-Donau-Kanal

Karl war 793 in Regensburg geblieben, in Erwartung der Maßnahmen des sicher überschätzten Gegners und zur Vorbereitung eines eigenen neuerlichen Ausgreifens ins Awarenland, als erneut Kunde aus dem Gau Rüstringen eintraf, die den Tod des Grafen Theoderich meldete, jenes Verwandten Karls, der bereits 782 am Süntel seine besonderen militärischen Qualitäten bewiesen hatte. Theoderich war über Friesland an die Weser gezogen und mit seinen Truppen in einen sächsischen Hinterhalt geraten. Der Schock saß bei Hofe tief; Karl ließ sich die Schwere des Verlusts nicht anmerken, schob aber den Zug nach Pannonien auf.

Unterdessen ließ er sich von Experten überzeugen, daß man zwischen Rednitz oder Rezat und Altmühl zur Überwindung der Wasserscheide einen schiffbaren Graben oder Kanal ziehen könne, »um ganz bequem von der Donau in den Rhein zu gelangen, da einer von diesen Flüssen in die Donau, der andere in den Main mündet«. Das ist die

Geburtsstunde des Rhein-Main-Donau-Kanals, der Mitteleuropa mit dem Südosten bis zum Schwarzen Meer verbindet. Zwar geht aus den Quellen eindeutig hervor, daß Karl diesen Wasserweg nach den guten Erfahrungen des Jahres 791 vornehmlich zu militärischen Zwecken herrichten lassen wollte und daß er dabei in erster Linie an Truppen- und Versorgungstransporte dachte, aber auch der Regionalhandel mit den Slawen, die für Salz und Waffen Pelze und Menschen boten, und der Austausch mit Byzanz sollten von dem Ausbau dieser gewaltigen Wasserstraße profitieren. Vorhandene Königshöfe am Obermain und auch die Schiffbarkeit der Rezat mögen diese Planung zusätzlich stimuliert haben. Damit war eine wegweisende, den Kontinent nach Osten bis Kleinasien übergreifende Idee geboren.

Karl, begeisterungsfähig wie er war, »begab sich sofort vor Ort mit seinem Gefolge und sammelte eine große Anzahl Menschen und widmete sich im ganzen Herbst [793] diesem Unternehmen. Es wurde so ein Graben zwischen den genannten Flüssen [Altmühl und schwäbischer Rezat] gezogen, 2000 Schritte lang und 300 Fuß breit; doch umsonst. Denn bei dem anhaltenden Regen, und da das sumpfige Erdreich schon von Natur aus zuviel Nässe hatte, konnte das Werk keinen Bestand gewinnen, sondern wieviel Erde mittlerweile von den Grabenden herausgeholt worden war, so viel setzte sich nachts wieder, indem die Erde wieder an ihrem Ort versank.« Als ihn obendrein noch die schlechten Nachrichten von der Unterweser erreichten, auch Meldungen über den Einfall der Sarazenen in Septimanien, brach Karl das Unternehmen ab, kehrte nach Franken zurück und »feierte Weihnachten beim heiligen Kilian am Main«, das heißt in Würzburg.

Über Anlage und technische Ausgestaltung dieses Kanals, des Vorläufers des Donau-Main-Kanals, der mit der Schiffahrt zwischen Bamberg und Nürnberg 1843 eröffnet und 1846 fertiggestellt wurde, ist viel gerätselt und viel geschrieben worden. Man bleibt auf Mutmaßungen angewiesen; zudem muß bedacht werden, daß das ausgehende 8. Jahrhundert sehr wohl praktische Erfahrungen in der Anlage von Gräben und Kanälen hatte, etwa zur Wasserzufuhr in Fulda oder zum Betrieb von wassergetriebenen Mühlen beispielsweise in Corbie oder in St. Denis. Der Ausbau von Wasserwegen für die Schiffahrt wird freilich erst wieder zum Jahr 852 aus der Poebene gemeldet.

Spuren dieses Projekts, das »als einziges Wasserstraßenprojekt des Abendlands in tausend Jahren« (Karl Schwarz) bezeichnet werden kann, sind erhalten und stellen eines der eindrucksvollsten frühmittelalterlichen Bodendenkmäler Deutschlands, wenn nicht gar Europas dar. Die Wasserscheide zwischen Altmühl und dem Quellgebiet der schwäbischen Rezat liegt bei etwa 420 Meter NN, das heißt nur zwölf Meter über dem mittleren Altmühlniveau. Hier wurde auf dem Scheitel des Geländes mit dem Aushub begonnen. Der Kanal ist als Sohlgraben mit einer Länge von ungefähr 1300 bis 1500 Metern im Gelände nachweisbar, seine Breite beträgt rund dreißig Meter. Er zieht sich vom Nordrand des Dorfes Graben (!) bei Weißenburg zur Wasserscheide, biegt dann nach Osten ab und verliert sich zunächst im sumpfigen Gelände. Neue luftbildarchäologische Untersuchungen lassen seinen weiteren Verlauf, jetzt in nördlicher Richtung, in einer zusätzlichen Ausdehnung von rund 600 Metern erkennen. Auch das südliche Ende dürfte – von Graben aus – noch 250 Meter Verlängerung besessen haben. Der Erdaushub wurde auf zwei begleitenden Wällen bis zu 6,5 Meter Höhe aufgeschüttet, die Sohle des Grabens liegt heute teilweise unter Geländeniveau. Der Gesamtaushub des Kanals dürfte etwa 120000 Kubikmeter betragen haben, so daß ein Baubeginn erst im Herbst 793 ausgeschlossen werden kann. Sehr wahrscheinlich haben die Arbeiten bereits im Frühjahr 793 begonnen und sind erst nach Karls Abgang im Herbst eingestellt worden. Der Aushub konnte nach den Berechnungen von Josef Röder mit rund 2000 Arbeitern in rund zwei Monaten bewältigt werden.

Was die technische Anlage des Projekts angeht, so erscheint ein durchgehender Kanal mit Stau- und Überleitungseinrichtungen in Gestalt moderner Schleusen, wie neuerdings vermutet, höchst unwahrscheinlich. Die erhaltene Fossa Carolina läßt sich am ehesten als das mittlere Teilstück eines projektierten torlosen Kanals oder einer Weiherkette erklären. Schiffe mußten somit getreidelt oder über Dämme gezogen und umgesetzt werden, was den Verhältnissen der Zeit durchaus entsprach.

Karl hatte offenkundig den logistischen Vorteil einer Flotte erkannt, die freilich im Kampf gegen die Awaren, wenn man sich nicht weiterhin auf die Kontingente der Donauanrainer beschränken wollte, auf das Rhein-Main-Donau-Flußsystem angewiesen war. Die Kühnheit des Projekts übertraf freilich noch die Mittel zur Umsetzung; sein Ruhm verband sich aber zu Recht bleibend mit dem Namen Karls.

Wiederholt sind nach 800 angesichts der zunehmenden Normannengefahr Befehle Karls ergangen, »auf allen Flüssen« Schiffe zu bauen. Seine Experimente mit Pontons seit den neunziger Jahren weisen in die gleiche Richtung, nämlich die Flußsysteme intensiver für fränkische Angriffs- und Abwehrmaßnahmen zu nutzen. Erfolg blieb ihm versagt: Das Reich des Mittelalters blieb ein Imperium ohne Flotte, im Gegensatz zu Byzanz, zu den Staatengründungen der Normannen oder den italischen Seerepubliken – und zu den Arabern.

Niederlagen und Versorgungsprobleme im Königreich Aquitanien

Ungemach drohte in diesem Jahr 793 aber nicht nur von einstürzenden Erdwällen und aufständischen Sachsen. Grenzkonflikte mit den Sarazenen in Septimanien erschütterten den Süden des Reichs, und die Kämpfe, die sich Grafen und Grenzbewohner mit den alten Gegnern lieferten, fielen nach Auskunft der überarbeiteten Reichsannalen für die Franken verlustreich aus. Ein Grund mehr für das Schweigen der zeitgleichen offiziösen Annalistik, die bereits das Spanienabenteuer von 778 und die Niederlage von Roncesvalles in vornehmes Schweigen gehüllt hatte.

Im Emirat von Córdoba hatte sich nach dem Tod des gefürchteten Abdarrahman 788 die Situation unter seinem Nachfolger Hischam insofern verändert, als dieser, möglicherweise um seine Herrschaft zu konsolidieren, zum Heiligen Krieg gegen das christliche Asturien aufrief und auch die Pyrenäen überschritt. Er hatte nicht viel zu befürchten, da die Franken an ihren Ostgrenzen militärisch gebunden waren und die Basken selbst zur Destabilisierung der Südregion beitrugen. So stieß der Truppenführer Abd-al Malik gegen Narbonne vor, das er allerdings nicht erobern konnte, und zog anschließend brandschatzend und unter schwerer Verwüstung des Landes nach Carcassonne. Am Fluß Orbieu stellte sich ihm Wilhelm von Toulouse, der Nachfolger des unfähigen Dux Chorso, entgegen, erlitt jedoch eine vernichtende Niederlage.

Das alles weiß vor allem die Chronik des dem Geschehen benachbarten Klosters Moissac zu berichten. Aus der Beute dieses Treffens finanzierte Hischam I. angeblich den Bau einer Moschee. Wenn auch König Ludwig an dem Desaster nicht beteiligt war, so machte doch diese Niederlage im Anschluß an den nicht gerade von großen Erfolgen gekrönten Feldzug gegen Benevent unter Führung der beiden Mittelgewalten Pippin und Ludwig auf die weiterhin heikle und instabile Lage an den Südgrenzen des Großreichs aufmerksam. Diese schwierige Situation wurde innenpolitisch dadurch noch wesentlich verschärft, daß die Großen Aquitaniens Zug um Zug den Fiskalbesitz an sich gerissen hatten. Ludwig konnte zum Erstaunen seines Vaters diesem auf Nachfrage nie Geschenke machen und mußte, nach den Gründen für sein Verhalten befragt, dem Vater seine völlige Mittellosigkeit eingestehen. Karl handelte umgehend: Zwei Königsboten, Graf Richard und ein gewisser Willibert, später Erzbischof von Rouen, eilten nach Aquitanien, erzwangen die Herausgabe entfremdeten Königsguts und ordneten gleichzeitig die Versorgung des aquitanischen Hofs, indem sie vier Pfalzen als Winterresidenzen des Königs festlegten: Doué im Anjou, Chasseneuil im Poitou, wo Ludwig 778 das Licht der Welt erblickt hatte, Angeac im Angoulême und Ebreuil im Berry, allesamt der eigentlichen Francia benachbart. Im Süden Aquitaniens versagten offenbar Restitution und Kontrolle. Die Festsetzung dieser vier Winterpfalzen konterkariert die Aussage der gleichen Quelle, das okkupierte Staatsgut sei an den König zurückgegangen, denn dies wird lediglich für die Fiskalbezirke zu gelten haben, die ihrerseits die wirtschaftliche Basis der genannten Winterresidenzen ausmachten.

Da die Erträge aus Zoll, Münze und dergleichen in aller Regel in der Hand der Zolleinnehmer und Münzmeister oder der örtlichen Gewalten verblieben sein dürften, wenn sie nicht gar durch Privileg an kirchliche Empfänger gegangen waren, kommt es nicht von ungefähr, daß das Königtum sich mangels sonstiger sicherer und kontinuierlicher Staatseinnahmen ausweislich des sogenannten Krongüterverzeichnisses intensiv um die Ordnung und Ertragfähigkeit der Fiskalgüter als der eigentlichen ökonomischen Basis der täglichen Bedürfnisse des Hofs kümmerte und dabei eine durchaus ausgefeilte Logistik der Verwendung und Vermarktung der Agrarprodukte und der Überschüsse entwickelte.

Mit 793 ging für Karl ein Jahr zu Ende, das wenig ertragreich oder gar erfreulich gewesen war: Kriegs- und damit Prestigeverluste im Süden Aquitaniens, der Abfall eines Bündnispartners auf der Apenninenhalbinsel, nämlich Benevents, ein neuerlicher, auch mit schweren personellen Verlusten einhergehender Sachsenaufstand, der die gesamte Region zwischen Unterweser und Unterelbe und darüber hinaus erfaßt hatte, der Stillstand in der Awarenfrage, in die das Mißlingen des projektierten Kanalbaus eingebunden war, Hungersnöte und Versorgungskrisen und als betrüblicher Tiefpunkt die Verschwörung des eigenen Sohnes und eines Teils der Großen, die obendrein noch von einem langobardischen Exulanten dem König entdeckt werden mußte.

Auf dem Weg zum Kaisertum
794 bis 800

Das Frankfurter Konzil von 794

Es bedurfte eines Befreiungsschlags, um das beschädigte Ansehen des Königs wiederherzustellen, sich des Wohlwollens und der Hilfe der himmlischen Mächte erneut zu versichern und Charisma und Stärke des fränkischen Herrschers vor aller Welt zu demonstrieren. Das Jahr 794 sollte den König aus den Niederungen der Politik, der Aufstände und Niederlagen, der Planungen und Sorgen herausführen und seine überlegene Gestaltungskraft demonstrieren.

Zu einer Reichsversammlung, die sich zugleich und vor allem als Konzil verstand, wurden Vertreter aus allen Provinzen des Reichs zusammengerufen, nach der beachtenswert antikisierenden Diktion der Reichsannalen aus Gallien, Germanien und Italien. Auch die angelsächsische Gelehrsamkeit fehlte nicht, an ihrer Spitze einer der Mentoren Karls, Alkuin. Die dergestalt gemischte Versammlung sollte aktuell-politische Fragen lösen, dem Volk wie immer die Richtung weisen, vor allem aber unter dem Vorsitz des Königs und im Beisein päpstlicher Legaten theologisch-religionspolitische Probleme erörtern und entscheiden.

Der fränkische Königshof etablierte sich als Bollwerk der christlichen Orthodoxie, mußte freilich in Wort und Schrift wesentlich auf fremde Stimmen und Federn zurückgreifen, so neben Alkuin auf den Westgoten Theodulf und auf den Langobarden Paulinus, der bereits im Streit mit Felix von Urgel die Hauptlast der Argumentation getragen hatte. Damit sind die führenden Köpfe genannt, deren Anteile an dem überquellenden Schrifttum zu dogmatischen Fragen von Adoptianismus und Bilderstreit freilich nicht sauber voneinander getrennt werden können.

Als Ort des Konvents hatte Karl Frankfurt bestimmt, dessen Pfalzanlage damit erstmals in das helle Licht der Geschichte tritt. Der König hatte bereits zum Jahresende 793 die Villa Frankfurt aufgesucht, wo er überwinterte, das kommende Osterfest feierte und für St. Emmeram vor den Toren Regensburgs urkundete.

Frankfurt ließ sich nicht nur auf dem Wasserweg leicht erreichen, auch die alte Römerstraße von Nidda nach Mainz kreuzte den Mainübergang. Zudem waren große Teile der Pfalz zu Worms abgebrannt, so daß Karl nach einem anderen verkehrsgünstigen Versammlungsort Ausschau halten mußte, der zugleich den gebotenen repräsentativen Ansprüchen an ein fränkisches Konzil standhalten konnte. Auch die Erfordernisse der Versorgung eines so großen und stattlichen Teilnehmerkreises mochten den König auf Frankfurt als Mittelpunkt eines Fiskus verweisen, der wenigstens zwölf große Wirtschaftshöfe umfaßte sowie den Forst Dreieich im Süden und der dank seiner exponierten Lage am Main den notwendigen Zukauf von Handelswaren aller Art garantierte.

Der Standort der Villa Frankfurt als Zentrum dieses Wirtschaftskomplexes dürfte auf dem heutigen Domhügel zu suchen sein, während die Pfalz nach den bisherigen Ergebnissen der Spatenforschung direkt am Mainufer auf der niederen Terrasse lag. Eine Königshalle, »aula regia«, in den Maßen von rund 27 zu 12 Metern läßt sich erkennen, auch ihre Zweigeschossigkeit steht außer Zweifel. Eine Art Wohnturm im Westen der Aula und eine Kapelle im Osten mit entsprechenden Verbindungsgängen ergeben ein komplettes Ensemble. Die Pfalzkapelle mit rund 17 zu 7 Metern, als Saalkirche konzipiert, ist deutlich kleiner als ihr Paderborner Gegenstück. Die exakte zeitliche Einordnung dieser Spolien macht freilich Schwierigkeiten, insbesondere was die Königshalle angeht, die wohl erst 822 fertiggestellt worden ist.

Wie dem auch sei: Der König konnte Frankfurt als Winterpfalz nutzen, Villikation und Markt stellten ein ausreichendes Potential für die Selbstversorgung und den Zukauf, der Forst bot Gelegenheit zur Jagd. Der Osteraufenthalt des Herrschers und das Konzil lassen erkennen, daß über die repräsentativen Bauten wie Aula und Kapelle hinaus entsprechende Unterkünfte für die vornehmsten Prälaten vorhanden gewesen sein müssen. Ansonsten wird man, wie üblich, Zelte aufgestellt haben.

Im Gegensatz zur Bedeutung dieses Konzils, dessen große Zahl hochgestellter Teilnehmer aus dem gesamten Abendland mit Ausnahme Asturiens, das sich in jenen Jahrzehnten ausformte, ganz einmalig blieb, sind die Quellenzeugnisse dieser geistlichen Versammlung vergleichsweise mager. In den zeitgenössischen Reichsannalen und in der Aufzeichnung aus Lorsch findet die erneute Verurteilung des Adoptianismus in Anwesenheit römischer Legaten Erwähnung. Lediglich in den späteren offiziösen Geschichtswerken, also in den überarbeiteten Reichsannalen und in den Metzer Annalen, wird der »Pseudosynode« von Nicaea von 787 unter dem Vorsitz der Irene und ihres Sohnes Konstantin gedacht, die dieses große Treffen initiiert hatten. Die Angelegenheit Tassilos, die an prominenter Stelle der Tagungsordnung zu finden ist, wird nahezu mit Stillschweigen übergangen. Die eigentlichen Konzilsakten sind, sofern es sie analog zu den römischen Synodalprotokollen überhaupt gegeben hat, nicht erhalten. Das sogenannte Frankfurter Kapitular, das uns ganz wesentlich über Abfolge und Inhalt der Beratungen informiert, ist lediglich in einer Handschrift aus dem ersten Viertel des 9. Jahrhunderts überliefert, die ihrerseits als Textgrundlage für zwei weitere Abschriften des 10. Jahrhunderts und für spätere Teilkopien gedient hat. Das ist ein mehr als bescheidener Reflex auf ein wahrhaft epochales Ereignis.

Der Text des Kapitulars von Frankfurt ist in nicht weniger als 56 Paragraphen unterteilt, die nach Wilfried Hartmann in den ersten zehn Kapiteln und in den Kapiteln 55 und 56 einer Art Ergebnisprotokoll entsprechen, während die Kapitel 11 bis 54 auf die »Allgemeine Ermahnung« von 789 und den dieser folgenden Doppelerlaß an die Königsboten zurückgehen und damit erneut die Beachtung der alten Canones und nicht zuletzt der Bestimmungen der als maßgeblich erachteten Benediktsregel für alle Klöster einschärfen; die Kapitel 26, 27 und 54 hingegen formulieren spezielles Eigenkirchenrecht.

Die Synode begann am 1. Juni 794. Zunächst stand in der Tat die wiederholte Verhandlung der Irrlehre des Felix im Zentrum der Beratungen. Eine Fülle von Schriftstücken begleitet diesen Diskurs: Schreiben der spanischen Bischöfe an ihre fränkischen Amtsbrüder und an Karl selbst mit entsprechenden Anworten, solche Papst Hadrians I. an die spanischen Prälaten und ein Brief Karls an Erzbischof Elipand von Toledo, verfaßt von Alkuin und Paulinus von Aquileia, den Matadoren dieser Auseinandersetzung. Karl selbst beteiligte sich lebhaft an den theologischen Diskussionen, verfügte er doch im Gegensatz zu den meisten seiner späteren Nachfolger im Amt über eine ausgezeichnete Bildung und sprach Latein wie seine Muttersprache, wenn wir Einhart Glauben schenken wollen. In den genannten *Libri Carolini,* dem »opus

Caroli regis«, sind Marginalien mit des Königs Kurzkommentaren zum Text überliefert, die freilich eher sein Interesse als eindringliche theologische Kenntnisse bezeugen. Einem Schreiben des Paulinus von Aquileia zum Adoptianismus zufolge bestand Karl sogar während der Frankfurter Tage darauf, das Schreiben des Elipand von Toledo Satz für Satz durchzugehen. Anschließend erhob sich der König von seinem Thronsessel, führte in langer Rede seine Argumente vor und erbat ein Urteil der versammelten Väter, die sich allerdings drei Tage Bedenkzeit vor ihrer abschließenden Antwort erbaten und erhielten.

Erinnern wir uns daran, daß bereits zwei Jahre zuvor Felix von Urgel in Regensburg zu einem Widerruf seiner als Häresie gebrandmarkten Lehre verurteilt worden war, die im Kern besagte, daß Christus als Mensch nur Adoptivsohn des Vaters sei. Anschließend hatte Felix in Rom über der Confessio St. Peters seinem »gefährlichen Irrtum« ein zweites Mal, jetzt schriftlich, abgeschworen. Nun bot die Frankfurter Großveranstaltung von 794 erneut eine Bühne, die Irrlehre des Felix und seiner spanischen Gefolgschaft zu widerlegen und abzuurteilen. Bedurfte es dazu tatsächlich einer aus allen Provinzen des Reiches und damit aus der gesamten westlichen Christenheit hochrangig beschickten Kirchenversammlung, die unter anderen den Erzbischof Petrus von Mailand und päpstliche Legaten an den Main geführt hatte? Die Frage stellen heißt, sie zu verneinen, auch wenn sich Vorrede und erstes Kapitel des Kapitulars unter Hinweis auf die »apostolische Genehmigung« und den »Befehl unseres allerfrömmsten Herrn, König Karls« sowie auf seine »mildherzigste Anwesenheit« ausschließlich mit der spanischen Häresie, deren Widerlegung und beabsichtigter Ausrottung beschäftigten.

Tatsächlich zielte die feierliche Inszenierung dieser Versammlung in eine andere Richtung, die ihre Spuren im Text deutlich hinterlassen hat: Bereits im zweiten Absatz wird der »jüngsten Synode der Griechen« gedacht, die »sie über die Anbetung der Bilder in Konstantinopel abgehalten haben«. Dort sei der Beschluß gefaßt worden, »daß mit dem Anathem zu bestrafen sei, wer den Bildern der Heiligen nicht gleich der göttlichen Dreifaltigkeit diene und sie anbete«. Diesen angeblich so formulierten Beschluß »über Anbetung und Dienst verwarfen unsere vorgenannten allerheiligsten Väter und verurteilten ihn einmütig«. Damit dürften wir den eigentlichen Schlüssel zur Einberufung des Frankfurter Konzils in Händen halten: Es handelte sich um eine weithin beachtete Gegenveranstaltung zum Zweiten Konzil von Nicaea von 787 mit seiner Abschlußsitzung unter Vorsitz der Kaiserin Irene und Kaiser Konstantins, gezählt gar als siebtes allgemeines und ökumenisches Konzil, das im wesentlichen der maßvollen Erneuerung des Bilderkultes in der sich formenden Ostkirche galt. Diese Kirchenversammlung war auch vom Patriarchen des Westens, dem römischen Pontifex Hadrian I., dessen Lehrautorität ausdrücklich anerkannt wurde, durch Legaten beschickt und in ihren Beschlüssen anerkannt worden. Die Franken, von den Griechen ohnehin als Barbaren eingeschätzt und dem römischen Papsttum in Glaubensfragen untergeordnet, waren nicht geladen worden, auch Hadrian I. hatte ausweislich seiner Korrespondenz mit dem fränkischen König die Konzilsfrage nicht einmal angeschnitten.

Karl dürfte freilich dank seiner exzellenten Verbindungen zu Kirchenkreisen jenseits der Alpen über die Vorgänge informiert gewesen sein und hatte beschlossen, dieser »griechischen Synode« oder gar »Pseudosynode, die fälschlich ›siebte‹ genannt wurde«, die Stirn zu bieten. Wie konnte diese Veranstaltung am Bosporus universal sein, wenn sie die Vormacht des Westens und ihre Theologen ausschloß? Wie die Kaiser in Byzanz, deren einer obendrein eine Frau war, berief Karl seine Synode ein und führte von seinem Thronsessel aus den Vorsitz. Man wird diesem Vorgang auch psychologisch eine höchst wichtige Bedeutung als Station auf dem Wege zur Annahme des Kaisertitels zumessen müssen, da er die Rivalität mit Ostrom im erneuten politischen Bündnis mit dem Papsttum auch in der offiziellen Titulatur sichtbar machte.

Worum ging es im Kern dieser theologisch-politischen Auseinandersetzung, die Ost und West nachhaltig entfremdete und letztlich zur Kirchenspaltung bis heute führte? Der sogenannte Bilderstreit, die Auseinandersetzung zwischen Bilderverehrern (Ikonodulen) und Bildergegnern (Ikonoklasten), führt den Disput der Alten Kirche in Abgrenzung zum Judentum und später auch zum Islam weiter, der freilich durch die griechische Philosophie und Kunstauffassung eine eigenen Note erhalten hatte. Radikale Befürworter der Bilder und radikale Gegner standen einander unversöhnt in einer Frage gegenüber, die mit Hinweis auf die Genesis – Gott schuf den Menschen nach seinem Ebenbilde – und auf das Verbot im Dekalog jeweils mit einer anderen Antwort entschieden werden konnte. Ferner entzündete sich die Auseinandersetzung an dem diffizilen Problem, ob die Bilder Teilhabe an der Heiligkeit des oder der

Dargestellten beanspruchten oder ob sie lediglich ein Zeichen seien, das auf Verehrungswürdiges oder Anzubetendes verweist. Mit diesem Streit verband sich auch das christologische Problem von den beiden Naturen Christi, deren eine, die menschliche, dargestellt werden konnte, was wiederum auf die Irrlehre des Nestorius verwies. Insofern besteht durchaus auch ein innerer Zusammenhang zwischen Bilderstreit und Adoptianismus.

Lehnte das Judentum insbesondere Plastiken und figürliche Darstellungen als Idolatrie ab – der Tanz um das Goldene Kalb ist dafür ein Beispiel –, verweigerte sich der Islam sogar der bildlichen Wiedergabe von Tieren und beschränkte sich auf florale Muster. Das Christentum war, einerseits eingebettet in den Strom griechisch-römischer Kultur, Bildprogrammen durchaus zugeneigt, sah sich aber andererseits bei seiner Ausbreitung zum Kampf gegen den sogenannten Götzendienst gezwungen, der nicht zuletzt Kultfiguren galt. Für die Franken selbst dürfte das Problem im wesentlichen theoretischer Natur gewesen sein, da sie Bildprogramme vornehmlich von römischen Mosaiken, von Fresken spätantiker Kirchen (Ravenna) oder von Sarkophagen, kaum aber aus eigener Produktion kannten.

In Konstantinopel war der Bilderkult im 8. Jahrhundert unter den isaurischen, zutreffender wohl syrischen Kaisern Leon III. und Konstantin V. in eine scharfe Krise geraten. Leon sah im göttlichen Zorn auf den Bilderkult die eigentliche Ursache eines Erdbebens von 726 und auch der Belagerung von Nicaea durch die Araber im folgenden Jahr. Im Jahr 730 wurde der Kult erstmals verboten. Dieses Verbot sollte eine allgemeine Katharsis herbeiführen und ein neues Bündnis Gottes mit seinem Volk begründen. Leons Nachfolger Konstantin, der selbst in dieser Frage publizierte, ließ durch das als ökumenisch postulierte Konzil von Heireia alle bildlichen religiösen Darstellungen verbieten mit Ausnahme des Kreuzes Christi als Zeichen der Erlösung. Diese rigide Haltung rief den Widerstand der östlichen Patriarchate hervor; auch eine römische Synode von 769 verdammte im Beisein fränkischer Gesandter die Konzilsbeschlüsse. Die politische Entfremdung zwischen Rom und Byzanz erfuhr durch diesen Gegensatz eine weitere Vertiefung. Noch 767 hatten allerdings byzantinische Beauftragte an einem fränkischen Colloquium in Gentilly teilgenommen und über die »Bilder der Heiligen« diskutiert.

Aus dem politischen Umschwung, der sich unter der Kaiserin Irene und ihrem Sohn Kaiser Konstantin VI. durch die Annäherung der beiden an die Partei der Bilderfreunde und zugleich an Rom anbahnte, erwuchs mit den Beschlüssen des Konzils von Nicaea, an dem auch päpstliche Legaten teilnahmen, eine »véritable révolution«. Zwar unterschieden die dogmatischen Lehrsätze von Nicaea zwischen der Gott und der Trinität geschuldeten Anbetung (latreia) und der Verehrung der Bilder (proskynesis), die sich im Kuß und in der Niederwerfung äußerte, aber das im Westen, insbesondere nördlich der Alpen ungewohnte Zeremoniell löste Unbehagen und theologische Besorgnis aus. Der Bilderkult in seiner differenzierten Form war jedenfalls im Osten nach 787 verpflichtender Bestandteil der Orthodoxie; wer sich ihm verweigerte, stand unter Androhung des Kirchenbanns. Insoweit beruht die Opposition, die sich auf dem Frankfurter Konzil artikulierte, nicht nur auf antigriechischen Affekten oder gar einer miserablen Übersetzung der Konzilsakten, die in einer älteren Ausgabe nicht weniger als 700 Spalten umfassen. Freilich entsprach die am fränkischen Hof bekämpfte Version des Bilderkults in der behaupteten Verwischung von Anbetung und Verehrung keinesfalls den tatsächlichen Konzilsbeschlüssen, sondern ist als verfälschende Kurzversion zu qualifizieren.

Papst Hadrian I. hatte, auch wenn er aus römischer Sicht gewisse Einwände gegen die Beschlüsse haben mochte, um der kirchlichen Einheit willen und in Erwartung weiteren Entgegenkommens von seiten Byzanz', was seine jurisdiktionellen und territorialen Ansprüche anging, das Konzil von Nicaea als allgemeines anerkannt. Zu einer theologischen Diskussion mit dem fränkischen König und dessen geistlichen Beratern ließ er es erst gar nicht kommen.

Gegen 790 erreichte eine lateinische Übersetzung der Konzilsakten den fränkischen Hof. Es spricht alles dafür, daß es sich um eine Abschrift jener Übersetzung handelte, die Hadrian I. damals für das Archiv von St. Peter anfertigen ließ. Diese Archivalie ist freilich nicht mehr erhalten, da im 9. Jahrhundert Anastasius Bibliothecarius eine neue, wohl bessere Übersetzung anfertigte. Wenn auch die sonst gutunterrichteten Yorker Annalen zum Jahr 792 melden, die Konzilsakten seien dem fränkischen Hof in Übersetzung aus Konstantinopel übersandt worden, so wiegt freilich das Zeugnis der römischen Quelle schwerer, zumal zwischen Byzanz und Karl nach der gelösten Verlobung Funkstille herrschte. Überdies dürfte die Beschäftigung der Hofgelehrten Karls mit dem inkriminierten Text längst vor dem Jahr 792 eingesetzt haben.

Schon um 790 schlug die große Stunde der fränkischen Theologen, vor allem des »Spaniers« oder Westgoten Theodulf von Orléans, dem bei der Abfassung des »Karlswerkes«, der *Libri Carolini,* vermutlich im letzten Teil Alkuin assistierte. Diese umfangreiche Schrift widmet sich ausschließlich der Widerlegung der griechischen Synode und ihrer Lehrsätze zum Bilderkult, die ausgiebig mit Bibelzitaten und Väterstimmen als Irrlehre angeprangert werden. Diese durchaus singuläre Quelle liegt in einer sprachlich glättenden, spanische Eigenheiten tilgenden Reinschrift des Hand- und Arbeitsexemplars Theodulfs in der Vatikanischen Bibliothek vor, allerdings fehlt das vierte und abschließende Buch. Dieses Autograph gelangte erst im 16. Jahrhundert aus Deutschland in die päpstliche Bibliothek. Es dürfte seinerseits die Vorlage der einzigen weiteren, sogar vollständigen Abschrift gewesen sein, die der kompetente und an kirchenrechtlichen Fragen besonders interessierte Erzbischof Hinkmar von Reims gegen 850 anfertigen ließ. Aus Corbie ist ferner ein Blatt einer zweiten Kopie erhalten.

Die in tironischen Noten niedergelegten Marginalien geben häufig zustimmende Bemerkungen wie »gut«, »bestens«, »sehr gut« oder »wie wahr« eines Lesers oder besser Zuhörers wieder, der kein Geringerer als der fränkische König selbst gewesen sein dürfte, der sich außerordentlich für diese theologische Diskussion interessierte. So, wie er sich in die Verlesung des Briefes des spanischen Erzbischofs Elipand einschaltete, soll er nach Aussage der Pariser Synode von 825 auch auf den Vortrag der Konzilsakten von Nicaea gedrungen und deren Beschlüsse kommentiert haben. Wenn auch die überlieferten Randnoten nicht gerade von theologischem Tiefgang künden, wird man den möglicherweise aufkommenden Spott über die intellektuellen Aufschwünge Karls gleichwohl zügeln müssen. Welcher seiner Vorgänger wäre wohl zu einem derartigen Verständnis imstande gewesen? Und wie sah es à la longue damit bei seinen Nachfolgern aus, wenn wir seinen Sohn Ludwig, seinen Enkel Karl den Kahlen und vielleicht Otto III. aus dem Spiel lassen?

Lange vor der Fertigstellung dieses Textes gab Karl Papst Hadrian I. Einblick in die Arbeit seiner Hoftheologen, die unter seinen Augen erfolgte. Aus dem umfangreichen Material wurde eine Art Auszug zusammengestellt, der sich mit den wichtigsten Lehrsätzen des in seiner Allgemeingültigkeit ohnedies abgelehnten Konzils auseinandersetzte. Dieser wurde dem Nachfolger Petri zur Begutachtung übermittelt. Alles spricht dafür, daß Karls Vertrauter Angilbert, der Abt von St. Riquier, das Schriftstück in seinem Handgepäck mit sich führte, als er den bußfertigen Felix nach der Regensburger Synode 792 nach Rom begleitete. Mit dem notwendigen theologischen Rüstzeug versehen, diplomatisch geschult und mit Rücksicht auf seinen wichtigsten Verbündeten maßvoll formulierend, wies Hadrian unter unmißverständlicher Hervorhebung des päpstlichen Lehrprimats das fränkische Exzerpt zurück. Insbesondere schwächte er den Vorwurf fränkischer Theologen ab hinsichtlich der Teilnahme der Kaiserin Irene am Konzil, indem er auf Konstantins Mutter Helena und deren Anwesenheit auf dem Ersten Konzil von Nicaea 325 hinwies. Weiter verteidigte er in der Sache die einzelnen Konzilsbeschlüsse, die nicht gegen die Lehrmeinung älterer Kirchenversammlungen gingen, da diese die Bilderverehrung zwar nicht geboten, aber auch nicht verboten hätten, und erinnerte an die Bilderverehrung durch Papst Silvester und Kaiser Konstantin. Im übrigen nahm Hadrian I. Bezug auf das Lehrschreiben seines überragenden Vorgängers, Papst Gregors des Großen, an den Bischof von Marseille, dessen Inhalt auch der übersandte Auszug als Dekretale enthielt: »Die Bilder sollen deshalb in den Kirchen angebracht werden, damit jene, die nicht lesen können, wenigstens den Erscheinungen an den Wänden zu entnehmen vermöchten, was sie aus Büchern nicht verstehen würden.« In diesem Zitat vermeint der Papst gar den fränkischen König selbst sprechen zu hören, »denn dieses heilige und verehrungswürdige Kapitel unterscheidet sich gänzlich von allen voraufgegangenen, und daher erkennen wir es als Euer eigenes und als Ausdruck Eurer von Gott bewahrten Rechtgläubigkeit und königlichen Vorzüglichkeit«.

Hadrian I. wich in der Sache des Bilderkults um keinen Deut zurück, gab sich aber in der Zurückweisung fränkischer Theologie höchst moderat, zumal er gegen Ende seines Schreibens einen Vorschlag offeriert, der einer politischen Kehrtwendung gleichkommt mit dem Ziel, das Bündnis mit dem fränkischen König unter keinen Umständen zu gefährden. Er habe, so führt er aus, dem Kaiser noch nicht geantwortet, auch habe er von dort noch keine Antwort erhalten auf sein dringendes Verlangen, endlich die zur Zeit des Ikonoklasmus dem Heiligen Stuhl entzogenen Diözesen Istrien und Süditalien erneut seiner Leitung zu unterstellen und vor allem die der römischen Kirche entrissenen Patrimonien zu restituieren. So könne er zwar dem Kaiser für die Erneuerung der Bilderverehrung danken, nicht zuletzt wegen der Gläubigen, ihn aber wegen des Verharrens in jenem Irrtum, nämlich dem Entzug der Kirchenrechte und der Kirchengüter, als Ketzer bannen. In den Augen der Kurie war diese Offerte sicher eine diplomatische Meisterleistung, die einerseits die theologisch-kirchenpolitischen Aspekte der Verbindung mit Byzanz unberührt ließ, andererseits den derzeitigen Inhaber des Kaisertums wegen jurisdiktioneller und territorialer Ansprüche Roms mit dem Anathem bedrohte und indirekt das enge politische Bündnis zwischen Papst und Frankenkönig betonte, das freilich die Übereinkunft in der Lehre zur Voraussetzung hatte.

Diese Beschlußlage wurde durch päpstliche Beauftragte dem König alsbald »mit reichen Geschenken« nach Regensburg übermittelt. Danach wurde die Revision und Vervollständigung der »Karlsbücher« nicht gerade abgebrochen, doch war der Elan angesichts der römischen Haltung dahin, auch wenn Alkuin, von der Insel kommend, weitere Schriftstücke angelsächsischer Bischöfe und eigene Überlegungen zum Bilderstreit beitrug. Das letzte Buch des Codex zeigt eine deutlich nachlässigere Form. Von der Publikation, besser Verbreitung, wurde jedenfalls abgesehen, da man nicht den offenen Dissens mit dem Nachfolger Petri riskieren wollte.

Der Disput um das Thema der Bilderverehrung hatte offensichtlich ganz massive machtpolitische Aspekte, die freilich in jenem Zeitalter aus ihrem religiös-dogmatischen Kontext nicht säuberlich herausgelöst werden können. Karl stand im Vollgefühl seiner Würde als fränkischer König von Gottes Gnaden, zu dessen Machtbereich die antiken Provinzen Gallien, Germanien und Italien – die Provinz schlechthin – gehörten, dessen Regnum das werdende Abendland umfaßte, der die Grenzen der Ökumene bis zur Elbe und zum Wienerwald vorgeschoben hatte, ohne dessen politische Gunst und militärisches Eingreifen die geistliche Vormacht des Westens, das römische Papsttum, schwerlich die langobardischen Angriffe und die byzantinischen Rekuperationsbestrebungen überstanden hätte. Solch ein Großkönig konnte unmöglich ein Konzil als allgemein und damit auch für seinen Herrschaftsbereich verbindlich anerkennen, zu dem seine Bischöfe und Theologen nicht geladen worden waren und dessen Vorsitz, zumindest bei der abschließenden Sitzung in Konstantinopel, Irene und ihr Sohn Konstantin hatten, während der fränkische König nicht einmal durch Gesandte präsent war. Der Franke fühlte sich in seinem Stolz und Selbstwertgefühl verletzt und hintangesetzt.

Ein Bruch mit dem Papst, der diesen Lehrsätzen von Nicaea zugestimmt hatte, lag indessen außerhalb der politischen Doktrin, auf der Karls Königtum beruhte. So konzentrierte sich die Abweisung des Konzils auf die Aufdeckung methodischer Mängel, die die fränkischen Theologen bei der Interpretation der Kirchenväter in den Konzilstexten aufgespürt zu haben glaubten; sie rügten mangelnde Hebräischkenntnisse der versammelten Väter und griffen vor allem in scharfer Form die Überhebung von Kaiserin und Kaiser an, die sich als mit Gott Herrschende titulieren ließen und ihre Erlasse als göttliche Instruktionen bezeichneten. Als besonders verwerflich wurde die Einmischung eines Weibes in die Res sacrae des Konzils vorgeführt.

Was die theologische Seite der Auseinandersetzung anging, so wurde vom fränkischen Hof der religiöse Wert der Bilderverehrung entschieden in Abrede gestellt. Bilder sollten lediglich der Erinnerung an das Heilsgeschehen und als Schmuck der Kirchenwände dienen. Es sei mithin weder Pflicht, sie zu verehren, noch sie zu vernichten. Es komme alles auf die rechte Gesinnung an, nicht auf äußere Werke, zu denen auch die Bilder und deren Anfertigung zählten. Noch im Libellus der Bischöfe von 825 wirkt der Zorn der fränkischen Theologen nach, der im Disput mit den verhaßten Griechen vernehmbar geworden war, den sie freilich mit Rücksicht auf den Papst nicht allzu offen artikulieren durften. Die westliche Skepsis gegen den östlichen Bilderkult fand ihren gezielten Ausdruck in einem Mosaik in der Apsis der Privatkapelle Bischof Theodulfs von Orléans in Germigny-des-Prés, das, umrahmt von islamisch-floralen Mustern, im Zentrum lediglich die Bundeslade, Cherubim und Engel darstellt, die abstrahierend den Neuen Bund Gottes im Tempel Theodulfs anzeigen.

So nimmt es nicht wunder, daß das wohl als orthodoxe Lehrversammlung des Westens gegen die griechische Pseudosynode aus allen Provinzen einberufene Frankfurter Konzil seine Stoßrichtung nach Eingang des päpstlichen Votums ändern mußte und nolens volens sich erneut der eigentlich schon abgetanen Irrlehre des Felix und seines Protektors Elipand von Toledo zuwenden mußte. Die Beschlüsse in dieser Sache, die kaum Verwunderung erregen konnten, sind folgerichtig am Beginn des Kapitulars plaziert. In einem bescheidenen Nachgang fand der politisch wie dogmatisch wesentlich brisantere Kampf um die Bilderverehrung einen nurmehr schwachen Nachhall, kaum noch vernehmbar in der offiziösen Annalistik. Die Lehrsätze von Nicaea II wurden auf einen einzigen knappen Satz verkürzt, dessen Inhalt selbst die anwesenden päpstlichen Legaten, in deren Teilnahme die beabsichtigte Parallele zu Nicaea überdeutlich wird, nur mit Widerspruch zur Kenntnis nehmen konnten. Von der Pflicht zur Anbetung der Heiligenbilder bei Androhung des Kirchenbanns ist da die Rede, was auf eine stark verkürzte Aussage eines zypriotischen Bischofs zurückgeht, der aber sehr wohl in Nicaea ausgeführt hatte, daß Kult und Anbetung allein der Dreifaltigkeit zukämen.

Dennoch bleibt diese nicht offen ausgetragene Auseinandersetzung mit Byzanz ein Meilenstein auf dem Weg zur Übernahme des Kaisertitels durch Karl, die zumal durch die vermeintliche Vakanz im Osten, womit die Alleinherrschaft der Kaiserin Irene nach 797, die sogenannte Weiberherrschaft, gemeint ist, wesentlich erleichtert wurde. Auch der im Handexemplar der »Karlsbücher« für den fränkischen König überlieferte Titel, der wie die Annalen auf Karls Herrschaft über die Franken, über Gallien, Germanien und Italien Bezug nimmt, weist in die Richtung einer Aufwertung des Großkönigs.

Mit dieser reduzierten Tagesordnung war das Konzil, das zugleich den Rahmen einer allgemeinen Reichsversammlung bot, freilich nicht ausgelastet, so daß das Programm um weitere aktuelle Punkte erweitert und bereichert wurde, die freilich zumeist in der eindringlichen Wiederholung zahlreicher Paragraphen der »Allgemeinen Ermahnung« von 789 bestanden. Immerhin finden wir bereits an dritter Stelle die abschließende Behandlung der Angelegenheit Tassilos, für die die Runde der versammelten Väter die rechte Bühne bot, auch und vor allem für eine christliche Versöhnung zwischen den verfeindeten Vettern.

Ebenfalls im Zentrum der Beratungen stand eine Maßnahme Karls, die der Preis- und Währungspolitik in seinem Herrschaftsraum galt und die als Gebot des Königs verkündet wurde, dem die Synode nur zuzustimmen hatte: »Daß nämlich niemand, ob Kleriker oder Laie, jemals das Getreide teurer verkaufen darf, sei es im Überfluß, sei es in Zeiten der Teuerung, als nach dem jüngst festgesetzten öffentlichen Scheffelmaß, nämlich für einen Scheffel Hafer ein Denar, für Gerste zwei, für Roggen drei und für Weizen vier. Wer es aber in Gestalt von Brot verkaufen will, muß für den Denar 12 Weizenbrote, die jedes zwei Pfund wiegen, geben; 15 Roggenbrote bei gleichem Gewicht für einen Denar, 20 für Gerstenbrote und 25 Haferbrote bei gleichem Gewicht. Aus der öffentlichen Getreideernte des Herrn Königs, sofern sie verkauft wird, sollen zwei Scheffel Hafer für einen Denar, ein Scheffel Gerste für einen Denar, ein Scheffel Roggen für zwei Denare, ein Scheffel Weizen für drei Denare gegeben werden. Wer aber von uns ein beneficium in Gestalt eines Wirtschaftshofes hat, sorge peinlichst dafür, daß keiner von den Hörigen, die zu diesem Landgut gehören, Hungers sterbe; und was den Bedarf seines Gesindes übersteigt, das möge er frei verkaufen.«

Bereits 789 hatte Karl unter Hinweis auf die Bibel einheitliche Maße, Richtstäbe und Gewichte überall in seinem Reich gefordert; dies wurde 808 und im folgenden Jahr erneut eingeschärft. Die Anordnung war möglicherweise von einigem Erfolg gekrönt, hielt doch eine Villa des Königshofs Annappes im heutigen Belgien Maße für Scheffel und Sester vorrätig, »wie sie in der Pfalz [vorhanden sind]«. Ein Einheitsmaß gibt es jedenfalls für das Frankenreich nicht, auch wenn Karl und Ludwig dies angestrebt haben. Die regionale Vielfalt siegte über jeden zentralistischen Eingriff, auch von daher verbietet sich der rechnerische Rückgriff auf spätere Maße und Gewichte, gar solche des Spätmittelalters, von selbst.

Sicherlich ist die Preisfestsetzung von 794, zu der, wie aus dem zitierten Text ersichtlich, konkurrierend das Dumpingangebot aus den königlichen Kornspeichern zur Preisstützung hinzutritt, als deutlicher Reflex auf die katastrophale Versorgungslage, ja Hungersnot der letzten beiden Jahre zu werten. Es ist der Versuch einer den verelendeten Massen zugute kommenden Sozialpolitik, auch wenn er die Gesetze der Ökonomie aushebelte, denen zufolge die Verknappung von Gütern deren Verteuerung nach sich zieht, was nicht unbedingt mit Wucher identisch ist, aber moralisch die Ablehnung von zusätzlichem Gewinn erleichtert. Insbesondere der Befehl des Königs an die Inhaber von Villikationen aus königlichem Besitz oder Fiskalgut zeugt sowohl von der Verantwortung des Herrschers für die Unterschichten als auch von der berechtigten Sorge Karls um die materiell-personelle Ausstattung der »beneficia« aus Königsgut.

Die Preisfestsetzung ist ferner ein sicheres Indiz nicht nur für den vielfältigen Getreideanbau im Gefolge des Ausbaus der agrarintensiven Grundherrschaft, sondern auch für Überschüsse, die auf den Märkten zum Verkauf kamen. Zum Teil wurden sie gar von verarbeitenden Betrieben, professionellen Bäckereien, vertrieben, was für die Anfänge einer arbeitsteiligen Wirtschaft in den Städten und Suburbien der Klöster sprach. Nicht zu unterschätzen ist in diesem Zusammenhang die

Wirkung der überlieferten Ansicht, die, auf Bibelworten, Väterstellen und Konzilsbeschlüssen basierend, den mit dem Handel verbundenen Gewinn als schändlichen Wucher anprangerte und so eine rationale Auseinandersetzung mit dem Gegenstand insgesamt verhinderte oder zumindest erschwerte.

Wenn der König durch Verkäufe seiner Überschüsse die Preise zu stabilisieren suchte, so muß dieser Maßnahme nicht unbedingt eine bewußte Dumpingpolitik zugrunde liegen, möglicherweise orientierte sich diese Absichtserklärung an der Benediktinerregel, die ihren Ökonomen gleichfalls empfiehlt, immer etwas günstiger als die Laien zu verkaufen, um so Gott zu verherrlichen.

Diesem verbraucherfreundlichen Passus schließt sich fast logisch eine Vorschrift über das Münzwesen an: »Wegen der Denare sollt Ihr höchst gewissenhaft unser Edikt beachten, so daß an jedem Ort, in jeder Stadt und in jedem Hafenplatz in gleicher Weise die neuen Denare kursieren und von jedermann angenommen werden. Wenn nämlich die Münzen unseren Namen zeigen und aus reinem Silber sind, voll gewichtig [dann sind sie zu nehmen]. Wer sich ihnen an jedwedem Ort verweigert, bei irgendeinem Kauf- oder Verkaufsgeschäft, [der wisse]: Wenn er ein Freier ist, dann zahle er 15 Schillinge im Namen des Königs, gehört er aber dem Knechtstand an, wenn es sein eigenes Geschäft ist, dann verliere er die Handelsware oder werde öffentlich am Pfahl ausgepeitscht; wenn er es aber auf Befehl seines Herrn macht, dann soll sein Herr 15 Schillinge zahlen als Wiedergutmachung, sofern es ihm nachgewiesen werden kann.«

Diese neuen Denare mit dem Namen oder Monogramm des Königs in der bekannten Form der Raute verließen seit 793/94 die Prägestätten. Im Gegensatz zur ersten Münzreform Karls vom Beginn der siebziger Jahre wiegen diese Silberplättchen von rund 2 Zentimetern Durchmesser etwa 1,7 Gramm Silber, während ihre Vorgänger bei 1,7 Zentimetern Durchmesser nur 1,3 Gramm wogen. Daraus ergibt sich ein Münzpfund von 409 Gramm Silber zu 20 Schillingen oder 240 ausgeprägten Denaren oder Pfennigen. Eine interessante Hypothese führt diese Reform auf den Wechsel der jeweiligen Getreideäquivalente zum Auswiegen zurück. Demnach entsprachen 20 Körner Graupen dem leichteren Denar, 32 Körner Weizen aber dem Gewicht des neuen Pfennigs von 793, eine Vermutung, der auch unter dem Aspekt einige Wahrscheinlichkeit zukommt, daß nach den Polyptychen und Inventaren der

Ile de France, der Picardie und des Niederrheins gerade der Anbau von Weizen in jenen Jahren und Jahrzehnten mit beachtlichem Erfolg vorangetrieben worden ist.

Wenig geklärt ist auch das Problem der Münzverweigerung. So könnten etwa nach der Integration Bayerns in den fränkischen Herrschaftsverband praktisch-politische Gründe ausschlaggebend gewesen sein, eine einheitliche und daher auch neue Münze mit Namen und Monogramm des Königs standardisiert in Umlauf zu bringen, wie dies bereits 781 in Mantua für Italien angeordnet worden war. Auch hier wurde die Annahmeverweigerung des neuen Geldes unter Strafe gestellt. Möglicherweise hatte Karl vor allem die Märkte östlich des Rheins vor Augen, auf denen mangels Münzstätten mit ungemünztem Silber gehandelt wurde.

Des weiteren mag bedacht werden, daß Karl nach der Münzreform König Offas von etwa 792, die sich an dem jetzt veralteten fränkischen Münzfuß orientierte, im konkurrierenden Handel ein höherwertiges Zahlungsmittel einführen wollte. Früher verbreitete Theorien, die den Gewichtszuwachs des neuen Geldes entweder mit der zunehmenden Ausbeute europäischer Silbervorkommen oder mit dem Zufluß arabischen Edelmetalls zu erklären suchten, haben sich bislang nicht verifizieren lassen: Weder sind neue Lagerstätten im fränkischen Reich bekannt geworden, noch lassen sich sarazenische Silberimporte nachweisen, die doch angesichts der vermuteten Quantitäten einen gewissen Niederschlag in den Schatzfunden hätten hinterlassen müssen.

Möglicherweise sind diese Ansätze insgesamt als zu modern zu werten, vielleicht mit Ausnahme der Vereinheitlichung aus politischen und praktischen Gründen im fränkischen Großreich. Nimmt man das seit 789 verstärkt zu beobachtende Bestreben Karls ernst, Kultus, Gesang, Textüberlieferung, Schrift und Orthographie zu korrigieren und einem einheitlichen, oft von Rom gestellten Muster anzugleichen, dann wird auch die beabsichtigte Standardisierung von Gewicht, Maß und Münze im Vielvölkerstaat einsichtig. Der König als Träger der gottgewollten Herrschaft, der sich um die rechte Ordnung sorgt, die alle Bereiche des Lebens erfaßt, wird auch Handel und Wandel an einheitliche, unverrückbare und unverwechselbare Maßstäbe binden. In diesem Vorsatz dürften die Wurzeln jener Münzreform liegen, die dem Abendland bis ins 13. Jahrhundert hinein, als die Geschäftsvolumina die Wiederbelebung der Goldwährung unumgänglich machten, ein einheitliches

Münzsystem bescherte und damit einen einheitlichen Handelsraum schuf.

Ausgeprägt wurden als Münzen bis ins Hochmittelalter hinein nur Denar und Obulus, Pfennig und Halbpfennig. Pfund und Schilling blieben bloße Zähl- und Rechengrößen. Die Goldwährung war bereits in der späten Merowingerzeit verschwunden. Darin lag ein ganz wesentlicher Unterschied zu dem von byzantinischen und arabischen Goldmünzen bestimmten Mittelmeerhandel.

Von den übrigen Paragraphen des Frankfurter Kapitulars werfen einige bemerkenswerte Schlaglichter auf Ereignisse und Vorgänge dieser Jahre, etwa wenn das neunte Kapitel möglicherweise die noch kaum vergessene Verschwörung Pippins des Buckligen reflektiert, als der Bischof Petrus von Verdun sich vor der Versammlung zu rechtfertigen hat, was ihm erst im Zweikampf als Gottesgericht gelingt. Bischof Petrus gewinnt die Gnade des Königs und seine früheren »Ehren« zurück.

Insbesondere am Ende des verhältnismäßig umfangreichen Kapitulars finden sich Bestimmungen, die einem aktuellen Beitrag von Konzilsteilnehmern folgen, etwa der Hinweis darauf, daß man Gott nicht nur in den drei heiligen Sprachen Hebräisch, Griechisch und Latein anbeten könne, sondern in allen. Das entsprach einem Erfordernis der Volksmission, wollte man überhaupt Verständnis für die Frohbotschaft erwecken. Beschlossen wird der Text mit einem Hinweis auf die Aufhebung der Residenzpflicht für Karls Erzkapellan Angilram, den Bischof von Metz, der fern seiner Diözese die Geschäfte am Hof führte. Damit sollte künftig allen Prälaten verwehrt sein, ohne Dispens ihre Herde ungebührlich lange zu verlassen oder gar ständig auf ihren Gütern zu verweilen, wie dies für Einzelfälle durchaus belegt ist. Und abschließend bittet Karl die Konzilsväter, seinen Berater Alkuin, »gelehrt in den kirchlichen Doktrinen«, in den Kreis der heiligen Synode und in ihre Gebetsgemeinschaft aufzunehmen. Nicht nur Alkuin, diesem aber ganz besonders, lag an der geradezu dinglichen Absicherung der Jenseitserwartungen. Der König verschaffte sie ihm dergestalt im Kreis der hohen Prälaten, vielleicht auch, um seine Dankbarkeit zu bekunden, die der Angelsachse namentlich durch die Abfassung und Korrektur der »Karlsbücher« erworben hatte.

Ein Passus, der bislang noch nicht erwähnt wurde, verdient besondere Beachtung, weil er unser Augenmerk auf die prekäre Lage der Eigenkirchen lenkt. Hier verfügt das Kapitular, daß diese Kirchen, »die von Freien errichtet«, von diesen zwar vergeben und verkauft werden können, »nur dürfen sie nicht zerstört oder zu weltlichen Zwecken verwendet werden«. In diesem Verbot spiegelt sich die ganze Misere des Niederkirchenwesens, das obendrein noch durch Zehnt- und Neuntentzug materiell Schaden nahm, vom geistigen Schaden durch ungeeignete und ungebildete Priester ganz zu schweigen. Hier lag noch ein langes Aufbauwerk vor der fränkischen Kirche und dem sie steuernden König.

Der Tod der Königin Fastrada

Inmitten dieser ausgreifenden Thematik des Konzils, die theologische Konflikte, kirchliche Probleme, Wirtschafts- und Münzfragen sowie nicht zuletzt den Verzicht Tassilos umfaßte, traf Karl erneut ein Schicksalsschlag: Seine vierte Gemahlin Fastrada verstarb am 10. August 794 in Frankfurt und wurde alsbald bei St. Alban bei Mainz bestattet, anders als ihre Vorgängerin Hildegard, die ihre letzte Ruhestätte mit ihren verstorbenen Töchtern in der alten Grablege des Hauses in St. Arnulf bei Metz gefunden hatte. Das ging vermutlich auf den Wunsch des Mainzer Erzbischofs und Bauherrn von St. Alban, Richulf, zurück, der als naher Verwandter der Verstorbenen erachtet werden kann. Möglicherweise machte auch der Hochsommer die Überführung der Gebeine an die Mosel unmöglich. Nach der reichlich nichtssagenden Grabinschrift aus der Feder Theodulfs von Orléans ging Fastrada in der Blüte ihrer Jahre dahin. Sie kränkelte offenbar seit geraumer Zeit, wie jenes schöne Schreiben Karls aus dem Lager an der Enns mitteilt, und litt insbesondere an heftigem Zahnweh. Dies läßt sich einem der Wunder des heiligen Goar entnehmen, die Wandalbert von Prüm 839 aufgezeichnet hat, in dem von Fastradas Besuch am Grabe des Heiligen und von ihrer Heilung berichtet wird. Aus Dank habe das Mutterkloster damals eine großzügige Schenkung des Königs erhalten. In der fraglichen Urkunde von 790 wird freilich dieser Heilung nicht gedacht.

Aus der Ehe Karls mit Fastrada gingen zwei Töchter hervor, Hiltrud und Theodrada, Namen, die sowohl auf die mainfränkischen Hedene verweisen als auch auf Karls Tante Hiltrud, die sich mit dem Agilolfinger Odilo verbunden hatte und die Mutter Tassilos wurde. Sollte diese Verbindung zutreffen, dann müßte zwischen Karl und Tassilo zur Zeit der

Geburt von Karls Tochter Hiltrud nach 783 ein durchaus entspanntes Verhältnis geherrscht haben. Hiltruds weiteres Schicksal bleibt im dunkeln. Theodrada hingegen finden wir später als Äbtissin des Klosters Argenteuil bei Paris, das sie 828 unter dem Vorbehalt lebenslanger Nutznießung an St. Denis übergab. Ferner war sie die erste Äbtissin des späteren Würzburger Klosters Münsterschwarzach, das sie möglicherweise aus Familienbesitz gestiftet hatte, woraus wiederum ein sicheres Indiz für die enge Beziehung Fastradas zu den fränkischen Mattonen gewonnen werden könnte. Immerhin läßt sich aus diesen wenigen Mosaiksteinen die Absicht Karls erkennen, durch die Ehe mit Fastrada die mainfränkischen Klans sich zu verpflichten und in seine Politik einzubinden, wozu wohl auch die Bestellung Richulfs zum Erzbischof von Mainz gehörte.

Als letztes bemerkenswertes Ereignis des Jahres 794, das sonst ganz im Zeichen des Frankfurter Konzils stand, wissen unsere Quellen zu berichten, daß der fränkische König sich der weitverzweigten sächsischen Empörung stellte, die bereits zwei Jahre zuvor an der Unterweser begonnen hatte. War Karl im Jahr 793 mit dem Bau der Fossa Carolina beschäftigt und mit Aufmarschplänen in Erwartung der Awaren, so hatte die wohl noch 792 in Regensburg angesagte Reichsversammlung aus den dargelegten Gründen absolute Priorität, wenn auch das Ergebnis vergleichsweise mager war.

Spätestens im September 794 drang eine Heeresabteilung unter Karl von Süden gegen die Sachsen vor, eine zweite Schar unter der inzwischen bewährten Führung von Karls gleichnamigem Sohn überschritt den Rhein bei Köln. Die fränkischen Heere umfaßten in gewohnter Taktik die südlich von Paderborn und nördlich von der als Feste ausgebauten Eresburg versammelten kampfbereiten Sachsen. Diese verließ angesichts des doppelten feindlichen Ansturms der Mut, sie unterwarfen sich kampflos und »versprachen, gleichwohl trügerisch Christen zu sein und dem Herrn König getreu zu sein«, und sie sollen sogar wie in früheren Jahren Geiseln für ihr Wohlverhalten gestellt haben. In dieses Bündnis wurden auch ihre Mitverschwörer, wohl die Friesen, einbezogen. Erneut wurden Priester für Sachsen bestellt, der Friesenmissionar Liudger kehrte an seine alte Wirkungsstätte zurück und konnte sein Glaubenswerk ungehindert fortsetzen.

Der König ging über den Rhein in die Francia und suchte zum Überwintern, wie fortan fast regelmäßig, jene Pfalz auf, »die Aachen genannt wird«, wo er Weihnachten und das Osterfest am 12. April 795 verbrachte und die politische Winterpause zu Erholung, Jagd und weiterer Planung im Kreise seiner Vertrauten nutzte.

Karls Zug in den Bardengau

Nach der politischen Winterpause begab sich der König, der das Osterfest 795 wie zuvor Weihnachten in Aachen gefeiert hatte, erneut an den Mittelrhein und berief nach Kostheim am südlichen Mainufer, Mainz gegenüber, die übliche Jahresversammlung ein. Wiederum wurde der Herrscher durch Nachrichten aus Sachsen beunruhigt, die ihn sehr wahrscheinlich daran hinderten, seine Pläne in bezug auf die Awaren weiter zu verfolgen. Die Sachsen, jedenfalls Angehörige dieses »wilden Volkes«, hatten »wie gewohnt« ihre Versprechungen gebrochen. Sie hatten »weder das Christentum bewahrt noch die Treue zum König eingehalten«, sich mithin gegen die doppelte Fremdherrschaft wiederum aufgelehnt.

Der Hort des neuerlichen Widerstands war offensichtlich nicht wie im Vorjahr in Westfalen zu suchen, sondern südlich der Elbe um Bardowick. Jedenfalls brach Karl im Herbst mit seinem Heer in diese nordöstliche Region Sachsens auf, nachdem er sich seines abodritischen Bundesgenossen jenseits des Grenzflusses versichert hatte. Die Quellen berichten von einer stattlichen militärischen Macht der Franken, geistig-moralisch unterstützt durch heil- und segenversprechende Reliquien. Diese soll der Abt Fardulf, jener exilierte Langobarde, der die Pippinverschwörung von 792 dem König entdeckt hatte, auf dem Kriegszug mit sich geführt haben. Karl wollte mit dieser Truppenkonzentration und dem Beistand seiner heidnischen Bundesgenossen zu einem letzten, entscheidenden Schlag gegen die sächsische Opposition ausholen, zumal ein nicht geringer Teil der Eingesessenen sich der fränkischen Vormacht anschloß.

Kaum in Lüne an der Ilmenau, gegenüber dem späteren Lüneburg, angelangt – die überarbeiteten Reichsannalen nennen hingegen den später prominenteren Vorort des Bardengaus, Bardowick –, erreichte den Herrscher die Kunde, daß sein Verbündeter und »Vasall«, der »König« der Slawen oder Abodriten, Witzin, mit seinen Truppen beim Überqueren der Elbe in einen Hinterhalt der Nordalbingier, der Erzfeinde, geraten und getötet worden sei. Es läßt sich leicht ausmalen, daß der »Haß des Königs« gegen das »treulose Volk« Siedehitze erreichte und seinen Kampfeseifer noch erhöhte. Angesichts der militärischen Übermacht, die sich wie stets in den Reiterschwadronen manifestierte, hatte es der Großteil der Bewohner des Bardengaus vorgezogen, sich dem fränkischen König zu unterwerfen. Als Fluchtpunkt der Résistance erwies sich erneut das Unterelbe-Unterweser-Dreieck, Wigmodien und die Elbsümpfe, ganz zu schweigen von Transalbingien.

Im Gegensatz zu früheren Zeiten begnügte sich Karl diesmal nicht mit Schuldbekenntnissen der Unterwerfungswilligen, Erneuerung der Treueide und Stellung einiger Geiseln, sondern griff wieder und verstärkt zum Mittel der Deportation ganzer Bevölkerungsteile: »Er nahm eine so große Zahl von Geiseln, wie sie niemals zuvor in seinen Tagen oder in den Tagen seines Vaters oder in den Tagen der Frankenkönige genommen worden sind«, wie der bestens unterrichtete Lorscher Annalist zu berichten weiß. Ergänzt wird diese Nachricht durch andere Aufzeichnungen, die von der Wegführung jedes dritten männlichen Einwohners und deren Umsiedlung in die Francia Kunde geben. So wird die Zahl von 7070 Deportierten, die freilich eher eine Größenordnung als die Realität angibt, zum Zeichen der Härte. Hervorzuheben ist vor allem, daß auch und vor allem die Edelinge, die sächsische Führungsschicht, von dieser Maßnahme betroffen waren. Einhart, der Biograph Karls, vermerkt noch nach Jahrzehnten die Umsiedlung von 10000 Sachsen von beiden Seiten der Elbe ins fränkische Kernland. Dies war aber nur eine Maßnahme aus einer ganzen Kette von Maßnahmen, deren letztes Glied das Jahr 804 bildet.

Mission, Niederkirchenwesen und Grafschaftsverfassung waren in den eroberten Gebieten offenbar zu schwach ausgebildet, um die zur Pazifizierung und Angleichung notwendige Infrastruktur zur Verfügung zu stellen. Nicht zuletzt begünstigte die Kopflosigkeit der politischen Führungsschicht nach der Taufe Widukinds 785 regionale Aufstände, zumal in jenen Regionen, die sich, durch Sümpfe und unwegsames Gelände begünstigt, den fränkischen Attacken im Wechselspiel von Angriff und Rückzug weitgehend entziehen konnten. Diese Erfahrungen hatten zu ihrem Schaden bereits die römischen Legionen machen müssen, und den Ritterorden stand sie in Altpreußen und im Baltikum vom 13. Jahrhundert an noch bevor. So blieb die Entvölkerung der unbefriedeten Regionen das letzte Mittel einer dauerhaften Befriedung, die von fränkischer Ansiedlung begleitet wurde.

Daß diese Maßnahmen weder vor dem Naturrecht noch vor dem modernen Völkerrecht noch gar vor unserem geschärften Gewissen bestehen können, bedarf keines Kommentars, auch wenn die Zeitgenossen allesamt über dieses Vorgehen kein kritisches oder gar ablehnendes Urteil hinterlassen haben. Selbst Alkuin, in Fragen der Mission durchaus heikel und der »Predigt mit der eisernen Zunge« vollends abgeneigt, unterstützt in seinen Briefen alle Maßnahmen seines Königs zur Unterdrückung des gottlosen Volkes, die gleichzeitig den Eintritt in den rechten Glauben zu erzwingen geeignet waren. Unser angeblich aufgeklärtes und sittlich geläutertes Zeitalter, das noch vor wenigen Jahrzehnten im alten Europa selbst Vertreibungen und Massendeportationen erlebt und hingenommen hat, sollte sich der Zensur an Epochen enthalten, die wir nicht ganz zu Unrecht als zumindest halbarchaisch einschätzen und deren Standards nicht die unsrigen sein konnten.

Trotz dieser »Umschichtungen« sollten noch fast zehn Jahre bis zum Erlöschen des offenen Widerstands zwischen Elbe und Weser vergehen, womit sich der Wiederaufbau des kirchlichen Lebens im Gau Wigmodien und des Bischofssitzes in Bremen verband.

Reiche Beute: der Ring der Awaren

Noch im sächsischen Heerlager erreichte den fränkischen König eine Gesandtschaft aus dem Awarenreich, die die Befürchtungen Karls und seiner Berater hinsichtlich einer militärischen Revanche-Offensive großen Stils von seiten des 791 nicht eigentlich besiegten Nachbarn im Osten wesentlich dämpfte und die zugleich Ausdruck durchaus unterschiedlicher Interessenlagen awarischer Anführer war. Nach dem Bericht der Reichsannalen hatten sich die Kräfte im Karpatenbecken in einem Bürgerkrieg erschöpft, Khagan und Jugurrus, die Doppelspitze der Herrschaft, hatten dabei wohl 795 das Leben verloren, neue Teilgewalten waren hochgekommen. Diese prekäre Lage des einstmals mächtigen Awarenreichs gestattete keine größeren militärischen Anstrengungen donauaufwärts und grenzüberschreitend, zumal die Herrschaftszersplitterung keine einheitliche Strategie gegen den Hauptgegner im Westen zuließ.

In diesem Geflecht von Beziehungen, das für uns fast völlig im dunkeln liegt, lernen wir einen Führer kennen, den Tudun, »der beim Volk und im Reich der Awaren große Gewalt hatte« und der sich jetzt, nach dem Zerfall der überkommenen Herrschaftstrukturen, dem Sieger von 791 mittels einer Gesandtschaft andiente, durch die er sein Erscheinen im Frankenreich und seine Bereitschaft, Christ zu werden, ankündigen ließ. Damit öffnete sich erneut die Aussicht auf Erweiterung der Ökumene und des fränkischen Einflusses. Hatte nicht Papst Hadrian diese Erfolge dem fränkischen König mehr als einmal als Lohn für seine Petrustreue und Romergebenheit in Aussicht gestellt? Das alles schien die unerwartete östliche Gesandtschaft jetzt einlösen zu wollen.

Es ist freilich nicht zu verkennen, daß sich Kriegsgrund und Kriegsziel angesichts der Nachrichten aus Pannonien rasch wandelten. Nun, da der Niedergang der einstigen Großmacht offenbar wurde und sich einer der Teilherrscher fränkischer Botmäßigkeit zu unterwerfen und den christlichen Glauben anzunehmen bereit fand, lockte die Aussicht auf reiche Beute. Hintangestellt waren Heidenkrieg, Sanktionen wegen des Bündnisses mit Tassilo oder Vorschieben der Grenzzone über die Enns hinaus.

Die Erwartung sollte nicht trügen. Der fränkische Königsschatz bedurfte nach langen Jahren der Auszehrung in Sachsenkriegen, inneren Fronden und dogmatischen Streitigkeiten dringend einer Auffrischung, ja Aufstockung. Womit wollte der König seine Anhänger belohnen, Schwankende gewinnen? Die Zahl der Pfründen, etwa Abteien oder Grafschaften, war durchaus beschränkt, die Verfügungen über Kirchenbesitz hatten schon Karls gleichnamigen Großvater in geistlichen Kreisen in Verruf gebracht. Die Vergabe von Fiskal-, Königs- oder Hausgut wiederum, insbesondere großer Wirtschaftskomplexe, mußte angesichts fehlender Staatseinkünfte aus Steuern und schleichender Entfremdung der Objekte durch die Begünstigten dem Königtum seine ökonomische Basis entziehen und durfte nur als letzter Ausweg praktiziert werden. Hatte nicht Karl erst unlängst auf der Rückgabe entfremdeten Fiskalbesitzes in Aquitanien bestanden, damit sein Sohn wenigstens im Jahresrhythmus vier Königspfalzen als Winterresidenz zur Verfügung hatte?

Der Zugriff auf den reichen Awarenschatz konnte mit einem Schlag das Königtum aus seiner Kalamität befreien und der Welt die grandiose Munifizenz und überragende Macht des fränkischen Großkönigs vor Augen führen. Die Beutezüge dieses und des nächsten Jahres richteten sich auf den sagenumwobenen »Ring der Awaren«, wo dem Lorscher

Annalisten zufolge »die Könige mit ihren Fürsten zu sitzen pflegten«, zwischen Donau und Theiß gelegen, nach langobardischen Quellen auch als »Campus«, Feld, bezeichnet. Dieses Ziel ließ sich freilich mit einer »schnellen Operation« (Walter Pohl) von der Südgrenze, vor allem vom benachbarten Friaul aus leichter gewinnen als mit dem Aufmarsch großer Kampfverbände donauabwärts nach dem Muster von 791, zumal der Feind sich durch Rückzug jeder Schlacht entzogen hatte.

Die guten Nachrichten aus dem Karpatenbecken, die möglicherweise noch durch Anweisungen aus der Francia verstärkt wurden, dürften Herzog (Dux) Erich von Friaul inspiriert haben, seine Truppen unter Führung eines Slawen namens Voynimir, der offenkundig über beste Kenntnis von Land und Leuten des Awarenreiches verfügte, in Pannonien einfallen zu lassen. Die Abteilung drang in den »Ring, der sich lange Zeit der Ruhe erfreut hatte«, ein und machte große Beute. Allerdings barg Erich noch nicht den ganzen Schatz, das sollte Karls Sohn Pippin von Italien erst im folgenden Jahr gelingen. Im Gegensatz zu den reichlich phantasievollen Erzählungen Notkers von St. Gallen am Ausgang des 9. Jahrhunderts, der das Hunnenland von neun kreisförmigen Befestigungen umgeben schildert, die, von Wällen bewehrt, jeweils in einer Entfernung von Zürich nach Konstanz gelegen haben sollen und in deren innerster der sagenhafte Schatz aufbewahrt worden sei, geht man heute lediglich von einer einzigen, ringförmig angelegten Palastsiedlung aus, die zugleich Zentrum des Reiches war.

Das Kommando unter dem ortskundigen Slawen stieß offenbar auf keinen oder kaum nennenswerten Widerstand und konnte die angehäuften Reichtümer erbeuten. Dieser Schatz bestand vor allem aus den seit Ende des 6. Jahrhunderts angehäuften byzantinischen Tributzahlungen. Dieser Tribut betrug nach zuverlässigen Angaben zwischen 574 und 584 jährlich (!) jeweils 80 000 Goldsolidi, für 585 bis 597 jeweils 100 000, für 598 bis 603 dann 120 000, für 604 bis 619 (?) wohl 150 000 Goldstücke, und für die Zeit von 619 bis 626 gingen zwischen 180 000 und 200 000 Solidi ein. Nach dem kurzen Preisgedicht eines unbekannten romanischen Autors auf Pippins wenig später erfolgenden Awarensieg haben auch kostbares Kirchengerät, Altardecken und Paramente aus Raubzügen zum Schatz des Khagan gehört.

Wenn sich auch der Wert der Beute nicht beziffern läßt, so war sie doch dergestalt, daß Einhart noch in der Erinnerung ins Schwärmen geriet: »Das gesamte Geld und seit langem angesammelte Schätze wurden geplündert. Niemand kann sich erinnern, daß sich die Franken in einem Krieg, der gegen sie [!] geführt worden ist, mehr bereichert hätten und um mehr Machtmittel erhöht worden seien. Bis dahin hatte man nämlich [die Hunnen] als nahezu arm erachtet; als man jetzt im Königspalast so viel Gold und Silber fand und in den Kämpfen so viel wertvolle Beute gewann, konnte man rechtens glauben, daß die Franken den Hunnen das zu Recht entrissen hätten, was die Hunnen zuvor anderen Völkern unrechtmäßig geraubt hatten.« Was die Menge der Beutestükke aus dem Hort angeht, so vermitteln die zumeist gutunterrichteten Annalen aus Northumbrien einen trefflichen Eindruck, wenn sie berichten, daß »fünfzehn Lastkarren, beladen mit Gold, Silber und kostbaren Gewändern, gezogen von vier Ochsen«, auf Befehl Erichs von Friaul nach Aachen aufbrachen. Den Rest des noch im Ring verbliebenen Schatzes brachte König Pippin nach einem raschen Feldzug gleichfalls in die väterliche Residenz, gewürdigt mit einem zweiten Lobgedicht, wohl aus der Feder des Hofmanns, Diplomaten und Liebhabers von Karls Tochter Berta, Abt Angilbert von St. Riquier, der über eine ertragreiche poetische Ader verfügte. Den Schatz ergänzten ausgemünztes Edelmetall, Schwerter, Helme und Armspangen, wertvolle Objekte, die Karl als Gunsterweis an Könige und hohe Prälaten verteilte, und auch der Papst erhielt seinen gebührenden Anteil.

In der Munifizenz des Königs erglänzte sein Charisma, zugleich auch seine Überlegenheit als Herrscher des Westens über die oströmischen Caesaren, waren es doch vor allem die Tributzahlungen der Kaiser und zweckentfremdetes liturgisches Gerät, die in seine Verfügungsgewalt gelangt waren. Auch der Ausbau Aachens zur königlichen Residenz erhielt mit diesem Zugewinn wesentlichen Auftrieb und zugleich sein materielles Fundament. Es kann schwerlich ein Zufall sein, wenn die Annalen von Moissac, über ihre Vorlage aus Lorsch hinausgehend, zum Jahresausgang 796 anmerken: »Denn hier [in der Pfalz Aachen] hatte er seinen Sitz befestigt, und hier hat er eine Kirche von wundersamer Größe erbaut, deren Türen und Gitter er von Erz machte, und er stattete diese Kirche in ihren übrigen Schmuckelementen mit großer Sorgfalt und Würde, so wie er es vermochte und wie es sich geziemte, aus. Er baute dort auch einen Palast, den er Lateran nannte, und befahl, seine gesammelten Schätze aus den einzelnen Reichen nach Aachen zu bringen. Er machte auch viele und große Werke an diesem Ort.«

Beträchtliche Gaben aus dem Schatz erreichten als opulente herrschaftssichernde Seelgerätstiftungen die Kirchen seines Reichs; Bischöfe und Äbte zählten zu ihren vornehmsten Empfängern, aber auch weltliche Große, Grafen und Hofangehörige. »Und überdies ehrte er alle seine Getreuen wunderbar aus diesem Schatz«, berichtet der Chronist. Aus Briefen und Gedichten erfahren wir, daß insbesondere Metropoliten, denen später auch Karls besondere Aufmerksamkeit in seinem Testament galt, kostbare Geschenke empfingen. Der Erzbischof Petrus von Mailand erhielt aus der Hand Liutgards, die damals noch nicht mit dem König vermählt war, eine silberne Schüssel und ein Rauchfaß, der gelehrte Patriarch von Aquileia, Paulinus, gar zwei goldene Armspangen. Aber auch König Offa von Mercia, mit dem Karl noch vor wenigen Jahren eine Art Zoll- und Handelskrieg geführt hatte, wurden ein Wehrgehänge und zwei Seidenmäntel zugestellt zum Lobpreis Gottes und zur Verkündigung seines Namens, wie uns Alkuin wissen läßt.

Von diesen Stiftungen hat sich so gut wie nichts erhalten. Eine Ausnahme bildet vielleicht das kostbare Kannenreliquiar aus der burgundischen Abtei St. Maurice d'Agaune im Wallis, dessen Emailzierat nicht nur der Steppenkunst verpflichtet ist, sondern, wieder zusammengefügt, nach den Beobachtungen von Andreas Alföldi ein möglicherweise awarisches Keulenzepter ergibt.

Der Tod Papst Hadrians I.

Im Bewußtsein Karls verdankte sich dieser göttliche Gnadenerweis in Gestalt der reichen Beute zuvörderst der hilfreichen Intervention des heiligen Petrus und seines Nachfolgers in Rom, Papst Hadrian. Dementsprechend ließ der König aus der Beute eine beachtliche Auswahl für den hochverehrten Heiligen Vater zusammenstellen. Doch traf die Sendung in Rom ein, als der Papst schon nicht mehr unter den Lebenden weilte. Hadrian I. war nach langem Pontifikat, einem der längsten der gesamten Kirchengeschichte, am 25. Dezember 795 verstorben und bereits am folgenden Tag in St. Peter beigesetzt worden.

Diese Nachricht muß den König, der zu Beginn des neuen Jahres im Begriff war, seinen Vertrauten und »Homer«, den bereits mehrfach genannten Abt Angilbert, nach Rom abzuordnen, um dem heiligen Petrus seinen geziemenden Anteil an dem Awarenschatz zu übermitteln, wie ein Schock getroffen haben. Noch Einhart weiß zu berichten, daß Karl um den heimgegangenen Hadrian »wie um einen Bruder oder Sohn weinte, der ihm der liebste Freund gewesen sei«, und ein Schreiben Karls an den Nachfolger im Petrusamt spricht von der schmerzenden Wunde, die ihm dieser Tod zugefügt habe. Nach dem Lorscher Annalisten ordnete Karl in seinem Reich Gebete für den Verstorbenen an und vervielfachte die frommen Gaben für diesen Zweck. Auch die Geschenke, die damals nach England gingen, waren nicht zuletzt für das Totengedenken Hadrians I. bestimmt.

Diese Trauer ist keinesfalls als bloße diplomatisch gebotene Reverenz oder offizielle Beileidsbekundung an die Adresse der römischen Kirche zu werten, sondern tief und echt, trotz der gelegentlichen politisch bedingten Verstimmungen zwischen dem römischen Pontifex und dem fränkischen König. So sah sich Hadrian I. in den siebziger und achtziger Jahren mehr als einmal in seinen Erwartungen auf weitergehende Restitution der von seiten der Kirche beanspruchten Patrimonien und Rechtsgefälle enttäuscht, auch bei Verhandlungen des Königs mit seinen inneritalischen Gegnern und Widersachern war er übergangen und überhaupt vom Informationsfluß bewußt abgeschnitten worden. Der König dagegen sah sich durch das theologisch fundierte und kirchenpolitisch intendierte Zusammenspiel des Papstes mit der griechischen Synode, dem Zweiten Konzil von Nicaea 787, als Höhepunkt der Wiederannäherung von Ost und West empfindlich zurückgesetzt und irritiert. Dennoch lebte in beiden die unverbrüchliche Gewißheit, daß nur das auf Dauer angelegte und auf gegenseitiger Achtung, ja »caritas« beruhende Bündnis zwischen römischem Papst und fränkischem König die gottgefällige Wohlfahrt von Regnum und Sacerdotium, Kirche und Königtum, zu gewährleisten vermochte. Hatte Karl nicht über der Confessio des Apostels die Schenkung seines Vaters Pippin mit einer Urkunde feierlich bekräftigt, hatte nicht der römische Pontifex selbst Karls Söhne Ludwig und Pippin zu Königen geweiht und die geistliche Gevatternschaft zwischen dem Nachfolger Petri und der neuen fränkischen Königsfamilie erneuert? Waren nicht ihre persönlichen Begegnungen von Respekt, Zuneigung und zunehmend von Herzlichkeit geprägt gewesen, als Karl 774, 781 und 787 den Petrusnachfolger in Rom aufsuchte? In einem berühmten Schreiben von 782 hatte Hadrian I. Karl als seinen Konstantin, als Schutzschild der römischen Kirche und ihrer Interessen gefeiert, und in einem Widmungsgedicht, das einem für

Karl bestimmten Exemplar der *Dionysio-Hadriana* vorangeht, einer Sammlung des Kirchenrechts aus Canones der alten Konzilien und päpstlichen Dekretalen, verbürgt sich der Pontifex für den dauernden Zuspruch der Apostelfürsten, sofern nur der fränkische König den Rechtsansprüchen der römischen Kirche gehorcht und ihren Geboten nacheifert.

Auch Karl setzt wie schon sein Vater auf die Fürsprache des heiligen Petrus, die ihm das Gelingen seiner Unternehmungen verheißt. Diese »Petrusmystik«, die Papst und Frankenkönig verbindet, bildet das Fundament, die Achse seines Handelns, nach der sich Karl ausrichtet: Der Schutz der römischen Kirche und des Stellvertreters Christi ist zugleich Aufgabe des »Gesamten Hauses«, wie dies im politischen Testament von 806 zum Ausdruck kommt. Die Übereinstimmung mit St. Peter und dessen Vikar in Rom ist eine substantielle Basis fränkischer Königsherrschaft, und sie äußert sich in der unverbrüchlichen Treue zum Inhaber des Petrusamts. Wie schwer mag es dem vom rechten Glauben auch in Fragen des Bilderkults durchdrungenen König gefallen sein, mit Rücksicht auf den Papst und dessen Lehrautorität die Publikation der *Libri Carolini* zu unterlassen, die zugleich den damals erreichten Stand fränkischer Theologie oder besser gesagt denjenigen der Theologen und Gelehrten am fränkischen Hof dokumentierten! In diesem Zurückweichen vor der römischen Lehrmeinung wird man keinen vordergründigen Opportunismus oder gar Scheu vor geistigen Auseinandersetzungen sehen dürfen, sondern allein die Bekräftigung der Überzeugung, daß der innere Dissens mit dem Nachfolger der Apostel die Fundamente des bereits in dritter Generation erneuerten fränkischen Königtums, das eben nicht nur auf gleichsam volkstümlichen Grundlagen beruhte, nachhaltig erschüttern und die Kontinuität karolingischer Herrschaft ernsthaft in Frage stellen mußte. Unvergessen blieb das päpstliche Votum von 751 zugunsten der fränkischen Hausmaier, das zugleich das Schattenkönigtum der letzten Merowinger unter Hinweis auf die gestörte gottgewollte Ordnung beendete.

Seither standen das Bündnis mit Rom und die innige Übereinstimmung mit dem Papst im Zentrum von Pippins und Karls politischer Überzeugung, sofern das Zeitalter überhaupt die Extrapolation des Politischen als eigener Kategorie des Handelns aus dem Gesamtbewußtsein vorzunehmen in der Lage war. Dieser zentralen Handlungsdirektive waren alle wichtigen Maßnahmen des Königs prinzipiell unterworfen. Diese Einsicht läßt sich aus Einharts Karlsvita freilich nicht entnehmen, da er dem Papst lediglich in gewissen Momenten der fränkischen Geschichte, vor allem in der Vita seines Helden, eine bedeutende Funktion zuweist, etwa beim Übergang der Königsherrschaft auf Karls Vater Pippin oder bei der Annahme des Kaisertitels, hier allerdings mit deutlich negativem Akzent. Einhart sieht Karl als Nachfolger der antiken Augusti und Caesares, dazu boten ihm vor allem Suetons Biographien das Muster, dazu bewegten ihn die Erfahrungen der eigenen Zeitläufte, in denen offenkundig jene römisch-fränkische Machtbalance zwischen Kirche und Königtum aus den Fugen geraten und der Verlust des an heidnischer und christlicher Antike orientierten, in Karl selbst repräsentierten und gelebten Herrscherethos zu beklagen war, das sein Nachfolger Ludwig so sichtbar verfehlte.

Die mit dem Herrschaftsantritt Ludwigs des Frommen deutliche und sich zunächst noch verstärkende Vorherrschaft der Kirche war freilich bereits in der langen Regierungszeit Karls angelegt worden; die von ihm mit allen Mitteln geförderte und gesteuerte Verchristlichung der Gesellschaft mußte nahezu zwangsläufig jenen geistig-religiösen Mächten in Gestalt der moralisch erneuerten Kirchenhierarchien ein Übergewicht auch in der Ausformung des ohnehin nicht geschiedenen staatlich-politischen Sektors geben, dem volkstümliche Vorstellungen von Herrschaft, insbesondere Königsherrschaft, nichts Gleichrangiges gegenüberzustellen vermochten. Karls eigene Zeit war noch weitgehend frei von diesen Spannungen: Das Papsttum emanzipierte sich in seiner Epoche erst endgültig von den oströmischen Fesseln und schuf in Auseinandersetzung mit dem langobardischen Königtum, dessen Rechtsnachfolger der fränkische Herrscher wurde, und den benachbarten Territorialgewalten die Basis des nachmaligen Kirchenstaats, zu dessen Ausgestaltung und Erweiterung die Hilfe Karls unerläßlich blieb. Das Frankenreich wiederum war unter Karls beharrlichem Willen durchgehend auf Expansion ausgerichtet, die den Süden der ehemaligen Gallia, Ober- und in weiten Teilen Mittelitalien erfaßte, Bayern integrierte und mit Sachsen und dem Grenzödland zwischen Enns und Wienerwald in ehemals heidnische Gebiete vorstieß sowie zumindest zwischen Rhein, Weser und Elbe nachhaltig die christliche Mission vorantrieb. Diese Expansion beschleunigte jenen Prozeß, aus dem à la longue das Abendland hervorging.

Die offenkundige Dominanz des fränkischen Königtums, faßbar

auch in jenen berühmten Sätzen, die Karl an den Nachfolger Hadrians I. bald nach dessen Erhebung schrieb, verhinderte noch das Aufbrechen jener Widersprüche zwischen geistlichem Führungsanspruch und königlichem Regiment, das den Papst aus innerer Notwendigkeit beförderte. So gewiß Karl und sein Sohn Ludwig als zwei durchaus unterschiedliche Charaktere anzusprechen sind, deren wesentliche Züge sich auch als Ergebnis unterschiedlicher Sozialisation in Herrschaftsauffassung und Herrschaftspraxis spiegeln, so verkörpern doch beide in ihrer Person die vorwaltenden Tendenzen ihres Zeitalters in einem Maße, das den Erfolg des einen gleichsam garantierte und das Scheitern des anderen fast zwangsläufig machte, jedenfalls aus der Sicht des rückwärtsgewandten Propheten, als der sich der Historiker nach einem klugen Wort Friedrich Nietzsches erweist.

Marmorner Zeuge dieser engen Verbindung zwischen Papst und Frankenkönig ist das einzigartige Epitaph, in goldenen Lettern eingemeißelt, das der Herrscher bald nach dem Tod des Pontifex nach Rom sandte, »um damit das Grab des höchsten Priesters Hadrian zu schmücken«, und das heute in der Vorhalle von St. Peter unweit des Mittelportals in den Boden eingelassen ist. Aus schwarzem nordalpinem Marmor gefertigt, mit einer Größe von 2,20 zu 1,17 Metern, das Feld gerahmt von stilisiertem Rankenwerk und in den vergoldeten Lettern einer sogenannten karolingischen Capitalis Quadrata, die sich in ihrer Form antiken römischen Inschriften annähert, erinnert es in seinem Erscheinungsbild an Prachtcodices der Hofschule in der Auszeichnungsschrift unter Verwendung goldener Buchstaben auf purpurgefärbtem Pergament.

Das gilt insbesondere für die bereits erwähnte, nach ihrem Schreiber als Dagulf-Psalter bekannte Zimelie. Die Blätter dieser Handschrift sind ähnlich denen des etwas älteren sogenannten Godescalc-Evangelistars von einem Ornamentfries umgeben. Dieser Befund läßt den Schluß zu, daß die Prachthandschriften und das Epitaph derselben Werkstatt entstammen, zumal der Text der Inschrift höchstwahrscheinlich von Alkuin verfaßt wurde, während das dem gleichen Zweck gewidmete Elaborat seines häufig glücklicheren Konkurrenten Theodulf von Orléans nicht in Stein verewigt worden ist. Die Errichtung von Erinnerungszeichen, Memorien, die zum Totengedenken im Gebet aufrufen, um den im Wartestand des Jenseits befindlichen Seelen beizustehen und deren zeitliche Sündenstrafen zu vermindern, hatte sich seit den Tagen Papst Gregors des Großen weit verbreitet, wovon die Anlage von Nekrologien, Totenbüchern und Memorialverzeichnissen zeugt, die Stiftung von Gebetsbünden und eben auch die Anbringung von Epitaphien.

Dem Zweck teilnehmender Erinnerung dienten auch die Inschriften, die Karl für den dahingegangenen Papst abfassen ließ, und zwar in einem dichterischen Wettstreit zwischen Theodulf und Alkuin. Der Bischof von Orléans löste die gestellte Aufgabe auf konventionelle Weise: In seinem Epitaph äußert der König heftige Trauer um den Verstorbenen, den er als »Zierde der Kirche«, als »Fackel der Stadt und des Erdkreises« bezeichnet. An jenem Sterbetag, so führt der Dichter aus, sei Karl erneut der Tod seiner Eltern vor Augen getreten, der Kummer, den ihm der Heimgang seines Vaters Pippin verursacht habe, und der Schmerz beim Ableben seiner Mutter Bertrada. Der Besucher von St. Peter wird gebeten, Hadrian »glückliche Ruhe« zu wünschen. »König und Gott, erbarm Dich Deines Geschöpfes!« Theodulf schließt mit einem bewegenden Memento mori: »Wer auch immer Du bist, der Du diese Verse liest, wisse, daß Du eines Tages das sein wirst, was dieser ist, denn alles Fleisch geht auf diesem Wege.« Nicht von ungefähr zeigt noch der offene Sarkophag unterhalb des berühmten Frührenaissancefreskos mit der Darstellung der Trinität von Massaccio in der Florentiner Kirche Santa Maria Novella die Beischrift: Fu gia che voi sete, e quel qui son voi ancor sarete.

Sieht man von der gefühlvollen Anrede und der Intimität der Aussage ab, die den Tod der eigenen Eltern im Schmerz Karls um den verstorbenen Pontifex vergegenwärtigt, so bleibt eine vergleichsweise konventionelle Bitte um Totengebet und Totengedenken übrig, die freilich den Auftraggeber als Initiator hervorhebt und den Papst emotional in die Nähe von Vater und Mutter rückt.

Dieser offensichtlich vom König selbst vorgegebene Rahmen erfährt im Gedicht Alkuins, dem die Ehre zuteil wurde, in goldenen Lettern in den Marmor eingegraben zu werden, eine besondere Akzentuierung, ja Umformung: Das Epitaph für Hadrian ist zugleich eine einzigartige Memorie für Karl selbst. Auch in dieser Inschrift spricht der König selbst den Leser und frommen Betrachter an. Auch Alkuin rühmt zunächst den Toten als vornehm und von guten Eltern; vornehmer sei er aber durch seine Verdienste, so habe er Kirchen ausgeschmückt, die Armen gespeist, und »mit der Kraft seiner Lehre hat er Deine Mauern errichtet, Stadt Rom, berühmtes Haupt und Zierde des Erdkreises«. Der Passus endet mit dem Satz: »Ihm schadete der Tod nicht..., sondern war eine bessere Pforte zum Leben.«

Damit bahnt sich eine Wendung der Inschrift an, die wesentlich von Theodulfs Bitte um Gebetsgedenken für den verstorbenen Papst abweicht. Die Fürbitte für den dahingegangenen Hadrian soll das Gebet für den Stifter enthalten! »Unsere Namen verbinde ich [Karl] zugleich mit den Titeln: Hochberühmter Hadrian und König Karl, ich und Du, Vater. Jeder, der diese Verse liest, bitte demütig mit frommem Herzen: Gott, erbarme Dich gnädig beider.« Wenn die Posaune des Jüngsten Gerichts erschallt, dann wird Hadrian mit dem Apostelfürsten auferstehen und in die Freude des Herrn eingehen. »Dann, bester Vater, bitte ich, sei Deines Sohnes eingedenk und sprich: Mit dem Vater möge auch dieser mein Sohn sie erlangen.« Das Band des Lebenden mit dem Toten ist doppelt stark: Der König wünscht bereits zu Lebzeiten der Gebete teilhaftig zu werden, die am Grabe Hadrians in St. Peter gesprochen werden. Dieser ist bereits ein Gerechter, aufgenommen in die himmlischen Gefilde, und wird mit Petrus am Tag der Auferstehung und des Gerichts »in die Freude des Herrn« eingehen; einem Heiligen gleich wird er am Thron des Allmächtigen Fürsprache für seinen Eingeborenen, König Karl, einlegen. Nicht der Papst, Karl selbst ist es, der des Gebets und Gedenkens in besonderer Weise bedarf. »Die Aufforderung an den verstorbenen Papst und an die Leser, für Karl zu beten, hebt das Epitaphium Hadriani aus allen erhaltenen und überlieferten Epitaphien heraus und läßt es zu einem einzigartigen Zeugnis werden« (Sebastian Scholz). Mit Hadrian I. gewann Karl unweit der Confessio des Apostelfürsten einen unvergleichlichen Fürsprecher und Seelenarzt.

Diese Stiftung materialisiert in ganz bemerkenswerter Weise jene Petrusmystik und Romverbundenheit, die in der geistlichen Gevatternschaft und im Freundschaftspakt zwischen König und Papst eine emotional-juristische Basis fand. Vornehmlich aus dieser geistig-religiösen Mitte speist sich die Politik Karls, aus jener Verbindung, die bereits in der Zeit der Hausmaier von einer fränkischen Bischofssynode als gleichsam existentiell beschworen worden ist.

Wahl und Erhebung Papst Leos III.

Der verstorbene Hadrian erhielt bereits am zweiten Weihnachtstag, dem Fest des Protomärtyrers Stephanus, in Leo III. einen Nachfolger. Leo entstammte wie sein Vorgänger der römischen Kirche und hatte in der päpstlichen Kleiderkammer, die neben den Paramenten auch geistliche Gerätschaften verwahrte, seine Karriere gemacht. Im Gegensatz zu Hadrian I. gehörte er der städtischen Nobilität nicht an; bereits im zarten Alter war er von seinen Eltern, Atzuppius und Elisabeth, der Kirche übergeben worden und hatte es zum Kardinalpriester von Santa Susanna gebracht. Von Fraktionen, die ihn bei seiner Erhebung unterstützten, erfahren wir nichts. Seine Vita im Papstbuch bricht – in der Struktur der Hadriansbiographie durchaus vergleichbar – im linearen Verlauf ihrer Erzählung mit dem der Kaiserkrönung Karls folgenden Jahr 801 ab, obwohl Leos Pontifikat mit knapp zwanzig Jahren ebenfalls zu den längsten der Kirchengeschichte zählt. Mithin gehört zu den Besonderheiten von Karls Herrschaft, daß er nur zwei römischen Pontifices als Partner verbunden war.

Das Papstbuch, der *Liber Pontificalis*, charakterisiert Leo als »keuschen Mann, reich an Beredsamkeit und Seelenstärke sowie Mut«, und hebt sogleich seine Stiftungen für römische Kirchen hervor, vor allem die von ihm veranlaßte Dekoration des Speisesaals im Lateranpalast, die zwar nur aus späten Zeichnungen und Restaurierungsversuchen bekannt und überliefert ist, jedoch gleichwohl einen zureichenden Eindruck von den politisch-konzeptionellen Vorstellungen dieses Papstes vermittelt, in deren Zentrum das Verhältnis von Regnum und Sacerdotium steht, historisch bezogen auf Papst Silvester I. und Kaiser Konstantin und aktuell präsent in ihm selbst und König Karl.

Die Kräfte, die für die offenkundig einmütige und rasche Erhebung des mit der Aufsicht über die Kleiderkammer betrauten Kardinalpriesters sorgten, sind für uns nicht sichtbar, im Gegensatz zu den Opponenten, die bereits nach wenigen Jahren den Pontifikat Leos in eine schwere Krise stürzten und sein Leben ernsthaft bedrohten. Diese sind in den Spitzenämtern der vatikanischen Bürokratie zu suchen, die möglicherweise in den Weihnachtstagen 795 überrumpelt worden ist.

Unmittelbar nach seiner Inthronisation setzte sich der neue Papst mit dem Frankenkönig in Verbindung. Dem Wortlaut der ausführlichen Antwort zufolge, die Karl an den Nachfolger Hadrians I. richtete, erhielt der König eine Art Wahlanzeige, wie dies seit alters Brauch gewesen war, allerdings dem Kaiser in Konstantinopel gegenüber! Diese enthielt zur Freude Karls das Versprechen unverbrüchlicher Treue zum fränkischen König. Solch freundliche Worte waren dazu angetan, die schmerzhafte Verwundung Karls durch den Tod des »geliebtesten Vaters und treuesten Freundes« zu lindern. Die päpstlichen Gesandten kamen nicht mit leeren Händen: Sie überbrachten dem König als Ehrengeschenke die Schlüssel zum Grab Petri und das Banner der Stadt Rom, vermutlich in Gestalt des dreigezackten Tuches entsprechend dem wenig späteren Mosaik im Triklinium des Laterans; ähnliche Gaben erhielt Karl wenig später aus der Hand des Patriarchen von Jerusalem. Schlüssel zum Grab Petri hatte bereits Papst Gregor III. an den Hausmaier Karl Martell, Großvater des jetzigen Frankenherrschers, übersandt. Fahne und Schlüssel symbolisieren Schutz und Herrschaft und stiften durch ihre Übergabe eine politische Verbindung zwischen Schenker und Beschenktem. Bei der Übergabe von Huesca und Tortosa an den fränkischen Befehlshaber kam es gleichfalls zur Schlüsselübergabe als Zeichen der Kapitulation, und auch der Teppich von Bayeux weist eine entsprechende Szene auf, ganz zu schweigen von der zeremoniellen Übergabe von Breda im Jahr 1625 an den spanischen Befehlshaber Graf Ambrogio Spinola auf dem großartigen Gemälde von Diego Velázquez.

Jedenfalls deuten Schlüssel zum Grab Petri und städtisches Banner unmißverständlich auf die nicht definierte, gleichwohl akzeptierte Stellung des fränkischen Herrschers als Schutzherr der Päpste und der Stadt Rom hin, die im Titel Patricius Romanorum ihr offizielles Pendant hat. So war es nur konsequent, wenn die päpstliche Gesandtschaft im Namen ihres Herrn den König aufforderte, »daß er jemanden aus dem Kreis seiner Großen nach Rom schicken möge, der das römische Volk durch Eid auf Treue und Unterwerfung dem König verpflichte«.

Damit wurde die im Patriziustitel angedeutete Herrschaft rechtlich mit Inhalt gefüllt. Erinnern wir daran, daß Karl bei einem seiner früheren Besuche am Petrusgrab bei Hadrian I. um die Erlaubnis zum Betreten der Ewigen Stadt und der römischen Hauptkirchen nachsuchen mußte. Rom und Römer sehen sich jetzt zu Beginn des Jahres 796 in der gleichen Lage wie vor ihnen bereits Benevent und die Beneventaner, als sie sich wenige Jahre zuvor mit einem allgemeinen Treueid zu Wohlverhalten und Loyalität verpflichten mußten.

Nach Auskunft der überarbeiteten Reichsannalen wurde der Hofmann und Vertraute des Königs Angilbert an der Spitze einer Legation nach Rom entstandt, die dem Papst zugleich seinen Anteil aus dem erbeuteten Awarenschatz überbrachte, die Karl für den verstorbenen Hadrian I. hatte zusammenstellen lassen. Noch Einhart weiß später die außerordentliche Freigebigkeit Karls für St. Peter und seine Ausschmückung zu würdigen.

Zwei Schreiben, der erwähnte Antwortbrief Karls an Leo III. und die Instruktion für Angilbert, fassen wie in einem Brennspiegel die politischen und religiösen Intentionen Karls an dieser wichtigen Station des gemeinsamen Wegs von Frankenkönig und Nachfolger Petri zusammen und werfen zugleich einen ersten dunklen Schatten auf den neuen Papst.

Es fällt bereits ins Gewicht, daß Karl gegen die sonstige Übung in der Korrespondenz mit den Päpsten in der Adresse des Schreibens an Leo sich selbst zuerst nennt und damit dem Verhältnis zwischen König und Papst einen neuen Akzent verleiht. Des weiteren fordert er den Empfänger des Briefes auf, sehr genau auf die Instruktionen zu achten, die sein Amanuensis und Höfling Angilbert ihm vorzutragen hat, »auf daß Ihr erkennen möget..., was zur Erhöhung der heiligen Kirche sowie zur Festigung Eures Amtes und zur Stärkung unseres Patriziates nötig ist«. Diese Formulierung läßt unschwer erkennen, daß Leos Position nicht unumstritten war, da sie der nachhaltigen Bekräftigung bedurfte. Kenntnis darüber muß der Hof aus dem Umkreis der päpstlichen Gesandtschaft erhalten haben.

Im Zentrum des langen Schreibens an den Pontifex steht ein Passus, der, oft mißverstanden und überinterpretiert, normativ und im Stil päpstlichen Dekretalen vergleichbar, aus der Sicht des Herrschers die Aufgaben von Regnum und Sacerdotium, von fränkischem Königtum und römischem Papsttum, definiert und damit voneinander abgrenzt. Auch diese Sätze dürfen aus dem Gesamtzusammenhang des Wechsels im Pontifikat und der Probleme, die sich bereits damals in der Person des neuen Pontifex anzukündigen schienen, nicht herausgenommen werden. Sie lauten: »So wie ich mit dem heiligsten Vater, Eurem Vorgänger, einen Pakt heiliger Gevatterschaft eingegangen bin, so wünsche ich mit Eurer Heiligkeit ein unverbrüchliches Bündnis der Treue und Liebe zu befestigen.« Es folgen drei Schwerpunkte dieser erneuerten Schwurfreundschaft: »Unsere Aufgabe ist: gemäß der Hilfe der göttlichen Zuwendung die Kirche Christi vor dem Einfall der Heiden und vor den Verwüstungen der Ungläubigen nach außen hin zu verteidigen und im Inneren die Anerkennung des katholischen Glaubens zu sichern. Eure Aufgabe ist es, heiligster Vater: Erhebt mit Moses zur Unterstützung unseres Heeres die Hände, damit das christliche Volk durch Eure Fürsprache mit Gott als Führer und Geber über die Feinde seines Namens immer und überall den Sieg erringen und der Name unseres Herrn Jesus Christus in der ganzen Welt verklärt werden möge.«

Diese Form der Arbeitsteilung in der christlichen Gesellschaft, die, vordergründig gesehen, den Papst vermeintlich auf die passive Rolle des Betenden beschränkt, dem König aber die aktive Rolle des Glaubenskämpfers nach außen und des Glaubensbewahrers nach innen zuweist, entspricht durchaus den nicht zuletzt von Hadrian I. entwickelten Vorstellungen, daß insbesondere das Gebet des Pontifex maximus und zugleich Nachfolgers des Apostelfürsten jene Siege über Heiden und Ungläubige verbürgt, deren sich Karl bereits mehrfach rühmen durfte, wozu die Sicherung des rechten Glaubens durch den König tritt, die Abweisung von Irrlehren, die Sorge für den rechten Kult und die Beachtung kirchlicher Rechtsnormen allein nach verbindlicher Lehre und Satzung der römischen Kirche. Hatte nicht Karl bereits mehrfach die römische Interpretation für Kirchengesang, Liturgie und Recht durch die Entgegennahme authentischer Codices aus der Hand des Papstes akzeptiert und seinen Reformbemühungen zugrunde gelegt?

Karl war kein »König und Priester« nach dem Beispiel des alttestamentarischen Melchisedek. Er akzeptierte die gelasianische Zweigewaltenlehre, die dem Priester wegen der Verantwortung für die Seelen im Jüngsten Gericht den höheren Rang zuweist, auch wenn er sich, wie bereits 789 in der »Allgemeinen Ermahnung« formuliert, an dem »heiligen« König Josias orientierte, »der das ihm von Gott anvertraute Königreich durch Umherreisen, durch Bessern und Ermahnung und Verehrung des wahren Gottes zurückzurufen sich bemühte«. Karl maßt sich weder die Lehrautorität des Petrusamts an noch priesterliche oder bischöfliche Funktionen wie Vollzug der Eucharistie, Spendung der Sakramente oder Weihehandlungen. Immerhin läßt diese Akzentuierung auf Schutz und Bewahrung des Glaubens im Innern eine Spiritualisierung des Königsamts erkennen, die diesem eine Art korrigierender Oberaufsicht über die christliche Gesellschaft verleiht, und zwar unbeschadet päpstlicher, bischöflicher und priesterlicher Vorrechte.

Auch diese scheinbare Grenzüberschreitung ist im Lichte der konkreten Situation zu Beginn des Jahres 796 zu sehen, werden doch diese programmatischen Festsetzungen durch eine durchaus befremdliche Ermahnung an den Empfänger des Schreibens, den neuen Papst, ergänzt. So soll Leo III. sich streng an die kanonischen Vorschriften und die Satzungen der Heiligen Väter halten »und durch seinen Lebenswandel Beispiele seiner Heiligkeit geben und die Christenheit belehren«, ja als Licht vor den Menschen leuchten. Auch diese erstaunlichen Äußerungen in einem doch wohl zunächst als Glückwunschbotschaft an den neuen Nachfolger Petri konzipierten Schriftstück lassen Gerüchte erkennen, die offenbar gezielt aus dem Umkreis der römischen Delegation bei Hofe verbreitet worden sind.

In seiner Instruktion für Angilbert wird Karl verständlicherweise noch deutlicher: Dieser soll den Papst zu ehrenhafter (!) Lebensführung ermahnen, die Beachtung der Canones und die fromme Leitung der Kirche einfordern, wobei er dies freilich entsprechend der atmosphärischen Stimmung während der Gespräche tun soll, vor allem aber soll er ihn von der simonistischen Häresie abwenden, dem Ämterschacher, und überhaupt dem Papst all das vortragen, was sie, Karl und Angilbert, häufig untereinander heftig beklagt hätten.

Versöhnlich und beschwörend zugleich schließt Karls Brief an den Papst mit der Bitte, daß dieser »uns ein frommer Vater und für uns ein vorzüglicher Fürsprecher – wie Hadrian – sein möge«. Karl schwankte sichtbar zwischen Hoffnung und Mißtrauen, die ersten Nachrichten aus Rom ließen eine deutliche Sprache geboten erscheinen. Jetzt stand nicht wie 771 dem jungen Karl der erfahrene, untadelige Hadrian gegenüber, sondern dem reifen Herrscher ein offenbar umstrittener, ja mit Verfehlungen behafteter Leo III., der sich nicht einmal der Loyalität seiner engsten Umgebung sicher sein konnte. Dieser Pontifikat stand bereits in seinem Beginn unter keinem glücklichen Stern.

Pippins Raubzug ins Awarenreich

Karls überlegene Haltung, die sich in der Diktion des Schreibens an den Heiligen Vater spiegelt, mochte durch die im Vorjahr offerierte und im Winter 795/96 vollzogene Unterwerfung eines awarischen Teilfürsten, des Tudun, unter die fränkische Königsherrschaft und die christliche Religion gestärkt worden sein. Der Tudun erschien mit großem Gefolge in Aachen und wurde von Karl selbst aus der Taufe gehoben. Diese Ehre einer geistlichen Gevatternschaft hatte Karl bereits 785 dem Sachsenhäuptling Widukind erwiesen. Reich beschenkt und als Verbündeter geehrt, verließ der awarische Fürst mit seiner Delegation die fränkische Königsresidenz und kehrte ins Karpatenbecken zurück. Freilich ließ der Abfall vom Frankenherrscher und vom Evangelium nicht lange auf sich warten, wie die Annalistik umgehend zu berichten weiß, denn der Getaufte traf in seiner Heimat auf ein Umfeld, das seiner politischen und religiösen Neuorientierung nicht eben günstig war, es auch nicht sein konnte. Immerhin war der unmittelbare Eindruck von Taufe und Bekehrung der Hunnen auf die Zeitgenossen durchaus beträchtlich. So feierte der sicherlich begabteste Poet aus dem Umkreis Karls, Theodulf, den Erfolg des Königs in überschwenglichen Versen, die kulturhistorisch von höchstem Interesse sind: »Und es kamen die Awaren, die Araber und die Nomaden und auf den Knien [liegend] beugen sie ihre Nacken vor dem König. Zu Christus kommt der Hunne mit seinen beidseits geflochtenen Haaren und zeigt sich – der zuvor noch unbändig und wild war – demütig und ergeben.«

Die Auflösung des gefürchteten Awarenreichs war in vollem Gange: Angesichts des militärischen Vorteils, den der »Bürgerkrieg«, wie die Reichsannalen diese Auseinandersetzung zwischen Khagan, Jugurrus und weiteren Klanführern bezeichnen, den Gegnern bot, hatte bereits Herzog Erich von Friaul mit Hilfe eines orts- und geländekundigen Slawen den wohl weitgehend verlassenen Ring im Becken zwischen Theiß und Donau erreicht und jene gigantische Beute für den König zusammengerafft, die, über das werdende Abendland von England bis Rom verteilt, die Munifizenz des Königs, das Charisma des Frankenherrschers und den Beistand St. Peters eindrucksvoll demonstrierte.

Reste des Schatzes waren indessen im Ring verblieben. Um diese zu gewinnen und nach Aachen zu führen, sandte Karl seinen Sohn Pippin aus, den König von Italien, während er selbst, begleitet von Karl dem Jüngeren und Ludwig von Aquitanien, die aufständischen Sachsen erneut mit Krieg überzog. Pippin, unterstützt von wenigen alemannischen und bayerischen Truppen, gelangte über Friaul an die Donau, wo sich die Kontingente vereinigten. Bereits im Feldlager in Sachsen erhielt Karl zwei erfolgversprechende Botschaften aus dem Südosten. Eine besagte, daß der neugewählte Khagan Pippin an die Donau entgegengezogen sei und sich ihm unterworfen habe. Dem künstlerisch anspruchslosen »Rhythmus über Pippins Awarensieg« zufolge habe der Khagan ausgerufen: »Sei gegrüßt, Fürst, sei unser Herr, mein Reich gebe ich Dir mit Erdklumpen und Blättern, Wäldern, Bergen und Hügeln, mit allem was wächst ..., unsere Kinder unterwerfen wir Dir.« Der Khagan ließ es jedenfalls auf Kampfhandlungen nicht ankommen und zog das friedliche Arrangement vor. Freilich ging ein Teil seines Volkes über die Theiß und entzog sich damit dem fränkisch-italischen Zugriff. Die zweite Botschaft, die Karl empfing, besagte, daß sein Sohn die Donau überquert und den »Ring« erreicht habe. Pippin sammelte in einer Art Nachlese zum Beutezug Erichs von Friaul die verbliebenen Schätze zusammen und führte sie gegen Ende des Jahres nach Aachen seinem Vater zu, »der den Heranziehenden fröhlich erwartete«.

Der nach 791 befürchtete Gegenschlag der Awaren, der nicht zuletzt den Bau der Fossa Carolina als Verbindung der Flußsysteme von Rhein, Main und Donau veranlaßt und Karl an größeren Truppenbewegungen in Richtung Sachsen gehindert hatte, war eine bloße Spekulation geblieben. Vielmehr waren die Franken mit ihren Verbündeten zu Plünderungszügen ins Feindesland übergegangen, dessen innere Struktur sich auflöste und dessen rivalisierende Teilfürsten weder einen politischen noch einen militärischen Widerstand zu organisieren vermochten. Das Verschwinden der Awaren aus der Geschichte kündigt sich bereits in diesem Machtzerfall an, auch wenn die fränkische Expansion die alte Grenzlandzone zwischen Enns und Wienerwald nicht erfaßte und auch den Kamm des Wienerwaldes nicht überschritt. In Pannonien, dem späteren Ungarn, herrschte der Tudun, der sich zunächst formal den Franken unterworfen hatte, während ein Teil des Volkes, wie erwähnt, sich östlich hinter die Theiß zurückgezogen hatte und den Bulgaren eine offene Flanke bot.

Auch wenn Einhart, in seiner Karlsbiographie wesentlich an den antiken Kaiserviten und deren Blickwinkel ausgerichtet, ohnedies kirchlichen Themen wenig Beachtung schenkt, so fällt doch auf, daß er zwar der Beute aus dem Awarenreich bewegende Zeilen widmet, die Missionierung dieses Volkes aber mit keiner Silbe erwähnt. Dieser Befund gilt in gleicher Weise für die zeitgenössischen Annalenwerke. Gewiß dürfte die bereits 798 vollzogene Erhebung Salzburgs zum Erzbistum unter Karls Vertrautem Arn, die zugleich eine bayerische Kirchenprovinz ins Leben rief, nicht zuletzt wegen der Mission im Südosten erfolgt sein, deren Effizienz aber – sehr zu Recht, wie ich meine – von der älteren Forschung in Zweifel gezogen worden ist. Daran konnte auch die nach einer späteren Quelle von Karl an Arn gerichtete Aufforderung nichts ändern, »ins Slawenland zu gehen, für das ganze Gebiet zu sorgen, das Kirchenleben nach Art eines Bischofs zu pflegen, die Völker im Glauben und im Christentum durch die Verkündigung zu stärken«. Kirchen geweiht, Priester eingesetzt und dem Volk gepredigt, dies habe Arn angeblich mit vollem Erfolg getan.

Daß überhaupt der Eindruck einer nachhaltigen und umsichtig geplanten Evangelisation aufkommen konnte, liegt offenkundig in den Aktivitäten einiger geistlicher Kriegsteilnehmer der Jahre 795 und 796 begründet, an ihrer Spitze eben Arn von Salzburg und der hochgeschätzte Patriarch Paulinus von Aquileia, sozusagen die Anrainer der heidnischen Hunnen, und nicht zuletzt im Echo der Erörterungen und Pläne dieser einflußreichen Persönlichkeiten, das uns vor allem aus den Briefen Alkuins entgegenhallt, der angesichts des neuen Missionsfeldes die bisherigen Methoden der Sachsenbekehrung einer vernichtenden und mutigen Kritik unterzog. Immerhin kündigte sich damals auch der Dauerkonflikt zwischen den Kirchen von Salzburg und Aquileia um die Zuständigkeit für die Südostmission an, die Karl selbst 811 endgültig entschied, indem er die Drau als »nasse Grenze« der Einflußzonen festschrieb. Bis dahin, wenigstens bis 803, gestaltete sich die Evangelisation jenseits der Enns äußerst schwierig, begleitet von immer wieder aufflakkerndem Aufruhr.

Als die Geistlichkeit im Gefolge Pippins 796 am Donauufer anlangte, fand alsbald eine improvisierte Synode unter Leitung des Patriarchen von Aquileia statt, die sich ganz pragmatisch über bestimmte Sachverhalte der zumindest damals intendierten Awarenmission verständigte. Man war sich einig, daß es schwierig sei, »dieses rohe und unvernünftige Volk, unwissend und schriftlos« in die Mysterien des christlichen Glaubens einzuweisen. Weder Zwang noch direkte Gewalt sollten dabei angewendet werden, die Taufe könne gegen sonstige Gewohnheiten und Gebote an allen Samstagen erfolgen mit Ausnahme der Kindstaufe, die generell an Ostern oder Pfingsten vorzunehmen sei. Bereits in dieser Ausnahmeregelung kommt indirekt das größte Problem erfolgreicher Missionierung und damit verbundener Pazifizierung zum Ausdruck, das auch die Verkündigung des Evangeliums bei den Sachsen wesentlich behindert hatte: der Mangel an Priestern.

Alkuin, im fernen Tours als Abt von St. Martin wohletabliert, sparte wie üblich nicht mit guten Ratschlägen für seine Briefpartner, die ihm freilich großen Freimut und eine überlegene Einschätzung des bisherigen Missionswerks attestieren. Der mittlerweile auf dem Kontinent heimische Angelsachse hatte bereits im Vorjahr Kontakt mit Herzog Erich von Friaul aufgenommen und war mithin in der Awarenfrage auf der Höhe des Geschehens. Nicht zuletzt wegen der Nachbarschaft zu den Besiegten wandte er sich alsbald an Paulinus, den Patriarchen von Aquileia, mit der Bitte um Auskunft, was dieser denn in der Missionsfrage zu tun gedenke, zumal sich awarische Boten zum König begeben und Unterwerfung und Glaubensannahme versprochen hätten. Auch Bischof Arn von Salzburg, der offensichtlich das Heer Pippins an die Donau begleitet hatte, geht er um Nachrichten an und beruhigt ihn zugleich in der Sorge um die Macht des Gegners: »Jenes Reich ist fest und stark gewesen, aber stärker ist der, der es besiegt hat; in dessen Hand liegt alle Macht der Könige und Königreiche.«

Mit diesem Schreiben eröffnet Alkuin zugleich eine intellektuelle Kampagne gegen die seines Erachtens bisher weitgehend mißlungene Sachsenmission, wofür er die wesentliche Ursache in der Eintreibung des Kirchenzehnten sieht: »Und sei ein Verkündiger des frommen Glaubens und nicht ein Zehnteintreiber, weil die neue Seele mit der Milch apostolischen Glaubens zu nähren ist, die, so lange sie wächst, gesundet und zur Aufnahme fester Nahrung gestärkt wird. Die Zehnten aber, so wird gesagt, untergraben den Glauben der Sachsen.« Scharfe Kritik am unsensiblen Vorgehen verbindet er mit genauer Ausleuchtung der eigenen Unzulänglichkeiten: »Wie können wir den Nacken der Unwissenden ein Joch auferlegen, das weder wir noch unsere Brüder ertragen können?« Den naheliegenden Gedanken, deshalb bei den Awaren auf die Forderung nach dem Zehnten zu verzichten, wiederholt Alkuin in einem eindringlichen Appell an den König. So sei zu überlegen, schreibt er, »ob die Apostel, von jenem Gott Christus belehrt und zur Verkündigung in alle Welt gesandt, überhaupt das Eintreiben des Zehnten befohlen oder diesen überall abzuliefern gefordert hätten«, und fährt fort: »Wir wissen, daß die Zehntung unseres Vermögens wirklich gut ist; aber besser ist es, jene zu verlieren, als den Glauben zu verlieren. Wir aber, die wir im katholischen Glauben geboren, erzogen und belehrt worden sind, stimmen kaum zu, daß unser Vermögen zur Gänze gezehntet wird; um wieviel mehr wird der zarte Glauben, die kindliche Vernunft und der geizige Sinn sich dieser Spende verweigern?«

Unter Hinweis auf die Kirchenväter Hieronymus und Augustinus gibt Alkuin die rechte Richtung der Heidenmission an, die bereits vor der Taufe die Unterweisung in den wesentlichen Grundartikeln des Glaubens verlangt: »Der solcherart im Glauben gefestigte Mensch ist auf die Taufe vorbereitet. Er muß von der Unsterblichkeit der Seele wissen, vom zukünftigen Leben und vom Jüngsten Gericht, vom Teufel und Jesus Christus, dazu von der Dreifaltigkeit, der Wiederkunft des Herrn Jesus Christus, von dessen Leiden und seiner Auferstehung, Himmelfahrt und von der leiblichen Wiedererweckung und der ewigen Höllenpein für die Schlechten und die Belohnungen für die Guten.«

Ob diese offene Sprache dem König gefallen hat, wissen wir nicht, enthielt sie doch eine fundamentale und zutreffende Kritik an dessen Predigt mit der eisernen Zunge. Eine weitere Schwierigkeit der Missionierung spricht Alkuin gleichfalls deutlich an, nämlich den schon mehrfach hervorgehobenen Mangel an geeigneten Priestern: »Nun aber sorge Eure allerweiseste und Gott gefällige Ergebenheit für fromme Prediger für das neue Volk: an Sitten ehrenhaft, in der Wissenschaft des heiligen Glaubens belehrt und von den evangelischen Vorschriften durchtränkt und von den Vorbildern der heiligen Apostel bei der Verkündigung des Wortes Gottes angeregt.« Die Gegenwart in Gestalt weniger tauglicher Missionare kontrastierte dieses Idealbild eines rechten Predigers offenbar sehr. Alkuin jedenfalls wurde nicht müde, seine Forderungen und Thesen in jenen Monaten in langen Episteln an Mitglieder des Hofes zu versenden, um den König in seinem Sinne zu beeinflussen, aber auch an Arn von Salzburg, um das Desaster der Sachsenmission im Südosten vermeiden zu helfen, »weil diese [die Sachsen] niemals im Herzen die Grundlagen des Glaubens gehabt haben«.

In dieses geistige Umfeld gehört schließlich auch die Bitte Alkuins an den König, die von Pippin aus dem Ring mitgeführten Gefangenen zu schonen. Bereits 791 hatte sich Karl offenbar vorbehalten, über das Schicksal der menschlichen Beute aus dem Awarenreich selbst zu verfügen. Die Bitte Alkuins, der zu Recht in der Schonung des Gegners eine wesentliche Voraussetzung des Missionswerks sah, wurde erfüllt, jedenfalls konnte er Pippin seinen Dank übermitteln, daß die Gefangenen ausgelöst werden durften. Unter diesen Mitgeführten befand sich, wie wir späteren Urkunden von 799, 809 und 816 entnehmen können, auch ein vornehmer Langobarde namens Ajo aus Friaul, der zu den Awaren geflohen und von Pippin 796 gefangengenommen worden war. Drei Jahre später begnadigte Karl den einstigen Rebellen und restituierte seinen Eigenbesitz in Friaul, im Gebiet von Vicenza und Verona, in Erwartung makelloser Treue.

Der erneute Feld-, besser Raubzug gegen die Awaren blieb keineswegs die einzige kriegerische Aktion des Jahres 796: Der König selbst begab sich an der Spitze eines Heeres, begleitet von seinen Söhnen Karl und Ludwig, ins Innere Sachsens, »wo die Aufständischen waren, sengend und verwüstend«. Er machte große Beute und empfing nördlich der Lippe im Dreingau Geiseln. Auf dem weiteren Vormarsch überschritt er bei »Alisni«, was wohl Alse im Oldenburgischen oder einen abgegangenen Ort bei Elsfleth bezeichnet, vermutlich mit Hilfe eines Pontons die Weser. Erneut wurde der Gau Wigmodien als Zentrum der Insurrektion verwüstet, eine »ungeheure Menge« an Gefangenen, Männer, Frauen und Kinder, in die Francia weggeführt. Hier traf der König im Herbst auf seinen Sohn Pippin, der mit der Beute aus dem verbliebenen Awarenschatz die Residenz in Aachen aufsuchte. Der militärische Erfolg dieses Jahres hatte wiederum das Charisma der »stirps Karoli« bekräftigt.

Ein weiteres kriegerisches Unternehmen wird von den gutunterrichteten Lorscher Annalen, denen der Chronist aus dem südgallischen Moissac folgt, berichtet, das sich gegen die Sarazenen und gegen die Grenzregionen im fränkischen Süden richtete, aber außer Verwüstungen dieser Region keine nennenswerten Folgen aufzuweisen hatte. Immerhin schöpfte der Hofpoet Theodulf aus diesen Aktivitäten die Hoffnung auf baldige Unterwerfung Córdobas unter fränkisches Regiment, doch sollte dieses Ziel Utopie bleiben. Unsere Hauptquellen übergehen diese Vorgänge nicht von ungefähr mit Stillschweigen.

Karl selbst beging Weihnachten 796 und Ostern 797 wiederum in seiner zum Hauptsitz ausgebauten Winterpfalz Aachen, erstmals von einer längeren Erkrankung heimgesucht, wie wir einem Schreiben Alkuins entnehmen können, das zugleich die Gesundung des Königs »an Geist und Körper« beschwört.

Vielleicht noch als fernes Echo auf die militärischen Auseinandersetzungen in der Grenzregion gelangten aus dem muselmanischen Spanien erfreuliche Nachrichten an den Hof, die auch Ausdruck der Instabilität des Emirats von Córdoba nach dem Tod des tatkräftigen und gefährlichen Hischam waren. Sein Nachfolger al-Hakam I. sah sich einer starken inneren Opposition gegenüber, die, vergleichbar den Umtrieben der siebziger Jahre, Anschluß an den fränkischen König suchte, etwa der Befehlshaber von Barcelona, Zaid, der sich mit seiner Stadt Karl in Aachen selbst unterwarf. Im Gegensatz zu dem Pyrenäenabenteuer von 778, das in die Katastrophe von Roncesvalles gemündet war, begnügte sich der fränkische König jetzt damit, Ludwig von Aquitanien auf einen Feldzug nach Huesca auszusenden; die Belagerung der Stadt scheiterte aber offenbar. Parallel zu diesem Unternehmen ging König Pippin von Italien auf Geheiß des Vaters gegen die Slawen vor, vermutlich gegen südslawische Völker, da auch bayerische Kontingente zu seinen langobardischen Verbänden gestoßen waren. Näheres wissen wir auch hier nicht. Daß zur gleichen Zeit ein fränkisch-langobardisches Heer unter Erich von Friaul in Pannonien kämpfte, könnte ein Hinweis auf den rasch erfolgten Abfall des kaum bekehrten Tudun von der fränkischen Herrschaft sein. Auch hierin lassen uns die Quellen im Stich. Es kam zu einem Treffen, das für Erich siegreich endete, in dem aber das noch vorhandene militärische Potential der Awaren weiter geschwächt wurde.

Bevor Karl selbst zu seinem beinahe alljährlichen Sachsenzug aufbrach, ergingen noch Urkunden an Getreue und wieder Getreue, in denen sich Karls Rechtsverständnis im Kontext von Reichs- und Königsgut sichtbar spiegelt. Nach dem Wortlaut eines Diploms für die Hausabtei Prüm hatte deren Abt auf zwei im entfernten Anjou gelegene Wirtschaftshöfe (Villen), die er als mütterliches und großmütterliches Erbe für sich und in Folge für sein Kloster beanspruchte und deren Besitz ihm der König guten Glaubens bestätigt hatte, nach einer Untersuchung des Sachverhalts unter Rückgabe der Bestätigungsurkunden zunächst verzichten müssen. Der Bischof von Nantes und einige andere »wahrhaftige Zeugen« hatten nämlich den Beweis führen können, daß diese Villen tatsächlich Teil des Königsguts waren. Nach Klärung der Rechtslage und Restitution des entfremdeten Besitzes hatte Karl eine Villa als Seelgerätstiftung für seinen Vater erneut an den Prümer Abt übertragen, die andere diesem aber nach einer weiteren rechtlichen Überprüfung als Eigengut von dessen Großmutter bestätigt. Dies ließ freilich den zuständigen Grafen im Anjou nicht ruhen, der seinerseits Zeugen beibrachte, die mit Schriftstücken nachwiesen, daß tatsächlich dieser Besitz von der besagten Großmutter des Abts an Karls Vater Pippin tradiert worden war. Der König durchschlug den gordischen Knoten der Probleme und überließ jetzt dem Kloster Prüm und dem »Mann Gottes« beide Villen mit der Auflage, »für uns und unsere Kinder und für die Stabilität des Reichs und für das Seelenheil der Eltern die Barmherzigkeit Gottes rechtens zu erflehen«.

Der komplexe Sachverhalt, der Gegenstand dieser Urkunde ist, veranschaulicht die strenge Rechtlichkeit königlicher Herrschaftsausübung, die Fortdauer der Schriftlichkeit und ihre Relevanz vor dem Königs- und Grafengericht zumindest in den Reichsteilen südlich der Loire, vor allem zeigt er wiederum, wie sorgsam der König selbst mit Rückerwerb und Vergabe von Reichs- und Königsgut verfuhr. Nicht von ungefähr wurde bereits von Zeitgenossen der Umgang von Karls Nachfolger Ludwig mit dem Königsgut zur Gewinnung von Anhängern als Übel für die Königsherrschaft angeprangert, auch wenn eingeräumt werden muß, daß Ludwig im Gegensatz zu seinem Vater keinerlei Ressourcen aus Eroberungen oder gar Beute nach Art des Awarenschatzes zur Ausübung seiner Munifizenz zur Verfügung standen.

Ein gleich hohes Interesse darf die Urkunde Karls für den Grafen Theobald beanspruchen, die, folgt man den beigegebenen tironischen Noten auf dem Pergament, von dem Kämmerer Meginard wohl kaum ohne Gegengabe erwirkt worden war. Theobald war danach angeklagt, sich »gottlos« zusammen mit dem Königssohn Pippin »auf Anstiftung des Teufels« gegen das Leben des Königs und »die ihm von Gott gewährte Herrschaft« verschworen zu haben. Durch das Erbarmen Jesu Christi sei diese »Perfidie« überwunden worden, und Theobald habe sich durch ein Gottesurteil von seiner Schuld gereinigt. Gleichwohl ist ihm damals nicht nur sein Amt entzogen worden, sondern auch seine Eigengüter, die er jetzt wegen seiner neuerlichen Dienste und Verdienste zurückerhält, sofern er sie nach Erbfolge und aus Urkunden als frei verfügbar nachweisen kann. Diese Restitution findet in einem Akt vom 20. Dezember desselben Jahres ihre Erklärung, übertrug doch der offensichtlich erbenlose Theobald damals seinen Besitz an das Königskloster St. Denis.

Weitere Empfänger königlicher Gunstbeweise im ersten Halbjahr 797 waren Karls Vertrauter und Gesandter, der Abt und Poet Angilbert, der für St. Riquier die »cella« Forestmoutier empfing, wo der Patron des Klosters, der heilige Richarius, »den [geistlichen] Kampf geführt hatte«, und das Kloster Nonantola, das bereits in den frühen siebziger Jahren als wichtiger Stützpunkt fränkischer Interessen in Oberitalien hervorgetreten war. Auch vermittelte der genannte Kämmerer das Rechtsgeschäft: Neben einer Bestätigung von Besitzungen, die ein Langobarde namens Ardoin dem Kloster im Gebiet von Vicenza und Verona tradiert hatte, übertrug der König der Modena benachbarten geistlichen Stiftung für sein Seelenheil Güter im Territorium von Bologna, die einst König Liutprand seinem griechischen Spaßmacher und dessen Söhnen übergeben oder mittels Pachtvertrag überlassen hatte und die später rechtens in Königsbesitz gekommen waren.

Reichsversammlung in Aachen 797 und »Sächsisches Kapitular«

Karl machte sich im Frühsommer 797 »wie gewohnt«, so die überarbeiteten Reichsannalen, zur Bekämpfung der treulosen Sachsen und zur Verwüstung ihres Landes auf, überschritt mit einem großen Heer den Rhein, diesmal ausgerüstet mit großen Schiffen, die zu Lande und zu Wasser gezogen werden mußten. Diese Art der Kriegführung war Karl seit seinem Zug gegen die Wilzen vertraut; auch bei der Expedition donauabwärts hatte er die Flotte als Transportmittel schätzen gelernt. Der Anlauf zum Ausbau der Fossa Carolina bei Treuchtlingen dürfte wesentlich von solchen logistischen Problemen veranlaßt worden sein. Die etwa zwei Menschenalter später entstandene Vita Ludwigs des Frommen schildert anschaulich den Schiffstransport zu Lande und zu Wasser anläßlich der Expedition Ludwigs zur Belagerung und Einnahme von Barcelona. So entwarfen die militärischen Anführer damals folgenden Plan: »Sie bauten Schiffe zum Übersetzen und zum Transport über Land, zerlegten jedes in vier Teile, so daß jeder Teil durch je zwei Pferde oder Maultiere gezogen werden konnte und die Teile durch vorher angefertigte Nägel und kleine Hämmer sich leicht wieder zusammenfügen ließen; mit Pech, Wachs und Werg, die man bereithielt, sollten dann, sobald man zum Fluß käme, die Fugen an den Nahtstellen abgedichtet werden.«

Derart ausgerüstet, gelangte auch Karl in das verbliebene Zentrum des sächsischen Widerstandes zwischen unterer Weser und unterer Elbe, Wigmodien, und zog trotz einer starken Befestigung durch Sümpfe und unwegsames Gelände an die Küste des »sächsischen Ozeans«, die Nordsee, im Lande Hadeln. Wieder gaben die Aufständischen angesichts der militärischen Übermacht und der drohenden Verwüstung auf; »aus allen Ecken und Winkeln« seien sie herbeigeeilt, um sich dem

König zu unterwerfen und Geiseln zu stellen. Eine Quelle meldet gar, daß Karl damals erneut jeden dritten Mann samt Familie deportiert und im Gegenzug Franken angesiedelt habe. Den Friesen, den Bewohnern Wigmodiens benachbart, sei ähnliches widerfahren, und dort soll der König auch eine Befestigungsanlage errichtet haben. Ob hierbei bereits an Lesum nördlich von Bremen gedacht werden kann, wenig später Grafensitz der frühen Billunger und Vorort staatlicher Repräsentanz im Unterweserraum, muß dahingestellt bleiben. Im Laufe der zweiten Septemberhälfte 797 kehrte der König über den Rhein nach Aachen zurück, sicherlich in der Hoffnung oder gar berechtigten Erwartung, das »gottlose Volk« endgültig in seine Schranken gewiesen zu haben. Diese Hoffnung trog.

In Aachen, das mittlerweile zu einer internationalen Drehscheibe des diplomatischen Verkehrs geworden war, empfing der König wieder eine sarazenische Gesandtschaft mit dem Emir Abdallah an der Spitze, der von seinem Bruder, dem ein Jahr zuvor verstorbenen Hischam I., als Konkurrent um die Herrschaft im Emirat Córdoba vertrieben worden war und in Mauretanien Exil gefunden hatte. Nach dem Herrschaftsantritt seines jungen Neffen al-Hakam machte er sich nun Hoffnungen, im Bündnis mit dem fränkischen Großkönig und Nachbarn den Rivalen zu stürzen und selbst die Führung zu übernehmen. So unterwarf er sich Karl; die Quellen sprechen sogar davon, daß er sich in dessen Hände begeben, »kommendiert«, habe. Der Aspirant auf das Emirat Córdoba wurde jedenfalls von Karls Sohn Ludwig in den Süden begleitet.

Als weiterer Gesandter einer auswärtigen Macht erschien am Aachener Hof ein Bote des Patrizius von Sizilien, Nicetas, mit einem Schreiben des Kaisers aus dem ferner Konstantinopel, der freilich mittlerweile schon seiner Würde beraubt und geblendet worden war. Anlaß und Inhalt des Schreibens sind unbekannt, deutlich wird nur, daß offenbar der Befehlshaber von Sizilien den diplomatischen Verkehr mit dem Westen abwickelte. Des weiteren läßt sich diesem Kontakt entnehmen, daß den Austausch zwischen Ostrom und Aachen, Kaiser und Frankenherrscher, keine sonderlichen Konflikte behinderten, wie dies auch der »großartige Empfang« in Aachen signalisiert. Der Rest bleibt in Dunkel getaucht.

Ende Oktober 797 trat in Aachen eine Reichsversammlung zusammen, die nicht nur von Bischöfen, Äbten und Grafen aus dem Altreich beschickt wurde, sondern auch von Sachsen aus verschiedenen Gauen, aus Westfalen, Engern und Ostfalen. Das geschah nicht zuletzt in der Absicht, eine gemeinsame, Sieger wie Besiegte umfassende Rechtsordnung verbindlich festzulegen. Insbesondere betraf dies die Fixierung der Bannbuße bei Übertretung der königlichen Gebote, die für Franken sechzig Schillinge betrug und künftig auch für Sachsen gelten sollte. Unter die friedenstiftende und -erhaltende Banngewalt des Königs fielen zuvörderst die Kirche, Witwen, Waisen und die »weniger Starken«, deren Schutz dem König oblag. Ferner umfaßte die Banngewalt die Pflicht zur Teilnahme an angesagten Kriegszügen.

Die gerichtliche Gleichstellung der unterworfenen Sachsen mit den erobernden Franken schuf eine der ganz wesentlichen Voraussetzungen für jenen Prozeß der Symbiose von Sachsen und Franken zu einem Volk, den Einhart mit seinen berühmten Worten geschildert hat. Mit dieser Gleichstellung wurde indirekt das harte »Besatzungsrecht« aufgegeben oder zumindest abgemildert, das Karl wohl 782 erlassen hatte. Ein jetzt verkündetes »Sächsisches Kapitular« läßt den Wandel deutlich erkennen, denn seine acht Anfangsgebote beanspruchen für Sachsen und Franken gleiche Gültigkeit, indem sie, wie erwähnt, mit der königlichen Bannbuße von sechzig Schillingen strafbewehrt sind.

Scheinbar im Widerspruch zu dieser Maßnahme steht, daß die Sachsen bei den Bußgeldern an ihrer abgestuften ständischen Gliederung festhalten dürfen, die sich im Gegensatz zu den Franken nicht am Freien allein orientiert. So zahlen die Franken je nach Delikt fünfzehn Schillinge, die »edleren« Sachsen zwölf, die Freien fünf und die Liten vier Schillinge, worin sich die ererbte Dominanz der angelsächsischen Eroberschicht über die Eingesessenen dokumentiert. Die Buße von fünfzehn Schillingen zahlt etwa der Franke nach der Fassung der Lex salica aus der Zeit von Karls Vater Pippin für den Diebstahl eines zweijährigen Schweins, eines Habichts »von der Stange« (nach einem Jahr und folgender Abrichtung), eines Stücks Zugvieh, für das Abbrechen einer Schleuse oder eines Mühlendamms, das Abernten eines fremden Kornfeldes oder für das Abmähen einer fremden Wiese, bei Wegsperre, bei Ausplünderung eines fremden Knechts oder bei dessen Entführung.

Ferner sollen alle Rechtsfälle im Zuge einer geordneten Rechtsfindung grundsätzlich in der Heimat des Klägers oder des Beklagten entschieden werden, und zwar zu den bekannten Geldbußen in Anwesenheit der »pagenses«, der Bewohner des Gaus, als Urteilsfinder. So wird die Sühne verdoppelt, sofern der Fall vor den Königsboten verhandelt werden muß und diese damit belästigt werden. Auch vor Verhandlungen am Königshof ist die doppelte Summe zu erlegen. Wer aber nach dem Spruch seiner Dinggenossen an den König appelliert, zahlt, wenn diese Anrufung für nicht rechtens befunden wird, ebenfalls die doppelte Buße; gibt er sich indessen mit diesem Spruch nicht zufrieden, hat er doppelt das Zweifache zu zahlen, appelliert er gar nochmals an den König, dann gilt das dritte Dreifache des Ausgangsbetrags.

Für alle Sachsen, also auch die Edelinge, gilt einheitlich das übliche Gerichtsverfahren: Ungebührliches Verhalten vor Gericht wird je nach Stand mit vier, zwei oder einem Schilling gebüßt. Priester und ihr Hab und Gut werden durch doppelte Wiedergutmachung und Strafgelder geschützt, die Androhung der Todesstrafe ist dagegen weggefallen. Der Tod von Königsboten wird durch dreifaches Wergeld gesühnt, der Schaden, der ihre Leute trifft, ist dreifach zu restituieren und nach ihrem Gesetz zu sühnen.

An den beiden letzten Bestimmungen läßt sich der Übergang von ständiger kriegerischer oder jedenfalls unfriedlicher Auseinandersetzung zwischen Franken und Sachsen in ein geordnetes Nebeneinander unschwer erkennen. Gleiches gilt für den zunächst merkwürdig berührenden Passus, der das Niederbrennen eines Hauses als Straf- oder Abschreckungsmaßnahme nur dann gestattet, wenn dessen Besitzer als Rebell keine Rechenschaft für sein Tun ablegen will, wenn ferner diese Strafaktion von der Gemeinde der Gaugenossen zuvor beschlossen worden ist und wenn der Beklagte sich geweigert hat, sich vor dem Königsgericht zu verantworten.

Zorn, also plötzliche Emotionsäußerungen, Feindschaft und Böswilligkeit, soll unterbleiben, sonst verfällt der Anstifter dem Königsbann. Auch die folgende Verordnung, ausdrücklich mit Zustimmung der Franken und eingeborenen Sachsen beschworen, läßt erkennen, daß Friedlosigkeit und Fehde noch allgegenwärtig sind und der angestrebten Rechtsordnung im Wege stehen: Der König soll nach Erfordernis und Rechtslage die Bannbuße verdoppeln und Sühnegelder in Höhe von 100 bis 1000 Schillingen wegen Gehorsamsverweigerung auferlegen können.

»Übeltäter«, die nach dem Gesetz der Sachsen der Todesstrafe unterliegen – einer Strafe, die das fränkische Recht für den Freien nicht kennt – und in den Schutz des Königs geflohen sind, darf dieser den Gaugenossen entweder zur Hinrichtung überstellen oder aber mit Frau,

Familie und Fahrhabe aus der Heimat bringen und in einer anderen Mark ansiedeln, und »sie [die sächsischen Gaugenossen] sollen ihn für tot halten«. Ob hier an Kollaborateure mit den fränkischen Eroberern zu denken ist?

Das ganze Kapitular, das wesentlich um Bußen und Bußzahlungen kreist, wird mit einem hochinteressanten Katalog abgeschlossen, der den Sachsen, die offenbar noch unerfahren sind im Umgang mit gemünztem Silber, den jeweiligen Schillingbetrag an einem Naturaläquivalent erläutert und damit in seiner wirtschaftlichen Relevanz nahebringt. So entspricht ein einjähriges Rind beiderlei Geschlechts im Herbst, wenn es aufgestallt wird, einem Schilling, desgleichen im Frühling. Der Preis und die Buße steigen mit dem Alter. Vom Hafer geben die Brukterer (Westfalen) für einen Schilling vierzig Scheffel und vom Roggen zwanzig, die »Nordlichter« aber für einen Schilling dreißig Scheffel Hafer und fünfzehn Scheffel Roggen, worin sich möglicherweise die schlechtere Bodenqualität und die geringeren Ernteerträge auf der Geest und in den Flußauen widerspiegeln. An Honig geben die Brukterer anderthalb Seige, die »Nordlichter« aber zwei für einen Schilling.

Auch muß erneut statuiert werden, daß zwölf Denare in Silber einen Schilling ausmachen. Der Denar oder Pfennig war nämlich neben dem halben Pfennig, dem Obolus, die einzige tatsächlich ausgeprägte Münze, während Schilling und Pfund nur Recheneinheiten waren. Mit diesen Angaben wurde nicht nur auf die gängigen Münzsorten im Frankenreich rekurriert, sondern auch auf gängige Handelsware und Handelsgeschäfte, um auf diese Weise den Sachsen die tatsächliche Höhe etwa des Königsbanns mit sechzig Schillingen, ausgemünzt in 720 Pfennigen und im Wert von nicht weniger als drei Pfund, vor Augen zu führen. Die Lex salica aus der Mitte des 8. Jahrhunderts beziffert eine Rinderherde von zwölf Stück Vieh mit dem Gegenwert von 62 $^{1}/_{2}$ Schillingen.

Insgesamt läßt sich aus den Bestimmungen des Kapitulars entnehmen, daß Karl und seine Berater die Zeit für gekommen hielten, das »Besatzerstatut« mit seinen drakonischen Strafen, insbesondere der Todesstrafe, die freilich auch das altsächsische Recht in breitem Umfang kannte, im Dienste einer allgemein gültigen Rechtsordnung zu mäßigen oder gar zu beseitigen und damit die Schranken zwischen Franken und Sachsen wesentlich abzubauen. Der für alle gemeinsam geltende Königsbann überspannte hinfort das gesamte Sozialgefüge, auch wenn die

Buße zwischen Eroberten und Eroberern noch geringfügig differierte, die abgestufte Ständehierarchie der Sachsen gewahrt wurde und nicht zuletzt der Schutz von Priestern und Königsboten als Herrschaftsträgern von Kirche und fränkischem Staat doppelt oder gar dreifach strafbewehrt blieb.

Im Rahmen dieser Herbstversammlung der Großen, zu der auch Sachsen hinzugezogen worden waren, ist sicherlich auch die Erhebung Salzburgs zum Erzbistum als Zentrum oder zumindest neben Aquileia als ein Zentrum der Awarenmission und damit die Erhöhung Arns zum Erzbischof und Metropoliten der bayerischen Kirche ventiliert und beschlossen worden. Die Gesandtschaft, die Karl nach Rom entsandte, um die Zustimmung Papst Leos III. einzuholen, dürfte Ende des Jahres abgegangen sein; an ihrer Spitze stand Karls Vertrauter und Italienexperte, Abt Fardulf von St. Denis, der auch den Plan zur Errichtung eines Paulsklosters in Rom als Stiftung Karls vorantreiben sollte, worüber allerdings spätere Nachrichten fehlen.

Winterquartier in Sachsen und Signale aus Konstantinopel

Von Aachen aus zog Karl ins Winterquartier nach Sachsen, wahrscheinlich in der Absicht, einer neuerlich drohenden Insurrektion im kommenden Frühjahr zuvorzukommen und die Lage durch seine permanente Anwesenheit zu stabilisieren. Offenkundig war trotz der Abschwächung oder gar Beseitigung des rigiden »Besatzungsstatuts« an eine Befriedung des »wilden Volkes« insgesamt nicht zu denken. Demonstrativ befand sich der gesamte Hoftroß in Karls Gefolge, nicht zuletzt auch der Sarazene Abdallah. Mitte November überquerte Karl wiederum den Rhein und erreichte von hier das Weserbergland. Unweit der Mündung der Diemel in die Weser schlug der König sein Lager auf, und zwar westlich von Karlshafen, oberhalb von Höxter. Man begnügte sich nicht mit einem mehr oder minder provisorischen Zeltlager, sondern errichtete Wohngebäude aus Holz zur Überwinterung. Der König nannte den Ort Herstelle, was insofern doppeldeutig ist, als der Name sowohl auf den Zweck des Lagers verweist als auch auf das alte Herstelle (Herstal) an der Maas, in der zentralen »frühkarolingischen« Königslandschaft.

In dieses befestigte Heerlager wurden die Könige Pippin und Ludwig einbestellt; in Herstelle empfing Karl erneut eine Gesandtschaft der Awaren. Angesichts der Machtzersplitterung und der Rivalitäten in deren politischer Führung läßt sich nicht ausmachen, welcher Gruppe oder Persönlichkeit diese Delegation zugeordnet werden kann und ob gar der neuerliche Zug Herzog Erichs von Friaul an die Drau damit in Beziehung steht. Des weiteren wurden mit entsprechenden Geschenken um die Jahreswende 797 auf 798 Gesandte des asturischen Königs Alfons II., »des Keuschen«, vorstellig, der offenbar bei seinen Versuchen zur Reconquista das Bündnis mit den Franken suchte. Karl erhielt als Ehrengabe ein kostbares Zelt. Noch Einhart nennt, als er des Königs Freundschaftsbündnisse mit auswärtigen Mächten rühmt und seinen Eroberungen an die Seite stellt, als prominentes Beispiel den König von Galizien und Asturien, der in Briefen und Gesandtschaften befohlen habe, ihn nicht anders als »sein eigen«, nämlich Karls eigen, zu nennen.

Die befestigte Winterresidenz, die Anwesenheit des Hofes und der königlichen Familie, die auswärtigen Gesandtschaften und die Feier des christlichen Hochfestes demonstrierten erneut augenfällig, daß sich Karl in seinem Regnum aufhielt; Sachsen war in gleicher Weise Bestandteil seiner Herrschaft wie die anderen Reichsteile. Während Karl vor Ort in Sachsen verblieb, sandte er seine Söhne nach dem »Festaufenthalt« nach Italien und Aquitanien zurück. Ludwig führte, wie erwähnt, in seinem Gefolge Abdallah mit sich, der seinen Neffen aus dem Emirat Córdoba zu vertreiben gedachte.

Es ist durchaus nicht unwahrscheinlich, daß Ludwig in Verbindung mit diesem Geleit des Rivalen al-Hakams eine Reichsversammlung in Toulouse zusammentreten ließ, auf der sowohl Gesandte des Königs Alfons von Asturien mit Geschenken erschienen als auch solche des Statthalters von Saragossa. Damit zeichnete sich die Möglichkeit einer fränkisch-asturischen Initiative im Pyrenäenraum ab. Jedenfalls konnten die von den Sarazenen aufgegebenen Grenzorte wie Vich (Ausona), Cardona und Caserras besetzt werden und gerieten unter der Oberleitung des Grafen Borrell zu Vorposten der sich ausbildenden sogenannten Spanischen Mark. Diese Frontbegradigung brachte für kurze Zeit Ruhe in die an sich instabilen Verhältnisse im Südwesten des Frankenreichs. In den folgenden Monaten unternahm in diesen Regionen, auch an der Küste Septimaniens, eine kirchliche Delegation unter Leitung des

Erzbischofs von Lyon eine vielbeachtete Rundreise, die bis Marseille führte. Sie rief in Narbonne gar eine Versammlung von Klerus und Volk zusammen, um den »orthodoxen« Einfluß auf die immer noch von der adoptianischen Häresie bewegten Gemüter zu verstärken und die geistliche Integration in das romorientierte Frankenreich voranzutreiben.

Während der König noch im sächsischen Winterquartier weilte und auf den Frühling wartete, denn der Mangel an Futter für die Pferde ließ einen Aufbruch vor Mai nicht zu, kam es zu einem neuerlichen gefährlichen Aufstand der Bewohner jenseits der Elbe, der Transalbingier, die sich der königlichen Boten, die zu ihnen gesandt worden waren, um Rechenschaft zu verlangen, bemächtigt hatten. Einige von ihnen hatten sie getötet, so die Grafen Roric und Had, einen Jarich und den Sachsen Richulf, und auch den Grafen Gottschalk ereilte dieses Schicksal, der, von einer Gesandtschaft zum Dänenkönig Sigfrid zurückkehrend, ebenfalls Opfer dieser Erhebung wurde. Weitere Gesandte wurden zur Ablösung aufgespart, und nur wenigen gelang die Flucht aus der Gewalt der Empörer.

Die Kunde von dem Aufstand, der wichtige Helfer der fränkischen Sache das Leben gekostet hatte, gelangte über Richulfs Bruder Richard in das Lager Karls in Herstelle. Richard war es gelungen, seine Frau aus den Händen der Gegner zu befreien und mit ihr an die Leine zu fliehen. Karl, grimmig-erregt, wie unsere Quellen versichern, sammelte sein Heer zu Minden. Nach Beratungen, zu denen auch Liudger, der erfahrene Missionar, Abt von Werden und spätere erste Bischof von Münster, hinzugezogen wurde, überzog der König in einer Strafexpedition das »ganze Land zwischen Elbe und Weser« mit Feuer und Schwert, ein Hinweis mehr darauf, daß die Insurrektion ihr Echo auch diesseits der Elbe gefunden hatte. Wiederum drang das fränkische Heer bis in den Bardengau vor, wiederum unterwarfen sich die Sachsen, wiederum führte der König eine große Schar von Häuptlingen – die Annalen von St. Amand nennen gar die abenteuerliche Zahl von 1600 – und sonstige Geiseln mit sich fort, unter ihnen vor allem jene, die von den Sachsen selbst als die treulosesten bezeichnet worden waren.

Die heidnischen Abodriten, von den zeitgenössischen fränkischen Geschichtswerken ganz unbefangen als Hilfstruppen und Bündnispartner bezeichnet, griffen unter ihrem Anführer Drasko die feindlichen Nachbarn an, unterstützt von dem Königsboten Eburis, der ihren rechten Flügel befehligte, und stießen auf heftigen Widerstand des sich sam-

385

melnden Gegners. Es kam zu einer großen Feldschlacht an der Grenze zwischen den Siedlungsgebieten beider Völkerschaften auf dem Zwentinefeld unweit der Kieler Bucht und nahe dem späteren Bornhöved, wo 1227 nach verlorenem Kampf die Krone Dänemarks ihre Großmachtträume im Ostseeraum begraben mußte. Angeblich fielen 798 nicht weniger als 4000 Nordleute, aber auch die scheinbar konkrete Zahl von 2901 wird genannt. »Unter großen Bedrängnissen sind sie an ihre Sitze zurückgekehrt.« Die Lorscher Annalen setzen folgenden interessanten Akzent in ihrer Berichterstattung: »Und obwohl die Abodriten Heiden waren, half ihnen der Glaube der Christen und des Herrn Königs, und so haben sie den Sieg über die Sachsen davongetragen.« Ansonsten mußten sich die Nordleute zu Friedensverhandlungen verstehen und zweifellos dem König Geiseln überantworten.

Wohl von Bardowick aus, das wir auch als Missionszelle vermuten dürfen, zog der König an der Grenze zum späteren Wendland in südöstliche Richtung und empfing in Nordthüringen zwischen Ohre und Elbe eine Abordnung der siegreichen Abodriten, die Karl, »wie sie es wert waren, ehrte«. Von hier aus kehrte er mit seinem Heer im Herbst in die Francia zurück, nicht ohne einen Teil der sächsischen Gefangenen und Geiseln entlassen zu haben, während er andere, so die angeblich 1600 Häuptlinge, im Frankenreich ansiedelte.

Wieder in Aachen, empfing Karl erneut eine Gesandtschaft aus Konstantinopel, angeführt von dem einstigen Patrizius von Phrygien, Michael, und dem Priester der Blachernenkirche der Gottesmutter, Theophilus, die ein Schreiben der Kaiserin Irene überbrachten. Sein Inhalt ist unbekannt, jedenfalls ging es um Frieden, wie die Reichsannalen lakonisch melden. Mittlerweile hatte man am Hof Karls auch vom Umsturz im Kaiserhaus erfahren, der Konstantin VI. das Augenlicht und seine Stellung gekostet hatte. Sein chaotisches Privatleben, das gleichwohl die Staatsinteressen berührte, Haßliebe und Ehrgeiz seiner Mutter hatten letztlich zu seiner Vernichtung geführt und Irene die Alleinherrschaft als »Kaiser« verschafft. In dieser kritischen, staatsrechtlich unerhörten Situation mußte die Kaiserin um außenpolitische Stabilität bemüht sein, folglich dürfte sie versucht haben, auch den fränkischen Großkönig ins Einvernehmen zu setzen, gab es doch Probleme wegen Istrien, Venetien und nicht zuletzt wegen Benevent.

Karl und seine Berater, durch die Ereignisse in Byzanz abgestoßen und der »Weiberherrschaft« im fernen Osten gewiß abhold, denn Irene galt fränkischen Quellen bestenfalls als Usurpatorin, waren indessen klug genug, den so wieder gesponnenen diplomatischen Faden nicht abreißen zu lassen. Der König entließ daher als Zeichen des Entgegenkommens den Bruder des umstrittenen Patriarchen Tarasios von Konstantinopel aus der Gefangenschaft, in die dieser wohl 788 bei dem Angriff auf Benevent geraten war. Daß Karl seitens der Delegation die Übernahme des Imperiums angeboten worden sei, wie die Annalen von St. Amand zu berichten wissen, gehört ins Reich der Phantasie. Zu einem solchen Schritt hätte sich angesichts der nicht nur räumlichen Distanz zwischen Aachen und Konstantinopel keine Fraktion hinreißen lassen, zumal der fränkische König nicht nur in den Augen der Traditionalisten am Bosporus lediglich als Barbarenfürst galt. Auch die theologisch-kirchlichen Differenzen, die im Bilderstreit aufgebrochen waren, bildeten ein nicht unbeträchtliches Hindernis zwischen Ost und West. Offenbar behandelte man am Aachener Hof die Probleme des Kaisertums, zumal der Kaiserin Irene, vorläufig hinhaltend, denn noch war die Zeit für weiterreichende Entschlüsse nicht reif. Der Verfasser der sogenannten Reichsannalen versäumt aber nicht, unsere Aufmerksamkeit auf eine astronomische Besonderheit jenes Jahres zu richten, die in seinem Verständnis möglicherweise in besonderer Konjunktur mit dem zuvor Berichteten stand, nämlich daß in diesem Jahr »der Mars vom Juli des Vorjahres bis zum Juli dieses Jahres [798] nirgends am Himmel zu sehen war«.

Auch aus Asturien stellte sich wiederum eine Gesandtschaft bei Hofe ein. Wieder bezeugte König Alfons seine besondere Ergebenheit dem fränkischen Herrscher gegenüber. Von seinem Siegeszug ins entfernte Lissabon schickte er Karl durch einen Froja, der bereits im Vorjahr das kostbare Zelt überbracht hatte, sieben gefangene Mauren mit ebenso vielen Maultieren und Panzerhemden als Zeichen seines Triumphes und zugleich seiner Huldigung. Überhaupt gewinnen in diesen Monaten der spanische Süden und der Mittelmeerraum die Aufmerksamkeit der Chronisten, die etwa über die Plünderung der Balearen durch Mauren und Sarazenen berichten. Das Mare nostrum rückt wieder und dauerhaft in das Blickfeld der Länder nördlich der Alpen.

Die Erhebung Salzburgs zum Erzbistum

Abseits von diesen aktuellen Ereignissen des Jahres 798 und unbeachtet von den Annalisten in Königsnähe, aber aus anderen Aufzeichnungen, zumal aus Briefen, zu erkennen, wurde im Zusammenspiel von König und Papst ein neues, durchaus zukunftsträchtiges Kapitel im Buch der bayerischen Kirchengeschichte aufgeschlagen, das für mehr als 150 Jahre im Südosten des sich formierenden Europa die Richtung wies.

Der König hatte ja aus der Ende Oktober 797 in Aachen versammelten Reichssynode eine Delegation nach Rom abgesandt, zu der Bischof Arn von Salzburg gehörte, möglicherweise auch der Pfalzgraf Echirius und zeitweise vielleicht auch der Patriarch Paulinus von Aquileia. Hauptgegenstand der Verhandlungen waren die mit päpstlicher Kompetenz vorzunehmende Erhebung Salzburgs zum Erzbistum und die Verleihung des Palliums an Karls alten Weggefährten und Vertrauten Bischof Arn. Mit dessen Berufung zum Erzbischof konnte die erfolgreiche Einrichtung einer bayerischen Kirchenprovinz seit den Tagen des Bonifatius ihren krönenden Abschluß finden, was begleitet wurde von einer Konsolidierung der weltlichen Führungsebene, die in Karls Schwager Gerold, dem Bruder der verstorbenen Königin Hildegard, als Präfekt eine neue Spitze gewonnen hatte.

Wie zu erwarten, widersetzte sich Papst Leo III. dem Vorhaben des Königs nicht. Geht man von Wortlaut und Tenor der Schreiben aus, die der römische Pontifex an die Suffragane des neuen Erzbischofs, an den König und am 20. April 798 an Arn in Verbindung mit der Pallienverleihung richtete, so kann kein Zweifel daran bestehen, daß Karl selbst es war, der die bayerische Kirchenprovinz »wunderbar« geordnet hatte, und daß der Papst, wie er einräumt, lediglich einem »Mandat« des Frankenherrschers nachgekommen war, als er Arn zum Erzbischof erhob und ihm das Zeichen seiner Würde verlieh. Die offenkundig schwache Position des Nachfolgers Petri und das sichtbar gewachsene Ansehen des fränkischen Königs finden ihren Audruck in der gewandelten Diktion der Briefe.

Auf einen weiteren, ganz wesentlichen Aspekt bei der Schaffung eines Metropolitansitzes in Salzburg haben wir bereits aufmerksam gemacht: Es ist dies die Heidenmission, die Karl mittlerweile als eine der Aufgaben seines Königtums verstand und die ihn auf die an Bayern angrenzenden Territorien der Awaren und der Slawen verwies. Für diese Aufgabe wurde zuvörderst der neue Erzbischof ausersehen, flankiert von dem Patriarchat Aquileia. Noch auf der Rückreise von Rom wurde Arn, als er den Po überquerte, von einem Königsboten abgefangen, der ihn anwies, sich zu den Südslawen zu begeben, um ihnen das Evangelium zu verkünden. Arn suchte aber zunächst den König auf und ging erst danach, wenn wir einer späteren Nachricht vertrauen wollen, in sein Missionsgebiet, predigte, setzte Priester ein und weihte Kirchen. Tatsächlich kam er wohl über erste Anfänge der Evangelisation im Sinne Alkuins, also gewaltfrei, nicht hinaus. Wenig später schlug er dem König einen bewährten Kleriker namens Theoderich als Missionsbischof für die Karantanen und die Bewohner westlich der Drau bis zu deren Mündung in die Donau vor. Theoderich wurde von dem neuen Präfekten Gerold in sein Wirkungsgebiet Kärnten geleitet. Das Territorium südlich der Drau blieb Einflußzone Aquileias. Von einer Missionierung der Awaren im Raab-Donau-Winkel verlautet freilich nichts. Letztlich blieb die Evangelisation dieser Regionen eng mit den Fortschritten der bayerischen Siedlung und Binnenkolonisation verbunden, die sich erst am Ausgang des 9. Jahrhunderts auf breiter Front einstellten.

Die Bestellung Arns zum Bischof und Erzbischof von Salzburg kann als Beispiel gelungener Personalpolitik des Königs gelten, die wesentlich zur Integration des Regnum Baiuvariorum in das Frankenreich beigetragen hat.

In den Jahren des ausgehenden 8. Jahrhunderts erregte die überwunden geglaubte Häresie des Adoptianismus wiederum heftig die Gemüter, und zwar sowohl in Rom als auch in Aachen. Die Lehre fand immer noch ihre Anhänger, vor allem in der spanischen Kirche, und infizierte mit ihrem Bazillus auch die Gläubigen der grenznahen südgallischen Diözesen, die sich der römischen Autorität zu entfremden drohten.

Insbesondere Alkuin nahm sich, unterstützt vom König, erneut der gefährlichen Irrlehre an, sammelte Zeugnisse aus Bibel und Patristik zum Gegenbeweis, die er über Benedikt von Aniane, den späteren einflußreichen Berater Ludwigs des Frommen, als Argumentationshilfe im Süden verbreiten ließ, und korrespondierte mit Bischof Felix, dem neben Erzbischof Elipand von Toledo noch immer maßgeblichen Vertreter dieser christologischen Lehrmeinung. Eine Entgegnung des häretischen Bischofs von Urgel, die auch an Karl selbst gerichtet war, entfachte den

Zorn des glaubensstarken und romorientierten Angelsachsen besonders, der sich für eine umfassende Entgegnung eine Frist ausbat, um seinen Widersacher endgültig zu Fall zu bringen. Abschriften des häretischen Schreibens zirkulierten auch an den Bischofssitzen von Trier, Orléans und Aquileia, dessen Patriarch Paulinus sich als bewährter Experte mit eigenen Schriften an dem theologischen Disput beteiligte. Dabei blieb es freilich nicht.

Wohl im Herbst 798, möglicherweise auch in den ersten Monaten des Jahres 799, trat auf Befehl des Königs, wie Alkuin formuliert, in Rom unter dem Vorsitz des Papstes eine Synode zusammen, die »nach den zahlreichen Zeugnissen der Evangelien und der Heiligen Väter« erneut die Thesen des Felix und seiner Anhänger als Irrlehre verdammte und bei boshaftem Verharren in ihr das Anathem, den Kirchenbann, androhte. Aber auch in Aachen wurde eine große Disputation zwischen Alkuin und Felix anberaumt, was ein weiterer Hinweis auf das Selbstverständnis des fränkischen Königs ist, der neben Verbreitung und Schutz des Evangeliums nach außen die Festigung der reinen Lehre nach innen als eine seiner wesentlichen Herrscherpflichten verstand. Erzbischof Leidrad von Lyon, aus Bayern gebürtig, dessen Sprengel durch die Irrlehre am meisten gefährdet war, gelang es zusammen mit dem Bischof von Narbonne und dem Abt von Aniane, den widerspenstigen Felix, dem der König freie Rede und Unversehrtheit zusicherte, zu der Disputation zu laden.

So fand im Sommer 799 gleichsam eine Neuauflage des Frankfurter Konzils von 794 statt, wiederum unter dem Vorsitz des Königs und im Beisein zahlreicher Bischöfe, Mönche und Großer. Der geistige Kampf wogte heftig; Alkuin ging, wie zu erwarten war, aus ihm als Sieger hervor, Felix mußte seine Niederlage eingestehen, widerrief und bezeugte ein Glaubensbekenntnis, das seine Formeln verwarf. Der Bischof von Urgel durfte nicht mehr wie vor Jahren in sein Bistum zurückkehren, sondern wurde zusammen mit einem engagierten Mitstreiter dem Erzbischof von Lyon zur Bewachung übergeben. In einem Brief an Klerus und Volk seiner Diözese schwor er seinen alten Thesen ab, ließ erkennen, daß es ihm durchaus Ernst sei mit seiner Umkehr, und bat die Gläubigen, ihm auf seinem Weg zu folgen. So erschien die seinerzeit in Vorbereitung befindliche Gegenschrift des Paulinus von Aquileia offensichtlich zu spät, denn sie war noch gespeist von dem Argwohn eines neuerlichen Rückfalls des Spaniers. Daß diese Sorge nicht unbegründet war, erwies ein Pergament von der Hand des Felix, das nach seinem Tod um 816 im Nachlaß gefunden wurde und das Leidrads Nachfolger im Amt des Erzbischofs von Lyon, den berühmten Agobard, zu einer neuerlichen Streitschrift anregte, die er Ludwig dem Frommen zustellen ließ.

Im Anschluß an die Aachener Disputation begab sich erneut eine Kommission unter Führung Leidrads in den Süden, um die zahlreichen Anhänger des Felix zur rechten Lehre zurückzuführen, was gelang. Nach einem Brief Alkuins sollen in den häretischen Gebieten nicht weniger als 20 000 verirrte Schafe heimgefunden haben. Damit war eine wesentliche Voraussetzung für die Einbindung dieser Grenzgebiete in die Autorität der römischen Kirche und zugleich in die Banngewalt des fränkischen Königs geschaffen, der erneut und für alle sichtbar eine Glaubensschlacht für den heiligen Petrus gewagt und gewonnen hatte.

Das Attentat auf Papst Leo III.

Die Jahre 799 und 800 bereiten jenen Wandel in der politischen Existenz Karls vor, der seine Herrschaft und sein Herrschaftsverständnis auf ein neues und erweitertes Fundament stellte, das grundlegend für die weiteren Geschicke Mitteleuropas werden sollte: Die Annahme der Kaiserwürde, die weder als genuiner Schöpfungsakt zu verstehen ist noch gar als bloße Wiederbelebung des mit Romulus Augustulus 476 erloschenen (west-)römischen Prinzipats, sondern als aktuelles Geflecht durchaus heterogener Vorstellungen und Zielsetzungen, die vor allem fränkisches Königtum und römisches Papsttum zusammenführten und auf Dauer eine feste Verbindung der beiden Gewalten bewirkten.

Im Zentrum der Ereignisse stand zunächst Papst Leo III. Seit Beginn seines Pontifikats am Stephanstag 795 war der Nachfolger des hochangesehenen Hadrian I. in seiner Lebens- und Amtsführung offenbar derart umstritten, daß sich Karl genötigt sah, ihm bereits in seiner Glückwunschadresse entsprechende Hinweise zu geben. Auch in der Korrespondenz zwischen Alkuin in Tours und Arn von Salzburg, den der Erwerb des Palliums als Zeichen der Erzbischofswürde im Jahr 798 nach Rom geführt hatte, geistern diffuse Anklagen gegen den Papst durch die Zeilen, wobei Alkuin die Partei des angegriffenen Pontifex ergreift und die römische Nobilität, deren Vertreter er als »Söhne der

391

Zwietracht« brandmarkt, konspirativer Pläne gegen den Nachfolger des heiligen Petrus verdächtigt.

An der Spitze dieser Verschwörer standen zwei hohe Kuriale, der Primicerius Paschalis und der Sacellarius Campulus, ersterer ein Neffe des verstorbenen Papstes, der wie Campulus unter dem Pontifikat Hadrians I. Karriere gemacht hatte. Beide waren dem fränkischen Hof keine Unbekannten: 778 hatte Paschalis im Auftrag des Papstes Karl aufgesucht, und Campulus war noch kurz vor dem Ableben seines Gönners als Gesandter in Aachen tätig. Sie mochten in der – vorsichtig ausgedrückt – distanzierten Haltung des Königs zu Leo III. eine günstige Stimmungslage für die geplante Palastrevolution sehen.

Die Verschwörer gingen mit Brachialgewalt gegen den Papst vor und wiederholten damit – übrigens in gleicher Amtsstellung wie ihre Vorgänger – eine spektakuläre Aktion des Jahres 768, als Christophorus und Sergius, Vater und Sohn, den Pseudopapst und »Eindringling« Konstantin, Bruder des Herzogs Toto von Nepi, der bei seiner Erhebung noch Laie gewesen war, in ihre Gewalt brachten, ihn blendeten, der Zunge beraubten und seine Anhänger mißhandelten. Schließlich wurde der Unglückliche in einer lächerlichen Zeremonie öffentlich seines Amtes entsetzt. Eine 769 nach Rom einberufene Synode, an der erstmals auch Bischöfe aus dem Frankenreich teilnahmen, verurteilte post festum den abgesetzten Pseudopapst.

Als die langobardische Partei kurzfristig in Rom Oberwasser gewann, ereilte auch die Verschwörer von 768 ihr Schicksal: Christophorus und Sergius wurden geblendet, ersterer starb kurz nach dieser Tortur, Sergius wurde erdrosselt und noch lebend verscharrt. Ihr Gegner, Paulus Afiarta, Anführer der langobardischen Clique am päpstlichen Hof, wurde nach dem neuerlichen politischen Kurswechsel im Gefolge von Karlmanns Tod 771 und der Alleinherrschaft Karls, der alle Fäden zu Desiderius kappte und sich mit Hadrian I. verständigte, 772 in Ravenna verhaftet. Gegen den Befehl des Papstes, der die Untersuchungsprotokolle nach Byzanz übermittelt hatte, wohin der Gefangene ins Exil verwiesen werden sollte, wurde Paulus Afiarta auf Anordnung des Erzbischofs von Ravenna durch den dortigen Konsul hingerichtet.

Diese noch frischen Erinnerungen schreckten offenbar die Spitzen der päpstlichen Bürokratie dreißig Jahre später nicht: Am 25. April, dem Markustag, überfielen die bewaffneten Verschwörer samt Anhang den Umzug anläßlich der »Litania maior«, einer der vier päpstlichen

Jahresprozessionen vom Lateran zur Kirche des heiligen Laurentius, rissen den Papst vom Pferd – vor ihm stand Paschalis, hinter ihm Campulus –, mißhandelten ihn und versuchten ihn seiner Augen und seiner Zunge zu berauben, offenbar mit mäßigem Erfolg; auch ein weiterer diesbezüglicher Versuch, ihn amtsunfähig zu machen, mißlang. Das Papstbuch, aber auch andere Quellen wie das sogenannte Paderborner Epos ließen es sich freilich nicht nehmen, in der völligen Wiederherstellung der wichtigsten Sinnesorgane den Finger Gottes zu sehen. In einem nahe gelegenen Kloster interniert, gelang dem mißhandelten Pontifex dank der Hilfe eines getreuen Kämmerers die Flucht mit einem Seil über die Mauer und in das Innere von St. Peter. Hier wurde Leo III. nach Auskunft der bestens unterrichteten Annalen des Lorscher Abts und Bischofs von Trier, Richbot, von dem Königsboten Abt Wirund von Stablo-Malmedy und, was in diesem Augenblick noch wichtiger war, von Herzog Winigis von Spoleto, dessen Truppen offenbar vor der Stadt lagerten, in Empfang genommen. Anderen Quellen zufolge soll Winigis erst auf das Gerücht von dem Geschehen hin nach Rom geeilt sein. Ob er gar seine Hand bei dem Anschlag mit im Spiel hatte? Jedenfalls wurde der verletzte Papst nach Spoleto in Sicherheit gebracht. Zorn und Enttäuschung der Verschwörer, deren Vorhaben gescheitert war, machten sich Luft, indem sie das Haus des hilfreichen Kämmerers ausraubten und zerstörten und im übrigen sich gegenseitig die Schuld am Mißlingen zuschoben.

Nach Darstellung des Papstbuches versammelten sich Getreue aus romnahen Städten, Große und Angehörige der Geistlichkeit, um den verletzten Pontifex, der mit ihnen »zum höchst erhabenen Herrn Karl, König der Franken und Langobarden und auch Patrizius der Römer«, aufbrach. Ob dieser den vorerst gestürzten Papst zu sich über die Alpen »eingeladen« hatte oder ob jener seinen Schutz- und Bundesgenossen aus eigenem Antrieb aufgesucht hat, bleibe dahingestellt. Jedenfalls schickte Karl dem unglücklichen Leo seinen Erzkapellan, den Kölner Erzbischof Hildebold, und Graf Askarius entgegen und später, als sich der Papst bereits auf fränkisch-sächsischem Boden befand, seinen Sohn Pippin, den König von Italien, der ihm das Ehrengeleit bis Paderborn gab, wohin sich der König nach Überschreiten des Rheins bei Lippeham in der zweiten Jahreshälfte begeben hatte.

Das sogenannte Paderborner Epos, von seinem ersten Herausgeber als Versgedicht des Hofpoeten Angilbert eingeschätzt und unter dem

Titel *Karl der Große und Papst Leo* veröffentlicht, läßt den Herrscher in einer Art Traumvision das schreckliche Ereignis einer Blendung und Verstümmelung des Heiligen Vaters gewahr werden, worauf der König beim Erwachen Boten nach Rom absendet, um zu erkunden, »ob der beste Hirte sich unverletzt befindet«. Dieses Epos in 536 Versen, allein überliefert in einer Sammelhandschrift des späten 9. Jahrhunderts aus St. Gallen, galt der älteren Forschung, da angeblich zeitgleich mit den Ereignissen des Jahres 799 entstanden, als eine Art Begrüßungsgedicht für den anreisenden Papst, vor allem aber als Zeugnis einer »Aachener Kaiseridee«, die romfrei und -fern gar die germanischen Wurzeln dieses am Weihnachtstag 800 begründeten Kaisertums freilegt. Bereits vor Jahrzehnten konnte Dieter Schaller in einer subtilen Analyse des Textes nachweisen, daß es sich bei diesem Versgedicht lediglich um den dritten Teil eines viergliedrigen Epos in der Nachfolge Virgils und der ebenfalls vierteiligen versifizierten Martinsvita des Venantius Fortunatus handelt. Die umfangreiche Dichtung kann unmöglich in kürzester Zeit in einem Zug ohne ausreichende Hilfsmittel in Paderborn, gleichsam im Heerlager, entstanden sein, zumal es auch inhaltlich keine zwingenden Gründe gibt, die Ausarbeitung in den Herbst oder Winter des Jahres 799 zu legen. Deutliche Anklänge an die Darstellung der Ereignisse im Papstbuch lassen eher an eine Niederschrift nach der Kaiserkrönung denken, zumal Spuren ihrer Existenz nicht vor 804 nachzuweisen sind.

Damit stürzt nicht nur das steil aufragende Hypothesengebäude von Karls germanisch orientierter, auf Aachen bezogener, romferner Kaiseridee zusammen, sondern es entfällt auch die Notwendigkeit, anzunehmen, der König habe diese Absicht und wohl auch ihre Umsetzung bereits bei seinem Zusammentreffen mit Leo III. zum wesentlichen Gegenstand der Beratungen gemacht. In der Begegnung von Paderborn spiegelt sich vielmehr die Besorgnis des Papstes um Restitution und dauernde Sicherung seines Pontifikats.

Obgleich das Epos seinen Rang als zeitgleicher, wenn auch poetisch überhöhter Spiegel der Paderborner Ereignisse einbüßt, sind doch nicht wenige Elemente der Versdichtung als miterlebt und mitgefühlt in eine Interpretation dieses Zeitabschnitts einzubeziehen. Dazu zählen etwa die gelegentliche Apostrophierung Karls als Augustus oder die Wertung Aachens als zweites oder zukünftiges Rom, die wohl den Rahmen des Üblichen sprengen, in der Sache aber lediglich zum Vergleich mit Byzanz, dem neuen Rom Konstantins, und mit seinem Herrscher, dem

Basileus, einladen. Auch in diesem Text dominiert das alttestamentarische Königtum die Vorstellungswelt des Dichters und seines Auftraggebers, wenn beispielsweise der Papst die ihm entgegengesandte Delegation fränkischer Großer bittet: »Bringt mich vor Davids erhabenes Angesicht, ihr Herren!« Zwar wird Karl huldigend als Vater und Leuchtturm Europas bezeichnet, zwar werden ihm über Augustus hinaus weitere kaiserliche Epitheta beigelegt, etwa »Sieger«, »fromm«, »Triumphator«, doch fehlt der Kaisertitel schlechthin, es fehlt die Bezeichnung Imperator.

Karl bleibt für seine Umwelt, zu der neben Alkuin auch der Verfasser unseres Gedichts zählt, vor allem, und das gilt auch für die Zeit nach 800, der neue David. Der Abt im fernen Tours wird gerade in diesen Jahren nicht müde, Karl auf das alttestamentarische Vorbild zu verpflichten: auf das Davidkönigtum des fränkischen Herrschers an der Spitze des Imperium christianum. Weder aus der zeitgenössischen Korrespondenz noch gar aus dem Epos, das nach Ansicht Dieter Schallers ein Jugendwerk Einharts sein könnte, läßt sich der Wunsch des Königs oder seines Kreises nach Wiederbelebung des (west-)römischen Kaisertums destillieren, geschweige denn eine antirömische, gar Aachener Kaiseridee als politische Überwölbung des Großkönigtums herleiten.

Ein von Leo III. wohl nach dem Attentat im April 799, aber vor der Ankunft Karls in Rom im November 800 in Auftrag gegebenes mehrteiliges Mosaik zur Ausschmückung der Wände des Trikliniums, des eigentlichen Repräsentationsraums im Lateranpalast, vermittelt einen unzweideutigen Hinweis auf die politisch-religiös fundierte Rolle von Papsttum und Königtum im aktuellen römischen Verständnis. Die Mosaiken sind mittlerweile untergegangen, lediglich frühneuzeitliche Kopien sichern unseren Kenntnisstand über Petrusmythos und Herrschaftsdemonstration, die in ihnen zum sichtbaren Ausdruck kommen. Die erste Szene in der Apsiskonche zeigt die Aussendung der Apostel durch Christus, auf der linken Seite der Stirnwand den thronenden Heiland, der dem rechts (Ehrenseite!) vor ihm knienden Petrus die Schlüssel und dem links vor ihm knienden Konstantin das Labarum überreicht, das Feldzeichen des Kaisers, eine Fahne mit dem Monogramm Christi, mit der dieser 312 an der Milvischen Brücke über seinen Gegner Maxentius gesiegt hatte. Auf der rechten Seite des Bogens aber gibt Petrus, ebenfalls in sitzender Haltung, dem rechts vor ihm knienden Papst das Pallium, das Zeichen seiner Würde, und dem an der gegenüberliegenden Seite ebenfalls knienden König (!) Karl eine Fahne. Die Beischrift lautet: »Heiliger Petrus, Du gibst das Leben Papst Leo und Du gibst Sieg dem König Karl«. Eine an vielen Stellen vergröbernde, noch in diesem Jahrhundert restaurierte Wiedergabe dieses hochwichtigen Bilddokuments befindet sich heute an der zur Piazza San Giovanni gerichteten Außenseite der Laterankirche. Etwa aus den gleichen Jahren des ausgehenden 8. Jahrhunderts stammt ein ebenfalls nur in Nachzeichnung überliefertes Apsismosaik aus Santa Susanna, der Titelkirche des Kardinalpresbyters Leo, das Christus inmitten von Heiligen, begleitet von Papst Leo und König Karl, darstellt, dieser in fränkischer Tracht, unter der Krone und mit dem Schwert gegürtet.

So wie einst Kaiser Konstantin aus der Hand Christi den Sieg über die Feinde der Kirche erhalten hat, so empfängt Karl aus der Hand Petri die Fahne als Zeichen des siegreichen Kampfes für den Apostelfürsten und seine Nachfolger. Erinnert sei an die Übersendung der Schlüssel zum Grabe Petri und der Fahne der Stadt Rom nach Aachen als Aufforderung zum Schutz römischer Interessen durch Leo III. unmittelbar nach seiner Erhebung.

Stand die Kirche des 4. Jahrhunderts unter dem Schutz des Kaisers, der in Christi Namen gesiegt hatte und der auch den Konzilien präsidierte, so stand das römische Papsttum unter dem Schild des fränkischen Königs, der vom Apostelfürsten selbst als Schutzmacht seiner Grabeskirche eingesetzt worden war: Dankte der genesene Papst Petrus für sein Leben, so erhoffte er sich den Sieg des Königs über seine, Leos, Feinde! Das ist der Inhalt der Aufschrift. In dem geteilten Wunsch nach »Leben« für Leo III. und »Sieg« für König Karl spiegelt sich zudem die Doppelformel der Laudes, die Vita und Victoria für den Herrscher allein erflehen. Weder Bild noch Text evozieren den Patricius Romanorum, noch antizipieren sie gar die Kaiserwürde Karls, auch wenn der Hinweis auf den ersten christlichen Imperator, Konstantin, den historisch-politischen Kontext herstellt.

An einer Wiederbelebung des antiken weströmischen Kaisertums konnte dem Papsttum mit Sitz in Rom wenig oder gar nicht gelegen sein, hatte doch die auf den Namen des ersten Konstantin lautende, seit den achtziger Jahren des 8. Jahrhunderts vorliegende Fälschung gerade dessen Übersiedlung in die Neugründung am Bosporus mit der Notwendigkeit begründet, Rom und den Westen fortan aus Ehrerbietung allein der Herrschaft des kaisergleichen Apostelfürsten und seiner

Nachfolger zu unterstellen. Das Mosaik tat vielmehr kund, daß sich die römische Kirche mit Petrus als ihrem Fels dem fränkischen König als Schutzmacht zugewandt hatte und Karl als neuer Konstantin an die Stelle des Kaisers getreten war. Daß Karl eine umfassende Prärogative über Rom beanspruchen könnte, wie sie Konstantin einst besessen hatte, lag außerhalb der aktuellen Möglichkeiten und der Vorstellungskraft der Zeitgenossen. Das Kaisertum und seine wie auch immer geartete Erneuerung scheinen zwar in das päpstliche Blickfeld getreten zu sein, blieben aber merkwürdig unpräzise und ambivalent, ohne eine genau durchdachte politische Konzeption.

Bald nach Empfang der bösen Nachrichten aus Rom setzte Karl seinen getreuen Alkuin in Tours davon in Kenntnis, der, wie gewohnt, sofort seinen Rat anbot und zugleich das Schicksal der Kirche heftig beklagte. So wirft er dem König vor, den Schutz dieser Institution vernachlässigt zu haben, da er erneut zu einem seiner Sachsenzüge aufgebrochen sei, um »das aufständische Volk der Sachsen zu bändigen und den wilden Stamm mit kaltem Eisen zu schlagen«, wie das erwähnte Paderborner Epos treffend formuliert. Wiederum läßt Alkuin mit harten und klaren Worten den König erkennen, wie wenig er mit den Methoden seiner Mission, insbesondere mit der drückenden Zehntforderung, einverstanden sei, zumal er nicht sicher ist, »ob Gott dieses Land (patria) des Glaubens für würdig erachtet hat«, denn erstaunlicherweise seien alle Umgesiedelten gute Christen geworden im Gegensatz zu den Eingesessenen, »die im Rachen der Bosheit verharren«.

Dieser Kritik schließt sich Alkuins bekannte Einschätzung der aktuellen Weltlage und ihrer wichtigsten Akteure unmittelbar an, die freilich keine allgemeingültige Stufung der Potenzen darstellt, sondern eine Momentaufnahme ist. Sein »süßester David«, so redet er Karl erneut an, solle aufmerken: »Denn bis jetzt gab es drei allerhöchste Personen in der Welt: das ist die apostolische Erhabenheit, die den Sitz des Apostelfürsten Petrus als Aufgabe des Stellvertreters leitet; was mit dieser geschehen ist, wer der Leiter des genannten Sitzes gewesen war (!), war Eure zu verehrende Güte besorgt, mir anzuzeigen. Die andere ist die kaiserliche Würde und die weltliche Macht des Zweiten Rom; wie gottlos der Leiter dieses Imperiums abgesetzt worden ist, nicht von Fremden, sondern von den eigenen Leuten und Mitbürgern, verbreitet das laufende Gerücht überall. Die dritte ist die königliche Würde, in die Euch die Anordnung unseres Herrn Jesus Christus als Rektor des christlichen Volkes hineingestellt hat, die anderen genannten Würden an Gewalt überragend, an Weisheit berühmter, durch die Würde des Königreiches erhabener. So liegt allein in Dir das ganze Heil aller Kirchen Christi beschlossen. Sei Rächer der Verbrechen, Führer der Irrenden, Du Tröster der Trauernden, Du Erhebung der Guten.«

Diese »Dreigewalten-«, besser »Dreipersonenlehre« zeigt das Ausmaß der Unsicherheit an, die der staatsrechtlichen Stellung Roms und des Papsttums noch am Ende des 8. Jahrhunderts anhaftete. Rom gehörte nach wie vor zum Kaisertum, auch wenn die Konstantinische Schenkung dem Papst in »Hesperien«, im Westen also, eine kaisergleiche Stellung einzuräumen suchte. Alkuin hält sich indessen nicht mit einer abstrakten verfassungsrechtlichen Diskussion auf, sondern führt gleichsam erleichtert das Faktum ins Feld, daß dieses Imperium durch die Absetzung Konstantins VI. vakant ist und somit als Schutzmacht des Papstes ausfällt, denn Irene als Kaiser anzuerkennen lag außerhalb der bereits ausgeprägten westlichen Mentalität. So konnte eine Erörterung der Kompetenzen Ostroms geschickt umgangen werden, auch wenn die erwähnten *Libri Carolini* die Kaiser despektierlich als Könige oder gar Könige der Griechen erwähnt hatten. Selbst wenn das römische Weltreich sich in der Sicht des Frühmittelalters immer mehr zum christlichen Imperium verdichtet hatte, so blieb doch auch nach Alkuins Auffassung die Person des Imperators den Potenzen des Papstes und des fränkischen Großkönigs zugeordnet. Alkuins Absicht ist keineswegs, diese Würden im göttlichen Heilsplan in ein gültiges Verhältnis zueinander zu setzen, sondern Papst Leo III. aus seiner tiefen Bedrängnis zu befreien. Immerhin verzichtet er auf jede »Petrusmystik«.

Nach Alkuin hat Christus selbst Karl berufen, und seine Eignung, seine untadelige Amtsführung heben Karl über Irene und Leo hinaus. Karl, der neue David, soll die römischen Verwicklungen lösen, die Ostrom-Byzanz nicht lösen kann. So wird er zugleich ein neuer Konstantin. Die Vakanz im Kaisertum verbietet es, auf die Hilfe Ostroms zu setzen. Wir werden diesen Gedanken noch als wichtigstes Argument einer unserer Primärquellen zur Übernahme der Kaiserwürde durch Karl kennenlernen.

Der König hatte sich indessen zunächst mit der Absendung von zwei, vermutlich sogar drei Boten nach Rom begnügt, um sichere Kunde von dem Vorgefallenen zu erhalten, und war erneut in Richtung Sachsen aufgebrochen. Nach einer Reichsversammlung in Lippeham oder in Friemersheim, dem wenig später an das Kloster Werden vergebenen Königsbesitz, war er vermutlich Ende Juni 799 über den Rhein gegangen. In einer wegen ihrer Zeugen oder Konsentienten hochwichtigen Urkunde hatte noch am 13. April in Aachen Gisela, Karls einzige Schwester und seit 788 Äbtissin des Paris benachbarten Klosters Chelles, der Königsabtei St. Denis Besitzungen übertragen. Ausweislich des beschädigten Originals dieser Urkunde, der einzigen im übrigen, die aus der Hand eines weiblichen Mitglieds der damaligen Königsfamilie als Archivalie überliefert ist, zeichneten die drei anwesenden Neffen der Karlsschwester, Karl, Pippin und Ludwig, in Form eines teilweise eigenhändigen Monogramms dieses Vermächtnis gegen, vergleichbar der Zustimmung, die die erbberechtigten Söhne Pippins und Bertradas deren Schenkung von 762 für das Hauskloster Prüm zuteil werden ließen. Die Urkunde Giselas ist datiert mit den Iden des Juni und dem 31. (Franken) und 26. (Langobarden) Königsjahr »unseres Herrn«, das heißt König Karls. Dieser bestätigte am selben Tag unter seinem Siegel das Vermächtnis seiner Schwester.

Der Frühjahrskonvent der drei Söhne Karls wirft möglicherweise bereits ein Licht auf die Zukunftspläne des Königs. Aus der Biographie des sogenannten Astronomen wissen wir, daß der Vater Ludwig mit einem Heeresaufgebot nach Aachen einbestellt hatte, während der älteste Sohn Karl, der zunehmend zu seiner rechten Hand geworden war, von Paderborn aus an die Ostgrenze zu den Wilzen und Abodriten beordert wurde, um Absprachen zu treffen und Sachsen, »die von den Nordleuten kamen«, zu empfangen, möglicherweise Überläufer, die »sich seiner Gewalt unterwarfen«. Pippin schließlich, der König von Italien, gab dem sogenannten Paderborner Epos zufolge dem herannahenden Papst das Ehrengeleit und führte ihn seinem Vater zu, der, umgeben von seinen Großen, vor der sächsischen Residenz auf den Pontifex wartete.

Zusammentreffen Leos III. mit Karl in Paderborn im Sommer 799

Im Spätsommer 799 traf Leo III. an den Quellen der Pader ein. Das Epos schildert breit und sorgfältig ziseliert den gleichsam doppelten Empfang durch Königssohn und König selbst: »Der König, der Vater

Europas, und Leo, der oberste Hirte, sind zusammengekommen und tauschen sich über mancherlei aus.« Ein feierliches Hochamt, umrahmt von den Chören der Geistlichkeit, und ein festliches Mahl im Palas der Pfalz beschließen den ereignisreichen Tag. Karl bringt dem Papst reiche Geschenke dar, und dieser zieht sich in sein Lager zurück. Unser Versgedicht schließt hier mit den Worten: »Mit solchen Ehren wurde Leo von Karl empfangen, er, der nun die Römer floh und aus seinem Lande vertrieben worden ist.« Damit hatte sich Karl offen und öffentlich auf die Seite des Papstes gestellt und diesen rehabilitiert.

Der König, aber nicht nur er, mochte sich an jenen denkwürdigen ersten Besuch eines römischen Pontifex im Frankenreich erinnern, als Papst Stephan II. Ende 753 die Alpen überquert hatte, um König Pippin um Hilfe im Überlebenskampf gegen die Langobarden zu ersuchen. Damals war ihm, Karl, als ältestem Sohn, als knapp Sechsjährigem, die Aufgabe und zugleich Ehre zuteil geworden, den hohen Gast zur Königspfalz Ponthion zu geleiten. Aus dieser Begegnung erwuchsen das Schenkungsversprechen Pippins für die römische Kirche, das neben der Fälschung auf Konstantin die staatsrechtliche Grundlage des späteren, bis in unsere Tage fortbestehenden Kirchenstaats ist, und das unverbrüchliche Bündnis von Papsttum und Frankenkönig.

Dieses Schutzbündnis blieb auch für Karl wie selbstverständlich Richtschnur seines politischen Handelns. Mit dem feierlichen Empfang vor und in Paderborn stellte er sich sichtbar an die Seite des umstrittenen Pontifex, zumal dessen Unversehrtheit, dem Glauben der Zeit entsprechend, nur mit dem hilfreichen Eingreifen Gottes erklärt werden konnte, was gleichzeitig die Anklagen von Leos Gegnern als teuflische Machenschaften bloßlegte. Freilich gelangten bestimmte Anschuldigen gegen den Papst ins königliche Lager. Von Ämterschacher, Eidbruch und sittlichen Verfehlungen war die Rede, und das verfehlte nicht einen gewissen Eindruck. So wird der knappe Hinweis der Reichsannalen verständlich, daß der König den Papst mit den Ehren entlassen habe, mit denen er ihn empfangen hatte, und daß dieser nach Rom zurückgekehrt sei, während der König seine Schritte auf Aachen richtete. Andere Quellen, so das überarbeitete Annalenwerk, aber auch das Papstbuch, berichten hingegen, Leo III. sei durch königliche Gesandte nach Rom zurückgeführt und dort erneut in sein Amt eingesetzt worden. Immerhin wissen wir, daß eben diese Königsboten am Ende des Jahres 799 in Rom eine offizielle Untersuchung des Geschehenen vornahmen, die im Kern die Haltlosigkeit der Anklagen bewies und zur Überstellung der Attentäter an den Königshof führte.

In jenem Spätsommer oder Herbst 799 wurde die Kirche von Paderborn, die 777 zerstört, doch bereits 778 wieder aufgebaut worden war, durch Papst und König zur Kathedrale und Paderborn damit nach Bremen, aber noch vor Münster zum zweiten Bistum in Sachsen erhoben. Vorläufig noch dem Bischof von Würzburg in geistliche Obhut gegeben, konnte nach 804 mit Hathumar ein in der Mainmetropole ausgebildeter Bischof als Oberhirte an die Paderquellen berufen werden. Wenn das Papstbuch anführt, daß sich damals bei der Zusammenkunft von König und Pontifex zahlreiche Erzbischöfe, Bischöfe und Äbte versammelt hätten, so entspricht das einer späteren Nachricht, nach der die Erhebung Paderborns zum Bistum in Anwesenheit von fünfzehn Bischöfen erfolgt sei. Ein Papstbesuch zählt bis heute zu den höchst seltenen und erhebenden Ereignissen, so daß am Zulauf auch des hohen Klerus nicht gezweifelt werden kann. Damals sei durch Leo auch ein Altar geweiht worden, in dem dieser mitgeführte Reliquien des ersten Blutzeugen Stephan deponiert habe. Sowohl die Anbindung der geistlichen Neugründung an Würzburg als auch die Zuweisung des Klosters St. Médard in Soissons zur wirtschaftlichen Absicherung Paderborns deuten auf die fragile, ja gefährdete Lage dieses neuen Missionsbistums hin, wie dies auch für Bremen, Bardowick-Verden und nicht zuletzt Hamburg gilt, die weiterhin spirituell und vor allem materiell mit dem Westen verbunden blieben, so mit Burgund, Amorbach-Neustadt oder Trier. Tatsächlich konnten sich diese Kirchen erst nach Beendigung der Sachsenkriege als geistliche Zentren etablieren. Ob freilich auch das Paderborn nahe Kloster Liesborn damals von Papst und König gegründet wurde, muß trotz neuerer Grabungsfunde offenbleiben.

Nicht nur in Biographien, Annalenwerken und Versepen hinterließ der Papstbesuch im heidnischen Sachsen bemerkenswerte Spuren, sondern auch in der Korrespondenz des Königs und seiner Getreuen. Dies gilt insbesondere für die Schreiben Alkuins aus Tours, der sich in seiner Wißbegier und in seinem wohlmeinenden Drang zu guten Ratschlägen kaum zügeln kann, was der Historiker freilich zu würdigen weiß.

Schon vor der Ankunft Leos III. im Frankenreich hält der König seinen Vertrauten auf dem laufenden und fordert ihn auf, den offenbar unmittelbar bevorstehenden Romzug zu begleiten. Mithin war der König zunächst entschlossen, selbst die römischen Angelegenheiten zu ordnen. Wieder betont »Flaccus« in seiner Antwort an »David«, daß es auf Karl allein ankomme: auf ihm, »der Zierde des Christenvolkes, dem Schutz der Kirchen Christi, dem Trost des Lebens«, beruhe die Wohlfahrt des »Imperium christianum«. Von ihm allein könne der katholische Glaube verteidigt und »die Norm des Rechts« allen vor Augen geführt werden. Alles sei seinem Urteil vorbehalten. Für sich zieht Alkuin freilich vor, das ruhige Tours nicht zu verlassen, den mühsamen und langen Weg nach Rom könne er seinem »schwächlichen Körperchen« nicht mehr zumuten. Wieder einmal beschwört er den König und Freund, vom gottlosen Volk der Sachsen abzulassen und statt dessen in Rom einzugreifen, was er durch eine wahre Kaskade von Aufrufen bekräftigt: »Geh Deinen Weg, lenke die Königreiche, schaffe Gerechtigkeit, erneuere die Kirchen, erziehe das Volk, entscheide für die einzelnen Personen und Würden das Richtige, verteidige die Unterdrückten, gib Gesetze, tröste die Pilger, zeige allen, wo immer, den Weg der Billigkeit und des himmlischen Lebens!«

Ein weiteres Schreiben Alkuins vom August spiegelt eine Probe von Karls abgründigem Humor, der dem Stubengelehrten vorgehalten hatte, die rauchgeschwärzten Dächer von Tours den goldstrahlenden, bewehrten Hügeln Roms vorzuziehen. Zugleich hatte er Alkuin aufgefordert, wenigstens eine junge Mannschaft zur Mitreise nach Rom abzuordnen, und in seiner Antwort ruft der Abt von Tours seinem königlichen Freund nun gar mit den Worten Vergils zu: »Schone die Unterworfenen und wirf die Stolzen nieder!« Zugleich zeigt sich Alkuin erfreut über die »wunderbare Gesundheit« des Papstes. Er rät Karl, in allem, was geschehen müsse, »äußerste Vorsicht« walten zu lassen, so daß der Pontifex wieder »sicher auf seinem Stuhl Christus zu dienen vermag«. Ähnlich äußert sich Alkuins Freund und Konkurrent um die königliche Gunst, Theodulf von Orléans, in einem Preisgedicht auf Karl.

Auf Karls Spott wegen der rußgeschwärzten Dächer von Tours antwortet Alkuin mit den Worten des Psalmisten: »Besser ist es, im Winkel auf dem Dach zu sitzen, als mit einem zänkischen Weibe in einem Hause zusammen.« Auch meint er »friedlich«, daß das »Eisen« den Augen mehr schade als der Qualm. Rom verkörpert die zänkische Frau, noch immer voll des Gifts der Zwietracht, die daher »die Kraft Eurer zu verehrenden Würde zwingt, zur Bekämpfung dieser verdammenswerten Krankheit die süßen [!] Sitze Germaniens zu verlassen«. Diese mit Witz und Ironie gewürzte Korrespondenz verhüllt nur knapp das Problem der immer häufigeren Verweigerung der materiellen Königsdienste durch Äbte und Bischöfe.

Aus einem Schreiben Alkuins an seinen Brieffreund Erzbischof Arn von Salzburg erfahren wir, daß die Gegner Leos III. auch nicht untätig gewesen sind; jedenfalls suchten sie den Papst mit einer hinterhältigen Taktik zu Fall zu bringen: Er solle sich, so argumentierten sie schlau, von den Anschuldigungen, die auf Unzucht und Meineid lauteten, doch durch einen Eid reinigen; alternativ schlugen sie ihm insgeheim vor, ohne Reinigungseid seine Würde niederzulegen und sein Leben in einem Kloster ungestört zu verbringen. Der Papst war offensichtlich weder zu dem einen noch zu dem anderen bereit. Alkuin setzt sich an die Stelle des Pontifex und erklärt, er habe gesagt: »Wer ohne Schuld ist, werfe den ersten Stein.« Ein nicht gerade überzeugendes Plädoyer für Leos untadelige Amts- und Lebensführung!

Des weiteren macht sich der Abt Gedanken, ob und in welcher Gestalt überhaupt ein Rechtsverfahren gegen den Papst möglich sei. Aus den Akten einer unter Papst Silvester I. im 4. Jahrhundert abgehaltenen römischen Synode ergab sich einerseits, daß nicht weniger als 72 Zeugen erforderlich waren, um den Papst anzuklagen, andererseits galt das Verdikt der auf Papst Symmachus gefälschten Dekretalen, die als solche nicht erkannt wurden, daß der päpstliche Stuhl von niemandem gerichtet werden dürfe, ein Kernsatz, der später im sogenannten *Dictatus papae* Gregors VII. am Vorabend des Investiturstreits Aufnahme findet. So kommt Alkuin zu dem Fazit: »Er stehe oder falle mit dem Herrn; wird er stehen, so ist der Herr mächtig, ihn zu stützen.« Arn solle den Pontifex in allem unterstützen und vorsichtig abwägen, wem er seine Ratschläge mitteile. Schließlich stünden dem König die Gewalt und das Urteil zu, und darauf setze er sein Vertrauen. Wieder kokettiert Alkuin mit seiner Gebrechlichkeit und äußert, daß er nach Sachsen (Paderborn) nicht kommen werde, zumal ihm Karl keine persönliche Aufforderung habe zukommen lassen.

Die Sache Leos III. blieb vorläufig noch in der Schwebe. Zu seinem Schutz und zugleich als Untersuchungskommission wurde ihm eine hochrangige Delegation auf den Weg nach Rom mitgegeben, an ihrer Spitze der Erzkapellan und Erzbischof von Köln, Hildebold, der kurz zuvor Leo in Empfang genommen hatte, Erzbischof Arn von Salzburg, einige Bischöfe sowie die Grafen Helmgaud, Rothger und Germar, von denen letzterer aus dem Paderborner Epos bekannt ist.

Leo III. gelangte mit seiner Begleitung am 29. November 799 zur Milvischen Brücke vor Rom und wurde nach dem Papstbuch feierlich von Klerus, Optimaten, Senat und Miliz, dem ganzen Volk, Nonnen und edlen Frauen eingeholt. Die unweit von St. Peter wohnenden Angehörigen der Fremdenkolonien, die Schulen der Franken, Friesen, Angelsachsen und Langobarden, waren gleichfalls bei dem Empfang zugegen. Im Triumphzug nach St. Peter geführt, feierte der Papst am Grabe des Apostelfürsten eine feierliche Messe. Damit war freilich in der Sache selbst noch nichts geregelt, wenn es auch über deren Ausgang keine Zweifel geben konnte, allein über das einzuschlagende Prozedere galt es noch zu beraten. Die eigentliche Entscheidung fiel erst mehr als ein Jahr später in Rom, auch wenn die Vita Leos den Eindruck zu erwecken sucht, der fränkische König sei dem Papst auf dem Fuß gefolgt.

Nachrichten aus aller Welt und eine Gesandtschaft aus Jerusalem

Nach Auskunft der Lebensgeschichte Ludwigs des Frommen aus der Feder des Trierer Chorbischofs Thegan gingen Ludwig und sein Vater nach dem 11. November 799, dem hochwichtigen Martinstag – nach dem eigentlichen Patron der fränkischen Kirche benannt –, aus Westfalen nach Aachen zurück, wo Karl erneut überwinterte. Die Reichsannalen als gleichsam offiziöse Hofberichterstattung bringen zum Jahr 799 einen außenpolitischen Nachtrag, der Karls überragende politische Bedeutung signalisiert und einen Eindruck von seinem Ansehen gibt, das die engen Grenzen des werdenden Europas, des christlichen Abendlandes, längst überwunden hatte.

Noch in Paderborn stellte sich erneut eine byzantinische Gesandtschaft ein, möglicherweise zeigte der neuernannte Patrizius von Sizilien, Michael, durch Boten seine Bestallung an. Dies wäre ein Hinweis mehr auf die wahrscheinliche Funktion des Statthalters der wichtigsten Insel des Mare nostrum als Kontaktperson zwischen Ost und West. Eine aus politischen Motiven erfolgte Amtsenthebung seines Vorgängers Niketas Monomachos wird man nicht unbedingt annehmen müssen, da Leitungsfunktionen in Byzanz häufig nur für eine kurze Zeit vergeben wurden. Michaels Vorgänger fand also möglicherweise eine andere Art der Verwendung.

Ein außenpolitischer Kurswechsel der seit 797 allein regierenden Kaiserin Irene läßt sich weder für Italien noch für Bulgarien oder das östliche Mittelmeer (Araber) erkennen. Der Hof war vielmehr erfüllt von Rivalitäten der Reichsaristokratie um die Nachfolge der jetzt söhne- und damit erbenlosen, etwa fünfzigjährigen Irene, die obendrein kränkelte. Noch unlängst ist zu Recht festgestellt worden, daß sich die byzantinische Politik von der Mitte des 7. bis zum Ausgang des 9. Jahrhunderts wesentlich auf ihren Kernbereich und die unmittelbaren Anrainer beschränkte und insbesondere für den Erhalt oder die Wiedergewinnung des einst oder noch immer byzantinischen Italien wenig Kräfte mobilisiert hat, wobei Sizilien als Schlüssel zum Mittelmeer stets eine Ausnahme bildete. Byzantinische Interessen- und Einflußzonen blieben weiterhin Venetien, Istrien, Dalmatien, vielleicht auch der ehemalige Sitz des Exarchen von Ravenna. Der Status quo stand vorläufig im Vordergrund politischer Konzeptionen, wofür Heiratsprojekte, auch mit den Franken, und Gesandtschaften wichtige Indizien liefern. Für wie wenig stark und effizient selbst das eigentlich probyzantinische Lager in Süditalien die Außenpolitik Konstantinopels hielt, zeigt sich auch darin, daß Grimoald, der Fürst von Benevent, der zu Beginn der neunziger Jahre die fränkische Oberherrschaft abgeschüttelt hatte, sich bereits nach wenigen Jahren von seiner Gemahlin Euanthia, einer byzantinischen Prinzessin, trennte.

Allerdings sollte die innenpolitische Labilität in Byzanz nicht zu der Annahme führen, daß Irene 798 oder 799 Karl gar das Kaisertum angetragen habe, wie eine Kölner Notiz in einer Abschrift der northumbrischen Annalen anzeigt. Das lag außerhalb jedweder Vorstellungskraft Ostroms; der Franke Karl war und blieb ein Barbarenfürst, mit dem sie sich zu arrangieren suchte, der aber kein ebenbürtiger Partner war. Die annalistische Marginalie zu diesem vermeintlichen Projekt zeigt, daß die Atmosphäre zwischenstaatlich nicht belastet war, zumal Irene die Wiedereinführung des Bildkults in ihrem Reich wesentlich gefördert und den theologischen Graben zwischen Ost und West zugeschüttet hatte. Nach Aussage der Reichsannalen wurden die Gesandten »wiederum mit großen Ehren entlassen«.

Wenig erfreulich waren hingegen Nachrichten, die Karl in diesem Jahr aus dem Südosten seines Imperiums empfangen mußte: Zwei seiner tüchtigsten Truppenführer hatten 799 das Zeitliche gesegnet, Gerold, der Präfekt Bayerns und des »Ostlandes«, der späteren Ostmark, und Herzog Erich von Friaul, Eroberer des sagenhaften Awarenrings im Jahr 795. Die zeitgenössischen Annalenwerke und auch Einharts Biographie stellen zwischen dem Tod der beiden Truppenführer und neuerlichen Kämpfen mit den Awaren einen unmittelbaren Zusammenhang her. Gerold sei, so Einhart, mit zwei Begleitern, als er die Phalanx zum Kampf gegen die Awaren musterte, Opfer eines Überfalls, möglicherweise einer Fehde geworden. Geschehen sei dies am 1. September; sein Leichnam sei von einem treuen Sachsen (!) geborgen, auf die Gerold und seinen Angehörigen so teure Reichenau gebracht und in der dortigen Marienkirche bestattet worden. Gerolds Andenken erfuhr die Würdigung eines Märtyrers, wenn wir den rühmenden Zeilen in Wettis Reichenauer Traumgesicht von 824 Glauben schenken dürfen, das ansonsten unter dem Deckmantel der Jenseitsvision scharfe Kritik an kaum ins Jenseits abberufenen Zeitgenossen übt, auch an Karl dem Großen, dessen ausschweifendes Sexualleben in einer Art Vorhölle eine spiegelnde Strafe erfährt. Mit Gerold, dem Verwandten der bayerischen Agilolfinger und Bruder der verstorbenen Königin Hildegard, verlor der fränkische König eine wesentliche Stütze und Leitfigur im Südosten.

Entstammte Gerold einer zunächst am Mittelrhein begüterten Familie, so war Herzog Erichs Klan in und um Straßburg ansässig. Auch der Herzog ist ein Angehöriger jenes reichumspannenden Personengeflechts, das sich unter Karl dem Großen immer sichtbarer als Reichsaristokratie in den Königsdienst stellte und entsprechend mit Besitz und Privilegien ausgestattet wurde. Institutionelle Knotenpunkte dieses Netzes bilden Grafschaften, Bistümer, militärische Kommandos, vor allem aber Königsabteien wie St. Martin in Tours, St. Riquier, St. Denis oder Lorsch und Fulda.

Erich, der sich als Herzog (dux) von Friaul im Grenzgebiet zu den Awaren und zu den Byzantinern in Istrien sowohl durch Abwehr wie durch Angriff große Verdienste erworben hatte, ging nicht im Awarenkampf unter, sondern fiel einem Hinterhalt der Bewohner der Stadt Tarsatica/Trsat, benachbart dem im 20. Jahrhundert umkämpften Rijeka/Fiume, zum Opfer, als er im Begriff war, den noch byzantinisch verbliebenen Küstenstreifen als Glacis gegen die rebellischen Awaren jenseits der Drau zu etablieren. »Sein« Metropolit, der gelehrte Paulinus von Aquileia, der bereits Jahre zuvor Erich mit seinem »Buch der Ermahnung« einen Laien- oder Fürstenspiegel zur rechten Lebensführung hatte zukommen lassen, widmete dem Verstorbenen eine bewegte Totenklage in vierzehn fünfzeiligen Versen. »Die Öffnung nach Osten steigert sich zu einer Vision, in der Skythien, die mäotischen Sümpfe und die kaspischen Pforten als Ziele erscheinen. Der Sieg über die Skythen des Karpatenbeckens öffnete den Blick für die Räume der antiken Geographen« (Walter Pohl).

Auch Alkuin war sichtlich erschüttert über den Tod der beiden Haudegen, »jener stärksten Männer, die die Grenzen des christlichen Imperiums bewachten und erweiterten«. Insbesondere mit Herzog Erich, der den Angelsachsen bereits in dessen bescheidenem Domizil in Aachen aufgesucht hatte, verband ihn eine herzliche Übereinstimmung. Dies ist als Auszeichnung für einen Mann des Waffenhandwerks zu werten, der nicht nur abwägend-klug und bescheiden gewesen ist, sondern sich, durchaus nicht alltäglich in seinem Metier, der regelmäßigen Lektüre religiöser Schriften widmete. So nimmt es nicht wunder, daß Alkuin im Ableben dieser starken Persönlichkeiten ein böses Omen für die unmittelbare Zukunft sah.

Aber auch Erfolge wissen die Annalen in den Jahresablauf 799 einzureihen: Die Balearen, die noch im Vorjahr von den »Mauren und Sarazenen ausgeplündert worden waren«, unterwarfen sich dem fränkischen König, nachdem sie Hilfe angefordert und erhalten hatten, und wurden gegen weitere Überfälle geschützt. Als Zeichen des Sieges und der Unterwerfung empfing Karl Feldzeichen des zurückgedrängten Gegners. Wie freilich diese Hilfe angesichts einer fehlenden Mittelmeerflotte ausgesehen haben soll, wissen wir nicht. Immerhin läßt sich erkennen, daß das Mare nostrum der Antike erneut in das Blickfeld des nördlichen Europa tritt. Der Kampf um die Balearen blieb keine vereinzelte Aktion. Alkuin weiß in einem Brief von der maurischen Seeräuberplage an den Küsten Aquitaniens zu berichten, und nach Einhart ließ Karl, der sich auch sonst intensiv um Flottenbau und Schiffahrt mühte, »am Strand der Provinzen von Narbonne und Septimanien eine Flotte bauen, um der Piraterie bis Rom Einhalt zu gebieten«. So waren etwa Civita Vecchia, der Hafen Roms, und auch Nizza ausgeplündert worden. Einhart sieht diese Raubzüge und ihre Abwehr bereits im Kontext der ersten Züge der »Nordmannen« an die fränkische Atlantikküste.

Aus der Bretagne wurden dem König Erfolge gemeldet. Danach hatte Graf Wido die rebellische Region fränkischer Herrschaft unterworfen und die eingesessenen Häuptlinge dazu gebracht, dem König ihre Ergebenheit symbolisch durch die Übersendung von Schwertern, in die jeweils ihr Name eingraviert war, anzuzeigen. Auch Graf Wido stand bei Alkuin in höchstem Ansehen als »vollkommener Mann und unbestechlicher Richter«, auf dessen Zeugnis unbedingt Verlaß war. Wie Erich von Friaul aus der Hand des Paulinus, so erhielt Wido einen Grafen- und Richterspiegel aus der Feder Alkuins, von dem sich eine Abschrift unter den Büchern des Markgrafen Eberhard von Friaul befand, die dieser, ein Schwiegersohn Ludwigs des Frommen, 867 seinen Nachkommen vermachte. Auch Wido gehört als Angehöriger einer ursprünglich an der mittleren Mosel ansässigen Familie zu den wichtigen Repräsentanten der Reichsaristokratie. Freilich war der Sieg des Grafen über die bretonischen Häuptlinge kein dauerhafter, wie bereits die Formulierung der Reichsannalen signalisiert: »Es schien nämlich, als ob diese Provinz völlig unterworfen sei; sie wäre es gewesen, wenn nicht die Unzuverlässigkeit dieses treulosen Volkes es bald, wie gewohnt, anders gewendet hätte.« Seit mehr als einem Menschenalter mühten sich die fränkischen Herrscher vergeblich darum, in diesem Teil des Küstenverlaufs und seinem Hinterland Fuß zu fassen. Ludwig der Fromme sollte später gar wegen mißlungener Angriffe auf diesen Gegner in eine schwere innenpolitische Krise geraten.

Auch aus der nordspanischen Mark, durch die schmerzliche Niederlage von Roncesvalles im Gedächtnis geblieben, kam frohe Kunde. Der Befehlshaber von Huesca, der im Jahr zuvor den Attacken König Ludwigs von Aquitanien erfolgreich Widerstand geleistet und seine Stadt vor der Einnahme bewahrt hatte, bot dem fränkischen König jetzt an, sich ihm »bei günstiger Gelegenheit« zu unterwerfen, und ließ ihm die Schlüssel von Huesca und Geschenke zukommen. Dies geschah vermutlich aus klugem diplomatischem Kalkül und sollte einer neuerlichen Invasion aus Aquitanien vorbeugen. Von einer tatsächlichen Übergabe Huescas kann nicht die Rede sein. Die Stadt befand sich im ersten Jahrzehnt des 9. Jahrhunderts völlig in arabischer Hand und zog erneut fränkisch-aquitanische Angriffe auf sich.

Schließlich und endlich fand sich am Ende des Jahres 799 am Hof zu Aachen ein Mönch aus Jerusalem ein, der dem König »Segenswünsche und Reliquien vom Heiligen Grabe im Auftrag des Patriarchen« überbrachte. Nach dem Weihnachtsfest entließ Karl diesen Boten aus dem Nahen Osten, begleitet vom Hofpriester Zacharias, der königliche Gegengaben an die heilige Stätte mit sich führte. Einhart vermengt aus der

Distanz von mehr als zwei Jahrzehnten diese Gesandtschaft nach Jerusalem mit einer weiteren zu Harun-ar-Raschid, dem »König von Persien«, das heißt dem Kalifen im fernen Bagdad. Dieser Zusammenhang ist angesichts der Reiseroute der Gesandtschaften und der sich anbahnenden, wegen der ungeheuren Entfernungen freilich losen Kontakte zwischen Bagdad und Aachen nicht von der Hand zu weisen. Doch kann von einer Unterstellung der Leidensstätten Christi unter die Herrschaft Karls keine Rede sein. Einhart verwechselt hier offensichtlich die Übersendung der Schlüssel zum Heiligen Grab und einer Fahne durch den Patriarchen von Jerusalem, die Karl ganz unmittelbar vor dem Weihnachstag 800 in Rom erreichten, mit einer sonst nicht belegten Geste des sagenumwobenen Kalifen, der dem fränkischen Herrscher einen Elefanten namens Abul Abbas als Geschenk übersandt hatte.

Nach Einharts Einschätzung verdankten sich diese Kontakte nach Jerusalem oder gar ins Zweistromland, die zugleich Gelegenheit boten, die königliche Großzügigkeit und damit Größe in ein rechtes Licht zu rücken, keinesfalls imperialen Gelüsten Karls auf Herrschaftsausdehnung, deren Unmöglichkeit ohnedies auf der Hand lag, sondern einem im wesentlichen karitativen Zug seines Königtums. Karl habe nicht nur Erbarmen mit seiner »Heimat und seinem Reich geübt, die Griechen sagen Almosen«, sondern auch mit den in Armut lebenden Christen in Syrien, Ägypten, Afrika, Jerusalem und Karthago, denen er Geldbeträge zukommen ließ. »Vornehmlich aus diesem Grund«, so resümiert unser Gewährsmann, »warb er um die Freundschaft der Könige jenseits des Meeres, damit er den unter ihrer Herrschaft lebenden Christen Erleichterung und Hilfe zukommen lassen könne.« Ein Kapitular von 810 regt gar zur Sammlung von Spenden an, die der Restaurierung der Kirchen in Jerusalem zugute kommen sollten; bereits das 9. Jahrhundert kolportierte die Nachricht von der Erbauung eines Spitals unweit des Heiligen Grabes, woran sich gar eine Reise Karls nach Jerusalem angeschlossen haben soll. Noch der spektakuläre Zug Kaiser Wilhelms II. von 1898 nach Palästina erinnerte an diese vermeintlich imperiale Tradition.

Jerusalem befand sich seit 630 unter der Herrschaft der Muslime, die Palästina erobert hatten. Der Wechsel von der Dynastie der Omaijaden zu den Abbasiden hatte 749 keine Änderung in der Politik gebracht, die eine leidliche Tolerierung der Christen unter ihrem geistlichen Oberhaupt, dem ortsansässigen Patriarchen, bedeutete. Gelegentlich wird von der Erhöhung von Zwangsabgaben berichtet, auch von Verfolgung und Martyrium durch marodierende Räuberbanden. Im Bilderstreit seit der Mitte des 8. Jahrhunderts, der von Byzanz ausging, hatte sich der Patriarch von Jerusalem als Vorkämpfer der Bilderverehrung hervorgetan, zumal der bedeutendste Theologe seiner Zeit, Johannes Damaskenos, als Mönch des nahegelegenen Sabasklosters die Richtung gewiesen hatte. Am Konzil von Nicaea 787 war Jerusalem nicht beteiligt; zum Jahr 797 hören wir von einem Überfall auf das Sabaskloster, bei dem achtzehn Mönche den Tod fanden.

Jerusalem war seit dem 4. Jahrhundert auch Ziel westlicher Pilger. Berühmt und bekannt ist die Reise des heiligen Willibald, des Gründers des Bistums Eichstätt, im ersten Viertel des 8. Jahrhunderts zum Grabe des Herrn. Auch als Durchgangsstation des Orienthandels genoß die Stadt eine gewisse Beachtung seitens der Kaufleute, vor allem der Juden, Armenier und Byzantiner, die neben entfernteren Seewegen auch eine Reiseroute über Land und See nutzten und so von Gibraltar aus, die Küsten Nordafrikas und Ägyptens zu Wasser streifend, den Landweg knapp an Jerusalem vorbei nach Damaskus nahmen, über Kufa und Bagdad Basra erreichten und von dort nach Indien und China fanden. Diese Reisen waren auch für Handeltreibende nicht ungefährlich, galten doch Fremde allerorten vornehmlich als Spione.

Karl war nicht der erste Frankenherrscher, der Kontakte zu den Kalifen aufnahm. Bereits sein Vater Pippin hatte in Metz 768 eine Gesandtschaft des Omaijadenkalifen al-Mansur empfangen, Geschenke ausgetauscht und im Gegenzug eine Delegation in den Osten entsandt, die nach drei Jahren, in Marseille landend, heimkehrte. Bereits 797 waren diese fränkisch-arabischen Kontakte erneuert worden. Die Gesandten Lantfrid und Sigismund verstarben indessen bei ihrer mühsamen Mission, so daß dem Juden Isaak, wohl einem professionellen Fernhändler, die sowohl ehrenhafte als auch ungewohnt schwierige Aufgabe zufiel, das Präsent Harun-ar-Raschids, den Elefanten Abul Abbas, über See zu transportieren und am 13. Juli 802 in Aachen wohlbehalten abzuliefern, was unsere Annalen präzise notieren. Eine andere Quelle, eine Mirakelgeschichte, bringt diese Gesandtschaft von 797 mit einer zeitgleichen Delegation des Grafen Gebhard von Treviso in Verbindung, die vom Patriarchen von Jerusalem für ihren Herrn die Gebeine der Heiligen Genesius und Eugenius zu erwerben getrachtet habe und dabei auf die Gesandtschaft Karls nach Bagdad getroffen sei. Man habe vor Ort den gemeinsamen Rückweg vereinbart, die Karlsboten seien indessen ausgeblieben, da sie ja mittlerweile verstorben waren, und so hätten sich die Trevisaner nach dreieinhalb Jahren allein auf den Weg gemacht, um ihre kostbare Fracht nach Italien zu befördern.

Die Gesandtschaft aus Jerusalem jedenfalls, die 799 Aachen erreichte, mochte sich von den sich anbahnenden Kontakten zwischen fränkischem König und abbasidischen Kalifen politische Vorteile versprochen haben und wirksamen Schutz gegen räuberische Überfälle und Massaker. Unter den mitgeführten Geschenken dürften sich vor allem Reliquien befunden haben. Angilbert von St. Riquier etwa führt in einem einschlägigen Verzeichnis seines Klosters Überreste an, die aus Konstantinopel und Jerusalem »von Gesandten hierher gebracht, von meinem Herrn [Karl] zu uns geschickt worden sind«, so Reliquien »vom Grabe des Herrn, vom Stein an seinem Grabe, vom Berge Horeb, von den Unschuldigen Kindern und vom Holz der drei Tabernakel«. Mochte der Kalif ein Bündnis gegen seinen Konkurrenten in Córdoba anstreben, der Patriarch von Jerusalem im Streit mit Byzanz sich der westlichen Vormacht annähern – mit den folgenden römischen Ereignissen besteht weder in der zeitlichen Abfolge noch inhaltlich eine innere Verbindung. Karl sah jedenfalls sein außenpolitisches Ansehen gestärkt.

Beratungen vor der vierten Reise nach Rom

Die Wintermonate verbrachte Karl, obwohl bereits im Sommer 799 eine Romfahrt ins Auge gefaßt worden war, wiederum in Aachen. Er verließ erst um die Mittfasten im März 800 die Pfalz und begab sich zu einer Art Küsten- und Flottilleninspektion an die Ufer des Gallischen Ozeans, des Atlantiks, formierte eine Schiffsabwehr und ließ die offene Küstenzone mit Wachen besetzen. Die zeitgenössischen Reichsannalen melden die Gefährdung dieser Küsten durch Raubzüge und Brandschatzung seitens anonymer Piraten, während die spätere Überarbeitung bereits von Nordmannen spricht, von Seeräubern skandinavischer Herkunft, deren Übergriffe Küsten, Flußmündungen, ja das Inland bis Aachen und Bremen im 9. Jahrhundert in schwerste Bedrängnis bringen sollten. So sagt auch Einhart mit Vorgriff auf die Spätzeit seines Helden: »Er rüstete eine Flotte gegen die Angriffe der Nordmannen und ließ an den Ufern der Flüsse, die von Gallien und Germanien aus in das nördliche Meer fließen, aus diesem Grund Schiffe bauen. Da die Nordmannen die gallischen und germanischen Küsten andauernd überfielen und verwüsteten, stellte er in allen Häfen und Flußmündungen, die von Schiffen angelaufen werden können, Posten und Wachen auf.« Es handelte sich um ein rein defensives Programm, aus der Not der Situation geboren und dieser gehorchend.

Das Osterfest feierte der König im küstennahen Centula-St. Riquier unweit von Abbéville. Bereits am 20. April hatte er dem flandrischen Kloster St. Bertin das Jagdrecht in den eigenen Waldungen konzediert, insbesondere zur Gewinnung von Rohmaterial für Bucheinbände, Handschuhe und Gürtel. Die von ihm eigens eingerichteten Forstbezirke behielt er freilich dem königlichen Nutzen vor, Entsprechendes galt für die Tafelgüter.

Für die kommenden Monate liegt uns aus der Feder des Lorscher Abts Richbot, der wie Alkuin oder Angilbert dem Hofkreis um Karl angehörte und der den Künstlernamen Macarius führte, ein außerordentlich genauer und subtiler Bericht als Teil der sogenannten Lorscher Annalen für die Jahre von 794 bis 803 vor. Dieser Bericht ist in einer Handschrift der Österreichischen Nationalbibliothek überliefert. Der Abschnitt für die Jahre 799, 800 und 801 ist unter den Augen des Chronisten von zwei Schreibern dem Sinnzusammenhang entsprechend jeweils in einem Zug niedergeschrieben worden und reflektiert ganz unmittelbar die Ereignisse.

Diese Quelle, die offenbar von offiziösen Eingriffen frei ist, berichtet, daß der König zur Fastenzeit seine »villae«, das heißt seine Domänen, und die Gebeine der Heiligen in der Francia zwischen Rhein und Loire aufgesucht, »umschritten« habe, wie der Text sagt. Als Gerücht gelangte diese Nachricht auch nach Tours und gab Alkuin Hoffnung, den König bald bei sich empfangen zu können. Zunächst konsultierte Karl freilich seinen Romexperten Abt Angilbert von St. Riquier, mit dem er das Osterfest feierte. Die Lage des Papstes mußte damals als außerordentlich heikel gelten, weshalb wie nie zuvor das Fingerspitzengefühl des Königs gefragt war. Alkuin hatte mittlerweile aus Rom einen Brief seines Vertrauten, des Erzbischofs Arn von Salzburg, erhalten, den er unmittelbar nach der Lektüre, zu der er auch seinen Amanuensis Candidus hinzugezogen hatte, dem Feuer übergab, damit nicht etwa, wie er in seinem Antwortschreiben formuliert, »ob meiner Nachlässigkeit hinsichtlich des aufbewahrten Briefes ein Skandal erwachse«. Die Anklagen wegen der sittlichen Verfehlungen des Heiligen Vaters hatten offenbar mehr Substanz, als zunächst vermutet.

Nach dem Besuch von Rouen überschritt Karl die Seine und begab sich, möglicherweise bereits in Begleitung Alkuins, der ihm entgegengeeilt war, zum Grab des heiligen Martin in Tours, »um zu beten«. An der Seite des Königs finden wir die Söhne Karl, Pippin und Ludwig. Die gutunterrichtete Chronik von Moissac, die im übrigen in diesem Abschnitt auf den Lorscher Annalen beruht, verbindet dieses Familientreffen mit der Bemerkung: »Und er hatte hier eine große Beratung und Versammlung und bestimmte die Herrschaft [das Reich?] für seine Söhne.« Nimmt man noch die wesentlich spätere Erzählung aus der Lebensgeschichte Alkuins hinzu, daß nämlich damals der König und Kaiser (!) den Abt von Tours beiseite genommen und gefragt habe, wer denn von seinen Söhnen sein Nachfolger würde, worauf Alkuin geantwortet habe, was freilich Karl allein hörte: »Du wirst den demütigen Ludwig als deinen herausragenden Nachfolger haben«, so ist diese zutreffende Weissagung leicht als nachträglich zu erkennen. Bestehen bleibt freilich die Aussage, daß sich Karl damals um die Gestaltung seiner Nachfolge durchaus Gedanken gemacht hat. Das war angesichts seines Alters – immerhin stand er mit 52 Lebensjahren nach mittelalterlichem Verständnis an der Grenze zum »senex«, zum Greis – und der bevorstehenden Romfahrt durchaus angemessen. Auch die Anwesenheit der nachfolgeberechtigten Söhne am Grab des heiligen Martin mag den König dazu eingeladen haben, diesen um Erleuchtung zu bitten. Tatsächlich hat Karl erst 806 den Schritt zu einem politischen Testament getan, dann freilich belastet durch das Problem der an sich unteilbaren Kaiserwürde und ihrer Weiterführung durch drei gleichberechtigte Söhne.

Die fromme Pilgerfahrt als Auftakt zu Karls letzter Reise zu den Schwellen der Apostelgräber im Jahr 800 steht im auffälligen Kontrast zu den vielfältigen Spekulationen der älteren und jüngeren Forschung um das Kaiserproblem, das Karl bereits bei oder unmittelbar nach seiner Zusammenkunft mit Papst Leo III. in Paderborn umgetrieben haben soll. Die einschlägigen Quellen geben darauf keinen Hinweis. Für Alkuin und andere aus dem engsten Umkreis des Königs ist Karl weniger ein zweiter Konstantin als mehr denn je ein neuer David, von dessen starker Hand die Gesundung des Imperium christianum erwartet werden kann.

Zu den politischen Schwierigkeiten dieser Monate und Tage gesellte sich ein persönlicher Schlag, der den König wohl länger als vorgesehen in Tours festhielt. Erneut und letztmalig wurde Karl zum Witwer, als die Königin Liutgard, die bereits auf der Reise erkrankt war, am 4. Juni in der Martinsabtei verstarb und hier beigesetzt wurde. Alemannischer Herkunft, wohl der Oberschicht zugehörig, begann mit ihr bereits nach dem Tod der Fastrada 794 die stattliche Reihe der »offiziellen« Konkubinen. Schon Karls Tochter Ruodhaid, die im sogenannten Paderborner Epos den Jagdausritt Karls noch vor den Töchtern der Fastrada, Theodrada und Hiltrud, eröffnete, entstammte einem derartigen Verhältnis. Liutgard dürfte sehr wahrscheinlich erst kurz vor der Ankunft Leos III. mit dem König in rechter Ehe verbunden worden sein, aus Rücksicht auf den Pontifex und die Ansprüche des Zeremoniells. Die Höflinge und Dichter umschwärmten die junge Frau, Alkuin und Theodulf rühmten nicht nur ihre Schönheit, ihren Charme und ihre Liebenswürdigkeit, sondern auch ihr hohes Interesse an den freien Künsten und der gesetzten Rede. Sie stand dem König, wie es heißt, Tag und Nacht hilfreich zur Seite und bewährte sich auch als Fürsprecherin für Anliegen des Adels. Sie starb kinderlos. Auf Karls Politik hat sie im Gegensatz zu Hildegard und Fastrada keinen sichtbaren Einfluß genommen. Alkuin verfaßte für den königlichen Herrn und Freund einen recht konventionellen Trostbrief, der mit den Worten schließt: »Ich wünsche, daß sie in der Ewigkeit glücklich leben möge, die mir teure Tochter, sie sei, so bitte ich, Gott teurer.«

Nach Liutgards Tod blieb Karl endgültig Witwer. Vier Konkubinen sind namentlich bekannt, die ihm noch fünf Kinder, zwei Mädchen und drei Knaben, gebaren, deren sich nach dem Tod des Vaters Ludwig der Fromme auf seine Art annahm. Bedenken gegen Karls Sexualleben wurden nicht laut, auch die kirchlichen Instanzen hielten sich bedeckt. Lediglich die durchgreifende Palastsäuberung unmittelbar nach Ludwigs Eintreffen 814 in Aachen läßt die Stimmung im Kreise Benedikts von Aniane und der Reformer erahnen. Auf der Reichenau wagte man ein Jahrzehnt später, wenn auch unter dem Deckmantel einer Jenseitsvision, die schon erwähnte offene Kritik.

Sehr wahrscheinlich ging der König nach Liutgards Tod einer neuerlichen Eheschließung ganz bewußt aus dem Weg. Da ein Ereignis vom Rang eines Papstbesuchs wie 799 nicht ins Haus stand, gab es keinen Grund, die Zahl der legitimen, also erb- und nachfolgeberechtigten

Söhne aus rechter Ehe noch zu vermehren und das Problem der Sukzession noch zu verstärken. Zwar sollte das Kriterium der rechtmäßigen Geburt erstmals für die Nachfolgeregelung der *Ordinatio imperii* von 817 ausschlaggebend sein, wesentlich war und blieb bis dahin die Annahme durch den Vater, aus welcher Verbindung auch immer der betreffende Sohn stammte. Gleichwohl unterschied sich im Verzicht auf die Leitnamen Pippin, Karl, Karlmann, aber auch Ludwig und Lothar die Wertigkeit dieser späteren Kinder schon durch die Namensgebung sichtbar von der der Nachkommen Hildegards.

In Tours empfing Alkuin zwei Tage vor dem Ableben Liutgards für sein der Martinsabtei zugeordnetes Kloster Cormery Zollfreiheit für zwei Schiffe auf der Loire und ihren Nebenflüssen, die Salz und Nahrungsmittel transportierten. Dies gibt einen Hinweis darauf, daß auch in der Gallia die traditionelle Erhebung von Zöllen theoretisch die Königskasse auffüllte. Wichtiger als diese Urkunde ist ein Erlaß Karls, der sich mit den Beschwerden von Kirchen-, aber auch Königshörigen befaßt, die sich über ungerechte Belastungen beklagt hatten als Folge von unbemessenen Tagwerken. Nach Beratung mit seinen Großen legte der König verbindlich einen Leistungskatalog fest, der von Stund an auf dem Herrenland galt. Danach hatte etwa der Hintersasse einer kirchlichen oder königlichen Grundherrschaft auf dem Herrenland ein Tagwerk mit Pflug und vier Ochsen zu leisten, derjenige ohne Ochsengespann und Pflug entsprechend drei Tage Feldarbeit mit dem Spaten. Die Abstufung der Dienste von einer ganzen Woche bis zu lediglich zwei Tagen entspricht der Rechtsstellung des Hörigen, der Rechtsform und Größe des Besitzes. Der offenbar anwesende Pfalzgraf Adelhard wurde beauftragt, diese Verfügung öffentlich zu machen und allen anzubefehlen.

Mit der königlichen Willensäußerung, die einen verläßlichen rechtlichen Rahmen bäuerlicher Tätigkeit sichern sollte, verbindet sich ein durchaus interessanter Hinweis auf das Vordringen des bipartiten Systems der Grundherrschaft auch in der Zone zwischen Seine und Loire, das offenbar mit der Auflösung von Teilen der älteren Gutsherrschaft einherging und freiwerdendes Herrenland in Form von Bodenanteilen an hofsässige Hörige vergab, die es dann als Bauern selbständig bewirtschafteten. Offenbar war es schwierig, zwischen bäuerlichem Eigenbetrieb und domanialem Salland ein Äquivalent der Belastung herzustellen, zumal dann, wenn die technische Ausstattung der Höfe mit Pflug und Ochsengespann ein deutliches Gefälle zu jenen Betrieben aufwies, die lediglich mit Hacke und Spaten die saisonalen Arbeiten zu verrichten in der Lage waren oder ihrem Rechtsstatus als Knechtshufen entsprechend ganzwöchig auf dem Herrenland eingesetzt wurden. Der König selbst als Nutznießer von Fiskal- und Kirchenvermögen mußte an akzeptablen Lösungen, die der Quantität und Qualität der Dienste und Erträge zugute kamen, wesentlich interessiert sein.

Karl kehrte aus Tours über Orléans, die Wirkungsstätte seines Dichterfürsten Theodulf, nach Aachen zurück. Wie sehr sich historisch Bedeutsames mit aus heutiger Sicht vergleichsweise Belanglosem in den Jahresaufzeichnungen vermischt, zeigt die Notiz in den Reichsannalen, daß am 6. und 7. Juli starker Rauhreif zu beobachten gewesen sei, der freilich den Früchten nicht geschadet habe. Anfang August kam der König nach Mainz, wo er den Lorscher Annalen zufolge »seine Großen und Getreuen versammelte und [dabei] an das Unrecht erinnerte, das die Römer dem Papst zugefügt hatten, und er wandte sein Gesicht, daß er nach Rom ginge, und so geschah es«. Abt Richbot, höchstwahrscheinlich der Verfasser dieser Aufzeichnungen, unterläßt nicht den Hinweis auf den friedlichen Zustand des Reichs, um diesen Zug über die Alpen plausibel zu machen. Die Sorge um den Papst, nicht die Annahme der Kaiserwürde ist das bewegende Moment für Karls Romreise. Er löst seine Schutzpflicht ein: als Verbündeter des Papstes, als Patricius Romanorum, vielleicht auch als neuer Konstantin.

Einhart stellt diese Fahrt in den Zusammenhang von Karls besonderer Verehrung des Petrusgrabes, das er stets zu verteidigen und zu beschützen, zu verschönern und zu bereichern trachtete. Allerdings, »seine letzte Reise hatte nicht nur diese Gründe, sondern auch diesen, daß die Römer Papst Leo ... gezwungen hatten, die treue Ergebenheit des Königs anzuflehen. Daher kam er nach Rom, um den Zustand der Kirche, der allzu zerrüttet war, wieder herzustellen, was sich über den ganzen Winter hinzog.« Der Wortlaut des Reinigungseids, den Leo III. am 23. Dezember 800 vor der Versammlung in St. Peter ablegte, weist durchaus in die gleiche Richtung: »Um diesen Rechtsfall zu erörtern [nämlich die Anklagen gegen den Papst wegen schwerer Verbrechen], ist dieser höchst milde und höchst hoheitsvolle Herr König Karl zusammen mit seinen Priestern und Großen in diese Stadt gekommen.« Von einer wie auch immer gearteten Kaiseridee und deren beabsichtigter Umsetzung findet sich in diesen Zeugnissen jedenfalls keine Spur.

Auch ein Gedicht, das Alkuin wie gewohnt, möchte man sagen, seinem Herrn und Meister in diesen Monaten zukommen läßt, spricht zwar von Rom als Haupt der Welt, aber im christlichen, nicht antikkaiserlichen Sinn als dem Ort, wo die heiligen Schatzesgaben geborgen sind. Der König möge rasch die verwundeten Glieder heilen, »damit Vater [Papst] und Volk [die Römer] von friedlicher Eintracht geleitet werden ...« Er fährt fort: »Jenes Haupt der Welt [Rom] erwartet Dich als Patron [!], er möge den Frieden wieder herstellen. Der Leiter der Kirche möge durch ihn recht geleitet werden.« Und schließlich: »Der bei Dir Tag und Nacht bleiben möge, der Dich heilsam, o König, hingeführt hat, der möge auch Deinen Heimweg schützen und lenken, daß Dich die Francia als Sieger erfreut empfangen möge.« Rom ist das Haupt der Welt als Sitz des Schlüsselträgers Petrus, als Schatztruhe des Heils, dem und der sich Karl als Patron, der Schutz, Recht, Frieden und Eintracht bringt, nähern soll. Ob sich in der Formulierung »Patron«, allgemein Schützer, und Patricius Romanorum, Träger einer Amtsgewalt und Prärogation, begegnen, muß dahingestellt bleiben. Die Reise galt vor allem dem Ziel, die römischen Verhältnisse zu ordnen, den Papst von seinen Gegnern zu befreien und die Pax Romana jetzt als Eintracht der Christen wiederherzustellen.

Zunächst wollte der König auch seinen Sohn Ludwig, von dem er sich bei seiner Rückreise von Tours nach Aachen in der Pfalz Ver getrennt hatte, zur Teilnahme am Romzug verpflichten, nahm dann aber von diesem Plan Abstand, so daß ihn lediglich Pippin, Karl und die Töchter über die Alpen begleiteten, wie das Papstbuch als alleinige Quelle meldet.

Ob die bewaffnete Gesellschaft Oberitalien über den Mont Cenis oder über die Bündner Pässe erreichte, wissen wir nicht, jedenfalls wurde in Ravenna Station gemacht, vermutlich um den Rat des dortigen Erzbischofs, vielleicht auch den des hochgeschätzten Patriarchen von Aquileia, Paulinus, vor dem Weiterzug einzuholen. Von der Hafenstadt Ancona aus, wo sich das Heer teilte, schickte Karl Pippin, den König von Italien, zu einem Plünderungszug nach Benevent, dessen Herzog sich offenbar weiterhin der fränkischen Oberherrschaft entzog, auch wenn er vielleicht schon 795 die byzantinische Prinzessin Euanthia, seine Gemahlin, mit einem Scheidungsbrief an den Bosporus zurückgeschickt hatte, wie ein späterer Chronist bemerkt. Der Grund war aber wohl das Ausbleiben des erwarteten Nachwuchses. Benevent freilich behauptete seine Position zwischen den Großmächten, daran änderte auch die fränkische Nadelstichpolitik in diesem und im folgenden Jahr so gut wie nichts.

Unter den Opfern dieser Kampagne befand sich der von Alkuin heftig betrauerte Kämmerer Meginfred, der bereits 791 im Awarenfeldzug als tüchtiger Kämpfer hervorgetreten war. Der Abt von Tours, der den Rauch des Kamins dem Eisen bekanntlich vorzog, sah im fränkisch-italischen Ausgreifen in den beneventanisch-byzantinischen Süden ohnehin wenig Ersprießliches für die königliche Politik. Zu Recht warnt er vor den Gefahren der Malaria und setzt bei seiner Hoffnung auf ein Gelingen weniger auf das Kriegshandwerk als auf das erneute Eingreifen Gottes, der bereits Vater und Bruder Grimoalds zur rechten Zeit abberufen habe und dieses jetzt auch wieder könne. Mehr als der offene Krieg brächten Abwarten und Klugheit! Immerhin läßt sich erkennen, daß Karl, der vermutlich über Alkuins Defätismus und Zögerlichkeit lächelte, Benevent noch immer als einen Stachel im Fleisch seiner Herrschaft über das Imperium christianum empfand, den es zu ziehen galt. Während Pippin den Weg strikt südwärts einschlug, wandte sich Karl von Ancona aus direkt nach Rom.

Die Kaiserkrönung am ersten Weihnachtstag 800 zu Rom

Aus dem vierten Romzug, der zunächst der Befriedung der römischen Kirche galt, wurde ein welthistorisch wichtiges Ereignis, das die Geschichte Mitteleuropas fortdauernd in ihren Bann zog. Was die Fakten und erste zeitgenössische Einordnungen des Geschehens angeht, so verfügen wir über drei weitgehend zeitgleiche Quellen: das Papstbuch, die sogenannten Reichsannalen und das für diese Jahre als Autograph vorliegende Geschichtswerk des Lorscher Abtes und Trierer Erzbischofs Richbot, die sogenannten Lorscher Annalen. Das Zeugnis dieser Jahrbücher ist um so wertvoller, als diese keine Zensur zu passieren hatten und zugleich mit hoher Wahrscheinlichkeit die Auffassungen Karls und seines begleitenden Umfelds unmittelbar und ungefiltert widerspiegeln.

Trotz der vergleichsweise nicht nur günstigen, sondern auch einsichtigen Quellenlage im Kontext der allgemeinen Umstände dieser Romfahrt gibt es nur wenige Ereignisse der mittelalterlichen Geschichte, die ein derart breites Spektrum von durchaus widersprüchlichen Interpretationen und kühnen Deutungen erfahren haben und bis heute erfahren wie die Annahme der Kaiserwürde am Weihnachtstag des Jahres 800 durch Karl den Großen. Das gilt für die Ermittlung der leitenden Interessen der Hauptbeteiligten ebenso wie für die Umstände und den Ablauf des Geschehens. Ein Berg von Thesen und Antithesen verstellt mittlerweile die Sicht auf das Wesentliche, so daß allein der behutsame Rückgriff auf die Primärquellen einen halbwegs zuverlässigen Überblick verheißt.

So ist zunächst zu konstatieren, daß Karl bereits besondere Ehren zuteil wurden, bevor er Rom oder den Bezirk von St. Peter betreten konnte. Der Empfang, den ihm der Papst und die Stadtrömer am 24. November 800 bereiteten, ging weit über das dem Patrizius geschuldete Zeremoniell hinaus, das im Jahr 774 bei Karls erstem Besuch von St. Peter das Prozedere bestimmt hatte. So wurde der König nach dem Bericht der Reichsannalen vom Pontifex und den Römern am zwölften Meilenstein, tatsächlich sogar am vierzehnten, in Mentana »mit höchster Demut und Ehrerbietung begrüßt und mit einem Mahl gewürdigt«. Das Papstbuch spricht dagegen nur sehr allgemein von einer höchst ehrenvollen Begrüßung in St. Peter durch Leo III., die der Gerichtssitzung voranging; die Einholung vor den Toren der Stadt bleibt unerwähnt. Leo III. eilte danach zum offiziellen Empfang des Königs voraus und begrüßte ihn am folgenden Tag auf den Stufen des Atriums der Peterskirche. Karl entgegengeschickt worden waren die Fahnen der städtischen Miliz, an passenden Stellen des Weges hatten die Scholen der Fremden in Gruppen Aufstellung gefunden, die dem Heranziehenden mit preisenden Lobgesängen, einer Mischung aus Akklamation und Litanei, huldigten. Hatte sich Karl 774 in demütiger Geste als Pilger zu Fuß dem Grab des Apostelfürsten genähert, so stieg der König nun, vor St. Peter angekommen, vom Pferd und schritt mit seinem Gefolge aus Bischöfen und Priestern die Stufen zur Vorhalle empor, wo ihn der Papst empfing und nach einem Gebet unter Psalmengesang in die Kirche geleitete. »Das geschah am 24. November.«

Folgt man der Forschung, so soll dies ein Adventus gewesen sein, wie er allein dem Kaiser gebührte. Gewiß ging das Zeremoniell weit über das Maß des für die höchsten byzantinischen Hofbeamten Üblichen hinaus. War es indessen ein Kaisergeleit? Was konnte man damals in Rom oder St. Peter vom gültigen Empfangsritus des Kaisers wissen?

Der letzte Imperator, den man in Rom empfangen hatte, war Konstantin II. gewesen, dem im Jahr 662 nach dem Papstbuch »der apostolische Herr mit dem Klerus am sechsten Meilenstein entgegenkam«. Ferner wissen wir, daß beim letzten Besuch eines Papstes in Konstantinopel 711 Justinian II. den Befehl erteilt hatte, diesen wie einen Kaiser zu empfangen. Das geschah am siebten Meilenstein vor der Hauptstadt am Bosporus durch Mitkaiser, Patriarch, Senat und Klerus. Soweit mochte das Papstbuch Aufschluß geben, allein vom zwölften Meilenstein ist keine Rede, so daß schwerlich in dieser Festlegung die Imitation eines verbürgten Zeremoniells gesehen werden kann. Ein Handbuch nach Art des Zeremonienbuchs aus der Feder des gelehrten Kaisers Konstantin VII. Porphyrogennetos aus der Mitte des 10. Jahrhunderts stand noch nicht zur Verfügung, an historisch-philologische Studien wird man in der angespannten Situation in Rom wohl kaum gedacht haben.

Am einfachsten löst sich das Problem mit der Annahme, daß Leo III. »seinem« Richter und Beschützer als Reverenz einen besonders festlich-beeindruckenden Empfang zuteil werden lassen wollte, der weit über das im Papstbuch verzeichnete Zeremoniell von 774 hinausging und den antipäpstlichen Verschwörern zugleich das Ende ihrer Machenschaften signalisieren sollte. Auch die Laudes, die akklamierenden Lobgesänge in Form einer Litanei, sind bereits aus der Königszeit Karls überliefert und bieten keinerlei zwingendes Indiz für eine wie auch immer zu interpretierende Rangerhöhung des Königs der Franken und Langobarden und Patricius Romanorum, auch wenn in ihnen bereits Epitheta enthalten sind, die dem Basileus zukommen, so »von Gott gekrönt, groß und friedschaffend«, freilich immer in Verbindung mit Karls Königs- und Patriziustitel.

Den offenkundigen Zusammenhang zwischen dem ehrenvollen, von den Reichsannalen breit ausgemalten Empfang und der sich anschließenden Gerichtssitzung stellt, wie erwähnt, verkürzt auch das Papstbuch her und benennt damit aus der Sicht Leos III. den eigentlichen Grund für Karls Romreise, die freilich mehr als ein Jahr auf sich warten ließ. Die Lorscher Annalen gar gehen unmittelbar nach dem Bericht über die Mainzer Versammlung, die den Entschluß des Königs, das Grab des Apostelfürsten aufzusuchen, bekanntgegeben hatte, in medias res, indem sie mit einem »hier«, gemeint ist: in Rom, sofort die Verhandlung über Leo III. und seine Ankläger anschließen. Auch Einhart verknüpft Jahrzehnte später die fromme Motivation Karls mit der Zerrüttung der römischen Kirche.

Obwohl das Papstbuch die sofortige Aufnahme der Verhandlung suggeriert, machte sich Karl erst eine Woche nach seiner Ankunft am 1. Dezember 800 an das heikle Geschäft, die Angelegenheiten der Kirche zu ordnen und die Untersuchung gegen Leo III. zu einem Ende zu führen.

Der König, nicht der Papst berief eine Versammlung in die Peterskirche ein, einem Konzil gleich, das zum Tribunal wurde, an dem freilich auch fränkische Große und Angehörige der römischen Nobilität teilnahmen. Die Reichsannalen sprechen sogar antikisierend von einer »contio«, der altrömischen Volksversammlung. Dieser war aufgegeben, um das Dilemma mit den Worten der Reichsannalen zutreffend zu beschreiben, »was am wichtigsten und zugleich schwierigsten war und was bereits begonnen worden war, nämlich die Verbrechen zu erörtern, die dem Papst zur Last gelegt wurden«. Im Gegensatz zur Voruntersuchung durch die königlichen Legaten ein Jahr zuvor, bei der nicht zuletzt die Verschwörer zu Wort gekommen waren, fand eine inhaltliche Erörterung der Vorwürfe durch Rede und Gegenrede der Parteien nicht statt. Vielmehr erkannten die versammelten Väter, die wie König und Papst in der Runde saßen, während die übrigen Teilnehmer den Umstand bildeten, daß sie es nicht wagen dürften, den apostolischen Stuhl zu richten: »Dieser aber ist von niemandem zu richten.« Dies geschah unter Hinweis auf die pseudosymmachischen Fälschungen, die auch Eingang in die weitverbreitete Sammlung des Kirchenrechts fanden, nämlich in die auch im Frankenreich bekannten *Dionysio-Hadriana*.

Diesem Zugeständnis antwortete der Papst mit einer Erklärung: »Den Spuren meiner Vorgänger folgend, bin ich bereit, mich von diesen falschen verbrecherischen Anklagen, die über mich fälschlich verbreitet werden, zu reinigen.« Da es niemand wagte, gegen dieses Verfahren Einspruch zu erheben, und der König aus Gründen der politischen Opportunität längst den Entschluß gefaßt hatte, die Sache Leos zu vertreten und überdies der Ranküne seiner Gegner ein Ende zu bereiten, bat dieser den Papst nach den Worten der Lorscher Annalen, »sich nicht durch ihr Urteil, sondern durch seinen freien Willen zu reinigen«. Glaubt man Alkuin, so hat auch damals Erzbischof Richulf von Mainz dem bedrängten Pontifex zur Seite gestanden, der neben Arn von Salzburg, Theodulf von Orléans und Bischof Jonas von Auxerre nachweislich zu Karls Gefolge zählte.

Nach Ablauf von drei Wochen, in denen vermutlich in mühseligen Verhandlungen die Eidesformel aufgesetzt wurde, bestieg Leo am 23. Dezember mit den Evangelien in Händen den Ambo der Peterskirche und leistete im Beisein der Versammlung vor der Confessio des Apostelfürsten unter Anrufung der Dreieinigkeit folgenden Reinigungseid: »Es ist bekannt, teuerste Brüder, daß böse Menschen wider mich aufgestanden sind, mich haben verstümmeln wollen und schwere Beschuldigungen auf mich gehäuft haben. Zur Untersuchung dieser Angelegenheit ist der gnädigste und erlauchteste König Karl nebst seinen Bischöfen und Großen in diese Stadt gekommen. Deshalb bekenne ich, von niemandem verurteilt noch gezwungen, sondern aus meinem freien Willen mich in Eurer Gegenwart vor Gott, der mein Gewissen kennt, und vor dem heiligen Apostelfürsten Petrus, in dessen Kirche wir uns befinden, rein von jenen schuldvollen Verbrechen [zu sein], welche jene mir zur Last legen, die ich aber weder getan habe noch habe tun lassen. Dafür ist Gott mein Zeuge, vor dessen Gericht wir kommen werden und in dessen Angesicht wir stehen. Dies tue ich aus meinem freien Willen, um jeglichen Verdacht niederzuschlagen; nicht als ob es so in den Kirchengesetzen stünde oder als ob ich damit meinen Nachfolgern oder unseren Brüdern und Mitbischöfen einen Präzendenzfall oder eine Regel auferlegen will.« Leo III. mochte dabei an Papst Pelagius I. im Jahre 555 denken, der sich von dem Verdacht, seinen Vorgänger im Amt beseitigt zu haben, auf ebendiese Weise gereinigt hatte.

Laut den Lorscher Annalen, in deutlicher Übereinstimmung mit dem Papstbuch, stimmten nach dieser Selbstreinigung Leos alle Anwesenden mit Karl an der Spitze ein »Te deum laudamus« an, weil, wie es hieß, der Papst am Körper unversehrt und »am Geist behütet« geblieben war.

Es mag ein Zufall gewesen sein, symbolträchtig war es ganz gewiß, daß am selben Tag, dem Tag vor Heiligabend, Karls Bote, der Hofpriester Zacharias, aus dem Heiligen Land zurückkehrte. In seiner Begleitung befanden sich zwei Mönche vom Ölberg, vom Sabaskloster, die dem fränkischen König als Weihegeschenke die Schlüssel zum Heiligen Grab, zum Kalvarienberg und zum Berg Sion samt einer Fahne der Stadt Jerusalem überbrachten. Man kann kaum abschätzen, welche außerordentliche Wirkung diese spektakulären Gaben vom geographischen Mittelpunkt und spirituellen Zentrum der damaligen Welt auf die Zeitgenossen ausübten, erst recht, da sie am Vorabend der Geburt des Herrn und Erlösers eintrafen.

Zwei Tage später, am ersten Weihnachtstag, fand jenes Ereignis statt, das für den Verlauf der europäischen Geschichte herausragende Bedeutung gewinnen sollte: die Kaiserkrönung Karls durch Papst Leo III. in St. Peter während des feierlichen Hochamts. Die Begleitumstände, Ursachen und Folgen dieses Ereignisses waren schon immer umstritten. Hören wir zunächst unsere wichtigsten Quellen, die zugleich den Schlüssel zum Verständnis bieten. Das Papstbuch verzeichnet: »Danach [nach dem Reinigungseid Leos] haben sich alle, als der Tag der Geburt Christi herankam, in der genannten Basilika des heiligen Apostels Petrus wiederum versammelt. Und dann krönte der ehrwürdige und hochwürdige Papst ihn [Karl] eigenhändig mit einer höchst kostbaren Krone. Und alle treuen Römer, die sahen, wie groß sein Schutz und seine Liebe zur heiligen römischen Kirche und deren Vikar war, riefen alle zusammen mit erhobener Stimme aus, auf den Wink Gottes und des Schlüsselträgers des Himmelsreiches: ›Karl, dem allerfrömmsten Augustus, von Gott gekrönt, dem großen und friedspendenden Imperator, Leben und Sieg.‹ Vor der heiligen Confessio des seligen Petrus riefen sie dreifach zahlreiche Heilige an, und von allen ist er zum Imperator der Römer eingesetzt worden. Anschließend salbte der allerheiligste Bischof und Papst Karl, seinen herausragenden Sohn, an diesem Geburtstag unseres Herrn Jesus Christus zum König.« Im Anschluß an die Messe brachte Karl mit seinen Söhnen und Töchtern auf der Confessio dem heiligen Petrus zahlreiche Weihegaben dar, unter anderen eine mit Edelsteinen verzierte goldene Krone, eine kostbare große Patene, auf der der Name Karl eingraviert war, und einen ebensolchen Kelch sowie weiteres liturgisches Gerät, ferner einen silbernen Tisch. Die Lateranbasilika, die »Constantiniana« genannt wird, erhielt ein reichverziertes Vortragekreuz, auch die Marienkirche ad Praesepe wurde bedacht.

Die Reichsannalen widmen dem Vorgang folgende Darstellung: »An diesem allerheiligsten Geburtstag des Herrn, als sich der König bei der Meßfeier vor der Confessio des seligen Petrus vom Gebet erhob, setzte ihm Papst Leo eine Krone auf sein Haupt, und vom ganzen römischen Volk wurde ihm akklamiert: ›Dem erhabenen Karl, dem von Gott gekrönten und friedspendenden Imperator der Römer, Leben und Sieg.‹

Nach den Laudes ist ihm vom apostolischen Herrn nach Sitte der alten Kaiser der Fußfall [die Proskynese] erwiesen worden, und nachdem er den Namen eines Patrizius abgelegt hatte, wurde er Imperator und Augustus genannt.«

Soweit die zweifache Darstellung der Fakten, die nur insoweit differieren, als das Papstbuch die sich an die Kaiserkrönung und -akklamation anschließende Salbung des ältesten Königssohns Karl mitteilt, während das fränkische Annalenwerk den zeremoniellen Fußfall des Papstes und die Titeländerung vermeldet.

Im Gegensatz zu diesem doppelten Bericht, der immerhin klar die Initiative Leos III. als Koronator erkennen läßt, steht die Aussage in den Aufzeichnungen Abt Richbots von Lorsch, der unmittelbar Zugang zum Kreis um Karl hatte und intime Kenntnis von den Handelnden und ihren Motiven besaß. Sein Bericht bettet das herausragende Ereignis in einen größeren Zusammenhang ein und begründet zugleich die Rangerhöhung des Königs: »Und weil damals auf seiten der Griechen die Kaiserwürde aufgehört hatte [das heißt vakant war], ist es damals sowohl dem Papst Leo als allen heiligen Vätern, die damals auf diesem Konzil versammelt waren, und dem übrigen Volk als richtig erschienen, daß sie jenen Karl, den König der Franken, als Kaiser bezeichnen sollten, der jenes Rom hielt, wo immer die Caesaren zu sitzen pflegten, sowie die übrigen Sitze, die er in Italien oder in Gallien oder Germanien hielt; und weil Gott all diese Sitze in seine Gewalt gegeben hat, deshalb schien es gerecht, daß er mit Gottes Hilfe und auf Bitten des Volkes jenen Namen haben sollte. Diese ihre Bitte wollte der König nicht abschlagen, sondern, indem er sich in aller Demut Gott unterwarf, nahm er auf Bitten der Priester und des gesamten christlichen Volkes am Geburtstag unseres Herrn Jesus Christus jenen Namen des Imperators mit einer Benediktion [Weihegebet] des Herrn Papstes Leos III. an. Und hier führte er vor allem anderen jene heilige römische Kirche von jener Zwietracht, die sie untereinander hatte, zu Frieden und Eintracht zurück.« Dem Krönungsakt am Weihnachtsmorgen, der hier gar auf ein Gebet des Papstes reduziert ist, geht eine Absprache voraus, die auf sachlichen Überlegungen fußt, nämlich Vakanz des Kaisertums und Verfügung über die antiken Kaisersitze, den Anteil der Römer in Form der Akklamation aber ausblendet.

Als weitere authentische Bemerkung zu den Vorgängen am Weihnachtsmorgen ist der folgende Hinweis Einharts in seiner Vita des

Herrschers zu werten, der sich freilich im Kontext von Karls Charakterbild, zumal seiner Fähigkeit, Mißgunst und Eifersucht gefaßt zu ertragen, findet. In diesem Abschnitt ist zudem von Karls tiefer Devotion gegenüber dem heiligen Petrus und von seinem Eifer, dessen Grabeskirche zu zieren und zu verschönern, die Rede, und auch davon, daß Karls letzter Rombesuch vor allem dem Ziel galt, die verworrenen Zustände der Kirche zu ordnen. »Das erforderte den ganzen Winter. In diesen Tagen nahm er den Namen des Imperators und Augustus an. Dies war ihm anfangs so zuwider, daß er versicherte, daß er, obgleich es ein hoher Feiertag war, die Kirche nicht betreten hätte, wenn er den Ratschluß des Papstes vorhergesehen hätte. Den Neid der römischen Kaiser, den diese wegen der Annahme des Namens hegten, über die sie entrüstet waren, ertrug er mit großer Geduld. Er besiegte ihre Mißachtung mit Großmut – hierin überragte er sie zweifellos bei weitem –, schickte zahllose Gesandte an sie und nannte sie in seinen Briefen ›Brüder‹.«

Deutlich wird, daß allein der Lorscher Annalist die Annahme der Kaiserwürde wie auch den Wechsel des Titels argumentativ begründet, während die Parallelquellen lediglich mit gewisser Akzentverschiebung den Ablauf der eigentlichen Zeremonie in St. Peter skizzieren. Einhart setzt schließlich aus dem Abstand von mehr als einem Vierteljahrhundert die Einzelheiten des Vorgangs im Jahr 800 bei seinen Lesern schlicht als bekannt voraus oder schätzt sie gar als unerheblich ein und resümiert die Kritik seines Herrn post festum. Dieses Zeugnis wird man freilich nicht zu gering bewerten dürfen. Einhart war nicht nur als Hofmann, Dichter und Baumeister im Aachen Karls tätig, sondern fand auch als Diplomat Verwendung im Dienst des Königs und Kaisers und übte beträchtlichen Einfluß auf die Politik Karls in der letzten Phase seiner Herrschaft aus. So war er es, der das politische Testament Karls, die *Divisio regnorum* von 806, dem Papst zur Unterschrift vorlegte und der Karl 811 zu seinem eigentlichen Testament inspirierte, das nur in dessen Vita im Wortlaut überliefert ist. Nicht zuletzt war es auch Einhart, der federführend die Bestellung Ludwigs des Frommen zum Mitkaiser 813 initiierte. Sein Wort als miterlebender Zeitgenosse in der Umgebung Karls hat mithin besonderes Gewicht.

Die verschiedenen Quellenaussagen ergeben, nach Art eines Puzzles zusammengefügt, im wesentlichen folgendes Bild: So ungewiß eine wie auch immer geartete Absprache zwischen Karl und Leo über die Annahme der Kaiserwürde bereits auf sächsischem Boden in Paderborn ist, so gewiß darf angenommen werden, daß Karl in der Sache durch den Entschluß des Papstes am Weihnachtsmorgen nicht überrascht worden sein kann. Weder ließen sich die Laudes in Verbindung mit den Akklamationen spontan aus dem Augenblick organisieren, noch ließ sich die auf der Confessio niedergelegte Krone vor den Augen des Königs verbergen, noch konnte Karl erst unmittelbar vor dem Weiheakt selbst die kaiserliche Gewandung anlegen, die er zweifellos, auch nach dem Zeugnis Einharts, damals in Rom getragen hat, ganz abgesehen davon, daß der Papst in seiner schwierigen, gerade erst wiederhergestellten Position es kaum gewagt haben dürfte, seinen Protektor, den mächtigen fränkischen König, unmittelbar nach dem Reinigungseid zu provozieren. Die Mißstimmung, die bei Karl offenbar schon bald nach der Zeremonie in St. Peter einsetzte und von der uns Einhart ein fernes Echo vermittelt, dürfte sich aus der Form des Aktes ergeben haben, die dem Papst eine dominante Funktion und den Stadtrömern als Akklamanten ein staatsrechtliches Übergewicht verschaffte. Damit geriet nun freilich nicht, wie die ältere Forschung annahm, eine römische Kaiseridee mit einer Aachener Imperatorenwürde in Konflikt. Allein der Ablauf der Zeremonie sowie die Rolle des Koronators und des Umstandes gaben Anlaß zu gewichtigen Bedenken.

Mochte man im Rom des 8. Jahrhunderts, das sich seit langen Jahrzehnten von Byzanz und seinen Herrschern entfremdet hatte, auch wenn das vom Patriarchen des Westens beschickte Konzil von Nicaea 787 mit der Rückbesinnung auf die Bilderverehrung wieder eine gewisse Annäherung gebracht hatte, über die Formen der Kaisererhebung am Bosporus nur ungefähre Vorstellungen und somit wenig Detailkenntnisse besitzen, so war doch durchaus bekannt, daß für die Erhebung des Kaisers, sofern es sich nicht um die Bestellung zum Mitkaiser durch den Vater handelte, konstitutiv allein Wahl und Einsetzung durch Heer, Senat und Volk waren. Hinzu trat zumeist, dies ist erstmals belegt für die Erhebung Leons I. im Jahr 457, die Krönung durch den Patriarchen von Konstantinopel. Einmal ist dieser Akt sogar durch den anwesenden römischen Papst vollzogen worden, als sich Johann I. im Jahr 526 in der Kaiserstadt aufhielt und Justin I. krönte. Diese Benediktion verlieh dem Kaiser »die mystische Weihe für sein Amt«. Nähere Details dieser Krönung, die offenkundig im Meßgottesdienst nach Regierungsantritt des Herrschers erfolgte, sind vor dem 10. Jahrhundert nicht, danach dann im kaiserlichen Zeremonienbuch überliefert.

Knapp zwei Jahrzehnte zuvor hatte es in St. Peter eine Krönung durch den Papst gegeben: Damals salbte und krönte Hadrian I. die Söhne Karls, Ludwig und Pippin (Karlmann), zu Königen und stellte sie unter den Schutz St. Peters, womit er erneut die Dynastie der Emporkömmlinge unübersehbar legitimierte. Diese Tradition griff offenbar sein Nachfolger Leo III. am Weihnachtsmorgen 800 auf, indem er Karls ältesten gleichnamigen Sohn salbte und überdies krönte, wie ein Schreiben Alkuins überliefert. Möglicherweise rief diese Königssalbung den bissigen Spott des byzantinischen Chronisten Theophanes Confessor hervor, der zum Jahr 797 meldet, Rom sei damals, als der mißhandelte Papst Leo sich um Hilfe an Karl, den König der Franken, wandte, unter fränkische Herrschaft gefallen, und Leo III. habe, »indem er seine Schuld an Karl tilgte«, diesen »in der Kirche des heiligen Apostels Petrus zum Kaiser der Römer gekrönt und ihn danach mit Öl von Kopf zu Fuß gesalbt, ihn mit kaiserlichen Gewändern bekleidet und mit einer Krone«.

Die Salbung des Kaisers war in Byzanz gänzlich ungewöhnlich. Die Proskynese, der Fußfall vor dem Kaiser, war Bestandteil des byzantinschen Hofzeremoniells. Auch der Patriarch und Pontifex maximus des Westens war dazu verpflichtet, jedenfalls hat der Papst seit 669 in seinen Glückwunschschreiben die Bereitschaft hierzu erkennen lassen. Zumindest für diese Demutsgeste, für die Krönung und die Bekleidung Karls mit kaiserlichen Gewändern sowie für die Akklamation ist das Beispiel Konstantinopels maßgebend gewesen. Im Gegensatz dazu stehen Abfolge und Akzentuierung der einzelnen Bestandteile der Erhebung, die offenbar den Ärger Karls verursachten und Abt Richbot bei seinem Bericht einsilbig werden ließen, namentlich die herausgehobene Rolle des Papstes und der Römer, die die konstitutiven Akte für sich reklamierten. Karls Selbstbewußtsein als Großkönig und Patricius Romanorum mochte sich mit dieser eigenwilligen Gestaltung seiner Erhöhung nicht abfinden. War er nicht auch ohne Zutun des Papstes oder gar der Stadtrömer in der Sicht seiner Umgebung ein neuer David und Herr des Imperium christianum als Nachfolger des römischen Reichs? War er nicht längst Herr über die Sitze und Residenzen der alten Imperatoren, wie uns der Abt von Lorsch und Erzbischof von Trier zu verstehen gibt, nämlich über Rom und Ravenna, über Arles und Trier? So wie bereits die *Libri Carolini* das Römerreich als ein vergangenes behandeln, so wenig sind die Könige oder gar Kaiser der Griechen noch universale Imperatoren, während Karl »auf Gottes Wink König der Franken [ist], der Gallien, Germanien und Italien und jene endlichen Provinzen regiert«.

Der Ausdehnung seiner alttestamentarisch fundierten Königsherrschaft auf das Imperium christianum des Westens, dem sich nur Benevent hartnäckig verweigerte, entsprach der Rückzug der Byzantiner aus dem Mittelmeerraum, wovon allerdings Sizilien und die Küsten der Adria von Venedig bis Zara ausgenommen waren. Zu dieser machtpolitischen Regression trat in den Augen des Westens die Usurpation des Kaisertums durch Irene, die 787 ihren Sohn hatte blenden und absetzen lassen, ob als Werkzeug einer Hofkamarilla oder aus eigenem Antrieb, bleibe angesichts der Dürftigkeit unserer Quellen dahingestellt. Dieses Regiment wurde als inakzeptable Weiberherrschaft und damit als Vakanz im Kaisertum interpretiert. So mochte es als ein Gebot der Stunde angesehen werden, daß der fränkische Großkönig, dem auch der Schutz des Papsttums zufiel, den sozusagen freien Titel, die vakante Würde, mit seiner Person verband. Karl vermochte diesem Ansinnen nicht zu widersprechen, war doch die Würde des Kaisers, Imperators und Augustus die einzige, die seit der Antike ihren Träger über das Königtum sichtbar erhob und auszeichnete. Entsprach denn der Königstitel, den auch die Herrscher von Asturien, von Offa und Mercien führten, ja sogar slawische Häuptlinge, noch der Machtfülle des Herrn über viele Völker vom Atlantik bis zum Wienerwald, von der Elbe bis vor die Tore Roms? Wurde nicht durch die Rangerhöhung, durch die Annahme des Namens zugleich jene gottgewollte Ordnung wiederhergestellt, die nach Augustin eine Übereinstimmung von Bezeichnung und Sache, »nomen« und »res«, verlangt, wonach eben der mächtigste und alleinige Herrscher des Imperium christianum die ihm zukommende Kaiserwürde auch als Titel führte?

Hatte nicht bereits einmal das päpstliche Votum die rechte Ordnung begründet, als ein römisches Rechtsgutachten die Absetzung des letzten Merowingerkönigs für zwingend erforderlich und die Königserhebung des allmächtigen Hausmaiers und Prinzeps als gottgewollt erklärte?

Wenig später sollte sich mit dieser Kaisererhebung bereits die berühmte Translationsidee verbinden, nach der, wie die um 840 verfaßte

Vita des heiligen Willehad berichtet, des ersten Bischofs der Bremer Kirche, »durch die Wahl des römischen Volkes auf einem Bischofskonzil wegen der Weiberherrschaft die kaiserliche Gewalt auf die Herrschaft der Franken übertragen worden sei«. Seit dem 11. Jahrhundert war es nach Ansicht nicht weniger zeitgenössischer Autoren der Papst, der das Imperium von den Griechen auf die Franken übertragen hat. Karls kritische Einschätzung der in seinen Augen allzu dominanten Rolle des Nachfolgers Petri erfuhr hierin ihre historische Rechtfertigung. Möglicherweise hat er sogar an eine Selbstkrönung gedacht, wie dies zumindest von einer zuverlässigen Quelle für die Bestellung und Krönung Ludwigs 813 zum Mitkaiser in Aachen berichtet wird. Schließlich gab es für das Zeremoniell der Kaiserkrönung keine Vorbilder im Alten oder Neuen Testament.

Karl übernahm nach Aussage unserer wichtigsten zeitgleichen Zeugnisse die Würde des Imperators und Augustus, lediglich das Papstbuch läßt ihn zum »Kaiser der Römer« (Imperator Romanorum) werden. Dabei handelt es sich um einen Titel, der offensichtlich analog zum Titel des Patricius Romanorum gebildet worden ist und wie dieser in der Amtssprache von Byzanz keine Entsprechung hatte. Erst nach einer protokollarischen Übereinkunft des byzantinischen Kaisers mit dem fränkischen Usurpator um 812 fügte der Basileus seinem Titel den Hinweis auf die Römer an, während Karl sich hinfort nur noch Imperator nannte, gleichwohl aber vom »Frieden zwischen dem östlichen und dem westlichen Imperium«, den es herzustellen gelte, sprach.

Zeremoniell und Titulatur lehnten sich zwar an das überkommene oströmische Beispiel an, doch mit der Krönung durch den Papst als konstitutivem Akt und dem rombezogenen Titel des Kaisers, einer Entsprechung zum »römischen« Patrizius, wurde am ersten Weihnachtstag des Jahres 800 tatsächlich das abendländische Kaisertum aus der Taufe gehoben, das hinfort, konkurrierend mit Byzanz, Regnum und Sacerdotium fest aneinander kettete und eine neuartige Balance zwischen »den beiden Gewalten, die die Welt regieren«, herstellte, wobei die Waage spätestens nach dem sogenannten Investiturstreit zugunsten des Papsttums ausschlug. Diese Verklammerung des geistlichen Rom mit den Franken, den Trägern des westlichen Imperiums, denen die Deutschen folgten, bahnte sich bereits unter Pippin, dem Vater Karls, an, gewann aber Dauer und Festigkeit durch die Kaiserkrönung aus der Hand Papst Leos III. Es entsprach der rechten Ordnung, daß der fränkische Großkönig, auch weiterhin als neuer David oder Konstantin apostrophiert, mit jener Würde sich schmückte, die allein jedwedes Königtum überragte: der des Imperators und Augustus. Der amtliche Gebrauch dieses Titel unterlag noch Wandlungen und kennzeichnet die anfänglichen Schwierigkeiten, vor die sich die Kanzlei gestellt sah.

Fragt man indessen nach dem staatsrechtlichen Inhalt dieser Würde, so öffnet sich modernem Verständnis ein Abgrund an Schwierigkeiten. Der Papst, das läßt der Zusatz »Romanorum« zum Kaisertitel unschwer erkennen, verband mit dieser Würde eine besondere Schutzfunktion Karls für Rom, die diesem einen größeren Handlungsspielraum als die auf Stadt und Dukat von Rom bezogene Funktion eines Patrizius eröffnen sollte. An eine Wiederbelebung des seit Romulus Augustulus (476) verwaisten westlichen Kaisertums dürfte Leo III. wohl kaum gedacht haben, hatte doch die noch vergleichsweise frische Fälschung auf den Namen des großen Konstantin dem Papst gleich einem Kaiser den Westen anvertraut, ihm kaiserliche Insignien und Ehrenvorrechte eingeräumt und seiner Herrschaft Hesperien samt den Inseln übertragen: Neben dem Apostelfürsten sollte es in Rom keinen Kaiser geben. Der Kaiser zog sich daher in seine Neugründung Konstantinopel zurück. So hätte ein neuer westlicher Imperator zwangsläufig die Herrschaft des Papstes über das sich konsolidierende Patrimonium Petri, den nachmaligen Kirchenstaat, bedroht, der sich zwar vornehmlich auf die Schenkungen Pippins und Karls stützte, seine umfassendere Rechtsgrundlage aber im Constitutum Constantini besaß.

Was die Sicht Karls und seiner Berater angeht, so ist eine schnelle Antwort nicht möglich. Titel und Würde wurden erst in den kommenden Jahren mit konkretem Inhalt gefüllt, bis sich im Selbstverständnis Karls zu dem östlichen ein westliches, nämlich »sein« Imperium hinzugesellt hatte, das eben kein westliches der Spätantike war, sondern ein mittelalterliches, neues, wenn auch gespeist und bereichert von älteren Traditionen. Kaiser Karl ist neuer David und neuer Konstantin zugleich. Zwar verweist dieses Reich auf den westlichen Teil des alten römischen Imperiums, auf Rom, das jetzt durch die Grablege des Apostelfürsten als geheiligt gilt und Sitz seines Nachfolgers ist, doch ist Rom nicht mehr der alleinige Nukleus eines Weltreichs. Ihm gesellen sich im fränkischen Verständnis die Herrschersitze in Italien, Gallien und Germanien (!) hinzu. Das neue Kaiserreich überwölbt das westliche Imperium christianum, ihm ist im Gegensatz zu den Behauptungen des Theophanes, der von Angriffen Karls auf Sizilien orakelt, jegliche Ausdehnungspolitik zu Lasten von Byzanz fremd. Strittige territoriale Fragen bezüglich Venedigs und Istriens konnten noch zu Karls Zeiten einvernehmlich gelöst werden. Eine Großmacht im Mittelmeerraum konnte das fränkische Großreich auch unter neuer Flagge angesichts des Fehlens einer Flotte ohnedies niemals werden.

TEIL II
Der Kaiser
800 bis 814

Ehre und Last der neuen Würde
800 bis 807

Das Gericht über die Verschwörer gegen Papst Leo III.

Zu den Überlegungen allgemein-grundsätzlicher Natur, die bereits in der Umgebung Karls mehr oder minder deutlich ventiliert worden sind und die letztlich zur Annahme des Kaisertitels geführt haben mit allen Konsequenzen für den Verlauf der weiteren europäischen Geschichte, trat offensichtlich ein ganz aktuelles Bedürfnis, das aus der rechtlichen Würdigung der Anklage gegen den Papst und der zwangsläufig notwendigen Bestrafung seiner Gegner erwachsen war. Zwar hatte sich Leo III. vor den versammelten Großen durch einen Eid gereinigt, aber die Behandlung der Hauptschuldigen, der beiden päpstlichen Spitzenbeamten, ließ noch auf sich warten und war über das Prozedere einer vorläufigen Untersuchung nicht hinausgekommen. Die Missetäter waren Ende November 799 durch die königliche Kommission in eine Art Schutzhaft genommen und dem König überstellt worden. Nach Rom zurückgeführt, wagten die Verschwörer nicht, in Gegenwart von Papst und König ein Jahr später den Beweis für ihre Anschuldigungen anzutreten. So blieb die Causa der Papstgegner vorerst ungelöst. Auch Abt Richbot von Lorsch verknüpft diesen Rechtsfall in der Schwebe nicht mit der Annahme des Kaisertitels durch Karl.

Wenige Tage nach der Kaiserkrönung wurde den Verschwörern der Prozeß gemacht: »Es wurde eine Untersuchung nach römischem Recht durchgeführt, und sie wurden als Majestätsverbrecher zum Tode verurteilt«, so die Reichsannalen. Zu ihren Gunsten habe Papst Leo interveniert, so daß sie ihr Leben und ihre Glieder unverletzt retten konnten. Im übrigen seien sie exiliert worden. Dieses Urteil traf auch eine Reihe ihrer römischen Mitverschwörer. Die Strafe des Exils war in Byzanz wie bereits in der Antike ein gängiges Mittel, ohne Anwendung der Todesstrafe Gegner zu beseitigen. Der Hinweis auf das Prozedere nach römischem Recht findet sich allein in den fränkischen Jahrbüchern, das

Papstbuch verzichtet bezeichnenderweise darauf, auf dieses Kaiserrecht zu rekurrieren, und stellt das Verfahren ganz pauschal als eine Art Nachspiel zum Reinigungseid des Papstes dar, das mit der Überweisung der Verschwörer und ihres Anhangs ins fränkische Exil abgeschlossen worden sei, gleichsam ohne eigentliches ordentliches Gerichtsverfahren. Nach dem Tod Leos III. kehrten die Exilanten gar nach Rom zurück.

In der Ewigen Stadt war die Kenntnis des römischen Rechts in seinen vielfältigen Kodifikationen sicher nie ganz erloschen, insbesondere Teile der Digesten blieben bekannt. Papst Gregor der Große etwa zitiert 603 aus dem in Frage kommenden Artikel, der vom »Crimen laesae majestatis« handelt: »Majestätsverbrechen ist jenes, das gegen das römische Volk oder gegen seine Sicherheit begangen wird.« Eine weitere Rechtssammlung, die *Sententiae Pauli*, hatte Eingang in das relativ verbreitete römische Recht der Westgoten gefunden, das vielleicht 802 sogar von Karl als maßgebliche Quelle des alten Kaiserrechts rezipiert wurde. In diesen Sentenzen heißt es an einschlägiger Stelle zum Majestätsverbrechen, »daß jene, mit deren Rat und Hilfe gegen den Imperator oder die res publica Waffen geführt werden, ... die Besseren [von ihnen] mit dem Tode bestraft werden sollen«.

Das Papstbuch verschweigt diesen Zusammenhang aus naheliegenden Gründen, da er die kaisergleiche Stellung des Papstes antastet. Karl und seine Berater müssen im Rückgriff auf römisches Recht also eine entscheidende juristische Waffe in der Auseinandersetzung mit den Papstgegnern und ihrem römischen Anhang entdeckt haben, deren Verschwörung die römische Respublica des Papstes erschüttert hatte.

Weder als Patrizius noch als Kaiser hat Karl mittelbar oder unmittelbar durch seine Boten in die Belange der Stadt Rom oder in die rechtlichen Verhältnisse des Patrimonium Petri eingegriffen. Vielmehr hat er die Ordnung, die sich herausgebildet hatte, respektiert und zugunsten des Papstes gestützt. Erinnern wir daran, daß Hadrian I., der Vorgänger Leos, gegen Aufrührer selbst vorgegangen war, wobei er über Ravenna noch den oströmischen Kaiserhof einzuschalten gesucht hatte. Dieser Rückgriff auf Byzanz verbot sich jetzt angesichts der überragenden Stellung Karls und wegen der »Weiberherrschaft« der Irene von selbst, ganz abgesehen davon, daß es um Leos Autorität nicht allzu gut bestellt war.

Im übrigen blieb die Anwendung der Rechtsfigur des Majestätsverbrechens nicht auf Rom beschränkt, Karl führte sie als eigentliches Kaiserrecht auch nördlich der Alpen ein, als er die Heeresflucht im

Kontext des sogenannten Untertaneneides von 802, den die gesamte freie männliche Bevölkerung seines Riesenreiches leisten mußte, als Majestätsverbrechen mit dem Tode bestrafte.

Kaisertum und Kaisertitel

An eine Wiederbelebung des weströmischen Reiches nach spätantikem Vorbild, zumal als Herrschaft über die Stadt Rom, war offensichtlich nicht zu denken, denn dies verbot das Grab der Apostelfürsten, dies verbot die sogenannte Konstantinische Schenkung, und dies verbot auch die wesentliche Konstituante des fränkischen Großreichs, dessen Herrschaftszentrum jenseits der Alpen lag. Zwar bot der erste christliche Kaiser, allgegenwärtig in seiner nach ihm benannten Gründung Konstantinopel, dem zweiten Rom am Bosporus, dem neuen Imperator eine gewisse Orientierung, aber die Formen und Inhalte von Karls Kaisertum hatten gleichwohl eigene Konturen, waren »mittelalterlich«. So nahm Karl für seine kaiserlichen Münzen, deren Prägung im Gegensatz zur Antike und zu Ostrom fast ausschließlich in Silber erfolgte, Muster an einem Goldstück des konstantinischen Zeitalters, das den lorbeerumkränzten Kopf des Imperators en face zeigte; im Titel folgt sein dem Papst 806 durch Einhart zur Unterschrift vorgelegtes politisches Testament, die berühmte *Divisio regnorum,* der entsprechenden Formel der sogenannten Konstantinischen Schenkung; auch die Bezeichnung Aachens als zukünftiges Rom im sogenannten Paderborner Epos verweist auf das byzantinische Vorbild.

Nun ergingen auch Urkunden Karls mit antikisierendem »Legimus«, »Wir haben es gelesen«, als herrscherlicher Unterschrift, besiegelt nach byzantinischem Brauch mit Goldbullen, von denen sich keine erhalten hat im Gegensatz zu einem Exemplar aus Blei, dessen Revers eines der Stadttore Roms mit der signifikanten Umschrift »Renovatio Rom(ani) Imperii« als Verpflichtung zu täglicher Erneuerung aufweist. Die einzige bis heute erhaltene zweifelsfreie Goldmünze Kaiser Karls, die 1996 bei Grabungsarbeiten in der Pfalz Ingelheim gefunden wurde, stammt aus der Münzstätte von Arles und ahmt die Vorbilder aus Pavia nach. Sie wurde allerdings erst nach 812 geprägt, als ein Übereinkommen mit dem Konkurrenten am Bosporus erzielt worden war.

Was die »Vorrechte des Kaisers zu Rom« angeht, so kam es nach 800 ohnedies nicht zur völligen Restitution der im Jahr 702 dem damaligen Kaiser Philippikos Bardanes seitens der Römer aufgekündigten herrscherlichen Prärogativen, auch wenn die Päpste nach der Kaiserkrönung Karls zunächst nach seinen Herrscherjahren als Imperator oder gar als »Konsul« ihre Schriftstücke datierten. Leos Vorgänger Hadrian I. hatte nach Inkarnations- und Pontifikatsjahren gezählt und Leo selbst bis 800 nach Pontifikats- und Königsjahren, so daß der Papst an die Stelle des Kaisers, der König an die Stelle des Patrizius-Exarchen getreten war. In der Münzprägung hatte mit Hadrian I. der Papst den Rang des Kaisers erobert, weshalb auf dem Avers sein Bild mit Umschrift prangte. Leo hingegen ließ statt des eigenen Konterfeis den Apostelfürsten Petrus gleichsam als wahren Souverän Roms abbilden. Nach dem Epochenjahr 800 finden sich Denare aus der päpstlichen Münze, die auf der einen Seite Petrusnamen und Papstmonogramm, auf der anderen den Namen und das berühmte Rautenmonogramm des Frankenkönigs aufweisen und damit gleichsam eine Doppelherrschaft von Papst und Kaiser anzeigen, den beiden Gewalten nach der Lehre des Gelasius.

Der Brauch, Kaiserbilder in den römischen Kirchen aufzustellen oder anzubringen, wurde indes nicht wiederbelebt; die eigentliche Bildpublikation unterblieb, auch Monumente nach Art der Phokassäule wurden nicht geschaffen.

Das Kirchengebet für den Kaiser konnte an ältere Vorbilder, aber auch an die »laudes«, die Bittgebete, anknüpfen, die in ihrer Mischform aus Fürbitte und Akklamation schon seit 774 den fränkischen König und Patrizius der Römer mit kaiserlichen Epitheta belegten. Bereits Hadrian I. schaltete die Fürbitte für König und Exarch in die Gebete für Kaiser und Reich ein, und nach 800 trat Karl an die Stelle des oströmischen Konkurrenten.

Dem Kaiser wurde gegeben, was des Kaisers war, aber auf den Münzen, die in ihrem alltäglichen Gebrauch die aus römischer Sicht gewünschte Vorstellung von Herrschaft prägten, zeigten sich die wahren Machtverhältnisse, nämlich eine Art Balance zwischen Petrusnachfolger und Frankenkaiser, was der Aussage des Mosaiks im Triklinium des Lateranpalastes durchaus entsprach.

Auch der Kaisertitel Karls läßt zunächst keinen festen und eindeutigen Zugriff auf ältere Traditionen oder neuere Formulierungsmöglichkeiten erkennen, was durchaus kein Unvermögen der Kanzlei signalisiert, sondern Unsicherheit hinsichtlich des tatsächlichen Inhalts des

Kaisertums. Karl führt den Kaisertitel erstmals in einer höchst komplexen Gestalt in einer am 29. Mai 801 nahe Bologna gefertigten Urkunde, die auf Ravennater Formelgut zurückgreift. An sich hätte es nahe gelegen, den Kaisertitel nach dem Vorbild des Titels »Patricius Romanorum« als »Imperator Romanorum« zu gestalten, eine Neuschöpfung, die zugleich die Reduktion des Herrschaftsanspruchs auf den Westen angedeutet hätte. Statt dessen wählte Karl den umfangreichen, subtilen und aussagekräftigen Titel »Karolus serenissimus augustus a Deo coronatus magnus pacificus imperator [alles »kaiserliche« Epitheta] Romanum imperium gubernans [die Herrschaft über eine Institution, das Römische Reich nämlich] qui et per misericordiam dei rex Francorum atque Langobardorum [der Personenverband aus Franken und Langobarden, deren König er ist]«. Damit verknüpft der Titel »höchst kunstvoll« (Peter Classen) die Herrschaft über eine Königsgefolgschaft mit der Leitung einer Institution. Franken und Langobarden blieben das eigentliche »Staatsvolk«, das Fundament seiner Herrschaft, dem die Sachwaltung für eine Einrichtung angegliedert wurde, die zwar Rom zum Bezugspunkt hatte, nicht aber die Römer. Trotz dieses abwägenden Gebarens sah Ostrom im Kaisertum Karls lediglich die Usurpation eines Barbaren, dem der Bischof von Rom Hilfestellung geleistet hatte, um seinen Dank abzutragen.

Karl enthielt sich im übrigen jeglicher »kaiserlichen« Machtausübung in Rom. In einer Gerichtsurkunde vom 4. März 801 aus der Ewigen Stadt, die noch den alten Königs- und Patriziustitel trägt, löst er einen Konflikt zwischen den Kirchen von Arezzo und Siena, beide im nichtpäpstlichen Tuszien gelegen, entsprechend dem Vorentscheid Papst Leos. In dieser Urkunde benennt Karl den Zweck seines Kommens: »Wegen bestimmter ›causae‹ der heiligen Kirche Gottes und des Herrn Papstes Leo.« Auch die in der Nähe Bolognas Ende Mai ausgefertigte Urkunde ist lediglich ein abschließendes Gerichtsurteil zugunsten des romfernen Klosters Nonantola, zwar mit dem neuen Titel versehen, aber von derselben Hand ausgefertigt wie das Stück vom März für Arezzo.

Rom war weiterhin die Aurea Roma des einstigen Weltreiches, deren Renovatio ständige Aufgabe blieb. Mehr noch war die Stadt Grablege des Apostelfürsten und Sitz seines Nachfolgers, und es war Aufgabe des neuen fränkischen Königsgeschlechts, dessen Wohlfahrt zu steuern und ihm ständigen Schutz zu verleihen. Damit hatte es sein Schicksal unlösbar an das Apostelgrab und an die Übereinstimmung mit Rom gebunden, wie dies wenige Jahre später das politische Testament des Kaisers in aller Deutlichkeit formulieren wird. Diese »Staatsdoktrin« konnte durch die Übernahme oder Wiederbelebung des Kaisertums keinen wesentlichen Zugewinn an Macht und Herrschaft verbuchen. Innenpolitische Konsequenzen aus der neuen Würde zog Karl erst mit dem Reformkapitular von 802. Diese Konsequenzen betrafen Rom gar nicht, um so mehr verliehen sie aber seinen Vorstellungen zur Ausgestaltung des Imperium christianum als heilsnotwendigem Endpunkt der vergangenen heidnischen Weltreiche Ausdruck, zu denen viele Zeitgenossen auch das Römische Reich zählten.

Karl verbrachte die Wintermonate in Rom und bei St. Peter. Seine Residenz kennen wir nicht. Auch das Osterfest am 4. April 801 feierte er mit dem Papst am Grabe des Apostelfürsten. Die sogenannten Reichsannalen halten seine offenbar umfassende Tätigkeit dieser Monate in einem Satz fest: »Nachdem er anschließend [an die Verurteilung der Verschwörer gegen Leo III.] die Angelegenheiten der Stadt Rom, des Papstes und ganz Italiens nicht nur im öffentlichen, sondern auch im kirchlichen und privaten [!] Bereich geordnet hatte und seinen Sohn Pippin erneut zu einem Kriegszug ins Beneventanische befohlen hatte, brach er am 25. April von Rom auf und kam nach Spoleto.«

Die zweite Beneventexpedition innerhalb eines halben Jahres war allerdings auch nicht von nachhaltigem Erfolg gekrönt. Schon im Herbst 799 war der Tod des Kämmerers Meginfred zu beklagen gewesen, der zum Kreis der Italienexperten um Karl gehört hatte. Alkuin bezweifelte erneut den Nutzen des ganzen Unternehmens und befürchtete wiederum Verluste unter den Getreuen. Die Äußerungen aus dem fernen Tours sind für die Monate der letzten Romfahrt Karls eine wesentliche Quelle unserer Kenntnisse. Unter anderem wird auch Karls gleichnamigem Sohn aus der Feder Alkuins eine Art Verhaltenscodex zuteil, der ihn anhält, sich am Beispiel seines Vaters, »des Rektors und Kaisers des christlichen Volkes«, auszurichten, Gerechtigkeit und Barmherzigkeit zu üben als salomonische Tugenden und gute Ratgeber auszuwählen, so daß Wahrheit und nicht Begehrlichkeit herrschen mögen. Alkuin erfährt von seinem aus Rom bereits heimgekehrten Intimus Candidus, daß das Hilfskontingent aus St. Martin Pippin in den Süden begleitet hat und daß der Papst, seiner Gegner Herr geworden, nun beim »Herrn Kaiser in großer Gnade« steht. Den Grafen Chrodgar, der gerade im Begriff ist, sich dem Heer Pippins anzuschließen, warnt er, man müsse mehr auf Weisheit und Überlegenheit setzen und nicht auf den Erfolg der Waffen. Das ungesunde Klima, die Gefahr von Seuchen gefährdeten alles, der Graf möge daher dem Kaiser lieber mit guten Ratschlägen von Nutzen sein, mahnt Alkuin. Seine Vorahnungen bestätigten sich offenbar, denn unsere wesentlichen Quellen übergehen den Feldzug Pippins mit Schweigen. Eine spätere Aufzeichnung aus Benevent weiß gar von ungeheuren Verlusten des fränkischen Expeditionsheeres zu berichten.

Von der ordnenden Tätigkeit Karls hinsichtlich der Stadt Rom und des Papsttums ist aus der Zeit des Aufenthalts am Tiber kein Zeugnis überliefert. Ob er damals den kaiserlichen Einfluß auf künftige Papsterhebungen gesichert hat, wie dies für die Nachfolge Leos in den Jahren 816 und 817 begründet angenommen werden kann, bleibe dahingestellt. Das sogenannte Pactum Ludwigs des Frommen mit der römischen Kirche von 817 verbrieft jedenfalls die freie Wahl und Konsekration des Bischofs von Rom, der freilich gehalten sein soll, Boten an den Herrscher zu senden, »um Frieden und Eintracht« zu erneuern. Leo III. hatte sein Wahldekret, mit Geschenken angereichert, dem König 795 überbringen lassen und nahm damit eine bis 731 gegenüber dem Kaiser geübte Praxis wieder auf. Das »Kaiserrecht« dürfte bei den folgenden Erhebungen in der Prüfung der Wahl und der Zustimmung zur Konsekration gelegen haben. Nach den Vorgängen um die Nachfolge Hadrians durch Leo, den seine Gegner des simonistischen Gebarens beschuldigt hatten, war das fast unvermeidlich.

In jenen Jahren verbinden sich die Spitzen der Christenheit, die beiden Gewalten Papsttum und Kaisertum, in einer Weise, die erst der sogenannte Investiturstreit des 11. Jahrhunderts beendete, indem er den Nachfolger Petri aus der Verklammerung mit dem Reich löste und die Papstwahl letztlich in die Verantwortung des sich formierenden Kardinalskollegs legte. So gewiß sich der Klerus und das Volk von Rom als Papstwähler einem bestimmten Verfahren zu unterwerfen hatten, das die kaiserliche Kontrollinstanz vorsah, so gewiß dürfte auch der Populus Romanus zu einem Fidelitätseid verpflichtet worden sein. Bereits Papst Leo hatte in seiner Wahlanzeige den König aufgefordert, einen Königsboten zur Abnahme eines Treueschwurs auf Karl abzuordnen. Doch dazu schweigen die Quellen, denn das Papstbuch bricht seine chronologisch aufgebaute Darstellung der Vita Leos mit dem Schicksal der Verschwörer von 799 ab, obwohl dieser Papst nach einem wahrhaft langen Pontifikat erst 816 verstarb. Die Lebensgeschichte widmet sich nach 799 aber ausschließlich den Baumaßnahmen und Stiftungen des Papstes in und um Rom. Stephan IV., Leos Nachfolger, verpflichtete jedenfalls nach seiner Erhebung die Römer auf Karls Erben, Ludwig den Frommen.

In bezug auf Rom und das Patrimonium Petri dürfte Karl sich mit administrativen Maßnahmen außerordentlich zurückgehalten haben. Wenn Leo III. sich nach 808 über Eingriffe kaiserlicher Boten auf dem Territorium der Kirche beklagt und damit in die Fußstapfen seines Vorgängers tritt, der sich häufig diesbezüglich beim König beschwert hatte, so verweist der Papst vor allem auf das Irreguläre, ja Widerrechtliche dieser Eingriffe, die seine eigenen administrativen Vorgaben und Anordnungen zum Scheitern verurteilen, und bittet Karl um Abhilfe: »Wir vertrauen nämlich auf Gottes Barmherzigkeit, daß in Euren Zeiten die heilige Kirche Gottes ruhig und friedlich verbleiben wird.«

Karl zog zunächst nach Spoleto, dessen Herzog Winigis dem bedrängten Papst in jenen schicksalsvollen Tagen mit einer Truppe zu Hilfe geeilt war, also in Richtung des feindlichen Benevent, das zu dieser Zeit von dem Heer Pippins erfolglos bedrängt wurde.

Aufmerksam registrieren die zeigenössischen Quellen vom 30. April auf den 1. Mai »in ganz Italien« ein schweres Erdbeben mit Bergabgängen, die ganze Städte unter sich begruben. Auch die Peterskirche in Rom wurde schwer in Mitleidenschaft gezogen, ihr Dach samt Gebälk stürzte herab. Leo III. ließ daraufhin die Grabeskirche Petri um so prächtiger wiederherstellen, wie das Papstbuch berichtet. Jenseits der Alpen war beiderseits des Rheins diese Erdbewegung gleichfalls zu verspüren, obendrein hatte der milde Winter zu einem Seuchenausbruch geführt, der verallgemeinernd als Pestilenz bezeichnet wurde. Im Schlepptau derartiger Naturereignisse pflegten Hungersnöte das Land zu überziehen.

Unbeirrt von der Wirkung der Naturgewalten begab sich der Kaiser in die alte Exarchenstadt Ravenna. Erst hier, im einstigen Zentrum byzantinischer Herrschaft an der Adriaküste, fanden Karl und seine Kanzlei wohl in Schriftstücken vor Ort jene glückliche Formel »Romanum gubernans imperium«, der das Römische Reich leitet, die den Hinweis auf Rom und die Institution des Reiches gestattete, gleichzeitig aber den »Stadtrömern« die Rolle als »Staatsvolk« versagte. Der einstige byzantinische Vorort in Italien hatte unter Führung des Erzbischofs stets auf seine Autonomie gepocht und schon zu Zeiten Hadrians I. den Zugriff St. Peters abgewehrt. Unter dem Schutz des fränkischen Königs und seiner Boten hatte es sich päpstlichen Weisungen widersetzt oder diesen nur unzureichend Folge geleistet.

In Ravenna hatte Karl Jahre zuvor offenbar seinen Kunstgeschmack an den spätantik-byzantinischen Bauwerken geschult, die noch heute in einzigartiger Weise und reicher Fülle zu dem Besucher sprechen. Er hatte schließlich Papst Hadrian I., seinen väterlichen Freund, gebeten, aus dem ehemaligen Exarchenpalast Mosaiken und Marmorsäulen über die Alpen transportieren zu dürfen. Auch Einhart läßt uns wissen, daß Karl für den Bau der Aachener Marienkirche dergleichen Spolien aus Rom und Ravenna heranschaffte, »da er dieses von anderswo nicht erhalten konnte«, wobei er allerdings die alte Kaiserresidenz Trier vergaß, die nach einer späteren Überlieferung ebenfalls antike Baureste für das »Neue Rom« beisteuerte.

Alles spricht dafür, daß Karl für die Kirche seiner Residenz Aachen das Vorbild im nachklassischen Ravenna und damit in den künstlerischen Emanationen der Epoche Justinians fand, dem er und seine Baumeister in einem schöpferischen Aneignungsprozeß in einzigartiger Weise nacheiferten. Nicht selten kann selbst der Spezialist nicht entscheiden, ob überlieferte Teile von Säulen, Pfeilern, Kapitellen, aber auch Mosaiken antike Spolien sind oder handwerklich vollkommene Nachschöpfungen des karolingischen Zeitalters. Noch als König wählte Karl weder den basilikalen Bautypus römischer Provenienz, etwa Alt-Sankt-Peter, noch den Zentralbau nach dem Beispiel von San Stefano Rotondo, den Hadrian I. damals mit stützenden Baumaßnahmen versehen hatte, zum Muster »seiner« Aachener Kirche, sondern höchstwahrscheinlich den Prachtbau von San Vitale in Ravenna. Dieser doppelschalige, achteckige und mit Emporen ausgestattete Zentralbau hat seinerseits die Kirche Sergios und Bakchos in Konstantinopel zum Vorbild. Die Vorlage wurde jedoch jenseits der Alpen in Plan und Konstruktion abgewandelt: Das Oktogon im Innern mit den Emporen bestimmt den zentralen Raum, der sich nach außen zu einem doppelten Achteck öffnet. Das Ingenium des Baumeisters und seines Auftraggebers findet in der variierten Adaption byzantinischer Vorbilder zu einer eigenen, vollkommenen Lösung. Wenn Karl, der sich an Romtreue und Petrusergebenheit auch aus wohlverstandenem politischem Eigeninteresse von niemandem übertreffen ließ und der in Liturgie, Gesang und Kirchenrecht grundsätzlich römischen Vorbildern folgte, bei seiner bedeutendsten Baumaßnahme oströmischen Mustern den Vorzug gab, wirft dies auch ein Licht auf Aachen als das »künftige Rom« des sogenannten Paderborner Epos und auf den Gehalt des »weströmischen Kaisertums«, das sich eben am Kaisertum des Bosporus – woran auch sonst? – orientierte.

Nach dem Zeugnis des Ravennater Chronisten Agnellus, der freilich Jahrzehnte nach der Karlszeit sein Werk verfaßte, ließ der Kaiser bei seinem letzten Aufenthalt in der Exarchenstadt ein vergoldetes Reiterstandbild nach Aachen bringen, das, Ende des 5. Jahrhunderts geschaffen, den Ostgotenkönig Theoderich mit der Lanze in der rechten und dem Schild in der linken Hand darstellte. Dieses sei, »wie einige sagen«, von den Einwohnern Ravennas einst aus Liebe zu Kaiser Zenon errichtet worden, Theoderich habe es dann mit seinem Namen versehen lassen. In der Tat ist Zenon jener Kaiser, der Theoderich im Jahr 484 die Herrschaft in Italien zusicherte, allerdings unter kaiserlicher Prärogative. Auch das gewaltige Mausoleum des berühmten Ostgoten, der als Dietrich von Bern als einer der herausragenden Recken der »germanischen« Heldensagen bekannt ist, dürfte auf Karl gebührenden Eindruck gemacht haben. In diesem Goten mußte der Franke seine eigene Herrschaft auf der Apenninenhalbinsel vorweggenommen sehen, und das dürfte ihn dazu bewogen haben, wie Einhart berichtet, »die barbarischen und uralten Lieder, mit denen die Taten und Siege der alten Könige besungen wurden«, aufzeichnen zu lassen, die dann Ludwig der Fromme in seiner geistigen Enge der Vernichtung preisgab.

Den Anstoß zur Überführung der Theoderichstatue mag nicht allein das politische Andenken an den dahingeschiedenen Helden gegeben haben, sondern auch der Umstand, daß den Zeitgenossen als bronzene Erinnerung an den ersten christlichen Kaiser Konstantin das heute in Kopie auf dem römischen Kapitolshügel stehende Reiterstandbild Marc Aurels galt, das zu Karls Zeiten vor dem Lateranpalast aufgestellt war. Über den Ostgoten, einen Arianer und damit einen Ketzer, verfaßte Walafried Strabo Jahrzehnte später angesichts des Standbilds in Aachen ein boshaftes Gedicht. Über den Standort der Statue im Aachener Pfalzbezirk streiten sich mangels Quellen die Gelehrten bis heute.

Nachdem er Ravenna verlassen hatte, behandelte Karl auf einer Gerichtsverhandlung in der Nähe von Bologna Ende Mai den Rechtsstreit zwischen dem Bischof dieser Stadt und seinem alten Vertrauten, dem Abt Anselm von Nonantola, betreffs Zuständigkeit einer Taufkirche, wobei letztlich der Nachweis einer Schenkung des Langobardenkönigs Aistulf für den forensischen Sieg des Klosters ausschlaggebend war.

Dies ist die im Original von der Hand des Kanzleischreibers Genesius überlieferte Urkunde Karls, die den fränkisch-langobardischen Königstitel mit der Ravennater Formel »Romanum gubernans Imperium« und dem Imperatorentitel verknüpft und die in der Datierungszeile erstmals das Kaiserjahr anzeigt. Dieses Schriftstück ist auch insofern von Bedeutung, als die nächste unzweifelhaft echte Urkunde Karls erst mit einem Privileg vom September 802 für Kloster Hersfeld vorliegt, mithin die Dokumentation äußerst schmal ist, was die offiziellen Titel nach der Annahme des Kaisertums angeht.

Das Geschenk aus Bagdad: der Elefant Abul Abbas

Das nächste wichtige Ziel auf der Rückreise des Kaisers in die nördlichen Regionen seines Reiches ist Pavia, die Hauptstadt der Lombardei und des italischen Regnums. Dieser Maiaufenthalt in Pavia wird von den Reichsannalen lediglich mit einigen Nachrichten aus dem Orient verknüpft, vor allem mit der offenbar sehnlichst erwarteten Ankunft des Elefanten aus Bagdad. Dieses Geschenk dürfte für den abendländischen Herrscher mit einem erheblichen Prestigegewinn verbunden gewesen sein. Dem Kaiser wird sogleich nach dem Eintreffen in Pavia die Kunde zugetragen, daß eine Gesandtschaft des Kalifen Harun-ar-Raschid auf dem Weg zu ihm sei. Zwischen Ivrea und Vercelli, kurz vor dem Alpenübergang am Großen St. Bernhard und verhältnismäßig nahe der Küste, fand dann die Begegnung Karls mit den Boten aus dem fernen Orient statt. Der Quelle zufolge waren das »ein Perser«, das heißt ein Gesandter aus Bagdad, und »ein Afrikaner« aus dem Emirat des Abraham aus Fossatum an der nordafrikanischen Küste nahe dem heutigen Tunis.

Die Boten trugen dem Kaiser vor, was wir bereits aus der Mirakelgeschichte von Treviso wissen, daß nämlich die von Karl selbst etwa vier Jahre zuvor in den Orient entsandten Boten wohl in Bagdad verstorben waren. Die Jerusalempilger des Grafen von Treviso, die Reliquien von den heiligen Stätten für ihren Herrn einwerben sollten und die gemäß der Absprache auf die Rückkehr der Königsboten nach Jerusalem gewartet hatten, traten endlich allein den Heimweg an. So mußte nach Auskunft des Orientalen schließlich der Jude Isaak, der als einziger die Strapazen der Reise nach Bagdad überstanden hatte, mit Geschenken beladen und den heißersehnten Elefanten im Gefolge, über die Afrikaroute die Gesandtschaft zu einem guten Ende bringen. Dieser Isaak sei bereits auf dem Weg zum Hof. Daraufhin schickte Karl immerhin seinen Erzkanzler Erkanbald an die ligurische Küste mit dem Befehl, eine Flotte auszurüsten für die Überfahrt des Elefanten und die Reste der Delegation von Afrika nach Italien.

Isaak traf schließlich mit dem exotischen Tier und den Gaben Haruns am 20. Oktober 802 in Aachen ein. Eine logistische Meisterleistung! Die neuerliche Verspätung war darauf zurückzuführen, daß der Elefant Abul Abbas, benannt nach dem Begründer der herrschenden Dynastie der Abbasiden, wegen des strengen Winters die Alpen nicht hatte überqueren können. Zwar war Isaak schon ein Jahr zuvor in Porto Venere mit seiner kostbaren Fracht an Land gegangen, hatte aber offenbar nicht das Format und den Mut eines Hannibal besessen, der einst mit seinen Elefanten über die verschneiten Pässe gezogen war. Der Verlust des noblen Präsents wäre ihm sicher auch schlecht bekommen. Noch Einhart weiß gebührend Elefant und Ehrerbietung des Kalifen zu würdigen und setzt uns davon in Kenntnis, daß Harun-ar-Raschid »Karls Gunst dem Freundschaftsbündnis aller anderen Könige und Fürsten vorzog und ihn allein seiner Wertschätzung und Freigiebigkeit wert hielt«.

Wohl noch 802 zog eine weitere Gesandtschaft, vermutlich in Begleitung des »Persers«, nach Bagdad und kehrte über Italien wieder heim. Diese relativ präzise überlieferten Beispiele der Verbindung von Orient und Okzident lassen erkennen, von welch nahezu marginaler Bedeutung angesichts der Mühsal der Reisewege und der Dauer des Unternehmens der internationale Handel über den Vorderen Orient, Afrika und das Mare nostrum war. Lediglich die Versorgung einer verschwindend geringen Oberschicht mit hochwertigen Produkten, Gewürzen, Spezereien, Seidentuchen, Glaswaren, Edelsteinen und die Befriedigung kirchlicher Bedürfnisse wurde über diese Route gewährleistet und offenbar von den Muslimen keineswegs behindert. Einen zuverlässigen Gradmesser der allgemeinen Wirtschaftskonjunktur gibt dieser Karawanenhandel sicher nicht. Von Interesse ist aber die wichtige Rolle der Juden als Vermittler zwischen Ost und West, die vor allem zu Zeiten Ludwigs des Frommen als Hoflieferanten und Privilegierte aus den orthodoxen Kreisen um Erzbischof Agobard von Lyon heftige Anfeindungen erfahren sollten.

Noch in Pavia wurden dem Herrscher weitere »außenpolitische« Erfolge signalisiert, nämlich die Eroberung und Unterwerfung Barcelonas, wozu ein erneuter Feldzug aus Aquitanien notwendig geworden war, obwohl der Wadi, der Gouverneur Zaid, 797 die Stadt dem Frankenkönig in Aachen selbst unterstellt hatte. Mit der Unterwerfung Barcelonas war ein wichtiger strategischer Gewinn im Vorfeld des Emirats erzielt, der zugleich den arabischen Plünderungszügen und Verwüstungen zwischen Pyrenäen und Ebro einen Riegel vorschob. Nach der gutunterrichten Chronik des aquitanischen Klosters Moissac hatte Karl zwar seinen Sohn Ludwig mit dieser Expedition beauftragt, diesem allerdings seinen kriegserfahrenen gleichnamigen Ältesten zur Hilfe geschickt. Als dieser jedoch in Lyon ankam, erhielt er Nachricht, daß das Kriegsziel bereits erreicht sei, so daß er wieder umkehrte.

Wenn mehr als zwei Jahrzehnte später der Dichter und Lobredner Ermoldus Nigellus, der als Exilierter auf die besondere Gnade des Kaisers angewiesen war, den Anteil Ludwigs an dieser Kriegstat besonders rühmt, so ist Skepsis angebracht, zumal einer der Ludwigbiographen, der sogenannte Astronom, eher das Gegenteil anzudeuten scheint. Er teilt nämlich mit, daß König Ludwig, erst nach dem Fall Barcelonas herbeigeholt, gleichsam offiziell die Kapitulation entgegennahm. Die Berater Ludwigs scheuten sich offenbar, das Leben des Königs aufs Spiel zu setzen. Dabei waren die Söhne des Königs wie ihre Altersgenossen aus der adligen Oberschicht in der Kriegskunst wohlunterrichtet. Karl der Jüngere und Pippin galten offenbar als exzellente Heerführer, denen durchaus eigenständige Kommandos anvertraut wurden. Tatsächlich hatte auch Ludwig den Befehl über einen Truppenteil inne, der im Roussillon als Reserve vorgehalten wurde, während Wilhelm von Toulouse, der berühmte Willehalm Wolframs, die Flanke gegen das Emirat deckte und Graf Rotstagnus von Gerona die Belagerung anführte. Zwar hielt Ludwig an einem Sonntag pomphaften Einzug in Barcelona und kostete den Triumph des Sieges aus, der Wadi selbst wurde jedoch dem Kaiser überstellt. Der Kaiser war stets Herr der Lage, während die Söhne im echten Wortsinn »Mittelgewalt« (nach dem glücklichen Ausdruck von Brigitte Kasten) blieben und zugleich Repräsentanten ihres Vaters.

Mit der Einnahme Barcelonas trat nur eine kurzfristige Beruhigung ein. Es wurden (west)gotische Truppen als Besatzung in die Stadt gelegt, doch brachen die Kämpfe noch zu Lebzeiten Karls erneut aus.

Auch König Pippin konnte in seinem wenig ersprießlichen Kampf gegen Benevent nach Pavia einen kleinen Erfolg vermelden: Es war ihm gelungen, das grenznahe Chieti dem Einfluß des Gegners zu entreißen und dessen Präfekten gefangen zu nehmen. Dieser wie auch der vorgeführte Wadi von Barcelona wurden von Karl zum Exil verurteilt, eine »byzantinische« Form der Bestrafung unterhalb von Hinrichtung und Verstümmelung, die insbesondere politische Gegner erfuhren und die zumeist Klosterhaft bedeutete.

»Kaiserliche Innenpolitik« und das programmatische Kapitular von 802

Die offiziöse Chronistik dieser Jahre, die sich insbesondere den »außenpolitischen« Vorstößen und Erfolgen des Herrschers widmet, unterschlägt in aller Regel das wichtige Kapitel der »Innenpolitik«, das sich dem annalistischen Vorgehen Jahr für Jahr nur schwer erschließt. Dieses Feld tritt aber bereits vor Abschluß der Sachsenkriege 804 und 805 immer mehr in den Vordergrund und bestimmt nachhaltig die Regierungsmaximen Karls als eine auf das Reichsganze ausgerichtete Strukturpolitik. Die reichlicher sprudelnden Quellen der »Kaiserzeit« sind durchgehend von diesem Vorstoß nach »innen« geprägt, der bereits 789, nach der Niederwerfung Tassilos von Bayern, mit der Ausformulierung eines innenpolitischen Reformprogramms eingesetzt und seinen Niederschlag gefunden hatte in der »Admonitio generalis«, der »Allgemeinen Ermahnung«.

Dieser Neuansatz zeigte sich schon in den Jahren 801 und namentlich 802 mit wichtigen Reformkapitularien, die zugleich, indem sie den Blick nach »innen« richten, die Gesamtproblematik des fränkischen Großreichs und seiner fragilen Herrschaftsstrukturen offenlegen. Programmatisch orientierte sich Karl an den Königen des Alten Testaments und ihrer Regierungsweise, an Josias vor allem, David und Salomon, an den Leitideen einer christlichen Gesellschaft Augustins und an der

Machtfülle römischer Caesaren, deren Titel Karl für den Westen in seiner Person erneuert hatte. Der Kaiser war bestrebt, das Imperium christianum zu einem Reich des Friedens und der Eintracht zu gestalten, um dereinst Verantwortung vor Gott für sein Tun und Lassen übernehmen zu können. Daß er den Versuch unternommen hat, die anarchische, besser semiarchaische Gesellschaft in eine zivilisierte, den Normen des Glaubens und des Rechts unterworfene Gemeinschaft umzuwandeln, macht die Größe Karls aus und nicht das Zusammenraffen einer disparaten, allenfalls durch die gemeinsame Religion und das Königtum zusammengehaltene Ländermasse nach Art antiker und moderner Diktatoren. Die Ausrichtung seines Staates nach verbindlichen Rechtsnormen und christlicher Ethik vornehmlich zum Schutz der Schwachen, der Kirche, der Witwen, der Waisen, der Ohnmächtigen als Agens herrscherlichen Handelns blieb dem Mittelalter und der Nachwelt unvergessen und ließ in den dunklen Tagen der folgenden Epoche Karl zur Lichtgestalt, zum Vorbild schlechthin werden. Ob man diese auf die Verfaßtheit der Gesellschaft in ihrem Kern ausgerichteten Ambitionen als Renaissance oder als Correctio umschreibt, ist in der Sache zweitrangig.

François Louis Ganshof, einer der besten Kenner der Epoche, hat für das Karlsreich in seiner Endphase eine »Dekomposition« festgestellt und die Symptome weitgehenden Mißlingens der Reformversuche gewiß richtig geschildert und genau analysiert, nur entspricht dem diagnostizierten »Zerfall«, der »Ent-zusammensetzung«, keine vorherige »Komposition«, keine Konzentration staatlicher Mittel, die sich in der Spätzeit Karls hätte zersetzen können. Ansätze, dem fränkischen Großreich unter dem Dach des neugewonnenen Kaisertums allgemein akzeptierte Normen des Zusammenlebens zu vermitteln und die dafür erforderlichen Verwaltungs- und Rechtsstrukturen in Staat und Kirche zu schaffen, sind über tastende Versuche nicht hinausgekommen. Gewiß ist ein Scheitern dieser Bestrebungen zu konstatieren, ein Scheitern, das freilich nicht nach den Maßstäben des bürokratisch verwalteten modernen Staates beurteilt werden darf, sondern ausschließlich nach den Möglichkeiten jener Epoche, also des 8. und 9. Jahrhunderts. Diese Einsicht hatten allerdings schon die heute belächelten Vertreter des Historismus, allen voran der große Leopold von Ranke.

Einhart modifiziert und paraphrasiert in seiner Karlsbiographie den Einschnitt in der Augustusbiographie Suetons, der mit der Übernahme des Amtes des Pontifex maximus durch den Prinzeps einhergeht und dessen neue, nach innen gerichtete Aktivitäten darstellt. Der Biograph Karls setzt diesen Einschnitt mit der Übernahme des Kaisertitels und hebt auf die Reformen Karls auf dem Felde des Rechts ab. So habe sich der Kaiser insbesondere den Rechten der Franken und deren Verbesserung zugewandt. Es gebe bei diesem Volk zweierlei stark voneinander abweichende Rechte, womit das ribuarische und das »salfränkische« Recht gemeint sind. Karl habe als Ziel seiner Rechtspolitik beabsichtigt, »Fehlendes hinzuzufügen, Widersprechendes auszugleichen, Falsches und Verkehrtes zu verbessern«. Dabei sei er freilich nicht allzu erfolgreich gewesen.

Mit der Korrektur des bestehenden Rechts, das zum Teil als mündlich gewiesenes und überliefertes Recht noch der Aufzeichnung bedurfte, begann der Kaiser bereits während seines Aufenthalts in Pavia und offenbar in Verfolgung eines umfassenden legislatorischen Konzepts, das Einhart unzulässigerweise auf die Nachbesserung der beiden fränkischen Rechte einengt. Den Beginn der legislatorischen Bemühungen markiert das von Karl selbst in Pavia 801 erlassene »Italienische Kapitular«, das unter anderem zur allgemeinen Kenntnis gibt, »daß alles das, was der Rechtsunsicherheit steuert und was von unseren Vorgängern, den Königen Italiens, in den Edikten des langobardischen Rechtes, die von ihnen herausgegeben worden sind, übersehen worden ist, [wir] nach Lage der Dinge und den Zeitläuften gemäß besorgt haben hinzuzufügen, so daß nämlich Notwendiges, das dem Gesetz abgeht, hinzugefügt und in zweifelhaften Fragen nicht die Meinung irgendwelcher Richter, sondern die Satzung unserer königlichen [!] Autorität den Vorzug einnimmt.«

Materiell finden sich hier neben erforderlichen Abänderungen der bisherigen Vorschriften über Schenkungen auf den Todesfall und der strafrechtlichen Verfolgung von Räubern vor allem zwei Verfügungen, die über ältere Rechtssätze eines Bußkatalogs hinausgehen: zum einen die Auslöse für die Teilnahme am Heerbann in Höhe von sechzig Schillingen, die zugleich auch als Strafsumme für die Nichtbefolgung königlicher Befehle und die Verletzung des Königsbanns zu zahlen ist. Schuldig macht sich, »wer den Frieden der Kirchen Gottes, der Witwen und Waisen und der weniger Mächtigen bricht«. Der zweite Rechtssatz gilt den Deserteuren, also denjenigen, die ohne Befehl oder Erlaubnis das Heer verlassen und das begehen, »was wir in der Volkssprache [teudisca lingua] als herisliz bezeichnen«. Diesen droht als »Majestätsverbrechern« die Todesstrafe und der Einzug ihres Vermögens zugunsten des Fiskus.

Auch hier geht der karolingische Gesetzgeber auf die bereits erwähnten spätrömischen Sentenzen des Paulus zurück und auf die sogenannten Epitome, die im Frankenreich verbreitet waren und der Lex Julia entsprechend die Desertion aus dem kaiserlichen Heer als todeswürdiges Majestätsverbrechen einstufen. Die Aufnahme dieser Bestimmung in das Langobardenrecht spiegelt den zunehmenden Unwillen der waffenfähigen Bevölkerung, namentlich der Großen, weiterhin an den Kriegszügen des Frankenherrschers, insbesondere wohl in den Süden, nach Benevent, teilnehmen zu müssen. Dieser Befund gilt nach den sich häufenden Zeugnissen bald für das gesamte Reich, was die militärische Handlungsfähigkeit des Herrschers zunehmend in Frage stellte. Es ist bemerkenswert, daß die Aufgabe des Gesetzgebers als kaiserliche Prärogative wahrgenommen wird, wie auch die Heeresflucht als Majestätsverbrechen gilt und Eingang in das durch Bußkataloge charakterisierte »Volkrecht« findet, das für »Freie« weder die Todesstrafe noch den Güterentzug kennt.

Mit dem zitierten »Capitulare Italicum« setzt in den kommenden Jahren eine ganze Abfolge legislatorischer Maßnahmen ein, die jene »volkstümliche« Grundlage der Kompensationen mittels Bußzahlungen durch normative Eingriffe des Herrschers auf dem Hintergrund rechtlicher und politischer Entwicklungen ergänzt und verändert. Aus der »Volksgemeinschaft« (der Begriff sei hier erlaubt) soll sich mit Hilfe des »Kaiserrechts« eine Art von frühem »Untertanenverband« bilden, wozu insbesondere die Ausformung des »öffentlichen« Strafrechts eine geeignete Handhabe bietet.

Der Kaiser kehrte nach der Jahresmitte 801 über Ivrea, wo er das Fest Johannes des Täufers am 24. Juni beging und kurz danach auf dem Weg nach Vercelli die Boten des Harun-ar-Raschid empfing, über den Großen St. Bernhard ins Frankenreich zurück und feierte wie gewohnt in Aachen das Weihnachtsfest und die Auferstehung des Herrn am 27. März 802. Das Jahr 802 ist ein Friedensjahr und gilt wichtigen innenpolitischen Entscheidungen. Zu Recht bemerken die Lorscher Annalen: »In diesem Jahr verweilte der Herr Kaiser Karl friedlich mit seinen Franken im Palast zu Aachen, gedachte aber voll Erbarmens der Armen, die in seinem Reich waren und die ihr Recht vollkommen nicht hatten haben können.« Nach dem Awarenkrieg, der Rebellion des eigenen Sohnes, nach immer wieder ausbrechenden gefährlichen Sachsenaufständen, dem Attentat auf Leo III. und nicht zuletzt nach der Kaiserkrönung, also nach all den kriegerischen und politischen Großereignissen des vergangenen Jahrzehnts, galt es, Atem zu holen und sich den inneren Verhältnissen des Großreichs entschieden und programmatisch zuzuwenden. So unternimmt Karl während der nächsten rund fünfzehn Monate vom Winter 801 bis zum Frühjahr 803 den Versuch, die Herrschaft spirituell-religiös zu vertiefen und den rechtlichen Rahmen politischen Handels gleichzeitig zu erneuern und zu verbessern.

Ohne Zweifel verlieh die Annahme der Kaiserwürde der Herrschaft des Großkönigs eine neue Dimension. Auch Alkuin, der Spiritus rector Karls im fernen Tours, bemühte sich, die religiösen Wurzeln dieser »Würde, von Gott eingerichtet«, bloßzulegen. Alkuin will dem Kaiser »bei der Predigt des katholischen Glaubens zur Seite gehen« und fordert ihn auf, die Fülle der ihm von Gott verliehenen Macht und Weisheit darauf zu verwenden, »die Hochmütigen zu unterwerfen und die Demütigen vor den Bösen zu beschützen«. So sei es jetzt, in der Zeit der »wolkenlosen Heiterkeit« (serenitas) und des Friedens, angezeigt, »dem Volk, das herbeieilt, das Rechte anzubefehlen und das Heilige anzumahnen«. Daher müsse der »Fürst des christlichen Volkes alles genauestens wissen und predigen, was Gott gefällig sei«.

Ausdruck dieses Bemühens um religiöse Vertiefung der Herrschaft und zugleich des eigenen Verantwortungsbewußtseins für das Tun und Lassen des christlichen Volkes ist ein umfangreiches Kapitular, das von François Louis Ganshof im Kontext einer brillanten Interpretation ganz zu Recht als »programmatisches« eingestuft wurde und dessen Echo in vier, im anderen Fall in sechs Instruktionen für Königsboten widerhallt. Wiederum werden wir auf die Zufälligkeit unserer Textüberlieferung gestoßen: Während von der berühmteren »Allgemeinen Ermahnung« nicht weniger als 22 Textzeugen auf uns gekommen sind, liegt das überaus wichtige Reformkapitular von 802 lediglich in einer einzigen italienischen Sammelhandschrift des 10. Jahrhunderts vor, die den Wortlaut obendrein nur mit zahllosen Korruptelen wiedergibt. Somit teilt auch dieser Text das Schicksal anderer höchst bedeutsamer Dokumente, etwa des berühmten *Capitulare de villis,* der sogenannten Krongüterordnung, oder der *Ordinatio imperii,* der Herrschaftsordnung

Ludwigs des Frommen von 817, die jeweils in nur einem einzigen Manuskript überliefert sind.

Die konzeptionellen Bemühungen Karls und seines Beraterstabs schlugen sich nicht in einem abgerundeten Schriftstück nieder, das systematisch Punkt für Punkt künftiger Regierungsarbeit in logischer Abfolge verankernd erläuterte, sondern in einem Gemisch von Vorschriften, das, additiv durch Sachgebiete springend, gleichwohl einen allgemeinen Rahmen vorgibt, der freilich die Konsistenz legislativer Texte der Moderne durchaus noch vermissen läßt. Weltliches und Sakrales, Innenpolitik und Außenpolitik im neuzeitlichen Verständnis stehen unvermittelt nebeneinander, die Frage der Zuständigkeit bleibt nicht selten offen, Strafandrohungen sind nicht durch Sanktionen bewehrt, Pädagogik wechselt mit Politik. Auch vermißt man in der Diktion eine abschließende Redaktion, denn der Kaiser wird zumeist in der dritten Person eingeführt, spricht gelegentlich aber unmittelbar in der ersten Person, was ein Indiz für seine Anwesenheit und offenbar Ausdruck seines emotionalen Engagements während der Beratungen sein dürfte.

Diesem Programm folgten Instruktionen an die Königsboten als ausführende Organe des Herrscherwillens, die nun nicht mehr, wie wiederum die Lorscher Annalen betonen, den Reihen der »ärmeren Vasallen innerhalb des Palastes wegen der Gefahr der Bestechlichkeit« entstammen, »vielmehr erwählte er [dazu] in seinem Reich Erzbischöfe und sonstige Bischöfe und Äbte und Herzöge und Grafen, die eben kein Bedürfnis spürten, an den Unschuldigen vorbei Geschenke anzunehmen. Und diese sandte er durch sein ganzes Reich, daß sie Kirchen, Witwen und Waisen, Armen und dem ganzen Volk Gerechtigkeit brächten.« Dieser häufig mißverstandene und durchaus mißverständliche Passus besagt nicht, daß mit dem Jahr 802 ein sozialer Wechsel auf der Ebene der Königsboten eingetreten sei. Diese gehörten nach Auskunft der Quellen stets den politischen Führungseliten an. Vielmehr läßt sich hier die Einrichtung von Missatsbezirken ablesen, die – mit Metropolen, aber auch mit Grafschaften verknüpft – eine Sonderform definierter »Mittelgewalten« zwischen der Zentrale und lokalen Instanzen bildeten und deren Kompetenzen deutlich die Befugnisse sonstiger Amtsträger überstiegen. Derartige übergreifende Aufgaben sind ohnedies zu keiner Zeit von den einfachen Boten, Zolleinnehmern, Kontrolleuren der Pfalz und des Fiskalguts wahrgenommen worden. Den 802 angesprochenen Missi, die wir ganz überwiegend in den »Kernzonen fränkischer Macht« zwischen Seine und Maas, an Rhein, Main und Mosel finden, wird vor allem die Unbestechlichkeit ihrer Amtsführung verpflichtend auferlegt. Dies stand im lebhaften Widerspruch zur gängigen Rechtspflege, die der Gabe für den Gebenden wie den Nehmenden eine besondere Funktion einräumte.

Karl beraumte im Oktober 802 und im Frühjahr 803 in Mainz, wohl wegen der günstigen Lage des Ortes, Synoden und Reichsversammlungen an, die offenbar die angesprochene Thematik vertieften. Auch das Jahr 803 blieb daher ohne Kriegszug, der Kaiser schickte lediglich nach regionalem Bedarf »Scharen« aus. Ob bereits das programmatische Kapitular von 802 von einer Synode unter dem Vorsitz Karls ausgearbeitet worden ist, läßt sich nicht ermitteln. Immerhin könnte der Zusatz, daß der Kaiser sich »mit seinen Franken« in Aachen aufhielt, auf eine derartige Zusammenkunft deuten.

Es ist unmöglich, hier eine eingehende Analyse des umfangreichen Textes von 802 vorzulegen, der ein bemerkenswertes Bild der Bemühungen des Aachener Hofes gibt, den Gottesstaat Augustins, die Civitas Dei, in der Verankerung von Frieden, »Ordo« als gottgewollter Ordnung und Gerechtigkeit zu errichten und damit auf eine Verchristlichung aller Lebensbereiche zu dringen, die Laien zu erziehen und die Kleriker und Mönche in ihrer strikten Ausrichtung auf die von Rom vermittelten Vorschriften (Kanones und Benediktsregel) festzulegen. Einhart läßt uns wissen, daß zu Karls Lieblingslektüre eben das Hauptwerk des großen Kirchenvaters Augustin, *De civitate Dei*, gehörte.

Gelegentlich wird in der Literatur mit hochmütigem Unterton die intellektuelle Insuffizienz Karls hervorgehoben und die Beschränktheit seines kulturellen Auffassungsvermögens belächelt. Seine geistige Auseinandersetzung mit der für das Geschichtsverständnis des Mittelalters zentralen Schrift Augustins bezeugt aber gerade das Gegenteil, ganz zu schweigen davon, daß Karl durchaus in der Lage war, der öffentlichen Erörterung hochkomplizierter Sachverhalte theologischen Inhalts, etwa im Adoptianismusstreit, zu folgen und seine wohlerwogene Meinung zu äußern. Auch war er des Lateinischen mächtig und verstand selbst Griechisch.

Die Predigt dessen, was recht ist, wird zu einer wesentlichen politischen Aufgabe, der Schutz der Schwachen zum wesentlichen Inhalt allgemeiner Regierungstätigkeit. Es blieb nicht bei dieser abstrakten Forderung nach Verwirklichung der Gerechtigkeit als zentraler Aufgabe allen Herrschens, denn Karl berief als Missi nun nicht mehr jene kleinen Hofleute, die »ärmeren Vassi« aus dem Palast, wie sich die Lorscher Annalen ausdrücken, sondern verstärkt die Führungsschicht des Reiches. Bereits im Frühjahr 802 ist Erzbischof Arn von Salzburg als Missus in Bayern tätig. Freilich war mit dieser Maßnahme allein wenig gewonnen, wie ein bekanntes Gedicht des Bischofs Theodulf von Orléans offenbart, das von den Offerten berichtet, die dem Bischof als Königsboten in seinem Sprengel von hoch und niedrig unterbreitet worden sind. Und der gute Alkuin versäumt nicht, seinen Freund Arn zu ermahnen, als Missus im Gericht von niemandem Geschenke entgegenzunehmen.

Wie es um die Amtsführung der Grafen tatsächlich bestellt war, zeigt das Beispiel des mächtigen Grafen Bego von Toulouse, der seit 806 mit einer nichtehelichen Tochter Ludwigs des Frommen vermählt war und seit 814 in der Nachfolge Graf Stephans von Paris stand: In der Vision einer alten Frau ließ der Teufel dem Grafen nach seiner Höllenfahrt Gold in die Kehle fließen mit den Worten: »Nach solchem Gold hast Du zu Lebzeiten gedürstet« und »Nun trink Dich satt!« Es waren ganz offensichtlich nur wenige zu finden, die den »Königsweg« des Erbarmens zwischen Reichen und Armen gehen wollten.

Der Text des zu Recht als programmatisch eingestuften Kapitulars umfaßt nicht weniger als vierzig Kapitel, deutlich weniger als die »Allgemeine Ermahnung« von 790 mit mehr als 80 Einzelvorschriften, die freilich vielfach nur den Wortlaut der römischen Kanonessammlung, der *Dionysio-Hadriana*, wiederholten, die aber wohl kaum in Instruktionen für ranghohe Königsboten umgesetzt worden sind.

Einleitend wird die Maxime des Kaisers erläutert, daß alles Handeln dem Gesetz und dem Recht zu unterwerfen sei. So sollen die »weisesten Männer«, Erzbischöfe, Bischöfe, Äbte und »fromme« Laien, eine Art Inventur der einzelnen Rechte vornehmen und deren Beachtung anmahnen. Sofern sie aber feststellen sollten, daß Unrecht geschieht, sollen sie dieses dem Kaiser melden, der für Abhilfe Sorge tragen will. Niemand soll den Kreis der Schwachen verletzen, jeder hat nach Gottes Ratschluß gemäß seinem Vorsatz und seiner Profession nach dem göttlichen Gebot zu leben. Die Kanoniker sollen weltliche Geschäfte vermeiden, die Nonnen unter Obhut ihr Leben führen. Die Laien aber sind gehalten, nach Recht und Gesetz zu handeln und ohne Arglist und in Liebe und Frieden vollkommen miteinander zu leben. Die Königsboten haben den Auftrag, dafür zu sorgen, daß jedermann sein Recht erhält. Sollte dies aber auch unter Beihilfe der ansässigen Grafen nicht möglich sein, so sollen die Missi mit ihren Aufzeichnungen den Königshof aufsuchen, um dort das Urteil zu empfangen. Niemand darf durch Schmeicheleien oder Geschenke, verwandtschaftliche Bindungen oder durch Furcht vor den Mächtigen seiner Rechte beraubt werden.

Die folgenden Einzelkapitel sind gleichsam als materielle Ausführungsbestimmungen dieser grundsätzlichen Forderungen nach Recht und Gerechtigkeit zu interpretieren, als Voraussetzungen für Frieden und Eintracht im Populus christianus. Die Kleriker werden in ihre Schranken gewiesen, die Nonnen unter den Schutz ihrer Einrichtung und die Laien unter die Hoheit der Gesetze gestellt, deren Einhaltung sie zu beachten haben. Gelingt dies nicht, bleibt das Königsgericht als oberste Appellationsinstanz.

Nicht zuletzt um diesen allgemeinen Gehorsam zu erzwingen, fordert das Kapitular unmittelbar nach der allgemein gehaltenen Vorrede von jedermann die Leistung eines Treueids auf den Kaiser in einer Formel, die, weit über den Schwur von 789 hinausgehend, Inhalt und Gehalt der geschuldeten Treue in nicht weniger als sechs Kapiteln präzisiert. Dennoch ist dies kein »Untertaneneid«. Der »Freie« als Leitfigur der Leges steht zwar in jener Epoche bereits in einem bestimmten Verhältnis zum König, das sich weitgehend an der Gefolgschaft ausrichtet, er ist aber kein »Subjekt« eines abstrakt gefaßten Staates, der seine Spitze im Monarchen findet. Hardrad und seine Mitverschwörer meinten ja noch 786, gegenüber dem König ohne Eidesleistung keinerlei bindende Verpflichtungen eingegangen zu sein und somit keine Schuld auf sich geladen zu haben. Karl akzeptierte formal diese Gegenrede, doch ließ er den Eid auf die Reliquien der Heiligen nachholen und die Verschwörer danach hart bestrafen. Der von allen geforderte Treueid von 789 litt gewissermaßen unter seiner Abstraktion. Er lautete: »So verspreche ich der Seite meines Herrn König Karls und seiner Söhne, daß ich treu bin und sein werde zeit meines Lebens ohne Trug und Hintersinn.« Offenbar war der tatsächliche Inhalt dieser Formel falsch verstanden worden, »da nämlich viele meinten, die Treue zum Herrn Kaiser gelte nur für dessen Lebenszeit und daß man aus Feindschaft niemanden in sein Reich führen dürfe und daß man der Untreue eines anderen nicht beipflichten und diese nicht verschweigen dürfe«.

Dieser ausschließlich als Verbotskatalog formulierte Eid wird 802 durch einen sakral erweiterten Schwur ersetzt, der im Reformkapitular zudem eine mehrstufige inhaltliche Präzisierung erfährt. Damit hoffte man alle tatsächlichen oder vorgetäuschten Verständnisschwierigkeiten zu beseitigen. Diese Formel, die von allen, ob Kleriker oder Laie, nach Erreichen des zwölften Lebensjahrs, der Rechtsmündigkeit also, nachzusprechen war, lautete: »Unter religiösem Eid [sacramental] verspreche ich [wieder], daß ich von diesem Tag an dem Herrn Karl, dem frömmsten Kaiser, Sohn des Königs Pippin und der Königin Berthana [!], reinen Sinnes, ohne Betrug und Hintersinn meinerseits ihm gegenüber und zu Nutz und Ehre seines Reiches treu sein werde, wie es von Rechts wegen der Mann seinem Herrn schuldet. So helfe mir Gott und jene Heiligenpatrozinien, die an diesem Ort sind, dieses zeit meines Lebens und mit meinem Willen, soweit mir Gott Einsicht verleihen wird, zu beachten und hierin übereinzustimmen.«

Eine Variante dieses Textes drückt ähnliches aus, wobei auch hier als Tertium comparationis nicht etwa der Eid, den der Mann oder Vasall seinem Herrn schuldet, die Basis des Vergleichs abgibt, sondern die Treue, die der Mann seinem Herrn nach dem Handgang in eben der Weise schuldet wie der Eidleistende dem Kaiser. Der Handgang als Unterwerfungsgeste und der Treueid dürften sich zunächst ausgeschlossen haben, so daß beide Rechtsfiguren erst seit der allgemeinen sozialen Aufwertung der Vasallität unter Karl zusammengeführt werden konnten. Wenn Herzog Tassilo 788 seinen Treueid, den er bereits zuvor geleistet haben dürfte, um den Handgang ergänzte, so lag in diesem Akt zugleich seine Unterwerfung beschlossen, die ihn seiner Unabhängigkeit gegenüber dem fränkischen König endgültig beraubte. Hinsichtlich der Sakralisierung des Treueschwurs sei nochmals an die Vorgänge von 786 erinnert, die dem potentiellen Meineid über den Reliquien der Heiligen eine zusätzliche Dimension der Strafe verliehen.

Dieser Eid von 802 erfuhr eine substantielle Erläuterung, eine Offenlegung des Gemeinten, seiner Ratio, wie der Text sagt, um jedes Mißverständnis auszuschließen. Danach soll sich jedermann nach seinem Verstand (!) und seinen Kräften dem Gebot Gottes entsprechend verhalten, da der Kaiser nicht überall helfend und disziplinierend eingreifen kann. Niemand darf sich ferner an königlichem Eigentum vergreifen noch an seinen Hörigen, Grenzsteine verrücken oder Ländereien besetzen, niemand darf flüchtige Hörige, die sich fälschlich als frei bezeichnen, bei sich aufnehmen. Niemand darf den Schwachen in dieser

Gesellschaft, wozu auch die Pilger zählen, Schaden zufügen, »weil nämlich der Herr Kaiser nach Gott und seinen Heiligen als ihr Schützer und Verteidiger eingesetzt worden ist«. Niemand darf Benefizien, also Leihegut aus Fiskal- oder Kirchenbesitz, das ihm übertragen worden ist, zugunsten seines Eigengutes im Stich lassen. Ferner muß jeder dem Heeresaufgebot Folge leisten, kein Graf darf es wagen, Pflichtige aus verwandtschaftlichen Gründen oder wegen schmeichelnder Geschenke von der Heerfahrt zu befreien. Jedermann soll ferner den herrscherlichen Befehlen nachkommen und die geschuldeten Abgaben zahlen. Die abschließende inhaltliche Ausdeutung des Treueids wendet sich wiederum dem Thema Gericht und Gerechtigkeit zu: Vor Gericht soll alles dem Recht und dem Gesetz folgen, Unwissenheit einer Partei darf nicht zu einem Fehlurteil führen, jedermann muß über sein Recht aufgeklärt werden.

Statt einer Liste von Verboten, die eine bestimmte Verhaltensweise verhindern sollen, enthält der Treueid jetzt zusätzlich und erklärend Handlungsgebote: nach Gottes Gesetz zu leben, umfassend Gerechtigkeit zu üben und dem Königsbann zu gehorchen, insbesondere dem Heeresaufgebot zu folgen. Bemerkenswert im Kontext dieser neuen Eidesformel ist nicht nur der deutlich verstärkte religiöse Charakter, das Sakramentale, sondern auch die Beschränkung auf die Person des Kaisers, unmißverständlich präzisiert durch die Angabe seiner Eltern. Galt der Eid von 789 noch Karl und seinen Söhnen, gleichsam dem »ganzen Haus«, so gilt er jetzt lediglich der Person des Kaisers. Die Kaiserwürde hebt Karl aus dem Familienverbund heraus zu anderer, höherer Qualität.

Das Verhältnis zwischen Kaiserwürde und Königtum blieb ungeklärt, selbst das politische Testament des alternden Herrschers von 806, die *Divisio regnorum*, weicht einer Bestimmung des Kaisertum aus und verfügt lediglich nach den Grundsätzen des fränkischen Erbrechts über die Nachfolge der drei Söhne als Könige. Das Kaisertum als von Gott gesetzte Leitungsgewalt über das Imperium christianum war seinem Wesen nach nicht teilbar, während das Königtum den erbberechtigten, später dann den legitimen Söhnen vor Ausbildung der »Monarchie« im 10. Jahrhundert gleichsam zuwuchs und damit auch teilbar blieb.

Dem Vorsatz der Einleitung folgend, greifen die nächsten vierzehn Kapitel des Reformkapitulars ordnend in die Amts- und Lebensführung von Bischöfen, Äbten, Mönchen, Nonnen und auch der übrigen Kleriker ein und verlangen von ihnen als »Prälaten vor allem einen maß- und liebevollen Umgang mit den ihrer Herrschaft und Fürsorge Unterworfenen«. Dazu gehört, daß sie nach den verbindlichen Kirchengesetzen, die Mönche zumal nach der Regel Benedikts, leben und Verwalter bestellen, »die das Gesetz kennen und Gerechtigkeit üben«. Geistliche Hierachie und weltliche Amtsgewalt in Gestalt der Grafen sollen in Eintracht wirken, die Schwachen in der Gesellschaft sollen Hilfe und Trost bei ihnen finden, »auch damit wir [der Kaiser] durch ihren guten Willen eher den Lohn des Ewigen Lebens als Strafe im Jenseits verdienen mögen«.

Äbte und Mönche bleiben nach den kanonischen Vorschriften dem Ortsbischof unterworfen, Kirchenbesitz muß unangetastet bleiben und steht unter Königsbann. Erneuert wird das Gebot für Kleriker, sich weltlicher Geschäfte zu enthalten, Streit und Auseinandersetzungen zu meiden und sich nicht der Trunksucht und Gelagen hinzugeben, »weil dadurch die Wollust, wie allen bekannt ist, ausbricht«. An dieser Stelle wird der Text emotional und ganz persönlich: »Uns« sei zu Ohren gekommen, daß in Klöstern Unzucht und »Schmutz« verbreitet seien, Hurerei und Sodomie, also homosexuelle Praktiken. Dies sei sofort abzustellen, anderenfalls werde er, der Kaiser, eine solche Bestrafung vornehmen, »daß kein Christ, der dies hört, jemals mehr wagen wird, dergleichen weiterhin zu begehen«. Frauen, auch Mägde, sind aus der Klostergemeinschaft zu entfernen. Bemerkenswert ist der Versuch des Herrschers, mit den Mitteln des »öffentlichen« Strafrechts über die Bußen der Volksrechte und die Sanktionen der kirchlichen Bußbücher hinaus bestimmte inkriminierte moralische Verhaltensweisen zu beseitigen. Derartige Bestrebungen tauchen in Verbindung mit dem programmatischen Kapitular wieder auf sowie in späteren Erlassen, die materiell und in der Verfahrensweise die Kompensationskataloge der alten »Volksrechte« zugunsten eines »Kaiserrechts« sprengen.

Weitere Vorschriften im »geistlichen« Kontext ermahnen den Klerus, sich der profanen Lebensführung zu enthalten, etwa Jagdhunde und Jagdvögel auszubilden. Äbtissinnen sollen in Klausur leben und ihr Amt in Absprache mit dem Bischof führen. Priester und Kanoniker, die ihre Ämter am Hof eines Grafen ausüben, sollen ebenfalls dem Bischof unterstellt sein und nach ihrer jeweiligen Ordnung leben. Und wieder greift die »öffentliche« Sanktion einer Verfehlung in das Geflecht des geistlichen Rechts ein: »Wenn aber ein Priester oder Diakon nach diesem [Erlaß] in seinem Haus Frauen außerhalb kanonischer Erlaubnis [Mutter, Schwester] zu haben wagt, soll er seines Amtes und Besitzes beraubt werden, bis er vor uns erscheint.«

Die restlichen sechzehn Paragraphen des Kapitulars dienen vor allem der umfassenden Regelung der Rechtspflege in der Gewißheit, daß ohne Gerechtigkeit Frieden und Eintracht nicht möglich sind. Grafen und deren Personal sollen Recht sprechen, Gesetze und das Gebot der Gerechtigkeit getreu beachten, die Armen nicht bedrücken und sich bei der Ausübung ihres Amtes nicht durch Schmeichelei, Geschenke, verwandtschaftliche Beziehungen oder gar Drohungen in der Verfolgung und Bestrafung von Übeltätern beirren lassen. Es folgt ein Satz, der wegen seiner Relevanz bis heute zahlreiche Kontroversen in der Forschung ausgelöst hat: »Die Richter sollen nach geschriebenem Recht gerecht urteilen und nicht nach ihrem Ermessen.« Damit sollte der Willkür gesteuert werden und die Verpflichtung auf Rechtstexte zur Regel der Rechtsprechung werden. Um deren Aufzeichnung, Emendation und Ergänzung war Karl insbesondere nach seiner Kaiserkrönung mit großem Engagement, auch im vitalen Eigeninteresse, bemüht. Karl unternahm damit den Versuch, die mündlich tradierten, häufig bereits veralteten und der Willkür der Auslegung preisgebenen, kasuistisch angelegten Volksrechte mit ihren Bußkatalogen den Erfordernissen der Zeit und der Königs- und Kaiserherrschaft anzupassen und nach ihrer aktuellen Niederschrift zur Grundlage der Rechtsprechung zu machen. Dies mochte zunächst in der weitgehend mündlichen, ja analphabetischen Gesellschaft des Frühmittelalters utopisch klingen. Aber gerade in der Zeit Karls und noch mehr in der seines Sohnes Ludwig, also in einer Zeitspanne von rund siebzig Jahren, ist eine erstaunliche Zunahme der Schriftlichkeit festzustellen in Verbindung mit einer durchgreifenden Schriftreform und gesteigerter korrekter Latinität auf allen Gebieten, seien es Urkunden, Inventare, Kapitularien, Synodaltexte, Annalistik und sonstige Geschichtsschreibung, so daß auch das erklärte Ziel Karls, die Rechtsprechung an geschriebene Texte zu binden, durchaus nicht ohne Hoffnung auf Einlösung bleiben mußte.

Mit Hebung des Bildungsniveaus der Kleriker und der Einrichtung von »Schulen« stand auch Grafen und sonstigen Richtern entsprechend qualifiziertes Personal zur Verfügung, das, doppelsprachig geschult, die in der Volkssprache mündlich verbreiteten Texte in ein adäquates Latein zu überführen wußte. Insbesondere die seit Ende des 8. Jahrhunderts in zahlreichen Abschriften (und unterschiedlichen Redaktionen) tradierte Lex salica, das Recht der Franken, bezeugt Erfolge in dieser Richtung. Die sogenannten malbergischen Glossen, Termini der altfränkischen Gerichtssprache zur Verdeutlichung des lateinisch formulierten Sachverhalts, die in einer Reihe von Textzeugen vorliegen, sprechen in der Tat für die praktische Verwendung der schriftlichen Fassung im Rechtsverfahren. Erst in der »dunklen« Zeit des Frühmittelalters, insbesondere im 10. Jahrhundert, ist aus diesem vergleichsweise breiten Strom der Verschriftlichung ein dünnes Rinnsal geworden, gemessen an der mittleren Karolingerzeit eine Rebarbarisierung.

Des weiteren fordert der Kaiser Grafen und Zentenare auf, seine Missi bei ihren Aufträgen nicht zu behindern, sondern ihnen unverzüglich jede Unterstützung zuteil werden zu lassen. Besonderes Augenmerk verdient ein Kapitel, das dafür Sorge tragen soll, daß der Kaiser nicht abgeschnitten wird von jenen, die seinen Hof aufsuchen wollen, seien es Informanten, egal ob »Christen oder Heiden«, seien es Bittsteller oder Beschwerdeführer. Diese stehen unter dem Schutz des Herrschers, und wer sich an ihnen vergreift, sie verknechtet oder gar verkauft, soll für dieses Vergehen nach Befehl des Kaisers mit dem Leben büßen. Das Königsgericht tritt auch dann in Aktion, wenn es nach Mord und Totschlag zwischen den betroffenen Familien zu einem Gerichtsverfahren gekommen ist und der Übeltäter zu einer entsprechenden Bußleistung, der Zahlung von Wergeld, verurteilt worden ist, die Geschädigten aber die Annahme des Sühnegeldes verweigern, mithin auf Fehde und Blutrache setzen. In diesem Fall unterliegen sie der Buße des Königsbanns. Ist aber der Schädiger nicht bereit, die ihm auferlegte Buße zu zahlen, dann wird er bis zum Rechtsspruch des Königs seines Erbes beraubt.

Eine weitere Prärogative bildet das Königsgericht bei Inzestvergehen aus, sofern der Delinquent sich dem Spruch der Bischöfe verweigert. Das Delikt des Meineids unterliegt nicht mehr der Kompensation nach den Volksrechten, sondern hat den Verlust der rechten Hand, der Schwurhand, und die Einziehung des Vermögens zur Folge. Vermögensverlust trifft auch den Vater- und Verwandtenmörder, der, sofern er das Urteil der Bischöfe, Priester und anderer nicht akzeptiert, zum Heil seiner Seele und zur Erlangung eines gerechten Urteils von den Missi festgehalten und dem Königsgericht vorgeführt werden soll.

Moderner Systematik widersprechend, aber dem tatsächlichen Verlauf der Verhandlungen folgend, die zur Abfassung und Verkündung des Reformkapitulars führten, lenkt der Text nochmals auf das Eigeninteresse des Königs zurück: Niemand soll es wagen, in seinen Forstbezirken Wildfrevel zu begehen, »wie wir dies vielmals schon befohlen haben«. Sind gar Graf, Zentenar oder Vasall Verletzer dieses Gebots, so sind sie zur Verantwortung vor das Königsgericht zu ziehen. Das Volk hingegen soll die vorgesehene Bußzahlung leisten und nicht darüber hinaus beschwert werden. Im übrigen gehört es zum Inhalt des dem Kaiser geschworenen Eides, die Wilddiebe dem Königshof anzuzeigen. Aus diesem Paragraphen wird die Bedeutung der eingehegten Forsten als Lokalitäten der »Staatsjagd« und der Herrschaftsrepräsentation deutlich.

Abschließend befiehlt der Herrscher, dieses Dekret, das jetzt von den Boten in allen Sprengeln des Reiches verbreitet wird, sorgsam aufzuwahren, »damit die Bürger [!] wissen, sich recht zu verhalten oder, wo eine Notwendigkeit besteht, etwas zu verbessern«. Im übrigen dient alles dem Lobe Gottes und dem künftigen Seelenheil des Herrschers.

Dieses Dokument kaiserlicher Autorität ist Ausdruck tiefgreifender Reformansätze hin zum Ideal einer verchristlichten Gesellschaft unter den Leitgedanken von Frieden, Ordnung als gottgewollter Ordo und Gerechtigkeit, überwölbt von allgemeiner Nächstenliebe und als Gegensatz gedacht zu den von Augustin verworfenen »Räuberstaaten«. Diese Intention des von François Louis Ganshof als »programmatisch« eingestuften Kapitulars schlug sich auch in detaillierten »Ausführungsbestimmungen« für die neubestellten hochrangigen Königsboten nieder. Davon künden nicht weniger als vier vollständige Textzeugen und einige nicht eindeutig einem Geltungsbereich zuzuweisende fragmentarische Aufzeichnungen. Diese »missitica« sind in Aquitanien, im Großraum von Paris, Rouen, Sens und Reims und sehr wahrscheinlich im Gebiet von Lüttich nachzuweisen. Die »Paarungen« der dort als Königsboten bestellten geistlichen und weltlichen Großen sind zum Teil bekannt: Für Paris waren es Graf Stephan und Abt Fardulf von St. Denis, der einstige langobardische Exulant und enge Vertraute Karls, der ihm den Anschlag seines Sohnes Pippin (des Buckligen) zehn Jahre zuvor entdeckt hatte, für Rouen der dortige Erzbischof Magenard und Graf Madalgaud, für Sens Erzbischof Magnus und Graf Gottfried, für Reims neben dem Grafen der künftige Erzbischof Wulfar. Karl hatte sich dort nach dem Tod Tilpins (794) die Nutzung des Bischofsgutes selbst vorbehalten und den Bischofssitz zunächst vakant gelassen. In Italien und Aquitanien, den Regna der »Mittelgewalten« Pippin und Ludwig, kam es offenkundig nicht zur Einrichtung derartiger ständiger »Missatsprengel«, doch finden sich vor allem südlich der Alpen häufig kaiserliche »missi ad hoc«.

In Bayern füllte Erzbischof Arn von Salzburg dieses Amt aus. In der Bestellung höchstrangiger Boten, die zudem in ihren Sprengeln in den meisten Fällen über die Summe der geistlichen und weltlichen Autorität verfügten und in ihrer neuen Funktion ausschließlich dem Hof zugeordnet waren, mochten der Kaiser und sein Umkreis ein probates Mittel erblicken, die größten Versäumnisse und Übel im Zusammenleben der Menschen wie Fehde, Unterdrückung und Rechtsverweigerung steuern zu können. Zudem sollte die allgemeine Verpflichtung auf den Herrscher und deren inhaltliche Präzisierung dem schleichenden Niedergang der herrscherlichen Banngewalt entgegenwirken und die Entwicklung der königlichen ökonomischen Ressourcen fördern. Zwar war mit der strengen Auswahl der geistlichen und weltlichen Autoritäten der Weg zu mehr Gehorsam und Respekt beschritten, doch auch diese Großen waren ja als Erzbischöfe, Bischöfe, Grafen und Königsvasallen Angehörige jener als »Reichsaristokratie« bezeichneten herrschenden Schicht und damit Teil jenes Systems von Rechtsbruch, Unterdrückung und Befehlsverweigerung, das es zu überwinden galt.

Auf Dauer überwogen Egoismen der Familie, der Institution, ja der Region die »Staatsinteressen«, die Forderungen des Kaisers und des Hofes. Der Ton der Kapitularien wird gegen Ende von Karls Regierung immer beschwörender, bitterer, ja resignativer. Der Erfolg der »Predigt« ließ auf sich warten, denn der Herrscher konnte eben, wie er bereits 802 betont hatte, nicht überall und für jedermann gegenwärtig sein. Der Interessenkonflikt zwischen der Oberschicht und der Regierungsgewalt ließ sich mit den Mitteln eines immer noch semiarchaischen Zeitalters nicht lösen, jedenfalls nicht zugunsten der Zentrale und zu Lasten der Führungseliten.

Die wenigen gesellschaftlichen Aufsteiger konnten diesen elementaren Mangel einer loyalen Administration nicht beheben. Von den eklatanten Schwierigkeiten, die sich solchen Aufsteigern im Dienste des Königs entgegenstellten, kündet exemplarisch die Lebensgeschichte des nachmaligen Erzbischofs Ebo von Reims: Für die unzeitgemäße Beförderung seines Günstlings Ebo an die Spitze einer Erzdiözese handelte sich Ludwig der Fromme den heftigsten Tadel eines seiner Biographen, des adelsstolzen Trierer Chorbischofs Thegan, ein.

Neben diese offenkundigen Mängel auf der personell-institutionellen Ebene trat das kulturelle Gefälle zwischen den verschiedenen Landesteilen des fränkischen Großreichs, das sich auf die Effizienz der Regierungspraxis gleichfalls ungünstig auswirkte. Es äußerte sich nicht nur in dem ganz unterschiedlichen Grad der Verschriftlichung von Verwaltung und Rechtspflege, sondern auch in der Annahme und Ausübung des Christentums, dessen Gebote Karl erklärtermaßen zur Direktive seines Regierungsprogramms gemacht hatte. Die differierenden Rechtsauffassungen und eine auf diesen fußende uneinheitliche Rechtspraxis konnten durch die Institution des Grafenamtes allein ebenfalls nicht überwunden werden, und das Königsgericht, das sich immer mehr als Ort auch »öffentlichen« Strafrechts etablierte, traf nur von Fall zu Fall vorbildliche Entscheidungen, während die alltägliche Rechtspflege in einer verwirrenden Vielfalt und Regellosigkeit befangen blieb.

Die Anweisungen an die Königsboten nehmen stichwortartig das programmatische Kapitular auf, insbesondere die Bestimmungen und den Wortlaut des Treueids, der von jedermann abgelegt werden mußte. Hervorgehoben wird das Verbot an alle, »arme Freie« zu unterdrücken und den Fiskalbesitz zu Lasten des Königs zu schädigen, ferner die Pflicht zur Teilnahme am Heerbann und für die Bewohner der Küstenregion die Anweisung, eine Flotte auszurüsten. Auch der Bekämpfung heidnischer Bräuche, dem Verbot der Profanierung von Kirchen, der Beachtung der Sonntagsheiligung sowie der Bereitstellung von gleichen (neuen) Maßen und Gewichten hat die Aufmerksamkeit der Königsboten zu gelten.

Ob diesem Programm auch nur in Ansätzen ein Erfolg beschieden war, entzieht sich unserer Kenntnis. Karl setzte noch im Herbst 801 und 802 diese grundsätzlichen Bemühungen zur inneren Konsolidierung seines Reiches fort. Sie gipfelten schließlich in dem Versuch, die sogenannten Volksrechte als Basis der Rechtsprechung aufzeichnen und verbindlich ergänzen zu lassen, dem aktuellen Stand anzupassen und mit königlichem Satzungsrecht fortzuschreiben. Sollte das »geschriebene Recht« die Grundlage der Rechtspflege bilden, so mußte ein einheitlicher, geordneter Text erstellt werden, der aktuell war, die notwendigen Verbesserungen und Ergänzungen berücksichtigte und in Form der Satzung modernes Königsrecht enthielt. Allein diesem umfassenden Programm ist es zu danken, daß die ostrheinisch-»germanischen« Volksrechte der Sachsen, Thüringer und Friesen aufgezeichnet und überliefert worden sind.

Mit den Vorbereitungen zur Fixierung des Reformprogramms allein war die Zeit des Kaisers allerdings nicht ausgefüllt. Im Sommer 802 begab er sich zur Jagd in die Ardennen, ließ ein Sachsenheer gegen die Transelbier aufstellen und deren Gebiet verwüsten. Am 20. Juli 802 traf endlich der Elefant aus Bagdad in Aachen ein. Vom 15. September ist eine der wenigen echten Urkunden Karls aus den Vogesen datiert. Diese bestätigt Kloster Hersfeld einen Besitz, den der königliche Knecht Meginfred in einer Kompetenz, die ihm als Unfreiem nicht zukam, der Bonifatiusabtei widerrechtlich überlassen hatte. Da Karl derartige Rechtsgeschäfte seitens Höriger grundsätzlich untersagt hatte, zog er selbst damit aus diesem Verbot die notwendige Konsequenz.

Im Oktober fand eine allgemeine Reichsversammlung in Aachen statt, die unser Gewährsmann, der Lorscher Annalist, dergestalt einführt: »[Damals] versammelte er [Karl] eine allgemeine Synode am genannten Ort [Aachen], und hier ließ er die Bischöfe mit den Priestern und Diakonen alle Kanones wieder lesen, die die heilige Synode aufnahm, sowie die päpstlichen Dekrete, und er ließ sie vollständig vor allen Bischöfen, Priestern und Diakonen vortragen. In gleicher Weise versammelte er auf dieser Synode alle Äbte und Mönche, die hier waren, und sie hielten untereinander eine Zusammenkunft ab und lasen die Regel des heiligen Vaters Benedikt, und diese erläuterten Wissende angesichts der Äbte und Mönche. Und dann erging sein Gebot allgemein geltend für alle Bischöfe, Äbte, Priester, Diakone und den gesamten Klerus, daß jedermann an seinem Ort nach den Vorschriften der heiligen Väter ... leben sollte ..., und was immer im Klerus oder im Volk an Schuld und Versäumnis auftauche, das sollten sie nach der Autorität der Kanones bessern, und was immer in den Klöstern ... gegen die Regel des heiligen Benedikt geschähe, daß sollten sie nach dieser Regel bessern. Der Kaiser aber, während diese Synode stattfand, versammelte unterdessen Herzöge, Grafen und das restliche christliche Volk mit Gesetzgebern und ließ alle Rechte in seinem Reich vorlesen und vortragen, jedermann sein Recht, und bessern, wo es nötig war, und das so ausgebesserte Recht aufschreiben, und daß die Richter mit geschriebenem Recht urteilten und Geschenke nicht empfingen, sondern alle Menschen, Arme und Reiche, in seinem Reich Gerechtigkeit empfingen.«

Diese rechtbewahrende und rechtschöpfende Tätigkeit fand ihren Abschluß erst im Frühjahr 803. Von den getrennten Sitzungen der Versammlung sind Dokumente für Klerus und Mönche überliefert, die den Lorscher Annalen entsprechend diesen in der Tat die Geltung der Kanones und der Benediktsregel einschärfen und zudem eine Art Prüfungsmuster vorlegen, das die fundamentalen Mängel der Klerikerausbildung offenlegt.

Als Minimalprogramm für den Klerus ergeht die Aufforderung, für das Leben des Kaisers, seiner Söhne und Töchter und für die Wohlfahrt des Reiches zu beten. Weiter besteht die Verpflichtung zum Kirchenbau, zur frommen Verwahrung der Heiligenreliquien, vor allem aber zur Predigt an allen Sonn- und Festtagen und zur Unterrichtung des Volkes, dem das Vaterunser und das Glaubensbekenntis nahezubringen ist. Vielfach bekräftigt der Text in Zitaten die Vorschriften der *Dionysio-Hadriana*, der römischen Sammlung des Kirchenrechts, die bereits 789 die Grundlage der »Allgemeinen Ermahnung« gebildet hatte.

Weiter geht es um die Gestaltung des Gottesdienstes, des Psalmengesangs nach römischem Brauch, um die Katechese der noch nicht Getauften, um die Totenmesse, um Formen der Glaubensvermittlung, der Beichte und Buße und um die Lebensführung der Priester als Vorbild der Gemeinde. Die Bischöfe haben sich jedweden tyrannischen Gebarens zu enthalten und mehr durch Liebe als durch Furcht zu wirken. Die Priester sollen ihre Gemeinde von inzestuösen Verbindungen, von Hurerei, Mord und Totschlag, Meineid und Hexerei abbringen und damit den Intentionen des Königs und seiner Satzungen entsprechen.

Die Chronik des südfranzösischen Kloster Moissac bestätigt und ergänzt diese Quellennachrichten und weist vor allem auf die Bestrebungen Karls hin, Meßfeier und Psalmengesang dem in Rom üblichen Ritual anzugleichen, womit die Einrichtung von Sängerschulen in Zusammenhang steht und Karls eigene Vorliebe für die melodische Rezitation der Psalmen, auch wenn er diese, wie Einhart versichert, im öffentlichen Gottesdienst nur leise mitsummte.

Ansätze zum modernen Rechtsstaat

An den Anfang des Jahresberichts zu 802 hat der Verfasser der Reichsannalen außenpolitische Vorgänge gesetzt. Zwar berichtet er von der Jagd in den Ardennen, übergeht aber die so bedeutenden, nach innen gerichteten Maßnahmen Karls mit Schweigen. Die erste Nachricht betrifft eine Gesandtschaft aus Konstantinopel. »Kaiserin« Irene hatte den Spathar Leo ins Frankenreich gesandt, »um den Frieden zwischen Franken und Griechen zu bekräftigen«. Karl schickte, nachdem er den Spathar entlassen hatte, seinerseits den Bischof Jesse von Amiens, der ihn 799 bereits nach Rom begleitet hatte, und den Pfalzgrafen Helmgaud an den Bosporus, damit sie dort in seinem Namen den Frieden mit Irene bekräftigten.

Der Grund für diesen neuerlichen Austausch dürfte die Annahme des Kaisertitels durch den fränkischen Großkönig gewesen sein, deren politische Relevanz und deren Auswirkungen auf Italien und den Mittelmeerraum aus der Ferne nur schwer abzuschätzen waren. Nach Theophanes, dem wichtigsten Zeitzeugen für die Vorgänge in Byzanz, liefen dort Gerüchte um, der neue Imperator wolle Sizilien militärisch erobern und die Vorherrschaft über das westliche Mare nostrum beanspruchen. Dabei konnte es sich angesichts des Fehlens einer Flotte freilich nur um ein übles Gerücht handeln.

Noch weiter ging der griechische Chronist mit der Nachricht, Karl habe von seinen Invasionsplänen Abstand genommen und erwäge statt dessen, Orient und Okzident durch eine Ehe auf höchster Ebene zu versöhnen. 802 sei eine Gesandtschaft des Franken in Konstantinopel erschienen, »um die allerfrömmste Irene zu fragen, ob sie Karl heiraten und so Ost und West vereinen wolle«. Irene habe diesem Vorschlag zustimmen wollen, was der allmächtige Patrizius Aetios verhinderte, der im Ränkespiel um die erwartete Nachfolge der kinderlosen und kränkelnden Kaiserin bereits seinen Bruder Leon, den Strategen von Thrakien und Makedonien, in Position gebracht hatte. Auch auf dieses Gerücht, hinter dem sich lediglich das Geschwätz der »hauptstädtischen Gesellschaft« verbirgt, wie Peter Classen zu Recht vermerkt, wird wenig oder nichts zu geben sein. Weder entsprach dieses Projekt dem Lebensalter der präsumtiven Partner, die beide jenseits der Fünfzig waren, noch konnte Karl erwogen haben, am Bosporus das Zentrum seiner Herrschaft zu suchen, ganz abgesehen davon, daß die Byzantiner dieser Mesalliance ihrer Kaiserin mit einem barbarischen Usurpator niemals zugestimmt hätten.

Welche Pläne es auch immer gegeben haben mag, sie waren alle hinfällig, denn Irenes Herrschaft näherte sich dem Ende, selbst ein Steuernachlaß konnte dieses Schicksal nicht mehr abwenden. Erbe des Kaisertums wurde freilich nicht die Familie des ehrgeizigen Aetios, denn sowohl er als auch sein Bruder Leon hielten sich aufgrund von Abwehrkämpfen gegen die Araber nicht in Konstantinopel auf, als in der Metropole eine Verschwörung ausbrach, die nach der Gefangennahme der Kaiserin am 31. Oktober bereits am folgenden Tag zur Krönung des Logotheten Nikephorus in der Hagia Sophia führte. Über die Hausmacht des neuen Kaisers ist nichts bekannt. Irene starb übrigens bereits am 9. August des folgenden Jahres in der Verbannung auf Lesbos.

Nikephorus folgte indessen der westlichen Außenpolitik seiner Vorgängerin, die auf Sicherung des Status quo abzielte. Diese Entscheidung war angesichts der innenpolitischen Gegensätze und der ernsthaften Bedrohung seiner Herrschaft durch den Aufstand des Bardanios 803 durchaus sinnvoll. So machte sich erneut eine byzantinische Gesandtschaft auf den Weg ins Frankenreich, wo Karl sie 803 in Salz nahe der fränkischen Saale empfing.

Im Süden der Apenninenhalbinsel hatten sich in der Zwischenzeit die kriegerischen Auseinandersetzungen Pippins und seiner Verbündeten mit dem beneventanischen Herzog Grimoald fortgesetzt und zu vorübergehenden Erfolgen geführt. Im Vorjahr hatte sich das grenznahe Chieti der fränkisch-langobardischen Macht unterworfen, jetzt wurde das adrianahe Ortano und das südlich nahe Foggia gelegenen Lucera von den erobernden Truppen besetzt. Dieser Sieg ließ sich aber nicht lange auskosten, denn Herzog Grimoald entsetzte Lucera und nahm Herzog Winigis von Spoleto samt der Besatzung gefangen. Er hielt ihn in ehrenvoller Haft und ließ ihn sogar im folgenden Jahr frei, vermutlich gegen entsprechende Zusicherungen. Die »Nuß« Benevent war, wie Alkuin immer wieder betont hatte, mit militärischen Mitteln nicht zu knacken, dagegen stand das südliche Klima, das sich als Verbündeter Benevents erwies, und die Taktik des Gegners, die jeden Angriff parierte.

Nach den Annalenwerken ließ der Kaiser auch das Jahr 803 ohne eigentlichen Kriegszug verstreichen und widmete sich offenbar ganz den Problemen der »Innenpolitik«, die ihn seit dem Frühling des Vorjahrs intensiv beschäftigten. Lediglich einzelne Truppenverbände wurden in kritische Regionen entsandt, etwa in den Raum zwischen Unterelbe und Unterweser nach Wigmodien, das noch immer einen Unruheherd darstellte.

Um die Osterzeit, die Karl ebenfalls in Aachen verbrachte, ergingen erneut Instruktionen an die Königsboten, die in ihren Missatgebieten dem herrscherlichen Willen zur Durchsetzung verhelfen sollten. Die in ihnen enthaltenen Ermahnungen richteten sich sowohl an Kleriker als auch an Laien, an Amtsinhaber vor allem. Wiederholt dringt der Kaiser auf Schriftlichkeit zum Nutzen der Rechtspflege und der militärischen Ausrüstung. Die Namen der ausgewählten Schöffen, Vögte und Notare sollen in Verzeichnissen festgehalten, der Vorrat an Waffen, vor allem an Brünnen und Kettenhemden, verzeichnet werden. Die Beachtung der neuen Maße wird verlangt und die Jagd auf Falschmünzer eröffnet. Ein besonders wichtiges Kapitel in der Reformpolitik Karls wird mit der Bekräftigung und Ergänzung der sogenannten Volksrechte aufgeschlagen, die »öffentlich« vorgenommen werden muß. Der Graf von Paris, Stephan, ist gehalten, den von ihm selbst gegengezeichneten Gesetzestext an der Pariser Gerichtsstätte verlesen zu lassen: »Und alle stimmten insgesamt zu, daß sie diese [die Gesetze] alle Zeit und in Zukunft beachten wollten. Und auch alle Schöffen, Bischöfe, Äbte und Grafen unterfertigten diese mit eigener Hand.« Niemand sollte sich auf Unkenntnis der Materie und des kaiserlichen Willens herausreden können.

In diesen Tagen beriefen die Königsboten auf Johannis, den 24. Juni, eine Reichsversammlung nach Mainz und nach Chalon-sur-Saône ein. Tatsächlich fand dieser Konvent in Mainz erst zwischen dem 7. und 11. Juli statt. Alles spricht dafür, daß auch diese Zusammenkunft, über deren Verlauf keine Details berichtet werden, den innenpolitischen Reformen galt, nicht zuletzt der Aufzeichnung und Revision der sogenannten Volksrechte. Die angestrebte Aktualisierung des ältesten Rechts der Franken, der Lex salica, ist den Beharrungstendenzen dieses Textes zum Opfer gefallen, der entgegen den gewandelten Verhältnissen der Agrargesellschaft eine relativ einförmige Welt von Viehzüchtern einer vorchristlichen Epoche widerspiegelt. Ein zweites wesentliches Manko dieser Aufzeichnung besteht darin, daß auch das königliche Satzungsrecht nur beiläufig und unvollständig seinen Niederschlag findet. Einhart stellt angesichts dieser Bemühungen lakonisch fest: »Daraus wurde nichts, außer daß er wenige Kapitel und diese unvollständig den Gesetzen hinzufügen ließ.« Zu Recht sieht der Biograph aber allein in der Aufzeichnung des im wesentlichen mündlich Tradierten einen großen Erfolg von Karls Bemühungen: »Er ließ aber die Gesetze aller Völker, die unter seiner Herrschaft standen, die nicht geschrieben waren, aufnehmen und aufzeichnen.«

Von derartigen Maßnahmen zeugen zwei Kapitularien, die in dieser Zeit ergangen sind, und die Instruktionen an die Königsboten, etwa an den Grafen von Paris, der seine »Dinggenossen« im Dienste allgemeiner Rechtssicherheit auf das geschriebene Recht und die entsprechenden Zusätze öffentlich verpflichten mußte. Das »kaiserliche« Programm besteht vorrangig in dem Ziel, wesentliche Straftatbestände einer einheitlichen »staatlichen« Sanktion zu unterwerfen, auch unter Androhung der Todesstrafe, der Verstümmelung und des Einzugs von Vermögen. Das betraf in erster Linie die Verletzung des Königsbanns und der Heerespflicht, die ihrem Wesen nach nicht primär das »private« Nachbarschaftsverhältnis innerhalb einer Rechtsgemeinschaft berührten und damit nicht durch Kompensationen gesühnt werden konnten. In diesen legislatorischen Tendenzen liegt zweifellos ein Zug hin zum modernen Rechtsstaat, der im Interesse innerer und äußerer Sicherheit bestimmte Verhaltensweisen strafbewehrt zu erzwingen sucht. Diese Entwicklung brach freilich schon nach wenigen Jahrzehnten wieder ab. Die »Auflösung des Karlsreiches« begünstigte erneut den Regionalismus, auch in der Rechtspflege und in der Rechtsprechung.

Von diesen wahrhaft epochalen Bestrebungen des Kaisers wissen die zeitgenössischen Geschichtswerke mit Ausnahme von Einhart so gut wie nichts, der auch zu diesem Bereich seine Vorlage Sueton entsprechend variiert und ausschreibt.

Es ist nicht ganz von der Hand zu weisen, daß sich damals bereits ein endgültiger Friedensschluß mit den Sachsen anbahnte. Ein undatiertes Schriftstück führt die Namen von nicht weniger als 37 sächsischen Geiseln aus Westfalen, Ostfalen und Engern auf, die um die Mitfastenzeit, also drei Wochen vor Ostern, nach Mainz geführt werden sollten. Bisher waren sie in der Hand alemannischer Großer, nun sollten sie Bischof Heito von Basel und Graf Hitto übergeben werden. Auch wenn die exakte Datierung dieses Dokuments unsicher bleibt, läßt die dreigeteilte Aufzeichnung erkennen, daß Karl keineswegs nur den Raum von Wigmodien als unbefriedet eingeschätzt hat, sondern ganz Sachsen, weshalb er aus allen Landesteilen Geiseln als Garanten der Ruhe genommen hatte.

Nach der Reichsversammlung in Mainz begab sich der Kaiser wie im Jahr 790 für den Rest des Sommers in seine Pfalz Salz im Rhön-Grabfeldgau.

Gefragte Schutzmacht: der weströmische Kaiser

In Salz empfing Karl die Delegation des neuen byzantinischen Kaisers Nikephorus, der offenbar nicht beabsichtigte, den von seiner Vorgängerin gesponnenen diplomatischen Faden abreißen lassen. Auf die westliche, inzwischen »kaiserliche« Delegation, die den Sturz Irenes und seinen eigenen Aufstieg als Augenzeuge miterlebt hatte, antwortete er mit der Entsendung des Bischofs Michael, des Abtes Petrus und eines kaiserlichen Leibwächters namens Calistus an den fränkischen Hof. Diese wurden von Karl mit dem Entwurf zu einem Friedenspakt entlassen und kehrten, mit einem kaiserlichen Schreiben versehen, bemerkenswerterweise über Rom an den Bosporus zurück, weshalb vermutet wird, daß das kaiserliche Schreiben an den Papst gerichtet war. Damit enden zunächst unsere Nachrichten über die Beziehungen zwischen Ost und West; der Status quo dauerte fort, auch ohne offiziellen Friedensschluß. Nikephorus war vollauf mit der Sicherung seiner Herrschaft und der seines Sohnes beschäftigt, den er noch im selben Jahr, möglicherweise am Weihnachtsfest, unter Mitwirkung des Patriarchen zum Mitkaiser erhob, obwohl Staurakios nach dem Zeugnis des Theophanes völlig ungeeignet für dieses Amt war. Möglicherweise gab diese Berufung des Sohnes Karl selbst ein Beispiel, als er 813 seinen Sohn Ludwig den Frommen zum Kaiser bestellte.

Der Kontakt zu Byzanz sollte erst Jahre später erneuert werden und mündete 812 in ein offenbar für beide Seiten zufriedenstellendes Abkommen, das von gegenseitiger Respektierung zeugt.

Etwa zur gleichen Zeit, nämlich Mitte 803, traf auch eine Delegation aus Jerusalem ein, ausgesandt vom neuen Patriarchen Georgios, dem Alkuin in einer Grußadresse zur Wahl seine besondere Wertschätzung und zugleich sein Mitgefühl für die Lage der von Muslimen umgebenen Christen ausgedrückt hatte. Die Delegation bestand aus zwei Mönchen, die wenig später den Kaiser auf seinem Weg nach Bayern begleiteten und deren Aufenthalt überdies in Salzburg belegt ist. Auch hier erfahren wir nichts über den eigentlichen Zweck der Reise, immerhin blieb der Kontakt zur Leidens- und Auferstehungsstätte des Herrn gewahrt, was dem Kaiser als symbolischer Schutzmacht zusätzliches Prestige verlieh.

Ein noch in Salz 803 erlassenes Kapitular gilt wiederum der herrscherlichen Sorge um die Kirchen. Es befaßt sich mit deren Bauzustand, mit Zehntleistung, Eigenkirchenrecht, Mißbrauch von Abteien als Hort für überzählige Kinder und mit dem Schutz der Nonnenklöster, also insgesamt mit der Beachtung der rechten Ordnung auch im Verhältnis zwischen Laien und Klerikern, insbesondere den Bischöfen.

Das Augenmerk Karls galt in diesem Jahr verstärkt der Italienpolitik. Sie blieb vor allem in ihren außenpolitischen Dimensionen kaiserliches Reservat. Von König Pippin verlautet in diesem Umfeld zum Jahr 803 allerdings nichts. Karl beschäftigte sich nicht nur mit Benevent, sondern verstärkt auch mit Istrien und dem angrenzenden restlichen Awarenreich jenseits der Drau. Aber auch die Abtei Farfa erhielt noch von Aachen aus zu Beginn des Jahres eine allgemeine Rechts- und Besitzsicherung, womit der Herrscher seine ohnedies starke Stellung im Herzogtum Spoleto betonte. Möglicherweise war dies auch als Reaktion auf die Niederlage und Gefangenschaft des Herzogs Winigis gedacht.

Eine bemerkenswerte Aktivität ging zu dieser Zeit von der Kirche zu Grado aus, deren Patriarch Fortunatus, ein ständiger Konkurrent seines Amtsbruders im benachbarten Aquileia um Macht und Einfluß, ebenfalls ein Diplom aus der Hand Karls empfing. Unter dem Vorgänger des Fortunatus waren die Spannungen zwischen Grado und Venedig eskaliert: Die Dogen Johannes und Mauritius hatten eine Flotte auf die adriatische Halbinsel entsandt, und der Patriarch hatte den Überfall mit dem Leben bezahlt. Fortunatus, ein Verwandter des Ermordeten, erhielt am 21. März 803 das Pallium aus der Hand Papst Leos III., was sehr wahrscheinlich auch die zwischenzeitlich von Konstantinopel bestrittene Oberhoheit über die istrischen Bistümer mit einschloß, die bereits Leos Vorgänger Gregor III. im Jahr 731 anerkannt hatte.

Der neue Patriarch, der sich seiner fragilen Stellung in Grado sehr wohl bewußt war, suchte offenkundig den Schutz und Beistand des westlichen Kaisers und ließ sich im August 803 zwei Urkunden ausfertigen, die er freilich mit kostbaren Geschenken, darunter zwei kunstvoll geschnitzten Türen aus Elfenbein, vergalt. Wenn wir einer späteren venezianischen Quelle Glauben schenken wollen, so wies Fortunatus auf probyzantinische Tendenzen in seiner Nachbarstadt hin, und das war kaum aus der Luft gegriffen. Jedenfalls gelang es dem Patriarchen, Karl für sich einzunehmen und ein Immunitätsprivileg für den Besitz seiner Kirche in Istrien, der Romagna und der Lombardei sowie obendrein eine Zollbefreiung für vier Schiffe im ganzen Reich zu erwirken. Offenbar bahnte sich eine nähere Beziehung zwischen Karl und Fortunatus an, auf die später Papst Leo anspielt und die in einschlägigen Quellen als »geistliche Vaterschaft« interpretiert wird. Der Kontakt zu Grado mochte auch unter dem Gesichtspunkt der Erlangung von Informationen aus der Lagune und aus Byzanz von Nutzen sein. Wie dem auch sei: Grado und dessen Patriarch sind unter den Metropoliten genannt, denen Karl in seinem Testament einen genau bemessenen Teil seines Vermögens zur Weiterverwendung zukommen ließ.

Von Salz aus begab sich Karl im Spätsommer bis Herbst südostwärts in den Böhmerwald, um dort Auerochsen und anderes Großwild zu jagen. Nach diesem Waidwerk suchte er in Begleitung der beiden Mönche aus Jerusalem den Sitz seines alten Vertrauten Erzbischof Arn in Salzburg auf, wo seine Anwesenheit im Oktober bezeugt ist. Die Namen der beiden Gesandten aus Palästina finden sich übrigens im ältesten Salzburger Verbrüderungsbuch von St. Peter, in das sie wohl erst nach 807 eingetragen worden sind, als die beiden erneut, diesmal als Gesandte des Patriarchen Thomas, im Frankenreich erschienen.

Im Spätherbst zog sich Karl in seine bayerische Pfalz und Residenz Regensburg zurück, um hier das »Recht der Bayern« zu ergänzen, insbesondere um die Strafe des Königsbanns in der üblichen Höhe von sechzig Schillingen bei Friedensbruch, Raub, Bandenunwesen, Brandstiftung und bei Verweigerung des Heeresaufgebots festzusetzen. Ferner erließ er verschiedene spezielle, an alle gerichtete Anordnungen, die die geregelte Rechtsprechung nach der Lex Baiuvariorum forderten und im Befehl zum Schutz der Mark, also des Gebiets von der Enns bis zum Wienerwald, unter der Leitung der Königsboten gipfelten.

Der Aufenthalt in Regensburg war möglicherweise in der Sache bereits in Salzburg mit dem »Ostexperten« Arn vorbereitet worden. Er galt der abschließenden Regelung der pannonischen Angelegenheiten, wie unsere Hauptquelle lakonisch berichtet, das heißt der Awarenfrage. Der Südosten des Reiches war ein Unruheherd geblieben. Noch im Vorjahr waren die Grafen Chadoloh und Goderam einem awarischen Angriff, dem ersten seit langem, zum Opfer gefallen. Karl hatte als Antwort auf diese Niederlage seinen gleichnamigen Sohn mit einer

»Schar« nach Pannonien entsandt und erwartete nun wie schon 791 dessen Rückkehr in Regensburg. Einzelheiten zu diesem Zug sind nicht bekannt, doch erschien vermutlich der damalige Tudun, gewissermaßen ein lokaler Häuptling, in Regensburg und unterwarf sich dem Kaiser. In seinem Gefolge befanden sich nach den Metzer Annalen, der offiziösen Chronik des Königshauses seit 805, viele Slawen und »Hunnen«, die sich gleichfalls der fränkischen Oberherrschaft unterstellten.

Zur politisch-administrativen Regelung des Awarenproblems wird nichts überliefert, und angesichts der Entfernung zwischen dem Karpatenbecken und dem Frankenreich dürften an Mosel und Rhein auch nur recht diffuse Vorstellungen von jenen abgelegenen Regionen verbreitet gewesen sein. Eine wirkliche Gefahr ging von diesem Volk jedenfalls nicht mehr aus. Vielmehr war es nach weniger als zehn Jahren zu einer Art Umkehr der Verhältnisse gekommen. Statt in den Franken wie noch 791 ihren Hauptgegner zu erblicken, galten sie den einzelnen Führern der Awaren nun geradezu als Schutzmacht gegen die andrängenden Slawen, so daß sie bei ihnen um die Zuweisung eines »Reservats« als Siedlungsgebiet nachsuchten.

Über alemannisches Gebiet gelangte der Kaiser rheinabwärts über Worms nach Aachen, wo er das Weihnachtsfest feierte und für einige Zeit verweilte.

Friedliche Symbiose von Franken und Sachsen

Im ersten Frühling des Jahres 804 verließ Karl Aachen und begab sich in die Pfalz von Nimwegen, die Einhart als eine der größten Bauleistungen seines Herrn und Meisters neben der Rheinbrücke, der Ingelheimer Pfalz und dem unübertroffenen Aachener Münster hervorhebt. Auf einem Steilhang auf den Resten eines verlassenen römischen Militärlagers erbaut, wurde die Pfalz zu einer »Drehscheibe« zwischen ihren Anrainern, den Franken, Sachsen und Friesen. Die Bausubstanz aus der Zeit Karls ist nicht erhalten. Als Blütezeit Nimwegens gilt zu Recht die staufische Epoche seit den Tagen Konrads III. und vor allem Friedrichs I., der den Komplex nach seiner Zerstörung durch Herzog Gottfried von Niederlothringen 1047 unter Verwendung noch vorhandener korinthischer Kapitele erneuerte. Der Ort bot bereits 777 dem fränkischen

König Aufenthalt, der hier am 30. März Ostern feierte, und in den Jahren 805, 806 und 808 stand er als Villa, also als Hofgutkomplex, wiederum dem Kaiser für längere Wochen zur Verfügung. Karls Nachfolger Ludwig der Fromme ist hier 821 und 825 nachzuweisen.

Von Nimwegen ging Karl nach Aachen zurück und befahl seinem Heer den Zug ins Sächsische. Den Plan für diesen Heerzug hatte er sicherlich im grenznahen Nimwegen geschmiedet, wo er die notwendigen Informationen über die Lage jenseits des Rheins aus erster Hand erhalten haben mochte. Karl war in Begleitung seiner Familie. Eine der Viten Ludwigs bezeugt, daß auch dieser aus Aquitanien nach Sachsen beordert worden war. Wie in früheren Jahren fand unter den Augen des Kaisers danach in Lippspringe eine allgemeine Heerschau statt, bei der die Details des Kriegszuges erörtert wurden. Das Heer wird in den Quellen ausdrücklich als ein »stattliches« bezeichnet. In Eilmärschen wurde Westfalen durchquert und im Harburg benachbarten Hollenstedt unweit der Elbe das Lager errichtet.

Karl war offenbar entschlossen, das Sachsenland endgültig zu befrieden. Deshalb habe der Kaiser, so berichten die Reichsannalen in aller Kürze, »alle Sachsen, die über der Elbe und in Wigmodien [Unterweser und Unterelbe] wohnten und auch anderswo samt Frauen und Kindern in die Francia weggeführt und die Gaue jenseits der Elbe den Abodriten überlassen«. Einhart nennt in der Bilanz der Sachsenkriege nicht weniger als 10 000 unfreiwillige Umsiedler, die Karl in Gallien und in der Francia, also jenseits des Rheins, ansiedelte. Von Kampfhandlungen ist keine Rede mehr. Die militärische Überlegenheit der fränkischen Truppen, insbesondere der gefürchteten Reiterschwadronen, war allzu deutlich, und überdies dürften nicht wenige Sachsen noch in letzter Minute zum Sieger übergelaufen sein. Ein sächsisch ausgeprägtes übergeordnetes Stammesgefühl, das sie davon hätte abhalten können, gab es nicht. Die vom Kaiser angeordnete Zwangsumsiedlung traf auch manchen Unschuldigen, wie aus der Klage eines unfreiwilligen Emigranten vor den Königsboten verlautet, der seiner Güter beraubt und vertrieben worden war, dem aber unter Ludwig dem Frommen später Gerechtigkeit widerfuhr. Insbesondere in der Diözese Amiens, und hier vor allem im Kloster Corbie, sind zahlreiche Deportierte als präsumtive Mönche aufgenommen worden. Wir wissen dies aus der späteren Translationsgeschichte der Gebeine des heiligen Veit in die Tochtergründung Corbies an der Weser, nach Corvey, und aus den Statuten Abt Adalhards, des Vetters Karls, der unter den Pfründnern einer von Corbie abhängigen Zelle auch Sachsen namentlich aufführt. So dürfte auch der spätere Hamburger und Bremer Bischof, der heilige Ansgar, der als Halbwaise von seinem Vater dem Kloster als Novize anvertraut worden war, einer dieser in der Picardie angesiedelten sächsischen Familien entstammen. Und schließlich ist bekannt, daß der erste Bischof von Paderborn, Hathumar, als Geisel aus Sachsen nach Würzburg gekommen ist und dort seine geistliche Ausbildung erfahren hat.

Damit war die sogenannte Eingliederung der Sachsen in das fränkische Staatsgefüge administrativ beendet und die Grundlage für jenen Prozeß geschaffen, der nach Einharts berühmten Worten aus den Sachsen – nachdem diese dem heidnischen Kult abgeschworen und sich dem Christentum ergeben hatten – und den Franken ein Volk schuf. Die »Predigt mit der eisernen Zunge«, die militärische Überlegenheit, letztlich auch das Fehlen einer einheitlichen und geschlossenen politischen Führung der Sachsen, die regionalen Häuptlingen unterstanden, hatten den fränkischen Sieg unausweichlich gemacht. Dennoch hat Einhart den Sachsenkrieg ganz zu Recht als das härteste und langwierigste Kriegsunternehmen Karls bezeichnet.

Die Einführung der sogenannten karolingischen Grafschaftsverfassung und die Errichtung von Missionssprengeln, die sich seit 789 (Bremen) zu festen Bischofssitzen verdichteten, schufen ein Korsett zur Festigung der fränkischen Herrschaft, auch wenn für lange Jahre die Arbeit im Weinberg des Herrn unterbrochen werden mußte. Die Mittel des Königs beschränkten sich aber keineswegs auf militärische und administrative Zwangsmaßnahmen. Schon zeitgenössische Quellen berichten von einem Bündnis mit sächsischen Großen, die sich im ureigensten Interesse in den Dienst des Eroberers stellten. Dafür wurden sie mit Grafschaften und reichem Landbesitz auch im übrigen Frankenreich ausgestattet und durch prestigeträchtige Eheverbindungen mit den Familien des ehemaligen Gegners belohnt.

In den Erlassen ist gelegentlich von den »Benefizien« der Sachsen die Rede. Während der Vakanz des Bistums Reims (795–804) etwa, als der König, wie bereits erwähnt, selber die Einkünfte der reichen Diözese an sich zog, erhielt der Sachse Anscher die Villa Neuilly-Saint-Front als Leihe, wovon er freilich den Neunten und Zehnten pflichtgemäß an die bischöfliche Kammer abführte. Das prominenteste Beispiel fränkisch-sächsischer Kollaboration liefert die Lebensgeschichte des Widukind-

Enkels Waltbert. Dieser war zumindest um Wildeshausen im Oldenburgischen reich begütert und errichtete als Protegé Kaiser Lothars I. um die Mitte des 9. Jahrhunderts dem heiligen Alexander und dessen aus Rom in einer feierlichen Translation herbeigeführten Gebeinen ein Stift in Wildeshausen. Dort haben seine Nachfahren Kaiser Otto III. am Ende des ersten Jahrtausends empfangen. Mitglieder der Familie sind später überdies als Bischöfe von Verden und Hildesheim nachzuweisen. Auch die Erziehung von Mitgliedern des sächsischen Adels in Klöstern und Domschulen ist hervorzuheben, eine Erziehung, die auch die Bischöfe Hathumar und Ansgar genossen haben.

Nach 804 oder 805 erholte sich auch das kirchliche Leben in Sachsen langsam von den verheerenden Zerstörungen während der letzten zehn Jahre. Bischofssitze und Sprengel verfestigten sich endgültig; in Bremen konnte der nach dem Tod Willehads bereits 789 bestellte Nachfolger Willerich endlich seiner Herde vorstehen. Der neue Bischof ließ das hölzerne Kirchlein seines Vorgängers durch ein steinernes Gotteshaus ersetzen und zwei weitere Kapellen auf dem Domhügel bauen. Von Willerich, der erst 838 das Zeitliche segnete, ist überliefert, daß er in Meldorf (Dithmarschen) eine weitere Taufkirche errichtete und damit das Evangelium jenseits der Elbe bekannt machte. Das geschah allerdings erst weit nach 805. Überdies begleitete er bereits 822/23 Erzbischof Ebo von Reims auf seiner ersten Missionsreise nach Skandinavien und wies damit der Bremer Kirche den weiteren Weg, den dann auch der aus Hamburg vertriebene Ansgar einschlagen sollte.

Die Verfestigung und Verstetigung noch diffuser kirchlicher Strukturen gelang auch anderswo, etwa in Minden, wo der wohl Mitte der neunziger Jahre des 8. Jahrhunderts zum Missionsbischof bestellte Erkanbert als Bischof eingesetzt wurde. In Münster erhielt am 30. März 805 – gegen seinen Willen, wie es heißt – der Friesenmissionar Liudger, Gründer und Abt von Werden an der Ruhr, die Bischofsweihe und damit einen diffus umrissenen Kirchensprengel. In Osnabrück dürfte um diese Zeit, wenn nicht gar zeitgleich mit Paderborn, bereits 799 der Missionsbischof Wiho offiziell an die Spitze seiner intendierten Diözese gestellt worden sein.

Die Missionsversuche jenseits der Elbe mit dem Vorposten Hamburg datieren entsprechend der politischen Großwetterlage erst nach 811. In Bardowick, dem wichtigen elbnahen Grenzort des Handels, dessen geistliche Funktion später nach Verden »wanderte«, finden wir in den kommenden Jahrzehnten Äbte der Würzburger Klöster Amorbach und Neustadt an der fränkischen Saale. In der Tat waren die Grundlagen zur friedlichen Symbiose von Franken und Sachsen unter dem Druck des gemeinsamen Glaubens und der gemeinsamen Herrschaft gelegt worden. Freilich betraf das vor allem die Oberschicht. Der Stellinga-Aufstand zur Zeit Ludwigs des Deutschen sollte sich dann zum Schutz der »Freiheit« gegen fränkische Eroberer und einheimische Nobilität gleichermaßen richten.

Während Karls Aufenthalt unweit des linken Elbufers wäre es fast zu einem persönlichen Treffen zwischen ihm und seinem gefährlichsten Widersacher im Norden, dem Dänenkönig Göttrik (Gottfried), gekommen. Dieser war sich offenbar im unklaren über Karls Vorhaben in den Elbregionen und hatte sich deshalb mit seinen Truppen und seiner Flotte ins grenznahe Schleswig an der Schlei begeben. Zunächst war gar ein Zusammentreffen der beiden Herrscher vorgesehen, doch der Däne zeigte sich nach Beratung mit seinen Großen mißtrauisch und sandte statt dessen Boten an Karl. Da dieser ausgreifenden militärischen Aktionen mit gänzlich ungewissem Ausgang durchaus abgeneigt gegenüberstand, antwortete er ebenfalls mit einer Gesandtschaft, die um Auslieferung der transelbischen Überläufer bat. Das Verhältnis zum nördlichen Nachbarn blieb also vorläufig in der Schwebe, zumal der Kaiser in richtiger Einschätzung der Machtverhältnisse und seiner Expansionskraft Transalbingien bis auf weiteres seinen alten heidnischen Verbündeten, den Abodriten, überließ, die damit eine Pufferzone zu den Dänen bildeten und obendrein die mit ihnen konkurrierenden Slawenvölker, die Wilzen und Liutizen, in Schach hielten.

Papst Leo III. am Hofe seines kaiserlichen Schutzherrn

Karl begab sich Mitte September auf den Rückzug nach Köln, wo er sein Heer entließ, und wandte sich nach Aachen, um dann in den Ardennen der Herbstjagd zu frönen. Den Winter verbrachte er nicht zuletzt der warmen Quellen wegen in seiner Residenz. Doch Mitte November wurde ihm gemeldet, Papst Leo III. wolle mit dem Kaiser das bevorstehende Fest der Geburt des Herrn feiern, »wo immer es möglich sei«. Der Heilige Vater hatte eine von Karl erbetene Auskunft oder

Expertise zum willkommenen Anlaß genommen, diesen Wunsch zu äußern. Im Vorjahr war nämlich aus Mantua ein Fund von Christi Blut gemeldet worden, und Karl hatte den Papst gebeten, die Wahrheit über dieses Gerücht zu ermitteln. Das Blut Christi, gegenwärtig in der Eucharistie, dem Meßopfer, galt dem Mittelalter neben den Tränen als besonders kostbare Reliquie, als »Überschüssiges, das nicht der Auferstehung teilhaftig geworden war«. Christi Blut, das die Sünden der Menschheit hinweggewaschen und gesühnt hatte, wurde gerade in der Endphase des Mittelalters allerorten, etwa auf der Reichenau oder in Brügge, verehrt. Blutwunder, insbesondere blutende Hostien, ließen die Menschen in Scharen etwa in das brandenburgische Wilsnack strömen.

Wie im Jahr 803 das päpstliche Urteil über die Mantovaner Vorgänge ausgefallen ist, wissen wir nicht. Hingegen berichten die Reichsannalen, daß der Papst Rom den Rücken kehrte und seinen Beschützer aufsuchte. Vielleicht war Leos Stellung in der Ewigen Stadt erneut unsicher geworden, zumindest konnte er sich den dauernden Feindseligkeiten seiner Gegner für eine kleine Weile entziehen.

Karl hatte also die ehrenvolle Einladung zu einem Treffen mit dem Heiligen Vater zur gemeinsamen Feier von Christi Geburt keineswegs ausgeschlagen und Leo III. zu einem neuerlichen Besuch ins Frankenreich eingeladen. Ehrerbietig sandte er ihm seinen gleichnamigen Sohn bis zur berühmten burgundischen Abtei St. Maurice im Wallis entgegen. Diesen Weg hatte der Kaiser selbst auf Geheiß seines Vaters ein knappes halbes Jahrhundert zuvor angetreten, um Papst Stephan II. das Geleit zu geben.

Der Kaiser begegnete dem geistlichen Haupt der Christenheit vor den Toren von Reims, von wo sie zunächst nach Soissons zogen. Der Papst machte dort im Kloster des heiligen Medardus Station, während Karl die Nähe zu Paris nutzte, um sich mit seiner erkrankten Schwester Gisela, der Äbtissin von Chelles, zu treffen. In der alten Königslandschaft an der Oise kamen Papst und Kaiser wieder zusammen und suchten die Pfalz Quierzy auf, wo Pippin das berühmte Versprechen zugunsten der römischen Kirche abgelegt hatte. Anschließend gelangten sie nach Aachen, wo Leo III. über das Weihnachtsfest hinaus noch eine weitere Woche verblieb, nach einer Salzburger Quelle gar noch Epiphanias begangen haben soll.

Das Prestige des Kaisers und seiner Residenz, die nahezu an den Grenzen der Ökumene lag, dürfte mit diesem zweiten Aufenthalt Leos

479

beträchtlich gewachsen sein. Jahrbücher des 14. Jahrhunderts, die auf älteren Aufzeichnungen beruhen, wissen gar zu berichten, der Papst habe damals die von Karl errichtete und der Mutter Gottes gewidmete Kirche in Aachen geweiht. Diese Nachricht wird bereits in einem Falsum auf Karl verbreitet, das Friedrich Barbarossa 1166 bestätigte. Bereits im 11. Jahrhundert galt aber der 17. Juli in Aachen als Kirchweihtag, so daß ein unlösbarer Widerspruch bleibt, es sei denn, man ginge von einem unterschiedlichen Weihedatum für die beiden Hauptaltäre des Münsters aus.

In Aachen scheint es zu Beginn des Jahres 805 auch zu ernsthaften Gesprächen über das Verhältnis der benachbarten Patriarchate von Aquileia und Grado gekommen zu sein, zumal über die Abgrenzung ihrer jeweiligen Zuständigkeiten in Istrien und Friaul, die zugleich auch die Awaren, die Südslawenmission und die Beziehungen zu Byzanz und Venedig tangierten. Spuren dieses Gespräches finden sich in einem Brief Papst Leos an den Kaiser, der dieses heikle Thema anrührt.

Leo III. dürfte seinen kaiserlichen Schutzherrn nicht mit leeren Händen aufgesucht haben, und es ist anzunehmen, daß Reliquien aus Rom, die wenig später in den Schatz von St. Riquier gelangten, sich damals im Gepäck des Heiligen Vaters befunden haben. Karl bedachte nun seinerseits seinen hohen Gast mit reichen Geschenken und ließ ihn über Bayern, vermutlich auch über Salzburg, nach Ravenna geleiten, von wo aus Leo die Rückkehr nach Rom antrat. Der Metzer Annalist, wohl im Hochgefühl der herausragenden Stellung, die der Nachfahr Arnulfs und Pippins jetzt gewonnen hatte, verstieg sich gar zu der Bemerkung, daß der Kaiser dem Papst die »Erlaubnis« zur Rückkehr in die Ewige Stadt gewährt habe! Karl hingegen feierte auch das Osterfest am 20. April in Aachen.

Untergang des Awarenreiches

Mittlerweile hatte sich die Lage der Awaren zugespitzt, die in ihrem alten Siedlungsgebiet Pannonien von den Südslawen derart bedrängt wurden, daß zu Beginn des Jahres 805 einer ihrer führenden Großen in Aachen erschien und den Kaiser bat, »ihm eine Wohnstätte zwischen Steinamanger (Savaria) und Petronell (Carnuntum) anzuweisen«. Die Reichsannalen berichten, daß es sich dabei um den Kapkan Theodor handelte, dessen Name auf einen Taufakt durch den gleichnamigen Chorbischof hindeutet, der seit einiger Zeit im Auftrag Erzbischof Arns im Südosten den christlichen Glauben verbreitete. Karl entsprach diesem Wunsch und überwies dem Fürsten ein »Reservat« (Walter Pohl) zwischen Petronell an der Donau und etwa hundert Kilometer südlich dem heutigen Szombathely. Der Kapkan verstarb jedoch bald, und der Siedlungsplan mußte offensichtlich aufgegeben werden, auch wenn nach 808 in bayerischen Quellen noch von den »loca Awarum« östlich des Neusiedler Sees die Rede ist. Vermutlich hatte der Verstorbene lediglich um eine Art fränkischer Besitzstandsgarantie für sein Volk nachgesucht.

Nach dem Tod dieses Häuptlings entbot der Khagan, ehedem die zentrale Herrscherfigur, sechs Große nach Aachen und erbat sich vom Kaiser die alte Würde und Macht, die er »bei den Seinen zu haben pflegte«. Auch dieser Bitte entsprach Karl und befahl, daß der Khagan »nach altem Brauch die Machtfülle des ganzen Reiches [der Herrschaft] haben solle«. Am 21. September 805 wurde der noch heidnische Fürst auf den beziehungsreichen Namen Abraham getauft.

An die »Awarische Provinz«, eigentlich das Ödland zwischen Enns und Wienerwald, schloß sich damals das Siedlungsresevat der Awaren an. In Lorch befand sich nach dem sogenannten Diedenhofener Kapitular von 805 die End- und Ausgangsstation des Handels zwischen Franken und Slawen. Von Dauer war dieses östliche Protektorat jedoch nicht. Bereits 812 mußte der Kaiser erneut zwischen dem Khagan, dem Tudun, einem weiteren Potentaten und slawischen Konkurrenten schlichten, 822 werden letztmals überhaupt awarische Gesandte genannt. Ein Teil der Awaren ging schließlich in den andrängenden Nachbarvölkern auf, vor allem wohl im sogenannten Großmährischen Reich zwischen Enns und Westkarpaten, dessen Existenz in der Forschung allerdings umstritten ist, während ein anderer Teil, der östliche, unter bulgarische Dominanz geriet. Am Ende faßte die Herrschaft der Ungarn im Karpatenbecken des alten Pannonien alle diese verschiedenen Völker und deren kulturelles Erbe in einer großen Assimilation zusammen.

Das einst mächtige, den nomadischen Traditionen der Steppenvölker Asiens verpflichtete Awarenreich galt bereits den Zeitgenossen als Fremdkörper aus einer barbarischen Epoche. Allen Einflüssen der Umgebung offen und gleichzeitig unfähig zur Umgestaltung der politischen Strukturen, erlag es dem fränkischen Zugriff wie der slawischen Konkurrenz. Zugleich zeigte sich hierin nach dem Urteil des besten Kenners der Materie, Walter Pohl, der gescheiterte Versuch, die Lebensordnungen der Steppe zu bewahren. Der Untergang drohte ein gutes Jahrhundert später auch den Ungarn, die freilich diesem Schicksal durch Christianisierung und teilweise Assimilierung der westlichen Kultur entgingen.

Allein dem Hochgefühl des Metzer Annalisten als Lobredner des Königshauses verdanken wir einige wenige Nachrichten über das Ausgreifen des Imperium christianum mit militärischen Mitteln in den südöstlichen Grenzraum. So hatte der Kaiser noch im Frühjahr 805 seinen Sohn Karl mit einem Heereszug gegen die Böhmen beauftragt, die bereits 791 den Durchzug einer Abteilung des Karlsheeres gegen das Awarenreich erlebt hatten. Daß Karls ältester Sohn nun wiederum mit dem Truppenkommando betraut wurde, zeigt, in welchem Maß sich dieser zum erfahrenen und erfolgreichen Heerführer entwickelt hatte. Er war zur rechten Hand des alternden Kaisers geworden, und seine häufige Präsenz an der Spitze des Aufgebots schien den dereinstigen Übergang der Herrschaft in der Francia vom Vater auf diesen Sohn zweifellos vorzubereiten, zumal die Kräfte Ludwigs und Pippins im Süden des Imperiums weitgehend gebunden waren.

Nach einer mittlerweile erprobten Strategie, die insbesondere der Taktik »barbarischer Völker« entsprach, die in ihrer Verteidigung auf Rückzug, Hinterhalt und unerwartetes Hervorbrechen setzten, ging das fränkische Heer in drei Formationen vor. Die eine zog von Ostfranken über den Böhmerwald direkt in Feindesland, die zweite rückte aus Bayern vor, und die dritte, verstärkt um Sachsen und Wenden, näherte sich über das Erzgebirge dem vermutlichen Kriegsschauplatz. Die erste Abteilung führte Karl der Jüngere selbst, der zweiten geboten Audulf – als Nachfolger des verstorbenen Präfekten von Bayern, Gerold – und Werner als Königsbote. Audulf ist höchstwahrscheinlich mit dem gleichnamigen Seneschall Karls identisch, der bei Hofe wie andere auch antikisierend mit dem Namen Menalcas beehrt wurde. Eine weitere Schar, auch dies mutet wie eine Wiederholung des Zuges von 791 an, zog per Schiff elbaufwärts bis Magdeburg und verwüstete anschließend die »Genevana« genannte Region, die möglicherweise im Gebiet der Wilzen lag. Die Wilzen sollten damit von einem denkbaren Entlastungsangriff abgehalten werden.

Es kam zu keiner eigentlichen Schlacht, da die Angegriffenen sich in unwegsames Gelände zurückzogen, und das fränkische Heeresaufgebot verwüstete wie immer das Land und machte Beute, sicher auch Gefangene. Bleibende Ergebnisse konnten auf diese Weise nicht erzielt werden. Der »Herzog« Lecho, der möglicherweise eine herausgehobene Stellung im böhmischen Häuptlingsgefüge innehatte, fiel im Kampf. Zumal nach dem Ende des möglicherweise fiktiven Großmährischen Reiches bestimmte noch für lange Jahrzehnte die Konkurrenz einzelner Stammesfürsten die Zukunft der Region, die erst unter den Przemysliden seit der Mitte des 10. Jahrhunderts eine einheitliche Führung fand.

Immerhin dürfte der Feldzug zur Absicherung der im Aufbau befindlichen Ostmark zwischen Enns und Wienerwald beigetragen haben, wie die Pannonische (oder Awarische) Mark wenig später die Aufteilung der Missionsgebiete südlich und nördlich der Drau zwischen Aquileia und Salzburg ermöglicht hat. Das Ergebnis dieses Feldzuges mag bescheiden gewesen sein, doch der Name des Angreifers, des Vaters und des Sohnes, ging als »kral« in die tschechische Sprache ein, als Bezeichnung für den König oder den politisch-militärischen Anführer.

Karl, der das Osterfest noch im April in Aachen begangen hatte, war im Juli über Diedenhofen und Metz in die Vogesen gezogen, um hier zu jagen. In Champ, bei Remiremont gelegen, empfing er seinen aus Böhmen heimkehrenden Sohn. Dann begab sich der Kaiser in das »Kastell« Remiremont, wo er sich länger aufhielt. Nach 817 sollte der alte Königspalast das bereits 620 gegründete gleichnamige Doppelkloster aufnehmen, das fortan als Frauenkloster nach der Benediktsregel lebte.

Die Wintermonate verbrachte Karl in Diedenhofen. Am linken Moselufer, zwanzig Kilometer nördlich von Metz und damit im Zentrum »karolingischen« Hausgutes gelegen, ist Diedenhofen seit den Tagen von Karls Vater Pippin als Pfalzort belegt. Karl hat hier zwischen 772 und 783 sechsmal den Winter verbracht, zum letzten Mal ist sein Aufenthalt hier nachweisbar an der Wende von 805 auf 806. Ludwig der Fromme baute in dieser Pfalz eine Kapelle nach dem Vorbild Aachens. Der Bau ist verschwunden.

Sorge um die innere Verfassung des Reiches und das Heeresaufgebot

Der Aufenthalt in Diedenhofen, in der Nähe einer der Wurzeln seines Hauses, zeichnet sich erneut durch innenpolitische Maßnahmen des Herrschers und auf die Zukunft des fränkischen Königtums gerichtete Konzeptionen aus, die in dem wohlvorbereiteten, dem Papst mit Bedacht zur Gegenzeichnung vorgelegten politischen Testament Karls aus dem Jahr 806 gipfelten, das sicherlich bereits Gegenstand der Gespräche zwischen den beiden Oberhäuptern der Christenheit gewesen war.

Die »Reichsteilung« in Gestalt der *Divisio regnorum* warf bereits ihre Schatten voraus, denn Ludwig und Pippin erschienen in Diedenhofen; Karl war schon seit Herbst in der Nähe des Vaters. Da die Wintermonate einen Kriegszug ausschlossen und Vorbereitungen für eine Reichsversammlung nicht getroffen wurden, mußte dieses Familientreffen einen ganz besonderen Grund haben, der über den Erlaß von weiteren Reformkapitularien weit hinausging. Die Beratung und Ausarbeitung der damals entstandenen Texte ist für uns nur noch in Gestalt wichtiger Instruktionen für die Königsboten nachzuvollziehen. In der Bedeutung stehen sie den wichtigen Dokumenten von 802 nicht nach, was der »Strukturpolitik« eine gewisse Konstanz und Folgerichtigkeit verleiht. Dies wird auch an dem Umstand deutlich, daß im Gegensatz zu den früheren Dokumenten nicht weniger als gut zwanzig Manuskripte diese Anordnungen überliefern, zugleich ein Hinweis auf die beachtliche Streuung und bedeutsame Zunahme der »Verschriftlichung« der Administration in der noch überwiegend mündlichen Gesellschaft des Frühmittelalters.

Die erste Instruktion gilt erneut der Regelung kirchlicher Angelegenheiten. Die Problemfelder reichen von Messetext und Kirchengesang, korrekt geschriebenen Texten, Erfassung der Notare, Komputistik, also der Berechnung des Osterfestes und der davon abhängigen Feiertage, bis hin zu den übrigen Disziplinen der Artes liberales, erstmals übrigens auch der medizinischen Kunst. Dabei greifen die Texte ganz im Stil der »kaiserlichen Predigt« stichwortartig auf Altbekanntes und aus früheren Instruktionen bereits Geläufiges zurück. Sehr präzise sind die Verfügungen gehalten, die als Novum den Knechten und Mägden (des Königs) verbieten, Mönch zu werden oder den Schleier zu nehmen, ohne die Erlaubnis des Königs eingeholt zu haben. Diese Praxis hatte offenkundig die Gutshöfe entvölkert und damit auch angesichts der Hungersnot im laufenden Jahr die Versorgung der Königshöfe vor nicht unbeträchtliche Schwierigkeiten gestellt. Laien dürfen sich nicht zu Pröpsten und Archidiakonen aufschwingen, inzestuöse Verhältnisse sollen in jedem Fall nach kanonischem Recht untersucht und geahndet werden, niemand darf aus Freundschaft geschont werden, während andere ihr Urteil erhalten.

Von größter Bedeutung für die innere Verfassung des fränkischen Großreichs ist freilich die zweite, an die Gesamtheit aller gerichtete Instruktion, in deren 22 Kapiteln sich gleichsam die gesellschaftliche Problematik des angestrebten Imperium christianum abbildet. Nur das Wesentliche kann an dieser Stelle hervorgehoben werden. Dazu gehört die religiös motivierte Grundhaltung des Herrschers, sein Vertrauen in das Gebet und dessen Wirkung, was zugleich Karls faktische Machtlosigkeit enthüllt, wenn das erste Capitulum anordnet: »Darüber, sofern Hungersnot, Unglück, Pestilenz, Münzverschlechterung und welche Not auch immer ausbrechen mag, so soll nicht auf unseren Befehl gewartet werden, sondern sogleich Gottes Barmherzigkeit angefleht werden«, ergänzt um den Befehl: »Und im laufenden Jahr angesichts der Hungersnot soll jeder die Seinen unterstützen wie er kann und soll seine Ernte keinesfalls zu teuer verkaufen und daß nichts nach außerhalb [des Reiches] verkauft werde.« Die Verhinderung von Preiswucher und Export hat die Versorgung zu gewährleisten; der Schutz der Schwachen soll durch Bestrafung der Verbrecher erreicht werden. Der Friedenswahrung gilt das Verbot, Waffen zu tragen, weder Schild noch Brünne sind zur Bedeckung erlaubt. Der Rechtsfrieden muß gegen die Fehde erzwungen werden, und sei es vor dem Königsgericht. Auch wer nach dem Spruch vor Gericht den Frieden nicht hält, soll seine rechte Hand, die Schwurhand, verlieren und den Königsbann von sechzig Schillingen erlegen. Erneut verdrängt das »öffentliche« Strafrecht den Ausgleich über »private« Bußzahlungen.

Ein wichtiges Kapitel gilt der Sicherung der Heeresfolge, die jetzt mit der Lebens-, Wirtschafts- und Betriebsform der Grundherrschaft in engste Verbindung gebracht wird. Diese ist ihrerseits mit Landleihe und Lehnsvergabe offensichtlich bereits dergestalt verzahnt, daß ihre Einheiten in Gestalt des »mansus«, der Hufe, der Bauernwirtschaft, die jeweilige Größenordnung für die Art der Bewaffnung und für die Form der Teilnahme am Aufgebot bilden. So hat jeder »Mann« (homo), was als »Freier« und zugleich als »Vasall« zu interpretieren ist, der über zwölf Höfe (Mansen) verfügt, mit einer Brünne, einem Kettenhemd, zum Kriegszug zu erscheinen, und falls er sich verweigert, soll er sein Benefizium, sein Lehen, seine Leihe, samt Brünne verlieren. Dies gibt einen Hinweis auf die Ausstattung der Eliteeinheiten zu Pferde, die durch Landleihe und Kommendation in einem besonders engen Verhältnis zum König standen und ihre materielle Versorgung aus Fiskal- oder auch Kirchenbesitz vornehmlich zu Kriegsdiensten erhalten hatten. Zugleich läßt dieser Passus den sich anbahnenden Übergang des älteren allgemeinen Volksaufgebots zum mittelalterlichen Lehnsheer, einer »Berufsarmee«, und damit die sogenannte Feudalisierung der Gesellschaft erkennen. Allerdings war der König 805 und auch danach noch keinesfalls bereit, auf die »Freien« als wichtigen Teil seines Aufgebots zu verzichten.

In direkter, auch gedanklicher Verbindung mit diesem Abschnitt steht ein weiteres, wesentlich bekannteres Capitulum das den Grenzhandel mit Slawen und Awaren regelt, tatsächlich aber darüber hinaus Richtlinien für den Export und ein Handelsembargo enthält. So etwas gibt es in gleicher Weise räumlich-lokal präzisiert weder für den Warenaustausch über die großen Wasserstraßen mit ihren Nebenflüssen – Rhône, Saône, Rhein, Donau, Seine, Loire oder Maas – noch gar für den Landhandel, wenn auch bereits 779 und wiederholt 783 einschlägige Handelsbeschränkungen für Waffen in Kapitularien publiziert wurden.

Allein diese Verbote widersprechen der in der Literatur ohne Nachweis geführten Behauptung über den Eisenmangel der Epoche, der nicht zuletzt das Verharren der Ökonomie auf einem primitiv-archaischen Zustand bewirkt habe. Die gezielten Embargobestimmungen weisen ganz im Gegenteil auf die technologisch-handwerkliche Überlegenheit der fränkischen Waffenproduktion hin, die vor allem in der Ausstattung der Reiterschwadronen zum sichtbaren Ausdruck kam und die die militärische Überlegenheit der Karlsheere begründete. So sollten insbesondere Schwerter und Kettenhemden nicht jenseits der Grenzen verkauft werden. Welcher Wert der Brünne beigemessen wurde, wird deutlich aus der Bestimmung, daß bereits mittlere Grundherren dieses Schutzkleid bei Strafe des Leiheverlustes auf dem Heereszug mit sich zu führen hatten. Die Qualität der Hiebwaffen dagegen belegen die zahlreichen archäologischen Zeugnisse der sogenannten Ulfbertschwerter, wobei es sich offenbar um einen Werkstattnamen handelt, und nicht wenige Miniaturen aus zeitgenössischen Handschriften. Im übrigen blieb dieser technologische Fortschritt, der sich mit der Waffenproduktion verbindet, nicht auf diesen Sektor beschränkt. Die zunehmende Verwendung von Mühleisen, eisernen Arbeitsgeräten und vor allem von Pflugscharen verweist auf eine steigende Nachfrage nach qualitativ hochwertigem Metall auch und gerade im »zivilen« Sektor der Agrargesellschaft. Einen guten Indikator des technischen Fortschritts bieten auch die Eisenzinse, die in Gestalt von Barren oder in Form von Produkten wie Pflugscharen, später auch Hufeisen, an den Grundherrn abgeführt werden mußten.

Im Diedenhofener Kapitular von 805, das in einem wichtigen Abschnitt das erwähnte Embargo verbindlich macht, werden grenznahe Handelszentren entlang der Elblinie über die Donau bis zur Enns aufgeführt, über die wohl im wesentlichen der Wirtschaftsfluß mit der slawischen Welt mit Einschluß der Awaren verlief. Genannt werden Bardowick, Schezla (nicht identifiziert), Magdeburg, Erfurt, Hallstadt bei Bamberg, Premberg in der Oberpfalz, Regensburg und Lorch. Auch die verantwortlichen Aufseher, Grafen und Königsboten, werden aufgeführt, so der bereits erwähnte Audulf, de facto Präfekt von Bayern, für Premberg und Regensburg sowie Werner für Lorch. Im Kontext dieser Handelskette leuchtet die von Karl beabsichtigte Verbindung der Wasserstraßensysteme von Rhein und Donau durch die Anlage einer Weiherkette bei Treuchtlingen durchaus ein. Der militärische Zweck eines solchen Projekts steht ganz außer Frage, welchen ökonomischen Nutzen es im interregionalen Handel mit dem Südosten bot, der im Austausch von Embargogütern wie Waffen, Fellen, Honig, vor allem aber Menschen, Kriegsgefangenen, bestand, sollte auch bedacht werden. Noch um 1000 etwa gilt Prag als Zentrum des östlichen Sklavenhandels.

Wie wenig effizient auch damals Embargogebote gewesen sein dürften und wie wenig die noch schwache administrative Infrastruktur geeignet war, derartige Verbote effektiv zu überwachen, zeigt nicht zuletzt der Passus, der entzogenen Besitz des straffällig gewordenen Händlers zur Hälfte der Pfalz, zur anderen Hälfte anteilig dem Königsboten und dem Denunzianten zuweist.

In einem weiteren Abschnitt ordnet die Instruktion an die Königsboten erneut die Abnahme des Treueids an, und zwar insofern präzisiert, als niemand einen derartigen Eid schwören dürfe, es sei denn auf den Kaiser und seinen eigenen (Lehns-)Herrn, »allein zu unserem Nutzen und zum Nutzen seines Herrn«!

Das spätere Lehnswesen entwickelt sich in seinen Frühformen immer mehr zum eigentlichen Ferment der fränkischen Gesellschaft, dessen sich auch der König zunehmend bedient, um die Großen, denen er keine Ämter zur Verfügung stellen kann oder will, in seinen Dienst zu ziehen. So sieht er sich freilich auch genötigt, eine Art von Treuevorbehalt für sich einzufordern und die Zahl der »Begünstigten« auf sich und einen weiteren Herrn zu reduzieren. Hier liegt die Wurzel der späteren, vor allem im Westfrankenreich durchgesetzten sogenannten Ligesse, welche die Treue zum König allen sonstigen Verpflichtungen voranstellt und damit Interessenkollisionen zwischen Krone und Vasallen zu verhindern sucht.

Weiter beschäftigt sich der Text mit der massiven Bekämpfung von Verschwörungen. Sofern ein Schaden aus ihnen erwächst, soll der Anstifter mit dem Tode bestraft werden, während sich die Mitverschwörer gegenseitig geißeln und ihrer Nasen berauben müssen. Die Verschwörung, der ein Schwur vorausgeht, unterliegt in gleicher Weise einem »öffentlichen« Strafverfahren wie der Meineid, der mit dem Abschlagen der rechten Hand gesühnt wird.

Die überkommene Gesellschaftsstruktur, verstanden als Gefolgschaftsverhältnis, an dessen Spitze der König steht, begann sich aufzulösen, soweit das Binnenverhältnis des Königs zu den »Freien«, den Franken, berührt war. Dies kommt in Abschnitten zum Ausdruck, die von eben diesen »Freien« als der Basis des Heeresaufgebots, der Gerichtsgemeinde, eigentlich der fränkischen Gesellschaft schlechthin handeln. Immer mehr Angehörige dieser im Wortsinn »staatstragenden« Schicht sind bestrebt, der Teilnahme an den Kriegszügen zu entgehen, indem sie sich in den Dienst Gottes (als Kleriker und Mönche) stellen oder diesen wählen müssen, weil andere nach ihrem Hab und Gut trachten. Sie alle aber haben vor diesem Schritt die Zustimmung des Königs einzuholen. Der Tatbestand des persönlichen Entzugs wird zugleich sozialpolitisch erklärt, wenn eine Vorschrift besagt, daß die »armen Freien«, also die »weniger Mächtigen«, keinesfalls von den »Mächtigeren« unter Druck gesetzt werden dürfen, ihr Eigentum zu verkaufen oder es den Bedrängern zu übereignen. Dies ist deshalb zu unterlassen, weil dann deren Erben, ihrer Subsistenzmittel beraubt, den Anforderungen des Königtums nicht genügen können und aus Not gar zu Bettlern, Räubern und Missetätern würden. Der Ausbau des zweigeteilten Systems der Grundherrschaft beruhte zum wesentlichen Teil in der nicht immer freiwilligen Einbeziehung »freier« Höfe als »mansus ingenuilis« in die Herrenwirtschaft und bewirkte damit zugleich die Abschnürung dieser »armen Freien« vom Königtum. Das wiederum verwehrte dem Königtum den Zugriff auf Leistungspotentiale, wozu insbesondere die Teilnahme am Heeresaufgebot und an der Gerichtsgemeinde gehörte. Damit geriet das Königtum über Ämtervergabe und Lehnswesen gänzlich in die Abhängigkeit von den Führungseliten in »Staat« und Kirche.

Ein weiteres Übel wird mit der verbreiteten Falschmünzerei angesprochen, die dergestalt unterbunden werden soll, daß Münzen mit vorgeschriebenem Gewicht nur noch in »unserer Pfalz« und an privilegierten Orten geschlagen und in Umlauf gebracht werden dürfen. Offenbar kam es auf diesem heiklen Gebiet, das auch den Fiskalertrag schmälerte, zu häufigem Mißbrauch, vor allem durch Münzverschlechterung. Indessen ist dieses Verbot wiederum ein wesentlicher Indikator für die Zunahme der Geldwirtschaft und der Handelsaktivitäten, von denen auch die Inventare bäuerlicher Dienste und Abgaben im Kontext der Grundherrschaft künden, die einen nicht unbeträchtlichen Teil der Leistungen in Geld und Geldäquivalenten anführen. Von archaischen, gar »steinzeitlichen« Formen der Ökonomie ist das Zeitalter Karls allen Fehleinschätzungen zum Trotz weit entfernt, dafür bürgt schon die gemeinsame Währung im Silberdenar, dem Ecu des damaligen christlichen Europa.

Ein längerer Abschnitt widmet sich fast zwangsläufig dem Heerbann und seiner »Umlagefinanzierung«, deren Praktizierung freilich auch eine weitere Grundlage zur Entfremdung der »Freien« vom Königtum bildete. Die Missi wurden angewiesen, auch für das Jahr 805 oder 806 ohne Ansehen der Person, ohne Rücksicht auf Schmeichelei, Druck oder Dank die Ablöse für die Teilnahme am Heeresaufgebot einzutreiben. Zu Recht geht die Forschung davon aus, daß die regelmäßigen Kriegszüge Karls in aller Regel vornehmlich mit Kontingenten aus den Regionen bestritten wurden, die dem Kriegsschauplatz benachbart waren oder von denen aus zum Kriegsschauplatz zu Wasser oder zu Lande eine Verbindung relativ leicht herzustellen war. Man wird also sicher darauf verzichtet haben, Truppen aus Aquitanien, dem südlichen Alemannien oder Bayern in die Auseinandersetzungen in Wigmodien zu schicken. Eine Levée en masse nach dem Muster der Zeit Napoleons fand jedenfalls in aller Regel nicht statt.

»Jedermann« war bei Strafandrohung zur Teilnahme am Heeresaufgebot verpflichtet. Die Teilnahme, die sich nicht immer und allerorten als erforderlich erwies, konnte offenkundig durch eine Geldzahlung abgelöst werden. Dies mag zunächst von Fall zu Fall geschehen sein, doch führte die Praxis wie bei allen Steuern und Abgaben bis heute zur Verfestigung, so daß in den zitierten Inventaren vornehmlich des 9. Jahrhunderts das sogenannte »hostelicium«, die Heeresabgabe, als eine jährliche Steuer erscheint, die weiterhin von den einst »freien« Bauernstellen erhoben wird. In deren Genuß setzt sich jetzt der Grundherr, der seinen militärischen Verpflichtungen immer mehr durch ein Vasallenaufgebot nachkommt.

Auch die Möglichkeit der Ablöse führte zur Erosion des überkommenen Herrschaftssystems. Die Umlage betrug nach unserem Text generell drei Pfund, was sechzig Schillingen und damit tatsächlich ausgemünzt 720 Silberdenaren entsprach, eine beachtliche Summe, deren abschreckender Charakter durchaus noch kenntlich ist, zumal die Summe von sechzig Schillingen dem allgemeinen Königsbann und der Strafe bei dessen Übertretung entsprach. Aus dieser Art der Umlage oder Bestrafung bei Fernbleiben vom Heeresaufgebot hatte sich offenbar der Mißstand entwickelt, daß die Betroffenen nicht nach Maßgabe ihrer tatsächlichen Leistungsfähigkeit, sondern starr nach Vorschrift behandelt wurden, was der Gerechtigkeit widersprach, vor allem aber die Leistungsbereitschaft, besser Leistungsfähigkeit für den König be- oder gar verhinderte. Daher befiehlt Karl, in Zukunft nur denjenigen die volle Buße oder Ablöse aufzuerlegen, die über Besitz in Höhe von sechs Pfund verfügen »in Gold, in Silber, Brünne, Eisengeräten, ganzen Tüchern, Reitpferden, Ochsen, Kühen oder anderem Besitz«, womit zugleich eine Skala der Wertigkeit von Vermögen gegeben ist. Deutlich wird, daß Ehefrau und Kinder deswegen nicht ihrer Kleidung beraubt werden dürfen. Wer freilich nur über Besitz in Höhe von drei Pfund verfügt, gibt lediglich dreißig Schillinge, also entsprechend den halben Betrag. Wer nur über zwei Pfund verfügt, gibt zehn Schillinge, und wer nur eines hat, nur fünf Schillinge.

Auch dieser Passus verweist auf die drohende Gefahr, daß die zur

Teilnahme am Heeresaufgebot oder zu dessen Ablöse angehaltenen »Freien« sich dieser Pflicht entziehen, indem sie sich einem anderen kommendieren, das heißt mit Handgang in dessen Dienst treten, oder durch Selbstübergabe an einen Herrn oder eine Kirche ihren bisherigen Rechtsstatus als Kriterium der Teilnahme am Kriegszug verlieren. Die Respublica, das Gemeinwohl, der Staat als Träger der Gemeinschaft war in der allgemeinen Vorstellung der Zeit nicht gegenwärtig, derartige Chiffren in den Pergamenten der wenigen hochgebildeten Berater Karls ließen eher auf die Lektüre der alten Autoren schließen als auf die Abbildung der Wirklichkeit in den Köpfen der Gegenwart. Sonderentwicklungen, Sonderinteressen und Egoismen überlagerten und konterkarierten die königliche Reformpolitik, die zudem in der nur schwach ausgebildeten, obendrein mit den spezifischen Wünschen nach Macht und Besitz der Oberschicht verflochtenen Administration keine zureichende Stütze fand.

Noch immer blieben auch in der Vorstellung des Hofes und in der Sache selbst die Aufgaben des Staates, die Versorgung des königlichen Haushalts und die ungeschmälerte Bewahrung von Fiskalbesitz und -rechten ungeschieden. In diesen Zusammenhang gehören auch Hinweise auf die damalige Praxis der Zollerhebung als eines der wenigen wesentlichen Fiskalrechte in praxi, wobei wir diese Materie vorwiegend aus Befreiungen für kirchliche Einrichtungen kennen. So sollen nach der vorliegenden Instruktion nur alte und damit gerechte Zölle von Händlern weiterhin erhoben werden dürfen, »sowohl von den Brücken wie von den Fähren wie an den Märkten«. Auch sollen diese Zölle nur dort erhoben werden dürfen, wo dem Durchreisenden eine Hilfe geboten wird als eine Art Gegenleistung, wozu etwa der Fährbetrieb oder die Brückenbenutzung gehört haben dürften. Im übrigen sollen die Zölle, gleichsam als Umsatzsteuer, nur von Kaufleuten verlangt werden, während diejenigen, »die ohne Absicht des Handelns ihre Substanz von einem Haus zu einem anderen führen«, etwa Vorräte von Speicher zu Speicher, »oder zur Pfalz oder zum Heereszug, von diesen Zöllen verschont bleiben müssen«. In Streitfällen, deren es angesichts der pekuniären Fragen vielerorts und vielfach eine Fülle gegeben haben wird, soll die Causa vor den Königshof gebracht werden.

In den achtziger Jahren unseres Jahrhunderts sind zwei weitere Kapitularientexte aus der Zeit Karls ans Licht gekommen, von denen der eine ganz zu Recht in das Umfeld der Diedenhofener Instruktionen von

805 eingeordnet worden ist. Auch dieser Text mit seinen nicht weniger als 43 Abschnitten ist Teil der großen Reformkapitularien der »Kaiserzeit«, auch wenn er in vielen Punkten auf die »Allgemeine Ermahnung« von 789, das eigentliche »Grundgesetz« Karls, wörtlich Bezug nimmt. »Friede und Eintracht« sind wiederum die Leitgedanken dieses Dokuments, das die Stimmen der Beteiligten, insbesondere der Bischöfe, aber auch des Herrschers selbst gleichsam ungefiltert und unredigiert erkennen läßt als »réactions personelles« nach dem glücklichen Ausdruck von François Louis Ganshof, der diese Form der Einrede bereits am großen Reformkapitular von 802 aufzeigen konnte. So ist der Inhalt weitgehend kirchlichen Charakters. Wo freilich »Weltliches« ins Spiel kommt, spricht Karl ganz unvermittelt zu uns, zumal wenn die Rechtspflege als zentrale Aufgabe des Königtums in den Vordergrund der Beratungen tritt.

Weniges aus dem umfangreichen Erlaß soll nur hervorgehoben werden: Glaubensfragen und Ordnungsprobleme bestimmen den ersten Teil, ebenso Fragen der Ethik und »politischen« Moral, etwa Habgier und Neid. So wird die christliche Nächstenliebe, die »caritas«, zur Mutter aller Tugenden erklärt, »ohne sie kann Frieden und Eintracht nicht sein«. Es wird der Schutz für »Gäste« und Pilger gefordert, der Schutz der Armen, der Witwen und der Waisen. Der Kaiser selbst wird vernehmbar, wenn er das Verbot von Trunkenheit und Würfelspiel erneuert. Wiederholt wird die Anweisung an die Königsboten: »Sie sollen bei ihrem Auftrag höchste Sorgfalt walten lassen, anordnen, ermahnen und korrigieren nach dem, was in unseren Kapitularien steht, und das übrige, was sie vor Ort als notwendig erachten, sollen sie verändern und uns darüber berichten.« Wozu dies alles? Der Herrscher resümiert: »Alles möge immer noch besser werden zu unserem himmlischen Lohn vor Gott und zu unserem ewigen Heil und Ruhm.« Auch ein Brief des Herrschers an Bischof Gherbald von Lüttich verknüpft die Anordnung dreitägiger Fasten mit der Bekämpfung der aktuellen Hungersnot als wirksames Remedium gegen die Widrigkeiten der Zeitläufte.

Regelungen für Venedig, Dalmatien und Istrien

Schon bald nach dem Fest Christi Geburt des Jahres 805 stellte sich in Diedenhofen eine Gesandtschaft aus Venedig und Dalmatien ein. Offenkundig hatte nicht zuletzt der Kontakt des von den Lagunenbewohnern bedrängten Patriarchen von Grado, Fortunatus, der offen auf die Seite des neuen Kaisers getreten war und überdies von Leo III. das Pallium mit entsprechenden Vollmachten erhalten hatte, in Venedig einen Politikwechsel vorbereitet. So erschienen jetzt die beiden neuen Dogen, die Brüder Obelierus und Beatus, vor dem Kaiser, an ihrer Seite der Herzog Paulus aus dem dalmatinischen Zara und der Bischof dieser Stadt, Donatus, die Karl mit Geschenken schmeichelten. Nach Auskunft der Reichsannalen erließ der Kaiser damals für Venedig und Dalmatien eine Art Grundordnung.

Was war geschehen? In Venedig war es zu einem Umsturz gekommen, die Dogen Johannes und Mauritius waren abgesetzt und verbannt worden, der eine ins Exil nach Mantua, der andere ins Frankenreich. Dort sind sie verstorben, ohne je ihre Vaterstadt wiedergesehen zu haben. Die neuen Machthaber scheinen die ohnedies nur nominelle Herrschaft des vergleichsweise fernen »westlichen« Kaisers über die Lagune der altgewohnten Dominanz von Konstantinopel vorgezogen zu haben. Doch sie hatten noch einen weiteren Schlag gegen Ostrom geführt, indem sie sich militärisch gegen das unter byzantinischer Oberhoheit stehende Dalmatien wandten und die vorgelagerten Inseln in der Adria bedrängten.

Das byzantinische Dalmatien umfaßte nach dem Einbruch der Slawen und Awaren im 6. und 7. Jahrhundert nur noch den Küstenstreifen und die erwähnten Inseln, die auch heute noch jene Region ausmachen. Das oströmische Reich, das sich seit der Mitte des 7. Jahrhunderts vornehmlich dem arabischen Angriff an allen Fronten zu erwehren hatte, konnte dieser vergleichsweise entlegenen Region, deren Bewohner auf den Inseln Zuflucht gesucht und gefunden hatten, wenig Aufmerksamkeit widmen. Die kirchliche Metropole blieb freilich bis ins 10. Jahrhundert weiterhin Konstantinopel. Die wichtigsten Herrschaftszentren waren Dubrovnik/Ragusa und vor allem Zara, zugleich Sitz des von der einheimischen Aristokratie gewählten Archonten. Daneben hatten in den Städten die Munizipalbehörden eine gewisse Autonomie erlangt. Venetien wurde wie Dalmatien dem später für König Pippin von Italien vorgesehenen Reichsteil zugeschlagen. Diese Regelung hatte freilich lediglich auf dem Pergament kurzfristig Bestand und wurde nach der Übereinkunft Karls mit seinem östlichen Partner Michael um 812 rückgängig gemacht, zumal Venedig seine tatsächliche Eigenständigkeit gegen Ost und West erfolgreich zu behaupten wußte. Der Konflikt zwischen Venedig und Dalmatien jedenfalls eskalierte nicht, da beide Parteien das friedenstiftende Dach der Autorität Karls suchten, als sie Ende 805 an der Mosel auftauchten.

Istrien hingegen, die zweite zwischen Orient und Okzident umstrittene Adriaregion, blieb Teil des italischen Reiches, auch nach Ausweis eines in vollem Wortlaut vorliegenden Dokuments, des Protokolls einer Gerichtsverhandlung. Diese hatte in Riziano bei Capo d'Istria unter Vorsitz des Königsboten Kadaloh, des späteren Markgrafen von Friaul, und des Langobarden Ajo stattgefunden, der einst von Karl exiliert und seiner Güter in Friaul und Verona beraubt worden war, 799 aber in Gnaden wiederaufgenommen wurde und seither dem Kaiser treu ergeben war. Die Missi waren wohl noch im Jahr 804 mit der Aufgabe nach Istrien entsandt worden, die Angelegenheiten der dortigen Kirchen zu ordnen, die Gerechtsame von Kaiser und König festzustellen und gleichzeitig die Klagen der Bevölkerung über den Druck, der insbesondere auf den Armen lastete, entgegenzunehmen und für Abhilfe zu sorgen. Vor allem ging es um Anschuldigungen gegen den »fränkischen« Herzog Johannes, der, als Waffengefährte Karls im Awarenkrieg von 791 ausgewiesen, offenkundig Städte und Gemeinden weit über das zulässige Maß und damit über die Gepflogenheiten der byzantinischen Verwaltung hinaus mit überbordenden Lasten beschwerte.

In Anwesenheit des Patriarchen, des Herzogs, von fünf Bischöfen und einer Vielzahl angesehener Notabeln aus den betroffenen Städten und Gemeinden, die anhand schriftlicher Unterlagen beispielsweise die versäumte Zahlungspflicht der Kirchen an den byzantinischen Staat dokumentierten, fand die Verhandlung vor den Königsboten statt. Der Patriarch Fortunatus ließ wissen, daß er statt der Zahlungen seinen Landsleuten bei Hofe anderweitig große Dienste erwiesen habe, doch könne auch alles anders geregelt werden. Wie zu erwarten, wurden die heftigsten Klagen gegen Person und Amtsführung des Herzogs laut, jedenfalls zeigt das Protokoll, daß der Herzog wie ein Potentat zugunsten seiner und seiner Familie Interessen tyrannisch regierte, vor Enteignungen und Landraub nicht zurückschreckte und die Bevölkerung mit Frondiensten und Abgaben wie nie zuvor beschwerte. Zugleich spiegelt sich in diesen Klagen das Ausmaß der Lasten, die durch die fränkische Kriegführung, namentlich gegen die Awaren, den istrischen Städten auferlegt worden war. So hatte er freie Vasallenverhältnisse untersagt, Pferde nach Bedarf requiriert und ins Frankenreich verschenkt. Auch ließ er für den Kaiser Geschenke sammeln, was ein Hinweis auf die Jahresgaben sein könnte, die einer Steuer gleichkamen und den königlichen Schatz auffüllten.

Dieses Regiment entsprach nach allem, was wir wissen, nicht unbedingt Karls Vorstellungen von Frieden und Gerechtigkeit, Ordnung und christlicher Nächstenliebe, auch wenn es seiner Militärkraft zugute kam. Der Beklagte stellte sich vor dem Königsgericht in einigen Punkten unwissend, in anderen kündigte er Untersuchungen des Sachverhalts an, gelobte aber Besserung und eine milde Herrschaft: Man möge doch am besten die Vergangenheit auf sich beruhen lassen. Das Gutachten, von den Würdenträgern gemeinsam getragen, sah vor, daß die dem Herzog geschuldeten Leistungen einmal nach dem beschworenen Brauch, zum anderen aber nach den alten Steuerlisten zu entrichten seien. Hierin zeigt sich Kontinuität in der schriftlichen Verwaltung der Munizipalbehörden. Als Strafbuße bei Verletzung dieses Urteils war eine Zahlung von nicht weniger als neun Goldstücken (Mancusi) an den Kaiser vorgesehen.

Das Protokoll dieser Verhandlung wurde vom Patriarchen und vom Gerichtsumstand gegengezeichnet. Immerhin wirft dieses wichtige Dokument ein durchaus günstiges Licht auf die Praxis der Königsboten vor Ort, die, soweit hohen sozialen Rangs und unbestechlich, sehr wohl den Maximen des Kaisers nach Gerechtigkeit und Ausgleich zwischen Mächtigen und »Armen« zu entsprechen vermochten. Das Königtum war im Begriff, sich mit dem Amt der Königsboten ein wirkungsvolles Instrument direkter Herrschaft zu schaffen.

Das politische Testament

Der Kaiser nutzte den Winteraufenthalt in der Pfalz Diedenhofen, unweit des »familiaren« Metz, der Wirkungsstätte des »heiligen« Arnulf, zur Abfassung seines politischen Testaments. Karl näherte sich den

Sechzigern, und es galt, das Haus zu bestellen. Der nicht allzulange zurückliegende Tod seines Intimus und Beraters Alkuin in Tours mochte ihn an die Begrenztheit allen irdischen Tuns mahnen, zudem hielten sich seine drei Söhne aus der Ehe mit der Alemannin Hildegard in Diedenhofen auf und konnten in die vorbereitenden Diskussionen um eine wohlgeordnete Nachfolgeregelung einbezogen werden.

Noch im Januar 806 hatte Karl erneut zugunsten der Hausabtei, des Eifelklosters Prüm, geurkundet und dieser Familienstiftung eine Schenkung bestätigt. Damit hatte er nicht zum letzten Male deutlich gemacht, in welch erstaunlichem Ausmaß er sich die ausschließliche Verfügungsgewalt über Königsgut vorbehielt und daß er mit allen juristischen Mitteln gegen unrechtmäßige Vergabungen vorzugehen gedachte. Im konkreten Fall hatte sich Prüm von einem ehemaligen Knecht des Herrschers, einem Unfreien mithin, im benachbarten Walmersdorf einen Hof übereignen lassen, was der namentlich genannte Graf, zugleich als Königsbote fungierend, wegen Kompetenzüberschreitung rückgängig machte, wobei er dem Kloster obendrein eine Bußsumme als Strafe auferlegte. Karl wandelte Entzug und Strafe in eine fromme Stiftung um, »damit es jener frommen Gemeinschaft um so mehr gefallen möge, für uns und unsere Kinder und für das ganze Volk, das uns von Gott übergeben worden ist, die göttliche Gnade rechtens zu erflehen«.

Die Reichsannalen lassen uns wissen, daß der Kaiser in jenen Wintermonaten eine Zusammenkunft mit den Großen (»Ersten und Besten«) gehabt habe, »um den Frieden zwischen seinen Söhnen herzustellen und zu bewahren und um eine Teilung des Reiches in drei Teile vorzunehmen, damit jeder wisse, welchen Teil er schützen und regieren solle, sofern er ihn [Karl] überlebe. Über diese Teilung wurde ein ›Testament‹ gemacht und dieses von den Großen der Franken beschworen, und Bestimmungen zur Erhaltung des Friedens sind gemacht worden, und dieses alles wurde niedergeschrieben und dem Papst Leo, daß er dieses mit seiner Hand bekräftige, durch Einhart übersandt. Diesem stimmte der Papst nach der Lektüre des Textes bei und unterschrieb es mit eigener Hand.«

Eine Notiz aus einem St. Galler Codex, die das Datum dieses Testieraktes festhielt, resümiert wesentlich kürzer, aber um so prägnanter: »... am 6. Februar ist sein Reich unter seine Söhne geteilt worden, wieviel davon jeder von ihnen nach seinem Tode habe.«

Diese sogenannte *Divisio regnorum*, die »Teilung der Königreiche«, gehört zu den bedeutendsten Rechtstexten der karolingischen Ära in ihrem Versuch, das fränkische Großreich, das die werdende abendländische Ökumene mit Ausnahme von Asturien und Benevent auf dem Kontinent umfaßte, nach den Grundsätzen der Billigkeit den Söhnen zu übergeben und in eine Nachfolgeordnung zu überführen. Diese sollte, unausgesprochen am Beispiel der göttlichen Trinität orientiert, die imperiale Befehlsgewalt des einen Kaisers und Königs zunächst in eine dreigeteilte gleichberechtigte Königsherrschaft der Söhne umwandeln, die einer ideellen Samtherrschaft der Brüdergemeine entsprach. Karl war in seinen Teilungsgrundsätzen dem fränkischen Erbrecht verpflichtet, das jedem männlichen Erben den gleichen Anteil am väterlichen Erbe zumaß, und ging nicht von einem zu gestaltenden Konstrukt künftiger Reichsteile aus, sondern von den Regna seiner seit 25 Jahren als »Mittelgewalten« fungierenden jüngeren Söhne in Italien und Aquitanien als Kern der Königreiche Pippins und Ludwigs.

Der in Prüm inhaftierte unglückliche Pippin (der Bucklige) blieb selbstredend außer Betracht. Der älteste Sohn Karl (der Jüngere), seit dem Weihnachtstag 800 auch König, hatte sich als rechte Hand des Vaters, inbesondere als Anführer zahlreicher Feldzüge nach Sachsen und über die Elbe, Herrschaftspraxis und militärische Führungsqualitäten erworben und wurde deshalb als präsumtiver Erbe und Nachfolger in der Francia bestimmt, die sich nach den Eroberungen des Vaters bis zur Elbe und zum Wienerwald ausstreckte. Die Reichsteilung von 768, die das aus Austrien, Neustrien und Burgund bestehende Frankenreich in zwei halbkreisförmige, nord-südlich orientierte Blöcke zerlegt und die Karl und Karlmann Haus- und Fiskalbesitz gleichwertig zugesprochen hatte, konnte bei drei potentiellen Nachfolgern und den nachhaltigen Verschiebungen auf der politischen Landkarte nicht als Modell dienen. Damals war Karl die Verfügungsgewalt über Güterkomplexe und Herrschaftsrechte an der unteren Maas um Lüttich zugesprochen worden, während Karlmann diese an der unteren Mosel und am Mittelrhein erhielt. Die Expansion der vergangenen Jahrzehnte hatte aber dem Frankenreich spätmerowingischen Zuschnitts ein gänzlich anderes Gefüge verliehen: Der Erwerb von Aquitanien, Italien (das Langobardenreich), Sachsen und Bayern (mit der entstehenden »Ostmark« oder »Pannonischen Mark« zwischen Enns und Wienerwald) hatte die tradierten Dimensionen gesprengt und erforderte Regelungen, die mit den Teilungsmodalitäten von 768 nicht in Übereinstimmung zu bringen wa-

497

ren. Schon angesichts der Ländermasse und eingedenk der Kaiserwürde, die im Gegensatz zur königlichen Gewalt unteilbar war, hätte Karl sich auf jenes Modell einlassen können, das sein Sohn und alleiniger Nachfolger Ludwig, einer göttlichen Eingebung folgend, wie er und seine Berater glaubten, als unabänderliche Regelung seiner eigenen Sukzession bereits 817 festlegte: die Abschichtung von Teilkönigen unter der Kuratel des Haupterben und Kaisers, des Erstgeborenen Lothar.

Karl hat dieses komplexe und zu internen Machtkämpfen einladende Modell offenkundig nicht erwogen. Mit dem alleinigen Rückgriff auf das traditionelle Erbrecht sicherte er sich nicht nur die Zustimmung seiner Söhne, sondern umschiffte zugleich die Schwierigkeiten, die sich aus der Übernahme des Kaisertitels angesichts von drei Nachfolgern im Reich ergeben mußten, »die [uns] die göttliche Gnade mit der großen Gabe ihres Erbarmens und ihrer Segnung beschert hat, indem sie uns drei Söhne gab, damit sie durch diese gemäß unseren Wünschen sowohl unsere Hoffnung auf Herrschaft bestätigt als auch die Sorge um das Vergessen durch die Nachfahren leichter gemacht hat«. Auch war es mit den Imperatoren am Bosporus, die Karl nach Einhart als Brüder anzusprechen beliebte, noch zu keinem Ausgleich gekommen, vielmehr mußte er mit Hochherzigkeit weiterhin deren Mißgunst und Neid ertragen.

Es bot sich daher an, das »Zweikaiserproblem« nicht mit der Nachfolgeregelung im fränkischen Großreich (imperium vel regnum) unmittelbar zu verknüpfen. Auf diese Weise gewann man auch Zeit, und schließlich sah der Text ohnedies die Möglichkeit von Abänderungen und Zusätzen nach den sich möglicherweise ergebenden Notwendigkeiten vor, wodurch er sich wesentlich von der vermeintlich abschließenden Regelung Ludwigs von 817 in der nicht weniger berühmten sogenannten *Ordinatio imperii* unterschied. Sieht man von dem heiklen Problem der denkbaren oder wünschbaren Sukzession im Kaisertum ab, fußt der Erlaß des alternden Herrschers auf der Herausbildung staatlicher Einheiten im Verlaufe eines Vierteljahrhunderts seines expansiven Königtums, so der Regna Italien und Aquitanien seiner jüngeren Söhne als etablierte »Mittelgewalten« unter seiner Oberleitung. In jenen Königreichen hatten sich persönliche Netzwerke ausgebildet, deren Riß bei der Teilung der Herrschaft sorgsam vermieden werden mußte, wie auch Karl der Jüngere in Vertretung seines Vaters und immer mehr mit eigenem Gewicht Anhang um sich versammelt haben dürfte, insbesondere auf den Feldzügen nach Sachsen und in die Gebiete jenseits der Elbe.

Die Ländermasse der Francia mit dem Hausgut zwischen Maas und Mosel gliedert sich erstmals in die »Nebenländer« Austrien (samt Ostfranken) und Neustrien (Seine-Loire) auf, denen Friesland, Sachsen, Thüringen, die nördlichen Teile Burgunds (Besançon, Jura), Teile Alemanniens nördlich der Donau und die beiden bayerischen Enklaven Ingolstadt und Lauterhofen hinzugefügt werden. Daß damit der älteste Karlssohn als »Erbe in besonderer Weise« herausgestellt werden sollte, ist nicht anzunehmen. Karl wurde ja vergleichsweise spät zum König gesalbt und gekrönt und erfuhr auch sonst keinerlei protokollarische Sonderbehandlung oder Auszeichnung. Vielmehr ergab sich die Nachfolge im Kernreich von selbst, da der jüngere Karl für mehr als ein Jahrzehnt die »rechte Hand« seines Vaters gewesen war. Wie diesem war ihm als Übungsfeld der Dukat Maine zugewiesen worden, während seine Brüder in ihren Reichen fest verankert waren. Von den Vorrechten einer Primogenitur ist jedenfalls nichts zu erkennen. Wieweit Karl diese Teilungsmodalitäten bereits Jahrzehnte zuvor bedacht und vorbereitet haben mag, entzieht sich unserer Kenntnis. Überdies erhielt der Älteste keineswegs das gesamte »Restreich« seines Vaters übertragen, vielmehr wurden die Regna seiner Brüder durch benachbarte Territorien abgerundet, etwa um Teile Burgunds und Alemanniens südlich der Donau, während Karl der Zugang nach Italien zum Zwecke des gemeinsamen Kirchenschutzes, also des Papstes, durch Zuweisung geeigneter Alpenübergänge (Großer St. Bernhard) garantiert wurde.

Von einer eigentlichen Nachfolge Karls des Jüngeren im sogenannten Kernreich kann keine Rede sein, da bei seinem Tod für den Kern der Francia die Aufteilung nach dem Beispiel der beiden Halbmonde von 768 unter Pippin und Ludwig quer durch alle historisch gewordenen staatlichen Einheiten vorgesehen war. Aber auch wenn der vergleichsweise frühe Tod des ältesten Karlssohnes nicht eingetreten wäre, hätte die Nachfolge in der Francia die Königsfamilie vor beträchtliche Schwierigkeiten gestellt: 806 war Karl bereits 34 Jahre alt und im Gegensatz zu Ludwig und Pippin noch immer unvermählt. Von Konkubinen (und Kindern) verlautet nichts, und auch ein Mahnschreiben Alkuins, wie es der König von Italien in Sachen Sexualmoral erhielt, fehlt. Ganz vage Andeutungen könnten auf homoerotische Neigungen hinweisen. Jedenfalls waren die aktuellen Voraussetzungen Karls, seinem

Teilreich Kontinuität zu verschaffen, denkbar gering. Nicht zuletzt deshalb dürfte sich der Kaiser entschlossen haben, nicht nur den männlichen Erben seiner Söhne ein Eintrittsrecht zu garantieren, sofern sie sich als geeignet erwiesen und die Großen dies verlangten, sondern seinen Söhnen zudem ein Anwachsungsrecht auf die Regna ihrer Brüder zuzusprechen. Eine Zerstückelung der Teilreiche unter präsumtiven Enkeln schloß der Herrscher freilich definitiv aus, indem er nur jeweils einem Enkel die Nachfolge im Reich eines der Söhne zubilligte.

Die in Aussicht genommene Aufteilung der Ländermasse nach dem Ableben des Herrschers sah folgendermaßen aus: Das Langobardenreich wurde um Rätien und Bayern erweitert und um Alemannien südlich der Donau angereichert. »Nasse Grenzen« bestimmten wesentlich den Verlauf dieser Demarkationslinien. In Rätien mit dem Zentrum in der Bischofsstadt Chur, das wichtigen Paßstraßen vorgelagert war, hatte damals einer der letzten »Bischofsstaaten« unter den Victoriden, also einer Familie, deren Leitname Victor lautete, ihr Ende gefunden. Die staatliche und kirchliche Alleinherrschaft dieser Familie wurde beendet und mit Einführung der sogenannten karolingischen Grafschaftsverfassung auch diese Grenzregion dem Imperium administrativ integriert. Bereits im Februar 807 amtierte Graf Hunfrid, zugleich Markgraf von Istrien, in Rankweil an der Spitze einer Gerichtsversammlung.

Ludwigs Teilkönigreich, das Aquitanien und die Gascogne umfaßte, wurde um Septimanien und die Provence erweitert, womit ihm nicht zuletzt der Zugang zum Mittelmeer eröffnet werden sollte. Ferner wurde ihm die sich herausbildende Spanische Mark zwischen Pyrenäen und intendierter Ebrolinie zugeschlagen. Da in einem gesonderten Kapitel der Kirchenschutz, letztlich die politische und militärische Verteidigung der päpstlichen Interessen, zu einer der wesentlichen Aufgaben der Brüdergemeine erklärt wurde, mußte auch Ludwig ein Zugang über die Westalpen nach Italien zugebilligt werden. Ludwigs Weg sollte über den Mont Cenis ins Tal von Susa gehen, woraus die Aufsplitterung des einstigen Teilreichs Burgund folgte. Danach erhielt Aquitanien die Pagi (Gaue) zwischen Nevers und der genannten Paßstraße, auch wenn die zwischen Autun und Chalon und Lyon und Savoyen aufzulistenden administrativen Regionen nicht aufgezählt werden, was angesichts fehlenden Kartenmaterials und fehlender Experten durchaus verständlich ist. Karl der Jüngere wiederum erhielt aus der burgundischen Verfügungsmasse den nördlichen Teil mit Besançon und dem Jura, der später die Grundlage der Franche Comté, der Freigrafschaft, bilden sollte, und die ursprünglich einmal fränkischen Pagi Orléans, Auxerre, Dijon, die seinen unbehinderten Zugang über den Großen St. Bernhard ins Aostatal verbürgten.

Diese präsumtive territoriale Aufgliederung, die sich, soweit es Aquitanien und Italien anging, an einem langen historischen Prozeß orientierte und darin konsequent Karl dem Jüngeren die angereicherte Francia vorbehielt, ohne doch dem Ältesten ersichtlich eine spätere Prärogative einzuräumen, umging das Problem der Nachfolge im kaum gewonnenen Kaisertum. Mochte der Text auch von »imperium vel regnum«, Reich oder Königreich, sprechen und damit den supranationalen und supragentilen Charakter des Großreichs indirekt kenntlich machen, so war an eine Aufteilung der Kaiserwürde nach Art der familiären Königsherrschaft nicht zu denken. Die Erfahrungen in Byzanz ließen allenfalls einen Mitkaiser zu, eine Mehrkaiserherrschaft lag außerhalb jeglicher Erfahrung und politischen Vorstellungskraft. Hält man sich indessen vor Augen, daß Karl sich jederzeit eine Nachbesserung dieses politischen Testaments vorbehielt, so mochte die Zukunft auch im Hinblick auf das Kaisertum und seine Tradierung neue Aspekte liefern. Bereits 812 sollte die erste Nachbesserung erfolgen, als Karl den einzigen Sohn des 810 verstorbenen Pippin von Italien mit der offiziellen Nachfolge seines Vaters auf der Apenninenhalbinsel betraute und damit das Eintrittsrecht des Enkels bestätigte, was ganz im Gegensatz zur Praxis seines Vaters und seiner eigenen stand.

Die Erhebung und Aachener Krönung Ludwigs zum Kaiser und Nachfolger seines Vaters ist letztlich als Ausfluß von Karls »Regelungshoheit« zu sehen, die sich der Herrscher immer und stets gegenüber den Söhnen und dem Volk in seiner doppelten Eigenschaft als Vater und Herr vorbehalten hatte. Der Forschung ist es bereits vor Jahrzehnten gelungen, im Wortlaut der *Divisio* einen bedeutsamen, wenn auch indirekten Hinweis auf die Kaiserwürde und ihre politische Relevanz zu finden. Mit dem Namen Walter Schlesinger verbindet sich die Entdeckung, daß in nicht weniger als fünf von sechs Handschriften, denen wir die Kenntnis dieses außergewöhnlichen Dokuments verdanken, nicht der sonst in Urkunden gängige Kaisertitel Karls Verwendung findet, sondern ein Formular, das ganz weitgehend die Titulatur der sogenannten Konstantinischen Fälschung reproduziert, deren abschließende schriftliche Fixierung allgemein und zu Recht um 780 in Rom datiert wird. Das Protokoll des politischen Testaments gibt damit einen unanfechtbaren Zeitpunkt für die Entstehung des hochwichtigen Falsifikats und zusätzlich einen Hinweis auf dessen Bekanntheit zumindest in der kaiserlichen Kanzlei Karls. Selbst die Anrede der eigentlichen Texteröffnung, an »das gesamte christliche Volk«, ist dem Wortlaut der Fälschung, an »das gesamte römische Volk«, nachgebildet.

Karl ist mithin der neue Konstantin, sein Reich ist zwar auch ein römisches, denn ein anderes ist im Kontext der spätantik-frühmittelalterlichen Geschichtstheologie nicht vorstellbar, aber ein in seinem Umfang auf den Westen reduziertes, vor allem jedoch christliches Imperium, an dessen Spitze der König der Franken steht. Nicht die Römer sind das »Staatsvolk«, sondern »seine« Franken, denen sich unter seiner Leitung die christlichen Völker zuordnen. Zweifellos dürfte Einhart ein Exemplar mit der »konstantinischen« Variante des Protokolls im Auftrage Karls dem Papst zur Kenntnisnahme und beistimmenden Unterzeichnung nach Rom übermittelt haben. Damit war für den Pontifex maximus unter direktem Bezug auf den ersten christlichen Kaiser die Frage des Imperiums und seiner Nachfolge berührt, aber nicht entschieden worden.

Der Konflikt mit dem Nachfolger der Irene, Nikephorus I., schwelte noch, die Dreizahl der potentiellen Erben und Nachfolger ließ ohne Verletzung der Billigkeit keine Regelung zu. Der Kaiser war politisch also gut beraten, das Problem offenzuhalten und, wenn überhaupt, einer späteren Entscheidung zu überlassen. 811 stand schließlich nur noch ein Anwärter auf die Würde zur Verfügung, und so konnte Karl nach der vertraglichen Anerkennung des Status quo zwischen Ost und West 812 mit Zustimmung der Großen handeln und Ludwig zum Kaiser erheben, ohne ihm freilich sofort irgendwelche zusätzlichen Kompetenzen oder gar ein wirkliches Mitkaisertum zuzubilligen. Eine Entscheidung in dieser heiklen Frage hätte 806 möglicherweise zu einer Polarisierung der politischen Führungseliten geführt.

Das »ius paternum«, das »väterliche Recht« des Herrschers, erweiterte Karl dergestalt, daß er nicht nur die territoriale Aufgliederung des Reiches nach seinem Tod im Detail bindend vorschrieb, sondern über das Ableben seiner Söhne hinaus Vorsorge traf, die insbesondere das Eintrittsrecht jeweils eines seiner Enkel, nach Eignung und »Wahl« der Großen, im Königreich des Vaters vorsah. Auf diese Weise wurde das Anwachsungsrecht seiner Söhne wesentlich beschnitten, vermutlich sollte damit die Genese allzu großräumiger Teilreiche und die damit verbundene Machtballung verhindert werden. Andererseits wurde durch das Teilungsverbot für die eintretenden Enkel die Zersplitterung der Regna in Kleinstterritorien bereits im Ansatz verhindert. Standen indessen geeignete und »wahlfähige« Sohnessöhne nicht zur Verfügung, so waren bestimmte Aufteilungsmodalitäten unter den Brüdern vorgesehen. Derartige Überlegungen waren angesichts der Ehe- und Kinderlosigkeit Karls des Jüngeren durchaus angebracht und stellen Karls politischer Klugheit erneut ein beredtes Zeugnis aus. Bereits beim Tod des jüngeren Karl sollte es daher zur Teilung des vorgeblich unteilbaren Kernreiches kommen. Für Pippin wurde ein Südwestreich unter Einschluß des nördlichen Alemannien vorgesehen, während Ludwigs Reich über Neustrien und den Norden der alten Francia hinaus über den Rhein in ostfränkisch-sächsisches Territorium ausgriff. Damit war ein Gebilde vorgesehen, so unvereinbar, daß es die Fähigkeiten jedes künftigen Herrschers auf eine harte Probe gestellt hätte.

Sollte indessen Ludwig das Zeitliche segnen, ohne den erforderlichen Nachfolger zu hinterlassen, so erhielt Karl Aquitanien und die Gascogne und Pippin dessen Anteil an Burgund sowie die Provence mit Septimanien in Ergänzung der Mittelmeerküste. Komplizierter gestaltete sich auf dem Pergament die Aufteilung des Pippinreiches, die vor allem eine neue Grenzziehung auf der Apenninenhalbinsel vorsah, während Bayern, Alemannien und Rätien höchstwahrscheinlich ohne Kompensation an Karl fallen sollten. Italien hingegen wurde in eine Art Nord-Süd-Schiene geteilt. Karls Reichsteil verlief vom Großen St. Bernhard über das Aostatal nach Ivrea und Vercelli, überschritt nach Pavia bei Piacenza den Po und erreichte zunächst auf der Streckenführung der antiken Via Aemilia über Reggio und Modena südwärts den Passo del Abetone, diesen überquerend Pistoia und Florenz. Auf der alten Via Cassia über Arezzo und Chiusi ging der Weg über Bolsena nach Rom »zu den Grenzen des heiligen Petrus«. Alles, was auf dieser Strecke, von Norden kommend, linker Hand lag, Städte, Vorstädte mit ihren Territorien, Grafschaften mit Zubehör, fiel samt dem Herzogtum Spoleto an Karl, während Ludwig alles erhielt, was auf der Route rechter Hand sich befand: die gesamte ligurische Küste und Tuszien, soweit dieses nicht päpstliches Hoheitsgebiet war. Über die Zugehörigkeit von Istrien und Dalmatien im Schnittpunkt byzantinisch-fränkischer Interessensphären unter Einschluß Venedigs verlautet so wenig wie über Ansprüche auf Ravenna und die Pentapolis, wo sich päpstliche Amtsträger und königliche Missi begegneten. Das auf Dauer angelegte politisch-sakrale Bündnis zwischen fränkischem König und dem Apostelnachfolger in Rom fand beredten Ausdruck in dem Teilungsdokument, da der gemeinsame Kirchenschutz, die Verteidigung päpstlicher Interessen, in einem eigenen Paragraphen zur vornehmsten Aufgabe der Brüdergemeine erhoben wurde. Dieser Neuerung entsprach die Gegenzeichnung des Testament durch Papst Leo III., der damit seinerseits die Erben und Nachfolger Karls auf das Bündnis verpflichtete. Diese Regelung überrascht zunächst, da es doch nahegelegen hätte, den Schutz des Patrimonium Petri Pippin oder seinem Nachfolger zu überlassen. Offensichtlich galt aber das Verhältnis zwischen Papst und fränkischem Herrscher als umfassendes Problemfeld, als Familienaufgabe, so daß etwa der militärische Schutz nur ein Moment innerhalb des komplexen Beziehungsfeldes darstellte, das seit zwei beziehungsweise drei Generationen die Dynastie mit der geistlichen Vormacht des werdenden Abendlandes verband.

Neu war auch die Reduktion Austriens und Neustriens auf geographisch eingegrenzte Nebenländer und die Bezeichnung des Raums zwischen Seine und Rhein als Francia, die von 806 an gleichsam in den offiziellen Sprachgebrauch einging. Gleichfalls neu war das Bestreben, die ungewohnte Grenzziehung an den Lauf von Flüssen zu binden und so Auseinandersetzungen zu verhindern oder angesichts der schwankenden Pagusgrenzen weitgehend zu beschränken. Bei dennoch auftretenden Streitigkeiten zwischen den Brüdern in territorialen Fragen sollte auf die Befragung von »boni homines«, in aller Regel wohlbeleumdete Alte, schlichtend zurückgegriffen werden oder auf die von Karl auch sonst als Weg zur Offenbarung der Wahrheit favorisierte Kreuzprobe. Diese Auskunftsmittel, insbesondere das Gottesurteil, mögen uns als Zeugnisse der Hilflosigkeit in einer weitgehend schriftlosen Epoche erscheinen, sie treten aber zum Zweck der Friedenswahrung und -stiftung an die Stelle des anarchisch-kriegerischen Waffengangs.

Auch die Alternative zwischen dem Anwachsungsrecht der überlebenden Brüder und dem Eintrittsrecht der Enkel oder Neffen nach Maßgabe der Eignung und zugleich des Votums der Großen eröffnete für die Zukunft abgestufte Nachfolgeregelungen, die einer politischen Diskussion bedurften, an der vor allem die noch offenen Eliten der »Reichsaristokratie« (Gerd Tellenbach), die Großen des Frankenreichs und ihre weitverzweigten Familien, maßgeblich zu beteiligen waren. Zu einem offenen Dissens zwischen kaiserlicher Entscheidung und Wünschen der Großen kam es erstmals 838, als die Aquitanier den gleichnamigen Sohn des verstorbenen Pippin I. gegen den Willen seines Großvaters, Ludwig des Frommen, zum Nachfolger seines Vaters im Königtum beriefen und damit die Ambitionen seines Halbonkels Karl des Kahlen zunächst zunichte machten.

Jedenfalls erwies sich nicht nur auf diesem Feld der eigentlichen Nachfolge der »neue Konstantin« als kluger Staatsmann, der zwischen althergebrachten Traditionen und neueren Entwicklungen angemessene Entscheidungen suchte oder vorbereitete und diese bewußt unter den Vorbehalt der späteren Ergänzung und Revision stellte, sondern auch in den fünfzehn folgenden Abschnitten des Textes, die zu Recht als »Ausführungsbestimmungen« charakterisiert worden sind. Der alternde Herrscher begnügte sich eben nicht damit, die »Mittelgewalten«, seine Söhne, zu einer gleichsam der Trinität nachgebildeten Brüdergemeine königlicher Gesamtherrschaft zu konstituieren, sondern er schrieb für sie zugleich Leitlinien und Grundsätze der künftigen politischen Agenda nach innen und nach außen in sorgsamen Formulierungen fest.

In dieser intendierten *balance of power* zwischen den gleichberechtigten Brüdern sind Chancen und Risiken des frühmittelalterlichen »Verstaatungsprozesses« zu erkennen, der offenkundig nicht in einen realitätsfernen Zentralismus mündete, sondern im Neben- und Miteinander relativ überschaubarer Einheiten in der Hand einer Familie über ein adäquates Instrumentarium verfügte, das das Zusammenleben verschiedener »gentes« und »nationes« gewährleistete. Dies war jedenfalls die Auffassung Karls. Daher stehen auch die Vorschriften ganz im Zeichen innen- und außenpolitischer Stabilität. Sowohl die Grenzverletzung der jeweiligen Patria wird untersagt als auch das Schüren von inneren Aufständen sowie die Schwächung der entstehenden Marken (Ostmark, Friaul, Spanische Mark etwa), die ein Glacis zu den einzelnen Regna bildeten. Diesen destabilisierenden Momenten soll durch Beistand nach innen und durch Zuzug gegen äußere Bedrohung gemeinsam entgegengetreten werden.

Weitere Kapitel widmen sich vorwiegend innenpolitischen Problemen, die zugleich die personalen Grundlagen der Königsherrschaft berühren: Verweigerung des Asyls und nur bedingte Aufnahme von

Flüchtlingen aus dem Regnum der anderen Brüder im eigenen Herrschaftsbereich, damit so »Frieden und Eintracht« zwischen diesen nicht gefährdet werden. Desgleichen wird der Übergang aus der Gefolgschaft des einen Königs in die eines seiner Brüder oder eines seiner »Großen« gegen den Willen des bisherigen Herrn untersagt. Diesem Verbot angefügt sind normative Artikel zur Regelung personaler Bindungen nach dem Ableben des Kaisers. Jeder »homo« (Vasall) soll »beneficia«, das heißt vermutlich Lehen oder lediglich zur Leihe gegebene Landgüter, nur im Teilreich seines Herrn empfangen dürfen und nicht anderswo, »damit daraus nicht irgendein Skandal erwachse!« Angesichts der seit Generationen bereits »grenzüberschreitenden« Beziehungen der auch materiell eng miteinander verflochtenen hochadligen Familien, der sogenannten Reichsaristokratie, dürfte dieser Passus eine gewisse Sprengkraft besessen haben, auch wenn sein Wirkungspotential durch die folgenden, eigentlich selbstverständlichen Zugeständnisse abgemildert wird, denn das Erbgut der Freien, auch verheirateter Frauen übrigens, durfte in jedem der drei Reiche unangefochten in deren Eigentum verbleiben.

Die großen Familien mit ihren vielfältigen internationalen Bindungen mußten ein existentielles Interesse an der fortbestehenden territorialen Verflechtung ihrer Besitz-und Machtbasis haben, um so ihre führende politische Gestaltungsrolle in Staat und Kirche weiterhin aufrechterhalten und ausbauen zu können. Dies gilt exemplarisch etwa für die Etichonen, die im Elsaß zur Herzogswürde aufgestiegen und deren Nachfahr Graf Hugo von Tours der Schwiegervater Kaiser Lothars I. werden und mit diesem nach Italien gehen sollte. Dies gilt ferner für die Familie Chrodegangs von Metz, die Robertiner, ein fränkisches Geschlecht aus den mittleren Rheinlanden, denen nach eindrucksvollen Kirchenkarrieren in Gorze und Lorsch letztlich mit Odo der Aufstieg zur Königswürde in der westlichen Francia glückte. Nicht zuletzt gilt dies für die Unruochinger, die es zur Herzogswürde in Friaul brachten und zur Aufnahme in die Königsfamilie durch Einheirat Eberhards als Schwiegersohn Ludwigs des Frommen, sowie für die Rorgoniden; aus der Verbindung Roricos mit Karls Tochter Rotrud ist ein Ludwig hervorgegangen, dem eine bedeutende Laufbahn in Kirche und Administration bei Hofe beschieden war. Insofern dürfte die »Reichseinheitspartei«, die 817 den noch relativ jungen Ludwig den Frommen zur Abfassung seines Hausgesetzes, der Ordinatio imperii, nötigte, nicht nur aus Mitgliedern des hohen Klerus, sondern auch aus Vertretern dieser Familien bestanden haben, denen aus der intendierten Parzellierung des Reiches Nachteile erwachsen mußten in der Verfolgung ihrer Machtansprüche und ihrer materiellen Interessen.

Neben diesen machtbeschränkenden Tendenzen der *Divisio* läßt der Text auch durchaus Möglichkeiten der Integration erkennen, indem er Ehebündnisse zwischen Familien der einzelnen Teilreiche begünstigt »und so die Nachbarn sich verbünden«. Gegen Ende des hochwichtigen Dokuments finden sich explizite Normen und Maximen, die geeignet waren, über das Binnenverhältnis der Regna zueinander die Wahrung des Familienfriedens zu sichern, die aber auch schon die düsteren Jahrzehnte heraufbeschwören, an deren Ende die Auflösung des Karlsreiches stand. Die Schwestern der Könige, die Töchter Karls, dürfen nach dem Tod des Vaters ihren brüderlichen Vormund frei wählen oder den Schleier nehmen, wobei sie materiell entsprechend ausgestattet werden und eine ehrenvolle Stellung erhalten sollen. Auch die Eheschließung wird ihnen gestattet, sofern der präsumtive Gemahl »ihrer würdig« ist, ihnen selbst das Eheleben zusagt und »der Wunsch des werbenden Mannes wie auch der zustimmenden Frau ehrenvoll und vernünftig ist«. Weshalb Karl im Gegensatz zu dieser post mortem gezeigten Liberalität keine seiner Töchter zu seinen Lebzeiten verehelichte, bleibt allen Spekulationen zum Trotz sein Geheimnis.

Für seine Neffen, soweit sie nicht in das Teilreich des Vaters »eintraten«, fordert der Kaiser, offenbar eingedenk eigener Praktiken gegenüber den Söhnen seines Bruders Karlmann, deren Rechte einfach beiseite geschoben worden waren, einen Umgang, der sie »ehrenvoll« behandelt. Sie haben stets ein rechtsförmliches Verfahren zu erwarten, Hinrichtung, Beraubung von Gliedern oder des Augenlichts sowie Vermönchung sind als Strafmaßnahmen nicht erlaubt. Wie notwendig dieses Gebot war, zeigte wenig später das Verhalten, das Ludwig der Fromme an den Tag legte, um seinen Neffen Bernhard endgültig aus dem Weg zu räumen und seine Halbbrüder Drogo, Hugo und Theoderich durch Verbannung ins Kloster zu neutralisieren.

Der Text endet mit einer Passage, die erneut die von Gott verliehene Befehlsgewalt des Vaters und Kaisers über Söhne und »Volk« in markanten Formulierungen heraushebt und das Prospektive, das Zukünftige und damit noch Änderbare des politischen Testaments hervorhebt. Karl mochte, durch eigene Erfahrungen belehrt, um die Schwierigkeiten wissen, die eine Aufteilung des Reiches unter drei Brüder mit sich bringen mußte, deren ältester zudem weder verheiratet war noch einen Erben vorzuweisen hatte.

Das Kapitular von Nimwegen

Nachdem der Kaiser Pippin und Ludwig entlassen hatte, zog er über Mosel und Rhein zur Pfalz Nimwegen, wo er die Fastenzeit und das Osterfest 806 verbrachte. Wichtigster Nachhall dieses Aufenthalts ist ein bedeutsames Kapitular in Gestalt einer Instruktion für die Königsboten, die jetzt zunehmend eine Schlüsselfunktion zur Sicherung der Herrschaft als Scharniere zwischen der Reichsspitze und der regionalen Verwaltung und den großen Familien übernehmen: »Daß jeder von ihnen«, so verkündet die Einleitung programmatisch, »in seinem Sprengel höchste Sorge walten lasse, alles nach Gottes und unserem Befehl vorausschauend zu ordnen und zu verfügen.« Der Kaiser tritt an die Seite Gottes, ihn und seinen Willen umfängt eine sakrale Aura.

An erster Stelle folgt der Befehl, allen, die bisher den Treueid auf den Herrscher noch nicht geleistet haben, diesen abzunehmen und von allen zusätzlich das Versprechen zu verlangen, der kürzlich erlassenen zukünftigen Reichsteilung »um der Eintracht im Frieden willen« zuzustimmen, also die Form der Aufteilung und die damit verbundenen Auflagen zu akzeptieren. Erneut tritt der Kaiser wie ein Gefolgschaftsherr in ein gleichsam persönliches Verhältnis zu jedem einzelnen Mitglied dieser Gefolgschaft seiner »gentes« und »nationes«. Das durchaus vorhandene transpersonale Staatsverständnis der Epoche wird wesentlich überlagert von den persönlichen Bindungen des Herrschers an seine »Volksgenossen«, die eben keine Untertanen, Subjekte, im modernen Verständnis sind.

Weitere Kapitel wenden sich erneut dem Kirchenschutz, dem Lebenswandel der Kleriker, Mönche und Nonnen, auch dem Schutz des Kirchenvermögens vor Verschleuderung und Verkauf zu. Die Juden dürfen sich nicht brüsten, alles erwerben zu können; dieser Triumph muß ihnen verwehrt bleiben. Erstmals werden Juden als professionelle Händler in den Verordnungen erwähnt. In dieser Funktion standen sie unter dem besonderen Schutz des Hofes, namentlich unter Ludwigs Schutz, der sich deshalb in heftige Auseinandersetzungen mit Erzbischof Agobard von Lyon verwickelt sah, gleichwohl aber seinen »Hoflieferanten« großzügige Schutzprivilegien verlieh. In dem Nimweger Kapitular liegt der Akzent auf der befürchteten Entweihung von Sakralgegenständen in den Händen der Juden, keinesfalls aber auf der Bekämpfung ihrer Handelsaktivitäten oder gar ihrer kultischen Gewohnheiten.

Diesem Paragraphen fügen sich, wie immer unsystematisch, Bestimmungen zur Sicherung und Überwachung des Heeresaufgebots an sowie zur unerwünschten »Zuwanderung« und Remittierung flüchtiger Knechte und Räuber in fremde Distrikte.

Erneut ist ferner ein wichtiges Element von »Dekomposition« des Herrschaftsgefüges und seiner Grundlagen zu erkennen, die François Louis Ganshof glaubte generell als signifikant für die Ausgangsphase des Kaisers konstatieren zu müssen. Er führt dies darauf zurück, daß dem Problem der Leihegüter aus königlichem Besitz verstärkt Aufmerksamkeit zuteil wird, die als Amtsgut oder als »beneficium« (Wohltat) an Anhänger ausgetan worden waren und durch Mißwirtschaft zugunsten des jeweiligen Allodialbesitzes der Amtsträger oder Vasallen in ihrer Substanz gemindert wurden oder gar durch Manipulationen über Vergabe und Rückkauf in dritte Hände gelangten.

Dem Bettlerunwesen will das Gebot steuern, das jedem Getreuen zur Auflage macht, »seine Armen« aus dem Leihegut oder aus eigenem Besitz zu ernähren. Herumziehende Bettler galten offensichtlich als Bedrohung der Gesellschaft. In diesem Zusammenhang wird auch eine ordnungs- und arbeitspolitische Maßgabe sichtbar: Wenn sie nicht mit den Händen arbeiten, darf ihnen nichts mehr zugeteilt werden, entsprechend dem biblischen Diktum: »Wer nicht arbeitet, soll auch nicht essen!«

Dann wendet sich das Werk den Erfordernissen von Wirtschaft und Handel zu und verbietet nicht zum ersten Mal die Errichtung neuer Zollstellen. Dies verweist auf eine beträchtliche Ausweitung des Handels auf Flüssen und Straßen, was die mächtigen Anrainer zur illegalen Ausweitung ihrer Einnahmen reizte.

Die folgenden Abschnitte, die sich mit Habgier, Gewinn, »schändlichem Gewinn« (Wucher) und Darlehensgeschäften auseinandersetzen, sind, abgesehen von den durch kanonistische Lehrsätze geprägten antimerkantilen Stereotypen, wiederum durch die Erfahrungen mit der aktuellen Hungersnot geprägt. Sie schärfen allen Amtsträgern sowie königlichen und kirchlichen Benefiziaren ein, aus ihrem Besitz für ihre »familia« zu sorgen. Wenn es Gott gar gefallen sollte, daß sie überdies noch über zusätzliche Erntevorräte verfügen, so sollen sie diese nach einer bindenden Preisstaffel verkaufen. Wie bereits 794 steigt diese Staffel von Hafer über Gerste, Spelz und Roggen zum Weizen auf, und der Preis für den Scheffel darf nicht mehr als jeweils zwei, drei, vier und sechs Denare übersteigen. Es fällt auf, daß im Gegensatz zum Frankfurter Preisedikt jetzt als Getreidesorte der Spelz hinzutritt und daß dieser wie auch der Weizen »gereinigt« einen höheren Preis erzielen darf. Diese »Reinigung« auf den Höfen der Erzeuger dürfte als ein weiteres Indiz für die Effizienz der sich ausbreitenden Betriebsgrundherrschaft und für deren auf Vermarktung von Überschüssen ausgerichtetes Potential zu werten sein. Desgleichen sieht sich Karl genötigt, erneut die Verbindlichkeit des neuen Scheffelmaßes einzuschärfen. Das offenbart die Schwierigkeit, analog zu einem einheitlichen Münzfuß lokale und regionale Maßeinheiten zugunsten einer einheitlichen Regelung zu überwinden. Die folgenden Jahrhunderte zeigen das vollständige Mißlingen dieses tatsächlich unzeitgemäßen Vorgehens.

Ferner hat man zu Recht darauf hingewiesen, daß erstmals die Grundsätze des kirchlichen Wucherverbots in die königlich-kaiserlichen Kapitularien aufgenommen wurden. Weder ist ein Bewußtsein von der Verteilerfunktion des Handels zu erkennen noch die betriebswirtschaftliche Einsicht, daß der Kaufmann für seinen Lebensunterhalt, für Investitionen wie Transportmittel, für Rücklagen, aber auch für Löhne einen gewissen Aufschlag auf die Gestehungskosten erheben muß. Auch die Zölle konnten nur aus einem »Mehrwert« gezahlt werden.

Zins und Wucher sind hier in eine bedenkliche Nähe gerückt. Ein Darlehen ist nur dann gerecht, wenn es auf einen Aufschlag bei der Rückforderung verzichtet, »schändlicher Gewinn«, Wucher, liegt vor, wenn durch betrügerische Machenschaften Güter angehäuft werden. Das scheint die Speerspitze der Vorwürfe gewesen zu sein, zu denen auch nicht zu Unrecht der Aufkauf von Getreide in Notzeiten und dessen überteuerter Verkauf mit Gewinnraten von hundert und mehr Prozent gehörte. Ein Handelsgeschäft, ein »negotium«, liege im Gegensatz zum Wucher immer dann vor, wenn etwas entweder zum Eigenverbrauch oder um es an andere zu verteilen, gekauft wird. Über die Modalitäten dieser »Zuteilung« läßt sich der Text allerdings nicht aus. Suchten die kirchlichen Satzungen seit dem Ersten Konzil von Nicaea vor allem die Kleriker von unlauteren Geschäftspraktiken abzuhalten, so drohte jetzt eine allgemeine »theoretische« Verurteilung jedweden eigentlichen Geschäftsverkehrs. Die Praxis dürfte das wenig behindert haben, weil diese Grundsätze schlicht weltfremd und unangemessen waren. Noch die Lutherzeit rang intensiv um den rechten Preis und den zulässigen Zins. Immerhin läßt sich aus den modifizierten Maximalpreisen von 794 und 806 mit Sicherheit konstatieren, daß der angeblich verbreitete »steinzeitliche« Tauschhandel der karolingischen Epoche zu den törichten Legenden gehört, die von den Verdunkelungsspezialisten des Zeitalters liebevoll gepflegt werden.

Münzreformen, Festpreisverordnungen, Vermarktung von Überschüssen, schriftliche Grundsätze im berühmten *Capitulare de villis*, der »Krongüterverordnung«, die sogar eine jährliche Abrechnung der aus dem Verkauf von Agrarüberschüssen erwirtschafteten Gelder am Königshof vorsieht, detaillierte Inventare, die die Zahlung von Geldzinsen als selbstverständlich ansehen, Kauf und Verkauf von Grundstükken, bekämpfte Formen des Darlehens, des Zinsnehmens, auch des Vorkaufs der Ernte, selbst unerwünschte Geschäfte der Juden mit christlichen Sakralgegenständen, nicht zuletzt Zollprivilegien, Handelsembargos und Verordnungen zum Grenzhandel lassen unschwer die Bedeutung von Geldwirtschaft und Münzumlauf in dieser Epoche erkennen. Hinzu treten die massenhaften archäologischen Funde, die den Handel mit Wein (Amphoren), Schwertern (Ulfberth) und Basalt (Mühlsteine) bis nach Skandinavien eindrucksvoll belegen. So sind die Kapitularien von 794 und 806 nicht zuletzt ein Zeugnis für den regen Warenaustausch und die allgemeine Geldzirkulation.

Es zeigt sich aber auch, daß insbesondere der professionelle Handel Not- und Mangelsituationen zur Gewinnsteigerung nutzte, obwohl die Mißachtung der Preisstaffel mit dem Königsbann in Höhe von sechzig Schillingen zu büßen war. Doch gab es überhaupt ein rechtliches Instrumentarium im Kontext der überkommenen Bußkataloge, oder bereitete sich hier gleichfalls ein »öffentliches« Strafrecht vor? Die zitierten Passagen wirken eher wie Appelle und tauchen zudem fern der Alltagspraxis die Tätigkeit des Handels in ein fragwürdiges Licht. Bereits in jener Epoche näherte sich aber Bischof Theodulf von Orléans, ein prominenter Autor, der zu den wichtigsten Beratern Karls in theologisch-dogmatischen Fragen zählt, in seiner bischöflichen Gesetzgebung den Problemen von Handel, Zins und Wucher durchaus realistisch an. Er befand nämlich, daß, wenn die dörfliche Bevölkerung aus den Erträgen ihrer Landwirtschaft den Zehnten (und Almosen) leisten müsse, dies auch für diejenigen zu gelten habe, die ihren Geschäften nachgehen, denn »Gott habe jedem die Fertigkeit gegeben, die ihn ernährt, und so wie er dadurch seinen Körper ernährt, müsse er erst recht etwas für den Unterhalt seiner Seele tun«. Insofern darf der Händler, um diesen Verpflichtungen nachkommen zu können, einen entsprechenden Aufschlag auf seine Einstandspreise für die Waren nehmen. Knapp drei Generationen später weiß Notker der Stammler dem (gerechten) Preis einer Handelsware bereits die Kosten für Arbeitslohn und Fracht (labor et subvectio) hinzuzufügen. Handel ist nicht per se Wucher. Theodulf erkennt diesen Zweig menschlichen Wirtschaftens als gleichberechtigt neben Ackerbau und Viehzucht an, auch wenn er es noch bei allgemeinen Betrachtungen bewenden läßt. Insgesamt freilich bewegte sich die kirchliche Legislation weithin im Rahmen biblischer Muster und altehrwürdiger Konzilsbeschlüsse, während Handel und Wirtschaftsverkehr unverkennbar einen Aufschwung nahmen.

Insbesondere die Grundherrschaft band Herrschaft und Bauern in den fruchtbaren Regionen zwischen Rhein und Loire, Donau und Alpenvorland und in der Po-Ebene im expandierenden Getreideanbau zusammen. Die umfassende Rodungstätigkeit unter der Leitung von Klöstern wie Fulda oder Hersfeld, der Landesausbau im Pariser Becken, gesteuert von den großen Abteien St. Denis, St. Germain-des-Prés, auch St. Maur-des-Fossés, verweist auf ein starkes demographisches Wachstum, das zugleich die Arbeitsteilung in der Gesellschaft und damit Handwerk (Schmiede und Müller) und Handel förderte. Die ganz beachtliche Dichte von Wassermühlen als Indikatoren des Getreideanbaus und der Einsatz von Beet- oder Radpflügen lassen zugleich den technischen Fortschritt auf breiter Basis erkennen, der seinerseits die Mehrproduktion und damit Überschüsse zur Vermarktung begünstigte. Getreide, Wein und nicht zuletzt Salz stellten Massengüter dar, die lokalen, regionalen, aber auch interregionalen Märkten zugeführt und dort abgesetzt wurden. Insbesondere Bischofsstädte, Pfalzen und Abteien bildeten Plätze des Handels, die nicht nur die Einwohner, sondern auch das Umland in das Marktgeschehen einbezogen.

Selbst Importe aus entfernten Regionen zwecks Umsatzsteigerung sind in diesen Dezennien belegt. So bezog die Abtei St. Germain-des-Prés dank ihrer grundherrschaftlichen Logistik Wein aus dem Anjou, um diesen im Pariser Raum zu vermarkten. In Amphoren verhandelter Wein stellt eines der wichtigsten Handelsgüter Kontinentaleuropas nach England und Skandinavien dar. Der Menschenhandel der Zeit, an dem auch die Nordländer neben den Slawen partizipierten, lief eher von Ost nach West und Süd. Wike und »Häfen« (portus) von der Bedeutung Dorestads, Quentowics, Haithabus oder Birkas, die Friesen- und Händlerquartiere von Mainz, Köln oder Duisburg legen Zeugnis ab für den regen Handelsverkehr mit dem Norden. Die Kanal- und Nordseeküste, aber auch und vor allem die Alpenpässe sind wichtige Durchgangsstationen internationalen Austauschs. Maas, Schelde und Rhein, Seine und Loire, Rhône und Donau mit ihren Nebenflüssen bilden ein Netz wichtiger Verkehrswege. Es erübrigt sich, Italien, insbesondere Venedig und die lebenswichtige Ader des Po durch die Lombardei zu erwähnen, aber auch der Süden der alten Gallia blieb dem Mittelmeerhandel zugewandt, trotz aller religiös-kulturellen Gegensätze zu den Muslimen. Wie stark etwa England mit dem Kontinent über den Handel verbunden war, beleuchtet die bemerkenswerte Tatsache, daß König Offa von Mercien wohl gegen 793 die wenige Jahre zuvor erfolgte Münzreform Karls als richtungweisend übernahm.

Neben all dem florierte der nicht immer legale Reliquienhandel. Der Karlsbiograph Einhart, zugleich unter Karl Leiter der Aachener Werkstätten, empfing beispielsweise gegen 827 in seinem Haus in Aachen den römischen Diakon Deusdona, der ihm nach dem Essen angesichts des noch leeren Altars in Einharts Gründung Steinbach einen Katalog der in seinem Domizil in Rom verwahrten Reliquien zur Auswahl präsentierte. Man wurde rasch handelseinig. Daß bei diesen frommen Geschäften nicht unbeträchtliche Geldsummen den Besitzer wechselten, darf nicht nur erwartet werden, sondern läßt sich auch nachweisen. Der Karlsbiograph sollte nämlich bald gezwungen sein, einen Teil seiner kostbaren Beute, der ihm auf dem Transport entfremdet worden war, gegen die Erlegung von nicht weniger als hundert Goldstücken aus Soissons zurückzuerwerben. Vom Tauschhandel findet sich hingegen nicht die geringste Spur in den Quellen.

Kriegszüge an und über die Elbe

Auch 806 mußte sich der Herrscher mit der Sicherung der Grenzen, insbesondere an der Elbe bis ins Böhmische hinein, beschäftigen. Im Vorjahr war hier der Dux Lecho getötet worden, eine neuerliche Zusammenfassung der politischen Macht in einer Hand fand nicht mehr statt. Nach der Rückkehr von Nimwegen nach Aachen im Frühjahr 806 entsandte der Kaiser wiederum seinen Sohn Karl mit einem Heer zu den Sorben zwischen Elbe und Saale, um den Übergriffen auf Sachsen und Thüringen ein Ende zu bereiten. Nach Überschreitung der Grenzflüsse kam es offenbar zu Auseinandersetzungen, in deren Verlauf der Sorbenfürst Milituoch sein Ende fand. Das fränkische Heer legte Befestigungen nieder und brachte die verbliebenen Kleinfürsten dazu, sich dem Kaiser zu unterwerfen und wie gewohnt Geiseln zu stellen. Damit ließ Karl es jedoch nicht bewenden, vielmehr wurden zwei Grenzfesten errichtet, eine an der Elbe Magdeburg gegenüber, die andere am östlichen Ufer der Saale bei Halle.

Gezielte Kriegführung, Beseitigung der feindlichen Anführer, Niederlegung gegnerischer Fortifikationen und Errichtung eigener befestigter Stützpunkte mit Garnison sind die strategischen Momente der Grenz- und Herrschaftssicherung. Einhart erwähnt diese Aktionen des Jahres 806 nicht eigens, sondern ordnet sie ein unter die knappen Berichte von den Feldzügen gegen Böhmen und »Linonen«, die offenbar ein Eigenleben führten. Wenig später befahl Karl einen weiteren Feldzug, der gegen die Böhmen gerichtet war und jetzt militärische Kräfte auch aus Bayern, Alemannien und dem nördlichen Burgund bündelte. Angeblich verwüstete dieser Krieg nicht wenig Land und konnte ohne größere Eigenverluste beendet werden, tatsächlich war er aber wohl nur ein vergeblicher Anlauf zur Unterwerfung der Böhmen an der Flanke der »Ostmark«.

In den Zusammenhang dieser Aufmärsche gehört vermutlich ein Mandat an den Abt Fulrad der flandrischen Abtei St. Quentin, vorausgesetzt, der König wollte zunächst selbst an Elbe und Saale ziehen und auf dem Weg in Staßfurt (Thüringen) eine Reichsversammlung abhalten. Möglicherweise hat Karl sich noch in Diedenhofen mit diesem Gedanken getragen, dann aber angesichts der Beschwerlichkeiten das Terrain seinem Ältesten überlassen. Der Abt von St. Quentin erhielt also die Aufforderung, mit »seinen Leuten« feldzugsmäßig ausgerüstet auf der geplanten Heerschau zu erscheinen, nämlich wohlversehen mit Waffen, Gerätschaften und sonstigem Kriegsgerät, auch mit Verpflegung und Kleidung. Der Text präzisiert eindringlich Umfang und Qualität dieser Ausrüstung: »Jeder Reiter habe Schild und Lanze, Schwert und Kurzschwert, Bogen und Köcher mit Pfeilen« als Standardbewaffnung der »leichten Kavallerie«, von einer Brünne ist nämlich nicht die Rede. Ferner ist diverses Gerät auf Karren mitzuführen: Äxte, Schnitzmesser, Bohrer, Hacken, eisenbeschlagene Spaten und »sonstige Gerätschaften, die gegen den Feind vonnöten sind«, mithin Werkzeug zum Ausheben von Gräben, zur Beseitigung von Verhauen und zur Errichtung eigener Wehranlagen, möglicherweise mußten auch Schiffe zerlegt und wieder zusammengefügt werden können. Spezielles Belagerungsgerät ist bezeichnenderweise nicht erwähnt. Verpflegung wird verlangt für drei, Waffen und Kleidung für sechs Monate.

Erneut wird das bereits 768 ergangene Verbot bekräftigt, auf dem Wege zum Zielort im Reich außer Futter für die Pferde, Holz und Wasser irgend etwas zu requirieren. Desgleichen werden die »Leute«, in diesem Fall die berittenen Vasallen des Abtes, aufgefordert, ihre Mannschaften bis zum Treffpunkt zu geleiten und anzuführen, »damit die Abwesenheit des Herrn den Männern keine Gelegenheit zum Übeltun gibt«. Der König erwartet die »gewohnten Gaben«, die bis Mitte Mai auf dem Treffen zu überreichen sind oder »wo immer er sich auch aufhält«, am besten freilich aus der Hand des Abtes.

St. Quentin gehörte damals jedenfalls zu den Klöstern der obersten Leistungskategorie, von denen Militärdienst, »Gaben« und Gebet für das Seelenheil des Herrschers, für seine Familie und das Frankenreich erwartet wurden. Als Ludwig der Fromme gegen 817 in einem Kapitular die Königsabteien nach ihren materiellen Ressourcen in unterschiedliche Leistungsträger unterteilt, in Abteien, die Militärdienst und Tribute leisten, andere, von denen nur Gaben erwartet werden, und schließlich jene, die allein den Gebetsdienst für Kaiser und Reich erbringen, fehlen St. Quentin wie auch St. Riquier in dieser (unvollständigen) Auflistung. Lediglich vierzehn Klöster haben danach den vollen Dienst zu leisten, darunter Corbie, Stablo-Malmedy, Lorsch und Tegernsee, während jeweils sechzehn den verminderten oder stark reduzierten Anforderungen zu genügen haben.

Aus dem Befehl von 806 wird also unmittelbar deutlich, in welchem Ausmaß die privilegierten, beschenkten und mit Immunität versehenen

Königsklöster in die Administration des Reiches und die herrscherliche Kriegführung eingebunden waren. Die in einem Inventar von 831 pauschal verzeichnete übergroße Schar klösterlicher Benefiziare und Vasallen aus der Abtei des heiligen Richarius, der damals Angilbert vorstand, erklärt sich allemal aus diesen Zwängen intensiven Königsdienstes.

Probleme an der Adria und im Süden Italiens

Mittlerweile hatte sich der Himmel über der Adria erneut mit drohenden Wolken überzogen. Karl hatte noch gegen Ende des Vorjahres die neuen Dogen Venedigs jenseits der Alpen empfangen, die bereit gewesen waren, seinen alten Verbündeten, den Patriarchen Fortunatus von Grado, als geistliches Oberhaupt auch in der Lagune wieder zu akzeptieren. Der Kaiser hatte obendrein über Dalmatien und Venetien verfügt und war damit in offenen Gegensatz zu Byzanz geraten. Das politische Testament übergeht nicht von ungefähr diese umstrittene Region mit Stillschweigen.

Kaiser Nikephorus, der ohnehin zunächst den Kontakt zu dem westlichen Rivalen abgebrochen hatte, entsandte in diesen Monaten eine griechische Flotte unter dem Oberbefehl des Patrizius Nicetas in die Adria, wo sie die dalmatinische Küste sicherte und Venetien blockierte. Die Dogen ließen es auf ein offenes Zerwürfnis mit ihrer alten, aber entfremdeten Schutzmacht nicht ankommen, die zudem als Handelsmetropole den Wohlstand der Inselstadt garantierte. Der Doge Obilierus nahm daher aus der Hand des Flottenbefehlshabers den Spathartitel entgegen, sein Bruder Beatus ging als Geisel nach Konstantinopel, der unglückliche Fortunatus aber, der zuvor bereits in Auseinandersetzungen mit den Dogen geraten war, floh aufs Festland zu den Franken.

Karl ließ den Kirchenfürsten nicht im Stich, verlieh ihm mit zögernder Zustimmung Papst Leos III. das Bistum Pola in Istrien und überdies ein Benefizium in der Francia, vielleicht die Abtei Moyen-Moutier. Der Papst hingegen, dem der Ausgriff Fortunats auf eine istrische Diözese wenig behagte und der seine Pläne für das mit Grado konkurrierende Aquileia gestört sah, wußte in einem Schreiben an den Herrscher über die Amts- und Lebensführung des Erzbischofs bewegt Klage zu führen. Diese politisch motivierten Anschuldigungen beleuchten die Interessenlage Roms an den Rändern der Adria. Das betraf vor allem jene Gebiete, die wenige Menschenalter zuvor wegen päpstlicher Unbotmäßigkeit der griechischen Kirchenprovinz zugeschlagen worden waren und um deren Wiedererwerb sich das Papsttum seither bemühte.

Die drohende Konfrontation zwischen Ost und West im Mare nostrum war jedenfalls nicht oder nicht vorwiegend auf Fragen der Etikette oder der (griechischen) Eifersucht zurückzuführen, die Karl nach Einhart mit der ihm eigenen Seelenstärke zu beantworten gewußt hätte, sondern offenbar auf den Zusammenprall divergierender Interessen, in deren Zentrum nicht zuletzt der beherrschende Einfluß auf Venedig stand.

Zur gleichen Zeit konnte König Pippin mit einer Flotte die Sarazenen aus Korsika vertreiben, die sich der Insel plündernd bemächtigt hatten. Allerdings war der Tod des Grafen Hathumar, möglicherweise ein Thüringer oder Sachse, zu beklagen, der an der Spitze der Administration von Genua gestanden hatte. Den Sarazenen gelang es aber, von der südlich von Sizilien gelegenen kleinen Insel Pantelleria sechzig Mönche zu verschleppen, die sie nach Spanien verkauften. Karl selbst konnte gegen Lösegeld nicht wenigen von ihnen die Freiheit wiedergeben. Auch jenseits der Pyrenäen ließen sich kleine Erfolge verzeichnen, etwa die Rückkehr Navarras und Pamplonas unter fränkische Oberherrschaft, was den Sperriegel gegen das Emirat von Córdoba und gegen dessen wankelmütige Statthalter jenseits des Ebro verstärkte.

In Süditalien waren am Ende des Jahres ebenfalls Hoffnungen auf Machtzuwachs wahrzunehmen. Damals starb der ritterliche und tapfere Grimoald II., und Pippin von Italien, der fast alljährlich vergebens mit kleineren Feldzügen die territoriale Integrität des Herzogtums Benevent attackiert hatte, erwartete einen Umschwung zu seinen Gunsten. Doch Grimoalds gleichnamiger Nachfolger, sein ehemaliger Schatzmeister, verfolgte dieselben Ziele wie seine Vorgänger, nämlich Bewahrung der Selbständigkeit im Schatten von Byzanz, dem man sich wirtschaftlich und kulturell trotz der Zugehörigkeit zur westliche Kirche zugeordnet wußte. Die Erfolglosigkeit der italisch-fränkischen Bemühungen im Süden spiegeln die Beschimpfungen, die unsere Hauptquellen gegen den »Feind des allerchristlichen Kaisers Karl« richten. Das ging soweit, daß den Beneventanern die Schuld an der Ausbreitung einer aktuellen Viehseuche zugeschoben wurde, die sie durch das Ausstreuen giftigen Pulvers auf den Feldern ausgelöst haben sollten.

Kirchenmänner, auch Karl selbst, verwahrten sich allerdings gegen derartige Anschuldigungen.

Erst der Friedensschluß zwischen den beiden Kaiserreichen im Jahr 812 entkrampfte die Situation zwischen dem Frankenreich und Benevent, wozu auch beitrug, daß der Motor der Aggression, König Pippin, zwei Jahre zuvor verstorben war.

Kontakte zwischen Orient und Okzident

Die byzantinische Seeblockade vor Venedig verzögerte die Heimkehr einer Gesandtschaft Karls vom Kalifenhof in Bagdad, die jedoch Ende 806 unbemerkt von der oströmischen Flotte den Hafen von Treviso anlaufen konnte. Diese Delegation war vier Jahre zuvor aufgebrochen mit kaiserlichen Gaben im Gepäck, die den Dank für den Elefanten Abul Abbas ausdrücken sollten. Walter Berschin hat unlängst zu Recht angemerkt, daß kein Graf der Karolingerzeit in den offiziösen Quellen der Zeit eine ähnlich große Aufmerksamkeit erfährt wie dieser Elefant. Die Gegengaben des Frankenherrschers sollen, wie Notker von St. Gallen lange Jahrzehnte später zu berichten weiß, vor allem »friesische Tuche« gewesen sein, Textilien, die von den küstennahen Bewohnern, Bauernkaufleuten, hergestellt und im ganzen Reich vertrieben wurden. Hinzu kamen speziell ausgebildete Jagdhunde.

Wieder war der Weg der Gesandtschaft über Jerusalem gegangen, das sich nach Einhart seit Jahren Karls besonderer Zuwendung erfreute, und wieder dürfte der fränkische Herrscher durch den Austausch von kostbaren Gaben mit der mächtigsten Vormacht des Orients zugleich eine Art von Schutzfunktion für das Heilige Grab und die christliche Gemeinde Jerusalems verbunden haben, wie denn Karl nach der Aussage seines Biographen auch den bedrängten Glaubensgenossen in »Syrien, Ägypten und Afrika, in Jerusalem, Alexandrien und Karthago« zu Hilfe gekommen sei. Deshalb suchte er, wie es unbestimmt heißt, »die Freundschaft der Könige jenseits des Meeres«.

Harun-ar-Raschid entsprach Karls Wünschen und unterstellte jenen »heiligen Ort«, Jerusalem, vor allem das Grab Christi, nach der Aussage Einharts der Macht des Frankenkönigs. Von einer Übertragung von Hoheitsrechten an Karl kann so wenig die Rede sein wie einst von der angeblichen Übergabe der geistlichen Stätten durch den Patriarchen: Es sind dies symbolische Gesten, die indessen für die Christen in Jerusalem von praktischem Nutzen gewesen sein dürften und zugleich den Ruhm des Frankenkaisers, Rivale des mit Harun verfeindeten Nikephorus, auch in der Ferne begründeten und mehrten.

Allerdings fand kurz nach 800 eine gewisse fränkische »Verdichtung« in und um Jerusalem statt, wenn an die Spitze des Konvents der Mönche vom Ölbergkloster, dem Mons Oliveti, ein Abt namens Georg trat, »dessen Heimat Germanien ist« und der eigentlich Egilbald hieß. Ferner wissen wir aus einem Brief der Kongregation an Papst Leo III., daß die Mönche in den Auseinandersetzungen um die sogenannte Filioque-Formel auf eine Bücherspende Karls verweisen konnten, der also mit gezielten Sachzuwendungen nicht gegeizt hatte. Gegen 810 erfahren wir in Kapitularien gar von Spendenaufrufen des Kaisers zur Wiederherstellung der Kirchen in Jerusalem. Zwei Menschenalter später, 869, wird in einem Pilgerbericht schließlich ein Hospital erwähnt, das, in der Nähe der Marienkirche gelegen und mit Grundbesitz im Tal Josaphat ausgestattet, sich mit dem Namen des legendären Frankenkaisers verbindet.

Die fränkische Gesandtschaft, die gegen 806 italischen Boden erreichte, war offenkundig von Boten des Kalifen und zugleich des Patriarchen Thomas von Jerusalem begleitet worden. Wohl unmittelbar nach der Ankunft verstarb Radbert, der Leiter der fränkischen Delegation. Damit forderte die Mission in den Orient ihr drittes prominentes Opfer. Der Gesandte des Kalifen, Abdallah, und die Mönche vom Ölbergkloster, Georg und Felix, denen wir bereits 803 in Bayern begegnet waren und deren Spuren im ältesten Verbrüderungsbuch St. Peters in Salzburg nachzuweisen sind, machten sich daher alleine auf den Weg zum Kaiser jenseits der Alpen.

Karl hatte das Weihnachtsfest 806 in Aachen verbracht und empfing hier die fernöstliche Gesandtschaft. Die Reichsannalen und andere zeitgenössische Quellenwerke können die Kostbarkeit der als Geschenke mitgeführten Gaben gar nicht fassen, und so nehmen ihr naives Entzükken und Staunen über die orientalischen Präsente im Jahresbericht einen beachtlichen Platz ein. Besonders bewundert wurde ein Zelt mit großem Vorzelt »aus feinsten Leinen und eingefärbten Schnüren«. Da gab es Seidenstoffe, »Wohlgerüche«, Salben und Balsam, aus Messing zwei große Kandelaber und eine »wunderbar« und »kunstvoll« gearbeitete Uhr, deren technische Überlegenheit und artifizielle Vollkom-

519

menheit im Vergleich mit den einfachen Chronographen des Abendlands, den Wasser-, Sand- und Sonnenuhren, der Annalist neidlos anerkennt: »Der Zwölfstundenlauf drehte sich nach Art der Wasseruhr mit ebensovielen ehernen Kügelchen, die nach Vollendung der Stunden herabfielen und durch ihren Fall ein darunterliegendes Becken erklingen ließen; diesem war hinzugefügt die gleiche Zahl von Reitern, die nach Ablauf der Stunden aus zwölf Fenstern herauskamen und durch ihr Herauskommen ebensoviele Fenster, die vordem offen waren, verschlossen; und noch vieles andere befand sich an diesem Uhrwerk, was jetzt aufzuzählen zu lang währte.«

In einer Region, in der sich namentlich die Klöster zur Messung ihrer »Stunden« (Horen) einfacher Konstruktionen bedienten, mußte ein solches Wunderwerk, ein technisch derartig komplexes Gebilde, das akustische und optische Signale kombinierte, höchstes Erstaunen erregen. Dies dürfte bereits für die aufwendige Wasseruhr gegolten haben, die Karls Vater Pippin im Jahr 757 aus Rom überbracht worden war. Zwischen den Kulturen bestand offenkundig ein sicht- und spürbares Gefälle, das selbst in der Gewißheit des rechten Glaubens nicht immer leicht zugunsten der westlichen Hemisphäre zu überwinden war.

Der anonyme Verfasser der sogenannten Reichsannalen eröffnet den Jahresbericht zu 807, ganz gegen seine sonstige Gewohnheit, mit einer Aufzeichnung über sechs Himmelsereignisse aus dem Zeitraum vom 2. September des Vorjahres bis zum 22. August 807: eine Sonnenfinsternis am 11. Februar, sichtbar zu 69,9 Prozent in Aachen, drei Mondfinsternisse am 2. September 806, am 26. Februar und am 22. August 807, die jeweils total oder zumindest fast total sichtbar waren. Ferner verzeichnet er zwei besondere Planetenkonstellationen: Am 31. Januar 807 stand der Jupiter im Mond und am 17. März der Merkur in der Sonne. Eine moderne Computersimulation (siehe S. 522/23) ergibt zweifelsfrei, daß, von Aachen aus beobachtet, sich am 31. Januar 807 um 4 Uhr MEZ der Jupiter tatsächlich im Mond befand, so daß dieser Aufzeichnung ein denkbar genaues Beobachtungsprotokoll zugrunde liegt. In den Reichsannalen heißt es zu den Beobachtungen lediglich: »So wurde seit dem September des vorigen Jahres bis zum September des jetzigen der Mond dreimal und die Sonne einmal verfinstert.« Aufgrund dieser Häufung könnte ein gewisser Ton der Besorgnis, ja der Angst mitschwingen vor kommendem Unheil und verwirrender Unordnung in Gestalt von Witterungsunbilden, Viehseuchen und Hungersnöten, die hier ihre kosmische Entsprechung fanden. Die Zeitgenossen, allen voran der Herrscher selbst, mühten sich um die rechte Erkenntnis der Gesetze der »Himmelsmechanik« und um die Einschätzung astronomischer Daten, nicht zuletzt zwecks korrekter Ermittlung der beweglichen Festtage der Christenheit, zumal des Ostertermins, »doch blieb eine große Unsicherheit in der Kenntnis der für die Zeitrechnung grundlegenden astronomischen Daten« (Dietrich Lohrmann). Alkuin besaß eine Monduhr, Karl einen kostbaren Tisch mit der Darstellung verschiedener Himmelsbahnen. Wie weit in diesem gelehrten Kreis die Suche nach der von Gott gegebenen »Ordnung« am Firmament und deren Gesetzen zugleich von atavistischen Ängsten und furchtsamen Horoskopen, zumal bei Mond- und Sonnenfinsternissen, beherrscht wurde, wissen wir nicht. Immerhin läßt Einhart durchblicken, daß sein Held ganz im Gegensatz zu den antiken Imperatoren, die auf »prodigia«, Vorzeichen aller Art, peinlichst achteten, so tat, als ginge ihn dergleichen nichts an. Auch der Einsturz des Verbindungsgangs zwischen Palast und Münster in Aachen, der Brand der Rheinbrücke bei Mainz, Blitzeinschlag und Sturz vom Pferd konnten ihn nicht beunruhigen. Möglicherweise bewahrten Karl weniger seine wissenschaftlichen Bemühungen als vielmehr sein »gesunder Menschenverstand«, von dem er ein wahrhaft gerüttelt Maß besaß, und sein unerschütterlicher Glaube an den Schöpfer aller Dinge vor unangemessenen Spekulationen und Interpretationen. Dabei beschäftigten astronomische und komputistische Probleme ihn seit den neunziger Jahren immer mehr. In Alkuin im fernen Tours fand er zwar einen willigen Gesprächspartner, aber keinen neuen Beda Venerabilis, wie die Korrespondenz beider unfreiwillig enthüllt und der Fragenkatalog des »Konzils« von 809 erneut belegt. Erst der famose Dicuil, dessen gelehrte Tätigkeit allerdings in die Zeit Ludwigs des Frommen fällt, hätte die Probleme auf wissenschaftlicher Höhe zu klären vermocht.

An außenpolitischen Erfolgen melden die Quellen, daß König Pippin bis zum August 808 eine Art Vorfrieden oder Waffenstillstand mit dem Patrizius Nicetas abschloß, worauf dieser die Küste der Adria verließ und sich nach Konstantinopel einschiffte. Der fränkisch-italische Zugriff auf Venetien war damit gescheitert, zumal Beatus, Bruder des Dogen Obelierus, gar als Hypatos, als Ehrenkonsul, in die Lagune zurückkehrte und damit das Schutzbündnis mit Ostrom erneuerte. Letztlich

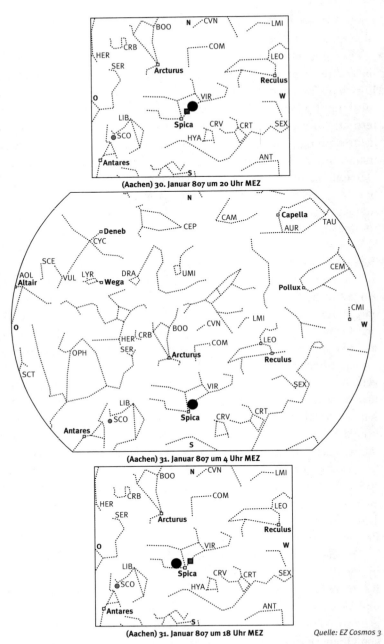

(Aachen) 30. Januar 807 um 20 Uhr MEZ

(Aachen) 31. Januar 807 um 4 Uhr MEZ

(Aachen) 31. Januar 807 um 18 Uhr MEZ

Quelle: EZ Cosmos 3

»Reichsannalen« zum Jahr 807: »In diesem Jahr war es aber am 31. Januar, am 17. des Mondmonats, als der Jupiter durch den Mond hindurchzugehen schien.«

Sonnen- und Mondfinsternisse am Ende der Regierungszeit Karls des Großen

Standort: Aachen

Himmels-körper	Datum (Julianisch)	Ortszeit Aachen	Bedeckung	Sichtbarkeit
Sonne	16. September 806	3.58 Uhr	9,1 Prozent	unsichtbar
Sonne	11. Februar 807	12.57 Uhr	69,9 Prozent	sichtbar
Sonne	16. Juli 809	11.46 Uhr	58,2 Prozent	sichtbar
Sonne	30. November 810	12.32 Uhr	total	sichtbar
Sonne	19. November 811	23.47 Uhr	44,9 Prozent	unsichtbar
Sonne	14. Mai 812	14.34 Uhr	50,5 Prozent	sichtbar
Sonne	4. Mai 813	5.21 Uhr	94,6 Prozent	sichtbar
Sonne	17. September 814	15.34 Uhr	60,0 Prozent	sichtbar
Mond	8. März 806	13.22 Uhr	total	unsichtbar
Mond	2. September 806	0.16 Uhr	total	sichtbar
Mond	26. Februar 807	4.25 Uhr	total	sichtbar
Mond	22. August 807	0.27 Uhr	98,9 Prozent	sichtbar
Mond	17. Januar 808	9.46 Uhr	Halbschatten	unsichtbar
Mond	15. Februar 808	20.36 Uhr	Halbschatten	sichtbar
Mond	11. Juli 808	15.14 Uhr	Halbschatten	unsichtbar
Mond	10. August 808	2.56 Uhr	Halbschatten	sichtbar
Mond	5. Januar 809	18.49 Uhr	7,9 Prozent	sichtbar
Mond	1. Juli 809	4.25 Uhr	52,5 Prozent	sichtbar
Mond	25. Dezember 809	20.36 Uhr	total	sichtbar
Mond	20. Juni 810	21.28 Uhr	total	sichtbar
Mond	14. Dezember 810	19.42 Uhr	total	sichtbar
Mond	10. Juni 811	13.41 Uhr	34,1 Prozent	unsichtbar
Mond	3. Dezember 811	23.39 Uhr	Halbschatten	sichtbar
Mond	30. April 812	12.00 Uhr	Halbschatten	unsichtbar
Mond	24. Oktober 812	0.10 Uhr	2,3 Prozent	sichtbar
Mond	19. April 813	13.05 Uhr	total	unsichtbar
Mond	13. Oktober 813	16.08 Uhr	total	unsichtbar
Mond	8. April 814	14.39 Uhr	total	unsichtbar
Mond	3. Oktober 814	5.13 Uhr	total	sichtbar

Quelle: H. M. Katenkamp

war Venedig schon aus wirtschaftlichem Interesse an einer weitgehenden Unabhängigkeit gelegen, die sich leichter unter dem vergleichsweise fernen Kaiser am Bosporus bewahren ließ als unter dem Nachfolger der Langobardenkönige in unmittelbarer Nachbarschaft.

Ferner gab es erneut Händel mit den Sarazenen um Korsika, die nach verlustreichen Kämpfen um Sardinien erneut diese Insel angesteuert und sich in einem dortigen Hafen eine heftige Auseinandersetzung mit dem Marschall Burkhard geliefert hatten. Nach der nicht sonderlich erfolgreichen Operation des Vorjahrs war der Marschall mit der Flotte Pippins zum Schutz der Insel ausgelaufen, und diesmal war das Glück auf seiner Seite: Die Mauren verloren dreizehn Schiffe, hatten überdies viele Tote zu beklagen und zogen geschlagen davon. Angeblich bereuten sie jetzt ihren Übergriff auf Pantelleria und den Verkauf der bedauernswerten Mönche. Karl selbst schätzte diesen Erfolg so hoch ein, daß er den Papst davon in Kenntnis setzte, der aber nur auf den siegverleihenden starken Arm der Apostel Petrus und Paulus (und des Kaisers!) verwies und einen Boten an den Hof ankündigte, der »sehr flüssig« die Wünsche der Kirche vortragen werde, also Rechts- und Besitzansprüche Roms auf Teile Korsikas, wenn nicht gar auf die ganze Insel.

Zur Innenpolitik des Jahres 807 weiß der Annalist lediglich den üblichen Aufenthalt seines Herrn an Ostern und Weihnachten in Aachen zu vermelden, dem Ort des familiären Zusammenseins und der Geselligkeit im Bade, der Gelehrsamkeit, Diskussion und Dichtkunst, und dem Ausgangspunkt zahlreicher Jagdausflüge, die ihr poetisches Echo in dem sogenannten Karlsepos fanden, das früher unmittelbar mit dem Treffen von Papst und König in Paderborn 799 in Verbindung gebracht worden ist.

Am 28. April erging aus der kaiserlichen Kanzlei eine Urkunde für das Hauskloster Prüm, das eine Besitzübertragung enthielt, die aus der Verurteilung eines gewissen Godebert im Grafengericht resultierte, der wegen Inzests und anderer Vergehen angeklagt worden war. Der jetzt an Prüm übergebene Güterkomplex war dem Missetäter einst von Karl aufgetragen worden. Die Verfügung belegt, daß das seit den Tagen Pippins auf Synoden und später in Kapitularien seines Sohnes immer wieder zur Sprache gebrachte Inzestverbot durchaus empfindliche Sanktionen bei Nichtbeachtung nach sich ziehen konnte, in diesem Falle zum Nutzen einer Abtei, die dem Herrscher besonders nahe stand.

Innere Reformen und Schutzmaßnahmen nach außen
808 bis 811

Die Reichsversammlung zu Ingelheim

Im späten Frühjahr begab sich der Kaiser wiederum an den Mittelrhein in seine Pfalz Ingelheim. Hier beurkundete er am 7. August einen Vertrag zwischen der Würzburger Kirche und dem Grafen Audulf. Es handelte sich bei diesem Rechtsgeschäft um den Austausch von zwei Kirchen samt Zubehör, deren eine zum Benefizium des Grafen gehörte und deren Vergabe oder Tausch mit Kirchengut an die Zustimmung des Königs gebunden war, zumal auch weiteres Amtsgut der Grafschaft, das sich in der Hand eines Priesters (als Sohn eines früheren Besitzers) befand, zu dem Tauschobjekt gehörte. Wiederum zeigt sich die außerordentliche Sorgfalt, mit der Karl Vergabe und Übertragung von Fiskalbesitz und dessen kirchlichen Annexen im Blick behielt und wie sehr er auf Kompensationen bedacht war. Auf diese Weise bewahrte er seine ökonomische Basis und verhinderte die Verschleuderung von Amtsgut, auch wenn er gelegentlich Strafmaßnahmen in Wohltaten für religiöse Institutionen umwandelte, wie das für Prüm geschah.

In der Pfalz Ingelheim mit ihrer geräumigen Aula fand ein allgemeiner Reichstag statt, der auch dem Empfang der nicht nur rituell wichtigen Jahresgaben der Großen und insbesondere der Kirchen diente. Der Herrscher trug den Versammelten auf, »daß sie für die Rechtspflege [Gerechtigkeit] in seinem Königreich Sorge tragen sollten«, wie die gutunterrichtete Chronik des südfranzösischen Klosters Moissac mitteilt. Diese Sorge um die Rechtspflege im Dienste der Gerechtigkeit verstärkt sich in Karls letzten Regierungsjahren zunehmend und beherrscht förmlich sein Tun. Das von Theodulf von Orléans wohl gegen 798 verfaßte Gedicht »Gegen die Richter« legt ein herbes Zeugnis ab von deren Voreingenommenheit und Bestechlichkeit in Verbindung mit fehlenden Kenntnissen der Rechtsmaterie und allgemein beklagter Prozeßverschleppung. Der Brief Alkuins an Erzbischof Arn von Salzburg, der in seiner Metropole zum Königsboten und damit zur Kontrollinstanz über Grafen, Richter und Bischöfe bestellt worden war, lüftet mit drastischen Hinweisen auf Korruption und Vetternwirtschaft den Schleier über der nicht selten praktizierten Amtsausübung jener kaiserlichen Missi, die ihrer Aufgabe im Dienst allgemeiner Wohlfahrt nicht gerecht wurden. Diese Mißachtung des Rechts machte auch vor dem Königsgericht nicht halt. »So konnte ein Großer ... prahlen: Wenn in der Pfalz eine Klage gegen mich erhoben wird, habe ich dort meine Fürsprecher. Ich werde dort eine ganze Anzahl von Verwandten und Freunden finden, die es ohne Zweifel so einrichten, daß ich dem Zorn des Königs entgehe.«

Die Lebensgeschichte Walas, eines Halbbruders Abt Adalhards von Corbie und mithin Cousins des Kaisers, berichtet über einen haarsträubenden Kriminalfall aus Italien, der über die Alpen schwappte und daher von Wala am Hof untersucht werden mußte: Die Klägerin, eine Witwe sicher nicht geringen Standes, war durch einen Richter um den Besitz gebracht worden, den er eigentlich für sie verwalten sollte. Eine Klage an den Kaiser versandete zunächst ebenso wie eine Untersuchung der Angelegenheit vor Ort. Als die Geschädigte beherzt den Weg an den Hof suchte, wurde sie von gedungenen Mördern umgebracht, und auch die Mörder erlitten als Zeugen des Verbrechens dieses Schicksal. Nur mit großer Mühe und gegen den heftigen Widerstand aus den Reihen der »pares« des Räubers wie der Mordanstifter, nur weil er mit höchster Autorität ausgestattet und seine Redlichkeit über jeden Zweifel erhaben war, gelang es Wala, das Komplott aufzudecken und den Rechtsfall zu einem guten Ende zu führen.

Es mag sein, daß sich derartige Vergehen zum Teil aus dem mangelnden Unterscheidungsvermögen zwischen legitimen Privatinteressen der Familie und den objektiven Erfordernissen der Amtsführung erklären lassen, es kann aber nicht bezweifelt werden, daß die Korruption das ohnedies fragile Rechtswesen zutiefst erschütterte. Den Aufgaben der Rechtsgewährung und Rechtssicherung war das labile System der Aushilfen nicht gewachsen, das sich just auf die Kreise stützte, die durch Besitz, Verwandtschaft und Interessen miteinander verflochten waren und denen an einer objektiven Beurteilung der jeweiligen Sachlage wenig oder gar nicht gelegen war und die damit Patronage, Unterschlagung und schlichte Rechtsverweigerung begünstigten. Die hochrangigen Königsboten waren davon nicht ausgenommen. Diese Zersetzung der Anfänge von Staatlichkeit als eigener Sphäre dürfte im letzten Dezennium von Karls Regierung nach dem Sieg über die Awaren, der mit der Plünderung des berühmten »Rings« den Königsschatz als Gabenressource noch einmal aufgefüllt hatte, beschleunigt worden sein. Die konkurrierenden Kräfte von Adel und Kirche, die nicht mehr nach außen abgeleitet werden konnten, unterwarfen sich nun den »Staat« im Innern und betrachteten ihn fortan als Beute.

Namentlich Teile der »freien« Bevölkerung, die »Armen« unserer Quellen, standen damit unter politischem, militärischem und ökonomischem Druck und gerieten völlig in die Abhängigkeit der Großen. Zunehmend wurden sie mit ihren bäuerlichen Anwesen in die als Verfügungsgewalt über Land und Leute zu charakterisierende Grundherrschaft als Betriebs- und Lebensform integriert. Das Volk, als Gefolgschaft des Königs und Kaisers verstanden und durch Eid mit diesem verbunden, wurde tatsächlich von der Spitze getrennt, so daß insbesondere das Heeresaufgebot immer mehr an den Eigeninteressen der Großen in Administration und Gesellschaft scheiterte. Daran vermochten Strafandrohungen, geistliche Bußübungen und ständige Ermahnungen an Königsboten und Grafen wenig oder nichts zu ändern. Das Ende der Expansion hatte zwangsläufig die Verstärkung der zentrifugalen Tendenzen zur Folge. Das »Reich« war zumindest im Osten an seine »natürlichen« Grenzen, Elbe und Saale, gestoßen; nun brachen die inneren Gegensätze verstärkt auf. Die auf Frieden und Ausgleich gerichtete Politik Karls zu Beginn des neuen Jahrhunderts ist eine Folge dieses – modern gesprochen – Paradigmenwechsels von außen nach innen.

Aber auch die Schicht der »mittleren« Grundbesitzer stand offenbar den Anforderungen des Königtums abwartend, ja ablehnend gegenüber. In einem Kapitular vom Sommer 807 erinnert Karl, offenbar auch im Hinblick auf eine lokale Hungersnot, die in den Quellen keinen Niederschlag gefunden hat, alle Benefiziare an ihre Militärpflicht und legt detailliert Quoten und Regeln für Gestellungsverbände fest, die deutlich zwischen kleineren Grundherren und »normalen« Bauern unterscheiden. Freie, die über drei bis fünf Höfe verfügen, müssen danach am Kriegszug teilnehmen. Unterhalb der Zahl drei werden Gestellungsverbände aus weniger Besitzenden zusammengestellt. So werden etwa – die Zahl drei als Bezugsgröße – sechs Besitzer einer halben Hofstelle zu einer Leistungseinheit zusammengefügt. »Wer aber als so arm gefunden wird, daß er weder Knechte noch Eigenland besitzt, der soll einen

Geldbetrag abführen, der hat einen Schilling zu leisten.« Somit fließen dem eigenen Anteil des sechsten Hofes fünf Schillinge als Basisbetrag zur Ausstattung eines Kriegers und damit zur Erfüllung der Heerespflicht zu.

Obwohl es 807 zu keinem Feldzug kommen sollte, wird angeordnet, daß sich »unsere Getreuen, die ›Kapitäne‹, mit ihren Leuten und Karren und Gaben zur angesagten Versammlung bis Mitte August am Rhein einzufinden haben«. Um dies zu gewährleisten, sollen die Königsboten in ihrem Sprengel die Vasallen einzeln auffordern, nach dem Gebot des Herrschers für den notwendigen Zuzug zu sorgen. Die Unsicherheit über den Teilnehmerkreis wuchs offensichtlich ebenso wie die Abneigung gegen die Kriegszüge überhaupt.

Ein weiterer Text gehört nach Art seiner Überlieferung gleichfalls in dieses Jahr und wurde vielleicht ebenfalls auf dieser Reichsversammlung in Ingelheim am Rhein erlassen. Es geht um die Wahrnehmung der Gerichtstermine, denn offenkundig zogen Grafen die Jagd und sonstige Vergnügungen dieser Verpflichtung vor. Sie sollten sich, führt der Erlaß aus, am Königsgericht ein Beispiel nehmen. Und wieder steht das Heeresaufgebot an der Spitze der Agenda, denn es war wohl hinsichtlich der Beteiligung der Friesen und Sachsen zu Unstimmigkeiten gekommen. Der Kaiser legte daher fest, daß bei Zügen nach Spanien, alternativ ins Awarenland, mobile Gestellungsverbände aus jeweils sechs Sachsen einen Krieger ausrüsten und entsenden müssen. Geht es hingegen in Richtung Böhmen, so haben angesichts der geringeren Distanz zu ihren Wohnstätten jeweils drei einen Kämpfer ins Heer zu entsenden; wenn es aber gegen die Sorben, ihre unmittelbaren Nachbarn, geht, ist jeder verpflichtet, sein Vaterland zu verteidigen.

Für die Friesen sieht der Text vor, daß Grafen, Königsvasallen und alle Berittenen wohlgerüstet auf der Heerschau zu erscheinen haben, die restlichen Krieger, Fußsoldaten mithin, wiederum aus den sechsköpfigen Gestellungsverbänden einen Teilnehmer entsenden müssen. Diese qualitativ und quantitativ durchaus abgestufte Einberufung je nach Vermögen und Entfernung dürfte die Norm gewesen sein, eine Levée en masse gab es nicht. Spekulative Zahlenangaben von 35 000 Reitern und 100 000 Kämpfern zu Fuß als verfügbare Truppenkontingente Karls sind völlig illusionär. Selbst wenn die Zahlen so hoch gewesen wären, hätte gegen ein derartiges Aufgebot schon Logistik, Kommandostruktur und Art der Kriegführung in diesem Zeitalter gesprochen.

Das »internationale« Fürstenheer, das sich im Juli 1099 vor Jerusalem versammelte, umfaßte nach glaubwürdigen Angaben nicht mehr als 1300 oder 1500 Reiter und 20 000 Fußkämpfer samt Troß.

Ferner beschreibt das wichtige Kapitular in einer Art Visitationsprogramm den aktuellen Zustand der königlichen Benefizien, in erster Linie Landgüter. Sie werden erfaßt und ihr baulicher Zustand vom Keller bis zum Dach einschließlich der Beleuchtung ermittelt. Wie im Kapitular von Nimwegen wird auf das Verbot hingewiesen, aus Prekarien Allod zu machen, aus Leiheland Eigengut. Damit verbindet sich die Erhebung von Ertrag und Zugewinn der Benefizien, was in einem Breve, einem Verzeichnis, festgehalten und über die Königsboten dem Hof und dem Vikar des zuständigen Grafen zugesandt wird. Auch sollen sich alle Begünstigten melden, »damit wir wissen, wer sie sind und wie es um ihr Benefizium bestellt ist«. Ein weiterer heikler Punkt betraf die Untersuchung, ob das Leihegut oder der Eigenbesitz in besserem Zustand gehalten wurde: »Wir haben nämlich erfahren, daß einige Vasallen ihre Benefizien liegenlassen und ihre Allodialgüter erneuert haben.« Diese Klage ertönte bereits 789 und fand 802 lediglich ein Echo in den Erlassen.

In den Zusammenhang dieser Kapitularien gehört auch ein wohl eher als Mandat zu bezeichnender Brief des Kaisers an seinen Sohn Pippin, den König von Italien, der ebenfalls Mißstände anprangert, die sich aus der rechtswidrigen Bedrückung von Freien und Kirchen durch Herzöge, Gastalden, Zentenare und sonstige Amtspersonen wie Falkner und Jäger ergeben haben, die Quartier und Beipferde in ihren Sprengeln für sich beanspruchen, den Kirchen und Klöstern großen Schaden zufügen, indem sie ihnen Fleisch und Wein abpressen und sie ihrer Befehlsgewalt unterwerfen. Karl fordert seinen Sohn auf, diese Mißstände zu beseitigen, um den »Frieden der Kirchen« und derer, die ihnen dienen, auch um ihrer beider Seelenheil willen herzustellen. Ferner verfügt der Herrscher die im Jahr 803 den Leges der Langobarden hinzugefügten Kapitel »amtlich in Kraft zu setzen und zu publizieren«, um dem Einwand, »von den unsrigen und von Euch« erhoben, zuvorzukommen, diese Vorschriften seien nicht rechtsförmig erlassen und deshalb ungültig. Der Totschlag an freigeborenen Priestern ist demnach mit dem dreifachen Wergeld zu sühnen, auch für Körperverletzung ist die dreifache Bußstrafe vorgesehen. Selbst jenseits der Alpen war also der Priesterstand in dieser noch weithin archaischen Gesellschaft häufig schutz- und wehrlos.

Venedig und Rom im Blickfeld der fränkischen Politik

Angesichts der sichtbaren Überlegenheit der Byzantiner zu Wasser hatte König Pippin bis zum August 808 in einen Waffenstillstand mit dem Befehlshaber der oströmischen Adriaflotte, Nicetas, einwilligen müssen. Davon abgesehen war die fränkische Position auch angesichts des Fehlens einer eigenen Flotte in der westlichen Adria erkennbar schwach, zumal die Oligarchien in den Handelszentren auf Byzanz orientiert waren. Das Frankenreich blieb allen Anstrengungen Karls (und Pippins) zum Trotz eine »Landmacht«.

Auch sonst verlief im Süden nicht alles zur Zufriedenheit des Kaisers. Nach zwei Briefen Papst Leos III. zu urteilen, die Ende März und Ende April 808 an Karl abgegangen waren, muß es bereits im Jahr zuvor zu Unstimmigkeiten zwischen dem römischen Pontifex und König Pippin gekommen sein, die sowohl den Küstenschutz gegen sarazenische Piraten als auch Restitutionsforderungen der römischen Kirche auf Patrimonien auf der Insel Korsika betrafen, deren Gestade eben erst von einer maurischen Flotte befreit worden waren.

Auf diese Patrimonien hatte bereits 778 Papst Hadrian I. den fränkischen König hingewiesen. Karl schickte nun, jedenfalls nach den Briefen des Papstes zu urteilen, möglicherweise noch Ende des Jahres 807 eine friedenstiftende und friedenvorbereitende Gesandtschaft in Gestalt hochrangiger Persönlichkeiten nach Rom, darunter den Grafen Helmgaud, der bereits 802 zusammen mit Bischof Jesse von Amiens zur Kaiserin Irene abgeordnet worden war, und Graf Hunfried, den ersten Amtsträger des unlängst in die sogenannte karolingische Grafschaftsverfassung integrierten Rätien mit dem Zentrum Chur, womit die alleinige (Bischofs-)Herrschaft der Victoriden ein Ende gefunden hatte. Mit Mandaten ihres kaiserlichen Herrn ausgerüstet, stellten die Gesandten dem Papst eine Zusammenkunft mit König Pippin für Mitfasten, den 26. März 808, in Aussicht. Dieser Termin wurde aber kurzfristig vom König verworfen und die Begegnung auf die Zeit nach Ostern, auf den 16. April, verschoben. Auch dieser Termin wurde nicht eingehalten, da eine anderslautende Instruktion Karls die Boten zu König Pippin gehen ließ, damit sie sich mit diesem über einen genehmen Ort des Zusammentreffens verständigten, und das war wohl kaum Rom.

Der Kaiser überließ mithin nichts dem Zufall und behielt ganz augenscheinlich selbst die Kontrolle über Details des diplomatischen Vorgehens wie Ort und Zeit, die nicht unwesentlich die Verhandlungen und Abschlüsse beeinflußten. Karl mochte sich an die eigenen Erfahrungen erinnern, die er selbst vor Jahren und Jahrzehnten an den Schwellen der Apostelgräber, am Grabe Petri und vor der Confessio gemacht hatte, und die mystisch-sakrale Aura des Ortes in sich wachrufen, die ihm seine großen Zugeständnisse zumindest erleichtert hatte. Aus der Zusammenkunft wurde nichts, und der Papst sah sich weiterhin genötigt, dringend für sich und den König »Euren Rat und Eure Unterstützung« vom Kaiser zu erbitten. Die politische Kompetenz der »Mittelgewalten« blieb fest an den Willen des kaiserlichen Vaters und Herrn gebunden, zumal wenn es um »römische« Angelegenheiten ging. Die Frage selbst, nämlich die Restitution der Patrimonien auf Korsika, verlief sich im Sande. Die Königsboten kehrten über Ravenna ins Frankenreich zurück und wurden dabei nach Auskunft päpstlicher Schreiben, die die ganze Animosität Roms gegen die alte Exarchenstadt atmen, Zeugen »schändlicher Aufführungen«, die der Erzbischof angeblich bei einem Mahl am Palmsonntag den durchreisenden Gesandten zumutete. Wahrscheinlich hatte der dortige Oberhirte Stimmung gegen den Heiligen Vater und seine auf Ravenna gerichteten Ambitionen gemacht.

Karl hatte wie üblich das Weihnachtsfest 807 und Ostern 808 in Aachen verbracht. Der Winter war, wie der Chronist berichtet, äußerst mild und daher ein günstiger Nährboden für vielerlei Seuchen. Diese Naturbeobachtungen liefern wiederum objektive Eckdaten für eklatante Versorgungsmängel. Das führte im ersten Jahrzehnt des neuen Jahrhunderts zur Verelendung breiter Massen. Der soziale und ökonomische Druck auf die freie Bauernschaft wuchs, und zugleich wurde das militärisch-politische Kräftepotential des Herrschers wesentlich begrenzt und seine Handlungsfähigkeit eingeschränkt.

Mit Beginn des Frühjahrs 808 begab sich der Kaiser erneut nach Nimwegen, wo er die vorösterliche Fastenzeit verbrachte, bevor er zur Feier der Auferstehung des Herrn nach Aachen zurückkehrte.

Eingreifen in England

Noch in Nimwegen mußte sich Karl das Schicksal des von seinem Sitz vertriebenen Königs Eadwulf von Northumbien angelegen sein lassen, der nach einem Schreiben des Papstes zu des »Kaisers Getreuen« zu rechnen war. Eadwulf war 796 Aethelreds Nachfolger geworden. Die sogenannten Annalen von Lindisfarne behaupten sogar, der König habe im folgenden Jahr eine Tochter Karls geehelicht. Dies ist zweifelsfrei eine Falschmeldung, doch könnte die Erwähnte eine fränkische Adlige gewesen sein. Karls Berater, der Angelsachse Alkuin, stand damals mit seinem königlichen Landsmann in Briefkontakt und berichtete später, daß dieser sich, wie alle »Könige der Schotten« durch die Freigiebigkeit Karls geneigt gemacht, als dessen Untergebener und Knecht bekannte.

Alkuin ließ seinem didaktisch-pädagogischen Talent wieder einmal freien Lauf und übersandte dem König (und Landsmann) eine Art Verhaltenscodex zur Beachtung, offenbar ohne großen Erfolg. Eadwulf verstieß seine Gemahlin, nahm eine Konkubine und geriet darüber in Streit mit dem Erzbischof von York. Nach Alkuins Tod 804 riß der Kontakt ab. Jedenfalls befand sich der König auf der Flucht, als er Anfang 808 in Nimwegen Station machte, um den Kaiser über seine Notlage zu unterrichten. Karl seinerseits setzte den Papst von diesen Ereignissen in Kenntnis, der einen eigenen Legaten auf die Insel entsandte, um Nachforschungen anzustellen. Auch dieser machte einen Zwischenaufenthalt bei Hofe und wurde dann ehrenvoll auf das zur Überfahrt vorgesehene Schiff geleitet. Trotz Absprache suchte der päpstliche Legat auf dem Rückweg den Kaiser nicht erneut auf, ebensowenig tat dies der ihm beigegebene Bote des Erzbischofs von York.

Karl witterte wohl nicht zu Unrecht eine Intrige, zumal er erkannte, daß es Leo III. um einen Informationsvorsprung in der heiklen Angelegenheit ging, deren Behandlung er dem päpstlichen Stuhl vorbehalten wollte. Der Pontifex mußte alle Register ziehen, um den Verdacht des Frankenherrschers zu zerstreuen, und hielt es für angebracht, seinem Verbündeten alle Schreiben, die er in dieser Sache aus England erhalten hatte, »im Original«, mit der Bitte um Rücksendung versehen, zu übermitteln. Zugleich entschuldigte er das Fehlverhalten des Boten mit dessen mangelnder Weltkenntnis. Das befremdliche Zwischenspiel endete nach Auskunft unseres Gewährsmannes damit, daß der vertriebene König gegen Jahresende von Gesandten des Papstes wie des Kaisers –

genannt wird unter anderen der Notar Rotfrid, der 827 als Abt des bedeutenden flandrischen Klosters St. Amand verstarb – »in sein Reich zurückgeführt wurde«.

Es ist eine ansprechende Vermutung John Michael Wallace-Hadrills, des großen Kenners der frühmittelalterlichen Geschichte nicht nur der Britischen Inseln, daß der fränkische König in Eadwulf nicht vorrangig einen »Getreuen« sah, wie dies Einhart schildert, sondern vor allem einen »Gesalbten des Herrn«, ein Mitglied der Familie der Könige, dem er auch aus Solidarität zur Hilfe verpflichtet war. Allerdings dürfte die Restitution des Vertriebenen eher der Intervention des Papstes beim Erzbischof von York zu danken gewesen sein als einem »Machtwort« Karls. Immerhin drückt sich in dieser Episode nicht zuletzt der Einfluß des fränkischen Großkönigs und christlichen Imperators aus, der mit Ausnahme von Benevent und Asturien die gesamte westliche Ökumene des Kontinents beherrschte, wenn auch gewiß mit durchaus unterschiedlichem Wirkungsgrad auf das Leben der Völker.

Reformkapitularien der Spätzeit

Im Gegensatz zu dem relativen Stillstand in der Außenpolitik setzt in diesen Jahren eine wahre Flut von Kapitularien ein, die nach der immer noch maßgebenden Ausgabe in den *Monumenta Germaniae Historica* die stattliche Anzahl von 35 erreicht, wobei freilich nicht alle Stücke zweifelsfrei zu datieren sind.

Es ist gerade diese Dichte legislativer und administrativer Maßnahmen, die der Nachwelt den Eindruck der Zersetzung des Karlsreichs in seiner Endphase vermittelt hat, während tatsächlich vieles darauf hindeutet, daß der Kaiser erst im Nachlassen außenpolitisch-kriegerischer Aktivitäten wieder die Kraft findet, die längst offenkundigen Mißstände schonungslos aufzudecken und auf ihre Beseitigung zu dringen. Das betraf die Verwaltung, die Justiz vor allem und das Heerwesen, aber auch das weite Feld der kirchlich-religiösen Verhältnisse, die fundamentale Fragen der christlichen Gemeinschaft, der Lebensführung und Moral, ja der Verantwortlichkeit des Herrschers im Jenseits berühren.

Erneut widmen sich die herrscherlichen Erlasse mit bohrender Intensität den Fragen der militärischen Gestellungsverbände und der Bannbußen bei schuldhafter Versäumnis der Heerespflicht. Als besonders schwierig erwies es sich offenbar, die »haussässigen« Vasallen der Grafen, Bischöfe und Äbte, aber auch des Herrschers selbst, zur Teilnahme am Heeresaufgebot zu zwingen, da die Betroffenen in der Regel »amtliche« Dienstobliegenheiten am jeweiligen Hof vorschützten. Ein weiteres Problem stellte der Los- oder Freikauf von diesen Verpflichtungen dar, der einerseits zu einer willkommenen Bereicherung der Grafen und ihres Verwaltungsunterbaus führte, andererseits häufig eine Art von Doppelbelastung zur Folge hatte, da die Grafen von jenen, die bereits ihren Pflichtteil zur Bewaffnung und Ausrüstung eines Kriegers geleistet hatten, erneut eine Ablösesumme forderten.

Die Neuordnung des Heeresaufgebots erschien dem Kaiser von derartiger Bedeutung, daß er von der betreffenden Verordnung nicht weniger als vier Exemplare ausfertigen ließ, von denen jeweils eines für die Königsboten als Kontrollorgane, für die ausführenden Grafen, für die Missi als Verantwortliche des jeweiligen Truppenkontingents und für den Kanzler bestimmt war. Dieser Verschriftungsprozeß der fränkischen Administration in der mittleren Karolingerzeit mußte zumindest im nordöstlichen Teil des Riesenreichs von einem Aufschwung elementarer Ausbildung in den Kulturtechniken Lesen und Verständnis der lateinischen Sprache als Lingua franca begleitet sein, während die Schreibfertigkeit auf lange Zeit eine Sache der Spezialisten blieb. Karl selbst lieferte in seinem diesbezüglichen Bemühen ein oft zitiertes Beispiel.

Zahlreiche Verordnungen dieser Jahre bewegen sich wieder auf dem weiten Feld der Justiz, der Gerichtsbarkeit, letztlich der Gerechtigkeit, machen Front gegen falsches Zeugnis und Meineid, auch gegen Lynchjustiz, die durch ein Verfahren in geordneten Bahnen und Zahlung eines Wergelds ausgeschaltet werden soll.

Das Augenmerk gilt ferner Räubern und Flüchtigen, Unruheherden innerhalb der Gesellschaft, denen stets erneut der Kampf angesagt wird. Daneben lassen sich eindrucksvoll Bestimmungen über den Küstenschutz und den Bau von Schiffen finden. Sie sind ein Indiz dafür, daß zu dieser Zeit die Normannen aus Skandinavien überraschend mit ihren kriegstüchtigen schnellen Booten auftauchten und die Unterläufe der großen Ströme Rhein, Maas, Schelde, Seine und Loire durch ihre Überfälle unsicher machten. Aber auch Klagen über Bedrängnisse von Leuten, die Karls Söhnen und Töchtern zugeordnet sind, von Grafen und

Königsboten (!) werden aufgelistet. Das Ende der Expansion hatte letztlich auf allen Sektoren zu intensivem Konkurrenzverhalten der Eliten geführt, das auch vor dem Interesse des Königtums keinesfalls haltmachte.

Unter dem Titel »Über den Frieden im Vaterland« wird das weitverbreitete Delikt der Falschmünzerei erwähnt, das dadurch verhindert oder eingegrenzt werden soll, daß nur die bei Hofe geschlagenen Pfennige als »Palastdenare« in Umlauf gebracht werden dürfen. Diese Monopolisierung auf königliche Münzstätten hat sich freilich angesichts der räumlichen Ausdehnung des Imperiums, des Fehlens einer zentralen Münze, die diesen Ansprüchen gerecht werden konnte, und der vielfach um den Münzertrag konkurrierenden Interessen nicht durchsetzen können. Die strikte Beachtung dieser Vorschrift hätte gar kontraproduktiv gewirkt und dem Gesamthandel schweren Schaden zugefügt. Im Gegensatz dazu gelang es aber, das Gewicht des neuen Denars mit 1,7 Gramm Silber durchzusetzen und damit eine kurrente Münze zu schaffen, die im ganzen Reich Geltung hatte, unbeschadet kleinerer Gewichtsschwankungen und einer Vielzahl von Prägestätten westlich des Rheins und südlich der Alpen. Dieser Denar war, wie erwähnt, der »Ecu« des Mittelalters.

Mit der Bekämpfung der Münzfälschung, die der Münzfälscher mit dem Verlust der rechten Hand zu büßen hatte, verbanden sich regulierende Eingriffe in Handelstätigkeiten, die zwischen Schwarzmarktangeboten und Betrug anzusiedeln waren. Es war beispielsweise verboten, nachts mit anderen Waren zu handeln als mit Lebensmitteln und Futter. Goldene und silberne Gefäße, Sklaven, Edelsteine, Pferde und Tiere durften überhaupt nicht angeboten werden. Offensichtlich sollten durch diese Maßnahmen spätere langwierige Auseinandersetzungen über Gegenstände, die im Halbdunkel erworben worden waren, verhindert werden. Auch ließ es sich der Kaiser nicht nehmen, Höchstpreise für Röcke, Mäntel, Marder- und Otternpelze festzulegen, so wie er einst mit dem König Offa von Mercien über die zulässigen Preise für Mäntel und deren Länge korrespondiert hatte. Auf ein subtiles Verständnis Karls und seiner Berater für ökonomische Fragen kann aus diesen Vorschriften nicht gerade geschlossen werden. Althergebrachte kirchliche Sentenzen und Vorschriften verstellten die Einsicht in die Eigengesetzlichkeiten des Handels, ein Dilemma, das sich langfristig auf das Wirtschaftsgeschehen insgesamt ungünstig auswirken mußte. Auch das Verbot neuer Zölle oder neuer Wegegebühren offenbart, daß die Wirtschaft weitgehend als statischer Bereich unter obrigkeitlichem Schutz angesehen wird, nicht als expansiver Sektor mit zusätzlichen fiskalischen Einnahmemöglichkeiten.

Breiten Raum nehmen in den Kapitularien die entlaufenen Hörigen ein, die teils von ihren Herren zurückgefordert werden, teils aber auch die Höfe verlassen müssen, weil der Herr sich dadurch Schadensansprüchen von seiten Dritter wegen begangener Missetaten entziehen kann. Wiederum werden die Grafen ermahnt, die Freien nicht zu bedrücken und unrechtmäßige Leistungen von ihnen zu fordern, wovon lediglich der Dienst für den König und das Heeresaufgebot ausgenommen bleiben. Es wird von ihnen die Kenntnis der Gesetze erwartet, nach denen sie zu verfahren haben, damit niemand falsch behandelt oder das Gesetz gar eigenmächtig abgewandelt wird.

Aus diesen Tagen ist die schriftliche Anfrage eines Königsboten überliefert, der sich eine sichere Meinung zu bestimmten Rechtsfragen zu bilden sucht. Im Zentrum seiner Liste stehen Probleme der Zollerhebung, aber auch die Frage nach der Rechtsstellung von Kindern aus der Verbindung von Knechten und Hörigen mit »freien« Frauen. Diese »franca« oder »colona« waren Frauen innerhalb der Grundherrschaft, deren Status im Hinblick auf ihre Herkunft als ehemals »Freie« (Bäuerin) nicht demjenigen hofhöriger Mägde vergleichbar war. Es folgt die bemerkenswerte Rechtsauskunft, daß es im Reich nur »Freie oder Knechte« gibt. Da die »colona«, wenn auch ursprünglich frei, jetzt fest in das System der Grundherrschaft integriert sei, sind auch die Kinder zwar »frei« im Sinne des Colonats, tatsächlich aber unfrei, weil grundhörig.

Die Stellung definiert sich zunehmend über die Rechtsqualität des Hofes als Leistungseinheit, nicht über den ursprünglichen Personalstatus. Weitere Fragen schließen sich an nach der Zugehörigkeit von Personen, die aus der Verbindung von »colona« und Knecht hervorgegangen sind, die ihrerseits jedoch verschiedenen Herren zugehören. Statt einer Entscheidung findet sich der Hinweis: »Untersucht und macht es so, denn es gibt nichts weiteres als Freier und Knecht.«

Auch die rechtliche Möglichkeit der Freilassung wird erörtert und repressiv eingeschränkt: Sind die zur Freilassung vorgesehenen Personen aus Verbindungen von Knechten und freien Frauen hervorgegangen, dann sollen sie in Gegenwart ihres Herrn freigelassen werden;

sofern sie erst nach dessen Ableben das Licht der Welt erblicken, sind und bleiben sie unfrei wie ihr leiblicher Vater. Der Gesetzgeber fördert derartige Mesalliancen keinesfalls, vielmehr sollen sie eine Ausnahme bleiben. So darf ein Knecht vor dem Schöffengericht den Nachweis für die Echtheit seiner Freilassungsurkunde nicht führen, während dem Herrn die Möglichkeit eröffnet wird, das vorgelegte Dokument, »wenn er es kann«, als Fälschung nachzuweisen und damit wieder in den Besitz des Knechtes zu gelangen.

Schließlich findet sich eine Notiz zur Befehlsverweigerung von Bischöfen, Äbten und anderen Großen, die sich dem Gericht der Königsboten nicht stellen wollen oder gar ihrer Anwesenheitspflicht bei Hofe nicht nachkommen. Dann sind ihre Namen zu notieren und dem Kaiser zu melden. Letztlich liegt die Hoffnung auf Besserung der Verhältnisse in einer Mahnung an die Königsboten beschlossen, die auffällig zwischen Resignation und Zuversicht schwankt: »Wir befehlen unseren Boten auch, das, was wir seit langen Jahren durch unsere Kapitularien in unserem ganzen Reich befohlen haben zu tun, zu lernen, zu beachten und in Übung zu halten, daß sie dies alles jetzt sorgfältig untersuchen und zu unserem Nutzen und zum Nutzen aller Christenmenschen zu erneuern suchen und, so weit es geht, würdigen und zu seiner Vollendung hinführen. Und sie mögen uns jährlich anzeigen, wer in diesem guten Kampf erfüllen möchte, das von Gott und uns Dank empfängt; wer aber nachlässig gefunden wird, der soll einer Maßregel unterworfen werden, die einem derartigen Verächter angemessen ist, damit die anderen darüber hinaus Furcht empfinden.« Diese Mahnung erwies sich offenkundig als stumpfe Waffe im Kampf für Ordnung und Gerechtigkeit.

Unruhe an der Nordgrenze durch den Dänenkönig Göttrik

Unterdessen war es an der Nordflanke des fränkischen Reiches zu Bewegungen gekommen: Mit Gottfried, Göttrik, dem König der Dänen, erschien erneut ein Gegner auf dem Plan, der die mühsam austarierte Verständigungspolitik mit den Sachsen in eine Schieflage zu bringen drohte. Es kommt nicht von ungefähr, wenn Einhart in seiner Karlsvita der Auseinandersetzung zwischen Franken und Nordmannen, »die zunächst als Seeräuber sich hervortaten und dann mit einer großen Flotte die Küsten Galliens und Germaniens verwüsteten«, den letzten Abschnitt seines »Kriegskapitels« widmet. Will man Einhart glauben, so war der Däne Göttrik von Größenwahn befallen, erklärte er doch Sachsen und Friesland zu seinen Provinzen und kündigte gar einen Zug nach Aachen an. Das Wikingerdrama des gesamten 9. Jahrhunderts kündigt sich in diesem Vorspiel an.

Zunächst überfiel Göttrik, über See anlandend, die Abodriten, die heidnischen Verbündeten der Franken jenseits der Elbe, deren Anführer Drasko in den Lorscher Annalen gar als »Vasall des Herrn Königs« bezeichnet wird. Das entsprach durchaus den Tatsachen, denn Karl hatte nach dem Ende der Sachsenkriege 804 das Territorium der geschlagenen Transalbingier deren unmittelbaren Nachbarn überlassen. Trotz militärischer Erfolge, die freilich die dänischen Truppen dezimierten, zogen die Angreifer sich bald wieder zurück. Unter den Opfern war der Bruder des Königs, Reginald, zu betrauern, doch war es den Dänen gelungen, einige slawische Burgsiedlungen einzunehmen, vor allem aber den Fürsten Drasko zur Flucht zu veranlassen und einen weiteren Häuptling in ihre Gewalt zu bringen, der sein Ende am Galgen fand. Unterstützt von den Wilzen, den »Erbfeinden« der Abodriten, machte Göttrik sich die Region weithin tributpflichtig.

Bevor Göttrik nach Dänemark zurückkehrte, zerstörte er noch einen Reric genannten Handelsplatz und führte die dortige Kaufmannschaft, obwohl sie ihm Abgaben in beträchtlicher Höhe anbot, in sein Reich, vielleicht nach Schleswig an der Schlei, eher noch nach Haithabu auf dem gegenüberliegenden Ufer, das damit einen weiteren Aufschwung als Umschlagplatz zwischen Nord- und Ostsee nahm. Reric lag im abodritischen Gebiet, unweit der Hauptfestung Mecklenburg. Jüngst haben Ausgrabungen das untergegangene Reric zweifelsfrei bei Großströmkendorf, dicht am Ufer der Wismarer Bucht, nachweisen können. Die moderne Forschung vermutet, daß der untergegangene Handelsplatz zu den multiethnischen Handelshäfen an der Ostseeküste gehört hat und damit zum gleichen Siedlungstyp wie Birka im Mälarsee in Schweden oder auch Alt-Ladoga zu zählen ist.

In Schleswig faßte Göttrik den Entschluß zum Ausbau des sogenannten Danewerks, der befestigten Grenze seines Regnums nach Süden, das zugleich einen Riegel zwischen Nord- und Ostsee am nördlichen Ufer der Eider bildete, der den Zugang nach Jütland zwischen Schlei und

Trene (Eider) sperrte. Diese langgezogene künstliche Grenze gliederte sich in mehrere Abschnitte und bestand aus mächtigen Erdwällen, die zum Teil durch Holzpalisaden abgesichert waren und später durch Feldsteinmauern und Gräben ersetzt wurden. Sie waren lediglich unterbrochen von einem Tor zur Durchfahrt. Das älteste System, das aus drei Wällen bestand, konnte auf das Jahr 737 datiert werden. Diesem schloß sich eine zweite Bauphase unter Göttrik an, möglicherweise am Hauptwall. Die dritte Ausbaustufe erfolgte im Zuge der ottonisch-dänischen Spannungen um 968.

Karl reagierte unmittelbar nach Eintreffen dieser Nachrichten aus dem transelbischen Gebiet, die unabsehbare Folgen für das Reichsgefüge entlang und über die Elbe hinaus nach sich ziehen konnten, und sandte seinen mittlerweile kriegserprobten Sohn Karl mit einem starken Truppenkontingent aus Franken und Sachsen an die »nasse Grenze« mit dem Auftrag, »dem wahnsinnigen König Widerstand zu leisten, wenn er die sächsische Grenze angreifen sollte«. Möglicherweise befand sich Göttrik nach verlustreichen Kämpfen bereits auf dem Rückzug, als Karl die untere Elbe erreichte. Statt sich aber auf deren Sicherung zu beschränken, ließ der König eine Brücke über den Fluß schlagen, setzte mit seinem Heer über und verwüstete das Gebiet der Linonen und Smeldinger, ansässiger Völkerschaften in Elbnähe zwischen Abodriten und Wilzen. Danach kehrte er angeblich ohne Verluste ins Sächsische zurück. Tatsächlich war das Unternehmen aber ein Mißerfolg, dem nicht wenige Franken zum Opfer fielen. Weder konnten die Stämme, die sich aus Feindschaft gegen die Abodriten den Dänen angeschlossen hatten, befriedet noch die Verbündeten für einen neuen Pakt gewonnen werden. Dieser militärisch-politische Fehlschlag dürfte den Mißmut verstärkt haben, der sich gegen das Heeresaufgebot und dessen Erzwingung mit harten Strafen richtete.

Daß das Unternehmen kein Erfolg gewesen war, fand auch Niederschlag in Karls Befehl nach Rückkehr der Truppen am Jahresende, jenseits der Elbe zwei Befestigungen anzulegen, deren eine mit einiger Sicherheit die »Hohbuoki« war, die bereits 810 trotz der Gegenwehr eines kaiserlichen Missus und einer ostsächsischen Besatzung von den Wilzen erobert und zerstört worden ist. Die zweite Grenzfeste ist unbekannt. Selbst Einhart muß zwei Jahrzehnte später noch einräumen, daß nicht die militärischen Erfolge fränkisch-sächsischer Abteilungen dem drohenden Zugriff der Nordmannen ein vorläufiges Ende machten, sondern die gewaltsame Beseitigung des streitbaren und hochfahrenden Dänenkönigs durch einen seiner »Satelliten«.

Wie unsicher sich der Schiffsverkehr in der Nordsee durch die Piraterie der Nordmannen, Dänen oder Wikinger gestaltete, ist auch dem Bericht über die Rückführung des aus Northumbrien vertriebenen Königs Eadwulf zu entnehmen, in deren Verlauf der römische Diakon Aldulf auf der Heimkehr in die Hände von Seeräubern fiel, die ihn erneut auf die Insel verbrachten, wo er erst von einem Gefolgsmann des restituierten Herrschers losgekauft werden konnte. Auch für den weitverbreiteten Menschenhandel der Epoche liefert diese Geschichte ein Beispiel.

Der Chronist beschließt seinen Jahresbericht mit der stereotypen Formel, daß der Kaiser das Weihnachtsfest 808 und Ostern 809 in Aachen verbrachte.

Politik jenseits von Alpen, Pyrenäen und Elbe

In den Gewässern der Adria rund um die Lagune war es nach Ablauf des auf August 808 terminierten Waffenstillstands erneut zu militärischen Auseinandersetzungen zwischen »Griechen« und Franken gekommen. Eine Flotte aus Byzanz, die zuerst die dalmatinische Küste, dann Venedig angelaufen hatte, erprobte ihre Kampfkraft an dem südlich von Venedig gelegenen Handelszentrum Comacchio, dem schärfsten Konkurrenten der nachmaligen Serenissima, das seit langem in der Gunst des fränkischen Herrschers stand. Der Schiffsverband wurde allerdings in die Flucht geschlagen und kehrte nach Venedig zurück. Wie schon sein Vorgänger, so suchte auch dieser Befehlshaber der byzantinischen Flotte eine Übereinkunft mit König Pippin, was freilich durch die starre Haltung der Dogen hintertrieben wurde, die aus dem Spannungsverhältnis zwischen Ost und West für sich den größten politischen Nutzen zu ziehen suchten. Dieses gefährliche Spiel sollte indessen bald ein Ende nehmen, weil der tatkräftige Kaiser Nikephorus, der sich dem Werben Karls um Anerkennung als »Caesar des Westens« entschieden widersetzte, seine Aufmerksamkeit auf den Balkan richtete, wo er das weitere Vordringen der pannonischen Bulgaren nach Süden zu verhindern trachtete. Diesen war es unter ihrem Führer Krum bereits gelungen, die Grenzfeste Serdica zu zerstören. An der östlichen Flanke wurde das Byzantinische Reich dagegen durch den Tod des großen Kalifen Harun-ar-Raschid und die sich anschließenden innerarabischen Unruhen entlastet. Wie wenig die Adria im Zentrum byzantinischer Politik stand, dokumentiert die Chronik des Zeitzeugen Theophanes, die nicht einmal Kenntnis nimmt von den Vorgängen an den istrischen und dalmatinischen Adriaküsten.

Auch auf dem Glacis jenseits der Pyrenäen, in der Spanischen Mark, war es im Südosten erneut zu Kämpfen gekommen. König Ludwig rückte daher mit einem Heer gegen Tortosa an der Ebromündung vor, doch war an eine siegreiche Eroberung der befestigten Stadt in absehbarer Zeit nicht zu denken. Offenkundig zielte diese Truppenbewegung darauf, nach der Einnahme Barcelonas bis zum Ebro eine Art Pufferzone zum Emirat von Córdoba zu schaffen. Nach Aussage des sogenannten Astronomen ging dieser Plan auf König Ludwig selbst zurück, der mit technischem Belagerungsgerät, mit Rammböcken und Wurfmaschinen gegen Tortosa anrückte. Die Bewohner hätten ihm daraufhin, »vom Kriegsglück im Stich gelassen«, den Schlüssel ihrer Stadt übergeben, den der König an seinen Vater weiterreichte. Tatsächlich verlief die Belagerung aber ohne greifbares Ergebnis, nach arabischen Quellen erlitt Ludwig gar eine Niederlage, jedenfalls kehrte er nicht gerade mit Waffenruhm bedeckt in sein Königreich zurück. Der nächste Zug gegen den muslimischen Gegner, der wohl 811 stattfand und der Einnahme von Huesca galt, wurde dann auch wieder von einem kaiserlichen Missus angeführt.

Wie arm das Jahr 809 an bedeutenden Ereignissen war, läßt sich auch der Notiz entnehmen, daß damals die »Seestadt« Populonia unweit Piombino von »griechischen Bergbewohnern« geplündert und Korsika erneut von den Sarazenen aus Spanien heimgesucht wurde. Sie raubten eine Bischofsstadt völlig aus und ließen nur den Bischof, Alte und Kranke zurück.

Auch der Norden und Nordosten des Reiches gerieten wieder in das Blickfeld des Chronisten. So hatte Göttrik, der noch im Vorjahr durch seine Angriffe auf die Abodriten die fränkischen Interessen empfindlich tangiert hatte, über Kaufleute den Kaiser wissen lassen, daß er eine Übereinkunft mit ihm suche und der Bruch des Friedens von den Abodriten ausgegangen sei. Deshalb sollten sich Gesandte beider Seiten an der Grenze seines Reiches diesseits der Elbe treffen, um die Probleme zu erörtern und zu bereinigen. Karl ging auf dieses Angebot ein, es kam zu einem Treffen an der Stör, das jedoch völlig ergebnislos verlief. Direkten Nutzen zog aus diesem vergeblichen Unternehmen dagegen der vertriebene Abodritenfürst Drasko, der eine Art Separatfrieden mit den Nordmannen schloß und diesen seinen Sohn als Geisel übergab. Mit sächsischem Zuzug unterwarf er seine alten Gegner, Wilzen und Smeldinger, wohl auch die Linonen, so daß zunächst die alte politische Ordnung an unterer und mittlerer Elbe wiederhergestellt war.

Karl nutzte die Gunst der Stunde und ließ jenseits des Flusses eine Burg oder eine ausgebaute Befestigung anlegen, um gegen neuerliche dänische Angriffe im Vorfeld gerüstet zu sein. Es wurde eine Mannschaft, zugleich die künftige Besatzung, diesseits und jenseits des Rheins zusammengestellt, mit Waffen und allem Notwendigen ausgerüstet und ein geeigneter Ort bestimmt: das an der Stör gelegene Esesfleth, aus dem später Itzehoe hervorging. Zum Leiter des Unternehmens wurde Graf Egbert bestellt, der mit anderen sächsischen Grafen gegen Mitte März die erforderlichen Baumaßnahmen in Angriff nahm. Ähnliche Befestigungen waren in den Vorjahren bereits an der mittleren Elbe bei Magdeburg und Halle und anderswo aufgeführt worden, vielleicht auch die Artlenburg zur Sicherung des Elbüberganges vor Bardowick.

Dieser Ausgriff über die Elbe war dringend nötig, da Drasko in dem von Göttrik niedergelegten Handelsplatz Reric in der Wismarer Bucht von einem Vasallen des Dänenkönigs ermordet worden war und damit die fragile Ruhe in offene Kämpfe überzugehen drohte.

Als letztes Zeugnis der Außenpolitik, das zugleich die wenigen Bemerkungen unseres Annalisten zur Innenpolitik des Jahres 809 einrahmt, findet sich ein Hinweis auf die kritische Lage jenseits der Pyrenäen. Dort war der Befehlshaber der Grenzmark, Graf Aureolus, verstorben, und der tatkräftige Statthalter von Saragossa und Huesca, Amorez, hatte sich rasch zupackend in den Besitz der fränkischen Befestigungen gebracht, freilich zugleich in einem Friedensangebot durch eine Gesandtschaft dem Kaiser seine Unterwerfung angeboten, ein Schritt, der ihm angesichts der Machtverhältnisse wenig Opfer abverlangte. Karl ging im folgenden Jahr auf das Angebot ein. Vielleicht war ihm der Mißerfolg Ludwigs vor Tortosa eine Warnung, die eigenen Kräfte nicht zu überschätzen. So begab sich eine Gesandtschaft nach Nordspanien, die von Amorez gebeten wurde, auf eine Zusammenkunft mit den »Hütern der spanischen Grenze« hinzuwirken, wobei er sich dem Kaiser unterwerfen wollte. Die Sache verlief im Sande: »Sie blieb, obwohl der Kaiser seine Zustimmung dazu gegeben hatte, aus vielfach dazwischentretenden Gründen ohne abschließendes Ergebnis«, wie es vieldeutig heißt. Der erneute Hinweis auf eine Himmelserscheinung, die totale Mondfinsternis vom 26. Dezember 809, beschließt die Jahresnotizen.

Das »Konzil« von 809

Ein bedeutsames Ereignis des Jahres 809 schneidet der Annalist so knapp an, daß aus der Notiz keine wesentlichen Einsichten in den Vorgang selbst gewonnen werden können: Der Kaiser sei nach seinem herbstlichen Jagdvergnügen in den Ardennen nach Aachen zurückgekehrt »und hielt [hier] ein Konzil über den Ausgang des Heiligen Geistes ab, eine Streitfrage, zu der ein Mönch aus Jerusalem, ein gewisser Johannes, den ersten Anstoß gegeben hatte. Um eine Lehrentscheidung darüber herbeizuführen, wurden der Bischof Bernar von Worms und der Abt von Corbie, Adalhard, nach Rom zum Papst Leo gesandt. Auch ist auf diesem Konzil über den Zustand der Kirchen und deren Wandel gehandelt worden, von denen man sagt, daß sie in ihnen Gott dienen, aber darüber ist nichts entschieden worden wegen der Größe der Sachen.« Mithin trat im November eine kirchliche Versammlung in Aachen zusammen, die sich zum einen über den »Ausgang des Heiligen Geistes« beraten, zum anderen aber allgemeine Themen der Kirchenverfassung und der Lebensführung der Kleriker, Mönche und Nonnen behandeln wollte. Angesichts des gewaltigen Regelungsbedarfs kam man freilich zu keinem Ergebnis, denn die Zeit war kurz, der Winter stand vor der Tür.

Theologisch ging es um das komplexe Problem des Ausgangs des Heiligen Geistes vom Vater allein oder vom Vater und dem Sohn als Glaubenswahrheit. Die Auseinandersetzungen um die sogenannte Filioque-Formel hatten bereits auf der fränkischen Synode von 767 unter dem Vorsitz König Pippins zu einem Disput zwischen einheimischen Bischöfen und griechischen Gesandten geführt. Das Glaubensbekenntnis des Zweiten Ökumenischen Konzils von Konstantinopel enthielt folgende Formel im Glaubensbekenntnis, die auch insofern verbindlich war, als das Dritte Ökumenische Konzil von Ephesus 431, bekräftigt in

Chalcedon 451, ausdrücklich untersagt hatte, am Wortlaut des Symbolum Nicaeanum-Constantinopolitanum etwas zu verändern: »[Ich glaube] an den Heiligen Geist, Herrn und Lebensspender, der aus dem Vater hervorgeht und mit dem Vater und dem Sohn anzubeten und zu preisen ist, der gesprochen hat durch die Propheten.« Die Kirchenväter Ambrosius und Augustinus hatten bereits im 4. und 5. Jahrhundert die spätere Filioque-Formel theologisch vorgeprägt, die erstmals auf dem Dritten Konzil von Toledo 589 einen gültigen Ausdruck fand: »Der Heilige Geist ist in gleicher Weise von uns zu bekennen, und zu lehren ist, daß er vom Vater und Sohn ausgeht.«

Das Symbolum Quinque vom Ende des 6. Jahrhunderts belegt, daß diese Lehre fast gleichzeitig Eingang in die gallische Kirche gefunden hat; Zeugnisse für die Aufnahme dieses Zusatzes im Glaubensbekenntnis finden sich auch in angelsächsischen Texten aus dem letzten Viertel des 7. Jahrhunderts. In der erwähnten fränkischen Synode von Gentilly von 767 war es zu Disputen über die heilige Trinität, über die Filioque-Formel und über die Bilderverehrung zwischen »Römern und Griechen« gekommen. In den *Libri Carolini*, die insbesondere der Zurückweisung der Konzilsbeschlüsse des Zweiten Nicaeanum von 787 dienten und sich vor allem den konziliaren Thesen zur Bilderverehrung kritisch widmeten, ging eine Stoßrichtung gegen den Patriarchen Tarasios von Konstantinopel und dessen vermittelnden Vortrag, wonach der Heilige Geist durch den Sohn aus dem Vater hervorgegangen sei. Diese Lehre wird als eine die Wahrheit verfälschende Irrlehre gebrandmarkt.

Für die Väter der Synoden von Regensburg 792 und vor allem von Frankfurt 794, die sich die Widerlegung und Verdammung des sogenannten Adoptianismus angelegen sein ließen – jener Lehre, daß Christus als Mensch nur ein Adoptivsohn Gottvaters sei –, mußte insbesondere die Filioque-Formel als Beleg der uneingeschränkten Göttlichkeit Christi in der Trinität von geradezu ausschlaggebender Bedeutung sein, die zugleich seine Aufspaltung in zwei Naturen und damit den Adoptianismus widerlegte. Karls Ratgeber Alkuin verfaßte auf Wunsch seines Herrn eine Schrift zu diesem Thema, die lebhaft und gelehrt die fränkische Glaubensformel verteidigte. Dies tat auch der Patriarch Paulinus von Aquileia auf einer Synode von Cividale 796/97, die gar von jedermann forderte, um seines Seelenheils willen das dergestalt angereicherte Glaubensbekenntnis auswendig zu lernen. Mit Rom war es in dieser wichtigen Frage jedenfalls zu keinem auffälligen Dissens gekommen, auch wenn als Glaubensbekenntnis der Mutter aller Kirchen allein das durch die Konzilien approbierte Symbolum, und zwar ohne Filioque-Zusatz, in Übung war.

Die brisante Frage kam nun aus einer Gegend der Welt erneut ins allgemeine Bewußtsein der Theologen und auch Karls, in der sich griechische Doktrin und fränkische Auslegung unmittelbar begegneten. In Jerusalem war ein heftiger Streit entbrannt, über dessen Verlauf wir aus mehreren Schreiben an den Papst und an den Kaiser, aus Materialsammlungen, einem bemerkenswerten römischen Gedächtnisprotokoll und aus der Lebensbeschreibung des Griechen Michael Synkellos recht genau unterrichtet sind, die allesamt helfen, das Dunkel um das ominöse Aachener Konzil von 809 zu erhellen.

Ausgelöst wurde der Disput um die Filioque-Formel durch die heftigen Anklagen des Priesters und Mönchs Johannes aus dem griechischen Sabaskloster bei Jerusalem, der der fränkischen Kongregation des Ölbergklosters eben jenen Zusatz zum Glaubensbekenntnis im Rahmen der Liturgie als Ketzerei vorwarf und überdies die Franken allesamt als Häretiker bezeichnete, wohl auch wegen ihrer Ablehnung des Zweiten Konzils von Nicaea von 787 als allgemeinverbindlicher und ökumenischer Kirchenversammlung. Nach einem Scheinfrieden brach der Streit erneut aus, und der Patriarch von Jerusalem vermochte ihn nicht zu schlichten. Johannes berief sich auf das Symbolum Nicaeanum-Constantinopolitanum, die Ölbergkongregation dagegen rief als oberste Lehrautorität den römischen Papst an, um in dieser heiklen Frage Sicherheit zu gewinnen. In einem Schriftstück an Papst Leo III. erinnern die Mönche daran, daß einer von ihnen, einst zu Füßen Leos und des Kaisers in der Kapelle sitzend, also in Aachen, im gesungenen Glaubensbekenntnis die Worte gehört habe: »der vom Vater und vom Sohn ausging« (nämlich der Heilige Geist). So stünde es auch in einer Homilie und in den Dialogen Gregors des Großen, in einem dem heiligen Athanasius zugeschriebenen Credo und in der Benediktsregel, deren Text ihnen der Kaiser selbst ausgehändigt habe.

Mit dieser Anfrage geriet der Heilige Stuhl zwischen die Fronten, da Rom selbst im Gegensatz zum Frankenreich, zu England und Spanien das alte, unveränderte konziliare Symbolum verwandte und auch nach 787 die Formulierung des Patriarchen von Konstantinopel, Tarasios, die in den *Libri Carolini* heftig angegriffen wurde, daß nämlich der Geist durch den Sohn vom Vater ausgehe, begütigend als Interpretation, nicht aber als Zusatz verstanden wissen wollte. Leo III. beharrte in seiner Antwort auf dem römischen Status quo und übersandte den Fragestellern in Jerusalem ein orthodoxes Glaubensbekenntnis ohne den umstrittenen Zusatz. Boten aus Jerusalem, offensichtlich Vertreter des Ölbergklosters, erschienen daraufhin in Rom mit einem Schreiben des Patriarchen Thomas im Gepäck. Sie wurden, mit einem ausführlichen Brief des Papstes versehen, zu Karl entsandt. Leo III., dessen Position bei weitem nicht der seines starken Vorgängers im Amt glich, scheute eine eindeutige Stellungnahme, die ihn einerseits in einen scharfen Gegensatz zur fränkischen Kirche und deren Muntwalt, dem Kaiser, bringen mußte, wie andererseits eine Zustimmung zur Filioque-Formel die Verwerfung römischer Tradition mit sich gebracht und obendrein die mögliche Wiederannäherung an die »Ostkirche« erschwert, wenn nicht gar unmöglich gemacht hätte. Selbst Hadrian I. hatte ja sorgfältig vermieden, den theologischen Exegesen der *Libri Carolini* gegen das Zweite Nicaeanum beizupflichten.

Somit war das Problem jenseits der Alpen in Aachen gelandet. Karl nahm die Herausforderung an und berief im November 809 jenes »Konzil« ein, das sich vor allem der Frage nach dem Ausgang des Heiligen Geistes zu widmen hatte. Erneut bediente sich der Kaiser des hohen Sachverstandes seines gelehrten Kreises. Zwar war Alkuin 804 verstorben, aber diese Lücke füllten nun Erzbischof Arn von Salzburg, Abt Smaragd von St. Mihiel, die Bischöfe Theodulf von Orléans, Heito von Basel und Adalwin von Regensburg, die in mehr oder minder kompakten Testimoniensammlungen Bibelzitate, Konzilsdekrete, vor allem Väterstimmen, an ihrer Spitze Hieronymus und Augustinus, zusammentrugen, die die Filioque-Formel theologisch abstützten. Insbesondere Arns umfangreiche Belegsammlung wurde redigiert und chronologisch geordnet zur Textgrundlage des sogenannten Aachener Dekrets über den Ausgang des Heiligen Geistes aus dem Vater und dem Sohn.

Damit hatte Aachen gesprochen, nicht aber die unanfechtbare Lehrautorität Rom, an deren Stelle sich Karl bei allem Verantwortungsgefühl für die Kirche niemals gesetzt hat. Wie einst 792 Abt Angilbert von St. Riquier mit den Beschlüssen der Regensburger Synode, so begab sich jetzt eine ehrwürdige Gesandtschaft in die Ewige Stadt, um die letzte Entscheidung des Papstes zur Filioque-Formel herbeizuführen. Genannt werden Bischof Bernar von Worms, Abt Adalhard von Corbie, damals der mächtigste Mann bei Hofe, und Bischof Jesse von Amiens, der Orientexperte.

Wohl in den ersten Monaten des Jahres 810 fand in Anwesenheit des Papstes und der Gesandten in der Sakristei von Alt-Sankt-Peter ein »Colloquium« statt, das sich über zwei Tage hinzog und das in einem ganz einzigartigen Quellenzeugnis überliefert ist. Die kaiserliche Gesandtschaft legte ihrer Argumentation die Textzeugen Erzbischof Arns von Salzburg zugrunde, auf deren Basis auch der Papst das Zwiegespräch eröffnete. Dieses verlief letztlich für die fränkische Partei ohne das gewünschte Ergebnis. Zwar teilte der römische Pontifex in der Sache, das heißt was den Ausgang des Heiligen Geistes vom Vater und Sohn betraf, den kaiserlichen Standpunkt, war aber nicht bereit, deshalb in den altehrwürdigen Text des Symbolums erweiternd einzugreifen. Sophistisch meinte er, daß man schließlich nicht alles, was zum Glauben gehöre, unbedingt in den Text aufnehmen müsse, blieb aber auf Nachfrage nach wenigstens einem Beispiel für diese These verständlicherweise die Antwort schuldig und vertröstete seine Gesprächspartner auf den nächsten Tag. Die Lösung der Probleme für das Frankenreich schob der Papst dem Kaiser zu, der dem Beispiel der römischen Kirche folgen und dafür sorgen solle, daß hinfort in der Pfalz das Symbolum im Rahmen der Meßfeier nicht mehr gesungen werde: »Wenn es von Euch abgeschafft wird, dann wird es auch von allen abgeschafft.« Damit endet das singuläre Quellenzeugnis.

Mit Erleichterung dürfte der Heilige Vater den Abzug der unbequemen Delegation verfolgt haben. Zum Beweis seiner Orthodoxie ließ er gar nach dem Zeugnis des Papstbuches das Symbolum, selbstverständlich ohne Filioque-Zusatz, auf drei Silbertafeln, die auf Holzplatten befestigt waren, eingravieren und diese Tafeln zu beiden Seiten der Petrusgruft und am Eingang zum Grab des heiligen Paulus aufstellen. Die beiden Platten in St. Peter enthielten das Glaubensbekenntnis in griechischer (!) und lateinischer Sprache, das Exemplar für St. Paul die lateinische Fassung. Wieder war die fränkische Exegese am Nachfolger Petri gescheitert!

Trotz dieser Zurückhaltung Roms in Glaubensfragen griff insbesondere der Patriarch Photius von Konstantinopel um die Mitte des 9. Jahrhunderts die im Westen verbreitete Filioque-Formel als wesentlichen Gegenstand der Anklage gegen die »Westkirche« auf. Sie bildet seither eines der tragenden Momente des Schismas zwischen den beiden christlichen Kirchen. In das römische Glaubensbekenntnis, das sei abschließend angemerkt, fand diese Erweiterung erst 1014 auf Drängen Kaiser Heinrichs II. Eingang.

Die Aachener Versammlung vom November 809 war offenbar mit der Beratung dieser komplexen theologischen Frage vollauf ausgelastet, so daß die Erörterung allgemeiner Probleme der Kirchenverfassung und Lebensführung der Kleriker und Mönche mangels Zeit und angesichts der Fülle der Aufgaben nicht behandelt werden konnte. Die neuere Forschung auf den Spuren insbesondere von Arno Borst glaubt aber, daß die Väter dieses Konzils sich trotz der beschränkten Zeit zudem intensiv mit der Konzeption und Ausarbeitung einer Enzyklopädie beschäftigt haben, deren aktuelle Grundlage der bereits 804 verstorbene Abt und Karlsfreund Alkuin gelegt haben soll. Diese sogenannte Enzyklopädie sammelt aber, soweit Handschriftenbeschreibungen dies erkennen lassen, ganz überwiegend komputistisches Material, also Unterlagen zur Zeitrechnung, vor allem die Standardwerke des Beda Venerabilis, während mittelalterliche Enzyklopädien – dem Wortsinn nach – tatsächlich den gesamten bekannten Wissensstoff behandeln oder behandeln wollen, erinnert sei an Isidor von Sevilla oder an den gelehrten Hrabanus Maurus.

Gewiß war seit jener berühmten Sonnenfinsternis am 1. April 740, welche die korrekte Berechnung des Osterfestes nach den von Beda und Victorius von Aquitanien entwickelten und auf Tafeln niedergelegten Rahmendaten empfindlich störte, allseits das Interesse an der Komputistik und an astronomischen Beobachtungen gewachsen, aber grundlegend neue Modelle zur Zeitrechnung, die sozusagen sakrale Daten und Himmelserscheinungen in einen wissenschaftlich verdichteten Zusammenhang brachten, sind nicht zu erkennen. Karl und Alkuin verständigten sich in ihrer Korrespondenz mühsam über Elementarprobleme, und das zum Jahr 809 erhaltene Protokoll über Antworten der »Komputisten«, also der Experten der Zeitrechnung, behandelt altbekannte Fragen der Mondphasen in den Monaten März und April und deren Bedeutung für die Berechnung des Osterfestes, wobei auf eine Lektion verwiesen wird, »die der ehrwürdige Abt Adalhard zusammengestellt hat«. In zeitgenössischen Handschriften aus Corbie finden sich tatsächlich Abbildungen verschiedener Mondphasen. Aus diesen Bemühungen wird aber kein rechter enzyklopädischer Ansatz ersichtlich, vielmehr erinnert das Zusammentragen bekannten Materials zur

Komputistik an die Testimonienzeugnisse kirchlicher Autoritäten zur Bewältigung aktueller dogmatischer Probleme. Auch der jüngst von Arno Borst mit großem Aplomb vorgestellte »Reichskalender« Lorscher Provenienz verdient diese Bezeichnung nicht, die letztlich wohl aus der Nähe Karls zu diesem Königskloster herrührt und aus der Tatsache, daß dieser Kalender den Geburtstag des Kaisers enthält.

Bemerkenswerter als diese Versuche, alle kulturellen Emanationen dieser Epoche zentralistisch auf die Person Karls und seinen Hof zu beziehen, ist die Beobachtung, daß dieser Kalender, wie andere auch, den Versuch unternimmt, die althergebrachte Jahreseinteilung in zwölf Monate mit den christlichen Hochfesten, Heiligentagen, Himmelsbeobachtungen, komputistischem Material und Lesefrüchten antiker Literatur, etwa aus *Naturalis historia* des älteren Plinius, anzureichern und gleichsam biblisches Maß, Zahl und Gewicht als vorgegebene göttliche Ordnung aus gelehrtem Wissen und Autopsie zu ergründen und zu verstehen. Dazu gehört auch die Beobachtung der Himmelserscheinungen, wozu insbesondere das Jahr 807 Anlaß bot, aber auch der Jahreswechsel von 809 zu 810. Diese Interessen teilte der Kaiser und König offenbar. Karl besaß einen silbernen Tisch »von wunderbarer Größe und Schönheit, auf dem voneinander getrennt eine Karte des ganzen Erdkreises, ein Bild des gestirnten Himmels und die verschiedenen Planetenbahnen in herausgehobenen Zirkeln gearbeitet waren.« Und Alkuin hatte in seiner Klosterschule in Tours zur Demonstration für die jungen Kleriker eine Art Himmelsgewölbe ausmalen lassen. Aus all dem aber die abschließende Konzipierung von »Reichskalendern« oder gar Enzyklopädien in Verbindung mit dem »Konzil« von 809 folgern zu wollen schießt wesentlich über das Ziel hinaus.

Sowenig sich aus den poetischen Erzeugnissen der Panegyriker im Aachener Palast oder aus der Korrespondenz der Intellektuellen mit ihrem Herrn und Meister eine Akademie, ein »neues Athen« destillieren läßt, sowenig aus den Codices, die mit Karl und seinem Hof in Verbindung gebracht werden können, eine Hofschule als ständige Einrichtung hervortritt und sowenig aus den baulichen Resten oder gar nur Spolien dieser Epoche eine Hofkunst erschlossen werden kann, sowenig lassen sich originäre Aachener Initiativen zu einer umfassenden Enzyklopädie nachweisen. Sicher nicht ohne Grund weiß Einhart lediglich davon zu berichten, daß Karl bei seinen vielfältigen Bemühungen nicht eigentlich über die »Frankisierung« und »Christianisierung« des heidnisch-lateinischen Kalenders hinauskam, indem er nach angelsächsischem Beispiel die Monatsnamen der jeweiligen Jahreszeit entsprechend oder nach vorwaltenden landwirtschaftlichen Tätigkeiten benannte, den April in »Oster-« und den Dezember in »Heiligmonat« umtaufte und überdies den Winden »fränkische« Namen gab. Selbst dieses Minimalprogramm hinsichtlich der Monatsnamen scheiterte an der Tradition; die komputistischen Sammlungen gar konnten Bedas zentrales Werk über die Zeitrechnung nicht ersetzen. Ob des gelehrten Dicuils Schriften, vor allem seine innovative Kosmographie, noch in die Lebenszeit Karls fallen und ob sie mit dem Hof überhaupt in Verbindung gebracht werden können, ist mehr als umstritten.

Im Verlauf der Aachener Herbst- und Wintermonate wurden mehrere Kapitularien publiziert, auch wenn keine Zeit blieb, durchgreifend die Kirchenreform anzupacken. Wiederum treffen die Verordnungen Probleme der Rechtspflege. Die Aufmerksamkeit galt diesmal dem Rechtsstatus der zum Tode Verurteilten, aber später Begnadigten. Sie dürfen Prozesse führen, aber es ist ihnen untersagt, Zeugnis abzulegen oder gar als Schöffen aufzutreten. Die Einrichtung des Schöffenamts gilt zu Recht als wesentliche Neuerung im Gerichtswesen, die mit Karl in Verbindung gebracht wird. Die Schöffen finden das Urteil als ständige Gerichtsbeisitzer; anstelle des alten, wechselnden Gerichtsumstandes »schöpfen« diese nun das Recht. Diese Einrichtung setzt auf personelle Kontinuität (und Erfahrung) im Prozeß. Für den Begnadigten wird weiterhin verfügt, daß er sich bei neuen Straftaten dem Gericht stellen muß und sich nicht darauf berufen darf, daß er – juristisch gesehen – tot sei und sich daher nicht mehr verantworten könne. Ihn soll vielmehr eine angemessene Strafe treffen.

Die Todesstrafe, den sogenannten Volksrechten mit Ausnahme des sächsischen (als »Besatzerrecht«) weitgehend fremd, hatte über das Königsrecht Eingang in die Rechtsprechung und Strafzumessung gefunden. Sie galt als Sühne für Majestätsverbrechen wie »herisliz«, also Desertion, für Kirchenraub, Totschlag in der Kirche oder fortgesetzten Raub. Weitere Paragraphen betreffen die Behandlung von Räubern, die bei Strafe niemand unter seinem Dach beherbergen darf, sofern sie vom Grafengericht gebannt worden sind. Auch das Prozedere vor Gericht wird angesprochen. Den Grafen soll es nicht gestattet sein, Freie mit Ausnahme von Schöffen und deren Vasallen vor Gericht zu ziehen, sofern nicht deren eigene Angelegenheiten verhandelt werden. Zeugen haben ihre Aussagen oder ihren Schwur in nüchternem Zustand zu leisten und sich genau zu überlegen, welche Aussage sie zur Sache machen wollen. Königsboten, Grafen und Schöffen wird in diesem Zusammenhang indirekt der Vorwurf der Rechtsverweigerung in Verbindung mit Bestechlichkeit gemacht.

Zwei Kapitel widmen sich der juristischen Regelung wirtschaftlicher Verhältnisse. Sonntags darf kein Markt abgehalten werden, der nicht seit alters in Übung ist. Niemand darf gezwungen werden, einen Fluß über eine Brücke zu überqueren und Zoll zu entrichten, wenn er dies beladen auch anderenorts zu tun vermag. Ebenso darf auf dem »freien Feld« in Erneuerung des Kapitulars von Nimwegen kein Wegegeld erhoben werden. Schließlich wird noch über Priester verfügt, die das geweihte Chrisma ausgeben, um einem Gerichtsurteil zu entgehen. Ihnen soll die rechte Hand abgeschlagen werden.

»Fromme« Wünsche wie die Bitte um gottesfürchtige Richter, Vögte, Pröpste, Zentenare und Schöffen, die ihr Amt im Dienste der Gerechtigkeit ausüben und nicht aus Habgier ihren Anteil an den Straf- und Bußgeldern bis zum Dreifachen des zulässigen Handelswertes erhöhen, schließen sich an, sowie die Verfügung, den Gerichtsplatz zu überdachen, damit auch im Winter und Frühjahr verhandelt werden kann. Treueide sind in der Pfalz abzulegen und diejenigen, die sich diesem Schwur verweigern, mit ihren Mitschwörern auf schriftlichen Befehl des Königs oder unter seinem Siegel dem Hofgericht vorzuführen.

Dieses allgemein gehaltene Kapitular wurde durch zwei spezielle Dienstanweisungen für die Königsboten ergänzt. In zwanzig beziehungsweise dreizehn Einzelparagraphen werden die Übel der Zeit in Rechtspflege, Kirchenzucht, Wirtschaft und Politik lediglich angerissen im sicheren Wissen, daß den Königsboten, denen eigens »männliches Handeln in allem« anbefohlen wird, die inkriminierten Tatbestände seit langem aus eigener Erfahrung vertraut sind. Noch einmal wird auf das Ordal, das Gottesurteil, vor allem in Gestalt der Kreuzprobe, als Mittel der Wahrheitsfindung vor Gericht hingewiesen, was wohl aus nicht unberechtigtem Mißtrauen gegen die gängige Schwurpraxis rührte, die häufig zum Meineid führte.

Aus dem zweiten Mandat sind vor allem drei Einzelbestimmungen erwähnenswert, die über die erneut aufgeführten Gravamina hinausführen: Im Anschluß an den Beschluß des Frankfurter Konzils von 794 wird die Münzverweigerung unter Strafe des Königsbanns in Höhe von sechzig Schillingen oder körperlicher Züchtigung gestellt, den Bischöfen, Grafen und Äbten aber, in deren Machtbereich dieses Delikt bekannt wird, ohne daß sie versuchen, dagegen vorzugehen, wird mit Amtsentzug gedroht. Eine zweite Bestimmung verlangt die zureichende Aufnahme der Königsboten und anderer »guter Leute« im Auftrag des Herrschers. Ein letztes Kapitel endlich widmet sich den Verfahrensmodalitäten von Juden und Christen vor Gericht, wobei den Christen für den Nachweis der Richtigkeit ihrer Angaben entsprechend den Vorschriften des salischen und ribuarischen Rechts drei Zeugen genügen, während die Juden vier, acht oder auch sieben Fürsprecher ganz nach eigenem Ermessen hinzuziehen sollen. Ferner verbietet dieser Passus den Juden, am Sonntag einen Christen für sich arbeiten zu lassen. Der Jude verliert bei Zuwiderhandlung den Lohn, der Christ wird bestraft, damit er anderen kein schlechtes Beispiel gibt. Einen wesentlich judenfeindlichen Akzent enthält diese Vorschrift nicht. Erzbischof Agobart von Lyon sollte zwei Jahrzehnte später noch genügend Anlaß finden, sich über die projüdische Politik Ludwigs des Frommen zu erregen, und dagegen zum Mißfallen des Hofes und aller gemäßigten Kräfte agitieren.

Das »schreckliche Jahr« 810 – Todesfälle, Kriegsgefahr, Krisen

Das Jahr 810 wurde zu einem wahren »annus horribilis«, zu einem Schreckensjahr in der langen Regierungszeit des Frankenkaisers. Zunächst ließ sich das neue Jahr außenpolitisch leidlich passabel an, zumindest nach Ansicht der sogenannten Reichsannalen, die ähnlich wie im Vorjahr ihre Bilanz mit einem relativ ausführlichen Hinweis auf die Mittelmeerpolitik eröffnen. Der Statthalter von Saragossa, Amorez, hatte seine Unterwerfung unter fränkische Oberherrschaft zugesagt, ohne daß es freilich zu diesem Akt gekommen wäre: »Zahlreiche Gründe traten dazwischen«, wie der Mißerfolg umschrieben wird. Im westlichen Mittelmeer sorgten die Sarazenen erneut für Unruhe, besetzten Sardinien und anschließend Korsika, das ihnen schutzlos preisgegeben war. Die letzten Abwehrsiege der Franken hatten demnach nicht zu einer dauerhaften Entlastung der Inseln von maurischem Druck geführt.

Ein großer Sieg war indessen König Pippin von Italien beschieden, der letztlich wohl auch die byzantinische Seite zum Einlenken und damit zur diplomatischen Hinnahme des Status quo von zwei Kaiserreichen geführt haben dürfte. Das Entgegenkommen Ostroms wurde aber auch durch den gewaltsamen Tod des energischen Nikephorus und den damit verbundenen Machtwechsel am Bosporus begünstigt.

König Pippin, so sagt die Quelle, sei durch die Treulosigkeit der venezianischen Dogen so aufgebracht gewesen, daß er befohlen habe, die Niederlassung in der Lagune vom Lande und zu Wasser anzugreifen. Nach venezianischen und byzantinischen Quellen gelang es dem Angreifer, die später so genannte Terra ferma zu besetzen und erfolgreich mit einer Flotte – vermutlich aus Comacchio – auf den Inseln zu landen, während sich die Venezianer auf Rialto und Malamocco verschanzten und jeden Kanal mit Ausdauer verteidigten. Nach einem halben Jahr und erheblichen Verlusten auf beiden Seiten kapitulierten die Dogen und unterwarfen sich damit erneut den Franken. Der Patriarch Johannes, der Gegenspieler des königstreuen Fortunatus, wurde abgesetzt, und Fortunatus konnte wieder seinen Sitz in Grado nehmen. Im Vollgefühl seines Triumphes sandte Pippin die Flotte an die dalmatinische Küste, um weitere Eroberungen zu machen, doch ließ er beim Herannahen einer byzantinischen Flotte unter dem Präfekten von Cephalonia, Paulus, der bereits im Vorjahr die Pläne Pippins durchkreuzt hatte, das Unternehmen unverzüglich abbrechen. Die Unterwerfung Venedigs unter fränkische Herrschaft und italischen Einfluß schuf jedenfalls die Voraussetzung für die kommende diplomatische Annäherung der Caesaren des Ostens und des Westens, auch wenn der Chronist aus Konstantinopel just diese Ereignisse nicht beleuchtet.

Kaiser Karl indessen machte im fortgeschrittenen Alter die allgemein-menschliche Erfahrung von der Vergänglichkeit alles Irdischen, »daß wir überall vom Tod umgeben sind«. Am 6. Juni 810 starb seine älteste Tochter Rotrud aus der Ehe mit Königin Hildegard. Sie, die einst für kurze Zeit mit dem Thronfolger und Sohn der Kaiserin Irene, dem unglücklichen Konstantin, verlobt gewesen war, hatte wie die anderen Töchter ihr Leben unter der Obhut und dem Dach des Vaters verbracht. Zumal in Aachen nahm es der Kaiser, der sich nach Auskunft Einharts von seinen Töchtern nicht trennen mochte, mit dem sittlichen Verhalten der »gekrönten Tauben«, vor deren Girren der Dichter warnt, nicht allzu genau. Der Vater, nach dem Tod seiner letzten Gemahlin Liutgard umgeben von Konkubinen, hat selbst wohl kaum ein Beispiel gottgefälliger, enthaltsamer Lebensführung geboten. Auch Rotrud wußte den Reizen informeller Kontakte bei Hofe nicht zu entgehen und verband sich mit Rorico, dem Angehörigen einer mächtigen Adelssippe, die im Dukat Maine als Grafen großen Einfluß besaß und seit den Zeiten von Karls Vater Pippin mit der Herrscherfamilie verbunden war. Rorico ist seit 819 als Graf von Rennes nachzuweisen. Der gemeinsame Sohn trug den Leitnamen Ludwig, obwohl er nach kirchlicher Einschätzung ein Bastard war. Ludwig stand eine große geistliche Karriere bevor als Abt von St. Denis, St. Riquier und St. Wandrille, zuletzt war er Chef der Kanzlei seines Cousins Karl (des Kahlen). Dem beherrschenden Einfluß dieser Familie in Neustrien verdankten die Robertiner am Ende des 9. Jahrhunderts in nicht unbeträchtlichem Maß den allerdings noch verfrühten Aufstieg zum westfränkischen Königtum.

Rotrud hatte sich des besonderen Wohlwollens Alkuins erfreut, der sie seine Tochter nannte, um ihre frommen Gebete nachsuchte und ihr zusammen mit Karls einziger Schwester, Gisela, Äbtissin von Chelles, einen Kommentar zum Johannesevangelium widmete. Im Karlsepos führt Rotrud den Reigen der Karlstöchter beim Ausritt der Hofgesellschaft zur Jagd an, und zwar vor Berta, Gisela, Ruodhaid und Theodrada: »[Sie] reitet stattlich auf schnellem Rosse ... Ihr blondes Haar durchzieht ein amethystfarbenes Band, auf dem in buntem Muster Edelsteine leuchtend funkeln, ein goldenes Diadem mit kostbaren Steinen umschließt das Haupt, eine schöne Spange hält ihren schönen Mantel.«

Karl nahm den Tod seiner geliebten Kinder nicht mit der Fassung und Seelenstärke hin, die ihn sonst in allen Lebenslagen auszuzeichnen pflegte. »Pietät« und Trauer ließen ihn Tränen vergießen: kein Standbild, kein ehernes Herz, sondern ein betrübter Vater in seinem ganzen Schmerz. In dieser Passage seiner Vita verkehrt Einhart wahrheitsgemäß die Aussage seiner Vorlage, der Biographie des Augustus, in ihr ganzes Gegenteil. Dort heißt es in Hinblick auf die Sittenlosigkeit der engsten Familienangehörigen des Prinzeps, insbesondere der Tochter und Enkelin, der beiden Julias, schneidend: »Den Tod der Seinen trug er [Augustus] mit größerer Fassung als ihre Schande.« Karl hingegen versagte sich dem Klatsch über den Lebenswandel seiner Töchter »und ließ bei sich nicht den Schatten eines Verdachtes aufkommen«, und dies trotz mehrmaliger Niederkunft der nichtverheirateten Schönen. Somit verbot sich auch von dritter Seite jede Kritik. Ludwig der Fromme allerdings sollte unmittelbar nach seinem Herrschaftsantritt den Augiasstall, den der Aachener Hof für ihn darstellte, ausmisten.

Karl verbrachte offenkundig das Weihnachtsfest 809 und das folgende Osterfest in Aachen. Die Reichsannalen halten diese Angabe bereits für überflüssig, statt dessen verweisen sie erneut auf Himmelserscheinungen wie Mond- und Sonnenfinsternisse, die später Einhart im letzten Teil seiner Karlsvita rekapitulierend nach antikem Muster als Vorzeichen des baldigen Todes seines Helden instrumentalisieren wird.

Im Frühjahr 810 empfing der Herrscher, der über einen Kriegszug gegen seinen Hauptwidersacher im Norden »meditierte«, die Nachricht, daß 200 Boote aus »Nordmannia« in Friesland gelandet seien, das angelandete Heer die vorgelagerte Inselkette verwüstet und die Friesen selbst in drei Treffen geschlagen habe. Von dem geforderten Tribut seien bereits hundert Pfund Silber gezahlt worden. König Göttrik sei diesmal in seinem Reich geblieben. Diese Hiobsbotschaft löste bei Karl einen Anfall von Zorn aus: »Der Bote erregte den Kaiser dergestalt, daß er in alle Regionen ringsumher Missi aussandte, um ein Heer zu versammeln, während er selbst unverzüglich aus dem Palast aufbrach, um zuerst der Flotte entgegenzutreten, hierauf über den Rhein zu gehen und dort von einem Ort aus namens Lippeham die Truppen, die sich noch nicht vereinigt hatten, zum Einsatz zu bringen.« Vermutlich erging auch damals die Weisung, auf allen Flüssen, die in Nordsee und Atlantik münden, Schiffe zur Abwehr der Nordmannen zu bauen und eine Flotte auszurüsten. Diesen Befehl hatte Ludwig von Aquitanien seinerseits an Rhône, Garonne und Loire umzusetzen. Der Erfolg dieser Maßnahmen war wohl gering, denn ein Kapitular für die Missi führt als Beschwerdepunkt an: »Über das Bauholz, um Schiffe zu bauen.« Wir wissen aber, daß Karl im folgenden Jahr an der Schelde in Gent die Rüstungsmaßnahmen seiner Schiffsbauer selbst in Augenschein nahm. Hier ist von Resignation nichts zu merken.

Auf Vorposten in Lippeham erreichte den Kaiser eine weitere Unglücksnachricht, die dem Annalisten eine sorgsame Überlieferung wert schien: In diesen Tagen verstarb nämlich der famose Elefant Abul Abbas, das Geschenk des kürzlich heimgegangenen Harun-ar-Raschid, der sicherlich das Prunkstück der Aachener Menagerie gebildet und Ausstatter von Handschriften zu kostbaren Initialen inspiriert hatte.

»Als sich die Truppen versammelt hatten«, so unser Chronist, zog

555

Karl an der Spitze des Heeres ins Sächsische und schlug oberhalb von Verden, dem Ort jenes angeblichen Blutbades, am Zusammenfluß von Aller und Weser sein Lager auf. Angesichts der Größe der Gefahr überließ der Kaiser diesmal das Kommando nicht seinem Sohn Karl, der sich aber in seiner Begleitung befand. In Verden urkundete Karl im August für das elsässische Kloster Ebersheim und hielt einen Gerichtstag ab, auf dem auch eine Abordnung der führungslosen Abodriten erschien mit dem Wunsch, in Übereinstimmung mit der fränkischen Vormacht einen neuen König zu bestellen, nachdem Drasko im Vorjahr von einem Vasallen Göttriks ermordet worden war. Zum Nachfolger wurde ein Slavomir bestimmt. Offensichtlich wartete Karl an der Südgrenze des Gaus Wigmodien in einem befestigten Lager auf die nächsten Schritte Göttriks, den er jenseits von Elbe und Schlei wußte.

In Verden erreichte den Herrscher ein bunter Strauß von Nachrichten, die ihn teils erfreuen, teils sein Innerstes aufwühlen mußten: Die drohende militärische Auseinandersetzung mit den Dänen war abgewendet, da die Flotte, die Friesland verwüstet und ausgeraubt hatte, auf die jütländische Halbinsel zurückgekehrt war. An eine dauerhafte Unterwerfung dieser Küstenregion und des Hinterlandes war nicht zu denken. Kurzfristige Überfälle und rasches Beutemachen sollten für Jahrzehnte das Markenzeichen der »Wikinger« sein. Wichtiger noch als der Rückzug der Feinde war die Meldung, daß der eitle und kämpferische Göttrik Opfer einer Privatrache geworden war. Nach fränkischen Quellen hatte er großsprecherisch mit der Eroberung Aachens gedroht und dem Kaiser und seinem Heer die direkte militärische Konfrontation angeboten. Weniger erfreulich war, daß die Wilzen, die feindlichen Anrainer der Abodriten an der mittleren Elbe, die Burg »Hohbuoki« trotz einer ostsächsischen Besatzung unter der Führung des Missus Odo erobert und zerstört hatten.

Diese Neuigkeiten wurden durch die Kunde vom unerwarteten Ableben König Pippins von Italien überschattet. Pippin scheint in der Sicht der Nachlebenden seinem Vater an staatsmännischem Talent und in der Kunst der Kriegführung am nächsten gekommen zu sein. Zu diesem Schluß berechtigen auch die Verse aus dem sogenannten Paderborner Epos. Sagt der Autor über Karls gleichnamigen Ältesten lediglich: »Von starkem Gefolge begleitet ... tritt ... Karl heraus, der seines Vaters Namen trägt, er reitet wie gewöhnlich sein feuriges Roß«, so wird Pippin mit einer Eloge eingeführt: »Ihm folgt Pippin, benannt nach dem

Großvater [!], der die Ruhmestaten seines Vaters erneuert, ein mächtiger Krieger, furchtloser Held und waffengewaltig; er setzt sich als mächtiger Führer an die Spitze seiner Mannschaft. Von gewaltiger Heerschar gefolgt, erscheint er stattlich hoch zu Roß, herrlich anzusehen und von edlem Wuchs, das schöne Haupt umkränzt von einem Reif aus rotem Golde.« Ludwig, der König von Aquitanien, findet in diesem Aufzug gar keine Erwähnung.

Pippin hatte den großen Sieg über die Awaren errungen und den legendären Awarenschatz 796 seinem Vater zugeführt. Noch unlängst hatte er Venedig bezwungen, eine Voraussetzung für die Wiederannäherung von Ost und West. Pippin, der bis 781 nach seinem Onkel, dem Bruder Karls, den Namen Karlmann trug, starb im 33. Lebensjahr am 8. Juli südlich der Alpen. Damit verlor der Kaiser seine wesentliche Stütze auf der Apenninenhalbinsel. Die vier Jahre zuvor noch sorgsam ausziselierte Nachfolgeordnung büßte ihren Halt ein.

Der König von Italien hinterließ einen Sohn, den wohl 797 geborenen Bernhard, der mithin einen Namen trug, der auf den Vater von Karls Cousins Adalhard und Wala verwies. Jener ältere Bernhard stammte aus einer nichtehelichen Verbindung Karl Martells mit einer Ruodhaid. Auch dieser Name findet sich so oder in abgewandelter Form unter der Nachkommenschaft Karls. Das bestätigt erneut, daß bis in die ersten Dezennien des 9. Jahrhunderts hinein die Annahme durch den Vater das eigentliche Kriterium der Kindschaft bildete und nicht die vermeintlich eheliche oder uneheliche Abkunft nach kirchlicher Doktrin. Außer diesem Bernhard hinterließ Pippin noch fünf Töchter, die Karl nach Aachen holen ließ, wo sie sein »Taubenhaus« erweiterten.

Über die Mutter dieser Kinder Pippins verlautet so gut wie nichts. In einem Schreiben rät der Abt von Tours Ende 796 Pippin nach dem Vorbild des Psalmisten, »sich mit der Frau seiner Jugend zu erfreuen und andere [Frauen] daran nicht teilhaben zu lassen«, was weder für noch gegen eine rechtmäßige Ehe spricht. Und wenn Ludwigs Biograph Thegan Jahrzehnte später die Mutter Bernhards als Konkubine bezeichnet, so liegt die Absicht dieser Denunziation klar zutage. Selbst der Name Bernhard gibt kein eindeutiges Zeichen, trug doch der außereheliche Sohn Rotruds nach dem Bruder der Karlstochter den Namen Ludwig.

Da Karl sich Änderungen und Zusätze in seinem politischen Testament vorbehalten hatte, konnte er im folgenden Jahr über die Herrschaftsteilung erneut Anordnungen treffen. Zunächst schlug wieder die Stunde Abt Adalhards von Corbie, der bereits im Mai 811 Gerichtsverhandlungen in Modena und Nonantola vorsitzt. Der Tod König Pippins, der in San Ambrogio in Mailand beigesetzt wurde, zerstörte Karls Hoffnungen auf einen konfliktfreien Übergang der Gesamtherrschaft auf drei erfahrene Nachfolger, von denen zwei bereits seit fast drei Jahrzehnten einem Außenregnum als König vorstanden. Die formale und inhaltliche Neugestaltung seiner Nachfolge sollte die Diskussion der folgenden Jahre beherrschen, die zugleich in der Weitergabe des Kaisertitels eine konzeptionell neue Dimension erhielt.

Zunächst fehlte der erfahrene Sachwalter fränkischer Interessen im Süden. Dies wurde offenkundig, als sich fast gleichzeitig mit einer Delegation aus Córdoba eine diplomatische Mission aus Konstantinopel bei Hofe ankündigte. Dies alles bewog den Kaiser, zumal die Grenze zum Norden gesichert schien, sein Lager an der Weser abzubrechen und nach Aachen zurückzukehren, wo er im Laufe des Oktobers eintraf. Zu seinem persönlichen Unglück gesellte sich in diesem Jahr wiederum eine verheerende Rinderseuche und in deren Gefolge Not und Teuerung.

Aus der Residenz ergingen nun wichtige Befehle und Ermahnungen in Gestalt von Kapitularien an die Missi. Sie enthüllten erneut die innenpolitische Misere, die sich kaum persönlichem Versagen des Herrschers als vielmehr strukturellen Defiziten der Herrschaft verdankte. Die Themen der Ansprache ähneln älteren Beschwörungen. Das Bewußtsein von der allgemeinen Sündhaftigkeit und Schuld an den gegenwärtigen Zuständen gipfelt in der beschwörenden Formulierung: »Über Frieden und Gerechtigkeit im Vaterland, wie in anderen Kapiteln befohlen, [daß] dies vollzogen werde!« Ein weiterer Text führt in Stichworten die erwähnte Viehseuche und andere Plagen als »allgemeine Drangsal« an, »die wir erleiden«.

Eine eigene Verordnung widmet sich bezeichnenderweise den Aufgaben der Königsboten. Auch dieses übergreifende Instrument der Kontrolle und des unmittelbaren Eingriffs in die Administration von Grafen und Bischöfen war sichtlich in eine Krise geraten, da die Missi entweder nicht über die entsprechende Machtfülle und damit verbundenes Prestige verfügten oder mit den Amtsträgern aus Familien- oder Standesinteresse fraternisierten und damit ihre Pflichten verletzten. Dabei sollen die Boten als »starke« Persönlichkeiten für die Durchsetzung der kaiserlichen Befehle sorgen und gegebenenfalls bei Hofe ansagen, welche Schwierigkeiten sich der Erfüllung ihrer Aufgaben in den Weg stellen. Auch dürfen sie sich nicht mit Personen niederen Standes umgeben, »die stets die (Rechts-)Angelegenheiten verschleppen wollen«, sondern müssen sich tatkräftige Gehilfen suchen. Ihnen wird ferner auferlegt, Rechtsverweigerung zu ahnden, den »Armen« zu Hilfe zu eilen, Bannbußen und Friedensgelder einzuziehen und dem Kaiser zu seiner Verfügung zu überweisen und schließlich das Rechtsverfahren gegen jedermann, wer immer es sei, »ob ein Mann des Herrn Kaisers oder irgendeiner seiner Söhne und Töchter oder der übrigen Mächtigen im Lande«, durchzusetzen und die Widerstrebenden dem Kaiser anzuzeigen oder ihnen die gesetzliche Strafe aufzuerlegen.

Inspiriert von einer Passage in der Augustusvita Suetons, die davon berichtet, daß der Caesar oft bis in die Nacht hinein Recht sprach und bei körperlicher Erschöpfung seine Sänfte vor die Richtertribüne tragen ließ, läßt Einhart seinen Helden nicht nur bei Unterbrechung der Nachtruhe seinen Freunden Audienzen gewähren, sondern nach Vorlage des Pfalzgrafen und in Gegenwart der streitenden Parteien sogar Rechtsfälle in seinem Gemach »wie auf dem Richterstuhl« entscheiden und die entsprechenden Anweisungen und Befehle in der Sache für den kommenden Tag geben.

Wie schwierig sich die Amtsführung der Missi mittlerweile gestaltete, zeigt ein Kapitular aus dem Jahr 810 oder 811, das für jene gar die Todesstrafe festsetzt, die mit bewaffneter Hand und in Begleitung von Truppen dem Boten seinen Amtsbezirk absprechen oder ihn in der Ausübung seines Amtes hindern. Erklären gerichtlich nicht weniger als zwölf Zeugen aus der Umgebung des Beklagten, daß Widerstand nicht in der Absicht des Beklagten gelegen habe, verfällt dieser zwar nicht dem Tode, muß aber wegen des bewaffneten Widerstandes gegen den Missus den Königsbann zahlen. Dies soll in gleicher Weise für die Vassi des Kaisers selbst gelten, die sich offenbar aus der rechtlichen Nähe zum Herrscher Sonderrechte zumaßen. Auch gegen Hausfriedensbruch, verbunden mit Raub und Plünderung, Verwüstung von Hab und Gut derer, die sich auf angesagtem Heereszug befinden, ergehen Bestimmungen, die das Dreifache der Schadenssumme als Ersatz und obendrein die Zahlung des Königsbanns vorsehen.

Diese Verordnungen, die vor allem »Räuber« im Visier haben, zu denen auch Wegelagerer, flüchtige Verbrecher, »fahrendes Volk« im weitesten Sinn zu rechnen sind, letztlich jeder, »der Räuber ist und den

Franken ungetreu«, lassen erkennen, daß trotz der Einrichtung der Königsboten die sozialen Gegensätze unvermindert aufeinanderprallten und jene erstrebte Ruhe und Ordnung ein ferner Wunschtraum blieb. Die zerstörerischen, sich vom Zentrum entfernenden Kräfte drohten die Oberhand zu gewinnen, der Rückfall in die Anarchie spätmerowingischer Zeiten konnte nicht ausgeschlossen werden. Dies vor Augen ließ der Kaiser wissen, »daß alle ermahnt werden sollen nach der Autorität des Evangeliums, daß Eure Werke vor den Menschen dergestalt leuchten mögen, daß Euer Vater im Himmel dadurch gepriesen werde«. Appelle und Gebete fruchteten freilich in diesen Auseinandersetzungen wenig. Die kaiserlich-königliche Autorität erlitt beträchtliche Einbußen und nicht zuletzt schwerwiegende materielle Verluste.

Inmitten dieser Nöte und Wirren und belastet durch persönlichen Kummer, widmete sich der Herrscher den Gesandtschaften aus Córdoba und Konstantinopel. Die Gesandtschaft aus dem Emirat dürfte wesentlich von den Schritten des abgefallenen Statthalters Amorez, der Saragossa genommen und gleichzeitig den Franken ein Bündnis in Aussicht gestellt hatte, inspiriert worden sein und trachtete, diesem am Kaiserhofe zuvorzukommen. War aus dem Abkommen mit Amorez nichts geworden, so kam jetzt mit dem Emir al-Hakam ein Vertrag zustande, der im wesentlichen einen Waffenstillstand umfaßte, dessen Brüchigkeit freilich der Angriff auf Huesca enthüllte. Daher wurde dieses Abkommen 812 erneuert. Die Grenze der Spanischen Mark, die sich damals herausbildete, verlief seither südlich von Barcelona, erreichte aber die »nasse Grenze« des Ebro nicht. Auf der Grundlage dieses Friedensschlusses gelang es dem Sohn des Emirs, Abdarrahman, den angeblich »frankophilen« Amorez aus Saragossa zu vertreiben und nach Huesca zurückzuwerfen. In diesem Jahr wurde Korsika ein zweites Mal verwüstet, und auch in der Folgezeit blieb es den Angriffen der Sarazenen schutzlos ausgeliefert.

Zu der Übereinkunft mit dem Emir von Córdoba trat eine Art Vorfriedensschluß mit dem mächtigen Gegner Dänemark, dessen neuer König Hemming, ein Neffe Göttriks, den Frieden mit dem Nachbarn suchte bei Anerkennung des gegenwärtigen machtpolitischen Status quo, somit auch des fränkischen Ausgreifens über die Elbe. Der eigentliche Friedensschluß kam beim Zusammentreffen einer fränkischen und einer dänischen Delegation an der Eider zustande. An der Spitze der mit den Verhandlungen beauftragten Grafen stand Wala, der Halbbruder

Abt Adalhards von Corbie, der Sohn Bernhards und einer Sächsin, mithin ein weiterer Halbcousin des Kaisers. Wala trat am Hofe in die Spuren Adalhards, der nach dem Tod Pippins die Amtsgeschäfte in Italien führte.

Nach Abschluß dieses Vertrags dürfte der vom Bischof von Trier geweihte Priester Heridac in die Hammaburg, das nachmalige Hamburg, als transelbische Missionszelle entsandt worden sein. Möglicherweise war er als Missionsbischof vorgesehen, verstarb aber bald. Sein potentieller Sprengel ist von dem Bremer Bischof Willerich übernommen worden, der nach der endgültigen Befriedung Sachsens nach 805 auf einer Visitationsreise in Dithmarschen (Meldorf) nachzuweisen ist. Aber erst das Pontifikat Ansgars mehr als zwei Jahrzehnte später läßt das Christentum an der Elbe »verorten«, bis der erneute Dänenüberfall von 845 der jungen Pflanzung ein jähes Ende bereitete.

Friedenszeichen vom Bosporus

Somit hatte Karl mit allen feindlichen Anrainern seines Großreichs Waffenstillstand oder gar Frieden geschlossen. Eine Ausnahme blieb Benevent, der Störfaktor an den Grenzen des italischen Regnums und des päpstlichen Patrimoniums. Wesentlich schwerwiegender als die Causa Benevent mußte sich das ungelöste Problem des »staatsrechtlichen« Verhältnisses zu Byzanz im Kontext der ungelösten territorialen Gegensätze im Adriaraum darstellen. Die Wiederannäherung von Ost und West, religionspolitisch zunächst gegen den fränkischen Widerstand auf dem Zweiten Konzil von Nicaea 787 vorbereitet, hatte zwar mit Irenes Sturz 802 ein abruptes Ende gefunden, war aber durch kriegerische Auseinandersetzungen nicht gänzlich unmöglich geworden und erfuhr jetzt einen wesentlichen Neuansatz.

Es schien so, als habe sich der Kaiser Nikephorus dazu durchgerungen, mit dem Rivalen an den Küsten der westlichen Adria, dem fränkischen »Barbarenkaiser«, Einvernehmen herzustellen. Dieses Entgegenkommen wurde gewiß durch den Umstand gefördert, daß es König Pippin gelungen war, Venedig, das wichtige Handels- und Kontaktzentrum zwischen Bosporus und Apenninenhalbinsel, zu unterwerfen, wobei insbesondere die Schaukelpolitik der letzten Dogen bei Hofe in Konstantinopel heftiges Mißfallen erregt haben dürfte. Dem byzantinischen Kaiser lag offenbar an einer Bereinigung des Störfalls, jedenfalls entsandte er im Laufe des Jahres 810 einen Gesandten, den Spathar Arsaphios, nach Italien zu König Pippin. Zum einen mochte der Gegenstand der Verhandlungen auf Venedig beschränkt gewesen sein, zum anderen mochte sich der Kaiser hüten, seinen bisherigen Gegner im Westen, der sich für berechtigt hielt, den gleichen Titel wie die Herrscher am Bosporus zu führen, mit einer offiziellen Gesandtschaft aufzuwerten, womit zumindest indirekt die Ranggleichheit bestätigt worden wäre. Ein vermittelndes Gespräch auf der »zweiten« Ebene, das lediglich die Übergabe Venedigs (und Dalmatiens) zum Gegenstand haben sollte, berührte indessen das Zweikaiserproblem allenfalls am Rande.

Mit einem Schreiben und mündlichen Befehlen ausgestattet, war der Spathar in Italien gelandet. Sein Gesprächs- und Verhandlungspartner, König Pippin, hatte allerdings am 6. Juli das Zeitliche gesegnet, und der hohe Bote drohte unverrichteter Dinge abzureisen. Karl, der in aller Eile von der Ankunft der östlichen Delegation in Kenntnis gesetzt worden war, ließ es dazu freilich nicht kommen und lud den Würdenträger dringend an den Hof zu Aachen. Arsaphios traf hier Ende des Jahres 810 ein. Da seine Vollmachten offenkundig zu weitergehenden verbindlichen Abmachungen nicht ausreichten, wurde er zu Beginn des Jahres 811 zusammen mit einer fränkischen Delegation zurückgeschickt, an deren Spitze der Bischof von Basel und Abt der Reichenau, Heito, der Graf von Tours, Hugo, und der Langobarde Ajo standen, der jetzt als »Italienexperte« galt. Graf Hugo, der aus dem elsässischen Herzogshaus der Etichonen stammte, konnte unter Ludwig dem Frommen neben dem Grafen Matfried von Orléans eine herausragende politische Rolle spielen und wurde gar der Schwiegervater Kaiser Lothars I. Aus der Feder des gelehrten Bischofs und Abtes Heito sollte 824 heftige Zeitkritik fließen, wobei die Schelte vor Karl nicht haltmachte und dessen Sexualleben geißelte; Ajo ist nur als in Gnaden wieder bei Hofe aufgenommener langobardischer Rebell bekannt.

Dieser Delegation wurde der Doge Obilierus mitgegeben, der »wegen Verrats abgesetzt, nach Konstantinopel geführt und seinem [!] Herrn ausgeliefert wurde«. Nicht zu Unrecht sprechen die sogenannten Reichsannalen von einem Friedensschluß, dessen wesentlichen Inhalt der fränkische Verzicht auf Venedig bildete, aber dieser Verzicht dehnte sich auch auf die Küstenstädte Istriens und Dalmatiens aus, wie Einhart ergänzend berichtet. Diese Region ließ sich ohne Flotte ohnedies nicht halten, eine Einsicht, die der Tod Pippins beschleunigt haben mochte.

Über Umstände und Präliminarien dieses Friedensschlusses erfahren wir einiges aus einem offiziellen Schreiben Karls an seinen »Amtsbruder« am Bosporus, der offenbar der gemischten Delegation mitgegeben worden war und der wie in einem Spiegel gleichermaßen die Empfindlichkeiten und Hoffnungen des Frankenherrschers, die insbesondere seiner kaiserlichen Würde galten, wiedergibt. Er nennt seinen Rivalen »Bruder« und stellt sich damit protokollarisch auf eine Stufe mit dem Basileus, was nach Einhart gar als Zeichen der Großmut und Hochherzigkeit Karls zu werten ist, der nicht zuletzt durch die Entsendung zahlreicher hochrangiger Boten in Geduld den Neid der »römischen Imperatoren« überwunden habe. Im politischen Selbstverständnis von Byzanz konnte es aber nur einen »römischen« Kaiser geben: den Nachfolger Konstantins und Justinians als Erben der Caesaren. Karl hingegen, nach der spöttischen Aussage des Mönchs Theophanes vom abtrünnigen Patriarchen Roms, Leo, von Kopf bis Fuß gesalbt, »lächerlich, jedem Herkommen widersprechend, um seine eigenen Schulden wettzumachen«, blieb für die Griechen, wie es der Chronist formuliert, weiterhin ein bloßer »König der Franken« oder gar nur »Karl«.

Der Brief, das erste überlieferte Schreiben eines Westkaisers an sein Gegenüber im Osten, ist ein stilistisch durchaus gelungenes, diplomatisch ausgewogenes und feinziseliertes Muster der Captatio benevolentiae, die dem Empfänger schmeichelt, ihn für sich einnimmt, aber zugleich jene Übereinkunft, die in künftigen Gesprächen zu erreichen ist, bereits vorwegnimmt. Diese Zeilen enthalten ein bemerkenswertes Psychogramm Karls. So erwartet der westliche Kaiser für die gemeinsame Aufgabe die Hilfe Jesu Christi, »in dessen Namen wir bezeichnet worden sind«, und erhofft sich, »daß wir dergestalt das, was wir begonnen haben, zu einem redlichen und nützlichen Ende bringen mögen«. Zugleich offenbart der Brief die Vorgeschichte dieser Gesandtschaft, die zunächst allein an den Hof des italischen Königs gerichtet war. Vor allem läßt das Schreiben erkennen, wie es um die Gemütsverfassung Karls nach dem Scheitern seiner Gesandtschaft bestellt gewesen ist, die im Jahr 803 Konstantinopel erst nach dem Sturz der Irene erreicht hatte und ohne jeden Erfolg die Rückreise hatte antreten müssen. Seither habe er, Karl, »wie in einer Höhle verborgen« auf eine Antwort durch einen Boten oder einen Brief gewartet. Jetzt, nach der Begegnung mit

563

dem Spathar, hoffe er auf Klärung der noch offenen Fragen und auf baldige Antwort. Der Brief schließt mit dem dringenden Wunsch, der allmächtige Gott möge »dem Herz seiner Liebe, wie wir es gefordert und gewünscht haben, mit dem Willen zum Frieden einhauchen«. Er habe ohne Verweilen seine Legaten instruiert, alle Zweifel hintangesetzt und »zur Liebe Deiner liebenswerten Brüderlichkeit gesandt«.

Kein Zweifel: Karl sah sich kurz vor dem eigentlichen Ziel, als gleichberechtigter Imperator neben dem »Bruder« im fernen Konstantinopel sein Herrscheramt zu führen. Gleichsam als Vorleistung hatte er bereits den Verzicht auf Venedig und die Küstenstädte im Adriabogen erbracht, wie aus dem Umstand deutlich wird, daß der wankelmütige Doge dem byzantinischen Kaiserhof zur Bestrafung zugeführt wurde, während dessen Bruder in Zara in Dalmatien eine Art Exil fand.

Im Einverständnis mit Arsaphios trat Agnellus die Nachfolge im Dogenamt an. Seine Residenz wurde auf Beschluß der Volksversammlung näher ans Festland nach Rialto verlegt, wo Agnellus den Dogenpalast, einen der Vorgänger des heutigen Baus, errichten ließ. Venedig konnte nach diesem Interessenausgleich zwischen Ost und West seine Funktion als Vermittler zwischen Orient und Okzident ausbauen und zunächst noch im Schatten von Byzanz zu jener unvergleichlichen Serenissima werden: »So wurde die Anerkennung des neuen Kaiserreiches durch das alte der Grundstein für die Größe Venedigs« (Ludo Moritz Hartmann). Freilich erfuhr die profränkische Richtung in Venedig insofern eine Stärkung, als mit dem Machtwechsel in der Lagune die Rückkehr des Karl ergebenen und unlängst abgesetzten Patriarchen Fortunatus nach Grado einherging.

Im späten Frühjahr 811 hielt Karl einen Reichstag in Aachen ab, der durch Ablauf und Inhalt zu den wichtigsten am Ende von Karls Regierungszeit zählt. Offensichtlich in direktem Zusammenhang mit der politischen Flurbereinigung an der Adriaküste schlichtete er den nicht nur latenten Streit zwischen dem Patriarchen Maxentius von Aquileia und seinem alten Weggefährten und Vertrauten, dem Erzbischof Arn von Salzburg, um die Abgenzung ihrer jeweiligen Diözese im Gebiet der Karantanen, dem nachmaligen Kärnten. Karl entschied sich erneut für eine »nasse Grenze«, die Drau, indem er den südlichen Teil der Region Aquileia, den nördlichen Salzburg zuwies, unbeschadet der Besitzrechte einzelner Kirchen auf dem anderen Ufer. Nach einem späteren Dokument hatte bereits König Pippin wohl gegen 796 diese Grenzziehung verfügt, die 803 von seinem Vater bestätigt worden sei. Dies ist freilich nur eine, wenn auch ansprechende, Vermutung.

Karls »Praxisnähe«, die zugleich die rechte Einschätzung der diagnostischen Fähigkeiten seiner Berater umschloß, kommt nicht zuletzt darin zum Ausdruck, daß er auf eine materielle Untersuchung der vorgebrachten Argumente beider Seiten im Verfolg weitreichender Ansprüche in dem Missionsgebiet verzichtete. Weder mochte er sich mit älteren Provinzialbeschlüssen, die die Region Kärnten angeblich dem Patriarchat zugeschlagen hatten, noch mit Papstprivilegien neueren Datums zugunsten Salzburgs auseinandersetzen, »weil wir deren Rechtskraft [Autorität] weder für falsch noch für unsicher erklären wollen, da die eine durch Alter, die andere durch die Erhabenheit der römischen Kirche hervorsticht«. Für eine gewisse Dominanz Salzburgs in der umstrittenen Region sprachen die nicht unbeträchtlichen Missionsanstrengungen, die seit der Mitte des 8. Jahrhunderts von Bischof Virgil und den bayerischen Herzögen ausgegangen waren und die in der Gründung von Kloster Innichen 769 ihren zunächst letzten sichtbaren Ausdruck gefunden hatten. Aquileia mochte den Erwerb der Metropolitanrechte über die istrischen Bistümer zugleich als Ansporn nehmen, Aktionen und Rechte über die Drau hinaus nach Norden auszudehnen. Karl durchschlug jedenfalls den gordischen Knoten dieser kirchenpolitischen Rechtshändel. Maxentius von Aquileia erhielt gleichsam als Trost aus der Hand des Kaisers eine Schenkungsurkunde. Sie umfaßte vor allem Besitzungen, die einst zwei Brüdern gehört hatten, die sich am Aufstand Herzog Rotgauds 776 beteiligt hatten und im Kampf gefallen waren. Diese Objekte sollten jetzt der durch Goten und Awaren zerstörten und dann verlassenen Kirche in Aquileia von wirtschaftlichem Nutzen sein.

Karls »private« Verfügungen: das Testament

Im Zusammenhang der Verhandlungen um die Adriaküste ließ Karl, der wohl noch stark unter dem Eindruck des Todes Pippins von Italien stand, sein »Testament« aufsetzen, das von Einhart in vollem Wortlaut überliefert und vermutlich auch stilisiert worden ist. Da Bischof Heito von Basel an der Spitze der nach Konstantinopel beorderten Delegation stand, die sich zu Beginn des Jahres auf den Weg machte, und überdies mindestens vier der als Zeugen dieses Dokuments angeführten Grafen sich im Frühjahr 811 zwecks Friedensschlusses mit den Dänen an der Eider aufhielten, muß der Text in den ersten Wochen des Jahres 811 aufgezeichnet worden sein, wenn auch eine nachträgliche Hinzufügung von Namen anläßlich der Reichsversammlung im Frühjahr keineswegs ausgeschlossen werden kann.

Einhart, der sich ansonsten streng an seiner Vorlage orientiert, schließt im Gegensatz zur Vita des Augustus seine Kaiserbiographie, von einem kurzen Nachsatz abgesehen, mit der letzten Verfügung Karls ab, versäumt aber nicht, darauf hinzuweisen, daß der Frankenherrscher zwar beabsichtigt habe, ein Testament aufzusetzen, um seine Töchter und die Söhne seiner Konkubinen im bestimmten Umfang am Erbe zu beteiligen, daß es dazu aber nicht gekommen sei, da die Umstände, vielleicht auch Widerstände, dies nicht zugelassen hätten.

Immerhin kam es zu einer detaillierten Bestimmung über die Verwendung des Mobiliarbesitzes, der Fahrhabe des Herrschers, von der ein Teil als Schenkung »a die presente«, vom selben Tag an gültig, unter Lebenden zu betrachten ist, die gleichwohl aber erst nach dem Tod des Erblassers den Begünstigten ohne materielle Änderung ausgehändigt werden sollte. Ein weiterer Teil sollte in einer Vergabe »post mortem« erfolgen und der ersteren Schenkung hinzugefügt werden. Damit konnte das Rechtsgeschäft insgesamt erst nach dem Ableben des Kaisers wirksam werden.

Wenn Karl seinen »letzten Willen« nicht in die Form des römischen Testaments kleidete, sondern in die Gestalt eines Breve, so lag dies offenbar in seiner Absicht begründet, lediglich über die Aufteilung seines mobilen Besitzes zu verfügen, wozu sich eine Auflistung der betreffenden Objekte und Objektgruppen anbot, die den Erben deutlich machen sollte, »was sie ohne Streit und Kampf unter sich in zutreffender Weise aufteilen konnten«, nachdem zuvor bereits die Almosenspenden allerseits »ordentlich und vernünftig« zugewiesen worden waren. Was den Inhalt der Verfügung angeht, so besteht dieser zum allergrößten Teil in einer opulenten Seelgerätstiftung, einer »elemosyna«, einer Almosenspende zugunsten der Kirche und der Armen. Diese Almosenspende übertraf bei weitem die damals bereits übliche Höhe des »Freiteils« für geistliche Einrichtungen (und Bedürftige), das der allgemeinen Erbmasse entzogen werden konnte.

Die leiblichen Erben Karls erhielten also nur einen kleinen Anteil an der reichen »Fahrhabe« des Kaisers. Dieses Vorgehen entsprach den ureigensten Wünschen Karls, der freilich in dieser Generosität an eine Haustradition anknüpfen mochte. Schließlich überliefert die von ihm selbst inspirierte Geschichte der Metzer Bischöfe aus der Feder des Paulus Diaconus, verfaßt in den achtziger Jahren des 8. Jahrhunderts, daß Karls Vorfahr Ansegisel, einer der Söhne des »heiligen« Arnulf und damit Stammvater der neuen Königsdynastie, im Gegensatz zu seinem Bruder Chlodulf auf seinen Anteil am väterlichen Erbe zugunsten der Kirche verzichtet habe. Entsprechend der Prophezeiung des Vaters habe er viel mehr zurückerhalten, als er gegeben hatte, »und darin lag der väterliche Segen, daß aus seiner Nachkommenschaft starke und tapfere Männer erwuchsen, so daß auf sein Geschlecht das Königtum der Franken übertragen worden ist«. Wenn wir Paulus Diaconus Glauben schenken wollen, war ihm diese Haustradition von Karl selbst vermittelt worden.

Das Breve, eröffnet mit der »orthodoxen« Trinitätsformel, gibt genauestens Aufschluß über die Verteilungsmodalitäten, über das Prozedere bis zur endgültigen Aushändigung der Anteile an die Begünstigten und über die Zeugen und Garanten des Rechtsgeschäfts. Vorgehensweise und Tenor der Verfügung spiegeln jene grundsätzliche Haltung Karls wider, von der auch sonst eine Fülle königlicher und kaiserlicher Verordnungen geprägt ist: Nichts oder nur wenig wird dem Zufall überlassen; andererseits bleibt genügend Spielraum für Unvorhergesehenes und Nichtplanbares. So atmet dieser Letzte Wille durchaus den Geist des politischen Testaments von 806, der sich nicht zufällig in der Wiederholung der Termini »divisio« und »ratio«, Teilung und Rechnung, ja Berechnung, niederschlägt und zugleich der Willenserklärung des Herrschers Rechtskraft verleiht. Das Dokument nähert sich insoweit der römischen Rechtsform an, als es in objektiver Wiedergabe den Erblasser in der üblichen Titulatur benennt, Datierung nach Inkarnationsjahr, Kaiser- und Königsjahren sowie der Indiktion angibt, freilich ohne Tagesdatum, und auch zum Beschluß eine Zeugen- und Garantenliste enthält. Was den materiellen Inhalt der Vergabe angeht, so wurde die vorgesehene Verteilungsmasse aus »seinen Schätzen und Vermögen, die an jenem Tag in seiner Kammer zu finden sind« gebildet.

Der Teil der Verfügung, der sogleich als Schenkung wirksam werden sollte, deren Aushändigung freilich bis auf den Todesfall aufgeschoben wurde, und der zugleich die eigentliche Seelgerätstiftung Karls ausmachte, betraf alle Wertgegenstände, »was aus Gold und Silber, Edelsteinen und Königsornat an jenem Tag, wie gesagt, zu finden war«. Diese Masse wurde unter Einschluß des »Königshortes« dreigeteilt: Einen Teil behielt sich der Kaiser vollständig vor; die anderen beiden aber wurden in 21 Anteile zerlegt, bestimmt für die 21 Metropolen seines Reiches, die nach seinem Tod »von seinen Erben und Freunden«, seinen Treuhändern also, dem jeweiligen Erzbischof ausgehändigt werden sollten, und zwar als Almosen für seine Kirche. Damit aber nicht genug, verfügte Karl, analog zur Aufteilung des Kirchenzehnten, eine Aufteilung dieser Seelgerätstiftung unter dem Erzbischof und seinen Suffraganen in der Form, daß dieser ein Drittel, die Bischöfe zwei Drittel erhielten. Nach so reicher frommer Stiftung wußte sich der Herrscher künftig in eine allumfassende Gebetsgemeinschaft für sein Seelenheil eingebettet, der auch die Mönchsgemeinschaften jener Klöster, die er stets mit reichen Gaben bedacht hatte, hinzuzuzählen waren.

Sorgsam ließ der Kaiser diese 21 Anteile in einer Kiste, Truhe oder Verschlag, jeweils gesondert, versiegelt und mit dem jeweiligen Namen des Empfängers versehen, aufbewahren. Angeführt wurde die Reihe der Metropolitansitze von Rom, Ravenna und Mailand, beendet von Tours und Bourges, dazwischen lagen Köln (Sitz seines anwesenden Erzkapellans Hildebold), Mainz, Salzburg und Trier. In dieser Liste finden sich erstmals die damaligen Erzdiözesen seines Großreiches komplett aufgeführt, zu denen 813 noch Narbonne an der Küste Septimaniens hinzutrat. In der Errichtung oder Wiedererrichtung solch großer übergreifender Kirchensprengel gipfelten die kirchenpolitischen Reformen Karls, die feste Stangen in das Korsett kaiserlicher Herrschaft einzogen und zugleich den alten Zustand der fränkischen Landeskirche überwanden, die bis in die achtziger Jahre des 8. Jahrhunderts hinein mit Metz beziehungsweise Sens nur einen Metropolitansitz gekannt hatte. Mit der erforderlichen Pallienverleihung als sichtbares Zeichen ihrer Würde durch das römische Papsttum trat überdies der Patriarch des Westens in eine dauernde, auch juristisch bedeutsame Verbindung mit den jeweiligen Erzbischöfen. Der römische Pontifex nahm freilich aus Anlaß dieser Zuteilung aus der mobilen Erbmasse keine Sonderstellung ein. Ihm gebührt zwar an der Spitze vor den Rivalen von Ravenna und Mailand eine Art Ehrenvorrang, er bleibt aber ein »Reichsbischof« im Imperium des Frankenkaisers. Das Papsttum als übergreifende und singuläre Institution der abendländischen Kirchengeschichte hatte noch nicht jene lichte Höhe über Metropoliten, Kirchenversammlungen (und Könige!) erreicht, die es nach dem sogenannten Investiturstreit als geistige, juristische und politische Instanz für viele Jahrhunderte gewinnen sollte.

Den dritten Teil dieser Hauptmasse behielt sich der Kaiser zum Eigenbedarf auf Lebenszeit selbst vor. Nach seinem Ableben freilich, oder »sofern er auf weltliche Güter freiwillig verzichtet« – etwa als Mönch? –, sollte dieses Vermögen in vier Teile zerlegt werden, wovon ein Teil erneut an die Metropoliten, der zweite an die Familie im engeren Sinn, der dritte »nach christlicher Sitte« an die Armen und der vierte gleichsam als Legat an die männliche und weibliche Palastdienerschaft zu ihrem (ferneren) Unterhalt zu geben war. Wenn auch im geistigen Kosmos des Mittelalters die Zahlensymbolik eine nicht zu unterschätzende Rolle spielte, so verdanken sich die Teilungsprinzipien, orientiert an den »heiligen Zahlen« drei (Trinität) und vier (Evangelien/Kardinaltugenden), dem praktischen Sinn Karls entsprechend doch wohl eher nüchternen Erfordernissen als einer wie auch immer gearteten Zahlenmystik.

Der Anteil für die Familie wird bemerkenswert präzise ausgeleuchtet. Er geht an »seine Töchter und Söhne und an die Söhne und Töchter seiner Söhne«, was im konkreten Fall bedeutet, daß nicht nur seine Söhne Karl und Ludwig sowie die Töchter aus den Ehen mit Hildegard und Fastrada, sofern sie noch lebten, erbberechtigt waren, sondern auch Sohn und Töchter aus der Nachkommenschaft des unlängst verstorbenen Königs Pippin von Italien, also Bernhard und seine fünf Schwestern. Wenn darin vielleicht auch kein strikter Hinweis auf deren Legitimität zu sehen ist, so ist diese Bestimmung indessen als sicheres Zeichen zu werten, daß diese Kinder nicht nur von ihrem Vater, sondern auch von ihrem Großvater »angenommen« worden waren und jetzt als gleichwertige Erben behandelt werden.

Bemerkenswert ist jedenfalls das »Eintrittsrecht der Enkel und Enkelinnen«, das durchaus nicht allen sogenannten Volksrechten vertraut war. Wenn Einhart nach einem Jahrzehnt bewegter Geschichte, in dem die eheliche Geburt für die Nachfolge in der Herrschaft unerläßlich geworden war, über die vergeblichen Bemühungen Karls philosophiert, ein »Testament« zugunsten seiner Töchter und seiner Söhne von Konkubinen, womit offensichtlich Drogo, Hugo und Theoderich gemeint sind, aufzusetzen, könnte dahinter durchaus eine indirekte Kritik an Karls Nachfolger Ludwig dem Frommen verborgen sein, der die Schwestern und Halbbrüder nicht im Sinne des verstorbenen Vaters am Erbe beteiligt hatte.

Zu diesem dritten Hauptteil, der zwar geviertelt, aber abgesehen von dem Familienanteil erneut vorwiegend der Kirche und den Armen zugute kam, gehören ebenfalls Gold und Silber, die ihrerseits den eigentlichen Königsschatz, den »Hort«, ausmachen, auf dessen Besitz vor allem Munifizenz und damit Prestige des Herrschers beruhen. Karls Schatz, an Rang dem sagenhaften Hort der Nibelungen gleich, war zusammengefügt aus der legendären Kriegsbeute der Awarenfeldzüge, dem »Ring«, aus Tributen unterworfener Völkerschaften und angrenzender Herrschaften wie Benevent, aus »Staatsgeschenken« von Papst, Emir und Kalif und nicht zuletzt aus den jährlichen »freiwilligen« Gaben seiner Großen als Zeichen der Treue und Ergebenheit. Dieser von den Zeitgenossen bestaunten Schatzkammer sollten »alle ehernen und eisernen Gefäße und Gegenstände hinzugefügt werden, zusammen mit Waffen und Kleidungsstücken, und der übrige kostbare oder wertlose Hausrat, als da sind Vorhänge, Decken, Wandbehänge, Filz, Leder, Zaumzeug und was sonst in der Kammer und in seinem Ankleideraum an diesem Tag vorgefunden wird, damit auf diese Weise die Anteile dieses dritten Teils noch größer werden und eine Erhöhung des Almosens unter die Bedürftigen erreicht wird«. In diesem Inventar spiegelt sich auch der Luxus einer verschwindend kleinen Oberschicht, die bereits in der südlichen Gallia und in Italien in Steinhäusern mit entsprechendem Interieur lebte.

In diesem Kontext gilt ein besonderer Hinweis der Kapelle, das heißt »dem, was zum Gottesdienst bestimmt ist«, also jener Einrichtung, die räumlich die Cappa, den halben Mantel des heiligen Martin, als größtes fränkisches Heiligtum und andere Reliquien, Utensilien, die zum Vollzug des herrscherlichen Gottesdienstes unerläßlich sind, in großer Zahl birgt, und mit der ferner personell die Hofkapellane unmittelbar verbunden sind. Diese Kapelle bildet ideell das religiös-geistige Zentrum der Institution Königtum mit dem Erzkapellan an der Spitze, damals dem Erzbischof Hildebold von Köln, der dieserhalb von seiner Residenzpflicht entbunden werden mußte. Die Kapelle nimmt auch die notwendigen Schreib- und Beurkundungsarbeiten im Auftrag des Herrschers als Kanzlei wahr. Hier wird das bewahrt, was zur sakralen Ausstattung gehört, auch Meßbücher, Evangelistare, Predigttexte oder Gesangbücher, liturgisches Gerät, selbstverständlich die kostbaren Reliquien. Dies alles, »was er selbst oder sein Vater dort zusammengetragen hat, soll von jeder Teilung unberührt bleiben«. Sollten sich aber Gegenstände dort finden, Gefäße, Bücher und »anderer Schmuck«, von denen man sicher weiß, daß diese nicht von ihm als Geschenk für die Kapelle bestimmt worden sind, »so soll sie, wer will, gegen einen angemessenen Preis erwerben können«. Auch dies gilt als Mittel, den Anteil der Almosen für die Armen »nach christlicher Sitte« zu erhöhen.

Als letzte dieser Pauschalangaben findet sich folgende Anweisung: »In gleicher Weise verfügte er auch über die Bücher, die er in großer Menge in seiner Bibliothek versammelt hat, daß sie von jenen, die sie haben wollen, mit einem gerechten Preis erworben werden können. Ihr Verkaufspreis komme den Armen zugute.« Karl ist zum nicht geringen Staunen der Nachwelt kein wahrer Bibliophile, der auch über den Tod hinaus seiner Büchersammlung Dauer zu verleihen trachtet. Er hängt sein Herz nicht an das, was Rost und Motten fressen, sondern fügt ohne Zögern auch die Codices seiner Bibliothek oder ihren Gegenwert der Seelgerätstiftung hinzu, ungeachtet der Tatsache, daß er noch in den letzten Wochen seines Lebens mit gelehrter Hilfe an der sprachlichen Reinigung der Bibeltexte gearbeitet haben soll.

Die angestrebte Auflösung der Büchersammlung Karls hat immer wieder zu Irritationen der Nachwelt geführt, die aber aus einer nicht ganz zutreffenden Vorstellung von der Bibliothek des Kaisers resultieren. Schon seit langem wird von einer »Hofbibliothek« gesprochen, ferner von einer »Hofschule« oder gar »Palastschule«, deren Erzeugnisse, insbesondere illuminierte Codices, eben den wesentlichen Bestand dieser Bibliothek ausgemacht haben sollen. Damit gerät die Büchersammlung Karls in Quantität und Qualität in die Nähe etwa der Herzog-August-Bibliothek zu Wolfenbüttel oder gar der kaiserlichen Bibliothek zu Wien und deren prachtvoller Aufbewahrung. Karl wurde zum Büchersammler, zum veritablen Bibliophilen. Geht man der Sache, in diesem Fall insbesondere der Überlieferung, auf den Grund, so zeigt sich rasch, daß mit dem Namen Karls tatsächlich zwei (!) berühmte, mit Miniaturen ausgezeichnete Handschriften in Verbindung zu bringen sind, als deren Auftraggeber (einmal zusammen mit seiner Gemahlin Hildegard) er gilt: Es sind dies das Godescalc-Evangelistar, von dem Schreiber Godescalc in den Jahren zwischen 781 und 783 verfertigt, und der Dagulf-Psalter, bestimmt für Papst Hadrian I., der 795 verstarb und den Codex vermutlich nie erhalten hat. Diese sogenannte Hofschule wird in aller Regel in Aachen lokalisiert. Doch König Karl übte »sein hohes Gewerbe« (Aloys Schulte) zumindest bis 795 zum mindesten wesentlich im Umherziehen aus, ohne feste Residenz, weshalb diese Handschriften wohl kaum in Aachen entstanden sein können, da Karl erst nach Mitte der neunziger Jahre des 9. Jahrhunderts diese Pfalz, auch wegen ihrer Thermalquellen, als Winterresidenz wählte und ausbaute.

Noch ein weiteres Werk ohne Illustrationen, eine Abschrift grammatischer Texte des Petrus von Pisa, wurde auf Befehl des Königs geschrieben. Das Original liegt noch vor und verweist nach dem Titel des Auftraggebers gleichfalls auf die Königszeit Karls vor 800. Zu diesen wenigen Handschriften dürfte, da es in Aachen überliefert ist, das sogenannte Schatzkammerevangeliar zu rechnen sein, obwohl Bernhard Bischoff diesen Prachtband für »nachkarlisch« hält. Einen Nachhall übermittelt auch eine Bibel aus den Beständen der römischen Vallicelliana. Sie geht auf eine Vorlage zurück, die nach dem mitüberlieferten Gedicht Alkuins auf Anordnung Karls geschrieben worden ist. Die allein aufgrund stilkritischer Vergleiche der »Hofschule« zugeschriebenen Codices etwa aus Trier (Ada), Soissons, Chelles (berühmtes Skriptorium unter Karls Schwester Gisela!) oder St. Riquier können ebensogut wie das Lorscher Evangeliar, das bereits im ältesten Handschriftenverzeichnis der Abtei aufgeführt worden ist, am Ort selbst entstanden sein, zumal ein reger Austausch zwischen den einzelnen Klöstern und bischöflichen Skriptorien bestand. Ein Kenner allerersten Ranges, der erwähnte Bernhard Bischoff, gelangte denn auch zu der Feststellung, daß »alles in allem etwas über zehn Hände aus zwei bis drei Jahrzehnten [zu zählen sind], ... eine enttäuschend schmale Basis, um über das Schriftwesen am Hofe in einer Periode urteilen zu wollen, in der eine emsige Tätigkeit geherrscht haben muß [!]«. Überdies muß Bischoff bekennen, daß die starke Verschiedenheit der einzelnen Schriftgruppen die Weiterentwicklung der Schrift in dem »Hofskriptorium« »recht undurchsichtig« macht.

Sowenig die modernen Termini »Hofschule«, »Hofskriptorium« und »Hofbibliothek« die Existenz derartiger Institutionen belegen, sowenig vermag auch die Annahme einer »Hofbibliothek« eine zentrale Bücherei in Aachen zu erweisen, die alles Schriftgut im Umkreis des Herrschers sammelte. Die literarischen Bedürfnisse des Hofes waren vielfältiger Natur. Die »Kapelle« dürfte über einen reichen Schatz liturgischer Handschriften und die ihr zugeordnete »Kanzlei« (samt »Archiv«) über eine Art »Geschäftsbibliothek« verfügt haben, in der vor allem Dekretalensammlungen, Rechtsschrifttum aller Art und »Formelbücher« gesammelt wurden. Auch an eine Art »Schulbibliothek« mit »Klassikern« aus Antike und Patristik ist zu denken, die dem Unterricht in Trivium und Quadrivium bis hin zur Dialektik dienten. Wie dies in den großen Klöstern vom Range Corbies oder der Reichenau geschah, ließ Karl den Adligen gleich seine Söhne und Töchter in den Anfangsgründen der Wissenschaften ausbilden, ebenso seinen Enkel Bernhard und dessen Schwestern, ferner »oblati« wie Angilbert (von St. Riquier) oder Benedikt (von Aniane). Dazu gehörten vor allem das Erlernen guten Lateins und Leseübungen.

Es ist auch zu beachten, daß eines der bedeutendsten und umfangreichsten literarischen Erzeugnisse, die im Umkreis und zugleich auf Wunsch des Herrschers entstanden sind, das sogenannte *Opus Karoli contra synodum*, die früher so bezeichneten *Libri Carolini* als Expertise gegen die Beschlüsse des Zweiten Konzils von Nicaea, fern jedweder »Hofbibliothek« zwischen 791 und 793 unter der Hand des gelehrten Theodulf von Orléans entstanden sind, der sich vielleicht der bischöflichen Bibliothek zu Regensburg bedient haben mag, ansonsten aber aus eigenen Beständen zitierte, die nicht zuletzt die fälschlich so genannte mozarabische, eher wohl als altspanisch zu bezeichnende Bibel- und Liturgietradition repräsentieren.

Tatsächlich dürfte die Bibliothek Karls, deren Schicksal 811 besiegelt wurde, aus seinem »privaten« Bücherschrank, wenn auch in beachtlicher Dimension, bestanden haben. Er enthielt unter anderem Augustins »Gottesstaat«, in dem der Herrscher zu lesen pflegte, weitere »Klassiker«, möglicherweise etwa die *Naturalis historia* des Plinius, selbstverständlich das Alte und das Neue Testament, dazu ein Psalter und die zahlreichen Produktionen des Hofkreises, insbesondere dessen poetische Ergüsse, die von »Homer« (Angilbert) und anderen Literaten abgesondert wurden, sowie die nicht unbeträchtlichen Traktate aus der Feder Alkuins oder des Paulinus von Aquileia.

Quantifizieren lassen sich diese Bücherschätze nicht, zumal die größten Bibliotheken der Zeit, wieder ist Corbie zu nennen, weniger als ein halbes Tausend Manuskripte ihr eigen nannten. Um den Verkauf dieser

»Privatbibliothek« ging es Karl, nicht um die Auflösung sämtlicher Buchbestände vor Ort.

Einen weiteren Sonderfall innerhalb der Schätze und Fahrhabe bilden die drei silbernen und »ein sehr großer und besonders schwerer goldener Tisch«. Der viereckige silberne Tisch, auf dem die Stadt Konstantinopel dargestellt war (ein Geschenk aus Byzanz?), sollte zusammen mit einem Anteil aus dem Schatz der Peterskirche in Rom zufallen, ein weiterer runder Tisch mit der Darstellung Roms aber dem Bischofsvermögen von Ravenna, der Rivalin Roms. Der dritte Tisch wiederum – eine subtile Kostbarkeit, da seine Platte aus drei zusammengesetzten Kreisen gebildet war, die nach Auskunft der späteren Annalen von St. Bertin, dem System des Ptolemäus folgend, die Erde und deren Atmosphäre, die Planetenbahnen und den Fixsternhimmel wiedergaben und damit den astronomischen Interessen ihres Besitzers ein hohes Zeugnis ausstellten – sollte mit dem goldenen Tisch dem Drittel aus der sofort gültigen Seelgerätstiftung hinzugefügt und für die Erben sowie für die Almosenspende bestimmt sein.

Von diesen Schätzen behielt Ludwig der Fromme angeblich lediglich den aus drei Kreisen zusammengesetzten Tisch für sich »aus Liebe zu seinem Vater, den er aber gleichwohl auslöste und den Erlös für das Seelenheil des Vaters hingab«. Ludwigs ältester Sohn und Mitkaiser Lothar I. ließ 842 auf dem Höhepunkt der Auseinandersetzungen mit seinen Brüdern dieses Andenken zusammen mit dem ganzen Königsschatz und dem Schatz des Münsters aus Aachen »mitgehen« und befahl das wertvolle Stück zu zerschneiden und unter seine Anhänger zu verteilen. Über das Schicksal des goldenen Tisches wie der beiden silbernen Exemplare ist nichts bekannt. Die Geschenke an Rom und Ravenna dürften nicht ohne Hintersinn gewesen sein: Möglicherweise wollte der Kaiser den Nachfolger Petri mit dem Hinweis auf die Stadt am Bosporus an den Zusammenhalt der christlichen Ökumene gemahnen, den Erzbischof von Ravenna aber an den römischen Primat, dem sich auch die Kirche des einstigen Exarchen und Stellvertreters des Basileus in Italien zu unterwerfen hatte.

Die Zahlensymbolik des Mittelalters läßt sich möglicherweise in der Zeugenreihe wiederfinden, die Karl »dieser Verfügung und diesem Befehl« anhängte und die zugleich die Namen der Garanten, der Treuhänder, ja der potentiellen »Testamentsvollstrecker« aufführt. Es sind dies dreißig Zeugen, also das Zehnfache der heiligen Zahl drei: An ihrer

Spitze stehen sieben Erzbischöfe, denn die Sieben gilt gleichfalls als »heilige Zahl«, angeführt vom Kölner Erzbischof, zugleich als Erzkapellan der oberste Geistliche bei Hofe, gefolgt vom Mainzer und Salzburger Metropoliten, denen sich die Amtsbrüder in Reims, Besançon, Lyon und Arles anschließen. Der Trierer Amalar fehlt, da er offenbar das Pallium aus Rom noch nicht erhalten hatte. Den Metropoliten folgen drei Bischöfe: Theodulf von Orléans, der Dichter und theologische Sachverständige aus Spanien, der »Jerusalem- und Romexperte« Jesse von Amiens und Bischof Heito von Basel, zugleich Abt der Reichenau, der unmittelbar nach Unterfertigung dieses Aktes nach Konstantinopel aufbrach, und Waltgaud von Lüttich. Diesen Kirchenoberen ordnen sich Äbte bedeutender Königsklöster zu: Fridugis von Tours, Adelung von Lorsch, Angilbert von St. Riquier und, hier erstmals in zeitgenössischen Quellen erwähnt, Irmino von St. Germain-des-Prés. Mit seinem Namen verbindet sich fälscherlicherweise das bedeutendste grundherrschaftliche Güterverzeichnis des Frühmittelalters, original erhalten und bestückt mit nicht weniger als 10000 Namen von Grundholden und damit die mit Abstand ergiebigste Quelle prosopographischen Materials zur Erforschung der Namengebung von frühen bäuerlichen Schichten. Über Irmino ist so gut wie nichts bekannt; dem Namen nach könnte er der Irminafamilie aus dem Umkreis der Karolinger (Metz/Trier) entstammen.

Dieser geistlichen Führungselite stehen wohlausgewogen fünfzehn Vertreter der »Reichsaristokratie« in Gestalt mächtiger Grafen gegenüber. Damit wird die Machtbalance zwischen geistlichen und weltlichen Großen, die zumeist denselben Familien entstammten, als doppelte Thronstützen unmittelbar faßbar. Karls Herrschaft ist weder eine verdeckte Theokratie, die sich des hohen Klerus als Vollstreckungsgehilfen bedient, noch eine Führung vorwiegend militärischen Zuschnitts über als Gefolgschaft gedachte Völker, sondern ein Regiment, das sich sorgsam an überkommenen Formen der fränkischen Königsherrschaft wie an biblischen Vorbildern, allen voran David und Salomon, aber auch König Josias, und an christlichen Maximen der Machtausübung wie zugleich der Seelenführung orientiert und hierin einen ganz eigenen Typus von Königsherrschaft hervorgebracht hat, der für das Mittelalter (und darüber hinaus) verbindlich werden sollte.

Die Reihe der »Laien« wird von Wala angeführt, dem mächtigsten Mann bei Hofe an der Seite seines Halbbruders Adalhard. Das Votum dieser beiden sollte Ludwig der Fromme nach dem Tod des Vaters für den Antritt seiner Herrschaft in Aachen als maßgebend erachten. Unter den weiteren anwesenden Grafen, deren Name nur in wenigen Fällen mit einer bestimmten familiären Einordnung verbunden werden können, befinden sich der (spätere) Bayern-»Präfekt« Audulf und Graf Stephan von Paris, dessen Mutter Rotrud dem Namen nach auf eine gewisse Verwandtschaft zum Herrscherhaus hindeuten könnte. Graf Unruch ist der Großvater des späteren Kaisers Berengar und der Vater Eberhards, des Markgrafen von Friaul, dessen Testament von 867 auch eine gewisse Berühmheit erlangt hat. Graf Burkhard könnte mit dem Connétable identisch sein, der 807 einen Flottensieg über die Nordmannen errang, Erchanger ist Graf im Breisgau, Gerold wird 826 Nachfolger seines Onkels in Bayern beziehungsweise in der »Ostmark«, Bero ist vielleicht derselbe Graf, der in Barcelona amtierte, und Hroccolf könnte zu den Gerolden am Mittelrhein und zur Verwandtschaft des Mainzer Erzbischofs Richulf gehören.

Wie dem auch sei: Das »Testament« des Kaisers wird von den Angehörigen einer geistlichen und weltlichen Führungselite bezeugt und garantiert, die als Amici, Freunde, den Umstand um den alternden Herrscher bildeten und zusammen mit den Erben zuverlässig seinen letzten Willen umzusetzen hatten.

Einhart schließt seine einzigartige Biographie Karls mit dem knappen Nachsatz: »Und dies alles ließ sein Sohn Ludwig, der ihm auf göttlichen Befehl folgte, nachdem er das Breviarium durchgeschaut hatte, so schnell er konnte nach dem Tode des Vaters mit größter Ergebenheit ausführen.« Spätere Quellen folgen Einharts Einschätzung, wobei allerdings auffällt, daß etwa Thegan, einer der Biographen Ludwigs, und Nithard, ein Enkel Karls und schreibender Zeuge der späteren Bürgerkriege, nur die Aufteilung des für die Erben vorgesehenen Teils von Karls Hinterlassenschaft unter Ludwig und seinen Schwestern erwähnen, während Bernhard und seine Schwestern mit Stillschweigen übergangen werden.

Es mochte vielleicht nach den Vorgängen um den jungen König von Italien, dessen Tod Ludwigs Herrschaft in den frühen Ruin trieb, bei Hofe opportun erscheinen, diesen mißlichen Komplex ohne Kommentar zu übergehen. Und wenn Nithard ferner berichtet, daß Ludwig den Teil, der den Erben zustand, vor allem wohl das gemünzte Silber, ebenfalls dreigeteilt hat, so liegt darin wenig Bemerkenswertes, da der Nach-

9. Karl der Große im Gebet vor der Schlacht mit kreuzgezeichneten, todgeweihten Rittern. Aus einem Relieffeld auf der Dachfläche des Karl-Schreins, einer zwischen 1183 und 1215 in Aachen entstandenen Goldschmiedearbeit. Aachen, Domschatz

10a. Kaiserweihe Karls des Großen durch Papst Leo III. am 25. Dezember 800 in Rom. – b. Öffnung des Grabes Karls des Großen durch Kaiser Otto III. im Münster zu Aachen im Jahr 1000. Miniaturen in einer nach 1260 im norddeutschen Raum entstandenen Handschrift der »Sächsischen Weltchronik«. Bremen, Staats- und Universitätsbibliothek

11. Christus und die zwölf Apostel; Christus zwischen Petrus und Konstantin; Petrus zwischen Leo III. und Karl dem Großen. Zerstörtes Trikliniumsmosaik Leos III. in der restaurierten Kopie Benedikts XIV. von 1743 auf dem Lateranplatz zu Rom

 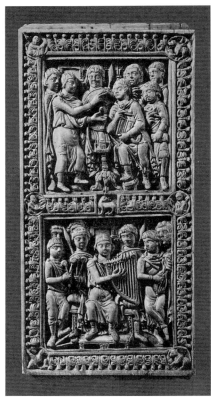

12. Darstellung der Psalmen-Legende: von König David, dem Auftraggeber, über den Presbyter Bonifatius als Vermittler des päpstlichen Gebots zur Redaktion an den hl. Hieronymus bis zu dessen Diktat. Tafeln vom Einband des »Dagulf-Psalters«, einer zwischen 783 und 795 im Auftrag Karls des Großen geschaffenen Elfenbeinarbeit. Paris, Musée du Louvre

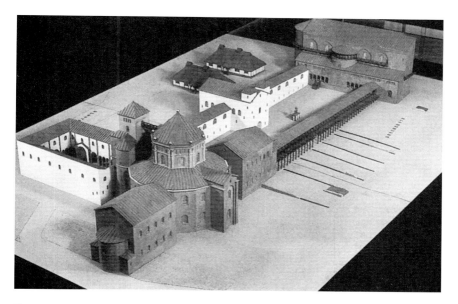

13a. Die karolingische Palastanlage zu Aachen. Modell nach dem rekonstruierten Zustand der Pfalz zur Zeit Karls des Großen. Aachen, Burg Frankenberg. – b. Die Pfalz in Paderborn, dem zentralen Ort der Franken im sächsischen Eroberungsgebiet. Blick auf die Fundamente der ersten karolingischen Aula

14a. Das Münster zu Aachen. Blick von Nordost in die von Odo von Metz gebaute und 800 geweihte Stiftskirche und kaiserliche Kapelle. – b. Das Südende der »Fossa Carolina« beim Dorf Graben, des Kanals zwischen Altmühl und schwäbischer Rezat, zwecks Überbrückung der europäischen Wasserscheide zwischen Donau und Rhein

15. Der Einhart-Bogen. Modell des nicht erhaltenen karolingischen Goldschmiedereliquiars nach einer Zeichnung des 17. Jahrhunderts. Seligenstadt, Landschaftsmuseum

16. Plutos Raub der Proserpina. Detail des im ersten Viertel des 3. Jahrhunderts in einer stadtrömischen Werkstatt entstandenen Marmorsarkophags, nach spätmittelalterlicher Tradition der Grablege Karls des Großen im Jahr 814. Aachen, Domkapitel

folger den ersten Teil »aus Gründen der Beerdigung« des Vaters ausgeben mußte, schließlich war die Grablege mit ihren späteren Überbauten und Kunstwerken zu finanzieren, weshalb sich ein »Vorab« geradezu anbot. Die restlichen beiden Teile gab er, so unsere Quelle aus dem Abstand von fast drei Jahrzehnten, zur Aufteilung »zwischen sich und seinen Schwestern aus rechter Ehe [!]« frei, während er seine Halbbrüder »noch zarten Alters«, Drogo, Hugo und Theoderich, zu »Tischgenossen« machte und seinem Neffen Bernhard »das Königreich Italien zusprach«. Damit hatte Ludwig das Testament Karls erfüllt, auch gegenüber seinem Neffen Bernhard, auf den in diesem Zusammenhang noch kein Schatten angeblicher Illegitimität fällt.

»Kritische Bestandsaufnahme in Kirche und Welt«

Zur Vorbereitung der Aachener Versammlung im Frühjahr 811 dienten offenbar Aufzeichnungen in Gestalt von Fragekatalogen zu Sachkomplexen, deren Behandlung der Kaiser als zwingend erachtete. Kein Geringerer als der große Kirchenhistoriker Albert Hauck charakterisierte diese Fragen und die teilweise in ironischer Form angefügten Explikationen dergestalt: »Es sind die herbsten und spitzigsten Äußerungen Karls, welche auf uns gekommen sind.« Von vermeintlich altersbedingter Resignation angesichts offenkundig desolater Zustände kann keine Rede sein! Vielmehr geht der Kaiser zum Gegenangriff über und nimmt sich jeden »Feind« einzeln vor. Die Gespräche mit Bischöfen, Äbten und Grafen sollen jeweils für sich geführt werden, eine »itio in partes«, die auch von anderen Versammlungen, so dem Frankfurter Konzil von 794, durchaus geläufig ist und einen halbwegs geordneten Verlauf der Verhandlungen versprach.

Letztlich kreisen die Texte um die alles entscheidende Frage: »Ob wir wirklich Christen sind?« Wie kann die »gemischte Gesellschaft« zunehmend in einen »Gottesstaat« umgewandelt werden, wie kann diese Vision Augustins, die zu Karls Lieblingslektüre gehörte, Realität werden? Im Vordergrund stehen dabei die bohrenden Fragen nach den Ursachen unterlassener Hilfeleistung, zumal wenn es um Heeresaufgebot und Verteidigung des Vaterlandes geht. Wie kommt es, daß Laien Geistliche in der Ausübung ihres Amtes behindern? Muß man nicht diskutieren, wieweit sich Bischöfe und Äbte in weltliche Geschäfte einmischen dürfen und Laien in geistliche Angelegenheiten? Auch ist nach der Lebensführung und den Sitten der Hirten zu fragen, die dem Volk ein Beispiel geben sollen; dies gilt auch für Weltgeistliche und Mönche. Kann es denn Mönche geben, die nicht nach der Benediktsregel leben? Gab es dergleichen in Gallien überhaupt vor Einführung der Vätervorschrift? Diese Fragen wird man angesichts der »Mischregeln« mit ja beantworten müssen, ihre Befolgung erschwerte sicherlich die erwünschte Konformität klösterlicher Existenz, wogegen vor allem die ersten Synoden Ludwigs des Frommen mit Eifer zugunsten der alleinigen Geltung der Benediktsregel vorgingen.

Ein anderer Text aus dem Umkreis dieser Aachener Versammlung erinnert an das Vorjahresgebot, zur Selbsterkenntnis und christlichen Einkehr ein dreitägiges Fasten vorzunehmen, wie dies bereits 805 in einem Brief an Bischof Gherbald von Lüttich gefordert worden war. Ist es aber zu dieser Besinnung gekommen? Wieder richtet sich der Fragenkatalog direkt an und gegen Bischöfe und Äbte, von denen er recht unverblümt und ironisch akzentuiert die Rechtfertigung ihres Treibens verlangt, die nicht nur die Heilige Schrift für den Eigengebrauch erlernen, sondern zur Belehrung anderer nutzen sollen. Gleich Hammerschlägen saust das jeweils einleitende »Zu ermitteln ist« auf die Köpfe der Prälaten nieder, ein »Crescendo« (François Louis Ganshof) besonderer Art: »Was heißt es tatsächlich, die Welt zu verlassen, woran sind die, welche die Welt verlassen, von denen zu unterscheiden, welche ihr folgen, etwa allein daran, daß sie keine Waffen tragen und nicht – öffentlich – verheiratet sind? Hat jener etwa die Welt verlassen, der nicht abläßt, Tag für Tag seinen Besitz zu vermehren, auf jede Weise, mit jedem Kunstgriff, indem er mit der Seligkeit des Himmelreiches überzeugt oder mit der ewigen Höllenpein droht, indem er im Namen Gottes oder irgendeines Heiligen die Reichen wie die Armen, die einfältigen Gemütes sind, weniger gelehrt und vorsichtig, sie so ihrer Habe beraubt und die rechtmäßigen Erben enterbt und damit ihrer viele zu Verbrechen und Untaten aus Not antreibt, so daß sie gezwungen werden, zu stehlen und zu rauben, da ihnen ihr väterliches Erbe nicht zukommt?« Und weiter: »Wie hat der wohl die Welt verlassen, der vor Begierde und Begehr nach Dingen, die er einen anderen besitzen sieht, brennt und, sie zu erlangen, Leute mit Geldzahlungen zu Meineid und falschem Zeugnis anstiftet, der nicht nach einem gottesfürchtigen und gerechten Vogt oder Propst fragt, sondern nach einem harten, habsüchtigen und gewissenlosen, der bei dem Erwerb nicht nach dem Wie, sondern nur nach dem Wieviel fragt.«

Der Katalog kreist weiter um Translationen von Reliquien, Kirchenbau und fromme Stiftungen, die lediglich, unter Zustimmung der Bischöfe, dem eigenen Machtzuwachs dienen. Mit Sarkasmus gedenkt der Kaiser jener geistlichen Herren, die weiterhin bewaffnete Truppen und Eigengut zu ihrer Verfügung halten, und bittet ironisch um entsprechende sachdienliche Erläuterung.

Auch das Taufsakrament, ein Thema, das ausweislich zahlreicher Briefe und Expertisen aus der Feder des Erzbischofs von Sens, Magnus, des Patriarchen von Aquileia, Maxentius, oder des Erzbischofs Leidrad von Lyon Karl intensiv beschäftigte, findet jetzt besondere Aufmerksamkeit. So will der Herrscher wissen, »wer denn jener Satan oder Widersacher sei, dessen Werken und Pomp wir in der Taufe widersagen?« Auch sucht er mit unverhohlener Ironie in Erfahrung zu bringen, »in welchem Kanon oder in welcher Väterregel denn bestimmt worden sei, daß man jemanden gegen seinen Willen zum Kleriker oder Mönch machen solle, oder wo Christus oder einer der Apostel gepredigt habe, daß man aus Unwilligen, Ungeladenen oder üblen Personen eine Gemeinschaft in der Kirche, sei es der Kanoniker, sei es der Mönche, machen solle?«

Man kann sich die Gesichter der gefragten Kirchenoberen vorstellen. Angesichts der langjährigen Bemühungen Karls um die Erstellung und Vervielfältigung autorisierter Sakramentare, Meßbücher und Homilien, auch der Heiligen Schrift, um kirchliche Gebrauchstexte generell und den rechten Gesang nach römischem Vorbild und angesichts seines erkennbaren Eifers um die Errichtung und Wiederherstellung von Kirchengebäuden und deren Subsistenzsicherung gewinnt die folgende Aussage ihre besondere Schärfe, wenn der Kaiser einräumt, daß »uns die Unvollkommenheit des Gesangs erträglicher erscheint als die der Lebensführung. Und wenn es auch gut ist, daß die Kirchengebäude schön sind, gleichwohl scheint uns der Schmuck und der Glanz der guten Sitten denen der Gebäude vorzuziehen.« Vieles, fast alles muß sich ändern, wenn man Christus und den Aposteln folgen will; vieles, was in Übung ist, darf nicht weiterhin ungefragt fortgetrieben werden. Die Verchristlichung der Gesellschaft erschöpft sich in Äußerlichkeiten, der geistliche Stand, auch Mönche und Nonnen, verharrt in den gewohnten Lebensformen, der Einsatz in weltlichen Geschäften übertrifft bei weitem die Mühe in der Nachfolge des Herrn und die bei der Befolgung seiner Gebote. Diese Übel aber bedrohen die Gesellschaft und ihre Existenz im Kern: Hier muß Abhilfe geschaffen werden.

Nicht weniges von den Gravamina, die in dieser scharf pointierten Weise 811 vorgetragen worden sind, etwa die Fragen nach den weltlichen Geschäften, der Taufe und der Verwerfung des Teufels, die Aufnahme ungeeigneter Personen in den geistlichen Stand und in Mönchsgemeinschaften, sollte 813 ein Echo auf den großen Provinzialsynoden finden, die sich erneut mit der Komplexität wahrhaft christlicher Existenz auseinanderzusetzen hatten und deren Ergebnisse vermutlich Eingang in ein großes Reformkapitular hätten finden sollen, was aber der Tod des Kaisers 814 verhinderte.

Ein drittes Dokument gilt den Fragen der Heeresflucht und der Weigerung, dem Heeresaufgebot Folge zu leisten. Eine Befragung der anwesenden Grafen, auch der Missi, ergab wesentliche Antworten auf diesen vielgerügten Komplex. Generelle Aussagen der Befragten kommen einer Pauschalentschuldigung gleich. So behaupten Bischöfe, Äbte und deren Vögte, über ihre »Geschorenen« so wenig Gewalt wie über ihre sonstigen Leute zu haben; gleiches führen die Grafen an, was ihre »pagenses«, die Bewohner ihres Amtsbezirkes, angeht. Somit kann weder aus den Immunitätsräumen der Kirche noch aus den Grafschaften ein zuverlässiges Aufgebot zusammengestellt werden. Als weitere Argumente für Heeresverweigerung und -flucht werden vorgebracht: Beraubung der Armen durch geistliche und weltliche Amtsträger oder deren Beauftragte; Übertragung der Eigengüter an Bischöfe, Äbte und Grafen mit dem Ziel, als »Grundholde« unbelästigt von der öffentlichen Gewalt den drückenden militärischen Verpflichtungen zu entgehen. Ein anderer Ausweg bot für »arme Freie« die Aufnahme in die Dienstmannschaft der Mächtigen als Falkner, Jäger, Zolleinnehmer, Propst oder Dekan. Andere entgingen dem Kriegsdienst, weil sie, wie es feinsinnig heißt, »zu geben vermögen«, das heißt an Summen zur Bestechung nicht sparten. Wieder andere verweigerten sich dem Aufgebot der Grafen mit dem Hinweis, daß sie nur den Boten des Kaisers Gehorsam schuldeten. Ferner gab es einige, die behaupteten, als »Männer« der Könige Pippin und Ludwig nur zu deren Dienst verpflichtet zu sein, während andere Komitatsbewohner dem Heeresaufgebot zu folgen hätten.

Dies ist ein Hinweis auf die zentrifugale Kraft von Dienstverhältnissen, insbesondere auf das sich konsolidierende Lehnswesen. Wie die Grundherrschaft den bäuerlichen Fußsoldaten, so entzog das Lehnswesen den berittenen Krieger dem Königtum als Befehlsinstanz, womit jener Prozeß eingeleitet wurde, der als Feudalisierung der Gesellschaft das Mittelalter wesentlich geprägt hat. In dieselbe Richtung weist auch die Ausrede derer, die sich den Anforderungen verweigerten und behaupteten, sie schlössen sich ihren »Senioren« an, also ihren Herren, die friedlich zu Hause blieben; andere »kommendierten« sich gar Senioren, um nicht in den Krieg ziehen zu müssen. Selbst Verwandtenmord scheint kein seltenes Delikt gewesen zu sein, den drückenden Pflichten zu entgehen. Die zunehmend spürbaren Tendenzen, dem Heeresaufgebot nur zögerlich Folge zu leisten, münden in eine offene Befehlsverweigerung, hervorgerufen durch mangelnde Kriegsbereitschaft, die, weil keine stattliche Beute mehr zu erwarten war, auch nicht mehr stimuliert werden konnte. Die am Horizont bereits sichtbare Normannengefahr konterkarierte bedrohlich diese allgemeine Kriegsmüdigkeit.

Züge über die Grenzen des Reiches

Karl ließ sich freilich nicht beirren, auch wenn seine Befragung nach Ursachen und Motiven insgesamt wohl nur wenig ergeben haben dürfte, was die beklagten Verhältnisse zu ändern vermochte.
Im Anschluß an den Aachener Tag stellte er jedenfalls drei Heeresformationen zusammen. Wenn auch regional gegliedert, dürfte die Beanspruchung einzelner »Wehrbezirke« beträchtlich gewesen sein. Und auch die entsprechenden Folgeprobleme, die wir den fast gleichzeitigen Kapitularien entnehmen können, dürften nicht ausgeblieben sein. Eine Abteilung war über die Elbe gegen die Linonen und die östlich von diesen sitzenden slawischen Völkerschaften entstandt worden, die zuvor mit den Wilzen gemeinsame Sache gegen die Abodriten gemacht hatten, wobei auch die erneut errichtete Festung »Hohbuoki« zerstört worden war. Der Friedensschluß mit den Dänen erlaubte eine freiere Aktion in den Gebieten jenseits der Elbe, zu denen bald auch erste Anfänge der Mission in Hamburg traten.
Eine weitere Schar wurde nach Pannonien entsandt. Hier fanden sich

die Reste der Awaren unter wechselnden Führern in dem Siedlungsgebiet, das Karl ihnen 805 zwischen Donau, Raab und Neusiedler See eingeräumt hatte, von nachdrängenden Slawen bedroht, weshalb sie wohl in Aachen vorstellig geworden waren. Über Einzelheiten dieser Kämpfe sind wir nicht unterrichtet; es verlautet auch nichts über den militärischen Anführer des Kommandos. Möglicherweise fiel diese Aufgabe dem Grafen Gerold zu, der den Schutz der entstehenden Ostmark zwischen Enns und Wienerwald übernommen hatte und der am 26. November 811 in Aachen eine Urkunde des Kaisers für Kloster Niederaltaich erwirkte, die eine Landschenkung im Awarenland zum Gegenstand hatte. Fast zur gleichen Zeit erschien das Führungspersonal der Awaren wie der Slawen auf Befehl der »Heerführer« vor Karl in Aachen, der einvernehmlich die strittigen Fragen regelte, mit anderen Worten den Slawen zumindest eine Art von gleichberechtigter Herrschaft in dem gemeinsamen Siedlungsgebiet an der Donau einräumte. Diese Regelung war offenbar von Bestand, erwähnt doch die *Ordinatio imperii* von 817 außer Bayern, Karantanen und Böhmen auch Awaren und Slawen, die »östlich Böhmens sind«, als der Herrschaft Ludwigs (des Deutschen) Unterworfene. Erst 822 wird das Gebiet unter Auflösung der gentilen Verfassung der fränkischen Herrschaft direkt unterstellt.

Einen dritten Kriegsschauplatz eröffnete der fränkische Herrscher in der Mitte des Jahres 811 gegen die Bretonen, die nach Auskunft Einharts, der hier lediglich die Nachricht der Reichsannalen paraphrasiert, angeblich schon 786 niedergeworfen worden waren. Der Zug von 811 belegt die Haltlosigkeit dieser Aussage. Auch damals kam es zu keinem dauerhaften Erfolg, die Lage blieb instabil, bis Ludwig der Fromme 818 eine Wende herbeiführte.

Wohl zur gleichen Zeit machte sich aus Aquitanien unter Führung des kaiserlichen Missus Heribert ein Heer zur erneuten Belagerung von Huesca auf den Weg. Dies geschah möglicherweise im stillen Einvernehmen mit dem Emir von Córdoba, der seinen Intimfeind, den ehemaligen Statthalter Amorez aus Saragossa, ebendorthin hatte vertreiben lassen. Auch dieses Unternehmen schlug fehl, nach der Verwüstung der Umgebung Huescas zog das Heer wieder ab.

Flotteninspektion an der Atlantikküste und an der Schelde

Auch Karl hielt es in der zweiten Jahreshälfte nicht in Aachen. Nach dem Reichstag machte er sich an die Atlantikküste auf, um sich in Boulogne aus erster Hand über den Stand der Flottenzurüstung zu unterrichten, die er im Jahr zuvor angeordnet hatte. In Gent am Scheldeufer inspizierte er die mittlerweile dort gebauten Schiffe. Alles spricht dafür, daß Karl damals auch der Abtei des heiligen Richarius, St. Riquier, wo die jüngst so wortreich verteidigte Trinität inklusive der Filioque-Formel ihre steinerne und liturgische Entsprechung in drei Kirchenneubauten gefunden hatte, seinen Besuch abgestattet hat, um mit dem vertrauten Angilbert, dem Vater seiner Enkel Nithard und Hardnit, Rat zu pflegen.

In Boulogne-sur-mer sorgte Karl dafür, daß der aus der Zeit seines antiken »Vorfahren« Caligula noch vorhandene, aber verfallene Leuchtturm als Ausgangspunkt der Überfahrt nach Britannien und als Siegeszeichen wiederhergestellt wurde. Hier mögen nautische Erfordernisse und Lesefrüchte die Renovierungsarbeiten begünstigt haben. Der Leuchtturm stürzte erst 1644 endgültig zusammen.

In Boulogne-sur-mer ließ Karl zwei bedeutsame Kapitularien ausfertigen, die erneut und vor allem um das Heeresaufgebot kreisen und die angesprochenen zentrifugalen Kräfte durch Gegenmaßnahmen zu begrenzen suchen. Demnach muß jeder Freie am Aufgebot teilnehmen, will er nicht die volle Bannbuße in Höhe von sechzig Schillingen zahlen oder gar in Schuldhaft bis zu deren Auslösung fallen. Erbgut und Erben bleiben von dieser zumindest temporären Verknechtung ausgenommen. Diese Bannbuße darf der Graf nicht einziehen, auch nicht unter dem Vorwand etwa der Fuhrdienste oder der Beherbergung; nach Einzug durch die Königsboten hat er freilich Anspruch auf ein Drittel der Summe. Die Buße darf auch nicht in Form von Ländereien und Knechten (!) eingezogen werden, sondern lediglich in Edelmetall, Kleidung, Waffen, Tieren und sonstigen nützlichen Dingen, da eine Minderung der ökonomischen Substanz dieser Mittelschichten nicht in der Absicht des Kaisers liegt. Königliche Vasallen, die »honores« (Güter und Ämter) innehaben, müssen ihr verspätetes Erscheinen auf der dem Kriegszug vorangehenden Heerschau durch Fasten und Enthaltsamkeit von Fleisch und Wein, den Tagen ihrer Verspätung entsprechend, büßen.

Dies war eine offenbar harte und unbeliebte Strafmaßnahme, die jedoch bereits im Vorfeld der Awarenzüge 791 durch Geldzahlungen abgelöst werden konnte. Desertion wird weiterhin unter Todesstrafe gestellt. Bestraft wird die Trunksucht im Felde und derjenige, der seine Umgebung zum Trinken verleitet. Vasallen des Königs, die am Hofe dienen, gleichwohl aber über Benefizien in Gestalt von Landgütern verfügen und an der Expedition nicht teilnehmen, sollen ihrerseits ihre eigenen Vasallen nicht zurückbehalten, sondern sie dem gräflichen Heeresaufgebot überstellen.

Was die Verpflichtung zum Heeresdienst angeht, so scheinen sich mit der Zeit beachtliche Unsicherheiten über den erforderlichen Leistungsumfang eingeschlichen zu haben, der erneut dringend der Normierung bedurfte. Gemäß einer alten Satzung, wie der entsprechende Textabschnitt erläuternd verfügt, soll der Wehrpflichtige »ab Grenze« für jeweils drei Monate Lebensmittel und für ein halbes Jahr Waffen und Kleidung mit sich führen. Als »nasse Grenzen« werden festgelegt Loire, Rhein und Elbe, jenseits der Loire die Pyrenäen als Markierung für den Zug nach Spanien. Wer also zwischen Loire und Rhein aufgeboten wird, muß demnach, wann immer er einen der beiden Grenzflüsse überschreitet, die erforderlichen Rationen für drei oder sechs Monate bei sich führen. Das zeigt, daß das allgemeine Heeresaufgebot auch aus entfernteren Regionen des Riesenreiches zusammengestellt werden konnte, wenngleich prinzipiell aus Gründen der Fourage und der Logistik vornehmlich Truppen in der räumlichen Nachbarschaft des Gegners eingezogen wurden.

Auch den Gestellungsverbänden wendet sich die Aufmerksamkeit des Herrschers zu. Den Grafen wird untersagt, mehr als zwei ihrer Diener von den militärischen Verpflichtungen zu befreien; weitere unerlaubte Befreiungen ziehen die Zahlung des vollen Königbanns nach sich, für dessen Erlegung die Grafen haften. Das Waffenarsenal der Kirchen (Bischof, Abt, Äbtissin) wird einer strengen Nachprüfung unterzogen. Diese dürfen weder Brünnen noch Schwerter Fremden überlassen oder verkaufen. Diese Waffen dürfen nur Vasallen gegeben werden, also an die kloster- oder kircheneigene Schutztruppe. Diese Vasallen, die teils auf Klostergrund lebten, teils »casatiert«, behaust, waren, sind uns durch wenig später erfolgte Aufzeichnungen aus Corbie und St. Riquier, wo sie stattliche Zahlen erreichten, durchaus bekannt.

Dem Genius loci und der aktuellen Gefahr geschuldet, erläßt Karl in

Boulogne eine Verordnung, die den Königsdienst auf dem Schiff betrifft: Auch hier sollen die »seniores«, die Anführer der Vasallen, aufgeboten werden und gutgerüstet auf den kaiserlichen Befehl warten. Diesem Kapitular, das unmittelbar die aktuellen Probleme von Herrschaft einfängt, tritt ein zweites zur Seite, das durch die Art seiner Überlieferung eindeutig in die Zeit von Karls Aufenthalt an der Atlantikküste gehört und ebenfalls als Erlaß der »Staatsgewalt« zu bezeichnen ist. Galt die vornehmste Sorge Karls in diesen Monaten dem Vollzug des Heeresaufgebots, so rangierten unmittelbar nach dieser existentiellen Frage erneut die Probleme des Rechtsvollzugs, der Gerichtsbarkeit und damit letztlich der Schaffung von Gerechtigkeit. Um rechtsverhindernde Prozeßlawinen zu vermeiden, setzt Karl Fristen für Rechtsstreitigkeiten vor Gericht. Demnach dürfen Rechtsfälle, die in die Zeit seines Vaters Pippin zurückreichen, nicht mehr behandelt werden. Rechtliche Auseinandersetzungen zwischen Bischöfen, Äbten, Grafen und sonstigen Mächtigen sind vor sein Gericht zu bringen, damit diese Streitigkeiten nicht den Grund für die Aussetzung der ordentlichen Gerichtsverfahren bilden und die »Armen« daher um ihr gerechtes Urteil betrogen werden. Auch der Pfalzgraf, der Vertreter des Herrschers im Königsgericht, darf nur der Gruppe der »Armen« im Gericht zu ihrem Recht verhelfen, nicht aber den Amtsträgern und Mächtigen, die ihn für ihre Absichten und Ziele einspannen könnten. Die Zeugen vor Gericht sollen von den Grafen und den Missi ausgesucht werden, wobei die Bestechung von Zeugen unter harte Strafen gestellt wird. Das Gericht des Zentenars, der Instanz unterhalb des Grafen, wird auf die niedere Gerichtsbarkeit beschränkt und darf weder die Todesstrafe noch Freiheitsverlust oder Einzug von Land und Hörigen als Buße verhängen. Dies bleibt dem Gericht der Grafen und der Königsboten als Rechtskompetenz vorbehalten.

Zu diesem Anliegen tritt ein weiteres hinzu, nämlich der verständliche Wunsch, über ausgetane Benefizien und über Personen, die mit Teilen dieser Wirtschaftsobjekte ausgestattet sind, einen Überblick zu erhalten. Dazu zählen die weltlichen und geistlichen Amtsträger ebenso wie die Königsvasallen. In die gleiche Richtung weist erneut der Befehl, zu ermitteln, wer sein Eigengut auf Kosten der Landleihe ausbaut.

Nochmals kehrt der Text zu den Versäumnissen in der Rechtspflege zurück. Liegengebliebene, besser verschleppte Rechtsfälle sollen künftig in einer Art Vierteljahresrhythmus von den Königsboten entschieden werden. Für den Winter ist der Monat Januar vorgesehen, für den Frühling April, für den Sommer Juli und für den Herbst Oktober, während der Graf in den restlichen Monaten seines Amtes waltet. Viermal sollen überdies die Königsboten mit den Grafen an vier Orten Verhandlungen abhalten. Diese Fixierung brachte nicht nur eine ausreichende Termindichte für Gerichtsverhandlungen mit sich, sondern unterwarf de facto die gräfliche Gerichtsbarkeit der Aufsicht der Königsboten als Vertreter des Herrschers, vorausgesetzt, diese Befehle ließen sich in der Praxis tatsächlich auch umsetzen. Den Missi wird ferner auferlegt, die dem König seit alters zustehenden Zinse und Bußgelder einzutreiben und dem Hof darüber Kenntnis zu geben, damit dieser über die Einnahmen verfügen kann.

Abgeschlossen und abgerundet wird der vielfältige Text mit dem Befehl an die Boten, das »Volk« erneut auf den Treueid von 802 zu verpflichten und ihm den Sinn und Zweck dieses Schwurs zu vermitteln, »den sie uns zu bewahren haben«, wie ihnen dies ehedem erläutert worden sei.

Aus diesen Dokumenten wird deutlich, daß die Königsboten immer mehr zum verlängerten Arm des Herrschers werden sollen, der mit ihnen massiv in die »ordentliche« Rechtspflege, aber auch in die Gestellung des Heeresaufgebots einzugreifen sucht, um die Interessen des Gemeinwesens zu wahren und zu stärken, das in der Person des Kaisers seine Spitze findet. Angesichts von Korruption, Rechtsverweigerung, »Sachbeschädigung«, überbordendem Eigennutz, nicht zuletzt von Desertion und Kriegsmüdigkeit, Defätismus und Versagen war dies ein höchst schwieriges Unterfangen.

Mitte November 811 kehrte Karl von seiner Flotteninspektion in das Winterquartier in der Residenz Aachen zurück. Unterwegs traf er auf Gesandte des neuen Dänenkönigs, die ihm Geschenke als sichtbare Zeichen der neuen Friedenspolitik überbrachten. In Aachen empfing Karl dann die gemischte Gesandtschaft aus Pannonien, die auf seine Vermittlertätigkeit setzte.

Am 1. Dezember erhielt der Nachkomme eines sächsischen Kollaborateurs aus der Hand des Kaisers ein wichtiges Diplom, das ein bezeichnendes Schlaglicht auf die schwierige Situation sächsischer Adliger wirft, die in ein Bündnis mit dem fränkischen König getreten waren, das ihre eigenen Landsleute als gegen ihre Interessen gerichtet ansehen mußten. Bei dem Adligen handelte es sich um Amalung, den Vater des

Grafen Bennit, der sich, wie die Vorgeschichte der Rechtsentscheidung mitteilt, im Gegensatz zu anderen Sachsen dem Aufstand gegen den König nicht angeschlossen hatte, sondern, nachdem er seine Heimat verlassen hatte, in den Dienst Karls getreten war. Amalung habe sich zunächst in einem grenznahen Ort, der von Franken und Sachsen besiedelt gewesen sei, niederlassen wollen, sei aber mit diesem Vorhaben gescheitert und zu einem anderen Platz zwischen Weser und Fulda gezogen, wo er einen Teil des Waldes, der »Bocchonia heißt«, gerodet habe. Diesen »bivanc«, das Rodungsland, erbittet sich der Sohn, Graf Bennit, als eigen aus der Hand des Kaisers. Karl entspricht dieser Bitte. Da sich diese im Original überlieferte Urkunde unter den Archivalien Fuldas, des größten Grundbesitzers in der Buconia, erhalten hat, dürfte sie zusammen mit dem Objekt in einem späteren Schenkungsakt an das Kloster gelangt sein.

Regelung der Nachfolge
Friedensschluß mit Byzanz
811 bis 814

Der Tod der ältesten Söhne Karl
und Pippin (der Bucklige)

Das Jahr 811 endete trist: Am 4. Dezember starb Karl der Jüngere, der älteste Sohn Karls aus der Ehe mit seiner dritten Gemahlin, der Schwäbin Hildegard. Auch sein verstoßener Sohn aus der ersten Verbindung mit Himiltrud, Pippin der Bucklige, der bereits 781 von der Nachfolge im Königtum de facto ausgeschlossen und nach einem Aufstand 792 im Hauskloster Prüm interniert worden war, segnete in diesem Jahr das Zeitliche. Mit Karls Tod aber war die Erb- und Nachfolgeregelung von 806, die *Divisio regnorum*, endgültig hinfällig geworden.

Dank einer doppelten Biographie und weiterer Quellenzeugnisse in Hülle und Fülle sind wir über die relativ lange und ereignisreiche, wenn auch nicht gerade von übermäßigem Erfolg gekrönte Regierungstätigkeit Ludwigs des Frommen auch als Repräsentant seines Vaters in Aquitanien vergleichsweise gut und im Detail unterrichtet und vermögen in diesen fernen Spiegeln seinen Charakter, seine Fähigkeiten und Schwächen, seine politischen Konzeptionen und persönlichen Ambitionen zu erkennen und zu beobachten. Wenn auch überlagert vom Schatten seines mächtigen Vaters, der jede wichtige Entscheidung sich selbst vorbehielt, läßt sich von Pippin von Italien zumindest in Konturen ein Bild als Politiker und vor allem als Heerführer gewinnen, der bei seinen Zeitgenossen in durchaus hohem Ansehen stand. Zu Karl hingegen geht das Lob der Umgebung nicht wesentlich über das konventionelle Maß hinaus, auch wenn der Verfasser des sogenannten Paderborner Epos uns wissen läßt, daß Karl seinem gleichnamigen Vater in Haltung und Erscheinung geglichen haben soll. Angilbert, der Abt von St. Riquier und »Homer« des Hofkreises, schmeichelt Karl gar als »Zierde der Palastaula und Hoffnung des Reiches«.

Theodulf von Orléans und Ermoldus Nigellus äußern sich in ihren Versen zur bevorzugten Rolle des Ältesten, was freilich vorwiegend in

Karls häufiger Anwesenheit bei Hofe begründet gewesen sein mag. Von einer tatsächlichen Primogenitur war dieses Zeitalter noch weit entfernt. Die »trinitarische« Konzeption der künftigen Reichsteilung, die zugleich dem Grundsatz des fränkischen Erbrechts voll entsprach, verbot diese einseitige Bevorzugung.

Karls politische Existenz bleibt für uns schemenhaft. Wir sind lediglich über einige Kriegszüge unterrichtet, die er zunächst an der Seite seines Vaters, nach 805 zunehmend in eigener Verantwortung unternahm und die ihn an und über die Elbgrenze ins Slawenland und nach Böhmen führten. Nicht alle militärischen Vorstöße verliefen erfolgreich. Ein Eheprojekt seines Vaters, das ihn mit der Tochter König Offas von Mercien verbinden wollte, zerschlug sich noch in den neunziger Jahren des 8. Jahrhunderts. Tatsächlich blieb der erst zu Weihnachten 800 in Rom gesalbte und gekrönte König im Schatten seines Vaters, auch wenn dieser ihn Ende der achtziger Jahre mit der Verwaltung des Distrikts Maine beauftragt hatte und ihn an seinem Hof in der Amtsführung »einübte«. Karl war offenbar nicht im gleichen Maße wie sein Bruder Ludwig den Belehrungen Alkuins zugänglich, der dies in einem bemerkenswerten Schreiben beklagte. Möglicherweise sind die tadelnden Worte, mit denen der gelehrte Angelsachse Karls Diener Osulf mehr als einmal bedenkt auch als indirekte Kritik an die Adresse seines Herrn und an dessen Lebenswandel zu verstehen.

Karl starb ohne Nachkommen. Nicht einmal die Grablege des Königs ist bekannt, ebensowenig ein würdiges Epitaphium. Der Streit zwischen Karl und Pippin, von dem die Wundergeschichten des heiligen Goar zu berichten wissen und der am Grabe des Heiligen beigelegt werden konnte, dürfte Auseinandersetzungen zwischen den beiden Ältesten betreffen, Karl und Pippin dem Buckligen, der nach 792 ausgeschaltet wurde und in Klosterhaft kam.

Urkunden für St. Denis und spanische »Aprisionäre«

Die Wintermonate, das Weihnachtsfest 811 und Ostern 812 am 4. April, zugleich Karls 64. Geburtstag, verbrachte der Kaiser in seiner Aachener Residenz. Aus diesem Zeitraum datieren zwei bemerkenswerte Urkunden, die den Herrscher als Vorsitzenden des Königsgerichts zeigen, sofern nicht der ebenfalls genannte Pfalzgraf Amalrich dieses Amtes waltete.

In einem Diplom, das in einem ganz erstaunlich kruden Latein abgefaßt und im Original aus dem reichen Klosterfonds von St. Denis überliefert worden ist, verurteilt der Kaiser am 8. März in Gegenwart von nicht weniger als sieben namentlich genannten Grafen, des Pfalzgrafen und zahlreicher Getreuer den Beklagten in Gegenwart des Klägers wegen Nichteinhaltung der Ladungsfrist und damit wegen Nichterscheinens vor dem Königsgericht zu einer den Gesetzen entsprechenden Wiedergutmachung des Schadens. Kläger und Beklagter dürften jener Schicht angehört haben, die sich nicht nur dem Grafengericht, der ordentlichen Instanz, sondern selbst dem Gericht der kaiserlichen Missi zu entziehen pflegten. Über den Hintergrund des Rechtsstreites, der letztlich in Verbindung mit dem Pariser Kloster stehen dürfte, erfahren wir nichts. Die Urkunde ist auch deshalb von ungewöhnlicher Bedeutung, weil sie das Gerichtssiegel Karls aus seiner Kaiserzeit in einem ungewöhnlich guterhaltenen Abdruck trägt. Dieser war von einer antiken Gemme mit der Darstellung des Jupiter Serapis genommen worden. Auch aus der Königszeit Karls ist dieses Gerichtssiegel in nur einem einzigen Exemplar erhalten, das einem Dokument von 775 aufgedrückt worden war.

Auf diesen Gerichtsentscheid folgte am 2. April, das war der Karfreitag, eine Urkunde, die an die Grafen im Südwesten des Imperiums gerichtet war. Das betraf nicht weniger als acht Amtsträger, die, wenn spätere Bestätigungen dieser Urkunde durch Ludwig den Frommen von 815 und 816 einen sicheren Anhalt bieten, unter anderen die Grafschaften von Narbonne, Carcassonne, Roussillon, Ampurias, Barcelona, Gerona und Béziers verwalteten. Ihnen wird aufgetragen, spanische »Aprisionäre« vor jeglicher Bedrängnis und Überbeanspruchung zu verschonen und sie zu schützen. Diese waren, »um dem grausamen Joch zu entgehen, das das Volk der Sarazenen den Christen auferlegt hat«, als Flüchtlinge in die Grenzregion der sich ausbildenden Spanischen Mark gezogen und dort vor Ort als Wehr- oder Rodungsbauern bald nach 778 auf Fiskalland angesiedelt worden. Nach den bestätigenden Urkunden Ludwigs des Frommen oblag es den »Aprisionären«, denen als »Freie« Grund und Boden zur Kultivierung und Rekultivierung übertragen worden war, das Heeresaufgebot zu beschicken, Wachdienste im erforderlichen Umfang zu leisten und die zwischen dem Emirat von

Córdoba und dem Frankenreich reisenden Boten zu versorgen, ihnen vor allem Pferde zur weiteren Beförderung zu geben.

Die Siedler waren dem König zu besonderer Treue verpflichtet, auch wenn sie sich Grafen und anderen Großen kommendieren durften. Ihr Land besaßen sie zur freien Erbleihe, die freilich auch in freies Eigentum umgewandelt werden konnte. Wenn sie auch keinen Zins zahlten, so war durch die Bearbeitung des vordem wüsten Fiskallandes der ökonomische Nutzen für das Königtum doch unmittelbar vorhanden, und überdies gewann der König in der bedrohten Grenzregion eine Schicht von Landbesitzern als zusätzliches Kontingent für den kostspieligen Heeresdienst und Grenzschutz, das wesentlich ihm selbst zugeordnet und verpflichtet war. Die Existenz dieser »Schutzbefohlenen«, die weder eigentliche »Königsvasallen« noch gar »Königsfreie« waren, war bedroht durch die Übergriffe der übrigen Bevölkerung, die sich unter dem Vorwand von Eigentumsansprüchen und mit Hilfe falscher Zeugenaussagen gerodetes und ausgebautes Land aneignete und damit auch in die Verfügungsgewalt des Königs über diesen Immobilienbesitz eingriff. Die Grafen taten ein übriges, indem sie gleichfalls Güterkomplexe einzogen oder diesen mit Gewalt Abgaben und Lasten auferlegten.

Mit diesen Klagepunkten war eine Delegation von nicht weniger als 41 »Spaniern«, einer von ihnen übrigens ein Langobarde von Geburt, begleitet von zwei Priestern, an den Aachener Kaiserhof gekommen. Sie fand gnädiges Gehör. Karl beließ es nicht bei der Ausfertigung einer entsprechenden Urkunde, vielmehr forderte er den Erzbischof Johannes von Arles auf, König Ludwig von Aquitanien aufzusuchen und diesen über den Vorgang »ordnungsgemäß« in Kenntnis zu setzen, damit er den Grafen entsprechende Befehle geben könne.

An dem Vorgang läßt sich exemplarisch die institutionelle Fragilität der »Mittelgewalt«, in diesem Fall Ludwig, ablesen, der an sich wegen seiner räumlichen Nähe zu der Grenzregion als König von Aquitanien der Ansprechpartner der »Spanier« hätte sein müssen. Diese aber hatten sich vorsichtshalber (und mit gutem Grund) an den fernen Hof in Aachen gewandt und stellten damit keineswegs eine Ausnahme dar, wie bereits eine ältere Urkunde von 797 beleuchtet. Damals hatte sich ein Spanier namens »Johannes« in den Kämpfen gegen die Sarazenen ausgezeichnet, dabei zahlreiche »Ungläubige« erschlagen und gewaltige Beute gemacht. Einen Teil dieser Kriegstrophäen, nämlich ein prachtvolles Pferd, eine feine Brünne und ein »indisches« Schwert mit silberner Hülle, hatte er »unserem lieben Sohn« (Ludwig) vermacht und diesen gebeten, ihm im Pagus Narbonne eine verlassene Villa zur Bewirtschaftung zu übertragen. Diesem bescheidenen Wunsch entsprach der König, sandte aber den Bittsteller mit einem entsprechenden Brief an seinen Vater. Johannes kommendierte sich dem Kaiser und erhielt als »Getreuer« (fidelis) aus der Hand Karls das gewünschte Objekt für sich und seine Leute zur Rekultivierung und zum Ausbau. Er und seine Erben sollten danach die Villa ohne Zins und Beeinträchtigung innehaben, »solange sie uns und unseren Söhnen [!] treu sind«. Von einer wie auch immer gearteten Bestätigung Ludwigs ist nichts bekannt. »Sie erschien ihm nicht als rechtserheblich« (Egon Boshof).

Sowohl Ludwig der Fromme als auch sein Sohn Karl (der Kahle) nahmen sich 815 und 816 und erneut 844 des nicht einfachen Geschicks dieser »Wehrbauern« an, die sich freilich alsbald sozial und ökonomisch in verschiedene Schichten teilten, wobei die Oberschicht, also die »maiores« und »potentes« im Gegensatz zu den »minores« und »infirmiores«, ihre Kontakte zum Königshof spielen ließ, auf die allein für sie ausgefertigten Präzepte verwies und die Minderbemittelten in ihre Abhängigkeit zu bringen suchte. Immerhin läßt sich an diesen Vorgängen während eines relativ kurzen Zeitraums die beachtliche Zunahme der Schriftlichkeit und der erstaunliche Grad der Verschriftung ablesen, da bereits die Urkunden Ludwigs nicht nur den Bittstellern, sondern auch dem jeweiligen Grafen und Bischof in einem Exemplar auszuhändigen waren, ein viertes gar im Pfalzarchiv aufbewahrt werden mußte.

Anerkennung des weströmischen Kaisertums durch Byzanz

Im Frühjahr 812 hatte sich Karl wieder mit der Nordgrenze seines Imperiums zu beschäftigen. In Dänemark war es zu einem »Bürgerkrieg« gekommen, ausgelöst durch den Tod König Hemmings, um dessen Thron Siegfried, der Neffe Göttriks, und Anulo, der Neffe des früheren Dänenherrschers Harald, an der Spitze ihrer jeweiligen Gefolgschaft stritten. Es kam zu einem Gefecht, in dem angeblich 10 940 Nordmannen ihr Leben ließen, wie die hier übergenauen Reichsannalen uns wissen lassen. In dieser Schlacht fielen beide Prätendenten. Die Partei des Anulo erhob daraufhin dessen Brüder Harald und Reginfried gemeinsam (!) zu Königen, und die unterlegene Partei unterwarf sich diesem Ausgang in einer Art Folgepflicht. Gegen Ende des Jahres 812 beorderten die Könige eine Gesandtschaft nach Aachen, erneuerten den Friedensschluß mit dem Kaiser und »baten ihn, ihnen ihren Bruder zurückzuschicken«, der demnach bislang als Geisel am Hof festgehalten wurde.

Auch sonst war das Ausgreifen der »Normannen« in diesem Jahr kaum von Erfolg begleitet. So mußten sie nach einer schweren Niederlage bereits an der Küste von der Besetzung, wohl eher anhaltenden Plünderung Irlands Abstand nehmen und »in schändlicher Flucht« ihre Heimatgestade aufsuchen. Immerhin lassen die kriegerischen Expeditionen die Gefahren erkennen, die von diesen schnellen und leicht manövrierfähigen Booten und Schiffen ausgingen, denen der Kontinent nichts Vergleichbares entgegenzusetzen hatte.

In das Zentrum von Karls Außenpolitik rückte aber erneut das ferne Konstantinopel. Die fränkische Delegation – in ihrer Begleitung die oströmischen Abgesandten –, die statt vom mittlerweile verstorbenen König Pippin von Italien vom Kaiser selbst empfangen und mit weitreichenden Verhandlungsangeboten entlassen worden war, traf bei ihrer Ankunft am Bosporus wesentlich veränderte Verhältnisse vor. Die Überfahrt war übrigens, wie wir aus dem Traumgesicht Wettis, eines Mönches der Reichenau, aus dem Jahr 824 wissen, nicht ohne Gefahren verlaufen, denn beinahe wäre das Schiff vor Erreichen des rettenden Hafens in den Dardanellen gekentert. Dies war offenbar am Bodensee aus dem heute verschollenen Bericht Bischof Heitos von Basel, zugleich Abt der Reichenau, bekannt.

Der kriegserfahrene Kaiser Nikephorus, der sich so lange und hartnäckig einem Ausgleich mit dem fränkischen »Aufsteiger« widersetzt hatte, war nach glänzenden Siegen über den Bulgarenkhan Krum mit seiner Armee beim Nachsetzen in Mösien in einen Hinterhalt geraten und an der Spitze seiner Truppen am 26. Juli 811 getötet worden. Auch sein Sohn und Mitkaiser Staurakios hatte eine schwere Verwundung erlitten, so daß alsbald das Herrscheramt an seinen Schwager Michael Rangabe überging. Der neue Autokrator, der Bilderverehrung ergeben und unter starkem Einfluß der Studiten stehend, gilt als schwacher Herrscher, der aber immerhin klug und diplomatisch gewandt den sich anbahnenden Friedensprozeß zwischen Ost und West trotz aller staatsrechtlichen Bedenken fortzuführen und abzuschließen gedachte.

Die fränkische Gesandtschaft wurde am Hofe empfangen und umgehend in Begleitung des Metropoliten von Philadelphia und der uns bekannten Protospathare Arsaphios und Theognost nach Aachen zurückbeordert. Der byzantinische Chronist dieser Jahre, der Mönch Theophanes, gibt gar an, Kaiser Michael habe eine Delegation an Karl, den »Kaiser [!] der Franken« entsandt, um einen Friedensvertrag abzuschließen und einen Heiratskontrakt mit einer Tochter Karls für seinen Sohn Theophylakt, der bereits am 25. Dezember zum Mitkaiser gekrönt worden war, zu erlangen. Damit war zugleich der Vorbehalt gegen den »Barbarenfürsten« im Westen gefallen. Die von Karl so heiß ersehnte diplomatische Anerkennung als Kaiser durch den »Bruder« im Osten stand unmittelbar bevor. Offenkundig war der neue Kaiser Michael bestrebt, das schwere bulgarische Erbe, das er von seinen Vorgängern übernommmen hatte, nicht noch durch die Feindschaft mit dem westlichen Großherrscher zu belasten. Die Bulgaren waren im Frühjahr 812 bis zum Schwarzen Meer vorgedrungen und drohten den wichtigen Hafen von Mesembria zu besetzen.

Die demonstrative Bereitschaft des byzantinischen Herrschers, mit seinem westlichen Gegenüber ein dauerhaftes Übereinkommen zu suchen, das zugleich eine friedliche Regelung der Konfliktherde an der Adria, in Venetien und Dalmatien, einschloß, wurde ergänzt durch die Übersendung der Synodica, der Wahlanzeige (samt Glaubensbekenntnis) des Patriarchen von Konstantinopel, Nikephorus, an Papst Leo III. Die Übermittlung dieser Anzeige hatte Michaels Vorgänger im Kaisertum fünf Jahre lang verhindert, vermutlich aus Groll über die tatkräftige Mitwirkung des westlichen Patriarchen bei der Erhebung Karls zum Kaiser: »Damit habt Ihr Euch selbst von der Kirche getrennt«, heißt es rückblickend in dem Schreiben des Patriarchen Nikephorus, der wie der gleichnamige Autokrat die Einheit von Reich und Kirche als untrennbar ansah und Leo III. dementsprechend als Schismatiker behandelt hatte. Mit der Übereinkunft von Ost und West, die sich anbahnte, war die Kirchenspaltung überwunden. Zu dieser Entwicklung hatte auch beigetragen, daß der Papst im Streit um die Filioque-Formel und deren Aufnahme in das Symbolum stets alles vermieden hatte, was die Gräben zwischen Rom und Konstantinopel hätte vertiefen können.

Die »gemischte« Gesandtschaft verließ mit entsprechenden Instruktionen Konstantinopel, erreichte wohl zu Beginn des Jahres 812 Italien und zog über die Alpenpässe nach Aachen. Die Reichsannalen berichten über den Fortgang des Unternehmens präzise: »Denn wie sie nach Aachen zu dem Kaiser kamen, nahmen sie von ihm die Vertragsurkunde in der Kirche entgegen, sprachen ihm nach ihrer Art, das heißt in griechischer Sprache, die Herrscherlitanei (laudes) und nannten ihn Kaiser und Basileus.« In einer feierlichen Zeremonie, in sakraler Umgebung und vor der »Öffentlichkeit«, die häufig bei Rechtsgeschäften des Mittelalters den entsprechenden Rahmen bot, nahmen also die Gesandten ein Exemplar des Friedensschlusses aus der Hand Karls, vielleicht vom Altar, entgegen und vollzogen sichtbar die »diplomatische« Anerkennung des fränkischen Großkönigs als Kaiser. Jetzt war Karl der »Bruder« des Autokrators am Bosporus, dessen Nachfolger ihrem Titel Basileus bald den Zusatz »der Römer« anfügen sollten, um den Ursprung und den einzigartigen Rang ihrer Würde zu dokumentieren. Karl und seine nächsten Nachfolger begnügten sich indessen mit dem Titel Imperator.

Das »Zweikaiserproblem« war damit für beide Seiten befriedigend gelöst worden. Dem westlichen Imperium Christianum stand ein Kaiser vor, dem östlichen Reich mit historisierendem Rückgriff auf die römischen Caesaren ein anderer. Noch 813, also vor dem endgültigen Friedensschluß, nannte sich der Großkönig in einem sorgsam formulierten Schreiben an Michael I. »Karl durch die göttliche gebende Gnade Kaiser und Augustus und zugleich König der Franken und Langobarden« und wünschte »seinem geliebten und verehrten Bruder, dem glorreichen Kaiser und Augustus ewiges Heil in unserem Herrn Jesus Christus«. Dann sprach er eindringlich vom Frieden zwischen dem »östlichen und westlichen Imperium«, den es zu festigen gelte.

Karl begnügte sich auch jetzt nicht mit der Ausfertigung einer Friedensurkunde und deren Übergabe in einem öffentlichen Akt zu Aachen. Dazu lesen wir in den Reichsannalen: »Auf der Rückkehr [der griechischen Delegation 812] kamen sie nach Rom und empfingen in der Kirche des heiligen Apostels Petrus aus der Hand Papst Leos noch einmal das Heft mit dem Vertrags- und Bündnistext.« Wie schon 806 hatte der Papst erneut eine der staatsrechtlich relevanten Maßnahmen Karls, vermutlich durch seine Unterschrift, zu bestätigen, »abzusegnen«. Die Urkunde selbst, die nicht erhalten ist, war von seinen geistlichen und weltlichen Großen, den fränkischen Führungseliten, abgezeichnet worden, und auch dieses Vorgehen entspricht der Ausfertigung der *Divisio regnorum* von 806 und des Testaments von 811. Karls Herrschaft beruht nicht zuletzt auf dem Konsens von »Krone« und »Reichsaristokratie«. In gleicher Weise verlangte Karl auch eine Bestätigung des Vertragstextes durch die byzantinischen Großen in naiver Parallelisierung seiner Herrschaftsform mit der seines östlichen »Bruders«.

In Aachen erwartete Karl als Rückantwort auf das von ihm übergebene und vom Papst abgesegnete Dokument eine vollgültige griechische Fassung der Stipulationen, die ebenfalls in einem zeremoniellen und offiziellen Akt in Konstantinopel der Gesandtschaft ausgehändigt werden sollte.

Die Vereinbarungen über Venedig und die Interessen der Lagunenstadt sind bereits Bestandteil der ost-westlichen Abmachungen gewesen, was sich aus späteren Urkunden karolingischer Herrscher und der einheimischen Chronistik erschließen läßt. Einerseits griff man auf Abmachungen der späteren Serenissima mit den langobardischen Königen zurück, andererseits erfolgte eine Art Rechts- und Besitzgarantie in bisher umstrittenen Grenzbereichen. Hinzu traten Garantien für den »freien« Handel im Hinterland und die Küste entlang von Comacchio bis Ancona sowie in Istrien und Friaul mit entsprechenden Zollprivilegien. Im Gegenzug wurde dem »Reich« der freie Zugang zum Meer und Flottenhilfe gegen die räuberischen Sarazenen in Aussicht gestellt.

Wohl zur gleichen Zeit unternahm der Italienexperte Adalhard, der die Regierungsgeschäfte für den jungen Karlsenkel Bernhard führte, einen erneuten Anlauf, auch mit dem »Fürsten« Grimoald von Benevent eine Übereinkunft und einen Interessenausgleich zu erzielen. Grimoald verzichtete in der Grenzregion zum Herzogtum Spoleto auf die Orte Chieti und Ortona und verstand sich angeblich dazu, einen Tribut von jährlich 7000 Solidi zu zahlen, von denen er 25 000 Solidi als Ablöse überwies. Ferner mußte er sich wie schon seine Vorgänger zu einem Treueid verstehen, der ihn freilich nicht zum Vasallen des Kaisers machte, auch wenn dieser Eid beim Herrscherwechsel zu erneuern war. Damit fanden die kriegerischen Auseinandersetzungen im Süden der Apenninenhalbinsel, die Pippins letztes Regierungsjahrzehnt bestimmt hatten, ein vorläufiges Ende. Benevent blieb freilich de facto ein unabhängiges Fürstentum und ein Schmelztiegel für ost-westliche Kultureinflüsse im Mittelmeerraum.

Nachfolge Bernhards im Königreich seines Vaters Pippin

Auch wenn Abt Adalhard als kaiserlicher Missus die Amtsgeschäfte im Regnum Pippins besorgte und nach Auskunft eines Dokuments aus dem Kloster Nonantola in der Nähe Modenas zwischen Italien und der Francia pendelte und damit in engen Kontakten zum Hof blieb, hielt es der Kaiser offenbar für ratsam, in dem seit 774 seiner Herrschaft eingefügten langobardischen Reich keine langandauernde Vakanz in der Königsherrschaft aufkommen zu lassen, und bestellte daher im Frühjahr ein Mitglied der Familie, seinen Enkel Bernhard, zum König von Italien. Damit setzte er die ohnedies durch den Tod von zwei seiner nachfolgeberechtigten Söhne zu Makulatur gewordene *Divisio regnorum* gänzlich außer Kraft. Weder trat nach dem Text von 806 der junge Sohn Pippins in die Rechte seines Vaters ein, dies hätte ja eine »Wahl« der Großen zur Voraussetzung gehabt, noch empfing er gar den Reichsteil, den Karl nach seinem Ableben für König Pippin vorgesehen hatte und der Bayern und Alemannien südlich der Donau mit umfaßte. Vielmehr setzte der Kaiser aus eigenem Ermessen, wenn auch aus verpflichtender »Pietät« zu seinem Sohn, den Enkel als König ein, der damit als »Mittelgewalt« (Brigitte Kasten) die Herrschaft seines Vaters und damit der neuen Dynastie in Italien fortführte.

Die in der Literatur breit angelegte Diskussion um die Legitimität Bernhards, die ausschließlich aus einer mißgünstigen Bemerkung des Ludwigs-Biographen Thegan resultiert, der Jahrzehnte später und nach den bösen Vorfällen um den jungen König diesen von einer Konkubine geboren sein läßt und ihm überdies den Königstitel verweigert, ist hinsichtlich der Nachfolge Bernhards im Königtum seines Vaters gänzlich irrelevant. Es ist Karl selbst, der aus freier Entscheidung ein Mitglied seiner Familie zur Herrschaft beruft und damit als »ebenbürtig« anerkennt.

Auch der Eintrag im St. Galler Verbrüderungsbuch, der aller Wahrscheinlichkeit nach in die Zeit zwischen 807 (Geburt Theoderichs, des letzten »Bastards« Karls) und 812 (Tod des Abtes Werdo) fällt, stellt mutmaßlich ohne Rücksicht auf kirchenrechtliche Kriterien vier Generationen »Karolinger« als des Gedenkens würdig vor: Pippin und Karlmann (Vater und Onkel Karls); Karl den Großen (das Gedenken an Karls Bruder Karlmann ist »politisch unerwünscht«); Pippin (den Buckligen!), Karl, »wiederum« Pippin, Lothar (Zwillingsbruder Ludwigs,

† 788), Ludwig, Drogo, Hugo, Theoderich; zuletzt Bernhard, Sohn Pippins. Da Pippin der Bucklige, der seine Existenz angeblich der »informellen« Beziehung Karls zu Himiltrud verdankt, die Reihe der Karlssöhne eröffnet, kann das Kriterium der Legitimität für die Aufnahme im Gedenkbuch nicht ausschlaggebend oder strukturierend gewesen sein. Die Eintragungen richten sich vielmehr schlicht nach der Abfolge der Geburt, eine ebenso einfache wie einleuchtende Vorgehensweise. Nimmt man das Schreiben Alkuins an Pippin von Italien hinzu, das diesem rät, sich mit der Frau seiner Jugend, aber nur mit dieser, zu vergnügen, so kann an der rechten Ehe des Karlssohnes kein Zweifel bestehen, zumal sie auf Dauer angelegt war und noch fünf Töchter aus ihr hervorgingen. Auch trägt der Sohn Bernhards einen der Leitnamen der Familie, nämlich Pippin. Möglicherweise ist die Verbindung zwischen Bernhard und der ungenannten Ehefrau, vielleicht einer Schwester Adalhards, erst in der Zeit der Geburt des Sohnes legitimiert worden, wie dies für die Verbindung Ludwigs des Frommen mit Irmingard anzunehmen ist, der vielleicht erst vor deren Niederkunft mit dem späteren Kaiser Lothar die Ehe rechtlich vollzog.

Die Berichterstattung der sogenannten Reichsannalen um die Vorgänge bei der Erhebung Bernhards zum König von Italien sind bereits sichtbar gefärbt durch das Wissen um den sogenannten Aufstand Bernhards Ende 817, der, obwohl vom Großvater zum König bestellt und von seinem Onkel in dieser Würde 814 offiziell bestätigt, in der *Ordinatio imperii* von 817, der Thronfolgeordnung Ludwigs des Frommen, um sein Regnum und die Nachfolge seines Sohnes Pippin zu Recht fürchten mußte. Da heißt es nämlich im Abschnitt zugunsten des jüngst erhobenen Mitkaisers Lothar, eines Herrschers »ohne Land«, ganz eindeutig und ohne daß Bernhard und seine Ansprüche überhaupt erwähnt werden: »Das Königreich Italien soll in der Weise unserem genannten Sohn [Lothar], wenn Gott will, daß er unser Nachfolger ist, in allem unterworfen sein, so wie es unserem Vater [unterworfen war] und uns nach Gottes Willen unterworfen bleibt.« Damit war die Herrschaft Bernhards in der Nachfolge seines Vaters tatsächlich zu einer Art »Unterkönigtum« herabgestuft, einer Form minderer Königsherrschaft, die Ludwig und seine Berater in arger Verkennung der Realitäten, nämlich des Erb- und Gewohnheitsrechts und der Machtverhältnisse, auch für die jüngeren Söhne Ludwigs und Brüder des Mitkaisers für die Zeit nach dem Ableben des letzten Karlserben vorsahen.

Dieser Sicht der Dinge schließen sich die Reichsannalen an, wenn sie zum Jahr 812 in diesem Zusammenhang lediglich zu berichten wissen, Karl habe »Bernhard, den Sohn Pippins«, nach Italien geschickt. Zum kommenden Jahr findet sich thematisch in engem Anschluß zur Notiz über die Erhebung Ludwigs zum Mitkaiser der Eintrag, Karl habe befohlen, »ihn [Bernhard] König zu nennen«. Auch dieser Passus enthält einen deutlichen Anklang an die *Ordinatio* von 817, wonach die jüngeren Söhne Ludwigs mit dem »Königsnamen zu bezeichnen sind«. Legt man aber den Bericht der unzweideutigen Chronik aus dem südfranzösischen Kloster Moissac der Darstellung der Ereignisse zugrunde, dann setzte bereits 810, kurz nach dem Ableben Pippins also, Karl »Bernhard, den Sohn Pippins zum König über Italien anstelle seines Vaters«, und wenn der junge König erst 812 in sein Regnum entsandt wurde, wie die Translationsgeschichte des heiligen Veit zu berichten weiß, dann möglicherweise deshalb, weil dieser erst in eben diesem Jahr volljährig wurde. Johannes Fried hat kürzlich im Zusammenhang derartig verfälschender und bewußt akzentuierender Darstellungen historischer Vorgänge in den Reichsannalen (mehr noch in Thegans Ludwigsvita, darf man anfügen) zu Recht davon gesprochen, daß dies alles »keineswegs bloße Deutung der Vergangenheit [war]; es war deren Neuschöpfung, die von der Erinnerung und Verformung der *bruta facta* ebenso lebte wie von puren Erfindungen«. Nicht um historische Wahrheit, »wie es eigentlich gewesen ist«, geht es den Reichsannalen in diesem Zusammenhang, sondern ganz offensichtlich um die politischen Implikationen, die sich mit Erhebung, Anerkennung, Herabminderung und Beseitigung des ungeliebten Neffen Ludwigs des Frommen verbinden.

Die Stringenz dieser Vorgänge ist auch den Zeitgenossen nicht verborgen geblieben, und das kommt als »politische Kritik« in nächtlichen Visionen zum Ausdruck, etwa im »Traum einer armen Frau aus Laon«, die an der Mauer des irdischen Paradieses in leuchtender Schrift, was auf die spätere Aufnahme im Kreis der Seligen verweist, den Namen Bernhards, des »einstigen Königs«, lesen kann, während Ludwigs Name, zuvor glänzender als jeder andere hervorgehoben, kaum noch wahrzunehmen ist. Der »Traumführer« bringt diese Eintrübung mit dem Mord an Bernhard in Verbindung.

Ganz abgesehen von den literarischen Quellen, zu denen auch Einharts Karlsvita gezählt werden muß, gibt es ein unzweifelhaftes Zeugnis für das Königtum Bernhards bereits zu Lebzeiten seines Großvaters in dem sogenannten Mantuaner Doppelkapitular von 813, das in der auf Bernhard ausgestellten Fassung in einer Handschrift aus Vercelli den Erlaß in der Rubrik auf den Monat Januar und das erste Jahr von Bernhards Königsherrschaft datiert. Dasselbe gilt für den berühmten Codex aus St. Paul im Lavanttal, der König Bernhard gar rechtsprechend in einer Miniatur darstellt. Der sogenannte Astronom dagegen läßt bezeichnenderweise in seiner Ludwigsbiographie das ganze heikle Kapitel im wesentlichen aus.

Mit der Erhebung Bernhards zum König von Italien und seiner Entsendung in sein Regnum war die Ordnung von 806 endgültig hinfällig geworden. Ludwig dürfte der Erhöhung seines Neffen wenig abgewonnen haben, sagt doch der Astronom ausdrücklich: »Schon früher war König Pippin von Italien gestorben und nun jüngst auch sein Bruder Karl von der Welt geschieden, so erwachte in ihm [Ludwig] die Hoffnung auf die Herrschaft über das ganze Reich [spes universitatis].«

Das Jahr 813 war von dem Bemühen Karls geprägt, zwischen dem Ehrgeiz des einzigen überlebenden Sohnes aus der Ehe mit Hildegard und den politischen Notwendigkeiten, zu denen zweifellos die Erhebung eines neuen Königs von Italien gehörte, einen Modus vivendi für die nahe Zukunft zu finden. Unsicher war auch das Schicksal der unverheirateten Karlstöchter und der Söhne von Konkubinen, die nicht zur Nachfolge in der Herrschaft berufen waren, nämlich Hugo, Drogo und Theoderich, denn ein Testament zu ihren Gunsten wollte nicht gelingen, wie Einhart berichtet. Dieses heikle Problem blieb damit in das Ermessen des alleinigen Nachfolgers gestellt, und nicht zuletzt deshalb finden sich zahlreiche Hinweise in den Quellen auf Ermahnungen Karls an Ludwig, sich der weitläufigen näheren Verwandtschaft seinem Rang und seinen Verpflichtungen entsprechend anzunehmen.

Führte Adalhard gleichsam die laufenden Geschäfte im Regnum Italien, indem er etwa wichtige Gerichtssitzungen in Nonantola und später im Herzogtum Spoleto leitete, so wurde dem jungen König selbst Adalhards Halbbruder, der jüngere Graf Wala, als Berater (und Mitregent) zur Seite gestellt. Wala, auch er ein Halbcousin des Kaisers, hatte in den letzten Jahren bei Hofe die dominierende Rolle gewonnen, was sich auch noch bei der Übernahme der Herrschaft Ludwigs in Aachen 814 in aller Deutlichkeit zeigen sollte. Walas rascher Übergang zum neuen Herrscher kam einer Bestätigung der Nachfolgeregelung des Vorjahres gleich.

Abwehrkämpfe im Mittelmeer und innenpolitische Aktivitäten

Wenn Wala dem jungen König Bernhard als Berater an die Seite gestellt wurde, dann nicht zuletzt, damit er mit Unterstützung des erfahrenen Kriegsmannes die Angriffe der Sarazenen und Mauren aus Afrika und Spanien auf die westlichen Inseln im Mittelmeer abwehrte, die den Konflikt zwischen Ost und West um Venetien zu durchaus erfolgreichen Plünderungszügen genutzt hatten und weiter nutzten. Ein Brief Papst Leos III. an den Kaiser, abgesandt nach dem 26. August 812, gibt über diese Plage und deren Bekämpfung hinreichend Auskunft. Während der Pontifex maximus, durch einen Hinweis auf die drohenden Gefahren aufmerksam gemacht, die Küsten des Patrimonium gesichert hatte, gelang es dem von Kaiser Michael ausgesandten Patrizius und mehreren Spatharen nicht, in Unteritalien und auch in Neapel den für eine erfolgreiche Abwehr der Eindringlinge erforderlichen Beistand für die byzantinische Flotte zu mobilisieren. Das hatte zur Folge, daß Lampedusa, Ponzia und Ischia von den Sarazenen verheert und ausgeraubt werden konnten und selbst Sizilien in deren Visier geriet. An dieser Bedrohung änderte ein Teilsieg der Flotte nichts.

Karl behielt die unsichere Lage im Blick und wandte sich 813 an den Patrizius von Sizilien, um ihn zu gemeinsamem Handeln zu veranlassen, nämlich zu einem Aktionsbündnis von Ost und West im Mittelmeerraum. »Höchst bezeichnend ist die Reaktion« (Peter Classen), denn der hohe Amtsträger wagte nicht, ohne Rückversicherung in Konstantinopel dem fränkischen Herrscher zu antworten und wandte sich daher um Vermittlung an den Papst als gleichsam neutrale Instanz. Dieser wiederum übersandte den an ihn adressierten Brief, ohne ihn zu öffnen, obwohl er seinen Inhalt kennen mußte, an Karl selbst. Offenbar fürchtete der Papst, der Konspiration mit Byzanz verdächtigt zu werden. Aus dem gemeinsamen Vorgehen wurde jedenfalls nichts; Byzanz zog sich weitgehend aus Italien zurück, das sich noch enger als bisher mit dem westlichen Imperium verband.

Entscheidend war, daß sich Ost und West, in zwei Kaiserreichen politisch organisiert, zu keiner gemeinsamen Mittelmeerpolitik aufraffen konnten mit der Folge, daß nicht nur Sizilien in die Hände der Araber fiel, sondern auch die Küsten Italiens, der Provence und Septimaniens für weit mehr als ein Jahrhundert dem aggressiven Zugriff der

Piraten ausgesetzt blieben, die bis ins Landesinnere vorstießen. Das Frankenreich als Kontinentalmacht ohne Flotte konnte diese arabische Besetzung Siziliens ohnedies nicht verhindern. Erst das Ausgreifen der seetüchtigen Normannen gegen Ende des 11. Jahrhunderts setzte diesem Zustand ein Ende.

Mochte die Beschäftigung mit den außenpolitischen Fragen auch nicht wenig Zeit beanspruchen, so galt Karls besonderes Augenmerk doch seit Jahren der rechten Vermittlung der christlichen Lehre und der sich daraus ergebenden sittlichen Maximen in seinem Reich. Spätestens zum Ende des Jahres 812 erließ er ein Rundschreiben an die Erzbischöfe seines Reiches, von denen die Exemplare für Mailand und Trier auf uns gekommen sind. Diesen lassen sich noch, nach den Antwortschreiben aus Aquileia, Lyon und Sens zu urteilen, weitere gleichlautende Episteln anfügen. In diesem Zirkular verlangt der Kaiser Auskunft – persönlich oder mittels Brief – zur jeweiligen Praxis des Taufrituals, zur Prüfung der Täuflinge, vor allem zum Glaubensbekenntnis und seiner Auslegung »gemäß dem Lateinischen[!]« hinsichtlich Trinität und Ausgang des Heiligen Geistes. Aber auch der Wortlaut zur Widersagung des Teufels und der Exegese seiner Werke und »seines trügerischen Glanzes« werden angemahnt. Ungenaue, falsche und oberflächliche Belehrung der Probanden führt nach Ansicht Karls zu keiner wahrhaft christlichen Lebensführung. Erst die richtige Auslegung und eine damit übereinstimmende Predigt vermögen das Volk auf den rechten Weg zu führen und dort auch zu halten. An dieser Ausrichtung fehle es allenthalben, der Teufel triumphiere in seinem »Pomp«, alle Laster im Gefolge, die das öffentliche und private Dasein zu zerstören drohen. Erstmals erfahren wir aber auch aus einem offiziellen Dokument, daß Karl »körperliche Schwäche« verspürt, die es ihm verbietet, sich mit den Adressaten häufiger zu vertrauten Gesprächen zu treffen.

Das Antwortschreiben Erzbischof Odilberts von Mailand in geschliffener Diktion umgeht die brisanten Einzelheiten der Befragung, kündigt in nicht ferner Zukunft eine Ausarbeitung zu den angeschnittenen Themen an, die sich an den Schriften der Väter orientieren wird, und erbittet die »süßen Geschenke Eurer herausragenden Beredsamkeit«. »So wie die Strahlen der Sonne die Welt erleuchten, so wird unser Wissen durch das Geschenk Eurer heiligen Doktrin überall blitzartig erhellt,« heißt es im schmeichlerischen Tonfall der Zeit. Karl übertreffe an Glaubenseifer alle christlichen Imperatoren vor ihm, Konstantin, den großen

Theodosius (Mailand!) und Justinian. Auch David fehlt als Vorbild in dieser erlauchten Reihe nicht.

Karl wird diese Huldigungen aus dem altehrwürdigen Mailand gern vernommen haben. Besonderen Beifall für sein Schreiben erhielt indes Erzbischof Amalrich von Trier, der Anfang 813 als kaiserlicher Gesandter nach Konstantinopel aufbrechen sollte, während sich sein Amtsbruder, der Erzbischof Leidrad von Lyon, ein gebürtiger Bayer, zum Bedauern des Kaisers insbesondere zur Widersagung des Teufels und seiner Werke zu knapp geäußert hatte, was einen gebührenden Nachtrag veranlaßte. Erzbischof Magnus von Sens gar gab den Auftrag zur Expertise an den vielbeschäftigten Spezialisten in theologischen Fragen, Bischof Theodulf von Orléans, weiter, der trotz Terminnot ein Werklein über die Taufe ausarbeitete. Bischof Jesse von Amiens tat desgleichen und verfaßte ein Kapitular an seine Geistlichkeit. Vor dem Hintergrund dieser ausgeprägten Sorge um den rechten Glauben, seine korrekte und übereinstimmende Vermittlung, werden die Erlasse Karls und die Einberufung von Provinzialsynoden im Abschwung seiner Regierungszeit verständlich.

Das Gefühl der persönlichen Verantwortung des Herrschers für Wortlaut, Exegese und Predigt des christlichen Glaubens als Richtschnur wahrhaft christlichen Lebenswandels von Geistlichkeit und Volk läßt den alternden Kaiser nicht ruhen. In einem gleichsam letzten Versuch galt es, die Gesellschaft in eine wahrhaft christliche, allein dem rechten Glauben in Worten und Taten verpflichtete Gemeinschaft umzugestalten, die theologisch fundierte Theorie von Herrschaft mit der alltäglichen Praxis, die sich diesem Ansatz widersetzte, zu versöhnen, was offenbar Administration und Rechtsprechung nicht gelang.

Wie außerordentlich genau und umfassend sich der Kaiser nicht nur über Glaubenssätze und deren Auslegung in den Metropolen seines Riesenreiches unterrichten ließ, sondern auch über den baulichen Zustand der Kirchen und über deren Basis, die vielfach zugleich die Ressourcen des Königtums ausmachte, zeigt ein Schreiben des Erzbischofs Leidrad von Lyon, das ebenfalls in das Jahr 813 gehören dürfte. Wir erfahren, daß diesem durch Karl ein Kleriker aus Metz zugesandt worden war, der in der Kirche von Lyon den Psalmengesang nach dem Vorbild »des heiligen Palastes« einführen und damit zur völligen Integration Lyons in die »fränkische« Kirche beitragen sollte, was gestattete, weitere Gesangsschulen zu eröffnen. Überdies läßt sich erkennen, daß in der Lyoner Erzdiözese damals eine reiche gelehrte Beschäftigung mit den Evangelien, aber auch mit der Apostelgeschichte und Teilen des Alten Testaments begonnen hat. Zudem mühte sich Leidrad nach eigener Aussage nach Kräften um die Buchproduktion.

Diese wenigen Bemerkungen geben Anlaß, über die Zustände in den Kirchenprovinzen des Reiches nachzudenken, die dem altüberlieferten Bildungsniveau der Rhônemetropole noch weit unterlegen sein mußten. Zugleich ist den Bemühungen Erzbischof Hildebolds in Köln bei der Errichtung seiner Dombibliothek in diesen Jahren noch größere Bewunderung zu zollen.

Der Brief Leidrads, eigentlich ein aktueller Zustands- und Rechenschaftsbericht, fügt ferner Anmerkungen über Ausbesserung und Wiederaufbau von Kirchen und Klöstern der Diözese an, zumal in der Stadt Lyon selbst, und wird beschlossen durch einen Nachtrag in Gestalt einer objektiv formulierten Notiz, einem Breviarium über den Grundbesitz der Lyoner Kirche, ihrer Suffragane und kirchlichen Einrichtungen: So verfügt der Bischofssitz selbst über 727 »besetzte« Hofstellen (colonicae) und über 33 unbesetzte; die Kathedralkirche mit 52 Klerikern hat 83 besetzte und fünfzig unbesetzte Höfe, eine nicht gerade üppige Ausstattung, wenn wir daran denken, daß etwa das Bistum Augsburg gegen 807, also fast gleichzeitig, über nicht weniger als 1427 besetzte und achtzig unbesetzte Mansen gebot, wobei freilich berücksichtigt werden muß, daß Lyon, als Handelszentrum an einem der wichtigsten Ströme des karolingischen Imperiums angesiedelt, auch der Kirche nicht wenig an »Nebeneinnahmen« wie Zoll und Münze eingebracht haben dürfte, während Augsburg, zwar am Endpunkt von Paßstraßen über die Alpen gelegen, hierin mit Lyon (noch) nicht wetteifern konnte.

Auseinandersetzungen zwischen Abt und Konvent in Fulda

Wie schwierig sich Kirchenzucht und mönchische Ordnung gegen Ende seiner Regierung in der alltäglichen Wirklichkeit gestalteten, dafür lieferte dem Herrscher (und den Zeitgenossen) das hochangesehene Bonifatiuskloster Fulda ein bemerkenswertes Beispiel. Nach mühsamen Anfängen verfügte das Kloster in der Wildnis der Buconia unter Abt Sturmi, einem lebensklugen Praktiker, nicht zuletzt dank der frommen Stiftungen Karls, der ihm in den siebziger Jahren unter anderem den reichen Fiskalbesitz Hammelburg übertragen hatte, bereits im 9. Jahrhundert über nicht weniger als 10000 Hufen (in Streulage) und 7000 Hektar Agrarland. Ein solcher Besitz reichte bei kluger Wirtschaftsführung aus, die auf rund 400 angestiegene Zahl der Mönche der Regel entsprechend mit Nahrung und Kleidung zu versorgen, die klösterlichen Einrichtungen instand zu halten und den vielfältigen Königsdienst zu leisten. Daß diese prosperierende Gebets- und Wirtschaftsgemeinschaft nicht ohne Konflikte zwischen Abt und Konvent allein nach den einfachen Regeln des Mönchsvaters Benedikt von Nursia zu führen war, ergab sich fast zwangsläufig aus den Dimensionen der »familia« und aus dem Umfang der Aufgaben. Handarbeit und strenge Klausur, deren Einführung in Fulda noch auf den heiligen Bonifatius selbst zurückging, konnten der neuen, komplexen Situation nicht mehr gerecht werden. Traten noch besondere Umstände hinzu, konnte die Stimmung im Kloster einem Pulverfaß gleichen und der geringste Anlaß einen »Revolutionssturm« entfachen.

Nach dem Rücktritt des Sturmi-Nachfolgers, Abt Baugulf, aus Altersgründen war in Fulda dem Mönch und Baumeister Ratger einstimmig die Leitung zugefallen, der bereits durch Errichtung der großen Ostkirche im Klosterareal den Wünschen der Mönchsgemeinschaft nach einem repräsentativen Bau geschmeichelt hatte. Mit der Abtswürde und der entsprechenden Befehlsgewalt ausgestattet, frönte Ratger nicht lange nach Amtsantritt um so heftiger seiner eigentlichen Passion und ließ als Anbau der Ost- eine gewaltige Westkirche als Grabstätte des heiligen Bonifatius errichten. Somit gewann die Abtei als erste Kirche des Abendlandes eine doppelchörige Anlage. Diese enormen finanziellen Aufwendungen hatten Folgen. Auf der einen Seite schlugen sie sich in angespannter Tätigkeit der Gemeinschaft bei der Mitarbeit und Aufsicht über den grandiosen Bau nieder und führten zur durchaus sinnvollen »Professionalisierung« der Klosterämter auf den großen Außenbesitzungen mit erfahrenen Laien. Auf der anderen Seite unternahm Ratger wiederholt Versuche, in Übereinstimmung mit den Vorschriften der Benediktsregel die Stellung des Propstes als Zweitem nach dem Abt auf Kosten der in Fulda installierten Dekane zu stärken und damit die Mitwirkungsmöglichkeiten des Konvents in der allgemeinen Geschäftsführung entscheidend zu begrenzen.

Angesichts der Dimension des Klosterbesitzes und seiner regionalen Aufsplitterung konnte es nicht ausbleiben, daß dezentrale Leitungsstrukturen entstanden, die zumindest den Eindruck von Privatisierung und individueller Vergabe von Objekten (und Rechten) an Laien und vielleicht auch an einzelne Mitglieder der Mönchsgemeinschaft hinterließen. Dieser Eindruck war erweckt worden bei der Aufteilung zwischen Abts- und Konventsgut. Nimmt man hinzu, daß Abt Ratger, nach den Klagen zu urteilen, bei der Aufnahme von Novizen keine besondere Sorgfalt hinsichtlich Eignung und Charakter der Probanden walten ließ, sondern offensichtlich deren Qualität nach der Besitzmasse, die sie einzubringen vermochten, einschätzte, wird verständlich, daß sich eine Atmosphäre der Unzufriedenheit und Überforderung über das Kloster legte, dessen Mönche vor allem die gigantischen Baulasten immer deutlicher ablehnten. Die Mißstimmung wurde noch verschärft durch Eingriffe in den wesentlich durch Gebet und Meditation bestimmten monastischen Tagesablauf und in den Festtagsrhythmus, indem Ratger die Zeit für das Offizium und die Gebete einschränkte, Feiertage in Arbeitstage umwandelte, kurzum den Alltag zugunsten seiner Projekte erweiterte. Ferner beschnitt er zum Ärger der Mönche die übliche Gastfreundschaft, schikanierte arme und kranke, vor allem behinderte Konventsmitglieder und verwies sie aus der Mönchsgemeinschaft in abgelegene Dependancen des Klosters, während er dem Konvent die Aufnahme völlig ungeeigneter Personen zumutete, auch unter exzessiver Ausdehnung des kirchlichen Asylrechts.

Diese Gravamina, die den dringenden Wunsch enthielten, den Abt Ratger abzulösen und einen neuen Vater zu erhalten, und zugleich die Bitte, die alten Zustände und Gewohnheiten wiederherzustellen, trug eine Delegation aus zwölf Mönchen dem Kaiser 812 in Aachen vor, mündlich und in einer Denkschrift, deren erweiterte, für Ludwig den Frommen bestimmte Fassung aus dem Jahr 816 oder 817 erhalten ist. Um das Wohlwollen des Herrschers vorab zu gewinnen, eröffnet der Libellus die Liste der Vorschläge mit dem Gesuch, ihnen, den Mönchen, doch wieder zu gestatten, jeden Morgen nach der Regellesung den 50. Psalm für »Dich, Herr Kaiser, und für Deine Kinder und für das gesamte christliche Volk« zu beten. Ähnliches hatte sich schon 809 abgespielt, als Richulf, der Erzbischof von Mainz, zur Streitschlichtung in Fulda erschienen war. Doch die Beschwerde verlief im Sande, eine Bischofskommission wußte nichts auszurichten. Erst 817 fand die Despotie des

Abtes, wie es die Mönche sahen, ein Ende. Ratger hatte den Bogen offenbar überspannt. Er wurde abgelöst, obwohl seine Maßnahmen eigentlich auf der klosterpolitischen Linie Ludwigs des Frommen und des sogenannten Reichsabtes Benedikt von Aniane lagen, die danach trachteten, nach dem Vorbild von Montecassino die Stellung des Propstes zu stärken und die Dekanatsverfassung als Besonderheit abzuschaffen. Ratgers Nachfolger wurde 818 der bisherige »Chefankläger« Eigil, der aber die von »westlichen« Mönchen, also aus der Francia stammenden Getreuen Benedikts, bereits im Sommer eingeführten Reformen nach Maßgabe der Aachener Reformbeschlüsse erneut abänderte und beispielsweise Mönche wieder auswärtige Ämter übernehmen ließ.

Am Exempel Fuldas treten die Schwierigkeiten der Organisation, der inneren Struktur und der Observanz der Mönchsgemeinschaften wie unter einem Brennglas hervor: Bautätigkeit, Gütererwerb, Gastfreundschaft und Königsdienst, vor allem der Ausbau der ökonomischen Ressourcen, aber auch eigene Gewohnheiten stellten im Hinblick auf religiöse Existenz und klösterliche Abgeschiedenheit Abt und Konvent vor nahezu unlösbare Aufgaben, die Außenwirkung und religiöses Innenleben in ein unzuträgliches Gegeneinander verschränkten. Die Anzahl der Mönche, der Umfang der Besitzungen, die Methoden der Wirtschaftsführung, die Beanspruchung durch die »öffentliche Hand« und nicht zuletzt die Planung und Errichtung repräsentativer Großbauten verboten den Mönchsgemeinschaften zu Beginn des 9. Jahrhunderts tatsächlich einen frommen Rekurs auf die schlichten Regeln der Väter aus Subiaco, Luxeuil-Bobbio oder auch der ehemaligen Einöde in der Buconia. Die Ansprüche von Königtum und Adelsgesellschaft ließen sich mit den alten Mönchsidealen nicht in Einklang bringen. Selbst die gelehrte Tätigkeit in den Skriptorien und Bibliotheken, der das Abendland wesentlich seine Bildung verdankt, konnte diesen Dissens allenfalls mildern, nicht beseitigen. Bereits in der Spätphase Karls stehen die großen Klöster unter einem ganz erheblichen Reformdruck, der sich erst und nur partiell in der Erneuerungswelle löste, die in der ersten Hälfte des folgenden Jahrhunderts von der burgundischen Abtei Cluny ausging.

Reformkonzilien und
letzte programmatische Erlasse

Nach den Reichsannalen verbrachte der Kaiser den Winter 812 auf 813 wiederum in Aachen. Die Festtage als Binnengliederung des Jahres werden erneut nicht erwähnt, hingegen wird das Jahresende 812 mit dem Rückgriff auf eine Sonnenfinsternis am 15. Mai abgerundet. Diese war, folgt man einer modernen Computersimulation, am Vortage um 14 Uhr zu rund fünfzig Prozent in Aachen sichtbar gewesen. Der erneute Fingerzeig auf eine Himmelserscheinung am Schluß des Jahreseintrags – 807 war es ein umfangreicher Vorspann gewesen – bestätigt den bereits in der Akzentuierung um die Nachfolge Bernhards im italischen Königtum gewonnenen Eindruck, daß die Reichsannalen nach dem Tod Karls, möglicherweise nach 818, einer Bearbeitung unterzogen worden sind. Die Angaben zu astronomischen Ereignissen dienen schließlich als Hinweise auf Karls baldigen Tod, was die rund ein Jahrzehnt später entstandene Biographie Einharts bestätigt.

Mit Beginn des Frühjahrs 813 entbot Karl erneut eine Gesandtschaft nach Konstantinopel. An ihrer Spitze standen Bischof (Erzbischof?) Amalrich von Trier, der nach seinen detaillierten Auskünften zu Taufritus und Teufelswidersagung des kaiserlichen Wohlwollens besonders gewiß war, und der Abt Petrus von Nonantola, Vertrauter des Italienspezialisten Adalhard von Corbie. Diese waren beauftragt, eine Vertragsurkunde Kaiser Michaels in »griechischer Sprache«, die auf seinen Namen lautete und von seinen »Priestern, Patricii und Großen« gegengezeichnet war, aus der Hand des Kaisers vom Altar der Hagia Sophia entgegenzunehmen und damit den Frieden »zwischen dem östlichen und westlichen Reich« zu befestigen, einen Frieden, der zugleich die »heilige Kirche« als schützendes gemeinsames Dach in das Werk einbezog. Dies geht aus dem bereits erwähnten Schreiben Karls an Michael hervor, das die Legaten des Frankenherrschers im Gepäck mit sich führten. Karl wünschte mithin die persönliche Verpflichtung seines Gegenübers am Bosporus nach dem Beispiel des Nikephorus.

Die Verhandlungen standen allerdings unter einem schlechten Stern: Als die westliche Delegation in Konstantinopel eintraf, war es dort erneut zu einem Wechsel in der Herrschaft gekommen. Nach einer schweren Niederlage am 22. Juni 813 in der Nähe von Adrianopel gegen die geballte militärische Kraft des Bulgarenkhans Krum wurde

Michael I. am 11. Juli gestürzt und mit seiner Familie in ein Kloster verwiesen. Sein Nachfolger wurde der Stratege des anatolischen Themas, der Armenier Leon, der der entscheidenden Schlacht ferngeblieben war.

Im Gegensatz zu Michael I. war Leon V. ein energischer Feldherr und eifriger Ikonoklast. Er folgte indessen den von seinen Vorgängern vorgezeichneten Bahnen »ost-westlicher Koexistenz«. Doch seine eigenen Gesandten, die im August des folgenden Jahres am Kaiserhof zu Aachen auch um Beistand gegen die Bulgaren nachsuchen sollten, fanden ihrerseits den bisherigen Verhandlungspartner Karl nicht mehr am Leben. Mithin mußte die umständliche Prozedur des Vertragsaustauschs zwischen Leon V. und dem neuen Kaiser Ludwig wiederholt werden. Der Trierer Oberhirte verfaßte nach seiner Rückkehr ein inhaltlich mageres Gedicht von achtzig Versen über die Gesandtschaftsreise im Auftrage Karls an den Hof von Konstantinopel, das er seinem Freund und Weggefährten Petrus zukommen ließ. In ihm wird bereits der Tod Kaiser Karls beklagt. »Uns beide vereine in gleicher Weise ohne Ende Gott mit dem gewesenen König und mit den lieben Brüdern«, schließt das Poem.

Auf einem früh im Jahr angesetzten Reichstag ordnete Karl wohl im März 813 – Ostern fiel auf den 27. dieses Monats – die Abhaltung von »Konzilien«, eher Provinzialsynoden, zur Kirchenreform »in ganz Gallien« an. Unter Leitung der Metropoliten und kaiserlicher Missi sollte sich die hohe Geistlichkeit, zumal die Bischöfe, zu ausgiebigen Beratungen und Beschlußfassungen gleichsam »simultan« versammeln. Offenbar in Anlehnung an die spätantike *Notitia galliarum*, ein Verzeichnis der Metropolen, fanden diese Zusammenkünfte in Tours für Aquitanien, in Arles für die Gallia Narbonnensis, in Reims für die Belgica und in Mainz für die Germania, »Ostfranken« im weitesten Sinn, statt. Weshalb die Synode für die Provincia Lugdunensis in Chalon-sur-Saône statt in Lyon tagte, ist nicht ersichtlich.

Karl griff mit dieser Anordnung nicht nur demonstrativ auf die spätrömische Gliederung des Reiches zurück, sondern nutzte zugleich die von ihm restaurierten oder neu begründeten Metropolitansitze als funktionale geistliche Mittelgewalten zwischen dem Hof und einzelnen Bistümern (und Abteien). Nur in den einzelnen Kirchenprovinzen selbst war eine den jeweiligen Gegebenheiten vor Ort entsprechende angemessene Diskussion und Beschlußfassung auf der Grundlage vorgegebener Fragenkomplexe und Themen möglich. Die Resultate dieser Einzeltreffen, die in Mainz überdies eine weltliche Sektion in Gestalt der Grafen und Richter einschloß, was auf die strukturellen Besonderheiten der Adelsherrschaft in der »Germania« verwies, sollten auf einer neuerlichen Reichsversammlung vor dem Kaiser erörtert und in ein allgemeines Reformkapitular umgesetzt werden.

Ob es dazu angesichts der Fülle des Materials, der Vielschichtigkeit der Themen und der Diskrepanz in der Gewichtung der einzelnen Problemfelder tatsächlich gekommen ist, muß trotz der reichen Textüberlieferung dahingestellt bleiben. Nach Auskunft der wieder gutunterrichteten Chronik von Moissac soll jedenfalls ein Dokument von nicht weniger als 46 Kapiteln verabschiedet worden sein. Möglicherweise liegt dieses Dokument jenem Kapitular zugrunde, das vor rund zwei Jahrzehnten in einer Tegernseer Sammelhandschrift entdeckt wurde. Es fällt nämlich auf, daß dieses in Verbindung mit dem Mainzer Synodalbescheid niedergeschrieben wurde und nicht weniger als 43 Kapitel umfaßt, deren Inhalt ganz eindeutig kirchenrechtlich und kirchenpolitisch ausgerichtet ist. Ein zweiter in diesem Kontext tradierter Kapitularientext hat im Gegensatz zu diesem ersten einen deutlichen Mischcharakter, da er sich vor allem der bedrängenden Problematik der Rechtspflege widmet, also einem Thema, das auch in Mainz in Anwesenheit der Grafen und Richter an vermutlich verschleppten Rechtsfällen praktisch erörtert und entschieden worden ist.

Die Synoden fanden an den genannten Orten im Mai oder Juni 813 statt, in Mainz unter Vorsitz des Erzkapellans Hildebold von Köln, der Erzbischöfe Richulf von Mainz und Arn von Salzburg und des Bischofs Bernar von Worms, die zugleich als kaiserliche Missi fungierten. Versammelt waren nicht weniger als dreißig Bischöfe und 25 Äbte, die üblicherweise gesondert in eigenen »Kurien« tagten, und zwar in der Kirche St. Alban vor der Stadt, der Begräbnisstätte von Karls vierter Gemahlin Fastrada. Der Zusammenkunft ging ein dreitägiges Fasten und Beten voraus, wie es Sitte war vor wichtigen Aktionen und Zusammenkünften.

Als Grundlage der Beratungen dürfte der vom Hof zugestellte Fragenkatalog gedient haben. Die Antworten auf die vielen Probleme fanden die Väter in der Autorität der Evangelien, in der Apostelgeschichte, ferner in Episteln, Canones, den Werken der Patristik, in der *Regula Pastoralis* Gregors des Großen, die zum Handbuch des Frühmittelalters avanciert war, und – namentlich für die Klostervorsteher – in der Regel Benedikts. Anzahl und Qualität der Anworten fielen durchaus unterschiedlich und in unterschiedlicher Dichte aus. So wurden etwa in Mainz 56, in Arles hingegen nur 26 Kapitel verabschiedet. Bemerkenswert sind außer dem Rückgriff auf Bibel, Väterworte, ältere Dekretalensammlungen und Konzilserlasse insbesondere ausführliche Reminiszenzen an die *Admonitio generalis*, die »Allgemeine Ermahnung« von 789, die seither eine Art von »Grundgesetz« fränkischer Reformvorhaben bildete, das seinerseits bekanntlich vielfach auf dem römischen Sammelwerk der sogenannten *Dionysio-Hadriana* fußt, die Karl selbst 774 in Rom in einer authentischen Fassung von Hadrian I. erhalten hatte.

Eine gemeinsame Grundlage finden alle Texte in dem Bestreben, Frieden und Eintracht unter allen »Ständen« des Reiches zur Richtschnur ihres Handelns zu machen. Die Existenz aller ist ausschließlich nach den Maßstäben des Christentums auszurichten. Die Gebote individueller Lebensführung werden ergänzt durch das Gebet für den Kaiser. Essentielle Bedeutung kommen für die christliche Praxis dem Glaubensbekenntnis, dem Vaterunser und der Widersagung des Teufels und seiner Werke zu, die etwa in Tours einzeln aufgezählt werden, um das Satanstreiben, den Pomp, für jedermann verständlich beim Namen zu nennen.

Folgt man einer systematischen Aufgliederung des Materials, so lassen sich nach Wilfried Hartmann vier Themenkreise deutlich herausheben: Zunächst sind das Dogmen, Sakramente und Liturgie, wozu auch die Feier der Festtage zählt, die Sonntagsheiligung sowie Markt- und Gerichtsverbote an diesen Tagen. Nicht zuletzt gehört dazu die Predigt in der Volkssprache, in der »rustica Romana lingua« oder »thiotisca«, wie es bezeichnenderweise in dem Synodaldekret von Tours heißt. Damit wird schlicht auf das aus dem sogenannten Vulgärlatein hervorgehende Romanische und auf das Nichtromanische, »Fränkische«, verwiesen, denen weder der Charakter einer »Untertanensprache« eignet noch gilt »thiotisc« als »Herren-« oder gar »Militärsprache«. Gemeint sind lediglich die von den romanischen und germanischen Völkern des Karlsreiches gesprochenen Idiome, die im Gegensatz stehen zum Latein als Lingua franca der Kirche, der gelehrten Kleriker und Mönche und weniger gebildeter Laien, zu denen ganz zweifellos auch Karl selbst zählt.

Als zweiter Punkt ist die Reform der Geistlichkeit anzuführen mit Hinweis auf den notwendigerweise vorbildlichen Lebenswandel der Bischöfe und ihre rechte Amtsführung, wozu das Verbot zählt, mit Frauen zusammenzuleben, Wirtshäuser zu besuchen oder gar zweifelhafte Geschäfte zu tätigen (»Wucher in Laon«). Auch fehlen nicht Hinweise auf die strikte Befolgung der Benediktsregel und die Sorge um die offenkundige Überfüllung von Klöstern, vor allem um die Zucht in den Nonnenkonventen. Die dritte Rubrik gilt dem Schutz der Kirchen und des Kirchenguts, insbesondere aus Schenkungsakten. So wird die allgemein gültige Verpflichtung zur Übernahme von Baulasten an kirchlichen Gebäuden sowie die Respektierung des Kirchenasyls betont. Nicht zuletzt wird im vierten Punkt die Sorge der Geistlichkeit für das rechte Leben der Laien eingeschärft, kontrastiert durch regelrechte Lasterkataloge, die Mißstände im Gerichtswesen, Meineid, Fehde, Inzest und jedwede Form der Trunkenheit anprangern.

Allen Synoden gemein war die Erörterung des Zehntgebotes, der Hinweis auf die Volkspredigt zwecks Erläuterung der Gebote und darin vor allem der Sonntagsheiligung.

In die gleiche »volkspädagogische« Richtung wiesen die erwähnten, unlängst entdeckten Kapitularien, die in nicht weniger als 26 Einzelkapiteln versuchen, mit durchaus bekannten und häufig wiederholten Forderungen und Ermahnungen den Populus christianus auf den Weg des Heils, der vom Zustand des Friedens und der Eintracht ausgeht, zu lenken. Diese Versuche sollte Ludwig der Fromme erneut und verstärkt auf den Aachener Reformkonzilien von 816 und 817 aufgreifen, die damit in engster Bindung zu den Bestrebungen seines Vaters zu sehen sind.

Die Forderung nach christlicher und vorbildlicher Lebensführung der Bischöfe und Priester und Bemühungen um die allfällige Durchsetzung der Gerechtigkeit sind die wesentlichen programmatischen Ziele dieser »Gesetzgebung«: »Wir wollen und befehlen durch Gottes Wort und unser eigenes [!], daß ein jeder, Edle wie Nichtedle, Mächtige und Machtlose, Arme und Reiche, daß ein jeder vollständig sein Recht bekommt!« Zu diesem Gesuch tritt erneut die Sorge um das rechte Erlernen und Memorieren von Credo und Vaterunser; die Widersagung der Teufelswerke soll zu einer entsprechenden Lebensgestaltung führen. »Es bleibt kein Lebensbereich, der den Herrscher nichts anginge. Was sich hier zeigt, ist ein verchristlichtes Herrscherbewußtsein: Nicht nur für Friedenssicherung, Schutz und Rechtspflege ist der karolingische Herrscher zuständig, sondern auch für die persönliche Lebensführung und das individuelle Seelenheil aller seiner Herrschaft Unterworfenen« (Hubert Mordek und Gerhard Schmitz). Erneut wird auch an die Missi appelliert, alles in ihren Kräften Stehende zugunsten der Reform durchzusetzen und zugleich allen, »die uns den Eid geleistet haben«, und »wenn sie unsere Gnade haben wollen«, die einzelnen Kapitel der Erlasse und deren Befolgung einzuschärfen.

Diese umfangreichen, substantiell tatsächlich alle Bereiche des öffentlichen wie privaten Daseins erfassenden Dekrete, die nicht zuletzt auf den Provinzialsynoden und einer allgemeinen Reichsversammlung vorbereitet und verabschiedet worden sind, vermitteln keineswegs den Eindruck von Immobilismus, Resignation oder gar »Dekomposition« der letzten Phase von Karls Regierung. Wie nie zuvor war der Kaiser bestrebt, über Synoden und Reichstage den hohen Klerus, die Erzbischöfe und Bischöfe, Äbte, dann die Grafen und Richter in die Pflicht zu nehmen und zum Nutzen des Gemeinwohls und seines Herrschers strenge Maßstäbe an deren Lebens- und Amtsführung anzulegen und vor allem Gerechtigkeit zu üben. Karl, offenbar in dem Gefühl, am Ende seiner Tage angekommen zu sein und im Jenseits für sein Tun als König und Kaiser Rechenschaft ablegen zu müssen, ergriff noch einmal die Initiative, sein Volk auf den rechten Weg zu führen, zu Frieden, Eintracht und Liebe (caritas) zu geleiten, zu einem Zustand, der allein die sozialen und politischen Spannungen und Konflikte der gespaltenen Gesellschaft zu heilen vermochte, während auf der anderen Seite Gewalt, Ungehorsam, Korruption, Rechtsbeugung und Rechtsverweigerung die Fundamente der Königsherrschaft zu zerstören drohten. Dies blieb freilich wie zu allen Zeiten letztlich Utopie.

Ob es freilich dieses Aufschreis nach Frieden, Einigkeit und Gerechtigkeit bedurft hat, um die eigentliche Nachfolge Karls in der Herrschaft vorbereitend ins Werk zu setzen, wie eine neuere Studie annimmt, mag dahingestellt bleiben. Gewiß ist, daß die Sehnsucht nach Frieden und Übereinkunft diesem Ziel atmosphärisch entgegenkommen mußte. Eine allein auf diesen Zweck ausgerichtete »Inszenierung« war die »Friedensbewegung« wahrlich nicht.

Sorge um die Nachfolge in der Herrschaft

Nach dem Tod Karls des Jüngeren am 4. Dezember 811 war eine gänzliche Neuordnung in der Sukzession zwingend geworden, die nach der Bestellung Bernhards zum König im Regnum Italiae dem Kaiser die Option offenließ, dem Enkel, wie 806 für den Sohn vorgesehen, in der Nachfolge seines verstorbenen Vaters Pippin gar eine Hälfte des Reiches zu hinterlassen, die andere hingegen seinem Sohn Ludwig, der sich nach dem Tod seiner älteren Brüder der Hoffnung auf die Gesamtherrschaft hingab.

Im Mai 813 brannte die hölzerne Rheinbrücke bei Mainz ab, die Einhart zusammen mit dem Aachener Münster und den Pfalzen in Nimwegen und Ingelheim zu den größten Bauleistungen seines Helden zählt. Diese überspannte mit einer Länge von 500 Fuß oder knapp 170 Metern den Fluß. Die Konstruktion dieser Brücke gehört mit Fug und Recht zu den herausragenden Ingenieurleistungen der Zeit. Der Brand, der zufällig ausbrach, zerstörte innerhalb von drei Stunden die einmalige Holzkonstruktion, von der noch am Ende des 9. Jahrhunderts die Fundamente aus Erdreich und Steinen im Flußbett zu sehen waren. Zehn Jahre Arbeit waren damit vernichtet. Was für die Ewigkeit gebaut schien, zerbarst in der Feuersglut eines Tages. In dieser Vernichtung sah Einhart ein Menetekel, eine düstere Vorahnung kommenden Unheils, den Tod des Kaisers. Karl indessen plante eine Wiedererrichtung der Flußüberquerung in Stein, eine Bauweise, die ihm aus Brückenbauten vor allem Italiens, etwa in Rom oder Verona, durchaus vertraut war. Dazu kam es freilich nicht.

Die Jagd im Frühjahr 813 verlief nicht zur Zufriedenheit Karls, denn er erkrankte dabei an Podagra, einem im Mittelalter überaus häufig erwähnten Leiden, und zog nach Einhart gar am Ende seines Lebens einen Fuß nach.

Zweifellos blieben Brand und Erkrankung nicht ohne Auswirkung auf Karls Nachfolgepläne, deren Umsetzung zumindest beschleunigt wurde. Wesentlich gegen die sonstige Übung berief er nach seiner Genesung im Sommer auf den September 813 erneut eine Reichsversammlung nach Aachen ein. Ende Juli oder Anfang August hatte er Ludwig von Aquitanien, der noch gegen die Basken gekämpft und beim Rückzug fast wie sein Vater mehr als dreißig Jahre zuvor in deren Hinterhalt geraten war, an seinen Hof einbestellt. Dies konnte ohne größere Besorgnis geschehen, da die Südgrenze zum Emirat von Córdoba trotz der Kämpfe um Huesca 812 durch eine Verlängerung des Friedens um zwei Jahre gesichert worden war.

Ludwig hatte sich trotz seiner offenkundigen Ambitionen bisher klug und diplomatisch verhalten. Statt auf die Einflüsterungen einiger Höflinge – Franken wie Germanen, sagt die Quelle – zu hören und den Vater »in seinem senilen Zustand« und angesichts des bevorstehenden Endes in Aachen in Person zu »unterstützen«, hatte Ludwig auf dieses Manöver verzichtet, um, wie es bezeichnenderweise heißt, »dadurch nicht vielleicht Argwohn bei seinem Vater zu erregen«. Der König blieb in Wartestellung, den Befehlen des Vaters und Kaisers wie bisher unterworfen und gehorsam.

Ludwig stand mittlerweile im 35. oder 36. Lebensjahr und war seit 781 »Mittelgewalt« und König in Aquitanien. Wohl seit 794 war er mit Irmingard, der Tochter des Grafen Ingram, einem Neffen Chrodegangs von Metz, verheiratet und damit einer der herausragenden Familien der »Reichsaristokratie« verbunden, die ihrerseits mit den Vorfahren der Karolinger und mit den Robertinern am Mittelrhein verwandt war. Vor der Eheschließung hatte Ludwig mit einer oder zwei Konkubinen bereits eine Tochter und einen Sohn, die beide Familiennamen trugen, nämlich Alpais nach der Mutter Karl Martells und Arnulf gar nach dem Stammvater des Hauses. Nach 795 gebar ihm Irmingard die Söhne Lothar, Pippin und zuletzt um 806 Ludwig, zudem die Töchter Rotrud und Hildegard, nach der Schwester und der Mutter Ludwigs benannt.

Die Regierung des Königs von Aquitanien hatte zunächst unter der Vormundschaft wichtiger Paladine Karls, an ihrer Spitze Angilbert, gestanden, dann unter der Kontrolle des Vaters, der Ludwig nicht nur gelegentlich in die Rolle des Repräsentanten des Königtums verwies und seine »Mittelgewalt« vor allem als Heerführer und Diplomat mehr als einmal beschnitt. Anders als bei seinem Bruder Pippin, dem König von Italien, wurden Ludwigs diesbezügliche Talente nicht eben häufig herausgefordert, so daß über seiner Regierungszeit in Aquitanien eine gewisse Blässe liegt. Hervorgehoben wird in allen Quellen seine starke Religiosität, sein spiritueller Habitus und die von den Zeitgenossen bereits beklagte Abhängigkeit von seinen geistlichen Beratern, an deren Spitze damals Benedikt von Aniane stand. Dieser Nähe zur Geistlichkeit verdankt sich allerdings eine Blüte der Klosterkultur in Aquitanien.

Ludwigs Wunsch sei es gewesen, Mönch zu werden, läßt eine Quelle verlauten, eine Weltflucht, die sein Vater aus verständlichen Gründen nicht akzeptierte und die möglicherweise mit Ludwigs durchaus ausgeprägter Sinnlichkeit kollidiert wäre. Jedenfalls repräsentiert Ludwig den Zweig des Hauses, der, wie einst sein Großonkel Karlmann, der Bruder König Pippins, intensiv nach christlicher Verinnerlichung strebte und diese Haltung auch konsequent in den Maximen seiner Politik zum Ausdruck brachte, die freilich zunehmend unter den Einfluß des Klerus und seiner Lenkungsansprüche geriet. Mit wenig innerer Festigkeit ausgestattet und mithin schwankend in seinen Entschlüssen, ließ sich Ludwig bereits 817 zu einer übereilten Nachfolgeregelung hinreißen und wenig später ein grausames Urteil an seinem eigenen Neffen vollstrecken, der gegen diese Regelung aufbegehrt hatte. Bernhard kostete dieser Konflikt das Leben, und Ludwig selbst wurde der Kirchenzensur unterworfen. 824, mit der Geburt seines vierten Sohnes Karl aus der Ehe mit seiner zweiten Gemahlin, der Welfin Judith, der biblischen »Jezabel« ihrer Gegner, und den allgemeinen Verteilungskämpfen um Reich und Erbe begann der endgültige Niedergang des Karlsnachfolgers und seiner Herrschaft in der Fehde mit den eigenen Söhnen.

Ludwig besaß nicht das Format seines Vaters. Daraus ist ihm kein Vorwurf zu machen. An den Fakten aber, an denen die angeblichen Sternstunden seiner Regierung gemessen werden müssen, verblaßt jede Schönfärbung seiner spirituellen und religionspolitischen Zielsetzungen, die letztlich das selbstangerichtete Chaos nicht zu steuern vermochten. Sicher waren jene allgemeinen Tendenzen zur Verchristlichung des Reiches in allen öffentlichen und privaten Bereichen, die dem eigentlich Politischen keinen Spielraum mehr ließen, wesentlich in der Endzeit von Karls Regierung angelegt worden, so daß der Kontrast zwischen dem »großen« Karl und dem »kleinen« Ludwig nicht in den Absichten, sondern in der Ausführung erkennbar wird. Niemals hat Karl den kirchlichen Autoritäten seines Reiches, nicht einmal dem Papsttum, geschweige denn seinem derzeitigen Inhaber, Leo III., die Prärogative des Entscheidens oder gar des Handelns überlassen; vielmehr begriff er sein hohes Amt als König und Kaiser nicht als »ministerium«, als Dienst, über das gar die Seelenführer, die Bischöfe, zu wachen hätten, sondern als Herrschaft »von Gottes Gnaden«, dem allein er dafür Rechenschaft schuldete.

Von seinen Söhnen mag Pippin dem Vater am ähnlichsten gewesen sein, über Karl läßt sich angesichts des Schleiers, der über seiner Person liegt, kaum etwas sagen, und Ludwig hätte wohl einen vorzüglichen Abt und Bischof abgegeben, hingegen war seine Eignung, diesem omnipotenten Vater in der Herrschaft zu folgen, wohl nur gering. Da half ihm auch all sein Ehrgeiz nichts.

Möglicherweise sahen diesen Mangel auch einige Zeitgenossen und bemühten sich daher auffällig, diesem Karlssohn eine besondere Auserwähltheit für das heikle Amt zuzuschreiben. Die Lebensgeschichte Alkuins und das Lobgedicht des Ermoldus Nigellus auf Ludwig zeigen solches Bemühen. Wie Karl auch immer zu seinem Jüngsten gestanden haben mag, ob es Übereinstimmung zwischen ihnen gab oder nicht, jedenfalls beschloß der Kaiser, von Krankheit und Alter gebeugt, im Sommer 813 Ludwig an seinen Aachener Hof kommen zu lassen und ihm zu zeigen, wie es der sogenannte Astronom in klugen Worten sagt, »wie zu leben, zu herrschen, zu befehlen und das Befohlene zu halten sei«, was mithin die »Lebensgewohnheiten am Kaiserhof im Herrschaftsstil, im Rechtsgefüge und in den Kontrollmechanismen ausmachte« (Brigitte Kasten).

Die Erhebung Ludwigs zum Mitkaiser

Die auf den September 813 angesetzte Reichsversammlung trat zu Beginn des Monats zusammen. Die versammelten Bischöfe, Äbte, Grafen, der »Senat der Franken«, erörterten nach der Chronik von Moissac, die in diesem Punkt vor den verfälschenden Reichsannalen als Bericht den Vorzug verdient, zunächst die von den Tagungsorten übermittelten Absprachen der Provinzialsynoden und »beschlossen 46 Kapitel über grundlegende Angelegenheiten der Kirche und des Volkes Gottes«. Der Chronist fährt in seiner Darstellung fort: »Danach beriet er [Karl] sich mit den genannten Bischöfen und Äbten und Grafen und den Bessergeborenen der Franken [dem Senat?], auf daß sie seinen Sohn Ludwig zum König und Kaiser bestellen sollten.« Thegan, der Chorbischof von Trier und Biograph Ludwigs, fügt ergänzend hinzu: »Und er [Karl] fragte sie alle, vom Höchsten bis zum Niedrigsten [der Großen!], ob es ihnen gefalle, daß er seinen Namen, das heißt den Namen des Kaisers, auf seinen Sohn Ludwig übertrage.« Diesem Vorschlag stimmten nach Auskunft der Chronisten aus Moissac und Lorsch alle in gleicher Weise zu und sagten, »daß dies würdig sei, und unter der Akklamation aller

Völker bestellte er [Karl] seinen Sohn sich zum Kaiser und übertrug ihm mit einer goldenen Krone das Reich, die Völker akklamierten und sagten: Es lebe der Kaiser Ludwig! Und es geschah eine große Freude im Volk an diesem Tag. Denn auch der Kaiser lobte den Herrn, indem er [nach biblischem Vorbild] sprach: Gepriesen sei der Herr.« Und weiter: »Es belehrte ihn auch der Vater, daß er in allem Gottes Gebot gehorchen müsse und übergab ihm das Recht zu herrschen und kommendierte ihm seine Söhne Drogo, Theoderich und Hugo, und als dies geschehen war, entließ er jeden einzelnen, daß er an seinen Ort ginge; er selbst residierte in seiner Aachener Pfalz.«

Einhart als Augenzeuge faßt später in geradezu klassischer Diktion den Vorgang dergestalt zusammen: »Nachdem er [Karl] aus dem ganzen Reich die Vornehmsten der Franken versammelt hatte, bestellte er nach dem Rat aller Ludwig zum Teilhaber am Königreich und zum Erben des kaiserlichen Namens, und indem er ihm auf sein Haupt ein Diadem setzte, befahl er, ihn Kaiser und Augustus zu nennen.« Ludwigs späterer Biograph Thegan schmückt den Vorgang aus und läßt uns wissen, daß die Krönung Ludwigs am Sonntag, dem 11. September, am Altar im oberen Umgang des Aachener Münsters, im sogenannten Hochmünster der Pfarrkirche von Fiskus und Villa Aachen, erfolgte. Dort habe der Kaiser im königlichen (!) Ornat unter der Krone schreitend ein weiteres Diadem auf den Salvatoraltar niedergelegt, anschließend eine lange ermahnende Ansprache an seinen Sohn gehalten und dann diesem befohlen, sich diese Krone selbst aufzusetzen. Nachdem dies geschehen sei, hätten sich Kaiser und Sohn gemeinsam nach der Messe in die Pfalz zurückgezogen.

Dieser Akt ist zweifellos von welthistorischer Bedeutung. Mit ihm beschloß Karl, das (westliche) Kaisertum in der Person seines Sohnes fortleben zu lassen. Diesen Weg konnte er erst nach der Übereinkunft mit seinem östlichen »Bruder« und der Überwindung des sogenannten Zweikaiserproblems beschreiten. Seit langem ist bemerkt worden, daß Karl sich zur Tradierung dieser neuen Würde der byzantinischen Institution des Mitkaisertums bediente, das seit 356 in Konstantinopel die Nachfolge in der Herrschaft sicherte. Das östliche Mitkaisertum, in der Regel die Auszeichnung des oder eines Sohnes, verlieh lediglich eine Anwartschaft für die Zukunft, der Kaiser allein war Autokrator. Dies gilt uneingeschränkt auch für die Benennung und Erhebung Ludwigs des Frommen: »Die Mitkaisererhebung wurde von Karl dem Großen nicht wie eine sogleich rechtsgültige Mitregentschaft, sondern wie eine erbrechtliche Sukzessionsverfügung auf seinen Todesfall hin aufgefaßt« (Brigitte Kasten).

Zu einem eigentlichen Zeremoniell der Mitkaisererhebung war es auch in Byzanz im Laufe der Jahrhunderte nicht gekommen. Immer krönte aber der Kaiser seinen Sohn selbst, auch wenn ihm dabei des öfteren der Patriarch von Konstantinopel assistierte oder gar die Handlung an seiner Stelle ausführte. Der Akt bedurfte ursprünglich so wenig wie die Kaisererhebung eines kirchlichen Rahmens. Immerhin war 776 anläßlich der Bestellung Konstantins VI. zum Mitkaiser ein Altar im Hippodrom aufgestellt worden, der Patriarch sprach ein Gebet, und der Kaiser krönte seinen Sohn. Die folgenden Erhebungen von 803 und 811, die Staurakios, Sohn des Nikephorus, und Theophylakt, Sohn Michaels I., galten, fanden vor dem Autokrator im Ambo der Hagia Sophia statt, ausgeführt durch den Patriarchen Tarasios oder unter seiner Mitwirkung. Insbesondere von dem letzten Akt mochte der Aachener Hof genauere Kunde haben, da sich 811 die von Karl an den Bosporus entstandte Delegation in der Hauptstadt des östlichen Imperiums aufhielt. Ansonsten dürfte die Kenntnis des byzantinischen Prozedere zu Beginn des 9. Jahrhunderts äußerst dürftig gewesen sein, denn das einschlägige Zeremonienbuch des Konstantin Porphyrogenitus wurde bekanntlich erst in der Mitte des 10. Jahrhunderts verfaßt, und an archivalisch-diplomatische Forschungen und Quellenstudien am Hofe Karls ist nicht zu denken.

Im Gegensatz zu seiner eigenen Krönung am Weihnachtstag des Jahres 800 in St. Peter waren bei der Bestellung seines Nachfolgers in dieser Würde sowohl der Papst als Coronator als auch das römische Volk als Akklamator in Aachen nicht zugegen. Das westliche Kaisertum trennte sich damit als Institution sichtbar von seinen päpstlich-römischen Wurzeln. Seine Fortführung verdankte sich allein dem politischen Willen des Königs, Kaisers und Vaters im Zusammenwirken mit den geistlichen und weltlichen Führungseliten eines Großreichs, deren Zustimmung offenbar als konstitutiv empfunden wurde. Es war weder rechtlich noch tatsächlich an die Zustimmung des Papstes oder dessen Handlung noch an die Akklamation der Römer gebunden. Der notwendige Zuruf, der rechtserhebliche »Vollbort« der Großen erfolgte in der Form und nach dem Vorbild der »laudes regiae«, der Königslitanei, und zwar in einer Kirche und vor einem der Hauptaltäre, zudem in Verbindung mit dem sonntäglichen Hochamt.

Aachen, sein Palast, vor allem aber das in Bauform und Kuppelkonstruktion für Jahrhunderte unvergleichliche Münster erstrahlte als »Erster Sitz der Francia« und löste das alte Rom ab, einst Sitz der heidnischen Imperatoren und jetzt der Nachfolger des Apostelfürsten Petrus, zugleich trat es in Konkurrenz zum »zweiten Rom«, zu Konstantinopel. Diese Verlagerung hatte bereits Jahre zuvor der Verfasser des sogenannten Paderborner Epos angedeutet, indem er Aachen als neues Rom mit Versen Vergils feierte. Die Residenz Karls reiht sich nun würdig den beiden Weltmetropolen im Süden und im Osten an. Eine neue Städtetrias bestimmte hinfort die Geschicke der Christenheit: Das Papsttum als höchste Glaubensinstanz in Rom, das jetzt betont »römische« Kaisertum in Konstantinopel und das »westliche« Kaisertum in Aachen.

Diese »Romferne«, die jeglichen »germanophilen« Zugs entbehrte oder gar in einer besonderen Aachener Kaiseridee gegipfelt hätte, war freilich nicht von langer Dauer. Bereits Leos III. Nachfolger, Papst Stephan IV., beeilte sich, die Krönung Ludwigs zum Kaiser 816 in Reims zu wiederholen. Mit Bedacht setzte er ihm die angebliche Krone Konstantins auf, wobei auch die Gemahlin Ludwigs gesalbt (!) und gekrönt wurde. Die Salbung verstärkte offenbar den sakral-kirchlichen Akzent eines zumindest in Byzanz weitgehend weltlichen Zeremoniells, sofern die Zeitgenossen überhaupt in dieser subtilen Weise zu differenzieren vermochten. Seit 816 ist der Papst der alleinzuständige Coronator und seit 823 Rom mit St. Peter die allein adäquate Örtlichkeit der abendländischen Kaiserkrönung. Daran hat sich auch Otto I. gehalten, als er 962 das Kaisertum wiederum erneuerte.

Aber nicht nur die Tradierung dieser Würde war mit der Aachener Erhebung Ludwigs des Frommen zum Mitkaiser verbunden. Die noch 806 gleichsam auf horizontaler Ebene gedachte »tripartite« Nachfolgeregelung, die nicht zuletzt wegen der beabsichtigten Gleichstellung der Erben in der Sukzession das Problem des (unteilbaren) Kaisertums ausklammerte und in der Brüdergemeine Karls, Pippins und Ludwigs die Trinität gleichberechtigter und idealiter auch gleichgewichtiger Königreiche für die Zukunft propagierte, wurde 813 zugunsten einer vertikal geschichteten Herrschaftsform aufgegeben. An deren Spitze sollte der einzige überlebende Karlssohn, hierin seinem Vater gleich, als Kaiser und König stehen, während der Enkel Bernhard, Erbe und Nachfolger seines Vaters im Regnum Italien, als König eines Teilreiches dem Kaiser, seinem Onkel, untergeordnet blieb. In diesem Modell abgestufter Herrschaft kündigen sich bereits die Bestrebungen der *Ordinatio imperii* von 817 an, die erstmals die zu Recht als »Unterkönige« anzusprechenden jüngeren Söhne Ludwigs der kaiserlichen Gewalt des älteren Lothar in einer Art fortdauernder Mundherrschaft zu unterwerfen suchten. Diesen Versuch einer hierarchisierten Nachfolgeregelung haben Pippin und Ludwig bekämpft, denen sich noch Karl der Kahle und dessen Mutter Judith anschlossen mit dem Ergebnis, daß bereits 831 erneut die Prinzipien der gleichberechtigten Brüdergemeine konform zur *Divisio regnorum* von 806 die Oberhand gewannen. Zunächst sah sich aber König Bernhard von Italien in seinem Status bedroht, zumal der Anspruch des landlosen Mitkaisers Lothar auf sein Regnum nur allzu offenkundig war. Seine Auflehnung bezahlte Bernhard mit dem Leben, Ludwig aber mit seinem guten Gewissen und seiner politischen Handlungsfähigkeit. Das Austarieren der Machtgewichte innerhalb der Königsfamilie sollte zu den schwierigsten Aufgaben insbesondere früh- und hochmittelalterlicher Herrscher zählen, die schließlich zur Ausbildung der Monarchie, der Herrschaft des einen, und zur Einsetzung weiterer Söhne in hohe Kirchenämter und Herzogswürden, wie dies nach anfänglichen Rückschlägen Otto I. mit einigem Erfolg praktizierte, führten.

Die Zusagen, die Ludwig coram publico und vor seinem Vater für sein Wohlverhalten ablegen mußte, haben nicht verhindert, daß er nach seinem Herrschaftsantritt 814 in einen Gegensatz zu seinen Halbbrüdern (und Schwestern), vor allem aber zu seinem Neffen Bernhard geriet. Die Rivalität von Brüdern, Neffen, Enkeln, Schwiegersöhnen und vor allem Söhnen blieb ein Signum karolingischer Königsherrschaft.

Wenn Karl nach dem feierlichen Akt in der Aachener Marienkirche Ludwig, zwar in großen Ehren und mit Geschenken versehen, nach Aquitanien »entließ«, dann zeigt sich hierin familiäre Konkurrenz auf engstem Raum, der sich der alte Kaiser nicht aussetzen mochte. Ludwig mußte nach dem Tod des Vaters Aachen, die Schaltstelle des Reiches, tatsächlich erst erobern, was ihm durch den zunächst zögernden, dann entschlossenen Übergang des mächtigen Wala auf seine Seite ganz wesentlich erleichtert wurde. »Von freudiger Zustimmung aller Franken« zum Herrschaftsantritt Ludwigs kann im Gegensatz zur Schmeichelei der Reichsannalen keine Rede sein, vielmehr gab es Tote, eine »Palastsäuberung«, von der auch die Schwestern Ludwigs und die Konkubinen

Karls, vielleicht auch die fünf Nichten Ludwigs, die Töchter Pippins von Italien, betroffen waren. Immerhin hielt sich Ludwig 814 an die Auflagen, die ihm sein Vater im Vorjahr gemacht hatte. Bernhard erschien in diesem Jahr in Aachen, und Ludwig akzeptierte ihn als König von Italien, wie es vorgesehen war, und entließ ihn mit Geschenken, also voll in kaiserlicher Gunst stehend, in sein Regnum. In den Quellen findet sich keine Spur von einem Eintritt Bernhards in die Vasallität des Kaisers, einem der Großen gleich mit Handgang und Treueid. Thegan dagegen berichtet mehr als zwanzig Jahre später von einem solchen Faktum, was offenkundig die spätere grausame Bestrafung mit Todesfolge als Konsequenz des Treuebruchs beschönigen soll. Bernhard war König von Karls Gnaden, kein Herzog wie weiland der unglückliche Tassilo von Bayern, dessen Schicksal der Trierer Chorbischof indirekt heraufbeschwört.

Das Ende

Alter und Krankheit schwächten den Kaiser ganz offensichtlich. Zwar frönte er im Herbst noch einmal der Jagd, einer Leidenschaft, die ihn eng mit seinem Nachfolger verband, aber nach Einhart ausschließlich in der waldreichen Umgebung Aachens. Bereits in den ersten Novembertagen kehrte er in seine Residenz zurück. Jetzt galt sein Leben nur noch der Hingabe im Gebet und der Spende von Almosen, wenn wir den leicht stereotypen Bekundungen Chorbischof Thegans Glauben schenken wollen. Noch immer kam die »Sorge um den rechten Text« nicht zu kurz, ließ Karl sich doch die Korrektur der vier Evangelienbücher mit Hilfe gelehrter Griechen und Syrer angelegen sein. Diese Mühe hatte er seit frühen Tagen auf die wichtigsten Zeugnisse christlicher Existenz, auf die Homilien, die Benediktsregel, auf Kirchenrechtssammlungen und die Bibel insgesamt verwandt, um durch das rechte Wort den rechten Weg vorzubereiten. Hierbei hatten ihm nicht zuletzt Alkuin und Theodulf hilfreich zur Seite gestanden.

Einhart versichert uns in einer Porträtskizze der insgesamt trefflichen Gesundheit Karls – angesichts von nicht weniger als nahezu 46 Regierungsjahren ein durchaus richtiges Urteil. Doch litt der Kaiser zunehmend an Podagra, der Gicht, jener Erkrankung, die insbesondere durch ständigen Fleischgenuß (und Alkoholmißbrauch) eine Störung des

Harnsäurestoffwechsels hervorruft und durch Harnsäureablagerungen zu sogenannten Gichtknoten vor allen in den Finger- und Zehengelenken führt, häufig verbunden mit Fieber und höchst schmerzhaften Anfällen. Die Gicht ist ein klassisches Leiden der fürstlichen Kreise des Spätmittelalters und bis in die höchsten Spitzen der Gesellschaft verbreitet. Bekanntlich litten auch Karl V. und vor und nach ihm zahlreiche österreichische Erzherzöge an dieser Stoffwechselstörung.

Karl zeigte zwar hohes Interesse an der Vervielfältigung antiken medizinischen Schrifttums, hörte aber nicht auf den Rat seiner eigenen Ärzte, die er laut Einhart »fast haßte, weil sie ihn überzeugen wollten, auf den gewohnten Braten zu verzichten und dafür gesottenes Fleisch zu essen«. Weiterhin ließ er sich täglich Wild am Spieß braten, das ihm seine Jäger anlieferten. Wenn er auch wie der heilige Augustin maßvoll im Essen und Trinken war, so war ihm doch nichts so zuwider wie erzwungenes Fasten, das nach seiner Ansicht »seiner Gesundheit« schadete. Mithin vermochte die ohnedies beschränkte ärztliche Kunst wenig gegen seine Gicht auszurichten, die sich im Alter so sehr verschlimmerte, daß der Kaiser einen Fuß beim Gehen nachzog.

Die Podagraanfälle allein führten freilich nicht das Ende des Kaisers herbei. Während des sehr harten Winters von 813 auf 814 befiel ihn im Januar heftiges Fieber, vermutlich in Abwehr einer Lungenentzündung, die eine Rippenfellentzündung nach sich zog, eine Pleuritis, wie Einhart sachkundig und richtig bemerkt. Thegan, einer der Biographen Ludwigs, hat diese letzten Tage des Herrschers genau geschildert: »Im Januar des folgenden Jahres [814], des 46. seiner Herrschaft, befiel den Herrn Kaiser nach dem Bad ein Fieber. Da die Mattigkeit von Tag zu Tag zunahm, zumal er weder aß noch trank, außer ein bißchen Wasser zur Erfrischung des Körpers, ließ er am siebten Tag nach der Erkankung den ihm eng vertrauten Bischof Hildebold [von Köln, zugleich Erzkapellan] zu sich kommen, damit er ihm zur Stärkung für sein Ende die Sakramente des Leibes und Blutes Christi reiche. Nachdem dies geschehen war, hatte er noch diesen Tag und die folgende Nacht zu leiden. Als der Morgen des nächsten Tages [28. Januar] anbrach, streckte er in vollem Bewußtsein dessen, was ihm bevorstand, die rechte Hand aus und machte mit letzter Kraft das Zeichen des heiligen Kreuzes auf die Stirn, über die Brust und den ganzen Körper. Schließlich legte er die Füße zusammen, breitete Arme und Hände über den Körper aus, schloß die Augen und sang leise den Psalmvers: ›In Deine Hände, Herr, befehle ich meinen Geist.‹ Gleich darauf verschied er in Frieden, in hohem Alter und in der Erfüllung seiner Tage. Noch am gleichen Tage wurde sein Leichnam in der Kirche, die er selber in der Pfalz Aachen erbaut hatte, beigesetzt, in seinem 72. [!] Lebensjahr, in der 7. Indiktion.«

Nach Einhart starb Karl in der dritten Stunde, also am frühen Vormittag des 28. Januar, der auf einen Samstag fiel. Wenn er unmittelbar nach dem Bericht über den Tod seines Helden von der Unsicherheit seiner Umgebung spricht, was die Begräbnisstätte Karls anlangt, so ist Vorsicht geboten. Tatsächlich legt die rasche Beisetzung noch am Todestag eher das Gegenteil nahe. Gewiß hatte Karl in seinem Testament nicht über eine besondere Seelgerätstiftung für seine letzte Ruhestätte verfügt und gewiß hatte er vor langen Jahrzehnten zu Beginn seiner Herrschaft in einer Urkunde seinen Wunsch zum Ausdruck gebracht, dereinst an der Seite seiner Eltern in St. Denis beigesetzt zu werden; der einzigartige Bau seiner Marienkirche zu Aachen dürfte diese Absicht indes hinfällig gemacht haben. In dieser seiner Pfalzkirche, zu der er einst von San Vitale in Ravenna inspiriert worden war, die er mit römischen Spolien versehen und die Alkuin sogar mit dem Tempel des »weisesten Salomon« verglichen hatte, wünschte er seine letzte Ruhe zu finden.

Begräbnis und Grablege

Ein königliches oder gar kaiserliches Begräbniszeremoniell, etwa nach byzantinischer Art, hatte sich im Frankenreich nicht oder noch nicht entwickelt. Wie jeder Christ wurde der Tote gewaschen, in Tücher gehüllt, aufgebahrt und »beerdigt«, also unter die Erde gebracht, was durchaus wörtlich zu nehmen ist, auch in der Diktion Einharts.

Der Biograph, lebhaft angeregt durch seine Vorlage, die antiken Kaiserviten, verweist eindringlich auf die angeblichen Vorzeichen von Karls baldigem Tod; unter anderem sei in einer Inschrift, die auf dem Wandstreifen zwischen den oberen und unteren Arkaden im Innern der Pfalzkirche in roten Buchstaben umlief und deren Vers mit »Karolus princeps«, Fürst Karl, als Gründer des Tempels (!) schloß, das Wort »princeps« derart verblaßt, daß man es kaum noch entziffern konnte. Hier ist als Vorlage die Vita des Augustus auszumachen, die von einem fast gleichartigen Vorgang kurz vor dem Tod des Imperators berichtet.

Ein Blitz habe sein Standbild getroffen und dabei auf der Inschrift des Sockels die Initiale von Caesar ausgelöscht. Aus den literarischen Adaptionen des Autors wird man allenfalls auf die allgemeine Gemütslage Karls (und seines Biographen!) in den letzten Monaten seines Daseins schließen dürfen, ein breitausgemaltes Szenario von Karls Ängsten und Qualen verbietet sich. Nicht heidnische Traumdeutung bestimmte seine letzte Lebensphase, sondern christliche Hinwendung zu den Evangelientexten als Pforten zur Ewigkeit.

Während Zeitpunkt, Ort und nähere Umstände der Geburt Karls umstritten sind, kennen wir Tag und Stunde sowie den Ort seines Todes, aber über seine Bestattung und sein Grab wissen wir wenig. Die zeitgenössischen Quellen sind ungewöhnlich schweigsam, was die genauen Örtlichkeiten der Grablege angeht.

Seit dem 27. Juli 1215, dem Tage des heiligen Jakobus, an dem Friedrich II. sozusagen eigenhändig den letzten Nagel in den hochberühmten Karlsschrein des Aachener Münsters schlug, ruhen die Gebeine des großen Mannes in diesem kostbaren Behältnis, mit dessen Anfertigung nach den letzten dendrochronologischen Untersuchungen nach oder um 1182 begonnen wurde. Über die lange Zeit zwischen dem Ableben Karls und diesem Ereignis wissen wir nur, daß Otto III. im Jahr 1000 das Grab seines Vorgängers nach langem Suchen geöffnet und wieder geschlossen hat und daß es gar einer Vision bedurfte, um Friedrich I. Barbarossa aus Anlaß der Heiligsprechung und der damit verbundenen Elevatio der Gebeine am 29. Dezember 1165 die letzte Ruhestätte seines hochverehrten Vorbilds finden zu lassen.

Bereits die Zeitgenossen sahen in dem Vorgehen Ottos III. einen Grabfrevel. Die Hildesheimer Annalen merken kritisch an, der Kaiser habe zwar Gnesen, die letzte Ruhestätte des jüngst zur Ehre der Altäre erhobenen Adalbert von Prag aufgesucht, um dort zu beten, das Grab seines großen Vorgängers in Aachen aber habe er aus »Bewunderung«, Sensationsgier also, beehrt. Die Chronik des Bischofs Thietmar von Merseburg weiß zu berichten, daß der Kaiser heimlich den Kirchenboden (!) aufbrechen und im Erdreich (!) graben ließ. Der Mönch Rainer von St. Jakob in Lüttich überliefert in seinem Bericht zum Jahr 1215, daß Friedrich Barbarossa einst den Leichnam Karls, den sein Enkel jetzt dem Schrein, einem »Sarkophag aus Gold und Silber«, übergab, »aus der Erde [!] gehoben« habe, während die Annalen von Cambrai, ähnlich auch die sogenannte Kölner Königschronik und der Chronist Sigibert von Gembloux, bereits gegen 1170 davon sprechen, daß Friedrich I. den Leib Karls aus dem Sarkophag genommen und in einem goldenen Behältnis sorfältig und ehrenvoll beigesetzt habe. Dieses Behältnis muß, da mit der Anfertigung des Karlsschreins erst nach 1182 begonnen worden ist, das erhaltene kostbare Armreliquiar gewesen sein, das einen Teil der Gebeine des neuen Heiligen barg.

Eine unzweifelhaft echte Urkunde des Staufers Friedrichs I. für Stift und Stadt Aachen vom 8. Januar 1166 führt zusätzlich aus, daß »Karls allerheiligster Körper in Aachen aus Furcht vor dem äußeren Feind und nahen Gegner sorgsam verborgen gewesen«, jetzt auf göttliche Eingebung aufgefunden worden sei. Mithin stimmen diese Angaben in wesentlichen Details mit der schlichten Notiz Einharts (und Thegans) überein, daß der Leichnam Karls in seiner Kirche unter die Erde gebracht worden sei. An dieser schlichten Erdbestattung ist schon angesichts der Kürze der Zeit zur Aushebung eines Grabes und der widrigen Witterungsverhältnisse im kalten Januar nicht zu zweifeln, erfolgte sie doch noch am Sterbetag und gewiß vor der Samstagsvigil vor Einbruch der frühen Dämmerung. Nach Einharts Zeugnis wurde über dem Grab ein vergoldeter Bogen mit einem (Karls-)Bild errichtet, versehen mit einer Inschrift, einem Titulus in Majuskelbuchstaben nach antikem Vorbild, die lautete: »Unter diesem Bauwerk [conditorium] ruht der Leib Karls, des großen und rechtgläubigen [orthodoxus] Kaisers, der das Reich der Franken auf edle Weise erweitert hat und der es glücklich 47 Jahre lang regierte. Er verstarb als Siebzigjähriger, im Jahre des Herrn 814, in der 7. Indiktion, am 28. Januar.«

Es fehlt, und das ist erstaunlich, eine Bitte an den Besucher des Grabes, für das Seelenheil des Toten zu beten, wie sie etwa das von Karl gestiftete Epitaph auf den verehrten Papst Hadrian I. enthält. Vielleicht gibt sich mit dieser politischen Inschrift ihr Verfasser, nämlich Einhart selbst, zu erkennen, der, seinem Muster verpflichtet, »religiöses Beiwerk« fast gänzlich in seiner Biographie ausspart. Karl starb auch nicht als Siebzigjähriger nach biblischem Vorbild oder gar nach Thegan im Alter von 72 Jahren, sondern im 67. Lebensjahr. Kaiser- und Königsjahre spielen in der Datierung des Titulus gar keine Rolle, hingegen das noch wenig gebräuchliche Inkarnationsjahr und die »antike« Indiktionszahl, das Jahr im laufenden fünfzehnjährigen Steuerzyklus seit den Tagen Diokletians. »Magnus«, groß, das bald mit dem Namen verschmelzen sollte zu Charlemagne, Carlomagno, auch Karlmeinet, und

»orthodoxus«, rechtgläubig, sind die einzigen Epitheta, die übernommen werden, wobei der Ehrentitel »orthodoxus« Reminiszenz an Bilderstreit, Adoptianismus, Filioque-Formel ist und zugleich Zeugnis für die strikte Ausrichtung auf Rom und den Apostelfürsten Petrus.

Diese steinerne und ausgeschmückte Memorie bedurfte zu ihrer Errichtung und Fertigstellung einiger Zeit und nicht unerheblicher finanzieller Mittel. Es kommt daher gewiß nicht von ungefähr, wenn eine unserer Quellen auf den Umstand verweist, daß Ludwig der Fromme ein Drittel der Erbmasse, die der Familie zufallen sollte, für das Begräbnis seines Vaters aufgewendet hat, womit sicherlich nicht die schlichte Erdbestattung an seinem Todestag gemeint sein kann, sondern das Grabmal.

Im Gegensatz zu den Kaisern Otto III. und Friedrich I. hat sich die Forschung mit wenig Erfolg bemüht, die tatsächliche Grabstätte des erlauchten Karolingers aufzufinden. Aus der Fülle der Hypothesen ragt als bisher am besten abgesichert eine Vermutung heraus, die eine gewisse Unterstützung durch archäologische Funde für sich beanspruchen darf. Danach ist Karl im ehemaligen Atrium der alten Marienkirche, unter dem gegenwärtigen Westbau, beigesetzt worden, über dessen Fußboden sich jene vergoldete Arkade, einer Laube nicht unähnlich, erhoben hat. Diese wurde höchstwahrscheinlich angesichts des Ansturms der Normannen, die 882 auch Aachen heimsuchten und plünderten, beseitigt, um nicht das Grab des teuren Toten dem Frevel auszusetzen.

Spekulativer erscheint die These, daß einer der Königsthrone, die das Münster zierten, später über dem Grab in diesem Atrium gestanden hat, womit die Angabe bei dem zitierten Thietmar von Merseburg eine gewisse Plausibilität gewinnen würde, Karls Überreste seien bei seiner Exhumierung durch Otto III. in (oder unter) einem »solium regium«, einem Königsthron, aufgefunden worden.

Ein zusätzliches, freilich indirektes Indiz auf die ursprüngliche schlichte Erdbestattung Karls im Atrium seiner Kirche, an der Schwelle des Münsters, bietet eine Nachricht über die Grablege seiner Eltern, Pippins und Bertradas, in St. Denis. Auch dieses Paar ist im Atrium der dortigen Abteikirche beigesetzt worden, über dessen Existenz eine vor wenigen Jahrzehnten publizierte, bereits 799 aufgezeichnete Descriptio zuverlässig unterrichtet. Diesem sichtbaren Beispiel an Bescheidenheit wollte der Sohn höchstwahrscheinlich in Aachen entsprechen. Nach einer späteren Auskunft des berühmten Abtes Suger von St. Denis, mit dessen Namen sich die Geburt der Frühgotik verbindet, soll Karl selbst die Grablege seiner Eltern durch eine Art Anbau (augmentum) ausgestaltet und geehrt haben. Auch dieser Vorbau war danach durch entsprechende Tituli und Bilder hervorgehoben.

Was nun die häufig zitierten, angeblich gar durch Augenzeugen beglaubigten Berichte des Chronisten Ademar von Chabannes aus der Zeit um 1030 und des Verfassers der fast gleichzeitigen Chronik von Novalese anlangt, die gar von einer Sitzbestattung Karls in vollem Ornat wissen wollen, was sich scheinbar mit der Angabe Thietmars in Einklang bringen ließ, Karl sei in einem Thron gefunden worden, so sind diese Angaben in den Bereich der Phantasie zu verweisen. Allenfalls dürfen wir, wiederum von Thietmar ausgehend, jenes kleine Goldkreuz, das Karl um den Hals getragen haben soll, mit dem »Talisman Karls des Großen« gleichsetzen. Dieses Goldkreuz, das tatsächlich ein Brustreliquiar darstellt, wurde als Geschenk des Aachener Kapitels im Jahre 1804 der Kaiserin Joséphine überreicht, 1919 gelangte es aus dem Nachlaß der Kaiserin Eugénie in den Schatz der Kathedrale von Reims.

Bleibt das Problem des sogenannten Proserpina-Sarkophags im Aachener Münster, der angeblich bis 1165 die Gebeine Karls geborgen haben soll. Davon wissen die zeitgenössischen Quellen nichts. Es ist auch ganz unwahrscheinlich, daß die Überlebenden die Gebeine Karls umittelbar nach dessen Tod diesem kostbaren Marmorbehältnis mit seinen dreiseitigen reichen Reliefs anvertraut und diesen dann in die Erde versenkt haben. Zwar lassen sich auch für die Bestattung von Karls Bruder Karlmann in Reims, für seinen Sohn Ludwig in St. Arnulf in Metz, für Ludwig den Deutschen in Lorsch Sarkophage und für Karl den Kahlen in St. Denis eine Porphyrwanne nachweisen. Daß aber diese Behältnisse jemals in den Erdboden versenkt worden sind, ist nicht bezeugt und widerspricht grundsätzlich dieser Bestattungsart, da die Ausstattung der Sarkophage mit Reliefs oder wie im Falle des Lorscher Stückes mit kannelierten antikisierenden Säulen auf der Front die Aufstellung sichtbar von allen Seiten oder mit der Schauseite in einer Nische zwingend erforderlich machte. Zudem stellt sich die Frage, warum dann Einhart und Thegan in ihren Berichten die Bergung der Leiche des großen Mannes in dem kostbaren Sarkophag schlicht verschweigen? Überhaupt läßt sich der römische Sarkophag aus dem zweiten Jahrhundert mit dem dargestellten Raub der Proserpina erst im 12. Jahrhundert nachweisen und könnte daher von Otto III. oder gar Friedrich Barbarossa aus Rom (oder Ravenna) nach Aachen überführt worden sein. Bereits im Spätmittelalter ist dieses Behältnis, als Arkosolgrab mit einer Statue geschmückt, als einstiges Grabmal des Kaisers vor seiner Erhebung zur Ehre der Altäre angesehen worden. Höchstwahrscheinlich hat Kaiser Friedrich I. die Gebeine Karls nach ihrer Bergung, abgesehen von dem einen Armknochen, in diesen Sarkophag legen lassen, wie dies der genannte Lütticher Mönch 1215 ausdrücklich bezeugt. Karls Vorbild Konstantin der Große war in einem Porphyrsarg in der Hagia Sophia beigesetzt worden, der Franke aber bevorzugte die schlichte Form der Erdbestattung nach dem Beispiel seines königlichen Vaters. Die Lage dieses Erdgrabes im Boden des früheren Atriums konnte trotz aller Bemühungen bisher nicht genau bestimmt werden, auch wenn neuere Grabungen möglicherweise entsprechende Hinweise geben, die allerdings noch immer von einer Sarkophagbestattung ausgehen.

Der Proserpina-Sarkophag, Arkosolgrab und Karlsschrein, auch der Thron auf der Empore sind bereits Teil der Legende. Die sterblichen Überreste des Kaisers fanden dem Vorbild seiner verehrten Eltern entsprechend in Demut ihre vorläufig letzte Ruhe an den Schwellen der Kirche, aber im Sakralbereich der schützenden und helfenden Heiligen, vor allem des Salvators und seiner Mutter, denen die beiden Hauptaltäre geweiht sind. Hätte sich Karl in einem derartig heidnischen Zeugnis, trotz aller christlichen Interpretionsansätze, wie ihn der Raub der Proserpina auf dem Sarkophag darstellt, überhaupt beisetzen lassen wollen? Geburt und Ende Karls bergen ihr Geheimnis.

Der Heimgang des mächtigen Herrschers hat in der zeitgenössischen Versdichtung nur ein bescheidenes Echo gefunden. Die Hibernicus Exul zugeschriebene poetische Grabinschrift bietet nur ein konventionelles Herrscherlob, indem Karl als Zierde der Franken gepriesen wird. Ein aus Fulda überliefertes Trauergedicht wiederholt hinter jedem Zweizeiler den Schlußvers: heu mihi misero – weh mir Armem! und vermeldet, daß der gesamte Erdkreis den Verlust des großen Mannes beklage, den »Christus an seinem heiligen Sitz mit seinen Aposteln als Frommen aufnehmen wolle«. Rom, Italien, die Francia trauern.

Das Empfinden seiner Zeitgenossen und der folgenden Generation, die bereits Machtzerfall und Bruderkriege miterleben mußten, faßte Karls Enkel Nithard, der Sohn seiner Tochter Berta, kurz nach 840 prägnant und prägend zusammen: »Als Kaiser Karl seligen Angedenkens, von allen Völkern zu Recht der große Kaiser genannt, in hohem Alter um die dritte Stunde des Tages starb, hinterließ er ganz Europa erfüllt mit allem Guten; denn er war ein Mann, der in jeder Art von Weisheit und Tugend die Menschen seiner Zeit so überragte, daß er allen Bewohnern der Erde furchtbar, der Liebe und der Bewunderung zugleich wert schien ... Er regierte glücklich als König zweiunddreißig Jahre und führte das Steuer des Kaiserreiches ebenfalls mit allem Glück vierzehn Jahre.«

Epilog

Karl der Große und seine Welt

Die Persönlichkeit Karls

Das Ende des Kaisers Karl erlaubt, auf dem Hintergrund seiner »res gestae«, seiner Taten, zunächst den Versuch eines Porträts zu wagen, in dem sich Handlungen und Charakter zu einem Bild verdichten. Freilich wird dies tunlichst mit behutsamen Pinselstrichen und gedämpften Farben zu geschehen haben; die zeitliche Differenz und die seither völlig gewandelten politisch-sozialen wie wirtschaftlich-technischen Verhältnisse gemahnen zur Vorsicht.

Im Gegensatz zu den meist nur schattenhaften Umrissen seiner Nachfolger im König- oder Kaisertum bis weit ins 12. Jahrhundert hinein tritt uns Karl als ganz eigentümliche Persönlichkeit in ihren zahlreichen Facetten entgegen: als Herrscher, militärischer Anführer, Diplomat, Gläubiger, »Exeget« und »Bildungsreformer«, aber auch als Sohn, Vater, Großvater und Ehemann, ganz gelegentlich gar als »Privatmann«. Dieses Spektrum verdanken wir vor allem der genialen Biographie seines Zöglings Einhart, die, am Vorbild der Caesarenviten Suetons ausgerichtet, auch der sozusagen »intimen« Existenz ihres Helden breiten Raum gewährt und in dichten Kapiteln dem öffentlichen Wirken Karls, zumal als Kriegsherr, dauerhafte Erinnerung zuteil werden läßt. Im Vergleich damit bleibt die innenpolitische Wirksamkeit des Frankenkönigs merkwürdig unscharf. Die Herrschaftsstruktur seines Reiches entsprach eben in keiner Weise dem antiken Amts- und Militärstaat, an dem sich Sueton wie selbstverständlich ausrichtete, der für Einhart (und Karl!) aber nicht vorhanden war.

Dem Beispiel seiner antiken Vorlage folgend und ganz im Gegensatz zum sonstigen Usus des Mittelalters, das personalen Äußerlichkeiten, wenn sie nicht gerade das Abnorme oder eine besondere Charaktereigenschaft signalisierten, so gut wie keine Aufmerksamkeit zuteil werden ließ, vermittelt uns Einhart auch objektive Maße und einen äußeren

Eindruck seines Helden. Wenn er sich hierbei bekanntermaßen teilweise wörtlich an seine Vorlage anschließt, spricht dieses imitative Verfahren allein nicht gegen die Glaubwürdigkeit seiner Aussage, konnte er doch, was die physische Erscheinung Karls anging, schwerlich fabulieren oder gröblich überzeichnen, denn es gab nicht wenige potentielle Leser oder Hörer, die Einharts Idol noch selbst erlebt hatten.

»Von Gestalt war er stattlich und kräftig, von hoher Statur, die gleichwohl das rechte Maß nicht überstieg [hier folgt Einhart fast wörtlich der Biographie des Tiberius, der aber nach Sueton in seiner Statur eben das rechte Maß vermissen ließ]; es steht fest, daß er sieben Fuß maß; er hatte einen runden Kopf, sehr große und lebhafte Augen, die Nase war etwas zu groß geraten, schöne graue Haare, ein heiteres und offenes Gesicht. So gab er, ob er stand oder saß, immer einen starken Eindruck von Autorität und Würde. Obwohl sein Nacken dick und etwas kurz geraten war und sein Bauch etwas hervortrat, verhüllte dies nicht das Ebenmaß seiner Glieder. Er hatte ein festes Auftreten und eine durchaus männliche Haltung; seine Stimme war klar, freilich entsprach sie nicht seiner Gestalt. Mit ausgezeichneter Gesundheit ausgestattet, wurde er erst in den letzten vier Jahren seines Lebens häufig von Fieberanfällen ergriffen und zog am Ende seiner Tage einen Fuß nach.« Dieser Außensicht schließt sich die schon gemeldete Beobachtung Einharts an, daß Karl den Rat seiner Ärzte, die ihm aus Gründen heilsamer Diät rieten, Gesottenes und nicht Gebratenes zu speisen, in den Wind geschlagen hat, wie er denn überhaupt das Zwangsfasten verabscheute, sich aber beim Weingenuß außerordentlich zurückhielt, ganz im Gegensatz zu seiner Umgebung und zu seinen Landsleuten, die diesem Laster exzessiv und, wenn man Tacitus Glauben will, seit alters huldigten. Nicht von ungefähr finden sich in den herrscherlichen Erlassen häufig Abmahnungen wegen Trunksucht, vor allem bei Amtspersonen.

Karls imposante Erscheinung, die nach Einharts Urteil auch durch einen »Stiernacken« nicht beeinträchtigt wurde, bestätigt auch der anonyme Verfasser des einst so genannten Paderborner Epos, der den König bei einem Jagdausritt alle anderen Teilnehmer »mit seinen mächtigen Schultern« überragen läßt. Schließlich haben Vermessungen der im Aachener Karlsschrein geborgenen Gebeine im vorigen Jahrhundert und neuerdings ein Körpermaß von etwa 190 Zentimetern ergeben, was durchaus mit Einharts Größenangabe von sieben Fuß (ein Fuß entspricht 25 bis 30 Zentimetern) übereinstimmt.

Einhart schildert den 748 geborenen Frankenherrscher im sozusagen besten Mannesalter, so wie er ihn selbst nach der Übersiedlung aus seiner Bildungsstätte Fulda an den Hof Mitte der neunziger Jahre kennen und schätzen gelernt hatte. Auch der Hinweis auf das graue, »weiße« Haar Karls verweist auf dessen mittlere und spätere Jahre.

Die porträtartigen Darstellungen Karls auf Münzen und Fresken (Mosaiken), wobei Porträt nicht im Sinne einer individuellen Wiedergabe, sondern als typologische Verdichtung gemeint ist, lassen bei aller Pauschalität erkennen, daß der Herrscher im Gegensatz zu seinen merowingischen Vorgängern, den »long-haired kings« (John Michael Wallace-Hadrill), das Haar relativ kurz geschnitten hielt, das Gesicht aber mit einem teils kurzen, teils abhängenden Schnurrbart verzierte. Das entspricht ganz dem Erscheinungsbild der in ihrer Feindatierung umstrittenen kleinen Metzer Reiterstatue, die zweifellos einen fränkischen Herrscher darstellt, vermutlich Karl den Kahlen, den Enkel des »großen« Karl. Diesen Nachfahren zeichnet auch im Widmungsbild der berühmten Bibel aus San Paolo fuori le mura eine derartige Barttracht aus. Ebenso hat der Künstler der Miniatur aus dem »Gesetzbuch« der Bibliothek des Domkapitels von Modena in einer Kopie vom Ende des 10. Jahrhunderts, die auf einer verlorengegangenen Vorlage aus der Zeit um 830 beruht, Karl als Legislator im Gegensatz zu seinem Sohn Pippin in dieser Weise kenntlich gemacht.

Die Nachzeichnungen und Stiche nach den bereits in der Mitte des 16. Jahrhunderts stark beschädigten Mosaiken im Triklinium des römischen Lateranpalastes von 799 lassen derartige Aussagen nicht zu, ganz zu schweigen von den Neuschöpfungen des 18. Jahrhunderts und späterer Jahre an der Piazza San Giovanni. Dies gilt auch für die Kopien des 1595 zugrunde gegangenen zweiten Mosaiks aus Santa Susanna auf dem Quirinal, das ebenfalls Karl porträtierte. Die spätere Überlieferung zeigt den Franken unterschiedlich mit Backen-, Kinn- und Schnurrbart. Ganz abgesehen von dem damals bereits sehr schlechten Zustand des Originals dürfte die Bartmode des 16. und 17. Jahrhundert die Hand der Kopisten geführt haben.

»Imperiale« Münzen, wohl allesamt nach 812 zu datieren, dem Jahr der Anerkennung des »westlichen« Kaisertums durch Byzanz, zeigen den Kaiser im Profil, den Kopf mit einem Lorbeerkranz antikisierend geschmückt, der in einen Knoten mit flatternden Enden ausläuft. Eine starke Nasenkontur und ein Schnauzbart vervollständigen das charakteristische Bild, das nach Aussage von Kennern eine Münze aus der Zeit Konstantins I. zum Vorbild nimmt, freilich ohne Schnurrbart. Aus dieser Serie imperialer Geldstücke sind rund dreißig in Silberprägung bekannt, nur eine einzige bisher in Gold, gefunden 1996 bei Ausgrabungen im Bereich der Pfalz Ingelheim, sofern zwei weitere Exemplare als spätere Gedenkmünzen auf Karl interpretiert werden. Dieser Golddenar stammt aus der Prägestätte in Arles und ist Vorlagen in Pavia oder Mailand, den Zentren der italischen Herrschaft Karls, verpflichtet. Gewiß dürfen auch diese Stempelschnitte und ihre Ausprägung keine Porträt-Ähnlichkeit beanspruchen, das verbietet bereits das spätantike Muster, aber als Stilisierung des fränkischen Imperators zum Typus, der sich im Aussehen bewußt von den langhaarigen Merowingern abhebt, darf das kaiserliche Münzbild einen Realitätsbezug für sich geltend machen. Karl und seine Umgebung orientieren sich im »Staatsbild« am ersten christlichen Kaiser, Konstantin. Karl wird abgebildet im Profil, mit Lorbeerkranz und einer Fibel, die den imperialen Kurzmantel (paludamentum) zusammenhält. Das Profil gewinnt sein eigenes, »fränkisches« Gesicht durch eine spezielle, zeitgenössische Barttracht. Damit ist »der Streit um des Kaisers Bart« eindeutig zugunsten des leicht herabhängenden Schnurrbarts entschieden.

Für Siegelabdrücke in Wachs verwandte Karl als König wie schon sein Vater antike Gemmen, und zwar eine den Jupiter Serapis darstellende Gemme zur Siegelung der Gerichtsakte beziehungsweise eine Gemme mit einem Caesaren- oder Philosophenporträt aus dem 2. Jahrhundert als Hauptstempel. Auf das tatsächliche Aussehen und die übliche Kleidung Karls geben diese Abdrücke mithin keine relevanten Hinweise. In Ergänzung dieser Wachssiegel benutzte Karl als Kaiser, byzantinischen Gepflogenheiten folgend, auch Metallbullen. Bereits aus seiner Königszeit wird das sehr schlecht erhaltene Exemplar einer Bleibulle verwahrt mit einem bekrönten, nach rechts gewandten Kopf. Einer Nachzeichnung gemäß ziert den Dargestellten ein Backenbart, während eine spätere Kopie auf dieses Detail verzichtet. Die zweite Bulle aus der Kaiserzeit zeigt auf der Vorderseite einen Herrscher en face mit Schild und Lanze, bekrönt mit einem dreiteiligen Stirnaufsatz. Vorbild für diese Darstellung, und das gilt auch für die Umschrift, war eine spätantike Münze, auf deren Revers mit der Abbildung des Stadttors der Roma die Renovatio des Römischen Reiches oder des Reiches der Römer beschworen wird. Zum Bart läßt sich nichts sagen, weil auch diese Bleibulle derart angegriffen ist, daß alles Spekulation wäre.

Einharts sorgsame Beschreibung von Karls äußerer Erscheinung – groß, festen Schrittes, männliche Haltung, autoritätsheischend, dabei heiteren und klaren Blickes – bereitet eine einfühlsame Charakteranalyse vor: die Schilderung von Karls wesentlichen Eigenschaften, seiner vorzüglichen Neigungen und Beschäftigungen, seiner Existenz im weitesten Sinn, nicht in der Form eines differenzierten Psychogramms, sondern in einer fortgesetzten Addition wesentlich als angenehm verstandener personaler Eigenschaften, die Hinweise auf die Nachtseiten seines Wesens fast gänzlich aussparen. Man hat diese Art der Charakterisierung als konventionell bezeichnet, als stereotyp ausgerichtet auf die allgemein verbindlichen Tugenden eines Imperators und wahren (christlichen) Herrschers. Dem so Gezeichneten fehle ein Wesenskern, eine Mitte, aus der er, Karl, gelebt, gehandelt habe. So begnüge sich Einhart mit der Aufzählung aristotelisch-stoischer Begriffe wie Selbstbeherrschung, Geduld, Beharrungsvermögen und Edelmut – auch die Milde, »clementia«, als herrscherliche Leittugend fehle nicht.

Dies mag alles durchaus konventionell sein, auch Hinweise auf die traditionellen Kardinaltugenden Weisheit, Gerechtigkeit, Tapferkeit und Maßhalten sprengen nicht den Rahmen des Üblichen. Wer genauer hinsieht, wird freilich erkennen, daß Einhart bei seinen subtilen Bemühungen, dem Charakter Karls gerecht zu werden, die vorgezeichneten Bahnen Suetons (und des Tacitus) und ihr Vokabular verläßt und mit dem Begriff der »magnitudo animi« und der »magnanimitas«, der Seelenstärke und Hochherzigkeit, eine hervorstechende Charaktereigenschaft seines Helden nennt, die maßgeblich sein Handeln bestimmt. Dieser Begriff hat, wie bereits Siegmund Hellmann vor Jahrzehnten erkannte, einen starken politisch-ethischen Inhalt, der, Ciceros Traktat »Von den Ämtern« entlehnt, dem »System sozialer Tugenden« zugehört, »die sich aus den Anforderungen, die Familie und Staat an den Menschen stellen, entwickeln«. Dieser Zugriff auf den Charakter ist Sueton fremd, der im übrigen nicht nach der Wesensmitte seiner Caesaren sucht, es sei denn, deren zügelloser und grausamer Charakter liegt ohnehin offen zutage.

Wenn auch das Frühmittelalter das Konstrukt der Persönlichkeit, verstanden als Ausdruck der Individualität in jenem Geflecht aus charakterlichen Stärken und Schwächen und zugleich als Entwicklungsprozeß, nicht zu erfassen und auszudrücken vermochte, so wußte Einhart gleichwohl Karls zentrale Tugend, die als Hoheit der Gesinnung, Ausdauer und Überlegenheit nicht primär religiös, sondern »politisch und sozial orientiert war« (Siegmund Hellmann), als Wesensmitte des Herrschers herauszustellen. Diese Kraft befähigte ihn, Festigkeit und Unnachgiebigkeit in der Verfolgung der als recht erkannten Ziele zu erzeigen. Mit diesen eindeutigen Hinweisen gelingt Einhart zwar kein modern ausgeleuchtetes Seelengemälde, doch erhebt sich seine Charakterzeichnung unendlich über die ältere, die zeitgleiche, aber auch die spätere Hagiographie oder Geschichtsschreibung, die uns nur höchst selten eine Persönlichkeit anders als im Spiegel approbierter christlicher Tugenden erscheinen läßt, ganz zu schweigen von der gedanklichen Präzision und sprachlichen Meisterschaft der Karlsvita.

Dem Wesenskern des Herrschers ordnen sich alle weiteren Eigentümlichkeiten zu: seine Offenheit, seine Geselligkeit, seine Anhänglichkeit an die Familie, sein »Genie der Freundschaft« (Josef Fleckenstein), seine Zuverlässigkeit, die auch das religiös fundierte Verhältnis zu den Päpsten einschließt, seine Fähigkeit zur Trauer beim Heimgang seiner Söhne (und wohl auch Ehefrauen), nicht zuletzt seine Trauer um Papst Hadrian I.

Das politische Monument, das Einhart für den Betrachter aus der Ferne errichtet als Zeugnis eines unvergleichlichen Großen, erhält in der Nähe der Familie und der Freunde ein hohes Maß an zeitloser Menschlichkeit, das unsere Sympathie herausfordert. Zu dieser Humanität gehört auch Karls Humor, der für uns mangels Quellenzeugnissen nur gelegentlich aufleuchtet, etwa wenn er, längst erwachsen, lachend von seinem Abenteuer als siebenjähriger Knabe anläßlich der Translation des heiligen Germanus an seine letzte Ruhestätte im Kloster nahe Paris erzählt: Damals habe er bei einem Sprung in die ausgehobene Grube seinen ersten Zahn eingebüßt! Auch die nicht wenigen Sottisen, die aus dem Umkreis der Aachener »Akademiker« auf uns gekommen sind, lassen »Davids« Freude am scharfen Witz und an der Pointe erkennen, auch wenn deren Spitzen ihn selbst treffen konnten.

Rachsucht schien ihm fremd zu sein; Strenge, ja gelegentlich Grausamkeit bei der Niederwerfung von Aufständen und der Bestrafung gefährlicher Gegner sind approbierte Mittel des Zeitalters. Von ihnen machte Karl offenkundig nur höchst selten Gebrauch – Einhart läßt uns gar entschuldigend wissen, dies sei vor allem unter dem schlechten Einfluß seiner vorletzten Gemahlin Fastrada geschehen, dem sich der König nicht habe entziehen können.

Der Rahmen der Herrschaft

Das Verhältnis zu den Seinen, der Familie im engeren Sinn, ist von Liebe und »pietas«, enger Bindung geprägt, die auch Trauer beim Tod der Nächsten einschließt, ganz im Gegensatz etwa zum Verhalten des Augustus, der Tochter und Enkelin, die beiden Julias, wegen ihres skandalösen Verhaltens in die Verbannung schickte und »den Tod der Seinen mit größerer Fassung als ihre Schande trug« (Sueton). Karl hingegen übersah geflissentlich, was Einhart indirekt rügt, das Treiben seiner »gekrönten Tauben« im Palast – vermutlich nicht nur, weil sein eigenes Sexualleben, seine Konkubinen und Bastarde seit der Mitte der neunziger Jahre nicht gerade den Moralvorstellungen kirchlicher Kreise entsprachen. Er selbst war es ja, der sich jeglicher Verheiratung seiner Töchter widersetzte, da er nach Auskunft seines Biographen ihrer »Zeltgemeinschaft«, des Lebens unter einem Dach mit ihnen, nicht entraten wollte. Immerhin zeigte sich nach Einhart am Gebaren der Töchter dem sonst »glücklichen« Karl die Bosheit der Glücksgöttin Fortuna.

Die Sorge um das Wohl der Nächsten beschränkte sich jedoch nicht auf die engere Familie. Auch die gewiß zahlreiche, beim Tod des Kaisers unversorgte Dienerschaft wird im politischen Testament von 811 mit der nötigen Fürsorge bedacht.

An Karls innigem Verhältnis zum weiblichen Geschlecht, an dem offenkundig libidinösen Verhalten ihres Herrn (und Helden) hatten Kirchenleute (und spätere bürgerliche Historiker) schwer zu tragen. Während die Mitlebenden es nicht gewagt hätten, an dem ausschweifenden Intimleben offene Kritik zu üben, übergingen die neueren Historiker die vermeintlichen Schwächen angesichts einer überragenden Lebensleistung in ihren Studien und kamen rasch zur (politischen) Tagesordnung.

Der Frankenherrscher war Vater von nicht weniger als achtzehn namentlich nachzuweisenden Kindern. Karl hatte fünf »rechte« Ehefrauen. Himiltrud und die mit Namen unbekannte Tochter des Desiderius wurden aus politischen Gründen aus der ehelichen Verbindung entlassen, Hildegard, die Mutter der drei nachfolgeberechtigten Söhne Karl, Ludwig und Pippin (Karlmann), starb nach gut zwölfjähriger Ehe, Fastrada und Liutgard verstarben bereits nach wenigen Jahren. Der König dürfte Liutgard ohnedies nur geheiratet haben, um Papst Leo bei seinem Besuch in Paderborn 799 nicht mit seiner Favoritin konfrontieren zu müssen. Nach ihrem Ableben im folgenden Jahr begnügte sich der König mit Bettgenossinnen, mindestens vier an der Zahl, unter ihnen eine Sächsin, die ihm allesamt noch vier Kinder, drei Söhne und eine Tochter, schenkten. Die in nicht wenigen Stammtafeln als sechste Ehefrau Karls zu interpretierende Regina ist nach dem unzweifelhaften Zeugnis Einharts eine dieser vier namentlich bekannten Konkubinen gewesen. Die Söhne aus diesen Verbindungen, Drogo, Hugo und Theoderich, wurden auch ausweislich ihrer Namen vom Vater nicht »aufgenommen« und damit legitimiert; die Thronfolge blieb auf die Söhne Hildegards beschränkt. Liutgard war kinderlos verstorben. Zu den zwei Töchtern Fastradas, von denen zumindest eine später den Schleier nahm, und der Tochter einer der Konkubinen gesellten sich nach 811 noch die fünf kleinen Töchter des Königs von Italien, Karls Enkelinnen, und verstärkten damit die Schar des bereits älteren weiblichen Nachwuchses aus der Ehe mit Hildegard und aus der Verbindung Karls mit einem »Friedel« zu Lebzeiten Fastradas. Dieses »Weiberregiment« (Janet Nelson) fiel nach Ludwigs Herrschaftsantritt 814 sofort einer Palastsäuberung zum Opfer, die sogar auf Aachener Wohnviertel übergriff.

Bemerkenswert sind Karls Erziehungs- und Bildungsanforderungen. So ließ der Herrscher seine Kinder, Jungen wie Mädchen, nach Einhart in den Artes liberales unterrichten, auf die er selbst noch als Erwachsener große Mühe verwandte. Der Unterricht begann in der Regel mit der Lektüre kurzer lateinischer Texte, der sich die Anfangsgründe der Schreibkunst auf Wachstafeln oder Pergamentresten hinzugesellen konnten, sowie der Einübung leichterer Rechenaufgaben nach Art der Alkuin zugeschriebenen »propositiones«. Dieser Übung mochte sich der »calculus« oder »computus« zur Ermittlung der wichtigsten Kalenderdaten der Christenheit, nämlich Ostern und Pfingsten, anschließen. Als feste Orientierung diente der Julianische Kalender mit zwölf Monaten und dem Jahresbeginn am 1. Januar, auch wenn das christliche Jahr, das Heilsjahr, mit der Geburt des Herrn, dem Weihnachtstag also, einsetzte oder mit dem Osterfest, dem Tag der Auferstehung Christi und der Erlösung der Menschheit. Umfassendere Studien führten nach dieser Propädeutik zu den Artes liberales, die etwa Theodulf von Orléans in seinem Bischofspalast bildlich darstellen ließ: Grammatik, Rhetorik und Dialektik (Trivium), die zu einer gewissen Gewandtheit in der Anwendung des Latein in Wort und Schrift führten und nicht zuletzt die subtilere Argumentationsfähigkeit ausbildeten. Als Krönung dieses Unterrichts konnten als Quadrivium Arithmetik, Musik, Geometrie und Astrologie treten, letztere wieder zur Berechnung der Kalenderdaten und zum Verständnis des gestirnten Himmels, wozu die Tische aus dem Besitz Karls dienten, die in die Erbmasse fielen.

Von einigen Familienangehörigen ist bekannt, daß sie ihre Ausbildung in St. Denis erhielten. Auch Karl hat möglicherweise wie sein Bruder Karlmann in jungen Jahren diese »klassische« Schulung erfahren, zu der nicht unbedingt die Einübung im Schreiben zählte, wie eine der meistangeführten und mißverstandenen Passagen seiner Vita bezeugt, wonach der Kaiser sich im fortgeschrittenen Alter nächtens mit geringem Erfolg gemüht habe, auf Tafeln und Blätter zu schreiben. Tatsächlich wurden angesichts der dazu erforderlichen speziellen Technik und ihrer Anwendungsgebiete im Alltag Lesen und Schreiben keineswegs gleichzeitig vermittelt. Gerade die Kalligraphie auf Pergament mit Federkiel und Tinte verlangte eine besondere Kunstfertigkeit, die keineswegs jedermann, auch nicht den Söhnen des Herrschers, abverlangt wurde. Das Schreibgeschäft war Aufgabe der Skriptorien, der »Kanzlei« und ihrer (geistlichen) Mitglieder. Nicht von ungefähr gibt bis heute im Angelsächsischen die Berufsbezeichnung clerk (clericus), Büroangestellter, die funktionale Verbindung von Schrift und Kleriker zu erkennen. Der Adel übt sich hingegen im Waidwerk und im Waffengebrauch. Wenn Karl sich um Schreibfertigkeit mühte, dann vielleicht, um bei den anstehenden Korrekturarbeiten am Text der Bibel, die ihn am Lebensabend beschäftigten, selbst gelegentlich Hand anlegen zu können.

Im Gegensatz zu den antiken Imperatoren, den späteren byzantinischen Kaisern, auch zu den Päpsten, nicht zuletzt zu seinen merowingischen Vorgängern, die ihre Briefe und Urkunden fast ausschließlich durch eigenhändige Unterschrift beglaubigten, bevorzugte Karl das bekannte Monogramm aus dem Namen KAROLVS dergestalt, »daß ein kleines rautenförmiges O mit seiner oberen Hälfte zugleich das A, mit seiner unteren das V vorzustellen hatte, während seinen vier Ecken die Konsonanten KRLS in fester Reihenfolge angefügt wurden« (Wilhelm Erben). Damit war abweichend vom Modus seines Vaters und Onkels, die als Beglaubigungszeichen das auch sonst bei Rechtsgeschäften allgemein benutzte Kreuzeszeichen verwandten, der Typus des herrscherlichen Monogramms bis zum Ausgang des Mittelalters – zumal in feierlichen, großen Privilegien – festgelegt. Während später in der Regel der König bestenfalls den sogenannten Vollziehungsstrich als Zeichen seiner Mitwirkung (und Beglaubigung) an dem graphischen Erkennungsmerkmal anbrachte, hat Karl nach den Erkenntnissen Theodor Sickels die gesamte Mittelraute mit den Vokalen seines Namens eigenhändig eingetragen. Somit kann auch diese Art der Unterfertigung nicht als Hinweis auf mangelnde Schreibfähigkeit gewertet werden. Dem Monogramm eignet über das allgemein verständliche Kreuzeszeichen hinaus die Kraft eines Herrschaftszeichens, das allen Leseunkundigen mit einem Blick, ebenso wie das Siegel und die »verlängerte Schrift« des Protokolls und Eschatokolls samt »Bienenkorb«, ein königliches Dokument vor Augen führte.

Immerhin weist die von Einhart festgehaltene Schulung des Nachwuchses auf den Sachverhalt, daß die königliche Familie in der Verwirklichung der Bildungsansprüche mit gutem Beispiel voranging, das Erziehungsprogramm mithin nicht auf zukünftige Kleriker beschränkt wurde. So sind bereits am Ende des 8., mehr noch in der ersten Hälfte des 9. Jahrhunderts gebildete Laien durchaus bekannt, unter ihnen Markgraf Erich von Friaul, der eine Art »Lebenskunst« aus der Feder Alkuins empfing, und sein späterer Nachfolger Eberhard, der 867 in seinem Testament Verfügungen über einen beachtlichen eigenen Bücherbestand machte, oder gar die berühmte Dhuoda, die für ihren Sohn ein Manual des rechten Verhaltens verfaßte, wenn ihr sicherlich auch viele Zitate aus Bibel und Patristik von einem Geistlichen vermittelt worden sind. Auch Gisela, Karls Schwester und Äbtissin des Klosters Chelles bei Paris, sowie seine Tochter Rotrud waren für ihre Bildung bekannt. Hinzu tritt Gundrada, eine Cousine Karls und erst seit 814 Nonne in Ste. Croix (Poitiers), der der gelehrte Angelsachse Alkuin einen Traktat über die »Natur der Seele« zukommen ließ.

Der krasse Gegensatz zwischen schriftlicher Zivilisation und mündlicher Archaik trifft sicherlich für die ländliche Gesellschaft der Karolingerzeit in weiten Bereichen zu. Der Hof aber, gelegentlich auch die Sitze des Adels und die Klöster mit ihren Schulen nach dem Muster der Reichenau sowie die Kathedralen mit ihren Einrichtungen unter dem Einfluß des kirchlich ausgerichteten Reform- und Erziehungsprogramms, legen mit unterschiedlichem Erfolg ein an der christlichen Spätantike orientiertes Fundament von Bildung und Ausbildung auch an Rhein und Donau, das östlich und südöstlich in die ehedem »barbarischen« Regionen ausstrahlt. In den urbanen Zentren Italiens oder Galliens war das kulturelle Niveau zwar seit und mit der sogenannten Völkerwanderungszeit abgesunken, aber nicht gänzlich verschwunden, wie etwa die Bibliothek des Domkapitels von Verona über die Zeiten hinweg eindrucksvoll bezeugt.

In der Wiedergewinnung »korrekt« überlieferter und kopierter Texte aus klassischer Antike und spätantiker Patristik erhielt das Latein, eine der drei heiligen Sprachen, seine Qualität als Lingua franca, unter deren schützendem Dach sich, wie sonst nur unter dem Denar als Kurrentmünze und der Romorientierung von Kirche und Gesellschaft, das Abendland in seiner ethnisch-kulturellen Vielfalt herauszubilden vermochte.

Die Bildung, die Karl seinen Kindern angedeihen ließ, deren Ingredienzien wir gleichwohl im einzelnen nicht kennen, wurde auf durchaus traditionelle Weise ergänzt und angereichert: Die Söhne ließ er nach gewohntem Brauch im Reiten, im Jagen und im Waffengebrauch einüben. In diesen Künsten sind die Franken nach Einhart von niemandem erreicht worden. Diese Fertigkeiten haben bis weit ins 20. Jahrhundert hinein überall die adlige Oberschicht mit den Herrscherfamilien verbunden. Mann und Pferd bilden in Waffengang und Jagd eine Einheit, die wesentlich Innensicht und Selbstwert des Adels prägte.

Die Mädchen hingegen, die Töchter und Enkelinnen Karls, wurden in Bereichen der Textilarbeit ausgebildet. In der Augustusbiographie, die bei Einharts Karlsvita Pate gestanden hat, gilt die Unterweisung in diesen Techniken als Zeugnis besonderer Strenge des enttäuschten Caesars gegenüber Tochter und Enkelinnen und als Zeugnis seines Bemühens, altrömische Tugenden wieder zu beleben. In der Vita des 9. Jahrhunderts hat sie dagegen eine andere Aussagekraft: Spinnen und Weben sind in den Augen Karls, auch seines Biographen, keineswegs statusmindernde Beschäftigungen mit Strafcharakter, sondern vielmehr gleichsam die selbstverständliche Vorbereitung junger Mädchen auf die

Ehe und ihre zukünftige Existenz als Hausfrau. Dies läßt auch das Gesetz der Franken, die Lex salica, erkennen, wenn sie als Straftatbestand die Entführung eines freien Mädchens aus einer Webhütte erfaßt. Wenn auch die Ausbildung die väterliche Absicht erkennen läßt, den Nachwuchs beiderlei Geschlechts vor dem gefährlichen Nichtstun als Feind der Seele zu bewahren, so kommt doch als vorrangiges Anliegen die Bewahrung der »volkstümlichen« Grundlagen der Königsherrschaft zum Ausdruck. Ferner sollte die praxisorientierte Ausbildung des eigenen Nachwuchses wohl die Entfaltung eines speziellen Hofzeremoniells nach byzantinischem Muster verhindern, das die Gefahr von Selbstüberhebung und gesellschaftlicher Isolierung barg. Karl setzte auf eine »offene«, unprätentiöse Regierungsweise und auf eine Form der Geselligkeit, die auch das gemeinsame, vielköpfige Bad in den Aachener Thermen gestattete. Dies mag vor allem seinem persönlichen Naturell und seinem »Genie der Freundschaft« geschuldet sein, enthielt aber wegen der Möglichkeit von Hulderweisen durchaus auch eine überlegte Maxime des Herrschens.

Die Abneigung Karls gegen das »große Zeremoniell« und gegen die Adaption fremder Sitten und Verhaltensweisen sowie sein Wille, das Überkommene zu bewahren, kommen nicht zuletzt in seinem äußeren Erscheinungsbild zum Ausdruck. Er trägt einheimische, »fränkische« Tracht: Leinenhemd und -hose, die Unterschenkel mit Bändern umwickelt, eine seidengefaßte Tunika als Überwurf und Stiefel an den Füßen. Im Winter wurde dieser Aufzug durch wärmende Felle und einen blauen Umhang ergänzt. Dazu kam ein Schwert, mit dem er sich gürtete, das beim »Gehen unter der Krone« an hohen Feiertagen und bei »Staatsempfängen« durch ein edelsteinbesetztes Exemplar ersetzt wurde, den golddurchwirkten Kleidern und den mit kostbaren Steinen verzierten Schuhen angemessen. Einhart hebt ausdrücklich hervor, daß Karl nur zweimal anläßlich seines Treffens mit den Nachfolgern Petri in Rom ein langes Übergewand, Chlamys, und »römische Schuhe« nach byzantinischem Vorbild getragen habe: das erste Mal Papst Hadrian, das andere Mal Papst Leo zuliebe, wohl 781 anläßlich der Salbung und Krönung seiner Söhne Ludwig und Pippin und 800 am Weihnachtsfest anläßlich der Annahme des Kaisertitels. Auch Karls Bestattung im Atrium des Aachener Münsters, seines »Tempels«, ist an Schlichtheit nicht zu überbieten.

Auf Gelage, zeremonielle Essen, verzichtete Karl weitgehend, und wenn er einen Festschmaus gab, dann als allgemeine Veranstaltung. Auch dies verzeichnete sein Biograph als einen Unterschied zu den Usancen des Augustus. Ein weiterer Gegensatz in den Gepflogenheiten seines Helden zu denen des ersten Prinzeps, dem Karl in bezug auf Enthaltsamkeit bei Wein und üppigen Speisen durchaus glich, enthüllt sich in der Unterhaltung oder besser der Untermalung dieser Gelage. Sind es bei Augustus Musiker, Schauspieler und Possenreißer aus dem Zirkusmilieu, die die Speisen würzen, so bevorzugt Karl historische Exkurse und Vorträge über die Taten der Alten. Hier dürften jene »barbarischen und uralten Lieder, in denen die Taten und Kriege der alten Könige besungen wurden«, vorgetragen worden sein, die Karl als Kaiser »für das Gedächtnis [der Nachwelt] aufzeichnen ließ« und von denen als einziger früher Textzeuge ein Fragment des sogenannten Hildebrandsliedes auf uns gekommen ist. Auch dies ist wieder als bewußter Hinweis Karls (und Einharts) auf die »volkstümlichen« Grundlagen der fränkischen Königsherrschaft zu interpretieren, als Ausdruck gentilen Selbstbewußtseins und kulturellen Eigenwertes, der sich den tradierten Werten der lateinischen Welt bewußt zuordnet.

Zur bevorzugten Lektüre Karls gehörten nicht wie bei Ludwig dem Frommen Heiligenviten als Muster rechter Lebensführung in der Nachfolge Jesu Christi, sondern die Schriften des Kirchenvaters Augustin, vor allem dessen berühmtes Werk »Vom Gottesstaat«, das nicht zuletzt Karls großes Vorbild, den biblischen König David und dessen Tugend, in ein glänzendes Licht rückte.

Die Vorliebe für den heiligen Augustin und dessen »Gottesstaat« leitet zu einem weiteren Moment des rechten Verständnisses des ersten Frankenkaisers über. Karl wird nicht nur angelegentlich in der Literatur mit einem spöttisch-überlegenen Akzent als »halbgebildeter« Barbarenfürst eingestuft, dem awarischen Khagan und slawischen Kleinkönigen nicht unähnlich. Der vermutlich in St. Denis Erzogene besaß jedoch ein festes sprachliches Fundament: Abgesehen von seiner Muttersprache, dem »Fränkischen«, das er in seiner regionalen Vielfalt verstehen konnte, beherrschte er, wie Einhart als Zeitzeuge konstatiert, das (gesprochene) Latein vollkommen. Wir wissen, daß nicht wenige Disputationen über diffizile theologische Sachverhalte in seiner Gegenwart und unter seinem Vorsitz in Regensburg, Frankfurt und Aachen stattfanden, in die er kenntnisreich und umfassend eingriff oder die er gar abschließend in einem langen Sermon entschied. Auch zustimmende

Einwürfe in der Art von »bestens« oder »wie richtig«, die ein beflissener Schreiber an den Rand des »Arbeitsexemplars« der früher so bezeichneten *Libri Carolini* als fränkische Antwort auf das Zweite Nicaeanum von 787 setzte, bezeugen immerhin das Verständnis des königlichen Kommentators. Nach Einhart besaß Karl sogar Kenntnisse des Griechischen, allerdings passive. Sollte dieser Hinweis stimmen, so überragt Karl auch hierin seine Zeitgenossen. Erst in der nächsten Generation bildeten sich nämlich vor allem unter Einfluß der aus Byzanz 827 übermittelten Schriften des Dionysios Areopagites in St. Denis, auch in Corbie, Inseln griechischer Sprach- und Lesefertigkeit heraus.

Ob der König freilich des Gallo-Romanischen, das sich aus dem Vulgärlatein im nachmaligen »französischen« Sprachgebiet entwickelte, mächtig war, ist trotz seiner familiären Verbindung zum Moselraum nicht gesichert. Dieses Vermögen war keineswegs selbstverständlich. Wala etwa wird von seinem Biographen Paschasius Radbertus für seine »Zweisprachigkeit« gerühmt. Auch für Karls Enkel Karl und Ludwig darf diese zumindest bilinguale Fertigkeit angenommen werden, während ihren Truppen die wechselseitigen Eide der Herrscher 842 zu Straßburg jeweils in (ost-)fränkisch und (west-)romanisch vorgetragen und übersetzt werden mußten.

Für Karls Fortbildung sorgten die ersten Gelehrten seiner Zeit, die häufig erwähnten Grammatiker Petrus aus Pisa und vor allem der Angelsachse Alkuin, der auf allen Feldern geistiger Zurüstung beschlagen war und überdies zahlreiche Anleitungen zum Studium der Artes liberales vorlegte. Karls besonderes Interesse galt der Astronomie, der Sternenkunde, die zugleich die Astrologie, die Sterndeutung, umfaßte, auch als Voraussetzung zur Berechnung der wichtigsten Festtage der Christenheit, Ostern und Pfingsten, von denen die beweglichen Feiertage abhingen. Der Computus ist keineswegs als Marotte abzutun, vielmehr bildeten die Vereinheitlichung des Kalenders nach dem römischen Sonnenjahr und den julianischen Monaten die zwingende Voraussetzung dafür, daß die kirchlichen Höhepunkte an jedem Ort des Imperium christianum übereinstimmend begangen werden konnten, womit ein gemeinsames Dach über den regional ausgestalteten Heiligenkalendern errichtet wurde. Freilich erreichte der »Hof« mit Ludwig dem Frommen an der Spitze erst unter dem Iren Dicuil gegen 820 die bereits mehr als hundert Jahre zuvor durch Beda Venerabilis auf der Britischen Insel repräsentierten Standards der Komputistik.

Karl wird von Einhart als glänzender Orator geschildert, der sich klar auszudrücken wußte, der sich aber wohl zum Leidwesen seiner Umgebung gern reden hörte. Nicht von ungefähr ließ er sich zu schwierigen theologischen Fragen in aller Ausführlichkeit vernehmen. Auch dieser Zug ist als eine der Facetten seines angenehmen, nach außen gewendeten Charakters zu begreifen, der sich stets seiner Umwelt mitteilte.

Sein didaktisch-moralischer Impetus, sein Hang zur »Volkspädagogik« geht weit über die traditionellen Felder des nur »Politischen« hinaus. Dies gilt für die von ihm und seinem Kreis entwickelten ethisch fundierten Lebensregeln aller Stände und Völker seines Riesenreiches, dies gilt für Rechtsprechung und Rechtsaufzeichnung, dies gilt für die Regelung des gesamten Kultus in Texten und Psalmengesang, dies gilt für die Glaubenslehre und Verkündigung. Alles steht unter dem Signet der »Korrektur« als Voraussetzung des Guten.

Die Religiosität Karls bleibt vermutlich, wie bereits Heinrich Fichtenau zutreffend beobachtet hat, im wesentlichen in der rechten Organisation des künftigen Seelenheils stecken, nicht anders als bei den allermeisten seiner Zeitgenossen. Die gängige »Do-ut-des«-Mentalität, ich gebe, daß Du gibst, initiierte Bau und Ausschmückung des Marienstiftes in Aachen, war die Grundlage von Karls Verehrung des Petrusgrabes in Rom und veranlaßte seine überreichen Werke der Barmherzigkeit, in denen er sich auch in seinem Testament von niemandem übertreffen lassen wollte. Andererseits erwartete er für sich, seine Familie und das Reich das fortwährende Gebet der von ihm privilegierten und beschenkten geistlichen Institutionen. Ständige innere Reflexion, gar Versenkung in die Mysterien des Glaubens lag dieser eher plakativen Art von Religiosität fern.

Die Hinwendung zu Äußerlichkeiten ist auch direkt und indirekt seinen Regierungsmaximen und seinem politischen Handeln zu entnehmen. So wesentlich auch das Gottesgnadentum seinen Rang als König heraushob, so gewichtig die dem berüchtigten Falsum auf Konstantin I. entnommenen Epitheta – von denen »magnus«, »groß«, gar bald mit seinem Namen verschmolz – für sein Selbstverständnis als Kaiser sein mochten, so grundlegend blieb für Karls Konzept von Herrschaft seine Qualität als Anführer der Franken und Langobarden an der Spitze weiterer Völkerschaften. Gerade nach der Annahme des Kaisertitels, die Einhart mit der Annahme des Ranges des Pontifex maximus durch Augustus auffällig parallelisiert, rekurriert Karl auf »volkstümliche«, basisorientierte Grundlagen in Gestalt der bisher ungeschriebenen Gesetze, der sogenannten Volksrechte, und der »barbarischen, uralten« Heldengesänge. Karl beruft sich selbstbewußt auf den Wert eigener Traditionen. In ihnen lebte auch das ältere, von den Merowingern »geerbte« fränkisch-germanische Königtum weiter, das eine seiner wesentlichen Wurzeln im Dux hatte, dem Heer- und Gefolgschaftsführer der Wanderzeit. Die verchristlichte Königsidee barg nach der Annahme des Kaisertitels zusätzliche Gefahren für diese notwendige Verankerung in der eigenen Vergangenheit. Wenn Karl sich nicht mit den Aufzeichnungen der Leges und der epischen Gesänge aus grauer Vorzeit begnügte, sondern auch eine Grammatik des »Fränkischen« begründete, die wohl vor allem auf Orthographie ausgerichtet war, so verweist diese Initiative auf das Bewußtsein einer Identität, die nicht allein in Christentum und Spätantike kulturell fundiert war.

Einerseits Augustus und späteren Caesaren, andererseits angelsächsischem Beispiel folgend, griff Karl korrigierend und vereinheitlichend in die Bezeichnung der Monatsnamen des Kalenders in der Volkssprache ein. Diese waren nach Einhart bis dahin teils unter ihren lateinischen Namen, teils unter ihren »barbarischen Bezeichnungen« bekannt. Karl wählte Jahreszeiten und Tätigkeiten aus der Welt des Bauern und Winzers zur näheren Bezeichnung der Monate: Winter-, Lenz-, und Herbstmonat für Januar, März und November sowie Weide-, Brach-, Heu-, Ernte-, Holz-, und Weinlesemonat für Mai, Juni, Juli, August, September und Oktober. Für die Monate, in die mit Geburt und Auferstehung Christi die Hochfeste der Christenheit fallen, Dezember und in der Regel April, propagierte er die Namen Heilig- und Ostermonat. Lediglich der Februar, die »dunkle Zeit« des Jahres, in der die Landarbeit ruht, behielt wohl mit Hornung – kleines Horn als Hinweis auf die Verkürzung des Monats – seinen alten Namen. Auch diese »Eindeutschung« zeigt den Weg einer Symbiose von antik-spätchristlichen Vorgaben und volkstümlichen Elementen zu einem einheitlichen Monatskalendarium, dem allerdings kein Erfolg beschieden war. Ganz im Gegensatz dazu bewahrten die seit 820 überlieferten Salzburger Kalendarien in Gestalt von Monatsbildern bis weit in die Neuzeit wesentlich ihren agrikolen Rhythmus und ländlichen Hintergrund.

Merkwürdigerweise hat sich der Kaiser nicht der Bezeichnung der Wochentage angenommen, die offenbar infolge der Grenznähe der Franken (und anderer germanischer Anrainer) zur Romania wohl vor dem 4. Jahrhundert mit der Entlehnung und Umbenennung heidnischer Gottheiten, etwa Venus, Venerdi zu Freia, Freitag, in den Sprachgebrauch übernommen worden sind; lediglich der Tag des Mercurius ist unter kirchlichem Einfluß später zum blassen »Mittwoch« geworden.

Bemerkenswert ist der Hinweis Einharts, daß sich Karl auch der Bezeichnungen der Winde angenommen hat. Seine zwölfteilige Windrose besteht aus vier Haupt- und acht Nebenwinden, hierin offenbar den Etymologien des Isidor von Sevilla und der *Naturalis historia* des Plinius verpflichtet, deren Bezeichnungen aber im einzelnen von den bei Einhart mitgeteilten Termini abweichen. Der praktische Zweck dieses regulierenden Eingriffs ist nicht zu erkennen. »Der Kaiser ist Herr über Zeit [Kalender] und Raum [Winde], die er mit Gottes Hilfe ordnet und einteilt« (Brigitte Englisch).

Was die Zeitgenossen und die Nachwelt bis auf den heutigen Tag am meisten beeindruckte und das Herrscherlob Karls bestimmte, war die unerhörte Ausdehnung, die das fränkische Reich unter Karls Herrschaft erfuhr. Dieser habe, so der Zeitgenosse Einhart, das ihm von seinem Vater Pippin »groß und stark« hinterlassene Frankenreich »auf edle Weise« nahezu auf seine doppelte Größe anwachsen lassen. Seine Herrschaft habe von der Nordsee bis zum Ebro gereicht, vom Aostatal bis Kalabrien, vom Atlantik bis in die Theißebene Pannoniens; sie umfaßte Istrien und Dalmatien mit Ausnahme der Küstenstädte, und Germanien, »das Land zwischen Rhein und Weichsel (!), Ostsee und dem Verlauf der Donau mit den wilden Barbarenstämmen der Welataben, Sorben, Abodriten und Böhmen«, die er in Kriegszügen tributpflichtig zu machen gewußt hatte. Tatsächlich gewann die Herrschaft Karls eine Ausdehnung in Nord-Süd-Richtung von 1500 und in Ost-West-Richtung von 1200 Kilometern. Die Bevölkerung seines Reiches kann auf rund acht Millionen geschätzt werden. Hier nimmt Einhart wieder eine deutliche Anleihe in der Augustusbiographie, um seinen Helden gebührend herauszustreichen.

Aber nicht allein kriegerische Taten, nein die Kunst des Staatsmannes und Außenpolitikers, Bündnisse zu schließen und Freundschaft im Verständnis antiker »amicitia« zu begründen, habe seinen Ruhm bei den Zeitgenossen gemehrt. So habe er sich mit den Königen von Asturien, von Northumbrien und Mercia verbunden, mit dem Kalifen in Bagdad und zuletzt noch mit den Kaisern von Konstantinopel. Diese hätten sein Wohlwollen gesucht, nach der Kaiserkrönung aber Gefahren für ihre

Herrschaft vermutet, doch er habe sie mit einem festen Bündnis für sich gewonnen. Es folgt das nur bei Einhart überlieferte, angeblich griechische Sprichwort: »Der Franke soll Dein Freund, nicht Dein Nachbar sein!«

Die Verdoppelung des Frankenreiches, der Gewinn der zweiten Königskrone, die »Eingliederung der Sachsen« samt Ausdehnung der Ökumene an und über die Elbe hinaus, die Einrichtung von Marken in den Grenzzonen des Südostens und Südens, die kluge Bündnispolitik, die selbst das ferne Bagdad und Jerusalem erreichte, haben Karl unter den mittelalterlichen Herrschern einen Rang zugewiesen, den erst wieder sein später Nachfahr, der Staufer Friedrich II., für sich beanspruchen konnte.

Hinsichtlich der innenpolitischen Leistungen Karls, nach unserem Verständnis zugleich auch immer Teil der Außenpolitik, schwankt das Urteil der Nachwelt beträchtlich. Selbst Einhart vermag hier seiner antiken Vorlage verständlicherweise nicht das rechte Muster abzugewinnen. Er weist daher auf die »Zierde (Verschönerung) des Reiches« hin, die sich Karl wie die römischen Caesaren angelegen sein ließ, und führt dann als bedeutsame Bauten die Marienkirche zu Aachen, die (hölzerne) Rheinbrücke bei Mainz und die Pfalzen von Ingelheim und Nimwegen an, auch den Aus- und Aufbau der Flotte an den Küsten Galliens, Germaniens und am Mittelmeer.

Wenn die Schilderung der Karlsvita auf dem Feld der Innenpolitik zurückgenommen und schemenhaft bleibt, liegt dies wesentlich in dem Umstand begründet, daß Einhart das Unfertige, Zufällige, Improvisierte des »Systems von Aushilfen«, das tatsächlich den politischen Alltag unter Karl weitgehend bestimmte, schwerlich in Leitsätze innenpolitischer Herrschaft kleiden konnte. Daran gemessen waren die Strukturen des Militär- und Ämterstaates römischer Provenienz weit überlegen. Dem Prinzeps und Caesar standen Heer und Beamtenapparat zur Verfügung, eine durchorganisierte Provinzialverwaltung und Staatseinnahmen, die längerfristige Dispositionen ermöglichten, und mit Rom überdies eine »Weltzentrale«.

Karl, mehr noch seine Nachfolger, waren in ihrer ohnedies begrenzten Herrschaftsausübung prinzipiell immer auf das Bündnis mit den großen Adelsklans angewiesen, die ihre Macht und ihren Einfluß nur zum Teil, wenn überhaupt, auf Verleihungen und Vergabungen aus königlicher Hand zurückführten, die Ämter, wie das des Grafen oder

Richters, vorwiegend zum Eigennutz führten und sich nur selten übergeordneten Interessen verpflichtet fühlten. Die Kirche, zunächst Bischöfe und Äbte, die ebenfalls dieser Schicht fast autonomer Herrschaftsträger entstammten, war zwischen geistlichem Amt und Königsdienst hin und hergerissen. Übergreifende Lenkungsstrukturen, die sich seit der Einsetzung von »Mittelgewalten« in Gestalt von Karls Söhnen Ludwig und Pippin in den »Außenregna« Aquitanien und Italien nachweisen lassen, erfuhren spät ihre Ergänzung durch die Schaffung kirchlicher Metropolen in 21 oder 22 »civitates« des Reiches unter Erzbischöfen und nahezu gleichzeitig durch die Bestellung von Königsboten. Dies gestattete dennoch kein Durchgreifen von oben nach unten. Die Amtsinhaber dieser »missatica« waren in den Kernzonen des Reiches meist mit den Metropoliten und Grafen des jeweiligen Sprengels identisch, die vor allem den Versäumnissen in der Rechtsprechung abhelfen und den »Armen« in ihren vielfältigen Nöten beistehen sollten. Ausweis dieser auf »pax« und »concordia«, auf Frieden und Eintracht ausgerichteten Regierungspolitik sind insbesondere die Konzilien des Jahres 813 als Versuch der Krone, übergreifend die erkannten Probleme zu erörtern und die gröbsten Mängel abzustellen.

Diese Art von Regierung, die vor dem König und Kaiser gleichsam Schutzbarrieren errichtete, die ihn freilich davor bewahrten, in regionale Quisquilien und Auseinandersetzungen unmittelbar verwickelt zu werden, und die sein Votum nur dann erforderlich machten, wenn alle Lösungsversuche auf mittlerer Ebene gescheitert waren, bot für sich keine glanzvolle Folie zur Darstellung »monumentaler« Innenpolitik. Diese beschränkte sich darauf, regulierend in Fragen des Rechtswesens, der Wirtschaftsführung und der religiös-moralischen Standards einzugreifen.

Einhart sah wohl aus dem Abstand von mindestens einem Jahrzehnt nach dem Ableben seines Helden und den leidvollen Erfahrungen unter Karls Sohn und Nachfolger Ludwig keine Veranlassung, das »innenpolitische« Reformprogramm des ersten Kaisers, das sich in der Devise der imperialen Münzen »Christiana religio« manifestierte, in seinen einzelnen Bestandteilen zu analysieren und als vorwiegend religiös motivierten Zugriff Karls auf die Gesellschaft, wie dies die späten Kapitularien und die erwähnten Synodalbeschlüsse unmißverständlich zeigen, der Nachwelt zu überliefern. Nicht David, nicht Salomon sind Einharts Leitfiguren, an denen er für Karl Maß nimmt, sondern die antiken

Caesaren. Im Gegensatz zum reichbestellten Feld der Außenpolitik bleibt der nachvollziehende Historiker im Bereich der Innenpolitik darauf angewiesen, aus Mosaiksteinen einer mehr oder minder zufälligen Quellenüberlieferung gewissermaßen ein Bild der Institutionen und Strukturen im Umriß zusammenzufügen, die staatliches Handeln und Königsherrschaft in einem semiarchaischen Gemeinwesen ermöglichten, die über bloße Kriegführung und Beutezüge hinausgingen.

Hof und »Akademie«

Die Familie im engeren Sinn mit dem grauhaarigen Patriarchen Karl als Vater und Großvater an der Spitze ist der natürliche Mittelpunkt des Hofes. Dieser ist zunächst ein ambulantes Herrschaftszentrum, das freilich nach 796 zunehmend in Aachen seinen lokalen Schwerpunkt findet, wo es sich zur Residenz ausbildet, zumal während der langen Wintermonate.

Aachen, inmitten reichen Königsgutes gelegen, bot mit seinen Thermen, der ausgedehnten Villa mit ihren Baulichkeiten, an ihrer Spitze bald das Münster, die Stifts- und Parochialkiche St. Marien, und seinen ausgezeichneten Jagdmöglichkeiten einen wohl adäquaten Ersatz für die durch einen Brand zerstörte Pfalz im rheinischen Worms. Ausgrabungen und der heutige Bauzustand können freilich nicht darüber hinwegtäuschen, daß sich die Dimension der Gesamtanlage, trotz der Einzigartigkeit des Münsters, nicht mit der Ausdehnung und Ausgestaltung antiker oder byzantinischer Kaiserpaläste vergleichen kann. Das Aachener Palatium, inkarniert im heutigen spätgotischen Rathaus, ließ keine byzantinische Hofhaltung zu. Alles war dergestalt eingerichtet, daß Karl von einem Fenster im Obergeschoß des Palas auf die Häuser der Klerisei, der Amtsträger und Höflinge, darunter die Unterkunft Einharts, blickte und das Treiben zu seinen Füßen beobachten konnte.

Aachen war weder Rom noch Konstantinopel, noch in Vorwegnahme Versailles oder Potsdam, auch wenn es Karl gelang, führende Geister seiner Epoche zumindest zeitweise an diesem Hof zu versammeln. In der Regel mit einer Pfründe versehen, verließen sie diesen nach einiger Zeit wieder, blieben aber über Briefe und Schriften mit dem Herrscher in ständigem Kontakt. Alkuin als Abt von Tours oder Theodulf von Orléans profilierten sich weiterhin als Ratgeber und Experten in theologischen, ethisch-moralischen oder astronomischen Fragen und tauschten sich regelmäßig mit Karl aus. Der kürzlich als internationale Gelehrtenrunde charakterisierte Kreis, der in Aachen eine Hof- oder Palastschule begründet haben soll, ist weithin eine literarische Fiktion. Seine vorgeblich berühmtesten Mitglieder Paulinus von Aquileia, Alkuin, Theodulf von Orléans, Angilram von St. Riquier haben diesem sogenannten Aachener Zirkel nie angehört, geschweige denn Petrus von Pisa oder Paulus Diaconus, sondern waren zum Teil längst vor dem Ausbau Aachens in ihre Heimat zurückgekehrt und in ihre neuen Ämter und Aufgaben eingewiesen worden.

Von dieser schillernden, oszillierenden Schar als Träger des Reformprogramms und dessen schulischer Umsetzung sind die Mitglieder jener Einrichtung zu unterscheiden, die den institutionellen Kern des »Hofes« ausmachte, der Hofkapelle. Diese hatte den reichen königlichen Reliquienschatz, vor allem die Cappa des heiligen Martin, in ihrer Obhut, besorgte den herrscherlichen Gottesdienst und erfüllte wesentlich Verwaltungsaufgaben wie das Ausfertigen von Urkunden und ähnlichen Schriftstücken, auch der Kapitularien. An ihrer Spitze steht zu Karls Zeiten der höchste Kapellan (summus capellanus), und an seiner Seite ein Kanzler (cancellarius) als Leiter der Schreibstube. Diese Institution und ihre Mitglieder, die Kanzlei eben, die erst in den achtziger Jahren des 8. Jahrhunderts eine gewisse personelle Aufstockung erfährt, begleiten die Inhaber der sogenannten Hofämter, die Minister (ministri). Deren Einsatz geht weit über ihr eigentliches Aufgabengebiet bei Hofe hinaus, denn sie sind häufig als Gesandte und Heerführer im Dienste des Königs »ressortübergreifend« belegt.

Der Kreis dieser Minister setzt sich zusammen aus dem Kämmerer, der gemeinsam mit der Königin für die Führung des Gesamthaushalts zuständig ist, dem Mundschenk als Organisator der königlichen Tafel, dem Pfalzgrafen als Vorsitzendem und zugleich als Vertreter des Herrschers im Königsgericht, dem Seneschall (»Altknecht«) als Leiter des gesamten Personals, dem Marschall (»Pferdeknecht«), umfassend zuständig für die militärischen Aufgaben, zumal für den Zustand der Reiterei, und nicht zuletzt dem »mansionarius«, dem Quartiermeister, zuständig für die Logistik des Reisens, auch für die Jagd. Programmatisch berichtet über diese internen Strukturen eine Schrift des Erzbischofs Hinkmar von Reims aus der zweiten Hälfte des 9. Jahrhunderts, betitelt »Über die Ordnung des Palastes« (De ordine palatii), die auf einer »Denkschrift« des uns vertrauten Karlsberaters und Abtes von Corbie, Adalhard, beruht und die somit authentisch die Verhältnisse am Hofe Karls und Ludwigs spiegelt.

Den Amtsträgern wie Seneschall, Mundschenk und Quartiermeister sind »actores«, die Verwalter der Krongüter, zugeordnet, die sich um die Aufnahme des Königs und seines Gefolges vor Ort zu kümmern haben. Gehört die Kapelle als ursprünglich mobile Einrichtung, die den Reliquienschatz zu behüten hat, zum Sakralbereich, so die erwähnte Ministerialität zur Sphäre des Hauses und des Haushalts. Königsherrschaft und Hausherrschaft haben die gleichen Wurzeln. Königsherrschaft ist zunächst gesteigerte Hausherrschaft über die Familie im engeren Sinn und im weiteren Verständnis, zu der die Verwalter der Ämter, die Klerisei und die Dienerschaft gehören und der sich das »Volk« als Gefolgschaft zuordnet.

Zum ständigen Personal, also zu den Inhabern der Hofämter, den Kapellanen und Notaren, treten insbesondere in den langen Wintermonaten »consiliarii« hinzu, Ratgeber, die programmatische Texte, vor allem aber die Reichsversammlungen des kommenden Frühjahrs oder Hochsommers vorbereiten. Eine weitere Gruppe herrscherlicher Entourage bilden die Höflinge, die »palatini«, die, bereits in jungen Jahren an den Hof entsandt, hier Bildung und Ausbildung erfahren und zu wichtigen Helfern des Königs aufsteigen können. Zu diesen gehörten Angilram, Abt von St. Riquier und zuvor Liebhaber von Karls Tochter Rotrud, Witiza-Benedikt von Aniane, den unter Ludwig dem Frommen eine große Karriere als Reformer erwartete, und vor allem auch Einhart, dem bereits nach wenigen Jahren in Aachen aufgrund seiner überragenden Fähigkeiten wichtige Ressorts bei Hofe übertragen wurden, nämlich die Leitung der Schule und der Werkstätten, der zentralen Anlaufstelle für den Bau des großartigen Münsters.

Zur sogenannten Hofschule selbst, deren quellenmäßig kaum faßbare Substanz in krassem Gegensatz zu ihrem späteren Ruf steht, geben Gedichte Alkuins und Theodulfs gewisse Hinweise in bezug auf ihre Struktur, ein Diedenhofener Kapitular von 805 kann gar als eine Art Lehrplan gelesen werden. An ihrer Existenz ist nicht zu zweifeln, galt es doch den Nachwuchs für Kapelle (und Kanzlei) auszubilden, Kinder und Enkel Karls zu unterrichten und den jungen Paladinen für ihre zukünftigen Aufgaben das geistige Rüstzeug zu vermitteln, wenn sie es nicht, wie Einhart aus Fulda, bereits mitbrachten.

Als Fächerkanon dieser Hofschule werden 805 genannt: Lesen, Kirchengesang (nach römischer Art!), korrektes Schreiben (Urkunden, liturgische Texte), Artes liberales, Computus (Kalenderrechnung) und »ärztliche Kunst«. Alkuin nennt in einem 796 verfaßten Zirkulargedicht als Mitglieder der Hofschule die Geistlichkeit und die »hippokratische Sektion« und wünscht sich deren Ergänzung um eine Art Dichterschule mit dem kunst- und sprachfertigen Einhart an der Spitze. Ferner führt er »lectores«, Musikstudenten und Notare an, deren letztere Schar Erkanbald, der Kanzleivorsteher, »durchaus überblickt«. Ihm zur Seite hängen gar zwei Wachstäfelchen, auf denen er nach Bedarf Notizen machen kann. Die Schule ist mithin ein Zweig der Hofkapelle. Hier vor allem werden die »pueri« ausgebildet, die Eliteschreiber, von deren Rekrutierung für die Aachener Schreibstube durch Karl selbst später Notker von St. Gallen in einer bekannten Anekdote zu berichten weiß. Auch Hrabanus Maurus, der Universalgelehrte der Generation nach Einhart, empfing hier seine Bildung.

Ob freilich der Hof, insbesondere während seiner ambulanten Phase bis zum Ausgang des 8. Jahrhunderts, zugleich Ort einer namentlich von der Kunstgeschichte beschworenen Palastschule als Herstellungszentrum kostbarer, gar illuminierter, also mit Bildern und Initialen ausgeschmückter Codices gewesen ist, darf ernsthaft in Zweifel gezogen werden. Der sogenannte Reichskalender etwa verweist ebenso auf seine Herkunft aus Lorsch wie das bekannte Arzneibuch, das wohl zu Recht mit Abt Richbot in Verbindung gebracht wird, um nur zwei prominente Handschriften zu nennen. Wo hätte sich angesichts des umherziehenden Hofes vor 795 überhaupt ein Refugium der Muße und des Schreibens derartig diffiziler und reich verzierter Texte gefunden? Nicht von ungefähr wird auch die älteste Fassung der Reichsannalen mit dem Worms benachbarten Lorsch in Verbindung gebracht, das wieder über Abt Richbot, dem Initiator der sogenannten Lorscher Annalen, beste Kontakte zum Hof und dessen Haupt besaß. Und die berühmtesten Codices aus dem Umkreis Karls, die laut Schreibereintrag auf seinen Befehl angefertigt wurden, Godescalc-Evangelistar und Dagulf-Psalter, sind längst vor der Ausbildung Aachens zur Residenz entstanden. Möglicherweise führt der Weg zur Anfertigung der angeblich mit einem königlichen Skriptorium fiktiv verbundenen Handschriften auch in die Bildungszentren Corbie, Chelles, St. Riquier oder andere, weniger prominente Skriptorien. Dies gilt sicher auch für das wohl nicht zu Unrecht so genannte Lorscher Evangeliar, das bereits im ersten Bibliothekskatalog dieser Abtei aus der Mitte des 9. Jahrhunderts seinen Platz hat.

Auch die sogenannte Akademie, die sich in Aachen, wenn man Alkuin Glauben schenken will, entfaltete und gar ein neues Athen heraufbeschwor, ist ein durchaus luftiges Gebilde, das freilich, als Institution über das Haus germanisch-fränkischen Zuschnitts weit hinausgehend, als Idee das theologisch fundierte Regierungs- und Bildungsprogramm verkörperte, das namentlich in Pseudonymen einzelner Mitglieder der wechselnden Tafelrunde durchschien: Karl galt als David, Alkuin als Flaccus (Horaz), Angilbert gar als Homer, der oberste Hofkapellan und Erzbischof von Köln, Hildebold, war der Mosesbruder Aaron und Einhart Beseleel, der Meister der salomonischen Bauhütte. Ein neuer Augustin, von denen sich Karl unbescheiden gleich ein Dutzend in seiner Entourage wünschte, war bezeichnenderweise unter den Akademikern nicht zu finden, auch wenn neben Alkuin nicht zuletzt Paulinus von Aquileia oder Theodulf von Orléans über eine stupende Gelehrsamkeit verfügten, ohne freilich jemals die Originalität des Kirchenvaters zu erreichen. Diese war indessen auch nicht ihr Ziel, das vielmehr darin bestand, Verlorenes und Vernachlässigtes wiederherzustellen, wie es ein Mitglied dieses Kreise treffend ausdrückte: »Voll wachsamen Eifers sind wir damit beschäftigt, die Werkstatt der Wissenschaften wieder herzustellen, die durch die Nachlässigkeit unserer Vorfahren beinahe verödet war und laden durch eigenes Beispiel, soviel wir können, dazu ein, die freien Künste zu erlernen.«

Nicht Originalität steht auf dem Programm, sondern Restauration. In den Lehrbüchern, Sammlungen und Florilegien aus Bibel, Patristik und »klassischer« Literatur läßt sich kein wirklicher Impuls einer Renaissance der Antike um ihrer selbst willen ausmachen. Aber auch bloße »correctio«, der ein ledern-schulmeisterlicher Hautgout eignet, ist nicht ihr Ziel, sondern das fleißige Bemühen um ein eigenes Bildungsfundament, das durchaus verschiedene Komponenten aus der Vergangenheit zu einem Ganzen und damit Neuen zusammenführt. Wahrhaft überzeugende Gestalt gewann dieses Programm in der einzigartigen Karlsbiographie Einharts, die, im Mittelalter unerreicht, Zeugnis für eine Kulturstufe ablegt, die der »Hof« aus eigener Kraft erreicht hat und die sich aus Antike, Christentum und »Zeitgeist« speist.

Die Mitte dieses Hofes und seiner kulturellen Institutionen bildet der

König selbst, der sich noch am Ende seiner Tage um die rechte Emendation des Bibeltextes, unterstützt von syrischen und griechischen Experten, müht. Der richtige Wortlaut und die richtige Interpretation hängen unlösbar miteinander zusammen. Sie allein sind Richtschnur für das rechte Leben und die gottgefällige Lebensführung. Philologie und Ethik sind Geschwister. Der Orthographie entspricht die Rechtsordnung, beide sind im göttlichen Heilsplan verankert. In ihrem Dienst stehen mithin Grammatik, Rhetorik und Dialektik als Kunst des Ausdrucks, Computus und Astronomie führen zur Erkenntnis der »prästabilisierten Harmonie« im Kosmos, die Musik läßt die Sphärenklänge hören. Und König, Rex, ist nach der (falschen) Etymologie Isidors von Sevilla, wer »recht handelt« (recte agit) und das Volk zur rechten Daseinsgestaltung anhält.

Residenz, Pfalzen und Königsweg

Selbst das Imperium christianum ist von dieser Welt, und auch der König bedarf der Herrschaftsinstrumente und einer realen, nicht zuletzt ökonomisch unterlegten Machtbasis.

Übte der mittelalterliche Herrscher weithin sein »hohes Gewerbe im Umherziehen« (Aloys Schulte) aus, so spiegelt die Ausbildung Aachens zur Residenz oder Hauptstadt des Imperiums nicht nur private Vorlieben des Herrschers für die warmen Bäder, sondern vor allem den in Karls mittlerer Zeit erreichten Radius des Riesenreiches, der es dem Frankenkönig physisch unmöglich machte, die Regierungsgewalt tatsächlich ambulant auszuüben. Überdies war seine Königsherrschaft nach 795 in einem Maße personell und institutionell gesichert, das es ihm erlaubte, weite Teile seines Imperiums aus der Ferne über ein dichtes Netz horizontaler Kontakte zu lenken: Mittelgewalten – seine Söhne, Erzbischöfe und Königsboten –, Grafen, Bischöfe, Äbte und »Königsvasallen« gehorchten seinen Befehlen. Karls Führungsposition war unbestritten, der Sohn des Aufsteigers Pippin hatte keine Konkurrenz um die Herrschaft zu fürchten.

Karl kannte sein Reich. Sein Itinerar, sein »Reise- und Erkundungsweg«, zeigt eine für mittelalterliche Herrscher unerhörte Weite und Intensität: Von der Küste der Nordsee im Lande Hadeln bis Capua im Beneventanischen, vom Ufer des Atlantik mit Boulogne-sur-mer bis zur

Raabmündung im Südosten und Cividale in Friaul führt sein Weg, die Pyrenäen überschreitend bis vor Saragossa am Ebro – eine einzigartige Überwindung von Raum und Distanz. Dies geschah vornehmlich zu kriegerisch-diplomatischen Zwecken, diente aber auch dem Gebet und der Heiligenverehrung etwa in Rom oder im Tours des heiligen Martin. Nimmt man zu diesen eigenen Reisewegen noch die vielfältigen Außenkontakte hinzu mit den Dänen, mit slawischen Völkern, Awarenherrschern, dem Patriarchen von Jerusalem, den byzantinischen Kaisern und dem Patrizius von Sizilien, mit den islamischen Statthaltern der Iberischen Halbinsel und als Krönung die Verbindung mit dem fernen Orient, mit Bagdad, in der Person des großen Harun-ar-Raschid, so ergibt sich daraus ein Horizont politischer Existenz und Erfahrung, der seinesgleichen sucht. Auf dem Zenit seiner »Weltgeltung«, die ihren Ausdruck in der Annahme des Kaisertitels fand, konnte Karl endgültig in Aachen Anker werfen. Das Reich war »saturiert«, denn der dauernde Ausgriff nach Norden und Osten über die Elbe hinaus lag nicht im wohlverstandenen Interesse (und in den tatsächlichen militärischen Möglichkeiten) des Großkönigs, die Expansion in den islamischen Süden hatte nach leidvollen Erfahrungen weit vor der Ebrogrenze haltmachen müssen, Benevent ließ sich nicht einverleiben, Venetien, Istrien und Dalmatien mußten entweder in die Unabhängigkeit oder erneut unter byzantinische Vorherrschaft entlassen werden. Karl widmete sich der Friedensstiftung und Friedenswahrung im Innern. Die deutliche Zunahme ordnender Kapitularien und eindringlicher Ermahnungen an die Königsboten ist keineswegs und vor allem als Zeichen von Dekomposition zu interpretieren, sondern als Nachweis intensiven königlichen Bemühens, »pax et concordia«, Frieden und Eintracht, in seinem Reich entschlossen durchzusetzen.

Sofern es aber nötig war, verließ Karl auch in seinen späten Jahren durchaus den Schutz Aachens, etwa wenn es 807 galt, die Flotte und deren Aufbau am Atlantik zu inspizieren und die von den Wikingern drohende Gefahr abzuwehren, oder wenn er sich zu einem Disput mit den Dänen unweit der Elbe aufmachte.

»Reichs«versammlungen an seinem Hof, die die wichtigsten Großen als Berater zeitweise zusammenführten, und regionale Veranstaltungen als Konzilien unter Erzbischöfen (oft zugleich Missi) bestimmten den Regierungsstil der letzten Jahre, den auch sein Sohn Ludwig bis 822 im wesentlichen mit Aachen als Zentrum beibehielt, bevor er dann zur Herrschaftssicherung das Reisekönigtum bevorzugte.

Läßt man das Itinerar der ersten Jahrzehnte von Karls Herrschaft Revue passieren, zeigt sich, daß sich der Reiseweg aus der »neustrischen« Pfalzen- und Bistumslandschaft im Oise-Aisne-Tal mit Compiègne, Laon und Reims oder Clichy bei St. Denis und Paris nach Nordwesten verlagert hat, auch wenn Quierzy an der Oise und Attigny an der Aisne noch mehrfach als Stationen belegt sind. Die Nähe von Maas, Rhein und Mosel, Diedenhofen bei Metz, dem Zentrum alten arnulfingischen Besitzes, und Herstal bei Lüttich als ehemals pippinidisches Hausgut in Reichweite der Ardennen bestimmen fortan das innere Itinerar. In Herstal lassen sich zwölf Aufenthalte (teilweise mit Überwinterung) nachweisen, in Diedenhofen noch sieben, wo im Winter von 805 auf 806 zudem das politische Testament aufgesetzt wurde, die *Divisio regnorum*.

Andere, häufig aufgesuchte Lokalitäten erklären sich zwanglos aus dem Kriegsitinerar oder der Nähe zum Kriegsschauplatz, so die Eresburg (6), Paderborn (4), Lippspringe (4), Düren (3) oder auch aus ihrer Funktion als Zentren der Repräsentation, etwa Regensburg (6), wo Karl zum Teil lange verweilte, weil dies zugleich der Vorort des neugewonnenen Herzogtums Bayern war. An der Spitze des Itinerars stehen aber Worms mit sechzehn und Aachen gar mit 27 Aufenthalten als Zeugnis für ihren herausragenden Rang als Winterquartier (und Residenz), der auch und vor allem die Feier der Festtage und Reichsversammlungen einschloß. Worms besaß nicht nur wegen seiner leichten Erreichbarkeit auf dem Rhein, seiner Pfalzbauten und als Bistumssitz hervorragende Möglichkeiten herrscherlicher Repräsentation, sondern zudem hohe Attraktivität auch wegen seiner Nähe zu Lorsch, dem Zentrum von Bildung und Gelehrsamkeit am Mittelrhein. In seinem Radius lagen überdies moselaufwärts Diedenhofen, Metz, am Rhein aber auch Ingelheim, mainaufwärts Mainz, Frankfurt und noch Salz im fränkischen Grabfeldgau. Erst der Brand seiner Pfalz in der Bischofsstadt ließ Karl nach einer neuen Bleibe Ausschau halten, wobei Ingelheim, aber auch Kostheim, Mainz gegenüber, in sein Blickfeld traten, allen voran aber Frankfurt, das 794 das große antinicaeanische Konzil in seinem Pfalzbezirk sah. In Betracht kam vielleicht auch Nimwegen, dessen Pracht Einhart mit Ingelheim vergleicht, ausgezeichnet mit immerhin vier Aufenthalten.

Die Entscheidung fiel schließlich zugunsten Aachens, das zwar an der Peripherie gelegen, aber durch reiches Krongut und Forsten herausgehoben war, mehr noch durch die warmen Quellen, die bereits in der Spätantike genutzt worden waren. In dieser Villa konnte Karl als höchster Eigenkirchenherr seines Imperiums mit seinen Baumeistern repräsentative Gebäude wie den Palast, »Lateran«, und vor allem das Pfalzstift in Gestalt des singulären Marienmünsters frei errichten, ohne geistlichen Einspruch durch Bischöfe oder Äbte fürchten zu müssen.

Die Pfalzen, zumal diejenigen der Karlszeit, sind mehr oder minder untergegangen. Sie werden bezeichnet als »palas«, »palatium«, sofern deren »öffentlicher Charakter« im Vordergrund unserer Quellenzeugnisse steht, oder als »curtis« (Hof) oder »villa« im Hinblick auf ihr wirtschaftliches Umfeld. Dies waren Stätten des Gerichts, diplomatischer Begegnungen, politischer Verhandlungen, der Reichsversammlungen, des Aufenthalts der Königsfamilie an Festtagen und nicht zuletzt Ausgangspunkte für die Herbstjagd, vor allem aber Zentren der Versorgung als Mittelpunkte oft sehr ausgedehnter Königs- oder Hausgutsbezirke.

Zur Pfalz gehörte ein Palast, das »palatium«, mit »aula regia«, der Königs- oder Empfangshalle, die freilich nach den Ausgrabungen in aller Regel über ein moderates Format nicht hinauskam. So sind für Frankfurt 17 mal 44 Meter (zweigeschossig), für Ingelheim 14,5 mal 33 Meter und für Paderborn rund 10 mal 30 Meter nachgewiesen. Das sind im Vergleich zu antiken, spätantiken oder byzantinischen Staatsbauten wahrhaft bescheidene Dimensionen. Diesen »Hallen« waren Wohn- und Wirtschaftsgebäude sowie Sakralbauten zugeordnet, in Aachen etwa der sogenannte Granusturm und die berühmte doppelgeschossige Kapelle in außergewöhnlicher Baukonstruktion als Sechzehneck mit eingeschriebenem Achteck und zwei Altären, zudem überreich ausgestattet, wie bereits die Chronik von Moissac meldet. In Frankfurt hingegen besaß die Pfalzkapelle als schlichte Saalkirche lediglich eine Ausdehnung von 7 zu 17,5 Metern und in Paderborn von 9 zu 22 Metern. In Ingelheim diente gar zunächst die benachbarte Remigiuskirche als Pfalzkapelle. Den Palastbezirk bildeten die Wohnhäuser der Höflinge und hoher Amtsträger, die häufig Aufenthalt am Pfalzort, etwa in Aachen, nahmen. Hier hatte sich zudem eine Art »suburbium« mit Händlern, unter ihnen Juden, ausgebildet. Doch auch in Aachen fehlte jener Luxus, der etwa den Großen Palast aus der Zeit Konstantins I. und die Annexbauten unter Justinian I. in Konstantinopel auszeichnete. Immerhin lassen Überreste erkennen, in welchem Maße antike Bauformen, insbesondere Schmuckelemente wie Kapitelle und Architrave, Bodenbelag und Wandverzierung dem vergangenen Zeitalter nachempfunden wurden, wenn nicht gar Spolien aus Rom und Ravenna Wiederverwendung fanden.

Diese Pfalzorte übernahmen die Versorgung des Hofes und wurden dabei durch ein dichtes Netz von sogenannten Tafelgütern vor Ort, aber auch aus anderen »Königslandschaften« gesichert. Die Logistik hatte der als »mansionarius«, Quartiermeister, bezeichnete Amtsträger zu überwachen und zu gewährleisten.

Sieht man von den spärlichen Spatenfunden in den bezeugten Pfalzorten ab, die freilich zumeist keine eindeutigen Interpretationen und Zeitansätze erlauben, so vermittelt lediglich eine Quelle aus der mittleren Karolingerzeit in Gestalt eines Inventars die bauliche Beschreibung einiger Königshöfe der beiden Fiskalbezirke von Annappes (bei Gruson) und »Treola« im heutigen Belgien, die neben Gebäuden aus Holz auch Steinhäuser aufzuweisen haben, ausgestattet mit Gemächern, heizbaren Kammern und Söllern. Die Infrastruktur besteht aus Küche, Backhaus, Vorratsräumen, Scheunen und Viehställen, aber auch aus Baumgärten, Fischteichen und Keltern. Mithin dürften sich diese Anwesen, wenn wir nicht gerade die prominenten Pfalzen zum Maßstab nehmen, in ihrer Ausstattung nicht wesentlich von den Herrenhöfen adliger oder geistlicher Villikationen unterschieden haben.

Wirtschaftliche Produktion und Grundlagen des »Staatshaushalts«

Das komplexe Thema der ökonomischen Basis des Königtums bedarf in einigen wenigen Grundzügen der Erläuterung, die gleichzeitig wiederum den Abstand dieser Herrschaft zur antiken und auch byzantinischen Staatsverwaltung deutlich machen kann.

Zur Begleichung der täglichen Ausgaben – ein Budget aus »Steuermitteln« mit festen Einnahmen und planbaren Ausgaben gab es nicht – stand nach Auskunft von Karls Testament von 811 der Königsschatz, der Tresor, zur Verfügung, den der Kämmerer verwaltete. Aus diesem Fundus wurden ungeschieden private und öffentliche Ausgaben getätigt. Dieser Königsschatz, in der älteren Sage mythendurchzogen und in Karls Zeit als »Ring« der Awaren wohl letztmals von gewaltiger

Dimension, war vor allem aus Kriegsbeute zusammengefügt. Dazu beigetragen hatten der Reichtum der langobardischen Könige und die Hinterlassenschaft der bayerischen Agilolfinger, vor allem aber die 796/97 auf Ochsenkarren verstaute Kriegsbeute aus dem awarischen Pannonien. Aus dieser reichen Substanz und dem Tribut der Beneventaner, der bis 811 nach Aachen floß, vermochte Karl das gewaltige und einmalige Bauprogramm der Aachener Residenz zu finanzieren, die Ausgaben für Buntmetall und sonstige Materialien, Handwerkerlöhne und Transportkosten für die römisch-ravennatischen Spolien eingeschlossen, ganz zu schweigen von den Zimelien der Palastbauten und der Sakralräume. Auch die kostbaren Codices, zum Teil auf purpurgetränktem Feinpergament mit Gold- und Silbertinte geschrieben und mit wertvollsten Elfenbeintafeln geschützt, hatten ihren Preis. Dies gilt auch für die wahrhaft königlichen Geschenke an St. Peter und andere Stätten des Glaubens und der Verehrung seines Großreiches, wie etwa St. Denis oder St. Riquier. Vor allem diente der Schatz aber dazu, die Mittel für großzügige Munifizenz zur Belohnung Getreuer und zur Gewinnung neuer Anhänger bereitzuhalten. Namentlich in archaischen und semiarchaischen Gesellschaften wohnt der Gabe eine herausragende Bedeutung für Herrschaftssicherung und gesellschaftlichen Konsens inne.

Die königliche Freigiebigkeit, eine der vornehmsten Herrschertugenden, wurde dergestalt erwidert, daß der König jährlich, vor allem von den Kirchen und Abteien, »dona« – Geschenke – zu erwarten hatte, die Ergebenheit signalisierten und ihrerseits zur Finanzierung der Königsherrschaft als »Staatsführung« beitrugen. Diese Gaben konnten aus Edelmetall sein, aber auch in Stoffen oder Gewürzen bestehen oder aus gemünztem Gold als Vorläufer des später in der deutschen Kaiserzeit normierten »servitium regis« der ottonisch-salischen Könige. Auch Dienstleistungen konnten diese Gabe ersetzen oder ergänzen: Der Bischof von Toul etwa war gehalten, drei Fuder Wein nach Aachen zu schicken; der Erzbischof von Reims hatte eine Transportleistung mit seinen Ochsen zu erbringen, die als »bos Aquensis« später dieser Kirche selbst als Einnahme zugute kam. Was die Abteien anlangt, so ist eine diesbezügliche Aufforderung Karls zu Umfang und Termin der Gabe an den Vorsteher von St. Quentin im Wortlaut auf uns gekommen. Und wenn nach 817 die Königsklöster sich nach ihrer Belastung deutlich unterscheiden, je nachdem ob sie neben Gebet und Kriegsdienst zusätzlich noch Jahresgaben zu leisten haben, die offensichtlich bei Hofe als feste Einnahmen verbucht wurden, so offenbart das die wohl als drükkend empfundene Verpflichtung.

Als weitere »staatliche« Einnahmen sind Buß- und Friedensgelder bekannt, auch Umsatz- und Transitzölle, Straßen- und Brückengelder sowie Gewinne aus dem Münzschlag. Ob diese Gelder freilich angesichts der lokalen Verwaltung und des Eigenbedarfs der Amtsträger vor Ort jemals in die königliche Kasse gewandert sind, ist mehr als fraglich. Diese Art der Besteuerung ist nämlich wesentlich aus Privilegien für kirchliche Einrichtungen bekannt, die ihre Empfänger von eben dieser Leistung gänzlich oder teilweise ausnehmen oder ihnen gar deren Erhebung zum eigenen Nutzen gestatten.

Anders verhielt es sich zumindest auf dem Pergament mit den Rückflüssen aus der eigenen Güterverwaltung. So sieht das berühmte *Capitulare de villis*, die sogenannte Verordnung über die Höfe, deren Ausfertigung in die Kaiserzeit Karls (oder Ludwigs) fallen muß, da von »kaiserlichen Höfen« oder von »Höfen des Kaiserreiches« in der Überschrift gesprochen wird, jährliche Abrechnungen der Verwalter über den Verkauf der landwirtschaftlichen Überschüsse vor. Die so erzielten Einnahmen waren an die Zentralkasse abzuführen.

Es hat sich seit einigen Jahrzehnten, inspiriert durch und orientiert an einem Teil der französischen Forschung, die Meinung verbreitet, die Wirtschaft der Karolingerzeit sei durch Not, Mangel, Elend gekennzeichnet, besonders kraß beim Ausbruch von Hungersnöten und Seuchen, sowie durch ein Defizit an technischen Innovationen. Erst am Ende des 10. Jahrhunderts, mit dem Aufstieg der Kapetinger, sei ein Wandel zu beobachten, der in eine progressive Phase der Ökonomie einmünde. Erst zu diesem Zeitpunkt habe gar die Spätantike wirtschaftlich-sozial ihr Ende gefunden, so die neueren Thesen von Guy Bois, denen allerdings von berufener Seite, durch Adriaan Verhulst und Pierre Devroey, entschieden widersprochen worden ist.

Die überlieferten Dokumente aus der Ära der Karolinger, vor allem die Inventare großer Villikationen, Hofverbände, zwischen Rhein und Seine, aber auch aus dem Alpenvorland und Oberitalien, vermitteln indessen einen anderen Eindruck: Nach den Urbarien von Staffelsee (Oberbayern, um 807), St. Germain-des-Prés (Paris, um 830) und Prüm (Eifel, 893) ist die sogenannte Grundherrschaft als Betriebs- und Lebensform weiter Schichten der bäuerlichen Bevölkerung auf dem Vormarsch. Ihre Indikatoren sind intensivierter Getreideanbau, insbesondere Weizen, auf geeigneten Äckern, etwa den Lößböden des Seinebekkens, der Picardie und des Niederrheins.

Der Anbau wird mit Hilfe des schollenwendenden, eisenbeschlagenen Beet- oder Räderpflugs vorgenommen, der die Dreifelderwirtschaft in Gewannen, großen Schlägen, begünstigt und sich ertragsteigernd auswirkt, da ein Drittel des Bodens als Brache sich jährlich regenerieren kann und die Fruchtwechselfolge, Sommer- und Wintergetreide, die Produktionspalette enorm erweitert. Mit dem Einsatz neuer Technik, etwa dem Pflug mit Messer, Schar und Sech aus Eisen zur verbesserten Bodenbearbeitung, verband sich die Errichtung von wassergetriebenen Getreidemühlen, was nicht nur eine wesentliche Arbeitsersparnis für die Frauen mit sich brachte, sondern eine qualitative Verbesserung des ausgemahlenen Mehls. Der Grundherr – König, Adel, Klöster – setzte Kapital zum Bau dieser »Maschinen« ein, das sich im Eigen- und Fremdbetrieb der Mahlwerke rentierte. Bereits am Ende des 8. Jahrhundert und verstärkt im folgenden 9. Jahrhundert kommt es zur Ausbildung regelrechter Mühlenlandschaften an zahlreichen Wasserläufen.

Die durch Wasserräder getriebene Mühle, zumal in ihrer später mittels Nockenwelle diversifizierten Gestalt als Walkmühle, Eisenhammer oder Blasebalg, veränderte im Hochmittelalter den Zuschnitt gewerblicher und »industrieller« Produktion in der Textilwirtschaft und im Bergbau mit weitreichenden Folgen für die mittelalterliche Gesellschaft. Die Anfänge dieser ersten sogenannten Protoindustrialisierung liegen in der mittleren Karolingerzeit. Eisen ist damals durchaus keine Mangelware. Neben seinem zivilen Einsatz in der Landwirtschaft ausweislich der Schmiede, die bereits im Gesetz der Bayern aus der Mitte des 8. Jahrhunderts neben der Kirche und dem Hof des Herzogs zur Binnenstruktur des Dorfes gehört, findet es in der Waffenproduktion breite Verwendung als Schwert, Speerspitze, Messer, Dolch und Brünne. Aus Embargoverordnungen der Kapitularien und aus der enormen Verbreitung der sogenannten Ulfberthschwerter läßt sich die Qualität fränkischer Eisenerzeugnisse ermessen. Die Kampfkraft des fränkischen Militärs hing nicht zuletzt von dessen Bewaffnung ab. So läßt Notker von St. Gallen die Langobarden 773 vor den eisenstarrenden Schwadronen Karls die Flucht ergreifen, und bereits kurz nach 800 rühmt der Verfasser des Paderborner Epos den »kalten Stahl« des missionierenden Eroberers. Karl selbst galt als »Prediger mit der eisernen Zunge«.

Mit dem vermehrten Getreideanbau, auch mit der zunehmenden Anlage von Sonderkulturen, vor allem des Weinbaus bis an die fränkische Saale bei Hammelburg, verknüpft sich eine spürbare Intensivierung des regionalen und interregionalen Handels, der insbesondere die großen Flüsse und deren Mündungen in Nordsee und Atlantik berührt: Portus (Häfen) und Vici (Wike) sind die Vorboten der hochmittelalterlichen Verstädterung und der Ausweitung der Handelsrouten. Die Flußsysteme von Rhône, Rhein, Donau, aber auch Seine, Maas und Schelde, selbst Weser und Ems vernetzen den Kontinent nördlich der Alpen und verbinden diesen einerseits mit England, Teilen Skandinaviens und dem slawischen Osten und über die Rhône auch mit dem Mittelmeer.

Im Nordwesten sind es vor allem die Friesen, deren Quartiere etwa in Köln, Mainz und Duisburg bezeugt sind, die als Bauernkaufleute England, Skandinavien und das Hinterland bis Bremen mit den nach ihnen benannten Tuchen, aber auch mit Keramik, dem Exportschlager Wein – ausweislich der vielen in Nordeuropa gefundenen Amphoren –, nicht zuletzt mit Menschen versorgen. Als Zentren überregionalen Handels sind Dorestad und Quentowic am Atlantik, Haithabu an der Schlei und Bardowick vor dem Elbübergang bei Artlenburg besonders bekannt.

Von wirtschaftlichem Niedergang oder gar einer »Produktion auf Steinzeitniveau« kann keine Rede sein. Wie erklärte sich dann die gesteigerte Bautätigkeit in Klöstern wie Lorsch, St. Denis, St. Riquier, aber auch und gerade in Fulda, wie die ausgeweitete Buchproduktion und vielfache Einrichtung von Skriptorien, die zur gleichen Zeit allerorten zu beobachten ist, ganz abgesehen von der Fertigung von Reliquienschreinen und kostbarem Altargerät? Weshalb sollten die Nordmannen oder Wikinger ihre gefürchteten Beutezüge weit in die Flußläufe des Kontinents hinein, gar bis Aachen, unternehmen, wenn es im Wortsinn nichts zu holen gab?

Gewiß beeinträchtigten Hungersnöte und Mißernten, in deren Gefolge Seuchen das Land überzogen, die Existenz vieler Menschen, allerdings regional in durchaus unterschiedlichem Ausmaß. Der Aufschwung ist auch östlich des Rheins nicht zu übersehen. Es findet nachweisbar der Übergang von der älteren Wald-Weide-Wirtschaft zum wechselnden Getreideanbau statt, der schließlich im Roggen die Frucht findet, die den schweren und feuchten Böden, zumal östlich des Rheins, adäquat ist. Im Süden der Gallia hingegen sind noch Höfe aus der spätantik-merowingischen Gutsherrschaft verbreitet, allerdings sind sie nun wesentlich kleiner, in ihrer Bewirtschaftung abhängig von »Kolonien« kleinerer, teilselbständiger Bauernstellen. Die Phase der frühmittelalterlichen wirtschaftlichen Expansion und technischen Innovation entfaltet sich vor allem in den Kernländern des Karlsreiches zwischen Seine und Rhein. Hier liegt auch nicht von ungefähr das neue, nachmerowinigsche Gravitationszentrum des Königtums und der Herrschaft Karls des Großen.

Motor dieses Aufschwungs in der Francia (und in der oberitalienischen Poebene!) ist die sogenannte Grundherrschaft, die sich seit der Mitte des 8. Jahrhunderts immer mehr als progressive landwirtschaftliche Betriebsform entfaltet. Diese bestimmt auf Dauer nicht nur die Produktionsmethoden der Agrarwirtschaft, sondern regelt zugleich die soziale, ökonomische und darüber hinaus rechtliche Lebenswirklichkeit der abhängigen bäuerlichen Bevölkerung. Diese als Herrschaft über Land und Leute zu charakterisierende Verfügungsgewalt der Großen gibt zunächst dem Großgrundbesitz – zumeist in Streulage – des Königs und der Kirche, aber auch des Adels seine nachhaltige Struktur. Die sogenannte Vergrundholdung breiter Teile der ehedem »freien« Bauernschaft, also deren Unterwerfung unter die Botmäßigkeit der Oberschichten, bedroht die Heeresfolge, das Aufgebot der »Freien« oder »Franci«, die sich nicht zuletzt zwecks »Freistellung« in die Botmäßigkeit der Großen begeben. Das Königtum zog daraus die Konsequenz durch Verpflichtung von Gestellungsverbänden, etwa basierend auf vier Mansen zur gemeinsamen Ausrüstung eines Kriegers. Zugleich wurde für den Grundherrn die Zahl von zwölf Bauernstellen für die Ausrüstung eines Berittenen festgelegt.

Im Verbund mit der Ausweitung des Getreideanbaus (und von Sonderkulturen) auf den eigengenutzten Ländereien, dem Salland, wußte der Grundherr die jeweils saisonal erforderlichen Arbeitskräfte zum Pflügen, zur Aussaat, zu Ernte, Drusch und Transport von den Bauernhöfen zu gewinnen. Deren Inhaber waren entweder in die Abhängigkeit vom Grundherrn, in die »Hörigkeit« geraten oder als ehemalige Eigenknechte auf einem Hof angesetzt worden, der seine Existenz der Umwandlung aus Herrenland, häufiger noch Rodung und Landesausbau verdankte. Neben bestimmten Abgaben, die zum Teil statussignifikant waren, wie Hühner und Eier, schuldeten diese Betriebe, in unseren Quellen Hufen genannt, Arbeitsfronden. Für die sogenannten Freienhufen, deren Inhaber ursprünglich ständisch »frei« gewesen waren, galt die saisonale Arbeit mit Pflug und Ochsengespann auch für Spanndienste und Transporte als verpflichtend, die wenige Wochen des Jahres, zumeist sechs, umfaßten, während die »Knechtshufen« ehemaliger Hofbediensteter die »Drei-Tages-Fron« zu leisten hatten, ihre Frauen, die ehemaligen Mägde, überdies Textilarbeit oder Zugehdienste am Herrenhof. Letztere Betriebe werden häufig als »manoperarii«, als »zur Handarbeit verpflichtet«, bezeichnet, da sie offenbar nur unzureichend über Anspannvieh und Pflug verfügten und daher die Arbeiten mittels Spaten und Hacke verrichten und gegebenenfalls als Lastenträger ihre Transportpflichten erfüllen mußten.

Die Grundherrschaft, von der belgisch-französischen Forschung wertneutral und zutreffend als »système bipartite« bezeichnet, führt insofern die sich widersprechenden Interessen von Herr und Knecht zusammen, als der Grundherr im Gegensatz zum Sklavenhalter der Antike von den Kosten und den Mühen entbunden wird, die mit der Kasernierung von Sklaven, deren Aufzucht, Verpflegung und Bewachung verbunden sind, zumal ihr Arbeitseinsatz im Jahresrhythmus des Getreideanbaus nur während weniger Wochen erforderlich ist. Überdies kann er auf einen eigenen »Fuhrpark«, Arbeitsgeräte und Anspannvieh, weitgehend verzichten. Der Grundholde hingegen, dessen Ertrags- und Arbeitskraft etwa zur Hälfte seitens der Herrschaft abgeschöpft wird, führt seinen eigenen Betrieb selbständig, der in der Regel als »hereditas«, Erbe, im Besitz seiner Familie verbleibt. Überschüsse, die er auf seinem Hof erwirtschaftet, stehen ihm zur Verfügung und können von ihm auf dem nächsten Markt verkauft werden, was ihm seinerseits wieder Zukäufe aus dem gewerblichen Bereich gestattet. Die Anlage von Gewannen und die Durchsetzung der Dreifelderwirtschaft kommen in gleichem Maße dem Herrenland wie der bäuerlichen Akkerflur zugute. Und die (herrschaftliche) Mühle integriert im Einsatz von Investivkapital und innovativer Technik diese Wirtschaften und wirft für beide Seiten hohen Nutzen ab.

Diese idealtypische Darstellung soll freilich nicht verleugnen, daß die Grundherrschaft weder ein Vertragsverhältnis zwischen rechtsgleichen Partnern darstellt noch einem Pacht- oder Mietvertrag sich annähert, sondern ein Macht- und Herrschaftsverhältnis ist, dessen Ponderabilien der Herr bestimmt. Dies bedeutet für den Unterworfenen Hörigkeit, die ihm seine Freizügigkeit nimmt, die Zustimmung des Herrn bei der Heirat erforderlich macht und ihn dessen Gerichtsbarkeit unterstellt, wovon lediglich Kapitaldelikte ausgenommen sind, da diese vor das Grafengericht gehören. Insgesamt war dieses System, das einen Ausgleich zwischen Sklaverei und Selbstbestimmung, zwischen Ausbeutung und Eigenwirtschaft zumindest intendierte und nicht selten erreichte, von hoher gesellschaftlicher Akzeptanz und vielfachem ökonomischem Nutzen, spürbar an dem Prozeß der »Vergetreidung«, der den demographischen Aufschwung auf der Basis erweiterter Nahrungsressourcen ermöglichte, und sichtbar an dem Einsatz innovativer Technik wie Räderpflug und Wassermühle.

Diese zweigeteilte Betriebsform, die »staatsrechtlich« und politisch als Lebensform einen Teil der bisher freien Bauern, der »Franken«, vom Königtum abschnitt und der Grundherrschaft unterwarf, bestimmte maßgebend auch die Strukturen der königlichen Villikationen, zusammengefaßt in »ministeria« und »fisci«. Zwar sind keinerlei originäre Zeugnisse in Gestalt von Inventaren derartiger Gutskomplexe aus dem königlichen Archiv oder der »Kammer« auf uns gekommen, indessen signalisieren Schenkungsurkunden über umfangreichen Besitz hinlänglich derartige wirtschaftliche Ausformungen. Beispielsweise erhielt das Kloster Fulda 760 und 777 die Villikationen Deiningen im Donauries und Hammelburg am Mittellauf der fränkischen Saale aus Fiskalbesitz übertragen. Die Inventarisierung dieser Objekte erfolgte um 830, in den Tagen des gelehrten Abtes Hrabanus Maurus. So standen in Hammelburg 2500 bis 3000 Morgen Ackerland des Herrenhofes rund 660 ständisch abgestufte abhängige Bauernhöfe mit etwa 20000 Morgen Ackerland gegenüber. »Die bipartite Grundherrschaft war in Hammelburg also bereits zu voller Durchschlagskraft gelangt« (Ulrich Weidinger).

Ein anderes Beispiel ist der Hof Friemersheim am linken Rheinufer auf der Höhe von Duisburg, der höchstwahrscheinlich zwischen 809 und 814 den Besitzer wechselte und damals aus der Hand des Kaisers in die Verfügungsgewalt des Klosters Werden an der Ruhr überging. Das Salland in Friemersheim wird in einem späteren Text nicht eigens quantifiziert, im Gegensatz zu den anhängigen Höfen, deren Zahl mit 101 angegeben ist, von denen dreißig auf Friemersheim als Villikationszentrum bezogen sind. Im Gegensatz zu Hammelburg (und Deiningen) sind die Abgaben und Dienste der Hufenbauern im Text präzise niedergelegt worden. An bestimmten Feiertagen waren kleinere Münzbeträge aufzubringen – Hinweis auf die verbreitete Geldwirtschaft auch im östlichen Agrarbereich –, generell als Statusmerkmal die Abgabe von drei Hühnern und zehn Eiern. Die tatsächlichen Interessen des Grundherrn ergeben sich aus dem Diensttableau seiner Höfe. Es sind zu leisten: zwei Wochen (Pflugdienst) im Herbst (Wintergetreide), zwei Wochen im Vorfrühling (Sommergetreide), zwei Wochen im Juni (Brache). In den einzelnen Wochen sind ferner Tage für den Arbeitseinsatz vorgeschrieben, etwa für die Unkrautbeseitigung auf den Feldern und die Einfuhr der Ernte.

Das Verhältnis zwischen grundherrschaftlich geführten Betrieben sowie Höfen der älteren Gutsherrschaft mit vorwiegend Wald- und Weide- oder Feld-Gras-Wirtschaft und den »freien« Bauernstellen im Frühmittelalter auch nur annähernd zu bestimmen, gar zahlenmäßig zu gewichten, ist angesichts fehlender Daten unmöglich. Mit Sicherheit gilt, daß die Betriebsgrundherrschaft der Motor des allgemeinen Aufschwungs in den Dezennien gegen und nach 800 gewesen ist.

Wirtschaftsführung des Königs

Zu den wichtigsten Dokumenten zur praktischen Ökonomie im Zeitalter Karls zählt neben einer Inventarisierung des leistungsfähigen, überwiegend grundherrschaftlich organisierten Besitzes der Abtei St. Wandrille, die auf Befehl des Königs bereits 787 von seinen Missi durchgeführt worden ist, das in einer Sammelhandschrift aus dem zweiten Viertel des 9. Jahrhunderts überlieferte *Capitulare de villis vel curtis imperialibus* (imperii?), das Kapitular zur »Ordnung über die (Kron)Güter und die kaiserlichen Höfe und Güter« oder »über die Höfe und Güter des Imperiums«.

Dieser singuläre Text findet sich in der Nachbarschaft weiterer einschlägiger Aufzeichnungen, in dem von den Herausgebern so genannten »Brevium exempla«. Diese enthalten ein Inventar der Kirche von Staffelsee, die gegen 807 dem Bistum Augsburg inkorporiert worden ist, die »Summe« dieses Bistums, ein Prekarieverzeichnis aus dem elsässischen Kloster Weißenburg und das erwähnte Verzeichnis der Königshöfe im belgischen Annappes. Schließlich enthält die Sammlung zehn Briefe Papst Leos III. aus dem Zeitraum von 808 bis 814 an Karl den Großen. Zumindest dieser Teil der Handschrift schließt deren Verwendung als »Gebrauchsexemplar«, als Erhebungs- und Inventarisierungsmuster aus, eine Annahme, die durch das »Duodezformat« des Originalmanuskripts (30,8 auf 12,5 Zentimeter) vielleicht nahegelegt werden könnte.

Aussteller, Datierung und »Geltungsbereich« des Textes sind in der Forschung umstritten. Der Bezug auf »kaiserliche Höfe« oder »Reichshöfe« (»curtes imperiales« oder »curtes imperii«), die Einfügung von Staffelsee, das um 807 Augsburg angeschlossenen wurde, und die Papstbriefe verweisen zwingend auf die Endphase von Karls Regierung und auf das Jahr 800 als Terminus a quo der Niederschrift. Ob Karl noch selbst der Initiator der »Krongüterverordnung« gewesen ist, muß dahingestellt bleiben. Der Hinweis im 59. Kapitel auf das Andreasfest, der einzige explizit angeführte Heiligentag am 30. November, könnte auf Karls Sohn und Nachfolger Ludwig hindeuten, der dem Bruder des Apostelfürsten Petri seine besondere Verehrung erwies. So ist zum Jahr 829 erstmals eine kaiserliche Andreasfeier bezeugt, Ludwigs Bistumsgründungen in Verden und Hildesheim tragen auch das Patrozinium dieses Heiligen. Nimmt man überdies den mehrfachen Hinweis des *Capitulare* auf die Königin wörtlich, so müßte die Verordnung vor 816 ergangen sein, wurde doch Ludwigs erste Gemahlin Irmingard in diesem Jahr von Papst Stephan IV. in Reims zur Würde der Kaiserin befördert.

Indessen ist die Königin in diesem Textzusammenhang ohnedies nicht mit einer bestimmten Person zu identifizieren, sondern als Inhaberin einer herausgehobenen Funktion an der Seite des Herrschers, insbesondere in Angelegenheiten des »Haushalts«, anzusehen. In gleicher Weise ist im gesamten Text, fast im Widerspruch zur Überschrift, vom Herrscher allein als Rex, König, die Rede, eben in seiner Eigenschaft als Herr des Königsgutes. Die Ausfertigung des *Capitulare* in der allerersten Regierungszeit Ludwigs des Frommen würde mit dessen vielfachen Bemühungen zur Sicherung des Reichsgutes durchaus übereinstimmen und zu seinen allseits ordnenden Eingriffen in Staat und Kirche passen.

Wenig überzeugend ist die These, das Krongutverzeichnis sei im Kontext von Hungersnöten entstanden, die vor allem in der Mitte der neunziger Jahre des 8. Jahrhunderts das Frankenreich heimgesucht hatten, und könne daher als Versuch gewertet werden, gleichsam »von oben« die Nahrungsengpässe und Verteilungsschwierigkeiten zu beseitigen. Von einer allgemeinen Sozialfürsorge legt das Dokument gar kein Zeugnis ab, ihm geht es ausschließlich um die Probleme von Entzug, Unterschleif und Mißwirtschaft auf den Königshöfen, um deren rechte Bewirtschaftung, um Vorratshaltung und Ablieferung und nicht zuletzt um die korrekte Rechnungslegung durch die Verwalter zugunsten des Hofes von den Gütern, die »ad opus nostrum«, »zu unserem Nutzen«, eingerichtet worden sind.

Diese Wirtschaftsobjekte bilden die notwendige materielle, tägliche Basis des Königtums, von ihren Lieferungen und Erträgen lebt der Hof, der mit ihnen über eine ausgefeilte Logistik verbunden ist. Allgemeine karitative Aspekte verbinden sich daher nicht mit diesem programmatischen Entwurf, wenngleich nicht ausgeschlossen werden kann, daß insbesondere die zahlreichen (königlichen) Eigenkirchen auf den Fiskalbesitzungen in den Krisenjahren zu besonderer Mildtätigkeit aufgerufen worden sind und wohl auch Armenfürsorge betrieben haben.

Als Motto und vorschriftleitendes Interesse steht aber über dem Ganzen: »Wir wollen, daß unsere Höfe, die wir unserem Nutzen zu dienen eingerichtet haben, zur Gänze uns dienen und nicht anderen Menschen«, also weder Grafen noch sonstigen Amtsträgern. Diesem Passus schließt sich eine weitere Forderung an, die aus nicht wenigen Kapitularien aus der Spätzeit Karls bekannt ist, daß nämlich »unsere familia«, die hörigen Hofinhaber, das bäuerliche Gesinde allgemein und die Hofausstattung, »gut bewahrt und von niemandem in die Armut gedrückt werde[!]« In diese Richtung geht es, wenn den »iudices«, den Richtern und zugleich Verwaltern der Villikationsbezirke und »fisci«, untersagt wird, die Bauern für eigene Bedürfnisse in Anspruch zu nehmen, »ihnen Pflugdienste abzufordern oder sie Bauholz schneiden zu lassen oder von ihnen Geschenke entgegenzunehmen«. An anderer Stelle wird ihnen zudem untersagt, für sich und die Hundemeute (Jagd!) Herberge bei den Hörigen zu nehmen oder in den Forstbezirken des Königs, die selbst für die Grafen als Jagdreviere tabu sind, dem Waidwerk nachzugehen. Auch den Königsboten auf dem Wege von und zur Pfalz wird generell die Herberge auf den Tafelgütern und die Gastung dort verboten. Dies für sie zu besorgen, sei ausschließlich Aufgabe der Grafen.

Diese mißverständlich, weil einseitig so genannten Tafelgüter, als Villikationen und Fiskalbezirke organisiert, sind keine eigentlichen Domänen nach Art späterer Rittergüter, sondern liegen vielmehr zumeist in Streulage mit Besitzungen anderer Eigentümer, auch »freier« Bauern, die nicht zu den Hörigen des Königs zählen. Ihnen, den »Franci« des

Kapitulars, gilt der besondere Schutz des Herrschers. So sollen die Richter jeweils nach deren Recht urteilen, die Bußen sind an die königliche Kasse abzuführen. Eigenleute der herrscherlichen Grundherrschaft sind hingegen vornehmlich durch Schläge abzustrafen, denn die Zahlung von Bußgeldern an die »iudices« hätte lediglich zur Substanzverminderung des Fiskalbesitzes geführt.

Als vornehmste Aufgabe haben die »Richter« und ihre Stellvertreter die Überwachung sämtlicher Arbeiten auf dem Feld von der Einsaat bis zur Ernte zu gewährleisten, wozu auch die Ablieferung des Kirchenzehnten an die königlichen Eigenkirchen gehört, die im übrigen nur mit Klerikern aus dem Hofgesinde, also Freigelassenen, und mit Klerikern der Hofkapelle besetzt werden dürfen.

Zu den wesentlichen Pflichten, die den Güterverwaltern obliegen, jenen also, die einem Fiskalbezirk wie Aachen, Herstal oder Frankfurt vorstanden, zählte vor allem die Sorge für die Weinberge, für die Lagerung des edlen Rebsaftes und, falls erforderlich, für den Zukauf. Auch die Weinabgaben höriger Hofstellen sollen in den königlichen Kellern gelagert werden. Den »Verwaltern« und ihren Pflichten folgen im Text die Aufgaben sonstiger »Ministerialer«, die hier als Hofbedienstete angesprochen werden, deren Dienste als Meier, Förster, Stallmeister, Kellermeister, Dekan und Zöllner sie nicht einmal von allen ihrer sozialen und rechtlichen Schicht ansonsten auferlegten Tätigkeiten in der Landwirtschaft und von statusbezogenen Abgaben entbindet. So sind sie weiterhin zum Pflugdienst auf dem Herrenland verpflichtet und müssen jährlich Ferkel zinsen.

Ein besonderes Kapitel der Verordnung widmet sich der Pferdehaltung und -aufzucht. Nicht umsonst genoß die fränkische Reiterei einen ausgezeichneten Ruf, nicht umsonst bat selbst der römische Pontifex seinen Verbündeten jenseits der Alpen um edle Rösser, freilich mit mäßigem Ergebnis.

Zahlreiche Anordnungen gelten der »Kommandostruktur« und der Versorgung des Hofes: Die Verwalter sind bei Strafandrohung, die auch ihre Untergebenen trifft, gehalten, den Befehlen von Seneschall oder Mundschenk ebenso nachzukommen wie den Anweisungen des Königs und der Königin, die (Lieferungs-)Aufträge zu erfüllen, insbesondere die Tafel des Herrschers mit besten Qualitäten zu versorgen, »soweit die Reihe an ihnen ist«, offenbar wenn der Hof das betreffende Gut aufsucht oder sich in seiner Nähe aufhält. Erinnert sei an den turnusmäßigen Besuch von vier Winterpfalzen in Aquitanien, auf die Karls Sohn Ludwig als König von Aquitanien im eigenen Interesse verpflichtet wurde. Ferner sorgt sich der Text um weitere Details der Versorgung. Bienenkörbe sind aufzustellen, denn Honig war schließlich der einzige Süßstoff, bei den Mühlen (!) sind Hühner und Gänse als Mastgeflügel zu halten, und die Fischteiche sind zu pflegen.

Aber nicht allein der Nahrungskette des königlichen Haushalts über die Versorgungsleistungen der Höfe gilt der eindringliche Appell an die Verantwortlichen. Den Strukturen und Aufgaben des zweigeteilten Betriebssystems entsprechend ist auch für den Eigenanteil an Arbeit auf den Villikationen Zugvieh für Pflug- und Spanndienste bereitzuhalten. Die Eichelmast der Schweine findet Berücksichtigung, und nicht zuletzt wird bestimmt, daß die Güter, die der Aufsicht eines Meiers unterstellt worden sind, von diesem in einer Tagesreise umschritten werden können.

Es folgt der wichtige Hinweis auf die offenbar bereits übliche Geldzirkulation, die zugleich Verkäufe aus den Überschüssen der Tafelgüter signalisiert, verbunden mit dem Befehl, jeweils am Palmsonntag, also eine Woche vor dem Osterfest, den Überschuß an Bargeld bei Hofe abzuliefern und eine Art prospektive Rechnungslegung für das laufende Jahr vorzunehmen. Des weiteren ordnet der König eine gesonderte Buchführung für alles an, was dem königlichen Hof aus den Erträgen der Tafelgüter selbst zugute kommt. Auch was die »Kriegskarren« angeht, soll es eine gesonderte Aufstellung geben, ebenso eine Liste der Pfründner und der Textilwerkstätten, die von den Höfen mit Rohstoffen beliefert werden. Der dergestalt erzielte oder errechnete Überschuß ist nach Abzug der Sonderposten entweder aufzubewahren oder nach der Entscheidung des Königs zu verkaufen. Dergleichen gelagerte Überschüsse sind aus der Inventarisierung des Königshofes von Annappes bekannt als Teil des Gesamtertrags, nicht als dessen Summe.

Erneut wendet sich die Verordnung der Versorgung mit einzelnen Lebensmitteln zu, die von Speck bis Mehl reichen und damit eine Palette durchaus »bäuerlichen« Zuschnitts offerieren, sieht man von Wein und verwandten Getränken einmal ab. In der Fastenzeit, zumal der vorösterlichen Quadragesima, haben die Güter auch die Fastenspeise, insbesondere Gemüse, Fisch und Käse, bereitzuhalten. Die Wälder und Forsten, diese »exklusive[n] Gebiete unter Königsrecht im Hinblick auf Waldnutzung, Jagd und Fischfang« (Thomas Zotz), sind sorgsam zu pflegen, in gleicher Weise auch das aus den Wäldern gerodete Neuland, das nicht wieder Wildnis werden darf. Der Wildbestand der Forsten ist zu hegen, wozu auch die Aufzucht von Jagdfalken und Sperbern zählt. Mastgeflügel wurde bereits erwähnt, »der Würde des Königs (und seiner Herrschaft) wegen sind zu halten: Pfauen, Fasane, Enten, Tauben«.

Der Text wendet sich der Instandhaltung der Gebäude und dem jeweiligen Inventar zu. Dies gilt für die Ausstattung mit Bettzeug, Gefäßen aus Kupfer, Blei, Eisen und Holz und dem entsprechenden Werkzeug, wozu auch die Werkstätten gehören. Auch »eisernes« Kriegsgerät ist vorrätig zu halten, wie dies bereits aus dem angeführten Schreiben Karls an den Abt von St. Quentin bekannt ist. Dieser Auflage entspricht die Forderung nach dem Besatz der Höfe mit Handwerkern aller Art, vor allem mit Eisenschmieden, den unerläßlichen Spezialisten für die Herstellung von Waffen unterschiedlichster Art, aber auch von Mühleisen, Sech und Messer für den Pflug, Äxten, Beilen und Spatenbeschlägen. Weiter werden wie in dem Handwerkerhaus des berühmten sogenannten Sankt-Galler-Klosterplans auch Gold- und Silberschmiede, Schuster, Drechsler, Zimmerleute, Schildmacher sowie Experten für das Brotbacken und das Bierbrauen, auch Netzemacher gefordert.

Wieder schweift der Blick des Verfassers zurück zu den Wildgehegen, den »Brühlen« und deren Umzäunung, und führt hin zu einem komplizierten Geflecht aus Befehl und Gehorsam, das die Jägermeister, Falkner und sonstige »Jagdbeamten« umgibt. Sie werden aufgefordert, auf Anweisung des Hofes die Jagd in den Forsten der Krongüter gleichsam als »Staatsakt« vorzubereiten und deren Verlauf zu organisieren. Nochmals verweilt der Text beim Wein. In einer berühmten Stelle wird untersagt, die Trauben mit den Füßen zu keltern. Vermutlich war dies eine Frauenarbeit wie auch die Arbeit in den Textilwerkstätten, die sorgsam zu schützen sind. Hier stand die Sorge vor Diebstahl der kostbaren Materialien im Vordergrund der Anordnung, dort die Hygiene.

Zahlreiche Einzelbefehle ergehen noch an die »iudices«, die dafür Sorge zu tragen haben, daß ihre Hörigen sich nicht auf den Märkten »herumtreiben«, ein erneuter Hinweis auf den Tatbestand, daß Grundherrschaft und Vertrieb eng miteinander verzahnt sind, daß also die angeblich »geschlossene Hauswirtschaft« des Frühmittelalters eine bloße Fiktion der älteren Forschung ist.

Nicht zuletzt verordnet der König eine getrennte Buchführung, die einmal die Ausgaben für den königlichen Hof und andererseits die sonstigen Auslagen genau erfaßt; eine dritte Aufzeichnung gilt dem Überschuß, der dem Hof zur Kenntnis zu bringen ist. Zu dieser Rechnungslegung gehört auch eine Art von Generalinventar, gewonnen aus einer jährlichen Erhebung: »So von den Ochsen, die bei den Herden stehen, von den Hufen, die sie pflügen müssen; was von den Schweinen als Zins, was von Abgaben, was von Bußen an Treuebruch und Wiedergutmachungen [Gerichtsgelder!]..., was wegen des Wildes, das gegen unseren Willen gefangen worden ist, was an allgemeinen Bußgeldern, was von Forsten, Feldern, Brücken- und Schiffsgeldern, was von den Freien..., was von den Mühlen, was von den Weinbergen, was von den genannten Handwerkern, was von den Schmieden, Eisen- und Bleigruben [!] eingegangen ist«, dies alles und mehr will der König jeweils vor Jahresende, also vor dem Weihnachtsfest, gesondert und geordnet als Aufzeichnung übermittelt haben. Dies stellt offenbar einen gezielten Versuch dar, an jedem Jahresende einen gewissen Überblick über Einnahmen und Ausgaben einzelner Fiskalbezirke zu gewinnen, um vielleicht aus ihnen eine Art von »Gesamthaushaltsplan« zu erstellen. Ob dieser Versuch über kleine Schritte hinaus zu einem Globalbudget geführt hat, wissen wir nicht. Immerhin ist eine gewisse Tendenz zur Verschriftlichung auch in der königlichen Güterverwaltung offenkundig, die sich für uns ansonsten fast ausschließlich in der Aufzeichnung der Polyptycha und Urbare kirchlicher Großgrundbesitzer festmachen läßt.

Zu den Pflichten der Verwalter gehört die Rechtsprechung und die Sorge für den rechten Lebenswandel der »Familie«, der es freilich unbenommen bleiben soll, gegen den »iudex« vor dem Königshof zu klagen. Damit behält der König gegen diese offenkundig mächtige Verwaltungsoligarchie eine Waffe in der Hand. Dies gilt indirekt auch für die Bestimmung, daß die Meier aus den »Mittelschichten«, den »mediocres«, die »treu« sind, bestellt werden sollen.

Am Ende kehrt der Text zu den Eigenbedürfnissen des Königs und seiner Militärexpeditionen zurück und beschäftigt sich etwa mit dem Kriegskarren, der gewissen Ansprüchen zu genügen hat, er muß nämlich wasserdicht sein. Die Versorgung des Kriegers soll mit zwölf Scheffeln Mehl, aber auch mit Wein garantiert werden. Beschlossen wird die inhaltsschwere Verordnung mit dem Verlangen nach haltbaren Fässern für Hof und Heer, mit dem Befehl, Jagd auf Wölfe zu machen, und zuallerletzt mit dem berühmten Heilkräuter-, Gemüse- und Baumkatalog, der allerdings wesentlich den klimatischen Möglichkeiten der südlichen Gallia (oder Italiens) entspricht.

Statt einer sozialpolitischen Programmatik zur Abhilfe allgemeiner Hungersnöte aus den ökonomischen Ressourcen des Herrschers enthält der Text wesentliche Grundsätze zur Bewirtschaftung der Güter zur Eigenversorgung, die zugleich den komplexen königlichen Haushalt in seinen wichtigsten Elementen und Strukturen offenlegen. Selbst diese Verordnung entspricht auf dem Felde der Ökonomie dem auch sonst in der Spätzeit Karls zu beobachtenden Ansatz zu einer »correctio« aller Lebensverhältnisse.

Diese Gutskomplexe, in Villikationsverbänden oder »Ministerien« unter Führung von »iudices« oder »actores« zusammengefaßt, haben zunächst die Grundversorgung des reisenden Hofes, sofern er die benachbarte Pfalz oder das Königsgut mit den entsprechenden Gebäuden aufsucht, zu gewährleisten, und zwar nach Weisung des Königs, der Königin und höchster Amtsträger. Dies gilt auch für die Vorbereitungen zur »Staatsjagd«. Eine weitere Verbindung zum Palatium, der Residenz, ergibt sich aus den Bestimmungen, Wein in genügender Quantität und Qualität in die königlichen Keller anzuliefern und Mastochsen zum Verzehr vor Ort oder bei Hofe vorzuhalten. Ähnliches gilt für die Fastenspeise.

Über diese Logistik im eigentlichen Sinn weit hinaus, die die Versorgung des Hofes auf und nahe der Eigengüter gewährleisten und zugleich die Residenz mit Sonderkulturen beliefern soll, sind diese Villikationen voll in die »Kriegswirtschaft« des Zeitalters integriert. Dies gilt für die Pferdezucht, dies gilt für die Anfertigung geeigneter Kriegskarren, dies gilt für Waffen und sonstige Ausrüstungsgegenstände.

Neben diesen konkreten Anforderungen des Bewirtschaftens, Ablieferns und Bereitstellens verlangt der Text eine bestimmte Form der Buchführung mit Aufzeichnungen über Einnahmen und Ausgaben, differenziert nach Herkunft und Ausgang, die den Eigenverbrauch, Verkäufe und Überschüsse aus der landwirtschaftlichen Produktion offenlegen, um so dem Hof einen Überblick und zugleich ein Kontrollinstrument zu verschaffen. In diese Rechnungslegung sollen zugleich die Einnahmen aus Zinsen, Ablösen, Straf- und Gerichtsgeldern aller Art, Transitzöllen und Wegegeldern einfließen, die dem »iudex« und seinem Unterbau quasi »hoheitliche« Aufgaben attestieren.

Ob dieser Versuch zur Organisation der Fiskalgüter, unterstützt durch eine »Verschriftung« der Verwaltung, von Erfolg gekrönt war, muß mehr als zweifelhaft bleiben. Die zentrifugalen Kräfte überwogen bei weitem die Hinwendung zum Hof. Die schwankende Politik von Karls Nachfolger Ludwig, zumal nach der Mitte der zwanziger Jahre des 9. Jahrhunderts, trug verstärkt dazu sei, das Königsgut dem Hof durch Vergabe an die Großen und kirchliche Einrichtungen weithin zu entziehen. Dieser Verlust wurde bereits von den Zeitgenossen beklagt.

Immerhin zeigt der Text des *Capitulare de villis* deutlich, in welchem Ausmaß das Königtum in seiner wirtschaftlichen Versorgung auf die eigenbewirtschaften Güter und Höfe angewiesen war, da ohne sie die alltägliche Haushaltsführung Not an Lebensmitteln litt. Auch der König war und blieb wesentlich Grundherr, der wie seine Großen vornehmlich aus den Erträgen seiner Landwirtschaft lebte, lediglich die nicht wenigen, zumeist in Stein erbauten und gut ausgestatteten Pfalzen sowie die Forste als Jagdreviere hoben ihn in seiner Lebensführung über das adlige Umfeld hinaus. Dort freilich gewann der König durch Festkrönungen, dem »Gehen unter der Krone«, Reichsversammlungen, Gerichtssitzungen und »Staatsjagden« zusätzlich und sichtbar einen herausgehobenen Rang.

Die Kunst des Regierens im Frühmittelalter

Aus der Konzentration von Pfalzen und Wirtschaftshöfen erwuchsen frühzeitig sogenannte Königslandschaften zwischen Aisne und Oise auf Merowingerbesitz als unverzichtbarer Machtbasis, an Maas, Mosel und Mittelrhein aus Hausmaiergut und Familienerbe. Diese Zentren dienten vor allem dem Aufenthalt und der Versorgung des Hofes und den zahlreichen, nicht zuletzt militärischen Aktivitäten.

Die Leitung des Riesenreiches, das unter Karl dem Großen entstanden war und das mehr als eine Million Quadratkilometer umfaßte, erfolgte wesentlich über ein »System von Aushilfen«, das den Mangel einer nach Zuständigkeiten und Kompetenzen vertikal gegliederten Verwaltung nur von Fall zu Fall zu beheben wußte. An seiner Spitze stand der König (und Kaiser) mit seinem Hof und dessen Binnenorganisation in verschiedene Ämter, die freilich variabel einsetzbar waren, etwa auf Kriegszügen und Gesandtschaften, denen nach »unten« aber eine strikte Fortsetzung fehlte. Immerhin haben die Funktionen von Kanzler und Marschall im Kontext mittelalterlicher Regierung dergestalt Kontinuität gewonnen, daß sie bis heute vielfach die Spitze von Exekutive und Militär repräsentieren.

Die zumeist in archaisch-überkommenen Formen ausgeübte Königsherrschaft als Führung einer Gefolgschaft in Krieg und Frieden, die zugleich gewisse Schutz- und Rechtsaufgaben wahrnahm, kontrastierte auffällig mit der Größe des Imperiums, seiner ethnischen und kulturellen Vielfalt und den sich daraus ergebenden Leitungsaufgaben. Von einer wie auch immer näher zu definierenden »Zentralverwaltung« kann keine Rede sein, zumal übergreifende staatliche Einheiten in Gestalt von Herzogtümern als mögliche Zwischeninstanzen mit dem Fall Tassilos von Bayern 788 ihr Ende gefunden hatten. Zwar etablierten sich in Aquitanien und Italien, den Außenregna der Karlszeit, in der Person der beiden Königssöhne Ludwig und Pippin »Mittelgewalten«, deren Aktionsradius aber in allen wichtigen Fragen vom letztlich entscheidenden Votum des Großkönigs und Vaters beschnitten wurde. So gelang es ihnen nicht, ihre Herrschaft zu einer festgefügten Instanz zwischen der »Zentrale«, dem Hof des Königs, und der Region, ihrem eigenen Verfügungsbereich, zu entwickeln.

Als übergreifende Instrumente seiner Herrschaft, die allerdings ein beträchtliches Eigengewicht entwickelten, etablierte Karl nach spätantikem Vorbild erneut nahezu flächendeckend Metropolitansitze, denen er zumindest in der Francia zwischen Seine und Maas, in Neustrien (Seine-Loire) und in Burgund seit 802, zunächst auch in Bayern in Salzburg, dann in Köln und Mainz zugleich ständige Missatsaufgaben zuwies und die er damit über die traditionellen Aufgaben des Amtes hinaus mit Kontroll- und Leitungsfunktionen allgemeiner Art bei der Beseitigung von Mißständen im Gerichtswesen, beim Heeresaufgebot und nicht zuletzt in der Verwaltung von Fiskalgütern betraute. Die Einteilung des Reiches in Metropolen als wesentliche Instanzen unterhalb der Ebene der Königsherrschaft, gleichsam als Ersatz des weltlichen Herzogtums, spiegelt sich deutlich in Karls Testament von 811 und in der Abhaltung regionaler Reformkonzilien des Jahres 813.

Unterhalb der Metropolitanebene, die geistliche und weltliche Leitungsfunktionen umfaßte, war es dem König seit den neunziger Jahren des 8. Jahrhunderts gelungen, die Reste der spätmerowingischen »Bischofsrepubliken«, die zumeist das geistliche Amt und wesentliche

Kompetenzen in Gericht, Steuererhebung und Fiskalverwaltung in der Hand einer übermächtigen Familie konzentriert hatten, zu zerschlagen und das Grafenamt als Instrument seiner Herrschaft neu zu besetzen, so etwa 791 in Trier und zuletzt nach 806 in Chur. Die Grafen, einst mit den gallischen »civitates« verbunden, dann selbst in Sachsen auch mit den Gauen (pagi) östlich des Rheins, hatten für die Gerichtspflege, das Heeresaufgebot und des öfteren für »öffentliche« Baumaßnahmen wie Befestigungen, Brücken, auch Straßen zu sorgen. Sie wurden nicht selten zugleich vom König mit den Aufgaben eines Missus in ihrem Sprengel betraut. Ihre Bestellung und die Weiterführung ihres Amtes hing ganz wesentlich von einer für uns nicht immer sichtbaren Machtbalance zwischen Königtum und Adelsfamilien der Region ab, die nur selten einen direkten Durchgriff oder Zugriff auf das Amt und seine Ressourcen gestattete. So hatten die an Grafen und ihre »Jünger« gerichteten Gebote und Verbote wesentlich appellativen Charakter – Amt, Familienbesitz und adliges Selbstverständnis verbanden sich zu einem unlösbaren Ganzen von nahezu »autochthoner« Herrschaft, das selbst ein König von der Statur Karls des Großen in seinem eigenen Interesse zu respektieren hatte. Auch die Institution der Königsboten mit weitreichenden Kompetenzen vermochte an dieser Sachlage nur wenig, wenn überhaupt etwas zu ändern.

Über das Lehnswesen, das dem Herrscher zugleich eine Schicht von »Königsvasallen« zuführte und sozial auf die höchste Ebene der Großen, der »Reichsaristokratie«, führte, ist bereits mehrfach berichtet worden. Immerhin besaß die Landleihe großen Stils, verbunden mit Treueid (und zunehmend mit Handgang), die institutionelle Kraft, Teile des Adels über die Verleihung von Ämtern – Graf, Bischof oder Abt – hinaus mit der »Spitze« vertraglich (und damit juristisch einklagbar) zu verbinden und als Ferment zwischen Königtum und Adelsherrschaft zu wirken.

Wohl im Gegensatz zur Bestellung der Grafen, die seit den Zeiten Chlothars II. aus ihrem künftigen Sprengel genommen werden sollten, konnte Karl trotz anderslautender kanonischer Wahlvorschriften bei der Besetzung von Bischofssitzen beachtliche personale Erfolge erzielen und damit seine Günstlinge »in Stellung bringen«. Ob in Lyon, in Orléans, in Trier oder in Köln: Es sind seine Parteigänger, die wesentlich seine Politik tragen und umsetzen. Schwierigkeiten in der Bestellung von hohen Prälaten umging der König mit langen Vakanzen, die ihm zugleich den materiellen Zugriff auf reiches Kirchengut erlaubten.

Auf dem geistlichen Feld blieben wichtige Klöster, zumal Königsabteien in seiner unmittelbaren Verfügungsgewalt und wurden zumeist mit »Höflingen« besetzt, auf deren volle Ergebenheit und materielle Unterstützung Karl rechnen konnte: St. Denis etwa ging nach dem Tod des angesehenen Fulrad an den Kanzleivorstand Maginerius, dem der Langobarde Fardulf folgte, der seinem Herrn den Umsturzversuch Pippins des Buckligen 792 entdeckt hatte. St. Martin in Tours erhielt Karls Mentor Alkuin, der 804 zum Leidwesen der Mönche in seinem Landsmann Fridugis, auch er Angehöriger der Kapelle, einen Nachfolger erhielt. Richbot, der Autor der wichtigen Lorscher Annalen, später Abt von Mettlach und Bischof von Trier, hatte Lorsch bereits 784 aus der Hand des Königs empfangen. Missionszentren wie Fulda und Hersfeld standen ganz oben in der Gunst des Herrschers, auch St. Denis, die Grablege von Karls Eltern, oder Lorsch, das überragende Kulturzentrum am Mittelrhein und mit der gewaltigen Heppenheimer Mark ausgestattet. Man wird auch die Privilegien für italienische Klöster, allen voran für Montecassino, als Machtbasen fränkischer Königsherrschaft in Italien nicht übersehen dürfen.

Bistümer und Abteien bildeten neben den Grafschaften das Rückgrat königlicher Herrschaft: Sie hatten dem militärischen Aufgebot Folge zu leisten, ihre eigenen Vasallen dem Grafen oder König zum Kriegsdienst zuzuführen und sich jährlich bei Hofe mit umfangreichen »Geschenken« zu präsentieren. Aufgebot, Rechtspflege und Schutz des königlichen Besitzes machten die eigentliche Desiderata der Reformkapitularien aus der Spätzeit Karls aus, eingebettet in den Versuch einer durchgreifenden »Verchristlichung« der Gesellschaft.

Die überregionale Verdichtung von Herrschaft, die freilich der königlichen Kontrolle gleichfalls unterworfen blieb, erfolgte außerhalb der von »Mittelgewalten« geführten Außenregna und der übergreifenden Metropolen durch die Bestellung von Präfekten, auch »Herzöge« genannt, in Bayern, Spanien, Spoleto, in der Bretagne oder in Friaul. Das war nicht zuletzt eine Vorwegnahme der späteren sogenannten Markgrafen, militärischer Befehlshaber, deren Kompetenz sich über eine Mark oder mehrere (Grenz-)Grafschaften erstreckte. Der bekannteste Präfekt ist Hruodland, der Roland des nach ihm benannten Liedes. Er war Militärmachthaber der Bretagne und fand 778 bei dem mißglückten Spanienfeldzug Karls sein Ende.

Insgesamt waren diese Strukturen, eingelassen in das personale Geflecht zwischen König und Großen, fragil und anfällig. Die der Oberschicht entstammenden Königsboten waren als Metropoliten, Bischöfe und Grafen politisch janusköpfig, da sie sich sowohl dem Herrscher als auch ihren dynastischen Interessen verbunden fühlten. Auch das sich entfaltende Lehnswesen mit seinen vielfältigen Anwendungsmöglichkeiten hat letztlich wenig zur Stärkung der Königsgewalt beigetragen, denn auch diese Vasallen unterlagen wie Grafen, Bischöfe und Äbte zumeist als Angehörige der grundbesitzenden Aristokratie dem zentrifugalen Impetus, der Fliehkraft ihrer eigenen Herrschaft und des Besitzes ihrer Familie. Ob es dem Königtum tatsächlich gelungen ist, den Adel zu »hierarchisieren«, wie dies neuerdings Régine Le Jan vertritt, und eine Art von adliger Pyramide zu seinen Gunsten zu errichten, bleibt angesichts des wenigen Materials zweifelhaft; das Weiterleben von horizontalen Verbindungen innerhalb dieses lediglich angenommenen Gefälles durch Heiraten stützt diese These nicht.

Mochte sich das »ideologische« Fundament nach den Königen des Alten Testaments, Josias, David und Salomon, ausrichten, dem spätantiken »Gottesstaat« des heiligen Augustinus nacheifern, mochte es sich ideell im Gottesgnadentum fixieren oder auch im geistlichen Bündnis mit dem römischen Pontifex seine Basis finden: Die Kunst des Regierens blieb in der Zeit Karls, ja des frühen und hohen Mittelalters allzumal die Kunst des Arrangements mit den mächtigen Familien, den Adelsklans des Reiches, was zu einer Art politischer Stabilität im Interesse des Königtums führte. Die Kirche als »Adelskirche« wurde ebenso in den Dienst des Herrschers gestellt wie das Grafenamt. Insbesondere die Modalitäten bei der Bestellung der geistlichen Positionen verschafften dem Herrscher einigen personalen Spielraum zu seinen Gunsten und schufen zahlreiche Möglichkeiten, Loyalitäten zu begründen und zu festigen, letztlich ein Netz von Kommunikation und Kooperation zu flechten, das über lange Jahrzehnte der Herrschaft hielt und diese stabilisierte.

Karl sah offenbar in der traditionellen Mitwirkung der politischen Eliten, auffällig repräsentiert in jeweils gleicher Anzahl durch Erzbischöfe, Bischöfe, Äbte und Grafen in seinem Testament von 811, das tragfähige Fundament seiner Königsherrschaft, überwölbt durch das Gottesgnadentum, vielleicht auch durch die Kaiserwürde. Dieses Gleichgewicht war nicht von Dauer. Familienzwist, Adelsrivalitäten und das gestärkte Selbst- und Machtbewußtsein der Kirchenoberen führten schon bald zur Erosion der Königsgewalt, an deren Ende Bruderkrieg und »Auflösung« des Karlreiches standen.

Karl – der Große?

Die Frage nach der historischen »Größe«, die frühere Generationen sicher unbefangener zu beanworten wußten, muß gestellt werden. Unser durch Diktatoren aller Art gestraftes Zeitalter, an dessen Jahrtausendwende weiterhin Krieg, Zerstörung, Massenmord und Massenvertreibung grell die politische Szene beleuchten, kann sich dem Problem der historischen Größe nicht mehr unvoreingenommen annähern. Wenn wir auch davon ausgehen können, daß »Größe ist, was wir nicht sind«, so sind uns darüber hinaus mittlerweile die allgemein verbindlichen Kriterien für »Größe« abhanden gekommen, die dem bürgerlichen Zeitalter und seinen Historikern noch selbstverständlich waren. Größe verband sich vorab mit Macht, Schlachtengetümmel und Expansion. Fand sich nicht nur der blanke »Wille zur Macht«, konkret zum »Machtstaat«, sondern überdies noch eine Hinwendung des Mächtigen zur Kultur, sei es in Architektur, Gartenbau, Literatur, Philosphie oder gar Musik, so schien das Prädikat des »Exzeptionellen«, der »Größe« gerechtfertigt. Leibhaftigen Ausdruck für derartige Größe fanden frühere Zeitalter nicht nur bei Alexander oder Otto I., sondern auch in der Person des Preußenkönigs Friedrich II. oder in dem russischen Modernisierer Zar Peter I. Dieser Zugriff auf historische Persönlichkeiten spart die tiefen Schatten aus, die Leiden eigener und fremder Völker. »Größe« als unbestrittene und verbindliche Kategorie menschlicher Existenz gibt es nicht. Sie ist allemal ein zeitgebundenes Werturteil in einem fast ausschließlich politischen Bezugsrahmen. Wer wollte im Gegensatz dazu etwa Michelangelo oder Beethoven in ihrem Metier »Größe« absprechen?

Auch bei Karl mischen sich schon bald nach seinem Ableben vielfältige Ingredienzien zu einem Bild bereits »historischer« Größe, die noch am Ende des 9. Jahrhunderts zur Folie der Beurteilung seiner Nachfolger wurde. Das kaiserliche Epitheton »magnus« verschmilzt zunächst mit seinem Titel, dann mit seinem Namen und lebt in Charlemagne oder Carlomagno weiter – eine wohl einzigartige Kontamination von Namen und Werturteil. Das Denkmal, das ihm Einhart noch aus der

Nähe setzt, wird zum überlebensgroßen Standbild aus unerreichbarer Ferne, zur Legende, zum Mythos.

An diesem Mythos, zugleich ein Geschichtskonstrukt, arbeiteten bis heute zahllose Generationen. Aus ihm erwuchs im 12. Jahrhundert der Begründer der französischen Nation, aus ihm erstand fast zeitgleich der mittelalterliche Reichsheilige schlechthin. Wenn sich auch mit Karl dauerhaft Kriegsglück und Landgewinn verbanden, nicht zuletzt die »Eingliederung« Sachens als Bestandteil des »ostfränkischen«, dann als Region des dreigliedrigen »Heiligen Reiches«, so stand dem Hoch- und Spätmittelalter in zumeist gefälschten Urkunden, fingierten Satzungen und fabulierten Gesetzeswerken, auch in den holz- und steingewordenen Rolanden ein Herrscher vor Augen, der sich vorbildlich an das Recht gebunden, dieses gewiesen und aufgezeichnet hatte. Bereits Einhart widmet in seiner Biographie der Sorge Karls um das Recht eine bemerkenswerte Passage.

Es waren die Friesen, die sich um 1100 mit ihren »Kören« als erste auf den großen Karl beriefen. Der Mythos hat namentlich im Hochmittelalter eine Flut von Fälschungen und Verfälschungen auf den »Vater Europas« hervorgerufen. Von den 264 Karl zugeschriebenen Urkunden sind nicht weniger als 104 als Falsa anzusehen. Ähnlich wurden zahlreiche Sakralgegenstände, Waffen, Textilien und Codices mit Karl in Verbindung gebracht. Auch sie stammen in aller Regel aus späterer Zeit, sind Zeichen der Verehrung des großen Kaisers und der Rückbesinnung auf ein vermeintlich »goldenes« Zeitalter. Karls Herrschaft stand vor den Augen seiner Nachfahren als Ausdruck strenger Rechtlichkeit, einer Rechtlichkeit, die sich letztlich der Übereinstimmung seines Regiments mit der göttlichen Rechtsordnung verdankte. In ihm verkörperte sich die allgemeine Sehnsucht nach Rechtssicherheit und Frieden in rechtlosen und kriegerischen Zeiten.

Man fragt sich, ob diese makellose Vision der Nachgeborenen dem historischen Karl entspricht. Zweifellos fallen auch auf Karls Handlungsweise Schatten. Wenn auch eine Kriegführung, in deren Verlauf Plünderung und Verheerung, Exekutionen und Deportationen eintraten, seinem Zeitalter und nicht nur diesem als erlaubtes Mittel der Politik geläufig war, so dürften einige Maßnahmen, etwa die als »Blutbad von Verden an der Aller« in die Geschichtsbücher eingegangene Exekution, auch wenn die an sich verbürgte Zahl von 4500 Hingerichteten fabulös ist, das notwendige Maß zur Bestrafung von Rädelsführern überstiegen haben. Auch der Umgang mit der Familie Tassilos, der unschuldige Kinder (und die Ehefrau) aller Rechte und allen Besitzes beraubte und sie gegen ihren Willen zu Mönchen und Nonnen machte, übersteigt bei aller Rücksicht auf die politischen Implikationen das Notwendige. Man wird aber gut daran tun, den klugen Satz Michel de Montaignes im Zweiten Buch seiner »Essais« auch hier zu beherzigen: »Also deshalb, wenn man eine einzelne Tat beurteilt, muß man die weiteren Umstände und den Menschen als ganzes, der sie hervorgebracht hat, in Betracht ziehen, bevor man sie tauft.«

Karls politisches Verhalten war auch bei kriegerischen Aktionen eher von Umsicht und Ratsuche, Vorsicht und Vorausplanen geprägt. Jene Spontaneität des Aufbruchs, ohne ausreichende Informationen und ohne strategisches Konzept, die 778 zu seinem Spanienabenteuer mit der Vernichtung des militärischen Trosses in den Pyrenäen führte und die ihn selbst und seine Königsherrschaft in eine bedrohliche Situation zu bringen drohte, fand keine Nachfolge. Wenn er rasch und entschlossen reagierte, insbesondere in den Auseinandersetzungen mit den Sachsen, dann trotzdem überlegt und überlegen. Seine Vorbereitungen auf den Awarenfeldzug 791 sind penibel durchdacht, der Aufmarsch in zwei Kolonnen auf beiden Donauufern und der beigeordnete Schiffskonvoi auf dem Fluß minderten vorab das militärische Risiko in unbekannten Landstrichen.

Aber nicht nur im Militärischen läßt sich die ruhige und besonnene Handlungsweise des Herrschers erkennen. Diese erweist sich auch in seinem Umgang mit der Causa Papst Leos III. Penible Voruntersuchungen in Paderborn und Rom leiteten das Restitutionsverfahren ein, bis der »freiwillige« Reinigungseid des Papstes vor dem Weihnachtsfest in Gegenwart des Königs die der Kaiserkrönung sich wenig später anschließende Verurteilung der Verschwörer rechtlich gestattete.

Das politische Testament von 806 zeigt in seiner Ausgewogenheit der Dreiteilung des Reiches unter seine Söhne, ausgehend von den seit 25 Jahren ausgeformten Entitäten Aquitanien und Italien und der angereicherten Francia und nicht zuletzt dem gemeinsamen Schutz St. Peters in Rom, den klugen politischen Kopf, der auch die zu erwartenden innen- und außenpolitischen Schwierigkeiten, die sich der Samtherrschaft der Brüdergemeine in den Weg stellen mußten, umsichtig durch entsprechende Vorschriften zu umgehen sucht. Umsicht zeigt sich auch bei seinen Maßnahmen zur »correctio« der Gesellschaft unter Bewahrung, ja Pflege vernünftiger Gewohnheiten und Rechtsbräuche. Karls Umgang mit den Großen in »Welt« und Kirche ist in aller Regel behutsam, kompromißwillig und bereit zu Versöhnung und Wiederannäherung.

Gewiß »verdichtet« sich in ihm die Geschichte, gewiß finden sich nach einem anderen Diktum in ihm die übereinstimmenden Tendenzen seines Zeitalters zusammen. Karl hat diese Tendenzen freilich selbst bestimmt: Expansion seines Reiches, von dem das moderne Frankreich, das moderne Deutschland, auch das moderne Italien ihren Ausgang nehmen; Schaffung eines großen Wirtschaftsraums durch eine einheitliche Währung; »weltweite« Kontakte über das Mare nostrum mit Bagdad, Jerusalem und Byzanz; Ausweitung der Ökumene und dauerhaftes Bündnis mit dem Papsttum, romnahe Liturgie und »Bildungs«reform im Bündnis mit den besten Köpfen seiner Zeit; »renovatio« und »correctio«, die Ausbildung des nachklassischen Lateins in Wort und Schrift zur Lingua franca des entstehenden »lateinischen« Abendlandes.

Nicht zuletzt die Begründung eines erneuerten, frühmittelalterlichen Kaisertums des Westens, auch die erkennbare »Friedensarbeit« in seiner Spätzeit haben bereits zu Karls Lebzeiten seinen unvergleichlichen Rang als Vater Europas und als dessen Leuchtturm begründet und zugleich gesichert. Weniges zeugt gleichsam materiell von seiner Existenz: Urkunden, Siegel, Münzen, einige seltene kostbare Handschriften und vor allem seine Gebeine im bestaunenswerten Aachener Marienmünster, seiner wahrhaft einzigartigen Memorie. Doch bedarf es dieser faß- und sichtbaren Zeugnisse nicht: »Mit der Zeit nämlich werden die großen Männer von jeder Fraglichkeit der Taxation, von jeder Nachwirkung des Hasses derer, die unter ihnen gelitten, frei; ja ihre Idealisierung kann dann in mehrfachem Sinne zugleich erfolgen, so die Carls des Großen als Held, Fürst und Heiliger« (Jacob Burckhardt).

Sein Weiterleben ist bis heute die Geschichte unseres Kontinents, die Geschichte Europas, dessen Wegbereiter Karl war.

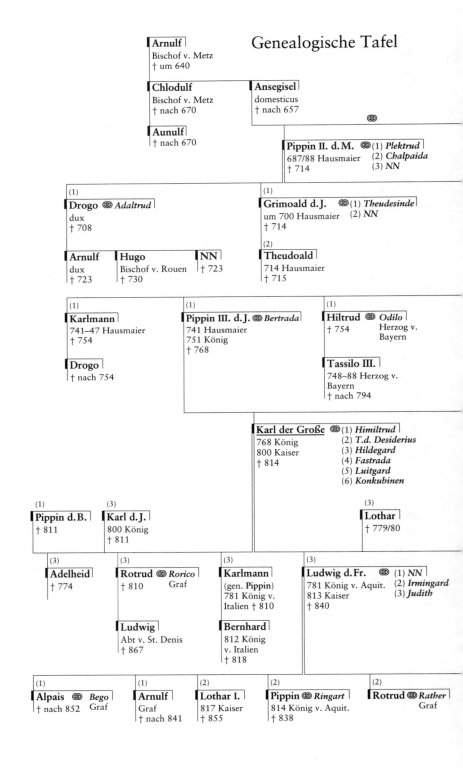

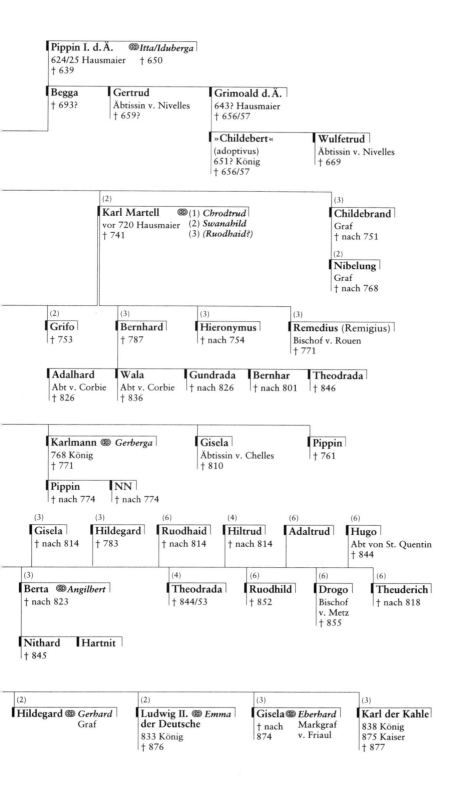

Zeittafel

687	Sieg Pippins des Mittleren bei Tertry: Begründung der Alleinherrschaft
732	Abwehr der Araber durch Karl Martell bei Tours und Poitiers
2. April 748	Geburt Karls des Großen
751	Übernahme der Königswürde der Franken durch Pippin den Jüngeren – Geburt von Karls Bruder Karlmann
754	Vertrag von Quierzy Königssalbung von Karl und Karlmann durch Papst Stephan II. in St. Denis
vor 768	Hochzeit Karls mit Himiltrud
768	Herrschaftsantritt der Brüder Karl und Karlmann im Frankenreich Niederschlagung der Aufstände in Aquitanien durch Karl
770	Hochzeit Karls mit einer Tochter des Langobardenkönigs Desiderius (im darauffolgenden Jahr verstoßen)
771	Tod Karlmanns Hochzeit Karls mit Hildegard
772	Eroberung der Eresburg, Zerstörung der Irminsul
773/74	Erster Romzug Karls, Eroberung Pavias und Unterwerfung der Langobarden (König der Franken und der Langobarden)
777	Reichsversammlung in Paderborn
778	Spanienfeldzug und Niederlage bei Roncesvalles Aufstand in Sachsen
779	Kapitular von Herstal
780	Reichsversammlung in Lippspringe
781	Zweiter Romzug Karls Salbung Pippins (König von Italien) und Ludwigs (König von Aquitanien) durch Papst Hadrian I. in Rom
782	Einrichtung fränkischer Grafschaften in Sachsen, Verkündung des Besatzungsrechts, Niederlage am Süntel und Strafgericht von Verden
783	Tod Hildegards, Hochzeit Karls mit Fastrada

785	Taufe Widukinds in Attigny
786	Aufstand des Hardrad
787	Dritter Romzug
	Zweites Konzil von Nicaea
788	Sturz und Verurteilung Herzog Tassilos von Bayern
789	*Admonitio generalis*
791	Zug gegen die Awaren
792/93	Erneute Aufstände in Sachsen, Benevent und Spanien
	Mißernte und Hungersnot
	Verschwörung Pippins des Buckligen gegen den Vater
793	Arbeiten an einem Rhein-Main-Donau-Kanal
794	Konzil von Frankfurt
795	Sieg über die Awaren, Eroberung des »Rings«
25. Dez. 795	Tod Papst Hadrians I.
797	*Capitulare Saxonicum*
	Alleinherrschaft der Irene in Byzanz
25. April 799	Attentat auf Papst Leo III.
Sommer 799	Hochzeit Karls mit Luitgard
	Besuch Papst Leos in Paderborn
29. Nov. 799	Rückkehr des Papstes nach Rom
Nov. 800	Ankunft Karls in Rom
23. Dez. 800	Reinigungseid Leos III.
25. Dez. 800	Kaiserkrönung Karls und Königssalbung Karls des Jüngeren durch Papst Leo III. in Rom
nach 800	*Capitulare de villis*
802	»Programmatisches Kapitular«
	Sturz der Kaiserin Irene
803	Besuch Papst Leos III. in Aachen
804	Tod Alkuins
806	*Divisio regnorum*
809	»Konzil« von Aachen
8. Juli 810	Tod König Pippins von Italien
Jan. 811	Testament Karls
4. Dez. 811	Tod König Karls des Jüngeren
812	Friede mit Byzanz
813	Krönung Ludwigs des Frommen zum Mitkaiser
	Erhebung Bernhards zum König von Italien
28. Jan. 814	Tod Karls des Großen und Beisetzung vor der Aachener Marienkirche

Literatur

Die Auswahlbibliographie berücksichtigt – mit Schwerpunkt auf den Publikationen seit etwa 1990 und unter Verzicht auf den Einzelnachweis von Aufsätzen – die einschlägigen Monographien, Aufsatzsammlungen und Sammelwerke. Die Quellen finden sich im wesentlichen in der Monumenta Germaniae Historica (Scriptores, Diplomata, Capitularia, Leges, Concilia, Epistolae, Poetae) gedruckt, wobei vor allem auf die Neuausgaben zu den Konzilien von 794 und 809 hinzuweisen ist (Opus Caroli regis contra Synodum = Libri Carolini, ed. Ann Freeman unter Mitwirkung von Paul Meyvaert, MGH Concilia 2, Suppl. 1, Hannover 1998; Das Konzil von Aachen 809, ed. Harald Willjung, MGH Concilia 2, Suppl. 2, Hannover 1998), ferner auf die Lebensbeschreibungen der Päpste, das »Papstbuch« (Le Liber pontificalis, ed. Louis Duchesne, 3 Bde, Paris 1880–1892); gute Auswahl der erzählenden Quellen (lateinisch-deutsch) in der Freiherr-vom-Stein-Gedächtnisausgabe: Quellen zur karolingischen Reichsgeschichte, 3 Bde, hg. v. Reinhold Rau, Darmstadt 1955–1960. Benutzt wurden für Einharts Vita Karoli die Edition Éginhard, Vie de Charlemagne, éd. et trad. par Louis Halphen (Les classiques de l'histoire de France au moyen âge, 1), Paris, ⁶1994; für die Viten Ludwigs des Frommen die Edition von Ernst Tremp: Thegan, Die Taten Kaiser Ludwigs – Astronomus, Das Leben Kaiser Ludwigs, MGH SS rer. Germ. 64, Hannover 1995; für Suetons Kaiserviten die Kleine Teubner-Ausgabe von Maximilian Ihm, Stuttgart 1993; für Theophanes The Chronicle of Theophanes Confessor, transl. Cyril Mango – Roger Scott, Oxford 1997. Zu benutzen ist stets: J. F. Böhmer – Engelbert Mühlbacher, Regesta Imperii I. Die Regesten des Kaiserreichs unter den Karolingern 751–918, Innsbruck ²1908 (= Hildesheim 1966 mit Ergänzungen von Carlrichard Brühl und Hans H. Kaminsky).

D'ABADAL Y DE VINYALS, Ramón: Catalunya Carolingia, Bd 2, 1, Barcelona 1926–1952

ABEL, Sigurd – Bernhard von SIMSON: Jahrbücher des fränkischen Reiches unter Karl dem Großen, 2 Bde, Berlin 1882, Leipzig ²1888

ABOU-EL-HAJ, Barbara: The Medieval Cult of Saints: Formation and Transformation, Cambridge 1994
ADAM, Hildegard: Das Zollwesen im fränkischen Reich und das spätkarolingische Wirtschaftsleben. Ein Überblick über Zoll, Handel und Verkehr im 9. Jahrhundert (Vierteljahrschrift für Sozial- und Wirtschaftsgeschichte, Beiheft 126), Stuttgart 1996
AFFELDT, Werner (Hg.): Frauen in Spätantike und Frühmittelalter. Lebensbedingungen – Lebensnormen – Lebensformen, Sigmaringen 1990
AGRICOLTURA e mondo rurale in Occidente nell'alto medioevo (Settimane di Studio del Centro Italiano di Studi sull'alto medioevo, 13), Spoleto 1966
DIE ALEMANNEN (Ausstellungskatalog), Stuttgart 1997
ALEMANNIA. Festschrift Bruno Boesch, Brühl–Baden 1976 (= Alemannisches Jahrbuch 1973/75)
ALTHOFF, Gerd: Verwandte, Freunde und Getreue. Zum politischen Stellenwert der Gruppenbindungen im früheren Mittelalter, Darmstadt 1990
ÁLVAREZ, Manuel Lucas: El reino de León en la alta edad media. 8: La documentación real astur-leonesa (718–1072) (Colección Fuentes y Estudios de Historia Leonesa, 57), León 1995
ANGENENDT, Arnold: Kaiserherrschaft und Königstaufe. Kaiser, Könige und Päpste als geistliche Patrone in der abendländischen Missionsgeschichte (Arbeiten zur Frühmittelalterforschung, 15), Berlin–New York 1984
–, Geschichte der Religiosität im Mittelalter, Darmstadt 1997
–, Geschichte des Bistums Münster, Bd 1, Münster 1998
ANTON, Hans Hubert: Fürstenspiegel und Herrscherethos in der Karolingerzeit (Bonner Historische Forschungen, 32), Bonn 1968
ARTETA, A. Ubieto: La »Chanson de Roland« y algunos problemas históricos, Zaragoza 1985
ATSMA, Hartmut (Hg.): La Neustrie. Les pays au nord de la Loire de 650 à 850 (Beihefte der Francia, 16), 2 Bde, Sigmaringen 1989
AURELL, Martin: La noblesse en Occident (V^e – XVe siècle), Paris 1996
AUTHORITY and Power. Studies on medieval law and government presented to Walter Ullmann on his 70th birthday, Cambridge 1980
AUX ORIGINES d'une seigneurie ecclésiastique. Langres et ses évêques VIIIe – XIe siècles, Langres–Ellwangen 1985
AUZIAS, Léonce: L'Aquitaine carolingienne (778–987) (Bibliothèque méridionale, 2e série, t. 28), Toulouse–Paris 1937

BACHRACH, Bernard S.: Merovingian Military Organization 481–751, Minneapolis 1972

–, Armies and Politics in the Early Medieval West (Variorum Collected Studies Series, 405), Aldershot 1993

BAKER, Derek (Hg.): Medieval Women, dedicated and presented to Rosalind M. T. Hill on occasion of her seventieth birthday (Studies in Church History. Subsidia, 1), Oxford 1978

BALZER, Manfred – Matthias WEMHOFF: Die karolingische und die ottonisch-salische Kaiserpfalz in Paderborn, Paderborn, 5. Aufl. 1997

BANNIARD, Michel: Viva voce. Communication écrite et communication orale du IVe au IXe siècle en Occident latin (Collection des Études Augustiennes, série Moyen Âge et Temps Moderne, 25), Paris 1992

BARBERO, Alessandro: L'aristocrazia nella società francese del medioevo. Analisi delle fonti letterarie (sec. X – XIII) (Studi e testi di storia medioevale, 12–13), Bologna 1987

BAUER, Dieter – Rudolf HIESTAND – Brigitte KASTEN – Sönke LORENZ (Hg.): Mönchtum – Kirche – Herrschaft 750–1000, Sigmaringen 1998

BAUTIER, Robert-Henri: Recherches sur l'histoire de la France médiévale. Des Mérovingiens aux premiers Capétiens (Variorum Collected Studies Series, 351), Hampshire 1991

BECHER, Matthias: Eid und Herrschaft. Untersuchungen zum Herrscherethos Karls des Großen (Vorträge und Forschungen, Sonderbd. 39), Sigmaringen 1993

–, Rex, Dux und Gens. Untersuchungen zur Entstehung des sächsischen Herzogtums im 9. und 10. Jahrhundert (Historische Studien, 444), Husum 1996

–, Karl der Große, München 1999

BEHR, Bruno: Das alemannische Herzogtum bis 750 (Geist und Werk der Zeiten. Arbeiten aus dem Historischen Seminar der Universität Zürich, 41), Bern–Frankfurt/M. 1975

BELTING, Hans: Bild und Kult, München 1990

BERNDT, Rainer (Hg.): Das Frankfurter Konzil von 794. Kristallisationspunkt karolingischer Kultur (Quellen und Abhandlungen zur mittelrheinischen Kirchengeschichte, 80), 2 Bde, Mainz 1997

BERSCHIN, Walter: Biographie und Epochenstil im lateinischen Mittelalter, Bd 3: Karolingische Biographie 750–920 (Quellen und Untersuchungen zur lateinischen Philologie des Mittelalters, 10), Stuttgart 1991

BERTOLINI, Ottorino: Scritti scelti di storia medioevale, ed. Ottavio Banti, 2 Bde, Livorno 1968

BEUMANN, Helmut (Hg.): Karolus Magnus et Leo Papa. Ein Paderborner Epos vom Jahre 799 (Studien und Quellen zur westfälischen Geschichte, 8), Paderborn 1966

–, Wissenschaft vom Mittelalter. Ausgewählte Aufsätze. Festschrift zum 60. Geburtstag, Köln–Wien 1972

–, Ausgewählte Aufsätze aus den Jahren 1966–1986, Festgabe zum 75. Geburtstag, hg. v. Jürgen PETERSOHN – Roderich SCHMIDT, Sigmaringen 1987
– (Hg.): Kaisergestalten des Mittelalters, München 1984, ³1991
BEUMANN, Helmut – Werner SCHRÖDER (Hg.): Aspekte der Nationenbildung im Mittelalter (Nationes, 1), Sigmaringen 1978
–, Die transalpinen Verbindungen der Bayern, Alemannen und Franken bis zum 10. Jahrhundert (Nationes, 6), Sigmaringen 1987
BINDING, Günther: Deutsche Königspfalzen von Karl dem Großen bis Friedrich II. (765–1240), Darmstadt 1996
BISCHOFF, Bernhard: Mittelalterliche Studien. Ausgewählte Aufsätze zur Schriftkunde und Literaturgeschichte, 3 Bde, Stuttgart 1966–1981
–, Manuscripts and libraries in the age of Charlemagne, transl. and ed. Michael Gorman (Cambridge Studies in Palaeography and Codicology, 1), Cambridge 1995
BOIS, Guy: La mutation de l'an mil. Lournand, village mâconnais de l'antiquité au féodalisme, Paris 1994
BORGOLTE, Michael: Der Gesandtenaustausch der Karolinger mit den Abbasiden und mit dem Patriarchen von Jerusalem (Münchener Beiträge zur Mediävistik und Renaissance-Forschung, 25), München 1976
–, Geschichte der Grafschaften Alemanniens in fränkischer Zeit (Vorträge und Forschungen, Sonderbd. 31), Sigmaringen 1984
–, Die Grafen Alemanniens in merowingischer und karolingischer Zeit. Eine Prosopographie (Archäologie und Geschichte. Freiburger Forschungen zum Ersten Jahrtausend in Südwestdeutschland, 2), Sigmaringen 1986
BORGOLTE, Michael – Dieter GEUENICH – Karl SCHMID (Hg.): Subsidia Sangallensia I. Materialien und Untersuchungen zu den Verbrüderungsbüchern und zu den älteren Urkunden des Stiftsarchivs St. Gallen (St. Galler Kultur und Geschichte, 16), St. Gallen 1986
BORST, Arno (Hg.): Mönchtum, Episkopat und Adel zur Gründungszeit des Klosters Reichenau (Vorträge und Forschungen, 20), Sigmaringen 1974
–, Lebensformen im Mittelalter, (Neuausgabe) Frankfurt/M.–Berlin – Wien 1997
–, Wie kam die arabische Sternkunde ins Kloster Reichenau? (Konstanzer Universitätsreden, Fachbereich Geschichte, 169), Konstanz 1988
–, Das Buch der Naturgeschichte. Plinius und seine Leser im Zeitalter des Pergaments (Abhandlungen der Heidelberger Akademie der Wissenschaften, phil.-hist. Kl. Jg. 1994, 2. Abh.), Heidelberg ²1995
–, Die karolingische Kalenderreform (Monumenta Germaniae Historica. Schriften, 46), Hannover 1998

BOSHOF, Egon: Erzbischof Agobard von Lyon. Leben und Werk, Köln–Wien 1969
–, Ludwig der Fromme, Darmstadt 1996
BOSHOF, Egon – Hartmut WOLFF (Hg.): Das Christentum im bairischen Raum. Von den Anfängen bis ins 11. Jahrhundert (Passauer Historische Forschungen, 8), Köln–Wien–Weimar 1994
BOSL, Karl (Hg.): Zur Geschichte der Bayern (Wege der Forschung, 60), Darmstadt 1965
–, Franken um 800. Strukturanalyse einer fränkischen Königsprovinz, München ²1969
BOWLUS, Charles R.: Franks, Moravians and Magyars. The Struggle for the Middle Danube, 788–907, Philadelphia 1995
BRANDT, Hans Jürgen – Karl HENGST: Das Erzbistum Paderborn. Geschichte, Personen, Dokumente, Paderborn ²1993
–, Geschichte des Erzbistums Paderborn, Paderborn 1997
BRAUNFELS, Wolfgang: Die Welt der Karolinger, München 1968
–, Karl der Große mit Selbstzeugnissen und Bilddokumenten dargestellt (Rowohlts Monographien, 187), Reinbek ¹³1994
BRAUNFELS, Wolfgang – Helmut BEUMANN – Hermann SCHNITZLER – Bernhard BISCHOFF (Hg.): Karl der Große. Lebenswerk und Nachleben, 4 Bde, Düsseldorf 1965
BRÉGI, Jean-François: Recherches sur la démographie rurale et les structures sociales au IXe siècle, Paris 1975
BREYSIG, Theodor: Jahrbücher des fränkischen Reiches 714–741, Leipzig 1869
BREZZI, Paolo: Roma e l'impero medioevale, Teil 1: Roma e i Carolingi (774–882) (Storia di Roma, 10), Bologna 1947
BROSSE, Jacques: Histoire de la chrétienté d'Orient et d'Occident. De la conversation des barbares au sac de Constantinople, 406–1204, Paris 1995
BROWN, Peter: Autorität und Heiligkeit. Aspekte der Christianisierung des Römischen Reiches, Stuttgart 1998
–, Die Entstehung des christlichen Europa, München 1999
BRÜHL, Carlrichard: Fodrum, gistum, servitium regis. Studien zu den wirtschaftlichen Grundlagen des Königtums im Frankenreich und in den fränkischen Nachfolgestaaten Deutschland, Frankreich und Italien vom 6. bis zur Mitte des 14. Jahrhunderts (Kölner Historische Abhandlungen, 14), Köln–Graz 1968
–, Palatium und Civitas. Studien zur Profantopographie spätantiker Civitates vom 3. bis zum 13. Jahrhundert, 2 Bde, Köln–Wien 1975 und 1990
–, Deutschland – Frankreich. Die Geburt zweier Völker, 2. verbesserte Aufl., Köln–Wien 1995

BRUNNER, Heinrich: Deutsche Rechtsgeschichte, 2 Bde, Berlin ²1906, ²1928

BRUNNER, Karl: Oppositionelle Gruppen im Karolingerreich (Veröffentlichungen des Instituts für Österreichische Geschichtsforschung, 25), Wien–Köln–Graz 1979

BRUNNER, Karl – Brigitte MERTA (Hg.): Ethnogenese und Überlieferung. Angewandte Methoden der Frühmittelalter-Forschung (Veröffentlichungen des Instituts für Österreichische Geschichtsforschung, 31), München 1994

BRUNOLD, Ursus – Lothar DEPLAZES (Hg.): Geschichte und Kultur Churrätiens. Festschrift für Iso Müller, Disentis 1986

BRUNOLD, Ursus (Hg.): Rätien im Mittelalter. Verfassung, Verkehr, Recht, Notariat. Festgabe zum 75. Geburtstag von Otto P. Clavadetscher, Disentis 1994

BULLOUGH, Donald: Karl der Große und seine Zeit, Wiesbaden ²1978

–, Friends, Neighbours and Fellow-drinkers. Aspects of Community and Conflict in the Early Medieval West (16. M. Chadwick Memorial Lectures, 1), Cambridge 1991

–, Alcuin. Achievement and Reputation, Bde 1–2, Oxford 1999

–, Carolingian Renewal. Sources and Heritage (Manchester University Press), Manchester 1991

BUND, Konrad: Thronsturz und Herrscherabsetzungen im Frühmittelalter (Bonner Historische Forschungen, 44), Bonn 1979

BURNS, H. J. (Hg.): The Cambridge History of Medieval Political Thought, c. 350 – c. 1450, Cambridge 1988

BÜTTNER, Heinrich: Geschichte des Elsaß, 2 Bde: Politische Geschichte des Landes von der Landnahmezeit bis zum Tode Ottos III. und Ausgewählte Beiträge zur Geschichte des Elsaß im Früh- und Hochmittelalter, hg. Traute ENDEMANN, Sigmaringen 1991

BUTZER, P. L. – D. LOHRMANN (Hg.): Science in Western and Eastern Civilisation in Carolingian Times, Basel–Boston–Berlin 1993

BUTZER, P. L. – M. KERNER – W. OBERSCHELP (Hg.): Karl der Grosse und sein Nachwirken. 1200 Jahre Kultur und Wissenschaft in Europa – Charlemagne and his Heritage. 1200 Years of Civilization and Science in Europe, 2 Bde, Turnhout 1997

CAPELLE, Torsten: Die Sachsen des frühen Mittelalters, Darmstadt 1998

CARDOT, Fabienne: L'espace et le pouvoir. Étude sur l'Austrasie mérovingienne (Histoire ancienne et médiévale, 17; Université Paris I), Paris 1987

CASPAR, Erich: Das Papsttum unter fränkischer Herrschaft, Darmstadt 1956

CASSAGNES-BROUQUET, Sophie – Vincent CHAMBARLHAC: L'Âge d'or de la forêt, Rodez 1995

CASTAGNETTI, Andrea: Minoranze etniche dominanti e rapporti vassallatico-beneficiari. Alamanni e Franchi a Verona e nel Veneto in età carolingia e postcarolingia, Verona 1990

LA CHANSON DE GESTE et le mythe carolingien. Mélange René Louis, Saint-Paul-sous-Vézelay 1982

CHAUME, Maurice: Les origines du Duché de Bourgogne, 2 Bde, Dijon 1925 und 1927

CHÉLINI, Jean: L'Aube du moyen âge. Naissance de la chrétienté occidentale. La vie religieuse des laïcs dans l'Europe carolingienne (750–900), Paris 1991

CLASSEN, Peter: Karl der Große, das Papsttum und Byzanz, erweiterte Sonderausgabe aus Karl der Große. Lebenswerk und Nachleben, Bd 1, Düsseldorf 1968, S. 537–608, nach dem Handexemplar des Verfassers hg. von Horst FUHRMANN – Claudia MÄRTL (Beiträge zur Geschichte und Quellenkunde des Mittelalters, 9), Sigmaringen 1988

–, Ausgewählte Aufsätze, hg. v. Josef FLECKENSTEIN u. a. (Vorträge und Forschungen, 28), Sigmaringen 1983

– (Hg.): Recht und Schrift im Mittelalter (Vorträge und Forschungen, 23), Sigmaringen 1977

COLLINS, Roger: Early Medieval Spain. Unity and Diversity, 400–1000 (New Studies in Medieval History, ed. Maurice Keen), London 1983

–, Law, Culture and Regionalism in Early Medieval Spain (Variorum Collected Studies Series, 356), Aldershot 1992

–, Charlemagne, Basingstoke 1998

CONSUETUDINES Monasticae. Festgabe für Kassius Hallinger (Studia Anselmiana, 85), Rom 1982

CONTRENI, John Joseph: Carolingian Learning, masters and manuscripts (Variorum Collected Studies Series, 363), Aldershot 1992

Cristianizzazione ed organizzazione ecclesiastica delle campagne nell'alto medioevo: espansione e resistenze (Settimane di Studio del Centro Italiano di Studi sull'alto medioevo, 28), 2 Bde, Spoleto 1982

CRUSIUS, Irene (Hg.): Studien zum weltlichen Kollegiatstift in Deutschland (Veröffentlichungen des Max-Planck-Instituts für Geschichte, 114 = Studien zur Germania sacra, 18), Göttingen 1995

CUMING, Geoffrey John – Derek BAKER (Hg.): Councils and Assemblies (Studies in Church History, 7), Cambridge 1971

DAGRON, Gilbert – Pierre RICHÉ – André VAUCHEZ, dt. Ausgabe besorgt von Egon BOSHOF (Hg.): Die Geschichte des Christentums. Religion –

Politik – Kultur, Bd 4: Bischöfe, Mönche und Kaiser (642–1054), Freiburg im Breisgau 1994
DALES, Richard C.: The intellectual life of western Europe in the middle ages, Leiden ³1995
DANNHEIMER, Hermann – Heinz DOPSCH (Hg.): Die Bajuwaren. Von Severin bis Tassilo 488–788. Katalog zur Landesausstellung (Bayern/Salzburg), München ²1988
DAVIS, Wendy – Paul FOURACRE (Hg.): Settlement of disputes in early medieval Europe, Cambridge ²1992
–, Property and Power in the Early Middle Ages, Cambridge 1995
DEPEYROT, Georges: Le numéraire Carolingien. Corpus des monnaies (Collection moneta, 9), 2. erw. Aufl., Wetteren–Paris 1998
DEPREUX, Philippe: Prosopographie de l'entourage de Louis le Pieux (781–840) (Instrumenta, 1), Sigmaringen 1997
DEVROEY, Jean-Pierre: Études sur le grand domaine carolingien (Collected Studies Series, 391), Aldershot 1993
DHONDT, Jan: Études sur la naissance des principautés térritoriales en France (IXe – Xe siècle), Brügge 1948
DIERKENS, Alain: Abbayes et chapitres entre Sambre et Meuse (VIIe – XIe siècles). Contribution à l'histoire des campagnes du Haut Moyen Âge (Beihefte der Francia, 14), Sigmaringen 1985
DIERKENS, Alain – Jean-Marie SANSTERRE (Hg.): Le souverain à Byzance et en occident du VIIIe au Xe siècle. Actes du colloque international organisé par l'Institut des Hauts Études de Belgique = Byzantion. Revue International des Études Byzantines 61, 1991
DILG, Peter – Gundolf KEIL – Dietz-Rüdiger MOSER (Hg.): Rhythmus und Saisonalität (Kongreßakten des 5. Symposions des Mediävistenverbandes in Göttingen 1993), Sigmaringen 1995
DINZELBACHER, Peter: Angst im Mittelalter. Teufels-, Todes- und Gotteserfahrung: Mentalitätsgeschichte und Ikonographie, Paderborn – München–Wien 1996
DOHRMANN, Wolfgang: Die Vögte des Klosters St. Gallen in der Karolingerzeit (Bochumer Historische Studien. Mittelalterliche Geschichte, 4), Bochum 1985
DOPSCH, Heinz: Geschichte Salzburgs. Stadt und Land I, 1, hg. v. H. Dopsch, Salzburg 1981
DORN, Franz: Die Landschenkungen der fränkischen Könige. Rechtsinhalt und Geltungsdauer (Rechts- und staatswissenschaftliche Veröffentlichungen der Görres-Gesellschaft, N. F. 60), Paderborn–München–Wien – Zürich 1991
DRABEK, Anna M.: Die Verträge der fränkischen und deutschen Herrscher mit dem Papsttum von 754 bis 1020 (Veröffentlichungen des

Instituts für österreichische Geschichtsforschung, 22), Wien–Köln–Weimar 1976
DREW, Katherine F.: Law and Society in Early Medieval Europe. Studies in Early Medieval Europe (Collected Studies Series, 271), London 1988
DUCHHARDT, Heinz – Andreas KUNZ (Hg.): »Europäische Geschichte« als historiographisches Problem (Veröffentlichungen des Instituts für Europäische Geschichte Mainz, Beiheft 42: Abteilung Universalgeschichte), Mainz 1997
DUCHESNE, Louis: Fastes épiscopaux de l'ancienne Gaule 2, Paris ²1910
DUGGAN, Anne J. (Hg.): Kings and Kingship in Medieval Europe (King's College London Medieval Studies, 10), London 1993
DUGGAN, Anne J. – Janet L. NELSON (Hg.): Queens and Queenship in Medieval Europe (Proceedings of a conference held at King's College London, April 1995, Woodbridge 1997
DURLIAT, Jean: Les finances publiques de Dioclétien aux Carolingiens (284–889) (Beihefte der Francia, 21), Sigmaringen 1990
DUVOSQUEL, Jean-Marie – Alain DIERKENS (Hg.): Villes et campagnes au moyen âge. Mélanges Georges Despy, Liège 1991
DUVOSQUEL, Jean-Marie – Erik THOEN (Hg.): Peasants and Townsmen in Medieval Europe. Studia in honorem Adriaan Verhulst, Gent 1995

EBEL, Else: Der Konkubinat nach altwestnordischen Quellen. Philologische Studien zur sogenannten »Friedelehe« (Ergänzungsbände zum Reallexikon der Germanischen Altertumskunde, 8), Berlin–New York 1993
EBEL, Else – Herbert JANKUHN (Hg.): Organisationsformen der Kaufmannsvereinigungen in der Spätantike und im frühen Mittelalter (Abhandlungen der Akademie der Wissenschaften in Göttingen, phil.-hist. Kl., 3. Folge, Nr. 183 = Untersuchungen zu Handel und Verkehr der vor- und frühgeschichtlichen Zeit in Mittel- und Nordeuropa, Bd 6), Göttingen 1989
EBEL, Else – Herbert JANKUHN – Wolfgang KIMMIG (Hg.): Verkehrswege, Verkehrsmittel, Organisation (Abhandlungen der Akademie der Wissenschaften in Göttingen, phil.-hist. Kl., 3. Folge, Nr. 180 = Untersuchungen zu Handel und Verkehr der vor- und frühgeschichtlichen Zeit in Mittel- und Nordeuropa, Bd 5), Göttingen 1989
EBENBAUER, Alfred: Carmen Historicum. Untersuchungen zur historischen Dichtung im karolingischen Europa, 1, Wien 1978
EDELSTEIN, Wolfgang: Eruditio und sapientia. Weltbild und Erziehung in der Karolingerzeit. Untersuchungen zu Alcuins Briefen, Freiburg im Breisgau 1965
EGGERS, Martin: Das »Großmährische Reich«: Realität oder Fiktion? Eine Neuinterpretation der Quellen zur Geschichte des mittleren Donaurau-

mes im 9. Jahrhundert (Monographien zur Geschichte des Mittelalters, 40), Stuttgart 1995

EHLERS, Joachim (Hg.): Ansätze und Diskontinuität deutscher Nationsbildung im Mittelalter (Nationes, 8), Sigmaringen 1989

EICHENBERGER, Thomas: Patria. Studien zur Bedeutung des Wortes im Mittelalter (6.–12. Jahrhundert) (Nationes, 9), Sigmaringen 1991

EIFERT, Charlotte u. a. (Hg.): Was sind Frauen? Was sind Männer? Geschlechterkonstruktionen im historischen Wandel, Frankfurt 1996

ELMSHÄUSER, Konrad – Andreas HEDWIG: Studien zum Polyptychon von Saint-Germain-des-Prés, Köln–Weimar–Wien 1993

ENGLISCH, Brigitte: Die Artes liberales im frühen Mittelalter (5.–9. Jahrhundert). Das Quadrivium und der Komputus als Indikatoren für Kontinuität und Erneuerung der exakten Wissenschaften zwischen Antike und Mittelalter (Sudhoffs Archiv Beiheft, 33), Stuttgart 1994

–, Zeiterfassung und Kalenderprogrammatik in der frühen Karolingerzeit. Das Kalendarium der HS. Köln DB 83–2 und die Synode von Soissons 744 (Instrumenta, 6), Sigmaringen (im Erscheinen)

ENNEN, Edith: Frauen im Mittelalter, 5. überarbeitete und erweiterte Aufl., München 1994

ENRIGHT, Michael J.: Iona, Tara and Soissons. The Origin of the Royal Anointing Ritual (Arbeiten zur Frühmittelalterforschung, 17), Berlin–New York 1985

EPPERLEIN, Siegfried: Karl der Große. Eine Biographie, Berlin (Ost) ⁹1982

ERKENS, Franz-Reiner (Hg.): Die früh- und hochmittelalterliche Bischofserhebung im europäischen Vergleich (Beihefte zum Archiv für Kulturgeschichte, 48), Köln–Weimar–Wien 1998

ESDERS, Stefan – Thomas SCHARFF (Hg.): Eid und Wahrheitssuche (Gesellschaft, Kultur und Schrift. Mediävistische Beiträge, 7), Frankfurt/Main u. a. 1999

EWIG, Eugen: Spätantikes und fränkisches Gallien (Beihefte der Francia, 3), 2 Bde, hg. Hartmut ATSMA, Zürich–München 1979

FALKENSTEIN, Ludwig: Der »Lateran« der karolingischen Pfalz zu Aachen (Kölner Historische Abhandlungen, 13), Köln–Wien–Weimar 1966

–, Karl der Große und die Entstehung des Aachener Marienstiftes (Quellen und Forschungen aus dem Gebiet der Geschichte, N. F. 3), Paderborn–München–Wien–Zürich 1981

–, Otto III. und Aachen (Monumenta Germaniae Historica. Studien und Texte, 22), Hannover 1998

FASOLI, Gina: Carlo Magno e l'Italia, Bd 1, Bologna 1968

FAVIER, Jean – Olivier GUYOTJEANNIN (Hg.): Archives de l'Occident, 1: Le moyen âge (V^e – XVe siècle), Paris 1992

FELTEN, Franz J.: Äbte und Laienäbte im Frankenreich (Monographien zur Geschichte des Mittelalters, 20), Stuttgart 1980
LA FEMME (Recueil de la Société Jean Bodin, 12), 2 Bde, Brüssel 1962
FERRARI, Michele Camillo – Jean SCHROEDER – Henri TRAUFFLER (Hg.): Die Abtei Echternach 698–1998 (Publications du Centre Luxembourgeois de Documentation et d'Études Médiévales, 15), Luxemburg 1999
FICHTENAU, Heinrich: Das karolingische Imperium. Soziale und geistige Problematik eines Großreiches, Zürich 1949
–, Das Urkundenwesen in Österreich vom 8. bis zum 10. Jahrhundert (Mitteilungen des österreichischen Instituts für Geschichtsforschung, Erg.-Bd 23), Wien–Köln–Graz 1971
–, Beiträge zur Mediävistik. Ausgewählte Aufsätze, 3 Bde, Stuttgart 1975
FISCHER, Joachim: Königtum, Adel und Kirche im Königreich Italien (774–875), Bonn 1965
FLECKENSTEIN, Josef: Die Hofkapelle der deutschen Könige, Bd 1 (Monumenta Germaniae Historica. Schriften, 16/1), Stuttgart 1959
–, Karl der Große, 3. überarbeitete Aufl. Göttingen 1990
–, Ordnungen und formende Kräfte des Mittelalters. Ausgewählte Beiträge, Göttingen ²1991
–, Widukind und Karl der Große, Nienburg 1992
FLINT, Valerie Irene Jane: The rise of magic in early medieval Europe, Princeton 1991
FLORI, Jean: L'idéologie du glaive. Préhistoire de la chevalerie (Travaux d'histoire éthico-politique, 43), Genf 1983
FOIS ENNAS, Barbara: Il »Capitulare de villis« (Cod. Guelf. 254 Helmst.), Milano 1981
FOLZ, Robert: Le couronnement impérial de Charlemagne: 25 décembre 800 (Trente journées qui ont fait la France. Collectio folio: Histoire, 26), Paris 1989
–, De l'antiquité au monde médiéval (Peuples et civilisations, 5), Paris ²1990
–, Les saintes reines du moyen âge en occident, VIe-XIIIe siècles (Subsidia Hagiographica, 76), Brüssel 1992
LES FONCTIONS des saints dans le monde occidental. Actes du colloque organisé par l'École Française de Rome avec le concours de l'Université de Rome »La Sapienza« (Collection de l'École Française de Rome, 149), Rom 1991
FOSSIER, Robert: La terre et les hommes en Picardie jusqu'à la fin du XIIIe siècle, 2 Bde, Paris–Louvain 1989
–, La société médiévale, Paris ²1994
–, Campagnes médiévales: l'homme et son espace. Études offertes à Robert

Fossier (Publications de la Sorbonne, Histoire ancienne et médiévale, 31), Paris 1995

FOURACRE, Paul – Richard A. GERBERDING (Hg.): Late Merovingian France: History and Hagiographie, 640–720, Manchester – New York 1996

DIE FRANKEN – Wegbereiter Europas. Vor 1500 Jahren: König Chlodwig und seine Erben, 2 Bde, Mannheim 1996

FRIED, Johannes: Der Weg in die Geschichte: Die Ursprünge Deutschlands bis 1024 (Propyläen Geschichte Deutschlands, 1), Berlin 1994

– (Hg.): Karl der Große in Frankfurt am Main: Ein König bei der Arbeit (Ausstellung zum 1200-Jahre-Jubiläum der Stadt Frankfurt), Sigmaringen 1994

– (Hg.): Dialektik und Rhetorik im früheren und hohen Mittelalter (Schriften des Historischen Kollegs. Kolloquien, 27), München 1997

FRIED, Pankraz – Wolf-Dieter SICK (Hg.): Die historische Landschaft zwischen Lech und Vogesen. Forschungen und Fragen zur gesamtalemannischen Geschichte, Augsburg 1988

FRIESE, Alfred: Studien zur Herrschaftsgeschichte des fränkischen Adels. Der mainländisch-thüringische Raum vom 7. bis 11. Jahrhundert (Geschichte und Gesellschaft. Bochumer Historische Studien, 18), Stuttgart 1979

FRITZE, Wolfgang: Untersuchungen zur frühslawischen und frühfränkischen Geschichte bis ins 7. Jahrhundert (Europäische Hochschulschriften III, 581), Frankfurt/M.–Berlin u. a. 1994

FUHRMANN, Horst: Europa – zur Geschichte einer kulturellen und politischen Idee (Konstanzer Universitätsreden, Fachbreich Geschichte, 121), Konstanz 1981

GANSHOF, François Louis: Was waren die Kapitularien?, Weimar 1961

–, Was ist das Lehnswesen?, Darmstadt ^{7}1989

–, The Carolingians and the Frankish Monarchy. Studies in Carolingian History, hg. und übers. v. Janet Sondheimer, London 1971

GANZ, David: Corbie in the Carolingian Renaissance (Beihefte der Francia, 20), Sigmaringen 1990

GARIEL, Ernest: Les monnaies royales de France sous la race carolingienne, 2 Bde, Straßburg 1883, 1884

GARLAND, Lynda: Byzantine Empresses. Women and power in Byzantium, AD 527–1204, London 1998

GAUDEMET, Jean: Le Mariage en occident. Les moeurs et le droit, Paris 1987

–, Droit de l'Église et vie sociale au Moyen Âge (Collected Studies Series, 300), Northampton 1989

GEARY, Patrick J.: Die Merowinger. Europa vor Karl dem Großen, München 1996

GERBERDING, Richard A.: The Rise of the Carolingians and the *Liber Historiae Francorum*, Oxford 1987
GERCHOW, Jan: Das Jahrtausend der Mönche. Klosterwelt Werden 799–1803 (Ausstellung im Museumszentrum Essen 26. 3.–27. 6. 1999), Essen–Köln 1999
GESCHICHTSSCHREIBUNG und geistiges Leben im Mittelalter. Festschrift für Heinz Löwe zum 65. Geburtstag, Köln 1978
GEUENICH, Dieter: Die Alemannen, 1997
GEUENICH, Dieter – Wolfgang HAUBRICHS – Jörg JARNUT (Hg.): Nomen et gens. Zur historischen Aussagekraft frühmittelalterlicher Personennamen (Erg.-Bde zum Reallexikon der Germanischen Altertumskunde, 16), Berlin–New York 1997
GEUENICH, Dieter – Otto Gerhard OEXLE (Hg.): Memoria in der Gesellschaft des Mittelalters (Veröffentlichungen des Max-Planck-Instituts für Geschichte, 111), Göttingen 1994
LA GIUSTIZIA nell'alto medioevo (sec. V–VIII) (Settimane di Studio del Centro Italiano di Studi sull'Alto Medioevo, 42), Spoleto 1995
GOCKEL, Michael: Karolingische Königshöfe am Mittelrhein (Veröffentlichungen des Max-Planck-Instituts für Geschichte, 31), Göttingen 1970
GODMAN, Peter: Alcuin, The Bishops, Kings and Saints of York, Oxford 1982
–, Poets and Emperors. Frankish politics and Carolingian poetry, Oxford 1987
GODMAN, Peter – Roger COLLINS (Hg.): Charlemagne's Heir. New Perspectives on the Reign of Louis the Pious (814–840), Oxford 1990
GOETZ, Hans-Werner: Strukturen der spätkarolingischen Epoche im Spiegel der Vorstellungen eines zeitgenössischen Mönchs. Eine Interpretation der »Gesta Karoli« Notkers von Sankt Gallen, Bonn 1981
–, Leben im Mittelalter: 7. bis 13. Jahrhundert, München ^{4}1994
–, Frauen im frühen Mittelalter. Frauenbild und Frauenleben im Frankenreich, Weimar–Köln–Wien 1995
–, Geschichtsschreibung und Geschichtsbewußtsein im hohen Mittelalter (Orbis medievalis), Berlin 1999
GOETZ, Hans-Werner – Frederike SAUERWEIN (Hg.): Volkskultur und Elitenkultur im frühen Mittelalter. Das Beispiel der Heiligenviten (Medium aevum Quotidianum, 36), Krems 1997
GRIERSON, Philip – Mark BLACKBURN: Medieval European Coinage, Bd 1: The Early Middle Ages (5th–10th centuries), Cambridge 1986
GRUNDWISSENSCHAFTEN und Geschichte. Festschrift für Peter Acht, hg. von Waldemar SCHLÖGL – Peter HERDE, Kallmünz/Oberpfalz 1976
GUENÉE, Bernard: Histoire et culture historique dans l'Occident médiéval, Paris 1991

GUTERMAN, Simeon L.: The Principle of the Personality of Law in the Germanic Kingdoms of Western Europe from the Fifth to the Eleventh Century (American University Studies. Series IX: History, 44), New York–Bern–Frankfurt/M.–Paris 1990
GUYOTJEANNIN, Olivier – Laurent MORELLE – Michel PARISSE (Hg.): Les Cartulaires: Actes de la Table ronde ... (Paris, 5–7 décembre 1991), (Mémoires et documents de l'Ecole des Chartes, 39), Paris 1993

HACK, Achim Thomas: Das Empfangszeremoniell bei mittelalterlichen Papst-Kaiser-Treffen (Forschungen zur Kaiser- und Papstgeschichte des Mittelalters, 18), Köln–Wien 1999
HAENDLER, Gert: Die lateinische Kirche im Zeitalter der Karolinger (Kirchengeschichte in Einzeldarstellungen, 1. Serie: Alte Kirche und frühes Mittelalter, 7), Leipzig ²1992
HAERTLE, Clemens Maria: Karolingische Münzfunde aus dem 9. Jahrhundert, 2 Bde, Wien–Köln–Weimar 1997
HÄGERMANN, Dieter (Hg.): Das Polyptychon von Saint-Germain-des-Prés. Studienausgabe, Köln–Weimar–Wien 1993
HÄGERMANN, Dieter – Andreas HEDWIG: Das Polyptychon und die Notitia de Areis von Saint-Maur-des-Fossés. Analyse und Edition (Beihefte der Francia, 23), Sigmaringen 1990
HÄGERMANN, Dieter – Helmuth SCHNEIDER: Propyläen Technikgeschichte, Bd 1: Landbau und Handwerk 750 v. Chr. bis 1000 n. Chr., Berlin 1991
HAHN, Heinrich: Jahrbücher des fränkischen Reiches 741–752, Berlin 1863
HAIDER, Siegfried (Hg.): Die Anfänge des Klosters Kremsmünster (Mitteilungen des Oberösterreichischen Landesarchivs, Ergänzungsband 2), Linz 1978
HALLENBECK, Jan T.: Pavia and Rome: The Lombard Monarchy and the Papacy in the Eighth Century (Transactions of the American Philosophical Society, vol. 72, no. 4), Philadelphia 1982
HALPHEN, Louis: Charlemagne et l'empire carolingien, Paris 1947
HALSALL, Guy (Hg.): Violence and Society in the Early Medieval West (Royal Historical Society. Studies in History. New Series), Woodbridge 1998
HAMMER, Carl J.: Charlemagne's Months and their Bavarian Labors. The politics of the Seasons in the Carolingian Empire (BAR International Series, 676), Oxford 1997
HANNIG, Jürgen: Consensus fidelium. Frühfeudale Interpretationen des Verhältnisses von Königtum und Adel am Beispiel des Frankenreiches (Monographien zur Geschichte des Mittelalters, 27), Stuttgart 1982
HARTMANN, Ludo Moritz: Geschichte Italiens im Mittelalter, Bd 3, 1: Italien und die fränkische Herrschaft, Gotha 1908

HARTMANN, Wilfried: Die Synoden der Karolingerzeit im Frankenreich und in Italien (Konziliengeschichte. Reihe A), Paderborn – München – Wien– Zürich 1989

HASELBACH, Irene: Aufstieg und Herrschaft der Karolinger in der Darstellung der sogenannten Annales Mettenses priores. Ein Beitrag zur Geschichte der politischen Ideen im Reiche Karls des Großen (Historische Studien, 412), Lübeck–Hamburg 1970

HÄSSLER, Hans-Jürgen: Sachsen und Franken in Westfalen: Zur Komplexität der ethnischen Deutung und Abgrenzung zweier frühmittelalterlicher Stämme (Studien zur Sachsenforschung, 12), Oldenburg 1999

HAUBRICHS, Wolfgang: Die Anfänge. Versuche volkssprachiger Schriftlichkeit im frühen Mittelalter, c. 700–1050/60 (Geschichte der deutschen Literatur von den Anfängen bis zum Beginn der Neuzeit, hg. v. Joachim HEINZLE, 1.1), 2. durchges. Aufl., Tübingen 1995

HAUCK, Albert: Kirchengeschichte Deutschlands, Bd 2, Berlin ^{8}1954

HAUCK, Karl (Hg.): Das Einhardkreuz. Vorträge und Studien der Münsteraner Diskussion zum arcus Einhardi (Abhandlungen der Akademie der Wissenschaften in Göttingen, Phil.-hist. Kl., Folge 3, Nr. 87), Göttingen 1974

– (Hg.): Sprache und Recht. Beiträge zur Kulturgeschichte des Mittelalters. Festschrift für Ruth Schmidt-Wiegand zum 60. Geburtstag, 2 Bde, Berlin 1986

HAUT MOYEN ÂGE. Culture, éducation et société. Études offertes à Pierre Riché, ed. Michel SOT – Claude LEPELLEY, La Garenne–Colombes 1990

HECKER, Hans (Hg.): Der Herrscher. Leitbild und Abbild in Mittelalter und Renaissance (Studia humaniora, 13), Düsseldorf 1990

HEENE, Katrien: Vrouw, huwelijk, moedershap. Norm en beeld in de latijnse belerende geschriften van het karolingische Frankenrijk, Diss. Gent 1993

–, (englische Ausgabe): The legacy of paradise: marriage, motherhood and woman in Carolingian edifying literature, Frankfurt/M. u. a. 1997

HEINZELMANN, Martin (Hg.): Manuscrits hagiographiques et travail des hagiographes: études (Beihefte der Francia, 24), Sigmaringen 1992

HEITZ, Carol: L'architecture religieuse carolingienne. Les formes et leurs fonctions, Paris 1980

HELLMANN, Siegmund: Ausgewählte Abhandlungen zur Historiographie und Geistesgeschichte des Mittelalters, hg. von Helmut BEUMANN, Weimar 1961

HELVÉTIUS, Anne-Marie: Abbayes, évêques et laïques. Une politique du pouvoir en Hainaut au Moyen Âge (VIIe–XIe siècle), Brüssel 1994

HENNING, Friedrich-Wilhelm: Deutsche Agrargeschichte des Mittelalters (9.–15. Jahrhundert), Stuttgart 1994

HENTZE, Wilhelm: De Karolo rege et Leone papa. Der Bericht über die Zusammenkunft Karls des Großen mit Papst Leo III. in Paderborn 799 in einem Epos für Karl den Kaiser (Studien und Quellen zur westfälischen Geschichte), Paderborn 1999

HERBERS, Klaus: Papst Leo IV. und das Papsttum in der Mitte des 9. Jahrhunderts – Möglichkeiten und Grenzen päpstlicher Herrschaft in der späten Karolingerzeit (Päpste und Papsttum, 27), Stuttgart 1996

HERLIHY, David: Medieval Households (Studies in cultural history), Cambridge, Mass. ^{3}1985

HIGOUNET, Charles: Bordeaux pendant le haut moyen âge (Histoire de Bordeaux, 2), Bordeaux 1963

HILDEBRANDT, M. M.: The external school in carolingian society (Education and society in the Middle Ages and Renaissance, 1), Leiden–New York–Köln 1992

HLAWITSCHKA, Eduard: Franken, Alemannen, Bayern und Burgunder in Oberitalien (774–962). Zum Verständnis der Fränkischen Königsherrschaft in Italien (Forschungen zur oberrheinischen Landesgeschichte, 8), Freiburg i. Br. 1960

– (Hg.): Königswahl und Thronfolge in fränkisch-karolingischer Zeit (Wege der Forschung, 247), Darmstadt 1975

HÖDL, Günter – J. GRABMEYER (Hg.): Karantanien und der Alpen-Adria-Raum im Frühmittelalter (St. Veiter Historikergespräche, 2), Wien–Köln–Weimar 1993

HOFMEISTER, Adolf: Markgrafen und Markgrafschaften im Italischen Königreich in der Zeit von Karl dem Großen bis auf Otto den Großen (774–962) (Mitteilungen des österreichischen Instituts für Geschichtsforschung, Erg.-Bd 7), Wien 1907

HORST, Koert van der – William NOEL – Wilhelmina WÜSTEFELS (Hg.): The Utrecht Psalter in Medieval Art. Picturing the Psalms of David, Utrecht 1996

HUBERT, Jean – Jean PORCHER – Wolfgang Fritz VELBACH (Hg.): Die Kunst der Karolinger. Von Karl dem Großen bis zum Ausgang des 9. Jahrhunderts, München 1969

IRBLICH, Eva: Karl der Große und die Wissenschaft. Ausstellung karolingischer Handschriften der Österreichischen Nationalbibliothek zum Europa-Jahr 1993, Wien ^{2}1994

JACOBS, Uwe Kai: Die Regula Benedicti als Rechtsbuch. Eine rechtshistorische und rechtstheologische Untersuchung (Forschungen zur kirchlichen Rechtsgeschichte und zum Kirchenrecht, 16), Köln–Wien 1987

JAHN, Joachim: Ducatus Baiuvariorum. Das bairische Herzogtum der Agilolfinger (Monographien zur Geschichte des Mittelalters, 35), Stuttgart 1991

JAMES, Edward: The Franks (People of Europe), Oxford 1995

JANKUHN, Herbert – Rudolf SCHÜTZEICHEL – Fred SCHWIND (Hg.): Das Dorf der Eisenzeit und des frühen Mittelalters. Siedlungsform – wirtschaftliche Funktion – soziale Struktur (Abhandlungen der Akademie der Wissenschaften in Göttingen, phil.-hist. Klasse, 3. Folge, Nr. 101), Göttingen 1977

JANKUHN, Herbert – Klaus DÜWEL (Hg.): Der Handel der Karolinger- und Wikingerzeit (Abhandlungen der Akademie der Wissenschaften in Göttingen, phil.-hist. Klasse, 3. Folge, Nr. 156 = Untersuchungen zu Handel und Verkehr der vor- und frühgeschichtlichen Zeit in Mittel- und Nordeuropa, Bd 4), Göttingen 1986

JANSSEN, Walter u. a. (Hg.): Das Handwerk in vor- und frühgeschichtlicher Zeit, Bd 1: Historische und rechtshistorische Beiträge und Untersuchungen zur Frühgeschichte der Gilde (Abhandlungen der Akademie der Wissenschaften in Göttingen, phil.-hist. Klasse, 3. Folge, Nr. 122), Göttingen 1981

JANSSEN, Walter – Dietrich LOHRMANN (Hg.), Villa – curtis – grangia. Landwirtschaft zwischen Loire und Rhein von der Römerzeit zum Hochmittelalter (Beihefte der Francia, 11), München 1983

JARNUT, Jörg: Bergamo 568–1098. Verfassungs-, Sozial- und Wirtschaftsgeschichte einer lombardischen Stadt im Mittelalter (Vierteljahrschrift für Sozial- und Wirtschaftsgeschichte. Beihefte, 67), Wiesbaden 1979

JARNUT, Jörg – Ulrich NONN – Michael RICHTER (Hg.): Karl Martell in seiner Zeit (Beihefte der Francia, 37), Sigmaringen 1994

JÄSCHKE, Kurt-Ulrich – Reinhard WENSKUS (Hg.): Festschrift für Helmut Beumann zum 65. Geburtstag, Sigmaringen 1977

JENAL, Georg (Hg.): Herrschaft, Kirche und Kultur. Beiträge zur Geschichte des Mittelalters. Festschrift für Friedrich Prinz zu seinem 65. Geburtstag (Monographien zur Geschichte des Mittelalters, 37), Stuttgart 1993

–, Italia ascetica atque monastica: Das Asketen- und Mönchtum in Italien von den Anfängen bis zur Zeit der Langobarden (ca. 150/250–604) (Monographien zur Geschichte des Mittelalters, 39), 2 Bde, Stuttgart 1995

JOCH, Waltraud: Legitimität und Integration. Untersuchungen zu den Anfängen Karl Martells (Historische Studien, 456). Husum 1999

JONG, Mayke de: In Samuel's Image. Child Oblation in the Early Medieval West (Brill's studies in intellectual history, 12), Leiden–New York–Köln 1996

JUSSEN, Bernhard: Patenschaft und Adoption im frühen Mittelalter. Künstliche Verwandtschaft als soziale Praxis (Veröffentlichungen des Max-Planck-Instituts für Geschichte, 98), Göttingen 1991

KAISER, Reinhold: Churrätien im frühen Mittelalter. Ende des 5. bis Mitte des 10. Jahrhunderts, Basel 1998
KALCKHOFF, Andreas: Karl der Große. Profile eines Herrschers, München ²1990
KARL DER GROSSE oder Charlemagne. Acht Antworten deutscher Geschichtsforscher, hg. von Karl HAMPE u. a., Berlin 1935
KASTEN, Brigitte: Adalhard von Corbie. Die Biographie eines karolingischen Politikers und Klostervorstehers (Studia humaniora, 3), Düsseldorf 1986
–, Königssöhne und Königsherrschaft. Untersuchungen zur Teilhabe am Reich in der Merowinger- und Karolingerzeit (Monumenta Germaniae Historica. Schriften, 44), Hannover 1997
KATZENSTEIN, R. – E. SAVAGE-SMITH: The Leiden Aratea. Ancient Constellations in a Medieval Manuscript, Malibu (California) 1988
KEHL, Petra: Kult und Nachleben des heiligen Bonifatius im Mittelalter (754–1200) (Quellen und Abhandlungen zur Geschichte der Abtei und der Diözese Fulda, 26), Fulda 1993
KELLER, Hagen – Nikolaus STAUBACH (Hg.): Iconologia sacra: Mythos, Bildkunst und Dichtung in der Religions- und Sozialgeschichte Alteuropas. Festschrift für Karl Hauck zum 75. Geburtstag (Arbeiten zur Frühmittelalterforschung, 23), Berlin–New York 1994
KERN, Fritz: Gottesgnadentum und Widerstandsrecht im früheren Mittelalter. Zur Entwicklungsgeschichte der Monarchie (Mittelalterliche Studien I, 2), Leipzig 1914, Neudruck Darmstadt 1980
KIENAST, Walther: Die fränkische Vasallität. Von den Hausmeiern bis zu Ludwig dem Kind und Karl dem Einfältigen (Frankfurter Wissenschaftliche Beiträge. Kulturwissenschaftliche Reihe, 18), hg. Peter HERDE, Frankfurt/M. 1990
KLINGSPORN, Albrecht: Beobachtungen zur Frage der bayerischfränkischen Beziehungen im 8. Jahrhundert, Diss. Freiburg i. Br. 1965
KLOFT, Matthias: Oratores vestri monent. Das Bischofsamt des karolingischen Reiches im Spiegel juristischer und theologischer Texte, Münster/Westfalen 1994
KÖBLER, Gerhard – Hermann NEHLSEN (Hg.): Wirkungen europäischer Rechtskultur. Festschrift für Karl Kroeschell zum 70. Geburtstag, München 1997
KOHL, Wilhelm (Hg.): Westfälische Geschichte, Bd 1: Von den Anfängen bis zum Ende des Alten Reiches, Düsseldorf 1983
KOLMER, Lothar: Promissorische Eide im Mittelalter (Regensburger Historische Forschungen, 12) Kallmünz 1989
–, Machtspiele. Bayern im frühen Mittelalter, Regensburg 1990
KONECNY, Silvia: Die Frauen des karolingischen Königshauses. Die politi-

sche Bedeutung der Ehe und die Stellung der Frau in der fränkischen Herrscherfamilie vom 7. bis zum 10. Jahrhundert (Dissertationen der Universität Wien, 132), Wien 1976

KÖNSGEN, Ewald (Hg.): Arbor amoena comis. 25 Jahre Mittellateinisches Seminar in Bonn 1965–1990, Stuttgart 1990

KÖRNTGEN, Ludger: Studien zu den Quellen der frühmittelalterlichen Bußbücher (Quellen und Forschungen zum Recht im Mittelalter, 7), Sigmaringen 1993

KOTTJE, Raymund – Harald ZIMMERMANN (Hg.), Hrabanus Maurus. Lehrer, Abt und Bischof (Akademie der Wissenschaften und Literatur. Abhandlungen der Geistes- und sozialwissenschaftlichen Klasse– Einzelveröffentlichungen, 4), Wiesbaden 1982

KOZIOL, Geoffrey: Begging pardon and favor. Ritual and political order in early medieval France, Ithaca, N. Y., 1992

KRAH, Adelheid: Absetzungsverfahren als Spiegelbild von Königsmacht. Untersuchungen zum Kräfteverhältnis zwischen Königtum und Adel im Karolingerreich und seinen Nachfolgestaaten (Untersuchungen zur deutschen Staats- und Rechtsgeschichte, N. F. 26), Aalen 1987

KRAHWINKLER, Harald: Friaul im Frühmittelalter. Geschichte einer Region vom Ende des fünften bis zum Ende des zehnten Jahrhunderts (Veröffentlichungen des Instituts für österreichische Geschichtsforschung, 30), Wien–Köln–Weimar 1992

KRAUS, Andreas: Geschichte Bayerns von den Anfängen bis zur Gegenwart, München ²1988

KROESCHELL, Karl: Haus und Herrschaft im frühen deutschen Recht (Göttinger Rechtswissenschaftliche Studien, 70), Göttingen 1968

KROESCHELL, Karl – Albrecht CORDES (Hg.): Funktion und Form. Quellen- und Methodenprobleme der mittelalterlichen Rechtsgeschichte (Schriften zur europäischen Rechts- und Verfassungsgeschichte, 18), Berlin 1996

KRÜGER, Karl-Heinrich: Königsgrabkirchen der Franken, Angelsachsen und Langobarden bis zur Mitte des 8. Jahrhunderts. Ein historischer Katalog (Münstersche Mittelalter-Schriften, 4), München 1971

KRÜGER, Sabine: Studien zur sächsischen Grafschaftsverfassung im 9. Jahrhundert (Studien und Vorarbeiten zum Historischen Atlas Niedersachsens, 19), Göttingen 1950

KUCHENBUCH, Ludolf: Bäuerliche Gesellschaft und Klosterherrschaft im 9. Jahrhundert. Studien zur Sozialstruktur der Familia der Abtei Prüm (Vierteljahresschrift für Sozial- und Wirtschaftsgeschichte. Beihefte, 66), Wiesbaden 1978

–, Grundherrschaft im früheren Mittelalter (Historisches Seminar, N. F., 1), Idstein 1991

LABANDE, Edmond-René: Histoire du Poitou, du Limosin et des pays Charentais Vendée, Aunis, Saintonge, Angoumois, Toulouse 1976
LANDWEHR, Götz (Hg.): Studien zu den germanischen Volksrechten. Gedächtnisschrift für Wilhelm Ebel (Rechtshistorische Reihe, 1), Frankfurt/M. – Bern 1982
LAURANSON-ROSAZ, Christian: L'Auvergne et ses marges (Velay, Gévaudan) du VIIIe au XIe siècle. La fin du monde antique? (Cahiers de la Haute-Loire), Le Puy-en-Velay 1987
LE JAN, Régine: Famille et pouvoir dans le monde Franc (VIIe – Xe siècle). Essai d'anthropologie sociale (Histoire ancienne et médiévale, 33), Paris 1995
– (Hg.): La royauté et les élites dans l'Europe carolingienne (du début du IXe aux environ de 920), (Centre d'Histoire de l'Europe du Nord-Ouest, 17), Villeneuve d'Ascq 1999
LESNE, Émile: La hiérarchie épiscopale, 742–882 (Mémoires et travaux des Facultés catholiques de Lille), Bd 1, Lille 1905
–, Histoire de la propriété ecclésiastique en France, Bde 1–6 (Mémoires et travaux publiés par des professeurs des facultés catholiques de Lille, fasc. 6, 19, 30, 34, 44, 46, 50, 53), Lille–Paris 1926–1953
LEYSER, Karl: Communications and Power in Medieval Europe, Bd 1: The Carolingian and Ottonian Centuries, hg. von Timothy REUTER, London–Rio Grande 1994
LILIE, Ralph-Johannes: Byzanz unter Eirene und Konstantin VI. (780–802). Mit einem Kapitel über Leon VI. (775–780) von Ilse ROCHOW (Berliner Byzantinische Studien, 2), Frankfurt/M. u. a. 1996
LINDOW, John: Comitatus, Individual and Honor. Studies in North Germanic Institutional Vocabulary (University of California Publications in Linguistics, 83), Berkeley–Los Angeles–London 1976
LINSSEN, Conrad André Augustinus: Historische opstellen over Lotharingien en Maastricht in de Middeleeuwen, Assen-Maastricht 1985
LINTZEL, Martin: Ausgewählte Schriften, Bd 1: Zur altsächsischen Stammesgeschichte, Berlin (Ost) 1961
LOSEK, Fritz: Die Conversio Bogariorum et Carantanorum und der Brief des Erzbischofs Theotmar von Salzburg (Monumenta Germaniae Historica. Studien und Texte, 15), Hannover 1997
LOUNGHIS, Telemadros C.: Les ambassades byzantines en Occident depuis la fondation des états barbares jusqu'aux croisades (407–1096), Athen 1980
LOURDAUX, Willem – D. VERHELST (Hg.): Benedictine Culture 750–1050 (Medievalia Lovaniensia, Series 1: Studia 11), Löwen 1983
LÜDTKE, Alf (Hg.): Herrschaft als soziale Praxis. Historische und sozial-

anthropologische Studien (Veröffentlichungen des Max-Planck-Instituts für Geschichte, 91), Göttingen 1991

LUDAT, Herbert – Rainer Christoph SCHWINGES (Hg.): Politik, Gesellschaft, Geschichtsschreibung. Gießener Festgabe für František Graus zum 60. Geburtstag, Köln–Wien 1982

MACCARONE, Michele (Hg.): Il primato del vescovo di Roma nel primo millennio (Atti e documenti/Pontificio Comitato di Scienze Storiche, 4), Città del Vaticano 1991

MAGNI, Cesare: Ricerche sopra le elezioni episcopali in Italia durante l'alto medio evo, Bd 1 (Biblioteca della Rivista di storia del diritto italiano, 1), Rom 1928

MAGNOU-NORTIER, Elisabeth: Foi et fidélité. Recherches sur l'évolution des liens personnelles chez les francs du VIIe au IXe siècle (Publications de l'Université de Toulouse-Le Mirail, Série A, t. 28), Toulouse 1976

MALANGRÉ, Heinz: Gestalten um Karl den Großen, Aachen 1989

MANACORDA, Francesco: Ricerche sugli inizii della dominazione dei Carolingi in Italia (Istituto storico italiano per il medioevo – studi storici, fasc. 71–72), Rom 1968

I MATRIMONIO nella società altomedioevale (Settimane di Studio del Centro Italiano di Studi sull'alto medioevo, 24), 2 Bde, Spoleto 1977

MAYER, Theodor (Hg.): Das Königtum. Seine geistigen und rechtlichen Grundlagen (Vorträge und Forschungen, 3), Lindau–Konstanz 1956

MCKITTERICK, Rosamond: The Frankish kingdom under the Carolingians, 751–987, London–New York ^{4}1992

–, The Carolingians and the Written Word, Cambridge 1989

–, The uses of literacy in early mediaeval Europe, Cambridge 1990

– (Hg.): Carolingian Culture: emulation and innovation, Cambridge 1994

– (Hg.): The New Cambridge Medieval History, Bd 2 (c. 700 – c. 900), Cambridge 1995

MEDIA IN FRANCIA. Festschrift für Karl Ferdinand Werner – Recueil de Mélanges offert à Karl Ferdinand Werner à l'occasion de son 65e anniversaire, Paris 1989

MERCATI e mercanti nell'alto medioevo: L'area euroasiatica e l'area mediterranea (Settimane di Studio del Centro Italiano di Studi sull' alto medioevo, 40), Spoleto 1993

METZ, Kurt: Die Exilierung als politische Maßnahme im Frankenreich sowie in Deutschland und Frankreich bis zum Ende des 10. Jahrhunderts, Diss. phil. Heidelberg 1956

METZ, Wolfgang: Die Erforschung des karolingischen Reichsgutes (Erträge der Forschung, 4), Darmstadt 1971

MIETHKE, Jürgen – Klaus SCHREINER (Hg.): Sozialer Wandel im Mittelalter. Wahrnehmungsformen, Erklärungsmuster, Regelungsmechanismen, Sigmaringen 1994

MIKAT, Paul: Dotierte Ehe – rechte Ehe. Zur Entwicklung des Eheschließungsrechts in fränkischer Zeit (Rheinisch-Westfälische Akademie der Wissenschaften. Geisteswissenschaften, Vorträge 227), Düsseldorf 1978

MITTEIS, Heinrich: Lehnsrecht und Staatsgewalt. Untersuchungen zur Mittelalterlichen Verfassungsgeschichte, Weimar 1933

MITTERAUER, Michael: Karolingische Markgrafen im Südosten. Fränkische Reichsaristokratie und bayerischer Stammesadel im österreichischen Raum (Archiv für österreichische Geschichte, 123), Wien 1963

MOHR, Walter: Studien zur Charakteristik des karolingischen Königtums im 8. Jahrhundert, Saarlouis 1955

–, Die karolingische Reichsidee (Aevum christianum, 5), Münster 1962

MONASTICON ITALIAE. Repertorio topo-bibliografico dei monasteri italiani, Bd 1: Roma e Lazio (Centro Storico Benedettino Italiano), bearb. Filippo CARAFFA, Cesena 1981

LA MONOCRATIE (Recueils de la Société Jean Bodin pour l'histoire comparative des institutions, 21), Bd 2, Brüssel 1969

MORDEK, Hubert (Hg.): Aus Kirche und Reich. Festschrift Friedrich Kempf, Sigmaringen 1983

– (Hg.): Überlieferung und Geltung normativer Texte des frühen und hohen Mittelalters (Quellen und Forschungen zum Recht im Mittelalter, 4), Sigmaringen 1986

– (Hg.): Aus Archiven und Bibliotheken. Festschrift für Raymund Kottje (Freiburger Beiträge zur mittelalterlichen Geschichte. Studien und Texte 3), Frankfurt/M.–Bonn–New York–Paris 1992

–, Bibliotheca capitularium regum Francorum manuscripta. Überlieferung und Traditionszusammenhang der fränkischen Herrschererlasse (Monumenta Germaniae Historica. Hilfsmittel, 15), München 1995

MORNET, Elisabeth (Hg.): Campagnes médiévales. L'homme et son espace. Études offertes à Robert Fossier (Histoire ancienne et médiévale, 31), Paris 1995

MORRISON, Karl Frederick: Carolingian Coinage (Numismatic Notes and Monographs, 158), New York 1967

MOSTERT, Marco - A. DEMYTTENAERS – E. O. VAN HARTINGSVELDT – R. E. KÜNZEL (Hg.): Vrouw, familie en macht. Bronnen over vrouwen in de Middeleeuwen, Hilversum 1990

MÜLLEJANS, Hans (Hg.): Karl der Große und sein Schrein in Aachen. Eine Festschrift, Aachen–Mönchengladbach 1988

MÜLLER, Wolfgang (Hg.): Zur Geschichte der Alemannen (Wege der Forschung, 100), Darmstadt 1975

MÜLLER-KEHLEN, Helga: Die Ardennen im Frühmittelalter (Veröffentlichungen des Max-Planck-Instituts für Geschichte, 38), Göttingen 1973

MÜLLER-LINDENLAUF, Hans Günther: Germanische und spätrömisch-christliche Eheauffassung in fränkischen Volksrechten und Kapitularien, Diss. jur. Freiburg i. Br. 1969

MÜLLER-MERTENS, Eckhard: Karl der Große, Ludwig der Fromme und die Freien. Wer waren die liberi homines der karolingischen Kapitularien (742/43–832)? Ein Beitrag zur Sozialgeschichte des Frankenreichs (Forschungen zur mittelalterlichen Geschichte, 10), Berlin 1963

MÜLLER-WILLE, Michael – Reinhard SCHNEIDER (Hg.): Ausgewählte Probleme europäischer Landnahmen des Früh- und Hochmittelalters. Methodische Grundlagendiskussion im Grenzbereich zwischen Archäologie und Geschichte (Vorträge und Forschungen, 41), 2 Bde, Sigmaringen 1993

MUSCA, Giosuè: Carlo Magno e Harun-al-Rashid. Seconda edizione riveduta (Storia e civiltà, 42), Bari 1996

MÜTHERICH, Florentine – Joachim E. GAEKDE (Hg.): Karolingische Buchmalerei, München ²1979

MUZZARELLI, Maria Giuseppina (Hg.): Donne e lavoro nell'Italia medievale, Turin 1991

NAGEL, Helmut: Karl der Große und die theologischen Herausforderungen seiner Zeit (Freiburger Beiträge zur mittelalterlichen Geschichte, 12), Frankfurt/M. 1998

NASCITÀ dell'Europa ed Europa Carolingia: un'equazione da verificare (Settimane di Studio del Centro Italiano di Studi sull'alto medioevo, 27), Spoleto 1981

NEES, Lawrence: A Tainted Mantle. Hercules and the Classical Tradition at the Carolingian Court (Middle ages series), Philadelphia 1991

NEHLSEN, Hermann: Sklavenrecht zwischen Antike und Mittelalter (Germanisches und römisches Recht in den germanischen Rechtsaufzeichnungen, 1), Göttingen–Zürich–Frankfurt/M. 1972

NEHLSEN-VON STRYK, Karin: Die boni homines des frühen Mittelalters unter besonderer Berücksichtigung der fränkischen Quellen (Freiburger Rechtsgeschichtliche Abhandlungen, N. F. 2), Berlin 1981

NELSON, Janet L.: Politics and Ritual in Early Medieval Europe (History Series, 42), London 1986

–, The Frankish World 750–900, London–Rio Grande 1996

NOBLE, Thomas F. X.: The Republic of St. Peter. The Birth of the Papal State 680–825, Philadelphia 1984

NOBLE, Thomas F. X. – John Joseph CONTRENI (Hg.): Religion, Culture and Society in the Early Middle Ages. Studies in honor of Richard E. Sullivan (Studies in medieval culture, 23), Kalamazoo 1987

OBERMEIER, Monika: »Ancilla«. Beiträge zur Geschichte der unfreien Frauen im Frühmittelalter (Frauen in Geschichte und Gesellschaft, 32), Pfaffenweiler 1996
ODEGAARD, Charles E.: Vassi and Fideles in the Carolingian Empire, Cambridge/Mass. 1945
OEXLE, Otto Gerhard – Werner PARAVICINI (Hg.): Nobilitas. Funktion und Repräsentation des Adels in Alteuropa (Veröffentlichungen des Max-Planck-Instituts für Geschichte, 133), Göttingen 1997
OLBERG, Gabriele von: Die Bezeichnungen für soziale Stände, Schichten und Gruppen in den Leges Barbarorum (Arbeiten zur Frühmittelalterforschung, 11 = Die volkssprachigen Wörter der Leges Barbarorum, 2), Berlin– New York 1991
OPFERMANN, Bernhard: Die liturgischen Herrscherakklamationen im Sacrum Imperium des Mittelalters, Weimar 1953
ORDINAMENTI MILITARI in Occidente nell'alto medioevo (Settimane di Studio del Centro Italiano di Studi sull'alto medioevo, 15), Spoleto 1968
OSTROGORSKY, Georg: Geschichte des byzantinischen Staates, München ³1965

PADBERG, Lutz E. von: Mission und Christianisierung. Form und Folgen bei Angelsachsen und Franken im 7. und 8. Jahrhundert, Stuttgart 1995
PALAIS royaux et princiers au moyen âge. Actes du colloque international tenu au Mans les 6–7 oct. 1994 sous la direction d'Annie Renoux, Le Mans 1996
PAPSTTUM, Kirche und Recht im Mittelalter. Festschrift für Horst Fuhrmann zum 65. Geburtstag, Tübingen 1991
PARAVICINI, Werner – Karl Ferdinand WERNER (Hg.): Histoire comparée de l'administration (IVe – XVIIIe siècles) (Beihefte der Francia, 9), Sigmaringen 1980
PARISSE, Michel (Hg.): Veuves et veuvage dans le haut moyen âge, Paris 1993
PARSONS, John Carmi (Hg.): Medieval Queenship, Stroud 1994
PATZE, Hans (Hg.): Geschichte Niedersachsens, Bd 1: Grundlagen und frühes Mittelalter (Veröffentlichungen der historischen Kommission für Niedersachsen und Bremen, 36), Hildesheim ²1985
PATZELT, Erna: Die karolingische Renaissance, Graz ²1965 (¹1924)
PERSON und Gemeinschaft im Mittelalter. Festschrift für Karl Schmid zum 65. Geburtstag, hg. von Gerd ALTHOFF, Sigmaringen 1988

PETERS, Ralf: Die Entwicklung des Grundbesitzes der Abtei Saint-Denis in merowingischer und karolingischer Zeit, Aachen–Mainz 1993

PETRY, Klaus: Die monetäre Entwicklung, Handelsintensität und wirtschaftlichen Beziehungen des oberlothringischen Raumes von Anfang des 6. bis zur Mitte des 12. Jahrhunderts (Trierer Petermännchen – Wissenschaftliche Reihe, 2), Trier 1992

PETZOLDT, Leander (Hg.): Historische Sagen, Bd 1, München 1976

PICARD, Jean-Charles: Le souvenir des évêques. Sépultures, listes épiscopales et culte des évêques en Italie du Nord des origines au Xe siècle (Bibliothèque des Écoles françaises d'Athènes et de Rome, 268), Rom 1988

PIRENNE, Henri: Mahomet und Karl der Große. Untergang der Antike am Mittelmeer und Aufstieg des Germanischen Mittelalters, Frankfurt/M. ^{2}1963

PLÖTZ, Robert (Hg.): Europäische Wege der Santiago-Pilgerfahrt (Tagung der Deutschen St. Jakobus-Gesellschaft, 2), Tübingen 1990

POHL, Walter: Die Awaren. Ein Steppenvolk in Mitteleuropa 567–822 n. Chr., München 1988

–, Die Awarenkriege Karls des Großen 788–803 (Militärhistorische Schriftenreihe, 61), Wien 1988

POSTAN, Michael M. (Hg.): The Agrarian Life of the Middle Ages (The Cambridge Economic History of Europe, 1), Cambridge ^{2}1971

PRINZ, Friedrich: Frühes Mönchtum im Frankenreich, Darmstadt ^{2}1988

– (Hg.): Herrschaft und Kirche, Stuttgart 1988

I PROBLEMI dell'Occidente nel secolo VIII (Settimane di Studio del Centro Italiano di Studi sull'alto Medioevo, 20), 2 Bde, Spoleto 1973

PROU, Maurice: Catalogue des monnaies françaises de la Bibliothèque Nationale: Les monnaies carolingiennes, Paris 1892

QUARTHAL, Franz (Hg.): Alemannien und Ostfranken im Frühmittelalter (Veröffentlichungen des Alemannischen Institutes Freiburg im Breisgau, 48), Brühl–Baden 1984

RABE, Susan A.: Faith, Art and Politics at Saint-Riquier. The Symbolic Vision of Angilbert, Philadelphia 1995

RANDO, Daniela: Una chiesa di frontiera: Le istituzioni ecclesiastiche veneziane nei secoli VI – XII, Bologna 1994

RANKE, Kurt u. a. (Hg.): Enzyklopädie des Märchens. Handwörterbuch zur historischen und vergleichenden Erzählforschung, Berlin–New York 1977

RAPPMANN, Roland – Alfons ZETTLER (Hg.): Die Reichenauer Mönchsgemeinschaft und ihr Totengedenken im frühen Mittelalter (Archäologie und Geschichte – Freiburger Forschungen zum ersten Jahrtausend in Süddeutschland, 5), Sigmaringen 1998

RATKOWITSCH, Christiane: Karolus Magnus – alter Aeneas, alter Martinus, alter Iustinus. Zu Intention und Datierung des »Aachener Karlsepos« (Wiener Studien, Beiheft 24, Arbeiten zur mittel- und neulateinischen Philologie, 4), Wien 1997

–, Karoli vestigia magna secutus. Die Rezeption des »Aachener Karlsepos« in der Carlias des Ugolino Verino (Wiener Studien, Beiheft 25, Arbeiten zur mittel- und neulateinischen Philologie, 5), Wien 1999

REGENSBURG und Bayern im Mittelalter (Studien und Quellen zur Geschichte Regensburgs, 4), Regensburg 1987

REISCHMANN, Hans-Joachim: Die Trivialisierung des Karlsbildes der Einhard-Vita in Notkers »Gesta Karoli Magni«. Rezeptionstheoretische Studien zum Abbau der kritischen Distanz in der spätkarolingischen Epoche, Konstanz 1984

REUTER, Timothy: Germany in the Middle Ages 800–1056, London – New York 1991

REYNOLDS, Philip Lyndon: Marriage in the Western Church. The Christianization of Marriage during the Patristic and Early Medieval Periods (Supplements to Vigiliae Christianae, 24), Leiden–New York 1994

REYNOLDS, Susan: Fiefs and Vassals. The Medieval Evidence Reinterpreted, Oxford 1994

RICHÉ, Pierre: Die Karolinger. Eine Familie formt Europa, Stuttgart ³1995

–, Die Welt der Karolinger, Stuttgart ²1999

–, Écoles et enseignement dans le Haut Moyen âge: fin du Ve siècle – milieu du XIe siècle, Paris ²1989

RICHÉ, Pierre – Carol HEITZ – François HÉBER-SUFFRIN (Hg.): Actes du colloque »Autour d'Hildegarde« (= Université Paris X – Nanterre, Centre de recherches sur l'antiquité tardive et le haut moyen âge et Centre de recherches d'histoire et civilisation de l'université de Metz, Cahier 5), Paris 1987

RICHTER, Michael: Studies in medieval language and culture, Blackwood 1995

RING, R. R.: The Lands of Farfa. Studies in Lombard and Carolingian Italy, University of Wisconsin, Diss. phil. 1972

ROCHOW, Ilse: Byzanz im 8. Jahrhundert aus der Sicht des Theophanes. Quellenkritisch-historischer Kommentar zu den Jahren 715–813 (Berliner byzantinistische Arbeiten), Berlin 1991

RÖSENER, Werner (Hg): Strukturen der Grundherrschaft im frühen Mittelalter (Veröffentlichungen des Max-Planck-Instituts für Geschichte, 92), Göttingen ³1993

–, Agrarwirtschaft, Agrarverfassung und ländliche Gesellschaft im Mittelalter (Enzyklopädie Deutscher Geschichte, 13), München 1992
– (Hg.): Jagd und höfische Kultur im Mittelalter (Veröffentlichungen des Max-Planck-Instituts für Geschichte, 135), Göttingen 1997
ROUCHE, Michel: L'Aquitaine des Wisigoths aux Arabes 418–781. Naissance d'une région, Paris 1979
ROUCHE, Michel – Jean HEUCLIN (Hg.): La femme au moyen âge, Paris 1990
RÜBER, Elisabeth: Sankt Benedikt in Mals (Europäische Hochschulschriften, Reihe 28: Kunstgeschichte, 130), Frankfurt/M. 1991

SAURMA-JELTSCH, Lieselotte-E. (Hg.): Karl der Große als vielberufener Vorfahr. Sein Bild in der Kunst der Fürsten, Kirchen und Städte (Schriften des Historischen Museums, 19), Sigmaringen 1994
SAWYER, Peter H. – Ian N. WOOD (Hg.): Early Medieval Kingship, Leeds ²1979
SAWYER, Birgit und Peter: Medieval Scandinavia. From Conversation to Reformation, ca. 800–1500, Minneapolis ³1996
SAWYER, Peter H.: Kings and Vikings. Scandinavia and Europe, AD 700–1100, London 1994
SCHAAB, Meinrad: Die Blendung als politische Maßnahme im abendländischen Früh- und Hochmittelalter, Diss. Heidelberg 1955
SCHÄFER, Ursula (Hg.): Schriftlichkeit im frühen Mittelalter (Script Oralia, 53), Tübingen 1993
– (Hg.): Artes im Mittelalter (Symposion des Mediävistenverbandes, 7), Berlin 1999
SCHÄFERDIEK, Kurt: Kirchengeschichte als Missionsgeschichte, Bd 2, 1, München 1978
SCHALLER, Dieter: Studien zur lateinischen Dichtung des Frühmittelalters (Quellen und Untersuchungen zur lateinischen Philologie des Mittelalters, 11), Stuttgart 1995
SCHALLER-FISCHER, Marianne: Pfalz und Fiskus, Frankfurt 1969
SCHARER, Anton – Georg SCHEIBELREITER (Hg.): Historiographie im frühen Mittelalter (Veröffentlichungen des Instituts für österreichische Geschichtsforschung, 32), Wien 1994
SCHEFERS, Hermann (Hg.): Einhard. Studien zu Leben und Werk (Arbeiten der Hessischen Historischen Kommission, N. F. 12), Darmstadt 1997
SCHIEFFER, Rudolf (Hg.): Beiträge zur Geschichte des Regnum Francorum (Beihefte der Francia, 22), Sigmaringen 1990
–, Die Karolinger, Stuttgart–Berlin–Köln ²1997
– (Hg.): Schriftkultur und Reichsverwaltung unter den Karolingern (Abhandlungen der Nordrhein-Westfälischen Akademie der Wissenschaften, 97), Opladen 1996

SCHIEFFER, Theodor (Hg.): Handbuch der europäischen Geschichte, Bd 1: Europa im Wandel von der Antike zum Mittelalter, Stuttgart ⁴1996
SCHLESINGER, Walter: Beiträge zur deutschen Verfassungsgeschichte des Mittelalters, 2 Bde, Göttingen 1963
– (Hg.): Althessen im Frankenreich (Nationes, 2), Sigmaringen 1975
–, Ausgewählte Aufsätze 1965–1979 (Vorträge und Forschungen, 34), hg. v. Hans PATZE, Sigmaringen 1987
SCHLÖGL, Waldemar: Die Unterfertigung deutscher Könige von der Karolingerzeit bis zum Interregnum durch Kreuz und Unterschrift. Beiträge zur Technik der Unterfertigung im Mittelalter (Münchener Historische Studien. Abteilung Geschichtliche Hilfswissenschaften, 16), Kallmünz/Oberpfalz 1978
SCHMID, Karl (Hg.): Reich und Kirche vor dem Investiturstreit. Festschrift für Gerd Tellenbach (80. Geburtstag), Sigmaringen 1985
–, Geblüt, Herrschaft, Geschlechterbewußtsein. Grundlagen zum Verständnis des Adels im Mittelalter, aus dem Nachlaß hg. v. Dieter MERTENS – Thomas ZOTZ (Vorträge und Forschungen, 44), Sigmaringen 1998
SCHMITT, Johannes: Untersuchungen zu den Liberi Homines der Karolingerzeit (Europäische Hochschulschriften III, 83) Frankfurt/M.–Bern 1977
SCHNEIDER, Fedor: Die Reichsverwaltung in der Toscana von der Gründung des Langobardenreiches bis zum Ausgang der Staufer (568–1268), Rom 1914
SCHNEIDER, Reinhard: Das Frankenreich (Oldenbourg-Grundriß der Geschichte, 5), München ³1995
SCHNITH, Karl Rudolf – Roland PAULER (Hg.): Festschrift für Eduard Hlawitschka zum 65. Geburtstag (Münchener Historische Studien, Abt. Mittelalterliche Geschichte, 5), Kallmünz/Oberpfalz 1993
SCHRAMM, Percy Ernst: Die zeitgenössischen Bildnisse Karls des Großen mit einem Anhang über die Metallbullen der Karolinger (Beiträge zur Kunstgeschichte des Mittelalters und der Renaissance, 29), Leipzig 1928
–, Kaiser, Könige und Päpste: Gesammelte Aufsätze zur Geschichte des Mittelalters, 4 Bde, Stuttgart 1968–1971
SCHRAMM, Percy Ernst – Florentine MÜTHERICH: Die deutschen Könige und Kaiser in Bildern ihrer Zeit, 751–1190, Neuauflage unter Mitarbeit von P. BERGHAUS – N. GUSSONE – Florentine MÜTHERICH, München 1983
SCHRIMPF, Gangolf (Hg.): Kloster Fulda in der Welt der Karolinger und Ottonen (Fuldaer Studien, 7), Frankfurt/M. 1996
SCHULZE, Hans K.: Vom Reich der Franken zum Land der Deutschen. Merowinger und Karolinger, Berlin 1987

–, Grundstrukturen der Verfassung im Mittelalter, 2 Bde, 2. verbesserte Aufl., Stuttgart–Berlin–Köln 1990

SCHWAB, Ingo: Das Prümer Urbar (Publikationen der Gesellschaft für Rheinische Geschichtskunde, 20 = Rheinische Urbare, 5), Düsseldorf 1983

SCHWARZ, Heinz Wilhelm: Der Schutz des Kindes im Recht des frühen Mittelalters. Eine Untersuchung über Tötung, Mißbrauch, Körperverletzung, Freiheitsbeeinträchtigung, Gefährdung und Eigentumsverletzung anhand von Rechtsquellen des 5. bis 9. Jahrhunderts (Bonner Historische Forschungen, 56), Siegburg 1993

SCHWARZMAIER, Hansmartin: Lucca und das Reich bis zum Ende des 11. Jahrhunderts. Studien zur Sozialstruktur einer Herzogsstadt in der Toskana (Bibliothek des Deutschen Historischen Instituts in Rom, 41), Tübingen 1972

SELLERT, Wolfgang (Hg.): Das Gesetz in Spätantike und frühem Mittelalter. 4. Symposion der Kommission »Die Funktion des Gesetzes in Geschichte und Gegenwart« (Abhandlungen der Akademie der Wissenschaften in Göttingen, philol.-hist. Klasse, 3. Folge, Nr. 196), Göttingen 1992

SETTIPANI, Christian: La préhistoire des Capétiens, 481–987 (Nouvelle histoire généalogique de l'Auguste Maison de France, 1, sous la dir. de Patrick van Kerrebrouck), Villeneuve d'Ascq 1993

SIEMS, Harald: Handel und Wucher im Spiegel frühmittelalterlicher Rechtsquellen (Monumenta Germaniae Historica. Schriften, 35), Hannover 1992

SIERCK, Michael: Festtag und Politik. Studien zur Tagewahl karolingischer Herrscher (Beihefte zum Archiv für Kulturgeschichte, 38), Köln–Weimar–Wien 1995

SMITH, Julia M. H.: Province and Empire. Brittany and the Carolingians (Cambridge studies in medieval life and thought, 4th series, Bd 18), Cambridge 1992

SMITH, Lesley – Benedicta WARD (Hg.): Intellectual Life in the Middle Ages. Essays presented to Margaret Gibson, London 1992

SOCIETÀ, istituzioni, spiritualità. Studi in onore di Cinzio Violante, 2 Bde, (Collectanea/Centro Italiano di Studi sull'Alto Medievo, 1), Spoleto 1994

SPINDLER, Max (Hg.): Handbuch der bayerischen Geschichte, Bd 1: Das alte Bayern: das Stammesherzogtum bis zum Augang des 12. Jahrhunderts, München ²1981

SPUFFORD, Peter: Money and its use in medieval Europe, Cambridge 1988

STAAB, Franz: Die Pfalz. Problem einer Begriffsgeschichte vom Kaiserpalast auf dem Palatin bis zum heutigen Regierungsbezirk (Veröffentlichungen der Pfälzischen Gesellschaft zur Förderung der Wissenschaften in Speyer, 81), Speyer 1990

- (Hg.): Zur Kontinuität zwischen Antike und Mittelalter am Oberrhein (Oberrheinische Studien, 11), Sigmaringen 1994
STAFFORD, Pauline: Queens, Concubines and Dowagers. The King's Wife in the Early Middle Ages, London 1983
STIEGEMANN, Christoph – Matthias WEMHOFF (Hg.): 799 – Kunst und Kultur der Karolingerzeit. Karl der Große und Papst Leo III. in Paderborn (Ausstellungskatalog, Paderborn 1999), 3 Bde, Mainz 1999
STOCLET, Alain: Autour de Fulrad de Saint-Denis (v. 710–784) (École Pratique des Hautes Études: Hautes Études Médiévales et Modernes, 72), Genf 1993
STORIA DI MILANO, Bd 2: Dall' invasione dei barbari all' apogeo del governo vescovile (493–1002), Mailand 1954
STUARD, Susan Mosher (Hg.): Women in Medieval Society, Philadelphia 1976
STUDIA in honorem eminentissimi cardinalis Alphonsi Mariae Stickler, curante Rosalius Josephus CASTILLO LARA (Studia et textus historiae iuris canonici, 7), Rom 1992
SWEENEY, Del (Hg.): Agriculture in the Middle Ages: Technology, Practice and Representation, Philadelphia 1995

TELLENBACH, Gerd (Hg.): Studien und Vorarbeiten zur Geschichte des großfränkischen und frühdeutschen Adels (Forschungen zur oberrheinischen Landesgeschichte, 4), Freiburg i. Br. 1957
–, Ausgewählte Abhandlungen und Aufsätze, 5 Bde, Stuttgart 1988–1996
THOMA, Gertrud: Namensänderungen in Herrscherfamilien des mittelalterlichen Europa (Münchener Historische Studien, Abt. Mittelalterliche Geschichte, 3), Kallmünz/Oberpfalz 1985
TREITINGER, Otto: Die oströmische Kaiser- und Reichsidee nach ihrer Gestaltung im höfischen Zeremoniell, Darmstadt ²1956
TREMP, Ernst: Studien zu den Gesta Hludowici imperatoris des Trierer Chorbischofs Thegan (Monumenta Germaniae Historica. Schriften, 32), Hannover 1988
–, Die Überlieferung der Vita Hludowici imperatoris des Astronomus (Monumenta Germaniae Historica. Studien und Texte, 1), Hannover 1991
TOUBERT, Pierre: Les structures du Latium médiéval. Le Latium méridional et la Sabine du IXe à la fin du XIIe siècle, 2 Bde, Rom 1973

UFFELMANN, Uwe: Das Regnum Baiern von 788 bis 911. Studien zur ostfränkischen Staatsstruktur, Diss. Heidelberg 1965
ULLMANN, Walter, The Carolingian Renaissance and the Idea of Kingship, London 1969

ULRICH, Wolfgang: Regentschaft bei Unmündigkeit des fränkischen Herrschers, Diss. jur. Bonn 1964

UNTERSUCHUNGEN zu Kloster und Stift (Veröffentlichungen des Max-Planck-Instituts für Geschichte, 68 = Studien zur Germania Sacra, 14), Göttingen 1980

L'UOMO di fronte al mondo animale nell'alto medioevo (Settimane di Studio del Centro Italiano di studi sull'alto medioevo, 31), 2 Bde, Spoleto 1985

VARIORUM munera florum. Latinität als prägende Kraft mittelalterlicher Kultur. Festschrift für Hans F. Haefele zu seinem 60. Geburtstag, Sigmaringen 1985

VERHULST, Adriaan (Hg.): Le grand domaine aux époques mérovingienne et carolingienne. Die Grundherrschaft im frühen Mittelalter. Actes du colloque international, Gand, 8–10. sept. 1983 (Centre Belge d'Histoire Rurale, 81), Gent 1985

–, Rural and urban aspects of early medieval north-west Europe (Variorum Collected Studies Series, 385), Aldershot 1992

VERHULST, Adriaan – YOSHIKI Morimoto (Hg.): Économie rurale et économie urbaine au Moyen âge (Belgisch Centrum voor Landelijke Geschiedenis, 108), Gent 1994

VESCOVI e diocesi in Italia nell' medioevo (sec. IX–XIII). Atti del II convegno di storia della chiesa in Italia (Roma 1961), Padua 1964

VIOLANTE, Cinzio: Ricerche sulle istituzioni ecclesiastiche dell'Italia centro-settentrionale nel medioevo, Palermo 1986

VONES, Ludwig: Geschichte der Iberischen Halbinsel im Mittelalter (711–1480). Reiche – Kronen – Regionen, Sigmaringen 1993

WAITZ, Georg: Deutsche Verfassungsgeschichte, Bde 1 und 3, Kiel ²1865 und Berlin ²1883

WALLACE-HADRILL, John Michael: The Long-Haired Kings, London 1962

–, Early Germanic Kingship in England and on the Continent, Oxford 1971

WALLACH, Luitpolt: Alcuin and Charlemagne. Studies in carolingian history and literature, Ithaca–New York ²1968

WATTENBACH, Wilhelm – Wilhelm LEVISON – Heinz LÖWE: Deutschlands Geschichtsquellen im Mittelalter, Bd 3, Weimar 1957

WEIDINGER, Ulrich: Untersuchungen zur Wirtschaftsstruktur des Klosters Fulda in der Karolingerzeit (Monographien zur Geschichte des Mittelalters, 36), Stuttgart 1991

WEINRICH, Lorenz: Wala. Graf, Mönch und Rebell. Die Biographie eines Karolingers (Historische Studien, 386), Lübeck-Hamburg 1963

WEITZEL, Jürgen: Dinggenossenschaft und Recht. Untersuchungen zum

Rechtsverständnis im fränkisch-deutschen Mittelalter (Quellen und Forschungen zur höchsten Gerichtsbarkeit im Alten Reich, 15), 2 Bde, Köln–Weimar–Wien 1985
WEMPLE, Suzanne Fonay: Women in Frankish Society. Marriage and Cloister 500 to 900, Philadelphia 1981
WENSKUS, Reinhard: Sächsischer Stammesadel und fränkischer Reichsadel (Abhandlungen der Akademie in der Wissenschaften in Göttingen, philol.-hist. Klasse, 3. Folge, Nr. 93), Göttingen 1976
WERNER, Karl Ferdinand: Structures politiques du monde franc (VIe–XIIe siècles). Études sur les origines de la France et de l'Allemagne, London 1979
–, Vom Frankenreich zur Entfaltung Deutschlands und Frankreichs: Ursprünge – Strukturen – Beziehungen. Ausgewählte Beiträge. Festgabe zu seinem 60. Geburtstag, Sigmaringen 1984
–, Die Ursprünge Frankreichs bis zum Jahr 1000 (Geschichte Frankreichs, 1, hg. von Jean Favier), Stuttgart 1989
– Il y a mille ans, Les Carolingiens: fin d'une dynastie, début d'un mythe, Paris 1993 (Annuaire – Bulletin de la Société de l'historie de France, années 1991/92)
–, Karl der Große oder Charlemagne? Von der Aktualität einer überholten Fragestellung (Sitzungsberichte der Bayerischen Akademie der Wissenschaften, phil.-hist. Klasse, Jg. 1995, Heft 4), München 1995
–, Naissance de la noblesse: L'essor des élites politiques en Europe, Paris 1998
–, Einheit der Geschichte. Studien zur Historiographie (Beihefte der Francia, 45), hg. v. Werner PARAVICINI, Sigmaringen 1999
WERNER, Matthias: Der Lütticher Raum in frühkarolingischer Zeit. Untersuchungen zur Geschichte einer karolingischen Stammlandschaft (Veröffentlichungen des Max-Planck-Instituts für Geschichte, 62), Göttingen 1980
–, Adelsfamilien im Umkreis der frühen Karolinger. Die Verwandtschaft Irminas von Oeren und Adelas von Pfalzel (Vorträge und Forschungen, Sonderbd 28), Sigmaringen 1982
WICKHAM, Christopher u. a. (Hg.): Istituzioni ecclesiastiche della Toscana medioevale (Commissione Italiana per la storia delle pievi e delle parrocchie. Studi e Richerche, 1), Lecce 1980
–, Early Medieval Italy. Central Power and Social Society, 400–1000, London 1981
–, Land and Power. Studies in Italian and European Social History, 400–1200, London 1994
WILLMES, Peter: Herrscher-Adventus im Kloster des Frühmittelalters (Münstersche Mittelalter-Schriften, 22), München 1976

WINKELMANN, Friedhelm: Quellenstudien zur herrschenden Klasse von Byzanz im 8. und 9. Jahrhundert (Berliner byzantinistische Arbeiten, 54), Berlin 1987
WOLF, Gunther (Hg.): Zum Kaisertum Karls des Großen. Beiträge und Aufsätze (Wege der Forschung, 38), Darmstadt 1972
WOLFRAM, Herwig: Intitulatio I. Lateinische Königs- und Fürstentitel bis zum Ende des 8. Jahrhunderts (Mitteilungen des Instituts für österreichische Geschichtsforschung, Erg.-Bd 21), Wien–Köln–Graz 1967
– (Hg.): Intitulatio II. Lateinische Herrscher- und Fürstentitel im 9. und 10. Jahrhundert (Mitteilungen des Instituts für österreichische Geschichtsforschung, Erg.-Bd 24), Wien–Köln–Graz 1973
–, Die Geburt Mitteleuropas. Geschichte Österreichs vor seiner Entstehung 378–907, Wien 1987
–, Salzburg, Bayern, Österreich: Die Conversio Bagoariorum et Carantanorum und die Quellen ihrer Zeit (Mitteilungen des österreichischen Instituts für Geschichtsforschung, Erg.-Bd 31), Wien–München 1995
WOLFRAM, Herwig – Andreas SCHWARCZ (Hg.): Die Baiern und ihre Nachbarn (Österreichische Akademie der Wissenschaften, phil.-hist. Klasse, Denkschriften 179 und 180), 2 Bde, Wien 1985
WOLFRAM, Herwig – Walter POHL (Hg.): Typen der Ethnogenese unter besonderer Berücksichtigung der Bayern, Bd 1 (Denkschriften der österreichischen Akademie der Wissenschaften, philol.-hist. Klasse, 201), Wien 1990
WOOD, Ian: The Merovingian Kingdoms, 450–751, London 1994
WOOD, Ian – G. A. Loud (Hg.): Church and Chronicle in the Middle Ages. Essays presented to John Taylor, London 1991

ZIMMERMANN, G.: Ordensleben und Lebensstandard. Die curia corporis (Beiträge zur Geschichte des Benediktinerordens, 32), 2 Bde, Münster 1973

Danksagung

Bei der Ausarbeitung und Fertigstellung der Karlsbiographie habe ich vielfache Hilfe und Anregung erfahren. Besonderen Dank schulde ich meiner Mitarbeiterin, Frau Priv.-Dozentin Dr. Brigitte Kasten, deren Rat und Widerspruch der Studie an vielen Stellen zugute gekommen ist und die bis zuletzt die volle Last der Korrekturen mit mir getragen hat. Meine Anerkennung darf ich dem zuständigen Referenten der Staats- und Universitätsbibliothek Bremen, Herrn Bibliotheksrat Hartmut Silz, aussprechen, ohne dessen Spürsinn und Tatkraft die literarische Unterfütterung des Werkes nicht in dem notwendigen Ausmaß gelungen wäre. Ferner schulde ich dem Lektorat von Herrn Thomas Theise, jetzt Regensburg, und Frau Ditta Ahmadi, Berlin, Dank, deren Bemühungen vor allem der Auflockerung der wissenschaftlichen Prosa zum Vorteil des Lesers gegolten haben. Von Seiten des Verlages haben mit gewohnter Sorgfalt und Zuwendung Herr Wolfram Mitte für die Ausstattung mit Abbildungen und Frau Gisela Hidde für die vielfältige Vermittlung zwischen Bremen und Berlin ihren Teil zum hoffentlichen Gelingen beigetragen.

Zuletzt habe ich vor allem meiner Sekretärin, Frau Sigrid Kleiber, herzlichen Dank abzustatten: Unermüdlich und mit großer Freude hat sie die Arbeiten am PC während der Entstehung der Biographie und bei der Fülle der Korrekturarbeiten übernommen und gefördert, mein Anliegen zu ihrem gemacht.

Bremen, im Dezember 1999

Personenregister

(Zahlen in Klammern sind in der Regel Amtsdaten. Karl der Große wurde nicht aufgenommen.)

Abbio, Sachsenführer 230f.
Abd-al Malik († 845) 331
Abdallah, Emir († um 900) 379, 383f., 519
Abdarrahman I. ad-Dakhil, Emir (756–788) 155, 331
Abraham, Emir 445
Abraham, Khagan 481
Abul Abbas (Elefant) 409f., 445f., 555
Aciulf, Priester 176
Ada 74
Adalbert von Prague, hl. († 997) 625
Adaldag, Erzbischof von Hamburg-Bremen (937–988) 177
Adalhard, Abt von Corbie († 826) 88ff., 112, 181, 195, 306, 475, 526, 543, 546, 548, 557f., 561, 575, 596ff., 600, 608, 654
Adalperga, Ehefrau des Arichis von Benevent 144, 249, 251
Adalwin, Bischof von Regensburg (792–817) 546
Adelchis, Sohn des Desiderius 86, 114, 128, 143, 172, 194, 245, 248f., 251
Adelhard, Pfalzgraf 415
Adelheid, Tochter Karls († 774) 114, 161
Adelrich, Baskenfürst 284, 307
Adelung, Abt von Lorsch 575
Ademar von Chabannes († 1034) 628
Aeneas 47

Aethelred, König von Northumbrien 532
Aetios, Minister der Kaiserin Irene 468
Agnellus, Chronist († nach 846) 444
Agnellus, Doge von Venedig (811–827) 564
Agobard, Erzbischof von Lyon (816–840) 391, 447, 509, 552
Aistulf, König der Langobarden (749–757) 70, 72, 128, 445
Ajo von Friaul 374, 494, 562
al-Hakam I., Emir (796–822) 375, 379, 384
al-Mansur, Kalif 410
Aldhelm von Malmesbury († 709) 149
Aldulf, römischer Diakon 540
Alexander der Große (336–323 v. Chr.) 9, 682
Alexander, hl. 103, 154, 232
Alföldi, Andreas 358
Alfons II., König von Asturien († 842) 384, 387
Alfred »der Große« († 899) 16
Alkuin († 804) 104, 153, 164, 195, 203, 206, 215, 225, 282f., 289, 291, 297ff., 303, 306, 317, 319f., 334, 336, 341, 343, 349, 354, 358, 362f., 363, 372–375, 389ff., 395, 397f., 401ff., 408, 412–418, 421, 427, 440f., 452, 455, 468, 471, 496, 499, 521, 525, 532, 544, 546, 548f., 554,

572f., 589, 598, 617, 622, 624, 642, 646, 652–656, 680
Alpais, Tochter Ludwigs des Frommen   615
Althoff, Gerd   19
Amalar, Erzbischof von Köln   575
Amalrich, Erzbischof von Trier   603, 608
Amalrich, Pfalzgraf   590
Amalung   586f.
Ambrosius, hl. († 397)   196, 544
Amorez, Statthalter von Saragossa   552, 543, 560, 582
Anastasios I., byzantinischer Kaiser (491–518)   66
Anastasius Bibliothecarius († um 879)   340
Anchises   47
Angilbert, Abt von St. Riquier († 814)   149, 195, 307, 320, 342, 357f., 367, 369, 377, 393, 411f., 546, 573, 575, 583, 588, 615, 656
Angilram, Bischof von Metz (768–791)   47, 151, 180, 225, 283, 315, 349, 653f.
Ansbert   46
Anscher   476
Ansegisel († nach 657)   38f., 47, 49f., 567
Anselm, Pfalzgraf   158
Anselm, Abt von Nonantola   128, 147, 170, 445
Ansgar, Erzbischof von Hamburg-Bremen († 865)   154, 476f., 561
Anton, Hans Hubert   14
Anulo   592
Arbeo, Bischof von Freising (764/65–783)   84, 275
Ardoin   378
Arichis II., Herzog von Benevent (774–787)   115, 143f., 171, 188, 248f., 231, 238, 240, 242ff., 258, 266
Arn, Erzbischof von Salzburg (798–821)   182, 245f., 262, 282f., 313, 371–374, 388f., 391, 403, 412, 421, 455, 473, 481, 525, 546f., 564, 610
Arnoald, Vater Arnulfs   46
Arnulf von Kärnten, Kaiser (896–899)   283
Arnulf von Metz († um 640)   26, 38f., 46–49, 52, 480, 495, 567
Arnulf, Sohn Ludwigs d. Fr. († nach 841)   615
Arpad   308f.
Arsaphios, Spathar   562, 564, 594
Asinarius, Abt von Novalese   113
Askarius, Graf   393
Asser († 910)   16, 23
Ato, Diakon   176
Atzuppius   36
Audegarius, Vasall   135
Audulf   238, 482, 487, 525, 576
Augustin, Kirchenvater (354–430)   45, 68, 373, 428, 454, 462, 544, 546, 573, 577, 623, 645, 681
Augustus, römischer Kaiser († 14)   23, 267, 310, 395, 554, 639, 645, 648
Aureolus, Graf   542
Autgar   115

Baugulf, Abt von Fulda (779–802)   210, 230, 234, 298, 308, 605
Beatus de Liébana († um 800)   318
Beatus, Doge von Venedig   493, 516, 521
Becher, Matthias   33
Beda Venerabilis († 735)   22, 290, 548, 550, 521, 646
Beethoven, Ludwig van   682
Begga, Tochter Pippins des Älteren († 693)   38f., 47, 49f.
Bego, Graf von Toulouse   455
Benedikt von Aniane, eigtl. Witiza († 821)   109, 135, 222, 300, 321, 389, 414, 573, 607, 611, 615, 654
Benedikt von Nursia († gegen 560)   605
Bennit, Graf   587
Benrad, Abt   169
Berchar, Hausmaier   51

Berengar, Kaiser († 924) 576
Bernar, Bischof von Worms (799–ca. 825) 543, 546, 610
Bernhard, König von Italien († 818) 115, 183, 237, 507, 557, 569, 573, 576 f., 596–601, 608, 614, 616, 620 ff.
Bernhard, Markgraf von Septimanien 208
Bernhard, Sohn Karl Martells († 787) 112, 561
Bero 576
Berschin, Walter 518
Berta, Tochter Karls († nach 829) 161, 306 f., 320, 357, 554, 629
Bertrada, Mutter Karls († 782) 32, 35 f., 63, 71–74, 83 ff., 89, 92, 193, 217, 219, 258, 272, 363, 399, 457, 627
Beumann, Helmut 18, 154, 232
Bischoff, Bernhard 572
Bismarck, Otto von 103
Blithild, angebliche Tochter Chlothars I. 46
Bois, Guy 663
Borrell, Graf 384
Borst, Arno 9, 548 f.
Boshof, Egon 592
Bourdieu, Pierre 9
Braunfels, Wolfgang 18
Brun 140
Burckhardt, Jacob 11, 15, 22, 95, 685
Burkhard, Bischof von Würzburg († nach 749) 68
Burkhard, Graf 524, 576

Caesar, Gaius Julius († 44 v. Chr.) 9 f., 15, 22
Caligula, Gaius Julius († 41) 583
Calistus, Leibwächter 471
Calvin, Johann 81
Campulus 392 f.
Cancor, Graf 108
Candidus 412, 440
Cathwulf 82
Chadoloh, Graf 473

Chalpaida, Mutter Karl Martells 53
Cheitmar, Herzog 93
Childerich III. (743–751) 40 f., 44, 62, 69
Chlodulf († nach 670) 47, 567
Chlodwig I. († 511) 13, 19, 38, 45, 66, 162
Chlothar I. († 561) 38, 46, 162
Chlothar II. († 629) 49 f., 59, 162, 679
Chorso, Herzog von Toulouse 284, 307, 331
Christophorus 392
Chrodegang, Bischof von Metz (746–766) 59, 72, 88, 108 f., 135, 151, 615
Chrodgar, Graf 440
Cicero, Marcus Tullius 288, 291
Classen, Peter 439, 601
Corbinian, hl., Bischof von Freising († 725) 84

Dagobert I., König in Austrasien (623–639) 49
David, König 70, 651
Decembrio, Piercandido († 1477) 22
Desiderius, Langobardenkönig (757–773) 35, 72, 84–87, 89 f., 93 f., 110–116, 127 ff., 132, 144, 172 f., 178, 188, 193, 201, 231, 239 f., 245, 248 f., 251, 258 f., 266, 270, 273, 392, 640
Deusdona, römischer Diakon 513
Devroey, Pierre 663
Dhuoda 642
Dicuil 521, 550, 646
Diokletian, Gaius Aurelius Valerius († 313?) 626
Dionysios Areopagites 646
Dobdagrec, irischer Abt 275
Domitian, Titus Flavius († 96) 22
Donatus, Bischof von Zara 493
Dragoweil 303
Drasko, Abodritenfürst 385, 538, 542, 556
Drogo, Halbbruder Pippins III. 55

726

Drogo, Sohn Karlmanns († nach 754) 35, 63 f., 71
Drogo, Sohn Karls († 855) 47, 180, 217, 324, 507, 569, 577, 598, 600, 618, 640
Drogo, Sohn Pippins II. († 708) 51 f.
Dungal 225

Eadwulf, König von Northumbien 532, 533, 540
Eberhard, Markgraf von Friaul († wohl 866) 298, 408, 506, 576, 642
Ebo, Erzbischof von Reims (816–835) 463, 477
Eburis, Königsbote 385
Echirius, Pfalzgraf 388
Egbert, Erzbischof von York (735–766) 290
Egbert, Graf 542
Eggihard, Truchseß 158 f.
Eichenberger, Thomas 284
Eigil, Abt von Fulda (618–622) 607
Eilwart 322
Einhart († 840) 14 ff., 18, 20–27, 31 ff., 37–44, 48, 51, 58, 69 ff., 82 f., 89, 91 f., 97, 102–105, 111, 127, 134 f., 138, 154, 157 f., 164 f., 176, 179 f., 217–220, 224 f., 232 f., 236 ff., 245, 266, 270, 285 f., 291, 298, 302, 306, 309–313, 323 f., 336, 352, 356, 358, 361, 367, 371, 380, 395, 406–409, 411, 416, 421, 424 ff., 437, 443 f., 446, 449 f., 454, 466, 469 f., 474 ff., 496, 498, 502, 513 ff., 517 f., 521, 533, 537 ff., 549, 553 ff., 559, 562 f., 565 f., 569, 576, 582, 599 f., 608, 614, 618, 622 ff., 626, 628, 633 ff., 637–640, 642–652, 654 ff., 658, 682 f.
Eligius, hl., Bischof von Noyon († 660) 80
Elipand, Erzbischof von Toledo († ca. 802) 318 f., 336 f., 341, 344, 389
Elisabeth, Mutter Hadrians I. 365
Elisäus, Notar 191
Elpidius 188
Englisch, Brigitte 649
Erben, Wilhelm 642
Erchanger, Graf 576
Erich, Herzog von Friaul 356 f., 370 f., 373, 376, 384, 406 ff., 642
Erkanbald, Erzkanzler 446, 655
Erkanbert, Bischof von Minden 224, 477
Ermoldus Nigellus († wohl vor 840) 52, 267, 447, 588, 617
Euanthia 405, 417
Eudo, Herzog von Aquitanien 58
Eugen, Prinz von Savoyen 58
Eugénie, Kaiserin 628

Fardulf, Abt von St. Denis (792) 326, 352, 383, 462, 680
Fastrada, Ehefrau Karls († 794) 47, 182, 209, 217 f., 221, 224, 233, 237, 248, 309, 312, 314, 324, 350 f., 414, 569, 610, 640
Felix, Bischof von Urgel († 818) 317–320, 334, 336 f., 319 f., 342, 344, 389 ff.
Felix, Mönch 519
Fichtenau, Heinrich 293, 647
Fillitz, Hermann 198
Fleckenstein, Josef 33, 195, 638
Flodoard, Chronist († 966) 87
Fortunatus, Patriarch von Grado 472 f., 493 f., 516, 553, 564
Fridugis, Abt von Tours († 834) 290, 575, 680
Fried, Johannes 19, 213, 599
Friedrich I. Barbarossa (1152–1190) 16, 23, 31, 125, 154, 474, 480, 625 ff., 629
Friedrich II. (1212–1250) 625, 650
Friedrich II., der Große (1740–1786) 682

Fulrad, Abt von St. Denis († 784) 68, 72, 88, 119, 135, 151, 176, 224 f., 240, 262, 514, 680
Fulrid, Alamanne 309

Ganshof, François Louis 18, 95, 449, 452, 462, 491, 509, 578
Geary, Peter 65
Gebhard von Treviso, Graf 410
Gelasius I., Papst (492–496) 66
Genesius, Kanzleischreiber 445
Georg (Egibald), Abt 519
Gerberga, Frau Karlmanns 82, 89, 94, 115, 208
Gerbert (gen. Castus) 169
Germar, Graf 403
Gerold, Graf 91, 217, 279, 313, 388 f., 405 f., 482, 576, 582
Gervold, Abt 305
Gherbald, Bischof von Lüttich 492, 578
Gisela, Schwester Karls, Äbtissin von Chelles († 810) 61, 64, 71, 73, 86, 131, 191, 268, 399, 479, 554, 572, 642
Gisela, Tochter Karls († nach 814) 161, 196, 554
Gisulf von Benevent 244
Godebert 524
Goderam, Graf 473
Godescalc 197 f., 571
Goethe, Johann Wolfgang von 286
Goffart, Walter 180
Gorgonus, hl. 109, 135
Gottfried, Graf 462
Gottfried, Herzog von Niederlothringen († 1069) 474
Göttrik (Gottfried), König von Dänemark († ca. 810) 478, 537 ff., 541 f., 555 f., 592
Gottschalk, Graf 385
Gregor I., der Große, Papst (590–604) 67, 137, 290 ff., 342, 363, 436, 610
Gregor III., Papst (731–741) 58, 366, 472

Gregor VII., Papst (1073–1085) 403
Gregor von Tours 14
Gregor von Utrecht, Abt 152, 222
Grifo, Sohn Karl Martells († 753) 35, 60 f., 65, 79, 201, 257, 271, 304
Grimm, Jacob (1785–1863) 41
Grimoald, Hausmaier († 656/57) 39, 47, 49–52, 59, 69
Grimoald II., Herzog von Benevent (787–806) 243 f., 249–252, 280, 283, 326, 405, 418, 468
Grimoald III., Herzog von Benevent (806–817) 468, 517, 596
Gundeland, Abt 108
Gundrada 642
Gutenberg, Johannes (ca. 1397–1468) 299

Had, Graf 385
Hadrian I., Papst (772–795) 89, 93 ff., 110 f., 115 f., 119–123, 127 f., 132 f., 142 f., 145, 150, 166, 170–178, 180, 184, 186, 188, 190, 192 f., 198 ff., 216 f., 225, 239–243, 246 f., 250, 252, 258, 260, 262, 294, 313, 318, 320, 336, 338, 340 ff., 355, 358 f., 362–369, 391 f., 427, 436, 438, 441, 443, 530, 546, 572, 611, 616, 638, 644
Hadrian IV., Papst (1154–1159) 125
Hannibal († 183 v. Chr.) 9
Harald, König von Dänemark († 933) 231, 267, 592
Hardnit 307, 320, 583
Hardrad, Graf 214, 233 f., 272, 456
Harold 220, 236
Hartmann, Ludo Moritz 564
Hartmann, Wilfried 336, 611
Harun-ar-Raschid, Kalif von Bagdad (786–809) 409 f., 445 f., 450, 518 f., 541, 555, 658

Hathumar, Bischof von Paderborn (800–815) 476f., 229, 401, 517
Hauck, Albert 577
Heimpel, Hermann 16
Heinrich I., König (919–936) 232
Heinrich II., Kaiser (1002–1024) 303, 548
Heinrich IV., Kaiser (1056–1106) 153, 198
Heinrich der Löwe († 1195) 154
Heito, Bischof von Basel (803–823) 470, 546, 562, 565, 575, 593
Helena, Mutter Kaiser Konstantins I. († um 336) 342
Hellmann, Siegmund 637f.
Helmgaud, Pfalzgraf 403, 467, 530
Hemming, König von Dänemark († 812) 560, 592
Heribert, Graf von Laon 63, 582
Heridac, Priester 561
Hessi, Graf († 804) 140, 152
Heuss, Theodor 16
Hibernicus Exul 269, 629
Hieronymus, hl. († 420) 288, 320, 373, 546
Hildebold, Erzbischof von Köln 393, 403, 568, 570, 604, 610, 623, 656
Hildebrand, Herzog von Spoleto († 788) 128, 142f., 166, 171, 211, 251, 280, 283,
Hildegard, Ehefrau Karls († 783) 47, 54, 91, 114, 156, 161, 170, 179–183, 197, 199, 216–220, 223, 279, 305, 324, 350, 388, 406, 414f., 496, 553, 569, 571, 588, 600, 640
Hildegard, Tochter Ludwigs des Frommen 615
Hildegrimm, Bruder Abt Benrads 169, 222
Hiltrud, Tochter Karl Martells († 754) 60f., 65, 201, 257, 274, 350
Hiltrud, Tochter Karls († nach 814) 350f., 414

Himiltrud, Ehefrau Karls 54, 82f., 90, 161, 179f., 183, 216, 223, 258, 305, 323, 325, 588, 598, 639
Hinkmar, Erzbischof von Reims († 882) 195, 341, 653
Hischam I., Emir (788–796) 331, 375, 379
Hitler, Adolf 15
Hitto, Graf 470
Hrabanus Maurus († 856) 548, 655, 668
Hroccolf, Graf 576
Hruodland, Markgraf († 778) 158ff., 238, 680
Hugo Capet, König von Frankreich († 996) 80
Hugo, Graf von Tours 506, 562
Hugo, Neffe Karls 55
Hugo, Sohn Karls († 844) 217, 324, 507, 569, 577, 598, 600, 618, 640
Hunfried von Mondsee, Abt 245
Hunfried, Markgraf von Istrien 500, 530
Hunold 81, 256

Imma 22
Ingram, Graf 615
Irene, Kaiserin von Byzanz (797–802) 188–192, 241f., 245, 248, 253, 336, 338f., 342f., 345, 386f., 398, 405, 428, 436, 467f., 502, 530, 553, 561, 563
Irmingard, Ehefrau Ludwigs des Frommen 219, 598, 615, 670
Irmino, Abt von St. Germain-des-Prés (811) 575
Isaak, Jude 410, 446
Isidor, Erzbischof von Sevilla († 636) 68, 194, 548, 649, 657
Itherius, Kapellan, dann Abt von St. Martin in Tours 86f., 120, 186, 309

Jahn, Joachim 93
Jarich 385
Jarnut, Jörg 17

Jesse, Bischof von Amiens 467, 530, 547, 575, 603,
Johann I., Papst (523–526) 426
Johannes Damaskenos († 749) 410
Johannes, Abt von Gorze († 975/76) 108
Johannes, Doge von Venedig 472, 493
Johannes, Erzbischof von Arles 591 f.
Johannes, Herzog von Istrien 494
Johannes, Mönch 543, 545
Johannes, Patriarch von Grado 553
Jonas, Bischof von Auxèrre 422
Joséphine, Kaiserin 44, 628
Judith, Ehefrau Ludwigs des Frommen 22, 219, 325, 616, 621
Julia, Enkelin des Augustus 639
Julia, Tochter des Augustus 639
Julian, Erzbischof von Toledo († 690) 22
Justin I., byzantinischer Kaiser (518–527) 426
Justinian I., byzantinischer Kaiser († 527–567) 132, 192, 443, 563, 603, 660
Justinian II., byzantinischer Kaiser (685–695) 420

Kadaloh, Königsbote 494
Kahl, Hans-Dietrich 138, 164
Karl der Jüngere, Sohn Karls († 811) 54, 79, 91, 114, 151, 161, 170, 179, 181, 183, 223, 304–307, 325, 351, 370, 375, 399, 413, 417, 424, 427, 447, 482, 484, 497–501, 503, 514, 539, 556, 569, 588 f., 597, 600, 614, 616, 620, 640
Karl der Kahle († 877) 22, 82, 178, 238, 325, 341, 505, 554, 592, 616, 621, 628, 635, 646
Karl I. von England 66
Karl IV., Kaiser (1347–1378) 285
Karl Martell († 741) 35, 38, 40, 47 f., 50, 52–62, 65, 68, 71, 74, 80, 111, 257, 366, 557, 615
Karl V., Kaiser (1520–1556, † 1558) 27, 623
Karlmann, Bruder Karls († 771) 33, 46, 48, 71 ff., 79 f., 82–89, 93 f., 120, 178, 182, 222, 225, 257 f., 271 f., 285, 392, 497, 507, 628, 641
Karlmann, Hausmaier († 754) 35, 43, 60–66, 70 f., 81, 97, 109, 111, 115, 222, 262, 309, 597, 616
Karlmann-Pippin, Sohn Karls, König von Italien († 810) 44, 54, 59 f., 91 f., 129, 145, 151, 161, 170, 178–181, 183 ff., 194 f., 197 f., 200 f., 226 f., 252–255, 259, 263, 269, 280, 304 f., 307 f., 310 f., 313 f., 321, 325, 332, 356 f., 359, 369 ff., 373–376, 384, 393, 413, 417 f., 427, 440 ff., 447 f., 463, 468, 472, 482, 484, 494, 497, 499, 503 f., 508, 517 f., 521, 524, 527, 530, 540, 543, 553, 556 ff., 561–565, 569, 580, 588, 593, 597–600, 614 ff., 620 ff., 635, 640, 644, 651, 678
Kasten, Brigitte 81, 259, 448, 597, 617, 619
Konecny, Silvia 37
Konrad, »Pfaffe« 159
Konrad II., Kaiser (1024–1039) 23
Konrad III., König (1138–1152) 474
Konstantin I., der Große, Kaiser (306–337) 45, 124 ff., 150, 173 ff., 289, 317, 319, 342, 365, 394–397, 444, 563, 602, 620, 629, 636, 647, 660
Konstantin II., byzantinischer Kaiser (337–340) 420
Konstantin V., byzantinischer Kaiser (741–775) 131, 192, 339, 392, 553
Konstantin VI., byzantinischer Kaiser (780–797) 190, 336, 338, 340, 343, 386, 398, 619
Konstantin VII. Porphyrogennetos,

byzantinischer Kaiser (913–959) 241, 245, 420, 619
Krum, Khan der Bulgaren (803–814) 540, 593, 608

Lammers, Walter 103
Lantfrid, Gesandter 410
Le Jan, Régine 681
Lebuin, hl. 98–102, 141, 152, 169
Lecho 483, 514
Leidrad, Erzbischof von Lyon (799–814) 390 f., 579, 603 f.
Leo I., Papst (440–461) 67, 126
Leo III., Papst (795–816) 311, 365, 367, 369, 383, 388, 391–396, 398–401, 403 f., 413 f., 416, 419–424, 426 f., 430, 435 f., 438–442, 452, 472 f., 478 ff., 493, 496, 516, 519, 530, 532, 543, 545 f., 563, 594 f., 601, 616, 620, 640, 644, 669, 684
Leo von Ravenna, Erzbischof 94, 111, 132 f., 142 f., 147, 150, 171
Leo, Spathar 467
Leon I., byzantinischer Kaiser (457–474) 426
Leon III., byzantinischer Kaiser (717–741) 73, 131, 339
Leon IV., byzantinischer Kaiser (775–780) 190 f.
Leon V., byzantinischer Kaiser (813–820) 609
Lioba, Äbtissin von Tauberbischofsheim († um 782) 210, 216
Liudger, Bischof von Münster (805–809) 100, 141, 169, 222, 228, 322, 351, 385, 477
Liutgard, Ehefrau Karls († 800) 217, 358, 414 f., 553, 640
Liutperga 266, 268, 270, 278, 282
Liutprand, langobardischer König (712–744) 40, 113, 378
Liutwin, Bischof von Trier 55
Livius, Titus 157, 308
Lohrmann, Dietrich 521
Lothar I., Kaiser (840–855) 20, 42, 103, 178, 232, 477, 498, 506, 562, 574, 598, 615, 621
Lothar II., Kaiser (855–869) 54
Lothar, Sohn Karls († 779/80) 161 f., 597
Löwe, Heinz 16, 18
Ludwig der Deutsche, König († 876) 82, 103, 178, 229, 251, 478, 582, 609, 614 f., 628
Ludwig der Fromme, Kaiser († 840) 11, 14, 20 f., 25 f., 42, 44, 48, 54, 64, 81, 88, 91, 95, 107, 109, 115, 121 f., 129, 161 f., 157 f., 161, 170, 173, 179, 183 ff., 189, 217, 219, 223, 225 ff., 299, 231, 237, 244, 259, 267, 279, 284, 293, 300, 304 f., 307 f., 312, 324 f., 327, 331 f., 341, 346, 359, 361 f., 370, 375–379, 384, 389, 391, 399, 404, 408, 413 f., 417, 425, 427, 429, 444, 447, 453, 455, 460, 463 f., 471, 475, 482 ff., 497–503, 505–508, 515, 521, 541 f., 552, 555, 557, 562, 569 f., 574, 576 f., 580, 588–592, 598 ff., 606 f., 612, 614–618, 620, 627 f., 640, 644 ff., 651, 654, 658, 663, 670, 673, 677 f., 620–623
Ludwig VI., König von Frankreich (1108–1137) 16
Ludwig, Abt von St. Denis 506, 554, 557, 646
Lul, Erzbischof von Mainz († 786) 139, 149, 167, 203
Lund, Bea 36
Lupus, Baskenfürst 81

Madalgaud 462
Maginarius, Abt 225, 240, 249, 309
Maginerius 680
Magnus, Erzbischof von Sens 462, 579, 603
Marc Aurel (161–180) 444
Martianus 603
Martin von Tours, hl. († 397) 23, 45, 72, 203

Matfried, Graf von Orléans 562
Mathilde 232
Mauritius, Doge von Venedig 472, 493
Maxentius, Patriarch von Aquileia 395, 564f., 579
Medardus, hl. († vor 561) 80
Meginard siehe Meginfred
Meginfred, Kämmerer 312f., 377, 418, 440, 465
Michael I., byzantinischer Kaiser (811–813) 494, 593f., 601, 608f., 619
Michael Synkellos 545
Michael von Sizilien, Patrizius 404
Michael, Bischof von Philadelphia 471
Michael, Patrizius von Phrygien 386
Michelangelo 682
Migetius 319
Milituoch, Sorbenfürst 514
Milo, Sohn Liutwins, Bischof von Trier 55
Montaigne, Michel de 684
Mordek, Hubert 613

Napoleon I. Bonaparte 9, 44, 197, 292, 490
Nazarius, hl. 108, 135
Nelson, Janet 640
Nestorius, Patriarch von Konstantinopel (428–431) 339
Nicetas, Patrizius 379, 516, 521, 530
Nietzsche, Friedrich 362
Nikephorus I., byzantinischer Kaiser (802–811) 468, 471, 502, 516, 519, 540, 553, 561, 593f., 608, 619
Niketas Monomachos 404
Nithard († 845) 307, 320, 576, 583, 629
Notker der Stammler († 912) 20, 24, 35, 89, 114, 217, 356, 512, 518, 655, 664
Novalis, eigtl. Friedrich von Hardenberg 11, 19

Obelierus, Doge von Venedig 493, 516, 521, 562
Odilbert, Erzbischof von Mailand 602
Odilo, Bayernherzog 57, 60f., 65, 200f., 257, 274f., 350
Odo, westfränkischer König (888–898) 506, 556
Oexle, Otto Gerhard 275
Offa, König von Mercien (757–796) 305, 348, 358, 513, 535, 589
Olivier 159
Osulf 589
Oswald, König († 642) 22
Otto I., Kaiser (962–973) 11, 122, 130, 177, 189, 620f., 682
Otto II., Kaiser (967–983) 108, 245
Otto III., Kaiser (996–1002) 14, 119, 232, 341, 477, 625, 627, 629

Pandulf, Fürst von Capua († 1049) 240
Paschalis, Gegenpapst (1164–1168) 16, 392f.
Paschasius Radbertus, Abt von Corbie († um 860) 646
Patze, Hans 152
Patzelt, Erna 25
Paul Afiarta 93f., 110f., 132, 392
Paul I., Papst (757–767) 176, 272
Paulinus, Patriarch von Aquileia († 802) 144, 149, 225, 291f., 317, 319, 321, 334, 336f., 358, 372f., 388, 390, 406, 417, 544, 573, 653, 656
Paulus Diaconus († ca. 799) 26, 40, 47, 82, 129, 144, 183, 191, 217, 249, 291, 299, 323, 326, 567, 653
Paulus, Herzog von Zara 493
Paulus, Präfekt von Cephalonia 553
Pelagius I., Papst (555–560) 422

Peter I., Zar von Rußland (1672–1725) 682
Petronilla, hl. 118
Petrus von Pisa, Grammatiker 292, 572, 653
Petrus, Abt von Nonantola 471, 608 f.
Petrus, Bischof von Verdun 323, 326, 349
Petrus, Erzbischof von Mailand 308, 337, 358
Philippikos-Bardanes, byzantinischer Kaiser (711–713) 438
Photius, Patriarch von Konstantinopel († zwischen 891 und 898) 547
Pippin der Bucklige, Sohn Karls († 811) 82 f., 114 f., 161, 170, 179–183, 217, 223, 258, 305, 323–327, 349, 377, 462, 497, 588 f., 597 f., 680
Pippin I., Hausmaier († 639) 38 f., 47, 49, 505
Pippin II. († 714) 39 f., 48, 50–53, 60, 63, 83
Pippin III., Vater Karls († 768) 31 f., 34 f., 37 f., 40, 43–48, 60–71, 73 f., 80, 82, 85, 87 f., 92, 98, 106, 111, 117, 119 f., 127, 131, 135, 175, 178 f., 194, 209, 216 f., 219, 222 f., 238, 246, 257 f., 262, 271 ff., 277, 285, 288, 292, 295, 298, 304, 308, 359 ff., 363, 370, 376, 399 f., 410, 429 f., 457, 479 f., 483, 520, 524, 543, 554, 585, 597, 627, 649, 657
Pippin, Bruder Karls († 761) 74
Pippin, Neffe Karls († nach 774) 82, 88, 399
Pippin, Sohn Ludwigs d. Fr. († 838) 615
Pirenne, Henri 12
Plektrud, Ehefrau Pippins II. († nach 717) 53 f., 50, 60, 63, 83, 219
Plinius 573, 649
Pohl, Walter 312, 356, 407, 481 f.

Prinz, Friedrich 58
Ptolemäus, Claudius († ca. 160) 574
Pusinna, hl. 100

Radbert 519
Radbod, Friesenherzog († 719) 51, 100
Radolf 218
Rainald von Chiusi 143
Rainer, Mönch aus St. Jakob in Lüttich (1157–1230) 625
Ranke, Leopold von 14, 20, 26, 449
Ratger, Abt von Fulda 605 ff.
Regina, Konkubine Karls 640
Reginald 538
Reginfried 592
Regino von Prüm († 915) 64
Reifenberg, Benno 16
Remigius 72
Richard, Graf 332, 385
Richarius, hl. 377, 583
Richbot, Abt von Lorsch, († 804) 276, 323, 393, 412, 416, 418, 424, 427, 435, 655, 680
Richer von Reims, Chronist (10. Jh.) 46, 154
Richulf, Erzbischof von Mainz († 813) 193, 218, 350 f., 385, 421, 576, 606, 610
Röder, Josef 330
Roland siehe Hruodland
Romuald, Sohn des Grimoald I. von Benevent 243, 248 f.
Romulus Augustulus, Kaiser († 475) 391, 430
Roric, Graf 385
Rorico, Geliebter Rotruds 506, 554
Rotchild 195
Rotfried, Notar 533
Rotgaud von Friaul, Herzog 132, 143 f., 171, 565
Rothard, Graf 309
Rothger, Graf 403
Rotrud, Mutter Stephans von Paris 576

733

Rotrud, Tochter Ludwigs des Frommen 557, 615
Rotrud, TochterKarls († 810) 149, 161, 191, 241, 245, 306, 506, 553 f., 557, 642, 654
Rotstagnus, Graf 447
Rüdiger, Bischof 17
Ruodhaid, Tochter Karls († nach 814) 414, 554, 557
Ruodland, Markgraf siehe Hruodland
Rutekar 218

Sallust († 35 v. Chr.) 157
Salomon, König 70, 651
Schaller, Dieter 394 f.
Schieffer, Rudolf 54, 201, 240, 273, 279
Schlesinger, Walter 501
Schmidt, Heinrich 207
Schmitz, Gerhard 613
Schulte, Aloys 572, 657
Schwarz, Karl 329
Sergius 392
Sickel, Theodor 642
Sidonius Appolinaris († 390) 22
Siegfried 592
Sigfrid, König von Dänemark 209, 385
Sigibert von Gembloux 626
Sigismund, Burgunderkönig († 524) 22
Sigismund, Gesandter 410
Silvester I., Papst (314–335) 124, 173 f., 342, 365, 403
Sintbert, Bischof von Regensburg (766–791) 202
Slavomir 556
Smaragd, Abt von St. Mihiel (nach 809) 546
Spinola, Ambrogio 366
Staubach, Nikolaus 288
Staurakios, byzantinischer Kaiser (811) 471, 593, 619
Stephan II., Papst (752–757) 27, 34, 40, 70 ff., 119, 136, 178, 184, 400 f., 479

Stephan III., Papst (768–772) 85 f., 93, 258
Stephan IV., Papst (816–817) 44, 442, 620, 670
Stephan, Bischof von Neapel 172
Stephan, Graf von Paris 455, 462, 469, 576
Stuart, Maria 66
Sturmi, Abt von Fulda († 779) 92, 135, 139, 151 f., 163, 167, 192, 605
Sueton, Gaius Suetonius Tranquillus (* um 70) 15, 23–26, 37, 91 f., 291, 310, 361, 449, 470, 559, 633 f., 637, 639
Suger, Abt von St. Denis († 1151) 628
Suliman al Arabi (Ibn al Arabi) 155
Sulpicius Severus 23
Swanahild, Ehefrau Karl Martells 35, 60 f., 219, 257
Symmachus, Papst (489–514) 403

Tacitus, Cornelius 634, 637
Tarasios, Patriarch von Konstantinopel 387, 544 f., 619
Tassilo III., Herzog von Bayern (748–788) 57, 60, 65, 74, 81, 84, 88, 90–93, 112, 115, 157, 192 ff., 200 ff., 209 f., 217, 227, 231, 236, 238, 240, 242, 245 ff., 251 f., 256–263, 265 ff., 269–280, 282 f., 301, 310, 315, 325 f., 336, 345, 350, 355, 448, 457, 622, 678, 684
Tellenbach, Gerd 196
Thegan, Chorbischof von Trier 25, 217, 404, 464, 557, 576, 597, 599, 617 f., 622 f., 626, 628
Theobald, Graf 323, 377
Theoderich der Große, Ostgotenkönig († 553) 117
Theoderich II., Westgotenkönig (453–466) 22
Theoderich, Missionsbischof der Karantanen 389

Theoderich, Graf   212f., 312, 328
Theoderich, Ostgotenkönig († 526)   444
Theoderich, Sohn Karls († nach 818)   217, 324, 507, 569, 577, 597f., 600, 618, 640
Theodo, Sohn Tassilos   93, 193, 200, 247, 252, 258, 263, 266, 268, 273
Theodo, Herzog († 1056)   57
Theodor, Kapkan der Awaren   480
Theodora, Ehefrau Kaiser Justinians I.   192
Theodosius, Kaiser (379–395)   196, 603
Theodrada, Tochter Karls   350f., 414, 554
Theodulf, Bischof von Orléans (791–821)   195, 291, 299, 305, 317, 320, 334, 341, 344, 350, 362f., 364, 370, 375, 402, 414, 416, 455, 511f., 525, 546, 573, 575, 588, 603, 622, 641, 652ff., 656
Theognost   594
Theophanes Confessor, byzantinischer Chronist († 817)   427, 431, 471, 541, 563, 594
Theophanu, Ehefrau Ottos II. († 991)   245
Theophilus   386
Theophylakt, Sohn Michaels I.   594, 619
Theudebert, Sohn Herzog Tassilos   268
Theuderich IV., Merowingerkönig († 737)   50, 59
Thietmar, Bischof von Merseburg († 1018)   625, 627f.
Thomas, Erzbischof von Mailand   196
Thomas, Patriarch von Jerusalem   473, 519, 546
Tilpin   462
Toto, Herzog von Nepi   392
Troeltsch, Ernst   21

Unno   322
Unruch, Graf   576

Velázquez, Diego de Silva y   366
Venantius Fortunatus   394
Vergil   149, 402, 620
Verhulst, Adriaan   663
Victorius von Aquitanien   548
Virgil, Bischof von Salzburg (749–784)   21, 61, 72, 246, 262, 394, 565
Visconti, Filippo Maria († 1447)   22
Vones, Ludwig   157
Voynimir   356

Waifar, Herzog von Aquitanien   62, 65, 74, 81
Wala, Abt von Bobbio († 836)   112, 526, 557, 560, 575, 600f., 621, 646
Walafried Strabo († 849)   27, 444
Waldandus   144
Waldo, Abt von St. Gallen, Reichenau, St. Denis   187
Wallace-Hadrill, John Michael   39, 533, 635
Waltbert, Enkel Widukinds (um 850)   103, 154, 176, 477
Waltgaud, Bischof von Lüttich   575
Wamba, Westgotenkönig († 680)   22
Wandalbert von Prüm   350
Warin, Abt von Corvey († 856)   103
Warin, Graf   88
Weidinger, Ulrich   668
Wenskus, Reinhard   98
Werdo, Abt von St. Gallen   597
Werner, Heerführer und Missus   482, 487
Werner, Karl Ferdinand   19, 33, 215
Wetti, Mönch († 824)   406, 593
Wido, Graf   407f.
Widukind von Corvey († 973)   46, 154, 230ff.,
Widukind, Sachsenherzog († nach 785)   102f., 154, 161, 163, 165,

735

204, 209, 211, 213, 216, 221, 260, 353, 370
Wiebold, Gesandter 242, 245
Wigbert, hl. 134
Wiho, Missionsbischof 477
Wilchar, Erzbischof von Sens 88, 151, 176
Wilhelm der Eroberer († 1087) 220, 236, 265
Wilhelm II., Kaiser (1888–1918) 409
Wilhelm, Herzog von Toulouse (auch Willehalm Wolframs von Eschenbach, Wilhelm Gellone) († um 812) 284, 331, 447
Willehad, hl., Bischof von Bremen (787–789) 99 f., 152, 169, 204, 212, 221 f., 228, 263, 429, 477
Willerich, Bischof von Bremen (789–838) 221, 228, 477, 561
Willibald, hl. Bischof von Eichstätt († 787) 410
Willibert, Erzbischof von Rouen 332
Willibrord, Missionserzbischof († 739) 51, 57, 68, 99, 169, 204, 292
Winfried-Bonifatius († 754) 55, 57, 62 f., 68, 70, 85, 97, 99, 134, 152, 169, 204, 210, 216, 247, 290, 292, 605
Winigis, Herzog von Spoleto (789–822) 251, 280, 393, 442, 468, 472
Wintar, Leibarzt Karls 167
Wirund, Abt von Stabbo-Malmedy 393
Witzan 302
Wolfram von Eschenbach siehe Wilhelm, Herzog von Toulouse
Wolter, Heinrich 36
Wulfar, Erzbischof von Reims 462

Zacharias, Papst (741–752) 40, 68, 70, 187, 224, 408, 422
Zaid, Gouverneur von Barcelona 376, 447
Zelter, Karl Friedrich 286
Zenon, byzantinischer Kaiser (457–474, 476–491) 444
Zotz, Thomas 673

Bildnachweis

Die Vorlagen für die Farbvorlagen stammen von
Giraudon, Paris VIII; Studio C. Kobler, Genf IV; Elisabeth Rüber-Schütte VI b.
Die Vorlagen für die Schwarzweißvorlagen stammen von
Archives Nationales, Paris 2 b; Archives Photographiques, Paris 1; Bildarchiv Foto Marburg 5; Maurice Chuzeville, Paris 12; Domkapitel Aachen (Foto Münchnow) 9, 16; Eton College, Windsor 11; Fototeca di S. Petro, Città del Vaticano 4; Anne Gold, Aachen 13a; Institut für Denkmalpflege, Abt. Meßbild, Berlin 14 a; Photo Meyer K.G., Wien 8; Nachlaß Josef Roeder 14 b; Roese-Design Udo Grabow, Darmstadt 13 b.
Alle übrigen Aufnahmen lieferten die in den Bildunterschriften genannten Archive, Bibliotheken, Museen und Sammlungen.

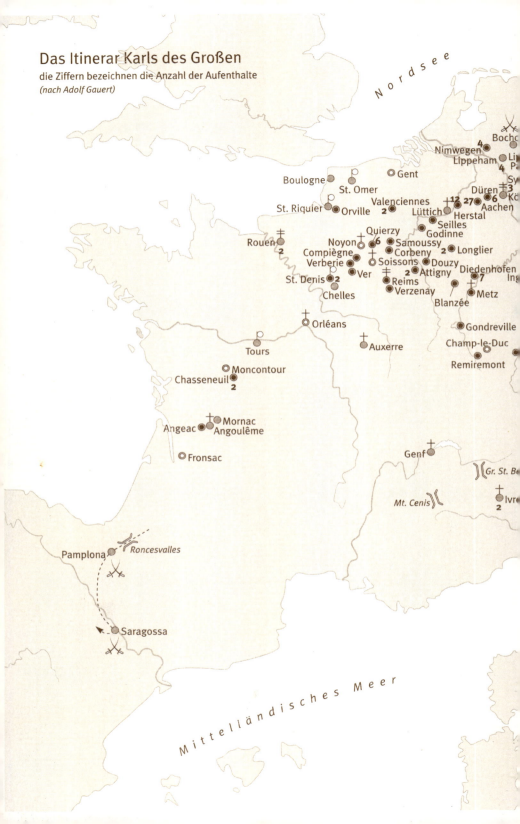